Christian Bährens

Händels Utrechter Te Deum

Christian Bährens

Händels Utrechter Te Deum

Geschichte – Musik – Interpretation

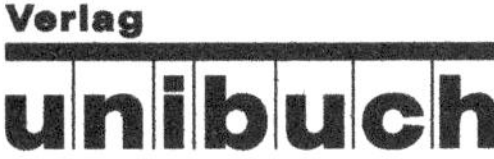

Bibliographische Information der Deutschen Nationalbibliothek

Die Deutsche Nationalbibliothek verzeichnet diese Publikation in der Deutschen Nationalbibliographie; detallierte bibliographische Daten sind im Internet unter http://dnb.d-nb.de abrufbar.

Umschlaggestaltung, Satz und Layout: Margrit Zeitler

Lektorat: Ulrike Sommer

Umschlag-Abbildungen:
Vorn: *Georg Friedrich Händel*, Kopie von Miss Benson nach Phillip Mercier, Stiftung Händel-Haus, Halle (Saale)
Hinten: *Westminster Bridge von Norden am Lord Mayor's Day*, Canaletto, Yale Center for British Art, New Haven

Druck und Bindung:
Bookfactory – Der Verlagspartner GmbH und Co. KG, Bad Münder

ISBN 978-3-934900-12-7

Für Antonia

Utrecht Te Deum

Handel rare

ly angeli
cally light

but power
fully strength

ened my sense
of God's creat

ing vastness.

David Jaffin

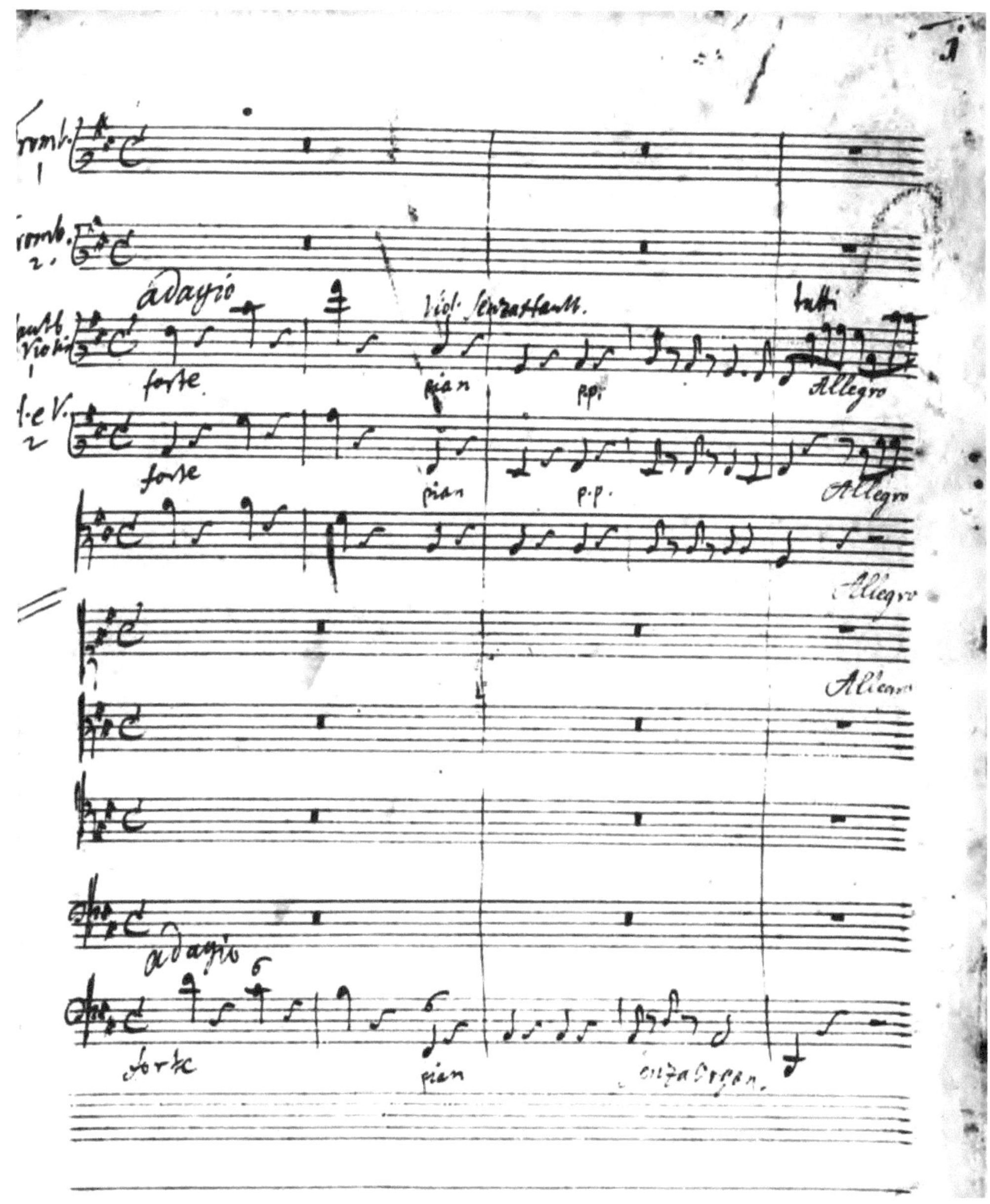

Autograph 1 recto, Beginn des *Utrechter Te Deum*

Inhaltsverzeichnis

Vorwort

Das vorliegende Buch will als ein für ein breites musikinteressiertes Publikum lesbares und gleichzeitig fachlich fundiertes Werkportrait dem *Utrechter Te Deum* zu seinem 300. Geburtstag am 7. Juli 2013 die Ehre erweisen. Es beschäftigt sich mit dem geschichtlichen Hintergrund, dem musikalischen Gehalt und der Interpretation des Werkes, stellt dabei Bekanntes in einen neuen Zusammenhang und integriert neue Analyse- und Forschungsergebnisse.

Die Anfänge des Buches reichen in den Sommer 2008 zurück, als die Idee geboren wurde, im Rahmen des 25. Jubiläums des Wilmersdorfer Kammerchores ein Konzert mit Werken von Georg Friedrich Händel aufzuführen. Neben dem Krönungsanthem *The King shall rejoice* und dem Chandos Anthem *O praise the Lord with one consent* sollte auch das *Utrechter Te Deum* erklingen.

Im Frühjahr 2009, als die Proben zu diesem Konzert längst im Gange waren, eröffnete sich mir die Möglichkeit, an der musikpädagogischen Fakultät der Universität von Bydgoszcz (Bromberg) im Fachgebiet Dirigieren zu promovieren, wobei der Schwerpunkt auf den Bereichen Interpretation und Aufführungspraxis liegen sollte. Dieser praxisnahe Ansatz reizte mich sehr, und da die Audio- und Video-Dokumentation eines eigenen Konzertes notwendiger Bestandteil des Promotionsverfahrens war, lag es nahe, das musikalisch attraktive *Utrechter Te Deum* als Forschungsgegenstand auszuwählen.

Dieses Werk ist nicht nur im Konzertleben, sondern auch in der Musikwissenschaft von untergeordneter Bedeutung, was sich bereits bei den wichtigsten wissenschaftlichen Bezugsquellen zeigt. Die von Hans Joachim Marx herausgegebene *International Handel Bibliography* (2009) und Mary Ann Parkers *G. F. Handel – A Guide to Research* (2005) nennen verschiedene Werkeditionen und einige relevante Aufsätze, die sich aber nur teilweise oder indirekt mit dem Te Deum beschäftigen. Bis heute gibt es lediglich eine ausführliche Einzeldarstellung, und zwar in *Handel and the English Chapel Royal* von Donald Burrows (2005), der sich auf achtunddreißig Seiten der Musik für den Utrechter Frieden – Te Deum und Jubilate – widmet.

Warum führt ein Werk von spürbarer musikalischer Qualität und beträchtlicher Wirkung auf Händels Zeitgenossen ein solches Schattendasein? Ich wollte dieser Fragestellung auf den Grund gehen und begann nach den Konzerten im Mai 2009 mit der Dissertation, die schrittweise ins Polnische übersetzt und schließlich im Oktober 2011 von der Universität Bydgoszcz angenommen wurde. Im Frühjahr 2012 nahm ich die Umarbeitung der deutschen Fassung in Angriff und setzte dafür die Recherchen u. a. zur Rezeptionsgeschichte fort, nutzte zwei weitere London-Aufenthalte, um in der British Library nach zusätzlichen Quellen zu stöbern, und besuchte Leipzig, um weitere Originaldokumente zu studieren. Das anstehende Werkjubiläum war natürlich eine zusätzliche Motivation.

Dieses Buch beschreibt Händels Weg nach England und die Grundzüge der dortigen Musikkultur. Es skizziert die Geschichte des Te Deum-Hymnus mit seinen wichtigsten Vertonungen, analysiert Händels Partitur und stellt sie in ihren historischen und stilistischen Kontext. Das Buch gibt Auskunft über die wichtigsten Erkenntnisse zur Wirkungsgeschichte des Te Deum in England und Deutschland und erläutert ein mögliches interpretatorisches Konzept. Es stellt die momentan erhältlichen Audioaufnahmen vor und macht die Ergebnisse des Vergleichs einer verantwortungsvollen musikalischen Umsetzung des Te Deum dienstbar.

Hoffentlich ist es diesem Buch vergönnt, interessierte und zufriedene Leserinnen und Leser zu finden, mit seiner wissenschaftlichen Essenz die Lücke in der Fachliteratur zu verkleinern und Händels wunderbares *Utrechter Te Deum* anlässlich seines 300. Geburtstags stärker in das allgemeine Bewusstsein zu rücken.

Händel und England

Von Halle nach London – Händels Werdegang

Im Herbst 1710 überquerte Händel im Alter von 25 Jahren zum ersten Mal per Schiff den Ärmelkanal. Auf dem Kontinent, besonders in Italien, hatte er sich bereits als erfolgreicher Komponist und gefeierter Orgelvirtuose einen Namen gemacht. Was motivierte den jungen Mann, mit relativ geringen Sprachkenntnissen in einem fremden Land Neues zu wagen? Dieses Kapitel wird Händels Weg bis zu diesem Entschluss beschreiben, das neue politische und kulturelle Umfeld in London skizzieren und aufzeigen, wie es schließlich zu der Komposition seines ersten Te Deum kam.

Halle

Im Gegensatz zum gleichaltrigen Johann Sebastian Bach wurde Händel nicht in eine Musikerfamilie hineingeboren, ihm fehlte also ein Umfeld, das ihn von klein auf hätte musikalisch prägen können. Sein Vater Georg, von Beruf Wundarzt und Barbier, hatte mit sechzig Jahren die Pfarrerstochter Dorothea geheiratet, die am 23. Februar 1685 Georg Friedrich zur Welt brachte. Verschiedene Quellen berichten anekdotenhaft über den frühen Konflikt zwischen Vater und Sohn wegen Händels „ungemeiner Lust zur Musik“[1], mit der sich der Sohn

1 John Mainwairing, *G. F. Händel* (nach Johann Matthesons deutscher Ausgabe), S. 30.

schließlich gegen die für die damalige Zeit völlig natürlichen und verständlichen Bedenken des Vaters durchsetzte. Georg Händel ermöglichte seinem Sohn schließlich eine frühe musikalische Ausbildung, freilich ohne zu ahnen, welche Konsequenzen dies für den weiteren Lebensweg seines Sohnes haben würde.

Händel erhielt als Neunjähriger Unterricht bei Friedrich Wilhelm Zachow, der Organist an der Marktkirche in Halle war, wurde in Komposition unterwiesen und lernte Violine, Oboe und verschiedene Tasteninstrumente, unter denen er bald die Orgel favorisierte.

Die Grundlage des Kompositionsunterrichts bildete zunächst das Studium von Partituren. Der junge Händel wird so vermutlich schon früh mit der deutschen Chormusiktradition, also mit Werken von Dietrich Buxtehude, Johann Hermann Schein, Heinrich Schütz und anderen in Berührung gekommen sein, aber wahrscheinlich auch italienische Musik kennengelernt haben. Der nächste methodische Schritt, das Abschreiben solcher mustergültigen Partituren, war eine allgemein gängige Grundübung und eine unmittelbare und bereichernde Begegnung mit verschiedenen musikalischen Formen und Stilen. „Man sammle wohlklingende Sätze und nehme sie sich zum Muster", so empfiehlt Händels Zeitgenosse Johann Mattheson in seinem Lehrwerk *Der vollkommene Kapellmeister*[2]. Händels erster Biograph John Mainwairing berichtet, dass Zachow eine solche Sammlung hatte und Händel daraus spielen, kopieren und nachkomponieren ließ. Er schildert außerdem, wie sich Zachow und Händel auf gemeinsamen Reisen während der Kutschfahrten mit dem Erfinden von Fugen im Kopf die Zeit vertrieben.

2 Zitiert nach: Hanns-Bertold Dietz, *Die Chorfuge bei Georg Friedrich Händel*, S. 20.

Zachows eigene Werke, z. B. die Kantate *Lobe den Herrn, meine Seele,* lassen einige Rückschlüsse auf Elemente seines stilkundlichen Unterrichts zu. Allerdings ist von den Kompositionsversuchen und Abschriften, die Händel unter Anleitung seines Lehrers erstellt hat, nichts überliefert. Die erhaltenen Partiturkopien dagegen verweisen auf die Praxis der Entlehnung, die Verwendung fremder Ideen in eigenen Kompositionen, die in Händels Fall z. B. an Fugenthemen nachgewiesen werden kann, die auf die Ouvertüre zu *Samson* von Georg Muffat oder die Arie „And believed the Lord" aus *Israel in Ägypten* von Alessandro Stradella zurückzuführen sind. Solche Entlehnungen können unterschiedlich motiviert und nicht zuletzt das notwendige Mittel sein, um ein großes Arbeitspensum zeitlich zu bewältigen. Im Unterschied zum heutigen Urheberrecht galt damals die Übernahme einer Melodie oder einer satztechnischen Idee nicht als geistiger Diebstahl, sondern eher als Zeichen gegenseitiger Wertschätzung unter Komponisten, die dem Publikum meist verborgen blieb.

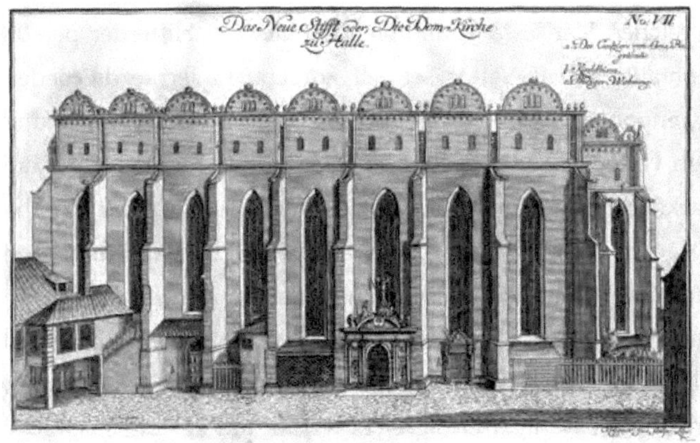

Dom in Halle, Kupferstich von Johann Gottfried Krügner jun. (1684 – 1749)

Händel immatrikulierte sich 1702 im Alter von 17 Jahren an der Universität seiner Heimatstadt Halle, dem Wunsch des Vaters entsprechend an der juristischen Fakultät. Neben seinem Studium konnte er mit dem Collegium Musicum erste eigene Werke aufführen und war an der Schloss- und Domkirche als Organist tätig. Der Orgel widmete er sich mit großer Leidenschaft und galt auf diesem Instrument bald auch über die Landesgrenzen hinaus als einer der bedeutendsten Musiker seiner Zeit.

Händel hielt es nicht mehr lange in seiner Heimatstadt. Auf seine Probezeit als Organist am Dom folgte offensichtlich kein Stellenangebot, und das kulturelle Umfeld war zu wenig förderlich für seine weitere musikalische Entwicklung. Dem Rat seines um vier Jahre älteren Freundes Georg Phillip Telemann folgend entschloss er sich 1703, von der Provinz Abschied zu nehmen und nach Hamburg zu gehen, wo er die aktuellen musikalischen Entwicklungen miterleben, den französischen und italienischen Stil studieren und sich endlich der Oper zuwenden konnte.

Hamburg

In der reichen Hansestadt fand sich Händel mit Hilfe der persönlichen Kontakte seines Vaters schnell zurecht. Er lernte die bedeutenden Komponisten Mattheson und Reinhard Keiser kennen und folgte dem verlockenden Angebot einer Anstellung an der Oper am Gänsemarkt, die ein kultureller Anziehungspunkt für die wohlhabende Bürgerschaft war. An deren Betrieb beteiligte er sich aktiv und konnte dort musikalische Erfahrungen sammeln. Zunächst war Händel zweiter Violinist, stieg aber bald als Cembalist zu einem führenden Ensemblemitglied auf. Seine Versuche auf dem Gebiet der Komposition waren anfangs weniger erfolgreich, weil er mit der Musiksprache der Oper zunächst noch nicht vertraut genug und auf Anleihen bei Mattheson und Keiser angewiesen war, was sich in seinen nur spärlich überlieferten Werken aus dieser Zeit nachweisen lässt.

Der Fürsprache von Keiser verdankte Händel den Auftrag für seine erste Oper *Almira,* die im Januar 1705 im Opernhaus am Gänsemarkt uraufgeführt und ein musikalischer Triumph wurde. Das Libretto allerdings löste Proteste bei den komödienfeindlichen Pietisten und einen anhaltenden Streit zwischen den verschiedenen Gruppen der Hamburger Bürgerschaft aus, in dessen Folge die Gänsemarkt-Oper in die Krise geriet und an künstlerischer Qualität verlor. Nicht nur der Weggang Keisers und Matthesons, sondern sicher auch die Hoffnung auf reizvollere Aufgaben im wärmeren Süden veranlassten Händel schließlich, Hamburg nach drei Jahren wieder zu verlassen.

Italien

Händels Entschluss, nach Italien zu gehen, war sicherlich naheliegend, denn das Mutterland der Oper war für den jungen, noch relativ unerfahrenen und lernbegierigen Komponisten ein fast obligatorisches Reiseziel. Zudem war er in Hamburg einem Mitglied der Medici-Familie begegnet, das ihm von seiner Heimat[3] vorgeschwärmt und ihn gedrängt hatte, dort seine Fähigkeiten zu vervollkommnen und die ihm offenstehenden Karrieremöglichkeiten zu nutzen. Händels Italienaufenthalt in den Jahren 1706–10 lässt sich leider nur anhand der dort entstandenen Werke, verschiedener Eintragungen in Haushaltsbüchern seiner Gönner und Rechnungen von Kopisten erschließen. Auch die Biographie von Mainwairing als die umfassendste frühe Quelle kann nur ansatzweise Aufschluss geben, da sie zum Teil lückenhaft und nicht immer frei von Fehlern ist.

Händels Reise in den Süden war durchaus wagemutig, denn er konnte zunächst kein Italienisch und war auf persönliche Kontakte und die Unterstützung von Mäzenen angewiesen. Die Hauptstationen seiner Reise waren Florenz, Rom, Neapel und Venedig. In Florenz war

3 Italien war zu Händels Zeit und noch lange danach kein einheitlicher Nationalstaat, so dass sich der Begriff Heimat zunächst auf Florenz und den übrigen Machtbereich der Medici bezieht.

er auf Grund seiner Hamburger Kontakte ein willkommener Gast am Hofe der Medici und reüssierte hier zunächst als Cembalist. Die geringe Chance, an der Florentiner Oper kurzfristig eine Aufführungsmöglichkeit zu bekommen, war vielleicht sein Beweggrund dafür, die Stadt nach relativ kurzer Zeit in Richtung Rom zu verlassen. Dort wurde der Fürst Francesco Maria Ruspoli sein Gastgeber und Gönner und führte ihn bald bei der Accademia dell'Arcadia ein, einem Netzwerk bedeutender kunstliebender Persönlichkeiten, zu denen sogar Kardinäle wie Benedetto Pamphili gehörten, die lebhaft über das Musiktheater diskutierten. In diesem illustren Kreis sprach sich Händels musikalisches Genie schnell herum und verschaffte ihm eine Vielzahl von Kompositionsaufträgen.

Für einen Komponisten brachte eine solch rasant wachsende Popularität das Problem mit sich, den zahlreichen Aufträgen möglichst zügig musikalische Ergebnisse folgen lassen zu müssen. Dies barg die Gefahr der Oberflächlichkeit, denn jeder halbwegs brauchbare musikalische Gedanke musste sofort schriftlich festgehalten und verarbeitet werden. Zudem hatten die Komponisten vor allem im Bereich der Oper auf die Wünsche der einflussreichen Sänger und den Publikumsgeschmack Rücksicht zu nehmen.

In Rom hatte Händel regelmäßig Kontakt zu seinen italienischen Kollegen und war besonders mit Arcangelo Corelli freundschaftlich verbunden. Von ihm lernte Händel viel über die Violintechnik und wurde zu seinen ersten Versuchen in der noch jungen Gattung des Concerto Grosso inspiriert. Corelli war es auch, der 1708 Händels gewichtigstes Werk dieser Zeit, das Oratorium *La Resurrezione*, in der Apostelkirche des Palazzo Bonelli dirigierte. Zu weiteren römischen Frühwerken Händels zählen neben zahlreichen für die Arkadier komponierten Kantaten die lateinischen Psalmvertonungen *Laudate pueri Dominum*, *Dixit Dominus* und *Nisi Dominus*, die zu Meilensteinen seiner frühen geistlichen Chormusik wurden[4].

4 Sie werden auch Carmelitische Psalmen genannt, weil sie zum Fest der Heiligen Jungfrau von Carmel am 16. Juli komponiert wurden.

Händels Italienaufenthalt wurde zunehmend von politischen Unruhen überschattet. Der Spanische Erbfolgekrieg weitete sich zu einem europäischen Konflikt aus, von dem auch Italien betroffen war, denn zahlreiche Städte standen unter der Regentschaft des spanischen Königs. Bald musste Papst Clemens XI. sogar die Stadttore Roms schließen lassen, weil sich kaiserliche Truppen der Stadt näherten. Dieses Ereignis könnte Händel veranlasst haben, einer Einladung des Kunst liebenden Kardinals Vincenzo Grimani nach Neapel zu folgen. Dort begegnete er einer völlig anderen Mentalität, konnte den ihm aus der Hamburger Zeit bereits vertrauten neapolitanischen Opernstil vor Ort studieren und lernte wahrscheinlich auch die charakteristische Volksmusik der Stadt kennen. Sein guter Ruf verschaffte ihm auch hier neue Kompositionsaufträge, wie zum Beispiel für die einaktige Serenade *Acis, Galatea e Poliferno.*

Nach wenigen Monaten kehrte Händel nach Rom zurück, wo er nicht nur für Auftraggeber aus dem Kreis der Accademia dell'Arcadia komponierte, sondern auch Aufträge seines neuen Mäzens Vincenzo Grimani erhielt, der in Venedig ein eigenes Opernhaus besaß und sich erfolgreich als Dichter betätigte. Händel bewegte sich damit in einem durchaus problematischen Spannungsfeld zwischen den papstnahen Arkadiern und dem kaisertreuen Kardinal und machte sich angreifbar für den Vorwurf des Opportunismus.

Bei einer Versammlung der Arkadier lernte Händel auch Agostino Steffani kennen, der eine vielseitige Persönlichkeit war: zunächst musikalischer Direktor am Hof in Hannover, dann Regierungsrat in Düsseldorf. In Rom war Steffani, mittlerweile zum Titularbischof ernannt, als politischer Berater und Vermittler im Streit zwischen Papst und Kaiser tätig und wurde mit seinen Kontakten und seinem Einfluss für Händels nähere Zukunft sehr wichtig.

Nach drei Jahren neigte sich Händels Zeit in Rom dem Ende zu. Er musste die Proben für seine neue Oper *Agrippina* leiten, deren Libretto von Kardinal Grimani verfasst worden war, und ging deshalb Ende des Jahres 1709 nach Venedig. In dieser berühmten Hauptstadt der

Oper gab es fünfzehn gut besuchte öffentliche Theater. Die Qualitätsansprüche waren hoch und auch für Händel ein Maßstab, dem er sich stellen musste. Obwohl seine Musik für Venezianische Ohren vermutlich eher ungewöhnlich war, gelang ihm mit *Agrippina* ein außergewöhnlicher Erfolg, und die Begeisterung für das heroisch-komische Werk, das für damalige Verhältnisse erstaunliche achtundzwanzig Vorstellungen erlebte, gipfelte in dem überlieferten Ausspruch „Viva il caro Sassone!" („Es lebe der liebe Sachse!"), der Händel sehr gefallen haben wird.

Es ist unklar, warum Händel schließlich Italien wieder verließ. In den Biographien werden dazu verschiedene Überlegungen angestellt. Einerseits könnte sein Entschluss religiös motiviert gewesen sein, da es Versuche gegeben hatte, ihn zu bewegen, zum katholischen Glauben überzutreten. Anderseits war ein musikalischer Konkurrent auf den Plan getreten: Antonio Caldara war von Francesco Ruspoli zum fürstlichen Kapellmeister ernannt worden und kam damit in den Genuss einer festen Anstellung, die Händel nach seinem mehrjährigen Engagement wohl für sich selbst erhofft hatte. Man kann sich lebhaft vorstellen, wie es in Händel ausgesehen haben könnte. Eine Mischung aus verletztem Stolz, dem Gefühl der Geringschätzung und persönlicher Enttäuschung macht seine Abkehr von Italien als emotionale Reaktion plausibel.

Händel hatte in Italien wichtige musikalische Erfahrung gesammelt und seinen künstlerischen Horizont erweitert. Er war in Kontakt mit bedeutenden italienischen Musikern gekommen, hatte mit ihnen musiziert und ihre Werke und den zeitgenössischen Stil kennengelernt. Leider weiß man nichts Konkretes über diese Begegnungen und kann daher nur vage Rückschlüsse ziehen, denn „die Frage, wie viel Händel Scarlatti, Stradella, Caldara, Gasparini und anderen Musikern, die ihn beeinflusst haben sollen, zu verdanken hat, kann erst beantwortet werden, wenn genauer bekannt ist, mit wessen Musik er während seiner

Jahre in Rom in Berührung kam."[5] Seine Werke aus dieser Zeit lassen jedenfalls darauf schließen, dass er sich mit der italienischen Musik intensiv beschäftigt hatte und dass sie eine wichtige Inspirationsquelle für ihn geworden war. Es ist wahrscheinlich, dass er Musik nicht nur gehört, sondern auch Handschriften studiert hatte, wie sie zum Beispiel in der Bibliothek des Fürsten Ruspoli zur Verfügung standen. Händel hatte wohl eine ähnlich rasche Auffassungsgabe wie später Mozart, denn im *Dixit Dominus* (1707) wird deutlich, wie grundlegend Händel den stark emotional gefärbten Stil der italienischen Kirchenmusik adaptiert hat[6]. Die Verfeinerung des Vokalstils und die Erweiterung zur Fünfstimmigkeit (SSATB) erinnern an Kantaten und Oratorien von Giacomo Carissimi. Auch in den Streicherklangfarben und der dramatischen Gestaltung der Orchestersätze von *La Resurrezione* wird der italienische Einfluss deutlich. Dass Händel als standhafter Protestant mit seinen lateinischen Psalm-Vertonungen gegenreformatorische Musik komponierte, ist bemerkenswert und ein weiteres Argument für diejenigen Kritiker, die ihm Opportunismus vorwarfen.

5 Christopher Hogwood, *Georg Friedrich Händel*, S. 43.

6 ebd., S. 31.

Hannover

Händel verabschiedete sich von Italien nicht in eine vollkommen ungewisse Zukunft, denn als mittlerweile umworbener Musiker hatte er glücklicherweise verschiedene berufliche Optionen. Er konnte nach London gehen, wie ihm der britische Gesandte in Venedig, Charles Montagu, Earl of Manchester, empfohlen hatte, oder dem Rat des Diplomaten Johann Adolf Baron Kielmansegg folgen und sich um die seit Agostino Steffanis Weggang vakante Stelle des Hofkapellmeisters in Hannover bewerben.

Die Entscheidung zwischen den beiden Optionen fiel schließlich zugunsten von Hannover, wahrscheinlich wegen der Aussicht auf eine feste Anstellung als Hofkapellmeister und die damit erhofften Kompositionsaufträge für das berühmte Opernhaus mit seinen außergewöhnlichen bühnentechnischen Möglichkeiten. Im Februar 1710 überquerte Händel also die Alpen und machte auf Empfehlung von Ferdinando de Medici am Hof des Pfalzgrafen Philipp von Neuburg in Innsbruck Station, bevor er in Hannover vorstellig wurde. Er konnte auf die Empfehlung seines Vorgängers Steffani und die Fürsprache des einflussreichen Baron Kielmansegg vertrauen und wurde im Juni 1710 zum kurfürstlichen Kapellmeister ernannt. Den damaligen Marktwert des Fünfundzwanzigjährigen dokumentieren das erstaunlich hohe Jahresgehalt von 1000 Talern – ein Viertel mehr als Bach später in Leipzig verdiente – und die vielen dienstlichen Freiheiten, die ihm von Kurfürst Georg Ludwig zugestanden wurden.

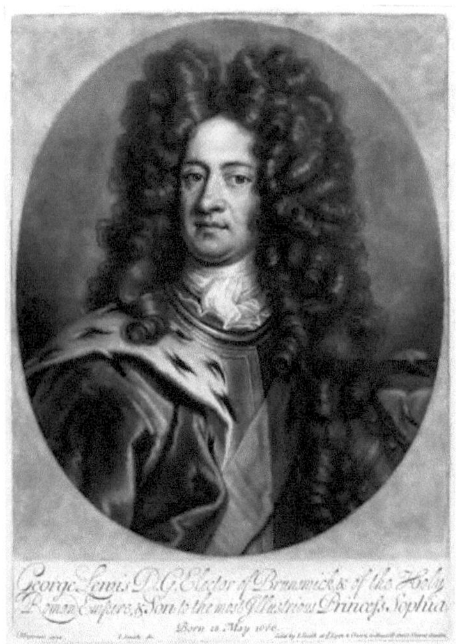

König Georg I. als Kufürst von Hannover,
John Smith (1706)

Dienstrechtlich war allerdings nicht der Kurfürst sein erster Ansprechpartner, sondern dessen verwitwete Mutter, Sophie Charlotte von Hannover, die sich im Gegensatz zu ihrem Sohn um die Künste am Hof kümmerte. Anders als von Händel wahrscheinlich erwartet, wurde das berühmte Opernhaus seit dem Tod des alten Kurfürsten Ernst August nur noch selten bespielt. Der Sohn war den Künsten weniger zugetan und scheute offensichtlich die Kosten, die ein Wiederauflebenlassen der Oper verursacht hätten. Auf diesem Gebiet erlebte Händel also schnell eine Enttäuschung und auch der Cembalounterricht für die Kurprinzessin Karoline konnte ihn trotz des hohen Gehalts sicher nicht befriedigen. Es verwundert daher kaum, dass Händel bereits nach einigen Monaten von seiner neuen Tätigkeit Urlaub nahm und sich im Herbst nach kurzen Aufenthalten in Halle und Düsseldorf über die Niederlande auf den Weg nach England machte.

London

Im Herbst 1710 kam Händel zum ersten Mal in seinem Leben nach London. Der Kurfürst hatte seinen Urlaub problemlos bewilligt und ihn mit einem Empfehlungsschreiben für den englischen Hof versehen. Die Dienste des Kapellmeisters wurden während der Jagdsaison nicht benötigt, und außerdem erhoffte sich Georg Ludwig durch die Anwesenheit Händels in London Auskunft über das gesundheitliche Befinden von Königin Anne. Wie Untersuchungen der Hannoverschen Korrespondenz andeuten, bediente sich der Kurfürst, dem es als potentiellem Thronfolger nicht gestattet war, englischen Boden zu betreten, seines Kapellmeisters als Kundschafter.

Bei seinem ersten Londonaufenthalt knüpfte Händel einige teils freundschaftliche und für seine Zukunft wichtige Kontakte, u. a. zu Mitgliedern der Familie des englischen Thronfolgers und zu einigen Hofmusikern. Musikalisches ist aus dieser Zeit jedoch nicht überliefert.

Händel dürfte von London einen eher düsteren Eindruck gehabt haben. Mit der Kutsche fuhr er über dreckige, teilweise noch unbefestigte Straßen in eine lebendige europäische Metropole, die damals bereits rund 700.000 Einwohner zählte. Kühl-feuchtes Herbstwetter kroch ihm wahrscheinlich unter den Mantel. Statt heller Palazzi wie in Italien dominierten rauchgeschwärzte Häuser das Stadtbild: „Von dem vielen Steinkohlendampfe werden sie alle gleich schwarz, daher wenige angestrichen werden und fast alle nur rot von Ziegeln sind."[7] London war nach dem großen Feuer von 1666 fast vollständig neu aufgebaut worden. Sein Stadtbild wurde im Zentrum von großzügigen Bürgerhäusern, Adelsresidenzen und öffentlichen Gebäuden bestimmt, die zu einer beträchtlichen Zahl von Sir Christopher Wren entworfen worden waren, einem Architekten, dessen prächtigstes Bauwerk das Themseufer beherrschte: die St. Paul's Cathedral.

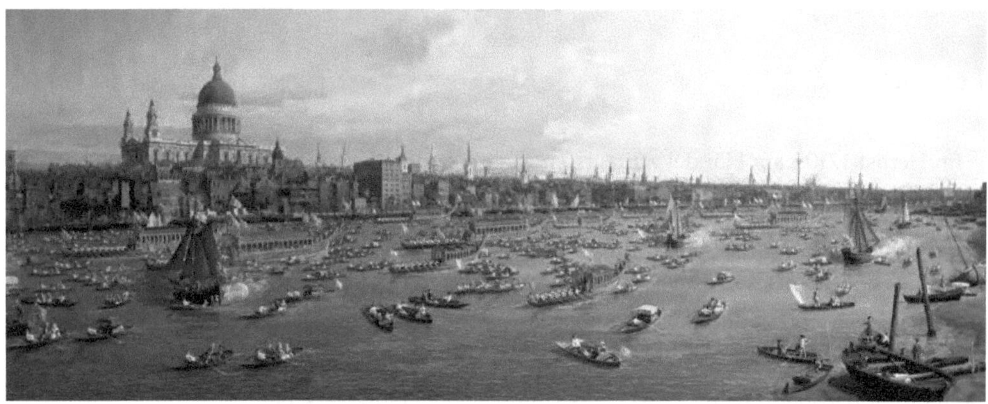

London: St. Paul's und die Themse am Lord Mayor's Day, Canaletto

Die Zeit ab dem Sommer 1711 verbrachte Händel wieder in Hannover, machte sich aber bereits ein gutes Jahr später zum zweiten Mal auf den Weg nach London. Auf Bitten des Duke of Marlborough hatte

7 Christlob Mylius, zitiert in: Michael Maurer (Hrsg.), *Britannien, von deiner Freiheit einen Hut voll*, S. 139.

der Kurfürst seinem Kapellmeister Urlaub für einen weiteren Englandaufenthalt gewährt, dessen erneute Verlängerung im Januar 1713 von Königin Anne erwirkt wurde. In dieser Zeit komponierte Händel das Te Deum zum Dankgottesdienst für den anstehenden Friedensvertrag von Utrecht.

England an der Wende vom 17. zum 18. Jahrhundert

Händel kam in die Hauptstadt eines Landes, das in den Jahrzehnten zuvor politischen Umwälzungen unterworfen war und sich zum ökonomischen und kulturellen Zentrum eines Vielvölker-Imperiums entwickelt hatte. London war eine Metropole, deren Einflussbereich über die Grenzen Europas hinausging, in der die Politik bereits im Wesentlichen vom Parlament bestimmt wurde (bei gleichzeitig schwindender Bedeutung der Monarchie) und in der eine Vielzahl von Zeitungen die öffentliche Meinung beeinflusste. Während der Regentschaft von William III. von Oranien trat im Jahr 1698 die „Bill of Rights" in Kraft. Dieses Gesetz schränkte die Macht der Könige von England unwiderruflich ein und berechtigte allein das Parlament zum Erlass von Gesetzen. Ein weiterer Erlass, der „Act of Settlement", schloss ab 1701 Katholiken endgültig von der englischen Thronfolge aus. Nach dem Tod Williams III. sollte nach dem Beschluss des Parlaments, in dem die Par-

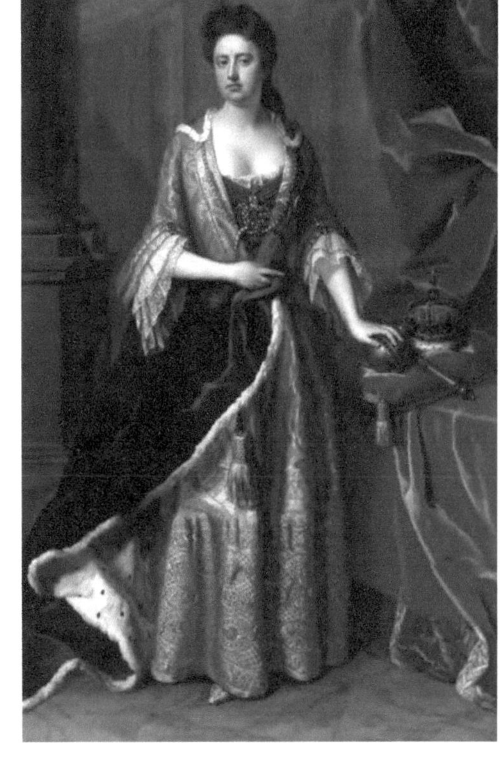

Königin Anne, Michael Dahl, Ölgemälde (1705)

tei der Whigs die Mehrheit hatte, dessen protestantische Schwägerin Anne als Königin regieren. Blieb Anne kinderlos, was aufgrund ihres Gesundheitszustandes wahrscheinlich war, sollte die ihr am nächsten stehende protestantische Linie die Thronfolge antreten. An der Spitze dieser Linie stand Sophie Charlotte, die Kusine des ehemaligen englischen Königs Karls II. und Witwe des Kurfürsten Ernst August von Hannover, also jene Frau, mit der Händel in Hannover regen gesellschaftlichen Austausch gepflegt hatte.

So wurde 1702 Anne Stuart Königin von England und nicht ihr katholischer Halbbruder Jakob Eduard. Bei Händels Ankunft in London war sie längst als Regentin etabliert, obwohl durch den Machtwechsel im Parlament (inzwischen hatten die Tories die Mehrheit) die Kontroversen um den Act of Settlement ab 1710 wieder zunahmen und in den folgenden Jahrzehnten anhielten, allerdings ohne dass das Gesetz außer Kraft gesetzt wurde. Nach dem Tod von Königin Anne wurde Georg Ludwig von Hannover 1714 als Georg I. von Großbritannien – seit 1707 war auch Schottland Teil des Königreichs – gekrönt. Sowohl er als auch sein Sohn und Nachfolger waren in England als Ausländer nie sonderlich populär.

Die englische Musikkultur

Bürgerliches Musikleben

Der wachsende Liberalismus führte in England zu einer Fülle geistiger Aktivitäten und damit zu einem Aufblühen von Kultur und Wissenschaften. Englische Dichter wie Daniel Defoe und Jonathan Swift schufen mit *Oliver Twist* und *Gullivers Reisen* Weltliteratur, und Henry Purcell wurde zu einem der großen Meister der englischen Musik. Das kulturelle Leben wurde vom Adel und dem aufstrebenden, selbstbewussten Bürgertum bestimmt. London war nicht nur Englands politisches, sondern auch kulturelles Zentrum und zog Künstler, Wissenschaftler und Kaufleute vom Kontinent an. Das Zeitungswesen blühte und die über 600 Kaffeehäuser der Stadt wurden wichtige Orte der Begegnung und Kommunikation und von interessanten Zeitgenossen wie Issac Newton oder Voltaire besucht.

Die Engländer waren kulturell verhältnismäßig unabhängig vom übrigen Europa. Vor allem die Instrumentalmusik verzeichnete (im Gegensatz zur Kirchenmusik) eine kontinuierliche Entwicklung zu einem eigenen Stil. Der größte Teil der englischen Instrumentalmusik in der zweiten Hälfte des 17. Jahrhunderts war Kammermusik, wie zum Beispiel die beliebte Consort- (d. h. Ensemble-) Musik für Gamben oder Musik für Cembalo bzw. das englische Virginal (ein kleines kastenförmiges, transportables Cembalo). Bei der englischen Musik war charakteristischerweise nicht wie in der italienischen Oper die äußere Wirkung das Entscheidende, sondern die Tiefe der musikalischen Aussage. Es handelte sich oft um „feinste Musik für einen kleinen Kreis Eingeweihter“[8]. Mit dem Kontinent fand ein intellektueller Austausch statt: Italienische und französische Musiker besuchten England, wie umgekehrt englische Musiker die übrigen europäischen Musiknationen bereisten. Trotz der verschiedenen stilistischen Einflüsse (z. B. den der französischen Ouvertüre auf Purcells Orchestermusik oder von Caccinis monodischem, d. h. rezitativischem Stil auf seine weltlichen und geistlichen Sologesänge) behielt die englische Musik ihren eigenen speziellen Ton, und selbst der zugereiste italienische Komponist Alfonso Ferrabosco oder der italienischstämmige Musiker Thomas Lupo schrieben rein englische Musik. Nikolaus Harnoncourt bringt das Phänomen der musikalischen Assimilation auch in Bezug auf Händel auf den Punkt, wenn er schreibt, es sei „merkwürdig, wie sehr (...) das spezifische englische musikalische Klima den Kompo-

8 Nikolaus Harnoncourt, *Musik als Klangrede*, S. 221.

sitionsstil formte. Händels Werke sind eine Fortsetzung von Purcells Schaffen, sie wären ohne Purcell nicht denkbar und konnten auch an keinem anderen Ort der Welt geschrieben werden."[9] – diesem Zusammenhang wird sich das 4. Kapitel widmen.

Mit der Zeit entwickelte sich in den Kreisen des aufstrebenden Bürgertums ein großes Interesse an der Musik. Der durch den Verleger John Playford geförderte Notendruck ermöglichte eine weite Verbreitung populärer Werke und belebte das allgemeine bürgerliche Musikleben. Im Jahr 1672 rief der Botaniker und spätere Pfarrer John Banister eine erste öffentliche Konzertreihe ins Leben, deren Veranstaltungen einem zeitgenössischem Bericht des Rechtsanwaltes und Musiktheoretikers Roger North zufolge mit den besten Instrumentalisten der Stadt und einigen Sängern in einem Saal in Whitefryars stattfanden. Sechs Jahre später baute der sangesbegabte Kohlehändler Thomas Britton sein Haus zu einem schmucken kleinen Konzertsaal aus. Als weitere Konzertorte finden sich in den Annoncen der Londoner Presse Mr. Hickford's Great Room in der James Street, der Great Room in Villars Street, in dem Händels Konzert für zwei Hörner aufgeführt wurde[10], der Great Room in Hampstead Wells, North's Coffee House in King Street, das Swan Coffee House in Bloomsbury, das New Wells in Epsom, der Great Room im York Building und Mr. de Pom's Dancing School.

Das stetig wachsende Interesse an Konzerten führte schließlich zur Gründung der ersten professionellen Musikvereinigung Londons, der berühmten Academy of Ancient Music, und war auch für Händel ein künstlerischer Nährboden, da er in den bürgerlichen Kreisen als Musiker sehr gefragt war und häufig für Privatkonzerte engagiert wurde. Bevor 1703 das Queen's Theatre am Haymarket mit bemerkenswerten 1200 Plätzen eröffnet wurde, fand Theater in London normalerweise in kleineren Häusern oder auf Bühnen größerer Gaststätten und oft

9 a.a.O., S. 224.

10 *Daily Courant*, 26. März 1724.

außerhalb der Stadtgrenzen südlich der Themse statt. Musik erklang außerdem bei Schauspielen als Zwischenaktmusik oder in Form von eingefügten Liedern. Neben einigen Opern des italienischen Repertoires, das sich in England zu Beginn des 18. Jahrhunderts durch Unterstützung des Adels etabliert hatte, gab es Musiktheater auch in der Form der Pasticcio-Opern, die aus Musik verschiedener Komponisten oder verschiedenen Werken eines Komponisten zusammengesetzt waren. Bei den Engländern sehr beliebt war auch die Masque, ein höfisches fantasievolles Zauber- und Maskenspiel (wie zum Beispiel Purcells *The Fairy Queen* und *Dido und Aeneas*), das im späten 15. Jahrhundert entstanden war und lange Zeit als eine der „höfischen Unterhaltungen par excellence"[11] galt. Die Masque war eher eine Mischung aus gesprochenen Dialogen, Szenen und Musik als ein richtiges Schauspiel und zielte „nicht darauf ab, eine Illusion des Lebens zu schaffen"[12]. Sie wurde im 17. Jahrhundert unter dem Namen Semiopera zunehmend zu einer öffentlichen Theaterform und blieb bis zum Anfang des 18. Jahrhunderts populär. Händel wird diese Art der Unterhaltung gekannt haben, denn ihre spezifischen musikalischen Elemente finden sich in *Acis und Galatea* wieder, das er 1721 in Cannons bei London komponierte und zur Aufführung brachte.

Das Londoner Publikum war also an die Verbindung von Schauspiel und Musik gewöhnt. Eine durchkomponierte Barockoper gab es allerdings nicht, und die kompositorischen Versuche englischer Komponisten wurden von der einflussreichen aristokratischen Gesellschaft als eher dürftig bezeichnet. „Englische Musik galt in diesen führenden Schichten im allgemeinen als minderen Ranges"[13], ein Zustand, der den Weg für die italienische Oper frei machte, auch wenn man deren Eigenart des ausschließlich gesungenen Musiktheaters allgemein als

11 Cornelia Emilia Baehrens, *The Origin of the Masque*, S. 1 (Ü.d.V.).

12 Paul Henry Lang, *Handel*, S. 260 (Ü.d.V.).

13 Walter Serauky, *Die englische Gesellschaft zur Zeit Händels*, S. 70.

„geschickt vertonten Unsinn"[14] betrachtete. Bedeutende Literaten und Theaterleute hielten die neumodische Euphorie für vorübergehend und „waren der dauerhaften Einrichtung der italienischen Oper in London grundsätzlich abgeneigt"[15]. Die Formelhaftigkeit der Opera seria, der „ernsten" ital. Oper, und damit auch Händel als einer ihrer Protagonisten wurden bald Gegenstand beißender Kritik und lustvoller Parodie, wie in der äußerst populären *Beggar's Opera* von Johann Christoph Pepusch und John Gay.

Aaron Hill war als Dichter, Erfinder, Historiker und Unternehmer eine der vielseitigsten Persönlichkeiten seiner Zeit. Als er im Jahr 1709 die Leitung des Queen's Theatre übernahm, schuf er professionelle Rahmenbedingungen für eine Blütezeit der Oper in London. Seine Aufführungen wurden von Adel und Königshaus protegiert und waren daher wichtige gesellschaftliche Ereignisse. Zahlreiche Subskribenten sicherten die notwendigen Einnahmen für die teuren Sängerstars aus Italien, die sich in London ein Stelldichein gaben. Primadonnen wie Faustina Bordoni und Francesca Cuzzoni stritten sich nicht selten um die besten Partien und gingen dabei Handgreiflichkeiten nicht aus dem Wege. Auch das Orchester des Queen's Theatre war erstklassig besetzt, allerdings mehrheitlich mit ausländischen, d. h. vor allem deutschen und französischen Musikern, denn von den einheimischen Instrumentalisten hielten die Zeitgenossen nicht viel, weil sie „in der Musik nicht besser als die Holländer [sind], das ist: ziemlich schlecht"[16].

Derartig gute äußere Bedingungen und die persönliche Begegnung mit Hill ermöglichten Händels ersten Londoner Erfolg mit *Rinaldo* (dessen Libretto ursprünglich von Hill verfaßt worden war) und begünstigten seine Karriere als Opernkomponist. Die Weiterentwick-

14 Zitiert nach: Hogwood, a.a.O., S. 53–54.

15 Donald Burrows, *Händel in London*, S. 466.

16 Zacharias von Uffenbach, zitiert in: Michael Maurer, a.a.O., S. 49.

lung des Opernbetriebes und Händels zunehmendes Engagement als Theaterunternehmer (d. h. als wirtschaftlich selbstverantwortlicher Intendant) mündeten 1719 in der Gründung der Royal Academy of Music.

Händel war in London zunächst ein Neuling ohne Sprachkenntnisse gewesen. Es ist zu vermuten, dass es seinen Kontakten zu ansässigen Deutschen wie dem ursprünglich aus Celle stammenden Musiker John Ernest Galliard und auf politischer Ebene Christoph Friedrich Kreienberg, dem Assistenten des Hannoverschen Residenten, zu verdanken war, dass er sich so schnell in der Londoner Musikwelt beziehungsweise am Hofe zurechtfand.

Musik in Kathedralen und Kirchen

Die Scheidung König Heinrich VIII. von seiner ersten Frau, Katharina von Aragon, führte im Jahr 1534 zum Bruch mit Rom und zur Gründung der Anglikanischen Staatskirche. Auf königlichen Befehl wurden zahlreiche Klöster und Kirchen zerstört, Bischöfe entmachtet und sämtlicher Grundbesitz konfisziert. Die standhaften katholischen Gläubigen erlitten nun ähnliche Repressionen wie vorher die Anhänger der Reformation. Der Erzbischof von Canterbury, Thomas Cramner, verankerte in seiner 1549 herausgegebenen Agende der Anglikanischen Kirche, dem *Book of Common Prayer,* die ehemals monastischen Praktiken des Morgen- und Abendgebets – englisch: *Matins* und *Evensong* – als verbindliche Gottesdienstbestandteile.

Unter der Regierung Elisabeth I. erfuhren die Katholiken wieder mehr Toleranz – vor allem wenn sie adlig waren – und durften ihren Glauben im Privaten praktizieren. Bedeutende katholische Komponisten wie Thomas Tallis und William Byrd durften weiterhin lateinische Texte vertonen, widmeten sich aber auch der anglikanischen Liturgie und der immer bedeutender werdenden englischsprachigen Motette, dem Anthem.

Innerhalb der Church of England gab es durchaus unterschiedliche Sichtweisen in theologischen und Gottesdienstrituale betreffenden Fragen. So blieben einige Elemente der römisch-katholischen Tradition erhalten und fielen sicher auch dem Protestanten Händel ins Auge. Wenn man heute einen Evensong z.B. in Westminster Abbey besucht und die in rote Gewänder mit weißem Übertuch gekleideten Choristers beobachtet, wie sie im Gefolge von Dekan und Kantor stimmungsvollen Einzug in den Chor halten, könnte man meinen, einem katholischen Zeremoniell beizuwohnen.

Religion und Politik bildeten auch im England des 17. Jahrhunderts eine durchaus brisante Mischung und waren verschiedenen Einflüssen unterworfen. Nachdem unter Oliver Cromwell der Puritanismus Einzug gehalten hatte, kam nach der Restauration der Monarchie mit Karl II. wieder ein Anhänger des Katholizismus auf den Thron, der aber anglikanische Institutionen wie zum Beispiel die Chapel Royal unangetastet ließ. Im Jahr 1685, als das Edikt von Nantes die Aufmerksamkeit für Fragen persönlicher und religiöser Freiheit verstärkte, tolerierte sein Bruder und Nachfolger Jakob II. die protestantischen Gottesdienste für seine Tochter Anne aus erster Ehe. Der Katholizismus war zwar ein wichtiger Faktor bei der Bildung politischer Allianzen, hatte aber ein recht geringes und auch von Misstrauen gegenüber dem katholischen Frankreich geprägtes Ansehen.

Während innerhalb der inoffiziellen katholischen Zirkel weiterhin die Messe und lateinische Hymnen musiziert wurden, etablierten sich in der anglikanischen Kirche vor allem die in der Landesprache gesungenen Formen Anthem, Te Deum, Magnificat und Nunc dimittis. Das Anthem kann bis zum Ende des 16. Jahrhunderts als stilistisch deckungsgleich mit der Motette betrachtet werden[17]. Es bekam erst in der Neufassung des *Book of Common Prayer* 1662 offiziellen liturgischen Status, obwohl es schon zu Beginn der Reformation aufgekommen und längst Bestandteil des gottesdienstlichen Alltags geworden war. Inner-

17 Siehe: Erwin Völsing, *G. F. Händels englische Kirchenmusik*, S. 7.

halb weniger Jahrzehnte wurde die ursprüngliche Form des schlichten homophonen Chorsatzes vom komplexeren Verse Anthem mit seinen Wechseln zwischen Chorpassagen und solistischen Abschnitten verdrängt. Eine weiterentwickelte Variante ist das Symphony Anthem mit Streicherbegleitung und eigenständigen Ritornellen, wie man sie auch in der deutschen Kantate findet. Die Symphony Anthems waren die von der Chapel Royal bevorzugt aufgeführte Gattung, wurden offensichtlich nur in Anwesenheit des Königs oder zu anderen besonderen Anlässen aufgeführt und waren im Vokalstil auf einzelne Sänger der königlichen Kapelle zugeschnitten[18], weshalb das überlieferte Repertoire dieser speziellen Anthem-Form verhältnismäßig überschaubar ist.

Der musikalische Stil der Anthems wandelte sich im 17. Jahrhundert spürbar, denn der französische Einfluss wurde zugunsten des italienischen zurückgedrängt, was den besonderen Ausdruck der Symphony Anthems von Purcell (z. B. *O sing unto the Lord* oder *Rejoice in the Lord alway*) erklärt. Den Höhepunkt in der Entwicklung der Gattung markieren die 1680er Jahre, in denen nicht nur Purcell die meisten seiner Anthems komponierte, sondern auch John Blow, der nach der Ernennung zum „Gentleman of the Chapel Royal" 1674 die beeindruckende Zahl von dreiundzwanzig Symphony Anthems schuf und in „freundschaftlicher und kreativer Rivalität"[19] zum einige Jahre jüngeren Purcell stand.

Vertonungen des Magnificat und des Nunc dimittis wurden im Evensong nach den liturgischen Regeln des *Book of Common Prayer* gesungen. Bedeutende Kompositionen von allen wichtigen englischen Komponisten wie Tallis, Byrd, Morley, Blow, Purcell, Stanford, Elgar, Vaughan Williams, Walton und Tavener bezeugen die lange, bis in unsere Zeit reichende Tradition dieser musikalischen Praxis. Nach der Reformation wurde auch das ursprünglich lateinische Te Deum ein

18 Siehe: Donald Burrows, *Handel and the English Chapel Royal*, S. 21 (Ü.d.V.).
19 Burrows, a.a.O., S. 23.

fester Bestandteil des anglikanischen Gottesdienstes. Im *Book of Common Prayer Noted* (1550) findet sich eine Variante der gregorianischen Choralmelodie mit englischem Text. Das Te Deum behielt auch in der Church of England seinen Platz in der Morgenliturgie. Aus dem 16. und 17. Jahrhundert ist es in verschiedenen Einzelvertonungen, aber auch als Bestandteil großer Messkompositionen wie dem *Great Service* von William Byrd überliefert. Im Jahrzehnt vor Händels Ankunft waren die Aufführungen orchestral begleiteter Te Deum-Gesänge bei festlichen Anlässen wie Thanksgiving zu einer besonders von Henry Purcell geprägten Tradition geworden. Es ist zu vermuten, dass Händel Westminster Abbey und St. Paul's mehrfach besucht hat und dort die traditionelle englische Kirchenmusik als Hörer kennenlernen konnte. Ähnlich wie in Italien wurde nun auch in England die Kirchenmusik des Gastgeberlandes zu einer Inspirationsquelle für den jungen Komponisten, und damit rückte auch das Te Deum in den Fokus seiner Aufmerksamkeit.

Musik am Hof: Die Chapel Royal

Mit dem königlichen Hof kam Händel durch Abgesandte Hannovers und mit Hilfe eines kurfürstlichen Empfehlungsschreibens in Kontakt. Seine persönliche Beziehung zu den Mitgliedern der königlichen Familie ist undokumentiert und muss aus verschiedenen Indizien erschlossen werden. Ein wichtiger Vermittler war wahrscheinlich der königliche Leibarzt Dr. John Arbuthnot, ein großer Musikliebhaber und regelmäßiger Gast in Händels damaligem Wohnsitz Burlington House. Offensichtlich gewann Händel über ihn sehr bald die Gunst von Königin Anne, denn nur kurze Zeit nach seiner Ankunft in England leitete er zu ihrem Geburtstag am 6. Februar 1711 ein Konzert und führte seine für diesen Anlass komponierte *Ode for the Birthday of Queen Anne* auf. Dabei kam er zum ersten Mal mit einer der traditionsreichsten Musikinstitutionen des Landes in Berührung, der Chapel Royal. Einige ihrer Mitglieder dürfte der kontaktfreudige und gesellige Händel schon vorher, sozusagen inoffiziell kennengelernt haben, nutzte er doch vermutlich die Gelegenheit, die Stammkneipe der Musiker zu besuchen, die diese sicher nicht allabendlich, aber wahrscheinlich doch häufig im Anschluss an den Evensong aufsuchten. Im Laufe der Zeit entwickelte Händel jedenfalls ein kollegiales und freundschaftliches Verhältnis zu den Gentlemen der Chapel Royal.

Erste Hinweise auf die Existenz einer Chapel Royal datieren aus dem 14. Jahrhundert. Die Chapel Royal war als Institution für die geistlichen Bedürfnisse des Herrschers und des Hofes verantwortlich. Ihre Mitglieder leisteten Dienst als Sänger oder Priester und waren offizielle höfische Bedienstete unter dem Lord Chamberlain. Sie waren zwar nicht so angesehen oder populär wie Opernsänger, aber als Persönlichkeiten des öffentlichen Lebens durchaus präsent, wie Pressehinweise auf Solistentätigkeiten oder Todesfälle belegen. Nach der Etablierung der Church of England und der Einführung des *Book of Common Prayer* war die Chapel Royal lange Zeit ein Zentrum der nationalen Kirche und musste sich erst nach der Restauration in den 1660er Jahren kurzzeitig der Konkurrenz durch die Roman Catholic Chapel stellen. In der Zeit massiver religiöser Spannungen und Konflikte vor, während und nach der Regierungszeit Jakob II. von England, in der die Chapel Royal zeitweilig sogar ausgeschlossen wurde vom offiziellen – nun katholischen – Dienst, erwies sie sich dennoch als starkes und selbstständiges Ensemble, das sich aufgrund von Prinzessin Annes protestantischer Konfession berechtigte Hoffnung auf eine sichere Zukunft machen konnte. Während des 18. Jahrhunderts war die Chapel Royal dann in der Tat „das einzige permanent am britischen Königshof angestellte Vokalensemble"[20].

Zur Zeit Händels bestand die Chapel Royal aus männlichen Sängern, Chorknaben und ein oder zwei Organisten. Wenn sie in voller

20 Burrows, a.a.O., S. 3 (Ü.d.V.).

Stärke auftraten - was eher selten vorkam - waren sechsundzwanzig Gentlemen (darunter zehn Priester) und zehn Knaben zu hören. Meist musizierten sie aber in variablen Besetzungen bei den regelmäßigen täglichen Gottesdiensten in der Kapelle des St. James's Palace sowie bei größeren Festgottesdiensten in St. Paul's oder Westminster Abbey. Händel war am Hof Teil eines komplexen Netzwerkes sozialer Beziehungen, wobei seine besondere Stellung als professioneller Musiker nie frei von politischen Implikationen war. Er nahm an verschiedenen familiären und öffentlichen Ereignissen am Hof teil und komponierte im Laufe seines Lebens u. a. die Musik für die Friedensschlüsse von 1713 und 1749, für die Krönung Georg II. im Jahr 1727 und zum Begräbnis von Königin Karoline im Jahr 1737. Seine Kirchenmusik wurde grundsätzlich von Sängern der Chapel Royal aufgeführt, wie verschiedene Namenseinträge in den Autographen belegen. Auch die Partitur des *Utrechter Te Deums* zeigt, wie gut er das musikalische Potenzial der Chapel Royal einschätzen konnte und zu nutzen verstand.

Die Royal Musicians waren das der Chapel Royal entsprechende königliche Instrumentalensemble unter der Leitung des Master of the Queen's bzw. King's Music. Das Ensemble von meist vierundzwanzig Musikern, die Violine oder Viola spielten, wurde gelegentlich durch Kontrabassisten, Oboisten und Fagottisten verstärkt, die in der Regel von außerhalb engagiert werden mussten. Im Gegensatz zur Chapel Royal waren die Royal Musicians nicht regelmäßig im Dienst, sondern standen auf Abruf für spezielle Gelegenheiten, z. B. die Hofbälle im St. James's Palace, zur Verfügung. Mindestens zweimal im Jahr musizierten sie - oder zumindest einige ihrer Mitglieder - gemeinsam mit der Chapel Royal bei den Oden für Neujahr, den königlichen Geburtstagen oder auch an Thanksgiving. Beide Ensembles hatten mit der Zeit eine vertrauensvolle Zusammenarbeit entwickelt und wurden bei den jährlichen Aufführungen zum Cäcilien-Tag auch in der Öffentlichkeit als einheitliche Gruppe wahrgenommen. Ihr Zusammenwirken war daher auch bei der Uraufführung von Händels *Utrechter Te Deum* eine Selbstverständlichkeit. Bei diesem musikalischen Festakt waren außerdem zwei Mitglieder der Royal Trumpeters beteiligt, die normalerweise unter Leitung des Sergeant Trumpeter gemeinsam mit den königlichen Trommlern, die wiederum vom Drum Major angeführt wurden, bei verschiedenen höfisch-zeremoniellen und staatlichen Anlässen zu spielen hatten.

Händel in England

Erste Erfolge

Nur kurze Zeit nach seiner Ankunft in London begann Händel im Dezember 1710 mit der Komposition seiner Oper *Rinaldo* und stellte sie bereits im folgenden Januar fertig. Die Arbeit ging zügig voran, denn er konnte auf Bewährtes zurückgreifen und übernahm nicht weniger als fünfzehn Nummern aus früheren Werken, vor allem aus *Agrippina* und *La Resurrezione* und im Falle der berühmten Arie „Lascia ch'io pianga" aus *Almira*. Seine neue Oper erlebte zwei Wochen nach Aufführung der Geburtstagsode für Königin Anne ihre überaus erfolgreiche Uraufführung am Queen's Theatre.

Erst dieser Erfolg mit *Rinaldo* und die verschiedenen Aufführungen seiner Werke für den Hof machten Händel als Komponist bekannt und waren wichtig für seine weitere Karriere. Nach zwölf Jahren in England verdiente er als „Composer for the Chapel Royal und Music Master to the Royal Princesses" etwa 400 Pfund jährlich, kam also mit seiner königlichen Pension auf ein Jahreseinkommen von insgesamt 600 Pfund (im heutigen Gegenwert etwa 660.000 Euro) und war damit wohlhabend und abgesichert.

Händel und die englische Kirchenmusik

Händel ist wahrscheinlich sehr bald nach seiner Ankunft in London mit der Musik der bedeutendsten Komponisten des Landes in Berührung gekommen. Er lernte Musik seines Zeitgenossen William Croft und natürlich des früh verstorbenen Henry Purcell kennen, der als berühmtester englischer Musiker vor Händel gilt und im englischen Musikleben allgegenwärtig war. Händel wird die englische Musik, z.B. Blows, Crofts und Purcells Anthems oder Purcells Te Deum, in Aufführungen gehört oder auch in gedruckter Form studiert haben, denn zahlreiche Werke wie Purcells Te Deum waren inzwischen verlegt worden und problemlos zugänglich.

Nach seiner Ausbildung und der Zeit in Italien konnte Händel also die Tradition der anglikanischen Musik vor Ort erleben, neue Eindrücke sammeln und mit seiner bereits in Italien bewiesenen Auffassungsgabe auch den „englischen Ton" für sich gewinnen. Er war stets offen für Neues, hatte aber als bereits berühmter Meister seines Fachs eigentlich „keine Veranlassung, sich irgendwie mit englischer Musik zu befassen"[21]. Henry Purcell und John Blow waren tot, standen im Grunde für einen zunehmend aus der Mode kommenden Stil und waren als musikalische Inspirationsquellen eigentlich eher uninteressant. Von den lebenden Kollegen hatte Händel keine besonders gute Meinung: „Als ich hier zuerst ankam, fand ich unter den Engländern manche, die gut spielten, aber keinen Komponisten."[22] Mit seinen musikalischen Bezügen zu Purcell erweist Händel dem Kollegen im *Utrechter Te Deum* dann aber doch seine Referenz und nimmt außerdem Rücksicht auf die Hörgewohnheiten und -erwartungen des Publikums.

Händels erste kompositorische Beiträge zur englischen Kirchenmusik wie die Kantate *As pants the Hart* entstanden wahrscheinlich erst bei seinem zweiten Aufenthalt in England ab 1712. Sie waren für Hän-

21 Edward Dent, *Englische Einflüsse bei Händel*, S. 3.

22 ebd., S. 4.

dels Fortkommen zunächst ebenso bedeutsam wie für seine zunehmenden Theateraktivitäten. Seine Kirchenmusik entstand im Auftrag des Hofes oder adliger Mäzene wie seines Gönners und Gastgebers James Brydges, dem Earl of Chandos, bei dem er 1717–18 wohnte und für den er das *Chandos Te Deum* und die *Chandos Anthems* - auch *Cannons Anthems* genannt - komponierte.

In den folgenden Jahren trat dann die Oper immer mehr ins Zentrum seines künstlerischen Lebens und drängte die Kirchenmusik zurück. Vor dem Hintergrund seines gesamten während der etwa 40 Jahre dauernden aktiven Zeit in England entstandenen Werkes scheint „für den gewaltigen Dramatiker Händel, dessen Lebenswerk auf den Gebieten der Oper und des Oratoriums liegt, (...) das kirchenmusikalische Schaffen nur eine Episode"[23] gewesen zu sein.

Und doch war Händel neben seinem umfangreichen Engagement für das Theater immer wieder mit dem Komponieren von Kirchenmusik beschäftigt, die im Grunde als wichtige Entwicklungsstufe zu den Oratorien bezeichnet werden kann und die anglikanische Tradition maßgeblich beeinflusste, sowohl durch die großartigen Chorsätze mit Orchesterbegleitung als auch durch die moderne Melodik und Harmonik, die ihn als einen der großen Meister der Barockmusik ausweisen.

Händel und seine Zeit

Als Zeitbegriff ist der Terminus Barock problematisch. Am ehesten lässt sich wohl Einigung darüber erzielen, dass die Periode der Barockmusik vom Beginn des 17. Jahrhunderts bis etwa zur Mitte des 18. Jahrhunderts andauerte und in die Phase des Rokkoko bzw. der Frühklassik überging. Wenn man Komponisten wie Händel und seinen nur etwa einen Monat jüngeren Altersgenossen und Landsmann

23 Erwin Völsing, a.a.O, S. 5.

Johann Sebastian Bach als Komponisten des Barock bezeichnet, ist damit eine begriffliche Unschärfe verbunden, denn die Aufklärer Rousseau, Voltaire und Diderot waren nicht einmal eine Generation jünger. Ihre Lebensphasen reichten vielmehr noch in die Barockzeit hinein und aufgrund dieser Überschneidung können Bach und Händel eigentlich auch als „musikalische Repräsentanten der Aufklärung" bezeichnet werden[24].

Weder im historischen Sinne noch als Umschreibung eines zeittypischen, einheitlichen musikalischen Stils ist der Terminus Barock wirklich brauchbar, denn schon bei den im gleichen Jahr 1685 geborenen Komponisten Scarlatti, Bach und Händel sind deutliche musikalische Unterschiede festzustellen: Der vokale Stil von Domenico Scarlatti ist im Unterschied zu Bachs ausdrucksvoller Affektsprache eher als virtuoser Belcanto zu bezeichnen, und im Gegensatz zu den deutschen Komponisten leistete sich Scarlatti manche Freiheit im Umgang mit den Gesetzmäßigkeiten der Harmonielehre. Zudem überschreitet die vom Begriff Barock gekennzeichnete Musiksprache die gängigen Epochen-Grenzen, denn das spezifische Vokabular finden wir in den Klaviersonaten Haydns ebenso wie in Mozarts Arie der Königin der Nacht, weiten Teilen seiner *c-Moll-Messe* und vor allem im *Requiem*.

Im Gegensatz zu Händel ist die geistliche Musik Johann Sebastian Bachs von einem protestantischen Weltbild geprägt, in dem die irdische Welt ein Jammertal und die Hoffnung auf Erlösung im Himmel ein zentrales Motiv des Glaubens war. Seine Musik wurzelt vor allem in der deutschen Tradition und ist der zeitgenössischen Rhetorik und Affektenlehre besonders verbunden. Das Spätwerk ist von großer Komplexität, wie das *Musikalische Opfer* und die *Kunst der Fuge* zeigen, und „bei kaum einem Komponisten der Musikgeschichte verschmelzen so heterogene Bereiche wie Musik, Religion, Mathematik und Mystik in so emphatischer Weise zur Einheit wie bei Johann Sebastian Bach"[25].

24 Wie z. B. auf dem Kolloquium der 24. Händel-Festspiele in Halle 1975.

25 Michael Loeckle, *Klangwelten und Weltenklang*, S. 22.

Heitere Gelassenheit, Überschwang und Freude sind am ehesten bei den früheren Kompositionen aus der Köthener Zeit wie den Brandenburgischen Konzerten und den Flötensonaten herauszuhören.

Händels Glaubensverständnis wird oft als ungezwungener angesehen, und seine Musik gilt im Gegensatz zur Bachschen nicht selten als ein fröhliches Preisen und Loben, erfüllt von „pantheistischer Weltfreudigkeit"[26] und mit gelegentlich triumphalem oder auch pastoralem Ton. Oft strahlt sie arkadische Freude aus (z. B. in „He shall feed his flock" im *Messias*), wie er sie während seines Italienaufenthaltes hat erleben können, eine Lebenserfahrung, die er Bach voraus hatte und die ihn in seiner musikalischen Persönlichkeitsentwicklung prägte.

In der berühmten literarischen Auseinandersetzung zwischen Johann Adolf Scheibe und Johann Abraham Birnbaum im Jahr 1737 wurden die beiden Komponisten zum Gegenstand musikalischer Polarisierung. Der Komponist und Musikkritiker Scheibe, einer der ersten dieses Faches, bezeichnete Bach in seiner Zeitschrift *Der Critische Musicus* als den eher komplizierten und langweiligen, Händel dagegen als den ergreifend schön schreibenden Komponisten, dessen Musik in ihrer Anmut der Zeit voraus sei. Auf diesen Vergleich erwiderte der Rhetorik-Dozent Birnbaum, Bach sei der ernsthaftere Komponist, dessen Strenge Beliebigkeit und virtuose Oberflächlichkeit verhindere, und bezeichnete Händels Musik als „läppische Galanterie"[27].

Im Grunde kann die Unterschiedlichkeit der Musik beider Komponisten nicht ohne Berücksichtigung ihrer Biographien und der unterschiedlichen Arbeitsbedingungen beschrieben oder gar beurteilt werden. Als Opernkomponist musste Händel seine Musik den stimmlichen Möglichkeiten und Vorlieben der oft launischen Sänger anpassen und aus wirtschaftlichen Gründen dem Geschmack des Publikums gefällig sein. Bach hingegen hatte in den Gottesdienstbesuchern ein fast ideales, weil in der Regel andächtig lauschendes, wenn

26 Karl-Heinz Ott, *Tumult und Grazie - Über Georg Friedrich Händel*, S. 70.
27 ebd., S. 61.

auch nicht unkritisches Publikum und konnte bei aller Kritik an seiner Musik seine Kunst freier ausleben. Eine wie bei Bach bis an ihre Grenzen weiterentwickelte Polyphonie war für Händel kein künstlerischer Maßstab und konnte es aus den genannten Gründen auch nicht sein. Dass er dennoch die Kunst des komplexen Kontrapunkts beherrschte, zeigen viele seiner großartigen Chorfugen.

Unsere heutige Sicht auf die Komponisten als die wahren Urheber der Musik entspricht nicht der Perspektive ihrer damaligen Zeitgenossen, denn viele Sänger (Kastraten, Primadonnen) waren weitaus berühmter und angesehener. Ihr Status war dem heutiger Popstars vergleichbar und lag damit weit über den einfachen Tonsetzern, die noch nicht wie in späteren Zeiten als kreative Künstler wahrgenommen wurden. Dies spiegelt sich auch in der Quellenlage wider, die in Bezug auf Händel als spärlich bezeichnet werden muss, weil es von ihm kaum Briefe oder andere persönliche Unterlagen aus erster Hand gibt, die sein Leben dokumentieren könnten. Wir müssen uns „auf das beschränken, was von Händel überliefert ist, was so gut wie nichts anderes als seine (...) Noten sind“[28]. Die oft gestellte Frage, ob Händel als englischer oder deutscher Komponist zu gelten habe, kann eigentlich nur bei engstirnigen Diskussionspartnern zu anhaltendem Streit führen und sie wird in London oder Halle sicher auch heute noch mit unterschiedlicher Akzentuierung beantwortet. Auch wenn er sich als Engländer naturalisieren ließ, „gehört“ Händel nicht einem Land allein, sondern ist ein Teil unserer gemeinsamen europäischen Musikkultur.

28 Ott, a.a.O., S. 102.

Der Spanische Erbfolgekrieg und der Friede von Utrecht

Der Spanische Erbfolgekrieg dauerte von 1701 bis 1714, war eigentlich eine Reihe von einzelnen militärischen Konflikten und wurde um das rechtmäßige Erbe des spanischen Königs Karl II. und damit auch um die Machtverteilung in Europa geführt. Eine österreichische Thronübernahme durch Erzherzog Karl hätte zu einer territorialen Umklammerung Frankreichs durch die dann wiedervereinigten habsburgischen Gebiete geführt, was Ludwig XIV. unbedingt verhindern musste. Auf Betreiben des Sonnenkönigs bestieg sein Enkel Philipp von Anjou nach dem Tod Karls II. im November 1700 als Philipp V. den spanischen Thron. Das offenkundige Machtstreben des französischen Monarchen rief unverzüglich die anderen europäischen Mächte auf den Plan und machte eine kriegerische Auseinandersetzung unvermeidlich. Im folgenden Jahr 1701 schlossen sich daher Österreich, England, die Niederlande, Brandenburg und Hannover zur Großen Haager Allianz gegen die Koalition von Frankreich mit Bayern, Köln und Savoyen zusammen. Mehrere europäische Länder waren Schauplätze des Krieges, der in Nordamerika als ein indianischer Stellvertreterkrieg geführt wurde, dort als „Queen Anne's War" in die Geschichte einging und zum Handlungshintergrund des Romans *Lederstrumpf* von James Fenimore Cooper wurde.

In England führten nach vielen Jahren mit unterschiedlichen militärischen Erfolgen verschiedene Faktoren, u. a. die stetig steigende Steuerlast, zu einem Strategiewechsel. Die Tories hatten die Parlamentsmehrheit erlangt und strebten nach einer baldigen Beendigung des Krieges, denn nie standen „nach solch beispielloser Anspannung der Kräfte des ganzen Landes"[29] die Chancen für einen Frieden besser als in diesem Moment. England begann 1712 geheime Verhandlungen mit Frankreich und unterlief damit die Haager Allianz, an der auch

29 Ottokar Weber, *Der Friede von Utrecht*, S. 7.

der Kurfürst Georg Ludwig von Hannover, Händels Arbeitgeber und späterer König von England, beteiligt war. Die zu Beginn des Jahres begonnenen offiziellen Friedensverhandlungen mündeten 1713 in die Vereinbarung des Friedens von Utrecht. Aus verhandlungstaktischen Gründen hatten sich England und Frankreich gegen Den Haag und für Utrecht als Verhandlungsort entschieden. Der Friedenskongress verhandelte allerdings nur Detailfragen. Es stand fest, „dass beide Mächte den übrigen Kongressteilnehmern den Frieden mehr oder weniger diktieren würden. (...) Damit hatte der Utrechter Kongress im wesentlichen einen nur repräsentativen Charakter."[30]

Zum ersten Mal in der Geschichte Europas war ein Gleichgewicht der Mächte entstanden. England entpuppte sich nach den Verhandlungen als der größte Gewinner des Krieges, denn die Vereinigung mit Schottland war endgültig vollzogen, die Erbfolge der Königin war durch das Parlament gesetzlich geregelt, der neu gewonnene, strategisch bedeutsame Flottenstützpunkt Gibraltar erhöhte den politischen Einfluss und die Bedeutung als Seemacht und Kolonialmacht in Nordamerika war erheblich gestiegen.

In den vierzehn Kriegsjahren war England von Kämpfen auf eigenem Boden verschont geblieben. Auch wenn es selbst nicht Schauplatz der militärischen Auseinandersetzungen war, so nahm seine Bevölkerung doch regen Anteil und begleitete die Feldzüge der englischen Armee mit Fastenzeiten und Gottesdiensten, die der Fürbitte oder Danksagung dienten. Bei den Dankgottesdiensten hatte das Te Deum stets eine wichtige Funktion und wurde auch bei den landesweiten Dankgottesdienten für den Frieden von Utrecht gesungen. Der Festakt in St. Paul's im Juli 1713 war ein großes offizielles Ereignis und würdiger Rahmen für das *Utrechter Te Deum*. Zum ersten Mal hatte Händel sich wie viele seiner Vorgänger von dem über zwölfhundert Jahre alten

30 C. G. Roelofsen, *Von Nimwegen bis Utrecht*, S. 115.

Hymnus zu einer repräsentativen Komposition anregen lassen. Sein erstes Te Deum wurde damit Teil einer bedeutenden musikalischen Tradition.

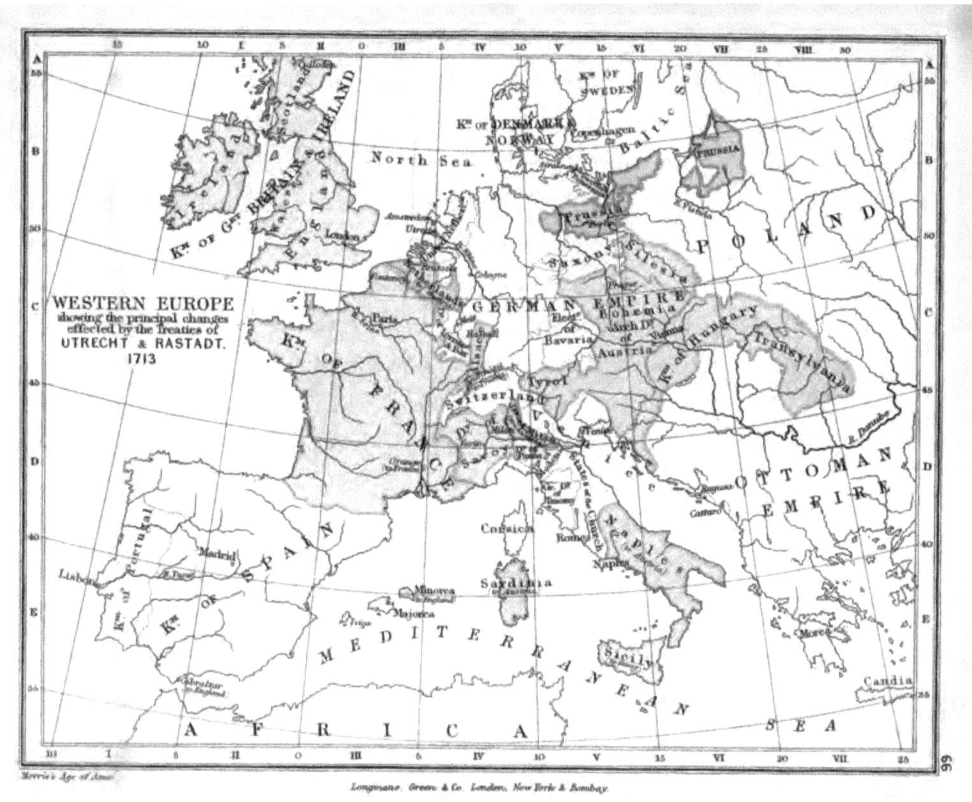

Europa zur Zeit des Friedens von Utrecht 1713

Das Te Deum

Der Te Deum-Hymnus ist schon seit vielen Jahrhunderten ein wichtiger musikalischer Eckpfeiler der kirchlichen Liturgie. Er wurde aufgrund seiner Popularität seit dem 16. Jahrhundert immer wieder neu vertont, wobei im Laufe der Zeit zunehmend außerkirchliche Anlässe wie z. B. private und politische Festakte den Anstoß gaben. Das Te Deum ist auch in unserer Zeit durchaus präsent, wenngleich seine ursprüngliche Bedeutung im Schwinden scheint, da es „derzeit (...) sowohl als Gemeindegesang wie auch als kunstvoll vertontes Stück in Kirchenkonzerten auffallend selten“[31] erklingt. Die große spirituelle Kraft des Hymnus zeigt sich exemplarisch in den Worten eines erschöpften Priesters: „Wenn ich nicht beten kann, begnüge ich mich mit dem Sprechen des Te Deums; es enthält alles.“[32]

Vers	Englisch	Deutsch	Latein
1	We praise thee, o God: we acknowledge thee to be the Lord.	Dich, Gott, loben wir, wir bekennen uns zu dir als dem Herrn.	Te Deum laudamus, Te Deum confitemur
2	All the earth doth worship thee: the Father everlasting.	Der ganz Erdkreis verehrt dich, den ewigen Vater.	Te aeternum patrem omnis terra veneratur.
3	To thee all angels cry aloud: the Heavens, and all the Powers therein.	Dir rufen alle Engel laut zu, die Himmel und des Weltalls Mächte;	Tibi omnes angeli, tibi coeli et universae potestatis,

31 Paul-Gerhard Nohl, *Lateinische Kirchenmusiktexte*, S. 187.

32 Zitiert nach: Andrew E. Burn, *The hymn Te Deum and its author*, S. 79f. (Ü.d.V.).

Vers	Englisch	Deutsch	Latein
4	To thee Cherubin and Sera-phin: continually do cry,	dir rufen Cherubim und Se-raphim immerfort zu:	tibi Cherubin et Seraphim incessabili voce proclamant:
5	Holy, holy, holy: Lord God of Sabaoth.	Heilig, heilig, heilig ist der Herr Gott Zebaoth!	Sanctus, sanctus, sanctus, Dominus Deus Sabaoth.
6	Heaven and earth are full of the Majesty: of thy Glory.	Himmel und Erde sind erfüllt vom Ruhm deiner Herrlich-keit.	Pleni sunt coeli at terrae majestatis glori-ae tuae.
7	The glorious company of the Apostles: praise thee.	Der ruhmreiche Apostelchor lobpreiset dich,	Te gloriosus Apostolo-rum chorus,
8	The goodly fellowship of the Prophets: praise thee.	die löbliche Brüderschaft der Propheten preist dich;	te Prophetarum lau-dabilis numerus,
9	The noble army of Martyrs: praise thee.	das strahlende Heer der Märtyrer preist dich.	te martyrum candida-tus laudabilis numerus
10	The holy Church through out all the world: doth acknowledge thee,	Die heilige Kirche in aller Welt erkennt dich an;	Te per orbem terra-rum sancta confitetur ecclesia
11	The Father of an infinite Majesty;	den Vater unermesslicher Herrlichkeit,	Patrem immensae majestatis
12	Thine honourable, true and only Son;	deinen zu verehrenden, wah-ren und einzigen Sohn	venerandum tuum verum et unicum Filium
13	Also the Holy Ghost: the comforter.	und den Heiligen Geist, den Tröster.	Sanctum quoque Para-clitum Spiritum.
14	Thou art the King of Glory, o Christ,	Du, König der Ehren, Christus,	Tu, rex gloriae, Christe,
15	Thou art the everlasting Son: of the Father.	du bist der ewige Sohn des Vaters.	Tu Patris sempiternus est Filius.
16	When thou tookest upon thee to deliver Man: thou didst not abhor the Virgin's womb.	Als du auf dich nahmst, den Menschen zu befreien, scheu-test du nicht den Schoß der Jungfrau.	Tu ad liberandum suscepturus hominem non horruisti Virginis uterum.

Vers	Englisch	Deutsch	Latein
17	When thou hadst overcome the sharpness of death: thou didst open the kingdom of Heaven to all believers.	Als du besiegtest des Todes Stachel, öffnetest du die Königreiche der Himmel allen Gläubigen.	Tu devicto mortis aculeo aperuisti credentibus regna coelorum.
18	Thou sittest at the right hand of God: in the glory of the Father.	Du sitzt zur Rechten Gottes, der Herrlichkeit des Vaters.	Tu ad dexteram Dei sedes in Gloria Patris.
19	We believe that thou shalt come: to be our judge.	Wir glauben, dass du kommen wirst als unser Richter.	in Judex crederis esse venturus.
20	We therefore pray thee, help thy servants: whom thou hast redeemed with thy precious blood.	Dich bitten wir nun: Komm deinen Dienern zu Hilfe, die du erlöst hast mit deinem teuren Blut.	Te ergo quaesumus tuis famulis subveni, quos pretioso sanguine redmisti.
21	Make them to be numbred with thy saints: in glory everlasting.	Nimm sie auf in die Schar deiner Heiligen in ewiger Herrlichkeit.	Aeterna fac cum sanctis tuis in gloria numerari.
22	O Lord, save thy people: and bless thine heritage.	O Herr, lass dein Volk gerettet sein und segne deine Erben.	Salvum fac, Domine, et benedic haereditati tui.
23	Govern them: and lift them up for ever.	Und leite sie, und hebe sie auf zu dir in Ewigkeit.	Et rege eos, et extolle illos usque in aeternum.
24	Day by day: we magnify thee;	Tag für Tag preisen wir dich	Per singulos dies benedicimus te
25	And we worship thy Name: ever world without end.	und wir loben deinen Namen von Ewigkeit zu Ewigkeit.	et laudamus nomen tuum in seaculum saeculi.
26	Vouchsafe, o Lord: to keep us this day without sin.	Gewähre uns, Herr, uns von Sünden rein zu halten.	Dignare, Domine, die isto sine peccato nos custodire.

Vers	Englisch	Deutsch	Latein
27	O Lord, have mercy upon us: have mercy upon us.	O Herr, erbarme dich unser;	Miserere nostri, Domine.
28	O Lord, let thy mercy lighten upon us: as our trust is in thee.	lass deine Gnade leuchten über uns, denn wir hoffen auf dich.	Fiat misericordia tua, Domine, super nos, qemadmodum speravimus in te.
29	O Lord, in thee have I Trusted: let me never be confounded.	O Herr, auf dich traue ich, Lass mich niemals zuschanden sein.	In te speravi, Domine, non confundar in aeternum.

Der Hymnus: Erste Hinweise, Manuskripte und Übersetzungen

Die Liturgiewissenschaft vermutet, dass der Te Deum-Hymnus in die erste Hälfte des 4. Jahrhundert nach Christus entstanden ist. Verschiedene zeitgenössische Traktate von Autoren wie Pacian von Barcelona, Ambrosius von Mailand, Iulius Firmicus Maternus und Vincenz von Lérins zitieren Teile des Textes, dessen Gedanken und Inhalte bereits in einer Schrift Cyprians von Karthago aus dem Jahr 235 nach Christus anklingen. Der Hymnus entstand wahrscheinlich nicht in zusammenhängender Form. Einzelne Abschnitte des Textes scheinen älter zu sein, denn verschiedene Motive lassen byzantinisch-orthodoxe Wurzeln erkennen. Vom ersten Teil existiert eine alte griechische Fassung, vom zweiten nicht, und es gibt unterschiedliche Ansichten darüber, ob dieser zweite als Fortsetzung des ersten Teils von einem anderen Autor stammt, oder ob beide ob ihrer sprachrhythmischen Verwandtschaft vom selben Autor, nämlich von Niketas, dem Bischof von Remesiana, um das Jahr 400 verfasst worden sind. Der Hymnus findet in einigen frühen christlichen Quellen seit Mitte des 5. Jahrhunderts Erwähnung, einerseits als nachweislicher Bestandteil der damaligen Liturgieregeln des Caesarius von Arles und später in einem Brief von Cyprien, der in den Jahren 513–523 Bischof von Toulon war, an seinen Genfer Amtsbruder Maximus. Das Te Deum wurde in vielen Gemeinden täglich gesungen und war damit zum festen Bestandteil der Liturgie geworden.

Der Ursprung des altkirchlichen Textes ist bis heute ungeklärt. Die ältesten Manuskripte finden sich in Italien, unter ihnen der Vatikanische Psalter, der vermutlich südfranzösischer Herkunft ist, und das in der Ambrosianische Bibliothek in Mailand gehütete Turiner Manuskript, die früheste vollständige Version des Hymnus innerhalb des Antiphonar von Bangor. Diese Sammlung wurde um 690 im gleichnamigen irischen Kloster östlich von Belfast verfasst und enthält den Hinweis, dass „dies (...) der Lobgesang der heiligen Dreifaltigkeit [sei], welchen der heilige Augustinus und der heilige Ambrosius schufen"[31]. Hintergrund dieser Referenz ist eine seit dem frühen Mittelalter populäre Entstehungslegende, „die so schön ist, dass man sich wünschte, sie wäre wahr"[32], und die zur späteren Bezeichnung des Te Deum-Hymnus' als „Ambrosianischer Lobgesang" führte. Die Legende schildert, wie der heilige Augustinus bei seiner Erwachsenentaufe zu Ostern 387 durch Ambrosius, den fünfzehn Jahre älteren Bischof von Mailand, vom Heiligen Geist beseelt einen hymnischen Lobgesang anstimmt und mit seinem Täufer im Wechsel singt. Es ist allerdings eher unwahrscheinlich, dass ein solch durchdachter Text das Ergebnis eines spontanen Austauschs zwischen zwei, wenn auch bedeutenden Männern gewesen sein kann. Weitere Zweifel kommen bei der syntaktischen Analyse auf, denn Ambrosius verfasste seine eigenen Hymnen in metrischen Versen und nicht in der rhythmischen Prosa des Te Deum.

Nach den Erkenntnissen der Religionshistoriker war Ambrosius von Mailand Initiator einer umfassenden Liturgiereform und in diesem Kontext auch an der Einführung neuer Hymnen und eines neuen Ge-

31 Zitiert nach: Burn, a.a.O., S. 4 (Ü.d.V.).

32 Nohl, a.a.O., S. 173.

sangsstils beteiligt. Auf das „Körnchen Wahrheit“ der oben beschriebenen Legende könnte der Umstand verweisen, dass das Te Deum einer dieser neuen, von orthodoxen Elementen beeinflussten Hymnen gewesen ist. Hinweise auf diesen Zusammenhang sind überlieferte griechische Versionen der ersten Verse in verschiedenen Handschriften in Bamberg, Köln, Paris und Mailand. Zahlreiche weitere Manuskripte lassen die Möglichkeit anderer Autorenschaft zumindest offen. So werden zum Beispiel Abundius (3. Jh.), Hilarius von Poitiers (4. Jh.) und Sisebut (7. Jh.) genannt, meist in Verbindung mit den Klöstern von Benevento und Montecassino. Es waren also wahrscheinlich Mönche, die den Te Deum-Hymnus auf ihren Reisen verbreiteten. Der wichtigste Name allerdings ist der eines Bischofs aus dem 4. Jahrhundert: Niketas von Remesiana[33]. Ihm allein werden vierzehn verschiedene Manuskripte zugeschrieben, die das Te Deum enthalten und die über Westeuropa verstreut, z. B. in München, London, Angers, Florenz und im Vatikan zu finden sind. Eines dieser Manuskripte ist ein früher Psalter für die Church of Salisbury, der das Te Deum unter dem Titel *Canticle of the Blessed Nicetius the Bishop* enthält. Eine Anmerkung weist darauf hin, dass es das von Niketas verfasste Te Deum sei, das Ambrosius im Wechsel mit seinem Täufling Augustinus gesungen habe. Die neuere hymnologische Forschung[34] erkennt in der Struktur des Textes und im Sprachstil Parallelen zur mozarabischen (altspanischen) und gallischen Liturgie. So bleibt die Autorschaft des Te Deum trotz vielzähliger Manuskriptfunde und daraus resultierender Deutungsversuche bis heute ungeklärt.

Seit dem 9. Jahrhundert gibt es das Te Deum auch in Übersetzungen. Neben der ältesten deutschen Fassung, die sich in der Bodleian Library in Oxford befindet, gibt es eine deutsche Prosaversion, eine Übertragung ins Niederdeutsche und weitere Übersetzungen ins Altfran-

33 Ein Ort im heutigen Serbien.

34 Als wichtige Publikation gelten Ernst Kählers *Studien zum Te Deum und zur Geschichte des 24. Psalms in der alten Kirche* (1958).

zösische, Walisische und Altenglische. Zwei Manuskripte aus dem 12. Jahrhundert aus Rouen und Cambridge tragen den Titel *Lobpreis der Engel*. Im Wirkungsbereich der Reformation wurde das Te Deum überall in die jeweilige Landessprache übersetzt. Im deutschsprachigen Raum vertonten die Komponisten sowohl das lateinische Original als auch die deutsche Fassung von Martin Luther, der das Te Deum als das „dritte Glaubensbekenntnis" nach dem Nizäno-Konstantinopolitanum und dem Athanasischen Quimque bezeichnete.

Luthers Lied *Herr Gott, Dich loben wir* findet sich im 1529 von Joseph Klug herausgegebenen Gesangbuch mit einer Vereinfachung der überlieferten gregorianischen Melodie im Tonus simplex:

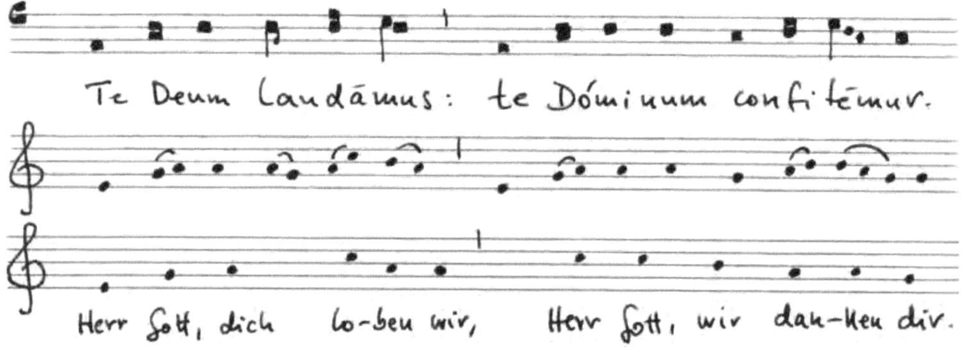

Bedeutender als Luthers Neubearbeitung sind allerdings die von Ignaz Franz im Jahr 1771 entstandene Nachdichtung *Großer Gott, wir loben dich* und das Lied *Nun danket alle Gott* von Martin Rinckhart, die beide im gesamten deutschsprachigen Raum sehr populär wurden, was aufgrund ihrer melodischen Energie und Dur-Klanglichkeit nicht verwundert. Die wichtigste Neufassung des Te Deum in unserer Zeit stammt vom katholischen Theologen, Liturgiereformer und Hochschullehrer Romano Guardini, dessen Übersetzung von 1950 seit dem Zweiten Vatikanischen Konzil in der deutschsprachigen katholischen Kirche verwendet wird.

Die englische Übersetzung des Te Deum im *Book of Common Prayer*, dessen Überarbeitung von 1662 zu Händels Zeiten in Gebrauch war und bis heute das Standardbuch der Church of England und textliche Grundlage für englische Kirchenmusik ist, geht auf den Kirchenreformer Thomas Cramner zurück, der unter der Regentschaft Heinrichs VIII. als Erzbischof von Canterbury das geistliche Oberhaupt Englands war[35]. Die alte Hymnenmelodie ist unter dem Titel *Holy God, we praise thy name* bis heute in den Gesangbüchern der *Church of England* bewahrt worden:

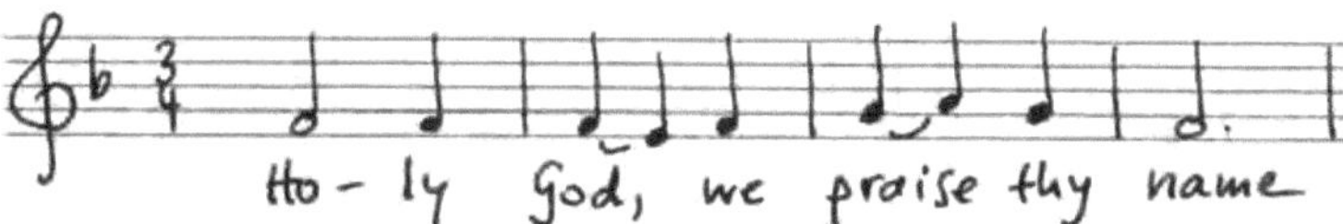

Im 16. Jahrhundert gab es auch Umdichtungen des Ambrosianischen Lobgesanges: Ein für verschiedene Marienfeste geschaffenes *Te Matrem Dei laudamus* (Dich, Mutter Gottes, loben wir) und die ganz offensichtlich ideologisch motivierte Persiflage *Te Lutherum damnamus, te haereticum confitemur* (Dich, Luther, verurteilen wir, zu dir, Ketzer, bekennen wir uns).

Der Text und seine Bedeutung

Das Te Deum ist wie alle Hymnen der frühen Kirchen gedanklich auf Gott und seine Verherrlichung gerichtet und bringt die Danksagungen und Bitten der Gläubigen zum Ausdruck, während viele der jüngeren Kirchenlieder die Hinwendung zu Gott mit eigenen Gedanken und Gefühlen verbinden.

35 Siehe: Horst Robert Balz, Gerhard Krause, Gerhard Müller, *Theologische Realenzyklopädie*, S. 27.

Die inhaltliche Struktur des Te Deum-Textes ist im Prinzip dreiteilig. Der historisch ältere erste Teil mit den Versen 1 bis 13 kann als Lobpreis Gottes bezeichnet werden: Nicht der einzelne Mensch, sondern der ganze Erdkreis, die Engel und die Heiligen im Himmel preisen Gott und erweisen ihm die Ehre. Das Te Deum spiegelt somit die griechisch-neuplatonische Denkweise wider, nach der Gott als höchstes Wesen an der Spitze einer Art ständischen Hierarchie steht[36]. Die Menschen sind Teil eines lobpreisenden Ganzen, das alle zeitlichen und räumlichen Grenzen überschreitet – ein faszinierender Gedanke, der die Popularität des Te Deum erklärt.

Die Verse 14 bis 19 bilden den zweiten Teil und sind eine „huldigende Anrufung an einen mächtigen, triumphalen Christus, wie wir ihn auch aus dem Johannes-Evangelium kennen"[37], und der eher die strengen Züge eines Herrschers als die des mildtätigen Heilands trägt.

Der dritte Textteil ab Vers 20 ist historisch der jüngste, in verschiedenen Quellen unterschiedlich überliefert und bringt die Bitten der Gläubigen zum Ausdruck, die eher universeller als konkreter Natur sind, denn sie äußern den Wunsch nach Erlösung, Barmherzigkeit und ewigem Heil. Das Te Deum ist also ein besonderer Text, da er verschiedene liturgische Elemente – Lobpreis, Bekenntnis und Bitte – in einem Hymnus vereint.

Verschiedene Verse des Hymnus sind aus anderen liturgischen Texten entlehnt: Vers 5 und 6 stammen aus dem Sanctus der Messe und die vermutlich später hinzugefügten Verse 11 bis 13 aus der sogenannten kleinen Doxologie, dem Gloria Patri. Die Verse 24 bis 29 zitieren verschiedene Psalmen (31, 33, 123 und 145) und sind als Zusammenstellung der einzige Abschnitt des Te Deum, den wir in der griechisch-orthodoxen Liturgie wiederfinden.

36 Siehe Nohl, a.a.O., S. 183.

37 ebd.

Die liturgische Funktion des Te Deum

Im Ambrosianischen Ritus der römischen Kirche hatte das Te Deum seinen festen liturgischen Platz. Es wurde außerhalb der Advents- und Fastenzeit an Sonn- und Festtagen gegen Ende der Morgenandachten gesungen und zwar nach mittelalterlicher Praxis im Anschluss an das letzte Responsorium und in neuzeitlicher Liturgieordnung an dessen Stelle. Das Te Deum konnte auch den musikalischen Abschluss einer Prozession oder eines mittelalterlichen liturgischen Schauspiels bilden und hatte einen festen Platz bei der Amtseinführung kirchlicher Würdenträger, also bei der Inthronisierung von Dekanen und Bischöfen an Kathedralen oder der Päpste im Vatikan. Während sich das Te Deum in der Liturgie der griechischsprachigen Kirchen nicht etablieren konnte und durch den Akathistos-Hymnus ersetzt wurde, zelebriert es die russisch-orthodoxe Kirche bei Dankgottesdiensten als Gesang des Ambrosius. Wenn seine Beliebtheit auch geringer geworden ist, so hat es doch bis heute seinen festen Platz in der Liturgie der katholischen, evangelisch-lutherischen und anglikanischen Kirche.

Die Bedeutung des Te Deum über die Liturgie hinaus

Seine Bekanntheit verdankt der Hymnus weniger seiner liturgischen Tradition als vielmehr der großen Zahl von musikalischen Vertonungen für außerkirchliche Anlässe. Bei Krönungen, Friedensschlüssen oder Geburten von Thronfolgern brachte das Te Deum den Dank der Menschen klangprächtig zum Ausdruck. Die moderneren Vertonungen des Hymnus bekamen durch die aus dem militärischen Bereich übernommenen Trompeten und Pauken einen besonders glanzvollen Charakter, der zwar weniger zum ursprünglich kirchlichen, dafür umso mehr zum repräsentativen Zeremoniell passte.

Dieser neue Tonfall glitt bei weltlichen Festen manches Mal ins Triumphal-Martialische ab, wenn (wie beim Te Deum von Guiseppe Sarti) Kanonendonner zusätzliche Akzente setzte.

Auch im geistlichen Bereich kam es zu aus heutiger Sicht fragwürdiger Verwendung des Hymnus. Das Te Deum wurde bei den Kreuzzügen, bei Hinrichtungen verurteilter Ketzer und makaberer Weise sogar nach dem Massaker der Bartholomäusnacht am 23. August 1572 in Paris auf bischöfliche Anordnung gesungen. Der Pietist Philipp Jacob Spener sprach sich als einer der schärfsten Kritiker gegen solcherlei Missbrauch des Lobgesangs aus. In seinen Augen war er „mit Höhen und Tiefen der Christenheit"[38] verbunden.

Die konkreten Anlässe für die Vertonungen des Te Deum sind bis zum Beginn des 17. Jahrhunderts nur in wenigen Fällen eindeutig belegt, und auch für die Folgezeit können nicht immer Nachweise erbracht werden. Es gibt allerdings eine Reihe bemerkenswerter Begebenheiten, bei denen der Hintergrund geklärt ist. Das Te Deum wurde nachweislich bei folgenden Anlässen musiziert[39]:

- 800 bei der Krönung von Karl dem Großen
- 1227 beim Abschied Elisabeths von Thüringen von der Wartburg
- 1572 nach den Massakern der Bartholomäusnacht in Paris
- 1599 in Shakespeares Drama *Heinrich V.* nach der Schlacht von Azincourt
- 1677 bei der Feier der Genesung Ludwigs XIV. (Lully)
- 1694 bei der Feier des Cäcilientages (Purcell)
- 1751 bei der feierlichen Einweihung der Dresdener Hofkirche (Hasse)

38 In: Hans-Christian Dröhmann, *Liederkunde zum Evangelischen Gesangbuch*, S. 115.

39 Bei den ersten vier Anlässen dieser kleinen Auswahl wurde der einstimmige lateinische Hymnus gesungen.

- 1788 bei der Feier der Einnahme von Otschakiw, mit Kanonen (Sarti)
- 1803 bei der Feier zum Namenstag von Kaiser Franz II. (M. Haydn)
- 1804 zur Krönung von Napoleon (Paisiello)
- 1810 bei der Feier der Rückkehr des preußischen Königspaares Friedrich Wilhelm III. und Luise aus Königsberg nach Berlin (Righini)
- 1832 beim Dankfest in Preußen nach Überwindung der Cholera (Nicolai)
- 1855 anlässlich der Pariser Weltausstellung (Berlioz)
- 1858 als Beitrag für einen Komponistenwettbewerb in Rom (Bizet)
- 1892 bei der 400-Jahr-Feier der Entdeckung Amerikas durch Kolumbus in New York (Dvořák)
- 1895 als Danksagung an das Publikum als Entschädigung für seine längere Opernabstinenz (Verdi)
- 1895 bei der Feier zum 200. Todestag Purcells in Westminster Abbey (Purcell)
- 1897 anlässlich des diamantenen Thronjubiläums von Queen Viktoria (Stanford)
- 1900 bei der Feier zum Sieg Englands im Burenkrieg (Sullivan)
- 1936 bei der Feier des 250. Jahrestages der Befreiung von Buda von der türkischen Besetzung (Kodály)
- 1953 bei der Krönung von Elizabeth II. (Walton)
- 1979 anlässlich der Feier der Papstwahl von Johannes Paul II. (Penderecki)
- 1989 in Prag unter dem Eindruck der politischen Wende (Eben)
- 1997 zum 350. Gedenkjahr an den Westfälischen Frieden (Steffens)
- 2005 für die Einweihung der rekonstruierten Frauenkirche in Dresden (Matthus)

Das Te Deum ist „als Preis und Dank bei vielen feierlichen Gelegenheiten (...) bald Volksgut geworden“[40] und hat im Laufe der Zeit Eingang in das musikalische Repertoire von Konzertsaal und Kirche gefunden. Der Hymnentext war auch eine außermusikalische Inspirationsquelle u. a. für den bedeutenden romantischen Dramatiker Friedrich Ludwig Zacharias Werner, der sein Gedicht *Te Deum* unter dem Eindruck der Einnahme von Paris 1814 und des Sturzes von Napoleon verfasste.

Vertonungen des Te Deum – Ein kurzer historischer Überblick

In vielen mittelalterlichen Handschriften ist das Te Deum ohne Musik überliefert. Der ursprüngliche Gesang wird für immer unbekannt bleiben, da die frühe musikalische Notation erst nach seiner Entstehung aufkam. Die in frühmittelalterlichen Neumen überlieferte Te Deum-Melodie weist in den einzelnen Manuskripten kaum wesentliche Unterschiede auf und beginnt mit der schon im Zusammenhang mit Luther erwähnten Gestalt:

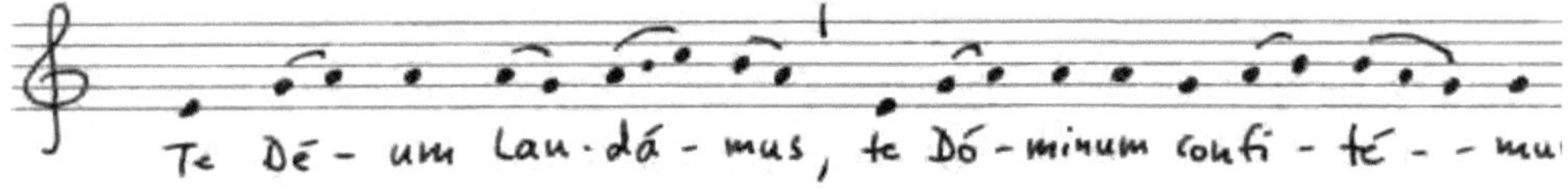

Die älteste, allerdings fragmentarische Version findet sich in der *Musica enchiriadis*, der bedeutendsten Lehrschrift über das Singen des Organums und Zeugnis der frühen Mehrstimmigkeit aus dem 9. Jahrhundert. Vollständige Versionen finden sich in einem norditalienischen Karthäuser-Graduale aus dem 12. Jahrhundert, im *Worcester*

40 Karl-Heinz Schlager, *Das einstimmige Te Deum*, S. 433.

Antiphonal und in einer Handschrift aus Salisbury. Die in der heutigen Zeit gebräuchlichen Transkriptionen sind Teil des *Graduale Romanum* und des *Antiphonale Monasticum*. Es gibt zwei grundlegende Varianten der Melodie: den Tonus sollemnis (a) und den Tonus simplex (b). Der Tonus sollemnis, welcher der ursprünglichen Form des Hymnus am nächsten steht, ist durch Melismen auf einzelnen Silben und die für die Psalmodie typischen Kadenzformeln Initium, Mediatio und Terminatio gekennzeichnet. Der Tonus Simplex verzichtet auf das Initium und ist syllabisch gehalten:

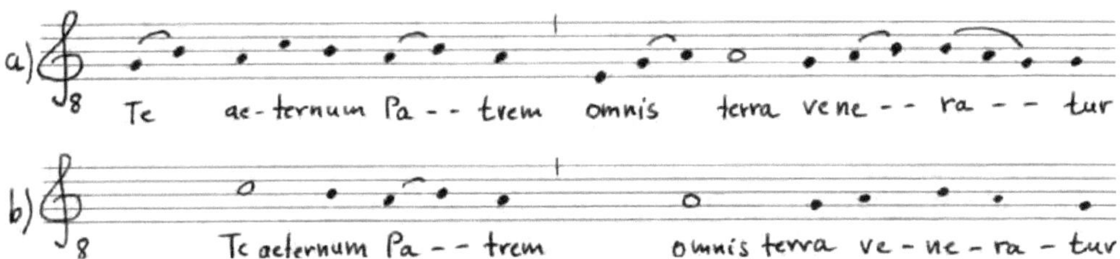

Das Intitium mit der Tonfolge e–g–a leitet die ersten drei Verse des Te Deum im Tonus sollemnis ein:

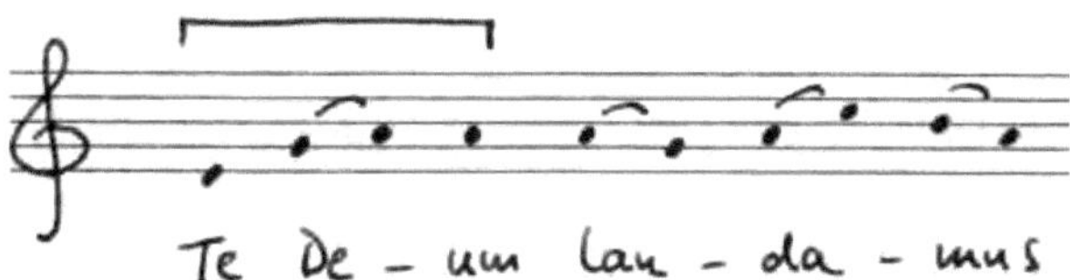

Dieses Tonfolge ist nicht nur seit der Spätgotik eines der wichtigsten Motive von Glockengeläuten geworden, sondern bildet auch ein natürliches Element der Obertonreihe (4.–6. Oberton) und ist ein musikalisches Urelement, wie die Pentatonik und verschiedene Kinderreime zeigen:

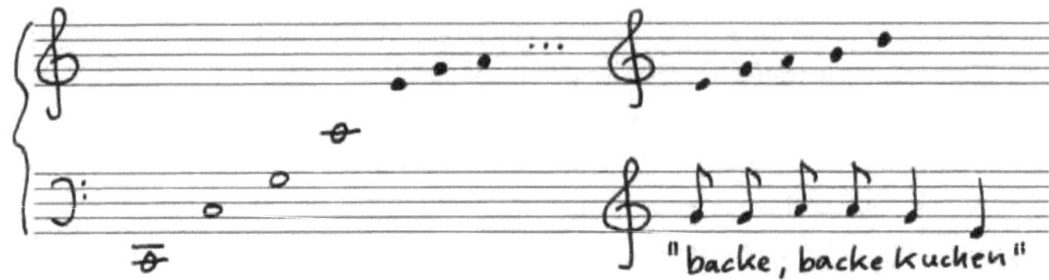

In der Geschichte der mehrstimmigen Vokalmusik hat das Te Deum seit dem späten Mittelalter einen musikalisch eigenständigen Platz neben Messe und Motette. Was das Te Deum von diesen Gattungen unterscheidet, sind die häufige, stilistisch variierende Verwendung der überlieferten Choralmelodie, sein durchweg positiver Grundcharakter und die unterschiedlichen Funktionen, die es inner- und außerhalb der Liturgie erfüllt. Die ältesten musikalischen Quellen des Te Deum sind ein englisches Fragment, ein dreistimmiger Diskantsatz mit Cantus firmus-Unterstimme zu dem Vers *In te Domine speravi*[41] und eine ähnliche Komposition in der bereits erwähnten *Musica enchiriadis*, die u.a. verschiedene Arten des Parallelorganums veranschaulicht. Bis zum 14. Jahrhundert sind lediglich die Vertonungen einzelner Textteile des Hymnus, aber keine vollständigen Kompositionen überliefert.

Auch die Zahl der ersten mehrstimmigen Te Deum-Kompositionen aus der zweiten Hälfte des 15. Jahrhunderts ist überschaubar. Zu ihnen gehören die aus der sängerischen Improvisation hervorgegangenen und stilprägenden Fauxbourdon-Sätze von Gilles Binchois, einem der ersten überhaupt namentlich bekannten Komponisten. Die in der Mitte des 16. Jahrhunderts gedruckten englischen, niederländischen und spanischen Sammlungen enthalten nur eine relativ geringe Zahl von Vertonungen, während verschiedene deutsche Fassungen, u.a. von Ludwig Senfl, erst in frühreformatorischer Zeit entstanden und zunächst nur als Handschriften vorlagen, was insgesamt den Schluss

41 Siehe: Ruth Steiner u. Keith Falconer, *Te Deum*, S. 643.

nahelegt, „dass es sich bei den Te Deum-Vertonungen bis um 1600 (nicht wesentlich anders als bei den Kompositionen der späteren Zeit) wohl größtenteils um Gelegenheitsarbeiten von jeweils nur lokaler und gewöhnlich nur momentaner Bedeutung handelt."[42]

Aufführungen mehrstimmiger Versionen des Te Deum waren zunächst die Ausnahme. Selbst an kirchlichen Feiertagen sang der Chor eher die beliebte, fast volkstümliche Choralmelodie und wurde dabei von der Orgel, von Trompeten oder manchmal auch Glocken begleitet. Diese Instrumente wurden auch im Wechsel mit dem Chor nach dem Prinzip des Alternatim eingesetzt, wie es bei verschiedenen mehrstimmigen Kompositionen von Francesco Anerio, Orlando di Lasso und Jacobus Gallus nachweisbar und für eine Aufführung 1452 im Dom von Siena belegt ist. Der antiphonale Wechselgesang wurde nicht nur zwischen zwei Gruppen des – damals professionellen – Chores, sondern auch zwischen Chor und Gemeinde praktiziert, wobei der Chor eher einen auskomponierten mehrstimmigen Satz und die Gemeinde die vertraute Te Deum-Melodie gesungen hat, die im christlichen Raum bis zum Anfang, in England fast bis zum Ende des 17. Jahrhunderts Grundlage aller mehrstimmigen Vertonungen war. Ob und inwieweit auch Händels *Utrechter Te Deum* von ihr beeinflusst war, wird noch zu untersuchen sein.

Wie die Messe oder das Magnificat war im 16. Jahrhundert auch das Te Deum eine überwiegend polyphone Musik im zeittypischen motettischen Stil, bei der die Choralmelodie als Cantus firmus die Basis der satztechnischen Struktur bildete. In den selteneren deutschsprachigen Versionen wurde es auch als schlichter vierstimmig-homophoner Satz vertont. Hinsichtlich der Form hielten sich die Komponisten in der Regel an die Versstruktur des Hymnus, gestalteten aber oft nur jeden zweiten Vers mehrstimmig und überließen die anderen Verse gemäß dem Alternatim-Prinzip der einstimmigen choralartigen Ausführung.

42 Wilfried Kirsch, *Mehrstimmige Te Deum-Vertonungen*, S. 434f.

Im 17. Jahrhundert zeigt sich eine deutliche Tendenz zu größeren chorischen Besetzungen und einer Erweiterung des begleitenden Instrumentariums, wobei das Spektrum von sparsamer Basso continuo-Begleitung bis zu größeren Orchestern mit Streichern, Oboen und Fagotten reicht, die mit ihren Klangfarben zur Prachtentfaltung beitrugen. Mit der Entwicklung zur musikalischen Großform verlor die altgediente Alternatim-Praxis an Bedeutung, wobei das ihr zugrunde liegende antiphonale Prinzip in der Doppelchörigkeit der Generalbass-Zeit weiterleben konnte. Die Entwicklung der Gattung wurde nun auch vom monodischen Gesang und dem instrumentalen Farbenreichtum der in Mode gekommenen Oper beeinflusst, die darüber hinaus vom lebendigen Wechsel instrumentaler und vokaler Abschnitte sowie zwischen Solo-Partien und Chören geprägt war. Diese stilistische Vielfalt ermöglichte nun auch bei der Vertonung des Te Deum eine individuelle Interpretation der Textinhalte. Die Erweiterung des Orchesters vor allem durch Trompeten und Pauken, die ursprünglich Repräsentanten des höfischen und militärischen Zeremoniells waren, führte auch im sakralen Raum zu stärkerer Klangentfaltung und machte das Te Deum endgültig zur bedeutendsten geistlichen Festmusik.

Mit der Entwicklung der bürgerlichen Musikkultur wuchs die Beliebtheit des Te Deum außerhalb der Kirche. Anton Bruckner besetzte sein Te Deum zunächst mit zwei Klavieren, bevor er später eine für Orchester bearbeitete Fassung veröffentlichte, und Guiseppe Verdi komponierte das in seinen *Quattro pezzi sacri* enthaltene Te Deum ausdrücklich für den Konzertsaal. Solche Details zeigen, wie sich die Gattung in der zweiten Hälfte des 19. Jahrhunderts allmählich im Konzertsaal etablieren konnte.

Ein weiterer Wandel betraf die Funktion der Orgel: Zunächst war sie ein reines Begleitinstrument in der Alternatim-Praxis, erfüllte dann aber zunehmend eigenständige liturgische Aufgaben, wie Paraphrasierungen der Te Deum-Melodie in sogenannten Orgeltabulaturen zeigen, von denen sich die älteste in der Sammlung von Pierre Attaignant (1530) befindet und die später vor allem im norddeutschen Raum populär wurden. Dieses sogenannte Orgel-Te Deum emanzipierte sich mit der Zeit als Choralfantasie mit zunehmend größerem Umfang und mehreren stilistisch unterschiedlichen Sätzen. Nach ihrer Blütezeit mit Vertonungen von Samuel Scheidt und Dietrich Buxtehude wurde die Choralfantasie erst Anfang des 20. Jahrhunderts wieder für bedeutende Komponisten wie Max Reger und Jean Langlais interessant. Auch in neuerer Zeit finden sich Werke mit dem Titel Te Deum, die als rein instrumentale Konzertmusik meist in Verbindung mit Blechbläsern und Orgel, gelegentlich auch mit Pauken oder Schlagwerk wieder an die alte Tradition anknüpfen und dabei mit neuen Klangkombinationen experimentieren. Bei modernen vokalen Versionen wird der Chor immer häufiger auch von Blechbläsern, einer Kombination aus Holz- und Blechbläsern oder auch vom Schlagzeug begleitet. Ganz gleich wie man zu diesen Vertonungen steht – „jeder Generation sollte es gestattet sein, das Te Deum auf eigene Art musikalisch zu interpretieren."[43]

Das Te Deum ist immer ein Spiegelbild der allgemeinen musikalischen Entwicklungen und Veränderungen gewesen, auch wenn verschiedene Komponisten auf Muster vergangener Epochen zurückgriffen, vor allem wenn sie sich wie zum Beispiel Verdi an der alten ursprünglichen Choralmelodie orientierten. Diese ist bis heute eine wichtige Inspirationsquelle geblieben, zum Beispiel für Petr Eben, der den stilistischen Zusammenhang im Vorwort zu seinem *Prager Te Deum* (1989) eingehend erläutert.

Immer wieder gab es Vertonungen, die sich aufgrund ihrer spezifischen Besetzung, besonderer Aufführungsbedingungen oder ihrer Bedeutung für den Komponisten als außergewöhnliche Beispiele der Gattung erwiesen. Das Te Deum von William Walton konnte bei der Krönung von Elizabeth II. (1953) von einer breiten Rundfunk- und Fernseh-Öffentlichkeit gehört oder gesehen werden. Hector Berlioz' Te Deum wurde in Saint Eustace in Paris mit etwa 1000 Mitwirkenden, darunter 600 Kindern, unter besonderen räumlichen Bedingungen

43 Burn, a.a.O., S. 72 (Ü.d.V.).

aufgeführt, denn nach den Anweisungen in der Partitur wurden Chor und Orchester am äußersten Ende des Chorraumes weit von der Orgel entfernt positioniert, und ein zweiter, auf der Empore stehender Dirigent übermittelte dem Organisten das Tempo. Auch heute erfordert dieses Werk mit seiner monumentalen Wirkung ein großes Aufgebot an Sängern und Instrumentalisten und ist daher nur selten zu hören. Sehr häufig ist dagegen eine Musik gespielt worden, die man nicht unbedingt sofort mit einem geistlichen Sujet verbindet. Es handelt sich um die Ouvertüre von Marc-Antoine Charpentiers Te Deum von 1692, deren Anfangstakte auch bei Menschen, die nicht zum üblichen Publikum in Kirche und Konzertsaal zählen, als einleitende Fanfare der Sendungen der European Broadcasting Union eine große Popularität erlangt hat.

Händel hätte sich die medialen Möglichkeiten unserer Zeit sicher auch für seine Musik gewünscht. Er war im Londoner Musikleben als Opernkomponist bekannt, aber auf dem Gebiet der Kirchenmusik außer bei Hofe noch ein unbeschriebenes Blatt. In seinem dritten Jahr in London hatte er nun die große Chance, auch hier mit einem repräsentativen Werk beim heimischen Publikum zu reüssieren.

Das *Utrechter Te Deum*

Entstehung und Uraufführung

Händel begann mit der Komposition des *Utrechter Te Deum* vermutlich Anfang 1713. Es ist nicht bekannt, ob er vom englischen Hof einen konkreten Auftrag oder zumindest eine inoffizielle Aufforderung erhalten hatte, anlässlich des bevorstehenden Friedensschlusses ein Te Deum „in petto“ zu haben. Wahrscheinlich verfolgte Händel aufmerksam die politischen Entwicklungen, die durch die regelmäßigen Presseberichte seit Monaten im allgemeinen öffentlichen Bewusstsein waren. In jedem Fall war er vorauschauend und auf die Situation „wie gewöhlich gut vorbereitet“[44]. Sein Förderer Lord Burlington hatte ihm kurz zuvor den Auftrag für die *Birthday Ode* vermittelt und damit die Chance verschafft, bei Hofe zu reüssieren und die Königin für sich einzunehmen. Anne war weder eine Förderin der in ihren Augen wohl eher anrüchigen Theaterszene noch eine große Musikliebhaberin, hat aber wahrscheinlich die musikalische Huldigung durch den Kapellmeister des ihr verhaßten Hannoverschen Kurfürsten genossen. Händel seinerseits dürfte die Aussicht auf die Präsentation einer großen Festmusik bei der bevorstehenden staatlichen Friedensfeier und die damit verbundene Reputation bei Hofe, bei den Mitgliedern des Parlaments und der allgemeinen Öffentlichkeit sehr gereizt, musikalisch

44 Stoddard Lincoln, *Music for Queen Anne*, S. 193 (Ü.d.V.).

stimuliert und zu intensiver Arbeit angetrieben haben, so dass das Te Deum nach wenigen Tagen Mitte Januar noch vor der *Birthday Ode* abgeschlossen war.

Verschiedene Londoner Zeitungen wie der *Post Boy*, der *Daily Courant*, die *London Gazette* oder die *Flying Post* berichteten regelmäßig über die Friedensverhandlungen in Utrecht, die im Vorjahr mehrfach für längere Zeit unterbrochen waren. Die ältesten in der *Burney Collection of Early English Newspapers* auffindbaren Nachrichten[45] erwähnen die Verhandlungen im Allgemeinen oder nennen General Jakob Heinrich Reichsgraf von Flemming[46] und Carlo Ruzzini[47], den Prokuratoren und späteren Dogen der Republik Venedig, als Teilnehmer der Konferenz. Im Spätsommer 1712 gerieten die Verhandlungen ins Stocken und drohten sogar zu scheitern. Die Zeitungsleser konnten die diplomatischen Verwicklungen zwischen den Zeilen erkennen: Nicht alle Verhandlungsführer waren ständig vor Ort und es erwies sich als aussichtslos, alle wichtigen Mächte einzubinden[48]. Seit Mitte Januar 1713 liefen die Verhandlungen in Utrecht offenkundig auf einen Friedensschluss hinaus. Am 10. Februar berichtete der *Post Boy*, alle wichtigen Artikel des Vertrages seien formuliert und würden die Forderungen des britischen Königreiches in besonderem Maße berücksichtigen. Man erwartete den Abschluss der Konferenz Anfang März und verkündete in der Presse den 23. April als Termin für den landesweiten offiziellen Festgottesdienst, doch die Friedensverhandlungen zogen sich weiter in die Länge.

45 Die Zeitungen der damaligen Zeit haben kaum redaktionelle Struktur, kennen noch keine Illustrationen und führen die Nachrichten in 4–6 Spalten chronologisch und inhaltlich vermischt auf. Im *Post Boy* am 10. Februar 1713 ist z. B. unter einer Nachricht zu den Friedensverhandlungen zu lesen, dass das Schiff *Thomas of London* aus Porto mit einer Ladung Wein in Plymouth gelandet sei.

46 *Daily Courant*, 21. Januar 1712

47 *Post Boy*, 5. Februar 1713.

48 Der *Daily Courant* berichtete am 18. Oktober aus Berlin von der Neutralitätserklärung des preußischen Königs.

Mit der Komposition des Te Deum bezog Händel politisch Position für Großbritannien und stellte damit seine Loyalität zum Kurfürsten von Hannover in Frage, dessen offizieller Hofkapellmeister er ja immer noch war. Sein Dienstherr hatte schon früh öffentlich gegen die Verhandlungen zwischen England und Frankreich protestiert[49]. Das Haus Hannover zog Konsequenzen und teilte Händel noch vor der Friedensfeier in St. Paul's in einem offiziellen Schreiben seine Entlassung aus dem kurfürstlichen Dienst mit. Händel hatte es wahrscheinlich in Kauf genommen, bei Georg Ludwig in Ungnade zu fallen, weil er entschlossen war, in London zu bleiben und sich beim Hof und seinen bürgerlichen und adligen Gönnern weiter zu etablieren[50]. Vielleicht ahnte Händel aber auch, dass seine Demission eher „pro forma"[51] erfolgt war und dass der Zorn des Kurfürsten als zukünftigem englischen König mit der Zeit nachlassen würde. Er war schließlich nach wie vor eine wichtige Informationsquelle bei Hofe, vor allem was den Gesundheitszustand der Königin betraf, denn er hatte ja einen guten Draht zu deren Leibarzt John Arbuthnot. Händels deutscher Kontaktmann, der Gesandte Christoph Friedrich Kreienberg, gab ihm den Rat sich beim Kurfürsten zu entschuldigen, stellte ihm die Fortsetzung seines Dienstes in Aussicht und kümmerte sich dann auch perönlich um einen versöhnlichen Ausgang des Konflikts[52]. Offensichlich mit Erfolg, denn Georg Ludwig, als Nachfolger von Königin Anne nun Georg I. von Großbritannien, hörte nach seiner Ankunft in London am 26. September 1714 in der Kapelle des St. James's Palace ein Te Deum, vermutlich das Utrechter, bei den Krönungsfeierlichkeiten wurde Händels *Rinaldo* wieder aufgeführt, ausstehende Honorare aus seiner Zeit in Hannover wurden ausgezahlt und die von Königin Anne aus-

49 Siehe: Keates, *Handel – The man and his Music*, S. 74.

50 Siehe: Burrows, a.a.O., S. 77.

51 Marx, *Händels Zeitgenossen*, S. 633.

52 Siehe: Marx, a.a.O., S. 634.

gelobte Pension von 200 Pfund wurde ihm weiterhin garantiert. All diese Begebenheiten weisen darauf hin, dass „das alte Vertrauensverhältnis zwischen Souverän und Musiker wiederhergestellt"[53] war.

Die ersten Proben für das neue Te Deum waren auf den ursprünglichen Termin des Festaktes ausgerichtet und wurden im Februar 1713 in der Presse angekündigt, ohne allerdings Händels Namen öffentlich zu erwähnen: „Wir haben gehört, dass eine neue Gottesdienstmusik komponiert wird, die am Tag der Verkündigung des Friedens aufgeführt werden wird, bei dem wir die Königin in St. Paul's erwarten."[54] Die Proben fanden in der Öffentlichkeit starke Beachtung, wie eine Notiz im *Post Boy* belegt: "Te Deum, composed by Mr. Hendel, which is to be perform'd on the Day of Thanksgiving for the Peace, at St. Paul's, was rehears'd there, on Thursday last at Noon, which was extraordinary fine, both vocal and instrumental."[55]

Da die Vorbereitungen für zeremonielle höfische Musik normalerweise unter großem Zeitdruck standen, genoss Händel in diesem Fall den großen Vorteil verhältnismäßig zahlreicher und öffentlicher Proben, auch wenn diese zunächst nicht am Ort der Aufführung, sondern in der Kapelle des Banqueting House in Whitehall durchgeführt wurden. Bei mindestens einer dieser Proben wurde ein Eintrittsgeld erhoben, wahrscheinlich um die Musiker der Chapel Royal zu entlohnen, denn Händels Werk war in dieser Phase noch nicht offiziell vom Hof angenommen.

Das große gesellschaftliche Interesse und die überaus positive Resonanz auf Händels Musik, aber auch verschiedene adlige Fürsprecher bei Hofe haben Königin Anne vermutlich überzeugt, Händels Te Deum für die anstehenden Feierlichkeiten zum Frieden von Utrecht auszuwählen. Erstaunlicherweise wurde damit der offiziell verantwortliche

53 Marx, a.a.O., S. 455.

54 Aus der Zeitung *Dawks* vom 19. Februar 1713, zitiert nach Burrows, a.a.O., S. 77 (Ü.d.V.).

55 *Post Boy*, Donnerstag, 5. März 1713, zitiert nach Burrows, a.a.O., S. 78.

Musiker übergangen, nämlich William Croft, dem als Mitglied und hauptamtlichen Komponisten der Chapel Royal die ehrenvolle Aufgabe zugestanden hätte, dieses für den Festgottesdienst zentrale Werk zu komponieren, und dem nun der junge ausländische Kollege vorgezogen wurde[56]. Croft war zwar bei einem späteren Festakt mit seinem Anthem *This is the day* musikalisch ebenfalls vertreten, man kann aber ahnen, wie sehr er sich zurückgesetzt gefühlt haben muss.

Nachdem der Friedensschluss am 5. Mai endlich vertraglich besiegelt war, konnten die umfangreichen Vorbereitungen beginnen. Der Festakt und mit ihm die Uraufführung von Händels *Utrechter Te Deum* fanden am 7. Juli 1713[57] in St. Paul's Cathedral statt. Der Gottesdienst begann allerdings erst am Spätnachmittag gegen 18 Uhr[58], weil es sich bei den Friedensfeierlichkeiten um einen besonders prunkvollen staatlichen Festakt handelte, der insgesamt fast den ganzen Tag in Anspruch nahm. Die Prozession der über zweihundert Mitglieder des Parlaments, des Schatzkanzlers und des Lordkanzlers, der Bischöfe und anderer weltlicher und geistlicher Würdenträger sowie der Vertreter des Adels durch die Straßen Londons zur Kathedrale war minutiös geplant und begann ungefähr am späten Vormittag. Bei diesem großartigen öffentlichen Ereignis säumten auch mehrere tausend Kinder die Straßen und sangen eine extra für diesen Anlass gedichtete Hymne zum Lob auf die Königin und den Friedensschluss[59]:

56 Es sollte nicht das letzte Mal sein, dass Händel einem Kollegen gegenüber im Vorteil war: 1733 kam Maurice Greene mit seinem fertig komponierten und bereits gründlich geprobten *Wedding Anthem* nicht zum Zuge, obwohl auch er der zu dieser Zeit hauptverantwortliche Komponist der Chapel Royal war.

57 Die Datierung ist allgemein anerkannt; erstaunlicherweise ist sie bei Keates vertauscht: Er nennt für den Festakt in St. Paul's den 5. Juli und datiert die Ratifizierung des Friedensvertrages im Parlament auf den 7. Juli (a.a.O., S. 74).

58 Was darauf verweist, dass das Te Deum der Umstände wegen seiner ursprünglichen liturgischen Funktion als Teil der Morgenandacht enthoben war.

59 Zumeist Waisenkinder, wie der in den Quellen verwendete Begriff "charity children" besagt. Zur Quellenlage bezüglich der Prozession siehe Burrows, a.a.O., S. 82.

Hymns to be sung by the Charity Children,
upon the 7th of July 1713,
the Thanksgiving Day for the Peace[60].

As her MAJESTY goes to St. Paul's.

LORD, give the QUEEN Thy saving Health,
Whose Hope on Thee depends:
Grant Her Increase of Fame and Wealth,
With Bliss that never ends!
Alleluja, alleluja. [7x]

For Her our fervent Vows aspire,
Our Praises are adress'd:
Thou hast fulfill'd Her Heart's Desire,
And granted Her Request.
Alleluja, &c.

A Nursing Mother to thy Fold,
Long, long may She remain,
And then with Joy Thy Face behold,
And with Thee ever reign.
Alleluja, &c.

As her MAJESTY returns from St. Paul's.

Glory to God, who Reigns on High,
Whom Saints and Angels praise;
Who from His Throne above the Sky,
the Sons of Men surveys.
Alleluja, &c.

PEACE, His best Gift, to Earth's return'd,
Long may it here remain;
As we too long its Absence mourn'd,
Nor sigh'd to Heav'n in vain.
Alleluja, &c.

Good Will, Fair Friendship, (Heavenly Guest!)
And Joy and Holy Love,
Make all Mankind completely bless'd,
Resembling Those above.
Alleluja, &c.

60 Zitiert nach: *Post Boy*, 11. Juli 1713.

Leider blieb Königin Anne als eigentliche Hauptperson dem Staatsakt aus gesundheitlichen Gründen fern. Ihrem wichtigsten Minister Robert Harley, Earl of Oxford, schrieb sie zur Begründung: „Ich fühle mich so müde nach dem gestrigen kleinen Schwächeanfall, dass es mir nicht möglich ist nach St. Paul's zu gehen; aber beide Häuser [des Parlaments] sollen dorthin gehen und ich werde im St. James's Palace dem Anlass gedenken [„perform my devotions"] und mich mit einer Predigt begnügen. Es fällt mir nicht leicht, dass ich nicht anwesend sein kann, was alle meine Freunde hoffentlich glauben."[61] Sie war offensichtlich über die öffentlichen Reaktionen auf ihre Abwesenheit besorgt.

An der Aufführung des *Utrechter Te Deum & Jubilate* in St. Paul's waren schätzungsweise fünfzig Musiker beteiligt, nämlich die Sänger der Chapel Royal, die vermutlich wie immer von einigen Sängern der Chöre von St. Paul's und Westminster Abbey unterstützt wurden, die Streicher der Royal Musicians, zwei Musiker der Royal Trumpeters sowie zusätzlich engagierte Holzbläser, Kontrabassisten, ein Organist und ein Lautenist. In der Presse wurden das Werk und seine Aufführung gleichermaßen als hervorragend – „Excellent in its Performance, as it was Exquisite in its Composure[62]" – gelobt, wenngleich laut Burrows nur wenig über die Musik im Detail geschrieben worden ist. Händels Erfolg, der ihn nun eng mit den britischen (politischen) Interessen verband[63], fand noch mehrere Jahre später seinen Nachhall, denn das *Utrechter Te Deum* wurde als einziges seiner Werke in Thomas Tudways große Anthologie *Englische Kirchenmusik* (1720) aufgenommen[64].

Händel hatte gewusst, welche Art von Musik zu einem solch bedeutenden Fest erwartet wurde, hatte den englischen Stil eingehend studiert und konnte die Erwartungen des Publikums mehr als erfüllen. In England war der Erfolg nach *Rinaldo* der zweite in seiner noch jungen

61 Zitiert nach: Keates, a.a.O., S. 74 (Ü.d.V.).

62 *Post Boy*, 7.–9. Juli und *Dawks*, 9. Juli 1713, zitiert nach: Burrows, a.a.O.

63 Im Original heißt es bei Burrows: „which identified him with the British interest", a.a.O., S. 76.

64 Siehe: Burrows, a.a.O., S. 104.

Karriere und rückte ihn endgültig ins Zentrum des Londoner Musiklebens. Sein Te Deum fand nachhaltigen Anklang, denn es ersetzte auch bei späteren Dankgottesdiensten das bis dahin gebräuchliche Te Deum Purcells. Es brachte Händel auch finanzielle Sicherheit, denn seine adligen Unterstützer konnten die Königin durch eine Petition[65] dazu bewegen, ihn im Dezember 1713 mit einer königlichen Pension von 200 Pfund im Gegenwert von heute etwa 220.000 Euro sehr großzügig zu belohnen. Anne handelte damit eigentlich gegen geltendes Recht, denn Ausländern waren finanzielle Zuwendungen des Hofes grundsätzlich versagt[66]. Händel hatte somit einen gesellschaftlichen und ökonomischen Schritt gemacht, der „schwierig genug war, um einen Engländer zu entmutigen, und fast unmöglich für einen Deutschen"[67].

Das Autograph

Die folgende Darstellung basiert auf mehrfachem Studium des Autographs in der British Library und den Erkenntnissen von Donald Burrows, der in seinem Standardwerk *A catalogue of Handel's Musical Autographs* alle erhalten gebliebenen Handschriften umfassend dokumentiert und minuziös beschreibt: Papier- und Tintensorten, Wasserzeichen, Bündelung und Seitennummerierungen, Unterschiede zwischen Händels Schrift sowie fremden Eintragungen usw.

Händel scheint sich sehr um seine Partituren gekümmert zu haben, denn er nahm sie mit nach Italien und England und legte Wert auf ihre sichere Bewahrung. In seinem Testament vom 1. Juni 1750 vermachte

65 Siehe: Stoddard Lincoln, *Handel's Music for Queen Anne*, S. 193.

66 Siehe: Keates, der den Tatbestand wörtlich als "royal breach of the law" bezeichnet, a.a.O., S. 75.

67 Stoddard Lincoln, a.a.O. (Ü.d.V.).

er die Originale und wahrscheinlich auch seine Dirigierpartituren unter dem Titel *Musick Books* Christopher Smith, der über 40 Jahre sein Kopist und vermutlich zeitweise auch sein persönlicher Sekretär gewesen war. Smiths Sohn übergab die Sammlung 1772 an König Georg III., wodurch Händels Autographe schließlich in die Royal Library gelangten. Dort wurden sie Ende des 18. Jahrhunderts archiviert und auch zum ersten Mal gebunden. Die Sammlung befindet sich heute in der British Library in London und ist in den 1970er Jahren mit Hilfe von Sponsoren erneut restauriert worden.

Die Handschrift des *Utrechter Te Deum* ist ein besonderes Dokument, wie die offizielle Klassifizierung „rarebooks / restricted item / not to be issued without appropriate curational authorisation" belegt, und kann mit besonderer Genehmigung in einem speziellen Bereich des Lesesaals eingesehen werden. Das Papier des Autographs im Folio-Format wurde doppelt gefaltet und dann mit Notensystemen versehen. Dadurch entstand folgende Anordnung[68]:

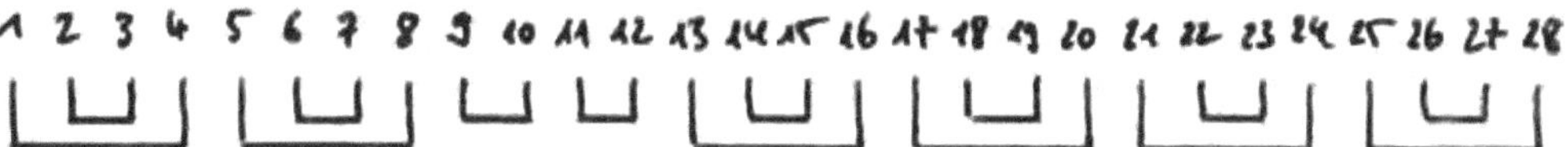

Im Zuge der Restaurierung sind nun sowohl Einzelblätter als auch gefaltete Lagen in einem modernen Bucheinband gesichert worden, auf dessen Innenseite sich ein Etikett mit dem Aufdruck „Conserved under the Adopt a Book Appeal – Hambros Bank Limited" als Hinweis auf den Sponsor befindet. Die Blätter sind einzeln konserviert worden, stark eingerissene Seiten oder fehlende Ecken wurden mit neuem Papier ausgebessert. Die Seiten und die mit Fadenbindung zusammengefassten Lagen wurden am neuen Buchrücken einzeln so verklebt, dass der Autograph wie ein Buch gelesen werden kann:

68 Abbildung nach: Burrows, *A catalogue of Handel's Musical Autographs*, S. 178.

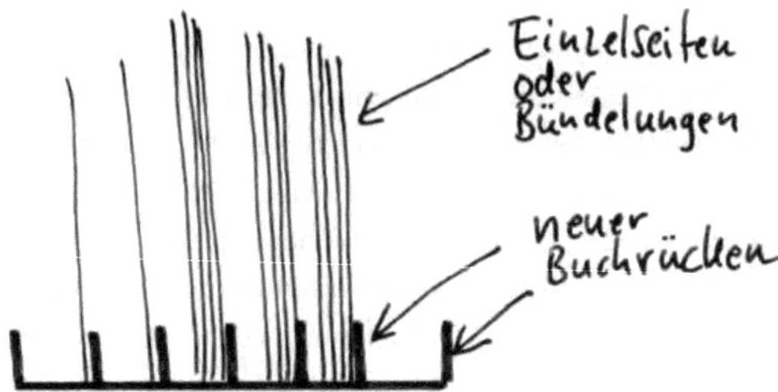

Wie bei vielen Bach-Handschriften machen sich auch bei Händels *Utrechter Te Deum* dem Bleigehalt der Tinte geschuldete Zersetzungsprozesse bemerkbar, die bei einzelnen Blättern die Rückseite (bzw. Vorderseite) durchscheinen lassen und das Lesen erschweren. Die Seitennummerierung stammt offensichtlich nicht von Händel, denn sie wurde von anderer Hand mit Bleistift vorgenommen.

Bei den Händelschen Autographen unterscheidet man zwischen ‚englischem' und ‚italienischem' Papier, wobei sich die Namensgebung nicht auf den Herstellungsort bezieht, sondern auf die jeweilige Enstehungszeit des betreffenden Werkes. Diese beiden Papiersorten unterscheiden sich in Größe, Farbe und Textur, wobei das italienische Papier dicker und aufgrund der rauheren Oberfläche schwerer zu beschriften war. Der relativ gute Zustand der Autographen läßt darauf schließen, dass Händel stets Papier von guter Qualität benutzte, dessen Hersteller allerdings nicht eindeutig nachweisbar sind. Das Material für seine englischen Manuskripte wurde wahrscheinlich aus Frankreich und den Niederlanden importiert und von verschiedenen Londoner Händlern vertrieben, unter ihnen vermutlich auch John Walsh, der als Musikalien- und Instrumentenhändler und zunehmend auch als Musikverleger u.a. von Händels *Rinaldo* und Werken englischer, holländischer und italienischer Komponisten eine wichtige Rolle in der Londoner Musikszene spielte[69].

69 Siehe: Marx, a.a.O., S. 986ff.

Das von Händel bevorzugte Papier wurde zur damaligen Zeit vor allem aus Lumpen oder Fetzen textiler Faserstoffe gewonnen. Diese sogenannten Hadern wurden zerkleinert, in Bottichen mit Wasser zu einer breiigen Masse vermengt und in dünnen Schichten auf einer gitterförmigen, aus Holz und Draht geflochtenen Form abgeschöpft und auf Gestellen zum Entwässern abgelegt. Zur endgüligen Trocknung wurde das Blatt vom Gitter abgenommen, umgewendet und auf eine Filzablage gelegt, was die unterschiedliche Beschaffenheit der beiden Blattseiten erkärt[70]. Es entstanden großformatige Papierbögen, beim ‚englischen' Papier etwa in 49x61cm, was einem etwas vergrößerten Din A2-Format entspricht. Der Bogen wurde zweimal gefaltet und an den Schmalseiten geschnitten, so dass eine Lage mit vier Blättern entstand, die dann zum Schreiben verkauft oder zu Notenpapier weiterverarbeitet wurde.

Beim Betrachten und Ertasten des restaurierten Autographs fallen besonders das relativ starke Werkpapier und sein satter Gelbton auf. Das Papier hat nach Schnitt und Falz das Seitenformat von etwa 23,5x29cm, eine etwas unregelmäßige Oberfläche, und es weist eine feine gitterförmige Rasterung auf, die in der Waagerechten breite und in der senkrechten Laufrichtung sehr enge Abstände hat und auf der Rückseite des Papiers (verso) stärker ausgeprägt ist als auf der beschriebenen Vorderseite (recto):

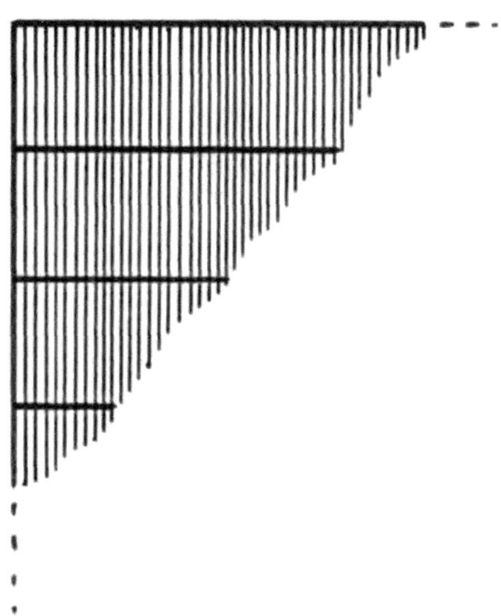

70 Beschreibung nach Burrows, a.a.O., S. XXVIIff.

Das Autograph hat eine unterschiedliche Anzahl von Notensystemen: von Seite 1 recto bis 12 verso sind es zwölf und dann von Seite 13 recto bis 41 verso sechzehn Notensysteme, denn spätestens bei der Doppelchörigkeit in der Nr. 7 reichen die üblichen zwölf nicht mehr aus. Die Notensysteme wurden sicherlich nicht von Händel persönlich, sondern von den Musikalienhändlern von Hand aufgetragen. Sie verwendeten dafür besondere Federinstrumente, sogenannte „implements", die offensichtlich mehrere Notensysteme – bis zu zehn auf einmal – ziehen konnten. Die Vorgehensweise ist an den z. T. ungleichen Abständen einzelner Systeme, an unterschiedlichen Abständen von der senkrechten Orientierungslinie oder auch an der geringfügigen Abweichung von der Horizontalen zu erkennen. Diese Merkmale machen es möglich, Zusammenhänge zwischen einzelnen Seiten und die Anordnung der gefalteten Bögen zu rekonstruieren. Händel verwendete offensichtlich eine dünne Feder und schwarz-braune, bei verschiedenen Anmerkungen farbige Tinte, und es scheint, als hätte er die Textierung mit einer anderen Feder nachträglich vorgenommen. Seine Notenschrift ist typisch und vielsagend, denn die Positionierung der Hälse rechts vom Notenkopf ist eine natürliche Folge des zügigen Schreibens:

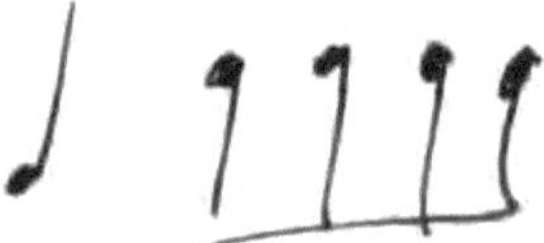

Ganz normale menschliche Züge trägt ein Detail, das nur bei genauerem Hinsehen zu erkennen ist. Auf Seite 20 verso hat Händel seine Feder in einer allen Schreibkundigen vertrauten Manier ausprobiert:

Manche Details weisen darauf hin, dass Händel beim Verfassen des Autographs mit früheren Skizzen gearbeitet hat. Es finden sich keine konkreten Angaben zur Solistenbesetzung, anders als im *Jubilate,* wo die einzelnen solistischen Partien ab Nr. 3 verschiedenen Sängern der Chapel Royal zugewiesen sind, nämlich an *Mr Hughs* (= Francis Hughes), *Mr Whale* (= Samuel Wheely) und *Mr Eilfurth* (= Richard Elford). Alle musikalischen Angaben sind wie in Händels früheren englischen Autographen in französischer Sprache verfasst, und er benutzt ein b statt des Auflösungszeichens für die Aufhebung eines Kreuzes. Ein weiteres auffälliges Detail ist seine Schlussbemerkung unter dem Autographen. Sie lautet:

S.D.G. / G.F.H. / Londres ce 14 Janv. v. st. / a1712

[Soli Deo Gloria / Georg Friedrich Händel / London am 14. Januar vieux style / 1712]

Die Jahreszahl ist irreführend, denn sie muss 1713 lauten. Burrows und auch das Händel-Handbuch übernehmen die Datierung des Autographs, ohne sie weiter zu kommentieren[71]. Es kann sich eigentlich nur um einen Irrtum des Komponisten handeln, der sich vielleicht – auch das wäre sehr menschlich – noch nicht an die neue Jahreszahl gewöhnt hatte, als er diese Signatur unter sein Te Deum setzte.

Es ist ein erhebendes Gefühl, das Original von Händels *Utrechter Te Deum* fast dreihundert Jahren nach seiner Entstehung in den Händen zu halten, vorsichtig die Seiten zu wenden und seiner Geschichte nachzuspüren. An diese sehr materiellen Erkundigungen schließen sich unmittelbar auch die Fragen des Musikers an: Was macht das Werk selbst aus, wie ist es strukturiert und was sind seine musikalischen Qualitäten?

71 Siehe: *Händel-Handbuch,* Bd. IV, S. 59.

Chronologische Werkanalyse

Bei der Sichtung der verschiedenen Editionen des *Utrechter Te Deum* fielen auf den ersten Blick Unterschiede in der Besetzung der Solostimmen und in der Strukturierung der einzelnen Sätze auf. Meine Analyse hält sich an die Einteilung und Taktnummerierung der Hallischen Händel-Ausgabe. Die Tabellen im Anhang dieses Buches ermöglichen einen schnellen Überblick über das Werk und seine verschiedenen Teilaspekte. In der folgenden Werkbetrachtung gibt eine kurze tabellarische Übersicht Einblick in die musikalische Funktion, die formale Struktur, die Taktproportionen[72] und das harmonische Grundgerüst des jeweiligen Satzes. Die darauf folgende ausführliche Analyse widmet sich dann den musikalischen Details.

Das Te Deum ist für fünf Solostimmen, Chor und Orchester komponiert. Die Chöre sind vier- bis siebenstimmig, wobei die schon bei Schütz, Carissimi oder Purcell beliebte klangvolle Besetzung SSATB überwiegt. Im Umfeld der Chapel Royal wurden alle Partien ausschließlich mit Männern (teilweise Countertenören) und Chorknaben besetzt. Wie viele Festmusiken ist auch diese in der trompetenfreundlichen Tonart D-Dur komponiert, allerdings sind in Händels Autograph neben den beiden Trompetenstimmen keine Pauken vorgegeben. Wenn Keates darauf hinweist, dass Händel Trompeten und Pauken zunächst aufspart, um sie im letzten Abschnitt des Te Deum umso wirkungsvoller zur Geltung bringen zu können, kann er sich also nur auf die in späteren Jahren übliche Aufführungspraxis beziehen[73].

Die Komposition widersteht der naheliegenden Versuchung, den Hymnus einer prinzipiellen Verseinteilung zu unterziehen, etwa durch

72 Die Markierung der einzelnen Abschnitte orientiert sich grundsätzlich an den Volltakten; bei der Zählung der Taktsummen kann es wegen verschiedener Phrasenüberschneidungen zu Divergenzen kommen (bereits zu Beginn ist Takt 5 sowohl Ende des Akkordsatzes als auch Beginn der Fuge).

73 Siehe: Keates, a.a.O., S. 75. Der Paukenpart wurde wahrscheinlich zunächst improvisiert und findet sich erst in späteren Editionen gedruckt (Novello).

einen konsequenten Wechsel zwischen längeren Solo- und Chorsätzen. Sie ist eher in szenischen Sequenzen angelegt, und verschiedene Verse des Hymnus sind zusammengefasst und musikalisch verbunden. Immer wieder erweckt die Partitur den Eindruck, dass Händel sich musikalische Beschränkung auferlegt hat, denn ihm standen bereits alle kompositorischen Mittel zur Verfügung. Er hätte seine Musik wesentlich weiter dimensionieren können, wie sein jüngeres *Chandos Te Deum* zeigt. Auf die möglichen Gründe für Händels diese Zurückhaltung und die engen musikalischen Bezüge zwischen *Utrechter* und *Chandos Te Deum* geht das vierte Kapitel ein.

Werkbetrachtung

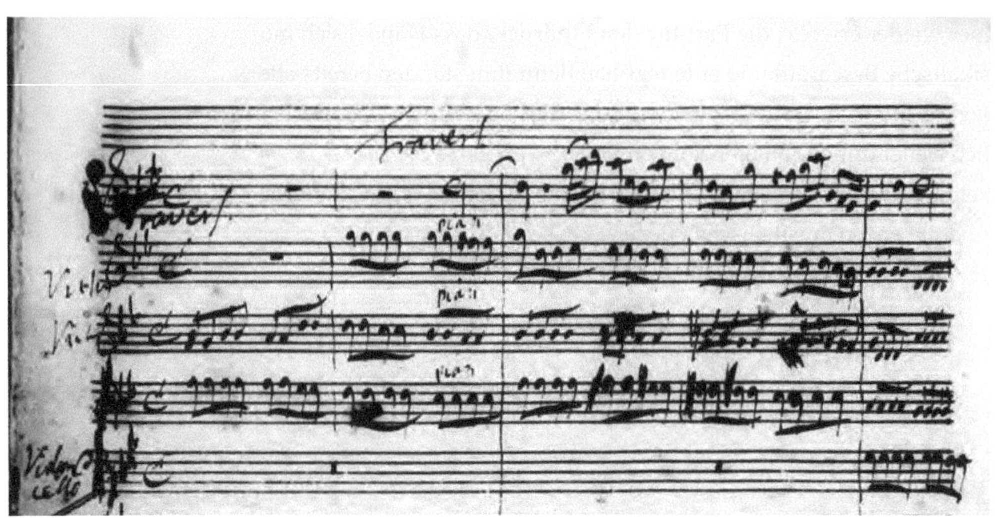

Beginn der Nr. 6 „We believe that thou shalt come", Autograph, Seite 28 verso

Nr. 1 We praise thee, o God (Chor)

Vers	ab Takt	Länge (T)	Harmonik	musikalische Funktion	Besetzung
	1	5	D	Vorspiel / langsame Einleitung	Ob Str B.c.
	5	13		Vorspiel / Fuge	
1a	18	8	D A	Chor	satb Orch Tutti
1b	26	7	A h		
	33	8	H A Cis fis		
	40	7	fis A		
	47	5	A D		
	52	7	D	Nachspiel Orchester	Str B.c.

Das Te Deum beginnt mit einer Orchestereinleitung und der Satzfolge langsam/homophon – schnell/polyphon. Dieses Prinzip ist bereits bei Corelli zu finden, z. B. in seinen *Concerti op. 6* in den Nummern 1, 4, 5 und 7. Auch Händel verwendet es häufig, z. B. in den *Concerti Grossi op. 6* bei der Verbindung der Sätze 1 und 2 beziehungsweise 3 und 4 oder in der einleitenden Sinfonia seines *Messias*.

In den ersten fünf Takten erklingt in den Streichern ein schlichter Akkordsatz, dessen melodische Ausweitung in den Außenstimmen ebenso Aufmerksamkeit weckt wie das überraschend schnelle dynamische Zurückweichen ins Piano. Die Spannung der Kadenz entlädt sich in einer lebendigen dreistimmigen Fuge, deren Beginn ungewöhnlich ist, denn das Thema wird nicht in seiner ganzen Gestalt vorgestellt, sondern sofort zwischen den Oberstimmen eng geführt und ist erst in der dritten Stimme vollständig hörbar.

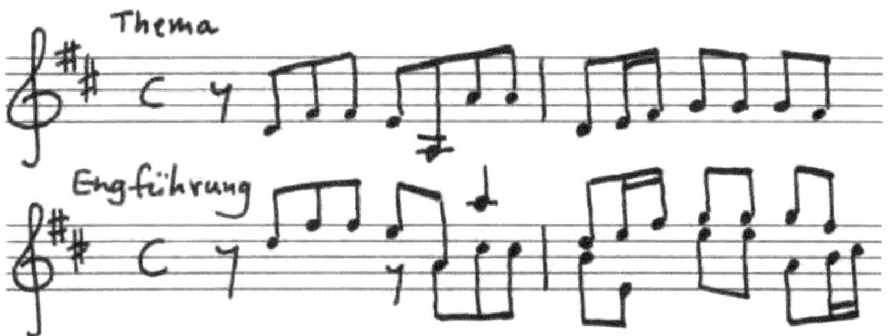

Die Musik ist damit energiegeladen und sogleich in Bewegung. Sie folgt im weiteren Verlauf dem vertrauten Prinzip der Fuge und wird in kunstvoller, dem Bachschen Kontrapunkt durchaus ebenbürtiger Weise weiterentwickelt. Der polyphone Satz bildet auch nach dem Einsetzen des Chores die Grundlage des musikalischen Geschehens, wie sich auch an den fugentypischen Zwischenspielen zwischen einzelnen Chorpassagen zeigt[74].

74 Abkürzungen: sabt = Chor, SATB= Solisten.

Die beiden Chorabschnitte des ersten Versteils sind frei homophon und ganz auf klangliche Prachtentfaltung angelegt. Der Text kommt sehr prägnant zur Geltung, weil auf die ausdrucksvollen Melismen bei „praise" der prägnante syllabische Ruf „o God" folgt. Bereits hier gibt es eine bemerkenswerte melodische Verwandtschaft zwischen Chor- und Orchestersatz, denn die Umspielungen bei „praise" in Sopran und Bass und die beiden Motive bei „we acknowledge thee" sind musikalische Spurenelemente des Themas:

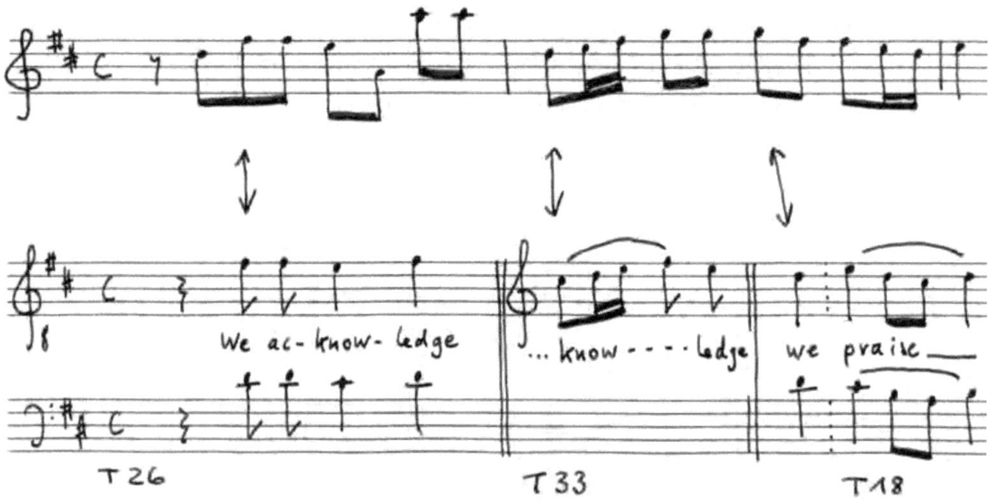

Diese für den Hörer kaum wahrnehmbare kunstvolle Verbindung ist ein erster Hinweis darauf, wie Händel musikalische Gedanken innerhalb eines Satzes oder Gesamtwerkes zusammenfügt.

Der zweite Versteil „we acknowledge thee to be the Lord" bekommt durch Wiederholungen einzelner Textphrasen und die melodisch, harmonisch und satztechnisch differenzierte Gestaltung ein stärkeres Gewicht. Der Alt führt mehrfach das Geschehen an und wird melodisch oder rhythmisch von den anderen Chorstimmen imitiert, bis sich der Chorsatz jeweils zum Zeilenende in der entsprechenden Kadenz verdichtet.

Der Schluss dieses Teils ist ein Beispiel für Händels wunderbare Formgestaltung. Im letzten Chorabschnitt verbindet er die Musik beider Versabschnitte, indem er ab Takt 47 parallel zu der satztechnischen Idee der Verküpfung des Altes mit der Stimmkombination Sopran, Tenor und Bass im Sopran die Melodie der Anfangstakte des Chores zitiert und damit ein musikalisches Fazit zieht. Er lässt danach den polyphonen Orchestersatz noch etwas weiter laufen und die Musik durch die abschließende Akkordsequenz wieder zur Ruhe kommen. Der Anfang findet sich im Ende wieder und der musikalische Kreis schließt sich.

Vor dem Hintergrund der Gattungsgeschichte stellte sich im zweiten Kapitel die Frage, ob das *Utrechter Te Deum* mit der gregorianischen Choralmelodie verwandt ist. In diesem ersten Vers finden sich tatsächlich kleinere intervallische Parallelen zum gregorianischen Hymnus, die aber eher Spurenelemente als Belege für ein bewusstes Zitieren sind:

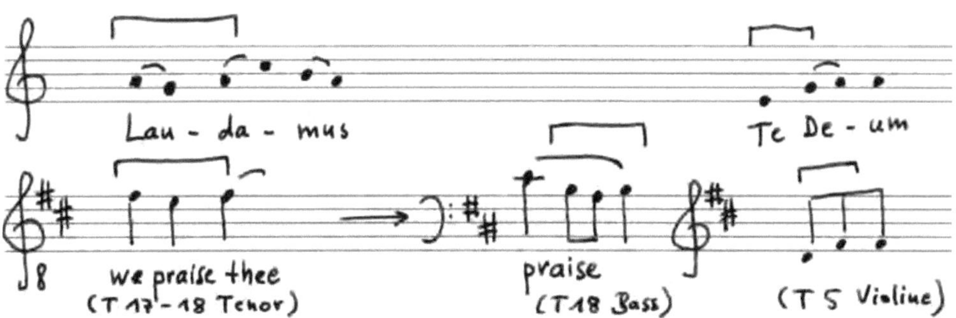

Darüber hinausgehende Gemeinsamkeiten wie z. B. längere melodische Entlehnungen oder Abschnitte in Gestalt eines Cantus firmus gibt es allerdings nicht. Das Te Deum ist eine von der überlieferten Choralmelodie unabhängige Komposition, die ganz in der Tradition der Vokalmusik des 17. und 18. Jahrhunderts steht.

Anmerkung zu Händels Chorfugen

„Wenn man von der Fuge spricht, wer denkt da schon an Georg Friedrich Händel?“[75] In der Tat stehen in den verschiedenen Abhandlungen über die Fuge, ihr Wesen und ihre Kompositionstechnik nicht Händel und seine zahlreichen Chorfugen im Mittelpunkt der Erörterung, sondern die Fugen J. S. Bachs aus den bedeutenden Sammlungen *Das Wohltemperierte Klavier* oder *Die Kunst der Fuge*. Untersuchungen von Händels Kontrapunkt werden meist nach den Kriterien Bachscher Instrumentalfugen geführt und kommen dann zu dem Ergebnis, Händels Fuge sei leichter, verspielter als die von Bach, „der sie mit geradezu mathematischer Konsequenz zu seinem ureigensten Ausdrucksmittel kürt“[76].

Bach wird also zum Maß erhoben, was den Blick auf Händel ungerechterweise verstellt. Vergessen wird dabei, dass dieser als Musiktheatermann unter ganz anderen, ökonomisch schwierigeren Bedingungen arbeitete als Bach, der sich zumindest seiner Zuhörerschaft sicher sein konnte. Das Londoner Publikum war einflussreich, weil es ein zahlendes war und die Existenz des Komponisten und Unternehmers sicherte. Dennoch hat Händel nicht etwa überwiegend mit gefälliger, oberflächlicher Musik (so Adornos Urteil über Händel[77]) den Ohren von Londons Adel, Klerus und Bürgertum geschmeichelt, sondern seinen kunstvollen Kontrapunkt immer dann eingesetzt, wenn der Textinhalt und die musikalische Dramaturgie ihn dazu veranlassten, wie sich an zahlreichen Chorfugen zeigen lässt. Händels Musik hat es nicht verdient, stets am Werk Bachs als der Ultima Ratio gemessen und als nachrangig bewertet zu werden, etwa mit der Begründung, dass kontrapunktische Musik per se die wertvollere sei.

75 Dietz, *Die Chorfuge*, S. 1.

76 Siehe: Ott, *Tumult und Grazie – Über Georg Friedrich Händel*, S. 79.

77 ebd.

Nr. 1. All the earth doth worship thee (Chor)

Vers	ab Takt	Länge (T)	Harmonik	musikalische Funktion	Besetzung
2	59	14	D – A	1. Durchführung	satb B.c.
	73	3	A – D	1. Zwischenspiel	satb Orch Tutti
	76	5	D – A	2. Durchführung	
	80	6	D – h	2. Zwischenspiel	
	87	11	h – E – A	3. Durchführung	satb Ob Str B.c.
	97	5	h – Fis	Coda	

Wie ausdrucksvoll und individuell Händels Fugen sind, zeigt sich schon in der ersten der fünf Chorfugen im *Utrechter Te Deum*. Beide Halbverse erhalten jeweils ein eigenes Thema und sind nach dem Prinzip der Doppelfuge miteinander verknüpft, so dass die Verstrennung überbrückt wird. Die Durchführungen sind unterschiedlich gestaltet und werden mittels homophoner Choreinwürfe voneinander getrennt. Der Chorbass hat von Beginn an eine Sonderrolle und ist das Fundament einer Harmonik, welche diesen Chorsatz mit den ihn umgebenden Teilen spannungsreich verbindet. Die Rollenverteilung zwischen Chor und Orchester ist eine andere als in Nr. 1, denn die Instrumente begleiten nun im Wesentlichen colla parte und sind damit untergeordnet.

Händel komponiert hier relativ frei von stilistischen Konventionen, denn die Stimmfolge der ersten Durchführung ist unregelmäßig, der Kontrapunkt bei „the father everlasting" wird in Tenor und Alt unterschiedlich behandelt und manche harmonischen Wechsel (wie zum Beispiel die plagale Kadenz G–D in Takt 4/5 und A–e in Takt 6) sind überraschend. Das bogenförmige Thema mit seiner aufsteigenden Tonleiter, deren Spannung sich in einer rhythmisch freien Bewegung nach unten auflöst, war eine beliebte melodische Figur, zu der sich nahe verwandte Themen finden, z. B. in der ersten Fuge von Bachs *Wohltemperiertem Klavier*:

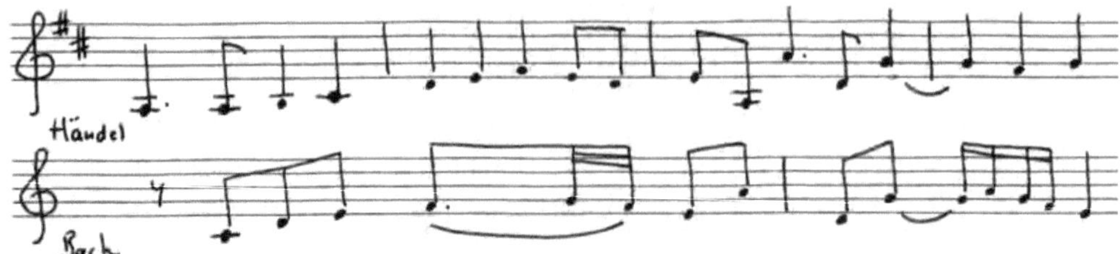

Der weitere Verlauf des Händelschen Themas ist relativ frei, denn anstatt von a kommend auf dem Grundton d zu schließen, endet das Thema erneut auf a und hält damit die Harmonik in der Schwebe:

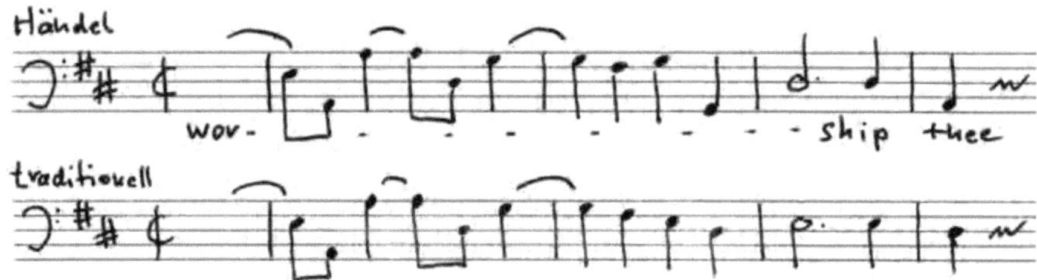

Die erste Durchführung endet mit einem homophonen Satz, der vom zweiten Thema im Bass getragen wird.

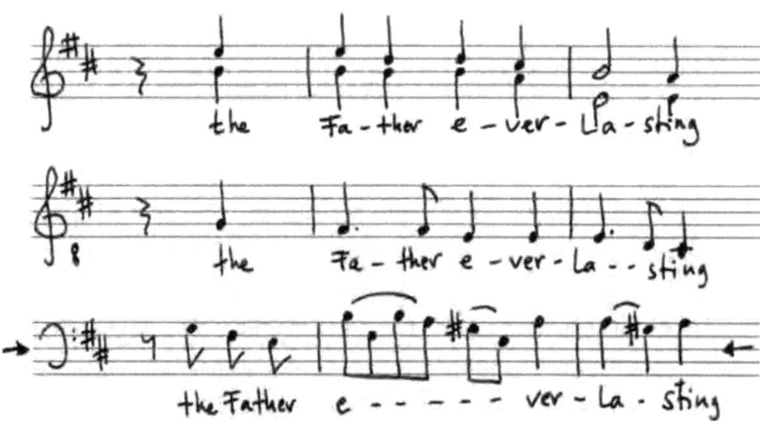

Im folgenden Zwischenspiel ab Takt 15 erklingen mehrere prachtvolle „all"-Einwürfe des Chores vor dem Hintergrund einer langen Achtelkette in den Oboen und Streichern, deren lange Abwärtsbewegung direkt zum Höhepunkt der Fuge führt. An dieser Stelle beginnt das Hauptthema in der Fundamentstimme (zum ersten Mal auf der harmonischen Grundstufe d) und gleichzeitig geht das zweite Thema als beibehaltener Kontrapunkt im Sopran strahlend in die Höhe. In allen Stimmen verstärken Melismen die prächtige Gesamtwirkung dieser mit einem einzigen Hauptthemeneinsatz sehr kurzen Durchführung.

Händel hält im folgenden Zwischenspiel die musikalische Spannung auf erfindungsreiche Weise aufrecht, indem er die erneuten „all"-Rufe in den Oberstimmen des Chores mit einem ausdrucksstarken Solo der Bassgruppe kombiniert und bei der harmonischen Ausweichung nach h-Moll die Initiative an den Sopran übergibt, der seinerseits im Stimmtausch die Idee aus den Takten 13ff. aufgreift. Anschließend reizt Händel die thematischen Möglichkeiten noch weiter aus, indem er die Stimmpaare Sopran Alt und Tenor Bass mit einer motivischen Verknüpfung beider Soggetti (Themen) auf engstem Raum konzertieren lässt:

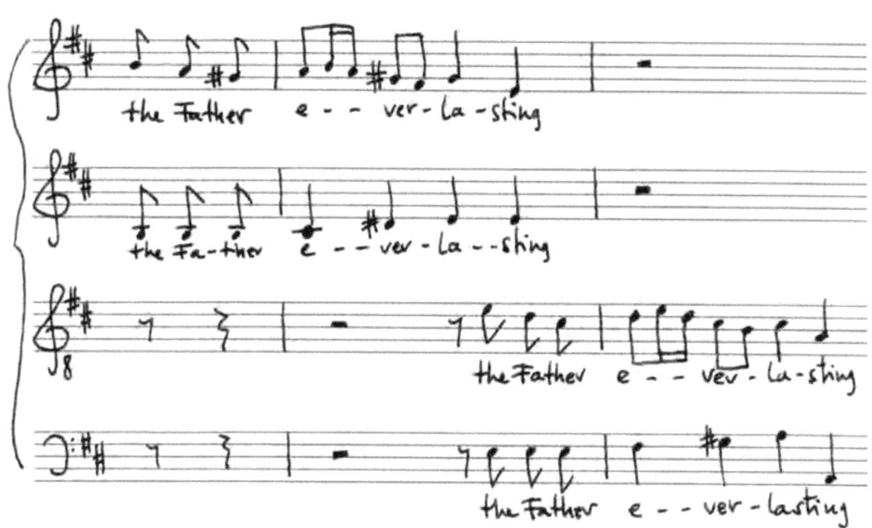

Fast unbemerkt beginnt die letzte Durchführung, deren Themeneinsätze nun normtypisch zwischen I. und V. Stufe wechseln. Wie in anderen Teilen des *Utrechter Te Deum* wird auch hier noch kurz vor Schluss mit einer kleinen Engführung des „the father"-Motivs zwischen den Oberstimmen in Takt 35ff. ein musikalischer Akzent gesetzt. Das polyphone Geschehen wird nach einer Zwischenkadenz in h-Moll mit einer fünftaktigen, frei homophonen Passage abgeschlossen, die allerdings aus übergeordneten Gründen harmonisch offen bleibt, denn die phrygische Kadenz nach Fis-Dur stellt eine direkte tonale Verbindung zum nächsten Teil des Te Deum her.

Nr. 2 To thee all angels cry aloud (Soli und Chor)

Vers	ab Takt	Länge (T)	Harmonik	musikalische Funktion	Besetzung
	1	2	Fis	Einleitung	Str B.c.
3	3	3		Duett	TT Str B.c.
	6	10		Duett + Choreinwürfe	TT tb Str B.c.

Der dritte Hymnenvers „To thee all angels cry aloud" steht in starkem Kontrast zu den vorangegangen Teilen. Seine Musik verdeutlicht sowohl in ihrer Grundstimmung als auch in der Illustration semantischer Details unmittelbar die Aussage des Textes, denn dass hier Engel den Herrn anrufen, wird durch die von der Grundtonart weit entfernte Tonart Fis-Dur sowie in der Besetzung mit strahlkräftigen Altisten deutlich. Der akkordische Streichersatz erzeugt mit seinen stetigen Punktierungen und der dissonanzreichen Harmonik eine affektgeladene Grundstimmung, vor der zwei gleichrangige Solostimmen kontrapunktisch miteinander verwoben sind, deren Ausrufe „cry aloud" durch Sekundreibungen und ausdrucksstarke Intervallhebungen eine besondere Wirkung erzielen:

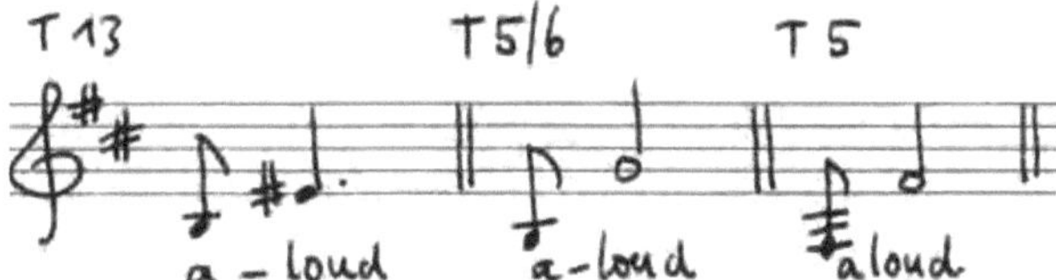

In dieses Solistenduett fällt der Männerchor mit der zweiten Verszeile „the heav'ns and all the pow'rs therein" ein. Dabei wird das Wort „heav'ns" durch den Oktavsprung hervorgehoben, wohingegen die Phrase „all the pow'rs" durch das Unisono, die hohe Stimmlage und die Punktierung gestaltet wird. Die Kombination von Soli und Chor, bei der beide Verszeilen übereinander geschichtet werden, vermittelt dem Hörer das vielstimmige himmlische Lobpreisen und erinnert an den Abschnitt „De torrente in via" aus Händels *Dixit Dominus*. Mit der Zusammenführung aller Stimmen zum ausdrucksstarken homophonen Satz findet das Te Deum seinen vorläufigen musikalischen Höhepunkt und ist am Ende in die Tonart Cis-Dur tatsächlich wie himmlisch entrückt.

Nr. 3 To thee Cherubin and Seraphin (Soli und Chor)

Vers	ab Takt	Länge (T)	Harmonik	musikalische Funktion	Besetzung
4	16	8	A fis Cis	Duett	SM Bc
5	24	4	D H	Chor	TUTTI
6	28	11	H D		

Der nun folgende Hymnenvers ist als ein kurzes Sopran-Duett vertont. Hier wird ein deutlicher Stilwechsel vollzogen, denn die beiden lediglich vom Basso continuo begleiteten Solostimmen konzertieren miteinander in der Art der italienischen Solomotette. Der Text wird auf differenzierte Weise semantisch gestaltet, denn das Wort „Cherubin" ist durch eine Verlängerung und rhythmische Verschiebung und das

Wort „Seraphin" durch ein Melisma und gleichzeitige Dissonanzbildung hervorgehoben. Die Gestaltung des Wortes „continually" durch Imitation und Sequenzierung entspricht seiner Wortbedeutung („fortwährend") ganz unmittelbar. Der Chor schließt sich der Ankündigung der Engel mit einem prachtvollen „Holy" an, eine naheliegende Idee, die auch bei Purcell und Croft auskomponiert ist. Die harmonische Spannung des homophonen Satzes löst sich in ein Konzertieren zwischen Chor und Orchester auf, mit dessen Klangpracht das „heaven and earth are full" unmittelbar zur Geltung kommt. Das letzte „Majesty" wird durch Dehnung des punktierten Rhythmus' und die harmonische Ausweichung nach C-Dur ausdrucksvoll bekräftigt.

Die ersten drei Teile des *Utrechter Te Deum* lassen ein abgerundetes und in sich abwechslungsreiches harmonisches Konzept erkennen:

1. D → D 2. (A) D → h → Fis 3. Fis → Cis → A → D

Auf den Eingangschor in der Grundtonart folgt die erste Fuge, deren Coda eine organische Verbindung zum dritten Teil herstellt. Die Harmonik steigert sich dort in ihrer Spannung bis auf das von der Grundtonart äußerst weit entfernte Cis-Dur und moduliert dann nicht zurück, sondern fällt bei Beginn des Sopran-Duettes über die mediantische Wendung Cis → A und die Kadenz A → D beim Choreinsatz „Holy" endgültig zurück in die Grundtonart.

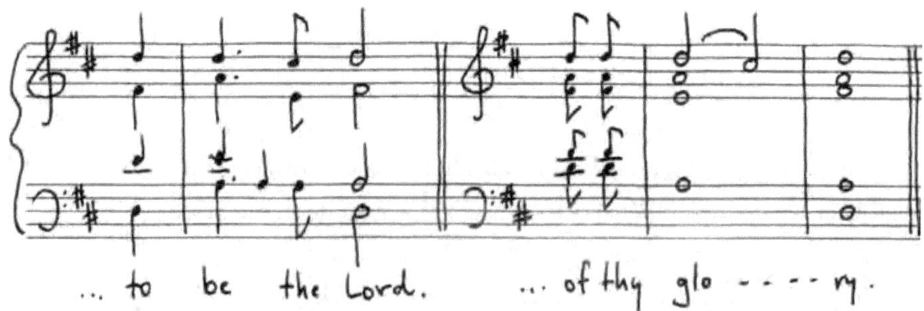

Durch die Harmonik, aber auch durch die Rückbesinnung auf den ersten Teil (durch die Annäherung beider Chorschlüsse) komponiert Händel eine erste größere Zäsur innerhalb des Werkes und bringt den ersten Abschnitt mit den ersten drei Sätzen in eine formale Balance zu dem folgenden gewichtigen vierten Satz seines Te Deum.

Nr. 4 The glorious company of the Apostles (Soli und Chor)

Vers	ab Takt	Länge (T)	Harmonik	musikalische Funktion	Besetzung
	1	14	a	Vorspiel	T Ob B.c.
7	14	19	a C	Tenor-Arioso	
	32	4	C	kurzes Zwischenspiel	
8	36	15	e	Bass-Arioso	B Ob Str B.c.
9	51	16	a d A d	Sopran-Duett	S S Str B.c.
10	67	26	d H e a	Chor	ssatb Ob Str B.c.
11 12 13	93	13	F d (A)	Chor	
14	106	35	F A	Chor	
15	141	18	F	Chor	

Der vierte Satz fasst neun Hymnen-Verse zusammen und bildet einen Schwerpunkt innerhalb des Werkes, da er verhältnismäßig lang und besonders differenziert gestaltet ist. Trotz seiner Länge ist er formal in der Balance: Der erste große Abschnitt steht in a-Moll, hat 25 instrumentale Takte sowie 70 Takte Vokalmusik, denen ein in der Länge vergleichbarer Chorabschnitt in F-Dur folgt. Die verschiedenen vokalen Binnenabschnitte wiederum sind fast alle von vergleichbarer Länge. In diesen formalen Proportionen, aber auch in der Ausgewogenheit der musikalischen Gestaltung zeigt sich Händels große Kunst: Obwohl die verschiedenen Verse jeweils ihren ganz eigenen Ausdruck erhalten, sind sie miteinander musikalisch verbunden.

Die instrumentale Einleitung wird von einem Oboenduett mit Basso continuo musiziert und erinnert an das Prinzip der Triosonate, das man auch aus verschiedenen Opern Händels kennt (z.B. in der Arie „Voi che udite“ aus *Agrippina*). Die beiden Oboen stellen zwei unterschiedliche musikalische Gedanken vor:

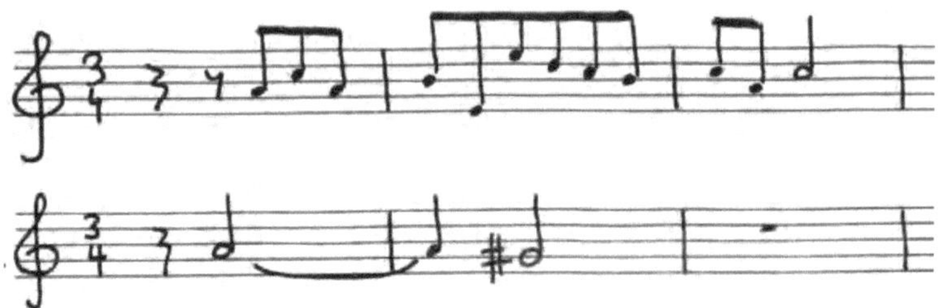

Diese Motive, von denen sich das zweite bereits im dritten Satz des Te Deum als instrumentale Mittelstimme gezeigt hat[78], sind zunächst kontrapunktisch verwoben und werden in den anschließenden kurzen Arioso-Abschnitten von Tenor und Bass zu eigenständigen Soggetti, wobei das Tenor-Soggetto eine kunstvolle Kombination beider Motive ist.

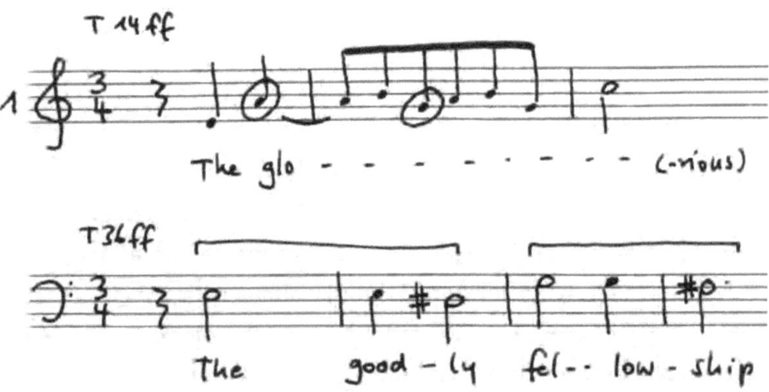

78 Siehe z.B. III, Takt 16.

Die Achtelbewegung des ersten Soggetto wird ab Takt 7 zu einer durchlaufenden Instrumentalbass-Begleitung, die Tenor- und Bass-Stimme miteinander verknüpft und aus der sich die langen, ausdrucksstarken Melismen der Solostimmen bei den Worten „glorious" und „praise" entwickeln. Das folgende Sopran-Duett entsteht auf wunderbare Weise aus der vorangegangenen Musik und wirkt dennoch neu: Die Achtelbewegung des Solo-Basses wird von den instrumentalen Oberstimmen fortgeführt und bildet den Hintergrund für die zweistimmigen Imitationen des nunmehr variierten Bass-Motivs der fallenden Sekunde. Die ab Takt 59 folgenden langen Melismen auf „praise" greifen auf das Wechselspiel zwischen Singstimme und Oboe im Tenor-Arioso zurück. All diese feinsinnigen Bezüge sind in eine differenzierte harmonische Fortschreitung eingebettet, die einem möglichen Spannungsverlust vorbeugt.

Der Abschnitt folgt konsequent der Interpunktion des betreffenden Hymnenverses, in dem bei „doth acknowledge thee" der streng homophone Satz von einem frei imitierenden, mit einigen rauhen, unvorbereiteten Dissonanzen[79] angereicherten Satz abgelöst wird. Auch dieser an das Sopranduett anschließende, musikalisch neu wirkende Chorsatz „The holy church" ist mit dem vorherigen musikalischen Geschehen kunstvoll verbunden, denn die durchlaufende Achtelbewegung der Sopran-Melismen und der instrumentalen Oberstimmen wandert als Continuo-Begleitung zurück in die Bassstimme, und das zweite Oboenmotiv wird sowohl bei „The holy church" im ersten Sopran als auch bei „doth acknowledge thee" in sämtlichen Chorstimmen in variierter Form zitiert:

79 Im Sopran 1 in Takt 73 und 82 sowie im Alt in Takt 80.

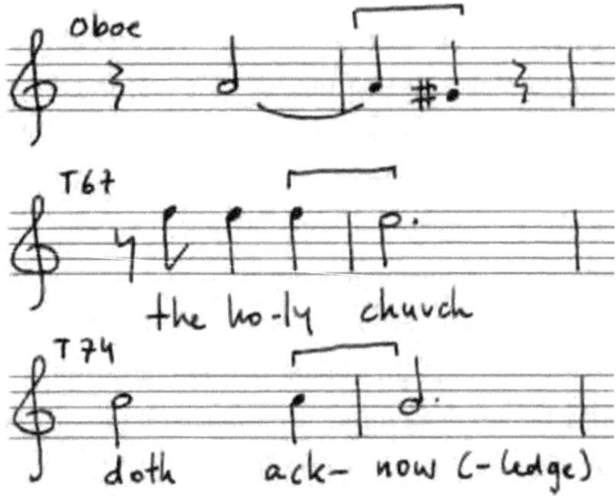

Das siebentaktige Nachspiel ist eine verkürzte Variante des Vorspiels. Händel rundet den ersten der beiden großen Teile der Nr. 4 formal ab, indem er auf der Basis der einheitlichen Grundtonart a-Moll und der komplementären Achtelbewegung die unterschiedlichen Verse oder Vershälften mit Hilfe von lediglich zwei thematischen Grundideen wirkungsvoll kontrastiert. So kann dieser erste Teil als ein Musterbeispiel für die Verbindung der barocken Kompositionsprinzipien von Inventio und Elaboratio gelten.

Der nach einer kurzen Zäsur folgende zweite Teil (ab „The Father of an infinite majesty") bildet einen deutlichen Kontrast, denn die betreffenden Hymnenverse sind ausschließlich chorisch vertont, sein Gesamtklang ist durch den Wechsel in die Medianttonart F-Dur aufgehellt und die Musik entwickelt nach einem affekthaften, langsamen Teil Tempo und rhythmischen Schwung. Wieder sind die einzelnen Verse nach dem Prinzip des motettischen Stils durch satztechnische Differenzierung voneinander abgesetzt. So kommen anfangs in einem homophonen Satz (Vers 11) die wichtigen Worte durch rhythmische Dehnung zur Geltung, ähnlich wie bei der verwandten Passage „Juravit Dominus" im *Dixit Dominus*. Der folgende Vers 12 erhält seinen besonderen Ausdruck durch den Wechsel der Klangfarbe in den Hochchor, und für den anschließenden Vers 13 greift Händel die satztechnische Idee aus Vers 10 wieder auf, indem er auf die Homophonie belebende Polyphonie folgen lässt. Die Basslinie von „Also the Holy Ghost" ist ein weiterer raffinierter Rückgriff auf Vers 10, denn ihre Tonfolge findet sich bereits als Fundament in Takt 94–97:

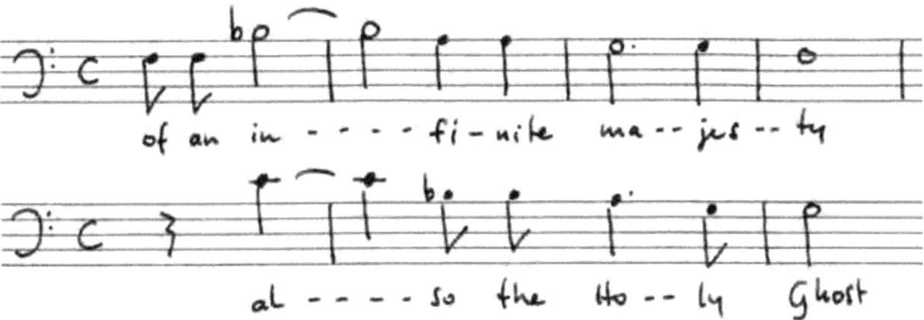

Vers 13 endet in einer Spannung bildenden phrygischen Kadenz mit Halbschluss in A-Dur. Allerdings beginnt der folgende Vers 14 nicht im eigentlich zu erwartenden d-Moll, sondern überraschend wieder in F-Dur[80]. Diese markante harmonische Zäsur verstärkt den Kontrast, der durch das belebende Allegro und die halbtaktige Metrik entsteht. Die Musik ist nun sehr bewegt und abwechslungsreich: Zunächst wird das prachtvolle Soggetto „Thou art the King" von einem lebhaften melismatischen Kontrapunkt im Alt und dann das „of Glory" in einem dichten polyphonen Satzgefüge musikalisch ausgebreitet. Während die Instrumente die imitierenden Achtelfiguren fortsetzen, steigert sich der Chor in ein homophones „King of Glory". Die Zwischenkadenz auf C-Dur markiert eine deutliche Zäsur und erhält die harmonische Spannung zu der folgenden Passage aufrecht, die durch Achtel-Melismen in Tenor und Alt vorbreitet wird. Das Soggetto „Thou art the King" wird wieder aufgegriffen und durch die Engführung der Stimmen satztechnisch verdichtet. Die Musik mündet in einen

80 Der Mediantwechsel A→F enstpricht dem Wechsel Cis→A in Nr. 3 (Takt 15-16) und ist eines der musikalischen Bindeglieder zwischen verschiedenen Teilen des Te Deum.

besonders ausdrucksstarken Abschnitt, bei dem das Wort „Glory" in akkordischen Rufen der Oberstimmen und gleichzeitig in einer langen Achtelkette des Basses erklingt. Die Spannung entlädt sich nach dem letzten „Glory" des Chores in den auslaufenden Terzparallelen der Violinen, die eine Reminiszenz auf die vorangegangenen Achtel-Parallelbewegungen in Chor- und Orchestersatz sind. Den endgültigen musikalischen Abschluss dieses Verses bilden zwei zeitlich gedehnte akkordische Rufe „O Christ" mit einer erneuten harmonischen Ausweichung in die Tonart A-Dur.

Der nun folgende Vers „Thou art the everlasting son" bildet einen erneuten musikalischen Kontrast. Wieder verstärkt Händel die Zäsur zwischen den Versen durch die harmonisch unvermittelte Rückwendung von A-Dur zur Grundtonart F-Dur und einen Wechsel von Homophonie zu Polyphonie, die allerdings strenger durchgeführt ist. Eine weitere Ähnlichkeit ist melodischer Natur: Beide Soggetti sind durch eine Spiegelung miteinander verwandt:

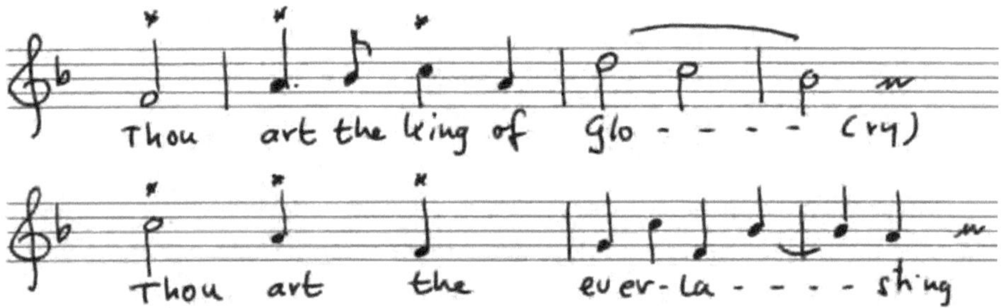

Wie weitreichend die musikalischen Verbindungen innerhalb des Te Deum sind, zeigt sich auch an der Idee der enggeführten Imitation, die bereits in der Orchestereinleitung zum ersten Chor („We praise thee, o God") angedeutet wird. Im Chor „Thou art the everlasting son" erinnern weitere Details an Prinzipien der Fuge: Das Soggetto wird zweimal konsequent durch alle Stimmen geführt und die Einsätze folgen im Abstand einer Quinte (in tonaler Beantwortung). Händels Deutung des Wortes „everlasting" liegt in einem reichen polyphonen

Geschehen, das nur einmal, zu Beginn der zweiten Durchführung in Takt 148, eine kurze Zäsur erfährt und danach durch die Engführungen der Stimmen gesteigert wird. Die auf diese Weise aufgebaute musikalische Spannung des Schlusschores entlädt sich schließlich in einer prachtvollen Schlusskadenz.

Dieser Teil des Te Deum ist sehr vielfältig und lebt von den direkt auf den Text bezogenen musikalischen Kontrasten. Die Wechsel von Homophonie und Polyphonie waren für Händel ein selbstverständliches Stilmittel, das er allerdings den lokalen Gepflogenheiten angepasst hat, denn „ihre Anwendung in solch kurzer Folge ist vollkommen englisch“[81].

Nr. 5 When thou tookest upon thee (Solo-Alt und Chor)

Vers	ab Takt	Länge (T)	Harmonik	musikalische Funktion	Besetzung
	1	4	d	Vorspiel	Ob unisono Vl 1-3 B.c.
16	5	10	d F	Alt-Arioso	
17a	15	5	a (E)	Ensemble	S A T B a cappella (!)
17b	20	6	C	Chor	Ssatb Ob Str B.c.
18	26	41	C (G) C	Chor (Fuge)	

Wie eng die Beziehung zwischen Text und Musik bei Händel ist, wird in der differenzierten formalen Gliederung und in verschiedenen musikalischen Details dieses Abschnitts besonders deutlich. Ein kurzes viertaktiges Orchestervorspiel etabliert die Tonart und den Charakter des Alt-Arioso, wobei die Melodie der Violinen zu Beginn des Sologesangs in einer Art Überblendung noch anderthalb Takte weitergeführt wird. Ihr schleppender punktierter Rhythmus und die Moll-Sphäre unterstreichen die im ersten Versteil angedeutete Last der Erlösung

81 Stoddard Lincoln, a.a.O., S. 206.

der Menschen, die Jesus auf sich genommen hat. Das Wunder seiner Menschwerdung, auf das sich der zweite Versteil „thou didst not abhor the Virgin`s womb" bezieht, wird dagegen in ein helles Licht getaucht, denn die Harmonik wendet sich in die Dur-Sphäre, und das lange Melisma der Singstimme wird von Violinen und Oboen in Terz-parallelen begleitet. Diese Solopassage ist die ausdrucksstärkste im *Utrechter Te Deum*.

Auch der folgende 17. Vers wird seinem kontrastierenden Textgehalt entsprechend differenziert gestaltet. Zunächst steht die Bitternis des Todes im Zentrum. Das Wort „sharpness" wird ganz unmittelbar musikalisch umgesetzt, nämlich durch scharfe Dissonanzen (z. B. die Halbtonreibung a/b zwischen Bass und Tenor in Takt 16), und gleichzeitig in der Horizontalen durch chromatische Abwärtsbewegungen in allen Stimmen (besonders expressiv im Lamento-Bass Takt 16ff.). Auch wenn die musikalischen Mittel zeittypisch waren, wurden die Zeitgenossen sicherlich durch den ungewöhnlichen Klang dieser Passage in Bann gezogen, denn Händel lässt das Solistenensemble unvermittelt a cappella singen, eine überraschende und innovative Wendung, welche die Wirkung des Textes hervorhebt: „Alle Instrumente schweigen, um die Nacktheit des Todes zu versinnlichen"[82]. Händel hat später im *Messias* bei der Passage „Since by man came death" auf dieses wirkungsvolle musikalische Mittel zurückgegriffen.

Die Überwindung des Todes wird prachtvoll gefeiert. Der anschließende Chor bricht mit vitalen, sprunghaften Bewegungen in strahlenden Dur-Jubel aus. Die Freude überträgt sich auf den 18. Vers „Thou sittest at the right hand of God" mit einer lebendigen Doppelfuge, bei der Händel zwei sehr unterschiedliche Soggetti – das erste archetypisch-ruhig, das zweite lebendig-figurativ – kunstvoll miteinander verbindet. Dieser musikalisch sehr vielfältige Abschnitt schließt mit einer spannungsreichen und lebendigen Fugendurchführung, bei der die insgesamt acht Themeneinsätze sehr frei aufeinander folgen: a – t

82 Stefan Hanscheide, *Friedensbezüge in Händels Utrecchter Te Deum*, S. 156.

– b – a – s2 – s1 – a – s1. Wie bei der Fuge „All the earth" im ersten Teil wird das Soggetto zunächst einmal vorgestellt und erscheint dann in Verknüpfung mit dem Kontrasubjekt. Die das Wort „glory" ausschmückenden Achtelketten bilden mit variantenreicher Fortspinnung ein belebendes melodisches Gegengewicht. Im weiteren Verlauf wird der polyphone Satz erneut durch das Mittel der Engführung verdichtet, sowohl in den Stimmpaaren (Takt 34–35), als in einzelnen Stimmen (Takt 46–47). Das musikalische Geschehen wirkt durch den tänzerischen 3/4-Takt sehr beschwingt. Verschiedene Hemiolen akzentuieren den Verlauf und unterstützen den Textausdruck wie zum Beispiel bei „glory of the Father" im Alt (Takt 32–34).

Die Zwischenkadenz in Takt 51–52 bildet mit ihrer harmonischen Ausweichung auf die V.Stufe (G-Dur) eine deutliche Zäsur. Die anschließende zweite Durchführung, die erneut vom Alt angeführt wird, beginnt satztechnisch dichter als die erste. Wieder überrascht Händel mit neuen Einfällen: der Engführung des Themas in der Oktave zwischen Alt und Sopran 1, den Terzparallelen in Anlehnung an das zweite Thema zwischen Tenor und Bass, der kurzen harmonischen Ausweichung nach B- und F-Dur in Takt 57–58, dem ausdrucksvollen langen Melisma auf „glory" in der Oberstimme und zuletzt mit den signalartigen Einsätzen in Sopran 2 und Tenor, die im Zusammenspiel mit dem langen Bass-Orgelpunkt den Schluss des Chores ankündigen.

Nr. 6 We believe that thou shalt come (Soli und Chor)

Vers	ab Takt	Länge (T)	Harmonik	musikalische Funktion	Besetzung
	1	4	g	Vorspiel	Fl Str (ohne Vc!, ohne B.c.!)
19 20	5	5	g c d g	Ensemble	SATB Fl Str (ohne B.c.!)
20	9	5	g D	Chor	SATB satb Fl Str B.c.
21	13	5	B	Duett	A T Fl Str
22	18	4	B A	Chor	SSATB ssatb Str B.c.
23	22	5	A d g D g	Soli+Chor	SAT ssatb Fl Str B.c.
	26	3	g	Nachspiel	Fl Str (ohne Vc!, ohne B.c.!)

Die nun folgende Nr. 6 ist eine ungewöhnliche Musik, die sich deutlich von den vorangegangenen und nachfolgenden Teilen unterscheidet: in ihrer ruhigen Grundstimmung, in der Textbehandlung, der Tonart, der Instrumentierung sowie der formalen und satztechnischen Gestaltung. Sie wirkt innerhalb des gesamten Te Deum wie eine meditative Oase. Die Konturen des Textes sind zunächst weniger deutlich auszumachen, denn die Verse 19 und 20 werden nicht voneinander getrennt, sondern miteinander zu einer Einheit verwoben, und erst zwischen den Versen 20 und 21 sowie 22 und 23 finden sich wieder deutliche Zäsuren.

Vor- und Nachspiel bilden eine im Te Deum singuläre, eher für eine Arie typische formale Umrahmung und sind von besonderer Atmosphäre. Nach einem fast unmerklichen Beginn der Streicher, der buchstäblich aus dem Nichts einer einzigen Note geboren scheint, entwickelt sich eine zarte Flötenmelodie über einem basslosen, flächigen Streichersatz. Die Flöte war ein leises Instrument, und bei jeder Gelegenheit arrangierte Händel die Orchesterbegleitung zu ihren Gunsten. „,We believe' (...) ist typisch für Händels ‚Flöten-Sätze': Die verzierte, gesangliche Solo-Melodie wird von einfachen, repetierten Figuren, piano, in den Streichern begleitet"[83]. Das Instrument kommt ausschließlich in diesem Teil des Te Deum zum Einsatz und wurde bei der Uraufführung wahrscheinlich von einem der Oboisten gespielt – damals beherrschte ein Holzbläser nicht selten mehrere Instrumente.

Im vorliegenden Abschnitt hat die Flöte nach der kurzen Einleitung nur noch begleitende Funktion, während die einsetzenden Solostimmen bei „we believe" melodische Varianten dieser Einleitung:

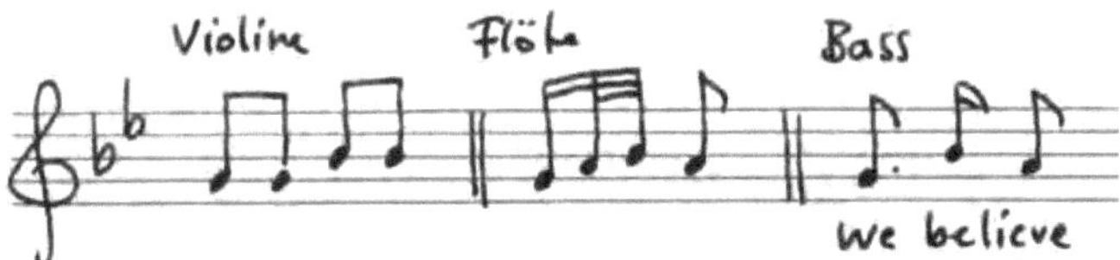

Der Übergang zwischen den Solostimmen und dem Chor ist fließend: Die Chorstimmen greifen zunächst die „help"-Rufe des Solo-Basses auf. Die späteren Wechsel zwischen den Versteilen sind dagegen musikalisch deutlicher konturiert. Die Chorabschnitte sind im Gegensatz zu den Solopassagen homophon gesetzt und geben dem Text dadurch mehr Eindrücklichkeit. Die Einbettung homophoner Passagen in die polyphone Komposition war bereits in der Renaissance ein wirkungsvolles Mittel der Textgestaltung. Auch verschiedene modale Akkordwechsel in diesem Abschnitt des Te Deum (z.B. f→G in Takt 6) erinnern an diese Epoche, wenngleich die Harmonik hier insgesamt Dur-Moll-tonal ist. Die im Orchester durchlaufende Achtelbewegung bildet eine motorische Klammer um die fünf Verse, von denen die mittleren (21 und 22) in der kontrastierenden Paralleltonart B-Dur stehen. Die Entsprechung der ausdrucksvollen harmonischen Zäsur zwi-

83 Burrows, *Handel and the English Chapel Royal*, S. 493 (Ü.d.V.).

schen D-Dur und B-Dur (Takt 13) mit den in der Nr. 4 beschriebenen Wechseln von A nach F ist ein erneuter Hinweis auf die musikalischen Gemeinsamkeiten zwischen den verschiedenen Te Deum-Teilen.

Vers 21 ist als Duett gestaltet, dessen Stimmen kontrapunktisch miteinander verwoben sind und in dem sich ebenso melodische Verwandtschaften zum Beginn finden, denn der Alt zitiert bei „make them to be numbered" (Takt 13–14) den Bass (Takt 5–6).

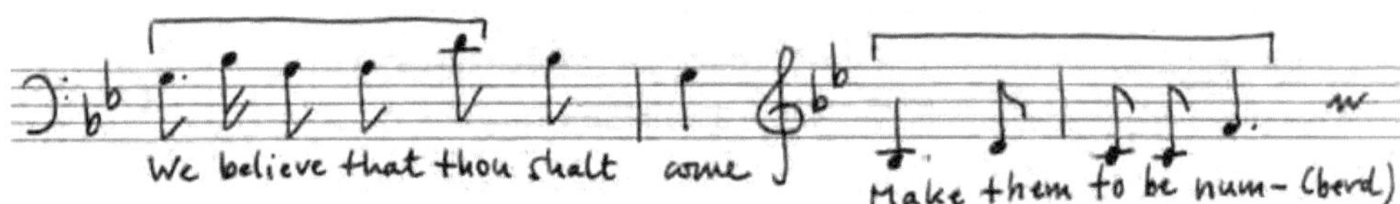

Die Eindringlichkeit der vom Chor und allen Solisten zusammen gesungenen Bitte „O Lord, save thy people" (in Vers 22) wird durch gedehnte Noten, aufsteigende Melodik und expressive Harmonik (B – B7 – (Es) – G7 – c – C7 – (F) – A7 – (D) – gis^{v} – A) musikalisch wirkungsvoll unterstrichen. Der letzte Vers dieses Teils „Govern them" ist satztechnisch dem Anfang vergleichbar, denn auch hier ist der Übergang zwischen Solostimmen und Chor fließend, und parallel dazu findet eine harmonische Rückleitung in die Grundtonart statt. Die spezifischen Dissonanzbildungen (in Takt 22 Sekundvorhalt e-d im Tenor und Takt 25 das as des neapolitanischen Sextakkordes als Sekundvorhalt im Sopran) unterstreichen den Ausdruck des Wortes „govern". Wie beim Alt-Arioso in Nr. 5 überblendet Händel den nun folgenden Übergang in das Nachspiel, indem er das Orchester in den Schlussakkord des Chores hinein beginnen läßt. Die Musik findet am Ende ihren Anfang wieder und ihr allmählich verklingendes sphärisches Schweben zu den Worten „lift them up forever" („hebe sie auf zu dir in Ewigkeit") lässt Raum und Zeit endlos scheinen.

Nr. 7 Day by day we magnify thee (Chor)

Vers	ab Takt	Länge (T)	Harmonik	musikalische Funktion	Besetzung
	1	10	D	Vorspiel	Tr B.c.
24	11	22	D A	Chor	sst + aatb + Orch-TUTTI

Bei diesem prachtvollen Chor fällt sofort die Verwandtschaft zum Jahrzehnte später komponierten „Lift up your heads" im *Messias* auf. Das in Hoch- und Tiefchor aufgeteilte Vokalensemble singt einen lebendigen Lobpreis, dort mit ausgedehnten selbstständigen Passagen beider Gruppen, hier im Te Deum unmittelbar gemeinsam. Im Vorspiel kündigen die beiden Trompeten mit ihrer fröhlichen Fanfare den großen Jubel an, der vom Hochchor angeführt wird. Mit der Antwort des Tiefchores beginnt zwischen beiden Gruppen ein typisch barockes Konzertieren, wobei beide Phrasen des Verses auch in sich mehrfach wiederholt werden. Das musikalische Geschehen wird von Imitationen zwischen den Chorblöcken bestimmt, wobei verschiedene melodische Varianten des Grundmotivs erkennbar sind:

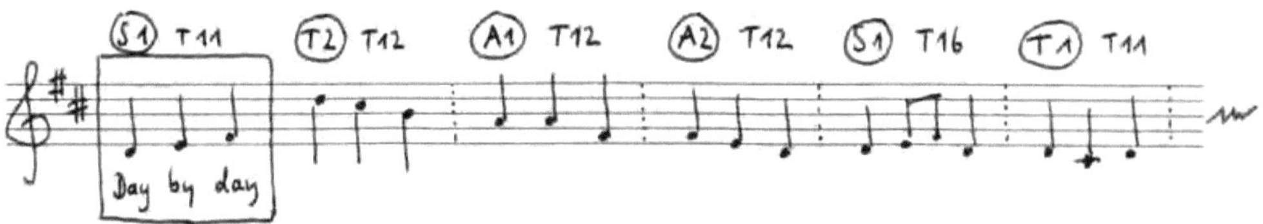

Die Einfachheit der satztechnischen Struktur wird durch kurze harmonische Ausweichungen nach h-Moll, A-Dur und G-Dur aufgewogen. Am Ende werden die beiden antiphonalen Teilchöre in einer abschließenden phrygischen Kadenz zusammengeführt, die mit ihrer typischen Wendung in den Halbschluss die harmonische Spannung für den anschließenden Chor aufbaut.

Nr. 8 And we worship thy name (Chor)

Vers	ab Takt	Länge (T)	Harmonik	musikalische Funktion	Besetzung
25	1	19	A-D	Chor	ssatb + OrchTUTTI

Das dichte Stimmengeflecht dieses Chorsatzes erinnert schon optisch unmittelbar an die Vokalpolyphonie der Renaissance: Im Gegensatz zu „Day by Day" bestimmt die Horizontale das musikalische Geschehen. Die Hauptstimme ist ein weiterer Hinweis für die musikalischen Binnenverflechtungen des Te Deum, denn ihr Verlauf (Takt 1–2) entspricht der Melodik bei „everlasting" aus Nr. 4 (z.B. Alt, Takt 43–44):

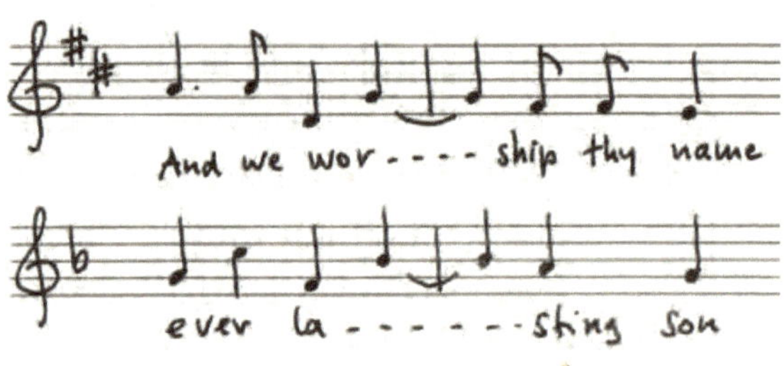

Das Soggetto wird von einer diatonisch aufsteigenden Gegenstimme getragen, mit der sie durch metrische Verschiebungen und Dissonanzen verwoben ist:

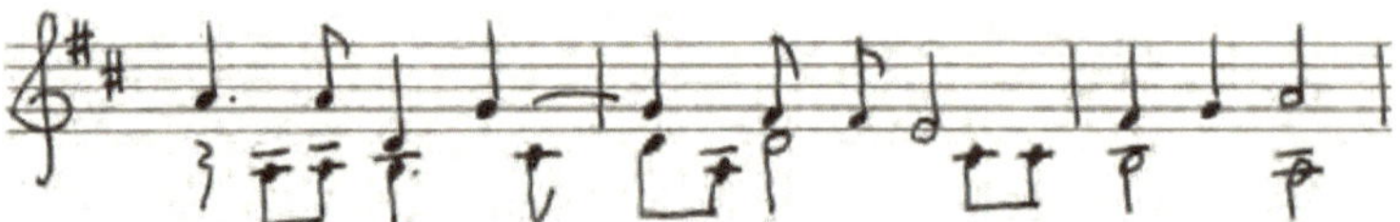

Hier zeigt sich erneut Händels Vertrautheit mit der Vokalpolyphonie des 16. Jahrhunderts, denn in seinem Werk kehren verschiedene tradierte Thementypen immer wieder, in verschiedenen Chorwerken einige Male auch unverändert. Die Art und Weise, mit der die intervallische Energie des Themas im weiteren Verlauf in lineare Bewegung umgeleitet wird, findet sich u.a. im „Halleluja" des berühmten Krönungsanthems *The king shall rejoice* wieder. Im *Wedding Anthem* wirkt das Soggetto durch die harmonische Entspannung auf der I. Stufe geschlossener:

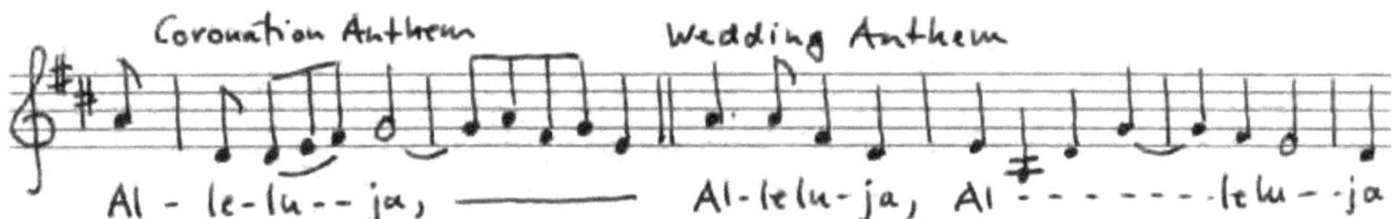

Im weiteren Verlauf von „And we worship thy name" wird die Idee der Stimmpaare in verschiedenen Kombinationen (Sopran 1/Bass, Tenor/Alt, Sopran 1/2 und Alt/Tenor) weitergeführt. Bereits ab Takt 7 wird der Chorsatz durch die Engführung der Stimmpaare verdichtet und in der harmonischen Entwicklung freier, wie die ungewöhnliche, fast gewagte Folge E – D – A – G zeigt. Ab Takt 10 wird bereits das Ende vorbereitet: Über dem Orgelpunkt des Basses auf der V. Stufe erklingt nur noch das erste Soggetto, zunächst noch zwischen den beiden Sopranstimmen enggeführt, dann in Alt, Tenor und Sopran 2. Beide Soprane schwingen sich bei „without end" in jubelnde Höhen, überkreuzen sich und bilden damit ein Stimmpaar (ähnlich wie bei Heinrich Schütz und Johann Hermann Schein). Die Musik findet in einer prächtigen Kadenz ihren wirkungsvollen Abschluss.

Nr. 9 Vouchsafe, o Lord (Soli und Chor)

Vers	ab Takt	Länge (T)	Harmonik	musikalische Funktion	Besetzung
	1	5	h	Vorspiel	Str B.c.
26	5	13	h Fis h A	Duett	AA Str B.c.
27	18	5	fis	Quartett	SSTB B.c.
28	22	10	h	Chor	ssaatb Ob Str B.c.
	31	3		Nachspiel	Str B.c.

Auch dieser Abschnitt bringt musikalisch Neues. Im Vorspiel erklingen über dem Basso continuo die zu einer Stimme verschmolzenen Violinen und Violen. Wieder kann man im besten Sinn von „untextiertem Singen", von deklamatorischem Spiel oder von der „Klangrede"[84] der Instrumente sprechen:

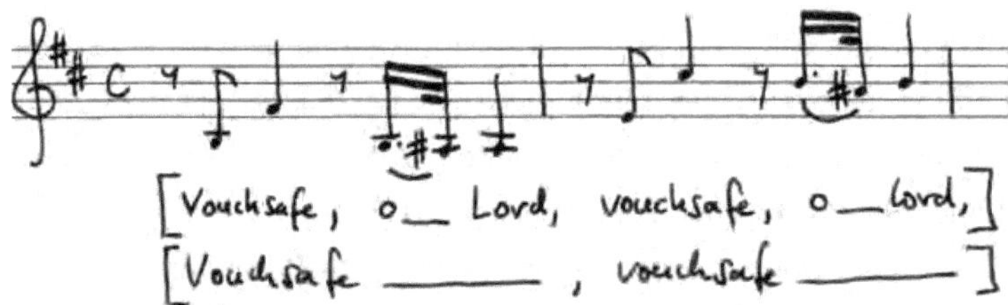

Auf wunderbare Weise entwickelt Händel aus dieser kurzen melodischen Idee die Musik eines ganzen Satzes. Wie in der Nr. 3 verwendet er die im Umfeld der Chapel Royal beliebte Kombination zweier Altstimmen und verwebt sie zu einem Stimmpaar, dessen Linien sich verschiedentlich überkreuzen. Das Seufzermotiv in den Melismen bei „safe" bringt das Flehen der Gläubigen um Erlösung und Gnade zum Ausdruck:

84 Siehe den Titel bei Harnoncourt: „Musik als Klangrede".

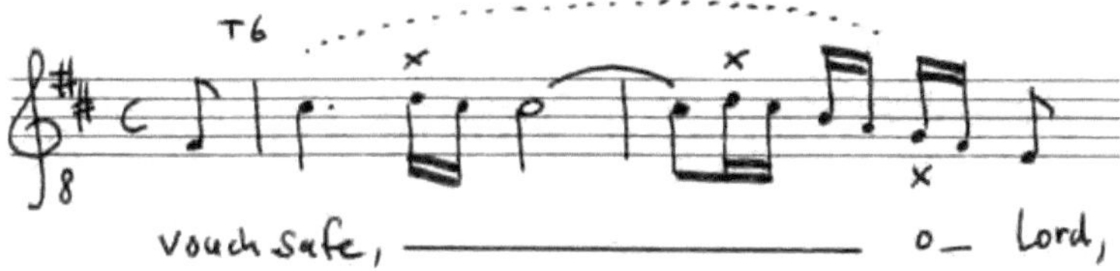

Die Begleitung dieses zweistimmigen Sologesanges besteht aus einer in der Grundstimmung einheitlichen, zwischen Continuo und oberen Streichern frei imitierten Verkettung des Anfangsmotivs. Ihr Verlauf ist durch wechselndes melodisches An- und Absteigen ausbalanciert und mündet bei „without sin" in eine Kadenz.

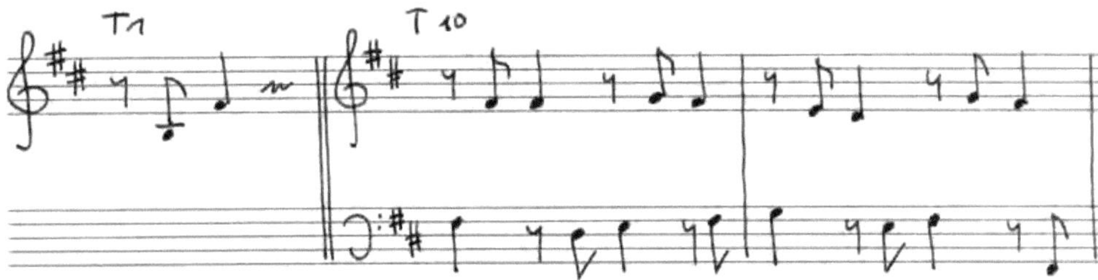

Der nächste Vers bildet einen klanglichen Kontrast, denn das Duett wird von einem Soloquartett abgelöst, welches das „O Lord, have mercy" lediglich vom Basso continuo begleitet singt. Der imitatorische Satz ist mit dem vorherigen Vers durch das Motiv der fallenden Sekunde von „Vouchsafe" verbunden:

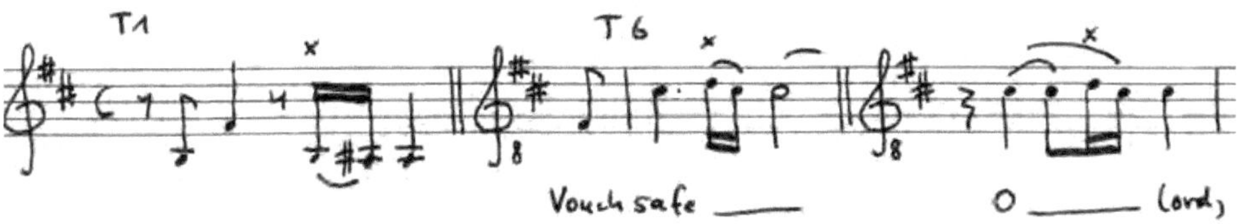

Das Flehen der Gläubigen nimmt an Intensität zu, und verschiedene musikalische Mittel führen zu einer weiteren Steigerung im folgenden Vers „O Lord, let thy mercy lighten upon us". Das in allen Stimmen augmentierte Sekundmotiv steht am Beginn eines klangprächtigen, stellenweise sogar sechsstimmigen Chorsatzes, der von Streichern und Oboen begleitet wird. Besonders ausdrucksvoll ist die Beteuerung „as our trust is in thee", zunächst aufgrund des kurzen Innehaltens des Orchesters in Takt 25, dann durch die Dissonanzkette in den Altstimmen und die folgende Durchimitation eines neuen Motivs, dessen zentraler Ton bei „trust" durch die Dissonanz zum jeweiligen Grundton eigenes Gewicht erhält:

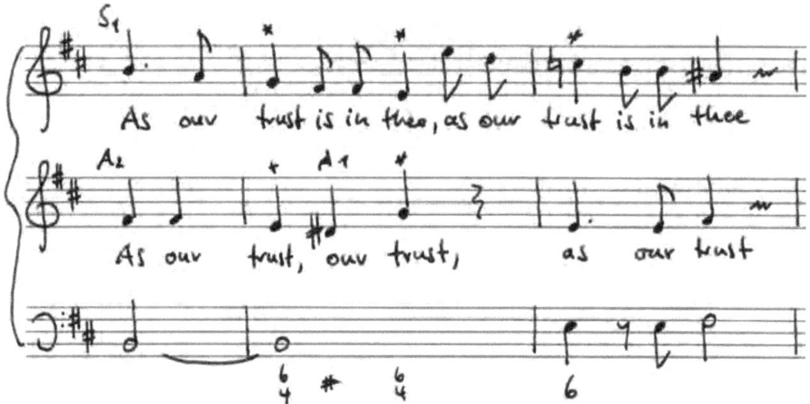

Die musikalische Einheitlichkeit des Satzes wird vom Sekundmotiv des Flehens und Bittens sowie durch die Orchesterbegleitung hervorgerufen, die an das Wechselspiel aus dem ersten Vers anknüpft. Seine formale Abrundung erhält dieser vorletzte Teil des Te Deum durch ein Nachspiel, das im Pianissimo auf dem Grundton verklingt und erneut Ende und Anfang als Einheit erlebbar macht.

Nr. 10 O Lord, in thee have I trusted (Soli und Chor)

Vers	ab Takt	Länge (T)	Harmonik	musikalische Funktion	Besetzung
	1	2	D	kurze Einleitung	B.c.
29	2	28	D A D	Chor	SSatb OrchTUTTI

Aus der Stille des Vorangegangenen erhebt sich der lebendige Schlussteil. Der abwechslungsreiche Cantus firmus-Satz in der deutschen Tradition des Choralvorspiels beginnt mit einem pulsierenden „Walking Bass" der Continuo-Instrumente. Über die ersten fünfzehn Takte bildet dieser eine durchgängige Fundament-Begleitung, mit der die Musik in vorwärts drängender Bewegung bleibt. Die beiden Zeilen des letzten Hymnen-Verses sind unterschiedlich gestaltet, der erste als linearer, in sich ruhig wirkender Cantus firmus, der zweite in belebten Achteln:

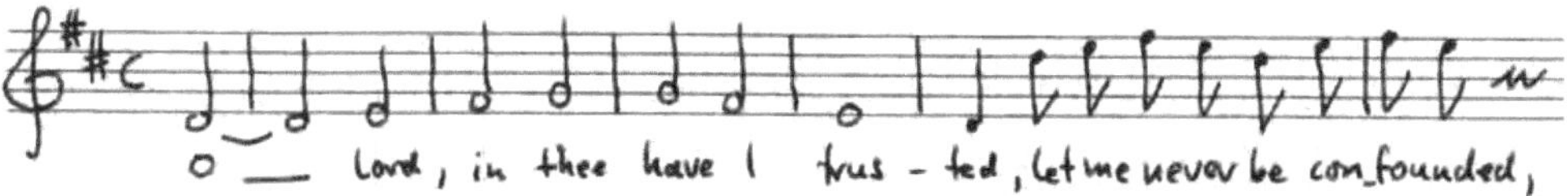

Die Verse folgen direkt aufeinander, wobei der Cantus firmus anfangs nur von Sopran und Alt gesungen und von den oberen Streichern colla parte begleitet wird. Die anschließende Bitte „let me never be confounded" wirkt im Tutti sehr kraftvoll, wobei zunächst Teile der zweiten Verszeile durch Wiederholungen hervorgehoben werden und anschließend „never" als einzelner Ruf erklingt.

Mit dem Einsatz des Cantus firmus im Tenor in Takt 10 wird die Musik im Ausdruck gesteigert, denn der Chorsatz ist nun polyphon, bewegt sich harmonisch in der spannungsreichen Sphäre der Dominante A-Dur und ist durch die Parallelführung der beiden Soprane zur Vierstimmigkeit verdichtet. Sopran und Bass begleiten den Cantus firmus mit langen, lebendigen Melismen auf „confounded", die kontrapunktisch oder parallel gesetzt sind und deren rhythmisches Pulsieren von den Trompeten durch halbtaktige Akzente verstärkt wird. Einzig die Altstimme bildet einen selbstständigen, fast unscheinbaren Kontrapunkt.

Im weiteren Verlauf verliert die Musik nicht an Spannung, denn Händel bleibt bei der Rückwendung zum syllabisch-homophonen Satz dem Prinzip der Varietas treu. Wenn die Musik in Takt 14 harmonisch wieder auf die I. Stufe zurückkehrt, nimmt er einen überraschenden Stimmtausch zwischen Sopran und Bass vor, beim erneuten Wechsel in die Polyphonie in Takt 18 erklingt der Cantus firmus in wirkungsvoller Engführung zwischen Sopran und Bass, und das Wechselspiel der Melismen findet diesmal in den Mittelstimmen statt. Nach ihrem strahlenden Cantus firmus singen die Soprane in den letzten Takten die letzte Verszeile auf dem eindringlichen Rezitationston d. Chor und Orchester vereinigen sich in einer langen plagalen Kadenz, die eine archaische Wirkung erzeugt und von den beiden Trompeten mit einer Achtel-Fanfare prachtvoll belebt wird.

Wie bereits gezeigt wurde, gibt es im *Utrechter Te Deum* musikalische Gemeinsamkeiten, die zwischen einzelnen Abschnitten vermitteln und für den Hörer im Grunde kaum wahrnehmbare innere Verbindungen schaffen, die zusammen mit dem zugrunde liegenden formalen und harmonischen Konzept die Ausgewogenheit des Werkes begründen.

Die ersten drei Teile, in deren Verlauf die Harmonik von der Grundtonart D-Dur bis in das sehr entlegene Cis-Dur wandert und dann zur Grundtonart zurückkehrt, bilden eine Einheit und stellen ein proportionales Gegengewicht zum nachfolgenden vierten Teil her. Dieser ist von den Tonarten a-Moll und F-Dur geprägt, die ihn in ein ganz anderes harmonisches Licht tauchen. Der Beginn des fünften Teiles in d-Moll ist über die Terzverwandtschaft mit dem vorangegangenen F-Dur verbunden, und die zu Grunde liegende Sequenz d–a–C–g schafft im weiteren harmonischen Verlauf die Verknüpfung auch mit dem sechsten Teil. Die Quintverwandtschaft zwischen g-Moll und D-Dur stellt die harmonische Verbindung zu den letzten drei Teilen des Te Deum her (als organischer Wechsel von der Mollsubdominante g-Moll zur Tonika D-Dur). Diese sind wiederum harmonisch zu einer Einheit verklammert. Der neunte Teil stellt eine harmonische Balance innerhalb des Te Deum her, da er in der parallelen Moll-Tonart h steht, die bislang nur marginal in Erscheinung getreten ist. Die anschließende Rückkehr in die Grundtonart D-Dur im letzten Teil ist wegen der Trompeten ohnehin zwingend. Wenn man die Teile 7–10 als Einheit ansieht, zeichnet sich insgesamt eine formale und harmonisch ausgewogene Grundgestalt des *Utrechter Te Deum* ab:

Teil / Teile	**Takte**	**Harmonik**
1–3	139	D / A D h Fis / Fis Cis A D
4	158	a F
5–6	95	d a C / g
7–10	113	D A / A D / h / D

Fazit

Nach meiner Auffassung ist das *Utrechter Te Deum* ein frühes Meisterwerk, denn es ist ausdrucksstark in der Textausdeutung, musikalisch sehr gehaltvoll und abwechslungsreich. Es basiert auf einem spannungsreichen harmonischen Konzept und weist verschiedene, oft versteckte melodische, harmonische oder satztechnische Bezüge auf, die ihm in seiner stilistischen Vielfalt einen inneren roten Faden verleihen. Das Te Deum wurde von der Musikwissenschaft bislang ziemlich vernachlässigt, obwohl es dem renommierten englischen Musikwissenschaftler Donald Burrows folgend „ein Meilenstein in Händels englischer Musik war, vergleichbar mit dem *Dixit Dominus* in seiner lateinischen Musik". Daneben wirke Händels vorangegangenes Werk, das Anthem *As pants the hart*, „ziemlich primitiv".[85]

Man merkt verschiedenen Passagen des Te Deum an, dass Händel sich kurz fassen musste. Sein Te Deum war ohnehin schon fast doppelt so lang wie das populäre Te Deum von Henry Purcell geworden. Manche Abschnitte hätten mit Sicherheit weiter auskomponiert werden und die Vertonung verschiedener Verse (vor allem 10, 11, 12, 16, 17 und 27) noch stärker gegliedert und eigenständiger sein können. Wie weit Händel mit der Musik seines Te Deum bereits 1713 hätte gehen können, wird sich im Vergleich mit seinem späteren *Chandos Te Deum* zeigen. Seine Kompositionsarbeiten für den Festgottesdienst schlossen allerdings auch das in der anglikanischen Liturgie mit dem Te Deum eng verbundene *Jubilate* ein, und der für beide Teile zusammen vorgegebene Zeitrahmen war begrenzt. Ein solch bedeutender Festgottesdienst dauerte mehrere Stunden und wurde auch von anderer Musik als der Händelschen bereichert. Händels *Utrechter Te Deum & Jubilate* stand allerdings im Zentrum der Liturgie und beanspruchte mit etwa fünfundvierzig Minuten Gesamtlänge eine durchaus würdige Zeitspanne.

Der Umfang der Partitur und die stellenweise kompositorische Knappheit sind also in unmittelbarem Zusammenhang mit den zeitlichen Vorgaben zu sehen. Manche negative Werturteile über bestimmte Musikwerke oder Kompositionsweisen kommen ohne angemessene Berücksichtigung der Aufführungsbedingungen zustande, wie bereits in Bezug auf Händels Chorfugen angedeutet wurde. Ein veränderter Zeitgeschmack kann die Rezeption eines vormals bedeutenden Musikwerkes ebenso nachteilig beeinflussen wie der Schatten, den ein weiter entwickeltes Spätwerk auf frühere Kompositionen wirft, wie es im Fall des *Utrechter Te Deum* das spätere *Dettinger Te Deum*, der

85 Wörtlich heißt es bei Burrows: „the anthem appears rather primitive next to the Utrecht music" (ebd.).

Messias oder *Israel in Ägypten* getan haben. Welche Ursachen in welcher Weise zu der untergeordneten Rolle geführt haben, die das *Utrechter Te Deum* im heutigen Konzertleben und innerhalb des Händelschen Werkkanons spielt, ist bisher nicht eingehender erforscht worden. Die Tatsache, dass Händel mit dem *Utrechter Te Deum* in England einen großen und wichtigen Erfolg beim Publikum und im Kollegenkreis feiern konnte, spricht ebenso für seine Qualität wie die Begeisterung, die man auch heute bei Ausführenden und Zuhörern wecken kann, auch wenn es relativ aufwändig in der Einstudierung und dabei selbst zusammen mit dem *Jubilate* nicht abendfüllend ist. Wenn anhand der bisherigen Darstellung spürbar werden konnte, dass das *Utrechter Te Deum* unterschätzt wird, hat sie einen ersten wichtigen Zweck erfüllt. Um das Profil des Werkes noch weiter herauszuarbeiten, widmet sich das nächsten Kapitel dem musikalisches Umfeld.

Das musikalische Umfeld des *Utrechter Te Deum*

Händel war sicher daran gelegen, bei den Kompositionen der Geburtstagsode *Eternal source of light divine* für Königin Anne und des *Utrechter Te Deum* auf die musikalische Tradition sowie den Geschmack des Hofes und des englischen Publikums Rücksicht zu nehmen. Bevor er sich an die Arbeit machte, hatte er „das Schlachtfeld sorgfältig ausgekundschaftet, die englischen Vorbilder studiert und seinen musikalischen Stil den Notwendigkeiten angepasst"[86], konnte aber auch auf eigenes bewährtes Repertoire zurückgreifen, und es ist erstaunlich, wie deutlich dieser Rückgriff in der Musik des *Utrechter Te Deum* erkennbar ist. Der Vergleich mit Händels späteren Te Deum-Vertonungen zeigt, inwieweit das Erstlingswerk musikalisch nachgewirkt und welche Veränderungen und Entwicklungen es gegeben hat[87].

Parodie und Entlehnung

Das Studieren oder auch Kopieren von fremden Handschriften und Drucken war zur damaligen Zeit in der Musikausbildung eine wichtige und gängige Methode, um verschiedene Satztechniken und Stile kennenzulernen und zu üben. Auf diese Weise kamen Händel als Kompositionsschüler und Purcell als Kopist an der Westminster Abbey mit Werken der alten Meister verschiedener Herkunft in Be-

86 Stoddard Lincoln, *Handel's Music for Queen Anne*, S. 207 (Ü.d.V.).

87 Die im Anhang des Buches auf Seite 326 befindliche Übersichtstabelle gibt einen Einblick in die grundlegenden strukturellen Gemeinsamkeiten und Unterschiede zwischen den verschiedenen Vertonungen.

rührung. Sie ließen sich davon ganz offenbar inspirieren, denn beide griffen immer wieder auf musikalische Stilelemente älterer Vorbilder zurück.

Die Verwendung musikalischer Ideen aus eigenen früheren Werken, von Themen, Harmoniefolgen, Besetzungen, formalen Strukturen bis hin zur Übernahme kompletter Sätze im Parodie-Verfahren, war ebenso gängige Praxis wie die Entlehnung aus fremden Werken oder gar deren vollständige Neubearbeitung (wie z.B. die Vivaldi-Bearbeitungen von J.S. Bach). Die Ursachen dafür sind vielschichtig: die Zeitnot im hektischen Alltag, das Vertrauen auf bereits erfolgreich Erprobtes oder das Verlangen, ein Werk nach einer besonderen, zweckgebundenen Aufführung nicht in Vergessenheit geraten zu lassen, sondern es vielmehr im musikalischen Gedächtnis zu verankern. Die Neubearbeitung und Verbesserung eigener Kompositionen offenbart damit „eine in die Zukunft weisende künstlerische Haltung, die sich der Einmaligkeit genialer Inspiration bewusst ist"[88].

Der Begriff „Parodie" war lange für die verschiedenen Möglichkeiten der Wiederverwendung in Gebrauch. Heute wird in der Musikwissenschaft im Bereich der Vokalmusik zwischen den Begriffen Parodie und Entlehnung unterschieden. Als Parodie wird die Übernahme oder Bearbeitung eines selbst komponierten ganzen Vokalsatzes oder einer instrumentalen Komposition in ein neues Werk bezeichnet. Die Technik war allgemein gängig und akzeptiert. Der Terminus Entlehnung bezieht sich auf die Übernahme von Sätzen, Abschnitten, Themen oder bestimmten Stilmitteln aus dem Werk eines anderen Komponisten, ein Verfahren, bei dem schon eher ästhetische und moralische Gesichtspunkte zu berücksichtigen waren und sind.

Die Parodie und insbesondere die Entlehnung spielen in Händels Werk eine verhältnismäßig große Rolle. Während das erstgenannte Verfahren bei Bach, der im wesentlichen eigene Werke parodiert hat (zum Beispiel im *Weihnachtsoratorium* und in der *h-Moll-Messe*), wis-

88 Finscher, *Parodie*, Sp. 815.

senschaftlich eingehend erforscht ist, gibt es zu Händel vergleichsweise wenig Literatur. Die Praxis der Entlehnung, die dieser ungewöhnlich häufig anwandte, hat „der Händelforschung viel Kopfzerbrechen bereitet“[89] und sogar zum Vorwurf der „musikalischen Kleptomanie“[90] geführt, was Zeitgenossen wie Mattheson allerdings nüchterner sahen, denn „Entlehnen ist eine erlaubte Sache; man muss aber das Entlehnte mit Zinsen erstatten“[91]. Das heißt, eigenes handwerklich-technisches Können rechtfertigt die Adaption eines fremden musikalischen Gedankens. In der folgenden vergleichenden Analyse werden wir sehen, auf welche Weise Händel bei der Komposition seines Te Deum auf diese Möglichkeiten zurückgegriffen hat.

Vor 1713 – Händels Psalmvertonungen und die englischen Versionen des Te Deum von Henry Purcell und William Croft

Das *Utrechter Te Deum* war Händels erstes bedeutendes geistliches Werk für die englische Öffentlichkeit. Für den Entstehungshintergrund sind zunächst die während seines Italienaufenthalts entstandenen lateinischen Psalm-Vertonungen *Dixit Dominus, Laudate Pueri Dominum* und *Nisi Dominus* von Bedeutung, denn sie „zeigen, dass Händel ein Meister der Techniken war, welche die Kirchenmusik (…) erforderte, und diese Techniken wurden in seine englische Kirchenmusik weitergetragen“[92]. Zu den damals populären Werken englischer Komponisten, die Händel gehört oder durch das Studium der Parti-

89 Lutz, *Parodie und Entlehnung bei Händel*, S. 84.

90 Dent, *Handel*, zitiert nach Lutz, a.a.O.

91 Mattheson, *Der vollkommene Capellmeister*, S. 131, § 81.

92 Burrows, a.a.O., S. 11 (Ü.d.V.).

turen gekannt haben wird, zählen das Te Deum von Henry Purcell sowie das Te Deum von William Croft. Die vergleichende Untersuchung soll zeigen, inwiefern sich Händel an diesen englischen Vorbildern orientierte, und sie bezieht nach einem Hinweis bei Stoddard Lincoln auch Crofts Thanksgiving Anthem *Rejoice in the Lord* mit ein.

Der junge Händel vertonte die lateinischen Vesperpsalmen während seines etwa dreieinhalb Jahre dauernden Aufenthalts in Italien. Mit seinem *Dixit Dominus* (HWV 232) gelang dem Zweiundzwanzigjährigen ein frühes Meisterwerk mit außergewöhnlich hohen Anforderungen an die Ausführenden. Die beiden anderen Psalmen *Laudate Pueri* (HWV 237) und *Nisi Dominus* (HWV 238) entstanden im gleichen Jahr und waren ebenso für das *Fest unserer lieben Frau auf dem Berg Karmel* bestimmt. Auch wenn Watkins Shaw mit Recht darauf hinweist, dass viele melodische und harmonische Gemeinsamkeiten zwischen *Dixit Dominus* und *Utrechter Te Deum* auf Konventionen des barocken Stils beruhen, so sind verschiedene Parallelen deutlich mehr als "leise verklingende Echos, die in seinem Bewusstsein waren, als er sich an die Komposition des *Utrechter Te Deum* machte"[93]. Sie sind vielmehr eindeutige Rückgriffe auf eigene musikalische Ideen und beziehen sich auf weit mehr Abschnitte des *Dixit Dominus*, als Shaw in seiner Analyse herangezogen hat.

In London war Händel als Instrumentalist und durch seinen Opernerfolg mit *Rinaldo* alsbald eine bekannte Musikerpersönlichkeit und auch bei Hofe eingeführt. Dem Einfluss seines Mäzens Lord Burlington verdankte er auch den ehrenvollen Auftrag für die Ode *Eternal source of light divine* (HWV 74), die er fast zeitgleich mit dem *Utrechter Te Deum* anlässlich des Geburtstags der Königin komponierte. Beide Projekte boten ihm die große Chance, sich auch bei Hofe und im öffentlichen kirchenmusikalischen Raum zu etablieren. Sie zwangen ihn, eine musikalische Balance zwischen der englischen Tradition und seinem Gestaltungswillen zu finden, um „mit einer so geglückten Symbiose

93 Watkins Shaw, Vorwort zur Edition Novello des *Dixit Dominus*, S. III.

als nationaler Komponist in einem fremden Land akzeptiert zu werden, anstatt sich in die lange Liste musikalischer Migranten in London einzureihen"[94].

Mit dem *Utrechter Te Deum* war Händel als erstem Deutschen die Gelegenheit gegeben, ein wichtiges Werk in der Tradition der anglikanischen Kirchenmusik zu schaffen, und es war eine besonders bedeutende Aufgabe, denn er hatte es mit einem für ihn neuen Text in einer ihm noch nicht allzu vertrauten Sprache zu tun, den er für eine englische Hörerschaft vertonen wollte. Seine Hinwendung zu den etablierten englischen Vorbildern Henry Purcell und Willam Croft scheint daher im Rückblick fast unerlässlich.

Der relativ früh verstorbene Henry Purcell (1659–1695) galt schon zu Lebzeiten als der bedeutendste englische Komponist seiner Zeit und wird gern als der „letzte Meister der englischen Musik" bezeichnet, dem es gelang, „die nationale Eigenart einer starken Persönlichkeit dem immer stärker werdenden Einfluss der französischen und italienischen Musik entgegenzusetzen."[95] Purcell hatte als Organist der Chapel Royal und an Westminster Abbey bedeutende Funktionen inne und als Komponist großen Einfluss auf die Entwicklung der anglikanischen Kirchenmusik. In seiner Musik setzte er die musikalischen Traditionen der Chapel Royal fort, die er als Chorknabe verinnerlicht hatte, und wurde bald vor allem durch seine besondere Art der musikalischen Sprachgestaltung wegweisend.

Als Händel nach London kam, lagen viele Werke des als „Orpheus Britannicus" gepriesenen Komponisten bereits in gedruckter Form vor, so auch das für das Cäcilienfest im Jahr 1694 entstandene *Te Deum & Jubilate*, das als erstes englisches Te Deum mit Orchesterbegleitung gilt, bald mit zahlreichen Aufführungen bei den großen Londoner Festgottesdiensten etabliert war und bis 1712 ununterbrochen nachgedruckt

94 Stoddard Lincoln, a.a.O., S. 191 (Ü.d.V.).

95 Völsing, *G. F. Händels englische Kirchenmusik*, S. 9.

wurde[96]. Obwohl direkte musikalische Bezüge zwischen Händels *Utrechter Te Deum* und Purcells Te Deum vergleichsweise rar sind, kann man dennoch anhand der Besetzung, der formalen Gestaltung und der Tonartenverhältnisse darauf schließen, dass Händel diese bedeutende Partitur gekannt oder sogar besessen hat. Er konnte sie also zum Vorbild nehmen und sowohl nahtlos an die englische Kirchenmusiktradition anknüpfen, als auch seine Wertschätzung gegenüber dem berühmten Kollegen zum Ausdruck bringen, wie Chrysander in seiner Biographie ebenso plastisch wie spekulativ beschreibt: „Nun legte Händel das Werk vor sich hin und arbeitete danach sein eigenes aus. Dass er dies tat, ist weder durch Entlehnung ganzer Gedanken oder Sätze, noch durch bestimmte Nachrichten bezeugt, aber es ist nicht desto weniger gewiss. (…) Im Grundgefühl stimmen beide Meister überein“[97].

Auch das *Te Deum in D* von William Croft (1678–1727), das für den Thanksgiving Service in der Chapel Royal im Februar 1709, ein Jahr vor Händels Ankunft in London, komponiert wurde, lohnt eine vergleichende Betrachtung. Es war nach Purcell das erste modernere, stärker vom italienischen Stil beeinflusste und bedeutende Werk seiner Art in der ersten Dekade des neuen Jahrhunderts. Croft war Nachfolger Purcells als Organist an der Westminster Abbey geworden und hatte außerdem das Amt des „Master of the Children of the Chapel Royal“ inne. Nach Blows Tod wurde er der wichtigste Komponist der Chapel Royal. Auch er prägte die englische Kirchenmusik nachhaltig, was sowohl in der Würdigung seines Werkes durch Charles Burney als auch an seinem 1724 erschienenen Hauptwerk *Musica Sacra* deutlich wird, in dem auch der *Burial Service* enthalten ist, der bis heute in England bei Staatstrauer musiziert wird. Es ist möglich, dass Händel Crofts Musik während der Gottesdienste in St. Paul's gehört hat.

96 Siehe: Burrows, a.a.O., S. 92.

97 Friedrich Chrysander, *G. F. Händel*, S. 387–88.

William Crofts Thanksgiving Anthem *Rejoice in the Lord* war eine Auftragskomposition von Königin Anne für die zahlreichen Siege des Duke of Marlborough im Spanischen Erbfolgekrieg. Stoddard Lincoln vermutet, dass Händel (nicht nur) dieses Anthem gekannt hat und dass es ihn möglicherweise viel stärker inspirierte als Purcells Te Deum, weil *Rejoice in the Lord* in seinen (Lincolns) Augen das viel bessere Werk sei. Das *Te Deum in D* von Croft hat bei Lincoln in diesem Zusammenhang überhaupt keine Bedeutung[98].

Als offizieller Komponist der Chapel Royal trug schließlich auch Croft zu den Friedensfeierlichkeiten im Juli 1713 bei, und zwar mit seiner *Ode for the Peace of Utrecht*. Sie wurde knapp eine Woche nach der Uraufführung von Händels *Utrechter Te Deum* am 13. des Monats aufgeführt, allerdings fernab von London, in Oxford, also in der relativ wenig beachteten Provinz. Hier erlangte Croft als Musiker seine Doktorwürde, und die Ode war wahrscheinlich sein künstlerischer Beitrag zur akademischen Zeremonie. Sie enthält die Anmerkung „with noise of cannon", die eher auf London als ursprünglich angedachten Aufführungsort hinweist als auf das ehrwürdige Oxford. In der Ouvertüre der Ode klingen Elemente des Allegro aus der *Feuerwerksmusik* an, das Händel viele Jahre später – und vielleicht auch als Hommage an seinen Kollegen – komponierte.

98 Siehe: Lincoln, a.a.O., S. 204–5.

Purcell, Croft und Händel – Ein Vergleich

Im *Utrechter Te Deum* verwendet Händel ein den englischen Te Deum-Vertonungen vergleichbares Formschema (z.B. die Folge Chor, Duett, Fuge usw.) und einen vier- bis fünfstimmigen Chor mit geteiltem Sopran. Der englische Te Deum-Text aus dem *Book of Common Prayer* ist bei Händel allerdings differenzierter ausgestaltet, da er noch häufigere musikalische Wechsel nach dem Text-Sinn komponierte. Die Musik des Te Deum ist „durchaus echter Händel"[99], denn sie unterscheidet sich vor allem in Melodik, Harmonik und Satztechnik recht deutlich von ihren Vorgängern. Dent kritisiert allerdings Händels musikalische Umsetzung der englischen Sprache hinsichtlich der Sprachrhythmik und -melodik und bezeichnet seinen Kontrapunkt als „italienisch glatt"[100].

Henry Purcell komponierte sein prachtvolles Te Deum im Jahr 1694. Es war ein großer Erfolg und erschien bereits drei Jahre später gedruckt. Der englische Text ist durchkomponiert als eine Folge kurzer musikalischer Episoden mit raschen Wechseln von Solo und Tutti, Homophonie und Polyphonie und inneren Stimmungen. Das Te Deum setzte Maßstäbe und wurde das erfolgreichste Werk aus der Feder des Komponisten.

William Croft orientierte sich bei der formellen Anlage und Instrumentation seiner Vertonung vermutlich an Purcell, ist aber entschiedener in der Trennung einzelner musikalischer Sätze und in seiner Melodik bereits vom modernen italienischen Stil beeinflusst. Auch in der Harmonik entfernt sich Croft von seinen englischen Wurzeln, wenngleich die Musik diesbezüglich nicht so expressiv und zwingend ist wie bei Purcell. Seine Arien sind ausdrucksvoll und reich an Verzierungen, die Chöre allerdings vergleichsweise schlicht.

99 Dent, *Englische Einflüsse bei Händel*, S. 4.

100 Dent, a.a.O.

Alle drei Te Deum-Vertonungen stehen wie viele andere Werke aus dem Repertoire der Chapel Royal in der Tonart D-Dur, die für Naturtrompeten und auch für Streichinstrumente ideal ist, weil sie das Spiel leerer Saiten ermöglicht und Sechzehntel-Figuren technisch erleichtert. Der weiche Mischklang von Violinen und Oben in Händels Te Deum könnte von Crofts Anthem *Rejoice in the Lord* inspiriert sein.

Das Fehlen der normalerweise im Verbund mit den Trompeten musizierenden Pauken sowie bei Purcell zusätzlich der Verzicht auf Holzbläser weisen darauf hin, dass die Musik für die englische Liturgie um 1700 eher sparsam instrumentiert wurde[101]. In englischer Kirchenmusik mit Orchesterbegleitung gibt es für den Gebrauch von Pauken keinen überlieferten Nachweis, weder für die königlichen Ensembles noch für Westminster Abbey oder St. Paul's Cathedral. Ein in militärischem Stil improvisierender Paukist hätte nicht zu einem Te Deum gepasst, und man hätte ihn innerhalb eines Kirchenraums wohl auch nicht geduldet[102]. Bei der Komposition seines Te Deum folgte Händel noch dieser Praxis und setzte erst Jahre später Pauken in geistlicher Musik ein, nämlich in seinen *Coronation Anthems* und im *Dettinger Te Deum*. Bei Maurice Greene, Crofts Nachfolger als Organist und Komponist der Chapel Royal, finden sich Pauken erst in Werken der späten 1730er Jahre. Ab Mitte des Jahrhunderts wurden bei Purcells Te Deum und wahrscheinlich auch beim *Utrechter Te Deum* gelegentlich Pauken ergänzt, eine Konzession an den Zeitgeschmack und der Versuch, die Werke konkurrenzfähig zu erhalten.

Bei der Vokalbesetzung der Te Deum-Vertonungen von Purcell, Croft und Händel halten sich Unterschiede und Gemeinsamkeiten die Waage. Die Solistenbesetzung des *Utrechter Te Deum* ähnelt der Besetzung bei Purcell, wohingegen Croft das Trio Alt+Tenor+Bass bevorzugt und ansonsten dem Alt viel solistischen Raum gibt. Der Chor hat in mehreren Passagen des *Utrechter Te Deum* die aus dem *Dixit Dominus*

101 Siehe: Denis Arnold im Vorwort zu seiner Edition von Purcells Te Deum.
102 Nach: Burrows, a.a.O., S. 487.

bekannte Besetzung SSATB, die teilweise auch bei Purcell und Croft zu finden ist. Das Vokalensembe wird aber variabler eingesetzt, hat eine gewichtigere Funktion als bei den Vorgängern und ist außerdem musikalisch und sängerisch stärker gefordert.

Händels Gliederung des Textes ähnelt der von Purcell, denn stellenweise sind die gleichen Versfolgen durch wechselnde Besetzungen und Affekte musikalisch differenziert, und es finden sich satztechnische Entsprechungen. Verschiedene musikalische Abschnitte seines Te Deum lässt Händel wie Purcell ineinander übergehen, „dehnt aber, wie Croft, viele Abschnitte deutlich weiter aus als Purcell es versucht hat."[103] Crofts Te Deum ist formal noch weniger gerafft; die ausdrucksvollen, verhältnismäßig langen Arien bilden wie in seinem *Thanksgiving Anthem* deutlichere Ruhepunkte.

Bei Purcell und Händel finden sich harmonische Wechsel von Dur nach Moll, mit denen verschiedene Abschnitte klanglich gegeneinander abgesetzt werden. Ebenso wirkungsvoll sind die überraschenden Wechsel in die untere Mediante (terzverwandte Tonart), zum Beispiel von A-Dur nach F-Dur, von denen alle drei Komponisten Gebrauch machen. Die Werke spiegeln hinsichtlich der harmonischen Vielfalt die stilistische Entwicklung der Zeit wider. Während Purcells Te Deum nur für wenige Verse von der Grundtonart abweicht, entfernt sich die Musik von Croft bereits für längere Passagen von ihrem tonalen Zentrum, allerdings erst in der zweiten Hälfte des Werkes[104].

Händels Harmonik ist bei weitem die farbenreichste. In Verbindung mit den verschiedenen satztechnischen Finessen und durch die Vielfalt der Affekte entsteht bei ihm eine Musik, die für englische Hörer einerseits vertraut genug war, ihnen andererseits aber erstaunlich neuen Abwechslungsreichtum bot. Das Publikum dürfte wohl gespürt haben, dass eine besondere Musik zum Klingen kam, die einen neuen Höhepunkt in der Entwicklung der Gattung darstellte.

103 Lincoln, a.a.O., S. 205.

104 Siehe die Vergleichstabelle im Anhang, a.a.O.

Musikalische Details im Vergleich

Im musikalischen Umfeld des *Utrechter Te Deum* werden im Folgenden die Werke der genannten Komponisten sowie allgemeine musikalische Bezüge betrachtet. Diese Untersuchung ist nicht nur für den zentralen Gegenstand lohnend, sondern kann auch verallgemeinerbare Einblicke in die Arbeitsweise eines Komponisten geben.

Die ausgedehnte Orchestereinleitung des Te Deum hat den Charakter einer Ouvertüre und weist stilistische Bezüge zu Corelli auf, wie zum Beipiel der Anfang seines Concerto grosso D-Dur op. 6 Nr. 4 zeigt:

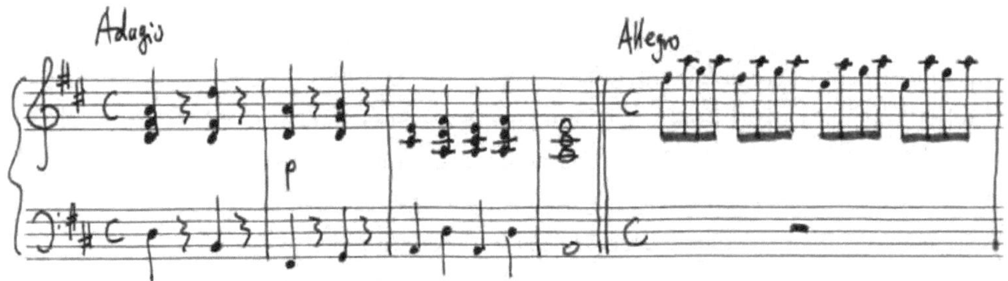

In Händels eigenen Concerti Grossi op. 6 sind die langsamen Sätze stets deutlich länger als seine Adagio-Einleitung im *Utrechter Te Deum,* und es folgen häufig ausgedehnte fugenartige Allegro-Teile wie z. B. in op. 6, Nr. 2 (3. und 4. Satz)[105]:

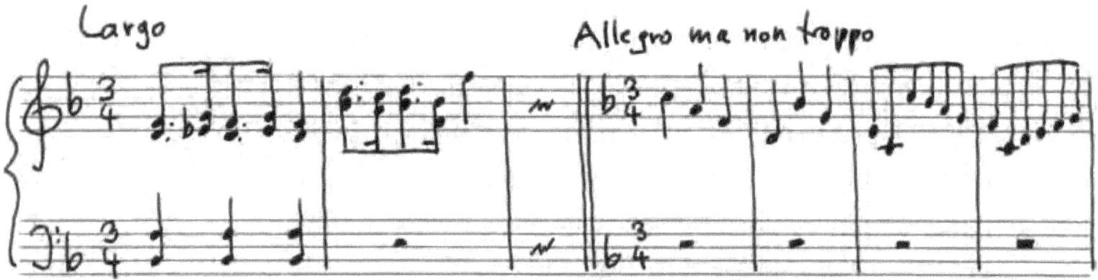

105 Diesem Prinzip folgt er auch in verschiedenen weiteren Satzpaaren seiner Concerti grossi op. 6.

Das Grundkonzept des französischen Langsam-schnell mit der Idee des imitatorischen schnellen Satzes ist auch in Crofts *Rejoice in the Lord* zu finden und kann als für das anglikanische Anthem gebräuchlich gelten.

Die sofortige Engführung des Soggetto im schnellen Anfangsteil dieser Einleitung von Händels Te Deum ist auf den ersten Blick überraschend. Es erinnert an Crofts Anthem *Rejoice in the Lord,* und zwar an das erste Zwischenspiel des Schlusssatzes:

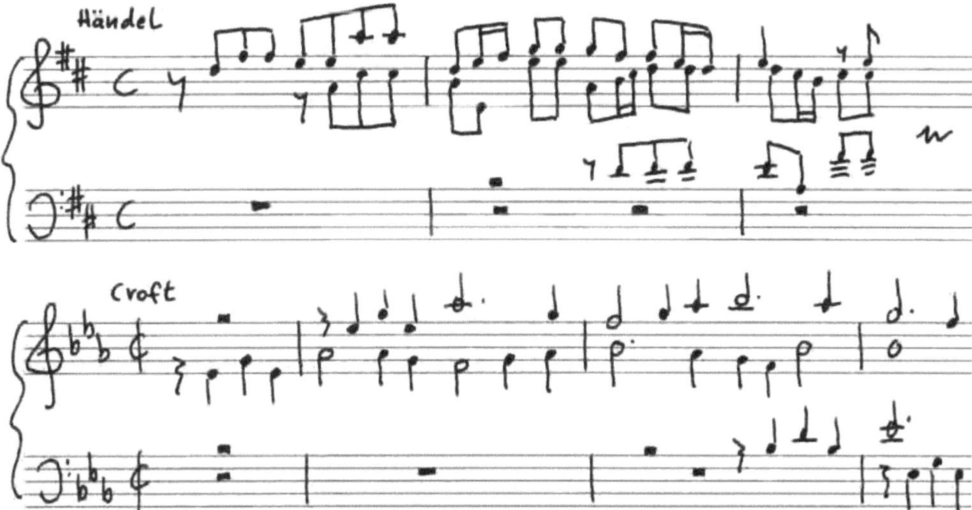

Eine entferntere, noch eindrucksvollere Parallele zu dieser Art der Engführung findet sich aber auch in der Schlussfuge von Bachs Motette *Der Geist hilft unserer Schwachheit auf.* Händel griff also auf ein bewährtes kompositorisches Mittel zurück. Auch bei Bach erscheint das eigentliche Thema zunächst weniger bedeutend als die kontrapunktische Verflechtung und das Vorwärtsdrängen der Musik (Takt 146 ff.):

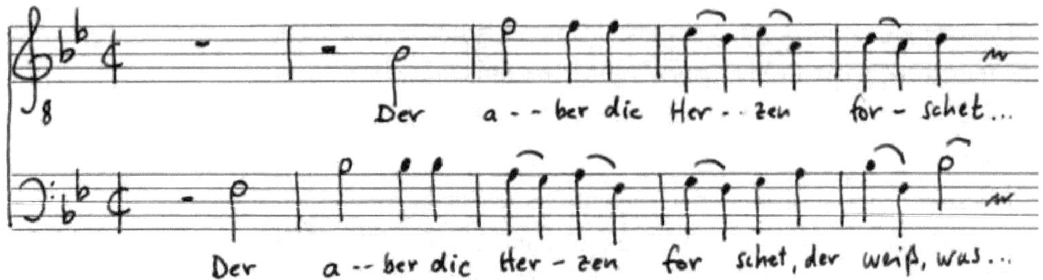

Händels erster Chor „We praise thee, o God" scheint vom Schlusssatz in Crofts *Rejoice in the Lord* inspiriert, denn auch Händel kontrastiert das gewichtige Metrum des Chores (in Halben) mit einer lebendigen Instrumentalbegleitung. Nach einer zweimaligen harmonischen Sequenzierung des ersten Chorabschnittes (bei Croft: „He loveth Righteousness") folgt mit neuem Text (Händel: „We acknowledge thee", Croft: „The earth is full") ein freierer Satz, der bei Croft allerdings stärker polyphon gestaltet ist.

Die für den zweiten Teil des Te Deum komponierte Chorfuge „All the earth doth worship thee", deren Thema Händel bereits wenige Jahre später im Cannons Anthem *O be joyful in the Lord* (HWV 246) wieder verwendete, ist im Vergleich zu den Werken der englischen Vorgänger umfangreich und komplex. Einem Vergleich mit der Schlussfuge in Händels 1707 entstandenen *Dixit Dominus* kann sie allerdings nicht standhalten, da diese in wesentlich höhere Stimmlagen geht, formal ausgedehnter, fünfstimmig und in der kontrapunktischen Struktur raffinierter ist. Verschiedene kompositorische Elemente dieses Te Deum-Abschnitts wie die Melismen bei „the Father everlasting" finden sich auch in den anderen Werken und können aufgrund der naheliegenden musikalischen Umsetzung der Sprache mit Donald Burrows als „commonplace" (musikalischer Allgemeinplatz) bezeichnet werden.

Der Wechsel von der chorischen zur solistischen Besetzung im folgenden Abschnitt „To thee all angels cry aloud" entspricht ebenso dem Vorbild Purcells und Crofts wie die harmonische Hinwendung von Dur nach Moll. Die von farbiger, dissonanzreicher Harmonik und gleichbleibenden Punktierungen geprägte Grundstimmung drückt Kummer oder Verzweiflung aus und ähnelt der des Gebetes von Christus am Ölberg aus Händels *Brockes-Passion*, die er drei Jahre nach dem *Utrechter Te Deum* komponierte. Es gibt noch weitere interessante Parallelen zu diesem Vers. Seine Idee der Verknüpfung zweier Solostimmen mit einem unisono geführten Männerchor, dessen Melodik er im zweiten Satz des Cannons Anthem *My song shall be alway* (HWV 25) wieder erklingen lässt, hat Händel eindeutig aus dem „De torrente in via" seines *Dixit Dominus* übernommen, wie das folgende Notenbeispiel illustriert:

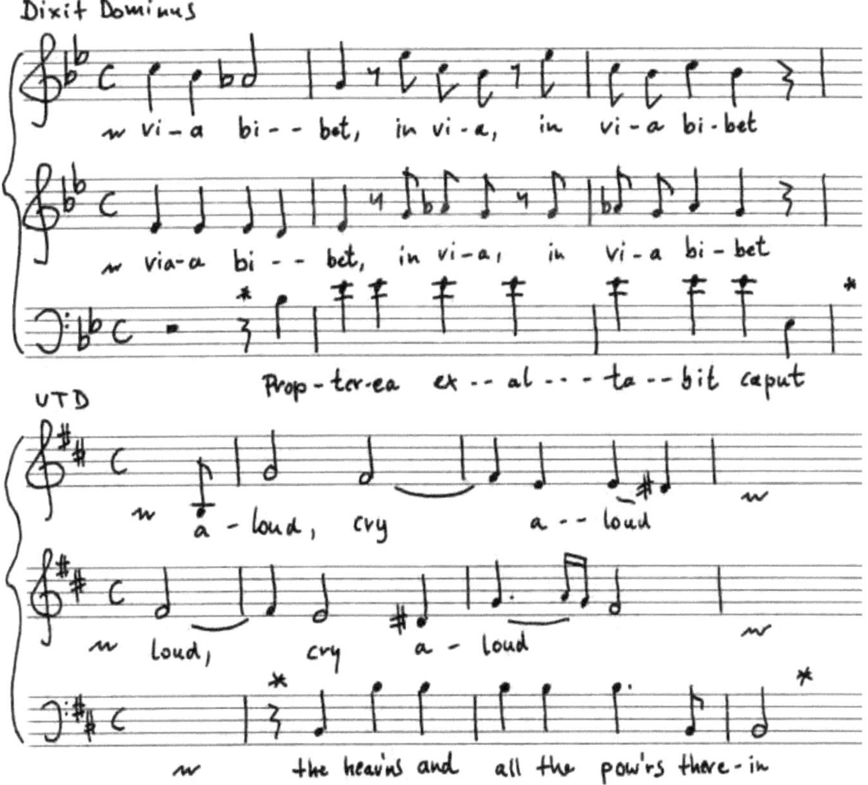

Die Idee, den Vers „To thee Cherubim" mit einem Sopran-Duett zu besetzen und dieses bei „holy" in den Chor münden zu lassen, verwenden Händel, Croft und Purcell gleichermaßen („commonplace"). Im weiteren Verlauf des Te Deum entsprechen der Tonartenwechsel nach Moll bei „The glorious company of the Apostles" und die Gestaltung der Besetzungen bis „The holy church" dem Konzept Purcells. Das Vorspiel und die Soli im ersten Hauptteil sind in Besetzung, Satztechnik, Melodik und Harmonik mit „Dominus a dextris tuis" aus dem *Dixit Dominus* verwandt. Das Vorspiel enthält auch dort bewegte Achtel und parallel dazu längere, Dissonanzen bildende Haltenoten:

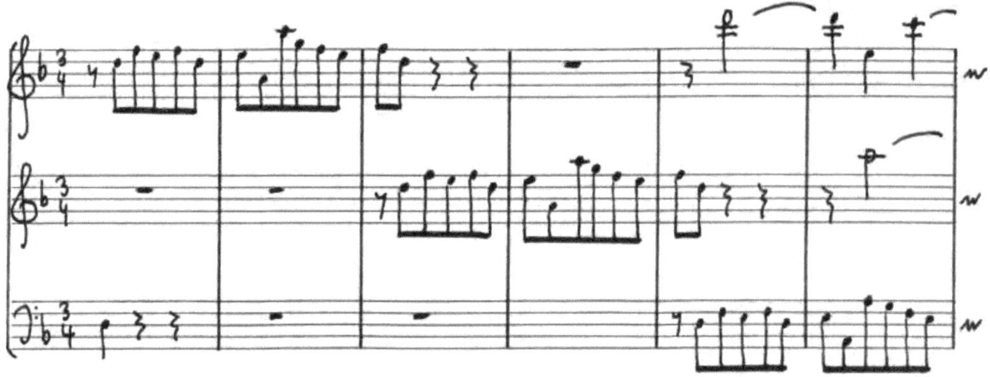

Die solistische Besetzung und die langen Melismen der Singstimme von „The glorious company of the Apostles" finden sich auch bei Croft. Die Bassstimme von „The godly fellowship" parodiert die Melodik aus „Dominus a dextris tuis" in Takt 53ff:

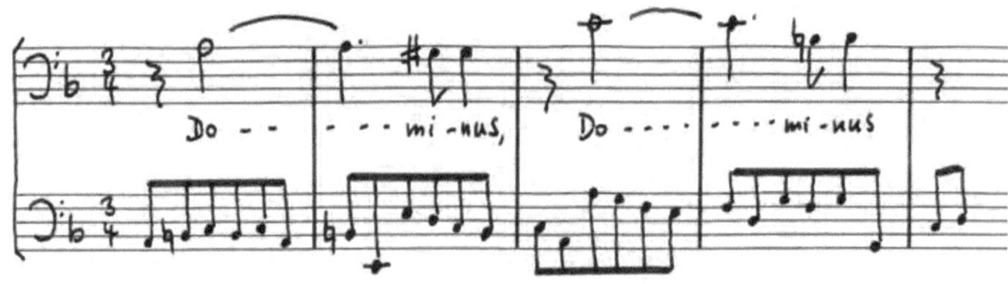

Diese melodische Idee verwendet Händel auch in seiner Oper *Rinaldo,* ebenfalls in Moll und mit vergleichbaren Vorhaltsbildungen auf den wesentlichen Worten:

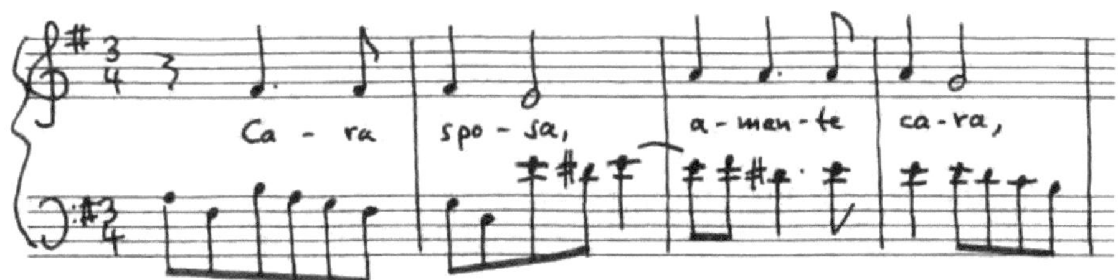

Genauso wenig ist das Sopran-Duett „The noble army of Martyrs" eine neue Erfindung Händels, auch hier greift er auf sein *Dixit Dominus* zurück. Die Idee des durch Dissonanzbildungen miteinander verketteten Stimmpaares zu einer kontinuierlichen Achtelbewegung im Dreiertakt findet sich hier im Basso continuo statt in den Oberstimmen:

1. *Utrechter Te Deum* (IV, Takt 51ff.)

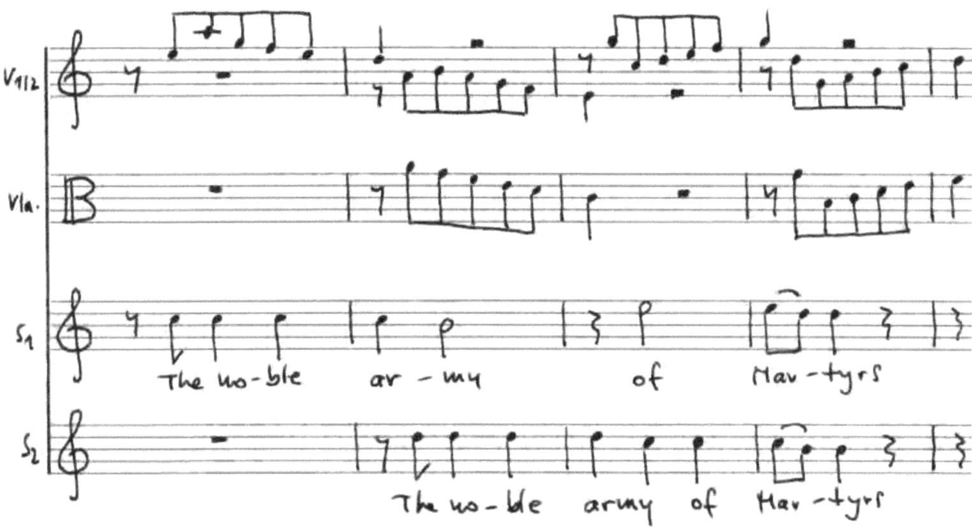

2. *Dixit Dominus* (Takt 16ff.)

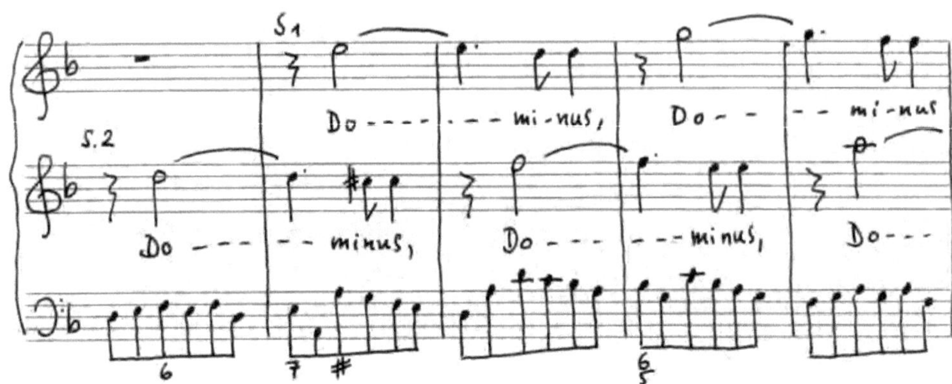

Auch bei Croft ist diese Idee zu finden. Im Schlussteil seines Anthems *Rejoice in the Lord* bilden die instrumentalen Oberstimmen in Takt 16ff. eine Dissonanzkette über einem regelmäßig schreitenden bezifferten Bass:

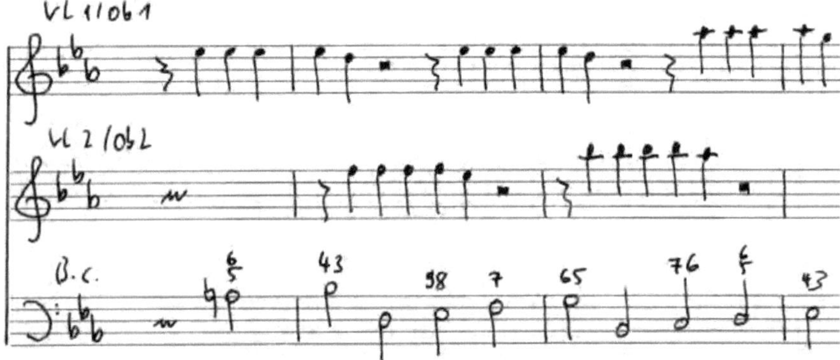

Der im *Utrechter Te Deum* auf diese markante Passage folgende Wechsel zum chorischen „The holy church" findet sich auch in Crofts Te Deum. Der homophone Chorsatz wird nach einigen Takten polyphon weitergeführt, so wie im *Dixit Dominus* bei der Passage „Juravit

Dominus". Eine weitere Parallele zum *Dixit Dominus* bildet die formale Idee und die satztechnische Struktur des Nachspiels, die an den entsprechenden Abschluss des „Dominus ad dextris" erinnert.

Bei der Analyse überraschen manchmal scheinbar geringfügige, aber dennoch reizvolle Gemeinsamkeiten. So haben Händel wie auch Croft die Verse „Thou art the King of Glory" und „Thou art the everlasting Son" durch Umkehrung des jeweilige Kopfmotivs melodisch kontrastiert[106]:

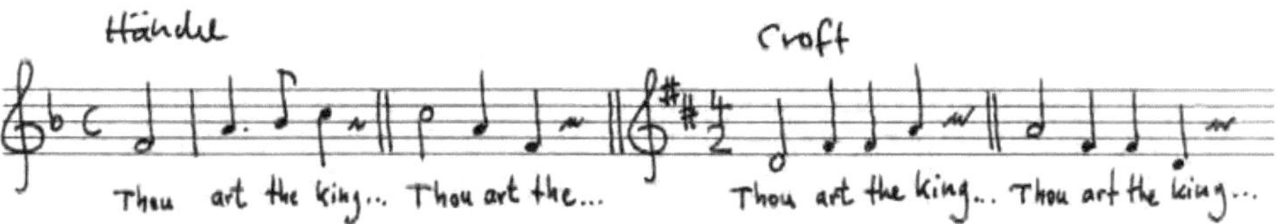

Händels dichter fünfstimmiger Chorsatz bei „Thou art the King" findet sich in ähnlicher Weise auch bei Purcell. Das Thema dieser Fuge kehrt später im vierten Satz des Cannons Anthems *Have mercy upon me, O God* (HWV 248) wieder. Der Vers „When thou took'st upon thee" ist wie bei Croft mit einem Solo-Alt besetzt, und auch die Wendung von der Grundtonart d-Moll in die Paralleltonart F-Dur bei „thou did'st not abhor the Virgin's womb" ist dort zu finden. Das Vorspiel dieses Arioso taucht im Cannons Anthem *My song shall be alway* (HWV 252) wieder auf.

Das Soggetto des Verses „Thou sittest at the right hand of God" erfreut sich zahlreicher Verwandtschaft, denn sein melodischer Verlauf 5–6–5–1 (Quinte-Sexte-Quinte und Tonleiter abwärts zum Grundton) war bereits seit der Gregorianik ein typisches, viel verwendetes

106 Hendrie bemerkt dazu, dass dieses viel verwendete umkehrbare Motiv nicht Händels geistiges Eigentum sein dürfte (S. IX des Vorworts).

Modell. Es findet sich beispielsweise auch in populären Gesängen wie dem deutschen Weihnachtslied *Es ist ein Ros entsprungen*. Wir haben es also mit einer Art musikalischem Archetypus zu tun[107]:

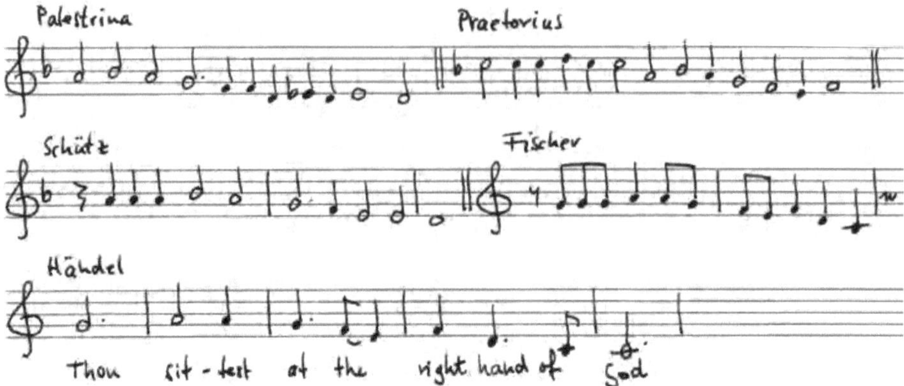

Offensichtlich kam es bei der Komposition der Fuge „Thou sittest at the right hand of God", deren Musik in Händels *Brockes-Passion* (HWV 48) in der Arie „Die ihr Gottes Gnad versäumet" widerhallt, „nicht so sehr auf die Originalität und Neuheit eines Einfalls an, sondern auf die Kunst der Verarbeitung, auf die Elaboratio"[108].

Mit Beginn des nächsten Verses „We believe that Thou shalt come" kommt es im *Utrechter Te Deum* entsprechend dem Konzept von Purcell erneut zu einem Wechsel von chorischer zu solistischer Besetzung sowie von Dur nach Moll. Die bezaubernd dunkle harmonische Moll-Sphäre findet sich ähnlich auch bei Croft, der wie Händel den Vokalsatz durch Vor- und Nachspiel des Orchesters formal umschließt. Händels wunderbare Idee, aus einem einzigen Ton eine farbenreiche Klangwelt entstehen zu lassen, findet sich bereits in seinen früheren lateinischen Psalmen. Die folgenden Notenbeispiele zeigen die enge

107 Die Notenbeispiele von Palestrina, Schütz und Fischer sind zitiert nach Dietz, a.a.O., S. 24f.

108 Dietz in Bezug auf Mattheson, a.a.O., S. 28.

musikalische Verwandtschaft, und es muss offen bleiben, welches seiner Werke Händel im Te Deum zitiert, entweder das „De Torrente in via" aus dem *Dixit Dominus*

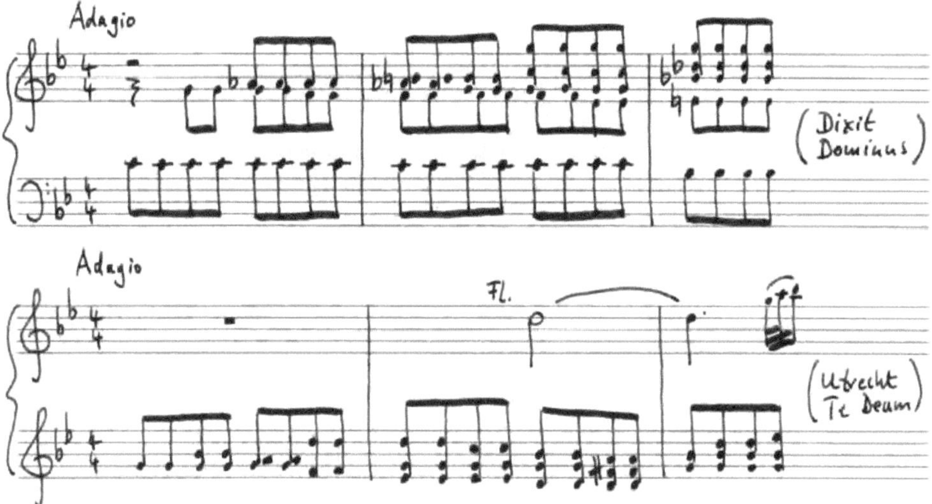

oder das „Cum dederit dilectis" aus dem *Nisi Dominus*:

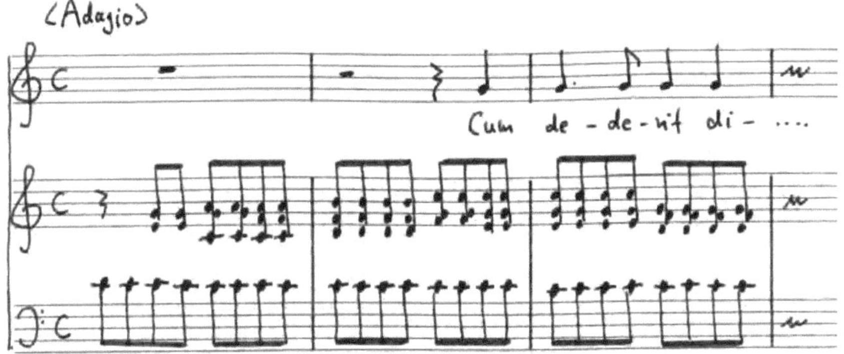

Wie im *Dixit Dominus* ist auch das Nachspiel mit seinem dynamischen Verklingen im Pianissimo gestaltet. Im vokalen Hauptteil dieses Abschnitts folgen auf den solistisch besetzten Vers „We believe that Thou shalt come" wie bei Croft und Purcell versetzte chorische Einwürfe mit dem Ruf „help". Wie Purcell arbeitet Händel mit verschiedenen harmonischen Wechseln, auch Tonart und Motivik beim folgenden Vers „O Lord, save thy people" sind vergleichbar.

In allen drei Te Deum-Vertonungen hat der Chor „Day by day we magnify thee" eine lebendige, positive Grundstimmung, die durch das Tempo, die Trompeten und die auf sie zugeschnittene helle Tonart D-Dur hervorgerufen wird.

Die zentrale Idee der konzertierenden Doppelchörigkeit, die Händels „Day by day" bestimmt, findet sich bei Croft oder Purcell allerdings nicht. Händel folgt hier bewusst oder unbewusst italienischen Vorgängern wie Francesco Cavalli, Giacomo Carissimi, Giovanni Gabrieli oder Claudio Monteverdi, deren Werke er während seines Italienaufenthalts vor allem in Venedig gehört haben könnte. Die kompositorische Grundidee der (nach diesen Vorbildern „venezianisch" genannten) Mehrchörigkeit hatte er möglicherweise bereits durch das Studium der Werke z. B. von Schütz oder Pachelbel bei Zachow in Halle kennengelernt.

Der auf das lebendige „Day by day" folgende Vers „And we worship thy name" ist dagegen ganz in der älteren Tradition der italienischen Vokalpolyphonie vertont, mit einem wie bei Croft fünfstimmigen prunkvollen Abschluss bei „ever world without end". Einen besonderen Effekt der Steigerung schafft Händel, in dem er den Chorsatz zunächst wie einen vierstimmigen erklingen lässt und ihn erst am Ende wirklich zur Fünfstimmigkeit erweitert.

Im nächsten Vers „Vouchsafe, o Lord" sind weitere Gemeinsamkeiten festzustellen: die solistische Besetzung, der Wechsel in dieselbe Moll-Tonart und das Anfangsmotiv, das bei Croft in einer umgekehrten Variante erklingt, nämlich mit einem Quintfall statt wie bei Händel mit Intervallsprung nach oben:

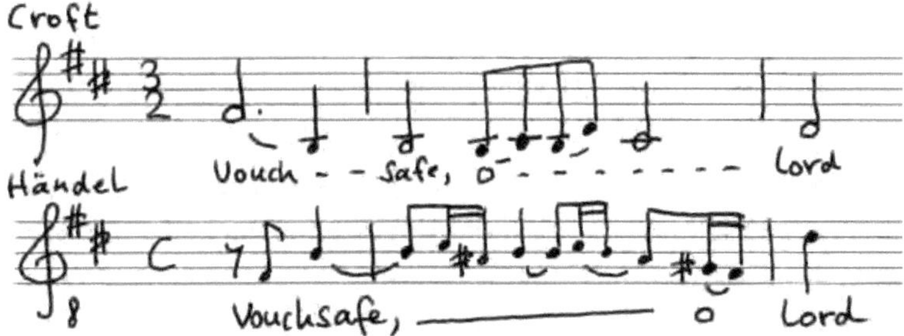

Das Hauptmotiv des nun folgenden Te Deum-Verses „O Lord, have mercy" könnte als Entlehnung aus Crofts Te Deum gelten, auch wenn der direkte harmonische Zusammenhang nicht mehr gegeben ist:

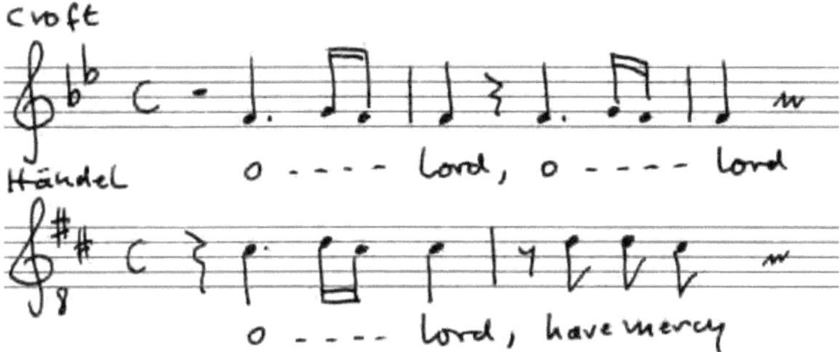

Der Schlusschor „O Lord, in thee have I trusted" erinnert in seinem Cantus firmus-Stil an verschiedene musikalische Vorbilder, von denen Monteverdis *Marienvesper* als das maßgebliche gelten kann. Die Einbettung eines Cantus firmus in einen motettischen oder konzertanten Chorsatz war sowohl in der römischen Kirchenmusik eine bevorzugte Praxis, als auch in der deutschen Musiktradition fest verankert. Daher verwundert nicht, dass auch Händel von diesem Ausdrucksmittel Gebrauch machte. Der von ihm verwendete Cantus firmus ist hier in einem Auf und Ab des ersten Tetrachordes gestaltet:

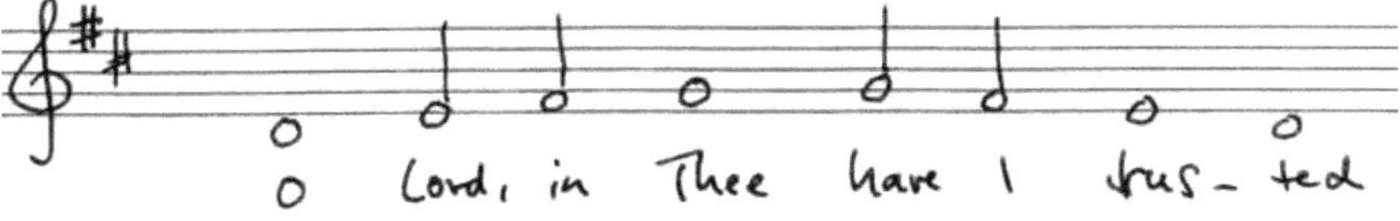

Diese einfache Melodie hat viele Vorläufer und ist im Grunde ein weiterer musikalischer Allgemeinplatz. Eine recht anmutige Parallele findet sich im Hymnus *Non nobis, Domine,* der seit der Renaissance bekannt war und als Dankgebet *Non nobis* von den siegreichen englischen Soldaten nach der Schlacht von Azincourt im Jahr 1415 auch in Kenneth Branaghs Verfilmung von *Henry V.* gesungen wurde. Händel könnte z. B. auch den gleichnamigen Kanon von William Byrd in einem Gottesdienst gehört haben und von dessen Beginn inspiriert worden sein, wie die verblüffende Übereinstimmung zumindest vermuten lässt:

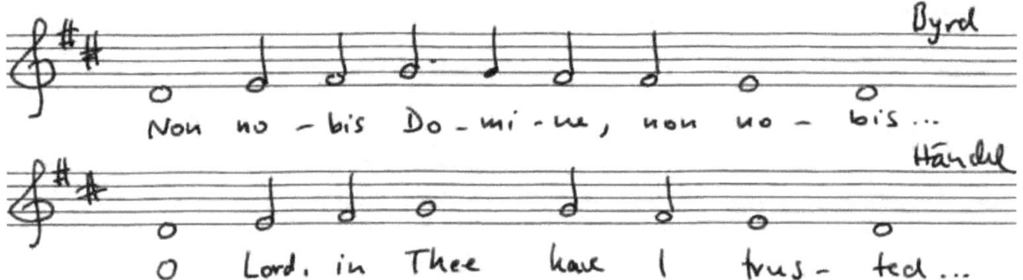

Aber das melodische Topos ist noch wesentlich älter, denn es findet sich bereits im frühen Mittelalter als gregorianisches „Amen" zum Beschluss einer Vielzahl von liturgischen Gesängen (allerdings auch mit offener Schlussklausel):

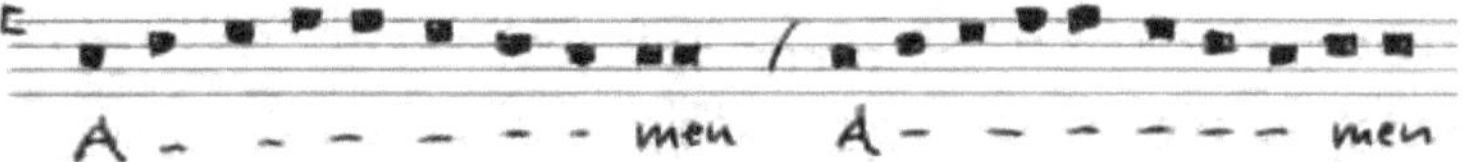

Eine der bekanntesten und in seiner Wirkung besonders eindrucksvollen Varianten dürfte das von Bach für den Abschluss seiner *h-Moll-Messe* komponierte „Dona nobis pacem" sein:

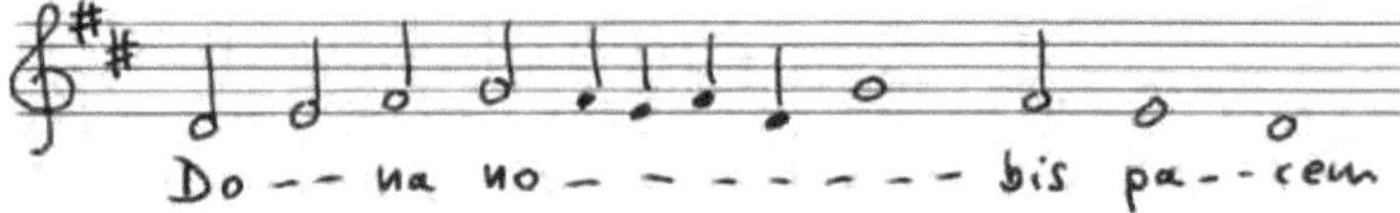

Die Idee, eine gewichtige Bewegung des Chores in halben Noten mit aufgelockerter Instrumentalbegleitung zu kombinieren, findet sich auch im Schlußsatz von Crofts *Rejoice in the Lord*. Die Verdichtung des polyphonen Satzes bei Croft mit der Sequenzierung des Hauptmotivs von „The earth is full" findet sich später in Händels *Messias* wieder[109]. Wie bereits an verschieden Details deutlich wurde, war Croft offenbar eine maßgebliche Inspirationsquelle für Händel.

Die Cantus firmus-Technik des Schlußsatzes seines Te Deum verwandte Händel bereits im *Dixit Dominus* (Nr. 1, 4 und 9) und im *Nisi Dominus* (Nr. 1 und 6). Eine direkte musikalische Verbindung zwischen *Utrechter Te Deum* und *Dixit Dominus* bildet der Wechsel des Cantus firmus in andere Stimmen im Abschnitt „Donec ponam". Für die melodische Gestaltung und die Syllabik des „Let me never be confounded" wiederum gibt es melodisch-rhythmische Parallelen zu Croft:

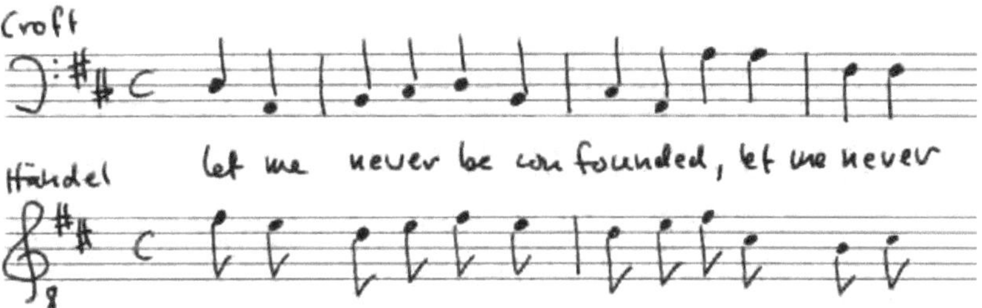

Der gedehnte Sopranton am Schluß des Te Deum ist ein probates musikalisches Mittel, das durchaus von den Schlusstakten des „Et in saecula saeculorum" im *Dixit Dominus* inspiriert sein könnte. Die plagale Schlusskadenz (IV. Stufe → I. Stufe) ist etwas Besonderes, denn sämtliche finalen Kadenzen Händels lateinischer Psalmen, seines Te Deum oder Vertonungen von Croft und Purcell sind ansonsten authentisch (V → I). Lediglich Purcells *Jubilate* endet plagal. Vielleicht hat sich Händel hier von dieser besonderen Schlusswirkung inspirieren lassen.

109 Zum Beispiel im Chor Nr. 28 „He trusted in God", in dessen Verlauf die Phrase „let him deliver him" mehrfach eigenständig imitiert wird.

Gerade weil dieser prächtige Schluss so markant ist, erstaunt umso mehr, dass er in Chrysanders Händel-Gesamtausgabe falsch wiedergegeben ist. Die dort abgedruckte Version stimmt weder mit dem Autographen überein noch ist sie musikalisch sinnvoll, denn das Werk mündet nicht in die Auflösung der plagalen Kadenz, sondern bleibt unvollendet auf der IV. Stufe G-Dur:

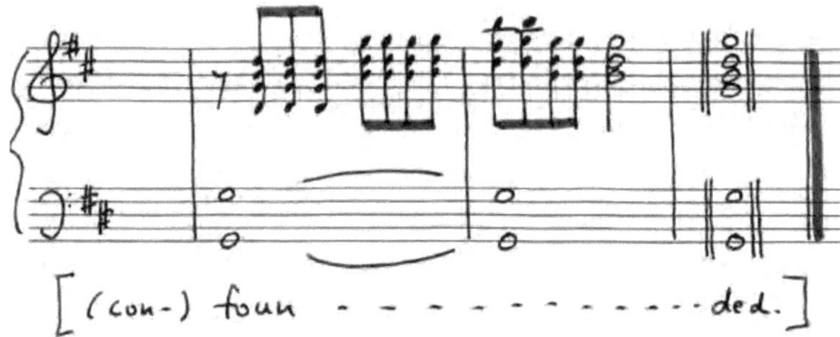

Dieser Fehler ist dem Umstand geschuldet, dass sich Chrysanders Edition des *Utrechter Te Deum* nicht auf Händels Autograph stützte, sondern offensichtlich auf die in diesem Detail ebenfalls fehlerhafte Erstausgabe von Walsh. „This mistake (...) escaped Chrysander's eyes", wie Burrows in unnachahmlichem Englisch konstatiert[110], und auch dem Kopisten einer in der Princeton University befindlichen Abschrift von 1807 ist dieser Fehler entgangen, während die Kopie, die Johann Adam Hiller für seine Ausgabe bei Schwickert 1780 verwendete, fehlerfrei war.

110 Burrows, a.a.O., S. 105.

Fazit

Die vergleichende Analyse hat gezeigt, dass Händels *Utrechter Te Deum* mit Hilfe sehr konkreter kompositorischer Rückgriffe auf die eigenen früheren Psalmvertonungen und mit musikalischen Bezügen zum *Te Deum* von Henry Purcell sowie zum *Te Deum* und zum *Thanksgiving Anthem* von William Croft entstanden ist. Wie zu Beginn ausgeführt, waren musikalische Entlehnungen aus Werken anderer Komponisten im Verständnis der damaligen Zeit nicht etwa Diebstahl, sondern können vielmehr als eine Art Reverenz mit der Selbstverpflichtung zur künstlerischen Weiterentwicklung der entlehnten Ideen verstanden werden. Der Rückgriff auf eigene sowie die Verwendung fremder Ideen war für einen so kreativen und vielfältig beanspruchten Musiker wie Händel normal und unter Zeitdruck auch notwendig.

Nach 1713 – Händels spätere Vertonungen des Te Deum

Nach dem Erfolg des *Utrechter Te Deum* vergingen dreißig Jahre, bis Händel erneut ein derart bedeutendes und vom Publikum gefeiertes Te Deum öffentlich zur Uraufführung brachte: das *Te Deum for the Peace of Dettingen* (HWV 283). In den Jahren nach dem *Utrechter Te Deum* hatte Händel zwar noch drei weitere Versionen des Hymnus komponiert, allerdings waren diese wie seine anderen frühen Kompositionen für die Chapel Royal (*As pants the Hart,* HWV 251a, und *O sing unto the Lord,* HWV 249a) zu seinen Lebzeiten kaum bekannt, weil sie für ein spezielles Publikum gedacht waren und nach ihrer Erstaufführung lange unveröffentlicht blieben.

Caroline Te Deum

Im Sommer 1714, bereits ein Jahr nach dem *Utrechter Te Deum*, entstand ein weiteres Te Deum, das am Sonntag, den 26. September in der Chapel Royal bei einem Festgottesdienst im St. James's Palace aufgeführt wurde. In diesem Gottesdienst wurde die Ankunft des neuen Königs Georg I. in England gefeiert, der mit seinem Sohn Georg August persönlich anwesend war. Ob das Werk identisch mit dem Te Deum ist, das drei Wochen später anlässlich der Ankunft Prinzessin Carolines zur Aufführung kam, bleibt unklar[111]. Mitte Oktober kam jedenfalls in der Chapel Royal das *Te Deum in D-Dur* (HWV 280) zur Aufführung, dessen Name *Caroline Te Deum* ein Indiz dafür sein könnte, dass die Öffentlichkeit bzw. die Nachwelt der deutschen Princess of Wales besondere Sympathien entgegenbrachte, mehr als den männlichen Herrschern. Das *Caroline Te Deum* ist formal vergleichbar mit dem *Utrechter Te Deum*, allerdings deutlich kürzer, und es illustriert mit seiner Chorbesetzung SAATB das sängerische Potential der Chapel Royal. Die Orchesterbesetzung ist mit dem *Utrechter Te Deum* vergleichbar, und auch hier wird lediglich in einem Satz (Nr. 3 „When thou tookest upon thee") die Flöte verwendet. Die formale Einteilung der Verse ist identisch und manche Abschnitte sind sogar taktgleich, andere im Vergleich deutlich gekürzt[112]. Es gibt nur wenige musikalische Parallelen wie zum Beispiel die Melodik der Solostimme bei „To thee Cherubim",

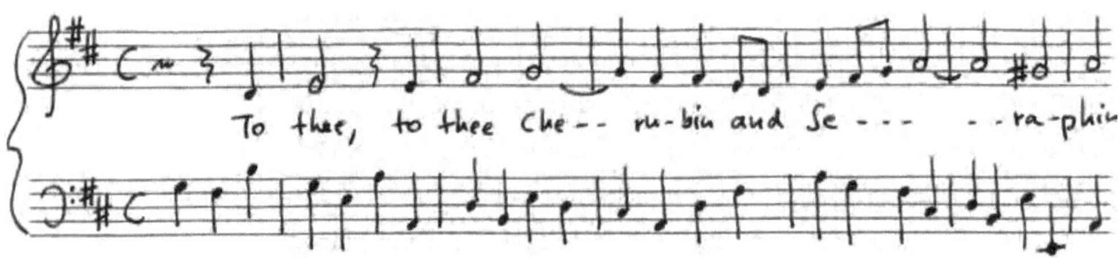

111 Die Fachliteratur ist hier zum Teil widersprüchlich. Ich beziehe mich hier auf das *Kalendarium der Aufführungen Händels* von Hans Joachim Marx.

112 Siehe die Vergleichstabelle im Anhang, S. 327

die blockhaften „Holy"-Rufe des Chores, der Beginn des Chores bei „Day by day" und das Motiv von „Vouchsafe, o Lord" in der zweiten Fassung von 1737:

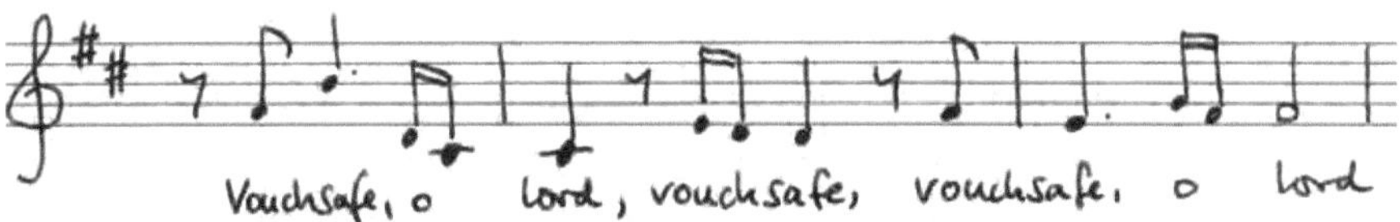

Die engste Verwandtschaft zum *Utrechter Te Deum* zeigt sich im Schlusschor „O Lord, in thee have I trusted". Auch hier beginnt ein melodisch verwandter Cantus firmus unisono, und es gibt homophone Chorpassagen mit syllabischen Achtelketten. Die Verknüpfung dieser beiden musikalischen Gedanken parodiert das ältere Vorbild:

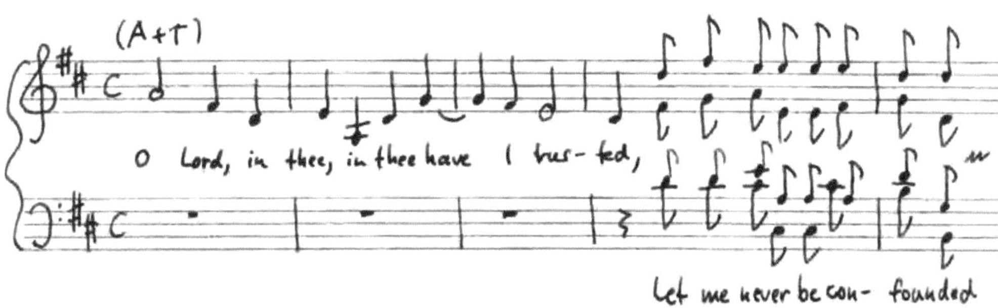

Es verwundert nicht, dass Händel bis auf wenige Rückgriffe ein neues Werk geschrieben hat, denn das Publikum beider Aufführungen war vermutlich weitestgehend das gleiche, nämlich vom Hof und dessen Umfeld, und selbst den weniger gebildeten Zuhörern wäre nach gut einem Jahr eine für den Komponisten allzu bequeme Parodie aufgefallen. Dieser Situation dürfte sich Händel bewusst gewesen sein. In Cannons dagegen sah er sich einem neuen Publikum gegenüber und konnte völlig anders handeln.

Chandos Te Deum

Händel war ab 1717 Gast von James Brydges, dem Earl of Carnavon und späteren Duke of Chandos. Dieser residierte in Cannons, einem im palladianischen Stil erbauten Landhaus neun Meilen vom Stadtzentrum entfernt[113]. Die Position des Musikdirektors bekleidete dort der in Berlin geborene Dr. Johann Pepusch, der später zusammen mit John Gay (Text) die *Beggar's Opera* komponieren und mit ihr die von Händel vertretene italienische Opera Seria parodistisch aufs Korn nehmen sollte. In Cannons waren Händel und Pepusch Kollegen mit eigenen Aufgabenbereichen. Pepusch war Kapellmeister, und Händels Funktion würde man heute als „composer in residence“ bezeichnen. Seine Aufgabe war es unter anderem, Musik für die Sonntagsgottesdienste zu komponieren, und in diesem Kontext entstand im Frühjahr 1718 (vier Jahre nach dem *Caroline Te Deum*) das *Te Deum in B-Dur* (HWV 281), das später als *Chandos Te Deum* bekannt wurde. Seine Uraufführung ist nicht dokumentiert, fand aber höchstwahrscheinlich in St. Lawrence statt, einer kleinen Kirche im Dorf Whitchurch ganz in der Nähe des prunkvollen Herrenhauses. Sie diente dem Duke of Chandos einige Zeit als Privatkapelle, und in ihr erklangen auch Händels *Chandos Anthems* (auch als *Cannons Anthems* bezeichnet) zum ersten Mal.

Die Chor- und Orchesterbesetzung des *Chandos Te Deum* ist charakteristisch für das Ensemble in Cannons: Neben einem fünfstimmigen Chor instrumentiert Händel Oboen und Streicherensemble ohne Bratschen. Trompeten kommen nur im D-Dur-Satz „Day by Day“ vor, denn das Werk steht in einer anderen Tonart (B-Dur) als seine Vorläufer, was den fast völligen Verzicht auf Trompeten erklärt. Das *Chandos Te Deum* klingt insgesamt intimer und wirkt beim ersten Hören und bei oberflächlicher Betrachtung wie ein im Charakter eigenständiges Werk. Eine genauere Untersuchung kommt allerdings zu einem anderen Schluss, denn es werden zahlreiche Passagen des *Utrechter Te*

113 In der Nähe des damaligen Dorfes Edgware.

Deum wiederverwendet. Das *Chandos Te Deum* ist im formalen Ablauf etwas anders strukturiert und gibt einzelnen Textpassagen musikalisch deutlich mehr Raum, kontrastiert aber die verschiedenen Hymnenverse in vergleichbarer Weise und enthält außerdem eine beträchtliche Zahl von parodierten Passagen oder zumindest sehr vertrauten musikalischen Grundgedanken.

Im ersten Teil „We praise thee" gibt es formale und satztechnische Entsprechungen, denn wie im *Utrechter Te Deum* umrahmt das Orchester mit Vor- und Nachspiel eine Folge von frei homophonen Chorblöcken. Die Idee der kurzen Zwischenspiele ist ebenso erkennbar, wobei kurze Soli oder Duette an die Stelle des Orchesters treten. Vertraut ist auch die zentrale Mittelstimme mit ihrem lang ausgehaltenen Ton, zum Beispiel in den Takten 38ff., die der Passage Takt 17ff. im *Utrechter Te Deum* entspricht:

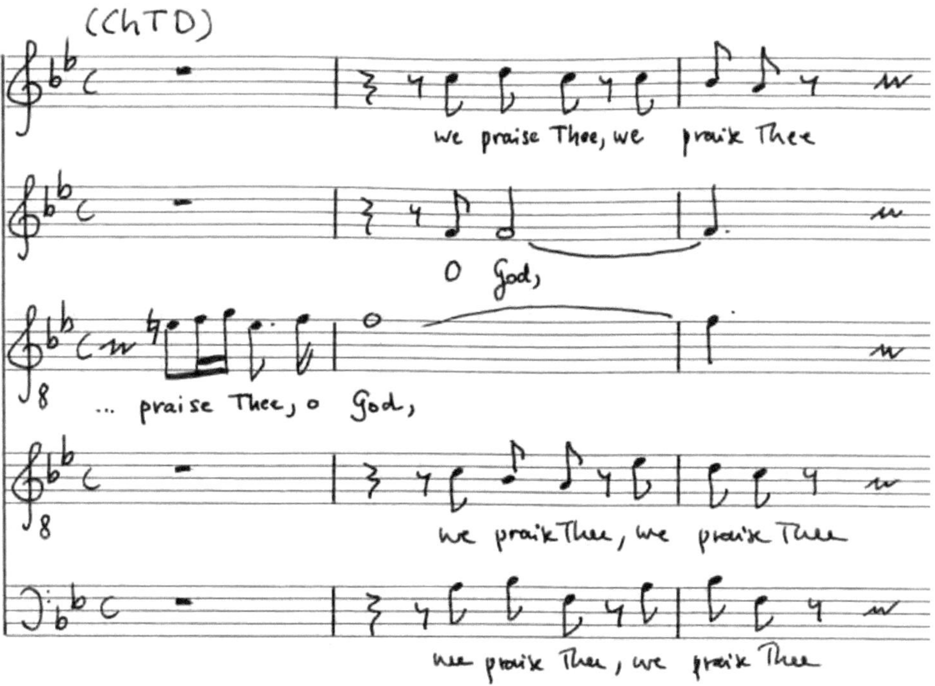

Der zweite Teil „All the earth doth worship thee" ist nicht wie im *Utrechter Te Deum* als Fuge komponiert, sondern als kurzer homophoner Satz, weist aber bei „The Father everlasting" vergleichbare Achtelbewegungen auf, in die der Chor mit kurzen „all"-Rufen einfällt (UTD Takt 22ff.↔ChTD Takt 4ff.). Der metrisch verbreiterte Schluss dieser Passage ist eindeutig ein Zitat aus dem *Utrechter Te Deum,* denn auch hier beginnt der Bass alleine mit einem Quintsprung und führt mit einem abwärts gerichteten Tetrachord in die phrygische Kadenz. Der Verlauf der Oberstimme ist zu Beginn identisch, und der offene Schluss folgt demselben harmonischen Prinzip (Takt 35):

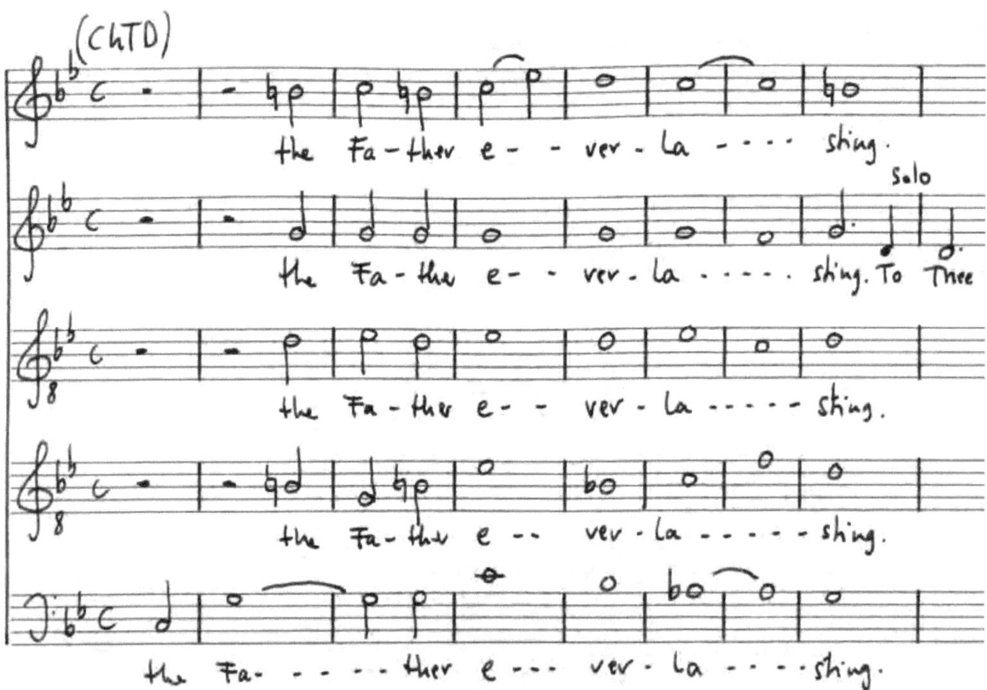

Im Verlauf des folgenden dritten Teils „To thee all angels cry aloud" begegnen uns weitere vertraute musikalische Details. Auf den Gesang der Solisten folgen bei „Heav'ns and all the Pow'rs therein" diesmal nicht nur die Männerstimmen, sondern der gesamte Chor. Die Ausdruckskraft der großen Intervalle Sexte und Oktave ist in der Bassstimme bei allen chorischen Einwürfen erhalten geblieben, der Alt zitiert ein vertrautes Motiv (ChTD Takt 60↔UTD Takt 9) und das Orchester spielt gleich zu Beginn den aus dem *Utrechter Te Deum* vertrauten punktierten Akkordsatz (Takt 67):

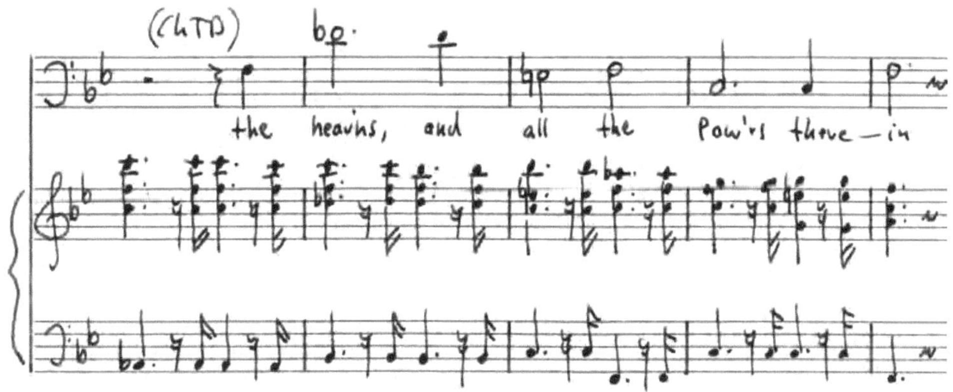

Der nächste Abschnitt „To thee Cherubim and Seraphim" findet bereits im Übergang von der Kadenz in die durchlaufenden Viertel des Basso continuo seine Entsprechung, und wieder erklingt über diesem barocken Walking Bass solistischer Gesang, diesmal kein Duett, sondern ein Sopran-Solo, dessen Melodik sehr eng mit dem Vorbild verwandt ist:

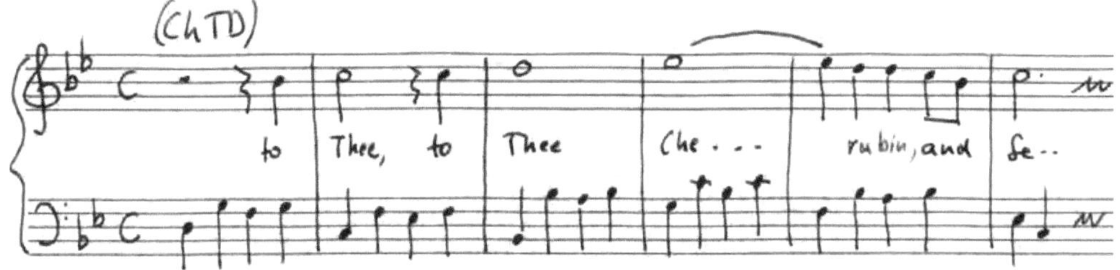

Auch hier folgt auf den solistischen Gesang der Chor mit blockhaften „holy"-Rufen, allerdings durch Solo-Passagen getrennt, und im weiteren Verlauf belegen der homophone Satz, die rhythmische Behandlung der Sprache sowie Melodik, Rhythmik und Harmonik der Schlusskadenz ebenso deutlich die musikalische Verwandtschaft.

Beim Vers „The glorious company of the Apostles" wechselt die Musik in die Mollsphäre. Ihre Melodik wirkt zunächst neu, aber die Idee der Oboenstimme über den permanent durchlaufenden Achteln ist übernommen. Wie ausgiebig Händel Elemente seines *Utrechter Te Deum* parodiert, wird bei den Abschnitten „The goodly fellowship of the Prophets praise thee" und „The noble army of Martyrs" besonders deutlich[114], zum einen bei der Sequenzierung des Halbton-Motivs über dem Walking Bass,

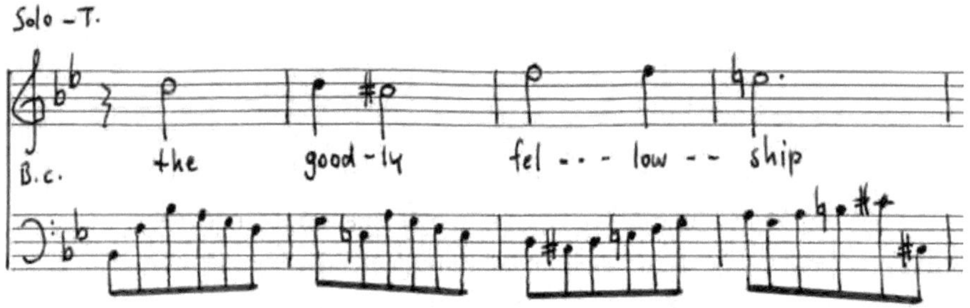

das bei „The noble army" variiert wird,

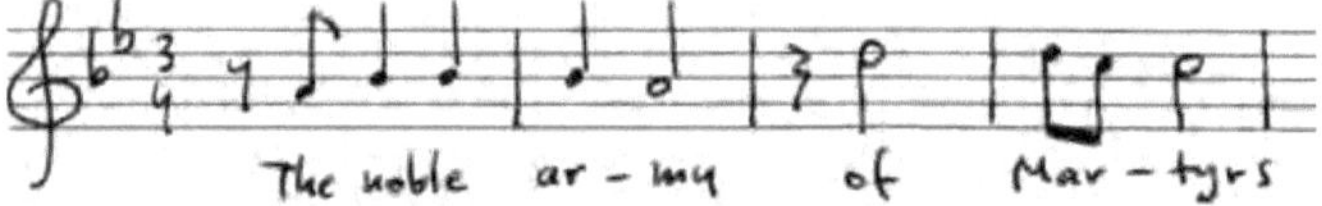

zum anderen bei der Koloratur mit ihren Wechseln von langen Noten und Achtelketten:

114 ChTD Takt 37ff↔UTD Takt 36ff, ChTD Takt 43ff↔UTD Takt 43ff, ChTD Takt 54ff↔UTD Takt 51ff.

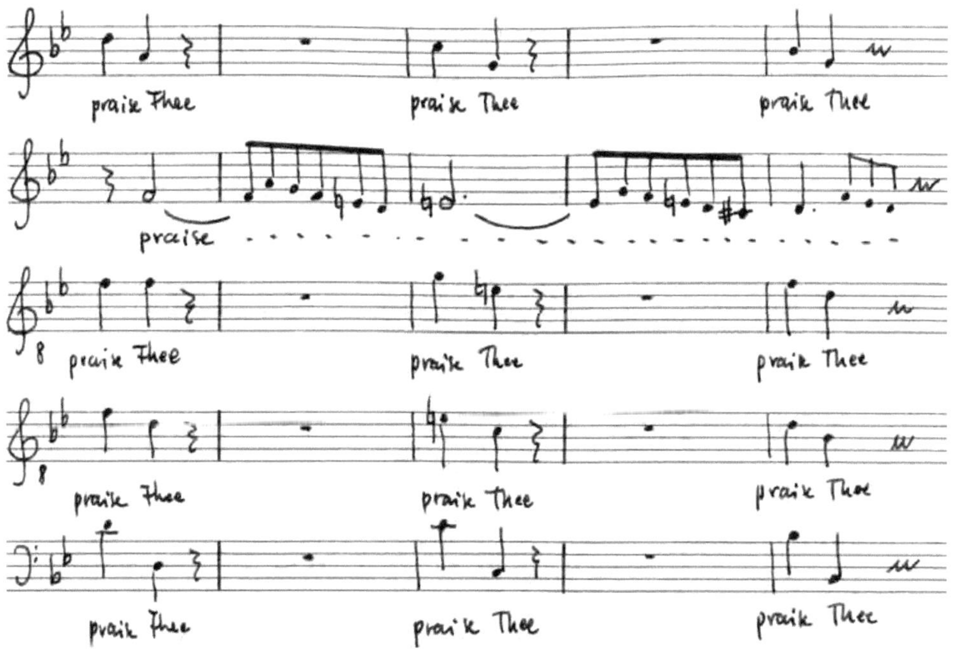

Auch der in Tempo und Begleitung gleichbleibende Übergang aus dem solistischen „the noble army" zum homophonen Chorsatz „the holy church" ist übernommen. Der Wechsel zwischen homphonen und polyphonen Chorabschnitten wirkt ebenso vertraut wie die hemiolische Zwischenkadenz, die fast wörtlich zitiert ist (ChTD Takt 93ff. ↔ UTD Takt 84ff.).

Händel greift auch bei den nächsten Versen des Hymnus auf sein erstes Te Deum zurück. So übernimmt er bei „the father of an infinite majesty" die satztechnische Struktur des Chores, den harmonischen Wechsel in die untere Terzverwandte und den verlangsamenden Tempowechsel. Bei der Zeile „thine honourable, true and only son" lässt er auch hier den Hochchor singen, und bei „also the Holy Ghost" bleibt das Synkopenmotiv mit seiner imitatorischen Verknüpfung ebenso erhalten wie die homophone Verdichtung des Satzes und die phrygische

Schlusskadenz[115]. Die harmonische Zäsur zum folgenden Vers „Thou art the King of Glory" entspricht dem Muster des Vorbilds, denn die Umgehung der Auflösung nach Moll durch den Wechsel zur unteren Dur-Mediante bewirkt auch hier einen belebenden Kontrast. Auch das schwungvolle Anfangsmotiv und das folgende Motiv von „Thou art the everlasting Son" sind vom älteren Vorbild abgeleitet. Das *Utrechter Te Deum* hat offensichtlich auch für die melodische und satztechnische Gesamtanlage dieses Abschnitts Pate gestanden:

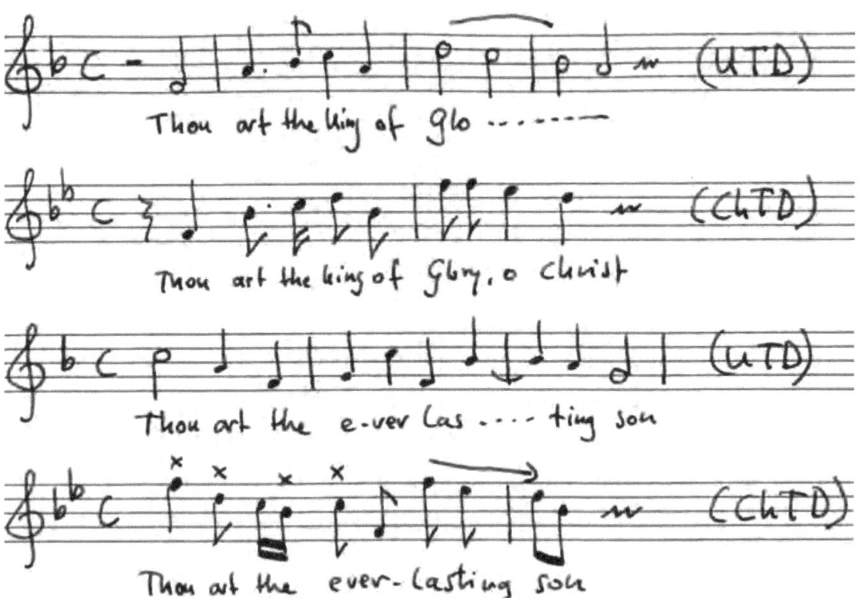

Während der folgende Teil „When thou tookest upon thee" musikalisch – von der solistischen Gestaltung abgesehen – neu konzipiert ist, wird bei den folgenden Versen wieder eine besonders enge Beziehung zum *Utrechter Te Deum* deutlich. Der Vers „When thou hadst overcome" ist ein musikalisches Zitat, denn auch hier ist die oben beschriebene, im musikalischen Kontext sehr auffällige A cappella-Solobesetzung

115 ChTD Takt 100ff. ↔ UTD Takt 97ff., ChTD Takt 106ff. ↔ UTD Takt 10ff.

vorgeschrieben. Weitere Entsprechungen sind die Mollsphäre, die Chromatik, die (wenn auch etwas weniger expressiven) Dissonanzbildungen und die Echowirkung der Schlusskadenz:

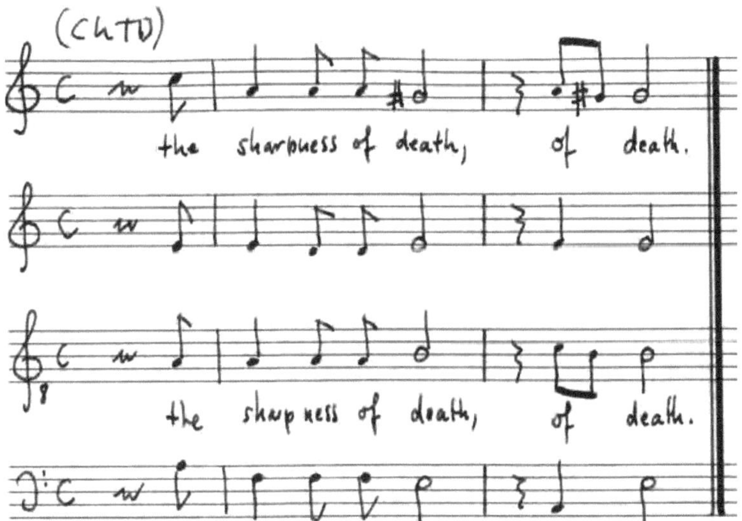

Die harmonische Entwicklung hat die Schlusskadenz auf die V. Stufe E-Dur geführt. Der harmonische Wechsel in die Mediante C-Dur, die Entsprechungen der Satztechnik, der Rhythmik sowie der tongetreuen Bassline in den ersten Takten von „Thou didst open the Kingdom of Heaven" sind offenkundige Parallelen zum *Utrechter Te Deum*. Die Vertonung des Verses „Thou sittest at the right hand of God" überrascht als Neuschöpfung, bei der ähnliche Details wie die Koloraturen von „in the glory" in die Kategorie „commonplace" gehören, wenngleich bei genauerer Betrachtung auch hier die motivische Ähnlichkeit verblüfft:

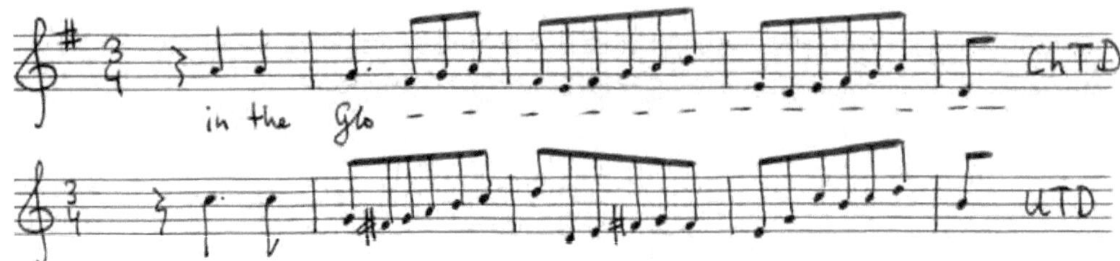

Im nächsten Teil „We believe that thou shalt come" ist die musikalische Verbindung wieder weitaus eindeutiger. Dies belegen als wichtigste Indizien der formal umschließende Orchesterpart mit Bläser-Solostimme, die Moll-Tonalität, der Wechsel zwischen Solo-Passagen und „help"-Einwürfen des Chores, die Dissonanzreibungen bei „help thy servants", der Bassverlauf und die Harmonik bei „whom thou hast redeem'd". Noch unmittelbarer ist die Verwandtschaft im Tenor-Duett bei „make them to be number'd":

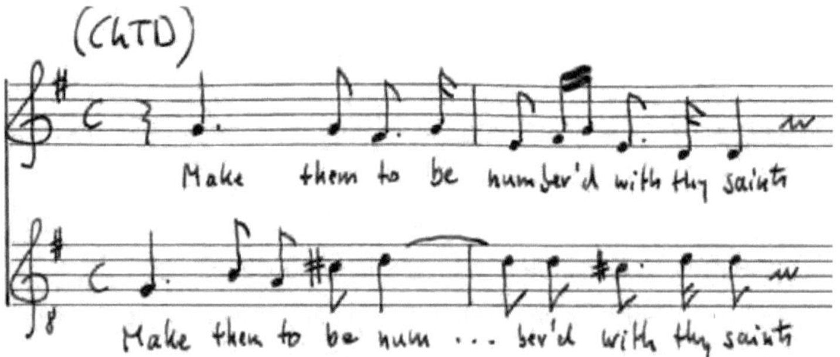

Auch der homophone Chorsatz bei „O Lord" und die Imitationen beim anschließenden „govern them" belegen die musikalische Nähe.

Der anschließende Chor „Day by day we magnify Thee" zeigt weitere Gemeinsamkeiten zwischen den beiden Werken. Er steht in D-Dur (im Kontrast zur Grundtonart B-Dur) und zitiert im Orchestervorspiel das ursprüngliche Kernmotiv:

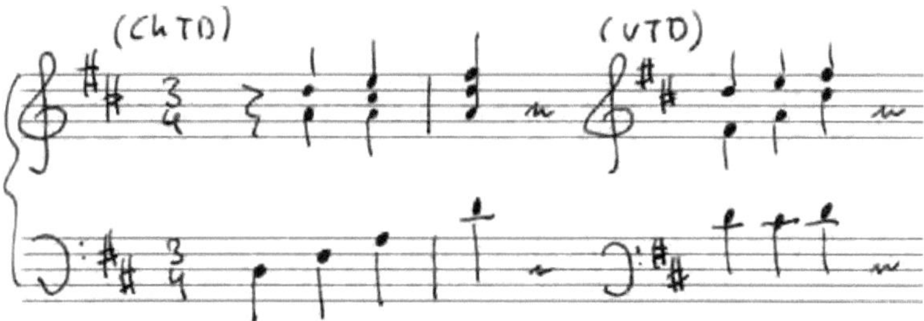

Auch hier folgen wie im *Utrechter Te Deum* lange Sechzehntel-Terzketten der Trompeten mit Forte-Piano-Wechseln. Verschiedene Chorabschnitte haben dieselbe Syllabik und Metrik und sind harmonisch vergleichbar, unter anderem bei der Kadenz mit der harmonischen Ausweichung nach G:

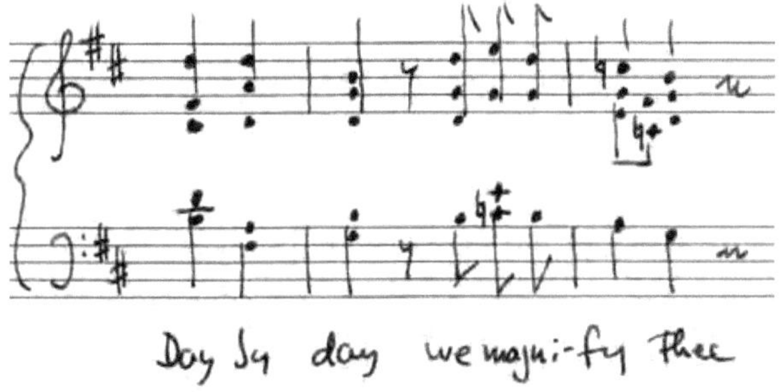

Während der Wechsel zwischen Einzelstimmen und Chor bei „we magnify Thee" neu ist, wirkt das Ende, die breite phrygische Kadenz und ihre diesmal harmonisch konsequente Auflösung in den auch hier polyphon vertonten Vers „And we worship", sofort vertraut. Auch das Soggetto geht von den Kerntönen her auf sein Pendant im *Utrechter Te Deum* zurück:

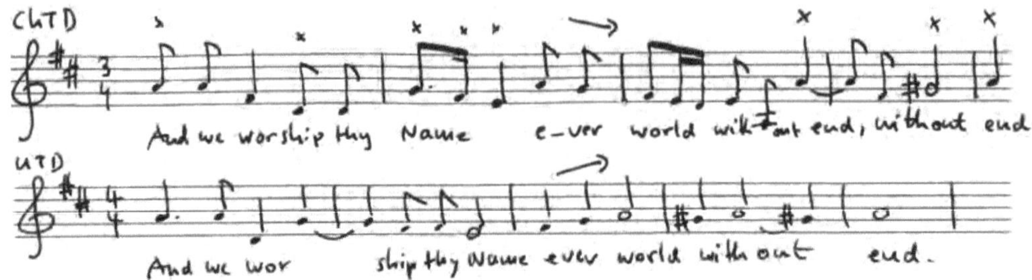

Der folgende Vers „Vouchsafe, o Lord" ist noch enger mit dem Vorbild verwandt, denn die Musik wechselt wieder nach Moll und lässt motivische Entsprechungen erkennen:

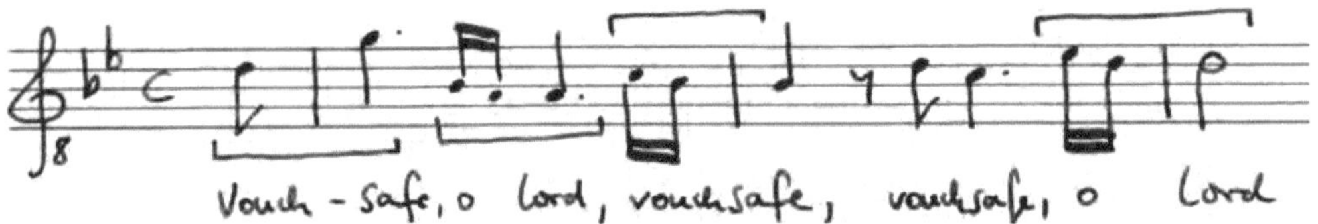

Gleich der erste Chorblock ist eine variierte Wiederverwendung, was vor allem an der Imitation des Seufzermotivs in allen Stimmen zu erkennen ist. Die Passage „as our trust is in Thee" ist durch das Motiv, die Harmonisierung mit der Kadenz über den neapolitanischen Sextakkord (*) und die Wirkung des abschließenden Orchesternachspiels besonders eng mit dem Vorbild verwandt.

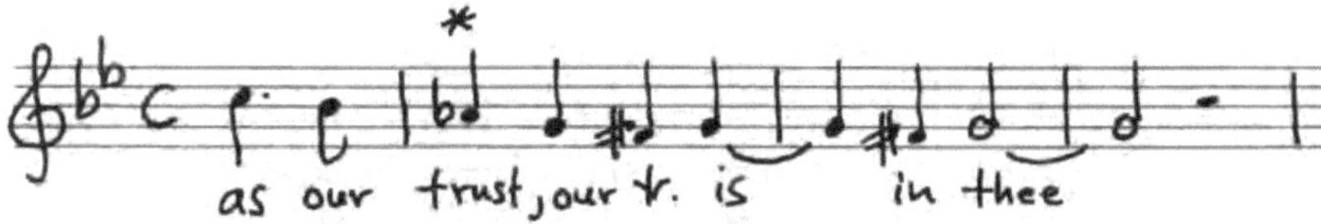

Der abschließende Chor „O Lord, in Thee have I trusted" ist musikalisch neu. Er ist zweiteilig und wesentlich länger. Verwandte Ideen sind die Exposition eines gewichtigen Cantus firmus und das in Achtelketten komponierte „Let me never be confounded", das in beiden Werken erst syllabisch, dann melismatisch gesetzt ist:

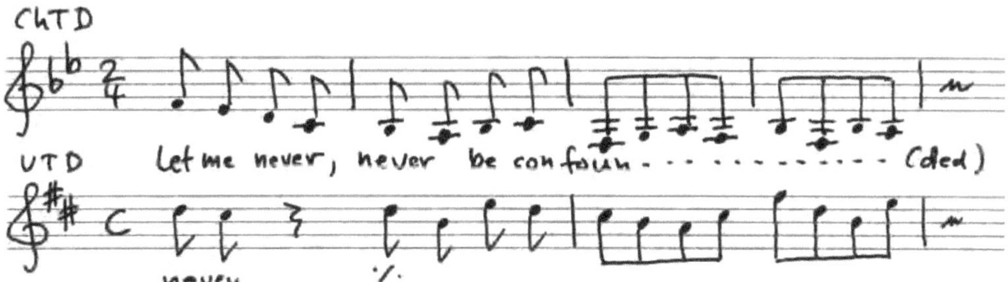

Die Idee der Verbindung der beiden Themen zu einer Art Doppelfuge war im *Utrechter Te Deum* lediglich angedeutet. Hier ist sie ausführlicher ausgearbeitet.

Der Vorbildcharakter des *Utrechter Te Deum* für die meisten Teile des *Chandos Te Deum* ist deutlich erkennbar: Auf die Nummern 4 und 6 des älteren Werkes hat Händel sehr direkt zurückgegriffen, und in anderen Teilen sind verschiedene musikalische Ideen im Grundsatz wiederverwendet oder fast exakt zitiert. Einige Abschnitte sind neu, meist deutlich länger und dabei in einigen Passagen mit Bekanntem verknüpft, so dass dort die Wirkung des Neuen als Gesamteindruck vorherrscht.

Im Vergleich zum seinem Vorbild ist die Musik des *Chandos Te Deum* mit seinen längeren Soli und Chorpassagen deutlich großzügiger angelegt und wirkt stilistisch und klanglich gefälliger, denn verschiedene kontrapunktische Passagen wurden durch homophone Teile ersetzt oder strukturell vereinfacht. Der Chorsatz und die Melodik sind stellenweise weniger differenziert und das Ende wirkt nicht so monumental, denn es fehlt die Fanfare der Trompeten. Die relativ kurze Schlusskadenz ist diesmal authentisch (V–I) und wirkt im Vergleich gewöhnlicher als die plagale Kadenz im *Utrechter Te Deum*. Man kann vermuten, dass sich Händel bei der Neukomposition weniger an der Tradition orientierte und stattdessen mehr an dem etwas anderen musikalischen Geschmack seines Publikums in Cannons. Darüber hinaus war er in der geplanten Aufführungsdauer weniger durch liturgische Zwänge eingeschränkt als sechs Jahre zuvor.

Te Deum in A

Nach weiteren sechs Jahren entstand das *Te Deum in A* (HWV 282) für eine Aufführung in der Chapel Royal, die wahrscheinlich am 5. Januar 1724 stattfand. Der frisch gebackene Hofkomponist instrumentierte seine neueste Fassung des Hymnus mit einer Oboe und Streichern eher sparsam und besetzte die Solo-Partien ausschließlich mit Männerstimmen. Einzelne Teile übernahm er vom *Chandos Te Deum*, andere komponierte er neu, mit für diese Gattung modernen Stilelementen, wie zum Beispiel den virtuosen Koloraturen in „Make them to be numbered":

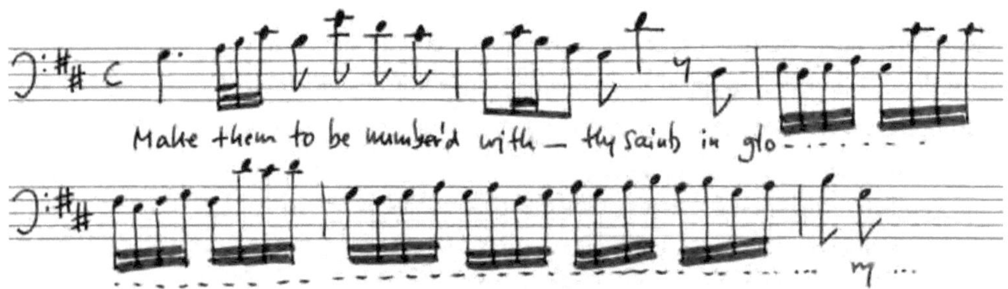

Das *Te Deum in A* ist in seiner Länge mit dem *Caroline Te Deum* vergleichbar und enthält nur noch wenige musikalische Zitate aus dem *Utrechter Te Deum*. Neben dem vergleichbaren harmonischen Konzept verschiedener Vers-Sequenzen findet man zum Beispiel die überleitende phrygische Kadenz an der Schnittstelle zwischen den Versen 2 und 3. Händel verwendet wieder die Tonart Fis-Dur, den einheitlichen Affekt der Punktierung und den Wechsel zwischen Solo und Tutti beim Vers „To Thee all angels cry aloud". Vertraut sind im anschließenden Teil die durchlaufende Achtelfigur, diesmal im gesamten Streicherapparat, die „holy"-Einwürfe des Chores und die Syllabik und Rhythmik bei „heaven and earth are full". Ab Vers 19 finden sich erneut die versetzten „help"-Rufe und eine vergleichbare Melodik und Satztechnik bei „govern them". Interessant ist bei „Day by day we magnify thee" der durch das vorherige e-Moll vorbereitete Wechsel in die sehr entfernte Tonart C-Dur. Den letzten auffindbaren Bezug bildet im abschließenden Vers das lang gedehnte „O Lord" mit dem folgenden, in syllabischen Achteln vertonten „let me never be confounded".

Mit dem zeitlichen Abstand von elf Jahren war die Musik des *Utrechter Te Deum* verblasst und neue Entwicklungen beeinflussten Händels musikalischen Stil, wobei die Bedeutung seines bislang jüngsten *Te Deum in A* relativ gering geblieben ist. Es findet sich zwar in der Gesamtausgabe von Chrysander, aber weder in der Hallischen Händel-Ausgabe noch einer einzelnen aktuellen Verlagsedition. Als von ganz anderem Format erwies sich sein letztes, zwanzig Jahre später komponiertes Te Deum.

Te Deum for the Peace of Dettingen

Nach dem Sieg der englisch-österreichischen Allianz über die Franzosen in der Nähe des oberfränkischen Städtchens Dettingen im Juni 1743 entstand im folgenden Monat das *Te Deum for the Peace of Dettingen* (HWV 283) mit einem dazugehörigen Anthem. Wie beim *Utrechter Te Deum* gab es mehrere öffentliche Proben, und es wurde am 27. November in Anwesenheit des Königs in der Chapel Royal im St. James's Palace uraufgeführt.

Das *Dettinger Te Deum* hat von allen Vertonungen Händels den klangvollsten Orchesterapparat. Zum ersten Mal treten bei einem Te Deum neben drei Trompeten auch Pauken auf, die Händel schon bei seinen *Coronation Anthems* eingesetzt hatte[116]. Der Chor ist durchgehend fünfstimmig mit zwei Sopranen besetzt; Händel kehrt damit wieder zum Klangvorbild der lateinischen Psalmen zurück. Sein Werk zeigt einen deutlich veränderten Stil, der sicherlich auch von einem sich allmählich wandelnden musikalischen Zeitgeschmack beeinflusst war. Virtuose Solopartien wie die Bass-Arie „Thou art the King of Glory" mit obligater Trompete, die mit der *Messias*-Arie „The trumpet shall sound" verwandt ist, die ausdrucksstarken Chöre, besonders der Chor „And we worship thy Name" mit seiner großen Steigerung, oder auch das affektgeladene „Vouchsafe, o Lord" haben mit ihrer opernhaften Expressivität zur Popularität des Werkes beigetragen.

Man findet hier aber auch ältere Spuren, z. B. vom Aufbau und der Textgestaltung des *Utrechter Te Deum* und damit auch des Te Deum von Purcell. Und es gibt stilistische Parallelen zu einem italienischen Te Deum von 1700, das Francesco Antonio Urio (1631–1719) zugeschrieben wird, und auf das u. a. Chrysander hinweist. Beim Vergleich mit dem *Utrechter Te Deum* fallen nur wenige markante Elemente auf, die Händel wiederverwendet haben könnte. So finden sich beim Vers „To Thee all angels cry aloud" der etwas abgewandelte Affekt der Punktierung und die Idee des Wechsels zwischen Solostimme und Männerchor-Unisono wieder, diesmal klanglich kombiniert:

116 Nach Walker ist nicht gesichert, dass die aus dem militärischen in den sakralen Bereich übernommenen Instrumente schon bei der Erstaufführung zum Einsatz kamen. Erst für das Jahr 1748 ist ihre Verwendung durch Händel belegt (vgl. Vorwort zum *Dettinger Te Deum*, S. IV).

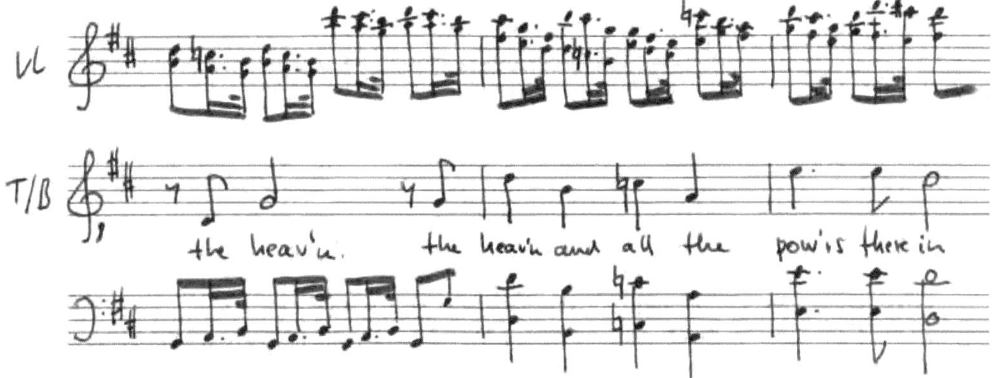

Die langen Terzketten der Trompeten in der Einleitung zu „To Thee Cherubim“ sind aus dem Vers „Day by Day“ bekannt, in „The glorious company“ klingt der Walking Bass der Continuo-Gruppe an, und die Verknüpfung dieser Basslinie mit der getragenen Singstimme ist ebenso mit dem alten Vorläufer verwandt wie die Chorpassage „The Father of an infinite majesty“. Nach verschiedenen musikalisch neuen Passagen finden sich beim Vers „When thou hadst overcome the sharpness of death“ weitere Bezüge zum *Utrechter Te Deum*. Der kurze homophone, diesmal mit milderen Dissonanzen angereicherte Satz wird nicht mehr solistisch a cappella, sondern vom Chor gesungen und vom Orchester sparsam begleitet. Er hat auch hier die Funktion einer musikalischen Zäsur und im Kontext eine besondere Wirkung. Die formale und satztechnische Gestaltung der Verse 24 und 25 ist mit dem *Utrechter Te Deum* vergleichbar, denn auf den wie dort freien homophonen Chorsatz „Day by day“ folgt mit „And we worship thy name“ ein Imitationssatz, dessen Struktur allerdings deutlich aufgelockerter ist und als ein Beispiel für den einfachen und geglätteten Kontrapunkt gelten kann, der beim Vergleich zwischen Händel und Bach gerne als Wertmaßstab herangezogen wird.

Der Chorsatz „And we worship thy name“ ist im *Dettinger Te Deum* deutlich länger als im *Utrechter Te Deum*. Er verdichtet sich zu homophonen Abschnitten, die eine dramatische Steigerung bewirken und auf einen Schluss hinführen, der in seiner monumentalen Wirkung mit dem Vorläufer vergleichbar, wenn auch mit bescheideneren Mitteln komponiert ist.

Fazit

Dreißig Jahre liegen zwischen *Utrechter* und *Dettinger Te Deum*. In seinen ersten Londoner Jahren war Händel in seiner Kirchenmusik der englischen Tradition verpflichtet, konnte sich aber nach dem Tod von Königin Anne „dem Druck entziehen, mit einem Stil fortzufahren, der dem neuen deutschen Regenten nicht vertraut war"[117]. Während im ersten Te Deum die Einflüsse englischer, italienischer und deutscher Kirchenmusik zu hören sind, wird an seinem letzten ein stilistischer Wandel deutlich. Wie in seinen Oratorien übernahm Händel nach seiner Abkehr von der Oper deren musikalische Stilmittel auch in die Kirchenmusik. Die Hymnen-Verse sind nun ausführlicher komponiert, wodurch das *Dettinger Te Deum* fast doppelt so lang wie das *Utrechter Te Deum* geworden ist, allerdings dessen kontrapunktische Dichte und harmonische Expressivität vermissen lässt. Verschiedene Passagen wirken nun harmonisch gefälliger und relativ frei von ausdrucksvollen Überraschungen oder durch die einfachen Kadenzfolgen oder Harmoniewechsel fast banal. In der Gesamtanlage sind die musikalischen Kontraste zwischen den Versen atmosphärisch stärker, wobei die einzelnen Abschnitte deutlich weniger innere musikalische Verbindungen aufweisen als im *Utrechter Te Deum*. Das *Dettinger Te Deum* scheint also dem aktuellen Zeitgeschmack entsprechend mehr auf Klanglichkeit und Prachtentfaltung angelegt gewesen zu sein als auf harmonisch-satztechnische Finesse und innere Spannungsverläufe.

Von Purcells *Te Deum* bis zu Händels *Dettinger Te Deum* zieht sich ein roter Faden, der durch die jeweils vergleichbare formale und harmo-

117 Stoddard Lincoln, a.a.O., S. 207 (Ü.d.V.).

nische Strukturierung des Hymnus geknüpft scheint. Die deutlichen stilistischen Veränderungen in Händels Kirchenmusik von der italienischen Expressivität zum englischen Tonfall und Sprachgestus, die Rückbesinnung auf die deutsche Kantatenform und die Abkehr von der Oper sind als Reaktionen auf einen Wandel des Publikumsgeschmacks zu verstehen. „Als reifer Komponist schuf Händel schließlich den Kern seines Werkes, seine späten Oratorien, in denen er und das Englische endgültig zu einer Einheit verschmolzen“[118].

118 Stoddard Lincoln, a.a.O. (Ü.d.V.)

Zur Rezeptionsgeschichte

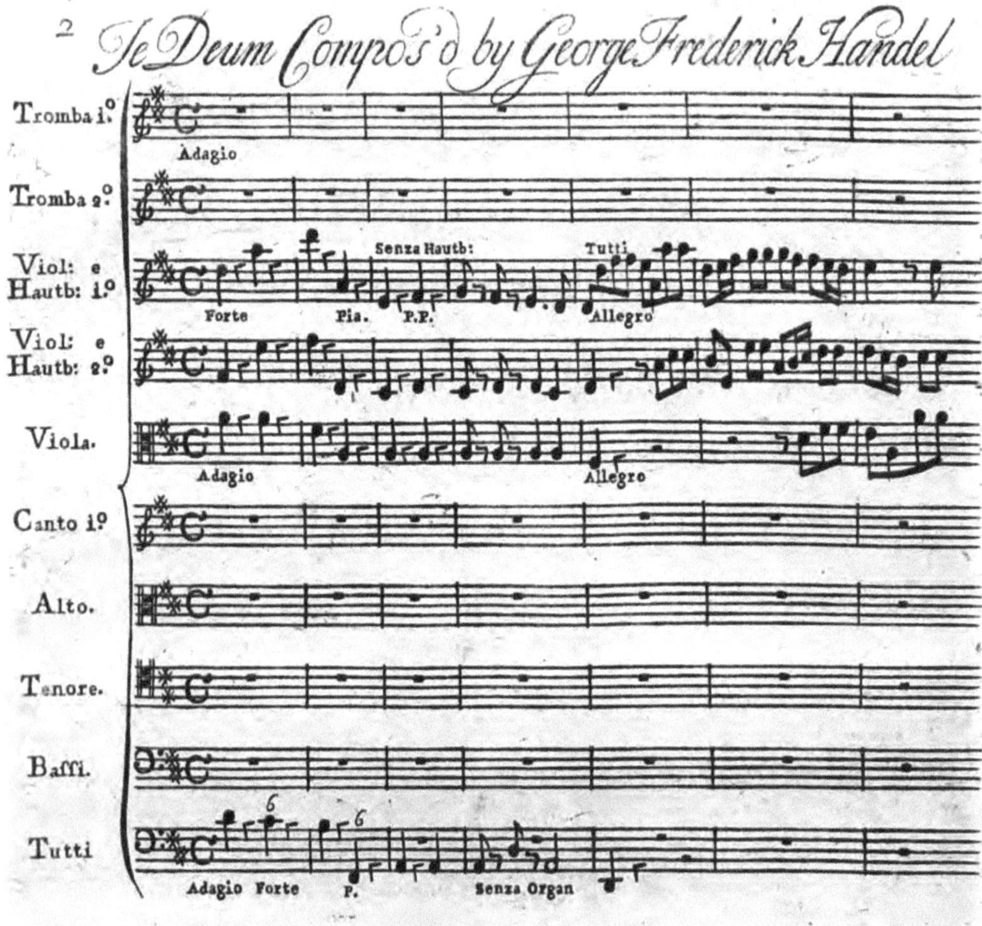

Erste Partiturseite des Erstdrucks von John Walsh

Die Rezeptionsgeschichte des *Utrechter Te Deum* ist weitestgehend unerforscht. Im Sinne einer möglichst umfassenden Werkbetrachtung sollen an dieser Stelle meine wichtigsten Forschungsergebnisse vorgestellt werden.

Im Gegensatz zu seinen nachfolgenden Geschwisterwerken verschwand das *Utrechter Te Deum* nach seiner Aufführung nicht in der Versenkung. Es war vom Publikum als „eine Musik von enormer Autorität und Meisterschaft“[119] begeistert aufgenommen worden, zirkulierte in verschiedenen Abschriften und entwickelte eine langjährige Aufführungstradition. Zwischen Februar 1731 und Ende 1732, also knapp 20 Jahre nach Erscheinen, veranlasste John Walsh (jr.) – wie sein Vater Musikverleger und mit guten Geschäftsbeziehungen zu Händel – den in Kupfer gestochenen Erstdruck[120].

An St. Paul's Cathedral wurde es bis 1742 regelmäßig im Rahmen der jährlich im Februar stattfindenden Wohltätigkeitskonzerte unter dem Motto „For the sons of the clergy“ (zugunsten verarmter Familienangehöriger des Klerus) aufgeführt. Außerhalb Londons gab es zu Händels Lebzeiten nur zwei weitere Aufführungen, nämlich während seines Aufenthalts in Dublin am 10. Dezember 1741 und am 8. Februar 1742. Nur zwei Monate später sollte ebenfalls in Dublin die Uraufführung des *Messias* in der New Musick Hall folgen.

119 Jonathan Keates, *Handel – The Man and his Music,* S. 74 (Ü.d.V.). Dort lautet der Kommentar auf Englisch: „once again music of tremendous authority and distinction“.

120 Laut kritischem Bericht der HHA ist dazu keine spezifische Werbeannonce überliefert. Walshs Edition ist erst im Zusammenhang mit Händels *Esther* im November 1732 publizistisch belegt.

Kopien und Druckausgaben

Das *Utrechter Te Deum* verbreitete sich in verschiedenen manuellen Abschriften, die im Zeitraum von der Uraufführung bis in die 1740er Jahre entstanden. Es blieb im weiteren 18. Jahrhundert populär, was sich in einer zweiten Auflage von Walshs Erstdruck, seiner Neuauflage 1745 und weiteren Editionen anderer Herausgeber niederschlug[121]. Die Händelforschung teilt die Abschriften und Editionen in verschiedene Kategorien ein[122]. Neben Händels Autograph (A) gibt es neun wichtige Abschriften (B1–9), vier weniger bedeutende Kopien (C1–4) sowie verschiedene Manuskripte (D1–9), außerdem die neueren Druckeditionen, die sich alle auf die Erstausgabe von Walsh beziehen. Auch Friedrich Chrysander, der Herausgeber der ersten Gesamtausgabe des Händelschen Werkes im 19. Jahrhundert, zog die Edition von Walsh zu Rate.

Der historische Abriss zu den einzelnen Abschriften und Neueditionen aus dem Vorwort der Hallischen Gesamtausgabe bietet interessante Details. Die erste Abschrift B1 entstand offenbar bereits kurz nach der Fertigstellung des Autographen und stammt aus der Feder von Johann Georg Linike, der Violinist und von 1712–21 für Händel auch als Kopist tätig war. Er arbeitete offensichtlich sehr sorgfältig auf identischem Papier und blieb bei Seiteneinteilung und Layout sehr eng am Original. Seine Kopie war wahrscheinlich wiederum Vorlage für eine weitere Abschrift B2, die im Jahr 1718 für Elizabeth Legh of Adlington Hall, eine Freundin und Bewunderin Händels, erstellt wurde. Ihr Wappen ist auf dem Ledereinband in Gold eingeprägt, wie bei allen anderen Kopien, die sie von sämtlichen Werken Händels besaß.

Die Freunde und Anhänger Händels müssen untereinander Kontakt gehabt und sich ihren wertvollen Besitz gegenseitig zur Verfügung

121 Randall/Walsh 1769, Harrison 1784 und 1786, Hiller 1780, Arnold 1788.

122 Die folgenden Ausführungen und Zählungen beziehen sich auf das Vorwort der HHA zum *Utrechter Te Deum & Jubilate.*

gestellt haben, denn eine weitere Kopie ist ebenso dicht am Original erstellt worden. Es wäre zu untersuchen, ob Händel solche Weitergaben seiner Musik gebilligt hat oder ob sie ohne sein Wissen geschahen. Die Kopie B3 findet sich jedenfalls im sechsten und letzten Band einer für Edward Lord Harley zusammengestellten *Englischen Kirchenmusik*. Sie wurde zwischen 1715 und 1720 von Thomas Tudway angefertigt, der Anfang des Jahrhunderts als Organist und Komponist für Königin Anne gearbeitet hatte und als Doktor und erster Professor für Musik in Cambridge hohes Ansehen genoss. Tudway fügte seiner Abschrift des *Utrechter Te Deum* einige (sinnvoll ergänzende) Vorzeichen hinzu, was für einen Kopisten eigentlich ein ungewöhnlicher Eingriff war. Spätere Abschriften sind offensichtlich von Kopisten erstellt worden, die weniger kompetent waren oder unter Zeitdruck standen. Ihre Arbeiten sind nicht mehr so eng am Original und sparen Platz und Papier durch Zusammenfassung der Stimmen und musikalischer Details auf einer geringeren Zahl von Notensystemen.

Einzelne Abschriften, zum Beispiel B4 in der York Minster Library, B6 in der Bibliothek des Royal College of Music und B7 in den Manchester Public Libraries, enthalten überhaupt nur das Jubilate, nicht aber das Te Deum. Die ca. 1720 entstandene Abschrift B4 wurde von John Christoph Smith angefertigt, den Händel noch aus Halle kannte und der 1716 nach London kam und sein Sekretär und erster Kopist wurde. Seine Kopie gibt Hinweise auf eine stellenweise Überarbeitung des Autographen durch Händel. In der offensichtlich weniger sorgfältigen Kopie B5, die von dem Musiker und anglikanischen Pfarrer Edward Finch zwischen 1720 und 1738 erstellt wurde (genauer ist es nicht datierbar), finden sich etliche Fehler und eigenmächtige Änderungen. Das *Utrechter Te Deum* findet sich auch als Abschrift B8 in einer Sammlung mit anderen Te Deum-Vertonungen oder in Bearbeitungen unbekannter Autoren: bei C1 bspw. als Chorpartitur mit Basso continuo oder bei C3 als Orgelpartitur, in der die wesentlichen musikalischen Linien auf die zwei Hände verteilt sind.

Frühe Aufführungen und Bearbeitungen

Händels erstes Te Deum fand also auf vielfältigem Wege Verbreitung im englischen Musikleben, und es wurde erst durch sein letztes, das *Dettinger Te Deum,* allmählich aus der öffentlichen Konzerttradition verdrängt.

Die eingehende Erforschung der Rezeptionsgeschichte des *Utrechter Te Deum* in England seit Ende des 18. Jahrhunderts steht noch aus. Gleiches gilt für den europäischen Kontinent, vor allem in Bezug auf die Aufführungsgeschichte des Werkes in Deutschland. In England gab es 1850 eine Neuausgabe des Te Deum, die „neu eingerichtet und mit dem Manuskript verglichen"[123] worden war. Dass zu dieser Zeit die beiden wichtigsten Te Deum-Vertonungen Händels wieder im Bewusstsein des Londoner Musiklebens waren und – vor dem Hintergrund finanzieller Schwierigkeiten – auch in Konkurrenz miteinander gesehen wurden, zeigt die folgende Stellungnahme aus der Londoner Zeitung *The Standard*: „Hier nun bietet sich eine Chance für Exeter Hall. Warum nicht beide Te Deums hintereinander aufführen und uns dann sehen lassen, welches das Publikum annehmen wird? Es wäre interessant, das Utrechter Te Deum zu hören, zusammen mit dem Dettinger Te Deum. Die Wiederbelebung des letzteren, nach seiner Verbannung durch den Manager des Annual Festival of the Sons of the Clergy – aufgrund der nicht länger tragbaren Kosten für die Musiker – hat bereits zu Kontroversen geführt."[124]

123 *The Morning Post*, 12. Oktober, 1850, Ü.d.V.

124 (Ü.d.V.) Im englischen Original: „Here then is a chance for Exeter Hall. Why not give us the Te Deums in succession, and then let us see which one the public will adopt? It would be curious to listen to the Utrecht Te Deum … with the Dettingen Te Deum. The revival of the later, after its abandonement by the manager of the Annual Festival of the Sons of the Clergy, at St. Paul's, because they would not continue the expense of a band, has provoked controversy." In: *The Standard*, 25. August 1859, S. 6.

In Deutschland gab im Jahr 1780 der Dirigent, Komponist, Musikschriftsteller und Musikpädagoge Johann Adam Hiller (1728–1804) das *Utrechter Te Deum* heraus, das er als ein Musterbeispiel für die in Händels Chormusik präsente „musikalische Einheit von Würde und Erhabenheit" bezeichnete. Obwohl er überzeugt war, dass er mit seiner Ausgabe des Te Deum „den Schatz der Kirchenmusik mit einem vortrefflichen Werk vermehrte"[125], fand er zunächst nicht genügend Subskribenten, bis schließlich der Leipziger Verlag Schwickert, der neben Komponisten auch bedeutende deutsche Schriftsteller wie Gotthold Ephraim Lessing betreute, die Edition übernahm.

Wie seinerzeit durchaus üblich, bearbeitete Hiller das Händelsche Original trotz dessen „Vortrefflichkeit" (Hiller) nach eigenem Gutdünken und berichtete darüber freimütig und ausführlich in seinem Vorwort der Druckausgabe. Es klingt selbstbewusst, wenn nicht gar überheblich, wenn er schreibt: „An seinen Eigenthümlichkeiten habe ich Händel nichts entzogen. Ich habe ihm seine seltsame und bisweilen holprichte Art, die Instrumentalbegleitung durcheinander zu weben, welche sich auf den Vorsatz in allen Stimmen reel zu sein gründet, gelassen."[126] Hiller änderte nicht nur die Instrumentierung durch Ergänzungen weiterer Instrumente, sondern komponierte nach Gutdünken hinzu, wenn ihm wie bei dem Chor „Day by day" die einleitende Fanfare der beiden Trompeten zu wenig effektvoll war: „So erschien mir auch die[se] Einleitung für die

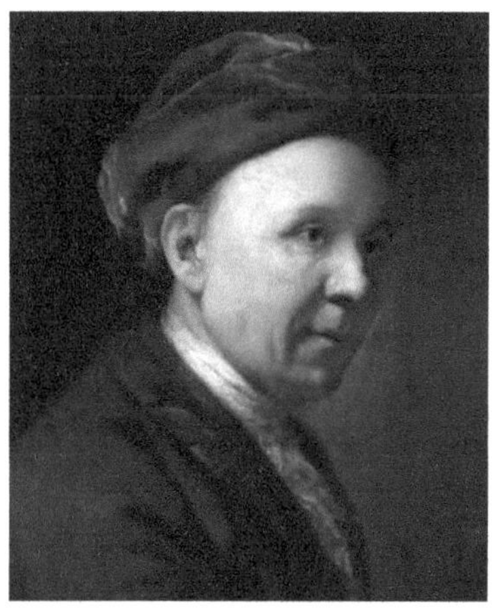

Johann Adam Hiller, Ölgemälde von Anton Graff

125 Hiller, Johann Adam, *Georg Friedrich Händels Te Deum Laudamus zur Utrechter Friedensfeyer*, Vorwort.
126 ebd.

meisten Musikchöre nicht brauchbar (...) und ich schrieb einen Instrumentalsatz für das ganze Orchester [!]. Wer mir keinen Dank weiß und lieber Händels zwey Trompeten hören will..."[127] Ebenso freizügig ergänzte Hiller eine komplette Paukenstimme und stellte dem Dirigenten frei, sie zu benutzen oder sie „überall weg[zu]lassen, wo er sie für entbehrlich hält."[128]

Hiller legte das *Utrechter Te Deum* in einer von ihm selbst angefertigten lateinischen Fassung vor. Er hatte sich zunächst an einer deutschen Fassung versucht, da ihn „die Vortrefflichkeit der Composition bewog (...), statt der englischen Worte, andere, uns verständlichere, unter die Noten zu legen"[129]. Diesen Versuch sah er offensichtlich schon früh als gescheitert an: „Ich versuchte es erst mit den deutschen Worten des Herr Gott dich loben wir; da dieß aber nicht gelingen wollte, machte ich den Versuch mit den lateinischen, und fand, nach genauer Untersuchung, daß ich zwar große Schwierigkeiten zu überwinden hätte, wenn ich weder den Worten Gewalt anthun, und hin und wieder eine oder die andere Stimme Unsinn sagen lassen, noch auch im Verändern der Noten mir allzuviel Freiheit erlauben sollte. Zu meinem Vergnügen fand ich bei der Arbeit selbst, daß mir anfänglich die Schwierigkeiten größer geschienen hatten, als sie wirklich waren. Ich brauchte weiter nichts zu thun, und habe weiter nichts gethan, als was man in dergleichen Fällen nothwendig thun muß."[130]

So recht überzeugt war er wohl nicht von den Ergebnissen seiner Bearbeitung, denn er gestand offen ein, „daß das Unternehmen mit dem Händelschen Te Deum, mir weder zu eigenem Verlage, noch zur Aufforderung eines Verlegers Muth macht[e]"[131]. Eine Aufführung des Originals in englischer Sprache kam damals vermutlich wegen der allgemeinen Verständnisschwierigkeiten gar nicht in Betracht. Die

127 ebd.
128 ebd.
129 ebd.
130 ebd.
131 ebd.

Umarbeitung in das vertrautere Latein war für Hiller ein Freundschaftsdienst für seine Zielgruppe, die Musikliebhaber Leipzigs. Er übersetzte auch andere Werke Händels ins Lateinische und nahm für zahlreiche Erstausgaben (z. B. von Graun, Hasse, Haydn und Pergolesi) die seines Erachtens musikalisch notwendigen „Verbesserungen" an den Originalen vor.

Um dem oben angedeuteten Prozess der Bearbeitung näher zu kommen, führt kein Weg an der damals in Hillers Besitz befindlichen handschriftlichen Kopie[132] des *Utrechter Te Deum & Jubilate* vorbei, denn „was sich Hiller dort erlaubte, muss man selbst vergleichen. Wieland und Shakespeare = Hiller und Händel", so der Organist und Musikschriftsteller Carl Ferdinand Becker, der wohl im Jahr 1848 in den Besitz der Abschrift gelangt war und diese Anmerkung offensichtlich nach dem Studium des Werkes und der Hillerschen Bleistifteinträge in einer eigenhändigen Notiz auf dem Vorsatzblatt der Kopie machte. Seine handschriftlichen Titelangaben ergänzte Becker mit einem Ausdruck seiner Wertschätzung gegenüber Händel: „Wer dieses Buch erblickt, der staunt und ist entzückt"[133].

Beckers Analogie zwischen Hiller und Wieland lässt darauf schließen, dass sich der Musiker Hiller wie sein Dichter-Pendant Wieland im Fall Shakespeares bei der Bearbeitung des ihm vorliegenden Werkes etliche Freiheiten gegönnt hatte. Die folgende kurze Untersuchung widmet sich dieser Te Deum-Kopie sowie der auf ihrer Basis 1780 bei Schwickert publizierten Neuausgabe. Die ausgewählten Beispiele sollen verdeutlichen, auf welche Weise und in welchem Maße das Händelsche Original von Hiller umgearbeitet wurde.

132 In der Sammlung *Handschriften und ältere Drucke der Werke G. F. Händels*, Katalog Nr. 69 der Musikbibliothek der Stadt Leipzig (Kopist unbekannt).
133 Vorsatzblatt der Kopie von 1779.

Der Beginn des polyphonen Chorsatzes „And we worship thy name" (Nr. 8) ist ein Beispiel für eine gelungene Neufassung mit kleineren rhythmischen Änderungen, bei der die textlichen und musikalischen Schwerpunkte noch übereinstimmen:

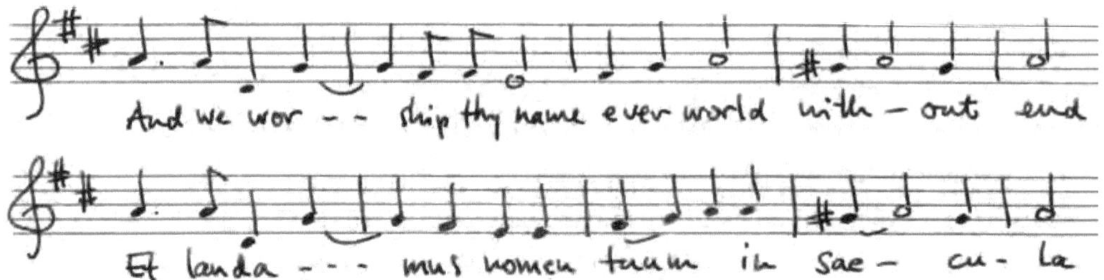

Auch die Umtextierung der beiden melodischen Hauptgedanken des letzten Chores „O Lord, in thee have I trusted" ist überzeugend.

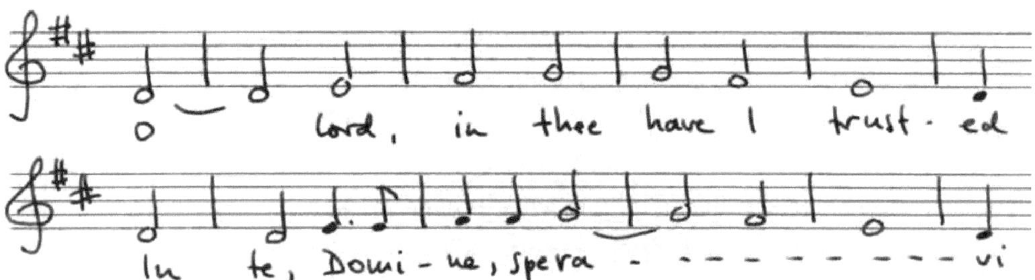

Sowohl beim Cantus firmus (s. Beispiel oben) als auch beim Kontrapunkt („let me never be confounded") gleichen sich die sprachlichen Schwerpunkte:

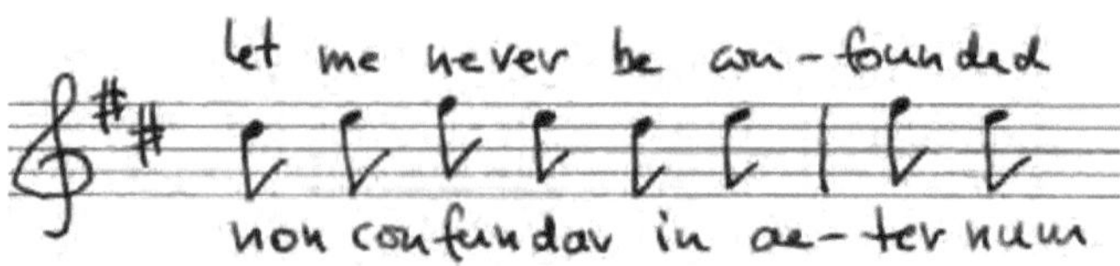

Hiller nimmt aber auch von der Umtextierung unabhängige Detailänderungen vor, die im Falle von hinzugefügten Vorhaltsbildungen, wie z. B. in den beiden Violinen in Takt 31 – 32 des ersten Chores, noch geringfügig wirken:

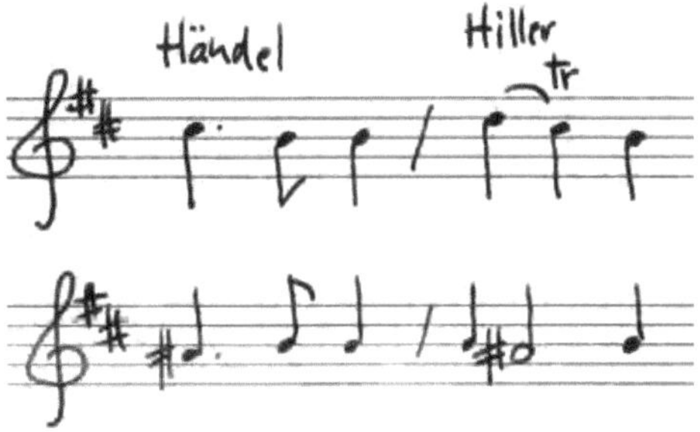

Die musikalische Anpassung des Verses „To thee all angels cry aloud" an das Lateinische „Tibi omnes" hat dagegen einen geglätteten Rhythmus zur Folge, der sich abschwächend auf den musikalischen Affekt auswirkt (Nr. 2, Takt 3ff.). Der ursprünglich auftaktige Gestus in den Solostimmen geht verloren:

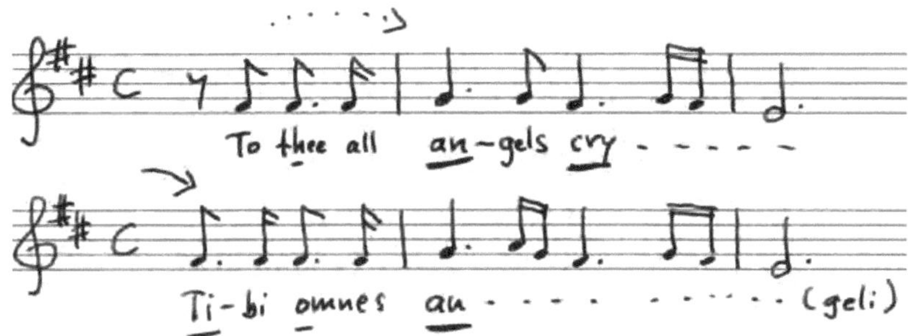

Auch an verschiedenen anderen Stellen führen von Hiller vorgenommene Umtextierungen zu einer Veränderung der musikalischen Gewichtung, z. B. bei der Übertragung der ersten Chorzeile in Nr. 1 des Te Deum, die beim Versuch einer deutschen Version zunächst vollkommen problemlos ist, in der lateinischen Fassung allerdings eine unlogische Betonung auf „-mus" bewirkt:

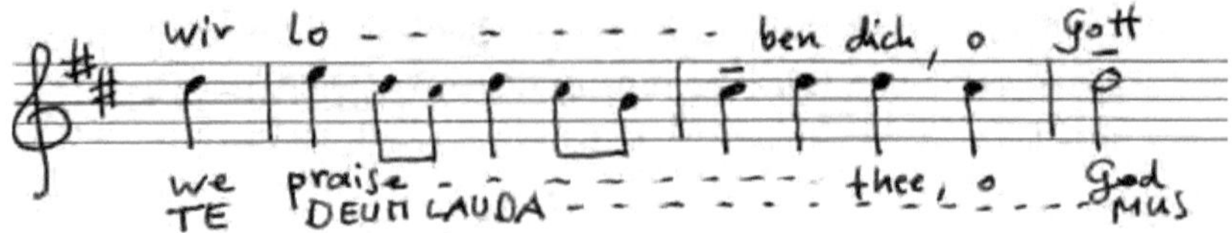

Beim Soggetto des polyphonen Chorsatzes „Thou art the everlasting Son“ (Nr. 4, Takt 142ff.) wird die Hauptbetonung des Themenkopfess abgeschwächt, wenn man die lateinische Version sinngemäß mit den Betonungen „<u>Tu</u> <u>Pat</u>ris sempi<u>ter</u>nam“ deklamiert:

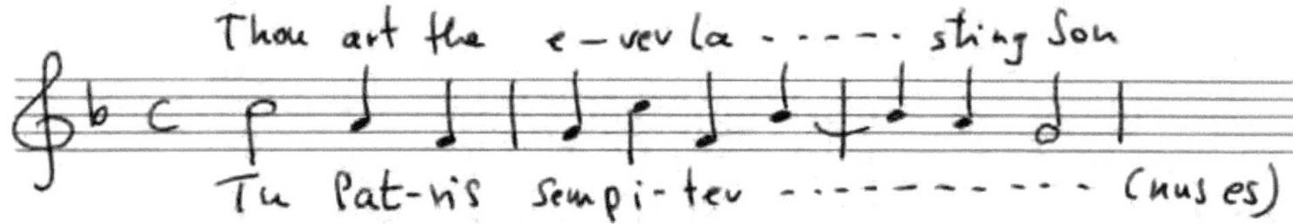

Ein vergleichbare Verfremdung ergibt sich bei der Umkehr der Betonung bei den vorangegangenen Chor-Rufen „O <u>Christ</u>“ zu „Chri-ste“ (Nr. 4, Takt 138ff.):

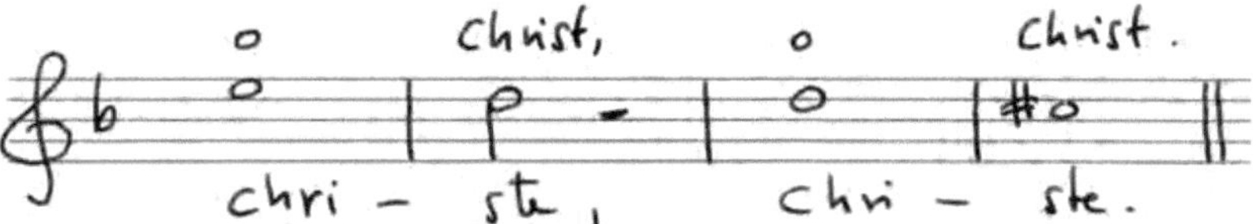

Eine stärkere musikalische Veränderung findet sich in der Nr. 2 („To thee all angels…“), wo Hiller das zu den beiden Solostimmen in Nr. 2 (in Takt 6) hinzutretende Unisono des Männerchores „the heavens and all the powers therein“ durch ein zweifaches „tibi coeli“ (Takt 6–7) ersetzt

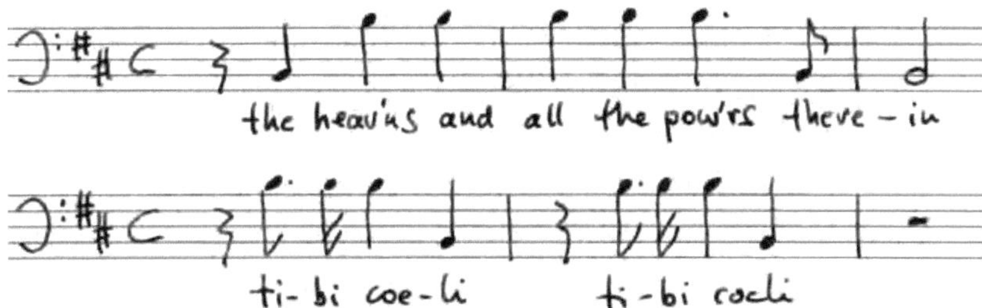

und mit diesem gänzlich anderen Gestus ebenso deutlich in Händels Original eingreift wie im homophonen Chorsatz „The holy Church" (Nr. 4, Takt 67ff.), dessen melodische Binnenstruktur von 2 + 2 + 3 zu 3 + 4 sinnentstellend verschoben wird:

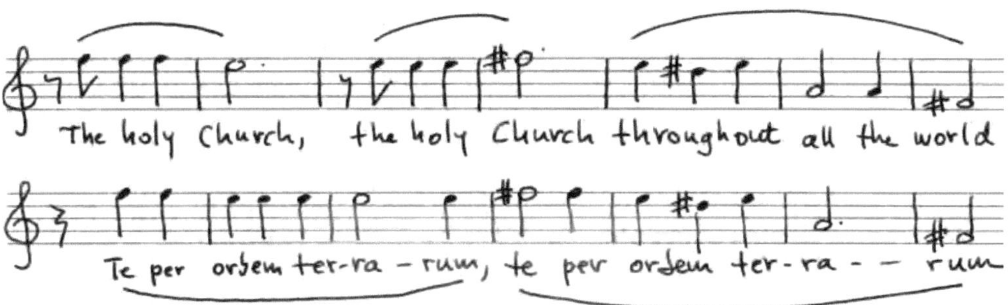

Die Betonungen des Textes (vor allem in den ersten Takten) sind nun nicht mehr mit den harmonischen Schwerpunkten kongruent. Dieser Widerspruch ist zu Beginn der Passage „The father of an infinite majesty" (Takt 93ff.) besonders auffällig. Die Betonung „the Father" wird bei Händel mit dem Akkordwechsel a-F unterstützt. Hiller übergeht diesen ausdrucksstarken Wechsel, so dass es in seiner Fassung fast zwangsläufig zu der falschen Betonung Patrem kommt:

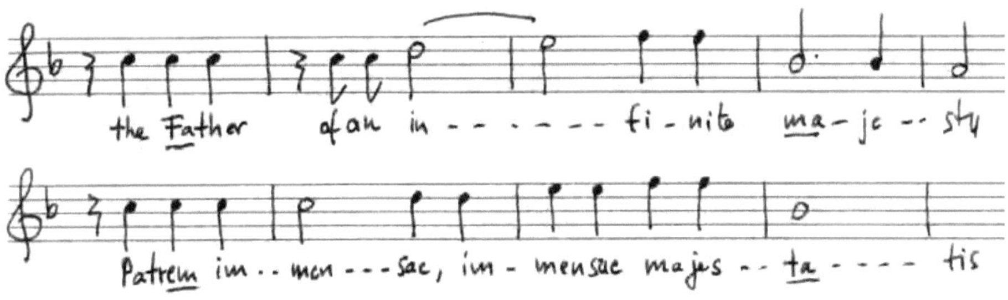

Diese Modifikationen sind vor dem Hintergrund der lateinischen Übersetzung zu sehen und können musikalisch noch als tolerabel gelten. Hillers ohne die Not der Textübertragung vorgenommene musikalische Veränderungen sind dagegen eher fragwürdig. Im 5. Teil geht er sehr freizügig mit Händels Original um, denn er negiert im Vorspiel die Hierarchie zwischen den beiden instrumentalen Hauptstimmen (bei Händel führt die Violine) und verändert sie sowohl rhythmisch (Triolen statt Punktierungen) als auch melodisch (andere Bewegungsrichtung, durch diatonische Wellenlinie geglättet), so dass der ursprüngliche musikalische Charakter verblasst:

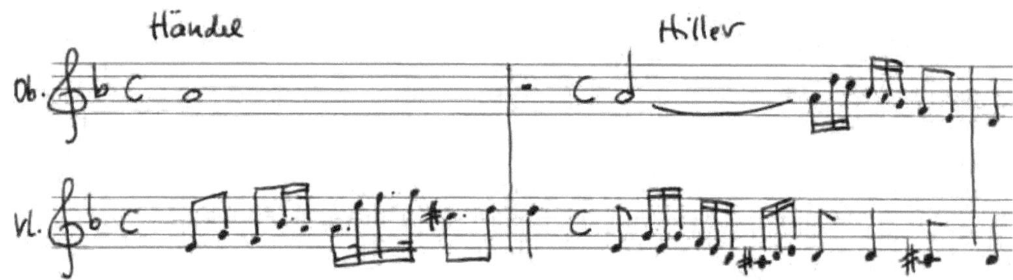

In der Nr. 9 (Takt 17ff.) verändert Hiller die Phrasierung und z. T. auch die Rhythmik in den Solostimmen so stark, dass der durch die Wiederholungen oder Sequenzierungen der kurzen Phrasen „O Lord" und „have mercy" hervorgerufene Gestus des Bittens oder Flehens verloren geht, vor allem im Bass mit seiner charakteristischen Lamento-Figur:

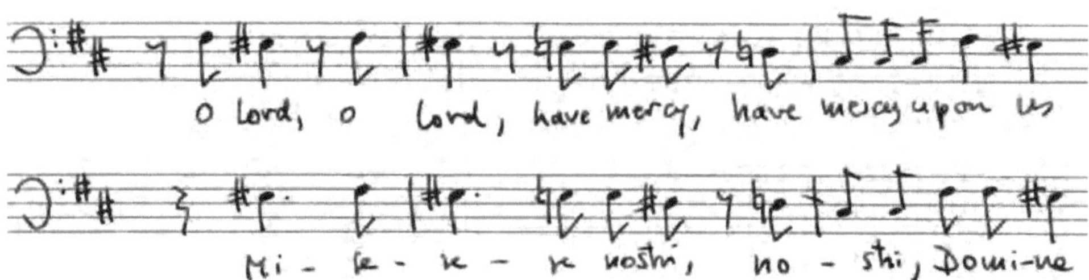

Bereits in den ersten Takten der Orchester-Einleitung des *Utrechter Te Deum* (Nr. 1, Takte 3–5) verändert Hiller Händels Original. Aus den pochenden Viertel- und Achtelakkorden wird ein kontinuierliches Klangband, und die harmonische Spannung der V. Stufe wird durch wiederholte Wechsel zwischen G- und D-Dur egalisiert:

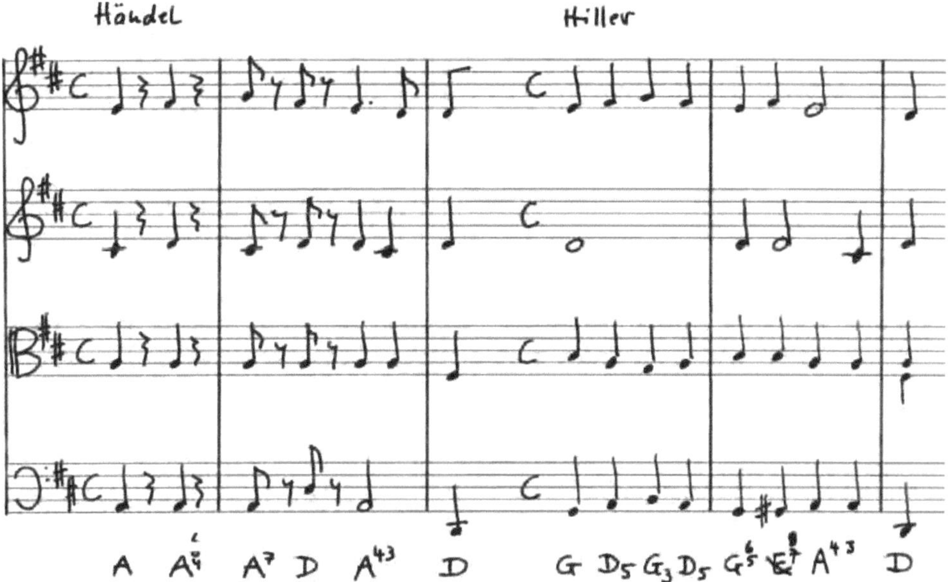

Wie wenig Hiller auch vor noch weiter gehender musikalischer Verfälschung zurückschreckt, zeigt der Beginn des Chores „Day by Day", den im Original die beiden Trompeten mit ihrer elftaktigen Fanfare einleiten (lediglich von der Basso continuo-Gruppe begleitet). Wie Hiller bereits in seinem Vorwort andeutet, nimmt er bei dieser Einleitung bewusst eine deutliche Veränderung des Händelschen Originals vor. Er füllt die Partitur mit sämtlichen Streichern, den Oboen und dem Fagott auf ihr Maximum auf. Allerdings bleibt es nicht bei diesem erheblichen Eingriff in die Instrumentierung, denn Hiller ergänzt nach Gutdünken einen Auftakt, variiert den motivischen Grundgedanken mit einer eigenen melodischen Idee und dünnt gleichzeitig die Trompetenstimmen rhythmisch aus. Das Resultat ist eine erhebliche Verfälschung des Originals. Man hört keine himmlische Fanfare mehr, denn die Trompeten sind in dem vollen Orchesterklang zu Begleitstimmen degradiert. Die Hauptstimme liegt nun in den Oboen und Violinen und hat einen anderen Charakter, so dass der Beginn des Vorspiels auch seine Funktion als sinnfällige musikalische Einleitung für den anschließenden Chor einbüßt:

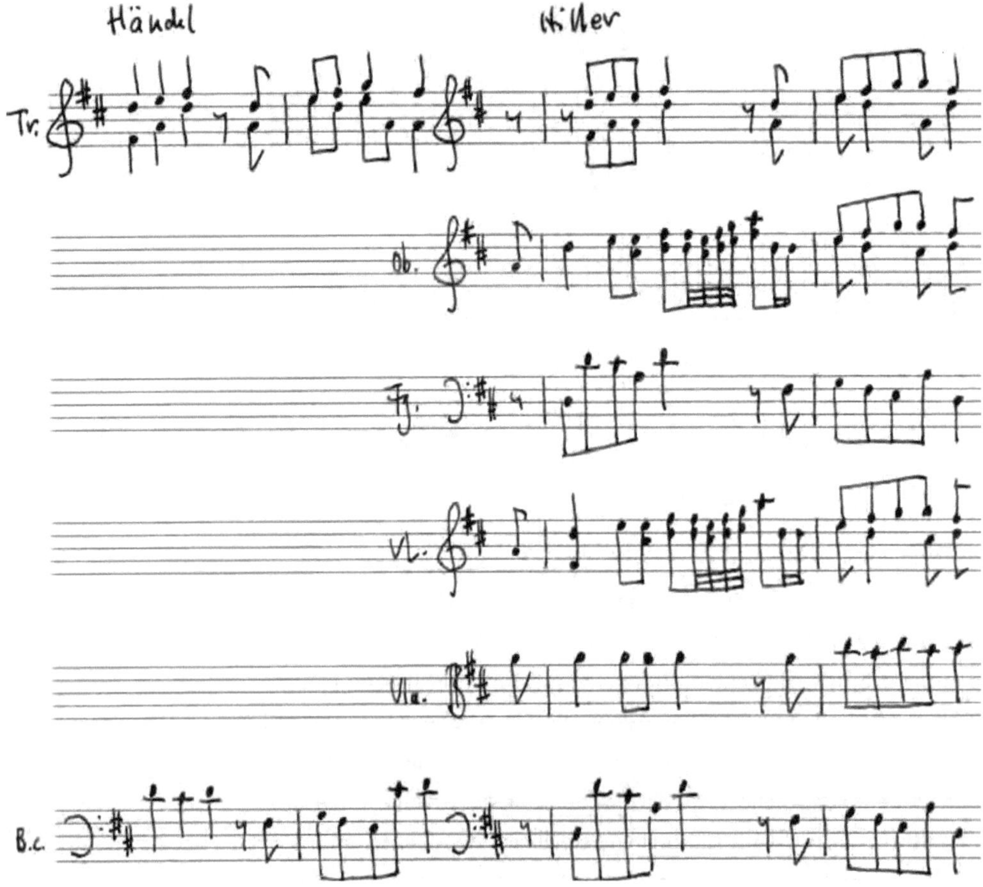

Bei der Übertragung des englischen Originaltextes ins Lateinische kam Hiller also bei verschiedenen Abschnitten der Partitur des *Utrechter Te Deum* ohne wesentliche Änderungen des Notentextes aus. Wenn die Umtextierung allerdings Schwierigkeiten bereitete oder wenn er meinte, das Original in seinem Sinne brauchbarer machen zu müssen, nahm Hiller musikalische Änderungen vor, die nicht selten unbeholfen wirken oder sogar den Ausdruck des Originals verändern. Die Qualität seiner Bearbeitung erfüllt dabei nur selten den Anspruch, der aus dem Tonfall seines Vorworts spricht. Hillers eigene musikalische „Eigenthümlichkeiten" (siehe Zitat S. 167) fallen auf ihn selbst zurück, wenn er wie bei der Bearbeitung von „Day by day" freizügig, wenn nicht respektlos mit Händels Musik umgeht. Seine diesbezügliche Begründung, die Einleitung schiene ihm „für die meisten Musikchöre nicht brauchbar" (s. o.), ist nicht überzeugend.

Hillers Arbeitsweise ist in Bezug auf den wesentlich berühmteren *Messias* ähnlich kritisch kommentiert worden. In seiner Bearbeitung dieses Werkes verfuhr er u. a. in der Anordnung der einzelnen Arien und Chöre „recht autokratisch mit dem von ihm so geliebten Werk"[134]. Mit der Berliner Aufführung des *Messias* von 1786 machte er sich trotz der „schon ein wenig monströse[n] Darbietung"[135] um die Händelpflege verdient, die hier allerdings schon fünfzehn Jahre vorher begonnen hatte.

134 Werner Bollert, *Die Händelpflege der Berliner Singakademie*, S. 70.

135 a.a.O., S. 69.

Auch Karl Friedrich Zelter kannte das *Utrechter Te Deum & Jubilate*, denn er berabeitete das Te Deum und verfasste – wie vor ihm bereits Mozart[136] – eine deutsche Version des Jubilate als 100. Psalm. Die in der Staatsbibliothek in Berlin einsehbare Partitur seiner Bearbeitung dieses Jubilate ist eine kalligraphische Abschrift eines unbekannten Kopisten mit Bleistifteinzeichnungen und Korrekturen von Zelter in roter und schwarzer Tinte. Wie Hiller passt auch Zelter das Händelsche Original dem musikalischen Zeitgeschmack an und verändert es damit deutlich. So werden die Trompeten durchgängig mit Pauken ergänzt, Flöten werden hinzugefügt und gehen grundsätzlich mit den Oboen parallel, Instrumentalstimmen werden verschiedentlich mit eigenen Artikulationszeichen versehen oder mit dem Chor colla parte geführt, statt zu pausieren. Im zweiten Satz ist das Vorspiel um zwei Takte verkürzt, im dritten Satz werden melodische und rhythmische Änderungen vorgenommen und das Tempo von Largo zu Andante verändert und im vierten Satz wird ein Solo weggelassen und stattdessen chorisch begonnen. Bei der Anpassung an den deutschen Text werden Auftakte ergänzt oder Notenwerte verschoben, nicht immer zugunsten der melodischen Binnenphrasierung, wie der Beginn der Doxologie zeigt, die nun mit der Betonung „Als es war im Anfang…" beginnt. Insgesamt lässt sich jedoch sagen, dass Zelter im Falle des *Utrechter Jubilate* aus heutiger Sicht respektvoller mit dem Händelschen Original umgegangen ist als sein Leipziger Kollege Hiller.

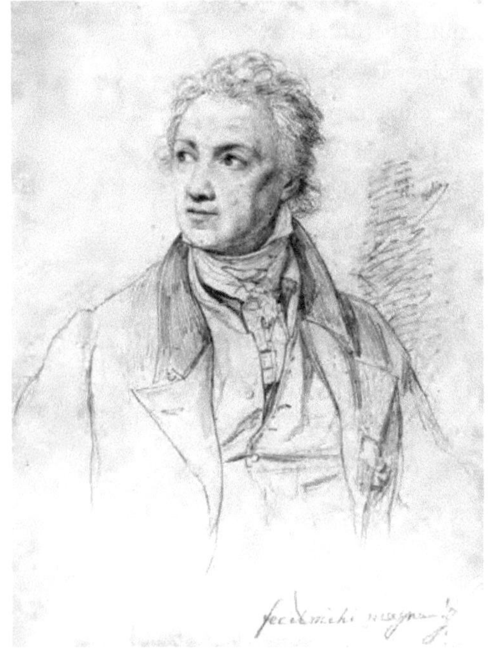

Karl Friedrich Zelter,
Zeichnung von Wilhelm Hensel (1829)

136 Diese Mozart-Ausgabe des *Utrechter Jubilate* wurde 1803 bei Breitkopf verlegt.

Dagegen wurde das Te Deum offensichtlich „von Zelter in ziemlich anfechtbarer Weise und derart umgearbeitet, daß es als achtstimmiges a cappella-Werk gesungen werden konnte“[137]. Obwohl diese schon durch ihre Besetzung ungewöhnliche Bearbeitung bereits zu Beginn seiner Zusammenarbeit mit der Berliner Singakademie im Repertoire des Chores war[138] und auch noch lange nach Zelters Tod zur Aufführung kam, kann sie nicht eingehender untersucht werden, denn das Notenmaterial ist leider verschollen. Bei meinen Recherchen[139] konnte ich lediglich ein Textbuch von 1806 ausfindig machen:

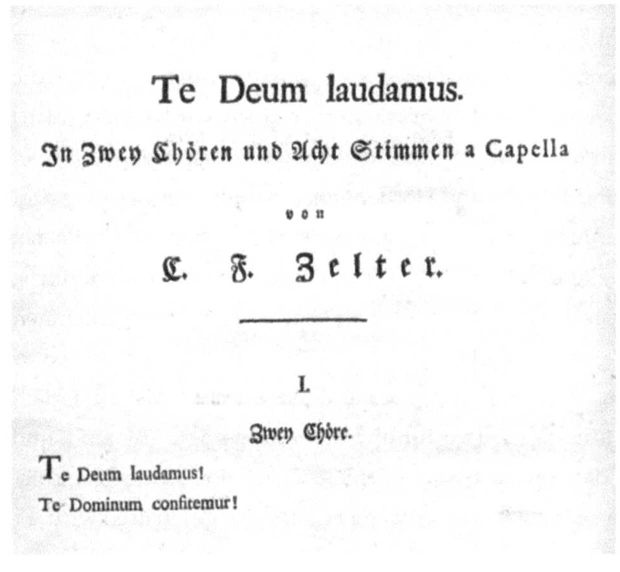

Te Deum laudamus.

In Zwey Chören und Acht Stimmen a Capella

von

C. F. Zelter.

I.

Zwey Chöre.

Te Deum laudamus!
Te Dominum confitemur!

Ausschnitt aus dem Textbuch zur Feier des Geburtstags von König Friedrich Wilhelm III. von Preußen (1806)

Der gesungene Text wird ohne Übersetzung wiedergegeben, d. h. es handelt sich offensichtlich um eine lateinische Fassung, was im Widerspruch zu der Anmerkungen von Rackwitz steht, die Singaka-

137 Werner Bollert, a.a.O., S. 71.

138 Siehe Bollert, ebd.

139 Die Suche im Internationalen Quellenkatalog RISM war ebenso erfolglos wie die Anfragen beim Archiv der Singakademie und der Staatsbibliothek Berlin.

demie habe in der ersten Dekade des 19. Jahrhunderts eine Zeltersche a cappella-Fassung des Te Deum in deutscher Sprache aufgeführt[140]. Auch wenn diese Divergenz offen bleiben muss, kann man feststellen, dass Händels Te Deum neben anderen beliebten Werken wie auch dem *Alexanderfest*, *Judas Maccabäus* und dem *Dettinger Te Deum* seinen festen Platz im Repertoire der Singakademie und damit im Berliner Musikleben hatte.

Auch der Komponist und Dirigent Robert Franz hinterließ als Bearbeiter verschiedener Werke von Bach und Händel seine Spuren in der Rezeptionsgeschichte. Er bearbeitete das *Utrechter Te Deum & Jubilate* mit der Begründung, das Werk könne „in seiner ursprünglichen Gestalt (…) wohl kaum in Aufführungen benutzt werden"[141] – ein schwaches Argument, das an Hiller erinnert. In seiner Ausgabe von 1868, die ein Jahr vor der Erstausgabe Chrysanders erschien, wird der Orgel-Part durch Klarinetten, teilweise auch die klanglich schärferen C-Klarinetten ersetzt, und Fagotte und Hörner gehen parallel mit den Singstimmen oder werden als neu hinzugesetzte Stimmen geführt. Gutknecht beschreibt weitere Details: Der Anfang des Jubilate wird auf ähnliche Weise orchestral aufgefüllt und das Kopfmotiv vorweggenommen. Durch diese gegensätzliche Gewichtung wird „Händels originale Proportionierung auf den Kopf [ge]stellt."[142] Gutknecht konstatiert, dass durch das Aufladen der Partitur und die hinzugefügte Dynamik und Phrasierung das typisch barocke Prinzip des Dialogisierens verschleiert[143] und ein „gänzlich neues Klanggeschehen"[144] geschaffen wird. Er macht zudem deutlich, dass Franz „recht selbstsicher"[145] und im Geschmack seiner fortschrittsgläubigen Zeit handelte, in der nach Franz'

140 Siehe: Werner Rackwitz, *Die Händelbeziehungen zu Giacomo Meyerbeer*, S. 218.
141 Zitiert nach: Dieter Gutknecht, *Robert Franz als Bearbeiter Händelscher Werke*, S. 162.
142 a.a.O., S. 164.
143 ebd.
144 a.a.O., S. 165.
145 a.a.O., S. 167.

Meinung auch Bach angesichts der vielfältigeren instrumentalen und damit klanglichen Möglichkeiten anders komponiert hätte als zu seinen Lebzeiten. Abschließend führt er aus, dass Franz' Ansichten Widerspruch hervorriefen, vor allem bei der historischen Schule um Friedrich Chrysander, Philipp Spitta und Hermann Kretzschmar. Seine Bearbeitungen stellen „eine subjektivistische Einzeltat dar, die im gleichzeitigen Kontext der angestrebten ‚Original'-Aufführungen stand."[146] Ob Franz seine Version des *Utrechter Te Deum* nach der Veröffentlichung auch selbst aufgeführt hat, konnte nicht verifiziert werden.

Auch aus der Veröffentlichung von Hillers Schwickert-Ausgabe des *Utrechter Te Deum* lässt sich nicht zwangsläufig schließen, dass Händels Werk in Leipzig zeitnah zur Aufführung gekommen ist. Im Gegensatz zu den seit Ende 1781 belegten Programmen der Gewandhauskonzerte ist die Dokumentation der von Hiller privat veranstalteten Konzerte lückenhaft. In seiner Autobiographie erwähnt Hiller allerdings, er habe mit seinem „größtenteils aus Liebhabern bestehenden Musikchore das Graunsche und Händelsche Te Deum aufgeführt"[147], wobei letzteres das *Utrechter Te Deum* gewesen sein dürfte. Der Chor gehörte zur sogenannten „Musikübenden Gesellschaft", die Hiller 1775 ursprünglich dafür ins Leben gerufen hatte, seine Gesangsschülerinnen (und auch einige -schüler) für musikalische Auftritte zu motivieren und ihre Familienangehörigen und Freunde mit den Darbietungen zu erfreuen. Diese Gemeinschaft aus Schülern, Musikliebhabern und Berufsmusikern war für das Musikleben Leipzigs von wachsender Bedeutung, denn Hiller stand 1778 „mit dieser kleinen Gesellschaft an der Stelle des öffentlichen Concerts da"[148]. Er veranstaltete mit ihr bis zu dreißig

146 a.a.O., S. 168.

147 Johann Adam Hiller, *Mein Leben*, S. 26f.

148 Hiller, a.a.O. S. 27.

Konzerte im Jahr, im Thomäischen Haus am Markt[149]. Bald galt diese Institution als „das interessanteste Concert für die Musikliebhaber in Leipzig"[150].

Hiller berichtet im Vorwort der Schwickert-Ausgabe, er habe das Te Deum im Vorjahr, also 1779, in seinem Concert spirituel aufgeführt[151]. Musiziert wurde wahrscheinlich mit provisorischem Aufführungsmaterial und einer zahlenmäßig überschaubaren Besetzung. In Leipzig folgte in der Zeit nach der deutschen Erstausgabe von Hiller jahrzehntelang keine öffentliche Aufführung des Werkes, wie aus der Programmstatistik der Leipziger Konzerte bis Mitte des 19. Jahrhunderts ablesbar ist[152].

Bereits zu Anfang der 1770er Jahre kam es in Berlin zu einer Aufführung des Te Deum, und zwar im Rahmen der kurz zuvor ins Leben gerufenen Veranstaltungsreihe „Konzert der Liebhaber der Musik" in deutscher Sprache und vermutlich unter aktiver Teilnahme zahlreicher Musikliebhaber[153]. Die Konzerte fanden freitags nachmittags statt und waren lediglich den Subskribenten zugänglich, wobei es jedem Mitglied gestattet war, „ein Frauenzimmer gegen Vorzeigung seines Billets einzuführen."[154] In diesem geselligen Umfeld der preußischen Hauptstadt fand 1771/72[155], also noch vor Hiller, die inoffizielle erste Aufführung von Händels *Utrechter Te Deum* statt.

Die Frage nach der ersten *öffentlichen* deutschen Aufführung des *Utrechter Te Deum* konnte ihm Rahmen des vorliegenden Werkportraits

149 Siehe: Marie-Christin Heene, *Das Leipziger Konzertleben*, S. 10.

150 Johannes Forner (Hrsg.), *Die Gewandhauskonzerte zu Leipzig*, S. 33.

151 Siehe: Hiller, Johann Adam, *Georg Friedrich Händels Te Deum Laudamus zur Utrechter Friedensfeyer*, Vorwort.

152 Siehe: Bert Hagels, *Konzerte in Leipzig.*

153 Siehe: Wolf Hobohm, *Eschenburg, Nicolai und die Berliner Judas Maccabeus-Aufführung*, S. 210.

154 ebd.

155 Angabe nach einem 1935 von Reinhold Bernhard anhand verschiedener Quellen erstellten Aufführungskatalog der Liebhaberkonzerte – siehe: Wolf Hobohm, a.a.O.

nur andeutungsweise beantwortet werden. In den Konzerten der Berliner Singakademie „gelangte [das Te Deum in der originalen Fassung] überhaupt erst 1866 öffentlich zur Wiedergabe."[156] Aus den Untersuchungsergebnissen ergibt sich folgende kleine Chronologie:

Jahr	**Ort**	**Ausführende**	**Fassung**
1771/72	Berlin	Konzert der Liebhaber der Musik	?
1779	Leipzig	Musikübende Gesellschaft / Hiller	Hiller
1806	Berlin	Berliner Singakademie / Zelter	Zelter
1866	Berlin	Berliner Singakademie / Grell	?

156 Werner Bollert, a.a.O., S. 71.

Aufführungspraxis und Interpretation

Die Aufführung 1713 unter Händels Leitung

Unsere Kenntnisse über verschiedene aufführungspraktische Details zum *Utrechter Te Deum* (z. B. über die Anzahl der Ausführenden, die Stärke der Stimmgruppen und die Aufstellung der Musiker auf der Orgelempore im Chor von St. Paul's Cathedral) verdanken wir den Archivaufzeichnungen des Hofes und der Chapel Royal sowie zeitgenössischen Berichten vor allem in Londoner Zeitungen. Hilfreich ist außerdem das überlieferte, wenn auch nicht immer im Detail zuverlässige Bildmaterial mit Innen- und Außenansichten von Gebäuden, Lageplänen und Illustrationen von bestimmten Aufführungssituationen. Die bis heute erhaltenen Bauwerke geben uns außerdem die Möglichkeit, anhand von Fotomaterial oder bei einer Begehung die räumlichen Bedingungen und die akustischen Verhältnisse, die Händel vorfand und berücksichtigen musste, wenigstens ansatzweise nachzuvollziehen.

Der Dankgottesdienst für den Frieden von Utrecht begann am 7. Juli 1713 abends gegen 18 Uhr und dauerte nach den überlieferten Quellen mehrere Stunden. Allein der erste Teil des Gottesdienstes mit dem *Utrechter Te Deum & Jubilate* dürfte insgesamt weit mehr als eine Stunde gedauert haben und hatte folgenden liturgischen Ablauf:

1. Hymne *O sing unto the Lord*
2. Psalmen (gesungen vom Chor) 85, 122 und 145
3. Lesung Altes Testament Micha IV, 1–5
4. *Te Deum*
5. Lesung Neues Testament Matthäus V, 1–10
6. *Jubilate*

Auf Händels Musik folgten weitere Hymnen, Dankgebete, die Predigt sowie William Crofts Anthem *This is the day*, die einzige Musik des offiziellen Komponisten der Chapel Royal, der traditionsgemäß auch für die zentrale Festmusik hätte verantwortlich sein müssen. Dass zu den Klängen des *Utrechter Te Deum* eine Kanonensalve abgefeuert wurde, wie es bei Dankgottesdiensten in St. Paul's durchaus üblich gewesen sein soll, ist für diesen Festgottesdienst nicht belegt.

In der Chapel Royal, die wie immer bei bedeutenden Festen des Hofes musikalisch beteiligt war, gab es einige herausragende und renommierte (in der Öffentlichkeit geachtete) Sänger wie die Altisten Francis Hughes und Richard Elford, die auch diesmal die Solopartien sangen, wie die bereits erwähnten Namenseinträge im Autographen des Jubilate zeigen. Die Sänger der Königin wurden wie bei solch großen Festmusiken üblich von einigen Mitgliedern der Chöre von Westminster Abbey und St. Paul's verstärkt. Das Streicherensemble der Royal Musicians wurde durch zusätzliche, von außen engagierte Musiker (Flöte, Oboe, Fagott und Kontrabass) ergänzt. Die beiden Trompeter der Royal Trumpeters waren wahrscheinlich die besten verfügbaren, denn ihre Instrumentalstimmen „verlangen [im *Utrechter Te Deum*] mehr Kompetenz als von Fanfaren-Spielern"[157].

157 Burrows, S. 485 (Ü.d.V.).

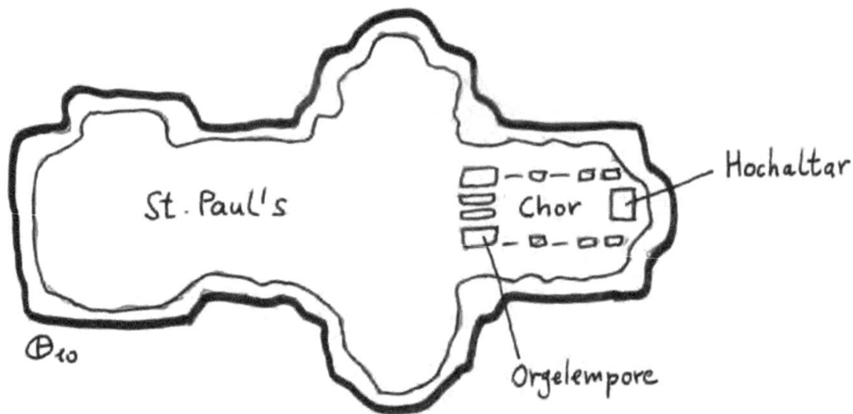

Die Aufstellung von Chor und Orchester lässt sich heute anhand von zeitgenössischen Abbildungen zumindest ansatzweise rekonstruieren. Der für die Gottesdienste häufig genutzte Chorraum der Kathedrale bot den Musikern nicht genügend Platz, so dass sie (wie bei vergleichbaren Ereignissen) auf der Hochempore platziert waren, die sich als Galerie u-förmig um den Chorraum zog. Die Empore war akustisch nicht einfach zu bespielen und bot vermutlich nur wenig Raum, so dass man sich ein ziemliches Gedränge vorstellen kann.

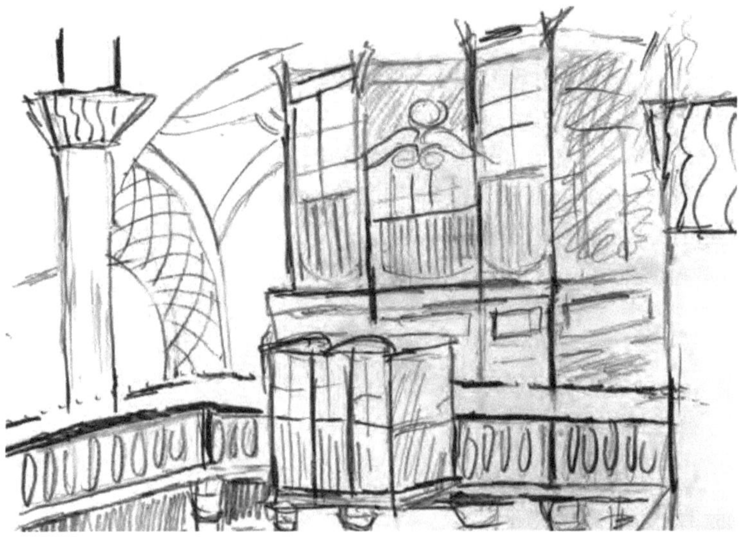

Im 19. Jahrhundert wurde die Querempore mit ihren tragenden Säulen abgerissen und die Orgel so umgebaut, dass sie nun auf beide Seiten des Chores verteilt ist. Eine authentische Rekonstruktion der Aufführungspraxis des *Utrechter Te Deum* wäre allein wegen dieser räumlichen Veränderung ausgeschlossen. Nach wie vor wird in St. Paul's der hintere Chorraum für den täglichen Evensong und die Sonntagsgottesdienste genutzt, während bei Konzerten mit Chor und Orchester große Podeste in der Vierung des Hauptschiffes aufgebaut werden, deren Akustik wegen des langen Nachhalls nicht unproblematisch ist[158]. Aber auch Händels Musiker hatten mit örtlichen Widrigkeiten zu kämpfen, denn zum Beispiel konnte der Organist nur mit den am nächsten platzierten Musikern wirklich optimal kommunizieren. Es ist nicht bekannt, ob Händel die Aufführung von der Orgel oder weiter vorn mit Blick auf das ganze Ensemble leitete.

Das Aufführungsmaterial bestand aus handgeschriebenen Kopien. Im Gegensatz zum Autographen ist das ursprüngliche Stimmenmaterial, welches interessante Hinweise auf aufführungspraktische Details geben könnte, leider verloren gegangen. Die Noten können uns allerdings nur einen Teil dessen wiedergeben, was sich Händel als musikalisches Ereignis vorgestellt hat. Wir können keine Zeitreise in Händels musikalische Vorstellungswelt unternehmen, aber versuchen, uns ihr so weit wie möglich anzunähern, indem wir uns Klarheit darüber verschaffen, welche Informationen das Notenbild bietet, welche Bedeutung das Geschriebene in der Zeit seiner Entstehung hatte und welche zusätzlichen Informationen uns bei dem Versuch der musikalischen Annäherung zur Seite stehen können.

158 Diese Informationen verdanke ich einer Ortsbegehung und den Auskünften eines Marschalls der Kathedrale.

Aufführungspraxis und Interpretation der Musik des 18. Jahrhunderts

Die Notation

Musikwerke völlig unterschiedlicher Stile und Eigenarten werden seit Jahrhunderten mit den gleichen graphischen Zeichen aufgeschrieben. Der wesentliche Wandel in der Bedeutung dieser Notation vollzog sich etwa um 1800. Bis dahin handelte es sich meist um die sogenannte „Werknotation"[159], bei der sich die Wiedergabe der Musik nicht unmittelbar aus dem Notenbild erschließt (die Lautentabulatur bildet als Spielanweisung eine Ausnahme). Natürlich sollte das Original „unabdingbare Richtschnur"[160] sein. Das reine Abspielen der werknotierten Musik kann allerdings zu Missverständnissen führen und zu Ergebnissen, die von der Intention des Komponisten weit entfernt sind. Nach 1800 wurde die musikalische Umsetzung leichter nachvollziehbar, denn von dort an gab es zunehmend detailliertere Hinweise für die Ausführung eines Werkes. Die Notation erfuhr eine stärkere Differenzierung, durch die die Idee des Komponisten wesentlich deutlicher ablesbar wurde. Um einer werkgetreuen musikalischen Ausführung Alter Musik nahe zu kommen, muss die Spielanweisung aus den verfügbaren historischen Quellen erschlossen werden. Die auf diese Weise gewonnenen aufführungspraktischen Erkenntnisse bilden verbunden mit der fundierten Analyse der Partitur die notwendige Basis für die praktische Erarbeitung des Werkes.

159 Harnoncourt, a.a.O., S. 34.

160 Walther Siegmund-Schultze, *Vorbemerkungen zum Kolloquim über aufführungspraktische Fragen bei Händel,* S. 27.

Die Bedeutung der Musik im 18. Jahrhundert

Die Musik war zu Händels Zeit ein Grundpfeiler der Kultur, und sie zu verstehen gehörte zur Allgemeinbildung der adligen und zunehmend auch der bürgerlichen Gesellschaft. Sie war nicht einfach nur „schön", sondern regte die Menschen auch zu geistiger Auseinandersetzung an. Anders als heute wurde sie nicht in Gaststätten und Kaufhäusern oder in den Medien als leichte Kost oder Garnierung dargeboten und konsumiert und damit vom „Bewegenden zum Hübschen"[161] herabgewürdigt.

Die Musik wurde unmittelbar für Menschen komponiert und war meist an bestimmte Funktionen wie Zeremonien, Feste, Tafeln, Prozessionen oder Gottesdienste gebunden. Sie erklang häufig nur ein einziges Mal und hatte dann ihren Zweck erfüllt. Wiederaufführungen waren vom Erfolg beim Publikum oder von der besonderen Initiative einzelner Personen (z. B. besonderer Förderer oder Funktionsträger) abhängig. Ein großes allgemeines Interesse an einem Werk war die Voraussetzung für seine Drucklegung, die wiederum eine weitere Verbreitung ermöglichte. Die Musik entsprach ganz dem Geist ihrer Zeit, konnte von den Menschen wirklich verstanden werden und war im wahrsten Sinn des Wortes „zeitgenössisch"[162].

Anders als heute galt die Musik der jeweils vorangegangenen Jahrzehnte oder Jahrhunderte als veraltet, es sei denn, sie gehörte (wie z. B. die Gregorianik oder bestimmte bedeutende Festmusiken) zum Kanon einer bestimmten Musiktradition. Kam es dennoch zu Wiederaufführung oder gar Wiederentdeckung besonderer Werke, passte man diese bedenkenlos dem Zeitgeschmack an: Mozarts Bearbeitung von Händels *Messias* zeigt das ebenso wie Mendelssohns neue Instrumentierung für die Wiederaufführung von Bachs *Matthäus-Passion* (1829) mit der Berliner Singakademie in einer deutlich gekürzten Fassung. Auch

161 Nikolaus Harnoncourt, *Musik als Klangrede*, S. 11.
162 ebd.

im 20. Jahrhundert folgte man dieser Praxis der Anpassung, und die Barockmusik wurde noch lange nach dem spätromantischen Klangideal realisiert[163].

Ein lebendiges zeitgenössisches Musikleben in Konzertsaal und Kirche gibt es heute leider nicht mehr, denn die aktuelle Musik ist im Laufe des 20. Jahrhunderts zu einer Randerscheinung geworden. Das Konzertrepertoire wird im Wesentlichen immer noch von der Musik der Wiener Klassik, des 19. Jahrhunderts und des beginnenden 20. Jahrhunderts bestimmt. Harnoncourt betont, dass Bach, Mozart, Beethoven, Brahms, Mahler, Schönberg und Strawinski Vertreter der Alten Musik – im Sinne von nicht zeitgenössischer Musik – sind. Dieser Zustand ist musikgeschichtlich einmalig und im Wesentlichen im Verlust eines universell verständlichen Musikidioms begründet. Die heutige aktuelle Musik ist in Volksmusik, Unterhaltungsmusik und Ernste Musik gespalten und „die Einheit von Musik und Leben (...) verlorengegangen"[164].

Bemerkenswerterweise findet sich gerade in der heutigen Unterhaltungsmusik vieles, was ursprünglich wesentlich war, vor allem ihr direkter Bezug zum alltäglichen Leben. Harnoncourt stellt in diesem Zusammenhang die Einheit von Dichtung und Gesang, die enge Beziehung zwischen Hörern und Ausführenden und die Einheit von Musik und Zeit als wichtige Faktoren heraus, die einst selbstverständlich waren und die Alte Musik so attraktiv machen. Er betont, wie wunderbar es wäre, wenn Musik wieder diese Bedeutung erlangen könnte: „Wenn man bedenkt, dass auch die sogenannten ‚einfachen Menschen' früher in einem für uns unvorstellbaren Ausmaß am Musikleben teilgenommen haben, weil damals viele Konzerte innerhalb des Gottesdienstes in der Kirche stattgefunden haben; dass in den großen Domen

163 Filmaufnahmen zeigen zum Beispiel eine Aufführung von Vivaldis *Vier Jahreszeiten* mit Anne-Sophie Mutter und den Berliner Philharmonikern, bei der Karajan von einem Cembalo aus dirigiert, dessen Klang aber in den üppig besetzten Streichergruppen fast völlig untergeht.

164 Harnoncourt, a.a.O., S. 21.

der oberitalienischen Städte zum Beispiel eine Unmenge von immer neuer Musik Sonntag für Sonntag vor Tausenden von Zuhörern gespielt wurde, dann kann man wohl sagen, dass dies ein Musikleben von einer Intensität und Aktualität war, die das gegenwärtige philharmonische Musikleben bei weitem übertrifft"[165].

Der Bedeutungsverlust zeitgenössischer Musik ist in den vergangenen Jahrzehnten mit einem wachsenden Interesse an der Alten Musik einhergegangen. Die Forderung nach der werkgetreuen Wiedergabe Alter Musik wurde schon mit Beginn des 20. Jahrhunderts immer eindringlicher erhoben (u. a. von Arnold Schering), und in der Musikwissenschaft setzte eine rege Diskussion um die Aufführungspraxis ein, die in zahlreichen Publikationen dokumentiert ist und zu den neuen Urtext-Editionen der Werke Bachs (Neue Bach-Ausgabe Leipzig) und Händels (Hallische Händel-Ausgabe) führte. Seit den 1950er Jahren haben zahlreiche Musiker wie Gustav Leonhardt, Nikolaus Harnoncourt, John Eliot Gardiner, Trevor Pinnock, Christopher Hogwood, Philippe Herreweghe, René Jacobs, Roger Norrington, William Christie und Reinhard Goebel als Forscher und Interpreten Maßgebliches zum Verständnis der Alten Musik geleistet. Ihren musikalischen Erfahrungen und wissenschaftlichen Erkenntnissen kann man sich heute nicht mehr entziehen.

Setzen wir uns also heute mit einem Werk der Alten Musik auseinander und legen die wissenschaftlichen Erkenntnisse und Forderungen zugrunde, müssen wir herausfinden, „was die Musik sagen will, um zu erkennen, was wir mit ihr sagen wollen"[166]. Undogmatisch verknüpft Harnoncourt hier das historische Wissen mit der heutigen Botschaft und verhilft beidem zu seinem Recht. Indem er eine musikalisch lebendige, historisch aber falsche Wiedergabe einer historisch einwandfreien, aber leblosen Wiedergabe eindeutig vorzieht, gibt er

165 Harnoncourt, a.a.O., S. 107.

166 Harnoncourt, a.a.O., S. 26.

auch der Alten Musik ihre Freiheit zurück. Letztlich findet die Musik ihren wahrhaftigsten Ausdruck, „wenn sich Wissen und Verantwortungsbewusstsein mit tiefstem musikalischem Empfinden vereinen"[167].

Die wichtigsten aufführungspraktischen Aspekte

Über die Aufführungspraxis der Alten Musik geben uns verschiedene Quellen Auskunft: einerseits zeitgenössische Anweisungen von Martin Agricola, François Couperin, Johann Mattheson, Thomas Morley, Michael Praetorius oder Johann Joachim Quantz, andererseits aktuelle Publikationen, z.B. von Thurston Dart, Robert Donington und Nikolaus Harnoncourt, in denen sich wissenschaftliche Forschung mit praktischer Erfahrung verbindet. Aus der Fülle der Informationen lassen sich verschiedene aufführungspraktische Grundsätze ableiten.

Italienischer und französischer Stil

Im absolutistischen Europa des 17. und 18. Jahrhunderts wies die Musik bei allen idiomatischen Gemeinsamkeiten mentalitätsbedingte nationale Eigenheiten auf. Der theatralische, formenreiche Barockstil Italiens mit der Wirkung eines „Vulkanausbruchs"[168] führte dazu, dass die Franzosen mit einer eher beherrschten, verstandesbezogenen und formklaren Musik antworteten. Der Gegensatz beider Stile bildete eine Kluft, die lange Zeit auch bei den ausführenden Musikern als unüberbrückbar galt.

Mit der Zeit hatten sich spezifische Unterschiede herausgebildet: die Vorliebe für bestimmte Gattungen und Formen (ital.: Sonate, Concerto / frz.: Suite, Ouverture), für eine spezifische Instrumentation (ital.:

167 Harnoncourt, a.a.O., S. 16.

168 Harnoncourt, a.a.O., S. 193.

Streicher / frz.: Streicher und Bläser) oder für rhythmische Charaktere (ital.: eher regelmäßig rhythmisch pulsierend / frz.: wellenartig). In beiden Ländern war die Oper eine zentrale Gattung, wobei sich französische und italienische Bühnenmusik deutlich voneinander unterschieden.

Für die Aufführungspraxis haben diese Stilunterschiede erhebliche Konsequenzen: Weisen die Indizien auf den französischen Stil, so ist zu beachten, dass das Notenbild dem intendierten Klangbild nicht immer entspricht. Bei diatonischen Folgen von Viertelnoten z.B. wird die erste eines Paares nach dem Prinzip des „jeu inégale" vor allem bei lebhaften, fröhlichen Stücken etwas länger ausgehalten:

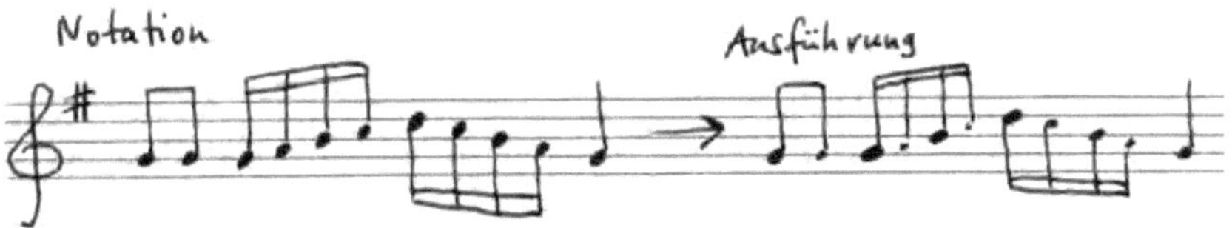

Die rhythmischen Punktierungen in der französischen Ouvertüre (u.a. in den ersten Sätzen von Bachs *Orchestersuite h-Moll* und Händels *Messias*) werden verdoppelt, d.h. der Rhythmus wird schärfer und kontrastreicher realisiert als es die Notation suggeriert.

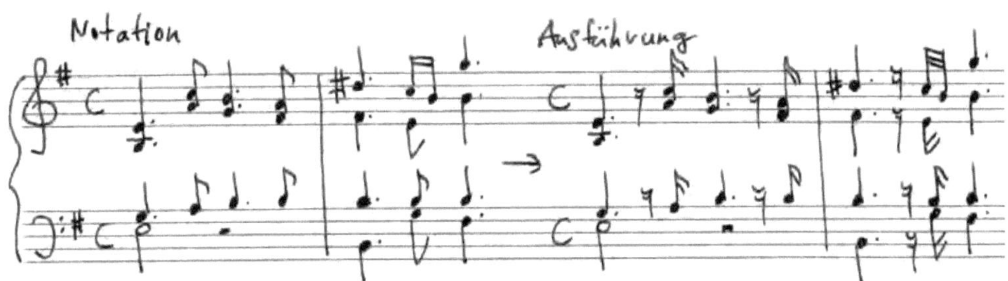

Im italienischen Stil entspricht das Notenbild eher dem realen Klangbild. Ausnahmen sind die Verzierungen eines Adagio-Satzes, die z.B. Corelli fast immer voraussetzte und die auch im *Utrechter Te Deum* zu ergänzen sind, und die Behandlung der punktierten Rhythmen. Trochäische und anapästische Rhythmen in Marsch, Siciliano und Grave werden ähnlich wie im französischen Stil stärker punktiert, und in zusammengesetzten Dreier-Takten (wie z. B. dem 12/8-Takt) werden alle punktierten Rhythmen dem vorherrschenden Rhythmus angepasst:

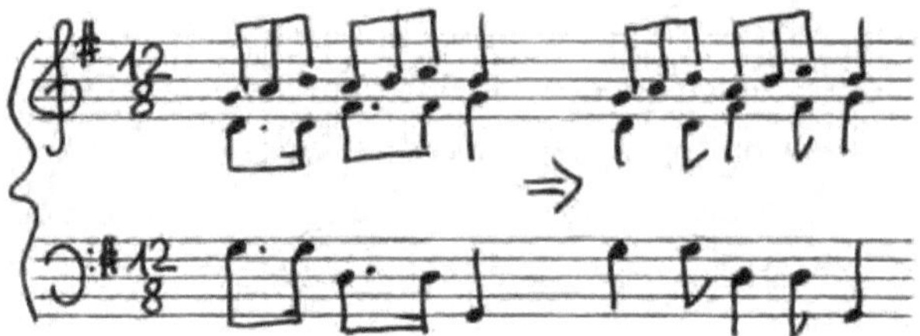

Beide nationalen Stile erschließen sich beim Partiturstudium nicht immer sofort und sind manchmal auch nur schwer auseinanderzuhalten, weil sie – wie z. B. bei den Tänzen in Bachs englischen und französischen Suiten oder den Concerti von Corelli – miteinander verbunden sind.

Die englische Musik stand unter dem Einfluss der kontinentalen Musik, und seit dem 17. Jahrhundert gab es auf der Insel ein „Durcheinander von Stilen und Modeströmungen“[169]. In vielen Kompositionen Purcells und seiner Zeitgenossen finden sich Elemente des italienischen und französischen Stils. Purcells geistliche Sologesänge wie zum Beispiel *Lord, what is man, lost man* sind vom italienischen und verschiedene seiner Cembalowerke vom französischen Stil beeinflusst.

169 Thurston Dart, *Practica Musica – Vom Umgang mit alter Musik,* S. 125.

Affekt und Tempo

Die vertrauten musikalischen Vortragsbezeichnungen (Largo, Adagio, Allegro, Vivace usw.) hatten nicht immer dieselbe Bedeutung wie heute. Die in den damaligen zeitgenössischen Quellen vertretenen Ansichten über die Behandlung von Affekt und Tempo sind zum Teil unterschiedlich, so dass bei Deutung und musikalischer Umsetzung dieser Begriffe abweichende Ergebnisse oder gar Irrtümer nicht ausgeschlossen sind. Weder über die Tempi, noch über die Länge eines Tones und seine absolute Höhe stehen uns genauere Angaben zur Verfügung. Im Gegensatz zur Barockzeit können wir heute z. B. das Zeitmaß der Musik ab 1300 besser rekonstruieren, weil ihre verschiedenen Mensurzeichen eindeutige Proportionen wiedergeben und ihr Tempo einem festen Grundmaß folgte, dem sog. „integer valor notarum". Durch die Erfindung der mechanischen Uhr war es technisch möglich geworden, einen exakten Zeitwert festzulegen, und gerade auch in der Musik hielt das „Denken in Uhrenzeit"[170] zunehmend Einzug.

integer valor ◆ = 60-80

In der Mensuralnotation wurden die Notenwerte vor allem in der als vollkommen geltenden Proportion 1 : 3 geteilt, dem sog. „tempus perfectum". Noch um 1600 war dieses System zwar Gegenstand der Theorie, aber nicht mehr in der Musikpraxis verankert. Die alten Mensurzeichen „C" und „alla breve" oder die Temporelationen „sesqui altera" und „tripla" haben als Relikte überlebt.

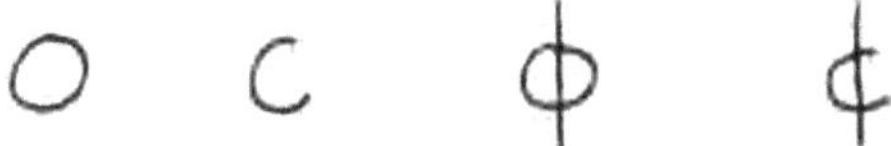

170 Grete Wehmeyer, *Prestißißimo*, S. 15.

Bei der Annäherung an ein adäquates musikalisches Tempo bildeten im 17. und 18. Jahrhundert sowohl das Ticken einer Uhr, der im allgemeinen bei etwa 70–80 angegebene menschliche Pulsschlag (ermittelt nach einer Mahlzeit), einfache und komplexere Versmaße und bestimmte Tanzformen mit ihren Schrittfolgen wichtige Orientierungshilfen. Außerdem richtete sich das Tempo nach der Gestaltung bestimmter musikalischer Figuren, deren Artikulation stets verständlich sein musste. Ungenauigkeiten bei der Tempobestimmung waren immanent, denn Uhr war noch nicht gleich Uhr und der menschliche Gemütszustand schwankend.

Das musikalische Tempo ist kein konstantes, motorisch gleichbleibendes Phänomen und die Bedeutung der Flexibilität des Tempos schon früh formuliert worden. Girolamo Frescobaldis Vorwort zur Edition seiner Toccaten im Jahr 1614 macht deutlich, dass die Instrumentalmusik als Sprache begriffen wurde und sich an der Kunst des Madrigals orientierte, dessen Tempo in Übereinstimmung mit Ausdruck und der Bedeutung des Textes stets flexibel war. Die Übergänge, Verzögerungen und Beschleunigungen wurden eigentlich improvisiert, konnten aber auch in der Notation angedeutet werden. Selbst die späteren Metronomangaben können letztlich kein vollkommener Maßstab sein, denn „es gibt … kein konstantes Tempo“[171].

Im Laufe des 17. Jahrhunderts etablierten sich die aus der italienischen Umgangssprache stammenden Tempowörter wie z. B. Lento, Largo, Grave, Adagio, Andante, Allegro und Presto, die allerdings eher als Affektbezeichnungen zu sehen sind (allegro bedeutet „heiter“) und keine absoluten Geschwindigkeiten angeben können. Die Affektworte erlangten ihre Bedeutung in Zusammenhang mit dem Notentext und wurden mit der Zeit durch die Hinzufügung weiterer Worte differenzierter (Allegro assai, Allegro vivace usw).

Das Zeitmaß eines Musikstückes konnte man also zu Händels Zeit aus folgenden grundlegenden Faktoren erschließen: der Taktanga-

171 Harnoncourt, a.a.O., S. 33.

be, der Zahl der Taktschwerpunkte, dem musikalischen Affekt (dem nachzuspüren war, den man herausfinden musste) sowie der Ausführbarkeit der kleinsten Notenwerte. Grundsätzlich sind „fast alle Tempi (...) zügig, gestrafft zu nehmen" und „feststehende Typen (Allegro, Andante) und Tanzformen zu beachten."[172]

Es gibt allerdings zwei weitere bedeutende Faktoren, die das musikalische Tempo von außen beeinflussen, nämlich die Besetzungsstärke des Ensembles und die Akustik des Raumes. Ein kleines Streicherensemble verträgt etwas schnellere Tempi besser als ein großes Orchester, und ein großer Kirchenraum mit langem Nachhall erzwingt ein langsameres Musizieren als ein trockener Kammermusiksaal, wobei sich die Raumakustik meist durch die Anwesenheit des Konzertpublikums noch einmal ändert. Durch die spezifische Raumakustik muss auch manche Metronomangabe in Frage gestellt werden, denn „was ist 92 in der Berliner Philharmonie, was ist 92 in der Münchener Philharmonie, und was ist 92 im Musikverein Wien? Eine Idiotie! Denn jeder Saal, jedes Stück, jeder Satz hat ein eigenes, absolutes Tempo". (Celibidache[173]). Es kommt vielmehr darauf an, aufeinanderfolgende Klangereignisse miteinander in organischem Bezug erlebbar zu machen. Das klangliche Kontinuum soll nicht abreißen, die Klänge dürfen sich aber auch nicht überlagern:

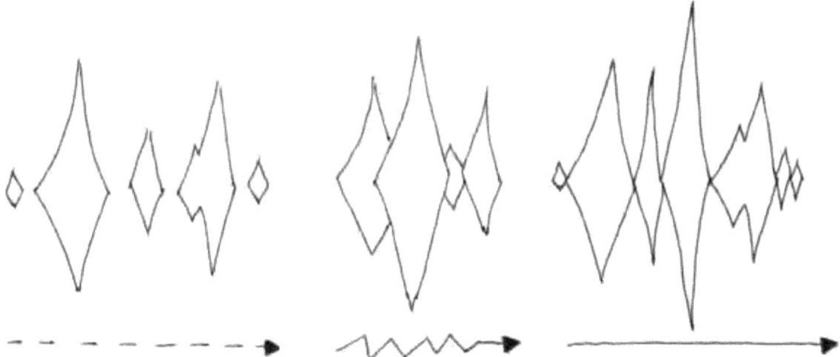

172 Walter Siegmund-Schultze, a.a.O., S. 29.

173 Sergiu Celibidache, zitiert in: Piendl und Otto, *Stenographische Umarmung*, S. 28.

Der einfühlsame, intensiv mithörende Dirigent sollte also in der Praxis über das Tempo „je nach dem, wie es klingt" (Wilhelm Furtwängler)[174] entscheiden, und zwar auf der Basis fundierter Kenntnis der Partitur, denn „wer nicht aus dem Tonsatz das Tempo erkennen kann, soll es lieber lassen!" (Johann Sebastian Bach)[175]

Stimmton und Temperatur

Im 18. Jahrhundert gab es keinen allgemein verbindlichen Stimmton. Ein notiertes a^1 konnte sich in seiner absoluten Tonhöhe von Land zu Land, von Stadt zu Stadt oder sogar von Kirche zu Kirche deutlich unterscheiden, wie z. B. die folgenden Beispiele europäischer Orgeln und Blockflöten zeigen[176]:

a^1 (Hz)	Name	Datum	Instrument	Ort
365		16. Jh.	Tenorflöte	Bologna
371		16. Jh,	Tenorflöte	Brüssel
387	französischer Ton	1747	Orgel	Strasbourg, Temple Neuf
392	Köthener Stimmton	um 1720		Anhalt-Köthen, Fürstenhof
408	Cammerton	1843	Orgel	Hamburg, Michaeliskirche
414	Cammerton	1736	Orgel	Dresden, Frauenkirche
420	Concert pitch	1766	Orgel	Cambridge, University Church
441	halve Ton lager als Cornette Ton	1738	Orgel	Haarlem, St. Bavo
456	Corhöh	1641	Orgel	Wien, Franziskanerkirche
467	Cornet/Chor-tono	1714	Orgel	Freyberg, Dom
477	Zimberthon	1606	Orgel	Schmalkalden, Schloß
487	Hoch Chorton	1800	Orgel	Lübeck, St. Marien

174 Zitiert nach: Piendl und Otto, a.a.O., S. 34.
175 Zitiert nach: Sergiu Celibidache, *Über musikalische Phänomenologie*, S. 32.
176 Angaben aus: Bruce Haynes, *A History of Performing Pitch*, S. 421–23.

Die Probleme der unterschiedlichen Stimmtonhöhe von Instrumenten, die sich für die Musiker durch Wechsel ihres Aufführungsortes ergaben, mussten bei den Bläsern durch den Austausch der Mittelstücke oder bei den Streichern durch das Umstimmen der Saiten gelöst werden. Oft wurden unterschiedlich lange oder große Instrumente verwendet, um den Klangcharakter nicht zu verfälschen, oder die Musiker waren zum Transponieren gezwungen. Sehr viel unangenehmer konnte es für Sänger werden, deren Stimmen bei weitem nicht so variabel waren wie Instrumente. Reiste man zum Beispiel als Solist von Rom nach Venedig, musste man sich dort auf einen um einen Ganzton höheren Stimmton einstellen, und konzertierte man anschließend vielleicht in Norddeutschland, wurde der Stimme noch ein weiterer Ganzton nach oben abverlangt. Dies war sängerisch kaum zu bewältigen und auch musikalisch unbefriedigend, denn bereits die Abweichung um einen halben Ton konnte den Charakter des Stückes deutlich verändern.

Die wesentliche Ursache für diese Probleme war also der Unterschied zwischen den traditionellen einheimischen und den von reisenden Musikern eingeführten neuen Instrumenten. Für den musikalischen Austausch über lokale und nationale Grenzen hinweg, der ja im Zusammenhang mit dem sich entwickelnden europäischen Konzertwesen immer mehr zunahm, mussten die Stimmtöne allmählich einander angepasst werden. Die erste wichtige Phase dieser Angleichungen fiel ungefähr in die Lebenszeit Händels. Über die Stimmtonhöhe bei seinen Aufführungen gibt es allerdings keine gesicherten Belege. Von den Holzblasinstrumenten, die zu seiner Zeit in London verwendet wurden, kann man auf eine maximale Stimmtonhöhe von $a^1 = 430$ schließen. Erstaunlicherweise waren die wichtigsten Orgeln Londons in St. James's Palace, Westminster Abbey und St. Paul's Cathedral auf dem vergleichbar hohen Stimmton a^1 um 470 konstruiert.

Die Kenntnis des historischen Stimmtons ist eine wichtige Voraussetzung für die Aufführung Alter Musik, denn jede Partitur muss auf dieses Phänomen hin untersucht werden. Die geistliche Musik von

Heinrich Schütz zum Beispiel ist im Chorton notiert und klingt in der Regel zu tief, wenn sie mit $a^1 = 440$ musiziert wird. Man wird sich von Fall zu Fall dafür entscheiden, sie höher zu transponieren, und dabei auch andere Faktoren wie z. B. den Stimmumfang berücksichtigen.

Für Aufführungen von Musik des 18. Jahrhunderts hat sich die Stimmtonhöhe $a^1 = 415$ etabliert, und es zeigt sich immer wieder, dass dieser Stimmton für die Singstimmen angenehmer zu singen ist als $a^1 = 440$, weil sich bestimmte Töne besser in ihre natürlichen Registerbereiche einpassen. Ein hohes g^2 wird wieder zu fis^2 und bleibt damit innerhalb des sogenannten Passagio[177].

Zum Problem der Stimmtonhöhe kommt die Frage nach der Stimmung der Tasteninstrumente, denn „es gibt … kein Intonationssystem, das für die gesamte abendländische Musik geeignet wäre"[178]. Die im 17. Jahrhundert übliche mitteltönige Temperierung kam im darauffolgenden Jahrhundert neben anderen Systemen weiterhin zur Anwendung und fand sich auch noch bei verschiedenen Orgeln am Ende des 19. Jahrhunderts. Die Reinheit der mitteltönigen Klänge vor allem in vorzeichenarmen Tonarten wurde durch die Festlegung bestimmter Halbtöne (cis, es, fis, gis, b) ermöglicht. Wie bei allen Systemen waren also bestimmte Intervalle auf Kosten der anderen bevorzugt, wodurch die (allerdings begrenzte Anzahl von) Tonarten ihren spezifischen Charakter hatten und dissonante Klänge oder harmonisch entferntere Tonarten eine besondere Wirkung erzielen konnten.

Mit der Zeit etablierten sich neuere Systeme, zum Beispiel von Francesco Antonio Valotti und Andreas Werckmeister. Die gleichschwebende Temperatur, die sich mit der zunehmenden industriellen Massenfertigung des Klaviers im 19. Jahrhundert als bequeme Lösung immer mehr durchsetzte und heute allgemeiner Standard ist, muss als das schlechteste aller möglichen „wohltemperierten" Systeme gelten,

177 Als „Passagio" bezeichnet man den Registerbereich der Stimme von c^2 – fis^2 bei den Frauen- und c^1 – fis^1 bei den Männerstimmen; siehe S. 224 .

178 Harnoncourt, a.a.O., S. 86.

denn bei ihr sind die Halbtonabstände gleich, wodurch die Chromatik nun nicht mehr ihrer ursprünglichen Wortbedeutung gemäß „farbig" und „bunt", sondern eher gleichmäßig und eintönig ist. Außerdem sind die Charakteristika der Tonarten, die über Jahrhunderte dem vom Komponisten intendierten Wesenszug der jeweiligen Musik entsprachen (z.B. C-Dur: freudig, majestätisch, kriegerisch; a-Moll: zärtlich und klagend; E-Dur: lärmend, laut leidenschaftlich; F-Dur: leicht, fröhlich vermischt mit ernsthaft usw.), durch die nun identischen Tonabstände aller Dur- und Moll-Skalen bis zur Gesichtslosigkeit nivelliert.

Die Komponisten und Interpreten des 18. Jahrhundert kannten die gleichschwebende Temperatur als Option und haben sich viel länger bewusst gegen ihre Verwendung entschieden als landläufig bekannt ist. „Man kann mit Recht sagen, dass heutzutage jeder, Musiker der historischen Aufführungspraxis eingeschlossen, allgemein annimmt dass [um 1818, als Beethoven bereits vollkommen ertaubt war] die gleichschwebende Temperatur das dominierende, wenn nicht sogar ausschließliche Stimmungssystem in der Klavier- und Kammermusik war. Aber im selben Jahr (...) erläutert der französische Theoretiker Pierre Galin sein Stimmsystem, in dem die Ganztöne alle die gleiche Größe haben und jeweils in einen kleinen und einen großen Halbton [also ungleichschwebend!] geteilt werde."[179]

Der Widerspruch zwischen der historischen Einschätzung aus heutiger Sicht und der tatsächlich äußerst kritischen Bewertung, die in den relevanten Abhandlungen der Zeit dokumentiert ist, scheint sich durch das ganze 19. Jahrhundert zu ziehen, denn es wird laut Duffin kein wirklich deutliches Plädoyer für die gleichschwebende Stimmung formuliert. Vielmehr musizieren bedeutende Interpreten wie

179 Ross W. Duffin, *How equal temperament ruined harmony (and why we should care)*, S. 87 (Ü.d.V.).

der Violinist Joseph Joachim auch noch um 1900 mit ungleichschwebender Intonation, unabhängig vom „modernen" Klang des begleitenden Klaviers[180].

Die menschliche Stimme ist auch bezüglich der Intonation ein verlässlicher Indikator für die eigentliche Natur der Musik, denn ein vom modernen Tasteninstrument unabhängiger Chor tendiert erfahrungsgemäß zu natürlichen Klängen mit reinen Quinten, zu tieferen Dur-Terzen und höheren Moll-Terzen, was wiederum Auswirkungen auf die Behandlung der Halbtonschritte in der Horizontalen hat. Nur wenn der Ganztonschritt nicht in gleich große Halbtonschritte, sondern nach der bereits erwähnten ungleichschwebenden Proportion in die Halbtonschritte 4:9 und 5:9 geteilt wird, kann z.B. die in der gleichschwebenden Temperatur festgelegte Tonhöhe für dis und es wieder differenziert werden (dis ist dann etwas – um 1:9 – tiefer als es)[181]:

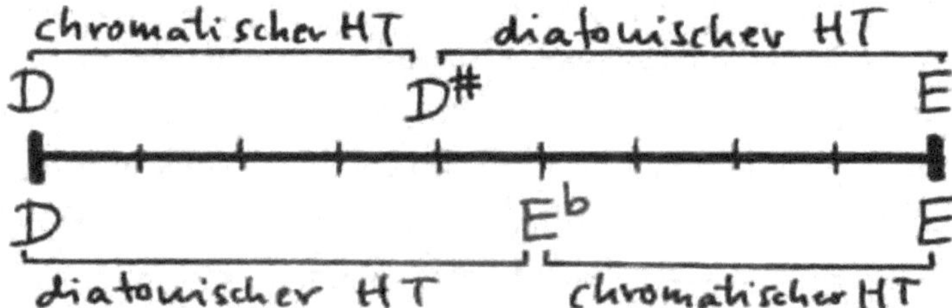

Nach diesem historischen Prinzip werden diatonische Halbtonschritte als große (5:9) und chromatische als kleine Halbtonschritte (4:9) intoniert und geben dann auch chromatischen Tonfolgen wieder ihren ursprünglichen Charakter zurück, so zum Beispiel bei einer der expressiven Passagen des Alt 1 im *Utrechter Te Deum*, Nr. 2, Takt 8 (die Tendenzen sind mit Pfeilen markiert):

180 In seinem erhellenden Buch berichtet Duffin über seine Messungen der Aufnahmen Joachims von 1903, bei denen sich trotz aller technikbedingten Schwankungen zeigte, dass dieser die Dur-Terzen tiefer als das Klavier intonierte, also nicht gleichschwebend (S. 129–30).

181 Abbildung nach Duffin, a.a.O., S. 53.

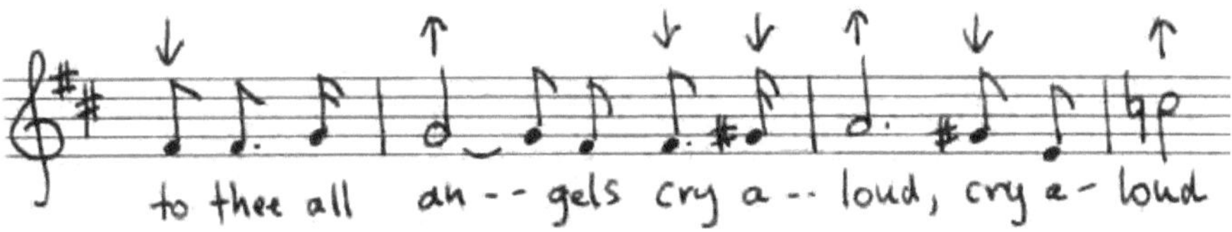

Bedeutungsvoll wird dieses differenzierende Prinzip vor allem bei durchgängig chromatischen Passagen, wie sie der Bass in der expressiven A cappella-Passage der Nr. 5 zu singen hat (Takt 15ff):

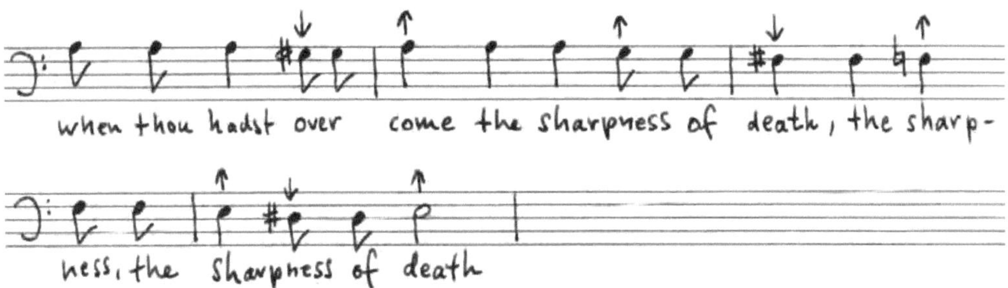

Es liegt auf der Hand, dass das Musizieren mit „normal" temperierten Tasteninstrumenten bei dauerhafter Praxis der Intonation und der Balance des Chorklanges schadet und dass es auf ein Minimum beschränkt oder besser ganz gemieden werden sollte. Natürlich sind bei vielen Werken für Chor und Klavier vor allem aus dem 19. Jahrhundert Kompromisse ebenso unvermeidlich wie beim Einstudieren größerer Werke mit Korrepetition. Für die Musik Händels und seiner Zeitgenossen ist die heute übliche gleichschwebende Temperatur im Grunde ungeeignet.

Rhythmik

Wenn die musikalische Gestaltung der menschlichen Sprache folgen will, Musik also als „Klangrede" (Harnoncourt) begriffen wird, so steht in wortgebundener Musik der Nachvollzug der sematisch bedingten Schwerpunkte und des Sprachrhythmus mit seinem Wechsel leichter und schwerer Silben im Vordergrund. Bilden die vokale und instrumentale Ebene des betreffenden Werkes eine Einheit, so sind die musikalischen Figuren der Solostimme oder des Chores auf die Instrumentalstimmen übertragbar, die dann gleichfalls „singen" und den Text deklamieren.

Auch für die reine Instrumentalmusik ist die Sprache das Vorbild, denn „was ein Rhythmus sey, solches lehrt uns die Prosodie, oder diejenige Anweisung in der Sprach-Kunst, mittels welcher festgesetzet wird, wie man die Accente recht anbringen ... soll."[182] Händels Kollege und Freund Johann Mattheson illustriert in seinem Lehrwerk *Der vollkommene Capellmeister* anhand vieler Notenbeispiele den Zusammenhang der verschiedenen Versfüße mit den unterschiedlichsten rhythmischen Formen. Er unterstreicht, wie wichtig die Kenntnis dieser inneren Verbindungen für die Musikausübenden ist, denn „es hat keine Melodie die Krafft, eine wahre Empfindung, oder ein rechtes Gefühl bey uns zu erwecken; falls nicht die Rhythmic alle Bewegung der Klang-Füsse dergestalt anordnet, daß sie einen gewissen wolgefälligen Verhalt mit und gegen einander bekommen."[183]

Artikulation und Phrasierung

In der Musik des 18. Jahrhunderts sind die heute vertrauten Zeichen für Artikulation und Phrasierung eher selten zu finden. Gleichwohl „sind die agogische Durcharbeitung und eine deutliche Phrasierung von herausragender Bedeutung."[184] Für die Streicher-Artikulation gilt grundsätzlich, dass ein Abstrich auf schweren Taktzeiten erfolgt und ein relativ häufiger lebendiger Wechsel zwischen Auf- und Abstrich stattfindet. Für die verschiedenen Stricharten (Detaché, Stac-

182 Johann Mattheson, *Der vollkommene Capellmeister*, S. 253.

183 Mattheson, a.a.O., S. 267.

184 Siegmund-Schultze, a.a.O., S. 31.

cato und Spiccato) „gibt das Händelsche Original meist genaue Anhaltspunkte."[185] Wenn Punkte und Bindebögen notiert sind, so sollten sie keineswegs wie bei Musik, die nach 1800 komponiert wurde, gelesen und missverstanden werden, denn ein Bogen über einer Figur bedeutet nicht, dass alles auf einen Bogen, sondern dass die erste Note breiter und betont und die folgenden leiser werdend gespielt werden sollen. Ein langer Bogen heißt nicht etwa, dass alles zu binden sei, sondern schließt die Binnengestaltung in kleinere Gruppen mit ein. Punkte über den Noten bedeuten nicht „Staccato", sondern heben die übliche Differenzierung einer Tonfolge in längere und kürzere Notenwerte auf[186].

Ein weiterer Wesensunterschied im Verständnis der Notation besteht in der Deutung der Notenlängen. Das Aushalten eines Tones in voller Länge war im 18. Jahrhundert eher weniger üblich, es sei denn, es war vom „sostenuto" gefordert. Die Ausführung folgte vielmehr dem Ideal des Glockentones, der eher dreidimensional körperlich als flächig gedehnt empfunden wurde und dessen reale Länge abhängig von der Akustik war, so dass viel Nachhall ein schnelleres Verklingen des Tones erforderte und umgekehrt. So kann eine Partitur manchmal sogar Aufschluss über die Eigenschaften des Raumes geben, für den die Musik bestimmt war.

Die Folge von gleichen Notenlängen eines Taktes sollte nicht einfach nach dem Notenbild musiziert werden, denn sie hat unterschiedliche Wertigkeiten wie „eine Art Gewichtskurve"[187], die sich auch auf Taktgruppen und ganze Sätze übertragen lässt:

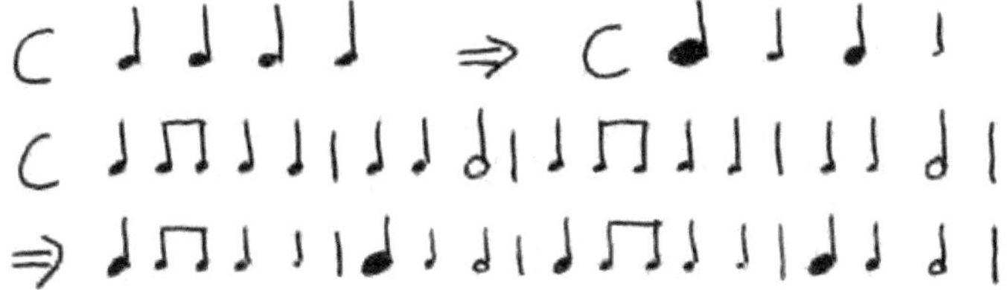

185 a.a.O., S. 30.

186 Siehe: Harnoncourt, a.a.O.

187 Harnoncourt, a.a.O., S. 50.

Bestimmte Indizien wie Notenlängen und Dissonanzen auf vermeintlich schwachen Taktzeiten weisen auf notwendige Betonungen hin:

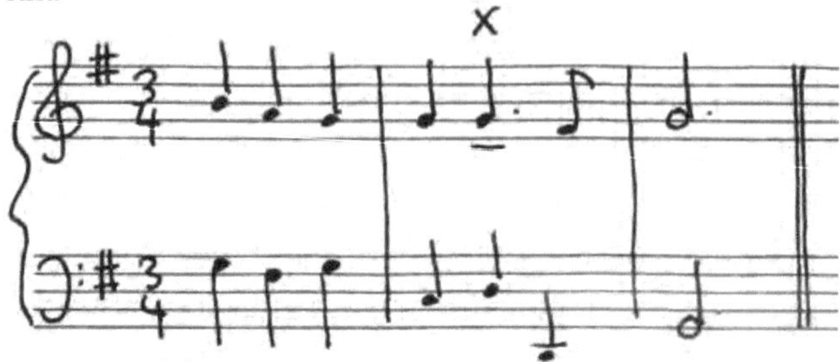

Die Gewichtung melodischer Phrasen hängt von Melodieverlauf und dem harmonischen Umfeld ab und ist nicht immer aus den Einzelstimmen, sondern manchmal besser aus dem gesamten Partiturbild zu erschließen. In der Vokalmusik orientiert sich die Phrasierung vor allem an der Semantik des Textes, weshalb es auch für die begleitenden Instrumentalisten notwendig ist, den Text zu kennen, um die mit dem Gesang verwandten Passagen ebenso „sprechend" und mit der richtigen Gewichtskurve realisieren zu können, wie z. B. den Mittelteil der Nr. 4 im *Utrechter Te Deum* (ab Takt 93):

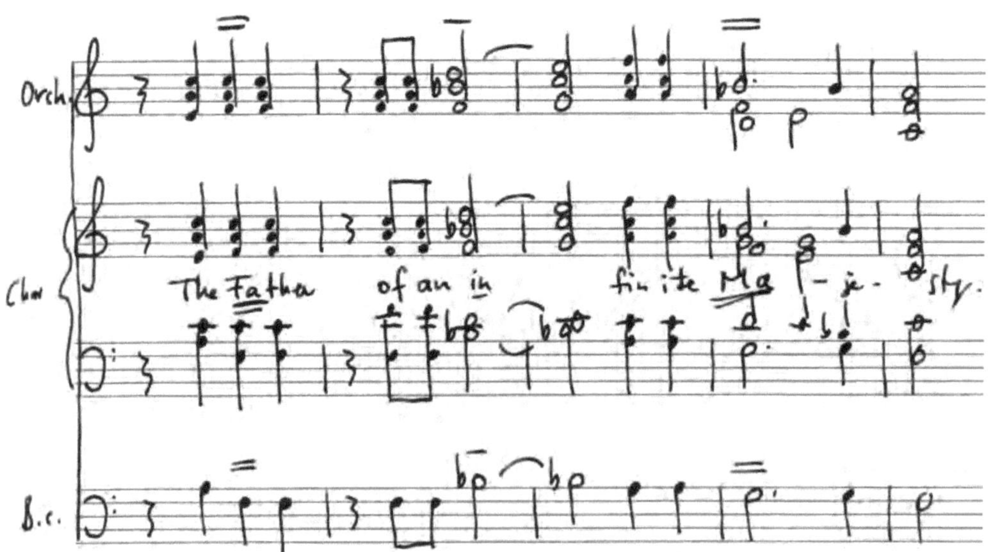

Wenn Instrumentalisten und Sänger miteinander musizieren, müssen sie aber nicht zwangsläufig jede gemeinsame Passage auf die gleiche Weise artikulieren. Vielmehr können die einzelnen Schichten der Partitur durch die Differenzierung der verschiedenen Stimmen deutlicher werden, denn „eine artikulationsmäßige Synchronität des colla parte gibt es nicht"[188]:

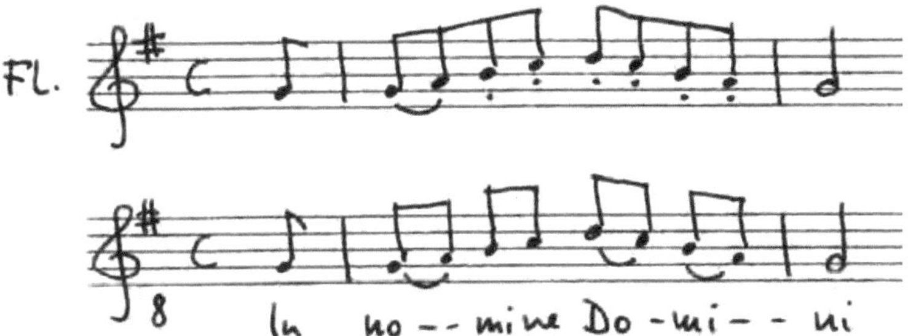

Dynamik

Die Dynamik ist im Bereich der Musik bis 1750 von eher untergeordneter Bedeutung. "Ihre Ausdrucksmöglichkeiten sind in der Händelzeit begrenzt und große Extreme ... gibt es kaum."[189] Sie wird sparsam notiert, denn „kaum ein Werk dieser Epoche wird in seinem Wesen verändert, ob es nun laut oder leise gespielt wird. (...) Die Dynamik der Barockzeit ist die der Sprache"[190] und geht im Wesentlichen vom Affekt aus. Sie dient also zur Verstärkung der musikalischen Semantik, aber auch der Unterscheidung von Formabschnitten oder der Akzentuierung, und sie ist darüber hinaus für die Balancierung des Zusammenklanges von Chor und Orchester relevant. Häufig entstehen dynamische Abstufungen allein durch wechselnde Register (z.B. von Hoch- und Tiefchor) und wechselnde Besetzungen. Beispiele hierfür

188 Harnoncourt, a.a.O., S. 55.
189 Siegmund-Schultze, a.a.O., S. 29.
190 Harnoncourt, a.a.O., S. 60.

finden sich in der Mehrchörigkeit bei Schütz, Gabrieli und Monteverdi oder in den Concerti grossi von Corelli und Händel mit ihren typischen Wechseln von Concertino (solistische Instrumentalgruppe) und Ripieno (Tutti). Die Dynamik ist nur ein Teilaspekt des Differenzierungssystems der Alten Musik, „denn sie konnte sich hier nicht verselbständigen und zum dominierenden Faktor der Ausführung werden, wie es in späteren Epochen der Fall war".[191]

Harmonik und Dissonanzbehandlung

Ein weiterer wichtiger Aspekt bei der Deutung der Partitur ist die Harmonik, deren Akkordfolgen auf die Gewichtskurve des musikalischen Verlaufs hinweisen, da sie vom Wechsel zwischen Dissonanz und Konsonanz und damit vom Ausgleich zwischen Spannung und Entspannung geprägt sind. Beim Musizieren sind die Dissonanzen zu betonen und ihre Auflösungen mit dynamischer Zurücknahme anzuschließen. Akzente bei überraschenden Dissonanzen wirken besonders belebend, und lange gesungene Noten, die zunächst konsonant sind und dann dissonant werden, erhalten ihre Energie durch das an- und später wieder abschwellende Messa di voce[192], wie das folgende Beispiel (Nr. 2, Takte 8–11) zeigt:

191 Helmut Perl, *Rhythmische Phrasierung in der Musik des 18. Jahrhunderts*, S. 98.

192 Die Entwicklung des Tones zu seiner Mitte hin ist für die Barockgeige eine bogentechnische Selbstverständlichkeit; ein moderner Bogen hingegen kann diesen Effekt nur durch verstärkten Druck auf die Saite erzeugen, was negative Auswirkungen auf den Klang hat.

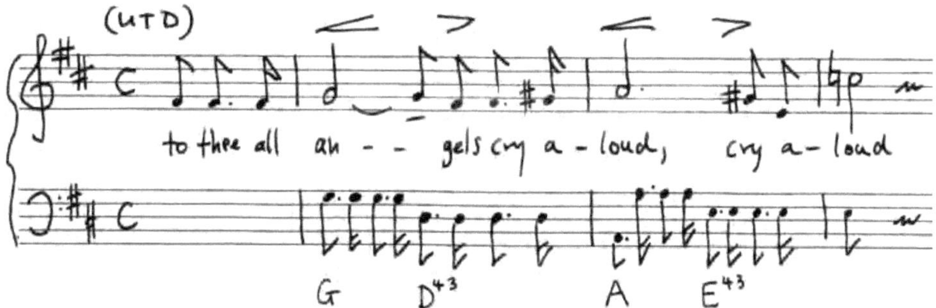

Mit den entsprechenden Dehnungen und Entspannungen kann dann auch die A-cappella-Passage „When thou hadst overcome“ (Nr. 5, Takte 15 17) ihren besonderen Ausdruck entfalten:

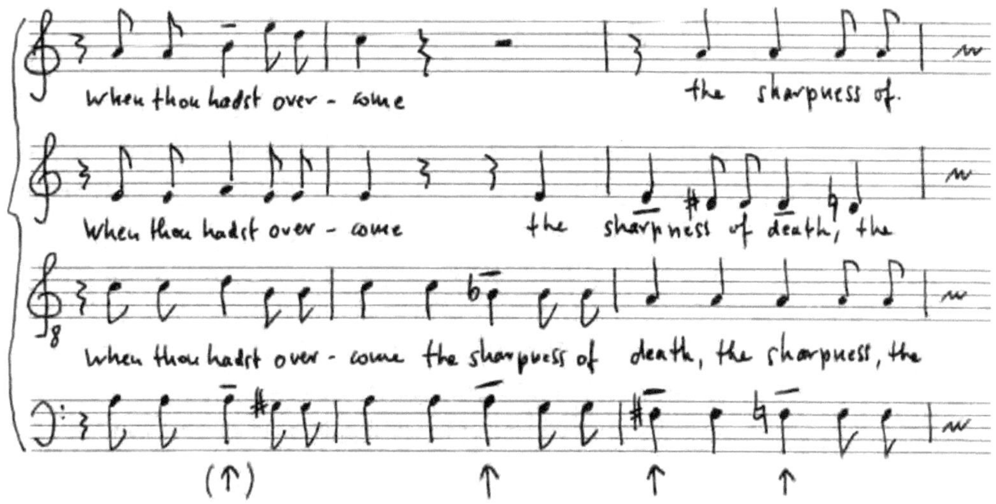

In der Musik sind diese Spannungswechsel so lebensnah wie unser Ein- und Ausatmen, das systolisch-diastolische Pulsieren unseres Herzens und wie unser Links-Rechts beim Gehen. Sie bilden daher eine natürliche Grundlage für lebendiges Musizieren.

Melodik und Verzierungen

Die Melodik der Alten Musik ist je nach Stil unterschiedlich ausgeprägt und bietet vor allem in langsamen Sätzen und in den Da-capo-Wiederholungen der Arie verschiedene Möglichkeiten der Verzierung. Dieses aus der Improvisation geborene Stilmittel spielt allerdings in der Chormusik eine untergeordnete Rolle. Hier kommt es vielmehr darauf an, die Klarheit der Melodik und Stimmführung herauszuarbeiten, wie sie für Händels englischen, auf der Tradition der Chapel Royal basierenden Chorstil charakteristisch ist[193].

Sprachgestaltung

Bereits bei der programmatischen Entscheidung für ein Werk wie das *Utrechter Te Deum* ist die grundsätzliche Frage zu beantworten, ob dessen Originalsprache oder eine für das Publikum unmittelbarer verständliche Übersetzung verwendet werden soll. Die deutsche Kirchenmusiktradition hat in Bezug auf Händels englische Vokalmusik lange der Verwendung seiner Muttersprache den Vorzug gegeben, auch weil Händel im Wesentlichen als deutscher Komponist gesehen wurde. Wenn aber eine bestimmte Übersetzung zu Ungereimtheiten hinsichtlich der Deklamation führt, wenn Sprachakzente zum Nachteil der Textverständlichkeit verschoben werden und sogar musikalische Widersprüche hervorrufen, und wenn einzelne Phrasen sprachlich gezwungen wirken, so ist das Original vorzuziehen. Drei Beispiele aus den deutschen Fassungen des *Utrechter Te Deum* von Chrysander und Grote/Adrio sollen dies verständlich machen:

193 Siehe: Percy M. Young, *Gedanken über den Händelschen Chorstil*, S. 37.

Vers 17

	When	thou	hadst	o - -	ver-	come	the	sharp- ness	of	death	
(1)	Als	du	sieg -	reich	zer-	brachst	den	Sta - chel	des	Tods	
(2)	Als	du	ster -	bend	am	Kreuz	den	Sta - chel	dem	Tod	genommen

Die zitierten Übersetzungen von Vers 17 zeigen zwei sprachliche Mängel[194]: Die Version Chrysanders (1) verkürzt das letzte Wort in merkwürdig gezwungener Weise zu „Tods", und bei Grote/Adrio (2) geht die ohnehin recht umständliche deutsche Fassung auf Kosten der ursprünglichen Phrasierung. Während bei den Übersetzungen von Vers 17 der Sprachrhythmus noch einigermaßen erhalten geblieben ist, kommt es in den Versen 8 und 24 bei einer konsequenten Beibehaltung der melodisch-harmonischen Schwerpunkte zu sinnentstellenden Betonungen:

Vers 8

	the	good - ly	fel -	low - ship	erzwungene Betonung:
(1)	die	hoch - ge -	pries - ne	Schar	(„pries - ne Schar")
(2)	die	from - me	wei - se	Schar	(„wei - se Schar")

Vers 24

	Day	by	day	we mag -	ni -	fy	thee	erzwungene Betonung:
(1)	Tag	für	Tag	er - schallt	dein	Preis - lied		(„er - schallt dein Preislied")
(2)	Tag	für	Tag	wir be -	ten	dich	an	(„be - ten dich an")

194 Markierungen des Verfassers.

Wenn man sich für eine deutsche Übersetzung originär englischer Musik entscheidet, müssen die zwangsläufig resultierenden Inkongruenzen zwischen Sprache und Musik in Kauf genommen werden.

Über Händels englische Sprachkompetenz war sich die Wissenschaft nicht immer einig. Selbst wenn sie gering gewesen sein sollte und seine musikalische Umsetzung des Englischen die einheimischen Muttersprachler nicht immer überzeugte, so wäre dieser Umstand keine hinreichende Begründung dafür, sich gegen das englische Original zu entscheiden.

Bei der sängerischen Ausführung des Englischen sind folgende Besonderheiten zu beachten: das weich auslautende *…d* wie in *god* oder *word,* das von deutschen Sängern gerne zu *…t* verfremdet wird, das klingende *w* wie in *of* oder *if,* das am Ende eines Wortes statt dessen meist als *…f* phoniert wird, und das offene *a* wie in *and, that, glad* oder *aloud,* das eher an den deutschen Umlaut *ae* angeglichen wird. Die folgende Lautschrift illustriert, wie die betreffenden Laute zu bilden sind:

and → ʌn(d̥) (~~æ~~)(~~t~~)
of → ɔw (~~f~~)
god → gɔd̥ (~~t~~)

and the glory of the Lord
→ ʌn(d̥) θə glɔrɪ ɔw θə lɔ:d̥

Eine wichtige phonetische Gesetzmäßigkeit ist die Differenzierung langer und kurzer Vokale, die bei der gesanglichen Umsetzung der eigenen oder fremden Sprache häufig unbeachtet bleibt oder durch das Singen eines konstanten Legato verloren geht. Diese Differenzierung ist aber für die Sprachverständlichkeit im Gesang unverzichtbar:

Kurzer Vokal	Langer Vokal
singet (I)	Līebe (I:)
benedictus (I)	dīes īrae (I:)
són (a)	fāther (a:)

Die Regel lautet: Lange Vokale bleiben lang und gehen direkt in den nächsten Laut über, kurze Vokale werden eventuell zunächst gedehnt, entspannen aber kurz vor dem folgenden Laut:

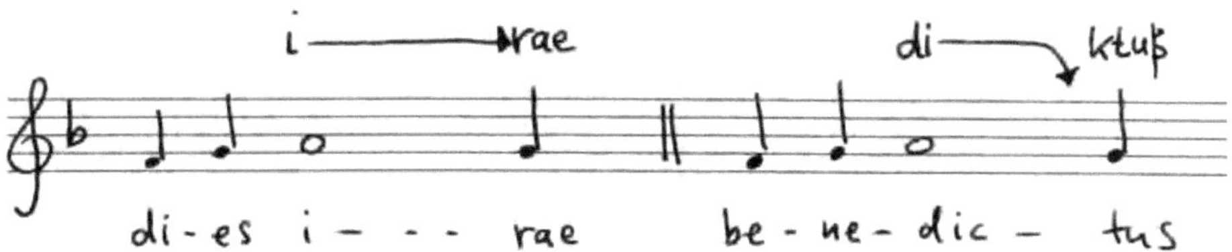

Auf diese Weise bleibt die Struktur des Wort "benedictus" erhalten, denn seine Phoneme werden als "be – ne – di – ctus" kombiniert und nicht verfälschend "be – ne – diiiic – tus". Gerade bei sehr langen Noten, die zunächst einen gedehnten Vokal erzeugen, muss am Ende vor der nächsten Silbe die entsprechende Entspannung folgen:

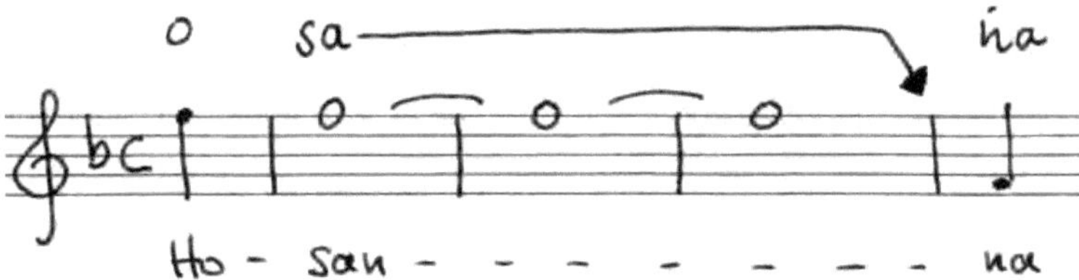

In der Vokalmusik ist also nicht nur die richtige semantische Phrasierung, also die Schwerpunktsetzung nach dem Sinngehalt des Textes von Bedeutung, sondern auch die adäquate Lautbehandlung, die für eine grundlegende sprachliche Transparenz des Gesangs sorgt.

Besetzung des Ensembles

Bei der Instrumentalbesetzung eines Werkes der Alten Musik muss im Vorfeld die Entscheidung zwischen einem Ensemble mit Barockinstrumenten und einem modernen Orchester getroffen werden. Die Diskussion um Vorzüge und Nachteile soll an dieser Stelle nicht im Detail geführt werden. Wesentliche Kriterien sind die künstlerischen Fähigkeiten der Musiker und die Qualität ihrer Instrumente. Es wäre unsinnig, würde man aus Prinzip eine schlechte Barockoboe einer guten modernen vorziehen oder einen lediglich passablen Instrumentalisten einem hervorragenden, nur weil er einen historischen Nachbau in den Händen hält. „Wir sollten immer noch unser Gehör und unseren Geschmack als Schiedsrichter beibehalten und uns nur mit dem Besten zufriedengeben"[195].

Anders als die Musik späterer Epochen war die Alte Musik hinsichtlich der Besetzung der einzelnen Instrumente wesentlich flexibler und wurde ohne weiteres den örtlichen und personellen Gegebenheiten angepasst. Instrumente mit ähnlichem Umfang und vergleichbaren technischen Möglichkeiten wie Orgel und Cembalo, Fagott und Cello oder Flöte und Oboe konnten durchaus gegeneinander ausgetauscht werden. Bezüglich der Instrumentalbesetzung ist Flexibilität also durchaus gängige historische Praxis.

Auch im vokalen Bereich war man großzügig. In der Chormusik wurden Stimmen getauscht oder bei Bedarf von Mitgliedern anderer

195 Harnoncourt, a.a.O., S. 99.

Stimmgruppen verstärkt, und Solopartien, die für eine bestimmte Person komponiert worden waren, wurden für einen anderen Sänger sogar passend umgeschrieben.

Sängerische Gestaltung

Die sängerische Gestaltung ist ein sehr komplexes Gebiet, weil sie sowohl ästhetische als auch physiologische Fragen aufwirft. In den Quellen gibt es zum Beispiel verschiedene Anmerkungen zur Gesangstechnik, die aufgrund der manchmal schwierigen, zwischen den Autoren abweichenden Terminologie oder auch ungenauer deutscher Übersetzungen schwer nachzuvollziehen sind. Die überlieferten Informationen sollten außerdem mit den grundlegenden Erkenntnissen der Stimmphysiologie abgeglichen werden. Dies betrifft vor allem das Vibrato, das zu Händels Zeit im Wesentlichen ein Mittel der Verzierung war. Die verschiedenartigen Beschreibungen des Phänomens als „Tremolo", „Vibrato", „Balancement" oder „Flaté" schaffen Verwirrung und führen zu einer Unschärfe in der Terminologie.

Der aktuelle Stand der stimmphysiologischen Forschung lässt den Schluss zu, dass ein leichtes, natürlich schwingendes Vibrato (um 5–6 Hz) Kennzeichen einer gesunden Stimme ist. Das „optimale, komplexe Vibrato"[196] hat keine starken Tonhöhenschwankungen, sondern ist vor allem ein Pulsieren der Tonintensität. Dieser Charakterisierung entspricht am ehesten das von Michel Pignolet de Montéclair in seinen *Principes de Musique* von 1736 beschriebene „Flaté". Verschiedene Aussagen der historischen Quellen sollten vor dem Hintergrund der Stimmphysiologie relativiert werden, weil ein ästhetisch bedingtes Glätten der gesungenen Töne die Stimme auf Dauer schädigen kann.

Die reflexive Atmung ist eine weitere gesunde stimmphysiologische Aktivität. Sie folgt dem Prinzip der möglichst häufigen und dabei

196 Markus Haas, *Canto funzionale*, S. 64.

selbsttätigen Ergänzung der Atemluft, die beim Sprechen und Singen durch die Technik des „Abspannens" initiiert wird[197]. Dieses Prinzip steht in engem Zusammenhang mit der musikalischen Phrasierung und kann gleichzeitig helfen Registerprobleme zu überwinden. Die Reflexivität ist eine natürliche Funktion der Atmung und für die Ausführung der Alten Musik ideal, wie das folgende Beispiel, das Thema aus dem Kyrie aus Bachs *h-Moll-Messe* zeigt. Weder das Autograph noch der Urtext der Neuen Bach-Ausgabe geben den Sängern irgendwelche Hinweise auf die Ausführung der langen melodischen Linie, und zunächst bietet sich lediglich die erste Kommastelle zum Atmen an:

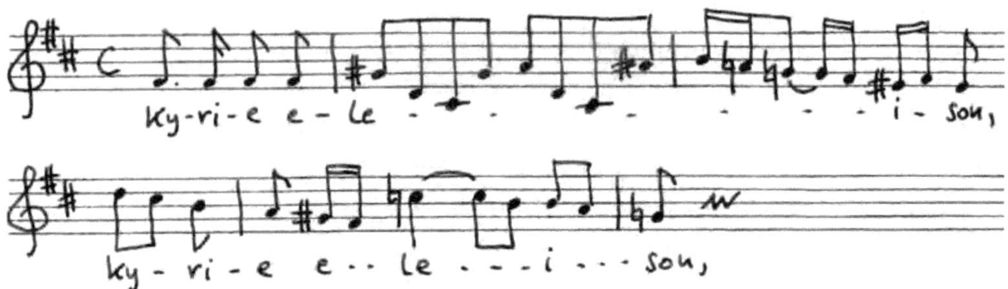

In meiner Bearbeitung sind vier weitere Atemzäsuren integriert, die wie bei einem Bogenwechsel auf der Violine sowohl die Binnenphrasierung des Themas beleben als auch die stimmliche Ausführung erleichtern. Das Abspannen ermöglicht mühelose Registerwechsel, verhindert Atemnot und schafft eine energetisch und musikalisch wertvolle Win-win-Situation.

197 Ausführlich erläutert in: Horst Coblenzer/Franz Muhar, *Stimme und Sprache,* S. 69–82.

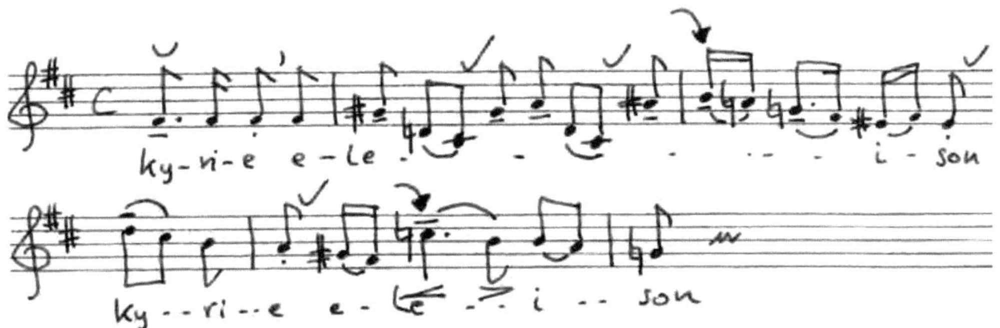

Hier zeigt sich, wie wertvoll eine gründliche Einrichtung der Noten ist, wenn sie den Sängern die beabsichtigte Ausführung hinsichtlich Artikulation, Atmung und Phrasierung von vorneherein deutlich macht. In der ersten Chorfuge des *Utrechter Te Deum* (Nr. 1, Takt 59ff.) ergibt sich z. B. folgende mögliche Gestaltung im Bass:

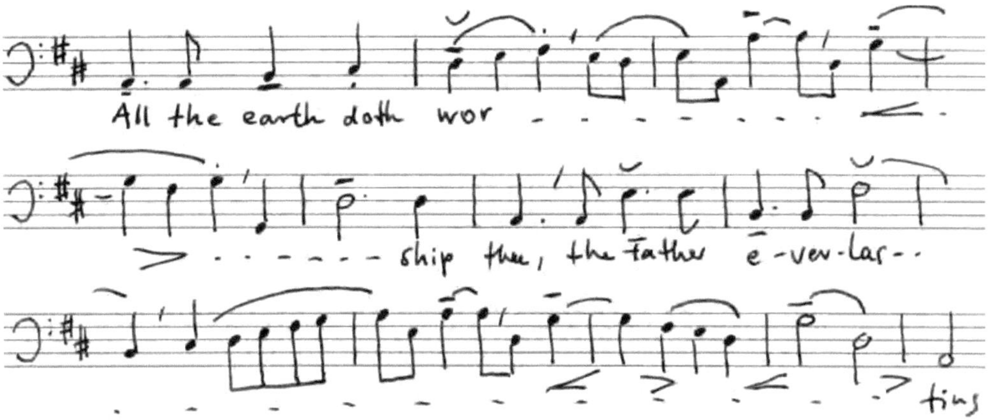

Man findet in verschiedenen Werken immer wieder Abschnitte, in denen die Textierung sängerisch unnatürlich oder sogar unlogisch erscheint. Dies ist nicht immer den Komponisten anzulasten, denn der Blick in verschiedene Autographen zeigt, dass sie (wie bis zum Anfang des 19. Jahrhunderts durchaus üblich) die einzelnen Chorstimmen häufig nur sehr sparsam oder gar nicht textiert haben. Der erste Teil einer Messe zum Beispiel kann zwar den vertrauten Titel „Kyrie"

tragen, dann aber die einleitenden Worte nur zu Beginn der einzelnen Stimmen angeben und auf eine weitere Textierung verzichten. Auch das Autograph des *Utrechter Te Deum* bleibt an mehreren Stellen andeutend oder völlig untextiert. Händel konnte davon ausgehen, dass sich die Textierung unmittelbar erschließt und sie den Ausführenden überlassen[198]. In der heutigen musikalischen Praxis kann man die nachträglichen Textierungen in Kopien oder späteren Druckausgaben ignorieren und die Phrasierung wie ein zeitgenössischer Sänger selbsttätig nach Sachverstand und Gespür gestalten, um den musikalischen Sinn zu verstärken und die sängerische Ausführung zu erleichtern. Im Kyrie von Mozarts *Requiem* zum Beispiel hat sich folgende Ergänzung in der Praxis bewährt (siehe Pfeil):

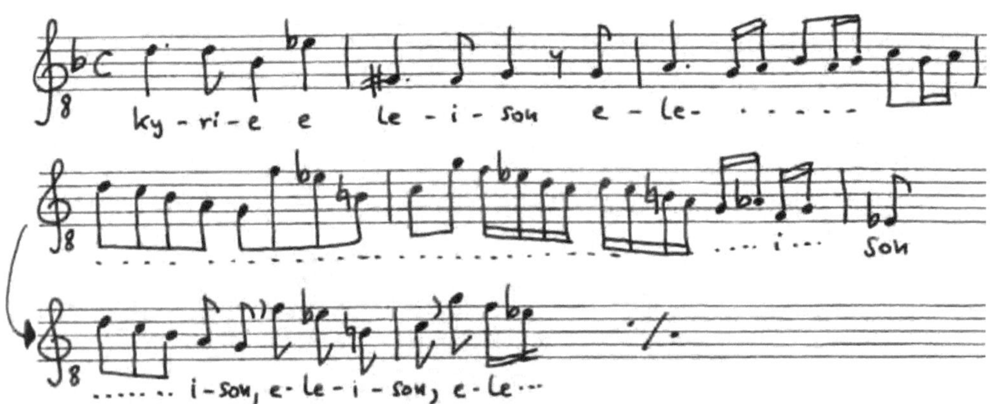

In der Chorpartitur des *Utrechter Te Deum* habe ich einige entsprechende Veränderungen vorgenommen, zum Beispiel am Ende des 4. Teils, bei dem im Autographen auf Seite 23 recto Alt und Tenor nicht textiert sind, so dass die Unterlegung der Hallischen Händel-Ausga-

198 Beispiele: 1. Der erste Choreinsatz ist nur im Bass und für zwei Silben im Sopran notiert (2 verso) 2. Die nächste Chorpassage ist untextiert (3 recto) 3. Die darauf folgende Passage ist nur in den Außenstimmen textiert (3 verso) 4. Der Abschluss der Fuge Nr. 2 ist nur in den Außenstimmen textiert (10 recto) 5. Das „Holy" in Nr. 3 ist nur im Bass textiert (13 recto).

be nur als Vorschlag gelten kann[199]. In meiner Neutextierung betont das hohe g die Bedeutung des Wortes „Everlasting" (vorher lag die Betonung auf dem unbedeutenden Artikel „the"). Nach „-son" ist das Abspannen möglich, und anschließend kann der Tenor „Father" auf natürliche Weise betonen.

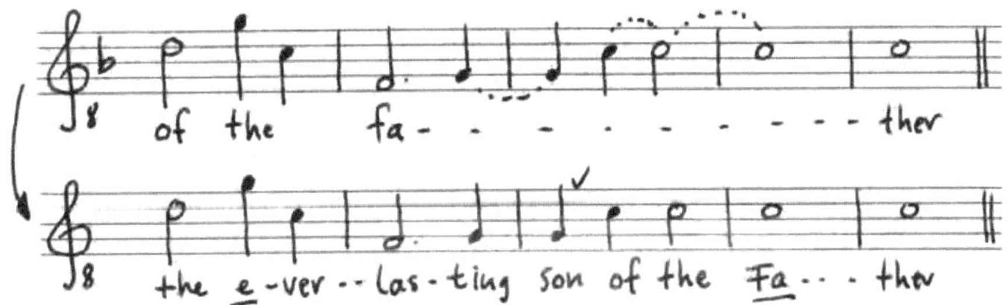

Selbst kleinste Ergänzungen können hilfreich sein, wenn sie den Ausdruck verstärken, wie es ein weiteres Beispiel aus dem *Utrechter Te Deum* illustriert:

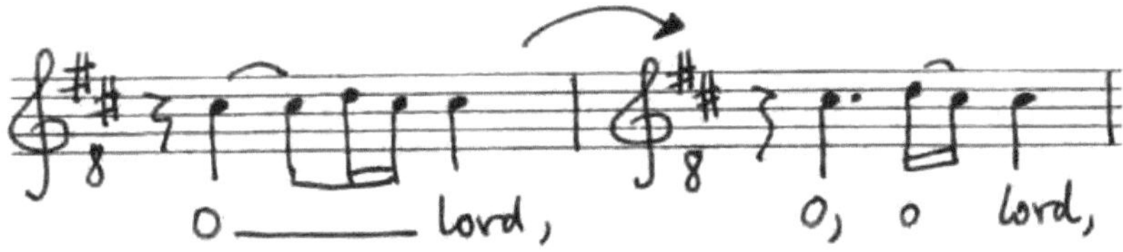

Fazit

Die Musik des 17. und 18. Jahrhunderts erschließt sich nur teilweise aus dem Notenmaterial, und die Musiker müssen zugunsten einer lebendigen, zeitgemäßen Wiedergabe ihre „Sprache" mit Hilfe der historischen Quellen entwickeln. Glücklicherweise steht uns heute auch Sekundärliteratur von erfahrenen Musikern zur Verfügung, die die-

199 Dies zeigen auch die gestrichelten Bindebögen. Der Text der HHA ist aus praktischen Gründen einheitlich gedruckt, so dass man nicht zwischen Händels Textierung und den Vorschlägen des Herausgebers unterscheiden kann.

se Quellen studiert und in ihr aktives Musizieren integriert haben. In ihren schriftlichen Darstellungen wird deutlich, dass es verallgemeinerbare Grundprinzipien, aber immer wieder auch verschiedene Möglichkeiten der musikalischen Umsetzung gibt, denn bei der intensiven Auseinandersetzung mit der Alten Musik verbinden sich die historischen Informationen mit der eigenen Urteilskraft, der individuellen Erfahrung und dem persönlichen musikalischem Instinkt. „Für den heutigen Aufführenden gibt es also eine freie Wahl der bestgeeigneten Mittel – wenn er sich ihrer nur bewusst ist"[200].

Die Vorbereitungen zur Aufführung des *Utrechter Te Deum* im Mai 2009

Wenn das reine Notenbild den Musikern nur wenige Hinweise auf die Ausführung der Alten Musik gibt, folgt daraus, dass das gesamte Aufführungsmaterial eines solchen Werkes so differenziert und sorgfältig wie möglich eingerichtet werden sollte. Alle grundsätzlichen Erkenntnisse und Erfahrungen aus der Literatur fließen dabei in die Interpretation der Partitur ein. Dadurch können die Ausführenden von der ersten Probe an das musikalische Konzept verstehen und umsetzen. Der erste Schritt bei dieser Vorbereitung ist die Recherche nach dem am Markt vorhandenen Aufführungsmaterial und die Entscheidung für die am besten geeignete Edition.

Sichtung der verschiedenen Editionen

Bei der Suche nach dem geeigneten Notenmaterial für die Aufführung des *Utrechter Te Deum* ging es sowohl um die editorische Qualität als auch um den effektiven Einsatz des Materials und die Frage der Ko-

200 Harnoncourt, a.a.O., S. 115.

sten. Der Umstand, dass nicht alle Verlage das komplette Aufführungsmaterial zum Kauf anbieten, schränkte die Auswahl von vorneherein deutlich ein, denn der Besitz der Noten und die damit verbundene Möglichkeit der uneingeschränkten, ausführlichen Bearbeitung der einzelnen Instrumentalstimmen war eine Grundvoraussetzung, welche die Editionen von Watkins Shaw bei Novello und die von Gottfried Grote bei Merseburger nicht erfüllen konnten. Es kam also nur die von Gerald Hendrie editierte Hallische Urtext-Ausgabe bei Bärenreiter in Frage. Für das Chormaterial suchte ich allerdings frühzeitig nach einer anderen, praktikableren Lösung. Vergangene Konzertprojekte, zum Beispiel mit Bachs *h-Moll-Messe* und Mozarts *Requiem*, hatten gezeigt, wie effektiv und zeitsparend vorab eingerichtete Chorpartituren sind. Glücklicherweise fand sich in der Choral Public Domain Library eine von Michael Gibson im Jahr 2005 erstellte Edition des *Utrechter Te Deum*. Nach eingehendem Vergleich mit der Urtextausgabe konnte ich diese Fassung nach meinen Vorstellungen gründlich einrichten und dann das durch (legales) Kopieren auch deutlich kostengünstigere Aufführungsmaterial an den Chor weitergeben.

Aufgrund der Verlässlichkeit der Urtextausgabe und der allgemein bekannten Qualität der neueren Novello-Editionen war die Recherche weiterer verfügbarer Ausgaben im Vorfeld des Konzertprojekts noch verzichtbar. In die wissenschaftliche Untersuchung wurden dann das Autograph und auch frühere Editionen wie die von Walsh und Chrysander einbezogen.

Die Einrichtung der Partitur und des Klavierauszugs

Bei der Vorbereitung des Chormaterials war die Partitur für die vergleichende Prüfung zwischen den Editionen von Gibson und Hendrie unentbehrlich, denn einzelne Teile mussten bezüglich der Nummerierung von Abschnitten oder Takten angeglichen werden. Ansonsten gab es keine relevanten Abweichungen. Die anschließende differenzierte Einrichtung der Notenvorlage von Michael Gibson diente der Verdeutlichung der wesentlichen musikalischen Gestaltungselemente und wichtiger Zusatzinformationen:

1. Betonung von Textschwerpunkten und Gewichtung der Silben
2. Strukturierung und Ziel des musikalischen Verlaufs (Phrasierung <=> Atmung)
3. Dynamik und dynamische Binnendifferenzierungen, z.B. Messa di voce
4. Formale Strukturen (Abschnitte, Zäsuren)
5. Melodische Bezüge im Chorsatz oder auch zwichen Chor und Orchester
6. Verdeutlichung des musikalischen Geschehens im Orchester
7. Textübersetzung

Für den Anfang des ersten Chores ergab sich zum Beispiel folgendes Bild (S. 3 der Edition Gibson):

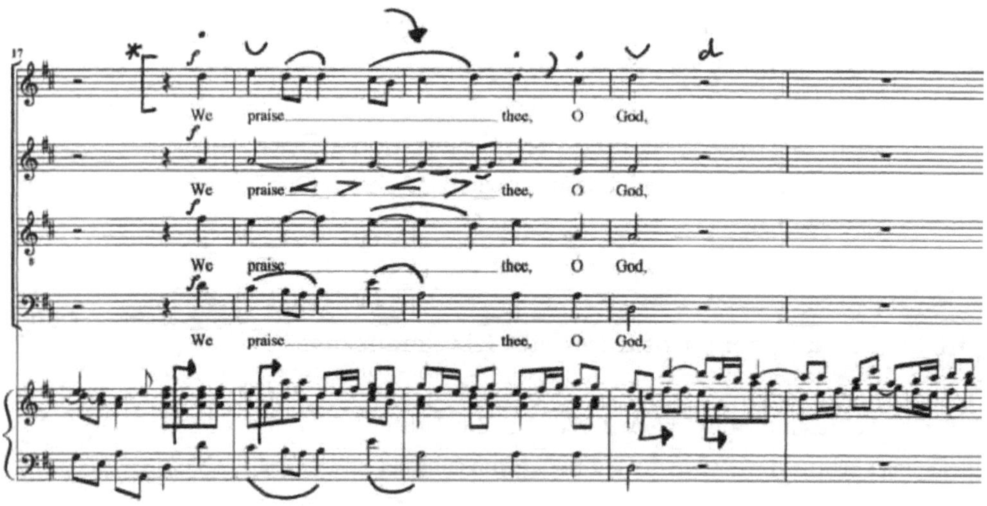

Die Einrichtung des Orchestermaterials

Die Orchesterstimmen wurden anschließend nach der vorbereiteten Partitur eingerichtet, und dabei wurde jede Stimme (bei Bedarf) den Vokalparts entsprechend textiert oder auch mit Hinweisen auf Choreinsätze, wechselnde Besetzungen im Basso continuo und anderen Details versehen. Außerdem wurden Artikulations- und Phrasierungszeichen, dynamische Abstufungen und Markierungen für Hemiolen notiert, so dass das auf diese Weise erweiterte Notenbild dem Orchester das musikalische Geschehen unmittelbar vor Augen führen konnte. Die Entscheidungen über die Stricharten wurden dem professionellen Ensemble überlassen.

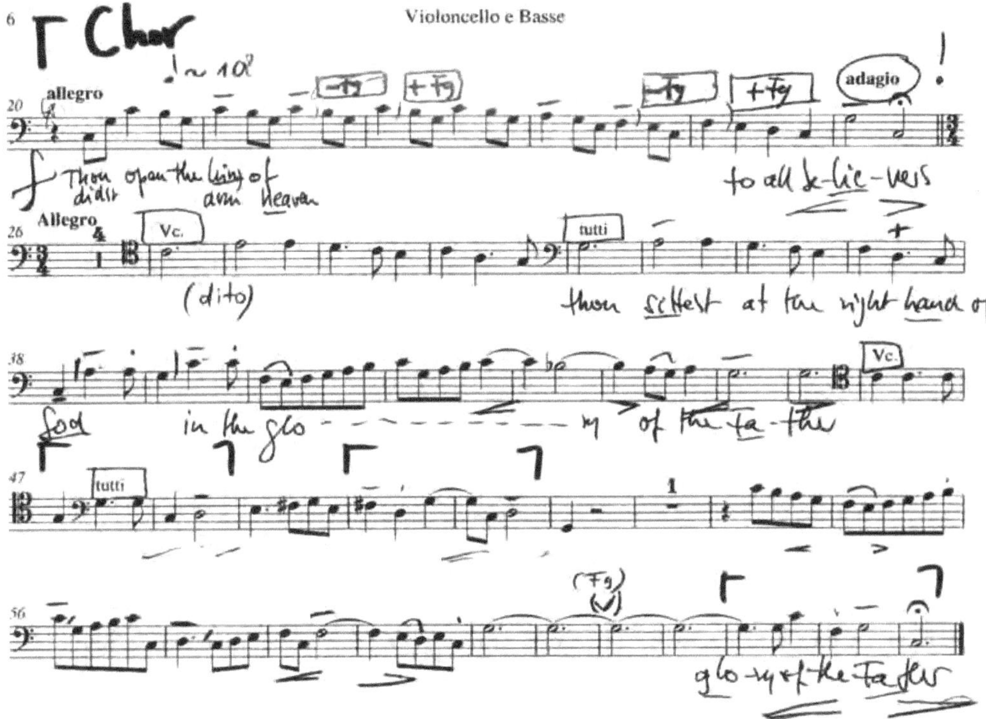

Für 2009 eingerichtete Violoncello-Stimme,
Nr. 5, Takt 20 – Ende (HHA, S. 6)

Die Auswahl und Besetzung von Solisten und Orchester

Die Ausführung von Barockmusik auf historischen Instrumenten oder deren Nachbauten war vor einem halben Jahrhundert noch eine Seltenheit und das Anliegen von engagierten Spezialisten, für manche (z.B. den Philosophen und Musiktheoretiker Theodor W. Adorno) ein Rückschritt und nur für wenige (wie z.B. Gustav Leonhardt und Nikolaus Harnoncourt) unabdingbar. Heute ist diese Praxis eine im Musikleben etablierte Selbstverständlichkeit, und mittlerweile profitieren auch die „modernen" Orchester von den Erfahrungen der Spezialisten. Auch wenn sehr viel für eine Aufführung mit einem Spezialensemble spricht, ist ein solches Projekt im Laienbereich auch eine Kostenfrage. Für das Händel-Konzert zum 25.Jubiläum des Wilmersdorfer Kammerchores konnte das Barockensemble Cammermusik Potsdam engagiert werden.

Der in diesem Ensemble übliche und für Händels Musik historisch angemessene Kammerton $a^1=415$ kommt allen Sängern entgegen und erleichtert die Registerbehandlung besonders für den Chorsopran, der nicht wie bei $a^1=440-45$ über das obere Register hinaussingen muss, sondern, wie bereits angedeutet, an diesen exponierten Stellen im noch angenehmen Bereich des Passagio bleiben kann (z.B. Nr.1, Takt 44–45):

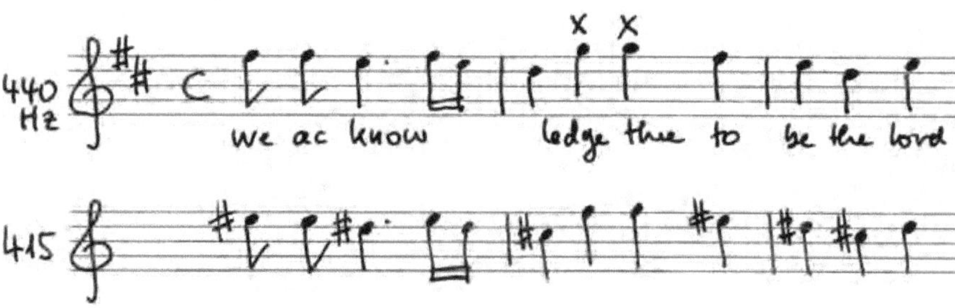

Das Passagio gilt für Frauen- und Männerstimmen gleichermaßen:

(8) Passagio

Das Absenken der Stimmtonhöhe nach $a^1 = 415$ kann also in der instrumental-vokal gemischten Musik grundsätzlich als empfehlenswert gelten. Deshalb sollte z.B. „Bachs h-Moll-Messe (...) heute eigentlich in b-Moll oder in a-Moll aufgeführt werden."[201] Entsprechend wurde der Kammerchor von Beginn an mit dem tieferen Stimmton vertraut gemacht, und das Klavier kam während der Proben nur für die Orchestereinleitungen oder bei wichtigen Übergängen (von D nach Des transponiert) zum Einsatz.

Das Ensemble Cammermusik Potsdam musiziert meist in der Temperierung nach Vallotti, die für Vokalmusik sehr angenehm ist. Es war jedoch von vornherein klar, dass die gemeinsame Probenzeit nicht ausreichen würde, um ein klanglich perfekt intoniertes Gesamtergebnis zu erreichen, und dass wir Kompromisse würden eingehen müssen. Ein Versuch mit der Mitteltönigkeit wäre eingedenk der Tatsache, dass diese Temperatur in Händels Zeit noch das dominierende Stimmungssystem für alle Tasteninstrumente war, durchaus reizvoll gewesen. Die Musik von „To thee all angels cry aloud" im *Utrechter Te Deum* mit ihrem markanten rhythmisch-melodischen Affekt würde – mitteltönig temperiert – ein gut passendes, sehr scharfes Fis-Dur erzeugen und Händels Klangvorstellung vielleicht am nächsten kommen. Auf diese klanglichen Feinheiten mussten wir aufgrund der logistischen Vorgaben verzichten.

Die Auswahl der Solisten folgte sowohl musikalischen als auch praktischen Erwägungen. Es sollten in der Barockmusik erfahrene Sänger sein, die aber nicht unbedingt Spezialisten sein mussten, sondern vor allem stimmlich und klanglich harmonieren sollten. Wir hatten ja nicht wie Händel die Möglichkeit, die Solopartien mit Choristen zu besetzen, und wir mussten aus finanziellen Gründen Kompromisse eingehen. Daher engagierten wir für den zweiten Sopran eine Mezzosopranistin, die auch die Alt-Solopartie in der Nr. 5 übernehmen konn-

201 Thurston Dart, *Practica musica*, S. 56.

te, und besetzten die Altus-Duette mit zwei Tenören, wodurch sich also an Stelle der Originalbesetzung SSCtCtTB die Besetzung SMTTB ergab.

Die räumlichen und akustischen Bedingungen

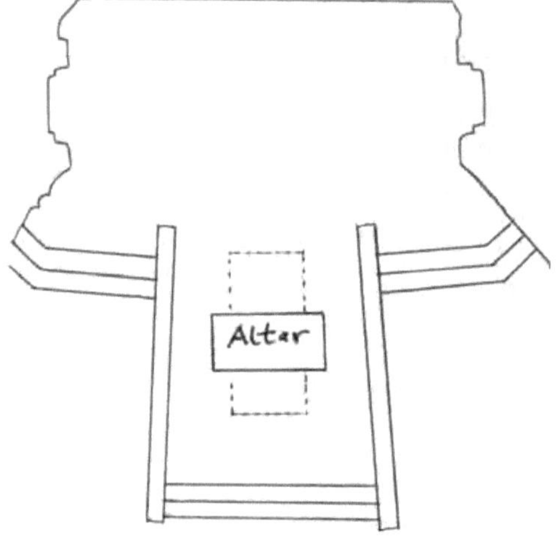

In der von uns ausgewählten Matthäus-Kirche in Berlin-Stegliz sind die Aufführungsbedingungen für größere Besetzungen eher schwierig. Nach einem grundlegenden Umbau in den 1920er Jahren wurde der Altar aus dem ursprünglichen Chor nach vorne gezogen und steht im vorderen Zentrum des Raumes, wodurch eine kompakte Chor-/ Orchesteraufstellung unterhalb des Säulenbogens unmöglich ist.

Die Aufstellung für das *Utrechter Te Deum* war ein bereits bewährter Kompromiss. Der Chor stand im Halbkreis zum Teil auf Podesten um den Altar und hatte an beiden Seiten Kontakt mit dem Orchester, und im zentralen Bereich vor dem Altar standen die Solisten. Das ergab insgesamt eine kompakte Aufstellung, die eine ausreichende musikalische Kommunikation ermöglichte.

Was bedeutet „Interpretation" von Musik?

Diese Frage scheint eigentlich überflüssig zu sein, denn normalerweise wird das Musizieren im Konzert mit Interpretieren gleichgesetzt. Das heißt, während die Musiker ein Werk musizieren, interpretieren sie es gleichzeitig, und auch in Konzert-Rezensionen wird im Nachhinein über eine bestimmte Interpretation geurteilt. Diese Entsprechung von Musizieren und Interpretieren berührt den Kern des Verständnisses von Musik und musikalischem Bewusstsein und ist, wie im Folgenden gezeigt werden soll, nicht haltbar.

Interpretieren bedeutet nämlich nach dem eigentlichen Sinn des Wortes: etwas mit Worten deuten, zum Beispiel einen Text, ein Gemälde oder eine Skulptur. Dabei wird das künstlerische Objekt ohne zeitliche Begrenzung mit den Sinnen, mit Geist und Verstand wahrgenommen oder auch mit Händen erfasst, und die Deutung der künstlerischen Aussage und Intention kann, wie z.B. bei einer Expertenführung in einer Gemäldegalerie, gleichzeitig mit der Wahrnehmung erfolgen.

Die Musik aber kann von den Hörern nur für die Dauer ihrer künstlerischen Realisation sinnlich erfahren werden, und eine Deutung des Wahrgenommenen im Zusammenhang mit dem zugrundeliegenden strukturellen Material, der Partitur, ist erst nachträglich möglich, denn „der Musiker interpretiert eine Komposition nicht. (...) Eine Komposition ist potenzielle Musik und der Musiker verwandelt die potenzielle Musik in aktuelle Musik. Die Verwandlung von etwas potenziell Gegebenem in etwas Aktuelles ist aber nicht Interpretation."[202] Das reine Notenbild, das bereits vor und noch nach dem Verklingen existiert, ist keine Musik, nicht einmal erfahrbarer Klang. Anders ausgedrückt: Man kann nur etwas interpretieren, wenn es bereits da ist. Das ist in der Musik nicht der Fall, denn die Musiker bringen die Musik erst hervor. Nach Celibidache muss sich der Musizierende in dem Moment des Musizierens vom Denken, also auch von der Idee, dass er interpretiere,

202 Rudolf Bockholdt, *Über musikalische Interpretation*, S. 59.

befreien – und loslassen. Er erzwingt nichts, er lässt es entstehen. „Der schöpferische Akt ist frei von jeder vergangenheits- und zukunftsbezogenen Orientierung."[203]

Dieses Loslassen ist ein Zustand, der eigentlich nur erreicht werden kann, wenn alle Beteiligten miteinander vertraut sind und in intensiver, vertiefender Probenarbeit in das Werk hineingefunden haben, eine Bedingung, die bei unserem Konzertprojekt nur teilweise erfüllt werden konnte. Das Loslassen- und Entstehenlassen-Können mag idealtypisch erscheinen, ist aber als Ziel sehr erstrebenswert. Die Etappen auf dem Weg zu diesem Ziel können so umschrieben werden: Der Dirigent studiert und durchdringt die Partitur in ihrer Gesamtheit. Er erkennt Schritt für Schritt die „potenzielle Musik", imaginiert die Vorstellung des Komponisten, bezieht die historischen Bedingungen in seine Überlegungen ein und macht den Musikern durch die Einrichtung des Notenmaterials alle wichtigen strukturellen Details kenntlich. In den Proben erarbeitet er dann nach und nach die musikalischen Strukturen und beseitigt im Idealfall alle Mängel, die das organische Zusammenwirken dieser Strukturen behindern: zu laut, nicht zusammen, unverbunden, zu tief, falsch betont usw. Nach Celibidache gibt es auf dem Weg zum wahrhaftigen Erleben der Musik, dem einen möglichen JA, unendlich viele Male das NEIN.

Das Ensemble, zunächst der Chor, später mit ihm auch Solisten und Orchester, muss Schritt für Schritt zu einer gemeinsamen geistigen Ebene kommen, zum gemeinsamen Erleben der Musik. In diesem Prozess lernt z.B. eine Stimmgruppe nicht mehr einfach nur ihren Einsatz pünktlich zu singen, sondern ihn als Fortsetzung einer anderen zu erleben, und die zweiten Violinen nehmen mit einer Phrase bewusst die Energie der vorangegangenen Bratschen-Melodie auf, führen sie weiter und beenden nicht einfach, sondern übergeben die Energie an die ersten Violinen. Das Solo-Ensemble singt eine Passage als Fortführung des Chores und übernimmt daher dessen Dynamik. Wenn auf diese

203 Sergiu Celibidache, *Über musikalische Phänomenologie*, S. 39.

Weise das bewusste Erleben in Gang kommt, sind die Musizierenden nicht länger eine aus vielen zusammengesetzte Gruppe. Vielmehr werden sie zu einem schöpferischen Individuum.

Wenn also der Dirigent Händels *Utrechter Te Deum* für die Musiker und das Publikum wahrhaftig erlebbar machen will, so dass es nicht als schön, sondern als wahr empfunden wird, muss er den oben genannten Weg gehen: sich die Partitur strukturell aneignen (Analyse), sie musikalisch und historisch adäquat deuten (Interpretation) und in der Probenarbeit schrittweise dem Erleben annähern (Realisation, Verwandlung). Nachdem der erste Schritt im dritten Kapitel ausführlich dargelegt wurde, nähern wir uns im Folgenden der vorbereitenden Interpretation des Te Deum.

Chronologische Werkinterpretation

Nr. 1 We praise thee, o God

Die Eröffnung des *Utrechter Te Deum* besteht aus einer kurzen Adagio-Einleitung in einem Tempo von etwa ¼ ~ 60 und einem darauf folgenden lebendigen Allegro in etwa ¼ ~ 76. Die Dynamik der akkordischen Orchestereinleitung ist von Händel mit f → p → pp festgelegt. Die Signalwirkung der kräftigen Aufwärtsbewegung wird durch ein Crescendo unterstützt. Die Viertelnoten sind dabei entsprechend der barocken Bogentechnik nicht in ihrer ganzen Länge zu denken, sondern eher in Verwandtschaft zu den Achteln in Takt 4, wo durch ein leichtes Abbremsen der Zwischenkadenz und eine Betonung der Dissonanz (Quartvorhalt) die Spannung zum Allegro etwas erhöht werden kann. Der Triller in der ersten Violine ist an dieser und vielen folgenden Stellen eine stilistisch übliche Ergänzung. In Takt 5 muss ein Druckfehler der HHA korrigiert werden, denn die Viola beendet die langsame Einleitung auf fis und nicht auf g.

Der folgende Teil beginnt nach einer deutlichen Zäsur. Das neue Tempo gilt nicht ab Beginn des Taktes, sondern erst mit dem Einsatz der Oboe auf eins+, wie der vergleichende Blick in das Autograph bestätigt. Die Themengestalt ist halbtaktig und wird entsprechend artikuliert, und die polyphone Struktur dieses lebhaften Allegro wird durch das vom regelmäßigen Takt unabhängige Musizieren zu einem sehr lebendigen Gewebe.

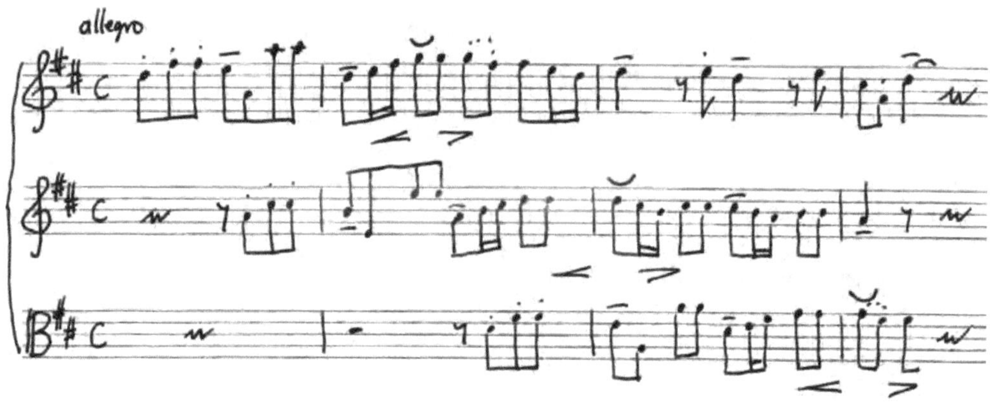

Dabei werden die verschobenen Phrasen-Schwerpunkte in den einzelnen Stimmen dynamisch ebenso hervorgehoben wie die verschiedenen Stimmeinsätze. Bei diesen bewussten Betonungen ergibt sich ab Takt 9 ein wunderbares Wechselspiel. Die gedehnte, zur Dissonanz führende Halbe in der Viola und der ebenfalls in der Dissonanz erfolgende Einsatz des Basses bilden eines der vielen kleinen Details, die durch bewusstes Musizieren hörbar zu machen sind. So wird auch der nächste Bass-Einsatz in Takt 14 dynamisch bedeutender gespielt, weil er in direkter Themenbeantwortung zu den Violinen die I. Stufe D-Dur erneut etabliert. Ähnlich wie zuvor in der Viola spielen die Oboen zusammen mit der zweiten Violine die halben Note aufgrund der Dissonanzbildung mit Messa di voce (Takt 14–15), das bei den Streichern ohnehin aus dem Abstrich resultiert, da sich die Kraftübertragung des Barockbogens auf die Saite zur Mitte verstärkt und dann wieder abschwächt:

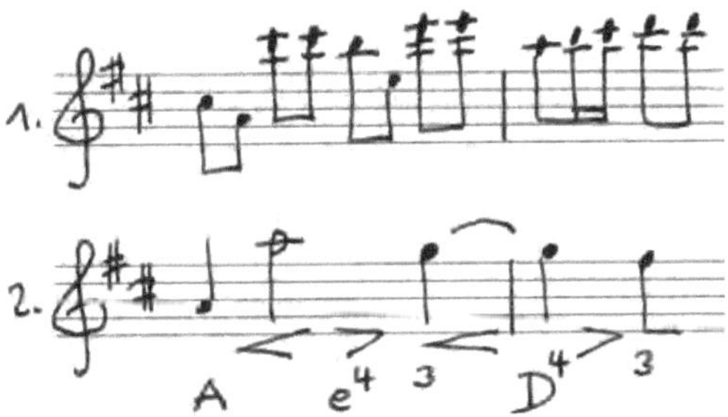

Der Instrumentalsatz führt nun zum ersten Abschnitt des Chores, und das Orchester geht dynamisch etwas zurück, um den Chor, dessen Außenstimmen hier führend sind, klanglich nicht zu überdecken. Allerdings sollte das Thema in Oboe 1 und Violine 1 hörbar bleiben. Über dem lebendigen Orchestersatz erzeugt der Chor dem Wort „praise" entsprechend einen prachtvollen, breiten Klang. Der Schwerpunkt seiner ersten Phrase liegt aufgrund von Metrik und Dissonanzbildung in ihre Mitte, und „o God" wird der Interpunktion entsprechend deutlich abgesetzt.

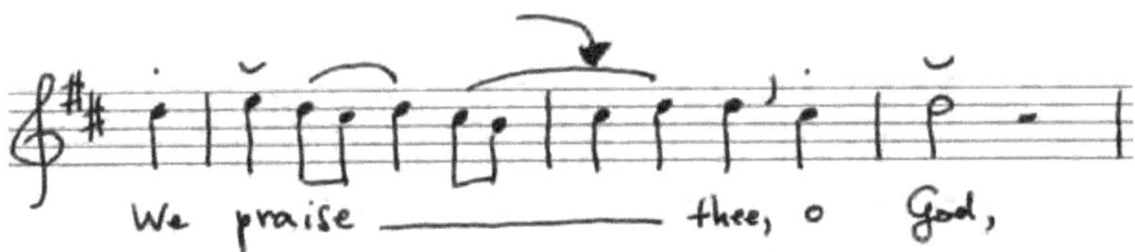

Der Vokal „o" ist im Englischen kurz, weshalb die halbe Note nicht in voller Länge durchgesungen, sondern vor dem Konsonanten entspannt wird, und der Schlusskonsonant folgt auf der dritten Zählzeit mit einem weichen, aber deutlich artikulierten „d":

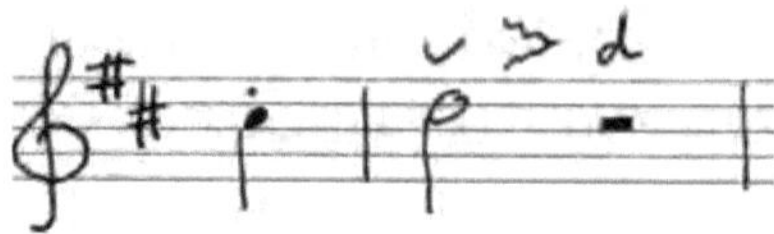

Der Alt-Einsatz in Takt 25 muss sehr prägnant sein, denn er leitet eine musikalisch neue Chorpassage ein. Das Orchester geht zugunsten des Chores dynamisch wieder etwas zurück. Die über mehrere Takte ausgedehnten Töne sollen vom Alt lebendig gestaltet werden: leicht schwebend, an die natürliche Atembewegung angepasst und mit Messa di voce. Die Trompeten artikulieren in den Takten 26–29 mit dem Männerchor. Ab Takt 30 wird die Dynamik verstärkt, um die modulierende Wirkung des Zwischenschlusses (h-Moll) bei „Lord" in Takt 32 zu unterstreichen.

Der folgende Abschnitt macht wieder ein dynamisches Zurückgehen der Instrumente notwendig, deren Aufgabe hier vor allem darin besteht, die Singstimmen deutlich artikulierend zu unterstützen. Das neue, zuerst im Sopran erklingende Motiv soll in allen Stimmen hörbar gemacht werden, und das Melisma im Sopran (Takt 36–39) wird wie im Alt nicht legato durchgesungen, sondern differenziert artikuliert und dynamisch gegenüber Tenor und Bass hervorgehoben:

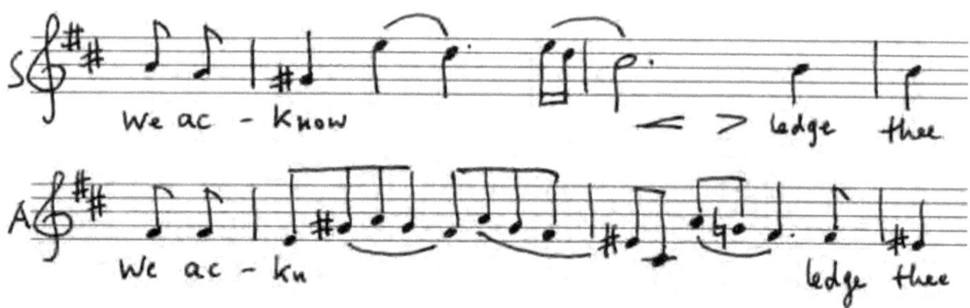

Die zweite Violine begleitet diese Achtelkette colla parte, artikuliert zugunsten der Transparenz aber eigenständig mit wechselndem Bogenstrich. Diese gesamte Passage wird allmählich dynamisch verstärkt, weil sich der mehrstimmige Satz verdichtet und entsprechend der erneut modulierenden Kadenz zum Wort „be" strebt. Die Zäsur auf der III. Stufe fis-Moll wird durch deutliche dynamische Zurücknahme verstärkt.

Die nun folgenden Takte 40–44 sollen nach dem Vorschlag der Urtext-Ausgabe eigentlich von den Solisten gesungen werden, was aber für lediglich fünf Takte innerhalb der gesamten Nummer 1 musikalisch wenig sinnvoll erscheint. Die Entscheidung, bei der chorischen Besetzung zu bleiben, wird vom Autograph weitgehend bestätigt: An der entsprechenden Stelle auf Seite 4 recto steht „soli" lediglich unter der Continuo-Stimme, und die in der HHA verwendete Überschrift „Soli and Chorus" ist überhaupt nicht zu finden, also offensichtlich ein Zusatz des Herausgebers. Ab Takt 41 unterstützen drei Baritone den Tenor, und Sopran und Alt bereiten mit einem leichten Crescendo das Forte der folgenden kräftigen Tutti-Passage vor. Das Melisma bei „knowledge" wird durch die Auftaktbindung lebendiger in der Artikulation, und der Bass verstärkt an dieser Stelle die Dissonanzwirkung durch Messa di voce:

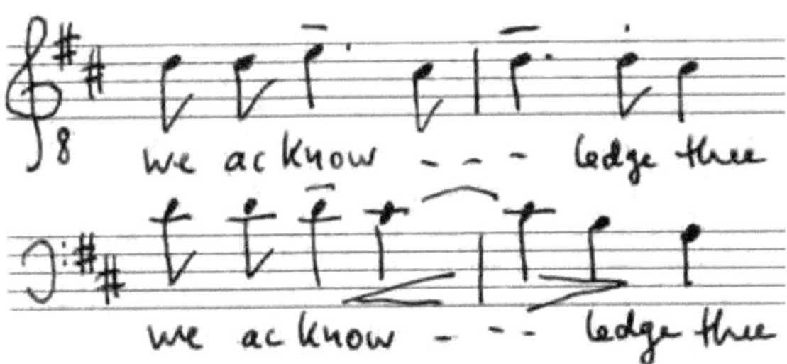

Der Idee des Konzertierens als Dialog zwischen Chor und Orchester folgend antwortet das Orchester in Takt 49 dem Chor bewusst sprachbezogen. Die folgende letzte Phrase des Chores wird noch einmal dynamisch verstärkt, um dieses rhetorischen Fazits zu bekräftigen. Im Orchesternachspiel, das durch die dreistimmige Streicher-Besetzung ohne Bass fast schwerelos wirkt, werden die charakteristischen Motive noch einmal hervorgehoben. Die Musik wird durch die Verdichtung des harmonischen Tempos auf den Viertel-Puls in ihrer ursprünglich halbtaktigen Bewegung abgebremst und kommt auch durch die dynamische Zurücknahme bis ins Pianissimo und die Verkürzung der Notenwerte organisch zur Ruhe.

All the earth doth worship thee

Mit dem Beginn der Fuge „All the earth doth worship thee" kommt wieder Bewegung in das musikalische Geschehen. Das Autograph zeigt, dass Händel diese Fuge im Zusammenhang mit dem vorangegangenen Satz komponiert hat, denn der im Urtext gedruckte Doppelstrich ist dort nur vage angedeutet, und entsprechend wird das ursprüngliche Allegro wieder aufgegriffen. Beim einleitenden Bass-Thema sollten Sänger und Basso continuo das Unisono einheitlich artikulieren. Der Einsatz der Altstimme, die in England zu Händels Zeit noch „Männersache" war, ist für Frauenstimmen unbequem tief, für Countertenöre dagegen kein Problem (Takt 61–62):

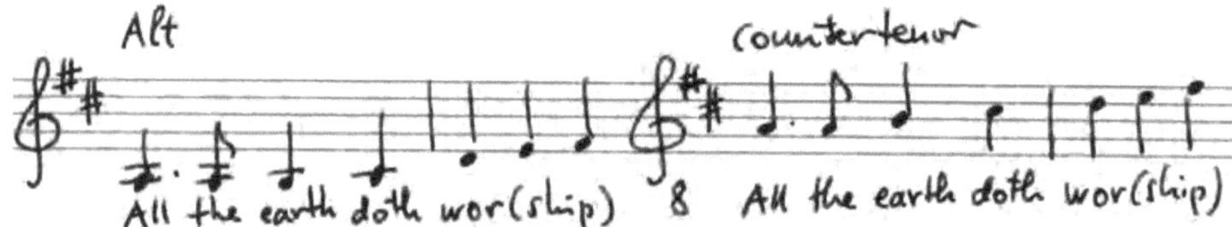

Diese setzen nach den Bässen einfach einen Ton höher ein und können das Thema strahlen lassen. Es bietet sich daher bei solchen Stellen an, den Alt durch Tenöre zu verstärken. Hier ist es außerdem ratsam, eine entsprechende Zahl von Bässen im Tenor einzusetzen, um den Kontrapunkt besser hörbar zu machen. In Takt 70–71 ist der Bass besonders wichtig, da er das Fundament für die Schlusstakte der ersten Fugendurchführung bildet. Die instrumentalen Oberstimmen übernehmen seine Energie und die Dynamik des Chores und erreichen mit ihren überleitenden Achtelfiguren das von der HHA vorgeschlagene Forte erst bei den „all"-Rufen des Chores.

Der dritte Ruf in Takt 17 wird etwas zurückgenommen, um die darauf folgende Phrase präsenter wirken zu lassen. Die ausdrucksvolle, klangprächtige Chorpassage wird vom Thema im Bass und dem Kontrapunkt im Sopran getragen. Diese beiden Außenstimmen sollen daher musikalisch führen, wobei der Bass dynamisch dominiert. Seine Sonderrolle ist ab Takt 80 besonders deutlich und wird durch leichte dynamische Zurücknahme der Oberstimmen ins Mezzoforte bei den „all"-Rufen unterstrichen. Die gewählte Binnenartikulation strukturiert das solistische Melisma des Chorbasses und erleichtert das Singen der Registerwechsel:

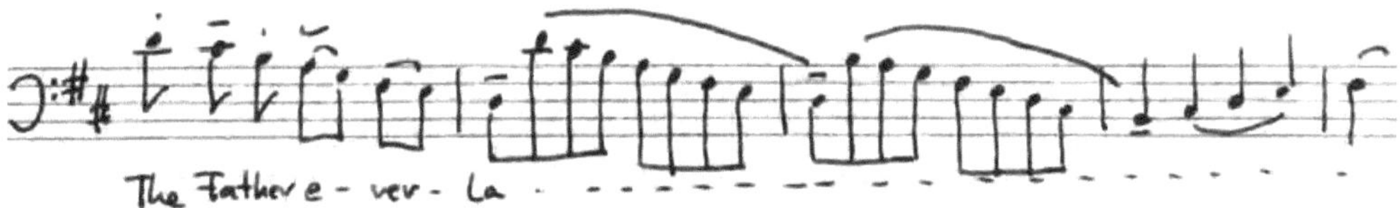

Mit dem Erreichen des Bass-Fundaments h in Takt 83 ist die harmonische Ausweichung in die Paralleltonart h-Moll vollzogen und wird durch den Kontrapunkt des Soprans bestätigt, dessen alterierte Tonfolge daher sehr bewusst gesungen wird. Die harmonische Spannung löst sich in Takt 85 und entsprechend geht die Dynamik beim Zwischenspiel zunächst etwas zurück. Der neue Themeneinsatz in Takt 87 wird vom Alt deutlich hervorgehoben (ggf. wieder von Tenören verstärkt). Für den strukturierten Verlauf dieser Stimme mit ihrem langen „worship" ist eine zusätzliche Textierung hilfreich (ab Pfeil):

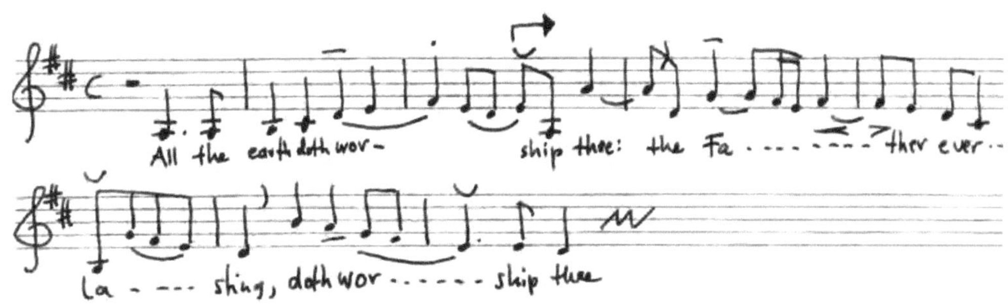

Der Alt ist nun differenzierter phrasiert und wesentlich angenehmer zu singen. Wenn Händel in seinem Autograph (9 recto) die Textierung sogar gleich nach „All the …" abbrach, vertraute er offensichtlich auch hier den Fähigkeiten seiner Sänger, und das legitimiert eine eigenständige Textierung auch in unserer Zeit.

In Takt 90 ist es hilfreich, den Themeneinsatz des Tenores wieder durch einige Baritone zu verstärken. Der hinzutretende Sopran sollte mit dieser Stimme in Wettstreit treten, um die Engführung der Themen hörbar zu machen. Der Bass-Einsatz in Takt 35 ist von besonderem Gewicht, denn hier erklingt das Thema zum letzten Mal und wird von einer Engführung des Kontrapunktes in den Oberstimmen begleitet. Diese Verdichtung muss der Chor bis zur frei homophonen Zwischenkadenz (Takt 96–97) bewusst intensiv und mit Kraft aussingen, so dass das Schlüsselwort „everlasting" entsprechend zur Geltung kommt.

Die Energie dieser Zwischenkadenz wird vom Bass übernommen, der die Brücke zur abschließenden Passage baut. Er führt damit die Schlussphrase an und zieht die anderen Stimmen mit. Die Wirkung des Schlusses wird durch ein etwas breiteres Musizieren auf die phrygische Kadenz hin (mit einem der eher seltenen „kollektiven" Triller im Sopran, entsprechend der Oboe/Violine 1) erreicht. Die harmonische Spannung des offenen Schlusses auf Fis-Dur bleibt auch im folgenden Satz „To thee all angels cry aloud" erhalten, so dass der musikalische Anschluss relativ nahtlos erfolgen kann.

Nr. 2 To thee all angels cry aloud

Die Tempoangabe Adagio für diesen ausdrucksvollen Abschnitt des *Utrechter Te Deum* ist ein Vorschlag des Herausgebers. Sie ist insofern geeignet, als der musikalische Affekt (die konstante rhythmische Punktierung) Raum zum Klingen braucht. Eine exakte Ausführung von Punktierungen im Verhältnis 3:1 ist nicht sinnvoll, sondern

„sicherlich in den meisten Fällen falsch."[204] Naheliegender ist es, den Rhythmus nach Art der französischen Ouvertüre anzuschärfen, d.h. die Sechzehntel so spät wie möglich zu spielen. Parallel dazu ist das harmonische Tempo zu beachten. Es ist zunächst halbtaktig, geht in Takt 4–5 in Vierteln und kehrt dann zur Halbtaktigkeit zurück. Diese Veränderungen werden durch entsprechende Betonungen hörbar gemacht.

Auch die Dynamikangabe „Forte" in der HHA ist in Händels Autograph nicht notiert. Zu finden ist dort allerdings das „Piano" in Takt 3, das durch ein Zurückgehen von der letzten Hauptbetonung in Takt 2 auf natürliche Weise erreicht werden sollte. Die Solostimmen übernehmen nun die führende Rolle. Ihre Einsätze sollten nicht an die Punktierungen im Orchester angeglichen werden, um die notwendige Transparanz zu gewährleisten:

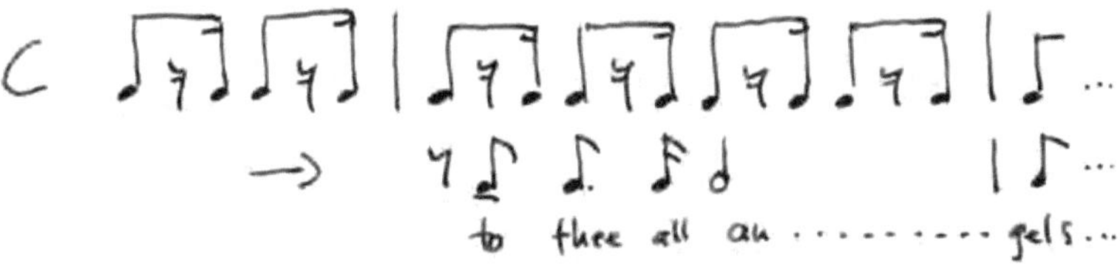

An den Phrasenenden jedoch (bei „aloud" in den Solostimmen und bei „therein" im Männerchor) kann die Punktierung angeglichen werden, um einen schwungvollen Auftakt in die nächste Hauptsilbe zu erhalten. Der Männerchor singt seinen Rezitationston entsprechend der Textbedeutung kraftvoll auf „pow'rs" zu (eine Wirkung, die z.B. bei Hillers Bearbeitung verlorengeht). Die Gewichtskurve sähe konsequent notiert wie folgt aus:

204 Harnoncourt, a.a.O., S.62.

the heav'ns and all the pow'rs there -

Beim Duett, das über dem bewegten Klangteppich der Streicher zu schweben scheint, sind die Dissonanzfolgen besonders reizvoll, wenn sie ausdruckvoll gesungen werden. Im zweiten Abschnitt des Satzes ab Takt 8 wird der Gesang wieder dynamisch gesteigert, um den melodischen Höhepunkt in der ersten Solostimme vorzubereiten, deren „aloud" auf c^1 in Takt 11 eine starke Dissonanz mit dem h in der ersten Violine erzeugt und durch die hohe Lage des Männerchores eine besondere Expressivität erhält. Auf diese Weise vermittelt sich das Flehen der Engelschar besonders eindrucksvoll.

Nr. 3 To thee Cherubim and Seraphin

Die harmonische Spannung des vorangegangenen Satzes löst sich in der Bewegung des Basso continuo und der neuen, dynamisch zurückhaltenden Klangwelt des Sopran-Duetts auf. Das diesmal bei Händel originale Andante bedeutet Gleichmäßigkeit aller Viertel im Takt (im Gegensatz zum Allegro, bei dem die Schwerpunkte auf 1 und 3 liegen). Dieses Prinzip ist hier aber zunächst von untergeordneter Bedeutung, denn die beiden Solo-Soprane sind rhythmisch verschoben und phrasieren selbstständig nach dem Text. Die notierten Überbindungen sind eine Folge der Takteinteilung, ohne die sich eine ganz natürliche Textgestaltung ergäbe:

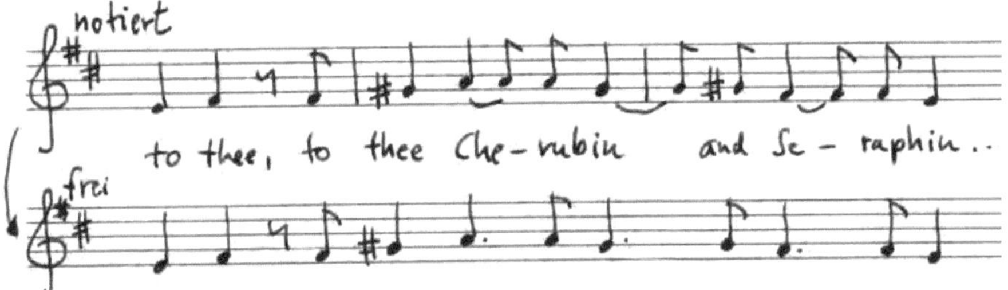

Der Walking Bass der Continuo-Gruppe sollte entsprechend der Kadenzschwerpunkte phrasieren und dynamisch differenzieren. Die Soprane intensivieren die Terzparallelen in Takt 21 und 23 und übergeben nach „cry" ihre führende Rolle an den Chor. Dessen „Holy" wird entsprechend der Wortbetonung deklamiert (mit deutlichem Abschwellen zur Nebensilbe „-ly") und wird in Takt 26 wegen des besonderen harmonischen Wechsels (nach H-Dur statt G-Dur) dynamisch verstärkt. In den nachfolgenden Phrasen wird der natürliche Sprachrhythmus durch die entsprechende Dynamik (Lord, God of **Sa**-baoth / heaven and earth are full / full of thy Majesty) gestaltet.

In Takt 28 wird die Dynamik etwas zurückgenommen, um eine erneute Steigerung zu ermöglichen. Die auftaktigen vier Achtel zu „full" werden dabei in sich differenziert gestaltet, entsprechend den Singstimmen auch im Orchester:

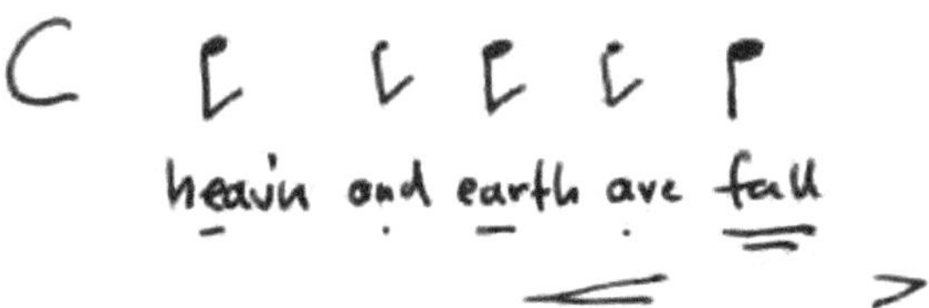

Nach dem nächsten Höhepunkt bei „Majesty" (Takt 31, mit ausdrucksvollem Fis-Dur) wird die Dynamik erneut zurückgenommen, um anschließend eine letzte Steigerung plausibel zu machen, die auf das letzte „Majesty" mit seinem strahlendem C-Dur zusteuert. Das Tempo wird dazu verbreitert, die Hauptsilbe „Ma-" stark akzentuiert und die anschließende Nebensilbe entsprechend dem Wortgestus zurückgenommen. Das anschließende „of thy glory" ist gleichermaßen bedeutungsvoll. Die langen Notenwerte und der expressive Quartvorhalt legen ein etwas breiteres Ritardando und große Klangpracht nahe, die erlebbar macht, dass hier der erste größere Abschnitt (Teil 1–3) des *Utrechter Te Deum* beendet ist.

Mit dem folgenden, musikalisch neuen Teil sollte es nicht sofort weitergehen. Der Kontrast (orchestral → kammermusikalisch, chorisch → solistisch, Dur → Moll) käme zu unvermittelt.

Nr. 4 The glorious company of the Apostles

Der Blick des Hymnen-Textes richtet sich nun auf die himmlischen Scharen der Apostel, Propheten, Märtyrer und Engel. Händel wechselt entsprechend den Klangfarben in Instrumentierung (Bläser statt Streicher) und Harmonik (a-Moll statt D-Dur). Die Musik klingt tatsächlich himmlisch und der Erde entrückt, denn es spielen zunächst zwei Oboen ohne Bassbegleitung. Die nach sieben Takten hinzutretende instrumentale Bassstimme wird solistisch besetzt (so steht es auch im Autograph). Sie kann vom Fagott übernommen werden, so dass ein einheitlicher Holzbläserklang entsteht.

Das Andante ist ein Vorschlag des Herausgebers und hätte eine gleichmäßige Behandlung aller Viertel im Takt zur Folge. Die Struktur des Motivs, die Dissonanzbildungen und die Koloraturen in der Solostimme sprechen aber eher für ein ganztaktiges Pulsieren der Musik. Zum Teil sind die Sinneinheiten sogar zweitaktig, wie man zu Beginn an der zweiten Oboe, später an der Struktur der Tenor-Koloratur sieht. Der Wechsel zwischen den eintaktigen und zweitaktigen Einheiten trägt zur musikalischen Lebendigkeit bei und sollte daher ebenso bewusst musiziert werden wie die Zäsur bildenden Hemiolen, deren Ziel die dritte Zählzeit des internen Drei-Halbe-Taktes ist:

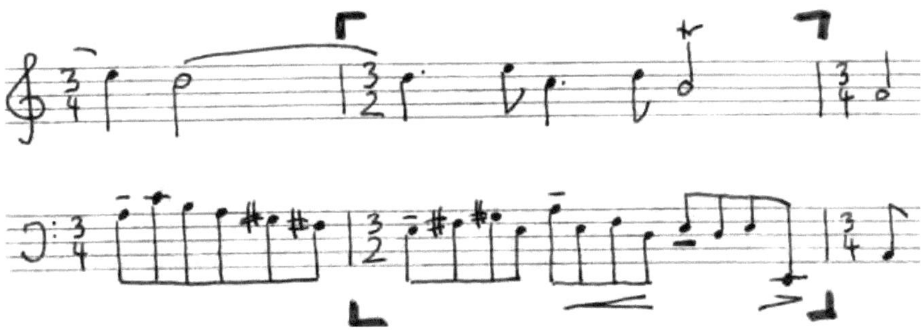

In der Partitur werden immer wieder besondere Details sichtbar, die zu musikalischer Differenzierung anregen. So ist die Zwischenkadenz in Takt 34–35 im Bass hemiolisch, nicht aber in den Oboen:

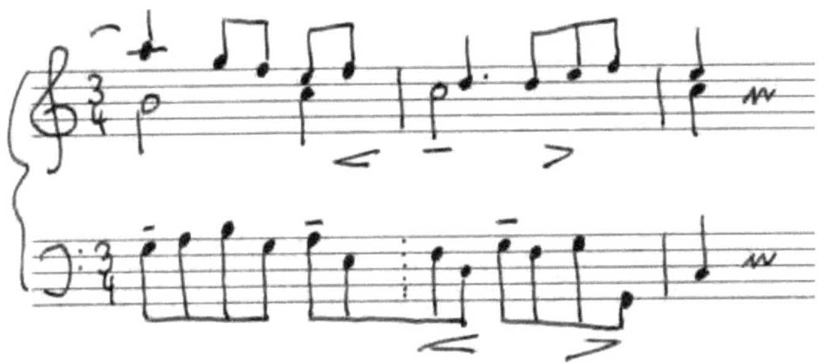

Wie wichtig die Einrichtung des Notenmaterials auch für die Solisten ist, zeigt sich bereits an den ersten Takten der Tenor-Partie. Der Solist muss wissen, wo er besonders nach dem Text artikulieren oder wie er stimmlich gestalten soll, so z.B. zu Beginn seiner Partie im gleichberechtigten Dialog mit der Oboe.

Der Solo-Bass singt von den Propheten. Händel unterlegt ihm die „erdige" Atmosphäre der Streicher, deren kurze, akzentuiert gespielten Akkorde die Schwerpunkte der Bass-Deklamation unterstützen. Die erste Oboe imitiert die Bassstimme im ebenso sprachlich phrasierten Dialog. In Takt 43 wird dieser von einer Parallelbewegung zwischen Solo-Bass und Basso continuo abgelöst, die eine organische Einheit bilden und die lange Achtelsequenz durch Dehnungen auf den Taktschwerpunkten differenzieren.

Die Streicher nehmen ab Takt 50 das Motiv des Basses auf und führen es im Dialog mit den Oboen weiter, während sich gleichzeitig die beiden Soprane gegenseitig imitieren und mit ihren stufenweise ansteigenden Einsatztönen eine dynamische Steigerung vollziehen, die dann mit der Quintschrittsequenz bei „praise" allmählich wieder abgebaut wird. Die langen Töne sind zunächst konsonant und werden zum nächsten dissonanten Taktschwerpunkt crescendiert:

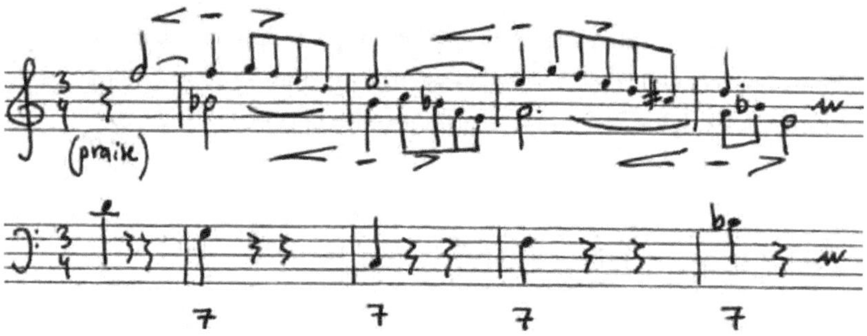

Die höheren Streicher spielen auf diese Taktschwerpunkte zu, die vom Basso continuo mit eher etwas kürzeren Vierteln gesetzt werden. Wieder wirkt eine Hemiole als Zäsur (Takt 64–65), bei der die Bewegung der Solostimmen organisch (also eher leise beginnend) von der ersten Violine und einen Takt später auch vom Basso continuo übernommen wird. Diese melodische Überleitung führt crescendierend in den nächsten chorischen Abschnitt „The holy church".

Der homophone, prachtvolle Choreinsatz wird vom Orchester in gleicher Deklamation imitierend beantwortet:

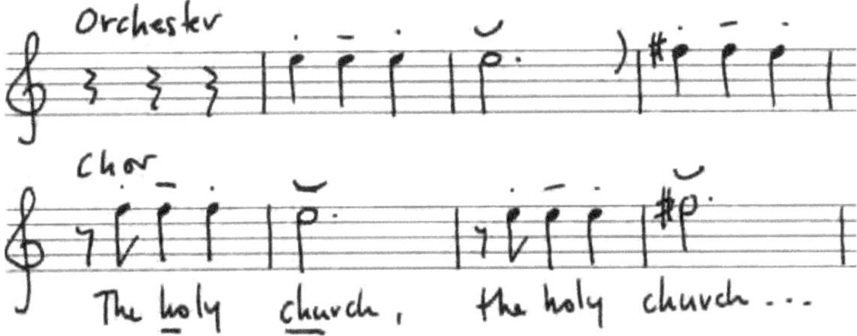

Zu diesem Wechselspiel soll die durchgängige Achtelkette der Basso continuo-Gruppe als Gegengewicht wirken. Wenn der homophone Chor ab Takt 73 in den freien polyphonen Satz übergeht, werden die Einsätze sehr deutlich gesungen, vor allem bei den unvorbereiteten Dissonanzen (Takt 74 und 80):

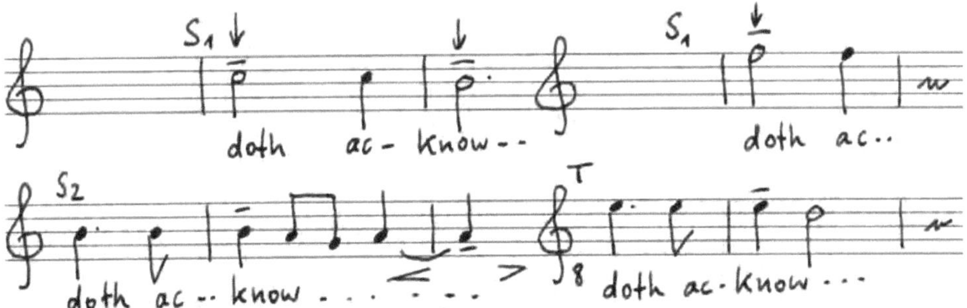

Die Steigerung, die Händel durch die höhere Stimmlage in Takt 80 andeutet, wird dann dynamisch unterstützt. Die Textierung des Tenors ist von Händel nur angedeutet. Ich habe sie ergänzt, damit die Sänger differenzierter und – durch die Möglichkeit des reflektorischen Zwischenatmens stets auch entspannter – phrasieren können:

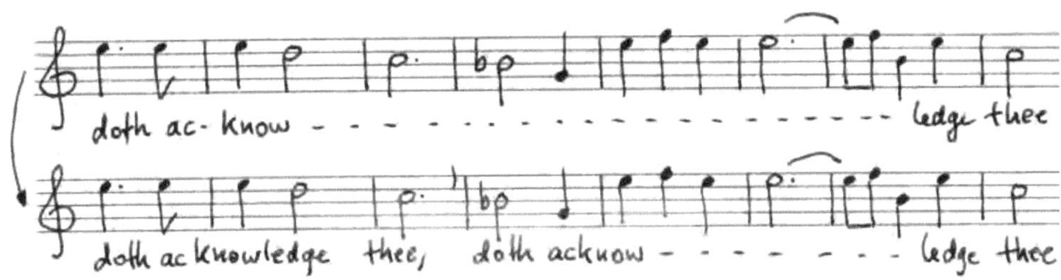

Die Hemiole in Takt 84–86 ist besonders deutlich zu musizieren (mit Trillern auch in Sopran 1 und 2), damit sie als wichtige Zäsur wahrgenommen wird. Das instrumentale Nachspiel greift die Anfangsidee aus dem Vorspiel noch einmal auf und ist hier noch etwas frischer und lebendiger zu spielen. Die musikalische Bewegung wird bei der abschließenden Hemiole durch ein Ritardando und die Dehnung des Schlussakkordes deutlich abgebremst, um einen natürlichen Tempoübergang in das (bei Händel originale) Adagio zu bewirken, das mit einer natürlichen Atemzäsur in Takt 93 (vor allem in den Instrumenten) vorbereitet wird:

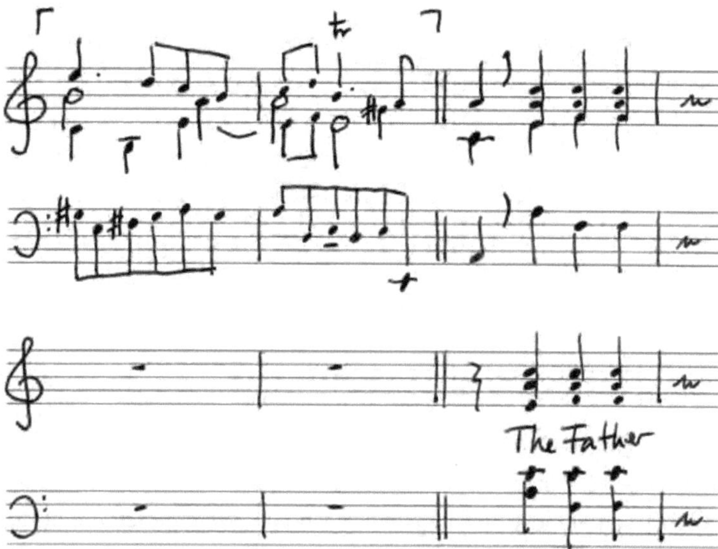

Der homophone Chorsatz „The Father of an infinite majesty" wird entsprechend der Semantik breit und klangvoll (also majestätisch) musiziert. Die Instrumente deklamieren colla parte mit dem Chor. Das „infinite" geht über den Taktstrich hinaus und wird entsprechend gedehnt gesungen, wobei der Hauptvokal i aber vor dem deutlichen n kurz abklingen muss, um den Charakter des kurzen Vokals zu erhalten. Das gleiche gilt für den kurzen Vokal a in „majesty":

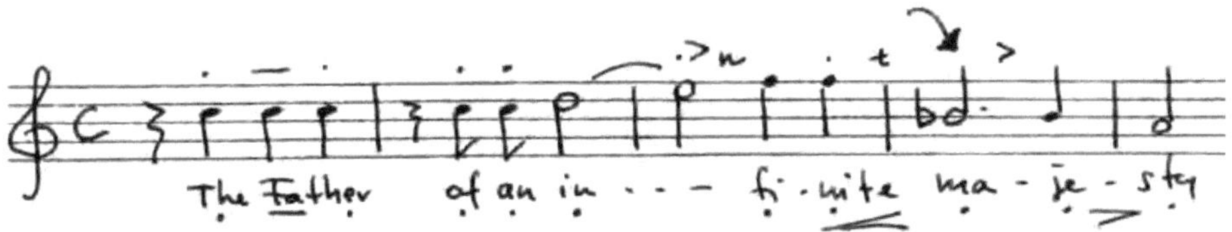

Bei „Majesty“ sollen die Nebensilben wegen der Auflösung der Dissonanz und entsprechend der Tonbewegung in den Außenstimmen zurückgenommen werden. Die Endnoten können dabei in den Instrumenten entsprechend den Chorstimmen um eine Halbe verkürzt werden. Der Choreinsatz der Oberstimmen übernimmt das Piano und schafft so einen natürlichen dynamischen Übergang und das gesamte Ensemble musiziert als ein Individuum.

Die für den folgenden Hochchor (ssa) notierte Vorgabe „Solo“ bei Takt 97 ist ein Vorschlag des Herausgebers und kann ignoriert werden, da er sich auf lediglich zwei Takte bezieht und alles Folgende durchgängig chorische Musik ist. Dennoch ist es sinnvoll, die betreffenden Oberstimmen entsprechend ihres höheren Registers und der sparsamen Instrumentalbesetzung fein und schlank singen zu lassen. Der Gesamtklang wird mit den einsetzenden Instrumenten voller. Daher müssen die folgenden Choreinsätze noch etwas verstärkt werden, vor allem die beiden Soprane in Takt 102. Das Wort „also“ ist durch seine Länge bereits so gewichtig, dass es nicht zu stark gesungen werden sollte, denn das eigentliche Ziel der Phrase liegt auf „Ghost“. Der Vers schließt mit „the Comforter“, das entsprechend der Dissonanzbildung auf der mittleren Silbe („Comforter“) betont und zum Schluss mit der Auflösung dynamisch zurückgenommen wird. Dabei soll der Klang entsprechend der Wortbedeutung insgesamt eher weich (also „tröstlich“) sein .

Der Übergang zum nächsten Abschnitt sollte nicht zu abrupt folgen und dennoch die zahlreichen Kontraste (Satztechnik, Melodik, Harmonik und Tempo) erfahrbar machen. Die Lebendigkeit dieses Lobgesangs „Thou art the King of Glory“ ist in dem halbtaktigen Pulsieren, in den melodischen Kontrasten, im Wechsel zwischen polyphonen und homophonen Passagen und in den metrischen Verschiebungen begründet. Das zentrale Wort „Glory" erstreckt sich über drei Takte und wird entsprechend der natürlichen Schwerpunkte (also nicht Takt für Takt pulsierend) gestaltet:

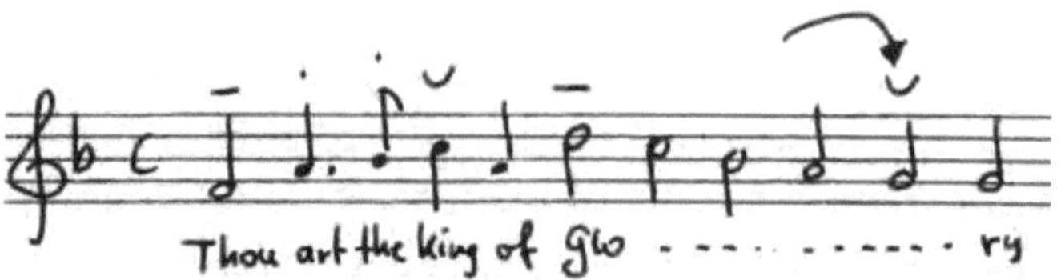

Der Kontrapunkt der Altstimme muss stark genug sein, um ein gleichwertiges Gegengewicht erzeugen zu können. Die Coutertenöre der Chapel Royal hatten damit kein Problem, aber bei einem gemischten Chor ist die Unterstützung des Frauen-Alts durch einige Tenöre empfehlenswert:

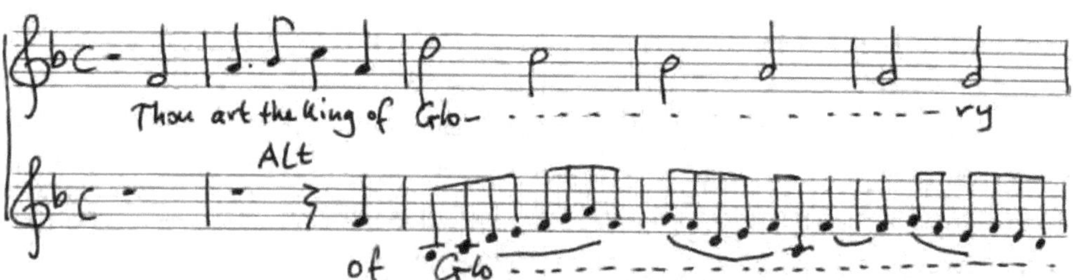

Diese Achtelkette wird durch Bindebögen und Atemzäsuren strukturiert. Die „Glory"-Figuren werden in allen Chorstimmen agogisch auf den vorletzten Ton hin gestaltet, und das Orchester unterstützt die Deklamation des Chores mit Akzenten:

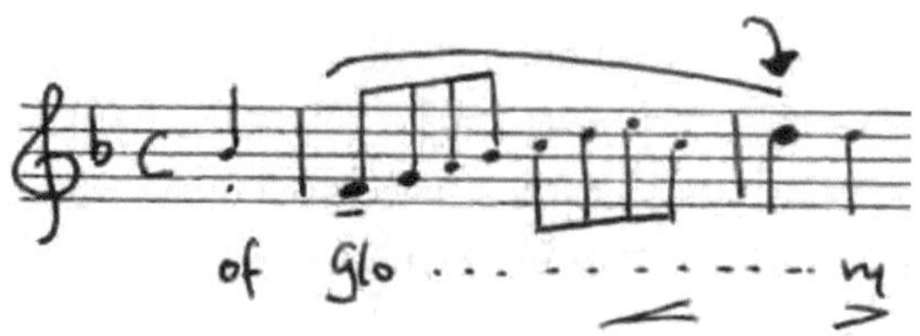

Ab Takt 116 sind die metrischen Schwerpunkte zwischen den einzelnen Stimmen halbtaktig verschoben, was eine interessante Wechselwirkung der „of Glory"-Rufe erzeugt, wenn die betreffenden Stimmkombinationen dynamisch gleichwertig sind. Der Chor bildet mit diesen Rufen ein Gegengewicht zum Orchester, das nun die lebhaften Achtel-Figuren übernommen hat und weiter imitiert.

Bei der Zäsur in Takt 121 übernehmen die Mittelstimmen die Energie der Kadenz und leiten mit den parallel geführten „Glory"-Figuren ausdrucksvoll in die zweite Durchführung des Chores über. Alle neuen Einsätze werden akzentuiert gesungen, um die Engführung zwischen den Außenstimmen hörbar werden zu lassen. Händel beabsichtigte offensichtlich eine klangliche Intensivierung, denn er führt hier alle Instrumente für einige Takte colla parte mit den Chorstimmen.

Ab Takt 128 gehen die Oberstimmen wieder von melismatischem in syllabisches Singen über, was eine gute Deklamation erfordert. Auch hier sind die Viertel nicht gleich, sondern werden dem Text entsprechend gestaltet:

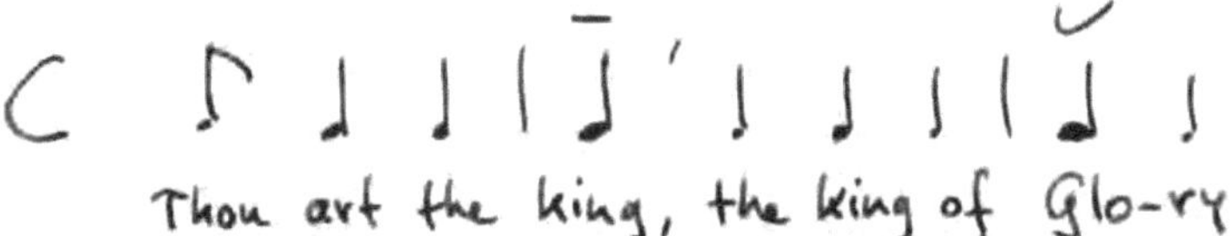

An die streng homophone Zusammenfassung "the King of Glory" in Takt 129 schließen sich wiederholende „of Glory"-Rufe in den Oberstimmen an. Das musikalisch wichtigste Moment ist die lange Achtelfigur des Chorbasses, dessen Koloratur kraftvoll hervorgehoben wird. Die Binnenphrasierung dieser Koloratur verdeutlicht die melodische Struktur (Sequenzierungen) und erleichtert gleichzeitig wieder den Wechsel der Register:

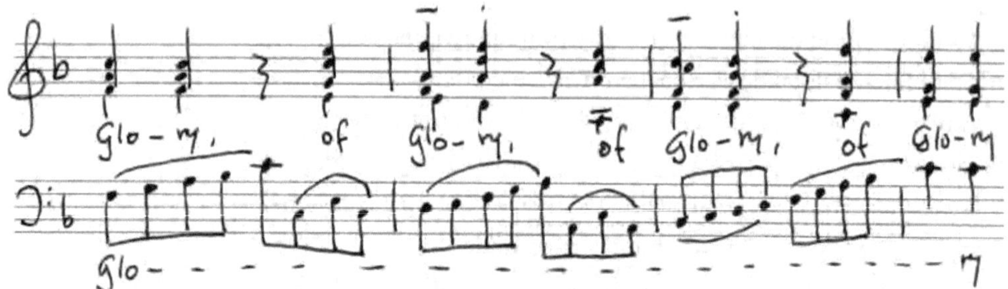

Die ineinander verschobenen Stimmen des Orchesters bilden dazu eine Dissonanzkette, die offensichtlich zur Verdichtung des musikalischen Geschehens beitragen soll. Die Artikulation erfolgt nicht zu breit, sondern eher im Non-Legato, um der Bass-Koloratur Raum zu lassen.

Die Achtelfiguren in den Oboen und Violinen steigern sich bis zum Takt 135. Der Chor folgt dieser Idee durch eine letzte dynamische Verstärkung beim abschließenden „of Glory"-Ruf. Nun bleiben nur noch die Violinen übrig, deren Achtelwellen bis zur Pause in Takt 137 weitergehen und mit nachlassender Energie musiziert werden können, auch wenn Händel selbst es nicht explizit notiert hat. Ein „Piano" steht nicht im Autograph und scheint nur in der allmählichen Zurücknahme der Dynamik sinnvoll, die hier auch ein Nachlassen des Tempos erlaubt, das den Übergang in das breite „o Christ" (ab Takt 137) als organisch erlebbar macht.

Die beiden gedehnten „o Christ"-Rufe werden ausdruckstark und im Bewußtsein der harmonischen Sequenz deklamiert:

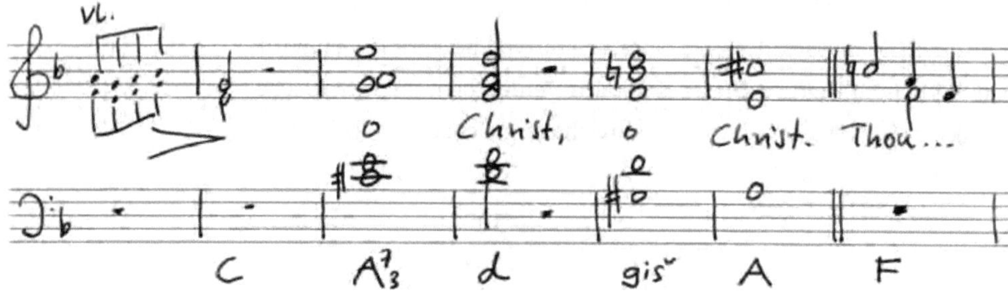

Der Übergang in den nächsten Abschnitt braucht Zeit. Die Spannung der harmonischen Ausweichung (beim Doppelstrich) bleibt noch etwas spürbar, sollte allerdings auch nicht zu spät aufgelöst werden. Über die Länge dieser Zäsur wird auch die Raumakustik vor Ort mitentscheiden. Mehrere Faktoren sind hier bemerkenswert. Der tonale Wechsel wird vom zweiten Sopran und den begleitenden Orchesterstimmen mit dem Wechsel von cis nach c eingeleitet, der adäquat intoniert werden muss. Der Abstand zwischen beiden Tönen ist in der alten Musik geringer als bei der modernen gleichschwebenden Temperierung, da die A-Dur-Terz cis etwas tiefer und die folgende F-Dur-Quinte c rein, d. h. etwas höher (als normal) zu intonieren ist[205].

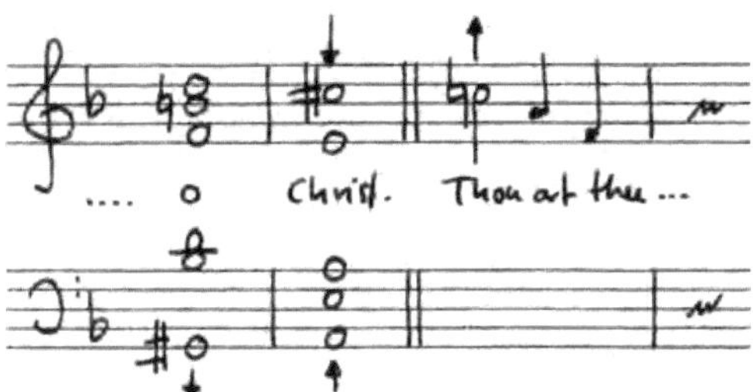

Die lebhafte Tonbewegung des mit diesem Wechsel einsetzenden Chores „Thou art the everlasting Son" führt fast folgerichtig zu einem bewegten Tempo, das der Botschaft des Textes entsprechend fröhlich nach vorne drängen darf. Das Soggeto ist eines der Beispiele dafür, wie sinnvoll eine wenigstens stellenweise Textierung der Instrumentalstimmen für die Unterstützung der Singstimmen sein kann. Mit der Textunterlegung wird die Artikulation unmittelbar verständlich und wichtige Wortbetonungen kommen besser zur Geltung.

205 Diese ist eine der Stellen, bei der die Unterstützung durch das Klavier in der gleichschwebenden Stimmung kontraproduktiv wirkt.

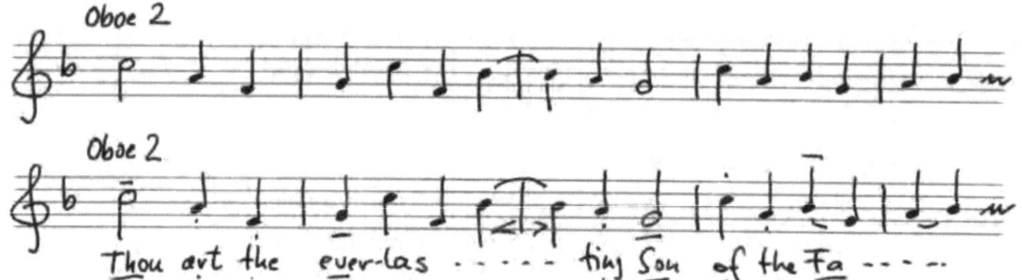

Bei der Zwischenkadenz in Takt 147 muss der Einsatz des Altes besonders prägnant gesungen werden. Er leitet die abschließende Engführung ein, die als Verdichtung dynamisch verstärkt werden sollte. Die ergänzte Textierung der Mittelstimmen ermöglicht den betreffenden Sängern, die dynamische Steigerung mit deutlicher Deklamation und ohne Kraftverlust bis zum Schluss auszuführen (z. B. im Alt in den Takten 152–156):

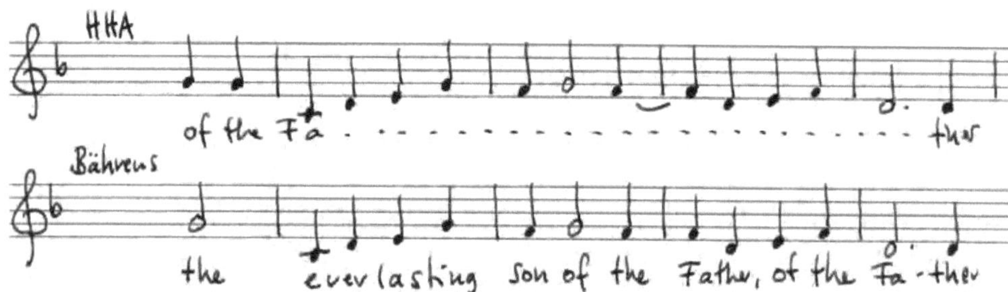

Die von der HHA für den Tenor vorgeschlagene Textverteilung ist an dieser Stelle unlogisch. Die Passage wird mit der folgenden Textierung geschmeidiger:

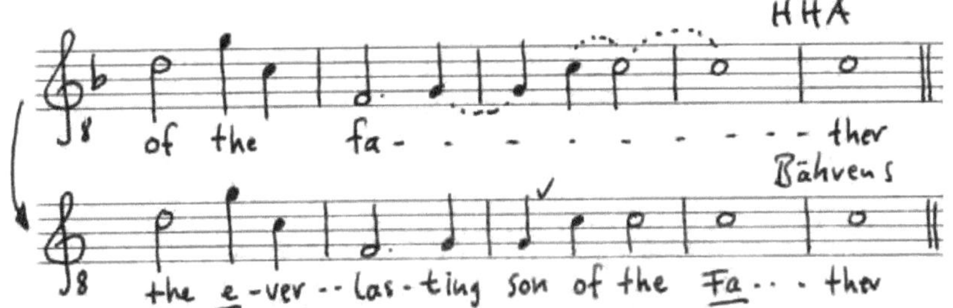

Der lebendige polyphone Satz wird in allen Stimmen zum Ende hin noch einmal dynamisch gesteigert und der Schlussakkord zur Auflösung der Dissonanz abgefangen. Mit prächtigem Klang kommt die gewichtige Nummer 4 des *Utrechter Te Deum* zum Abschluss.

Nr. 5 When thou tookest upon thee

Wie aus dem Nichts entwickelt die erste Oboe ihren langen Ton als Klangfarbe über der Melodie der Streicher und setzt sich dann im zweiten Takt als Gegenstimme in Bewegung. Das Autograph macht keine Vorgaben hinsichtlich des Tempos und der Dynamik, die jedoch aus der Partitur abgeleitet werden können: Wenn sich ein Klang „aus dem Nichts" entwickelt, deutet das auf einen leisen Beginn hin, mit einem eher ruhigen Tempo für die rhythmischen Figuren der Violinen.

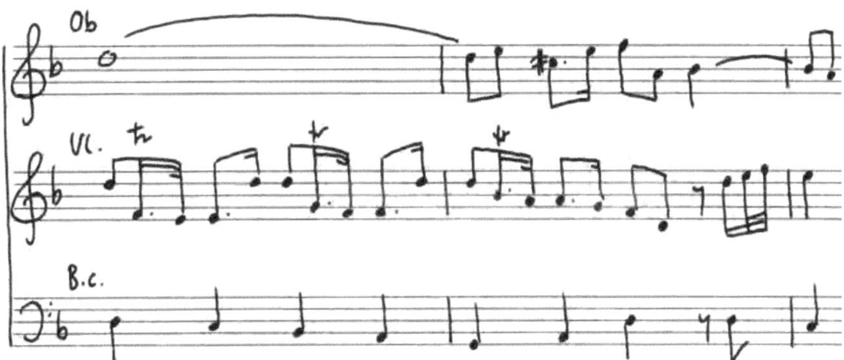

Die regelmäßige Viertelbewegung des Basses geht zunächst etwas verstärkend auf die Kadenz im zweiten Takt zu. Verschiedene Details (Verzierungen und messa di voce in der Oboe) ergeben sich hier aus dem Zusammenhang der Partitur. Nach einer weiteren Zwischenkadenz setzt der Solo-Alt ein, dessen (ursprünglich für Countertenor komponierte) Partie stellenweise oktaviert wurde, um der Frauenstimme mehr Strahlkraft zu ermöglichen. Die dadurch entstandene melodische Variante hat ihren eigenen Reiz:

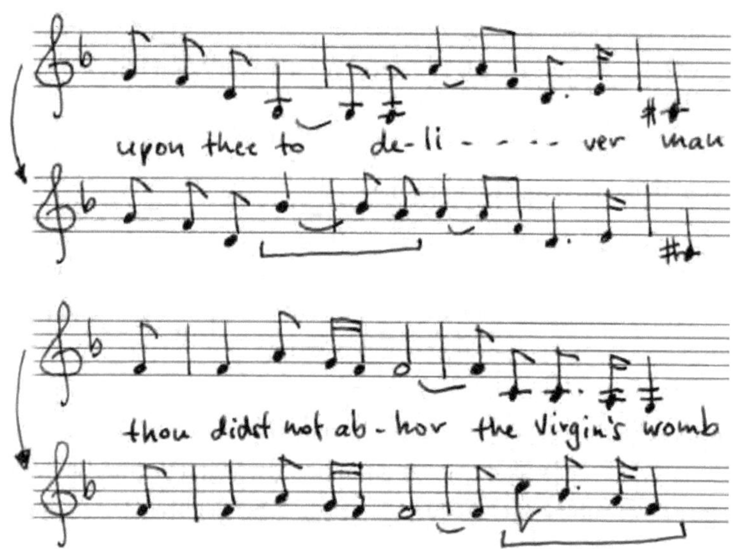

Vor der letztgenannten Phrase „Thou didst not abhor..." gibt es eine Pause, die auch wegen des Harmoniewechsels von A-Dur nach F-Dur als deutliche Zäsur musiziert wird. Das folgende F-Dur bei „Thou didst" ist ein klangliches Erlebnis. Durch die oben illustrierte Oktavierung kann das Ende des Verses auf wunderbare Weise strahlend ausgesungen werden.

Die Vorimitation des Kernmotivs durch Violine und Oboe (Takte 10 und 11) wird durch die Textierung der Instrumentalstimmen verdeutlicht. Die anschließenden Parallelbewegungen der Instrumente sollten der Singstimme entsprechen, denn die gemeinsame Agogik bildet die Grundlage für den Reiz dieser Passage:

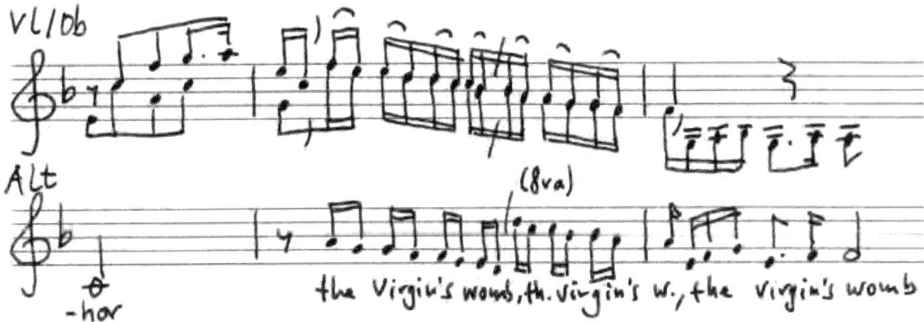

Der folgende solistische A-cappella-Satz „When thou hadst overcome the sharpness of death“ ist, wie in Kapitel 3 ausgeführt, eine musikalische Besonderheit, für die Händel nach eigenhändigen Korrekturen im Autograph (24 recto und verso) erst im dritten Anlauf eine endgültige Lösung fand. Das Schlüsselwort „sharpness“ wird gut deklamiert und die Dissonanzen werden ausdrucksvoll angeschärft. Das letzte „of death“ wirkt wie ein Echo und wird deshalb nach einer Dehnung der vorangehenden Pause deutlich leiser gestaltet. Um die Zäsur zum nächsten Abschnitt zu verstärken, soll der Schlussakkord im Raum verklingen.

Diese Zäsur ist musikalisch eng verwandt mit dem Wechsel vom „passus et sepultus“ zum „et resurrexit“ in verschiedenen Mess-Vertonungen. In Bachs *h-Moll-Messe* ist sie besonders ausdrucksvoll zu erleben. Bei Händel wird der starke Kontrast des nun folgenden Chores „Thou didst open the kingdom of heaven“ durch ein kraftvolles, rhythmisch markantes und deutlich deklamierendes Musizieren ein überwältigendes (wenn auch kurzes) Erlebnis für die Zuhörer. Das zum Schluss dieser Passage (im Autograph etwas flüchtig) notierte Adagio und die Fermate in Takt 25 verlangen ein deutliches Abbremsen des Tempos in die Schlusskadenz.

Der nun folgende Vers „Thou sittest at the right hand of God“ wird entsprechend der Polyphonie, dem Bewegungsdrang der Achtelketten und dem tänzerischen ¾-Takt lebendig und schwungvoll musiziert. Dass dieser Takt schon nach kurzer Zeit dann immer wieder von Hemiolen außer Kraft gesetzt wird, steigert die Lebendigkeit der Musik. Der erste Einsatz im Alt sollte trotz der Unterstützung durch die Orgel im Zusammenklang mit den Achtelketten in der Oboe sehr präsent gesungen werden. Bei den Koloraturpassagen ist erneut die Vorgabe einer Strukturidee hilfreich:

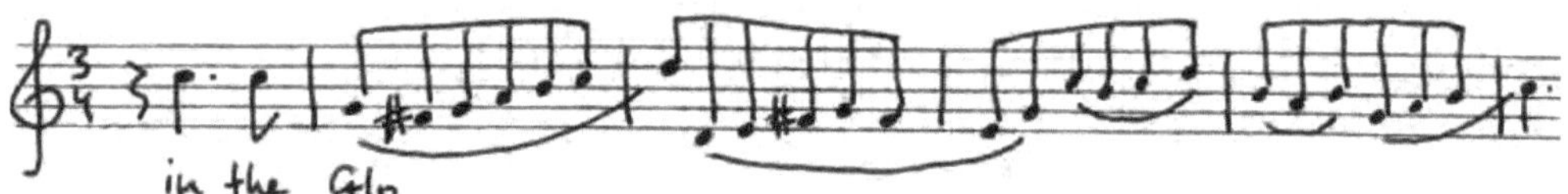

Weil das Alt-Thema in Takt 35–40 für die Frauenstimmen recht tief wird, sollen wieder Männerstimmen aushelfen. Diesmal übernehmen einige Baritone diese Aufgabe (und springen in Takt 39 zurück), denn die Tenöre sind zur selben Zeit aktiv und können nicht entbehrt werden. Das zwischen Takt 42 und 43 übergebundene b im Bass betont den Mittelpunkt einer Hemiole. Das Hauptwort „glory" kann durch eine geringfügige Umtextierung mit einer starken Hauptsilbe und einem nachklingenden „-ry“ seine Wirkung besser entfalten:

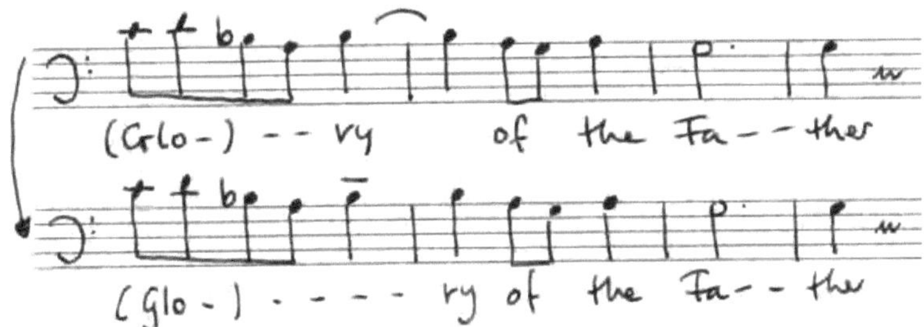

Mit dem Beginn der nächsten Durchführung steigert sich die musikalische Energie bis zum Ende, und entsprechend werden die Stimmeinsätze intensiviert. In Takt 54 singt der Sopran sein exponiertes Thema mit besonderer Strahlkraft, und Bass und Tenor führen parallel dazu ihre kontrapunktischen Terzparallelen bewusst als Einheit aus. Der Bass erhält durch eine differenziertere Textierung in den Takten 57–60 mehr Prägnanz. Die signalartige Akzentuierung der Einsätze „in the Glory" ab Takt 57 in den Mittelstimmen macht die musikalische Verdichtung des Chorsatzes hörbar.

Die Wirkung des klangprächtigen Schlusses wird durch ein breites Ritardando und die Verzierung in den Diskantstimmen unterstützt. Die Zäsur zum nächsten Teil des Te Deum braucht viel Ruhe, denn es findet ein Wechsel in eine ganz andere musikalische Sphäre statt.

Nr. 6 We believe that thou shalt come

Die hohen Streicher beginnen mit dem gemeinsamen Ton g, der wie eine Keimzelle wirkt, aus der sich der Klang allmählich entwickelt. Die Instrumente kommen daher dynamisch wie aus dem Nichts und gehen die Auffächerung des Klanges behutsam an. Das Tempo ist sehr ruhig, um die harmonischen Farben zur Geltung zu bringen (die HHA schlägt entsprechend „Largo" vor). Die Traversflöte erhebt sich mit ihrem langen Quintton d allmählich über den Klang der Violinen und Bratschen. Ihre zarte Farbe ist im Te Deum überraschend und reizvoll.

Händel wollte mit dieser entrückten – weil Bass-freien – Sphärenmusik offensichtlich etwas Besonderes erlebbar machen: einen intimen Ruhepunkt innerhalb seines Werkes bei einem Kernsatz des christlichen Glaubensbekenntnisses („We believe that thou shalt come to be our Judge").

Die Solisten agieren in diesem Abschnitt als Mitglieder des Chores. Am Ende der Orchestereinleitung werden die Instrumente dynamisch etwas zurückgenommen und der Solo-Bass übernimmt, nicht exponiert und drängend, sondern aus dem Zusammenhang heraus. Der folgende Abschnitt „help thy servants" ist als Crescendo auskomponiert, denn durch die Dissonanzbildungen erhöht sich die musikalische Spannung. Der Klang weitet sich und wird schließlich durch den in Takt 10 hinzutretenden Basso continuo „geerdet".

Die Musik erreicht mit der Homophonie bei „whom thou hast redeem'd" einen ersten Höhepunkt, und der Chor deklamiert den Text entsprechend eindringlich. In Takt 13 wird der Wechsel vom Chor zum Soloabschnitt deutlich phrasiert. Die Streicher spielen die erste Takthälfte decrescendo, entsprechend dem verklingenden „blood" des Chores. Eine Atemzäsur in der Taktmitte unterstreicht den harmonischen und satztechnischen Einschnitt (D-Dur → B-Dur, Tutti → Solo).

Durch die gleichwertige Besetzung des Duettes „Make them to be number'd" mit zwei Tenören (statt mit Alt und Tenor) behält die Musik ihre ursprüngliche Expressivität, denn die Dissonanzen wirken nun entsprechend scharf:

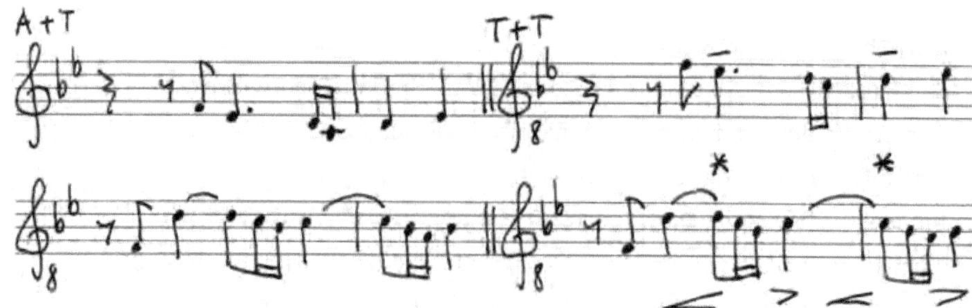

Die Sänger führen diese Dissonanzbildungen (*) bewusst aus (der zweite Tenor mit Messa di voce) und die Streicher unterstützen dies, indem sie ihre Achtelbewegungen auf die entsprechenden Taktschwerpunkte hinführen. Da die Kadenz in Takt 17 harmonisch entspannt, wird sie auch dynamisch zurückgenommen. Das blockhafte „O Lord" des Chores übernimmt die Dynamik dieses Endes, so dass ein organischer Übergang entsteht. Der Auftakt „O" muss ohnehin schwächer sein und auf den Taktschwerpunkt „Lord" hinführen, bei dem dann das (von Händel vorgeschriebene) Forte erreicht wird.

Der Ausdruck dieser Passage (das Flehen der Menschen um Errettung) ist auch von der Deutlichkeit der Deklamation abhängig, die vom Orchester mitgetragen wird. Die harmonischen Spannungsverhältnisse sollten sehr bewusst dynamisch gestaltet werden, denn alle wichtigen Worte werden mit Septimakkorden harmonisiert:

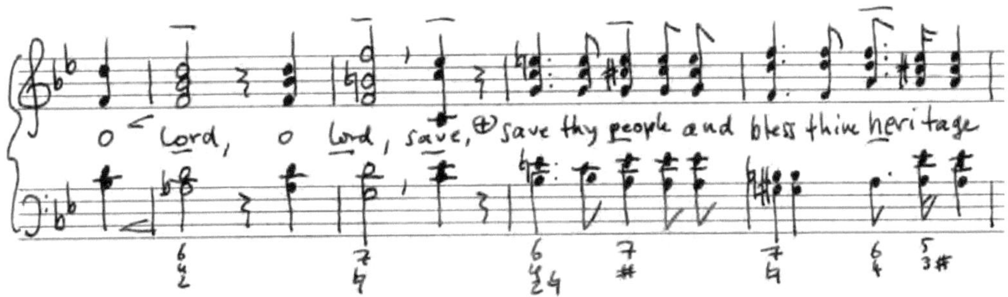

Trotz seiner Expressivität darf der Akkord bei „bless" nicht zu sehr in die Länge gezogen werden. Er muss vielmehr aufgrund der Kürze des Vokals abfedern und mit deutlichem „-ss" beendet werden. Gleiches gilt für die übrigen Silben:

bless thine he - ri - tage

Nachdem die Dissonanzbildungen in diesem Abschnitt von den vertikalen Akkorden bestimmt waren, bezieht das folgende „govern them" seinen Reiz aus den starken Dissonanzen zwischen den horizontalen melodischen Linien. Die Solostimmen und der Chor kosten die entstehenden Halbtonreibungen aus, besonders die Dissonanzen es–d zwischen den Solstimmen Sopran und Alt und g–as zwischen den Außenstimmen des Chores in den Takten 23–24:

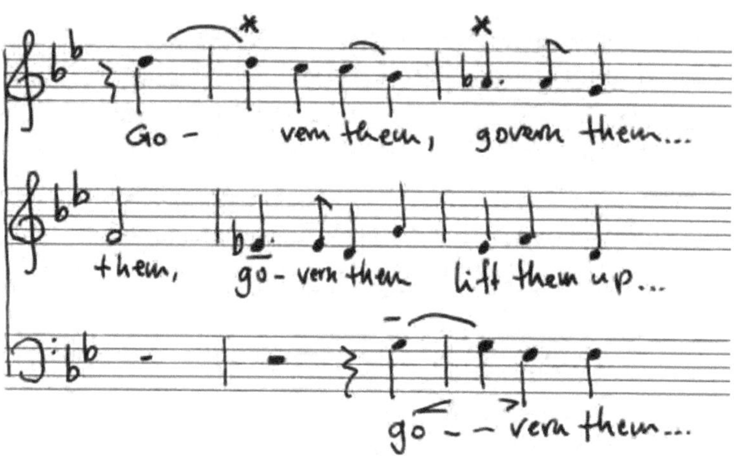

An dieser Stelle sollte die Gegenstimme der Flöte hervorgehoben werden. Die zusammenfassende Schlusskadenz benötigt eine klare Deklamation und klingt auf der Nebensilbe aus. Um das Überblenden in das Nachspiel wirksam werden zu lassen, gehen die Streicher bereits zur Taktmitte ins Piano zurück und der „erdige" Basso continuo verklingt unauffällig. Violinen und Violen müssen eventuell noch leiser spielen, um die Flöte wieder hervortreten zu lassen. Das Orchester kehrt wieder zu der „himmlischen" Atmosphäre des Beginns zurück, verklingt wieder gemeinsam auf einem Ton und macht so den Zusammenhang zwischen Anfang und Ende erlebbar[206].

206 Im Autograph ist hier in der Bratschenstimme sogar ein (für diese Zeit ungewöhnliches) dreifaches „p.p.p." notiert, das diese Interpretation unterstreicht.

Nr. 7 Day by day we magnify thee

Der Lobpreis „Day by day we magnify thee" beginnt mit einer lebendigen Trompeten-Fanfare. Die virtuose Einleitung wirkt wie eine verheißungsvolle Ankündigung, die dann mit dem prächtigen Doppelchor eingelöst wird[207]. Die Vortragsbezeichnung Allegro ist nicht original, aber der Text und das Partiturbild legen ein lebendiges Musizieren nahe. Allerdings müssen die Sechzehntelketten der Trompeten spielbar und im Raum transparent sein und die Harmoniewechsel im chorischen Hauptteil müssen nachvollziehbar bleiben. Das endgültige Tempo findet sich auch in diesem Fall erst bei den Proben am Ort der Aufführung.

Die ersten vier Takte der Einleitung werden vom Basso continuo als Gegengewicht begleitet und gehen in die unbegleiteten Sechzehntelketten der Trompeten über, die mit deutlichem Forte-Piano-Kontrast gespielt werden. Ab Takt 8 tritt dann wieder die Continuo-Gruppe hinzu und beginnt mit den Trompeten ein rhythmisches Wechselspiel, das entsprechend akzentuiert wird:

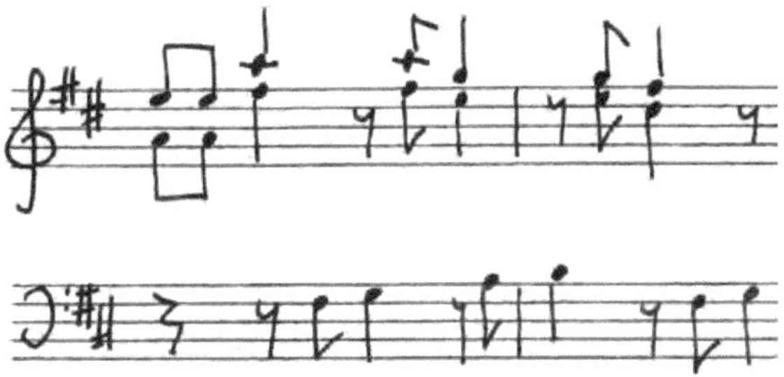

Die Trompeten spielen dann die abschließende Kadenz in Takt 10 bewusst als Übergabe an den Chor.

Die beiden Chorgruppen (sst+aatb), denen die Holzbläser bzw. Streicher und Trompeten zugeordnet sind, musizieren das „Day by day we

207 Wie in Kapitel 5 ausgeführt, geht diese Wirkung in Hillers Bearbeitung völlig verloren.

magnify thee" als eine Art Wettstreit, wie der konzertierende Stil des Satzes nahelegt. Es wäre für die Wirkung im Raum ideal, die beiden Gruppen getrennt aufzustellen. Das dafür notwendige Umstellen des Chores im Raum wäre aber zu zeitaufwändig und würde den musikalischen Spannungsbogen des Te Deums unterbrechen. Eine Alternative wäre die Besetzung des oberen Chores mit drei Solisten, die das klangliche Gleichgewicht nicht gewährleisten könnte.

Beide Orchestergruppen sollten den Text kennen, um ihr Spiel an die Deklamation des Chores anzupassen. Die Betonungen des Textes werden variabel gehandhabt, d. h. je nach melodisch-rhythmischer Bewegung auf „mag-" oder auf die Nebensilbe „-fy" hingeführt (z. B. in Takt 13–15):

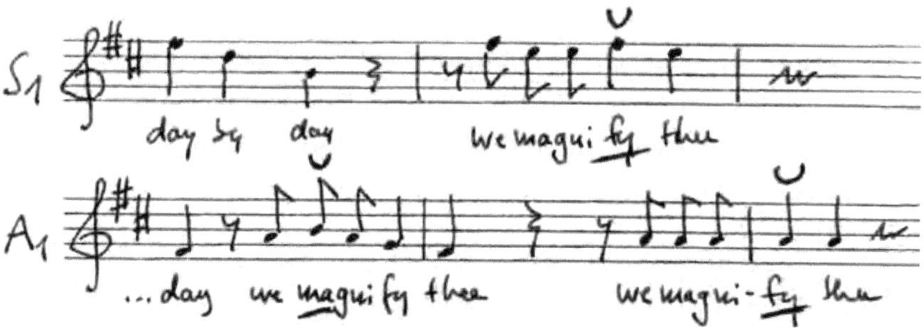

Die verschiedenen Chorblöcke werden dynamisch differenziert, um das musikalische Geschehen mit Echowirkungen (Takt 14–15 oder 21–22) zu beleben. Die nachfolgenden Verstärkungen wirken dann wie eine Neubelebung (z. B. in Takt 21) oder unterstreichen die Harmonik, z. B. den Wechsel nach h-Moll in Takt 16. Eine Hervorhebung verdienen die kleinen Soli der ersten Trompete (z. B. in den Takten 15, 17 und 21). Die Sequenzierung des Fanfaren-Motivs und die ungewöhnliche harmonische Rückung von A-Dur nach h-Moll (Takt 23–24) führen zu einer Steigerung, die der Intensivierung bedarf. Ab Takt 26 erklingt die Musik im vollen Forte. Die kurze Ausweichung nach G-Dur soll im Unterchor durch bewusstes Deklamieren unterstrichen werden.

Die letzten Takte dieses prachtvollen Chores werden noch einmal besonders gut deklamiert und zum Ende hin etwas breiter gesungen, um ihre Schlusswirkung zu unterstützen. Dabei sollte hörbar sein, dass der Tenor das „magnify"-Motiv des Soprans imitiert. Mit der Zurücknahme des Tempos bekommt die phrygische Kadenz (Takt 31–32) genügend Gewicht, so dass sich die Spannung des Halbschlusses am Ende des Chores im Beginn des folgenden Teils auf natürliche Weise lösen kann.

Nr. 8 And we worship thy name

Ein direkter Übergang in den nächsten Chor ist daher naheliegend. Der in der HHA notierte abschließende Doppelstrich und die Überschrift „8. Chorus" sind nicht original und eher irreführend, weil sie eine Zäsur suggerieren, die Händel nicht notiert und daher wohl auch nicht gewollt hat. Im Autograph sind beide Abschnitte nur durch einen normalen Taktstrich getrennt, bilden also eine musikalische Einheit (33 verso und 34 recto).

Daher wird der polyphone Satz „And we worship thy name" im selben Grundtempo musiziert. Im Gegensatz zu „Day by day" werden die einzelnen Stimmen nun individuell phrasiert, wobei entsprechende Eintragungen im gesamten Chormaterial ebenso hilfreich sind wie die Textierung der Instrumentalstimmen, wie die erste Phrase des Soprans (Takt 2–4) zeigt:

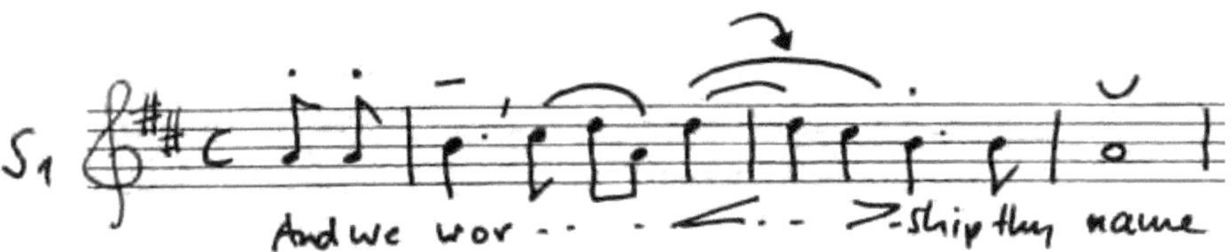

Die Stimmgebung ist nun im Gegensatz zu „Day by day" und dem musikalischen Vorbild der Vokalpolyphonie entsprechend weicher und gebundener.

Da der Alt sehr tief beginnt, helfen wieder Tenöre aus, die dann in Takt 4 bequem in ihre eigene Stimme wechseln können. Der Klang der Altstimme wird dadurch erneut authentischer. In Takt 7 singen die ersten Soprane das Thema gemäß ihrer Stimmlage und der begleitenden Oboen dynamisch gesteigert. Der Bass folgt diesem Prinzip, denn mit seinem Einsatz ist die Fünfstimmigkeit endgültig erreicht. Der Chor muss diese satztechnische Verdichtung bewusst mitvollziehen und durch zunehmende gesangliche Energie auch den Einsatz der Trompeten in Takt 10–11 folgerichtig erscheinen lassen. Die Soprane singen nun mit voller Pracht in exponierter Lage, der zweite Sopran ab Takt 14 sogar mit etwas mehr Intensität, damit die Imitation des „ever world without end" als Bestätigung wirken kann.

Der Orgelpunkt des Basses leitet den Schluss ein und wird durch deutliche Deklamation hörbar. Die langen Notenwerte werden in allen Stimmen strahlend mit großem, rundem Klang gesungen. Dieser festliche Schluss soll nachwirken können, weshalb auch hier ein kurzes Innehalten vor dem nächsten Teil des Te Deum sinnvoll ist.

Nr. 10 Vouchsafe, o Lord

Der Beginn dieses Teiles wurde ursprünglich für zwei Altisten komponiert. Der Tonumfang der beiden Stimmen lässt aber die Besetzung mit zwei Tenören problemlos zu. Die Musik ist von innerer Ruhe geprägt und bildet mit ihrer dunkleren Moll-Sphäre einen deutlichen Kontrast zu den benachbarten, sehr bewegten und Dur-prächtigen Te Deum-Teilen.

Die Fortschreitung der Harmonik ist hier grundsätzlich halbtaktig, in manchen Passagen (z. B. in den Takten 3–5 oder 17–19) auch in Vierteln, sollte aber stets ruhig ausgesungen werden:

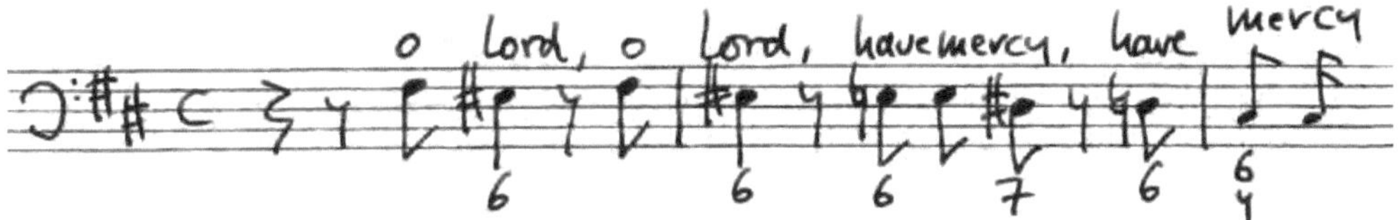

Das Anfangsmotiv wird in den Streicherstimmen textiert, damit seine Gestaltung auch hier den Singstimmen entsprechen kann:

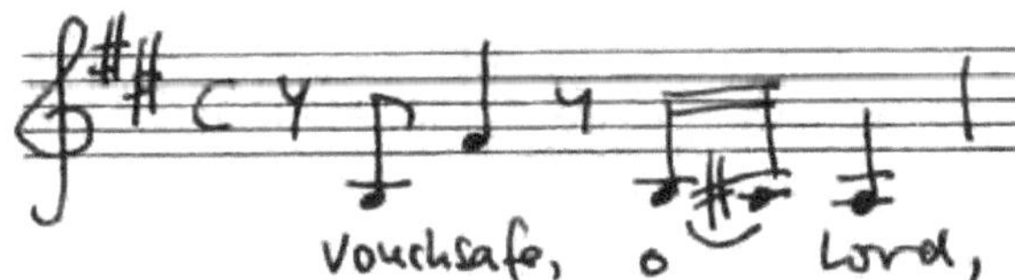

Die Sänger musizieren ihr Duett als gleichberechtigten konzertierenden Dialog. Die zahlreichen Dissonanzbildungen werden von ihnen wieder durch Messa di voce verstärkt. Die Artikulation der abwärtsführenden Sechzehntel-Läufe geschieht in Anlehnung an die Seufzer-Figur:

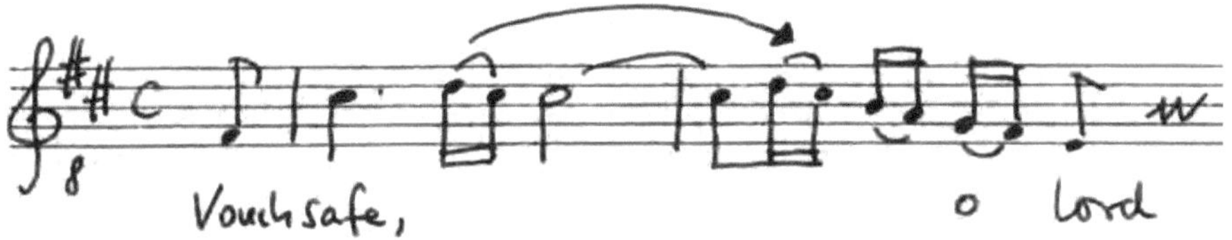

Die strukturierende Funktion der Zwischenkadenzen (Takt 9–10, 11–12 oder 15–16) wird durch die Zusammenführung der Stimmen in Terzparallelen unterstrichen und daher dynamisch etwas verstärkt. Die Streicher gestalten die Atemzäsuren der Solisten mit.

Der formale und harmonische Einschnitt in Takt 17 wird durch eine deutliche Atemzäsur unterstützt und auch durch den Wechsel zur dunkleren Klangfarbe hörbar. Die hinzutretende Bassstimme hebt das expressive Lamento mit etwas Nachdruck und deutlicher Deklamation hervor. Der Solo-Tenor gestaltet sein Motiv „O Lord" differenzierter als im Notentext vorgegeben. Durch ein leichtes Absetzen des ersten „o" kann er die nachfolgende Dissonanz ausdrucksstärker singen:

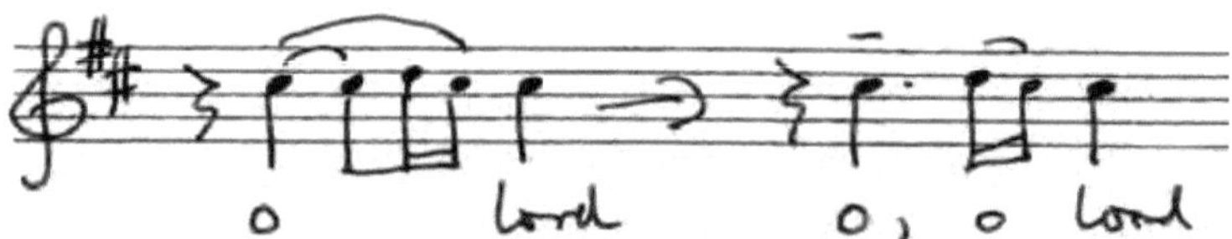

Der Solist musiziert das nachfolgende „have mercy" bewusst als Wechselspiel mit dem Solo-Alt. Der Solo-Sopran tritt in Takt 19 mit dem Hauptmotiv deutlich hinzu. Der Abschluss des Ensembles wird noch einmal dynamisch verstärkt und in Takt 21–22 leicht gedehnt, um den formalen Einschnitt zu unterstreichen.

Der Chor übernimmt nun kraftvoll das „O Lord" der Solisten und die Orchesterstimmen begleiten ihn in dynamischer Balance, d. h. sie spielen nicht zu sehr im Forte (anders als nach Vorschlag der HHA). Dass der Alt hier die zentrale Stimme bildet, war in Händels Besetzung mit Countertenören besser zu hören, denn diese konnten in exponierter Lage singen. Wenn die Partie von Frauen gesungen wird, muss die Stimmgruppe deutlich genug hervorgehoben werden, wobei wieder die Unterstützung durch Tenöre wünschenswert ist.

Der homophone Chorblock „let thy mercy lighten" wird strahlend gesungen und unterstützt dadurch unmittelbar die Semantik. Die folgende Phrase „as our trust is in thee" ist anfangs sparsam besetzt (ssb) und wird entsprechend dynamisch etwas zurückgenommen. Nach der Kadenz in Takt 27–28 übernehmen die Streicher zunächst die Dynamik des Chores und steigern sie dann. Die Imitationen innerhalb des Chorsatzes („as our trust...") werden durch Intensivierung hörbar gemacht. Die harmonische Spannung erfordert in Takt 30 eine Dehnung auf „thee" in den Sopranen und anschließend auf „is" in allen Stimmen:

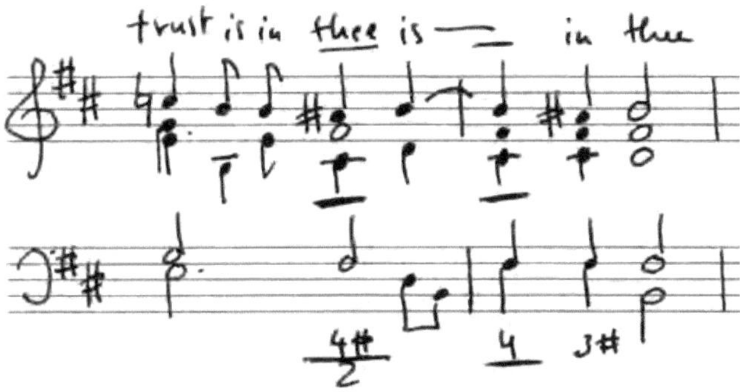

Diese Schlusskadenz geht mit der Konsonanz dynamisch zurück und ermöglicht so einen organischen Übergang in das Nachspiel, das die Atmosphäre des Anfangs wieder aufgreift. Die Streicher beginnen diesen letzten Abschnitt nach einer deutlichen Atemzäsur und musizieren wieder sprachbezogen.

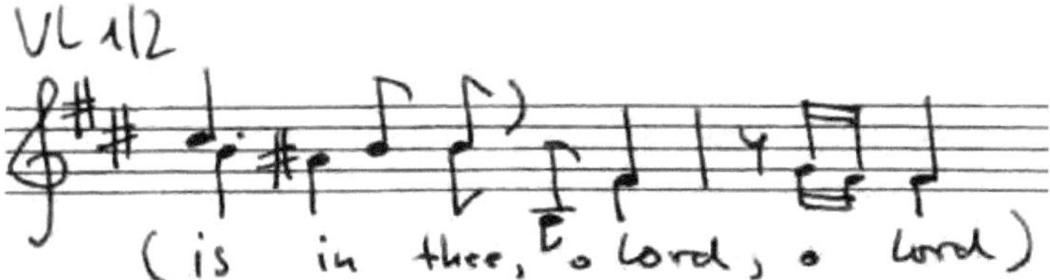

Nr. 11 O Lord, in thee have I trusted

Nach dem ruhigen Verklingen des Moll-Schlusses beginnt der nächste Teil des Te Deum mit einer lebendigen, auf den Cantus firmus des Chores hinführenden Achtelbewegung im Instrumentalbass. Das Tempo (das Allegro in der HHA ist nicht original) orientiert sich an den syllabischen Achtelketten des Chores. Die Dramaturgie des Finales wird durch ein ausdrucksstarkes, prachtvolles Singen des Cantus firmus unterstrichen, den die Instrumente gemeinsam mit dem Chor deklamieren:

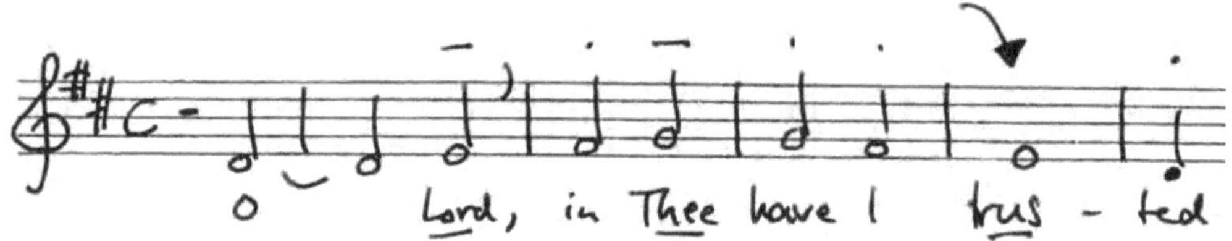

Auf den Cantus firmus folgt in Takt 7 das volle Tutti, das zum Ereignis wird, wenn der Chor kraftvoll und klar deklamierend singt.

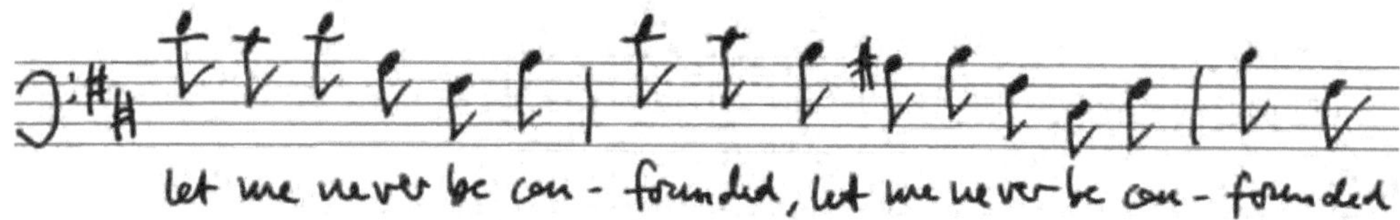

Die prägnanten „never"-Rufe werden jeweils dynamisch etwas verstärkt oder stellenweise zurückgenommen, um eine erneute Intensivierung zu ermöglichen. Die langen Melismen in Takt 10–14 sind so strukturiert, dass ihr Ausdruck differenziert und gleichzeitig reflektorisches Zwischenatmen möglich wird:

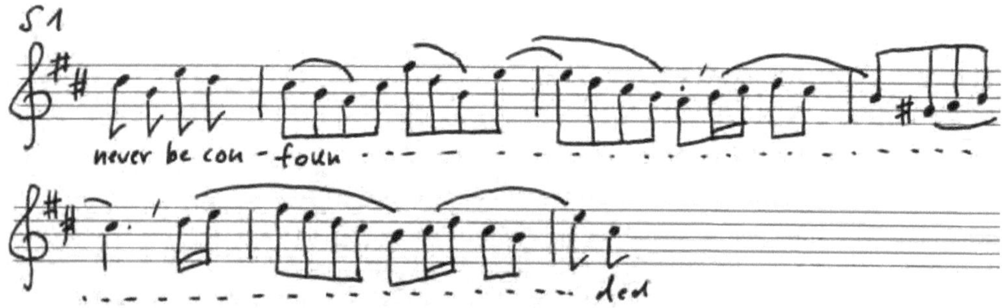

Die bewegten Außenstimmen Sopran und Bass bilden einen Rahmen, aus dem die Mittelstimmen verstärkt hervortreten sollten, denn der Tenor singt den Cantus firmus und der Alt eine Imitation der vorangegangenen Achtelfigur „let me never be confounded“. Die Trompeten akzentuieren dabei die Taktschwerpunkte, während das übrige Orchester colla parte spielt und den Chor klanglich hervortreten lässt.

Bei dieser kontinuierlichen Prachtentfaltung dienen verschiedene Details der musikalischen Differenzierung: Die aufwärtsführende Achtelkette des Basses in Takt 14 ist ein verstärkendes Moment für die neue „Let me never be confounded“-Passage. Im Takt 17 wird der Alt als Fundamentstimme hergehoben, bevor dann im nächsten Takt der Bass zum ersten Mal den Cantus firmus singt, was dynamisch ebenso unterstrichen werden sollte wie die folgende Engführung durch den Sopran. Gleichzeitig müssen die Mittelstimmen gut deklamieren und phrasieren, um den ineinander verwobenen Melismen Gestalt zu geben:

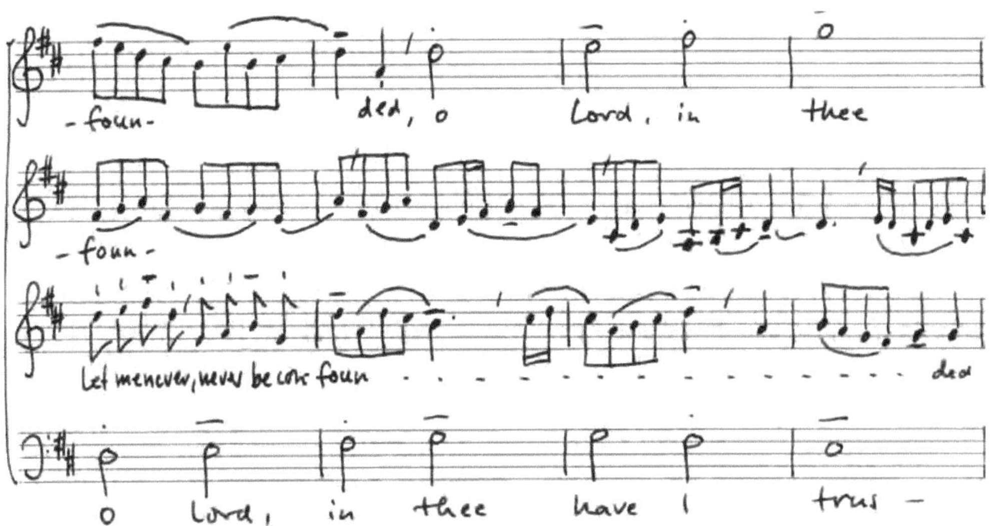

Die letzte Passage verlangt von allen Stimmen eine besonders deutliche Deklamation und eine letzte dynamische Steigerung. Während der Sopran die Textschwerpunkte nachzeichnet, sollten die Unterstimmen sämtliche Achtel gut akzentuieren, weil hier der Fanfaren-Effekt im Vordergrund steht. Die Sänger können sich dabei durchaus an den

Trompeten orientieren. Der Hauptschwerpunkt des Schlusses liegt auf dem vorletzten Takt, worauf die Kadenzfolge IV–I und die Fanfaren-Figur in den Trompeten deutlich hinweisen. Auch die dynamische Entwicklung aller übrigen Stimmen folgt der Dreiklangsentwicklung der Trompeten:

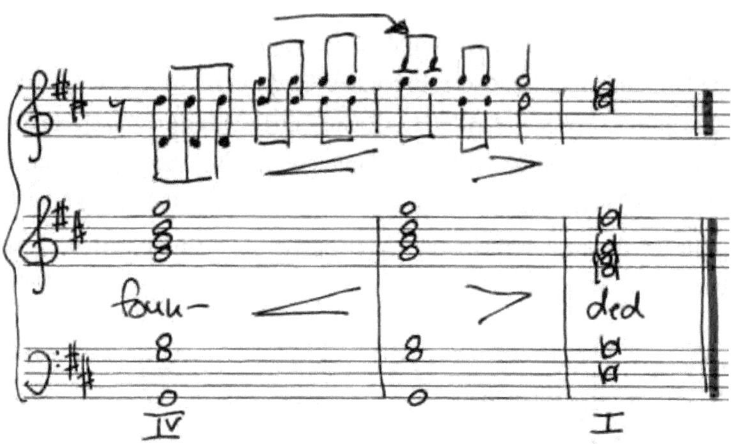

Mit einem archaischen Cantus firmus, großem Klang, bewegter Vielstimmigkeit und eindrucksvoller Deklamation hat Händel ein abwechslungsreiches, prächtiges Finale in Szene gesetzt, mit dem er einen bemerkenswerten Schlussstrich unter sein *Utrechter Te Deum* zieht.

Analyse und Vergleich ausgewählter Audioaufnahmen des *Utrechter Te Deum*

Vorbemerkung

In meiner Tätigkeit als Chordirigent bin ich immer dem Grundsatz gefolgt, die Partituren eines aktuellen Konzertprogramms niemals mit Hilfe von Ton-Aufnahmen zu studieren, um zu interpretatorischen Ideen und Entscheidungen zu kommen. Für ein erstes Kennenlernen eines bestimmten Werkes sind Audiodokumente durchaus sinnvoll, z.B. wenn es gilt, für ein bestimmtes Programmkonzept passende Chorwerke zu recherchieren. In der realen Vorbereitungs- und Probenphase sind Aufnahmen jedoch tabu.

Der Vergleich verschiedener Audioaufnahmen eines Werkes kann dazu dienen, einzelne musikalische Konzepte und ihre Umsetzung kennenzulernen und zu diskutieren. Man wird sich dabei auf verschiedene oberflächlich wahrnehmbare Faktoren beschränken und die potentiellen Eigenheiten der Aufnahmetechnik in Rechnung stellen müssen. Aufstellungspositionen und Leistungsfähigkeit der Mikrofone und ihre Abmischung bestimmen das Klangbild, das vom realen Eindruck im Raum deutlich abweichen kann. Einerseits können Solostimmen, die im Raum groß und tragfähig wirken, im Nahfeld eines Mikrofons kleiner klingen, und zu weit entfernt postierte Instrumente sind kaum mehr heraushörbar. Andererseits können spezielle Richtmikrofone einzelne Stimmen oder Instrumente hervorheben und damit einen transparenteren Gesamtklang erzeugen als es der Konzert- bzw. Aufnahmeraum ermöglicht.

Audioaufnahmen können trotz aller technischen Weiterentwicklungen und gerade auch wegen der Möglichkeiten der Manipulation nicht zu einem authentischen musikalischen Erleben führen, weil der Raum, der den Hörer umgibt, nicht mit dem Konzertraum identisch ist. Auch das Betrachten eines Fotos kann den realen Eindruck vor Ort nicht ersetzen. Was bei wenig bearbeiteten Konzertmitschnitten atmosphärisch vielleicht noch einigermaßen nachvollziehbar ist, wird bei Produktionen ohne Publikum nicht selten durch den Hang zur Perfektion – mit Retakes, Schnitten, Veränderungen der Klangbalance, Zugabe von Hall usw. – in unnatürlicher Weise verfälscht.

Es ist daher durchaus schwierig, Audioaufnahmen in sich einzuschätzen und objektiv zu beurteilen. Es gibt aber eine Reihe von musikalischen Faktoren, die eine vergleichende Betrachtung verschiedener Produktionen ermöglichen: die Ensemblebesetzung, der Stimmton, der Charakter der Singstimmen, Sprache und Deklamation, Tempo und Übergänge, Artikulation und Phrasierung, Rhythmik und Agogik.

Für die vorliegende Untersuchung habe ich sämtliche mir auf dem Markt zugänglichen Aufnahmen des *Utrechter Te Deum* erworben. Außerdem hat mir das Deutsche Rundfunkarchiv zwei interessante Konzertmitschnitte zur Verfügung gestellt. Die Produktionen umfassen den Zeitraum von 1938–2010 und versprachen schon vor Beginn der Untersuchung ein breites Spektrum der musikalischen Deutungen und Ergebnisse.

Die Audioaufnahmen im Kurzportrait

Aufnahme A – Zimmermann

Produzent: Reichssender Stuttgart, 1938 (DRA)
Hanna Eschenbrücher und Franzi Formacher (Sopran),
Ludmilla Schirmer und Emma Mayer (Alt), Willi Lorscheider (Tenor)
und Bruno Müller (Bass)
Chor und Orchester des Reichssenders Stuttgart
Dirigent: Reinhard Zimmermann
Ensemblebesetzung: SSAATB, gemischter Chor, modernes Orchester
Stimmton: 440 Hz, Sprache: Deutsch

In dieser Aufnahme sind die Nr. 2 „To thee all Angels cry aloud" und das Ende von Nr. 5 „Thou sittest at the right hand of God" gestrichen. Die Solisten und der Chor haben eine eher helle Klangfarbe. Vor allem die Solisten singen mit sehr viel Vibrato, und der Chor des Reichssenders scheint ein Laienchor zu sein. Der Gesamtklang hat einige Mängel in der Intonation und Homogenität. Das Orchester ist wahrscheinlich von mittlerer Besetzungsstärke. Die Klangbalance der Aufnahme wirkt sich zu Ungunsten der Bläser aus. Artikulation und Phrasierung sind relativ wenig differenziert, Achtelgruppen werden sehr gleichmäßig ohne Agogik gespielt. Dissonanzen werden kaum bewusst gestaltet, lange Töne sind eher gerade und ohne Messa di voce. Haupt- und Nebensilben werden nicht differenziert und Hemiolen nicht berücksichtigt. Die Tempi sind insgesamt recht langsam und alle Schlüsse werden mit sehr viel Ritardando musiziert. Ein spätromantischer, klanglich recht aufdringlicher Musizierstil prägt diese Version des Utrechter Te Deum.

Aufnahme B – Jones

Produzent: Polydor, 1959
Ilse Wolf (Sopran), Helen Watts (Alt), Wilfried Brown und Edgar Fleet (Tenor) und Thomas Hemsley (Bass)
Geraint Jones Singers und Orchestra
Dirigent: Geraint Jones
Ensemblebesetzung: SATTB, gemischter Chor, modernes Orchester
Stimmton: 440 Hz, Sprache: Englisch

Diese Aufnahme klingt zunächst etwas flach, wirkt aber vor allem gegen Ende prachtvoller und runder. Die helle Klangfarbe des Chores ist vermutlich der Aufnahmetechnik geschuldet. Das Orchester spielt auf modernen Instrumenten in der Händelschen Originalbesetzung ohne Pauken. Der Chor ist im Alt mit Tenören besetzt, was dieser Stimme Kraft und Präsenz verleiht.

Besonders fallen die häufig breitgezogenen Vokale des Chores, viel Vibrato bei Sängern und Instrumentalisten und extreme Ritardandi bei den Schlüssen auf, an denen dann die Unterschiede zwischen harmonischer Spannung und Entspannung völlig aufgehoben sind. Die Bandbreite von Tempo und Dynamik ist relativ groß, wobei der Chorklang im Forte eher zu massiv ist und die Deklamation beeinträchtigt, während es im Piano besonders klangschöne Momente gibt. Die lineare Gestaltung ist bei Solisten und Chor nicht immer differenziert.

Insgesamt ist diese Fassung lebendig und ausdrucksvoll, wenn auch (am Ende der 1950er Jahre verständlich) noch nicht von den Erkenntnissen der barocken Aufführungspraxis durchdrungen.

Aufnahme C – Knothe

Produzent: Eterna, 1976
Inge Uibel (Sopran), Gisela Pohl (Mezzosopran), Eberhard Büchner und Hans-Jürgen Wachsmuth (Tenor) und Siegfried Lorenz (Bariton)
Berliner Singakademie und Kammerorchester Berlin
Dirigent: Dietrich Knothe
Ensemblebesetzung: SMTTB, gemischter Chor, modernes Orchester
Stimmton: 440 Hz, Sprache: Deutsch

Auch bei dieser Aufnahme haben Solisten und Chor oft eine helle Klangfarbe. Bei den Solisten ist stellenweise viel Vibrato und ein sehr fülliger Klang festzustellen. Das gut ausbalancierte Orchester begleitet behutsam. Insgesamt ist das Klangbild homogen, rund und gut intoniert. Die Tempi und Übergänge wirken insgesamt ausgewogen. Artikulation und Phrasierung sind meist gut verständlich, wenn auch eher in die Breite gezogen. Die Hemiolen werden wenig beachtet. Die Dissonanzbehandlung ist kaum differenziert und Messa di voce wird von den Sängern nicht realisiert. Die Deklamation der Sprache ist relativ gleichförmig. Diese Version des *Utrechter Te Deum* ist deutlich harmonischer und runder im Klang als die Versionen von Zimmermann und Jones, aber insgesamt – obwohl deutlich jünger – ebenso wenig von der barocken Aufführungspraxis beeinflusst.

Aufnahme D – Preston

Produzent: Decca, 1978
Emma Kirkby und Judith Nelson (Sopran),
Charles Brett (Countertenor), Rogers Covey-Crumb
und Paul Elliot (Tenor) und David Thomas (Bass)
The Choir of Christ Church Cathedral, Oxford
und The Academy of Ancient Music
Dirigent: Simon Preston
Ensemblebesetzung: SSCtTB, Knabenchor, Barockorchester
Stimmton: ~415 Hz, Sprache: Englisch

Die Solisten dieser Version singen mit schlanker Stimme und feiner Linienführung. Der Chorklang ist durchaus weich und flexibel, allerdings unausgewogen in der Balance, vor allem zwischen den starken Bässen und den eher blass wirkenden Altisten (die ja zu Händels Zeit innerhalb der Chapel Royal eine starke Stimmgruppe bildeten). Auch die Knabensoprane sind weniger strahlend und nicht immer durchsetzungsfähig.

Das Orchester hat einen deutlich schärferen, obertonreichen Klang, wie er für Barockinstrumente typisch ist. Das Instrumentarium ist um Pauken ergänzt und entspricht damit der Aufführungspraxis seit den 1730er Jahren. Das Orchester spielt deutlich artikuliert und agogisch. Solisten und Chor deklamieren plastisch und verleihen dem Text Ausdruck, ohne jedoch zwischen langen und kurzen Vokalen zu differenzieren. Im Vergleich zu Zimmermann, Jones und Knothe werden Dissonanzen hörbar und die polyphonen Strukturen transparent. Die musikalische Ausführung wirkt im Verhältnis zu den Möglichkeiten des Klangkörpers manchmal noch etwas zu schön und schlank, anstatt auch einmal den kräftigen dramatischen Ausdruck zu suchen. Diese musikalische Version des *Utrechter Te Deum* ist mit ihrem lebendigen, sprechenden Musizieren ein typisches Beispiel für die Vorzüge der Aufführungspraxis alter Musik.

Aufnahme E – Harnoncourt

Produzent: Teldec, 1984
Felicity Palmer (Sopran), Maria Lipovsek (Alt), Philip Langridge, Kurt Equiluz und Thomas Moser (Tenor) und Ludwig Baumann (Bass)
Arnold Schönberg-Chor und Concentus Musicus Wien
Dirigent: Nikolaus Harnoncourt
Ensemblebesetzung: SSTTTB, gemischter Chor, Barockorchester
Stimmton: ~415 Hz, Sprache: Englisch

Die Erwartungen an diese Aufnahme waren aufgrund der Reputation des Dirigenten als Spezialisten der barocken Aufführungspraxis groß. Umso erstaunlicher sind einige Diskrepanzen, die sich beim intensiven mehrfachen Abhören zeigen. Während die musikalische Ebene von sprechendem, wunderbar agogischem, rhythmisch und dynamisch äußerst differenziertem und spannendem Musizieren gekennzeichnet ist, gibt es hinsichtlich der Solistenbesetzung und der allgemeinen Sprachbehandlung überraschenderweise Defizite. Die Solisten sind in ihrer Stimmgebung sehr unterschiedlich, z.B. singt der erste Tenor sehr weich und schlank, die Frauenstimmen dagegen klingen stellenweise fast schrill und singen mit viel Vibrato. Das führt zu stilistischen Differenzen und Mängeln in der Homogenität. Der Chor klingt in sich deutlich homogener, zeigt aber wie die Solisten Schwächen in der Aussprache des Englischen und generell in der Deutlichkeit der Sprache, so als hätte man auf diese Qualitäten weniger Wert gelegt. Die Transparenz leidet auch unter dem verhältnismäßig starken Hall. Vieles von dem, was Harnoncourt über die Musik als Sprache geschrieben hat, findet sich in dieser Version des *Utrechter Te Deum* vor allem im Orchester wieder. Ohne die benannten Schwächen wäre diese Aufnahme sicherlich als vorbildlich zu bezeichnen.

Aufnahme F – Koch

Produzent: Händel-Festspiele Halle, 1989 (Konzertmitschnitt, DRA)
Adelheid Vogel und Cornelia Wosnitza (Sopran), Maria Petraskova (Mezzosopran), Ralph Eschrig (Tenor) und Jürgen Trekel (Bass)
Mitsubishi Diamanten-Chor, Japan und Hallische Philharmonie
Dirigent: Olaf Koch
Ensemblebesetzung: SSMTB, gemischter Laienchor, modernes Orchester
Stimmton: 440 Hz, Sprache: Englisch

Bei der Besetzung des Solistenensembles wird schnell deutlich, dass eine Frauen- und eine Männerstimme gemeinsam nicht die gleiche Homogenität erreichen können, wie Händel es in den ursprünglichen Alt-Duetten intendierte. Der Tenor ragt stimmlich und stilistisch eindeutig hervor. Der Chor ist groß besetzt und die Soprane haben dabei überraschend wenig Durchschlagskraft. Das Orchester ist eher hell im Klang und artikuliert zum Teil sehr differenziert, zum Teil aber auch eher unverbindlich. Der Streicherklang ist markant und die Bläser sind transparent. Die Sprachbehandlung des Englischen weist bei Solisten und Chor Schwächen auf. Eine vergleichende Kritik verschiedener Details muss aber die Live-Situation dieser Aufnahme berücksichtigen. Besonders gut nachvollziehbar und organisch sind die Ruhepausen zwischen den verschiedenen Sätzen, die bei den anderen Aufnahmen manchmal nicht realistisch genug sind.

Aufnahme G – Zöbeley

Produzent: FONO 1990 (aufgenommen 1979)
Maria Venuti und Margit Neubauer (Sopran), David Knutson und Heiner Hopfner (Tenor) und Berthold Possemeyer (Bariton)
Münchner Motettenchor und Münchner Philharmoniker
Dirigent: Hans Rudolf Zöbeley
Ensemblebesetzung: SSTTBar, gemischter Chor, modernes Orchester
Stimmton: ~440 Hz, Sprache: Englisch

Der Chorklang ist bei dieser Aufnahme rund, wenn auch im Forte etwas forciert, im Piano klangschön. Die Solostimmen, vor allem die Soprane, singen mit recht viel Vibrato, was die sängerische Gestaltung eher gleichförmig wirken lässt. Das Orchester spielt engagiert und ausdrucksvoll, wenn auch in der Artikulation nicht immer deutlich. Die Sprachbehandlung ist vergleichsweise differenziert, allerdings werden auch hier kurze Vokale eher langgezogen. Durch das Vibrato und die fehlende Differenzierung langer Noten gehen manche Dissonanzwirkungen verloren. Die Tempi sind abwechslungsreich und die Schlüsse wunderbar klangvoll und organisch.

Aufnahme H – Scott

Produzent: Hyperion 1998
Julia Gooding und Sophie Danemann (Sopran), Robin Blaze und Ashley Stafford (Countertenor), Rogers Harvey-Crumb und Mark Le Brocq (Tenor) und Andrew Dale Forbes (Bass)
The Choir of St. Paul's Cathedral und The Parley of Instruments
Dirigent: John Scott
Ensemblebesetzung: SSCtCtTTB, Knabenchor, Barockorchester
Stimmton: ~415 Hz, Sprache: Englisch

Das opulent besetzte Solistenensemble, das stellenweise noch von drei Knabensopranen ergänzt wird, klingt sehr homogen, schlank und schön. Der Chorklang ist durch die Besetzung der Altstimme mit Countertenören strahlender als bei den anderen Ensembles. Die Knabensoprane sind stimmlich recht präsent und klangvoll, auch wenn sie stellenweise weniger kräftig, dann wieder etwas forciert singen, und der Chorklang dadurch stellenweise nicht ausbalanciert und weniger gut intoniert wirkt.

Im Barockensemble sind der Urfassung entsprechend keine Pauken eingesetzt. Dafür ist hier zum einzigen Mal eine Laute als Continuo-Instrument zu hören. Die Musik wirkt in Artikulation und Phrasierung sehr lebendig und ist in der Sprachbehandlung (bis auf die unnatürliche Verlängerung einiger kurzer Vokale) vorbildlich. Die einzelnen Sätze des *Utrechter Te Deum* werden ausdrucksstark musiziert und sind organisch miteinander verbunden.

Aufnahme I – van Veldhoven

Produzent: Channel Classics 2010
Niki Kennedy (Sopran), William Towers (Countertenor), Wolfram Lattke und Julian Podger (Tenor) und Peter Harvey (Bass)
The Netherlands Bach Society
Dirigent: Jos van Veldhoven
Ensemblebesetzung: SCtTTB, gemischter Chor, Barockorchester
Stimmton: 415 Hz, Sprache: Englisch

Diese Aufnahme ist klangvoll und dabei facettenreich von sehr zart bis prächtig. Der gemischte Chor ist deutlich kraftvoller als der Knabenchor der vorherigen Aufnahme, artikuliert gut und singt dabei manchmal eher schön als zupackend, wodurch manche Details verloren gehen. Das Orchester musiziert farbenreich und ist mit herausragenden Holzbläsern besetzt. Der Einsatz des Cembalos in der Continuo-Gruppe setzt einen reizvollen klanglichen Akzent. Die Solisten singen sehr strahlend und ausdrucksstark, und die Besetzung der Duette mit Countertenor und Tenor ist ein Genuss.

Die musikalischen Wechsel zwischen den einzelnen Gruppen sind insgesamt kontrastreich und dynamisch differenziert. Bei den polyphonen Passagen ist der Sopran häufiger etwas dominant, so dass das Stimmenverhältnis nicht ausgewogen erscheint, was auch an den weniger transparenten Mittelstimmen liegt. Die verschiedenen Einsätze sind eher weich als prägnant, und die Dissonanzbehandlung ist mal mehr, mal weniger ausdrucksstark ausgeführt.

Die gewählten Tempi sind manchmal recht extrem (einmal sehr langsam und eher breit, dann wieder sehr schnell), und einige Übergänge nach Zäsuren wirken relativ hastig. Insgesamt ist diese relativ junge Aufnahme aber ein überzeugender Hörgenuss.

Ein Tempo-Vergleich

Das Tempo ist ein im Grunde kaum objektivierbarer musikalischer Aspekt, weil es immer abhängig von der Raumakustik ist. Bei einem Vergleich zwischen verschiedenen Aufnahmen kann es daher nur um die Erfassung wesentlicher Unterschiede gehen. Das Tempo lässt sich mit Hilfe des Metronoms feststellen, ist aber häufig innerhalb einzelner musikalischer Abschnitte schwankend, so dass die Werte immer wieder angenähert werden müssen.

Aus den gesammelten Daten lassen sich sowohl Tempoverhältnisse innerhalb einer Aufnahme als auch grundsätzliche Gemeinsamkeiten und Unterschiede zwischen den verschieden Versionen erkennen. Für die Untersuchung habe ich eine Auswahl von markanten musikalischen Abschnitten des *Utrechter Te Deum* getroffen. Das anschließende Resümee soll aufzeigen, welche Ergebnisse von Wert für die Erörterung aufführungspraktischer Fragen sind.

Die Tempi in den verschiedenen Audioversionen des *Utrechter Te Deum*

	A	B	C	D	E	F	G	H	I
1 Adagio	46	60	65	60	44	63	58	60	66
Allegro	100	106	118	110	110	124	106	120	124
2	///////	98	96	82	58	82	78	100	126
3	63	68	86	82	118	84	88	96	60
4 (1)	110	146	144	130	134	130	124	134	134
(93)	40	54	54	66	54	66	54	82	48
(107)	112	140	156	118	124	130	138	134	132
5 (1)	36	33	44	33	32	38	38	50	32
(26)	///////	126	138	120	118	120	126	156	158
6	35	38	44	44	46	54	39	54	39
7	80	94	108	92	106	110	106	108	110
9	48	42	57	50	52	54	40	54	39
10	110	102	132	104	124	110	110	114	132

Einige grundlegende Ergebnisse des Vergleichs

Zimmermann hat grundsätzlich die langsamsten Tempi. Wie bei Harnoncourt ist sein einleitendes Adagio extrem langsam und steht mit dem folgenden Allegro etwa im Verhältnis 1:4, während die meisten anderen Versionen die Temporelation 1:2 aufweisen und im Puls einer Sekunde musizieren, der aus der Alten Musik vertraut ist.

Verschiedene Abschnitte sind sich bei Zimmermann sehr ähnlich. Einige schnellere Sätze liegen um MM=100, einige langsamere bei MM=40. Bei Knothe gibt es bis auf die Abschnitte 5 und 6 mit MM=44 keine solchen inneren Bezüge. Auch bei Preston sind sie eher selten. Besonders auffällig ist hier die Tempokonstanz der Nr. 3, die wir auch bei Koch und Scott finden. Die Versionen von Scott und Veldhoven haben ein besonders klares Tempokonzept. Neben den bereits erwähnten Faktoren ist hier zu sehen, dass das gemeinsame Tempo eine Brücke zwischen musikalisch unterschiedlichen Abschnitten schlägt: zwischen 1 und 2 bei Veldhoven oder 4 (1) und 4 (106) oder 5 (1), 6 und 9 bei Scott. Ebenso tempoverwandt erscheint bei Scott die Folge langsam-schnell in 1, 6 und 7 sowie 9 und 10. Allein hinsichtlich der Frage des Tempos erweist sich Scott also als ein mustergültiges Beispiel für die historische Aufführungspraxis.

Über die Frage der Tempi hinaus gibt es eine Fülle von Details, welche die unterschiedlichen musikalischen Ansätze der untersuchten Versionen deutlich machen. Zunächst soll eine Auswahl der Ergebnisse des ausführlichen Quervergleichs vorgestellt werden. Anschließend werden die Ergebnisse zu einem Anforderungsprofil für eine stimmige musikalische Realisation zusammengefasst.

Chronologischer Hörvergleich

Nr. 1 We praise thee, o God (Chor)

Das Adagio wirkt in den verschiedenen Versionen sehr unterschiedlich. Bei Zimmermann, Jones und Zöbeley ist es eher breit gedehnt und bei Harnoncourt sehr langsam. Bei Knothe, Preston, Koch und Veldhoven wirkt es ruhig und organisch. Die Pausen zwischen den Vierteln sind bei Scott sehr gut auf den problematischen Nachhall des Raumes (St. Paul's Cathedral) abgestimmt, während in der Version von Harnoncourt akustische Löcher (zu lange Pausen) und bei Jones Überschneidungen (zu kurze Pausen) entstehen. Alle Versionen gehen am Ende des Adagio ins Piano zurück, wobei Preston den Kontrast am drastischsten gestaltet. Die (nicht notierte) Verzierung der abschließenden Kadenz wird von Preston, Koch, Scott und Veldhoven musiziert. Bei Harnoncourt würde man sie eigentlich auch erwarten.

Das folgende Allegro wird sehr unterschiedlich artikuliert. Im Gegensatz zu älteren Aufnahmen lassen Preston und Veldhoven sehr differenziert und transparent musizieren. Bei Harnoncourt ist die Artikulation besonders abwechslungsreich. In Takt 9 spielen z. B. die zweiten Violinen sehr dicht auf einen Bogen und heben in Takt 12 den Leitton gis-a hervor; bei Scott werden die ersten drei Achtel zusammengefasst:

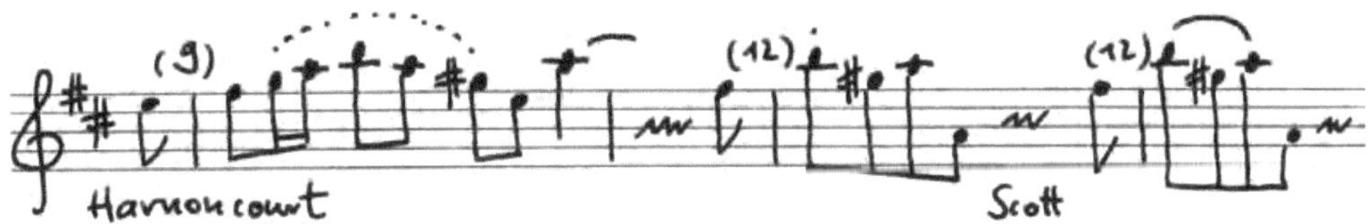

Der Chorklang ist eines der wesentlichsten Unterscheidungsmerkmale zwischen den neun Versionen und natürlich abhängig von der Besetzung mit Knabensopranen oder mit Tenören bzw. Countertenören in der Altstimme. Bei Zimmermann und Jones ist der Klang eher dick und vibratoreich, bei Zöbeley und Knothe rund, aber eher hell, bei Preston weich und glatt ohne stärkeres Vibrato und bei Scott und Veldhoven strahlend und ausgewogen.

Der erste Chor des *Utrechter Te Deum* wird in den Versionen von Zimmermann, Koch und Jones relativ gleichförmig im Legato und mit viel Forte durchgesungen. Bei Preston, Zöbeley, Veldhoven und Harnoncourt singt der Chor differenzierter und bei Scott und Veldhoven sehr abwechslungsreich, wobei besonders das englische Ensemble von Scott das dynamische Auf- und Abschwellen je nach der musikalischen Bedeutung wirkungsvoll einsetzt und als einziges die Interpunktion der Zeile „we praise thee, o God" sehr deutlich macht. Bei Veldhoven ist der Auftakt der Trompeten, der in Takt 17 den Chor vorbereitet, besonders prägnant:

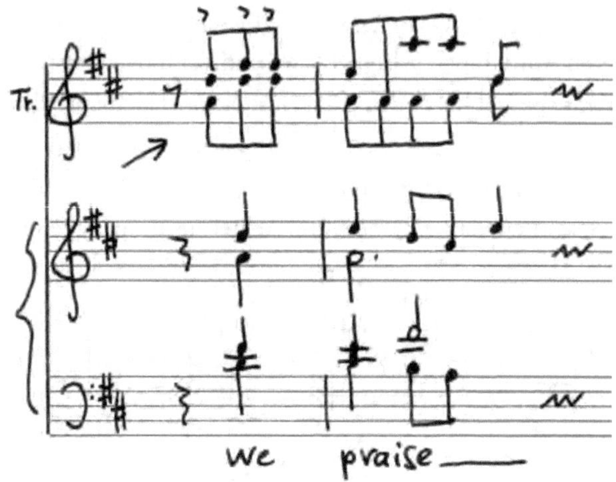

Dieser Choreinsatz gewinnt durch die bei Preston, Harnoncourt und Veldhoven hinzugefügten Pauken. In Harnoncourts Version ist das Signal der zweiten Trompete eine weitere Verstärkung:

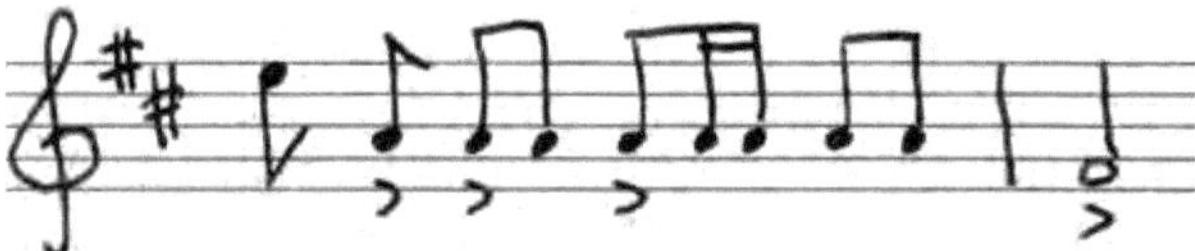

Die auf die Zusammenfassung in Takt 40 folgende dreistimmige Solo-Passage (SAT, ab Takt 40) wird nur bei Koch und Veldhoven solistisch, ansonsten chorisch gesungen. Bei Jones wird hier zum ersten Mal die Besetzung des Alts durch Tenöre deutlich hörbar. Er und Zöbeley lassen allerdings mit sehr gedehnter Vokalisation singen, wodurch die Gestaltung gleichförmig wird.

Das Orchesternachspiel geht in fast allen Versionen dynamisch deutlich zurück. Nur bei Jones wird das Tempo derart verlangsamt, dass es nicht mehr organisch wirkt. Harnoncourt macht durch die Binnenartikulation besonders gut hörbar, wie die zweite Violine in Takt 56 die Initiative ergreift:

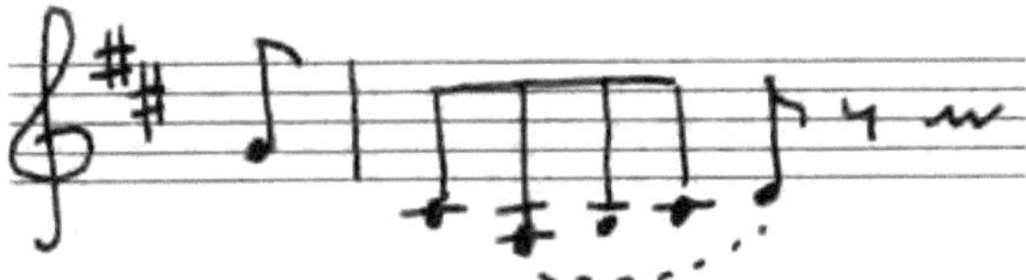

Nicht in allen Versionen verziert die erste Violine die Schlußkadenz. Bei Harnoncourt wird zusätzlich die Antizipation in der ersten Violine doppelt punktiert und die Schlussnote um die Hälfte verkürzt, wohl um dem Übergang zur Fuge eine größere Dichte zu verleihen.

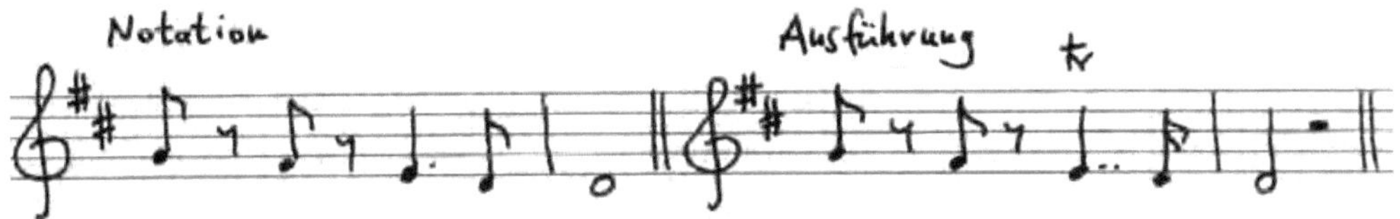

All the earth doth worship thee (Chor)

Der Beginn der Fuge wird in den neun vorliegenden Aufnahmen sehr unterschiedlich gestaltet. Bei Zimmermann wackelt der Einsatz der Bässe und klingt in sich inhomogen, bei Knothe und den anderen passt sich der Instrumentalbass besser an die Chorstimme an. Bei Preston und Jones singen die Bässe etwas zu kräftig, bei Knothe recht massiv und sprachlich undifferenziert und bei Harnoncourt eher dumpf und ähnlich wie in der Version von Koch sprachlich ungenau, was an den zu dunklen Vokalen liegt:

doth → dɔθ ? dʌθ ! / worship → wɔ... ? wœ... !

Bei der linearen Gestaltung sind die Versionen von Zöbeley, Preston und Veldhoven differenzierter als die übrigen. Harnoncourts Version zeichnet sich durch besonders deutliche Artikulation aus, z. B. im klar strukturierten Alt ab Takt 6:

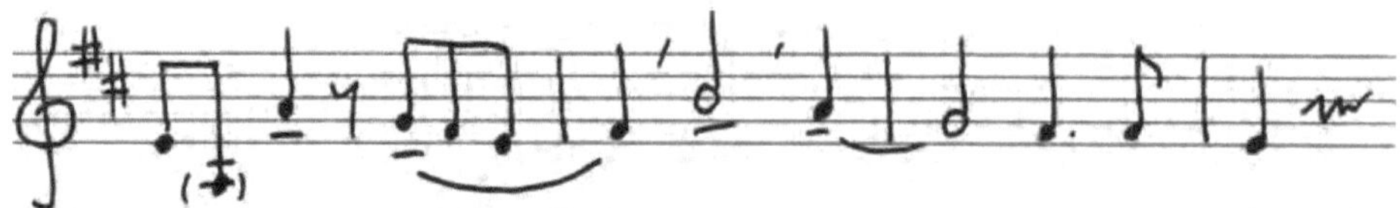

Der Alt wirkt bei Scott wegen der exponierten Lage der Countertenöre (ähnlich wie bei Jones mit den Tenören) besonders strahlend. Den Mittelstimmen wird in den meisten Versionen weniger Bedeutung geschenkt, was nachteilig für die Polyphonie ist, die in der Version von Scott grundsätzlich am durchsichtigsten ist.

Die auffällige Bass-Koloratur (ab Takt 80) wird sehr unterschiedlich musiziert. Die Bässe singen sie bei Zimmermann und Koch kräftig und gleichförmig durch, bei Knothe, Preston, Zöbeley und Veldhoven ist ihre Ausführung balancierter und bei Scott sehr differenziert. Am deutlichsten wird die Bassstimme bei Harnoncourt hervorgehoben, der sie nach dem Akzent auf dem Taktschwerpunkt dynamisch zurückgehen lässt, so dass die Binnenstruktur hörbar wird:

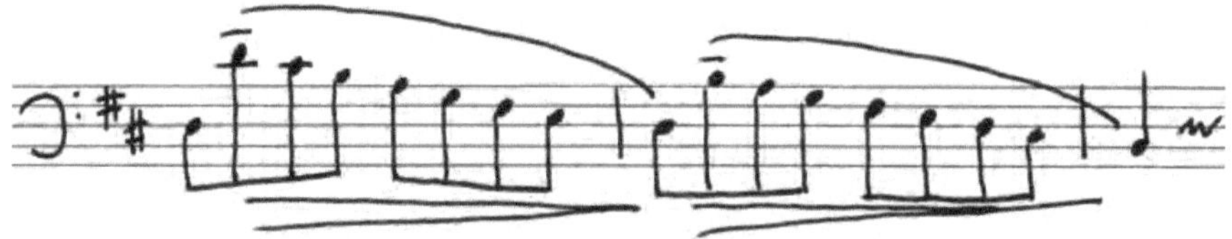

Die Schlusskadenz wirkt bei Zimmermann ausufernd und pathetisch und bei Jones vergleichsweise breit, während sie bei den anderen Versionen insgesamt auf natürliche Weise im Tempo zurückgenommen wird, bei Harnoncourt und Zöbeley mit einem besonders ausdrucksvollen Zurückgehen in ein zartes Piano.

Nr. 2 To thee all angels cry aloud (Soli und Chor)

Die Streichereinleitung wird in Klangfarbe, Tempo und Agogik unterschiedlich realisiert. Während die regelmäßigen Punktierungen bei Jones und Veldhoven fast mathematisch gleichförmig wirken, werden sie bei Zöbeley durch die Verdopplung belebt:

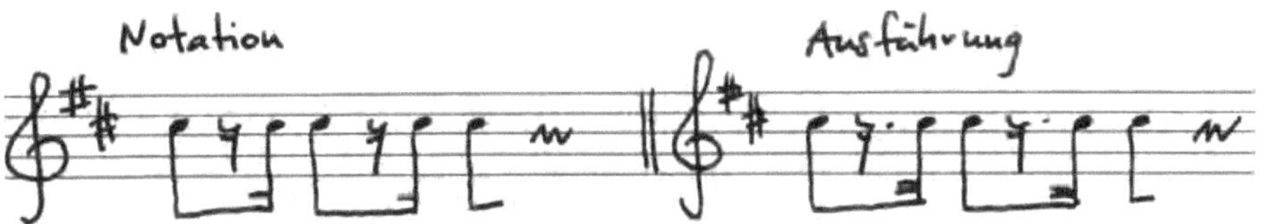

Das Solistenduett ist unterschiedlich besetzt. Bei Zimmermann haben die zwei Altistinnen naturgemäß Probleme in der sehr tiefen Lage, bei Scott (zwei Countertenöre) und Veldhoven (Countertenor und Tenor) wirkt das Duett besonders überzeugend, während in der Version von Koch die Gleichberechtigung der Stimmen durch die gemischte Besetzung Mezzo-Sopran und Tenor verloren geht. Auch die Balance zwischen den Solisten und dem Männerchor ist ein wichtiges Moment und nur selten wirklich gelungen, weil der Männerchor wie z. B. bei Scott eher blass im Hintergrund agiert und in der Phrasierung nur bei Harnoncourt überzeugend ist.

Nr. 3 To thee Cherubin (Soli und Chor)

Die Versionen dieses Abschnittes unterscheiden sich im Wesentlichen in den Tempi, der Stimmgebung und der Artikulation. Die Soprane singen ihr Duett bei Zimmermann, Knothe und Jones eher undifferenziert, was vor allem in der Tendenz zum Legato und starkem Vibrato begründet ist. Bei Harnoncourt klingen sie überraschend unsensibel und schrill; bei Scott dagegen ist ihr Klang rund und weich.

Die Version von Veldhoven ist besonders reizvoll, weil er Sopran und Countertenor kombiniert. In der Sprachbehandlung ist Scotts Version vorbildlich.

Beim „Holy"-Einsatz des Chores ist die bei Preston verwendete Pauke sehr wirkungsvoll. Sein Chor deklamiert gut, und die einzelnen Blöcke sind vergleichsweise markant abgesetzt und dynamisch differenziert. Das Orchester musiziert bei Scott besonders sprechend, so dass das konzertierende Wechselspiel mit dem Chor plastisch wird. Das ausdrucksstarke C-Dur beim Schlüsselwort „Majesty" (in Takt 36) wird überraschenderweise in allen Versionen ohne eine Verzögerung angesteuert, die an dieser Stelle nicht nur möglich, sondern sogar zwingend erscheint. Der Schluss wirkt bei Preston durch den unterlegten, improvisierten Paukenrhythmus besonders prachtvoll.

Nr. 4 The glorious company of the Apostles (Soli und Chor)

Der Solo-Tenor tritt in den meisten Versionen in einen Dialog mit der Oboe, ist aber bei Zimmermann und Harnoncourt sehr im Vordergrund. Bei Preston singt er die langen Töne als Glockentöne, während sie bei Harnoncourt mit leichtem Anschwellen in die Dissonanz führen. Das Bass-Solo wird bei Zimmermann sehr gleichförmig und ohne deutliche Phrasenschwerpunkte gesungen. Bei Preston singt der Bass zu Beginn so dominant, dass die Streicher kaum zu hören sind, und bei Koch singt er kräftig und mit Dauervibrato, was der Deklamation entgegensteht. Außerdem unterbricht er mit einer Atemzäsur vor dem hohen e[1] die Spannung der melodische Linie:

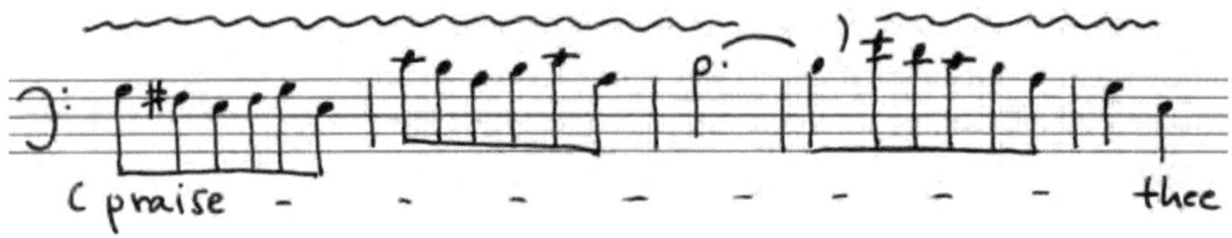

Die Soprane singen ihr Duett bei Knothe mit zuviel Vibrato. Ihr melodisches Wechselspiel ist bei Preston viel deutlicher als bei verschiedenen anderen Versionen, wenn auch eher schön als ausdrucksstark. Im zweiten Teil des Duetts sind bei Zimmermann und Knothe keine Dissonanzen hörbar, dafür bei Preston und Scott, wo sie durch Messa di voce plastisch werden. Bei Harnoncourt ist der erste Sopran zu dominant, so dass kein gleichberechtigter Dialog stattfinden kann.

Beim Chor „The holy church" bewahrt die von Zimmermann verwendete deutsche Fassung den Sprachfluss, während bei Knothe die Phrase mit merkwürdig klingendem „Kirch" gestaucht wirkt, weil das auslautende -e fehlt:

Original — the holy church

Zimmermann — die heilge Kirche

Knothe — die heilge Kirch

Die Versionen von Preston und Scott sind in der Deklamation besonders ausdrucksstark, während Koch und Jones sehr breit singen lassen, was zu sprachlichen Ungenauigkeiten führt.

Den polyphonen Abschnitt „doth acknowledge thee" (ab Takt 73) lässt Zimmermann in einem erschreckenden Klanggemisch mit viel Vibrato musizieren. Aus ähnlichen Gründen leidet auch bei Knothe die Transparenz deutlich. Die Polyphonie ist bei Preston viel durchsichtiger, während bei Harnoncourt verwundert, wie sehr die Deklamation seines Chores in dem halligen Raumklang untergeht.

Der Übergang vom Allegro zum Adagio in Takt 93 ist eine Schlüsselstelle für den Hörvergleich, und die Auffassungen divergieren sehr. Die Version Zimmermanns ritardiert stark, ohne dem Beginn des Chores allerdings Ruhe und Stabilität zu geben. Knothe und Preston gehen fast direkt weiter, wobei der Übergang bei Knothe überstürzt wirkt. Harnoncourt ritadiert sparsam und gönnt der Musik eine deutliche Ruhezäsur. Der Übergang wirkt bei Scott besonders organisch, und auch in der Deklamation der folgenden Verszeile wirkt seine Fassung sehr natürlich.

Der Chor singt bei Knothe das „The father" glatt und gleichmäßig und von Beginn an im Forte, so dass eine Steigerung nicht möglich ist. In der Version von Preston und Harnoncourt wird sehr ausdrucksstark deklamiert, ganz in Ruhe und mit einer Steigerung zu „majesty", das in Harnoncourts Fassung dynamisch besonders stark zurückgeht. Bei Scott wirken musikalischer Spannungsaufbau und Deklamation besonders natürlich.

Beim folgenden Chor „Thou art the King of Glory" fallen mehrere Unterschiede in der Sprachbehandlung auf, die vor allem bei Scott und Preston differenziert und natürlich wirkt. In anderen Versionen geraten verschiedene Nebensilben aus dem motorischen Schwung der Musik heraus zu laut. Auch die „glory"-Figuren werden unterschiedlich realisiert. In den Versionen von Preston, Harnoncourt und Scott sind sie besonders transparent und zielgerichtet. Die auffällige Bass-Koloratur (ab Takt 129) wird erstaunlicherweise von keiner Version besonders hervorgehoben und klingt manches Mal zu sehr im Hintergrund.

Der Vers „Thou art the everlasting Son" wird bei Zimmermann und Knothe recht eintönig auf Viertel und in einer gleichbleibenden Dynamik gesungen, während Preston, Harnoncourt und Scott organischer auf halbe Takte betonen und auch lebendiger phrasieren. Bei Koch wirkt das Ende unnatürlich, denn durch die Akzentuierung und Überlänge der letzte Silbe entsteht die falsche Betonung „Fa<u>ther</u>".

Nr. 5 When thou tookest upon thee (Solo-Alt und Chor)

Der Charakter dieses Arioso wird von der Solobesetzung bestimmt, denn die bei Zimmermann und Koch eingesetzten Altstimmen haben naturgemäß weniger Strahlkraft als die hohen Männerstimmen. Der Countertenor wirkt bei Scott fokussierter und strahlkräftiger als in der Version von Harnoncourt. Die Artikulation hat bei Koch hörbare Mängel, denn der Mezzosopran atmet nach den langen Noten und damit gegen die natürliche Syntax (Takt 5 ff.):

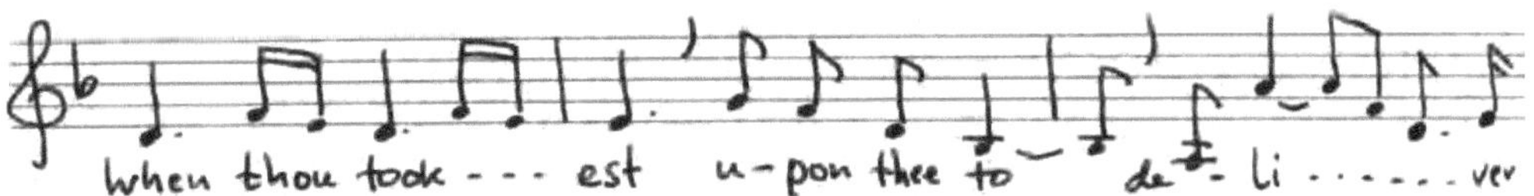

Die abschließende Sechzehntelkette wird bei den meisten Versionen gleichmäßig, bei Preston und Koch dagegen im belebenden lombardischen Rhythmus musiziert (Takt 12 ff.):

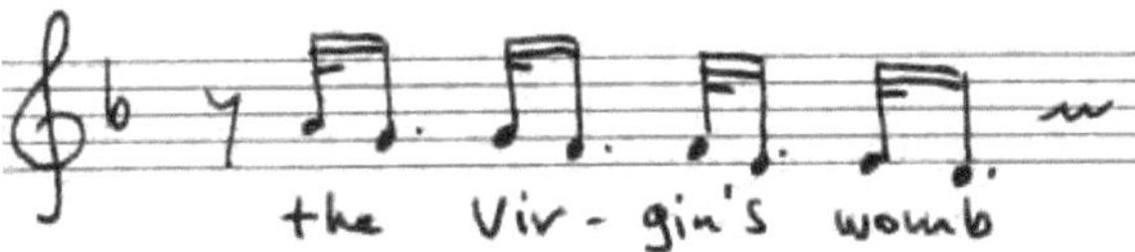

Die durch die A-cappella-Besetzung besonders ausdrucksstarke Solopassage „When thou hadst overcome the sharpness of death" wird in allen Versionen breiter und ruhiger gesungen, wobei die wichtigen Dissonanzen bei Preston und Veldhoven am stärksten wirksam sind und bei Scott das „sharpness of death" fast zu schön klingt. Die Wiederholung von „of death" wird von allen dynamisch zurückgenommen und ritadiert, bekommt aber nicht immer genügend Zeit zum Ausklingen. So folgt der kurze Chor „Thou didst open the kingdom of heaven" bei Zimmermann, Scott und Knothe überraschend, bei letzterem fast erschreckend schnell. Bei der Textbehandlung fällt auf, dass mehrere Versionen, sogar Scott, beim Wort „kingdom" den Hauptvokal verlängern, so dass es nach einem unnatürlichen „ki:ngdom“ klingt. Am Ende begnügt sich Koch nicht mit einem Ritardando, sondern verdoppelt eigenmächtig die Notenwerte des Schlusstaktes:

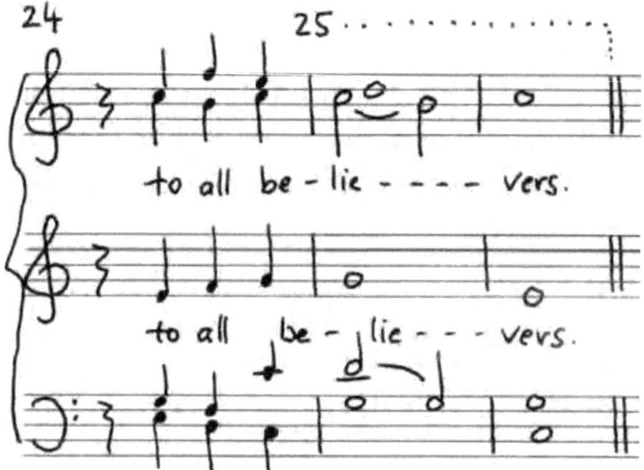

Der folgende polyphone Abschnitt ist bei Zimmermann gestrichen und wird bei den anderen Versionen in unterschiedlichem Tempo musiziert, was dann auch Einfluss auf die Transparenz hat. Die Deklamation des Themas hat bei Knothe allein durch die deutsche Übersetzung Schwächen, weil sie die Nebensilbe „-ten“ unnatürlich betont:

Zu der Rech - ten des Herrn
(at the right Hand of God)

Bei Preston und Harnoncourt ist das Thema dagegen deutlich strukturiert, wobei letzterer die langen Töne auch als barocktypische Glockentöne schwingen lässt:

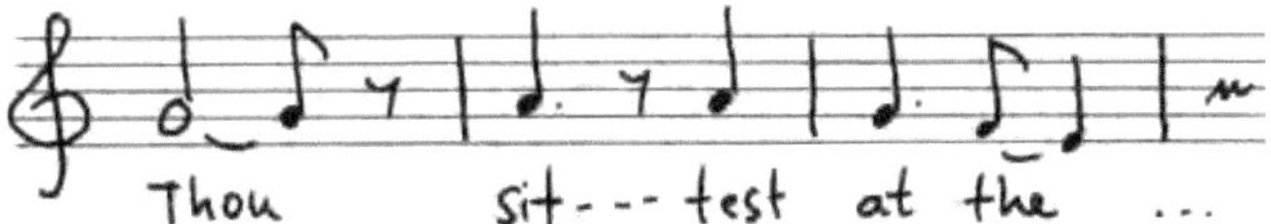

Bei Scott ist dagegen eine Verlängerung des Hauptvokals von „sittest“ zu „si:test“ wahrnehmbar.

Nr. 6 We believe that thou shalt come“ (Soli und Chor)

Der klangliche Kontrast dieses Teils des *Utrechter Te Deum* ist besonders eindrucksvoll. Die über den Streichern schwebende Soloflöte ist unterschiedlich gut zu hören. Sie bleibt bei Zimmermann, Koch und Scott eher im Hintergrund, ist bei Preston und Harnoncourt klanglich überzeugend und spielt sich bei Veldhoven durch zahlreiche Verzierungen etwas zu sehr in den Vordergrund.

Die Singstimmen sind wieder unterschiedlich besetzt. Mal ist die erste Passage chorisch statt solistisch besetzt, mal setzt der Chor überhaupt erst in Takt 17 mit „O Lord“ ein. An dieser Stelle ist die notwendige Zäsur nur bei Preston überzeugend. Bei Harnoncourt klingt der Chor verhältnismäßig laut und stört damit die Atmosphäre. Scotts Chor deklamiert wieder vorbildlich, während die Phrasierung von Koch inkonsequent ist, weil die Phrase „save thy people“ durch Zwischenatmen unterbrochen wird.

Im folgenden kurzen Solistenabschnitt zeigt sich erneut Kochs Tenor als ausdrucksvoll gestaltender Solist. Bei ihm wird das Messa di voce hörbar, das zur Gestaltung der wichtigen Dissonanzen zwischen den einzelnen Stimmen beiträgt und vor allem bei Preston überzeugend eingesetzt ist, während es selbst bei Harnoncourt und Scott eher unbedeutend zu sein scheint. Das Orchesternachspiel, das bei Koch zwischen Flöte und Streichern unkoordiniert wirkt, endet bei Preston, Zöbeley, Scott und Veldhoven besonders ruhig und organisch.

Nr. 7 Day by day we magnify thee (Chor)

Den triumphalen Chor „Day by day“ beginnen fast alle Versionen in belebtem Tempo. Während bei Zimmermann die Trompeten wegen der viel zu lauten Continuo-Gruppe fast untergehen, ist die Balance ansonsten ausgewogen. Die Pauken bei Preston, Harnoncourt und Veldhoven sind eine überzeugende instrumentale Ergänzung.

Bei der Gestaltung des Doppelchores erliegen Zimmermann, Harnoncourt, Koch und Scott etwas der dynamischen Gleichförmigkeit im Forte, wobei Scott einen Ausgleich durch sprachliche Differenzierung und Akzentuierung schafft. Der Schluss des Chores wird bei Zimmermann sehr breit und bei Knothe sehr zügig ausgeführt, ohne dass der Halbschluss seine Spannung entfalten kann. Harnoncourt, Koch und Scott musizieren wenig Ritardando, ermöglichen aber eine deutliche Zäsur. Am überzeugendsten wirkt das Ende bei Preston, weil die Lösung der Spannung in den nächsten Chor organisch ist.

Nr. 8 And we worship thy name (Chor)

Die polyphone Struktur dieses Chorsatzes ist bei Preston, Harnoncourt und Scott am deutlichsten hörbar, wobei die Fassung von Scott wieder von der Alt-Besetzung durch Männerstimmen profitiert. Die wechselnden Akzente der Trompeten ab Takt 14 bei Scott sind ein überraschend wirkungsvolles Moment, das den anderen Versionen fehlt. Den Sopranen von Harnoncourt, die den Knabensopranen in Prestons Version sängerisch überlegen sind, gelingt die Imitation ab Takt 13 besonders strahlend. Die meisten Versionen enden mit großem prachtvollem Klang, bleiben aber nur bei Preston und Scott bis zum Schluss sprachlich transparent.

Nr. 9 Vouchsafe, o Lord (Soli und Chor)

Das Grundtempo dieses Teiles ist im Allgemeinen ruhig, bei Harnoncourt etwas bewegter und bei Veldhoven sehr langsam, fast auf Achtel musiziert. Bei Scott ist als Continuo-Instrument zum ersten Mal eine Laute hörbar, die einen reizvollen Stimmungskontrast bewirkt. Die Tenöre oder Countertenöre können ihr Duett wieder viel strahlkräftiger und transparenter gestalten als die Frauenstimmen anderer Versionen. Bei Harnoncourt geht allerdings die Wirkung der Dissonanzen durch das starke Vibrato verloren. Scotts Countertenöre artikulieren und phrasieren vorbildlich. Im anschließenden Chorabschnitt wird der Alt in keiner der Versionen wirklich als Hauptstimme hervorgehoben. Die Zwischenzäsur in Takt 25 ist nur bei Preston, Harnoncourt und Scott markant. Verschiedene Dissonanzen sind nur bei Preston und Scott hörbar und scheinen den anderen Versionen unwichtig zu sein. Im Nachspiel fällt bei Zimmermann und Knothe die fehlende Differenzierung auf. Die Bedeutung des Vorhalts in den Violinen (Takt 32) wird überspielt:

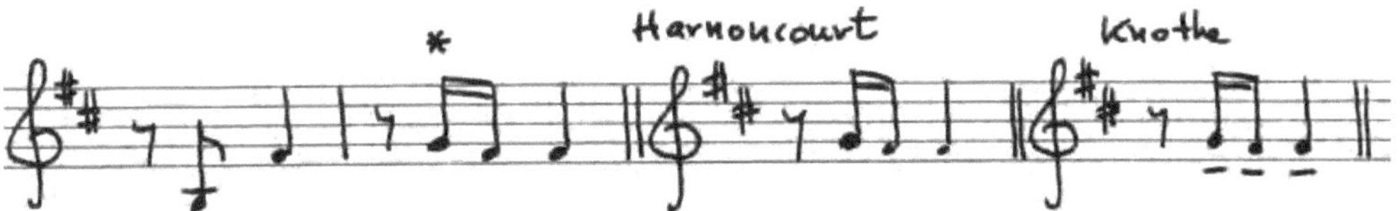

Der Schluss wird bei Zimmermann und Koch mit viel Ritardando abgefangen, was aber weniger überzeugend wirkt als bei den anderen Versionen. Scott z. B. fängt das Tempo nur wenig ab und verkürzt wie Harnoncourt etwas die Schlussnote, was ebenso organisch wirkt wie die vielen ruhig verklingenden Versionen.

Nr. 10 O Lord, in thee have I trusted (Chor)

In diesem Chor wird die einleitende Basskette sehr unterschiedlich gestaltet. Bei Zimmermann ist die Linie sehr stark und etwas behäbig, bei Knothe, Harnoncourt, Scott und Veldhoven sehr rasch im Tempo. Die Continuo-Orgel ist bei Harnoncourt vergleichsweise laut, bei Koch umspielt sie gut balanciert und zart die Basslinie, bei Zöbeley etwas zuviel. Der Chor singt in allen Version den Cantus firmus überwiegend ohne differenzierte Interpunktion. Die Sprachbehandlung weist immer wieder kleine Schwächen auf. In der Fassung von Harnoncourt ist bei „trusted" kein „r" zu hören, bei Scott wird der Vokal zu „tra:sted" verlängert und bei Knothe führt das hohe Tempo zu allgemeinen Artikulationsdefiziten. Die hinzugenommenen Pauken verstärken bei den „never"-Rufen erneut den Klangeffekt. Die langen Melismen ab Takt 10 sind bei Preston und Scott deutlicher strukturiert und damit ausdrucksstärker als bei anderen. Bei Scott fällt die Auftaktigkeit der einzelnen Phrasen ins Ohr, die besonders belebend wirkt (z. B. erster Sopran, Takt 11 ff.):

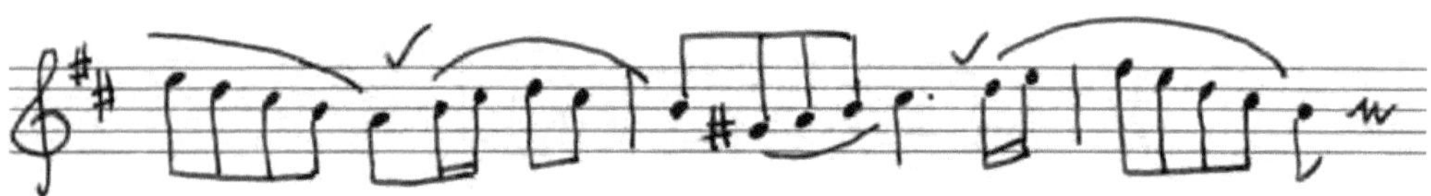

Von einer solchen Differenzierung ist bei Zimmermann und Knothe nichts und bei anderen wenig zu hören. Auch der Tenor-Cantus-firmus geht in den meisten Versionen im Gesamtklang unter und ist nur bei Scott etwas präsenter. Der Bass-Cantus-firmus ab Takt 18 dagegen tritt in verschiedenen Fassungen stärker hervor und wird bei Preston, Harnoncourt und Scott auch mit Hilfe der Bläser akzentuiert. Der Schluß des *Utrechter Te Deum* wird unterschiedlich ausdrucksstark musiziert. Eine sinnvolle Verstärkung der Dynamik und Deklamation ab Takt 25 ist am meisten bei Scott hörbar, während Harnoncourt darauf ganz verzichtet. Die markante Fanfare der Trompeten ist in den meisten Fällen zu hören, wird aber kaum hervorgehoben. Besonders prächtig, organisch und gut deklamiert wirken die Schlüsse bei Preston und Scott.

Fazit

Man kann voraussetzen, dass jeder Musiker sich im Vorfeld einer Aufnahme ernsthaft mit der Musik und ihren aufführungspraktischen Notwendigkeiten auseinandergesetzt hat. Wir kennen die technischen und organisatorischen Bedingungen nicht, unter denen die Produktionen entstanden sind. Mikrofone sind emotionslos und unbestechlich und zeigen jede Schwäche auf. Sie können allerdings nicht das reale Klangbild wiedergeben, so dass manche Mängel in der Bewertung relativiert werden müssen (die eigene Aufnahme des *Utrechter Te Deum* von 2009 ist davon nicht ausgenommen). Wir können aber von diesem Vergleich lernen, denn die allgemeinen Forderungen der historischen Aufführungspraxis werden entweder bestätigt oder relativiert, und wir bekommen wichtige Impulse für die eigene musikalische Auseinandersetzung. So kristallisiert sich abschließend eine – stets erweiterungsfähige – Liste von grundlegenden Gedanken heraus, die das Herangehen an ein musikalisches Projekt bestimmen.

Vorbereitung

- In manchen Fällen muss die Entscheidung zwischen Originalfassung oder Bearbeitung, zwischen Originalsprache oder einer Übersetzung getroffen werden. Wird in einer anderen als der Muttersprache der Mitwirkenden gesungen, müssen die Besonderheiten der fremden Sprache erkundet und im besten Fall eine kompetente Sprachberatung hinzugezogen werden.
- Die Entscheidung für ein Barockensemble oder ein modernes Orchester ist eine persönliche, die letztlich auch von den finanziellen Möglichkeiten abhängt. Auch wenn die vielfältigen Vorzüge der Barockinstrumente (obertonreicherer Klang, größere Flexibilität, bequemerer Stimmton, adäquate Temperierung) für sich sprechen, ist es natürlich möglich, auch mit einem modernen Instrumentarium lebendig, klangvoll und packend zu musizieren. Als Continuo-Instrument ist im Falle des *Utrechter Te Deum* die Orgel passend, aber das Cembalo durchaus reizvoll[208]. Die Ergänzung von Pauken ist ebenso möglich.
- Sämtliches Notenmaterial muss gründlich eingerichtet werden. Dabei sollten in den Instrumentalstimmen sprachliche Details für das „sprechende Spiel" sowie Markierungen der Choreinsätze nicht fehlen.
- Artikulation, Phrasierung und Striche müssen detailliert vorbereitet, d. h. im Notenmaterial eingerichtet sein.
- Es muss ausreichend Probenzeit zur Verfügung stehen, vor allem für das Zusammenwirken von Solisten, Chor und Orchester, um die vielen Details (Agogik, Koloraturen, Messa di voce, Colla-parte-Passagen) in Einklang bringen und letztlich alle Mitwirkenden wie „mit einer Stimme" musizieren lassen zu können.

208 Im *Messias* sollten z. B. beide Tasteninstrumente zum Einsatz kommen, um die vielen Kontraste innerhalb des Werkes zu unterstreichen. Bereits bei der ersten Solopartie des Tenors bietet es sich an, das Rezitativ „Comfort ye" mit Orgel und die folgende Arie „Every valley" mit Cembalo zu begleiten.

Solisten

- Die Solisten müssen sorgfältig ausgewählt werden. Sie sollten in der Stimmgebung zusammenpassen, sich in der stilistischen Ausführung einig sein und als Ensemble homogen klingen. In der Alten Musik ist ein leichtes Schweben in der Stimme als natürliches Vibrato akzeptabel. Bei Umbesetzungen (z. B. Alt statt Tenor) muss die Gleichberechtigung der Stimmen gewährleistet bleiben. Die Solisten sollten die Sprache der Komposition gut beherrschen. Die Besonderheiten der Phonation (hier z. B. „god" mit weichem „-d", „-tion" auf einem gesungenen Ton mit „schen", „t-ion" auf zwei Tönen mit „si-en" getrennt) müssen abgesichert werden, um eine Einheitlichkeit zu gewährleisten. In allen gesungenen Sprachen sollten die Gesetzmäßigkeiten der jeweiligen Vokalisation erhalten bleiben (z. B. lang bleibt lang und kurz bleibt kurz).

Chor

- Der Chor sollte rund und in der ganzen dynamischen Breite eher grundtönig und obertonreich klingen (nicht zu hell).
- Er sollte grundsätzlich so geschult werden, dass er die gleichen Bedingungen erfüllt wie die Solisten (s. o.) und seine Passagen gut deklamiert, d. h. die Haupt- und Nebensilben gut gewichtet, die Interpunktion nachvollzieht, Phrasenschwerpunkte hervorhebt und Konsonanten genussvoll, aber nicht übertrieben artikuliert.
- Wenn notwendig sollten Chorstimmen in extremer Lage von anderen Stimmen unterstützt werden (Tenor hilft dem Alt usw.), um Präsenz und Durchsichtigkeit zu garantieren. Längere Melismen können neu textiert werden, da in den meisten Fällen keine Verbindlichkeit durch die Partitur besteht.

Orchester

- Das Orchester sollte in sich ausgewogen besetzt sein. Im Falle des *Utrechter Te Deum* kann eine solistische Streicherbesetzung ausreichen.
- Das Orchester sollte agogisch und sprechend musizieren, bei Colla-parte-Passagen zurückhaltend und begleitend, bei konzertierenden gleichberechtigt und dynamisch ausgewogen.

Tempo

- Das Grundtempo des Werkes oder seiner einzelnen Sätze sollte die musikalischen Vorgaben und die Raumakustik, aber auch das Versmaß und die Ausführbarkeit melodischer Figuren berücksichtigen.
- Das Tempo hängt auch von der Taktart und der harmonischen Progression ab (siehe Harmonik).
- Die Tempi der verschiedenen Sätze sollten in einem ausgewogenen Verhältnis, bei bestimmten Satzfolgen in genauer Proportion zueinander stehen. Die Schlüsse brauchen Zeit zum Ausklingen und die Übergänge müssen organisch wirken.

Balance

- Die verschiedenen Ensembleteile (Solistengruppe, Chor und Orchester), aber auch einzelne wichtige Instrumente innerhalb des Orchesters müssen gut hörbar und in klanglicher Balance sein. Das Gleiche gilt für den Zusammenklang von Soli, Chor und Orchester.
- Polyphone Strukturen müssen transparent gemacht werden, indem die einzelnen Stimmen unterschiedlich gewichtet werden.

- In der Zweistimmigkeit zweier Solisten oder zwischen Instrument und Sänger kommt es beim dialogischen Musizieren auf die Gleichberechtigung an.
- Die Continuo-Gruppe sollte mit dem Chorbass in einem ausgewogenen Verhältnis stehen. Bestimmte Passagen können vom Kontrabass pizzicato gespielt werden, um das Pulsieren der Musik zu unterstützen.

Formale Gestaltung

- Bei umrahmenden Vor- und Nachspielen kann in besonderem Maße der Zusammenhang von Ende und Anfang erlebbar gemacht werden, wenn sie musikalisch einheitlich gestaltet sind.
- Bei formalen Einschnitten sollte spürbar sein, ob es sich um Zusammenfassungen, Zwischenzäsuren oder Schlüsse handelt.

Melodik

- Die melodische Gestaltung orientiert sich an den Schwerpunkten der einzelnen Phrasen (Höhepunkt), den rhythmischen Vorgaben des Taktes und/oder des Textes (leichte und schwere Silben), an der inneren Bewegung der Linie (aufsteigend, absteigend) und den aus dem Zusammenklang resultierenden Dissonanz- und Konsonanzbildungen (Spannung und Entspannung).
- Bei den Wechseln der melodischen Führung innerhalb des Chores oder zwischen den verschiedenen Gruppen (Imitation, Überleitung, Nachspiel usw.) muss die Übergabe der Energie organisch erfolgen, als würde ein Individuum in sämtlichen Funktionen musizieren.

Sprachgestaltung

- Neben der allgemeinen phonetischen Verständlichkeit (Vokalfarben und -längen, Deutlichkeit der Konsonanten) von Solisten und Chor gilt es im Besonderen, die syntaktischen Strukturen (Interpunktion, Phrasenschwerpunkte) und die semantische Bedeutung (Ruf, Bitte, Schmerz, Freude) herauszuarbeiten.

Harmonik

- Das harmonische Tempo ist in die musikalische Gestaltung mit einzubeziehen, d.h. je komplexer die Harmonik ist, desto langsamer wird man das Tempo wählen müssen.
- Harmonische Besonderheiten, die im Falle der wortgebundenen Musik meist auch textlich begründet sind, sollten hervorgehoben werden (z.B. durch Tempo- und Lautstärkeveränderung).
- Die harmonische Spannung an Zäsuren mit Halbschluss bedingt ein Innehalten vor ihrer Auflösung.

Rhythmik

- In den ungeraden Takten dienen Hemiolen als Zäsuren und sollten daher in der Partitur aufgespürt, von vorneherein im Notenmaterial notiert sein und deutlich musiziert werden.
- Bei regelmäßigen Punktierungen innerhalb eines Satzes ist eine Anschärfung des Rhythmus möglich.
- Gleichmäßige Achtel- oder Sechzehntelfiguren können durch agogisches Spiel belebt werden (Dehnung der ersten Note einer Gruppe oder auch jeu inégal).

Artikulation

- Die innere Gestaltung längerer melodischer Linien ist vor allem bei den Chorstimmen entscheidend, wenn sie nicht textiert sind (Melismen). Eine zusätzliche Binnentextierung ist nicht immer notwendig, aber häufig ratsam, wenn sie die Deklamation eindringlicher macht und die sängerische Gestaltung (Phrasierung und Atmung) erleichtert.

Dynamik

- Allgemein gilt, dass die dynamischen Kontraste in der Alten Musik weniger extrem sind als in späteren Zeiten. Oft sind dynamische Veränderungen bereits in der Partitur angelegt (Steigerungen z.B. durch Verdichtungen im polyphonen Satz oder hinzutretende Instrumente).
- Ein längerer Ton wird dynamisch entwickelt, eine Kadenz entsprechend der Auflösung der Dissonanz zurückgenommen. Echowirkungen oder plötzliche Verstärkungen beleben konzertierende Passagen.
- Die Textdeklamation wird grundsätzlich durch dynamische Differenzierung unterstützt, wobei an besonderen Stellen ein Beharren ausdrucksverstärkend sein kann.
- Besondere Details der Partitur (z.B. der Cantus firmus in einer Mittelstimme, besonders akzentuierende Instrumente, Vorimitationen oder im Falle des *Utrechter Te Deum* die Schluss-Fanfare der Trompeten) werden dynamisch hervorgehoben.

Fazit

Auf den ersten Blick mag es reizvoll erscheinen, alle besonders gelungenen Details aus den in dieser Arbeit verglichenen Aufnahmen zu einer idealen Version zusammenzufassen. Aber vermutlich wäre diese gemischte Fassung in ihrer Perfektion eher unpersönlich, und ihr würde vielleicht das Leben fehlen, die Organik und die Menschlichkeit, die es braucht, um die Zuhörer anzurühren. Vielleicht würde man ihr auch gar nicht mehr anmerken, dass eine einander eng verbundene Gruppe engagierter Musiker sich der gemeinsamen Aufgabe einer musikalischen Botschaft verschrieben hat.

Ich habe mit diesem Buch nicht den Anspruch verfolgt, eine Anleitung für das perfekte *Utrechter Te Deum* zu schreiben. Ich wünsche mir vielmehr, dass diese wunderbare Musik ins Bewusstsein vieler Menschen gelangt, dass sie häufiger aufgeführt und erlebt wird als bisher, und dies in der Vielfalt, die uns Händels Partitur offenbart.

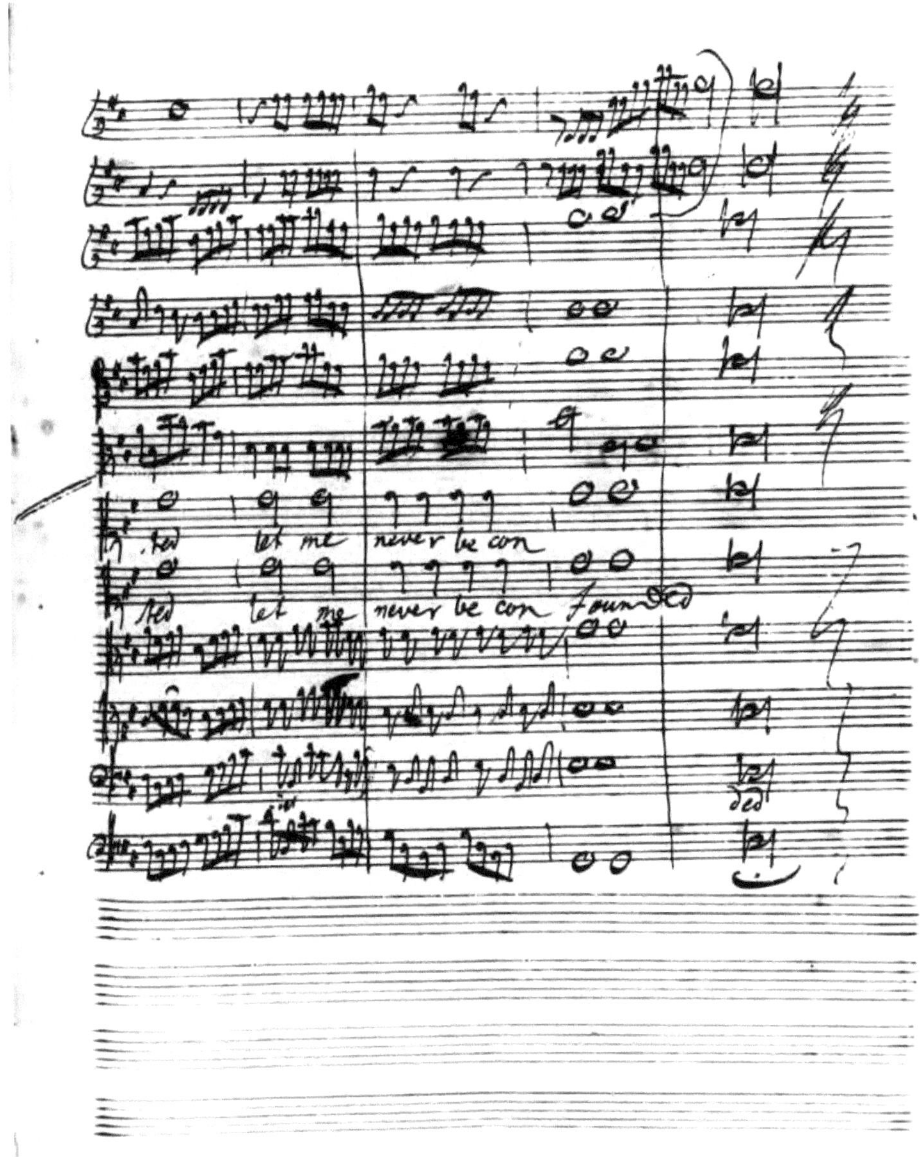

Autograph 41 verso, Ende des *Utrechter Te Deum*

Nachwort

Die Beschäftigung mit dem *Utrechter Te Deum* ist mit diesem Buch natürlich nicht zu Ende. Ich sitze längst wieder an der Partitur – diesmal mit dem dazu gehörigen Jubilate – um mich auf die laufenden Proben für das Jubiäumskonzert Anfang November vorzubereiten[209]. Die wissenschaftliche Erforschung wird weitergehen, aber sie soll nun auch anderen überlassen werden.

Ich möchte vielen lieben Menschen danken, die den Werdegang dieses Buches begleitet haben: Basil Kerski, der mich zur Promotion ermutigte, Bernard Mendlik, der sie als Doktorvater betreute und Julia Mitko, Elisabeth Bock und Markus Bautsch, die mich bereits in der Anfangsphase als kritische Leser bestärkt haben. Bald war ich in der Lage, verschiedene fertiggestellte Textabschnitte an Robert Mendlik zu senden, dem ich die Übersetzung ins Polnische verdanke, die für die Promotion unerlässlich war. Ich danke auch Agnieska Gzybkowska für ihre Übersetzung aller wichtigen Unterlagen und meiner Begrüßungsansprache. Bei dem dafür notwendigen Sprachtraining haben sie und Dorota Danielewicz mir sehr geholfen.

Unmittelbar nach der Promotion hat meine Kollegin und Schulleiterin Gunnilla Neukirchen sich die Zeit genommen, die Dissertation zu lesen und mich in dem Vorhaben, daraus ein Buch zu machen, zusätzlich bestärkt. Ihre Korrekturvorschläge habe ich ebenso dankbar aufgegriffen wie die wertvollen Hinweise meines Schwiegervaters Reinhard Zellmer und die hilfreichen Ratschläge von Axel Fischer vom Archiv der Singakdemie, der für meine Fragen bei der weitergehenden Forschung stets ein offenes Ohr hatte. Ich möchte auch Christopher Cobie, Fiona McCarthy und Jackie Brown von der British Library danken, die so offen und hilfsbereit waren, dass ich mich auf ‚meiner' Insel auch als Wissenschaftler heimisch fühlen und Händels Handschrift und andere Originaldokumente studieren konnte. Mein Dank gilt

209 Detaillierte Informationen dazu finden sich auf meiner Homepage.

auch Clemens Brenneis von der Staatsbibliothek Berlin, Claus Böhm vom Gewandhaus-Archiv Leipzig, Brigitte Geyer und ihren hilfsbereiten Mitarbeitern von der Stadtbibliothek Leipzig sowie Jens Wehmann vom Händel-Haus Halle.

Die Veröffentlichung dieses Buches verdanke ich meinem Freund Dietrich zu Klampen, der sich entschloss, es unter seine verlegerische Obhut zu nehmen. Die wunderbare optische Gestaltung lag in den Händen von Margrit Zeitler, der ich auch für viele hilfreiche Ratschläge und ihre Geduld bei den verschiedenen Ergänzungen und Änderungswünschen danke.

Es ist ein Glück, bei der Suche nach Mitstreitern im Freundeskreis und in den eigenen Chören fündig zu werden. So danke ich Lenelies Petersen, die mit kritischem Blick abschließend Korrektur gelesen hat, und meiner Lektorin Ulrike Sommer, die es wunderbar verstanden hat, mit ihrer fachkundigen und gefühlvollen Art meine Gedanken zu ordnen, die Bedürfnisse der Leserschaft vorausschauend zu artikulieren und mich in meinem Vorhaben zu bestärken.

Mein ganz besonderer Dank gilt meiner Frau Antonia. Sie vereinigt viele der erwähnten Eigenschaften, denn sie hat mich motiviert, bestärkt, kritisch Korrektur gelesen, bei den Prüfungen mitgefiebert, darüber hinaus seit vier Jahren auf viele gemeinsame freie Stunden und Tage verzichtet und mich manches Mal gerade noch rechtzeitig vom Computer weggeholt, an dem ich gerade wieder sitze und nun die letzte Zeile dieses Buches eingebe:

Herzlichen Glückwunsch, Utrechter Te Deum!

Berlin-Steglitz, im Juni 2013
Christian Bährens

Anhang

Vertonungen des Te Deum von den Anfängen bis heute[209]

Gilles Binchois (um 1400–1460)
Te Deum-Fragment

Balthasar Resinarius (1486–1544)
Te Deum für zwei Chöre alternatim

Costanzo Festa (1490–1545)
Te Deum (1516)

Johann Walter (1496–1570)
Te Deum im *Württembergisch deutsch Geistlich Gesangbüchlein 1544*

Thomas Tallis (1505–1585)
Te Deum aus dem *Short Service* („Dorian Service") für Chor und Orgel (1550)

Andrea Gabrieli (1510–1586)
Te Deum patrem für Chor SATB

Thomas Crecquillion (?–1557)
Te Deum für fünf Stimmen

Giovanni Pierluigi da Palestrina (1514/15–1594)
Messe Te Deum Laudamus

Jacob Praetorius der Ältere (1520–1586)
Te Deum

Claude Le Jeune (1528–1600)
Te Deum für sechs Stimmen

209 Die Aufstellung ist nach den Geburtsdaten der Komponisten geordnet und erhebt keinen Anspruch auf Vollständigkeit.

Jacobus Vaet (1529–1567)
Te Deum

Robert Parsons (1530–1571/72)
Te Deum aus dem *First Morning Service* für zwei Chöre
Te Deum Laudamus aus dem *Second Service* für zwei Chöre

Jacobus de Kerle (1531–1580)
Te Deum

Orlando di Lasso (1532–1594)
Te Deum SSATTB, Te Deum für vier Stimmen

William Byrd (1543–1623)
Te Deum aus dem *Great Service* für Doppelchor a cappella

Tomás Luis de Victoria (1548–1611)
Te Deum für Chor a cappella

Rogier Michael (um 1550–1619)
Te Deum (1594)

Hieronymus Praetorius (1560–1629)
Te Deum (deutsch, 1612)

Giovanni Francesco Anerio (1567–1630)
Te Deum für Chor, Orgel ad. lib. und Choralgesang alternatim

Kryszwtof Borek (1573–1556)
Missa Te Deum laudamus

Estévao Lopez Morago (um 1575 – um 1630)
Te Deum

Orlando Gibbons (1583–1625)
Te Deum aus dem *Short Service* für Chor a cappella

Heinrich Schütz (1585–1672)
Deutsches Te Deum (Echtheit fraglich)

Samuel Scheidt (1587–1654)
Te Deum für Orgel

Gulliaume Bouzignac (um 1587–1641)
Te Deum Laudamus für Doppelchor

Heinrich Scheidemann (um 1596–1672)
Te Deum Laudamus für Orgel

Orazio Benevoli (1605–1672)
Te Deum

Phillip Friedrich Böddecker (1607–1683)
Te Deum „Melos irenicum“

Johann Rosenmüller (1619–1684)
Te Deum

Jiri Melcl (1624–1693)
Te Deum LWV 55 (1678)

Jean-Baptiste Lully (1632–1687)
Te Deum

Francesco Antonio Urio (um 1632 – um 1719)
Te Deum D-Dur für Soli, Chor und Orchester

Dietrich Buxtehude (1632–1687)
Te Deum für Orgel

Francesco Seghi (1640–1772)
Te Deum / 16 Versetten für Orgel

Marc-Antoine Charpentier (um 1643–1704)
Te Deum à 8 voix avec flûtes et violons H 145 (1672)
Te Deum H 146 (1692, seit 1954 Eurovisionsmelodie)
Te Deum à quatre voix H 147 (1693), Te Deum à 4 voix H 148 (1699)

Antonia Bembo (1643–1715)
Te Deum für 2 Soprane, Bass, 2 Vl. und B.c.

Thomas Tudway (um 1650–1726)
Te Deum für Chor und Orchester

Marin Marais (1656–1728)
Te Deum (verschollen)

Michel-Richard Delalande (1657–1726)
Te Deum D-Dur für Soli, Chor und Orchester

Henry Purcell (1659–1695)
Te Deum & Jubilate Deo D-Dur (1694)

André Campra (1660–1744)
Te Deum

Johann Josef Fux (1660–1741)
Te Deum in C für Chor und Orchester

Henry Desmarets (1661–1741)
Te Deum

Jean Gilles (1668–1705)
Te Deum

Louis Marchand (1669–1732)
Te Deum

Giovanni Battista Bononcini (1670–1747)
Te Deum (1741)

Antonio Caldara (1670–1736)
Te Deum D-Dur für 2 Chöre a cappella

Louis-Nicolas Clérambault (1676–1749)
Te Deum

William Croft (1678–1727)
Te Deum D-Dur

Jan Dismas Zelenka (1679–1745)
Te Deum D-Dur ZWV 145 (1724), Te Deum D-Dur a due chori ZWV 146

Johann Sebastian Bach (1685–1750)
Herr, Gott, dich loben wir BWV 16 (1725) und BWV 725
Herr, Gott, dich loben alle wir BWV 130 (1724), BWV 326, BWV Anh. 31
Herr, Gott, dich loben wir, Herr, Gott, wir danken dir BWV 328

Domenico Scarlatti (1685–1757)
Te Deum à 8 (1721)

Georg Friedrich Händel (1685–1759)
Utrecht Te Deum D-Dur HWV 278 (1713), Caroline Te Deum 280 (1714)
Chandos Te Deum HWV 281 (1717), Te Deum in A-Dur HWV 282 (1726)
Dettingen Te Deum D-Dur HWV 283 (1743)

Gottfried Heinrich Stölzl (1690–1749)
Te Deum G-Dur für Soli, Chor und Orchester

Leonardo Leo (1694–1744)
Te Deum für Chor und Orchester

Johann Adolf Hasse (1699–1785)
Te Deum G-Dur

Jan Zach (1699–1773)
Te Deum in D-Dur für Soli, Chor und Orchester

Giovanni Battista Sammartini (1701–1775)
Te Deum G-Dur für vier Stimmen und Instrumente

Carl Heinrich Graun (1704–1759)
Te Deum (1757)

António Teixeira (1707–1769)
Te Deum (1734)

Marianus Königsperger (1708–1769)
Te Deum in D-Dur

Georg Reutter (1708–1772)
Te Deum für Chor, Trompete, Pauke, Violinen und B.c. (1747)

William Boyce (1711–1779)
Te Deum aus dem *Morning Service* in A für Chor und Orgel

Luis Alvarez Pinto (1713–1789)
Te Deum für Chor, 2 Violinen, Horn und B.c.

Johann Christian Bach (1735–1782)
Te Deum (Mailand um 1761)

Pietro Allessandro Pavona (1728–1786)
Te Deum D-Dur für Soli, Chor und Orchester

Guiseppe Sarti (1729–1802)
Te Deum (1788) mit Kanonen

Joseph Haydn (1732–1809)
Te Deum Hob XXIIIc:1 (1765), Te Deum Hob XXIIIc:C1, Te Deum Hob XXIIIc:D1
Te Deum Hob XXIIIc:G1 , Te Deum reges Hob XXIIIa:D5 (1800)

Antonio Sacchini (1734–1786)
Te Deum laudamus für SSA, 2 Hörner, Streicher und Orgel

Jacob Frantisek Zupan (1734–1810)
Te Deum C-Dur für Chor und Orchester

Bernardo Ottani (1736–1827)
Te Deum in D-Dur

Johann Michael Haydn (1737–1806)
Te Deum C-Dur, Te Deum D-Dur für Chor, Orchester und Orgel (1801),
Te Deum D-Dur für Chor und Orchester (1803), Deutsches Te Deum B-Dur (1805)

Giovanni Paisiello (1740–1816)
Te Deum breve in G-Dur, Te Deum in C (1804), Te Deum in b

Nikolaus Betscher (1745–1811)
Te Deum (1797)

Valentin Deppisch (um 1746–1782)
Te Deum C-Dur für Soli, Chor und Orchester

Johann Melchior Dreyer (1746–1824)
Te Deum (1800)

Georg Joseph Vogler (1749–1814)
Te Deum (7 Vertonungen)

Antonio Salieri (1750–1825)
Te Deum laudamus D-Dur für Chor und Orchester (1790), Neufassung für Doppelchor und Orchester (1799), Te Deum laudamus C-Dur für Soli, Chor und Orchester (1819)

Dmitri Bortniansky (1751–1825)
Te Deum für SSAATBB a cappella

Johann Friedrich Reichhardt (1752–1814)
Te Deum

Jozef Koslowski (1753–1831)
Te Deum

Johann Gottfried Schicht (1753–1823)
4 Te Deum-Vertonungen

David August von Apell (1754–1832)
Te Deum D-Dur

Wolfgang Amadeus Mozart (1756–1791)
Te Deum KV 141 für Chor und Orchester, Te Deum KV Anh. 241b

Vincenzo Righini (1756–1812)
Te Deum (1809)

Aemilian Rosengart (1757–1810)
Te Deum

Carl Friedrich Zelter (1758–1832)
Te Deum für zwei vierstimmige Chöre a cappella

Friedrich Heinrich Himmel (1765–1814)
Te Deum (1805)

José Maurício Nunes Garcia (1767–1830)
Te Deum in D für Chor und Orchester (1799), Te Deum für den 7. März (1811)

Andreas Romberg (1767–1821)
Te Deum op. 55

Jozef Elsner (1769–1854)
Te Deum laudamus D-Dur op. 39 (1825)
Te Deum op. 74 für zwei vierstimmige Chöre (1842)

Jan Theobald Held (1770–1851)
Te Deum

Antonin Reicha (1770–1836)
Te Deum (1825)

Christoph Ernst Friedrich Weyse (1774–1842)
Te Deum

João Domingos Bomtempo (1775–1842)
Te Deum F-Dur

Carl Friedrich Rungenhagen (1778–1851)
Te Deum

Conradin Kreutzer (1780–1849)
Te Deum

Anton Diabelli (1781–1858)
Te Deum für Soli, Chor und Orchester

François-Joseph Fétis (1784–1871)
Te Deum (1856)

Karol Kurpiński (1785–1857)
Te Deum

Anton Schmid (1787–1857)
Te Deum (1840)

Francisco Delgado (1790–1849)
Te Deum in C für Soli, Chor und Orchester

Carl Loewe (1796–1869)
Te Deum op. 77

Václav Emanuel Horák (1800–1871)
Te Deum für Chor und Orchester

Vincenzo Bellini (1801–1835)
Te Deum in C-Dur

Hector Berlioz (1803–1869)
Te Deum op. 22 (1848/49)

Robert Führer (1807–1861)
Te Deum

Pierre-Louis Dietsch (1808–1865)
Te Deum für Soli, Cor und Orchester (1844)

Felix Mendelssohn Bartholdy (1809–1847)
Te Deum in D-Dur für Soli SSAATTBB, Chor SSAATTBB und B.c. (1826)
Te Deum in A-Dur für Soli, Chor und Orgel (1832), „Herr Gott, dich loben wir" für Soli, Doppelchor, Gemeinde, Orchester und Orgel (1843) „Zur Feier des tausendjährigen Bestehens von Deutschland"

Otto Nicolai (1810–1849)
Te Deum (1832)

Franz Liszt (1811–1886)
Te Deum (1853), Te Deum (1859)

Henry Thomas Smart (1813–1879)
Te Deum in F

Giuseppe Verdi (1813–1901)
Te Deum für Doppelchor und Orchester (1895–1896),
Teil 4 in *Quattro Pezzi Sacri*

Charles Gounod (1818–1893)
Te Deum

Friedrich Kiel (1821–1885)
Te Deum für Soli, Chor und Orchester op. 46 (1866)

Anton Bruckner (1824–1896)
Te Deum in C-Dur mit 2 Klavieren (1881–84), UA 1885,
in der Orchesterfassung 1886

Peter Benoit (1834–1901)
Te Deum

Georges Bizet (1838–1875)
Te Deum für Soli, Chor und Orchester WD 122 (1858)

Ferdinand Thieriot (1838–1919)
Te Deum in E-Dur

Antonín Dvořák (1841–1904)
Te Deum für Soli, Chor und Orchester op. 103

Giovanni Sgambati (1841–1914)
Te Deum op. 20

Hugo Bußmeyer (1842–1912)
Te Deum

Arthur Sullivan (1842–1900)
Boer War Te Deum (1900), Festival Te Deum

Charles Hubert Parry (1848–1918)
Te Deum in D-Dur für Chor und Orgel (1911)

Willam Sereno Waith (1849–1911)
Te Deum in Des-Dur

Paul Wachs (1851–1915)
Te Deum

Charles Villiers Stanford (1852–1924)
Te Deum b-Moll für Chor und Orgel , Te Deum G-Dur op. 81
Te Deum C-Dur für Chor und Orgel op. 115 (1909)

George Albert Burdett (1856–1943)
Te Deum in Es-Dur

Edward Elgar (1857–1934)
Te Deum und Benedictus für Chor, Orgel und Orchester op. 34

Walter Henry Hall (1862–1935)
A Festival Te Deum

Horatio W. Parker (1863–1919)
Te Deum für Chor und Orgel (1892)

Ralph Vaughan Williams (1872–1958)
Te Deum in G-Dur für Chor und Orchester (Orgel) (1928)
Festival Te Deum für Chor und Orchester (Orgel) (1937)

Max Reger (1873–1916)
Fantasie über Te Deum laudamus, Nr. 2 aus *Drei Orgelstücke* op. 7 (1892)
Te Deum aus *Zwölf kleine Stücke für die Orgel* op. 59 (1901)

Gustav Holst (1874–1934)
Short Festival Te Deum

Havergal Brian (1876–1972)
Te Deum-Vertonung in 1. Sinfonie *The Gothic*

Jean Huré (1877–1930)
Te Deum

Joseph Haas (1879–1960)
Te Deum op. 100 (1945)

John Ireland (1879–1962)
Te Deum in F für Chor und Orgel (1909)

Otto Olsson (1879–1964)
Te Deum op. 25 (1906)

Walter Braunfels (1882–1954)
Te Deum für Sopran, Tenor, Chor, Orchester und Orgel op. 32 (1920/21)

Zoltán Kodály (1882–1967)
Budavári Te Deum (1936)

Wilhelm Furtwängler (1886–1954)
Te Deum für Soli, Chor und Orchester

Rudolph Mauersberger (1889–1971)
Dresdner Te Deum (1944/45)

Hendrik Andriessen (1892–1981)
Te Deum für Chor und Orchester (1943)

Knud Jeppesen (1892–1974)
Te Deum Danicum für Soli und Doppelchor

Alois Hába (1893–1973)
Fantasie *Te Deum* für Orgel

Wilhelm Kempff (1895–1991)
Te Deum für Chor, 4 Trompeten, 4 Posaunen, Pauke und Orgel

Richard Flury (1896–1967)
Te Deum

Willy Burkhard (1900–1955)
Te Deum für 2stg. gem. Chor, Trompete, Posaune, Pauken und Orgel (1931)

Ernst Pepping (1901–1981)
Te Deum Soli, Chor und Orchester (1956)

Edmund Rubbra (1901–1986)
Festival Te Deum für Sopran-Solo, Chor und Orchester

William Walton (1902–1983)
Coronation Te Deum für Chor, Orchester und Orgel (1952–53)

Georg Trexler (1903–1979)
Das Deutsche Te Deum für 8stg. Chor und Orchester (1976)

Hermann Schroeder (1904–1984)
Te Deum op. 16 (um 1934)

Henk Badings (1907–1987)
Te Deum für Männerchor und Orchester (1962)

Jean Langlais (1907–1991)
Hymne d'Action de Grâce *Te Deum* für Orgel

Heinz Schubert (1908–1945)
Te Deum-Vertonung im Schlußteil von *Hymnisches Konzert* (1939)
für Sopran, Tenor, Orgel und Orchester

Harald Genzmer (1909–2007)
Concerto Te Deum für 3 Trompeten, Pauken und Orgel

Heinrich Sutermeister (1910–1995)
Te Deum (1975)

Albert Jenny (1912–1992)
Te Deum für Soli, Chor, Orchester und Orgel (1950)

Percy Young (1912–2004)
Festival Te Deum (1961)

Cesar Bresgen (1913–1988)
Choralfantasie Te Deum Laudamus für Orgel

Benjamin Britten (1913–1976)
Te Deum in C für Knabensopran-Solo, Chor, Harfe und Streicher (1934)
Festival Te Deum op. 32 für Chor und Orgel (1944)

Karl Michael Komma (1913–2012)
Te Deum für Orgel

Vincent Persichetti (1915–1987)
Te Deum op. 93 (1963)

Houston Bright (1916–1970)
Te Deum für sechsstimmigen Chor a cappella (1956)

Hans Posegga (1917–2002)
Oratorium Te Deum Benediktoburanum (1981)

Jeanne Demissieux (1921–1968)
Te Deum op. 11

Renato Grisoni (*1922)
Te Deum – Musica concertante für 5 Trompeten und Orgel

Harald Heilmann (*1924)
Te Deum für Chor und fünf Blechbläser

José Peris Lacasa (*1924)
Te Deum (1984)

Tui St. George Tucker (1924–2004)
Te Deum

Ruth Zechlin (1926–2007)
Te Deum (2001)

Günter Gerlach (1928–2003)
Te Deum für Orgel (1961)

Heinrich Poos (*1928)
Te Deum

Petr Eben (1929–2007)
Prager Te Deum für Chor und vier Blechbläser oder Orgel (1989)

Josef Lammertz (*1930)
Te Deum (1954/88/96) UA 2010

Jósef Świder (*1930)
Te Deum 2001 für 2 Trompeten, Pauke, Chor und Orchester

Heinz Werner Zimmermann (*1930)
Te Deum (1998/2006)

Xavier Benguerel (*1931)
Te Deum (1993)

Krzysztof Penderecki (*1933)
Te Deum für Soli, 2 gemischte Chöre und Orchester (1979/1980)

Peter Janssens (1934–1998)
Te Deum (in *Elisabeth von Thüringen*, 4. Akt)

Siegfried Matthus (*1934)
Te Deum (2005)

Walter Steffens (*1934)
Te Deum für Sopran, Alt, 2 Tenöre und Bass (1997)

Arvo Pärt (*1935)
Te Deum für drei Chöre, Klavier, Streicher und Tonband

Maria Sawa (1937–2005)
Te Deum I & II für Orgel

Thilo Medek (1940–2006)
Te Deum (1999)

Douglas Brooks-Davies (*1942)
Te Deum in C-Dur für Chor und Orgel (2004)

Ernst-Ludwig Leitner (*1943)
Te Deum für Choralschola, Schlagwerk und Orgel (1982)

Krystof Meyr (*1943)
Te Deum für Chor a cappella (2006)

Karl Jenkins (*1944)
Te Deum (2010)

John Rutter (*1945)
Te Deum

Peteris Vasks (*1946)
Te Deum für Orgel (1991)

Edward Lambert (*1951)
Te Deum

William Hawley (*1950)
Te Deum (1986) für Solisten, Chor und Orchester

Enjott Schneider (*1950)
Landsberger Te Deum (2010)

Patrick Cardy (1953–2005)
Te Deum für Chor und Brass Band (1995)

Jan Sandström (*1954)
Te Deum für Chor und Orchester (1996)

Janusz Jedrzejewski (1954–2009)
Te Deum

Naji Hakim (*1955)
Te Deum für Orgel (später Orchestrierung)

Steve Dobrogosz (*1956)
Te Deum

Carlo Pedini (*1956)
Te Deum für Kinderstimmen, Chor und Orchester (1994-99)

Rihards Dubra (*1964)
Te Deum für sechs Chöre und Orchester

Fábio Soldá (*1982)

Te Deum für Chor, Oboe d'amore, Streicher, Pauken und Klavier (2010)

Winfried Nowak (*1965)

Te Deum für Sopran-Solo und dreistimmig gemischten Chor a cappella (2006)

Phillip Cooke (*1980)

Te Deum für Chor und Orgel (2010)

Akihiko Matsumoto (*1981)

Te Deum, algorhythmische elektronische Komposition (2010)

Vergleichstabelle 1: Besetzung, formale Gliederung und Harmonik der verschiedenen Te Deum-Vertonungen

Te Deum		Purcell	Croft	Händel UTD	Händel CTD	Händel ChTD	Händel TDA	Händel DTD
Uraufführung		1694	1708/09	1713	1714 / II 1737	1717/18	1726	1743
Tonart		D	D	D	D	B	A	D
Besetzung	Soli	SSAATB	A(AAA)TB	SSAATB	ATB	STTB	TBB	SATB
	Chor	s(s)atb	s(s)atb	ssa(a)tb	satb	stt(aa)b	st(a)tb	ssatb
	Orchester	2 Tr Str + Bc	2 Tr 2 Ob Str + Bc	2 Tr 2Ob (Fl) Str + Bc	2 Tr 2Ob Str + Bc	(Tr) Ob (Fl) Vl 1/2 Bc	Ob Str + Bc	3 Tr Pk 2Ob Fg Str + Bc
Vers	Harmonik							
01 We praise thee, O God		D	D	D	D	B	A	D
02 All the earth doth worship		D	D Fis D	A D h Fis	D h	Es	D Fis	D
03 To thee all angels cry aloud		a D	h D	Fis Cis	h G	c F	Fis h	h
04 To thee Cherubin		D	D A	A	D fis	B g	fis	D
05 Holy, holy		A D	D Fis	D	D	D F	h	D
06 Heaven and earth are full		D	D	H Fis h D	G D	F	Fis	H D
07 The glorious company		h	D	a	a	g	h	G
08 The godly fellowship		fis	D	e	C e	d	h D	G
09 The noble army		D	D	a d	d C	B	D fis	G
10 The holy church		G D	D	d H E a	a	c g	fis	G
11 The Father		D	d	F	d e	Es G	H	H
12 Thine honourable		D h	d a	F	C	Es	h	Fis fis
13 Also the Holy Ghost		h D	d	g A	C D G	B g D	H Fis	A
14 Thou art the king of Glory		D A	D Fis	F	C	B	D	D
15 Thou art the everlasting son		A D	D	F	G C	B	D	D
16 When thou tookest upon thee		D Fis	d F	d	g	F	D	A
17 When thou hadst overcome		Fis h D	d a d	a E C	g c	d E C	e	g D
18 Thou sittest at the right hand		D	g B g	C	f	G	A D	B
19 We believe that thou shalt		A	c G	g	g	e	e	B
20 We therefore pray thee		A	g c	g D	g	e	e	g
21 Make them to be numbered		D	g	B	c g	G	G	B
22 O Lord, save thy people		h	B	B A	g B	G Fis	G Fis	c
23 Govern them		A D	g B	d g	B g	h e	Fis H e	g
24 Day by day we magnify thee		D	D	D A	D	D A	C	D
25 And we worship thy name		D	D A D	A D	D	D	G	D
26 Vouchsafe, o Lord		d C	h Fis	h A	h e	g	a	h
27 O Lord, have mercy upon us		C A	Fis A	fis	e Cis	d	h E	h
28 O Lord, let thy mercy lighten		F	fis D h	h	cis Cis Fis	d g	a	h
29 O Lord, in thee have I trusted		D	D	D	D	B	A	D

Vergleichstabelle 2: *Utrechter Te Deum* und *Caroline Te Deum*

Te Deum	Länge in Takten		Musikalische Bezüge im CTD
Vers	**UTD**	**CTD**	
01 We praise thee	58	24	
02 All the earth doth worship	43	12	
03 To thee all angels cry	15	24	x
04 To thee Cherubin	23	23	**Z**
05 Holy, holy			
06 Heaven and earth are full			
07 The glorious company	66	37	
08 The godly fellowship			
09 The noble army			
10 The holy church	20	3	
11 The Father	13	8	
12 Thine honourable			
13 Also the Holy Ghost			
14 Thou art the king	53	52	→ Chandos Anthem 9
15 Thou art the everlasting			
16 When thou tookest	15	30	
17 When thou hadst overcome	11	14	
18 Thou sittest	41	6	
19 We believe	29	23	
20 We therefore pray thee			
21 Make them to be numbered			
22 O Lord, save thy people			
23 Govern them			
24 Day by day	32	12	x
25 And we worship thy name	19	13	
26 Vouchsafe, o Lord	33	18	x
27 O Lord, have mercy upon us			
28 O Lord, let thy mercy lighten			
29 O Lord, in thee	29	29	xxx
Summe der Takte	**500**	**328**	

x = musikalischer Bezug **Z** = wörtliches Zitat oder sehr ähnlich

Vergleichstabelle 3: *Utrechter Te Deum* und *Chandos Te Deum*

Te Deum	**Länge in Takten**		**Musikalische Bezüge im ChTD**
Vers	**UTD**	**ChTD**	
01 We praise thee	58	53	x x x x
02 All the earth doth worship	43	41	x x x **Z**
03 To thee all angels cry	15	34	x x x x
04 To thee Cherubin	23	47	x x x
05 Holy, holy			
06 Heaven and earth are full			
07 The glorious company	66	70	x x **Z Z Z**
08 The godly fellowship			
09 The noble army			
10 The holy church	20	26	x x **Z**
11 The Father	13	16	x x **Z Z**
12 Thine honourable			
13 Also the Holy Ghost			
14 Thou art the king	53	73	x x x x
15 Thou art the everlasting			
16 When thou tookest	15	83	
17 When thou hadst overcome	11	25	x x x x x x **Z Z**
18 Thou sittest	41	227	x
19 We believe	29	35	x x x x x x **Z Z**
20 We therefore pray thee			
21 Make them to be numbered			
22 O Lord, save thy people			
23 Govern them			
24 Day by day	32	69	x x x x **Z**
25 And we worship thy name	19	42	x x
26 Vouchsafe, o Lord	33	40	x x x x x **Z**
27 O Lord, have mercy upon us			
28 O Lord, let thy mercy lighten			
29 O Lord, in thee	29	256	x x x
Summe der Takte	**500**	**1114**	

x = musikalischer Bezug **Z** = wörtliches Zitat oder sehr ähnlich

Vergleichstabelle 4: *Utrechter Te Deum* und *Te Deum in A*

Te Deum	Länge in Takten		Musikalische Bezüge im TDA
Vers	**UTD**	**TDA**	
01 We praise thee	58	19	
02 All the earth doth worship	43	4	**Z** x
03 To thee all angels cry	15	16	x x
04 To thee Cherubin	23	16	x x
05 Holy, holy			
06 Heaven and earth are full			
07 The glorious company	66	21	
08 The godly fellowship			
09 The noble army			
10 The holy church	20	6	
11 The Father	13	8	
12 Thine honourable			
13 Also the Holy Ghost			
14 Thou art the king	53	9	x
15 Thou art the everlasting			
16 When thou tookest	15	14	
17 When thou hadst overcome	11	20	
18 Thou sittest	41	34	
19 We believe	29	33	x x
20 We therefore pray thee			
21 Make them to be numbered			
22 O Lord, save thy people			
23 Govern them			
24 Day by day	51	29	x
25 And we worship thy name			
26 Vouchsafe, o Lord	33	59	
27 O Lord, have mercy upon us			
28 O Lord, let thy mercy lighten			
29 O Lord, in thee	29	31	x x
Summe der Takte	**500**	**319**	

x = musikalischer Bezug **Z** = wörtliches Zitat oder sehr ähnlich

Vergleichstabelle 5: *Utrechter Te Deum* und *Dettinger Te Deum*

Te Deum	**Längein Takten**		**Musikalische Bezüge im DTD**
Vers	**UTD**	**DTD**	
01 We praise thee	58	93	
02 All the earth doth worship	43	103	x
03 To thee all angels cry	15	26	xxx
04 To thee Cherubin	23	72	
05 Holy, holy			
06 Heaven and earth are full			
07 The glorious company	66	26	
08 The godly fellowship			
09 The noble army			
10 The holy church	20	6	
11 The Father	13	20	x
12 Thine honourable			
13 Also the Holy Ghost			
14 Thou art the king	53	62	
15 Thou art the everlasting			
16 When thou tookest	15	118	
17 When thou hadst overcome	11	38	xx
18 Thou sittest	41	89	
19 We believe	29	61	
20 We therefore pray thee			
21 Make them to be numbered			
22 O Lord, save thy people			
23 Govern them			
24 Day by day	32	35	x
25 And we worship thy name	19	74	x
26 Vouchsafe, o Lord	33	18	
27 O Lord, have mercy upon us			
28 O Lord, let thy mercy lighten			
29 O Lord, in thee	29	132	
Summe der Takte	**500**	**973**	

x = musikalischer Bezug **Z** = wörtliches Zitat oder sehr ähnlich

Abkürzungen

Musikwerke

CTD Caroline Te Deum
ChTD Chandos Te Deum
DTD Dettinger Te Deum
UTD Utrechter Te Deum
TDA Te Deum in A

Singstimmen

A, a Solo- bzw. Chor-Alt
B, b Solo- bzw. Chor-Bass
Ct Countertenor
M Mezzo-Sopran
S, s Solo- bzw. Chor-Sopran
T, t Solo- bzw. Chor-Tenor

Instrumente

Fg Fagott
Fl Flöte
B. c. Basso continuo
Ob Oboe
Org Orgel
Str Streicher
Tr Trompete

Quellen

HWV Händel-Werke-Verzeichnis
HHA Hallische Händel-Ausgabe
MGG Musik in Geschichte und Gegenwart

Institutionen

BL British Library
ChR Chapel Royal
DRA Deutsches Rundfunkarchiv
SB Staatsbibliothek Berlin
UBG Universitätsbibliothek Göttingen

Abbildungsnachweise

Umschlag vorne	Georg Friedrich Händel, Kopie von Miss Benson nach Philip Mercier, Stiftung Händel-Haus, Halle (Saale)
Umschlag hinten	Westminster Bridge von Norden am Lord Mayor's Day, Canaletto (1746), *mit freundlicher Genehmigung des Yale Center for British Art, New Haven*, USA
Seite 7	Beginn des Utrechter Te Deum, Autograph, Seite 1 recto, Royal Music Collection, Manuskript R.M.20.g.5, British Library, *mit freundlicher Genehmigung © The British Library Board, London*
Seite 17	Dom in Halle. Kupferstich von Johann Gottfried Krügner jun., Stiftung Händel-Haus, Halle (Saale)
Seite 24	König Georg I. als Kurfürst von Hannover, gemalt und herausgegeben von John Smith, nach Johann Leonhard Hirschmann, Mezzotinto, 1706, National Portrait Gallery, London
Seite 26	London: die Themse am Lord Mayor's Day, Canaletto, Sammlung Lobkowicz, Nelahozeves
Seite 27	Königin Anne, Ölgemälde von Michael Dahl, 1705, National Portrait Gallery, London
Seite 47	Karte von Westeuropa im Jahr 1713, aus: The Public Schools Historical Atlas von Charles Colbeck, New York, London & Bombay, 1905, *mit freundlicher Genehmigung der University of Texas Libraries, Austin*
Seite 82	Utrechter Te Deum, Beginn der Nr. 6, Autograph, Seite 28 verso, Royal Music Collection, Manuskript R.M.20.G.5, British Library, *mit freundlicher Genehmigung © The British Library Board, London*
Seite 162	Beginn des Utrechter Te Deum, Walsh Edition, Seite 2, Royal Music Collection, R.M.7.g.9.(2.), British Library, *mit freundlicher Genehmigung © The British Library Board, London*
Seite 167	Johann Adam Hiller, Ölgemälde von Anton Graff (1774), Kustodie der Universität Leipzig

Seite 178	Karl Friedrich Zelter, Zeichnung von Wilhelm Hensel (1829), Kupferstichkabinett Berlin, *mit freundlicher Genehmigung der Staatlichen Museen zu Berlin*
Seite 179	Ausschnitt von Seite 6 aus dem Programmheft „Zum Geburtstag des Königs MDCCCVI", Johann Carl Friedrich Rellstab, Berlin, 1806, *mit freundlicher Genehmigung der Bildagentur für Kunst, Kultur und Geschichte (bpk), Berlin*
Seite 223	Auschnitt der Violoncello-Stimme der Hallischen Händel-Ausgabe (Hrsg. Gerald Hendrie, Seite 6, *mit freundlicher Genehmigung © Bärenreiter-Verlag, Kassel*
Seite 305	Ende des Utrechter Te Deum, Autograph, Seite 41 verso, Royal Music Collection,Manuskript R.M.20.g.5, British Library, *mit freundlicher Genehmigung © The British Library Board, London*

Alle übrigen Abbildungen und Notenbeispiele wurden vom Autor erstellt.

Den Abdruck seines Gedichts *Utrecht Te Deum* hat mir David Jaffin freundlicherweise persönlich genehmigt. Es ist seiner Gedicht-Sammlung *The Other Side of Self* entnommen, die bei Shearsman Books in Bristol erschienen ist.

Literaturverzeichnis

Handschrift und Editionen des *Utrechter Te Deum*

Autograph

R.M.20.g.5. Royal Music Collection, Autograph 1712–1713. British Library

Erstausgabe

Te Deum Et Jubilate, For Voices And Instruments Perform'd before the Sons of the Clergy at the Cathedral-Church of St. Paul. Compos'd By George Frederick Handel, Note, Where these are Sold my be a great variety of Church-musick. London. Printed for & Sold by John Walsh, &c. John Walsh (1735), R.M.7.g.9.(2.), 71 S., folio, British Library

Weitere Ausgaben

Te Deum Et Jubilate, For Voices And Instruments Perform'd before the Sons of the Clergy .... Randall (Walsh Nachf.), London, 1769

Te Deum; Composed by Mr. Handel, For the Voice, Harpsichord and Violin; With the chorusses in Score. [complete work in vocal score.] As performed At St. Paul's Cathedral. Harrison & Co., London, 1784

A Grand Te Deum Composed in the Year 1713 For the Peace of Utrecht By G. F. Handel Arnold's edition, No. 15–16, London, 1788

Georg Friedrich Händels Te Deum Laudamus zur Utrechter Friedensfeyer ehemals in Engländischer Sprache componirt, und nun mit dem bekannten lateinischen Texte [mit Vorwort] herausgegeben von Johann Adam Hiller, Leipzig: Schwickert, 1780

Georg Friedrich Händels Werke, Ausgabe der Deutschen Händelgesellschaft, Hrsg. von Friedrich Chrysander, Bd. 31, Utrechter Te Deum und Jubilate, Leipzig, 1870

„IUBILATE / der 100te Pslam / Jauchzet dem Herrn alle Welt / von / Haendel.", Carl Friedrich Zelter, Handschrift SA 342, Archiv der Singakademie zu Berlin

Abschriften

Utrecht Te Deum and Utrecht Jubilate: Manuscript, [ca. 1807], Princetown University Library

„Te Deum compos'd by George Frederick Handel", Part. Ms. Schriftliche Kopie um 1779 mit Korrekturen und Einträgen von J. A. Hiller, katal. unter „Kirchenmusiken Nr. 69" in: Handschriften und ältere Drucke der Werke G. F. Händels in der Musikbibliothek der Stadt Leipzig, Leipzig 1966

Neuausgaben (chronologisch geordnet)

Adam Adrio und Gottfried Grote, Berlin, 1958

Watkins Shaw, London, 1969

Gerald Hendrie, HHA, Kassel, 1999

Michael Gibson, Neufassung des Klavierauszugs von Watkins Shaw (Novello), Choral Public Domain Library (www.cpdl.org), 2005

Autographen und Editionen anderer Werke und Dokumente

BACH, Johann Sebastian

Der Geist hilft unserer Schwachheit auf BWV 226,
Hrsg. Konrad Ameln und Gottfried Wolters, Wolfenbüttel, 1949
Messe h-Moll BWV 232, HHA, Kassel, 1955

CROFT, William

A Thanksgiving Anthem *Rejoice in the Lord*, Manuscript, The British Library, R.M.24.g.2.(4.)
Te Deum, Hrsg. Watkins Shaw, Oxford, 1979
This is the day, Manuscript, Crofts Musica Sacra,
Vol. 2 (1725), S. 243–255, Lichfield Cathedral Library

HÄNDEL, Georg Friedrich

As pants the hart, Hrsg. Lars-Henrik Nysten, Kassel, 2005
Dixit Dominus, Hrsg. Watkins Shaw, London, 1979
Laudate Pueri Dominum, Hrsg. Watkins Shaw, London, 1988
Nisi Dominus, Hrsg. Watkins Shaw, London, 1985
Rinaldo, HHA, Hrsg. David Kimbell, Kassel, 1998
Te Deum in D *Caroline Te Deum*, Hrsg. Rudolph Elvers u. Gottfried Grote, Berlin, 1959
Te Deum in B *Chandos Te Deum*, Kalmus, o. J.

Te Deum in D *Dettingen Te Deum* (a) Hrsg. Carl Eberhart, Frankfurt, 1987, (b) Hrsg. Arthur Walker, London, 1970

MOZART, Wolfgang Amadeus
Requiem KV 626 (Süßmayr), Hrsg. Leopold Nowak, Kassel, 1965

PURCELL, Henry
Te Deum and Jubilate in D, Hrsg. Denis Arnold, London, 1965

ZELTER, Carl Friedrich
Te Deum Laudamus, in Zwey Chören und Acht Stimmen A Capella, in: Zum Geburtstage des Königs MDCCCVI, Textbuch, Berlin,1806

Burney Collection of Newspapers
Post Boy u.v.a.m., British Library, London

Enzyklopädische Literatur

Krause, Gerhard u. a. (Hrsg.)
Theologische Realenzyklopädie, Berlin, 1976–2004

Baselt, Bernd (Hrsg.)
Verzeichnis der Werke G. F. Händels (HWV), Leipzig, 1986

Burrows, Donald and Ronish, M.
A catalogue of Handel's Musical Autographs, Oxford, 1994

Deutsch, Otto Erich
Handel, A documentary biography, London, 1955 (Neuauflage 1974)

Dröhmann, Hans Christian
Liederkunde zum Evangelischen Gesangbuch, Göttingen, 2000

Ehrmann-Herfort, Sabine und Finscher, L. und Schubert, G. (Hrsg.)
Europäische Musikgeschichte, Kassel, 2002

Finscher, Ludwig (Hrsg.)
Die Musik in Geschichte und Gegenwart – Allgemeine Enzyklopädie der Musik, Kassel, 1998

Händel-Handbuch
Supplement zur Hallischen Händel-Ausgabe, 5 Bände, Leipzig, 1985

Leopold, Silke und Scheideler, Ullrich (Hrsg.)
Oratorienführer, Kassel, 2000

Marx, Hans Joachim
An International Handel Bibliography (1959–2009), Göttingen, 2009
Händel und seine Zeitgenossen – eine biographische Enzyklopädie, Laaber, 2008

Parker, Mary Ann
G. F. Handel – A Guide to research, Second Edition, New York und London, 2005

Putzger, Friedrich Wilhelm
Historischer Weltatlas, Berlin, 1970

Sadie, Stanley (Hrsg.)
The New Grove Dictionary of Music and Musicians, London, 2002

Sasse, Konrad
Händel-Bibliographie, Leipzig, 1963
Händel-Bibliographie, Nachtrag 1962–65, Leipzig, 1967

Smith, William C.
Handel – A Descriptive Catalogue of the Early Editions, Oxford, 1970

Sekundärliteratur

Arnold, Denis
Vorwort zur Edition des Te Deums von Purcell, London, 1965

Baehrens, Cornelia Emilia
The Origin of the Masque, Dissertation, Groningen, 1929

Beeks, Graydon
Handel's sacred music, in: The Cambridge Companion to Handel, Cambridge, 1997

Berke, Dietrich und Hannemann, Dorothee (Hrsg.)
Alte Musik als ästhetische Gegenwart – Bach-Händel-Schütz, Kassel, 1987

Blume, Friedrich
Die evangelische Kirchenmusik, Kassel, 1965

Bockholdt, Rudolph
Über musikalische Interpretation, in: Sergiu Celibidache, Über musikalische Phänomenologie – Ein Vortrag, Augsburg, 2008

Bollert, Werner
Die Händelpflege der Berliner Sing-Akademie unter Zelter und Rungenhagen, in: Die Sing-Akademie zu Berlin – Festschrift zum 175. Bestehen (Hrsg. W. Bollert), Berlin, 1966

Brett, Vivien
Cathedral Music, Andover, 2003

Burn, Andrew E.
The hymn Te Deum and its author, London, 1926

Burney, Charles
An account of the musical performances in Westminster Abbey, London, 1785

Burrows, Donald
Handel, Oxford, 1994
Handel and the English Chapel Royal, Oxford, 2005
Händel in London, in: Europäische Musikgeschichte, Kassel, 2002

Burrows, Donald (Hrsg.)
The Cambridge Companion to Handel, Cambridge, 1997

Busch, Gudrun
Die deutsche Händel-Rezeption in der zweiten Hälfte des 18. Jahrhunderts,
in: Händel unter Deutschen, Musik-Konzepte Bd. 131, München 2006

Butt, John
Germany – education and apprenticeship,
in: The Cambridge Companion to Handel, Cambridge, 1997

Celibidache, Sergiu
Über musikalische Phänomenologie – Ein Vortrag, Augsburg, 2008

Chrysander, Friedrich
G. F. Händel, Leipzig, 1919

Coblenzer, Horst und Muhar, Franz
Atem und Stimme – Anleitung zum guten Sprechen, Wien, 1987

Dahlhaus, Carl (Hrsg.)
Händel und das Oratorium, in: Neues Handbuch der Musikwissenschaft, Bd. IV, Laaber, 1985

Danuser, Hermann (Hrsg.)
Musikalische Interpretation, in: Neues Handbuch der Musikwissenschaft, Bd. II, Laaber, 1992

Dart, Thurston
Practica Musica – Vom Umgang mit alter Musik, Bern, 1959

Davy, Henry
Thomas Tudway, in: Dictionary of National Biography, 1885–1900, Bd. 57, S. 291/92

Dent, Edward J.
Englische Einflüsse bei Händel, in: Händel-Jahrbuch 1929, Leipzig, 1929

Dietz, Hanns-Bertold
Die Chorfuge bei Georg Friedrich Händel, Tutzing, 1961

Donington, Robert
Baroque Music – Style and performance, London, 1982
The interpretation of early music, London, 1989

Duffin, Ross W.
How equal temperament ruined harmony (and why you should care), London, 2007

Eschenburg, Johann Joachim
Nachricht von Georg Friedrich Händels Lebensumständen, Berlin und Stettin 1785, Reprint Leipzig, o. J.

Finscher, Ludwig
Parodie, in: Musik in Geschichte und Gegenwart, Bd. 10, Kassel, 1998

Forner, Johannes
Die Gewandhauskonzerte zu Leipzig 1781–1981, Leipzig, 1983

Gutknecht, Dieter
Robert Franz als Bearbeiter Händelscher Werke, in: Händel-Jahrbuch 1993, Köln, 1994

Haas, Markus
Canto funzionale – Grundzüge einer physio-akustischen und funktionalen Stimmentwicklung, Freiburg, 1996

Händel-Festkommitee (Hrsg.)
Wege zu Händel – Eine Sammlung von Aufsätzen, Halle, 1953

Hagels, Bert
Konzerte in Leipzig 1779/80–1847/48, Berlin, 2010

Hamberger, Joachim
Geschichte der Papierherstellung, in: LWF aktuell Nr. 54, Hrsg. Bayrische Landesanstalt für Wald und Forstwirtschaft, 2006

Hanheide, Stefan
Friedensbezüge in Händels Utrechter Te Deum und Schuberts Messe Es-Dur, in: Neue Fragen an den Rechtsstaat, Osnabrücker Jahrbuch Frieden und Wissenschaft, Nr. 16, Osnabrück, 2009

Harden, Ingo
Zum Utrechter Te Deum und Jubilate, in: Göttinger Händel-Festspiele, 1963

Harnoncourt, Nikolaus
Musik als Klangrede, Wien, 1982

Haynes, Bruce
A history of performing pitch – The story of „a", Lanham, 2002

Heene, Marie-Christin
Das Leipziger Konzertleben – Von den Anfängen bis zum Konzerthaussaal 1781, Studienarbeit, München, 2008

Heinemann, Michael
Georg Friedrich Händel, Hamburg, 2004

Hendrie, Gerald
Vorwort zur Edition des Utrechter Te Deum, Kassel, 1999

Hobohm, Wolf
Eschenburg, Nikolai und die Berliner Judas Maccabaeus-Aufführung 1774,
in: Bericht über die internationale wissenschaftliche Konferenz
„Georg Friedrich Händel – Persönlichkeit, Werk, Nachleben" anläßlich der
34. Händelfestspiele Halle (Saale) vom 25.–27. Februar 1985, Leipzig, 1987

Hogwood, Christopher
Händel, Stuttgart, 1992

Jaffin, David
The Other Side of Self. Poems, Bristol, 2012

Johnstone, H. Diack
London – British Musicians and London concert life,
in: The Cambridge Companion to Music, Cambridge, 1997

Keates, Jonathan
Handel – The Man and his Music, London, 1985

Kirsch, Wilfried
Mehrstimmige Te Deum-Vertonungen,
in: Musik in Geschichte und Gegenwart, Bd. 8, Kassel, 1998

Knepler, Georg
Die motivisch-thematische Arbeit in Händels Oratorien,
in: Konferenzbericht der Händel-Ehrung der DDR, 1959

Lang, Paul Henry
Handel, New York, 1966

Larsen, Jens Peter
Deutsche und englische Musiktraditionen im Händelschen Oratorium,
in: Deutsch-englische Musikbeziehungen, Referate des wissenschaftlichen
Symposions im Rahmen der Internationalen Orgelwoche 1980
„Musica Britannica", Hrsg. v. Wulf Kunold, München und Salzburg, 1985

Leichtentritt, Hugo
Händel, Stuttgart und Berlin, 1924

Lincoln, Stoddard
Handel's Music for Queen Anne, in: Musical Quarterly, Nr. 45, London, 1959

Loeckle, Michael
Klangwelten und Weltenklang – Musik von Monteverdi bis Boulez, Baden-Baden, 2010

Lutz, Martin
Parodie und Entlehnung bei Händel, in: Ausstellungskatalog Badische Landesbibliothek, Karlsruhe, 1985

Marx, Hans Joachim
Kalendarium der Aufführungen Händels (1711–1759),
in: Händel und seine Zeitgenossen – Eine biographische Enzyklopädie, Laaber, 2008

Mainwaring, John
G. F. Händel – nach Johann Matthesons deutscher Ausgabe, Zürich, 1987

Mattheson, Johann
Der vollkommene Capellmeister, Hrsg. Friederike Ramm, Kassel, 1999

Maurer, Michael
Britannien, von deiner Freiheit einen Hut voll – Deutsche Reiseberichte des 18. Jahrhunderts, Leipzig, 1992

Meier, Heinz
Topos und Funktion der Chorsätze in Georg Friedrich Händels Oratorien, Wiesbaden, 1971

Mertin, Josef
Alte Musik – Wege zur Aufführungspraxis, Wien, 1978

Meyer, Ernst-Hermann
Händel und Purcell, in: Händel-Jahrbuch 1959

Morbach, Bernhard
Die Musikwelt des Barock, Kassel, 2008

Müller-Blattau, Joseph
Georg Friedrich Händel, Leipzig, o. J.

Neumahr, Uwe
Georg Friedrich Händel – Ein abenteuerliches Leben im Barock, München, 2009

Nohl, Paul-Gerhard
Lateinische Kirchenmusiktexte: Geschichte – Übersetzung – Kommentar, Kassel, 1996

Ott, Karl-Heinz
Tumult und Grazie – Über Georg Friedrich Händel, Hamburg, 2008

Perl, Helmut
Rhythmische Phrasierung in der Musik des 18. Jahrhunderts, Wilhelmshaven, 1998

Piendl, Stefan und Otto, Thomas (Hrsg.)
Stenographische Umarmung – Sergiu Celibidache beim Wort genommen, Regensburg, 2002

Rampe, Siegbert (Hrsg.)
Georg Friedrich Händel und seine Zeit, Laaber, 2009

Reidemeister, Peter
Historische Aufführungspraxis – Eine Einführung, Darmstadt, 1988

Roelfsen, C. G.
Von Nimwegen (1676–79) bis Utrecht (1712–13),
in: Heinz Durchhardt (Hrsg.), Städte und Friedenskongresse, Köln, 1999

Schering, Arnold
Aufführungspraxis alter Musik, Wilhelmshaven, 1975

Schlager, Karl-Heinz
Das einstimmige Te Deum, in: Musik in Geschichte und Gegenwart, Bd. 8, Kassel, 1998

Serauky, Walter
G. F. Händel – Sein Leben, sein Werk, Leipzig, 1957
Die englische Gesellschaft zur Zeit Händels und sein Oratorium als Kunstform neuen Typs,
in: Wege zu Händel, Händel-Festkommittee (Hrsg.), Leipzig 1953

Shaw, Watkins
Vorwort zur Edition des Dixit Dominus, London, 1979

Siegmund-Schultze, Dorothea
Händel und die englische Literatur, in: Händel-Jahrbuch 1975/76, Leipzig, 1977

Siegmund-Schultze, Walther
Georg Friedrich Händel. Sein Leben – Sein Werk, München, 1984
Vorbemerkungen zum Kolloquium über aufführungspraktische Fragen bei Händel,
in: Händel-Jahrbuch 1966, Leipzig, 1966

Steiner, Ruth und Falconer, Keith
Te Deum, in: The New Grove Dictionary of Music and Musicians, Bd. 15, London, 2002

Tadday, Ulrich (Hrsg.)
Händel unter Deutschen, Musik-Konzepte Bd. 131, München, 2006

Völsing, Erwin
G. F. Händels englische Kirchenmusik, Leipzig, 1940

Walker, Ernest
A History of Music in England, Oxford, 1952

Weber, Ottokar

Der Friede von Utrecht: Verhandlungen zwischen England, Frankreich, dem Kaiser und den Generalstaaten 1710–1713 (1891), Reprint, Milton Keynes, 2010

Weber, William

Handel's London – social, political and intellectual contexts,
in: The Cambridge Companion to Handel, Cambridge, 1997

Wehmeier, Grete

Prestißißimo – Die Wiederentdeckung der Langsamkeit in der Musik, Hamburg, 1989

Wolpers, Thomas

Händel und die englische Kultur seiner Zeit,
in: Göttinger Händel-Beiträge 6, Göttingen, 1996

Wordsworth, John

The Te Deum, its structure and meaning and its musical setting and rendering, London, 1902

Young, Percy M.

Gedanken über den Händelschen Chorstil, in: Händel-Jahrbuch 1966, Leipzig, 1966
Händels Verhältnis zur englischen Sprache, in: Händel-Jahrbuch 1975/76, Leipzig, 1977
Handel, London, 1947

Personenregister

Autoren-Biographie

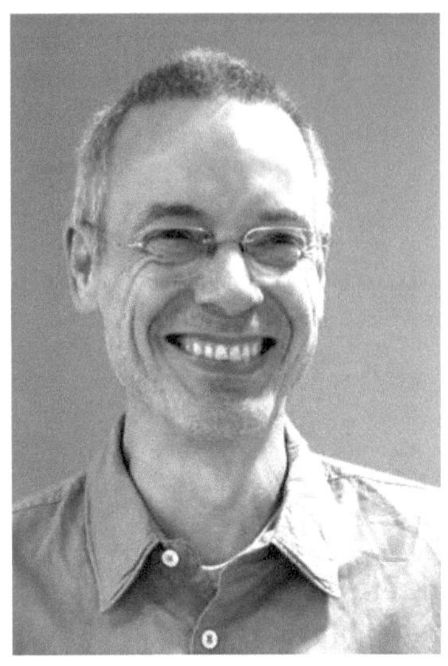

Christian Bährens studierte in seiner Heimatstadt Berlin Musik und Anglistik. Er gründete 1984 den Wilmersorfer Kammerchor und 1990 das Vokalensemble Cantico Nuovo. Darüber hinaus leitet er seit 1990 den Großen Chor des Beethoven-Gymnasiums, an dem er als Musiklehrer tätig ist, und seit 2013 die Matthäus-Kantorei Steglitz.

Christian Bährens studierte im Fach Chorleitung bei Christian Grube und nahm an Meisterkursen bei Heinz Hennig und Laszlo Heltay teil. Er hospitierte bei Simon Rattle in Birmigham, bei der Academy of St. Martin-in-the Fields und beim Choir of St. John's College in Cambridge. Er war Chorleitungsassistent beim Internationalen Festival in Lleida/Katalanien und bereitete den RIAS-Kammerchor für ein Konzertprojekt mit René Jacobs vor.

Er ist seit der Jugendzeit regelmäßig in England und machte die englische Musik als Chorleiter und Sänger zu seinem Spezialgebiet. Zu seinem Repertoire als Sänger gehören u. a. englische Lautenlieder von Campion, Dowland und Morley, die *Songs of Travel* von Vaughan Williams und Schuberts *Winterreise*. Als Chorleiter studierte er vielfältige Werke aller Epochen ein, darunter verschiedene Anthems, den *Messias* und das *Utrechter Te Deum* von Händel.

Das Te Deum wurde vor einigen Jahren auch das Zentrum seiner wissenschaftlichen Arbeit. Im November 2011 wurde er von der Universität von Bydgoszcz (Bromberg) mit seiner Dissertation über die Interpretation und Aufführungspraxis dieses Werkes promoviert. Im November 2013 wird das Utrechter *Te Deum & Jubilate* zu seinem 300. Geburtstag vom Wilmersdorfer Kammerchor Berlin mit einem Festkonzert geehrt.

Information und Kontakt:
www.christian.baehrens.de
christian.baehrens@web.de

zu Klampen Verlag GbR
Röse 21
31832 Springe

Bei Fragen zur EU-Sicherheitsverordnung GPSR wenden
Sie sich bitte an info@zuklampen.de.

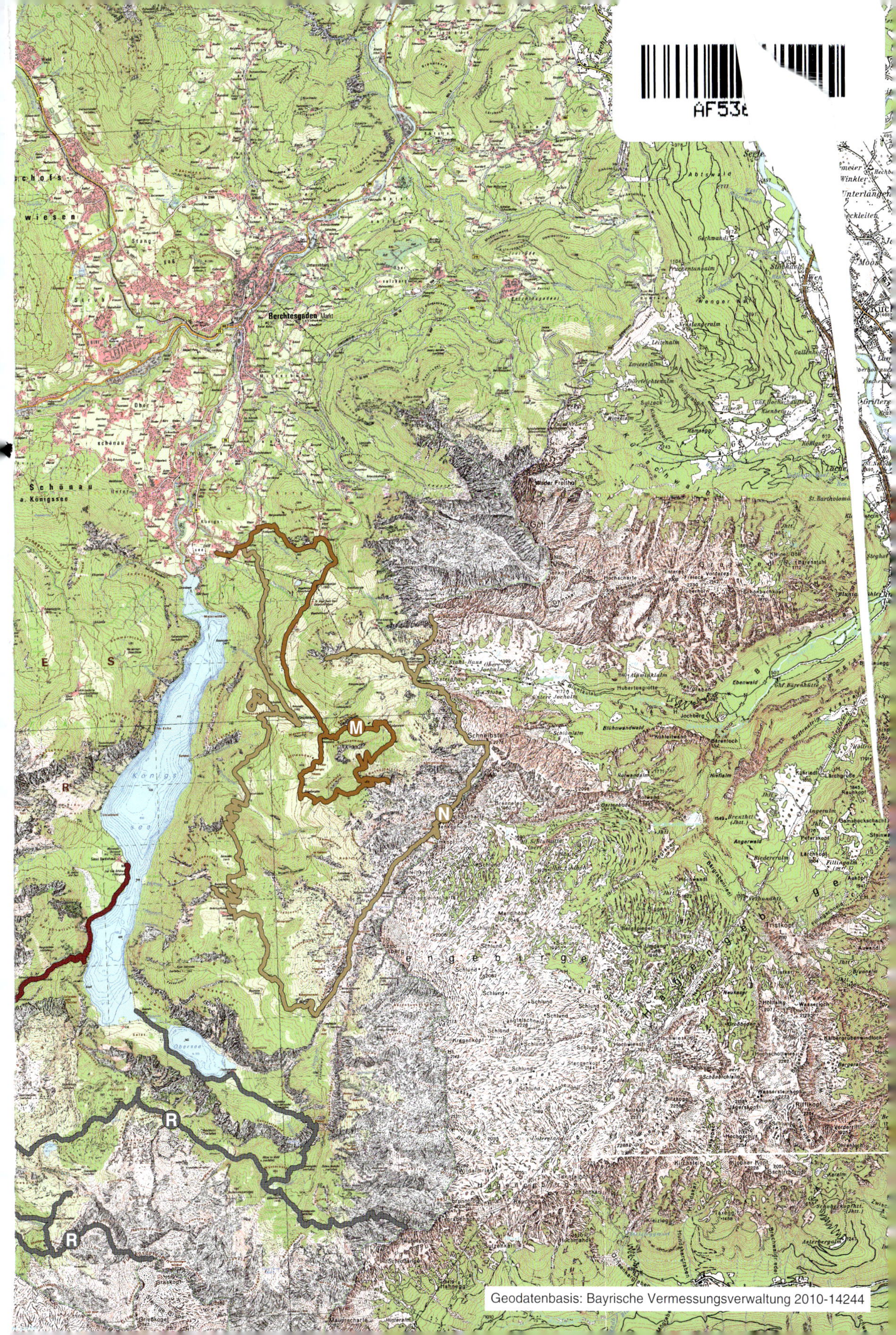
Berchtesgaden
Schönau a. Königssee
Königssee
Obersee
St. Bartholomä
Schneibstein
M
N
R
R
Geodatenbasis: Bayrische Vermessungsverwaltung 2010-14244

Bibliografische Information der Deutschen Nationalbibliothek

Die Deutsche Nationalbibliothek verzeichnet diese Publikation in der Deutschen Nationalbibliografie;
detaillierte bibliografische Daten sind im Internet über
http://dnb.dnb.de abrufbar.

Die Drucklegung wurde unterstützt von

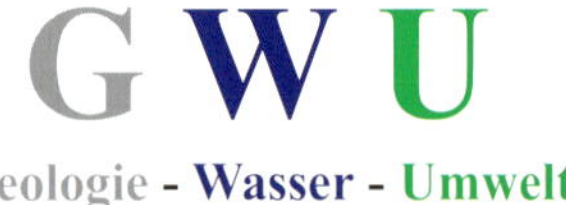

Titelbild

Über den Dingen

Die beeindruckende Aussicht vom Großen Teufelshorn (2362 m) nach Nordwesten über das Trogtal des Obersee-Königssee-Beckens hinweg zum Watzmann (2713 m) mit seiner 1800 Meter hohen Ostwand steht stellvertretend für eine Landschaft, wie es sie in Deutschland wohl kein zweites Mal gibt. Unter unbedingten Schutz gestellt, können sich Obersee und Königssee sowie die Berge ringsherum entwickeln, wie es der Natur gefällt – und nicht dem Menschen.

Rückseite

Abseits und doch mittendrin

»Die Seele baumeln lassen« kann man im Nationalpark an vielen Orten. Auch wenn es nur die Füße sind und das auf dem dritten Watzmannkind (2165 m) mit Blick nach Norden gegen den Berchtesgadener Talkessel und zum Untersberg. Der Felspfeiler zur Rechten ist das zweite Watzmannkind (2230 m).

Druckvorstufe: Verlag Dr. Friedrich Pfeil, München
Druck: PBtisk a.s., Příbram I – Balonka

Printed in the European Union

ISBN 978-3-89937-274-8

Verlag Dr. Friedrich Pfeil, Wolfratshauser Straße 27, 81379 München
Tel.: +49 89 5528600-0 – Fax: +49 89 5528600-4 – E-Mail: info@pfeil-verlag.de – www.pfeil-verlag.de

Wanderungen in die Erdgeschichte

41

Nationalpark Berchtesgarden

vom Tropenstrand zum Hochgebirge

THOMAS HORNUNG

Verlag Dr. Friedrich Pfeil · München 2022

Inhaltsverzeichnis

Vorwort

»Suchst Du Gold, oder was?«

»A da schau her – de Finanzer kemmen sogar do auffi!«

Estwing-Geologenhammer und zusammenklappbare blaue Kladde – mit diesen meinen wichtigsten Utensilien laufe ich als kartierender Geologe seit mehr als 15 Jahren kreuz und quer durch die Nördlichen Kalkalpen, die österreichischen Zentralalpen und das deutsch-österreichische Alpenvorland. Den Hammer brauche ich, um Gesteine anzuschlagen, denn nur im frischen Bruch sieht man die unverwitterten lithologischen Eigenschaften wie Farbe, enthaltene Komponenten, Schichtung und eventuell Fossilgehalt. Und in der Kladde verstecken sich meine Kartier-Unterlagen: topographische Karte, digitales Geländemodell mit GPS-Raster und – quasi als Luxus – eventuell bestehende alte Manuskriptkarten zum Vergleich oder als eigene Diskussionsgrundlage. Da sich die Geologie in der Regel nicht an Wanderwege hält, bin ich oft auf alten, vergessenen Jagdsteigen oder ganz im weglosen Gelände weit abseits ausgetretener Pfade unterwegs. Die beiden kursiv geschriebenen Sätze eingangs sind nur zwei Beispiele dessen, was ich in all den Kartier- und Geländejahren von wandernden und bergsteigenden Mitmenschen zu hören bekommen habe. Meistens, wenn ich aus dem Unterholz krache oder über steile, abschüssige Bergfluchten einen Steig kreuze und dort zufällig auf Wanderer treffe, reagiert man auf die beiden oben angesprochenen Arbeits-Utensilien: man interpretiert meine Erscheinung mitunter als Rohstoff-suchenden Wahnsinnigen oder als mit Notizbuch und Kladde umherstreifenden, offenbar verwirrten Finanzbeamten. Von meinen vielen Zufalls-Begegnungen hatte bislang kaum jemand einen Geologen im Sinn, und schon gar nicht, dass es Berufstätigkeiten geben könnte, an denen man tagelang alleine und quasi "vogelfrei" über Berg und Tal streifen kann – nur zu dem scheinbar vollkommen weltfremden Zweck, mit Buntstiften den Ausdruck einer topographischen Karte voll zu malen.

Warum erstellt man Geologische Karten, warum be- und zerklopft man Steine, warum sucht man Fossilien, spürt Störungen und Bruchlinien nach, balanciert auf schmalen Berggraten, über Wolken und himmelhohen Wänden, beschreibt Gesteine, wühlt im Dreck und versucht in geologischer, oft körperlich sehr mühevoller Detektivarbeit einstige Ablagerungsräume, ja ganze Ökosysteme zu rekonstruieren? Seit Hunderten von Millionen Jahren Vergangenes passt nicht in unser allzu kurzes menschliches Dasein auf der Erde, wie es scheint. Aber ich denke, ungeachtet all dieser Vorbehalte hat die Geologie eine überaus wichtige und nicht einfach wegzuwischende Legitimation: Nur durch sie wissen wir, was sich auf unserem blauen Planeten wirklich abgespielt hat – und wieder abspielen kann! Dass Landschaften, Hochgebirge, ja ganze Ozeane nur vergängliche Momentaufnahmen sind, die vom Zahn der Zeit irgendwann geschliffen und eingeebnet werden. Dass es vor undenklichen Zeiten Klima-Schwankungen gegeben hat, die wir uns in unseren kühnsten Träumen kaum auszudenken wagen, Lebewesen durch Ozeane geschwommen, über Land geschritten und gekrochen sind, die vergessen bleiben und niemals wiederkommen werden. Das Buch der Erdgeschichte birgt für diejenigen, die es lesen können, viele spannende und verlorene Geschichten, die es zu erzählen gilt. Und, ich finde, es ist an uns Geologen und Paläontologen, genau das zu tun.

Im ersten Berchtesgadener Band der vorliegenden Buchreihe mit den Exkursionen A bis J haben Sie die "niedrigeren" und gemütlicheren Gegenden rund um den weit offenen Berchtesgadener Talkessel im "Inneren Landkreis" kennengelernt. Der vorliegende Band geht buchstäblich einen Schritt weiter – und vor allem höher, nämlich in die Hochgebirgsregionen des Nationalparkes Berchtesgaden. Da die Nummerierung der Exkursionen in diesem Band mit den Buchstaben K bis R versehen ist, soll der Fortsetzungscharakter zum Vorgängerband unterstrichen werden. Aus diesem Grund finden Sie in diesem Buch keine einleitenden Kapitel zur Erdgeschichte der Alpen im Allgemeinen sowie der Entwicklungsgeschichte der Nördlichen Kalkalpen wie Berchtesgadener Berge im Speziellen – diese stehen in Band 40. Beide Bände bilden deswegen ehrlicherweise eine Einheit, die dem Umstand geschuldet ist, dass ein einzelner Band zu dick und zu unhandlich geworden wäre. Und ebenfalls muss gesagt werden, dass beide Bände zusammen am besten "funktionieren", da sie sich ergänzen.

An geologischer "Hardware" sowie Bildmaterial kann ich Gottlob aus dem Vollen schöpfen, denn ich habe die Geologie des Nationalparks Berchtesgaden in den vergangenen vier Jahren komplett neu aufgenommen. Die Geologische Karte im Maßstab 1:25000 wird von Seiten des Bayerischen Landesamtes für Umwelt (LfU) somit hoffentlich bald erhältlich sein – und dazu noch Geologische Erläuterungen zu den Nationalpark-Kartenblättern 8442 Hirschbichl, 8443 Königssee, 8444 Hoher Göll und 8543/8544 Funtensee. Sie stellen für diejenigen, die noch tiefer in die Materie einsteigen möchten, eine Erweiterung dar, da sie das hier Geschriebene ergänzen. Darüber hinaus möchte ich die sehr guten amtlichen topographischen Kartenblätter des Bayerischen Landesvermessungsamtes sowie jene des Deutschen Alpenvereins für eine Mitnahme ins Gelände empfehlen.

Die hier beschriebenen, zum Teil anspruchsvollen Exkursionen sind nach den Hochgebirgsstöcken 1) Reiteralm, 2) Hochkalter-Massiv, 3) Hagengebirge, 4) Watzmann-Massiv und 5) Steinernes Meer aufgegliedert und folgen in diesem Rahmen einer Beschreibung in aufsteigendem Schwierigkeitsgrad. Es sollte etwas für jeden Geschmack dabei sein: die Überschreitung der Reiteralm, stille Gipfel im Hagengebirge, zwei Parade-Touren, von denen eine um, die andere auf den Watzmann führt, zudem ein verhältnismäßig leichter Zweitausender im ansonsten sehr anspruchsvollen Hochkalter-Massiv. Und zuletzt werden zwei kombinierbare, (hoch)alpine Mehrtages-Unternehmen in Steinernem Meer und südlichem Hagengebirge vorgestellt, die mehr Trekking-Touren gleichen als simplen Bergwanderungen.

Alle hier vorgestellten Touren bin ich in den vergangenen Jahren mehrfach abgelaufen und habe versucht, die Wegführungen und Eigenheiten (und Tücken!) der Landschaft nach bestem Wissen und Gewissen zu beschreiben. Dennoch kann ich keine Haftung für selbst verschuldete Unfälle übernehmen. Einige Routen folgen einsamen, teilweise ausgesetzten Pfaden, und geleiten – mit oft über weit mehr als 1000 Höhenmetern pro Tag – auf stille wie hohe und prominente Berggipfel. Sie wurden für trittsichere und schwindelfreie Hochgebirgs-Geologen und solche, die es werden möchten, geschrieben und erfordern einiges an vorausschauender Planung. Sie sollten deswegen in keinem Fall "blauäugig" in Angriff genommen werden. Und denken Sie daran: Sie als Wanderer und Bergsteiger sind jederzeit nicht nur der Geologie, sondern auch dem Wetter ausgesetzt und genau Letzteres kann im Zuge der hier vorgestellten Geo-Touren im günstigen Fall "ungemütlich", im schlimmsten Fall lebensgefährlich werden.

So ist der beste Zeitpunkt für die hier vorgestellten Hochgebirgs-Exkursionen im Nationalpark Berchtesgaden eindeutig der Spätsommer sowie der zeitige Herbst mit dem zugegeben schmalen Zeitfenster von Mitte August bis Anfang Oktober (Saisonschluss der Alpenvereinshütten). Dann sind die Temperaturen in den Kalkwüsten der Gebirgsstöcke mild, das Wetter stabil und die Gewittergefahr gering. Bis ins späte Frühjahr liegt noch zu viel Schnee und die meisten Zustiege und Übergänge sind ungangbar.

Und noch etwas: Bitte vergessen Sie nicht, dass Sie im Nationalpark Berchtesgaden und damit in einem streng geschützten Gebiet unterwegs sind. Es sollte selbstverständlich sein, eventuell getätigte Fossil- und interessante Steinfunde – sofern größeren Ausmaßes – an Ort und Stelle zu belassen und nicht mit Werkzeug herausklopfen zu wollen (meistens ist der Rucksack ohnehin zu schwer).

Ich darf Sie also wieder einladen, mir weiter beim "Erdgeschichten-Erzählen" in den Berchtesgadener Alpen zu folgen. Vielleicht mag das ein oder andere Vorgestellte auf den ersten Blick befremdlich klingen und weit hergeholt. Aber seien Sie einer geologischen Sache gewiss: je öfter man versucht, den Steinen zuzuhören, desto besser versteht man.

Thomas Hornung, Berchtesgaden im Winter 2021.

Dank

Auch dieses Buch ist kein Alleingang gewesen, und erneut darf ich meinen Dank aussprechen an all jene, die seine Entstehung von Anfang bis zum Schluss begleitet haben. Zuallererst wären wieder FRITZ PFEIL und MAXIMILIAN SCHEUNGRAB vom Pfeil-Verlag in München zu nennen, die meine Text- und Bildflut umsetzten und so einmal mehr als das Notwendige getan haben, um dieses Buch zum Leben zu erwecken.

Viel Unterstützung fand ich beim Team des Nationalparks Berchtesgaden unter der Leitung von Dr. ROLAND BAIER mit logistischen Hilfen (Fahrgenehmigung, Bereitstellung von Diensthütten). Meine vorgestellten Routen, die das Gebiet betrafen, stießen stets auf Wohlwollen – zumal sie teilweise abseits der ausgetretenen Pfade laufen und man im Park-Management weiterhin einen sanften, nachhaltigen Tourismus hoch halten möchte.

Dank schulde ich meinen vielen Geologenkollegen, Freunden und "Erdgeschichten-Miterzählern", von denen ich allerdings nur einige wenige nennen kann: zunächst wäre ALFRED GRUBER (Innsbruck) zu erwähnen, der seit beinahe zwei Jahrzehnten zum Freund und wichtigsten Ansprech- und Diskussionspartner in allen geologischen Belangen der Nördlichen Kalkalpen zwischen Allgäu und Wien geworden ist. VOLKER DIERSCHE aus Bayerisch Gmain kann man getrost einen "Veteranen" der Geologie des Berchtesgadener Landes bezeichnen. Seinem Wissen, dass auf seit Jahrzehnten unternommenen Streifzügen durch die "umzingelnden" Gebirgszüge – vor allem im Hagengebirge und Steinernem Meer – gegründet ist, war so mancher wertvolle Hinweis zu verdanken, der das Projekt "Geologischer Wanderführer" gerade in der stillsten und abgelegensten Berchtesgadener Ecke entscheidend voranbrachte. Vor allem im Bezug auf die oberjurassischen Sedimente und die diffizile Tektonik im Steinernen Meer, die noch so manches Geheimnis verbergen mögen, dass es zu entdecken gilt. Außerdem sei ihm herzlich für die Bereitstellung einiger wichtiger Bilder vom Steinernen Meer gedankt. Und meine Arbeitskollegin ELISABETH HORVAT (Grödig) war mit mir im Sommer und Herbst 2021 bei der Geländeaufnahme und Kartierung der Geologischen Karte des Nationalparks Berchtesgaden in Steinernem Meer, Hagengebirge und Hochkalter-Massiv unterwegs – zwischen Licht und Schatten, Sonne, Wolken und stundenlangem Regen sowie vielen, vielen tausend Höhenmetern.

Und zum Schluss möchte ich einmal mehr meiner Frau und meiner Tochter danken, die nicht nur einen, sondern nun auch den zweiten alpinen erdgeschichtlichen "Wanderungen"-Band in den Berchtesgadener Alpen entscheidend mitgetragen haben. Wieder als Begleitung zwischen Berg und Tal, als hilfreiche Unterstützung und einfach, indem mich sie mich viele, viele Stunden neben meinem Vollzeit-Beruf als Geologe und Paläontologe entbehrt haben und mich eben das tun ließen, was ich am liebsten mache – der Erdgeschichte zuhören.

Exkursionen

Der Nationalpark Berchtesgaden ist der einzige deutsche Nationalpark in den Alpen und umfasst den Südteil des Biosphärenreservats Berchtesgadener Land. Er ist sozusagen die Kernzone eines 467 Quadratkilometer großen Gebietes, das mit der südlichen Region des Landkreises "Berchtesgadener Land" identisch ist. Bevor wir auf die acht südlichen geologischen Exkursionen zu sprechen kommen, die in seinen Grenzen verlaufen, sollte eingangs die Geschichte des Nationalparks Berchtesgaden und somit der Rahmen dessen kurz beschrieben werden, in dem wir uns anfolgend bewegen werden.

Um es mit einem Satz vorneweg auszudrücken: Der Nationalpark Berchtesgaden verdankt seine Entstehung Entwicklungen, denen der Grundgedanke eines schützenswerten Gebietes zur Gänze fremd war – und dem Protest, der daraus erwuchs. Die Keimzelle mit dem Thema Landschaftsschutz sozusagen liegt im Jahr 1910 mit der Ausweisung eines "Pflanzenschonbezirks Berchtesgadener Alpen", das im Wesentlichen den südlichen Teil des Königssees und immerhin etwa 83 Quadratkilometer umfasste. Nachdem im Ersten Weltkrieg Pläne aufgetaucht waren, nach denen in der Falkensteiner Wand am nördlichen Königssee gegenüber Dorf Königssee ein überdimensional großes Kriegerdenkmal in Form eines bayerischen Löwen eingemeißelt werden sollte, regte sich Widerstand: heftige Proteste des noch jungen Bund Naturschutzes führten 1921 zu einem "Naturschutzgebiet Königssee". Dieses umfasste neben der Region rund um den berühmtesten bayerischen Gebirgssee den Hohen Göll, den bayerischen Anteil von Hagengebirge und Steinernem Meer, den Watzmann, Hochkalter sowie den Südteil des bayerischen Anteils der Reiteralm. Damit entsprach es mit einer Fläche von etwa 200 Quadratkilometern fast den Dimensionen des heutigen Nationalparks.

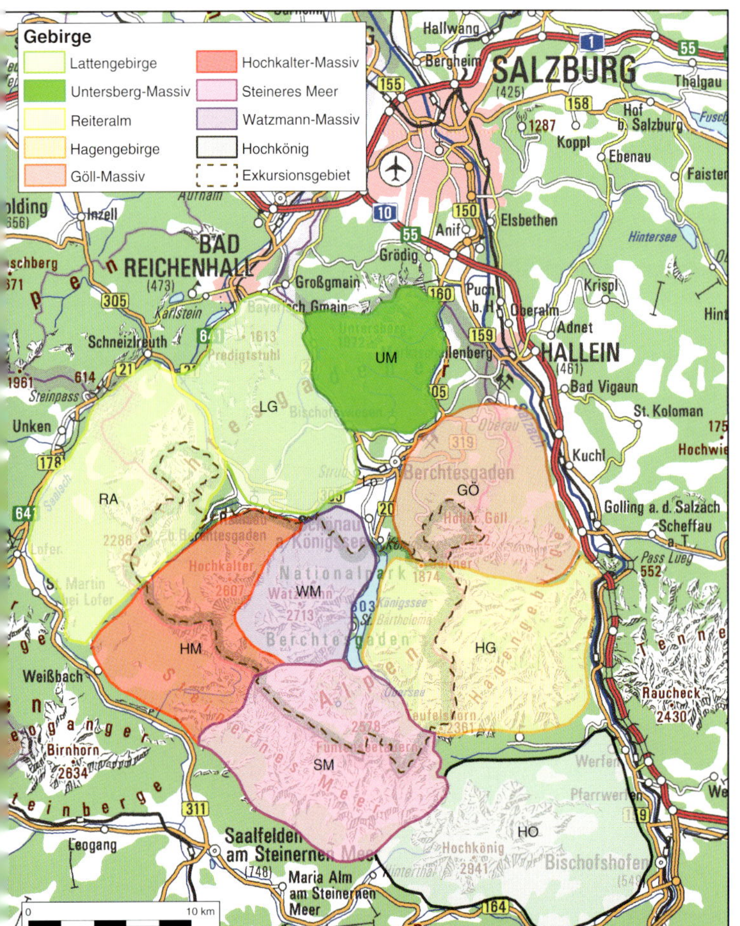

Im Auftrag des bayerischen Landwirtschaftsministers HANS EISENMANN wurde ein Sachse namens HANS MEISTER ab 1973 mit den ersten Planungen zum Nationalpark betraut. Die eigentliche "Initialzündung" jedoch ergab sich durch die Bestrebungen der Gemeinden Ramsau und Berchtesgaden sowie des Fremdenverkehrsverbandes Berchtesgadener Land mit Planungen zum Bau einer Seilbahn auf den Watzmann. Um dieser aus heutiger Sicht nicht gerade weitsichtigen und nachhaltigen Entwicklung ein Ende zu machen, wurde am 1. August 1978 durch den Freistaat Bayern der "Nationalpark Berchtesgaden" ausgerufen. Zur einstigen Fläche des "Naturschutzgebietes Königssee" wurden knapp 10 Quadratkilometer hinzugenommen und die Fläche

◁ *Abb. 1. Topographische Übersicht über den Berchtesgadener Talkessel mit seinen Gebirgsstöcken und wichtigsten Gipfeln. (Datenquelle topografische Karte: Bayerische Vermessungsverwaltung – www.geodaten.bayern.de). Die Grenzen des Exkursionsgebietes entsprechen denen des Nationalparks Berchtesgaden.*

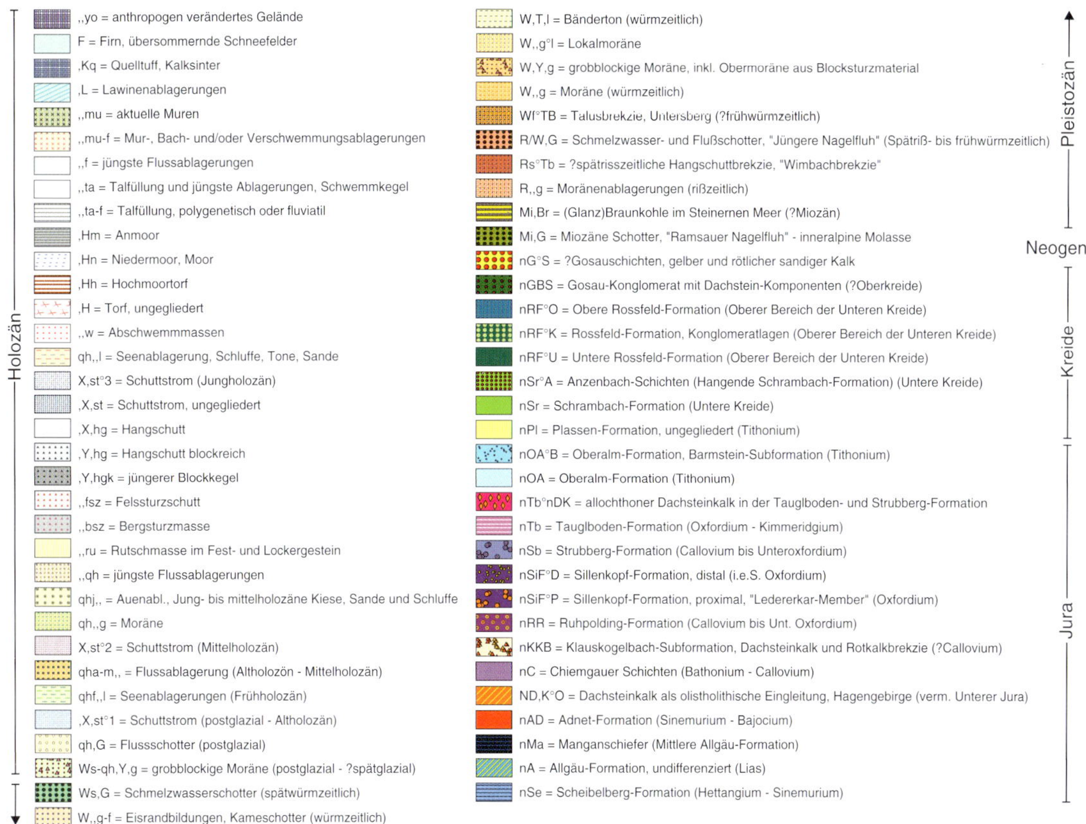

Abb. 2. Legende Holozän, Pleistozän, Neogen, Kreide und Jura für die Geologischen Karten der einzelnen Exkursionen.

auf die heutigen knapp 210 Quadratkilometer erweitert. Im Endeffekt wurde mit den Vorstößen der hiesigen kommunalen "Prominenz" genau das Gegenteil dessen erreicht, was erwünscht war. Aus landschaftszerstörender "Innovation" wurde bedingungsloser Landschaftsschutz. Und heute? Es gibt das moderne "Haus der Berge" als Nationalparkzentrum inklusive zentraler Anlaufstelle für alle touristischen Belange. Die Gemeinden Schönau und Ramsau nennen sich nicht ohne einen gewissen Stolz auch "Nationalpark-Gemeinden" und die Bergwelt rund um den Königssee und den Watzmann zieht Jahr für Jahr Tausende von Touristen an. Rückblickend erwies sich die Ausrufung des Nationalparks im Jahr 1978 – als man die Wörter "Klimawandel" und "Klimaschutz" noch nicht laut aussprechen konnte und durfte – somit als besonders weitsichtig.

Kommen wir zu den Exkursionen: Wie bereits erwähnt, liegen alle acht hier vorgestellten Geologischen Wanderungen in den Grenzen des Nationalparks Berchtesgaden. Dem Grundgedanken des Naturschutzes folgend, müssen alle Touren – mit der Ausnahme einer einmaligen Benutzung einer motorisierten Aufstiegshilfe – wie im Vorgängerband aus eigener Kraft in teilweise mehreren Tagen erwandert werden. Mit dem eigenen Auto kommt gerade mal an die Ausfalltore des Schutzgebietes und muss dann entweder auf die Königssee-Schifffahrt, die Jennerbahn oder gleich Schusters Rappen umstellen. Abseits der Hotspots von Watzmann und Königssee bewegt man sich im Steinernen Meer, Hagengebirge, Hochkaltergruppe sowie auf der Reiteralm eher in "massentouristischem Niemandsland" und bleibt meist unter Seinesgleichen. Mit Ausnahme des Watzmanns und des Großen Hundstodes sind die hier stehenden Gipfel nicht die höchsten und keinesfalls die bekanntesten der Region und zeichnen sich vor allem durch zeitraubende, oft mühselige Anstiege aus. Besonders das Steinerne Meer mit dem in diesem Band vorgestellten Funtenseetauern (2579 m) und "drumherum" gelegten Viertages-Exkursion ist mehr Trekking- denn Wandergebiet.

Die hier beschriebenen Wanderungen (Übersicht siehe im Bucheinband) können als Einzeltouren bis zur Mehrtagestour auch mit den im Vorgängerband vorgestellten Exkursionen miteinander

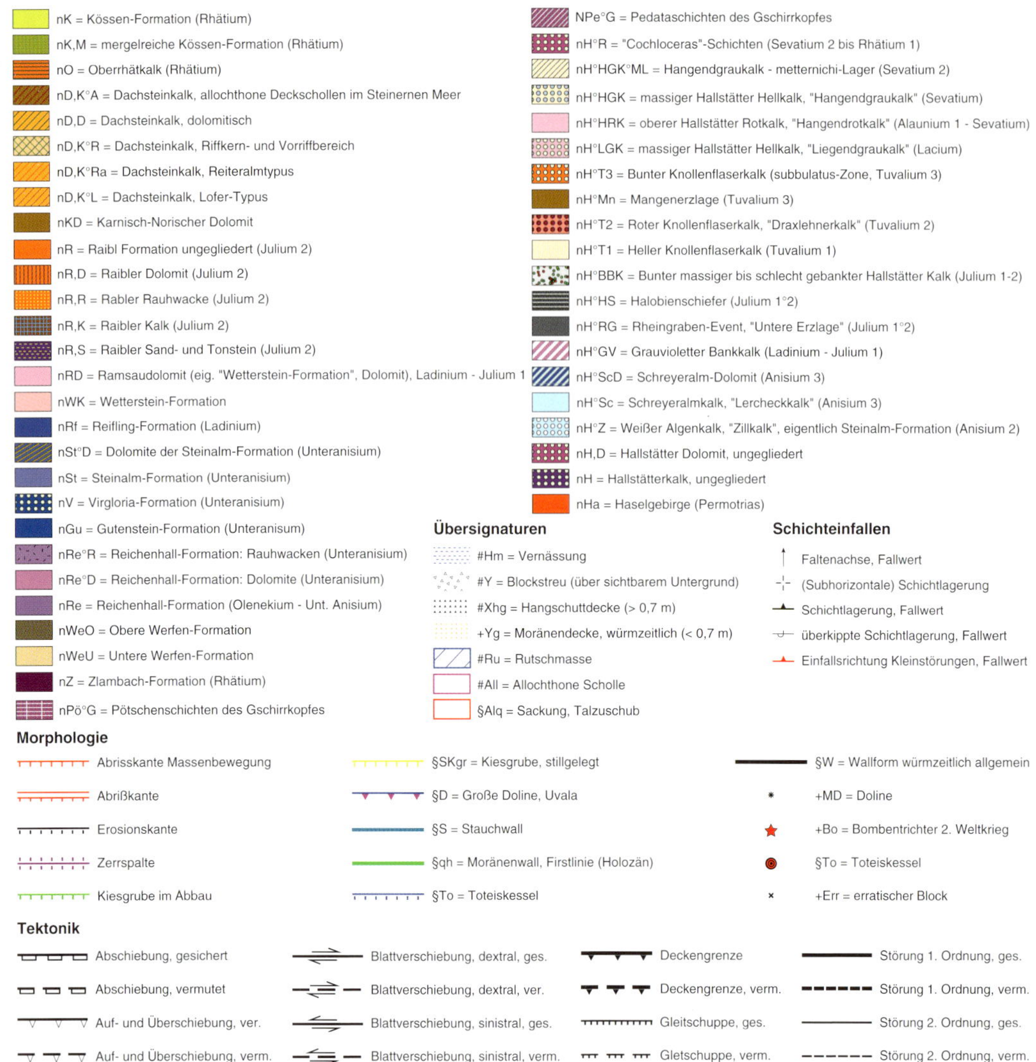

Abb. 3. Legende Trias für die Geologischen Karten der einzelnen Exkursionen sowie Übersignaturen sowie die Legende zu Morphologie und Tektonik.

kombiniert werden und somit ohne Weiteres "Wegstoff" für zwei bis drei Wochen geologischen Intensiv-Urlaubs liefern. Dabei fällt es wie in Band 40 auch im Nationalpark entlang der Routen schwer, nur ein geologisches Schlüsselthema ins Auge zu fassen. Stets gibt es Interessantes zu Aufschlüssen, besonderen Lithologien, Fossilien, Strukturgeologie, Tektonik, Gebirgsbau und den fast allgegenwärtigen Hinterlassenschaften des Eiszeitalters zu erzählen – dennoch wurde übergeordnet versucht, gewisse Themen-Schwerpunkte entlang der Exkursionen vorzustellen – aber es bleibt dabei: geologische Flexibilität ist in Berchtesgaden eben notwendig!

Um das Zurechtfinden in den beigefügten Exkursionskarten zu erleichtern oder um sich gewisse "geologische Rosinen" herauszupicken, wurden die einzelnen Exkursionen wie im Vorläuferband mit Etappen durchnummeriert, die entsprechend in der topografischen Karten verankert wurden. Die geologischen Karten zeigen genau denselben Ausschnitt – die Legende zu allen Karten und Profilen ist in den Abbildungen 2 und 3 ersichtlich.

Und nochmals zu Guter Letzt: Eine den hier vorgestellten, durchaus anspruchsvolleren Touren angepasste Kondition und Trittsicherheit, gutes Schuhwerk, ein kleiner Geologenhammer, Lupe und natürlich ein Fotoapparat sollten obligatorisch sein – begleitend zu hoffentlich gutem, stabilem und vor allem gewitterfreien Bergwetter!

(K) "Über die Platte springen" – Die klassische Reiteralm-Überquerung

Wegstrecke: Parkplatz Wachterl – Wachterlsteig – Neue Traunsteiner Hütte – Großer Weitschartenkopf (1979 m) – Großer Bruder (1867 m) – Neue Traunsteiner Hütte (evtl. Übernachtung) – Schrecksattel – Schrecksteig – Oberjettenberg

Geologie: Karsthochfläche Reiteralm – Uvala an der Traunsteiner Hütte mit Gosau-Füllung – Aussicht Weitschartenkopf auf die "Mondlandschaft" Reiteralm und die Östlichen Chiemgauer Alpen – Nordwestabstürze der Reiteralm mit mittel- bis obertriassischer Schichtenfolge.

Da für die klassische Überquerung der Reiteralm mit Besteigung des 1979 Meter hohen Großen Weitschartenkopfes sowie 1867 Meter hohen Großen Bruders knapp 1200 Aufstiegs-Höhenmeter und etwa 20 Kilometer Wegstrecke zurückzulegen sind, wird eine Übernachtung an der Neuen Traunsteiner Hütte empfohlen. Die Unternehmung kann von konditionsstarken Bergwanderern aber durchaus auch an einem Tag begangen werden. Für eine Übernachtung an der Neuen Traunsteiner Hütte ist besonders in den Sommermonaten eine rechtzeitige telefonische Reservierung unabdingbar! Die hier vorgestellte Wanderung verläuft stets auf gut ausgebauten, markierten Wegen und – in Teilabschnitten von der Neuen Trauner Hütte bis zum Schrecksattel durch einen militärischen Truppen-Übungsplatz. Deswegen ist den hier gemachten Bestimmungen unbedingt Folge zu leisten!

Da Ausgangs- und Endpunkt für die Unternehmung unterschiedlich sind, wird empfohlen, vor Beginn einen PkW am Wanderparkplatz in Oberjettenberg abzustellen. Die Exkursionsroute verläuft teilweise in der Kernzone des Nationalparks Berchtesgaden.

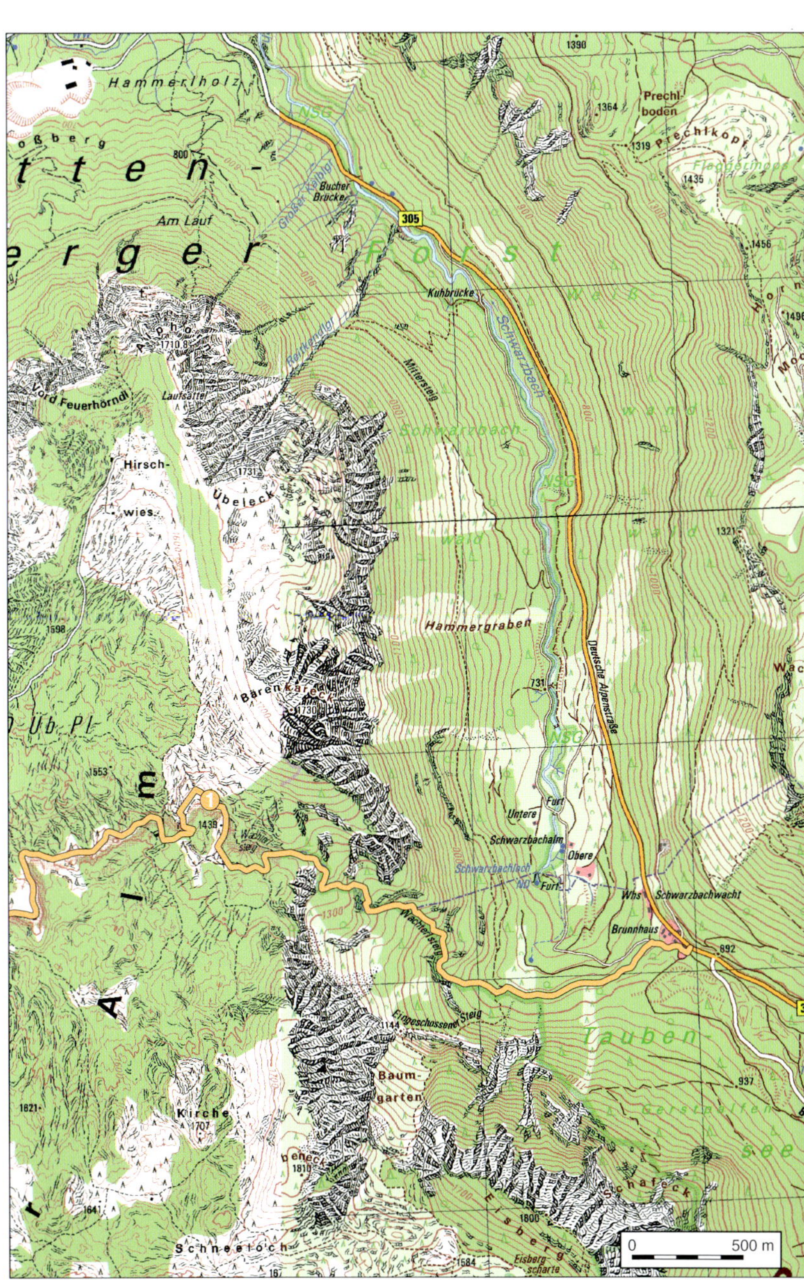

Abb. 4. Übersichtskarte der Exkursion (K) – östliches Gebiet (Geodatenbasis: Bayerische Vermessungsverwaltung 2010-14244). ▷

① Über den Wachterlsteig auf die Neue Traunsteiner Hütte

Ausgangspunkt für die hier vorgestellte, klassische Überquerung der Reiteralm ist der gebührenpflichtige Parkplatz an der Schwarzbachwacht, einem breiten, 868 Meter hochgelegenen Sattel an der Gemeindegrenze von Ramsau zu Schneizlreuth. Vor allem in der Hochsaison sollten wir nicht allzu spät den Start der Unternehmung in den Vormittag hineinziehen, denn sonst werden die bereitstehenden PkW-Stellplätze schnell rar. Und wenn man die hier vorgestellte Exkursion ohne Übernachtung auf der Neuen Traunsteiner Hütte an einem Tag bewältigen möchte, ist ein sehr zeitiger Aufbruch auf jeden Fall angeraten.

Vom Parkplatz halten wir uns zunächst auf einem Forstweg in westlicher Richtung (gelber Wegweiser "Neue Traunsteiner Hütte"), vorbei an einer Werkstatt für Allrad-Fahrzeuge und biegen in den dichten Fichtenwald ein. Eine Verzweigung der Straße nach rechts ignorieren wir und halten uns links auf einer sanft abfallenden Hangquerung. Zunächst wird Moränengelände durchwandert, das wenig später von mächtigeren Schutt- und Murschuttfeldern aus der steil aufragenden Nordflanke des Eisberges überdeckt wird.

Wir befinden uns mit der Reiteralm im nördlichsten "Zipfel" des Nationalparks, dessen Grenze an einem Stein mit angebrachten, unübersehbaren Logo erreicht ist. In un- 8
mittelbarer Umgebung findet
sich ein großer, mit kleinen
Bergfichten bewachsener,
metergroßer Sturzblock. 9

Der Wachterlsteig bietet von deutscher Seite die einfachste Möglichkeit, das Hochplateau der Reiteralm zu erreichen. Er führt stets in angenehmer Steigung in einer stark bewaldeten Talrunse zwischen Eisberg und dem Zirbeneck im Süden sowie dem Bärenkareck im Norden. Dabei verfolgt unser Pfad zunächst ziemlich genau die Grenze zwischen Nationalpark im Süden und einem militärisch genützten Übungsgelände im Norden. Deswegen sind – vor allem später auf dem teilweise etwas unübersichtlichen Hochplateau der Reiteralm – Verhauer in nördlicher Richtung nicht ratsam, weil man schnell in ein Gebiet kommt,

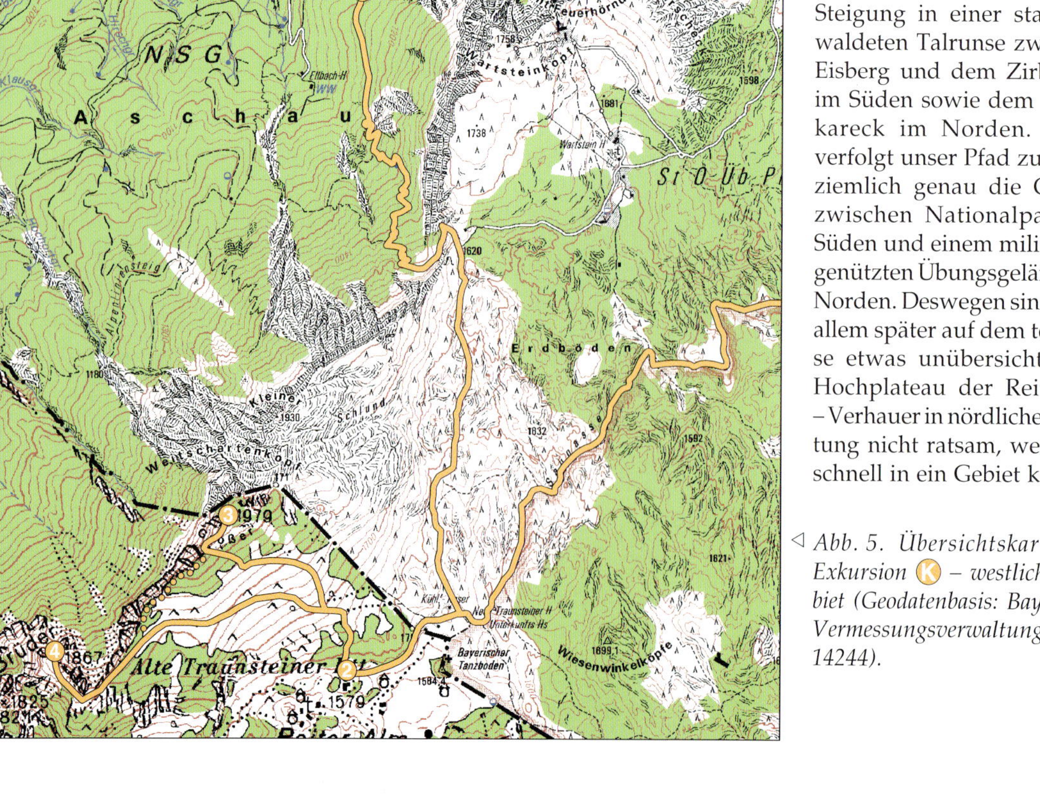

◁ *Abb. 5. Übersichtskarte der Exkursion Ⓚ – westliches Gebiet (Geodatenbasis: Bayerische Vermessungsverwaltung 2010-14244).*

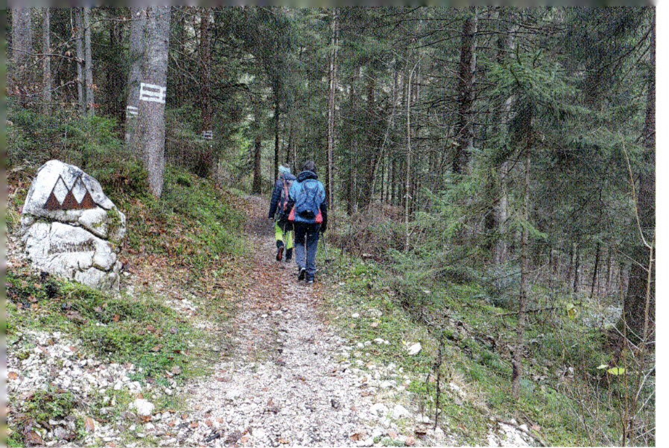

Abb. 8. Gleich nach Ende des schmalen Fahrweges und noch vor dem eigentlichen Wachterlsteig wird die Grenze zum Nationalpark Berchtesgaden überschritten.

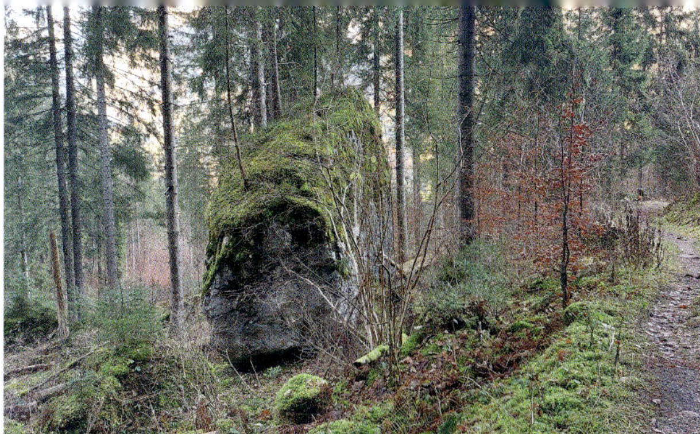

Abb. 9. Metergroßer Sturzblock am Beginn des Wachterlsteigs.

in dem auch mal scharf geschossen wird und überdies verlorengegangene Munition wie Blindgänger durchaus vorkommen können. Deswegen ist auf die militärischen Sperrtafeln zu achten und etwaige Restriktionen auch wirklich ernst zu nehmen!

> Der Steig überwindet – zum Teil mit Hilfe hölzerner Leitern – treppenartig mehrere felsige Stufen mit nach Osten einfallendem Dachsteinkalk, der die dominierende Lithologie der Reiteralm schlechthin darstellt.

Diese Kalk-Sequenzen sind hier im sogenannten "Reiteralm-Typus" charakterisiert beziehungsweise finden hier ihre Typus-Region. Die Fazies-Variante tritt ausschließlich innerhalb der Berchtesgaden-Decke auf, die im Zuge der alpinen Einengungs- und Deckentektonik auf die tirolische Staufen-Höllengebirgsdecke überschoben wurde. Sie zeichnet sich durch eine etwas hellere, ins Weißliche gehende Färbung aus, ist aber ansonsten der tirolischen

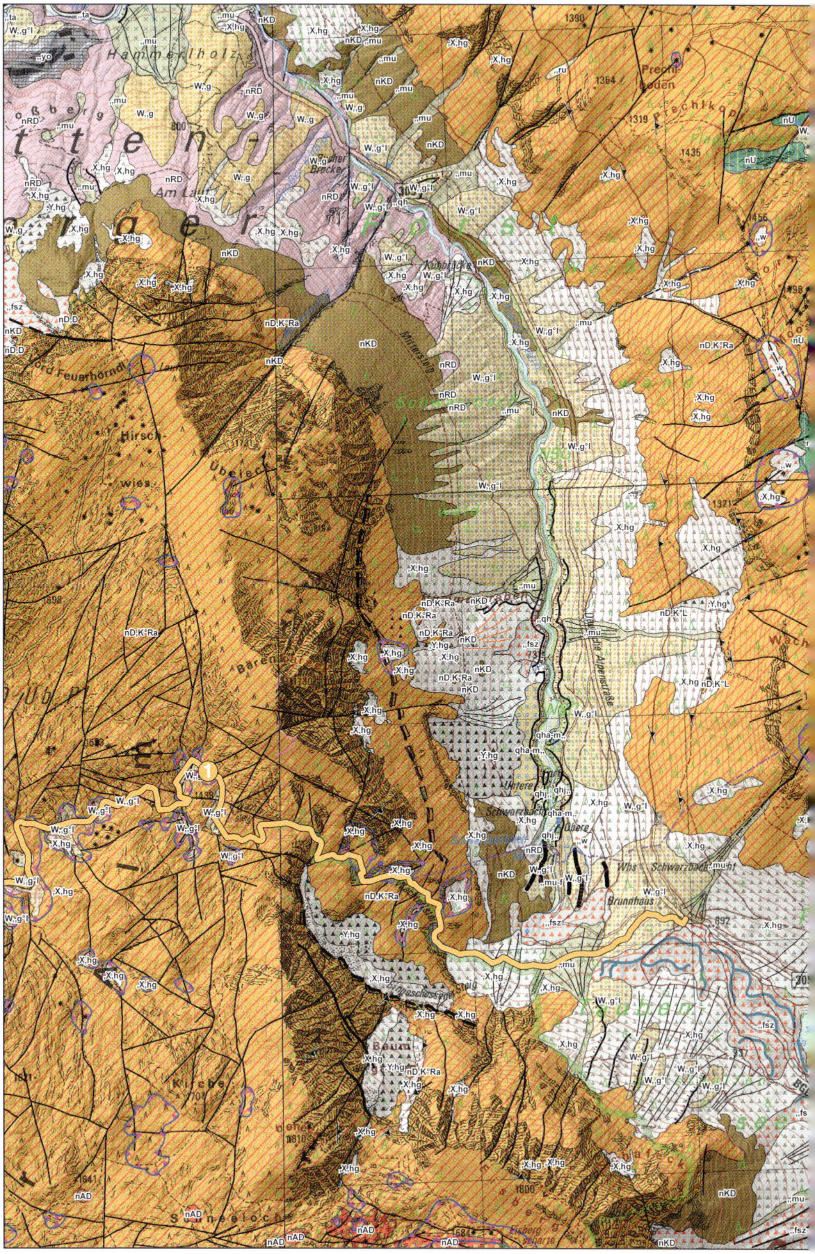

Abb. 6. Geologische Karte der Exkursion (K) – östliches Gebiet (Geodatenbasis: Bayerische Vermessungsverwaltung 2010-14244), Legende siehe Abb. 2 und 3 auf Seite 9 und 10. ▷

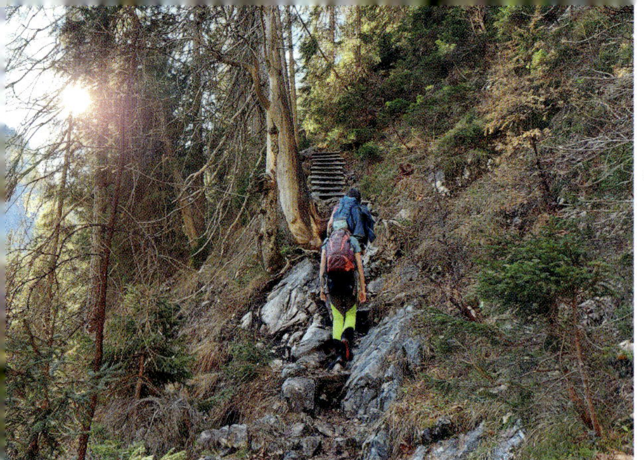

◁ *Abb. 10. Hölzerne Trittstufen und Leitern erleichtern den etwas steileren unteren Abschnitt des Wachterlsteiges, der über treppenartig voneinander abgesetzte Dachsteinkalk-Stufen in die Höhe führt.*

Variante sehr ähnlich. Abgesehen von der etwas abweichenden Gesteinsfärbung sind Fossilgehalt und deutliche Schichtung in dickbankigen 11
Sequenzen dieselben wie am Dachsteinkalk des Tirolikums.

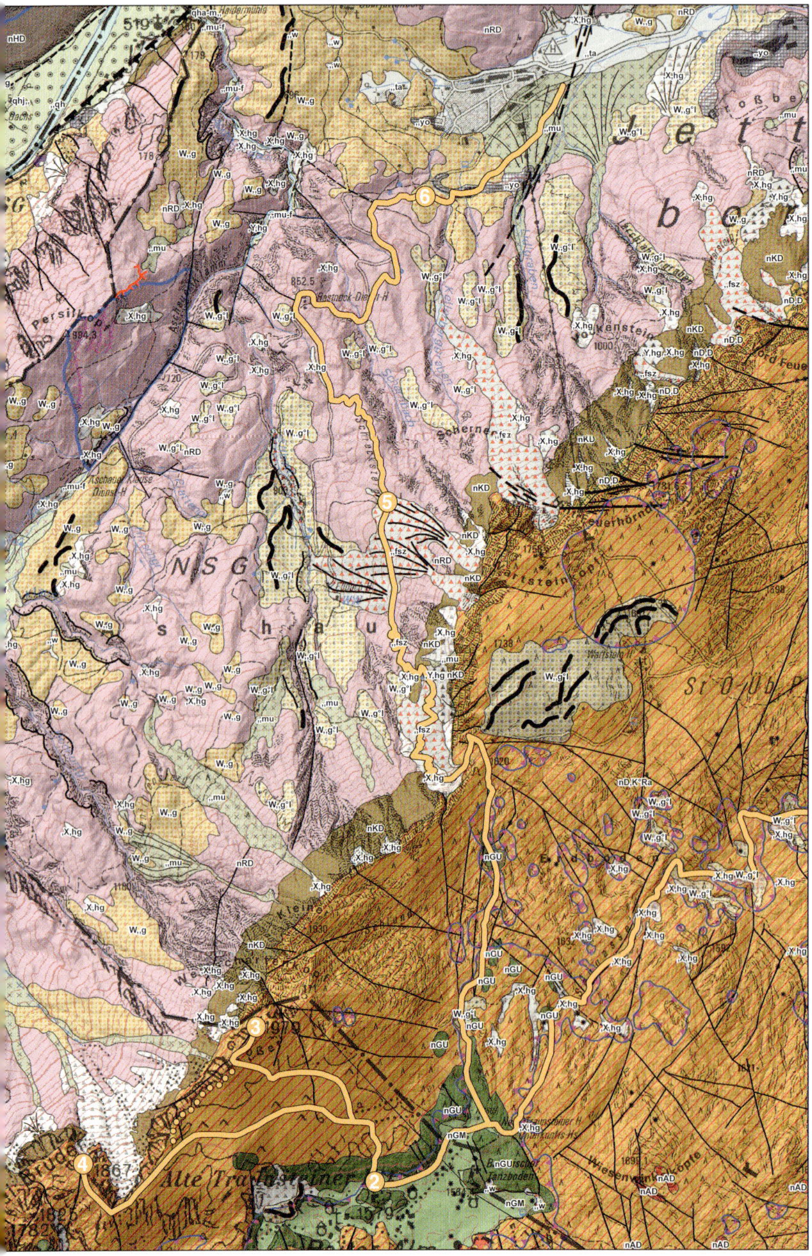

Nach etwa anderthalb Stunden Wegführung durch stark bewaldetes, von kleinen Geröllfeldern durchsetztes Dachsteinkalk-Gelände legt sich auf etwa 1400 Metern Höhe der Hang langsam zurück – wir sind der Hochfläche des Gebirgsstocks bereits sehr nahe. Gerade hier im Übergang zu flacherem, unübersichtlichem Gelände ist intensiv auf die Wegführung zu achten! Insbesondere im Herbst nach Schneefällen, wenn die nicht allzu dicht gesetzten Markierungszeichen eventuell verborgen sein können, kann
man sich im unübersichtlichen 12
Gebiet zwischen Buschwerk, Schrofen und Latschen allzu leicht "verhauen"! Deswegen stets Vorsicht walten lassen!

Belohnt werden die bislang abgeleisteten knapp 600 Höhenmeter an dieser Stelle übrigens mit einem ersten
Ausblick hinaus gegen das 13
Tal der Ramsauer Ache mit dem Göll-Massiv und Nördlichem Hagengebirge im Hintergrund. Die südlicher gelegenen Bereiche werden von der im Herbst stets schattenerfüllten Nordwand des Eisberges (daher wohl der

◁ *Abb. 7. Geologische Karte der Exkursion (K) – westliches Gebiet (Geodatenbasis: Bayerische Vermessungsverwaltung 2010-14244), Legende siehe Abb. 2 und 3 auf Seite 9 und 10.*

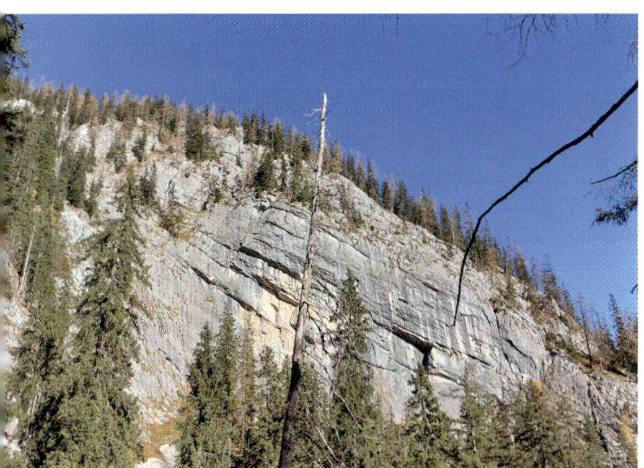

Abb. 11. Dickbankige, strikt nach Osten einfallende Dachsteinkalk-Abfolgen in der Südflanke des Bärenkarecks.

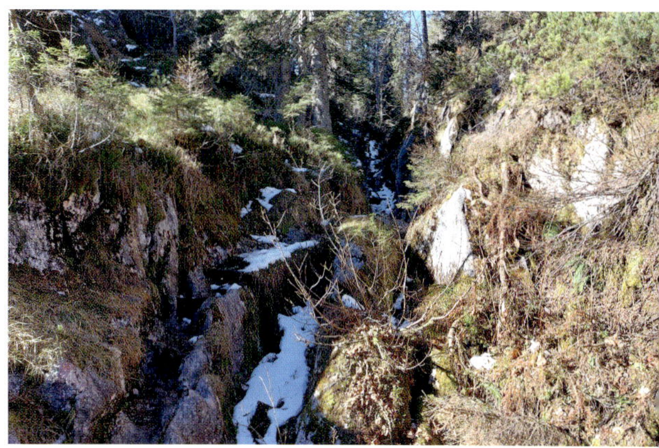

Abb. 12. Unübersichtliches, verkarstetes Gelände im Übergang aus der Nordflanke des Bärenkarecks auf das Hochplateau der Reiteralm.

Name) verdeckt. Eine kleine, etwas versteckt liegende Bank auf knapp 1430 Meter Höhe lädt zu einer entsprechenden Rast.

Die Überquerung der Reiteralm-Hochfläche zur Neuen Traunsteiner Hütte verläuft durch eine Folge girlandenförmig von Südwest nach Nordost angeordneter, zum Teil mehrere hundert Meter großer, oft irregulär geformter Dolinen beziehungsweise Uvalas als Verbruchs-Strukturen der verkarsteten Dachsteinkalk-Oberfläche.

In ihnen haben sich, geschützt vor der Flächenerosion der umgebenden Hochfläche, zum Teil mehrere Meter mächtige Moränen-Ablagerungen des würmzeitlichen Reiteralm-Gletschers erhalten können. Dieser mochte zumindest im Würm-Hochglazial mit bedeutender Mächtigkeit als Plateau-Gletscher existiert haben. Seine bedeutendsten beiden Abflüsse waren einerseits jener nach Westen über das

Abb. 13. Ausblick aus knapp 1430 Metern Höhe nach Norden zu Hohem Göll und Nördlichem Hagengebirge. Rechts liegt die herbstlich dunkle und kalte Nordwand des Eisberges.

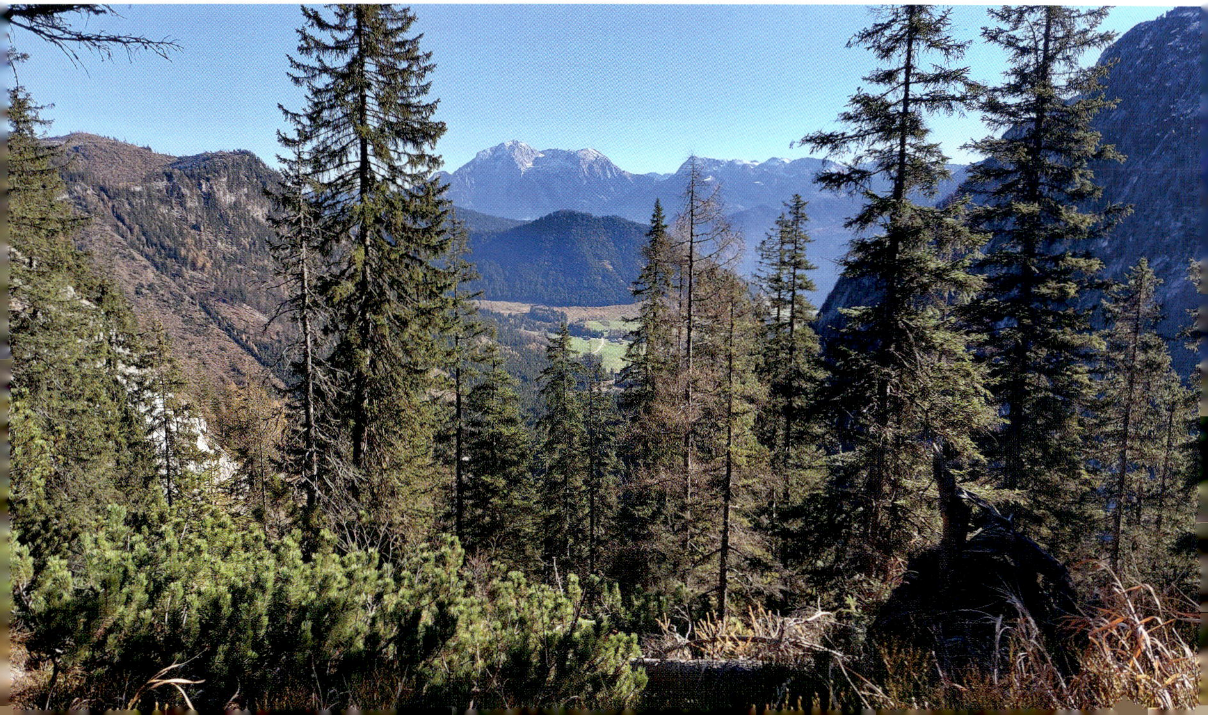

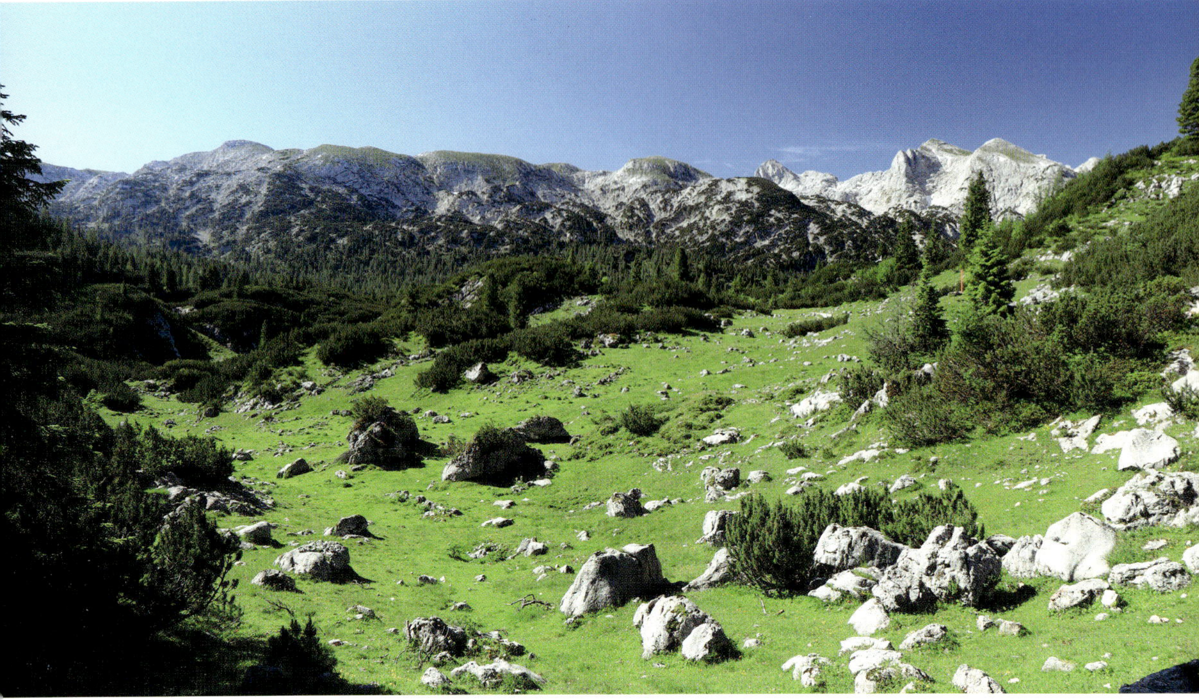

Abb. 14. Erst knapp vor Erreichen der Neuen Traunsteiner Hütte öffnet sich der Blick auf die südliche Umrahmung der Reiteralm. Zu sehen sind der wenig gegliederte Grasrücken von Schottmalhorn (durch Fichten im Vordergrund leicht verdeckt) bis zum Unteren Plattelkopf. Dahinter erheben sich mit Wagendrischelhorn und Großem Häuselhorn zwei der höchsten Gipfel der Reiteralm.

Alpatal in Richtung Loferer Becken, andererseits über die Wegführung des Wachterlsteigs und besagte talähnliche Runse nach Osten gegen das Schwarzbachtal.

Die Aussicht und somit auch die Orientierung zwischen den Uvalas und Dolinen ist sehr eingeschränkt – kaum sieht man die umliegenden Gipfel, auch nicht jene des Südrandes der Reiteralm, die um die 2000 Meter hoch sind. Erst knapp vor Erreichen der Neuen Traunsteiner Hütte und un-
14 serem Tages- oder Etappenziel, kommt im Südwesten der flache, kaum in sich gegliederte Rücken in Sicht, der vom Schottmalhorn (2045 m) über Hohes Gerstfeld (2037 m), Prünzlkopf (2081 m) bis zum Unteren Plattelkopf (2106 m) reicht. Erst dahinter – von uns immer noch mehr als 3 Gehstunden entfernt – erheben sich mit dem Wagendrischelhorn (2251 m) und dem Häuselhorn (2284 m) zwei der prominentesten und höchsten Gipfel des Gebirgsmassivs.

2 An der Neuen Traunsteiner Hütte

Die Neue Traunsteiner Hütte sieht man buchstäblich erst auf den letzten Metern. Ein langgezogener, Nord-Süd-orientierter Dolinenzug muss bis zu seinem südlichen Ende durchwandert werden – nach einer scharfen
15 Rechtsbiegung steht man plötzlich vor dem stattlichen, 1570 Metern hochgelegenen Schutzhaus der Alpenvereinssektion Traunstein.

Die neue Traunsteiner Hütte ist *der* zentrale Stützpunkt der Reiteralm und Ausgangspunkt für alle Gipfelersteigungen. So verwundert auch der Blick in die Wanderkarte kaum, wenn alle Steige der Reiteralm sternförmig auf diesen Standort zulaufen. Zwischen 1936 und 1938 auf Initiative des Traunsteiner Juristen Karl Merkenschlager erbaut, wurde die Alpenvereinshütte zuletzt im Jahr 1984 erneuert und bietet Platz für etwas mehr als 100 Wanderer und Bergsteiger. Interessant ist dabei ihre Entstehungsgeschichte: die im Jahr 1901 erbaute "Traunsteiner Hütte" liegt knapp westlich der

Grenze auf österreichischem Staatsgebiet. Dass mit der Machtübernahme der Nationalsozialisten ein in allen Belangen "schärferer Wind" wehte, konnte damals weit vor dem Hochkochen nationalsozialistischen Gedankenguts niemand auch nur ahnen: eine am 27. Mai 1933 eingeführte, horrende Gebühr von 1000 Reichsmark im Falle eines Grenzübertrittes von Deutschland nach Österreich machte eine solche Passage selbst im Hochgebirge der Reiteralm zu einem Wagnis. Die nun wirklich unzeitgemäße Gebühr sollte den Nachbarn Österreich wirtschaftlich ausbluten lassen und der Traunsteiner Hütte drohte entsprechend das wirtschaftliche Ende. Es war letztendlich dem oben angesprochenen Herr Merkenschlager zu verdanken, dass die "Neue Traunsteiner Hütte" folgerichtig knapp östlich der Grenzziehung auf deutschem Boden errichtet wurde - größer und schöner als die "Alte Traunsteiner Hütte". Heute ist die Grenze zwischen Österreich und Deutschland Gott sei Dank wieder bedeutungslos geworden und so stehen sich beide Hütten in einem Abstand von knapp 600 Meter gegenüber. Die Alte Traunsteiner Hütte wird heute von der Sektion Traunstein als Ausbildungsstätte genutzt.

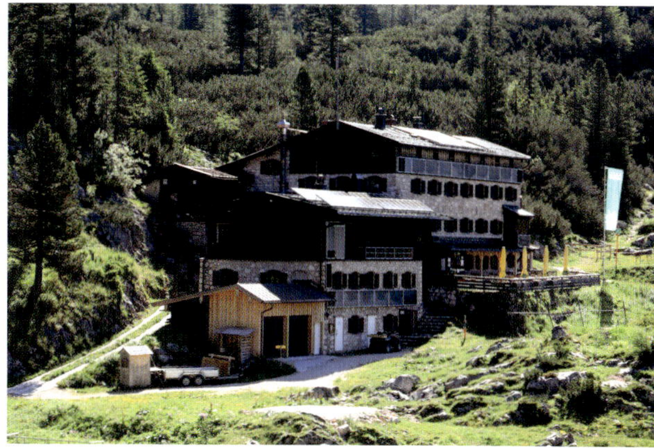

Abb. 15. Die Neue Traunsteiner Hütte (Situation Juni 2021).

Die Lage inmitten der schüsselartig vor allem nach Süden und Norden aufgebogenen Hochfläche der Reiteralm lässt den Eindruck einer kleinen eigenen Welt entstehen, vor allem, da auch die Sichten nach Westen und Osten zu umgebenden Bergmassiven weitgehend begrenzt sind. Die schüsselartige Anlage ist in erster Linie auf großräumige Tektonik zurückzuführen – die Reiteralm bildet eine Art riesige, durch zahlreiche Störungen staffelartig gegeneinander versetzte, aber doch erkennbare, flache Muldenstruktur. Andererseits zeichnet natürlich auch die sekundäre Verkarstung der mächtigen Dachsteinkalke ein gut Stück verantwortlich, die zahlreiche größere und kleinere Dolinen und Uvalas haben entstehen lassen – bevorzugt im Zentrum der Synklinale. Die größte Uvala des Gebietes ist auch jener Standort der Traunsteiner Hütte(n), die sich im sedimentären Nachgang an die klassisch triassisch-jurassische Schichtenfolge mit gosauischen, kreidezeitlichen Sedimenten füllen konnte.

Profil 2

Infokasten 1: Karstphänomene

Unter dem Begriff "Karst" versteht man ganz allgemein die Lösung von Karbonat- und/oder Sulfatgesteinen durch Kohlensäure-Verwitterung. Durch diesen langsamen, aber stetig wirkenden Vorgang entstehen sowohl unterirdische Geländeformen wie Karsthöhlen, aber auch Oberflächenkarst mit einem reichhaltigen Formenschatz.

Eine **Doline** ist eine trichterförmige Vertiefung, die durch das Einsacken bzw. den Einsturz eines unterirdischen Höhenganges an der Oberfläche entsteht. Dabei kann ihr Durchmesser von wenigen Metern bis zu mehreren hundert Metern variieren. Ein **Schlundloch** ist eine kleine Doline von nur wenigen Metern Durchmesser und nahezu senkrechten Wänden. Stürzt infolge von Karbonatlösung ein ganzes Höhlensystem ein, entstehen unregelmäßig, meist länglich geformte Karstsenken, die gemeinhin als **Uvala** bezeichnet werden. Der Größenmaßstab hier kann mehrere Kilometer betragen. **Poljen** sind noch größere Strukturen, kommen aber in den Berchtesgadener Alpen nicht vor.

Wesentlich kleinräumiger als Dolinen oder Uvalas sind morphologische Karst-Kleinformen. Unter einem **Karren** oder einer **Schratte** versteht man das durch Lösungsverwitterung aufgeweitete Kluftnetz und eine entsprechend längliche, meist sehr tiefe, scharf geschnittene Lösungsrinnen, die entweder bei steilen Hängen geradlinig nach unten führen, bei geringen Hangneigungen auch mäandrieren können. Bei einem engständigeren Kluftnetz ergibt sich teilweise ein netzartiges Muster. Sind die Karren besonders tief, spricht man von einer **Schlotte**.

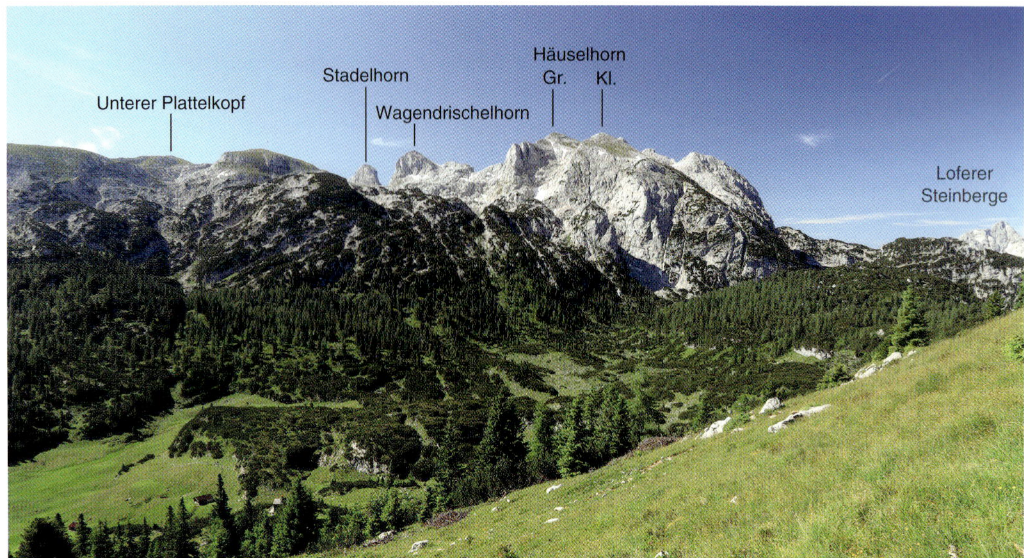

Abb. 16. Ausblick vom Verzweigungspunkt der Anstiege auf Großen Weitschartenkopf und Großen Bruder auf etwa 1700 Metern gegen den Südrand der Reiteralm mit den Zweitausendern zwischen Plattelkopf und Kleinem Häuselhorn. Ganz rechts spitzen noch einige Gipfel der Loferer Steinberge hervor.

Die heute nur schlecht erschlossene, da von Moränen-Ablagerungen und mächtigen Bodenbildungen bedeckte Abfolge kann nur grob in eine Untere und eine Mittlere Gosau-Gruppe untergliedert werden. In den Randbereichen der großen Uvala rund um die Neue Traunsteiner Hütte findet sich meist rötlich bis fleischfarben geflämmter Untersberger Marmor, im Zentrum dagegen Mergel und Mergelkalke, die lithologisch den Glanegger Schichten nahestehen (vgl. mit Exkursion J).

Denjenigen unter uns, die heute den Tag auf der Neuen Traunsteiner Hütte beschließen wollen, sei stabiles, gutes und warmes Nachmittags- und Abendwetter gewünscht, um vielleicht noch einen Streifzug in der Uvala durchzuführen und die Suche nach dem einen oder anderen kleinräumigen Aufschluss aufzunehmen. Diejenigen, die jedoch heute morgen früh aufgestanden, am Wachterl losmarschiert sind und "durchziehen", sei der zügige Weiterweg zum Großen Weitschartenkopf empfohlen – auf einen selbstgemachten Kuchen und einen Kaffee kann man sich auch auf dem Rückweg freuen.

3 "Plattenrand" – Auf den Großen Weitschartenkopf

Der Anstieg auf den "Hausberg" der Neuen Traunsteiner Hütte und einen sehr guten Aussichtspunkt, startet unmittelbar am Schutzhaus und führt uns zunächst in südwestlicher Richtung zur Alten Traunsteiner Hütte, biegt dann aber (Wegweiser "Großer Weitschartenkopf" und "Großer Bruder") scharf in nördliche Richtung um.

Hier haben wir deutschen Boden und den Nationalpark Berchtesgaden gleichermaßen verlassen, aber das sollte uns nur am Rande kümmern.

Eine mäßig steil nach Norden ansteigende Senke empor wandernd, gelangen wir auf etwa 1700 Metern Höhe zu einer Weggabelung – zum Großen Weitschartenkopf biegen wir rechterhand ab, geradeaus geht es weiter zum Großen Bruder, einem weiteren markanten Gipfel am Nordrand der Reiteralm, der später eventuell als Zugabe erstiegen werden kann.

16 Von hier gewinnen wir einen ersten guten Überblick auf die abgeschiedene und abgeschlossen wirkende Welt der Reiteralm zu Füßen der Zweitausender ihres Südrandes. Die große zentrale Uvala ist umgeben von Lärchenwäldern, darüber erstreckt sich das Dunkelgrün von ausgedehnten Latschenfeldern und nochmals darüber das Grau des allgegenwärtigen Dachsteinkalkes. Besonders schön ist es hier im späten Frühjahr und Frühsommer, wenn das Grün fast zu explodieren scheint sowie im Herbst, wenn sich das Bergjahr in einem goldenen Farbenrausch zu verabschieden beginnt.

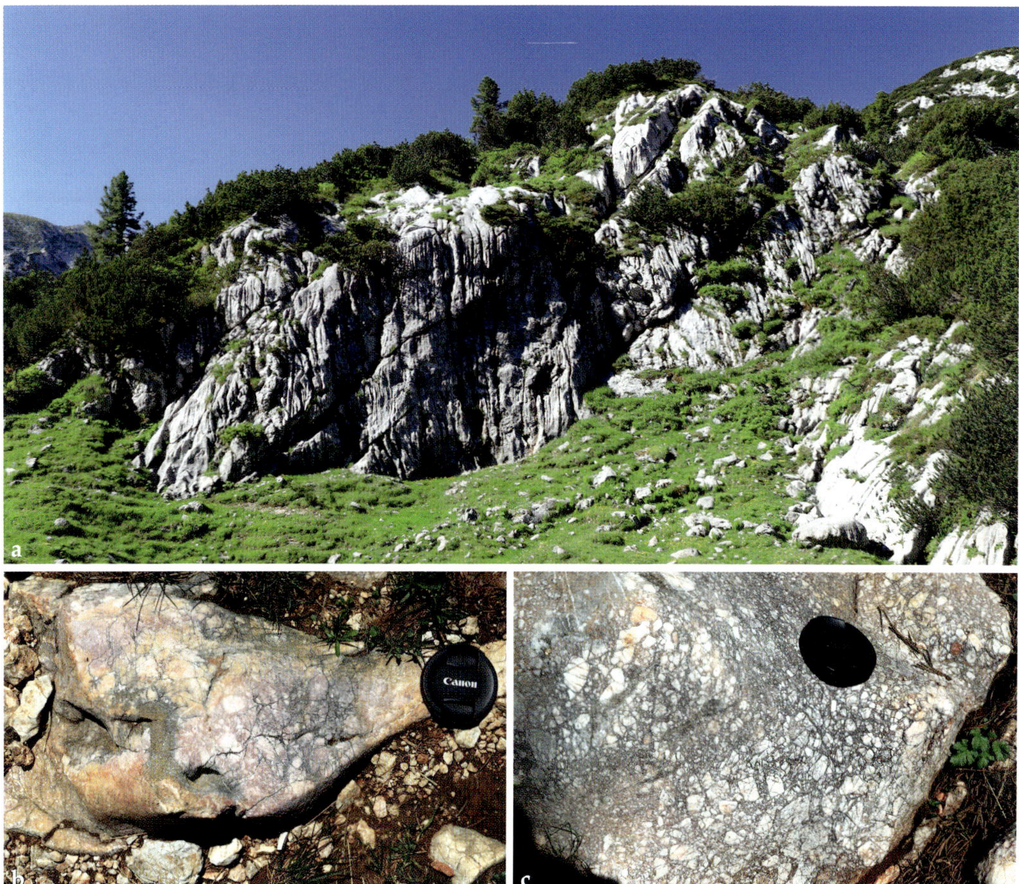

Abb. 17. Die dickbankigen Dachsteinkalk-Sequenzen (wie hier unweit der Neuen Traunsteiner Hütte) fallen in der nördlichen Reiteralm ihrer Lage innerhalb einer großen Muldenstruktur entsprechend nach Süden ein (Foto a). Bankintern erkennt man kantige Brekzien mit messerscharf umrissenen, angularen Komponenten. Die Farbe der Matrix kann – je nach enthaltenen akzessorischen Mineralien von Eisenoxiden – von grauschwarz über gelblich-ockerfarben bis rötlich reichen (Fotos b, c).

Ich nehme es vorweg: etwas anderem als Dachsteinkalk werden wir an unserem Anstieg zum
Großen Weitschartenkopf nicht begegnen, doch langweilig ist das auch nicht, finden sich doch die
unterschiedlichsten Farben und Ausprägungen innerhalb dieser Lithologie: die generell südfallende 17
Abfolge entsprechend ihrer Lage im Nordschenkel der weiten Reiteralm-Mulde zeigt sich bankintern
häufig brekziiert, was einer hohen synsedimentäen (d.h. einer während des Sedimentationsprozes-
ses stattfindenen) Aufarbeitungsrate entspricht. Die hellgrauen bis weißlichgrauen Dachsteinkalk-
Scherben schwimmen oder stützen sich in einer schwarzgrauen, rötlich und gelblich geflämmten,
mergeligen Matrix. Dabei beträgt die Komponentengröße meist nur wenige Zentimeter, kann aber
auch mal einen Meter und mehr erreichen.

Der Anstieg windet sich durch dichte Latschenfelder, stets mit Aussicht gegen die Hauptgipfel der Reiteralm
nach Süden und den Blick hinab zur Neuen Traunsteiner Hütte. Zuletzt erreichen wir knapp unter dem Gipfel
den scharf zugeschnittenen Grat und buchstäblich den "Plattenrand", der senkrecht nach Norden gegen das
Saalachtal abbricht. Von hier ist es nicht mehr weit zum höchsten Punkt unserer Unternehmung, dem Großen
Weitschartenkopf. Ein letzter steiler Aufschwung, bei dem der Pfad einige leicht zu überkletternde Felsstufen 18
meistert, dann liegt uns (beinahe) die Welt zu Füßen – vor allem nach Norden gesehen.

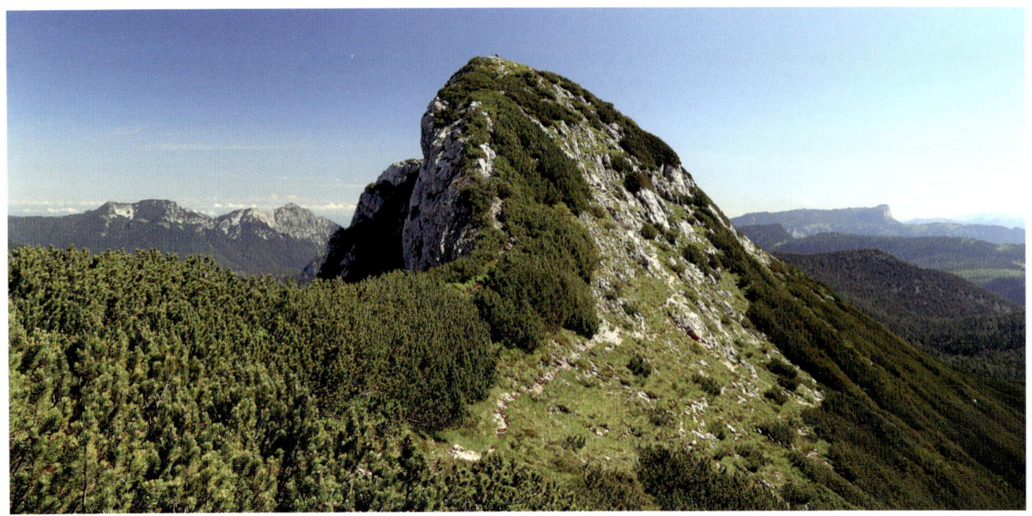

Abb. 18. Der letzte Gipfelaufschwung des Großen Weitschartenkopfes. Im Hintergrund links liegt das Hochstaufen-Massiv mit dem Inzeller Dreigestirn Gamsknogel, Zwiesel und Zenokopf und – etwas deutlicher abgesetzt – dem Hochstaufen. Rechts des Weitschartenkopfes erkennt man das Hochplateau des Untersberg-Massivs. Sein höchster Punkt, der Berchtesgadener Hochthron (1973 m) greift schiffsbugartig gegen Süden vor und bricht mit seiner lotrechten Südwand mehr als 500 Meter gegen das Salzachtal ab.

Gegen Südwesten – an der Reiteralm vorbei – erkennen wir das Zwillings-Massiv von Leoganger und Loferer Steinbergen, wobei Ersteres vom wuchtigen Felsklotz des Häuselhorns zum größten
19 Teil verdeckt wird. Dazwischen schimmern bei guter Sicht die Dreitausender rund um den Großvenediger (3666 m) am Horizont. Natürlich bildet das Hochplateau der Reiteralm, vor allem sein hoher Südrand, das dominierende Element der Aussicht nach Süden. Von den höchsten Gipfeln
20 des Gebirgsstockes, dem Häuselhorn, dem Wagendrischelhorn und dem Stadelhorn, sinken die Gipfelhöhen bis zum 1800 Meter messenden Eisberg als östlichstem Eckpfeiler stets ab. Hinter der grüngrauen, verkarsteten Mauer dieser Gipfel ragen die höchsten Berchtesgadener Berge mit Watzmann und Hochkalter heraus – im Südosten erkennt man den Hohen Göll.

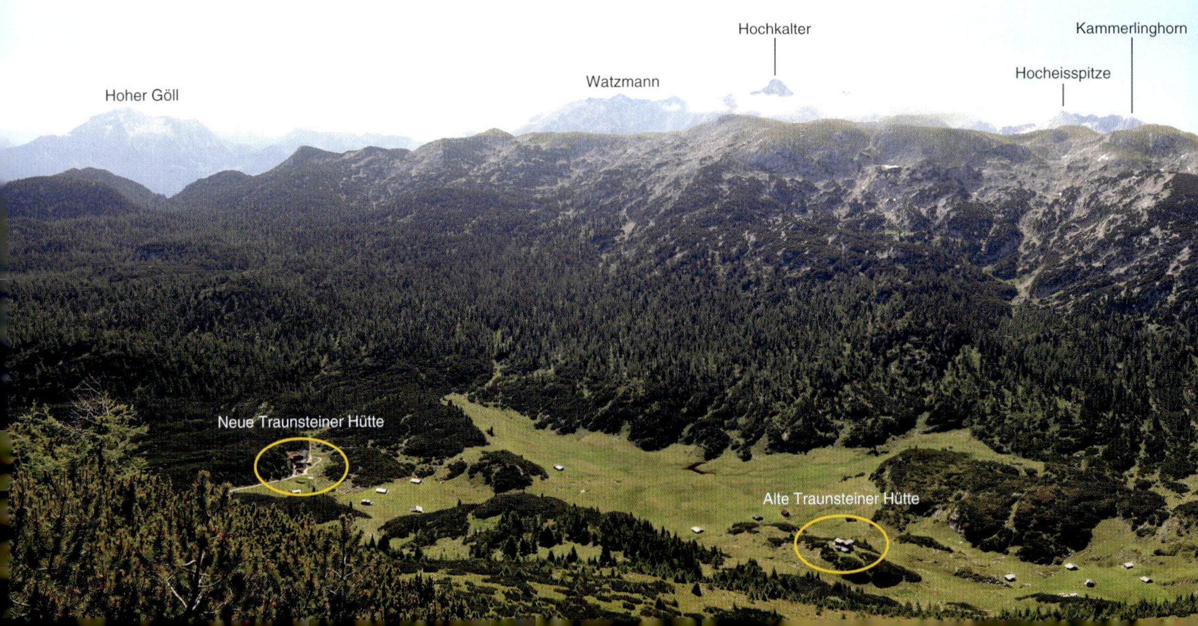

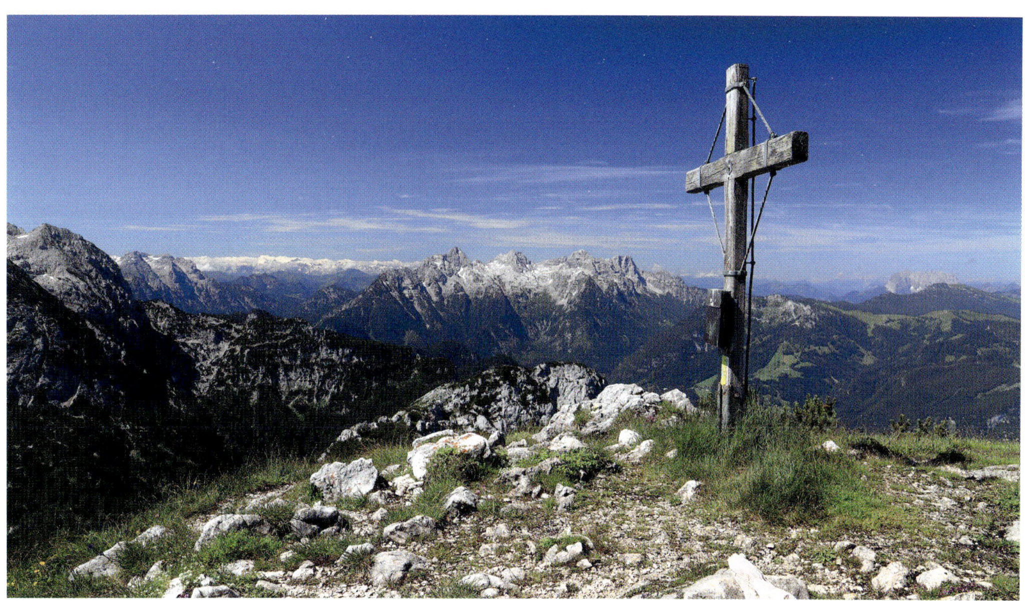

Abb. 19. Am Gipfel des Großen Weitschartenkopfes – Blick nach Südwesten zu Leoganger und Loferer Steinbergen mit der Venedigergruppe am bewölkten Alpenhauptkamm.

Vom geologischen Standpunkt betrachtet am interessantesten und aufschlussreichsten jedoch ist
der Blick nach Osten und Nordosten. Quasi in der Flucht des Reiteralm-Nordrandes erkennen wir 21
das waldreiche Hochplateau des Lattengebirges, aus dem nur wenige Gipfel wie etwa der Predigtstuhl herausstechen. Dahinter ragt der Untersberg mit dem Berchtesgadener Hochthron als höchstem Gipfel auf. Reiteralm, Lattengebirge und Untersberg bilden zusammen die Hauptmasse der Berchtesgaden-Decke, die auch den gesamten Vordergrund samt Unterbau der Reiteralm mit den

Abb. 20. Panoramabild vom Großen Weitschartenkopf mit Blick nach Süden und Südosten zu den Gipfel des Reiteralm-Südrandes. Die höchsten Berchtesgadener Gipfel mit Watzmann und Hochkalter spitzen heraus und im Südosten ist in der dunstigen Ferne der Hohe Göll erkennbar.

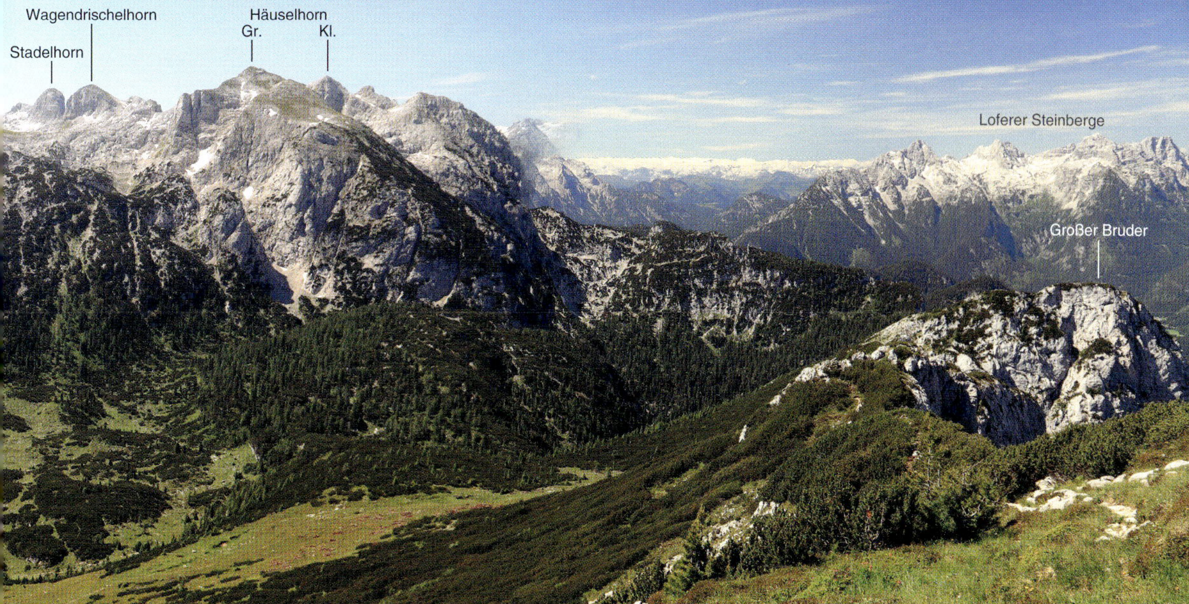

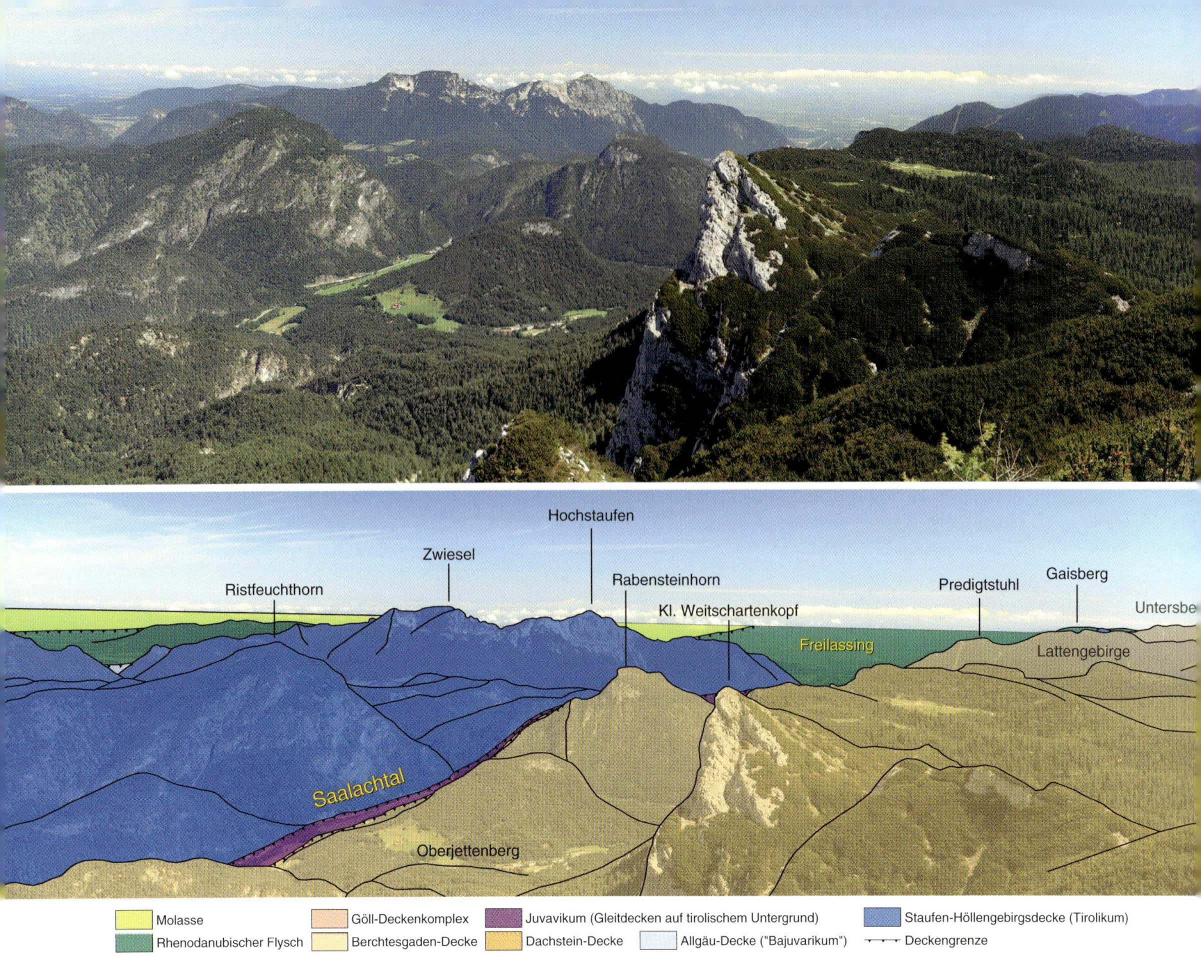

Abb. 21. Ausblick vom Großen Weitschartenkopf nach Osten und Nordosten. Im unteren Bild sind die großtektonischen Einheiten (»Decken«) farblich dargestellt. Erläuterungen dazu stehen in Band 40, Kapitel 6.

Abb. 22. Der steile Schlussanstieg auf den Großen Bruder.

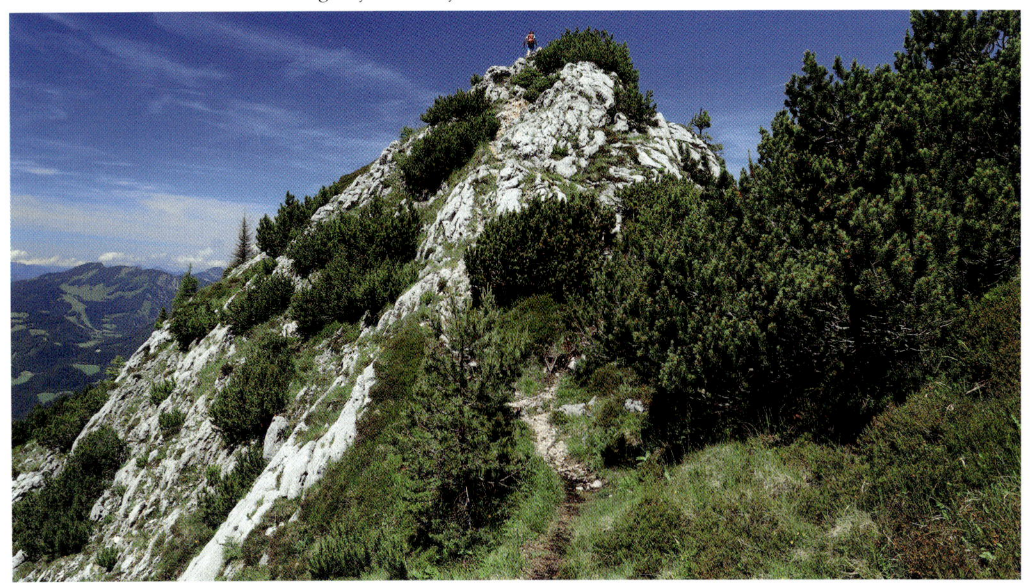

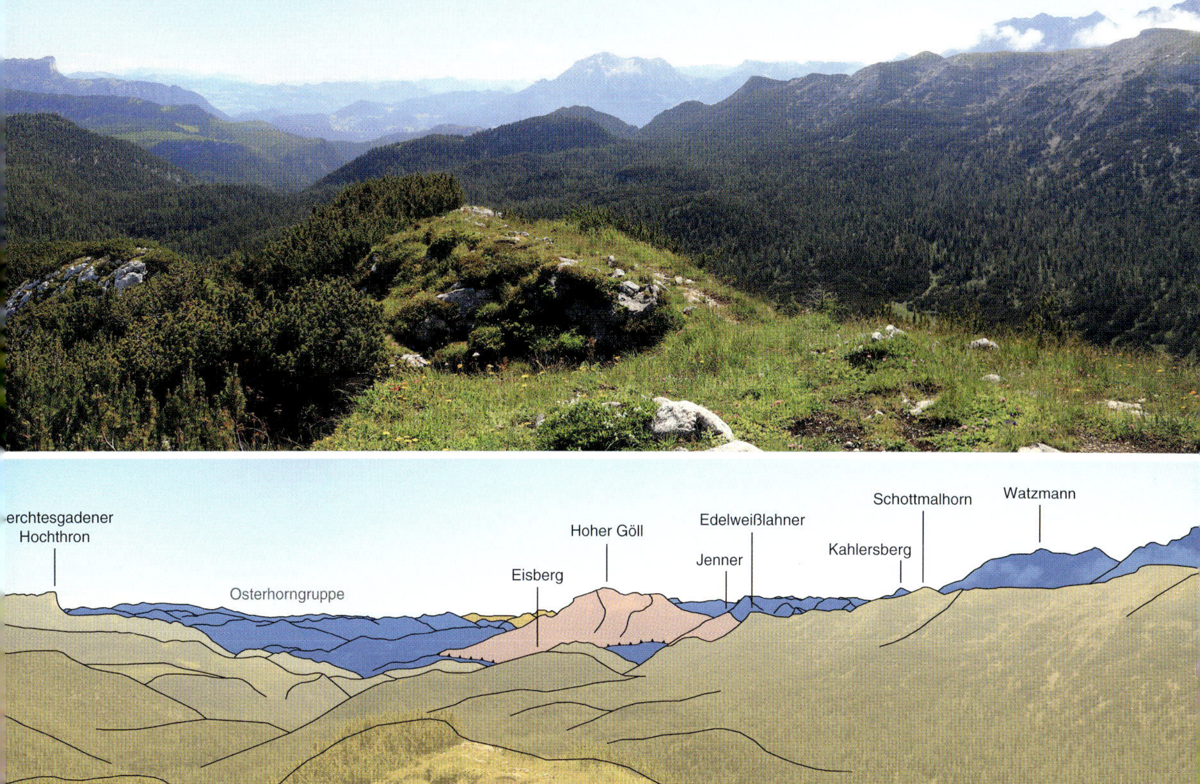

bewaldeten Vorgipfeln bis zur tief eingeschnittenen Saalach-Furche bildet. Dieser Flussverlauf ist im Bereich Schneizlreuth bis Bad Reichenhall die Nordwestgrenze der Berchtesgaden-Decke. Nur das Rabensteinhörndl – topographisch eigentlich in den Östlichen Chiemgauer Alpen gelegen – gehört geologisch noch zu dieser tektonischen Einheit. Die Gipfel links davon – so etwa das Ristfeuchthorn sowie die weiter nördlich gelegenen Erhebungen des Zwiesel-Staufen-Massivs – werden zur Staufen-Höllengebirgsdecke gezählt. Da nun auch Watzmann, Hochkalter sowie die Leoganger und Loferer Steinberge gleichermaßen zu diesem tektonischen Stockwerk gehören, sind wir quasi "umzingelt" von tirolischen Gesteinseinheiten. Dazwischen liegen – von unserem Standpunkt aus gesehen im Saalachtal nur erahnbar – schmale Zonen mit eingeschupptem Juvavikum, das als Gleitmasse auf tirolischem Untergrund liegt und deswegen neuerdings zu dieser Einheit gerechnet wird (nähere Beschreibung siehe Band 40, Kapitel 6).

4 Der Große Bruder

Im Abstieg vom Großen Weitschartenkopf haben wir zwei Optionen. Entweder den Aufstiegsweg zurück bis zur Abzweigung – allerdings dann mit einem gehörigen Höhenverlust – oder im Sattel unter dem Gipfelaufbau einer unmarkierten, aber deutlichen Wegspur über einen kurzen felsigen Absatz folgen. Der in keiner Karte verzeichnete Steig verläuft in einer deutlich ausgesägten Latschengasse und bleibt immer am Gratverlauf nahe der Abbruchkante der Reiteralm-Nordwand. Auf etwa 1880 Meter Höhe verliert sich die Pfadspur in einer mit schütterem Latschenbestand durchsetzten Hochweide, wir sehen allerdings den regulären Zustieg zum Großen Bruder etwas tiefer. Wieder auf dem Pfad gelangen wir absteigend in eine durch eine große Störung gebildete markante Scharte unter dem Gipfelaufbau des Großen Bruders und zuletzt über steile Schrofen aus dickbankigen Dachsteinkalk erreichen wir den 1867 Meter hohen Gipfel.

Naturgegeben ist die Aussicht nach Süden und Norden ganz ähnlich zum Großen Weitschartenkopf. Im Osten beeindruckt der Blick auf den vorher erstiegenen Gipfel mit dem ostwärts vorgeschobenen Kleinen Weitschartenkopf. Hier gewinnen wir eine gute Übersicht auf die Geomorphologie dieses

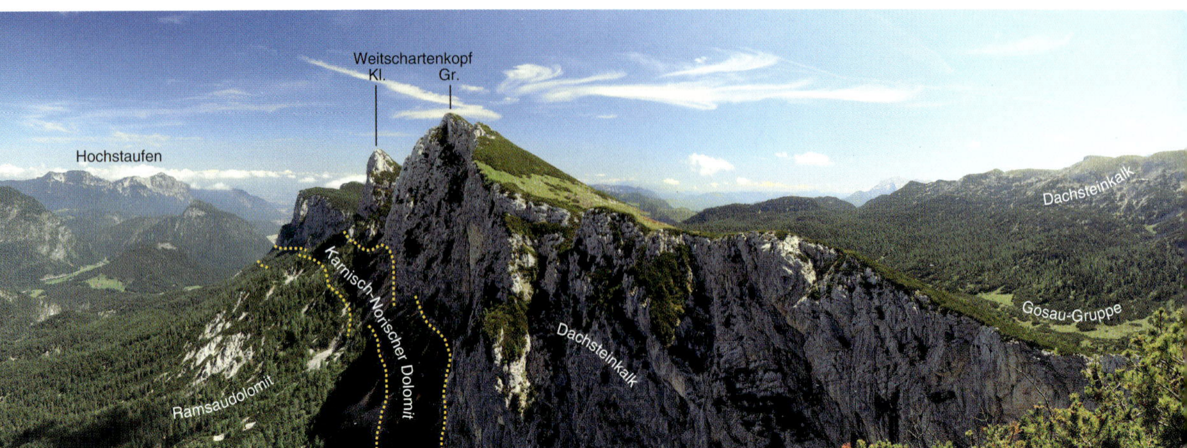

Abb. 23. Zusammengesetztes Panoramafoto der Gipfelschau vom Großen Bruder gegen Osten zu den beiden Weitschartenköpfen. Zur besseren Verdeutlichung ist die zugrundliegende Geologie eingezeichnet.

23 Bereiches: Die lange Mauer der lotrechten, bis zu 300 Meter hohen Reiteralm-Nordwand besteht zur Gänze aus erosiv widerstandfähigem Dachsteinkalk, ganz im Gegensatz zum "Unterbau", der in Wandnähe aus Karnisch-Norischem Dolomit und talwärts aus Ramsaudolomit besteht. Das normalerweise dazwischen liegende, geringmächtige Band der Nordalpinen Raibler Schichten ist auf *Profil 2* der Nordseite der Reiteralm nicht erhalten beziehungsweise nicht auskartierbar.

24 Gegen Westen gibt es keinen vorgelagerten Gipfel, der die Sicht auf die Bergszenerie verdecken könnte. Wir sehen über den Mittleren Bruder (1825 m) bis ins Loferer Becken unter den Loferer Steinbergen. Ganz im Westen über der Steinplatte (Östliche Chiemgauer Alpen) stehen Kaisergebirge und knapp rechts davon ist bei guter klarer Sicht im Herbst auch noch das bleiche Karwendelgebirge erkennbar. Bei unserem Ausblick nach Nordwesten ist die durch die Geologie begründete Landschaftsmorphologie augenscheinlich: Wieder ist es der Dachsteinkalk, der den wichtigsten erkennbaren Gipfelbildner darstellt, vor allem, was Reiteralm im Vordergrund sowie Leoganger und Loferer Steinberge im Hintergrund angeht. Zwischen Letzteren und dem markanten Sonntagshorn

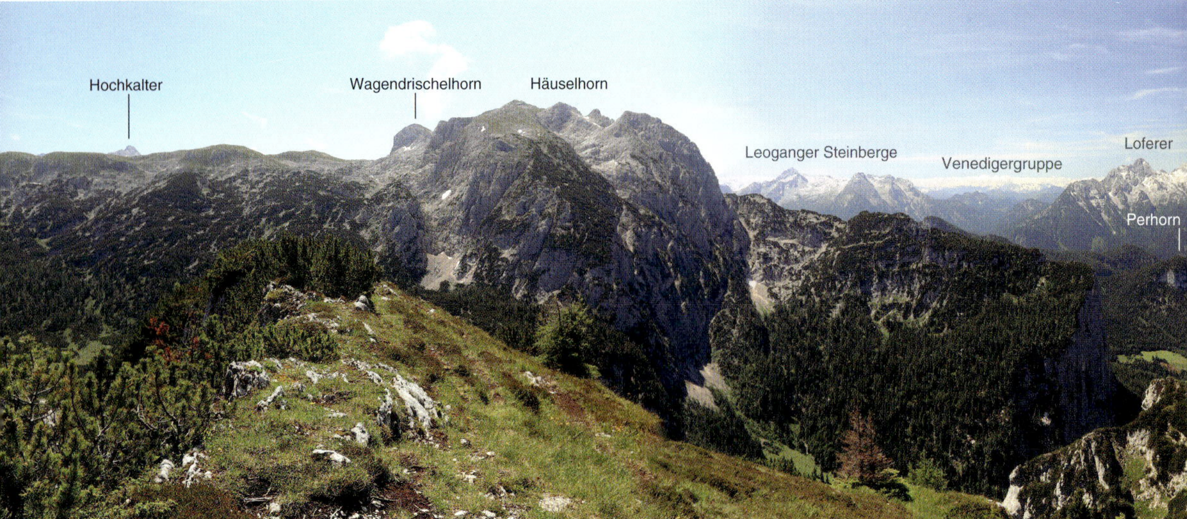

nordwestlich von uns liegen stark bewaldete Höhenzüge mit deutlich geringerer Absoluthöhe. Diese gehören zur Unkener Mulde, die vornehmlich mit jurassischen und kretazischen Lithologien deutlich weichere, leichter erodierbare Gesteinseinheiten erschließt. Diese tektonisch angelegte Großstruktur bildet aufgrund des Einfallens ihrer Muldenachse nach Osten eine riesige hufeisenförmige Struktur, die vom Sonntagshorn im Norden über das Dürrnbachhorn, den Sondersberg, den Scheibelberg und die Steinplatte im Süden bis zum Pass Strub zwischen Loferer Steinbergen und Chiemgauer Alpen reicht und durch obertriassische Lithologien wie Plattenkalke, Kössen-Formation und Oberrhätkalken konturiert wird. In den Waldgegenden finden sich noch gegen die Muldenränder Adneter Rotkalke sowie Allgäu-Formation, im Muldenkern sind großflächig Kalke der Oberalm- und Schrambach-Formation sowie mehr und mehr siliziklastische Lithologie wie Rossfeld-Formation und zeitgleich abgelagerte Lackbach-Schichten erschlossen. Diese etwa 10 Kilometer breite Mulde (Nord-Süd-Erstreckung) wird östlich der Saalach auf der Loferer Alm von der Saalach-Störung amputiert. Dort grenzt unterkreidezeitliche Rossfeld-Formation an mitteltriassischen Hallstätter Dolomit.

5 Zum schrecklichen Sattel

Der Rückweg vom Großen Bruder zur Neuen Traunsteiner Hütte erfolgt über den markierten Zustieg, über den wir bereits angestiegen waren – in einer knappen Stunde ist das große Schutzhaus erreicht.

Zur erfolgreichen Durchquerung der Reiteralm fehlt uns noch die letzte Schluss-Etappe von der Neuen Traunsteiner Hütte bis zum Schrecksattel. Die letzten noch ausstehenden Höhenmetern in einigen Zwischenanstiegen verlaufen entlang eines teilweise asphaltierten Fahrweges.

Wer sich ob des Teers in der Höhe wundert, dem sei in Erinnerung gerufen, dass wir uns hier unmittelbar durch militärisches Übungsgelände bewegen. In der Regel bestehen keine Restriktionen, aber zur Sicherheit kann man sich ja mal beim Wirt des Alpenvereinsschutzhauses nach den aktuellen Verhältnissen erkundigen.

Der Weg führt uns in ziemlich gerader Linie nach Norden über das wohlbekannte verkarstete Gelände mit Dachsteinkalken.

Abb. 24. Blick vom Großen Bruder nach Westen gegen das Loferer Becken, den Wilden Kaiser und die Östlichen Chiemgauer Alpen. Markant ist der Wechsel der Geomorphologie zwischen den Gebirgsstöcken von Loferer Steinbergen und Sonntagshorngruppe. Der dazwischenliegende, deutlich tiefere Waldgürtel gehört zur großen, nach Osten hin offenen Unkener Mulde. Ihre Randbereiche sind gelb punktiert hervorgehoben. Die sich in Nord-Süd-Richtung etwa 10 Kilometer große Muldenstruktur wird durch die Saalach-Störungszone (orangefarbene Linie) amputiert.

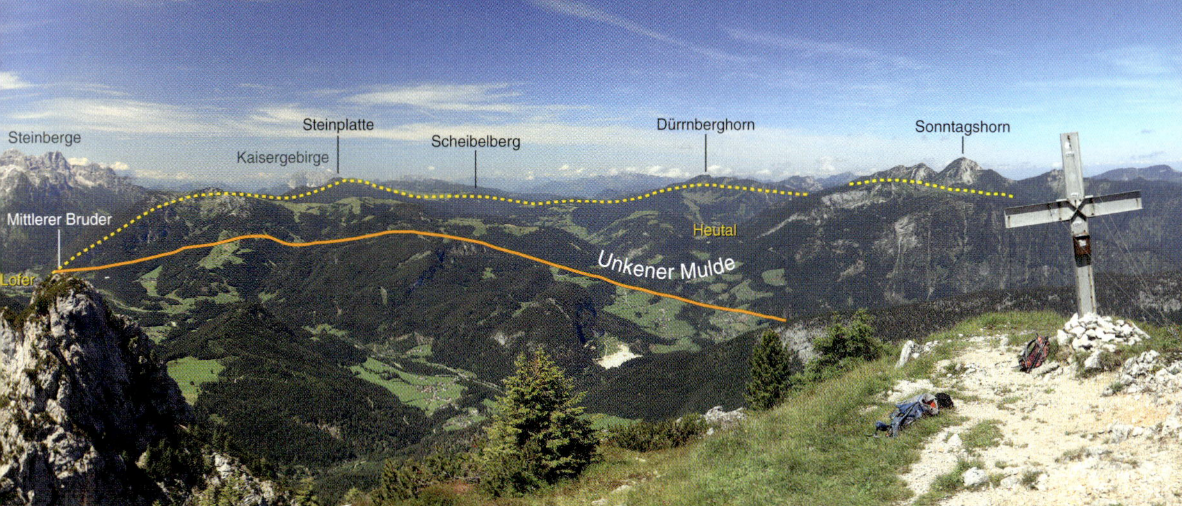

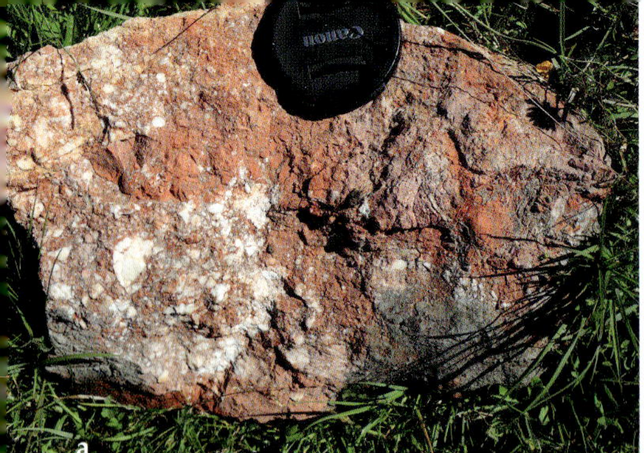

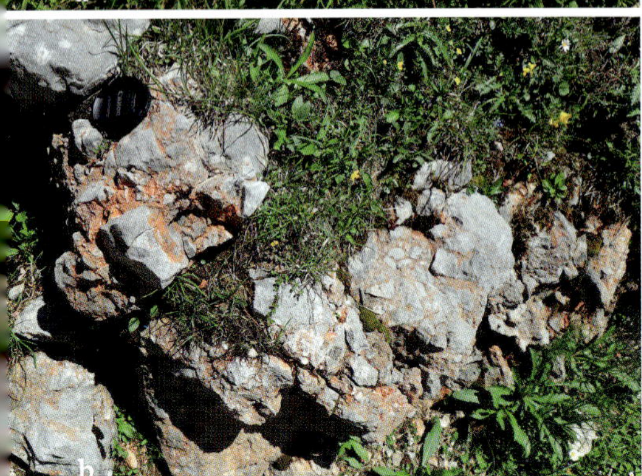

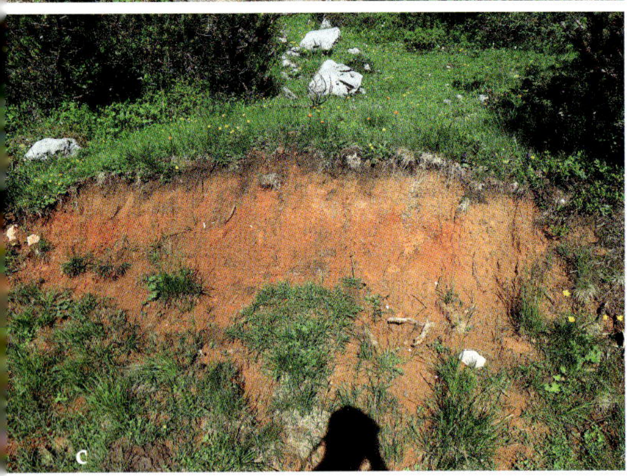

◁ *Abb. 25. Auf dem Weg von der Neuen Traunsteiner Hütte zum Schrecksattel kommen wir an wenigen Klein-Aufschlüssen mit Gosau-Füllung – in diesem Fall Untersberger Marmor – vorbei. Charakteristisch sind wieder die auffallend rote (bauxitische) Gesteinsfärbung (a), grobe Brekziierung (b) beziehungsweise leuchtend rote erdige Verwitterungsprodukte (c).*

Hin und wieder sehen wir leuchtend braunrote, erdige 25

Aufschlüsse mit nahebei anstehenden roten ruppigen Kalken und Brekzien. Dabei handelt es sich um Untersberger Marmor.

Zum Schrecksattel ist es nicht allzu weit, in einer knappen halben Stunde Gehzeit ab der Neuen Traunsteiner Hütte sollten wir den "Durchlass" nach Norden über die Reiteralm erreicht haben.

6 Über die Platte springen – hinab nach Oberjettenberg

Von Süden über das Karstgelände wandernd, macht der Pass seinem Namen kaum Ehre: wir stehen vor einem felsigen Durchlass, der nach Norden steil in die Tiefe bricht, vom geschickt angelegten, jenseitig talwärts führenden Muli-Weg jedoch regelrecht entschärft wurde.

Zahlreiche Gedenktafel verstorbener Wanderer und Bergsteiger jedoch scheinen eine andere Sprache zu sprechen. Allerdings ist bei den Erwähnten und Verflossenen kaum jemand dabei, der hier an dieser Stelle sein Leben lassen
musste. Man liest Bergnamen aus der weiteren Umgebung 26
bis zum fernen Himalaya. Aber es ist ein Ort zum Gedenken an die, die bereits gehen mussten, sei es aus Leichtsinn, Pech oder einfach aus Schicksal.

Vom Sattel wandern wir den Verlauf des besagten Muli-Weges 27
weiter, der vor geraumer Zeit aus militärischen Gründen angelegt wurde. Der einstige Zustieg direkt in die tiefe Einkerbung des Schrecksattels durch einen steilen Geröllschlauch ist ansatz-

Abb. 26. Gedenktafeln verstorbener Bergsteiger am Schrecksattel.

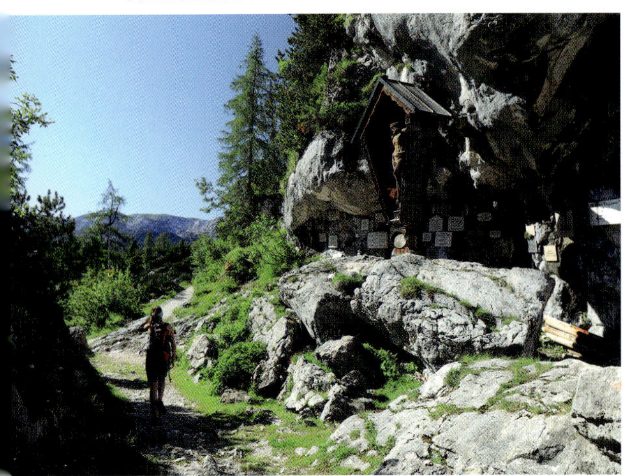

Abb. 27. Auf einfachen, beinahe »zahmen« Wegen geht es vom Schrecksattel (halbrechts im Hintergrund) die ersten Meter nach Oberjettenberg hinab.

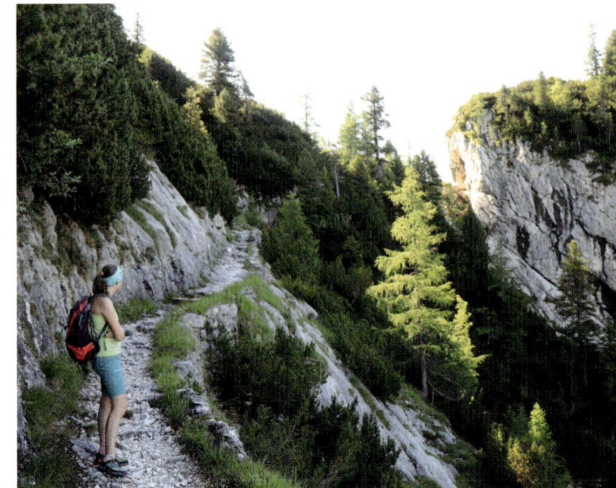

weise noch zu erkennen, wenn man direkt am Sattel steht und links den Abgrund hinab späht, wird aber so gut wie nicht mehr genutzt.

Erst aus der Totalen – etwa, wenn unser Steig den felsigen Hang zunächst weit gegen Norden ausquert – kann man sich mit der Bezeichnung "Schrecksattel" abfinden. Es ist und bleibt der einzige leicht gangbare Durchlass in der Nordwand-Mauer der gesamten Reiteralm. Zwar gibt es noch weitere Zustiege durch die Dachsteinkalkflucht, doch die bleiben trittsicheren, schwindelfreien und etwas verwegenen Gebietskennern vorbehalten.

Von der nördlichsten Spitzkehre sehen wir den weiteren Verlauf unseres Abstiegsweges unter der beeindrucken-
28 den Nordwand des Kleinen Weitschartenkopfes vor uns und schrauben uns gemütlich Spitzkehre um Spitzkehre in die Tiefe. Bald wieder entlang der Reiteralm-Nordwand, gelangen wir über Hangschuttfelder zu den ersten senkrechten Felstürmchen aus Dolomitgestein und wissen, dass wir nun den Sockel des Dachsteinkalkes aus Karnisch-Norischem Dolomit erreicht haben.

In weiterer Folge quert der Steig in zahlreichen Kehren
29 ein Felssturzfeld, um kurz darauf nahe einer Quelle wieder Karnisch-Norischen Dolomit zu erreichen.

Der Übergang darunter lagernden Ramsaudolomit geschieht beinahe unmerklich mit nun etwas helleren und noch feinklüftiger angewitterten Dolomitgesteinen.

Abermals queren wir wieder ausladende Schuttfelder, bevor der Steig einen breiten, abgerundeten Rücken erreicht, der in mäßiger Steigung ziemlich gerade in nördlicher Richtung, zuletzt nach Westen umbiegend
30 durch weitflächig anstehenden Ramsaudolomit eine Forststraße erreicht, die uns in einer weiteren knappen halben Stunde an den großen Wanderparkplatz in Oberjettenberg und zum Ziel bringt.

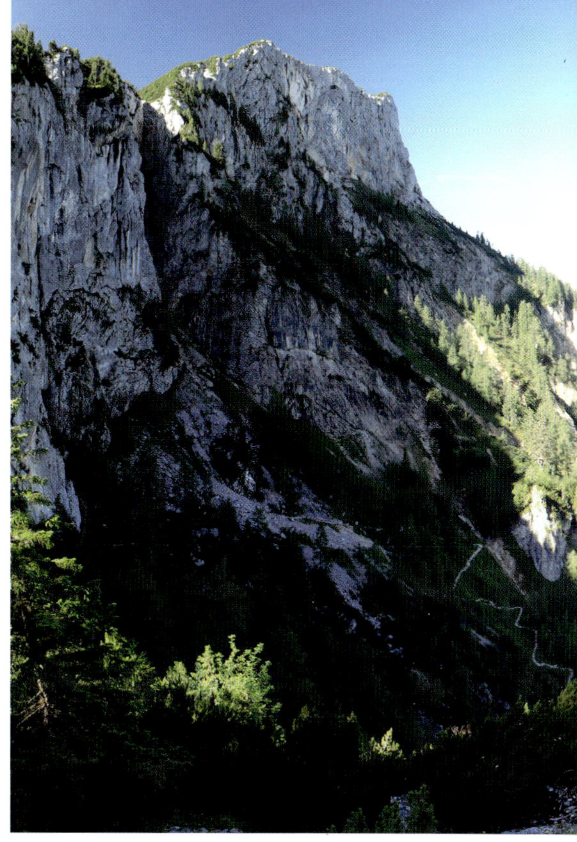

Abb. 28. Ausblick von der nördlichsten Spitzkehre des Abstiegsweges gegen die beeindruckende Nordwand des Kleinen Weitschartenkopfes. Der markante, sonnenbeschienene Felsturm nahe des rechten Bildrandes gehört bereits zum Sockel der die Dachsteinkalke in der Nordwand unterlagernden Karnisch-Norischen Dolomite.

Abb. 29. Großer Sturzblock entlang des Schrecksteiges auf etwa 1340 Metern Höhe.

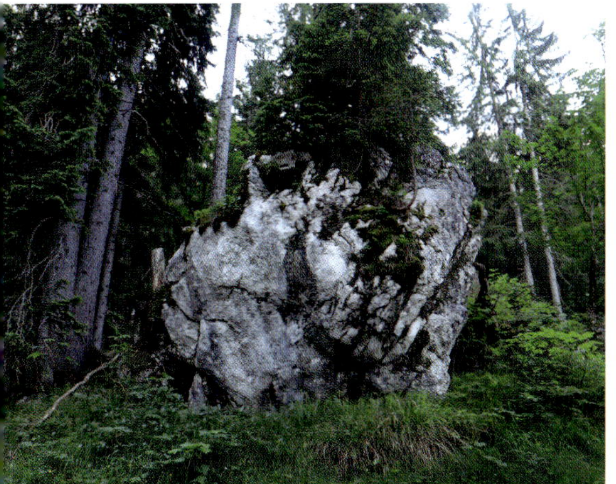

Abb. 30. Ramsaudolomit steht im gesamten unteren Abschnitt des langen Abstieges vom Schrecksattel nach Oberjettenberg an.

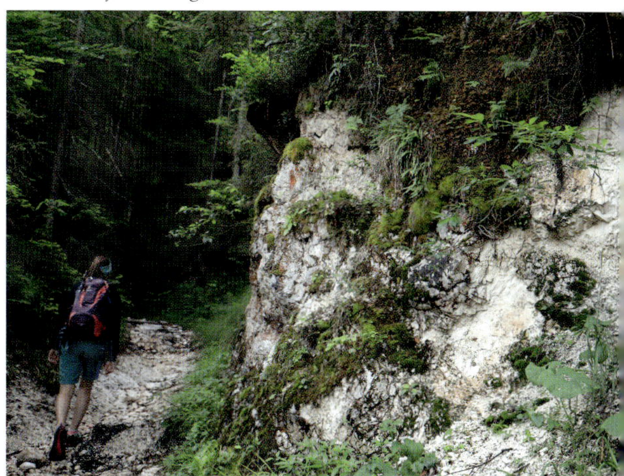

Ⓛ Mit Siebenmeilenstiefeln durchs Klausbachtal zum Kammerlinghorn

Wegstrecke: Parkplatz Klausbachtal – Stubenalm – Grundübelau – Bindalm – Mittereisalm – Mooswand – Karlkopf (2195 m) – Kammerlinghorn (2484 m) – Mittereisalm – Hirschbichl – Parkplatz Klausbach (evtl. Abfahrt mit dem Almbus).

Geologie: Tallandschaft Klausbachtal – Deckengrenze Berchtesgadener Einheit – Tirolikum – jurassische Deckschichten Tirolikum – Glazial-Landschaft Mittereis – Dachsteinkalk am Kammerlinghorn.

Diese hochalpine Exkursion beschreibt den leichtesten Anstieg auf einen der großen Gipfel der Hochkaltergruppe. Auch wenn die Ersteigung des Kammerlinghorns (2484 m) aus dem Mittereis alpinistisch als unproblematisch gilt und eine durchaus gern begangene Bergtour darstellt, sollte sie wegen ihrer Länge keinesfalls unterschätzt werden: knapp 11 Kilometer und 1700 Höhenmeter im Aufstieg stehen zu Buche. Talwärts kann man sich mit dem Hirschbichl-Almbus den Hatscher durchs Klausbachtal sparen. Bis zur verfallenen Mittereisalm verläuft die Wegführung auf bestens ausgeschilderten, breiten Forst- und Wanderwegen. Der Anstieg zum Kammerlinghorn über die steile Wald- und Schrofenflanke der Mooswand erfordert Trittsicherheit, der lange, breite Westrücken auf Karlkopf und Kammerlinghorn zudem bei schlechter Sicht Orientierungsvermögen und den richtigen Umgang mit Kompass und Karte. Wenn auch die Wege gut markiert sind, ist Vorsicht geboten, denn der Berg fällt mit hohen Wandabstürzen nach Süden ins Weißbachtal ab. Wegen seiner Exponiertheit wird gerade in den Sommermonaten ein zeitiger Aufbruch angeraten – der erste Almbus, mit dem man sich den Anstieg entscheidend verkürzen könnte, fährt in der Hochsaison erst um 9.00 Uhr ab und ist damit eigentlich zu spät dran!

Ausgangs- und Endpunkt der Unternehmung ist der Parkplatz am Eingang des Klausbachtales (gebührenpflichtig). Die Exkursion verläuft in der Kernzone des Nationalparks Berchtesgaden.

Abb. 31. Übersichtskarte der Exkursion Ⓛ; Ausschnitt Nord (Geodatenbasis: Bayerische Vermessungsverwaltung 2010-14244).

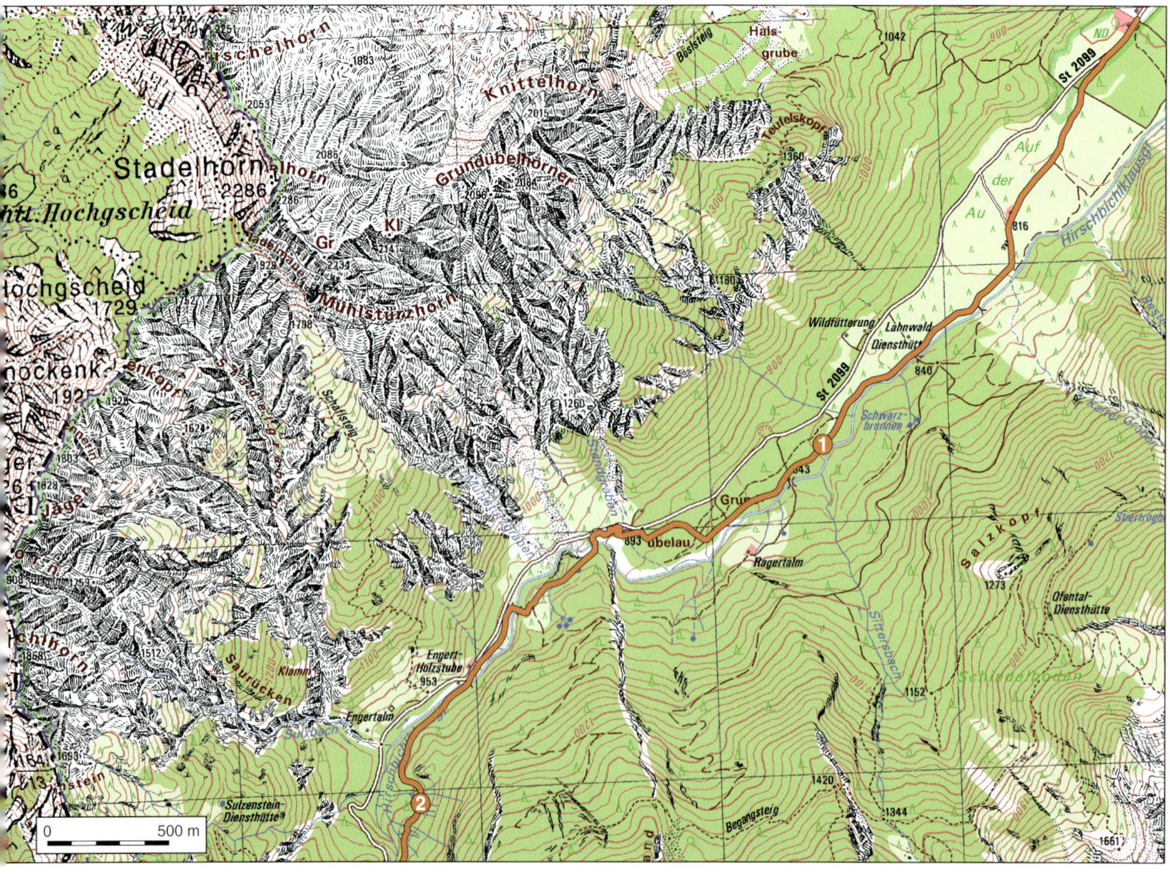

① Durch das Klausbachtal

Wer sich als "Kanada-Fan" bezeichnet, ist auf dieser Exkursion gut aufgehoben. Bei der Fahrt entlang der zuletzt immer schmäler werdenden Straße über Ramsau zum Hintersee deutet noch nichts auf dieses Landschaftsbild hin. Gerade in der Hochsaison der Sommermonate werden die Parkplätze entlang des Zauberwalds und bei den bunt zusammengewürfelten wenigen Häusern am Hintersee schnell Mangelware – gegen Mittag gleicht es einem Lotteriespiel, sein Auto noch abstellen zu können. Eine Hintersee-Umrundung scheint wohl mittlerweile zum "Musthave" eines Tagesausflüglers aus Bayern zu gehören. Etwas ruhiger wird es im Frühherbst, wenn die letzten Sommerferien Geschichte sind. Und im Oktober ist man, sollte man zu den Frühaufstehern gehören, manchmal ganz alleine mit dem dampfigen See und dem sich dahinter anschließenden Klausbachtal. Deswegen: auch hier fängt der frühe Vogel den Wurm, oder einen geeigneten Parkplatz.

> Spätestens vor der Chip-gesteuerten Schranke an den Grenzen des Nationalparks ist mit dem fahrbaren Vehikel Schluss. Wenn wir früh genug unterwegs sind, hat die am Beginn der asphaltierten Hirschbichlstraße stehende Nationalpark-Infostelle noch geschlossen (öffnet um 08.00 Uhr). Wir wandern die ersten paar hundert Meter entlang der Straße, biegen allerdings bei der ersten Gelegenheit auf einen breiten Wanderweg nach links ab (großes Nationalpark-Zeichen).

Das "Kanada-Feeling" kommt in solchen frühen Morgenstunden schnell, vor allem, wenn sich im Herbst die Blätter bunt färben und man einen sonnigen Altweibersommertag erwischt hat. 35

Geologisch betrachtet gehört das Klausbachtal zu den ganz jungen, erst "vor Kurzem" gestalteten Tallandschaften. Mit steilen Bergflanken und einem ebenen, nur flach gegen den Talschluss ansteigenden

Abb. 32. Übersichtskarte der Exkursion Ⓛ; Ausschnitt Süd (Geodatenbasis: Bayerische Vermessungsverwaltung 2010-14244).

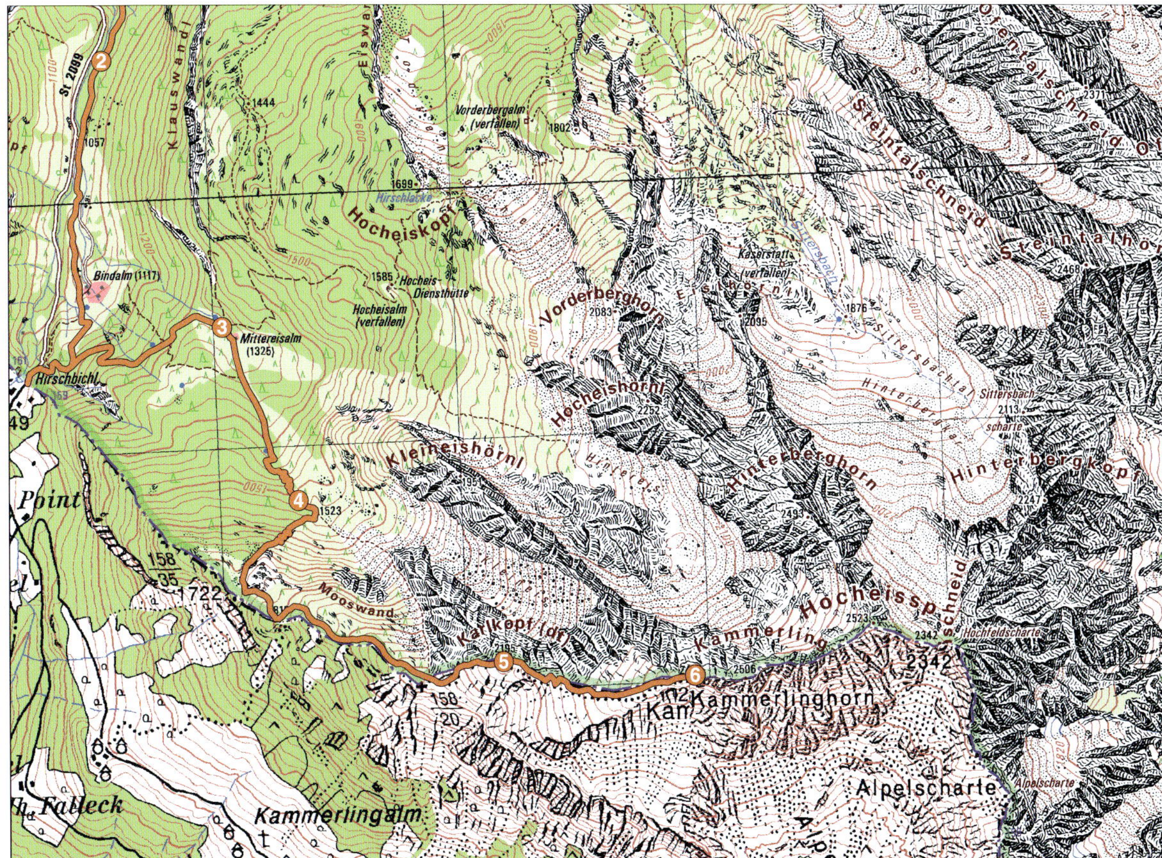

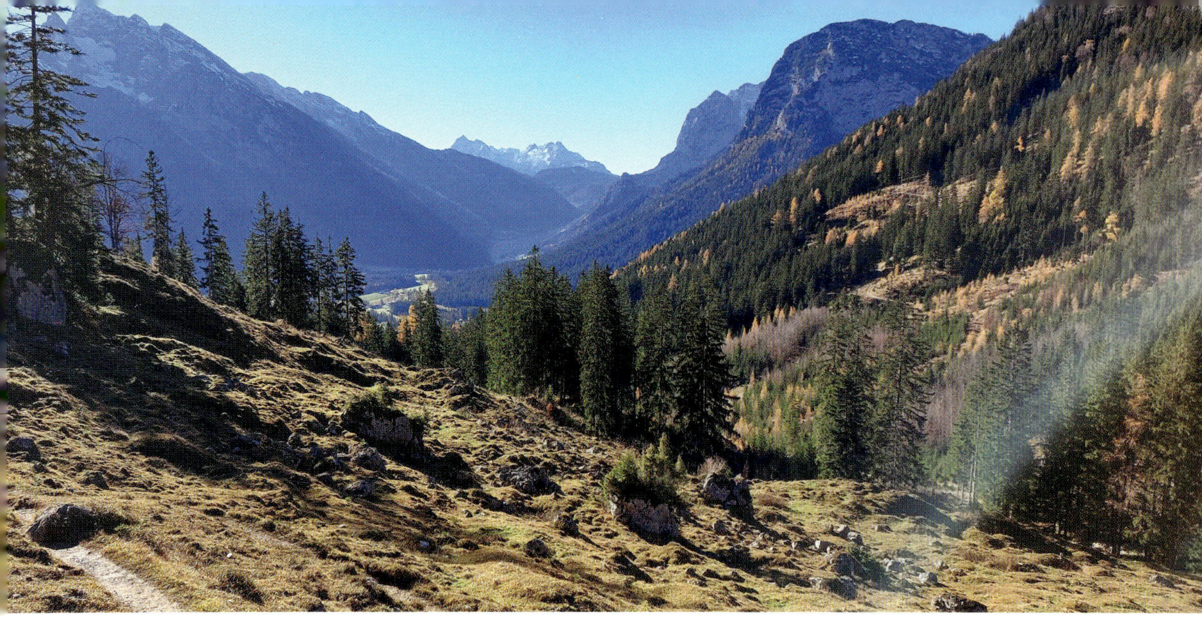

Abb. 35. Als wäre es irgendwo im Niemandsland am anderen Ende der Welt und nicht an einem der touristischen »Hotspots« Bayerns. Von der Mordau am gegenüberliegenden Lattengebirge sieht man beim Blick zum Klausbachtal kaum Infrastruktur – »Klein-Kanada« im Südosten Bayerns. Links steht der Hochkalter-Stock, rechts die Reiteralm – und über dem tief eingeschnittenen Hirschbichlpass liegen die schroffen, ebenfalls einsamen Loferer Steinberge.

Abb. 33. Geologische Karte der Exkursion Ⓛ*; Ausschnitt Nord (Geodatenbasis: Bayerische Vermessungsverwaltung 2010-14244), Legende siehe Abb. 2 und 3 auf Seite 9 und 10.*

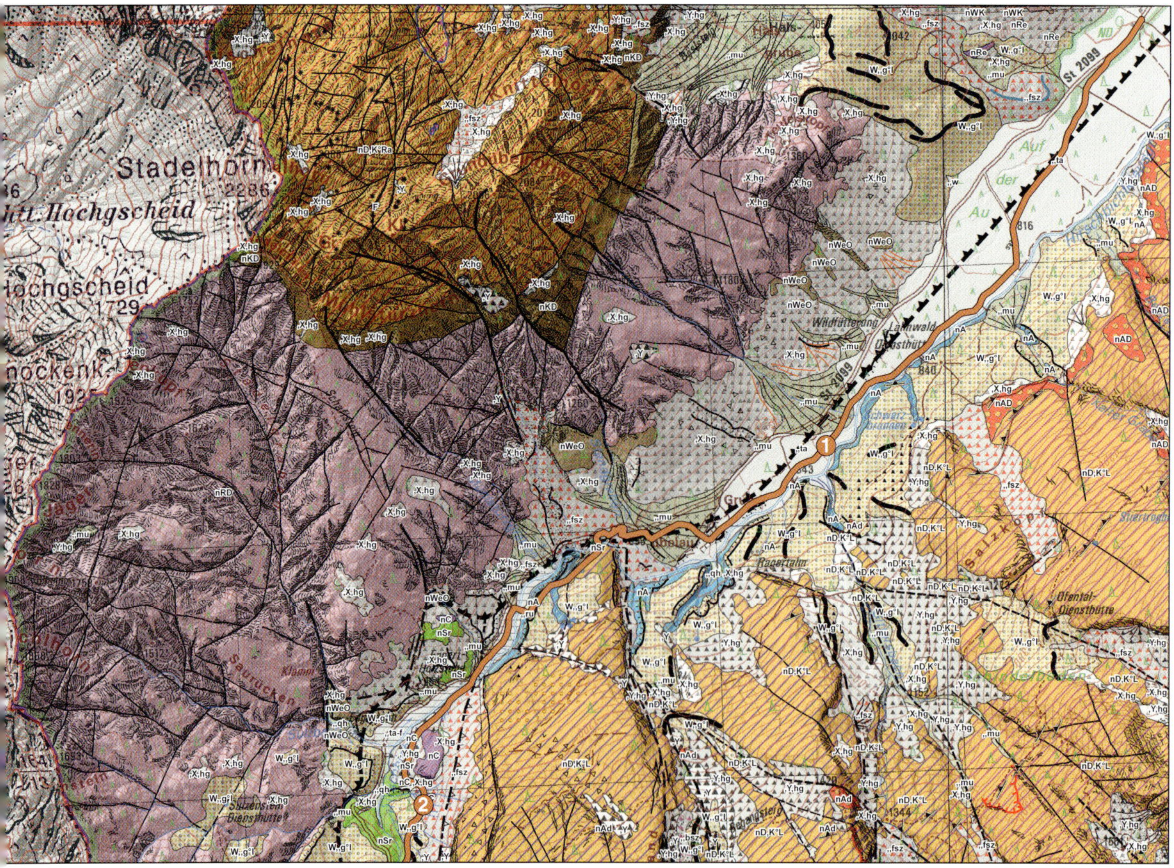

Talboden ist es ein klassisches, glazigen überprägtes Kerbtal, das seit dem Ende der letzten Eiszeit nun langsam wieder aufgeschottert wird. Dabei besitzen die beiden den Klausbach umgebenden Bergflanken einen grundsätzlich anderen, ganz eigenen Charakter. Zu unserer Rechten zeigen sich die Hänge des von hier beinahe 2000 Meter in die Höhe ragenden Hochkalter-Massivs aufgrund der mit etwa 35 ° bis 45 ° nach Nordwest einfallenden, dickbankigen Dachsteinkalk-Sequenzen zunächst nur wenig gegliedert. Das Schichteinfallen bleibt auf der gesamten Talflanke bis zur deutsch-österreichischen Grenze ziemlich konsistent, mit dem Ofental, dem Steintal und dem Sittersbachtal münden steile, schutterfüllte Hochtäler in das Klausbachtal. Diese Täler wurden entlang großer, Nordwest-Südost-verlaufender Querbrüche ("Obersee-Richtung", siehe Kapitel 6 in Band 40) durch Verkarstung und Erosion angelegt und ebenfalls glazigen überprägt. Heute sind vor allem das Ofen- und das Steintal lehrbuchhafte Trogtäler mit einer deutlich ausgebildeten Karschwelle. Die eigentlichen Taleingänge liegen beinahe 600 Höhenmeter über dem Niveau des Klausbachs. Das Sittersbachtal ist aufgrund der etwas weicheren Unterlage aus erosiv leichter ausräumbaren Karnisch-Norischen Dolomit in seinen oberen Bereichen deutlich weitläufiger. Dem unnahbar wirkenden Hochkalter-Massiv liegt die steil aufragende, kaum gegliederte Wandflucht der Reiteralm gegenüber. Auch hier zeigen sich zunächst dickbankige Dachsteinkalk-Sequenzen, die jedoch aufgrund ihres ebenfalls Nordwest-gerichteten Einfallens im Anschnitt subhorizontal gelagert erscheinen. Mit unserer Wanderung taleinwärts und dem Wechsel vom Dachsteinkalk zu den stratigraphisch liegenden Einheiten von Karnisch-Norischem Dolomit und dem mächtigen Ramsaudolomit ändern sich die Berggestalten dahingehend, dass sich die mauerartigen Wandfluchten zu wild zerklüfteten und zerrissenen Pfeilern, Graten und dolchartigen Spitzen wandeln. Der grundlegende morphologische und stratigraphi-

Abb. 34. Geologische Karte der Exkursion (L); Ausschnitt Süd (Geodatenbasis: Bayerische Vermessungsverwaltung 2010-14244), Legende siehe Abb. 2 und 3 auf Seite 9 und 10.

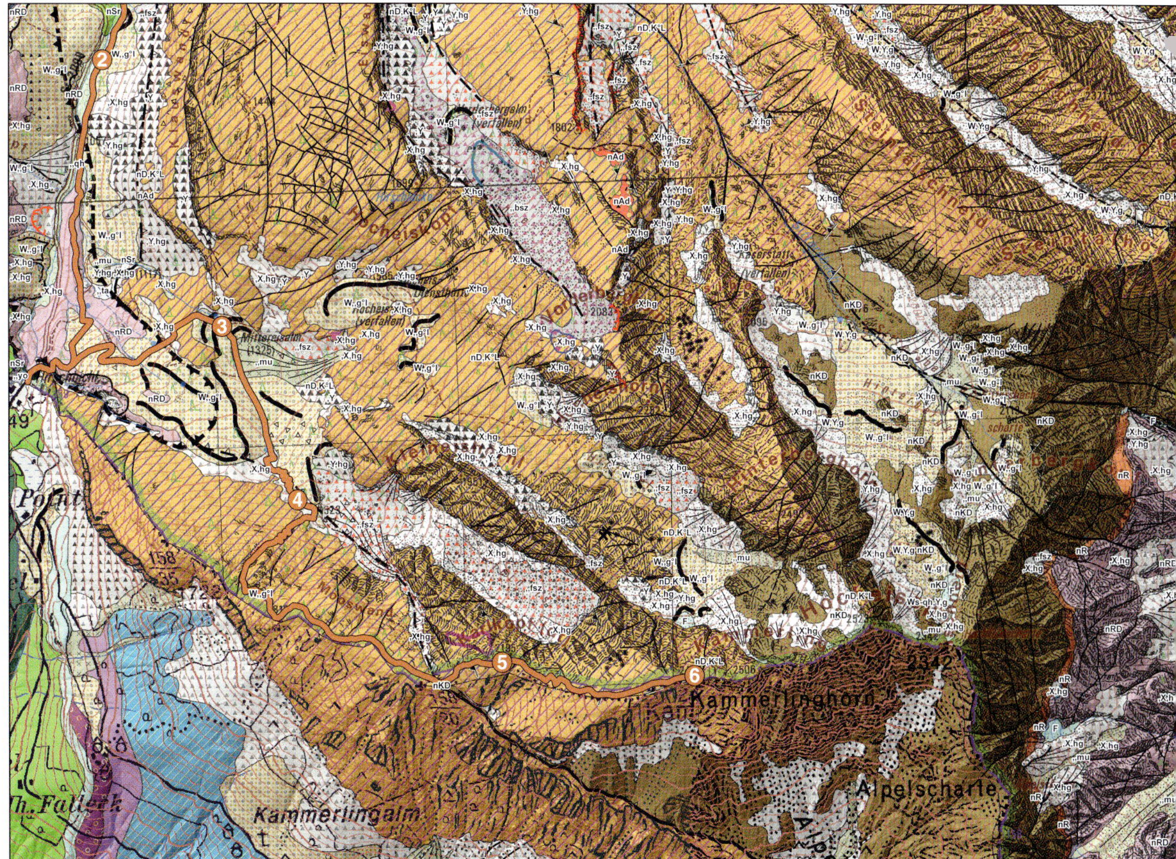

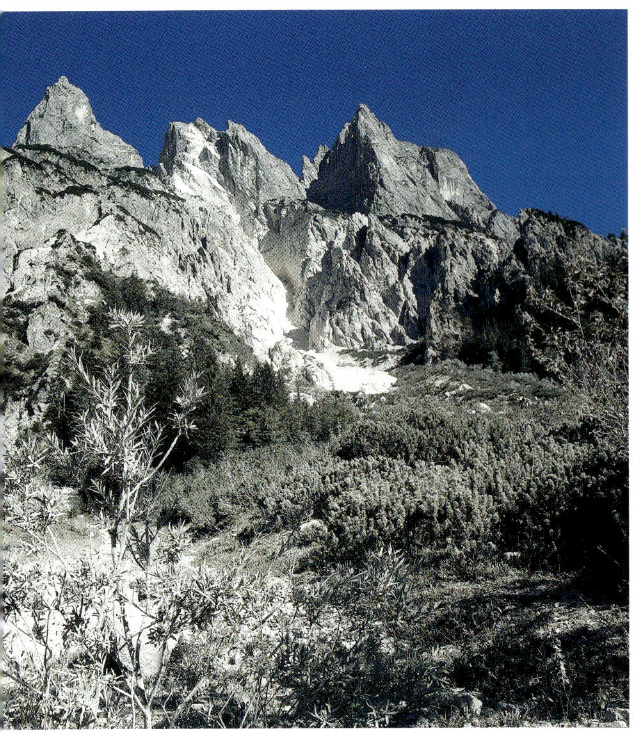

Abb. 36. Der Bergsturz vom Mühlsturzhorn vom 6. September 1999 überzog das ganze Klausbachtal mit einem blendend weißen Staubschleier, der aussah wie frisch gefallener Schnee (Foto: Archiv Nationalpark Berchtesgaden).

sche Unterschied zwischen beiden Talflanken liegt in der hier verlaufenden Deckengrenze zwischen Tirolikum (Hochkalter-Gruppe) zu Berchtesgaden-Decke (Reiteralm) begründet. Seinem Verlauf werden wir auf den folgenden Kilometern folgen.

Auf unserem Gang über den flachen Talboden durch lichte Fichten- und Lärchenbestände werden wir glazigene Sedimente vergebens suchen. Diese liegen unter Zehnermeter mächtigen holozänen (Wild)Bachschottern und Seesedimenten verborgen. See- oder Staubeckenablagerungen deswegen, weil sich mit dem Hintersee- oder "Zauberwald-Bergsturz" während des "Holozänen Klima-Optimums" vor etwa 4000 Jahren die Topographie des Tales grundlegend änderte (siehe Band 40, Exkursion D). Das Material des Zauberwald-Bergsturzes blockierte den Klausbach und staute binnen weniger Wochen den Hintersee auf. Dieser war ursprünglich bedeutend größer als der heutige See und bedeckte die gesamte Grundübelau, dass heißt, das vordere Klausbachtal bis zum Mitterberg vier Kilometer taleinwärts. Durch nachfolgenden Sedimenteintrag verlandete der See schnell und der heutige Hintersee ist sozusagen nur ein "Restchen" des einstig fjordähnlichen Klausbachsees. Da seine Verlandung gerade in der Neuzeit sehr rasch voranschritt, verlegte man den stark Geschiebe führenden Klausbach im 19. Jahrhundert am See vorbei, um sein endgültiges Verschwinden zu verzögern.

Das Klausbachtal ist jedoch selbstverständlich auch heute noch stetigen Veränderungen unterlegen ist, die wir nur aufgrund unserer verhältnismäßig kurzen Lebensspanne kaum wahrnehmen. Drastische Einschnitte wie gigantische Lawinen, die immer wieder die ungegliedert steilen Hänge des Hochkalters überziehen, hingegen schon. Im Jahr 1999 ging vom Hochkalter eine dieser großen Staublawinen ab. Die mit etwa 300 Kilometern pro Stunde vorauseilende Druckwelle knickte 20 Hektar Bergwald um. Entsprechende Schautafeln des Nationsparks entlang des Weges erklären die geo- und biogene Dynamik, die hinter diesen scheinbar katastrophalen Einschnitten stecken. Für die Natur gibt es keine Katastrophen, sondern nur Einschnitte und damit verbundene evolutive Chancen. Im Großen wie im Kleinen: dort wo vor der Lawine nur monotone Bergfichtenwälder standen, sind heute 14 verschiedene Baumarten nachgewiesen, die auf natürliche Weise nachwachsen.

Bleiben wir mangels geeigneter Fest- und Lockergesteins-Aufschlüssen auf diesen ersten Kilometern unserer Wanderung thematisch bei den geogenen Ereignissen. Neben den Lawinen sind natürlich auch Fels- und Bergstürze ein Thema, das uns durch den heutigen Tag begleiten wird. Ebenfalls im Jahr 1999, allerdings am 8. September im Spätsommer, brach der komplette Gipfelaufbau des Kleinen Mühlsturzhornes im Hauptkamm der Reiteralm ab. Knapp 250 000 Kubikmeter Fels donnerten zu Tal und begruben Wanderwege und Hirschbichlstraße unter meterhohen Mur- und Schuttstrommassen.
36 Tagelang blieb das Klausbachtal in seinem zentralen Teil unter einer zentimeterdicken Staubschicht schneeweiß eingefärbt. Da gerade dieser Bereich in den vergangenen Jahren alles andere als "ruhig" blieb und die Brücke am sogenannten Mühlsturzgraben beinahe jedes Jahr aufgrund kleinerer Felsstürze und Hochwasser erneuert werden musste, steht an dieser Stelle seit 2010 eine 55 Meter

lange und in 11 Metern Höhe über den
37a Klausbach führende Hängebrücke. Es ist das erste markante Etappenziel unserer Exkursion, bei dem wir einen Einblick in den Festgesteins-Untergrund des Tales bekommen. Hier an der Hängebrücke wird der bislang flach ansteigende Talverlauf störungsbedingt durch eine dextrale Lateralverschiebung einer bugartig nach Norden vorgreifenden Dachsteinkalk-Felsrippe beendet.

Der Klausbach durchschneidet im Bereich der Hängebrücke die lithologische Grenze zwischen dicken, massig wirkenden Dachsteinkalk-Sequenzen und dünnbankigen, olivgraugrünen bis bereichsweise rötlichen Kalkmergeln der oberkreidezeitlich abgelagerten Schrambach-Formation. Der direkte Kontakt kann nur tektonisch sein – zwischen dem hier steil nach Nordwest einfallendem Dachsteinkalk und mäßig steil nach Nord-Nordwest einfallenden Schrambachschichten liegen knapp 80 Millionen Jahre Ablagerungsgeschichte.

Unmittelbar nach der Hängebrücke quert der Steig auf Holzbohlen eben jene Dachsteinkalke – nach nur knapp einhundert Meter erreichen wir eine Schautafel des Nationalparks („Dynamik im Hochgebirge").

Hier lohnt natürlich ein Blick auf die Schautafel, aber auch einer neben die Abzäunung: unmittelbar am Klausbach stehen gut gebankte, mäßig steil nach Nordwest einfallende Wechselfolgen aus hellen, teilweise Hornstein-führenden Kalken sowie dunkelgrauen bis blau-
38 grauen Kalkmergeln und Mergeln der unterjurassischen Allgäu-Formation an. An dieser Stelle scheint der stratigraphische Zusammenhang zum Dachsteinkalk einigermaßen plausibel – zu den Sequenzen der Schrambach-Formation weiter bachabwärts liegt definitiv eine weitere, unter dem Klausbach verborgene Störungszone. In weiterer Folge ist die Allgäu-Formation am Wanderweg nochmals erschlossen, allerdings in einer eher durchgehend kalkigen Ausbildung. Aber auch hier durchziehen zahlreiche Brüche und Kleinstörungen das Gesteinsgefüge und geben ihm einen stark

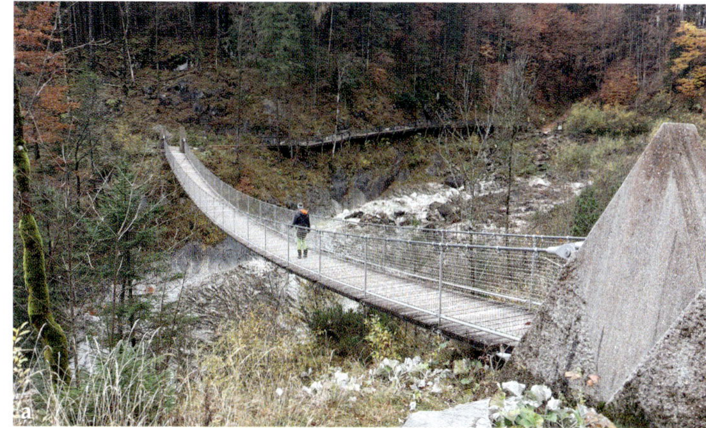

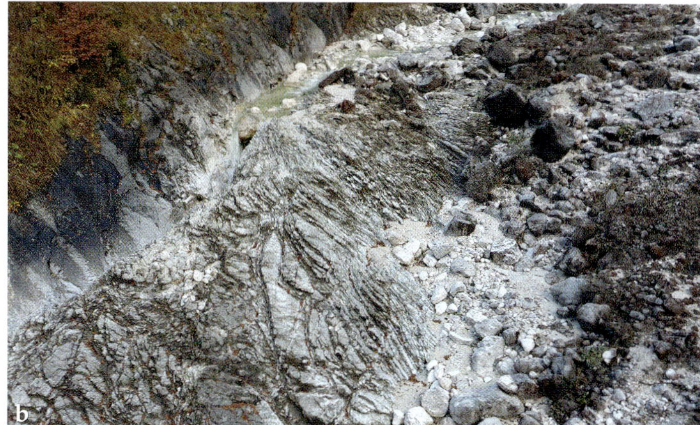

Abb. 37. a. Die im Jahr 2010 neu erbaute Hängebrücke über den Klausbach. b. Tektonische Grenze zwischen dickbankigen Dachsteinkalk (links im Bild, Blick auf die Schichtfläche) und dünnbankigen Kalkmergeln der Schrambach-Formation.

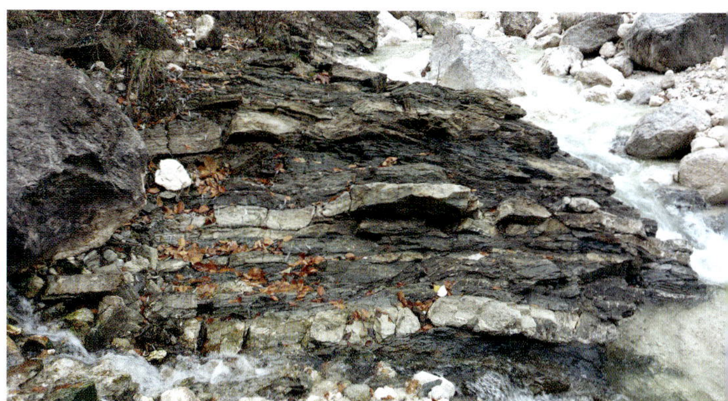

Abb. 38. Kalk-Mergelkalk-Wechselfolgen der Allgäu-Formation am Klausbach – knapp 100 Meter bachaufwärts von der Hängebrücke.

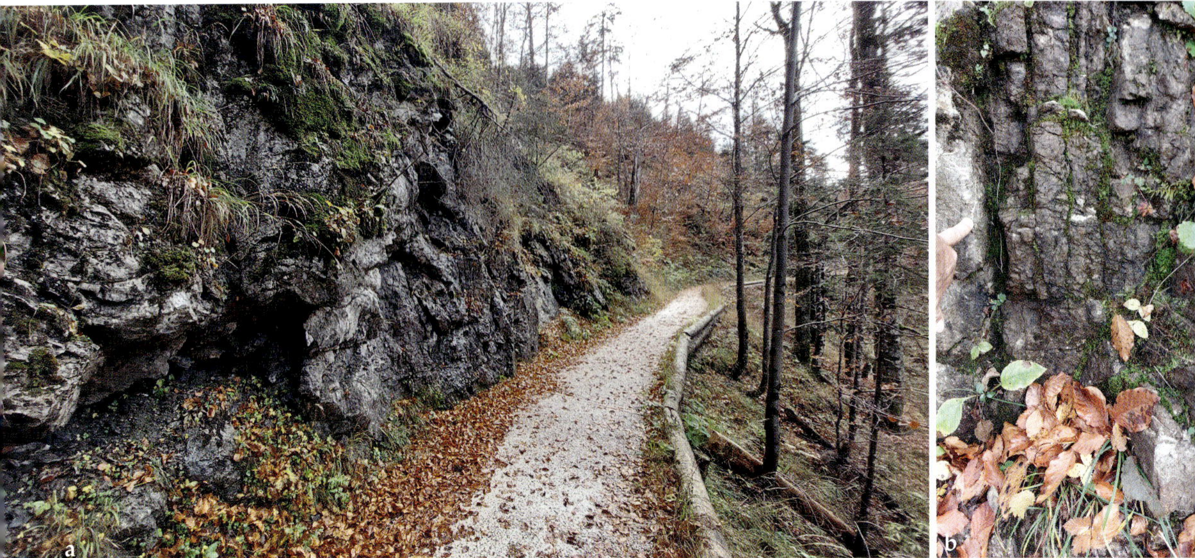

Abb. 39. Stark kieselige Chiemgauer Schichten entlang des Wanderweges von der Engert-Holzstube in Richtung Bindalm (Foto a). Foto b zeigt ein Detail der dünn- bis mittelbankigen Abfolge.

zerrütteten Charakter. Die starke Tektonisierung sollte uns nicht verwundern – immerhin befinden wir uns unmittelbar an der Grenze zur Berchtesgaden-Decke.

② Von der Engert-Holzstube zur Bindalm

Nach wenigen Minuten erreichen wir den flachen Talboden mit der Engert Holzstube (953 m Höhe, Nationalpark-Infostelle, Bushaltestelle Almbus). Wir wechseln auf die andere Seite des Klausbaches. Der bald schmäler werdende Steig umgeht auf orographisch rechter Talseite den Steilanstieg des Mitterberges in angenehmer Steigung und windet sich entlang der Waldflanke durch die jurassisch-kreidezeitliche Auflage der Dachsteinkalke, die wandbildend weiter bergwärts erschlossen sind.

Da hier mitteljurassische Chiemgauer Schichten anstehen – ein lokales Lithologie-Synonym für den
39 Mittleren Abschnitt der Allgäu-Formation – und nahezu unmittelbar an Schrambach-Formation
40 grenzen, ist natürlich wieder Tektonik im Spiel. Beim Blick in die Geologische Karte fällt der nach
Norden vorspringende Hocheiskopf auf. Seine West- und Ostflanke, die Klauswand beziehungsweise die Eiswand, kennzeichnen eine westwärts gerichtete Überschiebung und eine sinistrale Seitenverschiebung. Dementsprechend ist dieser Block gegen den Uhrzeigersinn nach Nordwesten rotiert

Abb. 40. a. Wild verfaltete Schrambach-Formation am Mitterberg. Foto b zeigt einen Ausschnitt im Detail.

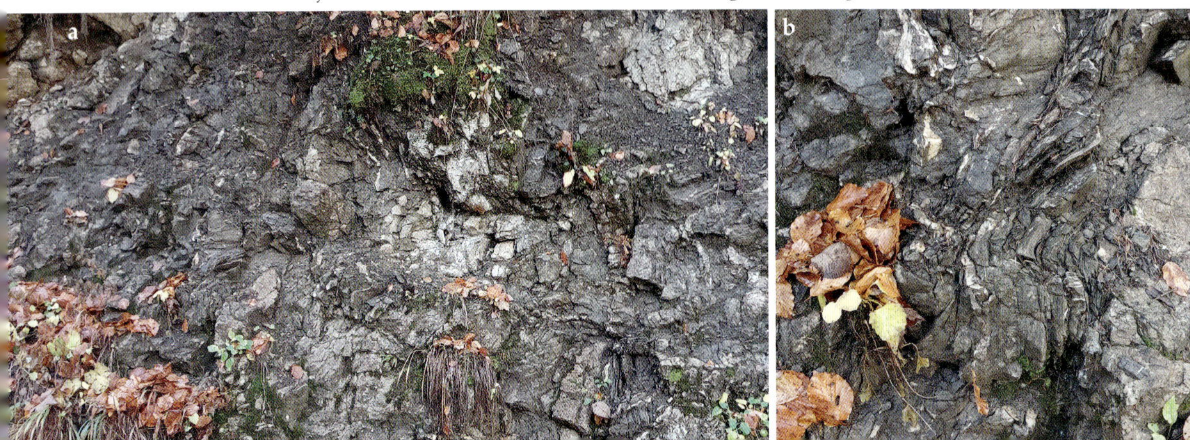

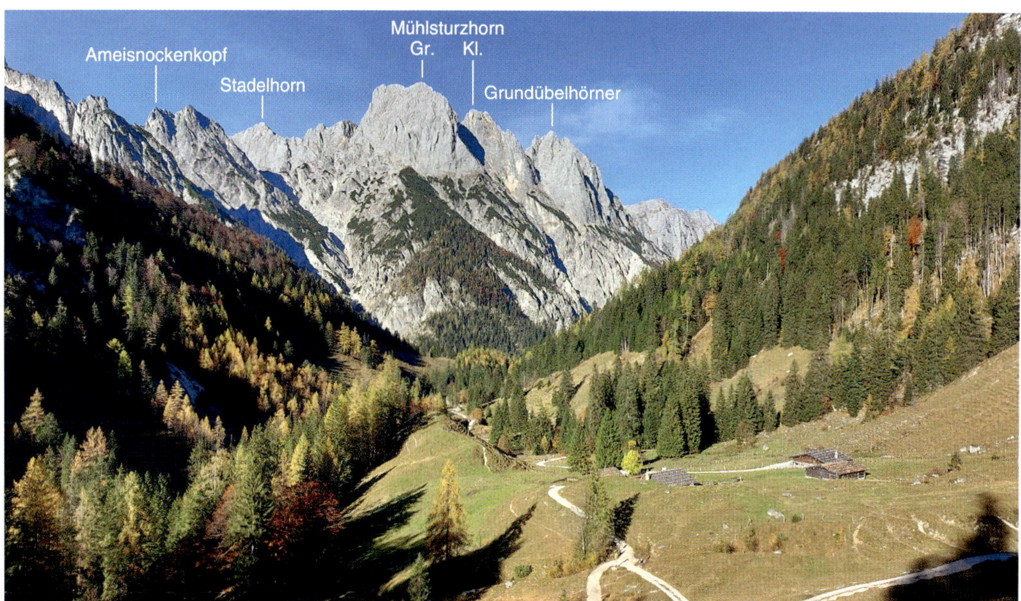

Abb. 41. Blick über die vier Almkaser der Bindalm zu der beeindruckenden Szenerie der Mühlsturzhörner und Grundübelhörner. Etwas nach hinten versetzt ist der mit 2286 Metern höchste Gipfel der Reiteralm, das Stadelhorn. Die Gipfel links des flachen Sattels der Hochgscheid bestehen zur Gänze aus Ramsaudolomit und werden ohne den schützenden, überlagernden Dachsteinkalk nur noch knapp über 1900 Meter hoch. Sie wirken im Bild deutlich höher, weil sie nach vorn in unsere Richtung verschoben sind.

und hat bei dieser Bewegung wie ein Prellbock die auflagernde jurassisch-kretazische Sedimenthülle gestaucht, verwürgt, zerschert und amputiert. Die unmittelbare Nähe zur Stirn beziehungsweise zur überfahrenden Berchtesgaden-Decke tat ihr Übriges. Hier blieb buchstäblich keine Gesteinsschicht auf der anderen!

Auf 1060 Metern Höhe erreichen wir die Hirschbichlstraße und einen weiteren flachen, sanft nach Süden ansteigenden Talboden. Von hier sind es entweder über die breite geschotterte Fahrstraße, oder aber rechts haltend über einen stumpfen, glazial abgeschliffenen Geländerücken aus bröseligem Ramsaudolomit nur eine knappe Viertelstunde Gehzeit zur Bindalm (1117 m), deren Haupthütte links von der Forststraße wir uns für den Abstieg merken sollten (sehr gute Almjause!).

Die Bindalmen sowie die tiefer gelegene Ragertalm sind bei günstiger Witterung ab Ende Mai/ Anfang Juni stets zwei der ersten Almwirtschaften im Berchtesgadener Land, die ihr Vieh auftreiben. Bis weit in die zweite Septemberhälfte hinein bleiben sie voll bewirtschaftet, sind allerdings aufgrund ihrer unmittelbaren Nähe zur Hirschbichlstraße und zum Hirschbichlpass gern und gut frequentierte Ausflugsziele.

③ Die vergessenen Mittereisalmen

Bereits von der Bindalm mit ihren vier Hütten ist der Weiterweg über steiler werdendes Wiesen- und Weide- *41*
gelände in Richtung Mittereisalmen gut einsehbar.

Phantastisch ist hier der Blick nach Norden zu den säulenartigen Mühlsturz- und Grundübelhörnern der Reiteralm. Deutlich ist die lithologische Grenze zwischen Dachsteinkalk und Karnisch-Norischem Dolomit in Form eines markanten Wandabsatzes und dem Beginn der Latschenfelder gekennzeichnet. Der ein oder andere mag sogar den dextralen Versatz zwischen Kleinem Mühlsturzhorn und dem westlichen Grundübelhorn erkennen, an dem besagte Lithologie-Grenze um knapp 100 Höhenmeter talwärts versetzt wird. So viele Menschen sich in den Sommermonaten von Juni bis August im

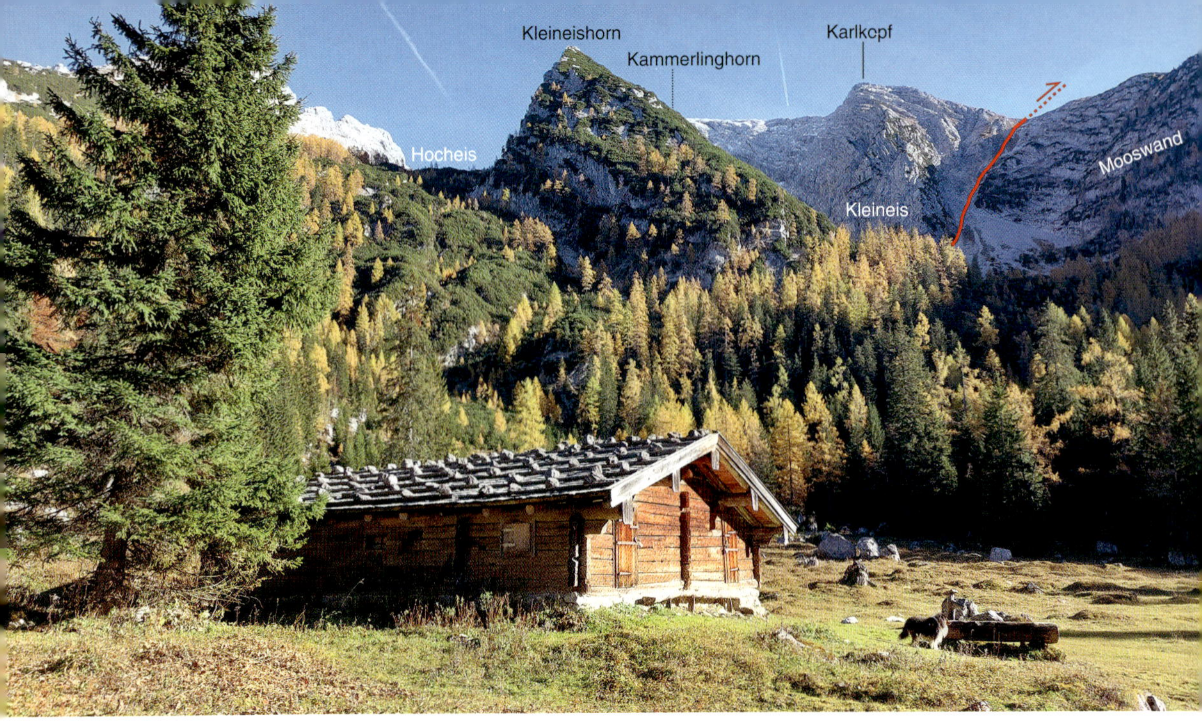

Abb. 42. Der gut erhaltene, unbewirtschaftete Mittereis-Kaser unter der beeindruckenden Szenerie der Berge rund um die Kare von Hocheis (links) und verstecktem Kleineis rechts. Die rote Linie kennzeichnet das westliche Ende der Watzmann-Kammerlinghorn-Aufschiebung zwischen Karlkopf links und der Mooswand rechts.

Bereich der Bindalm tummeln, so ruhig bleibt es meistens entlang der schmalen Fahrstraße zu den Mittereisalmen. Je höher man kommt, desto mehr ist man unter sich. Nach den ersten Kehren ändert sich nicht nur der Bewuchs, sondern auch die Lithologie.

Entlang der steiler werdenden Weide können wir kleine Lesesteine aus Ramsaudolomit finden, im sich bergwärts anschließenden Wald aus Lärchen und Bergfichten erkennen wir jedoch schnell leidlich anstehenden Dachsteinkalk. Der Ramsaudolomit, der uns von der Hirschbichlstraße entlang des Fahrweges zur Bindalm und weiter zu unserem Standpunkt begleitet hat, gehört geologisch betrachtet zur Berchtesgaden-Decke und zur Reiteralm – topographisch befinden wir uns jedoch im Hochkalter-Massiv. Die Berchtesgaden-Decke ist hier in einer vermutlich nicht allzu mächtigen, nach Südosten vorgreifenden Zunge bis zum Mittereis erhalten geblieben.

> Wir verfolgen den zuletzt grob überschotterten, schnell schlechter werdenden Fahrweg zu einem verfallenen Almkaser am Beginn einer große Lichtung. Die Perspektive auf die im Talschluss liegenden Berge bessert sich noch ein wenig, wenn man den gut erhaltenen Mittereis-Kaser etwas oberhalb erreicht (ca. 1330 m Höhe).

Der Doppelkaser mit Legschindeldach und Natursteinsockel hat es immerhin in die Bayerische Denkmalliste geschafft, ist jedoch in der Regel unbewirtschaftet. In den Sommermonaten wird die Lichtung für Jungvieh der Bindalm als Hochweide genutzt. Die Mittereisalm liegt zwar nah am Hirschbichlpass, doch verglichen mit den Touristenmassen knapp 200 Höhenmeter tiefer an der Bindalm ist es hier erstaunlich ruhig, ja fast vergessen geblieben.

Von diesem Punkt können wir unser Tagesziel bereits (fast) erkennen. Der scheinbar höchste Punkt der den Talboden nach rechts begrenzenden Bergen ist der 2195 Meter hohe Karlkopf, der eigentlich nur eine eher unbedeutende Erhebung auf dem breiten Westgrat des Kammerlinghorns darstellt. Sein Gipfel ist knapp links hinter dem übergrünten Latschenrücken des 1934 Meter hohen Kleineishorns im Vordergrund verborgen.

Ebenfalls beeindruckend ist die bereits von hier gut sichtbare, regelmäßige Bankung des Dachsteinkalkes. Sie fällt im Hocheis und Kleineis strikt in unsere Richtung, also nach Nordwesten ein. Zwei Dinge fallen auf: unterhalb des Karlkopfes ist ein deutliches Abwärtstauchen beziehungsweise ein steileres Einfallen der Dachsteinkalke nach Nordwest zu beobachten. Unmittelbar rechts davon, an

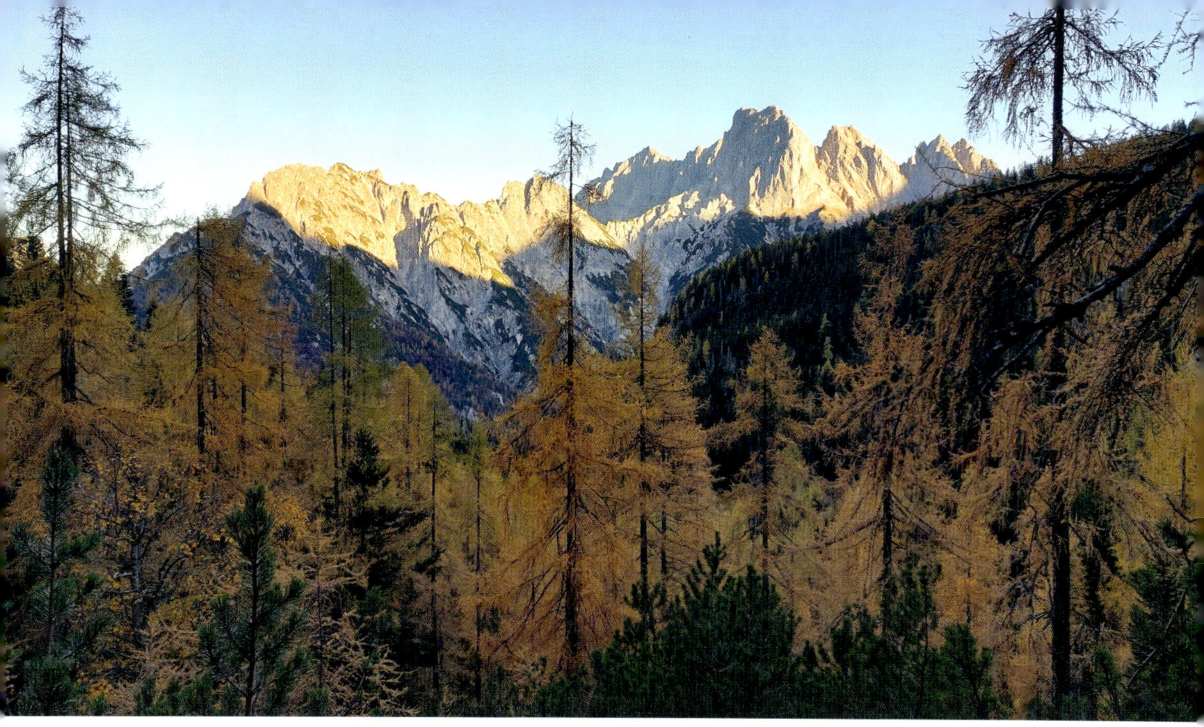

Abb. 43. Morgendliche Herbststimmung im unteren Kleineis – der Blick geht nach Norden zur Reiteralm (Ende Oktober 2021).

der Mooswand, zeigen die Dachsteinkalk-Sequenzen jedoch ein deutlich flacheres Einfallen. Die schmale Karrinne dazwischen ist offenbar wieder Schauplatz großräumiger Tektonik. Und tatsächlich findet sich hier das Westende der in den Exkursionen O und Q beschriebenen Watzmann-Kammerlinghorn-Aufschiebung, die sich von unserem Standpunkt nach Osten bis zum Trischübelpass zwischen Watzmann und Steinernem Meer unterhalb des Großen Hundstod verfolgen lässt. Während vom Watzmann westwärts über die Palfelhörner und die Hocheisspitze weicher, bräunlich gefärbter Karnisch-Norischer Dolomit steil und kontrastreich auf hellgrauen Dachsteinkalk aufgeschoben wird, liegt hier Dachsteinkalk auf Dachsteinkalk. Die tektonische Grenze der Aufschiebungsbahn ist nur durch einen Bruch in der Lagerung der Schichtung sowie durch den auffällig schmalen Karschlauch unterhalb des Karlkopfes nachzuvollziehen. Wir werden später und deutlich höher am Berg mit geeigneter Aussicht nochmals auf diese Großstörung zurückkommen.

4 Ins Kleineis

Von der Mittereisalm durchquert unser nun schmal gewordener Bergpfad zunächst die Weide und beginnt jenseits im schütteren Lärchenwald über mit großen Sturzblöcken überstreutem Moränengelände mehr und mehr an Höhe zu gewinnen.

Immer wieder wird im Norden der Blick auf
die Mauer der Reiteralm frei – besonders
43 beeindruckend zu früher Stunde im Herbst,
wenn die Lärchen gelb leuchten und die
Morgensonne die wild zerklüfteten Gipfel
zum Glühen bringt.

Der Steig bleibt bis zum Wegpunkt auf 1523
Metern Höhe relativ einfach und erreicht eine
markante Rinne, die sich von Südwest nach Nordost durch die steile Flanke der Mooswand zieht.
Entlang dieser Störungszone verläuft der weitere
44 Anstieg nun steil in zahlreichen Spitzkehren
und wird teilweise durch Holz- und Trittleitern
unterstützt. Den weiter nach Südost gegen den

Abb. 44. Steilerer Anstieg in einer nach Südwest verlaufenden Rinne beziehungsweise Störungszone durch die Mooswand-Flanke.

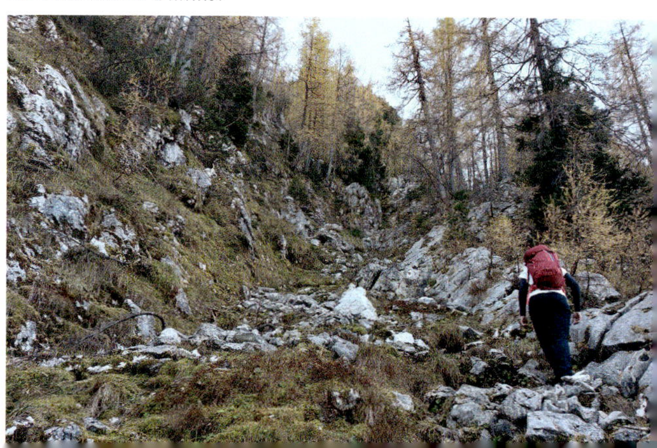

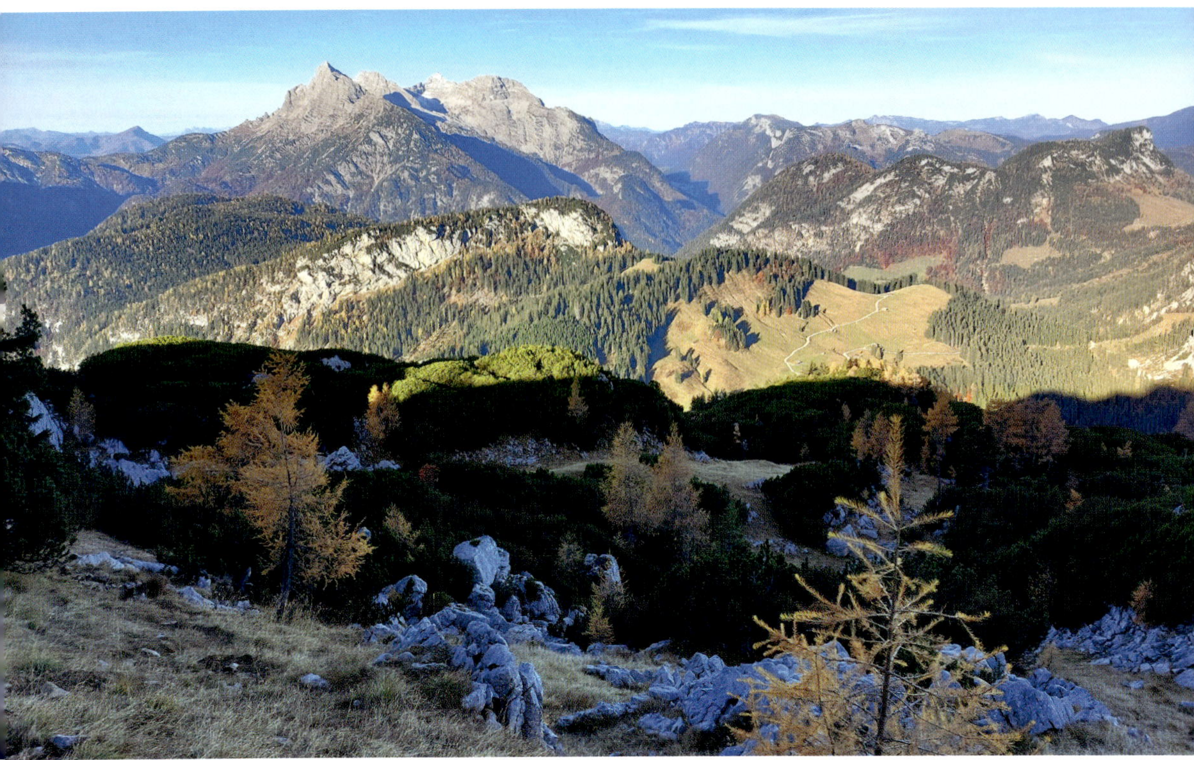

Abb. 45. Ausblick vom P. 1816 m zu den Loferer Steinbergen und den zentralen Chiemgauer Alpen. Im Vordergrund stehen die bewaldeten westlichen Randgipfel der Berchtesgadener Alpen, angrenzend an die tiefe Furche des Saalachtales: der 1625 m hohe Litzlkogel mit seiner markanten, sonnenbeschienen Wand aus unterkretazischen Lerchkogelkalken und das Gr. Hundshorn rechts im Bild mit Wettersteinkalken (Berchtesgaden-Decke).

Karschlauch zwischen Mooswand und Karlkopf ziehenden Bergpfad sollten wir ignorieren. Zum einen ist er nicht markiert, zum anderen stark überwachsen und nicht mehr gut zu erkennen.

Den breiten Westrücken unseres Berges erreichen wir auf etwa 1740 Metern in zunächst unübersichtlichem Latschengelände – zuletzt unter einer Felswand nach Südwest querend. Erst knapp 80 Höhenmeter weiter oben am P. 1816 m an der Vereinigung mit einem von den österreichischen Kammerlingalmen heraufkommenden Steig weitet sich der Blick nach Westen.

45 Die beeindruckende Szenerie, die über die bewaldeten westlichen Vorberge der Berchtesgadener Alpen – Litzlkogel (1625 m) links und Gr. Hundshorn (1704 m) rechts – zu den Loferer Steinbergen und den zentralen Chiemgauer Alpen reicht, wird uns während des gesamten restlichen Anstieges zum Kammerlinghorn begleiten. Und sie wird sich um einiges erweitern!

Auf etwa 2000 Metern Höhe verlassen wir den Latschengürtel und treten auf eine sanft gewellte Freifläche, die an einen Moränen-Untergrund erinnert.

Für eine Moräne, selbst eine rißzeitliche mit höheren Maximal-Gletscherständen sind wir in diesem Bereich knapp 400 Meter zu hoch und auch ein kleiner Lokalgletscher dürfte aufgrund der westseitigen Exposition des Bergrückens nicht in Frage kommen. Vielmehr befinden wir uns hier im Störungsbereich bereits angesprochener Watzmann-Kammerlinghorn-Aufschiebung zwischen
46a Karlkopf über uns und der nun unter uns liegenden Mooswand. Im steiler werdenden Anstieg zum Karlkopf treten wir über in die Liegendscholle aus Dachsteinkalk. Deren etwaige Basis – etwa stark tektonisierter Karnisch-Norischer Dolomit – liegt hier vermutlich unter einer geringmächtigen Schuttschicht verborgen und ist nicht erschlossen.

Abb. 46. Am Karlkopf lassen sich rezente Geodynamik-Prozesse in Form einer schleichenden »Bergzergleitung« aufgrund hangparallel einfallender Dachsteinkalk-Sequenzen gut nachvollziehen. Nordwestlich des Gipfels gleitet die Flanke langsam ins Kleineis ab (Foto a) – die bereits aus dem Schichtverband gelösten Riesenblöcke mit Kantenlängen von bis zu 10 Metern wurden zur Verdeutlichung virtuell rot eingefärbt. b. Das Ergebnis der Bergzergleitung ist im Kleineis selbst als grobe Blocktrümmerhalde zu sehen. ▷

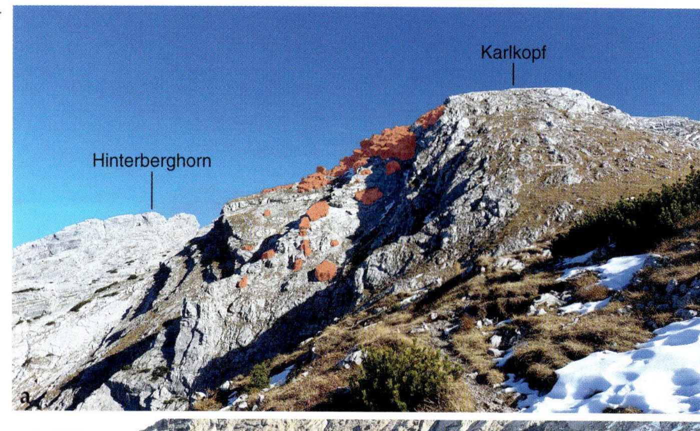

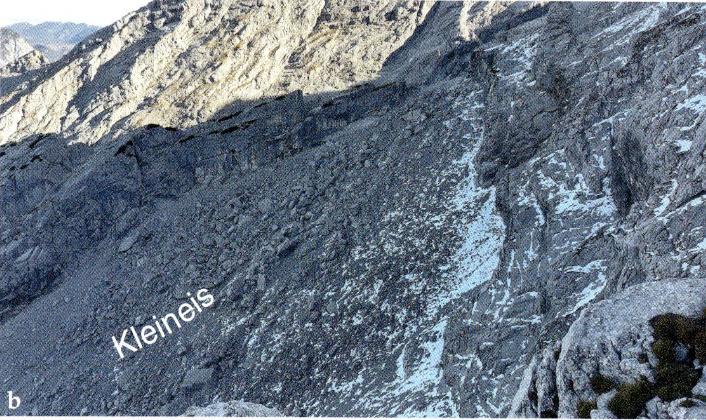

5 Rezente Geodynamik am Karlkopf

Die restlichen knapp 200 Höhenmeter auf den Karlkopf sind steil, aber nicht ausgesetzt, wenngleich die Südwest-Wand des Berges bald mehr als vierhundert Meter nach Südwesten zur Kammerlingalm abbricht. Es lohnt sich auf jeden Fall, dem Gipfel mit seinem schönen Kreuz einen Kurzbesuch abzustatten, denn es sind nur wenige Höhenmeter zurückzulegen.

Vom höchsten Punkt haben wir nicht nur
47 einen guten Blick zum Kammerlinghorn, sondern auch in Richtung Kleineis und seinen Schuttmassen. Besonders auffällig

Abb. 47. Das Kammerlinghorn vom Karlkopf aus gesehen. Man beachte den Grenzstein, der die Linie zwischen dem (Königreich) Bayern und Österreich festlegt. Er stammt aus dem 19. Jahrhundert und wurde im Lauf der Zeit immer wieder nachgemalt.

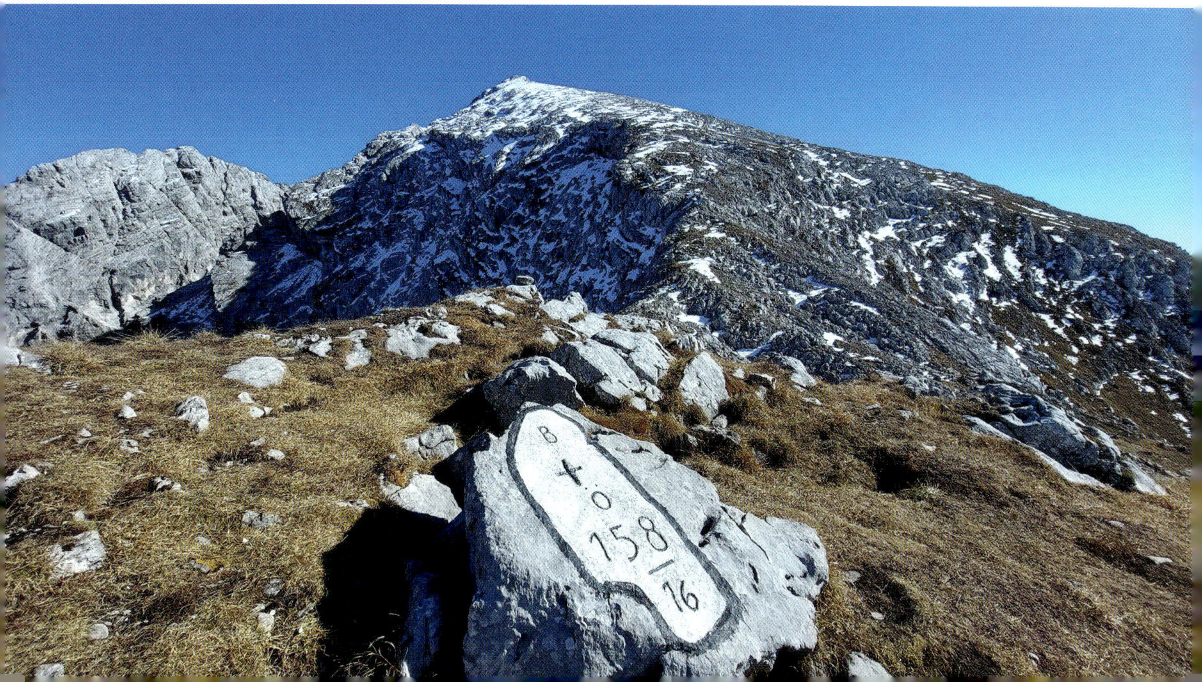

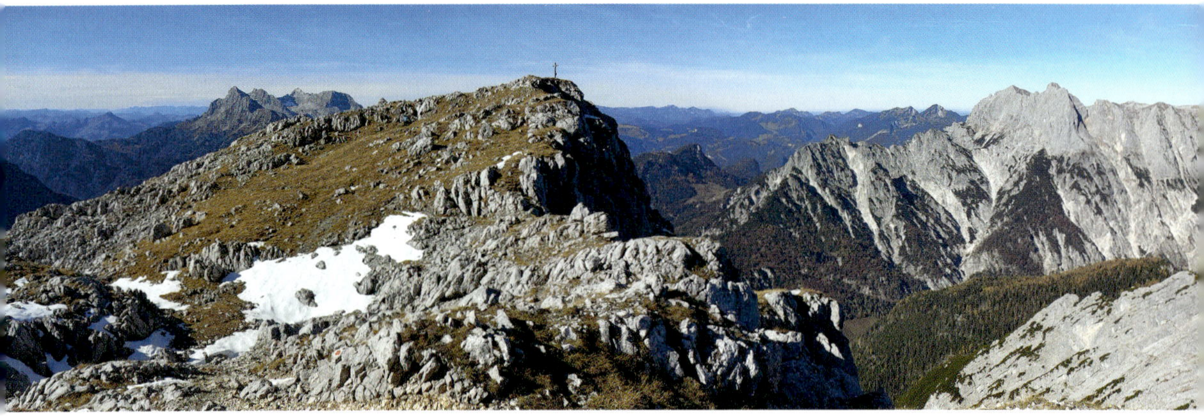

Abb. 48. Karlkopf mit Loferer Steinbergen (links), den Waldgipfeln der zentralen Chiemgauer Alpen (Bildmitte) sowie einem Teil der Reiteralm (rechts).

ist der grobblockige, würfelige Blockschutt – einzelne Sturzblöcke erreichen die Größe von Ein-
familienhäusern und liegen so auf den talwärts geneigten Schichtflächen verstreut, als hätte sie ein
gelangweilter Riese nach dem Spielen liegen gelassen. Auch in der Nordwestflanke des Karlkopfes
liegen einige dieser Riesentrümmer losgelöst vom Gesteinsverband nur noch auf Reibung und
46b scheinen geradezu darauf zu warten, ins Kleineis abstürzen zu können. Der Grund für diesen sehr
Profil 1 groben Blockschutt liegt im strikten hangparallelen beziehungsweise nordwestwärtigen Einfallen der
Profil 2 Dachsteinkalke. Mit senkrecht dazu stehender dominanter Klüftung sind im verkarstungsfähigen
Gestein mit vielmaligem Frost-Tau-Wechsel sowohl Reibungsversagen als auch Abgleiten der heraus-

Abb. 49. Blick vom oberen Abschnitt des Kammerlinghorn-Westrückens nach Westen zu dem »Doppel-Gebirgsstock« der Leoganger und Loferer Berge (links bzw. rechts) sowie beinahe den gesamten Chiemgauer Alpen. Die orangenen Linien kennzeichnen die ungefähren Untergrenzen der juvavischen Gleitschollen von Hochkranz und Gerhardstein. Das Massiv rund um das Große Hundshorn gehört zur Berchtesgaden-Decke und bildet ihre westliche Grenze gegen das Loferer Becken (gelbe Linie).

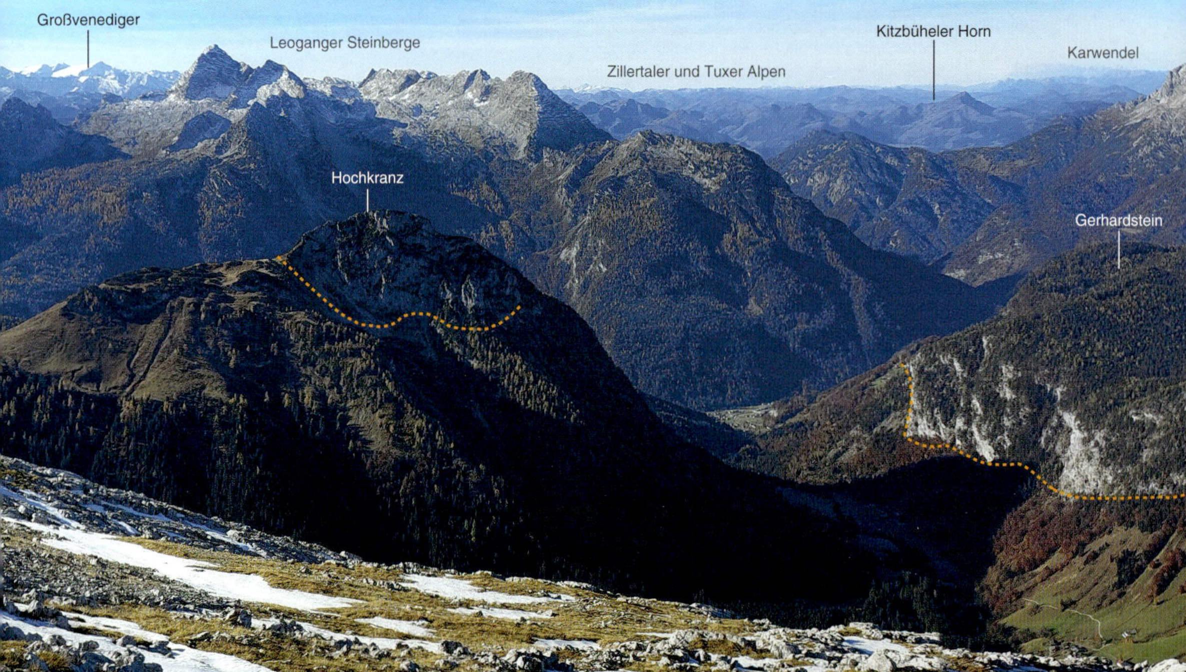

gebrochenen Schichtköpfe auf der Bankunterseite geradezu vorprogrammiert. Genau dieser Prozess zerlegt in einem Akt rezenter Geodynamik zurzeit den Karlkopf und lässt ihn langsam, aber beständig nach Nordwesten "zerfließen".

6 (Decken)Tektonik am Kammerlinghorn

Vom Karlkopf aus wirkt das Kammerlinghorn behäbig und erscheint als flacher Rücken – der Anstieg dorthin erfolgt auf gut markierten Steigspuren. Geologisch passiert nicht allzu viel auf den noch ausstehenden knapp 300 Höhenmetern, für die wir eine gute dreiviertel Stunde brauchen werden.

Jeden Meter, den wir über den Karlkopf hinaus-
48 steigen, weitet sich der Blick nach Nordwesten,
49 aber auch ein Blick zurück nach Westen lohnt sich.

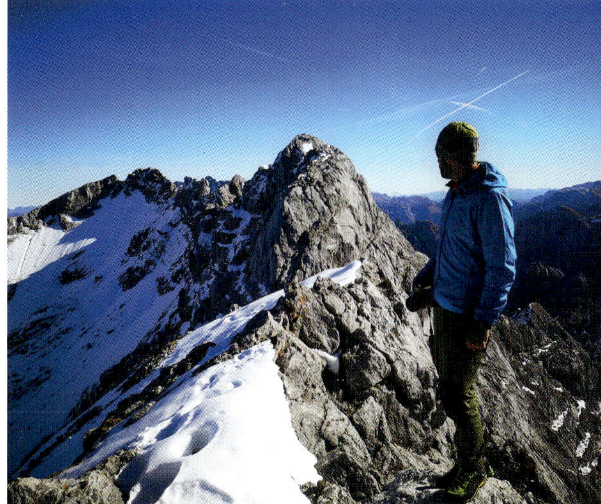

Abb. 50. Das 2506 Meter hohe Hochkammerlinghorn (zentral im Vordergrund) bildet den eigentlich höchsten Punkt unseres Berges. Seine Besteigung ist aber eher etwas für schwindelfreie Kletterer. Links davon stehen die Gratzacken der Hocheisspitze (2523 m).

Im Herbst sind die letzten Meter zum höchsten Punkt meistens schneebedeckt. Da sich der anfangs breite Rücken nach und nach zu einem schmäleren Grat verjüngt, ist Vorsicht geboten: sowohl ins Hintereis nach Norden, als auch zum Alpelboden sind es mehrere hundert Meter Steilwände aus Dachsteinkalk. Der Gipfel selbst ist ein Gratabschnitt des Hochkammerlinghorns – der tatsächliche höchste Punkt des Berges misst 2506 Meter und liegt knapp 250 Meter weiter östlich unseres Zieles. Er ist nur über einen zunächst schmalen, schrofigen Grat und dann über einen
steilen Felsabsatz mit Kletterstellen im II. Schwierigkeitsgrad zu erreichen. Wir sollten uns deswegen mit 50
unserem Ziel zufriedengeben.

Denn auch von hier ist die Aussicht jeden der knapp 1700 bislang gestiegenen Höhenmeter wert: Links des Hochkammerlinghorns liegt mit der 2523 Meter hohen Hocheisspitze der zweithöchste Gipfel des Hochkalter-Massivs. Der Hochkalter selbst lugt als trutzige Felsburg über der dickbankigen Gratschneide des Hinterberghorns hervor. Das Hinterberghorn setzt sich zum Hocheishörndl fort und

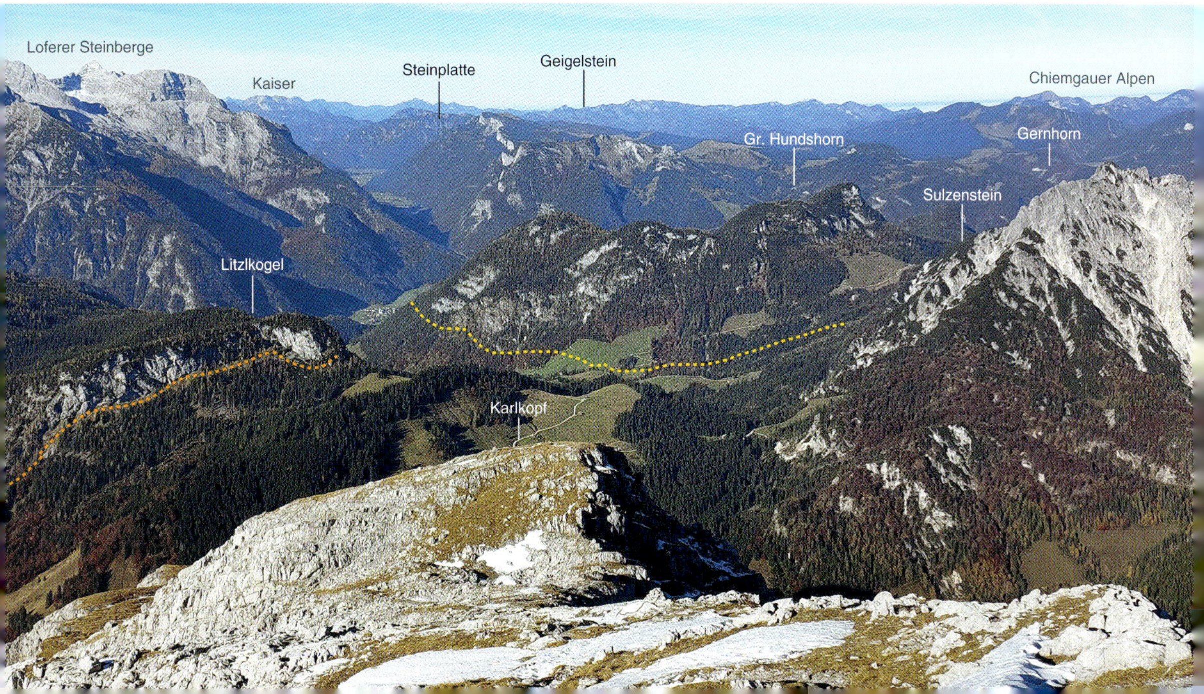

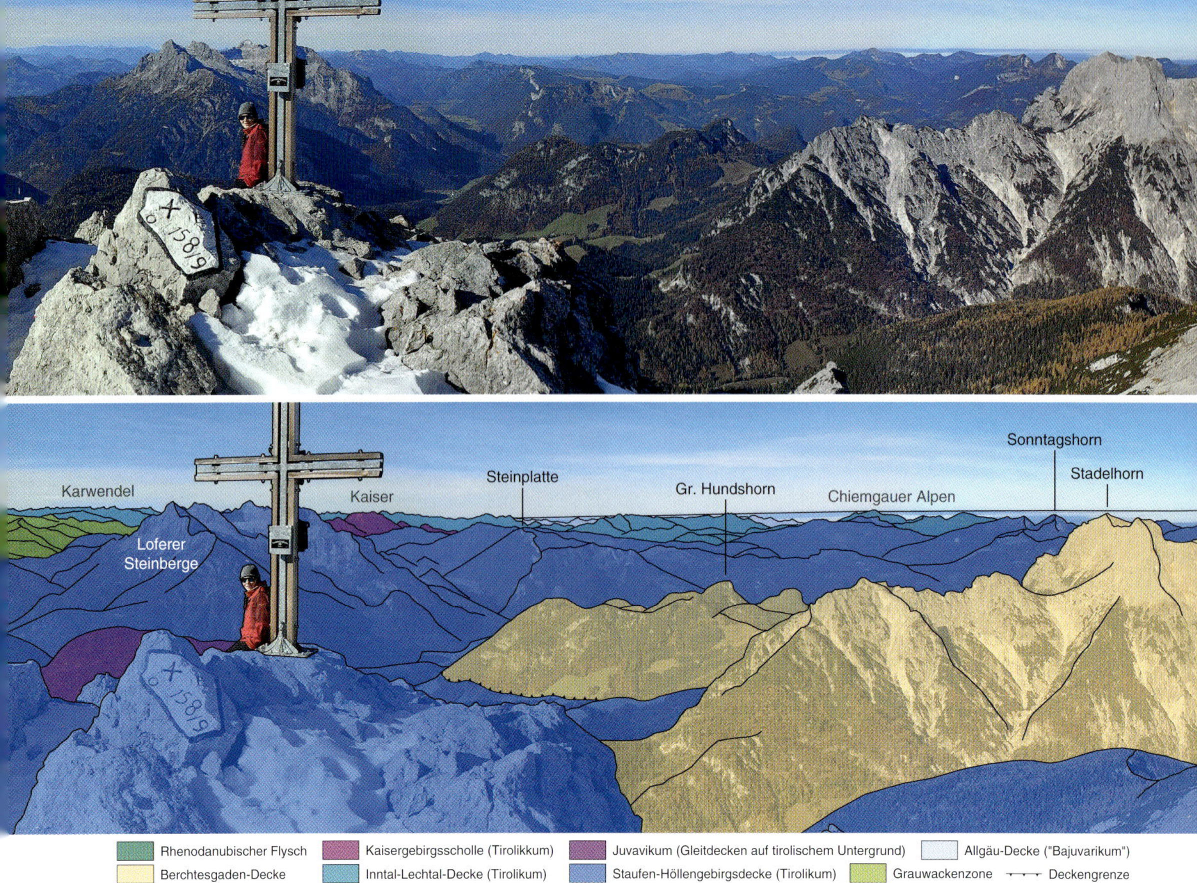

Abb. 51. Aussicht vom Kammerlinghorn nach Westen mit darunter eingeblendeter regionaler Deckentektonik.

komplettiert die Hocheis-Umrahmung mit Felssturz-, Moränen- und Karschutt-Gelände. Im Norden steht die bleiche Mauer der Reiteralm, die dem tektonisch höheren, weil das Tirolikum überschiebenden Stockwerk der Berchtesgaden-Decke angehört. Diese setzt sich nach Norden in Lattengebirge und Untersberg fort und wird zur Gänze von der tirolischen Staufen-Höllengebirgsdecke unterlagert und umrahmt, da auch der hinter den genannten Bergmassiven sichtbare Hochstaufen als östlichster Chiemgauer Berg beziehungsweise die Osterhorngruppe südlich Salzburg dieser riesigen Decke angehören. Die zwischen Tirolikum und Berchtesgaden-Decke eingeglittenen juvavischen Einheiten (Hallstätter Kalke) kann man von unserem Standpunkt aus nicht sehen.

51 Der Blick nach Westen zeigt ein Gewirr an Gipfel und sich hintereinander reihenden Bergkämmen. Bei klarer Sicht sieht man die Zillertaler und Tuxer Alpen sowie das Karwendel über der angedeuteten Inntal-Furche, flankiert durch das Zwillings-Massiv der Leoganger und Loferer Steinberge links und rechts. Die vergletscherten Dreitausender gehören wie Großvenediger und Großglockner zu den Hohen Tauern und dem kristallinen Rückgrat der Ostalpen. Das Karwendel gehört zur Inntal-Lechtaldecke. Rechts neben den Loferer Steinbergen lugt gerade noch der Zahme Kaiser hervor, der zusammen mit seinem “Wilden Bruder” (Wilder Kaiser) einer eigenen Deckeneinheit, der “Kaiserdecke” zugerechnet wird. Die den Mittelgrund beherrschenden Chiemgauer Alpen sind – tektonisch gesehen – dreigeteilt: ihre südlichen Kämme rund um die Steinplatte gehören zur Staufen-Höllengebirgsdecke, der mittlere Part zur Inntal-Lechtal-Decke, der nördliche zur Allgäu-Decke. Letztere wird zum Bajuvarikum gerechnet (siehe auch Kapitel Band 40, Kapitel 6).

Geologisch sehr interessant sind die Gebiete rund um die bewaldeten, gegen Westen vorgelagerten Vorberge zwischen Hochkranz, Gerhardstein und Hundshorn. Der 1953 Meter messende Hochkranz über den Kallbrunnalmen bildet die kleinere der beiden hier vorkommenden juvavischen Gleit-

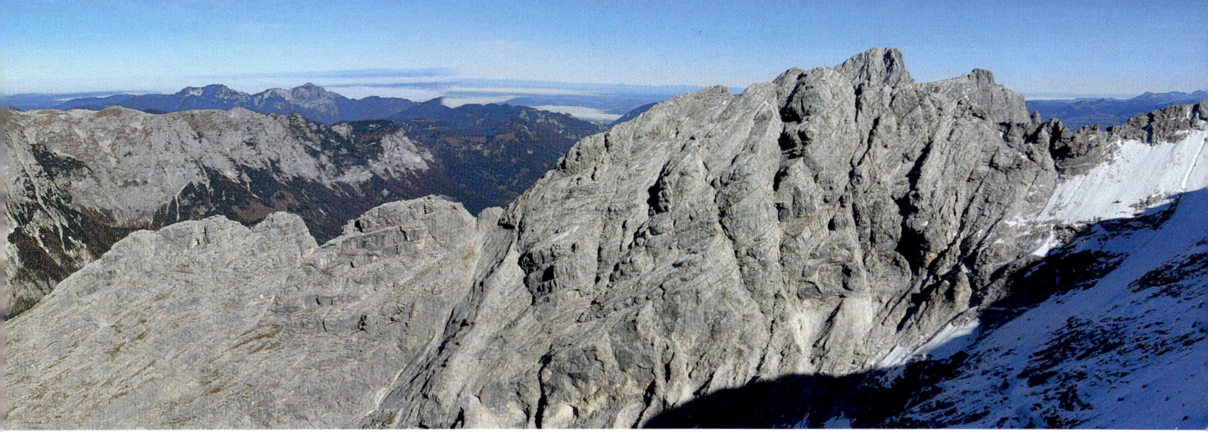

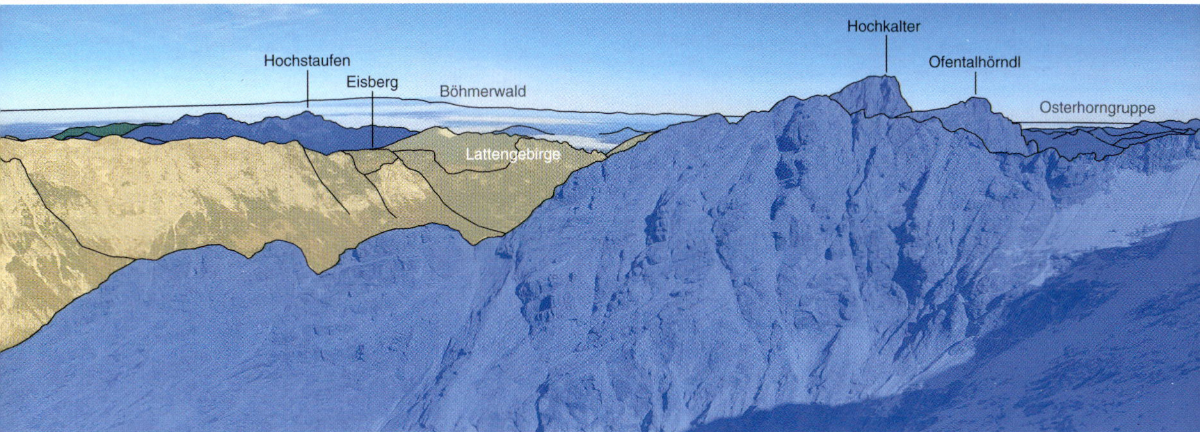

schollen auf der Staufen-Höllengebirgsdecke. Die größere Scholle ist das stark bewaldete Massiv zwischen Gerhardstein und Litzlkogel (Abb. 49). Beide Bergmassive treten nicht nur durch ihre mächtigen hellen Kalkklippen morphologisch deutlich hervor, sondern auch durch ihre Lithologie. Sowohl Hochkranz als auch Gerhardstein erschließen oberjurassischen Lärchkogelkalk, einen gebankten, teils oolithischen Flachwasserkalk mit lokal reichlich Fossilschutt. Seine Entstehung ist in subtropischen Warmwasser-Habitaten zu suchen. Während der Hochkranz zur Gänze aus Lärchkogelkalk aufgebaut ist, ist der Untergrund des Gerhardssteins aus triassischen Hallstätter Kalken und Dolomitkalken aufgebaut, die vom Lärchkogelkalk ?transgressiv überlagert werden. Genauere Kartierungen beziehungsweise Untersuchungen stehen hier noch aus. Umgeben werden Hochkranz und Gerhardstein von oberjurassischen bis unterkretazischen Tiefwassersedimenten, die der Oberalm- und Schrambach-Formation zugerechnet werden. Nochmal darüber liegen jüngere Sandstein-Folgen der Rossfeld-Formation.

Das Große Hundshorn als dritter markanter Vorgebirgszug, der die Berchtesgadener Alpen gegen Westen zum Loferer Becken begrenzt, gehört hingegen als westlichste Ausbuchtung wie die benachbarte Reiteralm zur Berchtesgaden-Decke. Erschlossen sind hier vorwiegend mitteltriassische Lithologien wie Gutenstein-Formation an der Basis bis Wetterstein-Formation im Gipfelbereich.

Die Deckentektonik der näheren und weiteren Umgebung ist ein Aspekt, der das Kammerlinghorn besuchenswert macht. Ein weiterer ist die Aussicht auf das Gipfelgewirr des Steinernen Meeres, das links des Zeller Sees und des Saalfeldener Beckens die Rundumsicht komplettiert. An dieser Stelle müssen wir ein letztes Mal – dafür aber etwas eingehender – auf die zweimal zuvor bereits angesprochene Watzmann-Kammerlinghorn-Aufschiebung zu sprechen kommen. Der Watzmann ist von unserem Standpunkt zwar nicht gut zu sehen, doch er ist teilnamensgebend für eine "innertirolische" Schubmasse, die gegen südlicher gelegene Dachsteinkalk-Sequenzen aufgeschoben wurde. Die Aufschiebung ist bereits im Gebiet des Großen Hundstodes sichtbar, wo stratigraphisch liegender Karnisch-Norischer Dolomit steil mit etwa 60 bis 70° auf stratigraphisch hangenden Dachsteinkalk

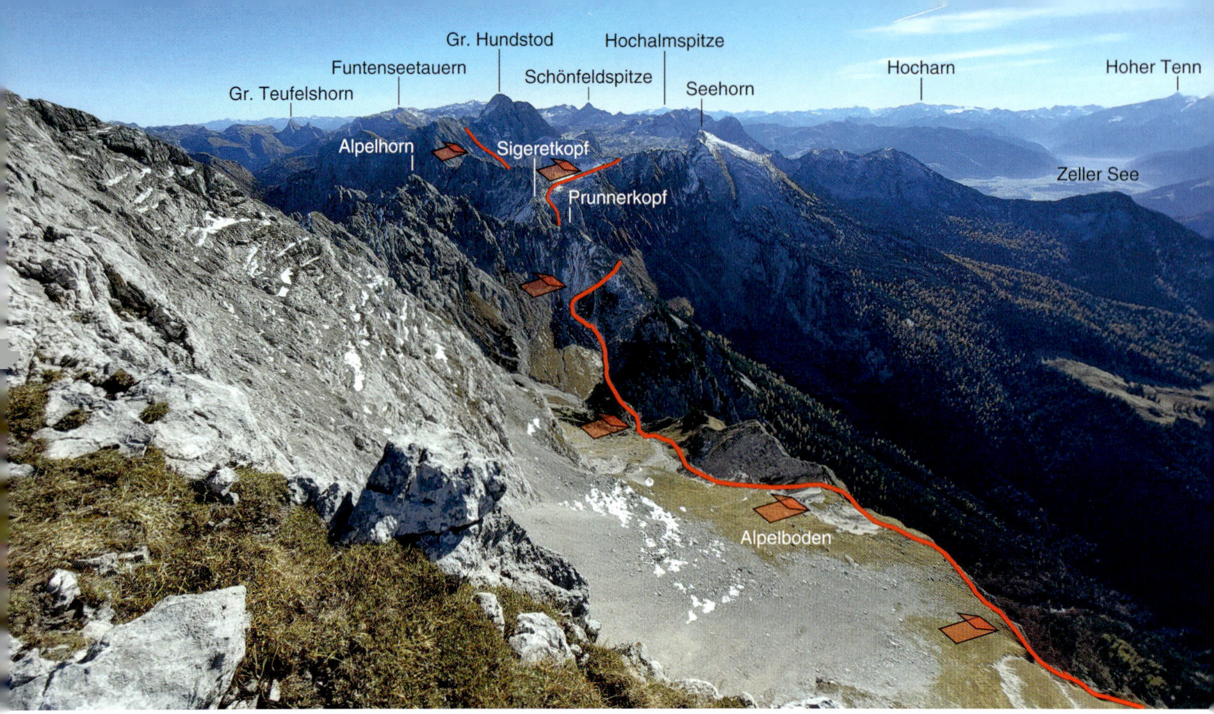

Abb. 52. Tiefblick vom Kammerlinghorn die Südwand hinab zum Alpelboden. Die Linie der Watzmann-Kammerlinghorn-Aufschiebung lässt sich vom Großen Hundstod über Sigeretkopf, Prunnerkopf bis in den Alpelboden hin verfolgen. Stets wird stratigraphisch älterer Karnisch-Norischer Dolomit über stratigraphisch jüngeren Dachsteinkalk steil aufgeschoben.

gehoben wurde (siehe Exkursion Q). Diese tektonische Linie lässt sich ziemlich konsistent gegen Westen entlang des Hochwies-Kares unter den Palfelhörnern, weiter zum kleinen Sigeretkopf über der Wimbachscharte, dem Prunnerkopf bis in das unter dem Kammerlinghorn gelegene Hochkar
52 des Alpelbodens fortsetzen. Wer sich einen ausgesetzten Blick vom Gipfel des Kammerlinghorns die Südwand hinab zutraut, wird auch dort eine scharfe lithologische Grenze von tektonisch komplett zerlegten, sandigen Karnisch-Norischen Dolomit auf hellgrauen Dachsteinkalk feststellen.

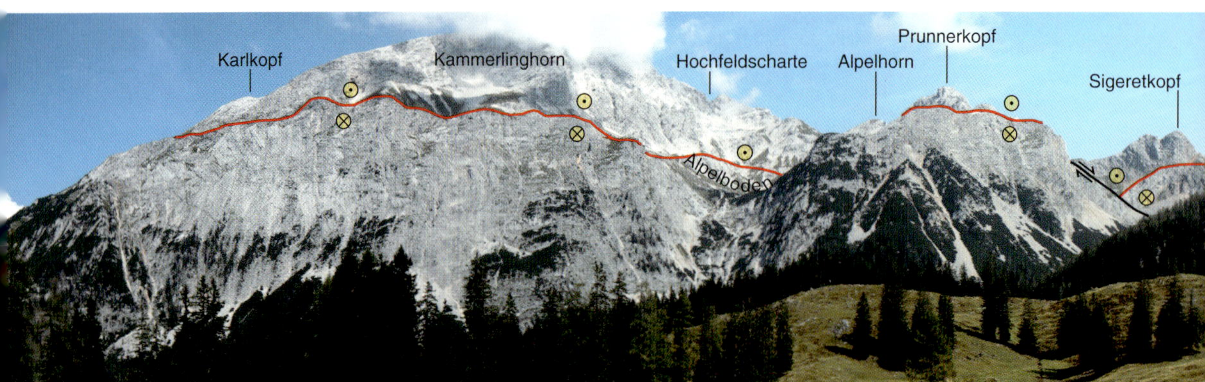

Abb. 53. Der nordwärts gerichtete Blick von den österreichischen Kallbrunnalmen gegen das Kammerlinghorn zeigt eindrucksvoll die Watzmann-Kammerlinghorn-Aufschiebung gegen Süden (gelbe Linie). Dabei wurde die Hangendscholle in unsere Richtung bewegt (Kreis mit schwarzem Punkt), die Liegendscholle relativ gesehen von uns weg (Kreis mit schwarzem Kreuz).

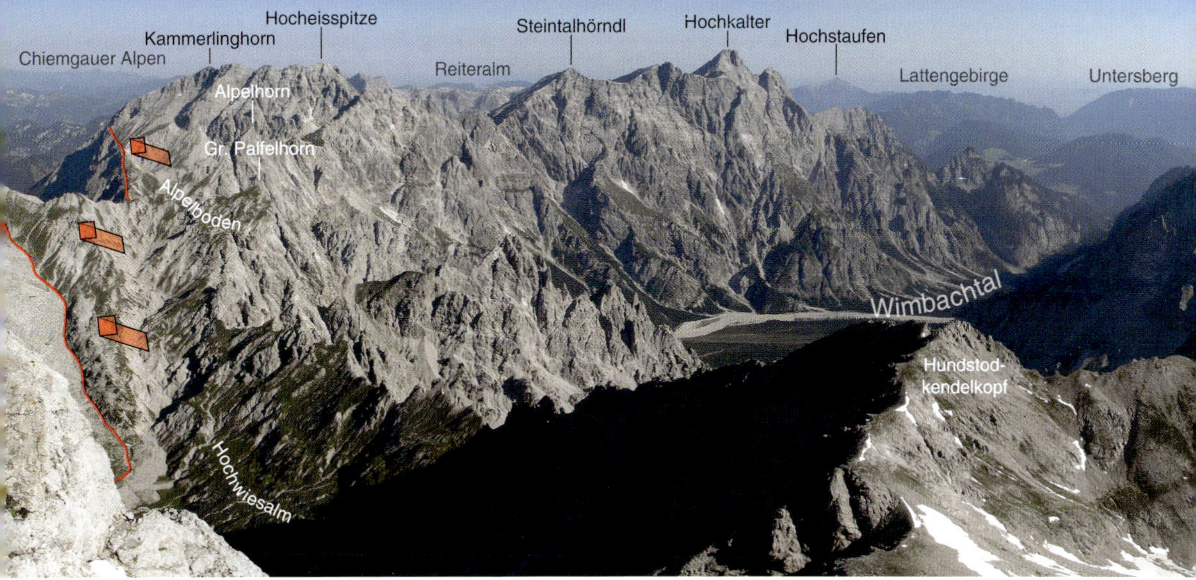

Abb. 54. Zur Komplettierung der Perspektiven noch ein Blick vom Gipfel des Großen Hundstodes nach Westen zum Kammerlinghorn. Hier zeigt sich die abrupte Lithologie-Wechsel besonders deutlich: übergrünte Karnisch-Norische Dolomite werden auf weitgehend vegetationslose Dachsteinkalk-Karstplatten aufgeschoben.

Zur besseren Verdeutlichung und Komplettierung helfen der Blick von Süden und Osten auf das 53
Massiv des Kammerlinghorns. Stets lässt sich die markante Aufschiebung gut erkennen. 54

Nach so viel regionaler Geologie und Tektonik dürfen wir den langen Abstieg nicht vergessen. Über den Westrücken steigen wir bei guten Bedingungen in knapp zwei Gehstunden zu den Mittereisalmen ab. An der Bindalm gibt es mehrere Optionen: Die kürzeste Variante ist – vorausgesetzt, es ist noch nicht allzu spät am Nachmittag – dass wir in wenigen Minuten zum Hirschbichlpass hinüber queren und mit dem Almbus zum Parkplatz am Hintersee abfahren. Das ist knieschonender, hat aber den Nachteil, dass uns die Almjause an der Bindalm entgeht. Deswegen sei die zweite Variante vorgeschlagen: Abstieg zur Bindalm, ebenjene Almjause und eventuell ein kühles Helles auf den Gipfelerfolg genießen und die Fahrstraße bis zur Bushaltestelle "Bindalm" an der Hirschbichlstraße absteigen – der letzte Alm-Erlebnisbus fährt hier um 17.05 Uhr vorbei.

(M) Ausgequetscht, eingefaltet und doch erhalten – Auf ruhigen Pfaden vom Jenner über das Königstal zur Rotspielscheibe und Priesbergalm

Wegstrecke: Jenner Mittelstation (Auffahrt mit der Jennerbahn) – Königstal – Königstalalm – Gschirrwald – Farrenleitenkopf – Rotspielscheibe – Priesbergalm – Priesbergmoos – Strubkopf – Dr. Hugo Beck-Haus – Jenner-Mittelstation (Option der Talfahrt) – Gasthof Vorderbrand – Hinterbrandkopf – Abstieg über den Krautkasergraben – Toffen – Königssee (Jenner Talstation)

Geologie: Dachsteinkalk mit fossilreichen Rotkalkspalten und Rotkalk-Transgression (z.T. große Ammoniten) – Lokalmoränenlandschaft Priesbergmoos – Hinterbrand-Scholle.

In Teilbereichen anspruchsvolle Tageswanderung (ca. 1000 Höhenmeter im Auf- und Abstieg). Bis zur Königstalalm verläuft die Exkursion auf gut ausgebauten und durchwegs markierten Fahrstraßen und Wanderwegen, von der Almhütte auf die Rotspielscheibe und weiter zur Priesbergalm verfolgt man unmarkierte alte Treiber- und Jagdsteige in eine sehr stille und abgeschiedene Ecke des Hagengebirges. Da auch einige ausgesetzte Stellen im Anstieg zur Rotspielscheibe überwunden werden müssen, bleibt diese Exkursion bergerfahrenen, trittsicheren und schwindelfreien Wanderern vorbehalten, die auch einiges an Orientierungssinn mitbringen. Sicheres und stabiles Bergwetter – vorzugsweise im Frühherbst – ist genauso obligatorisch wie knöchelhohe, robuste Bergschuhe.

Verläuft in der Kernzone des Nationalparks Berchtesgaden.

1 Panoramaweg ins Königsbachtal

Der eigentliche Ausgangspunkt (und auch Endpunkt) dieser Exkursion ist die Talstation der Jennerbahn. Mit den neuen Gondeln fährt es sich beinahe lautlos und aussichtsreich hinauf zur Mittelstation.

Ein beständiger Blickfang sind dabei die Ostabstürze des Watzmann-Massivs, das von hier nicht so sehr die klassisch spitze Form besitzt, wie man sie von Berchtesgaden kennt, sondern mehr wie ein langer gezackter Grat wirkt. Dieser scheint gerade im Frühherbst und Herbst oft genug über den Wolken über der tief eingeschnittenen Furche des Königssees zu schweben.

Abb. 55. Übersichtskarte der Exkursion M (Geodatenbasis: Bayerische Vermessungsverwaltung 2010-14244).

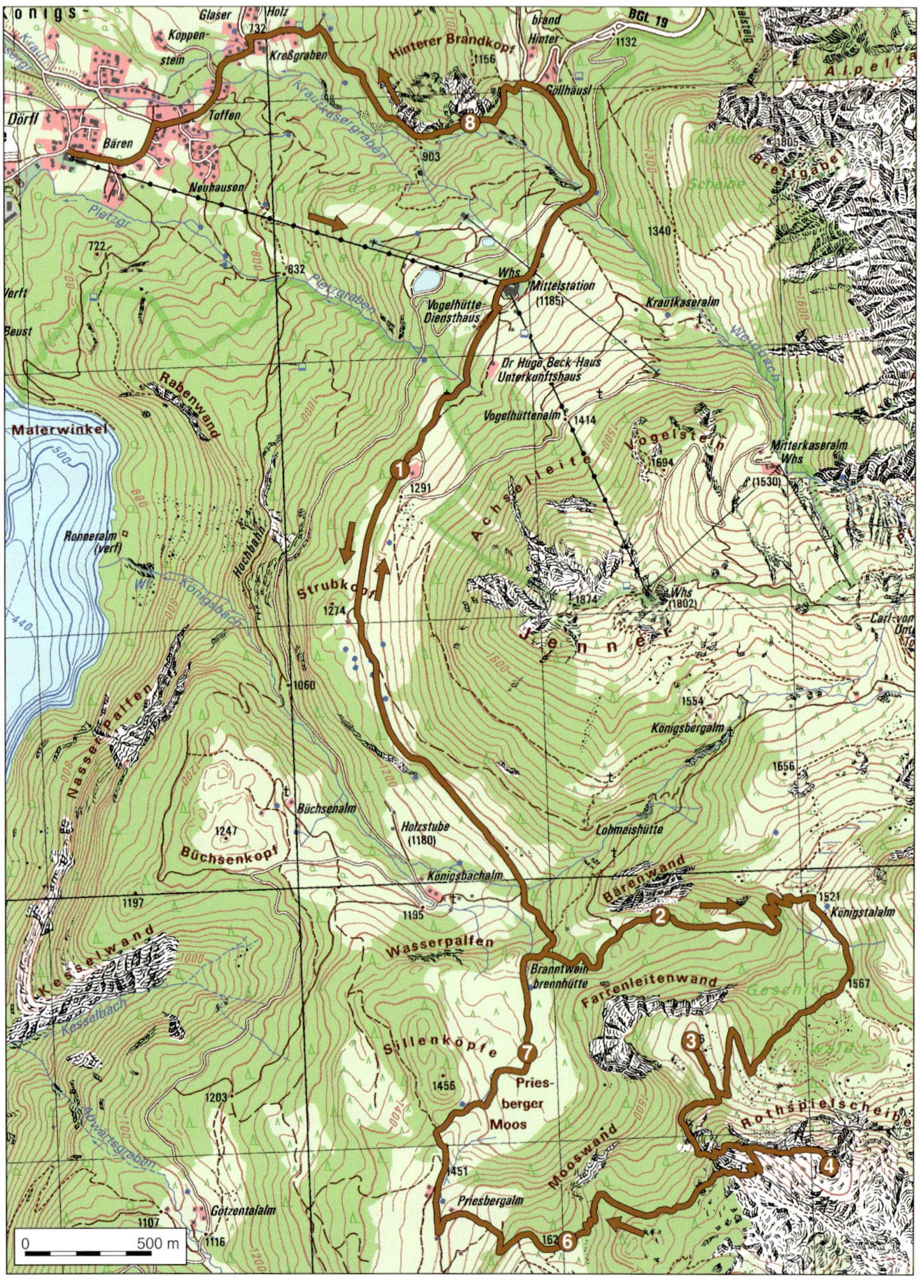

Vom futuristischen Betonklotz der neu erbauten Jennerbahn-Mittelstation an heißt es auf die Bequemlichkeit der Seilbahn zu verzichten und zu Fuß weiter zu gehen. Dabei folgen wir den gelben Wegweisern auf dem nach Süden abzweigenden Forstweg in Richtung "Königsbachalm". Zunächst geht es im Wald unter dem Dr. Hugo Beck-Haus ohne Höhengewinn bis zu einer markanten Linkskurve.

Hier ist der Untergrund der metermächtigen Moränensedimente des würmzeitlichen Königssee-Gletschers zu sehen: Die Schichtenfolge der tief oberjurassischen Tauglboden-Formation wurde erst im Zuge des Neubaus der Jennerbahn erschlossen, als man die bestehenden Forstwege wegen

Abb. 56. Geologische Karte der Exkursion Ⓜ *(Geodatenbasis: Bayerische Vermessungsverwaltung 2010-14244), Legende siehe Abb. 2 und 3 auf Seite 9 und 10.*

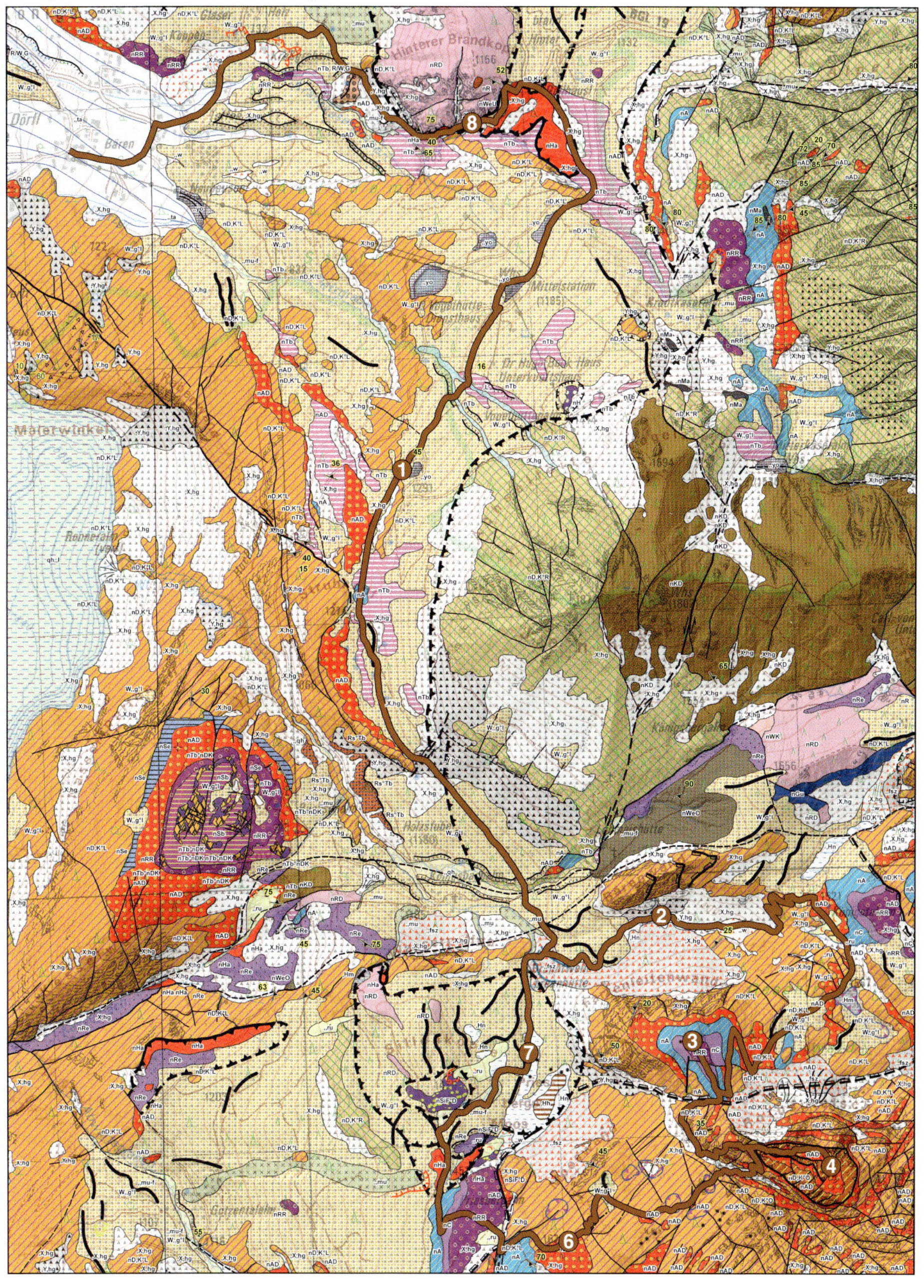

Abb. 57. *Die frisch angeschnittene Wegböschung unterhalb des Hugo-Beck-Hauses erschließt graue und karminrote Mergel der Tauglboden-Formation und eine kleine Gleitscholle aus obertriassischem Dachsteinkalk.*

der schweren Baustellen-Fahrzeuge erweiterte, neu böschte oder ausholzte. Die Basis des nur meterhohen Profils bilden kalkhaltige, graue und zähe Mergel, die aufgrund ihrer innigen tektonischen Faltung kaum eine sedimentäre Schichtung erkennen lassen. Darüber lagern nur knapp einen Meter mächtige, karminrote Mergelkalke und Kalkmergel, in denen seinerseits ein metergroßer Dachsteinkalk-Block eingebettet ist. Auf den ersten Blick wirkt er wie ein Sturzblock, doch bei näheren Hinsehen wird deutlich, dass ihn die Rotkalke auch seitlich umgeben, er also 57 bereits im Oxfordium (Unterer Oberjura) dort einsedimentiert wurde. Die geologische Situation ist ganz ähnlich wie bei Exkursion N (Büchsenkopf, siehe auch Abb. 94, S. 74) beschrieben. Auch bei dem flachen, wie abgestumpft wirkenden Hügel, den wir bald auf unserem weiteren Weg sehen werden, handelt es sich um Teile eines Olistoliths mit unterschiedlich großen, zumeist triassischen Gleitschollen, die während des Oberjuras von einer tektonischen Hochposition in ein tieferes Meeresbecken ("Tauglboden-Becken") eingeglitten sind. Im Zuge der Alpen-Auffaltung und der damit verbundenen starken Nord-Süd-Einengung wurden die relativ weichen Sedimente der Tauglboden-Formation samt ihrer Olistolithe und Mega-Brekzien noch einmal stark tektonisch überprägt, dass heißt gefaltet, aufgeschoben und teilweise sogar überschoben.

Wenn wir kurz nach dem Aufschluss durch den tief eingeschnittenen Spinnergraben gehen und nach oben blicken, erkennen wir wenig oberhalb helle, massig wirkende Dachsteinkalke. Diese gehören

Infobox 2: Seitenverschiebungen

Blockbild einer Blattverschiebung (Quelle Wikimedia commons, CC BY-SA 3.0)

Seitenverschiebungen oder als Synonym auch Blatt- oder Transversalverschiebung genannt (engl."strike-slip-faults"), sind tektonische Bruchzonen, an denen Gesteinspakete entlang einer nahezu senkrechten Fläche aneinander vorbeigeglitten sind. Dabei wirken stets zwei wesentliche Bewegungsvektoren: Das auslösende Moment dabei ist die kompressive Komponente, etwa ausgelöst durch gebirgsbildende Prozesse, die Reaktion eine entsprechende Ausgleichs- oder Fluchtbewegung oder Extension. In der Regel sind die Bewegungen derartiger Blattverschiebungen in den seltensten Fällen strikt parallel – meist wirkt die Kraft schräg und es sind entsprechende Auf- und Abschiebungskomponenten vorhanden.

Vom Bewegungssinn lassen sich Blattverschiebungen in sinistrale (linkshändige) sowie dextrale (rechtshändige) Transformstörungen unterscheiden. Den Bewegungssinn ermittelt man, indem man vom Betrachter aus die jenseits der Störung gelegene Scholle betrachtet. Hat diese sich beispielsweise nach links bewegt, liegt eine sinistrale Seitenverschiebung vor. Wichtig: der Standpunkt des Beobachters spielt dabei keine Rolle. Eine sinistrale oder eine dextrale Seitenverschiebung behält von beiden Seiten aus betrachtet den Bewegungssinn bei.

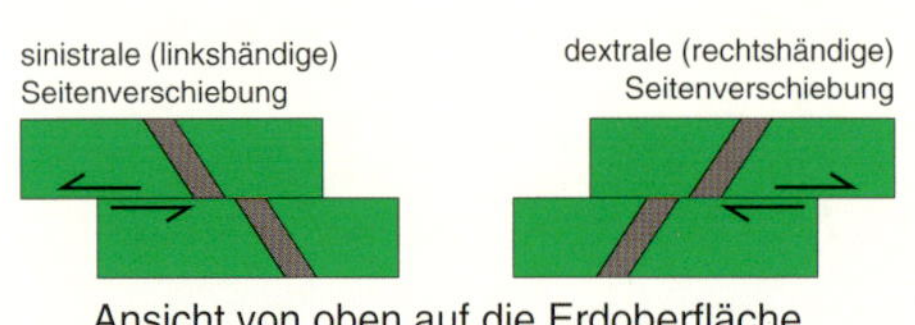

Bewegungssinn an Seitenverschiebungen

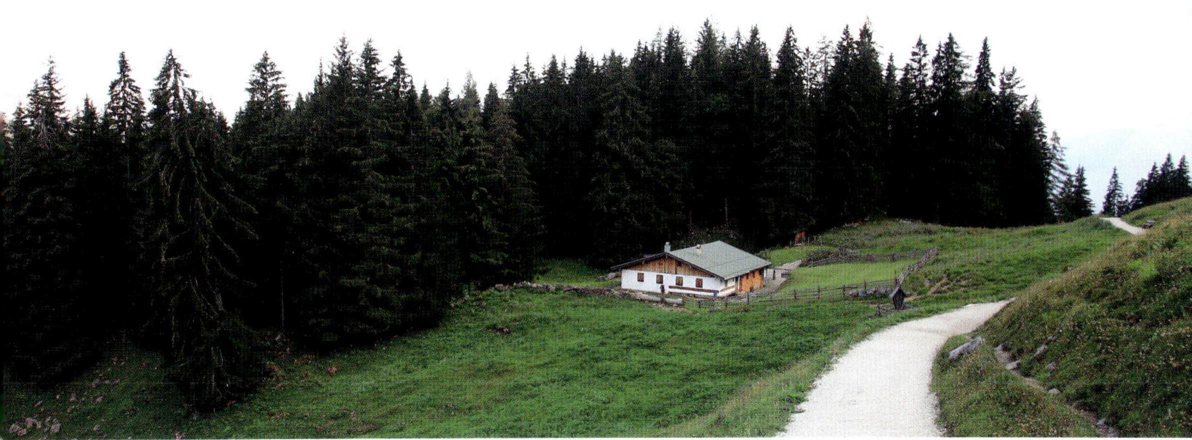

Abb. 58. Die saftig grünen, oft staunassen Weideflächen vor der Strubalm liegen auf Tauglboden- und Adnet-Formation.

zur Schubmasse des Jenners, der als Teil des Göll-Deckenkomplexes auf die Tauglboden-Formation des Tirolikums überschoben wurde.

Hinter dem Spinnergraben weicht der Wald für kurze Zeit etwas zurück. Bei einer Abzweigung halten wir uns rechts und ignorieren den breiten Fahrweg, der als breite Baustraße in Richtung Mitterkaseralm unter dem Jenner ansteigt.

Im schattigen Waldstück stehen links graue, oberflächlich verkarstete Dachsteinkalke mit schmalen, unterjurassischen Rotkalkspalten an, die hin und wieder einen angelösten Ammoniten-Querschnitt erkennen lassen.

Kurz danach erreichen wir die Strubalm, die rechts unterhalb des schmäler werdenden Fahrweges liegt und im Sommer bewirtschaftet ist. *58*

Sie steht auf mergelig-tonigen Sedimenten der Tauglboden-Formation, die der unterjurassischen Adnet-Formation und obertriassischen Dachsteinkalken aufliegen. Der Mittlere Jura, der aus mergelig-kieseligen Chiemgau-Schichten und darüber liegenden Ruhpoldinger Radiolariten aufgebaut wird, scheint hier offenbar zu fehlen.

Der bewaldete flache abgerundete und von eiszeitlichen Gletschern regelrecht geschliffene Strubkopf hinter der Almhütte hingegen wird aus Dachsteinkalken aufgebaut. Die Jurasedimente an dieser Stelle bilden den Kern einer seichten, Südost-Nordwest-verlaufenden, tektonischen Mulde, die beinahe bis zur Talstation der Jennerbahn führt und am Hochbahnweg wenig oberhalb endet. Der Strubkopf wird durch eine markante sinistrale Seitenverschiebung, die von der Rabenwand am Königssee über die Hochbahn heraufzieht, von diesem Block getrennt und ist quasi als Keil in den weichen Kern der Strubalm-Synklinale (=Mulde) gedrückt worden, die hier in südliche Richtung umbiegt.

Diesem weichen, mergelig-tonigen Kern folgen wir mit Blick auf die Gipfel von Hagengebirge, Steinernem Meer und den Watzmann-Ostabstürzen noch ein paar hundert Meter, bis wir an einem alten Ahornbaum den zuvor angesprochenen, flachen gewellten Buckel des breiten Büchsenkopfes erkennen können (Abb. 126, S. 100).

Unter uns liegt das Königsbachtal, in das wir absteigen werden. Hier stehen wir auf verkarsteten, von Rotkalkspalten durchzogenen Dachsteinkalken und haben das Südende der Strubalm-Mulde erreicht, die von der unter Hangschutt verborgenen Überschiebung der Jenner-Schubmasse als südlichem Teilbereich der Göll-Deckeneinheit amputiert wird.

Mit Blick auf das Gipfelgewirr des Nördlichen Hagengebirges – von links gesehen stehen Schneibstein (2276 m), Reinersberg (2171 m), Windschartenkopf (2211 m) und rechts der breite felsige Fagstein

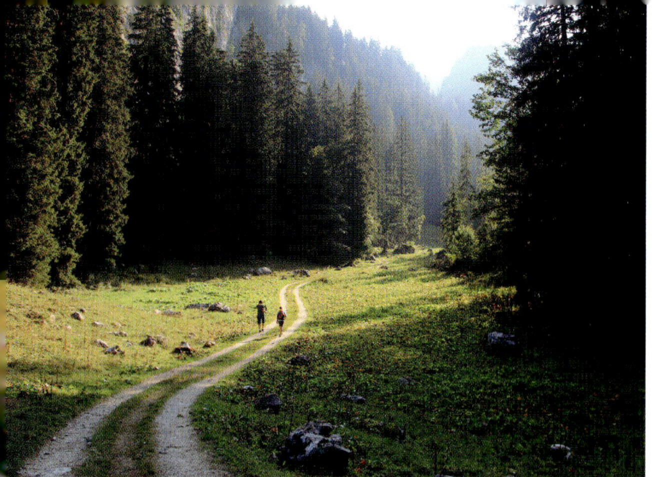

Abb. 59. Im Königstal ist man meistens alleine unterwegs.

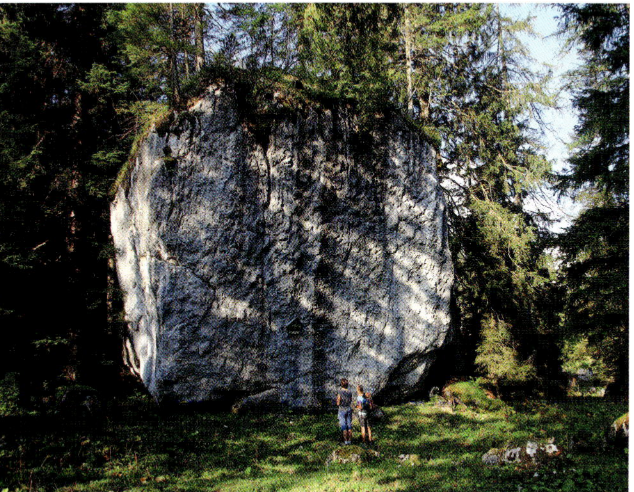

Abb. 60. Haushoher Sturzblock unter der Farrenleitenwand im Königstal.

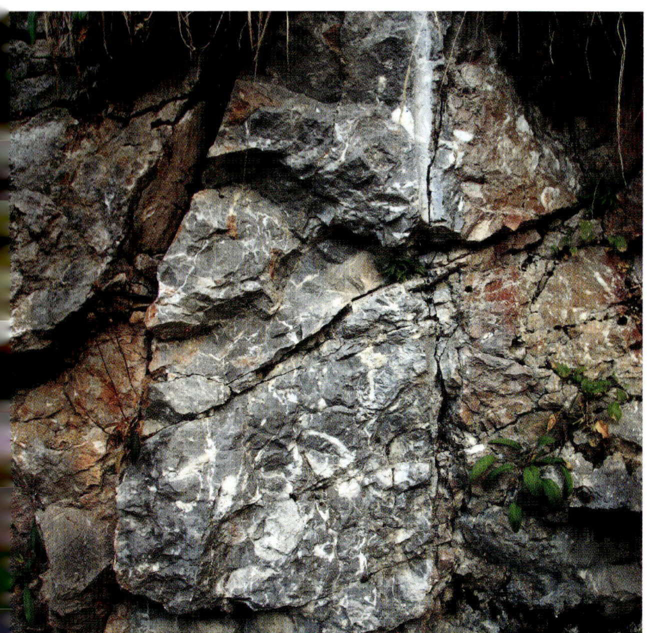

(2164 m) in einer Reihe – steigen wir flach ins Königsbachtal ab. Die Rotspielscheibe als ein vorgelagerter Gipfel wirkt wie eine dunkle, nach Norden steil abbrechende Kalkklippe und steht ziemlich genau in einer Linie von unserem Standpunkt zur stumpfen Pyramide des Windschartenkopfes.

Der Königsbach am Ende unseres Forstweges erschließt nochmals stark tektonisierte, extrem dickbankige Dachsteinkalke und definiert gleichzeitig den Übergang zur in diesem Bereich schmalen und weitgehend unter Grundmoränen-Sedimenten verborgenen Torrener-Joch-Zone (eingehendere Thematisierung in Exkursion N).

Mit dem steilen Anstieg der Forststraße nach links – rechts geht es hinab zu den Königsbachalmen – überschreiten wir diese schmale Zone, in der an dieser Stelle unter geringmächtigen Moränensedimenten untertriassische Mergel und quarzitische Sandsteine der Werfen-Formation anstehen.

2 Ins stille Königstal

In weiterer Folge gelangen wir nach einer ausladenden Rechtskurve an eine weitere Wegkreuzung, an der wir uns links bergaufwärts halten. Der Fahrweg schlängelt sich mäßig steil durch die Ausläufer eines Felssturzes, der vermutlich nach dem letzten Glazial aus der darüber liegenden Farrenleitenwand ausbrach und im Graben beinahe bis zum Königsbach geglitten ist. Der Forstweg folgt der distalen Grenze dieses Ereignisses an der Grenze zu unterlagernden Moränen-Ablagerungen.

An dem Punkt, an dem unser Fahrweg aus dem dichten Bergmischwald heraustritt und einige Meter abfällt, öffnet sich der Blick auf die jäh aufragende Bärenwand vor uns. Der Abzweig ins Königstal verläuft nach rechts (kleiner verwitterter Holz-Wegweiser "Königstalalm") vor dieser knapp 150 Meter hohen, nahezu senkrechten Wand aus dickbankigem, mit zahlreichen Störungen durchsetzten Dachsteinkalk.

Hier verlassen wir die hochfrequentierte Forststraße, die weiter zum Torrener Joch und den dort liegenden beiden Schutzhütten von Schneibsteinhaus und Carl-von-Stahl-Haus führt. Beinahe schlagartig ist man allein mit den alten vermoosten Ahornbäumen und Buchen, die beidseits des verwachsenen

◁ *Abb. 61. Dachsteinkalke mit Megalodonten-Querschnitten.*

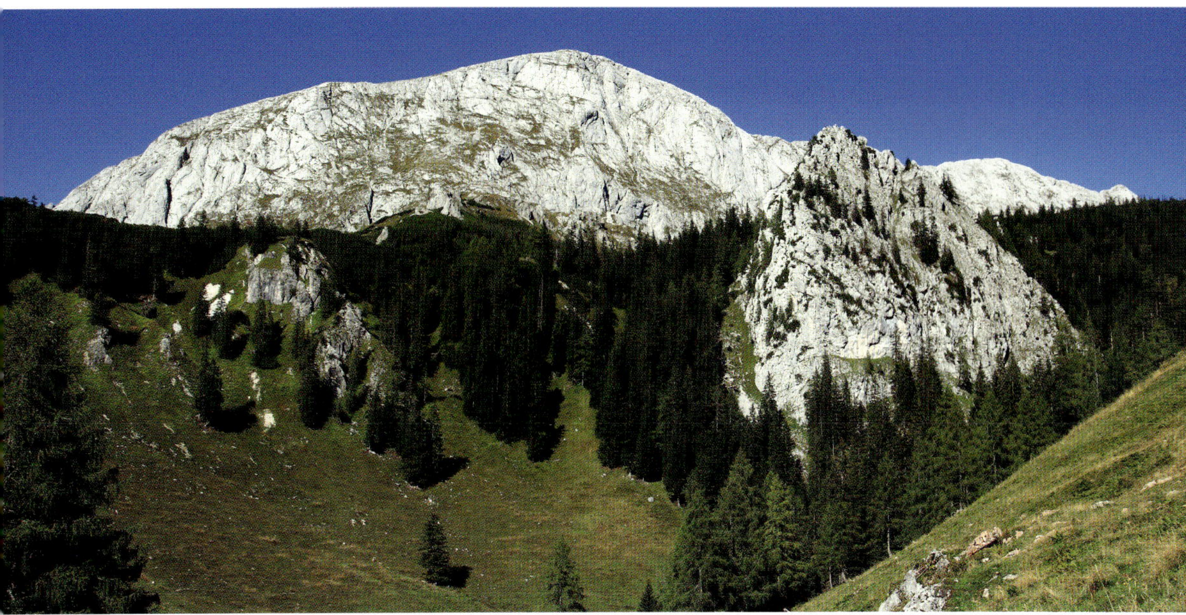

Abb. 62. Der dreieckige Scheffelspitz aus tektonisiertem Dachsteinkalk und das dahinterliegende Hohe Brett im Göll-Massiv bestimmen die Berg-Szenerie im oberen Königstal.

Forstweges stehen. Das Königstal ist eingefasst von der Farrenleitenwand links und der Bärenwand
rechts. Nur zögerlich weitet sich der enge Einschnitt, wenn am Talschluss der graue Buckel des 59
Schneibsteins und der davor liegende begrünte steile Rücken "Am Ruck" sichtbar werden. Hier liegt
einer der gewaltigsten Sturzblöcke aus der Farrenleitenwand. An seiner haushohen, senkrechten 60
Wand hängt eine kleine Gedenktafel.

Vom großen Sturzblock bis zu einem bewaldeten Felskeil, der den weiteren Weg durchs Königstal nach oben abzuriegeln scheint, ist es nicht mehr weit.

Hier beginnt die Straße zunächst in einem ausladenden Linksbogen steil anzusteigen. Der Riegel aus relativ
fossilreichen Dachsteinkalken mit zahlreichen Megalodonten-Querschnitten ("Kuhtrittsiegel", große Muscheln) 61
wird in einigen sehr engen und steilen Kehren überwunden. Nach der letzten der Haarnadelkurven lichtet sich
der Wald und wir stehen vor einem überraschend weiten Hochtal.

Den Hintergrund dominiert der breite, behäbig ansteigende Bergrücken des Hohen Bretts (2338 m),
davor ragt der knapp 1700 Meter hohe Scheffelspitz aus Dachsteinkalk wie ein gewaltiger Mono- 62
lith aus dem Bergwald (siehe Exkursion N).
Nach links führt ein Steig durch Niedermoore mit Wollgras in Richtung Schneibstein- und Stahlhaus. Wir halten uns rechts und steigen die letzten paar Meter zur kleinen Königstalalm auf (in den Sommermonaten einfach bewirtschaftet – ausgezeichnete Almjause!).

In der letzten Kehre unterhalb der Holzhütten
stehen dunkelrote, mergelige und fossilreiche
Kalke der Adnet-Formation an. Besonders häufig
kommen kleine, teilweise abgerollte Stielglieder
63 von Seelilien vor und hin und wieder ein klein-
wüchsiger Ammonit.

Abb. 63. Fossilreiche Adneter Mergelkalke mit zahlreichen Seelilien-Stielgliedern.

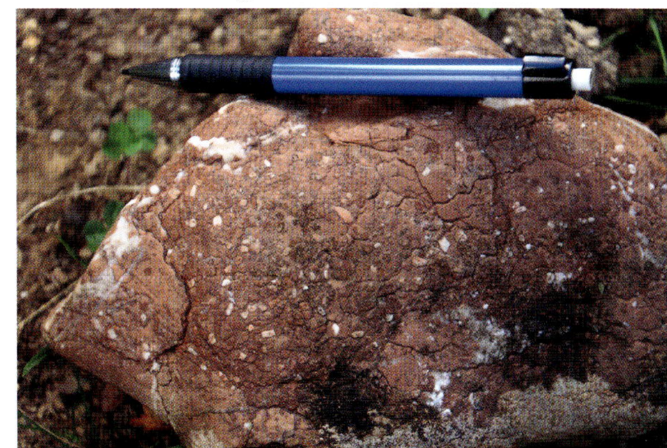

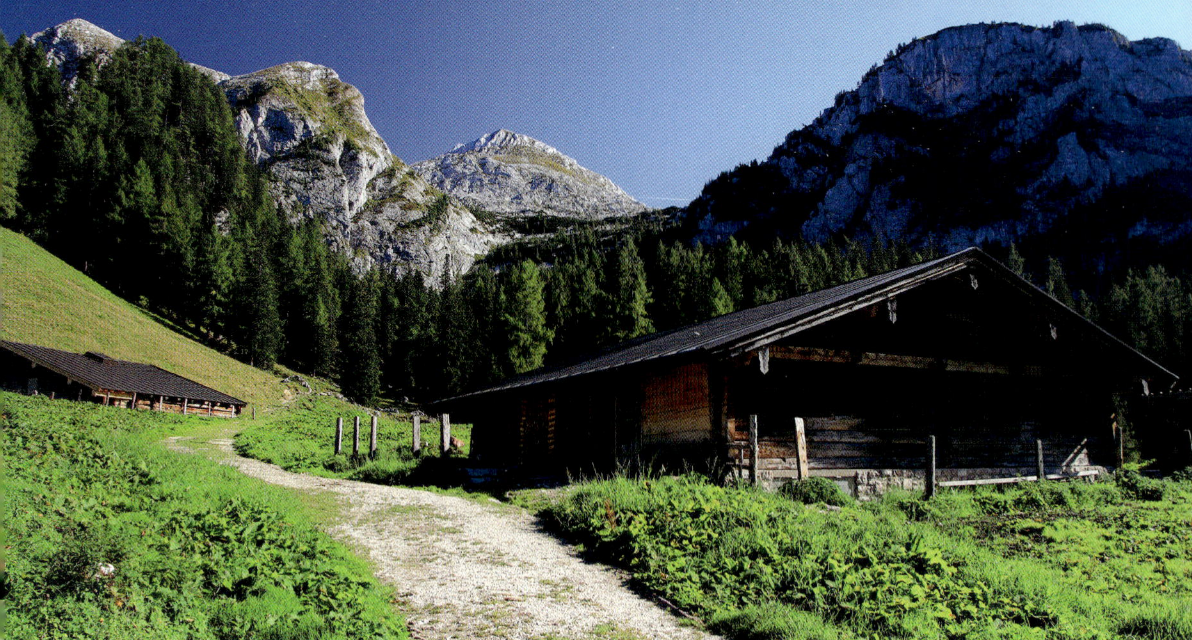

Abb. 64. Die Rotspielscheibe liegt rechts über der Königstalalm. Die Berg links ist der Reinersberg (2171 m) und mittig der Windschartenkopf (2211 m, siehe Exkursion N).

64 Über der Königstalalm sehen wir zum ersten Mal die Rotspielscheibe im Profil und spätestens jetzt dürfte der Grund für Namensgebung des kleinen Berges offenbar werden. Die steil gegen das Königstal abbrechende, knapp 200 Meter hohe senkrechte Nordwand besteht zwar aus hellem, dickbankigen Dachsteinkalk, wird allerdings von bis zu 30 Metern mächtigen Rotkalkbändern durchzogen, die sich wie blutige Wunden durch die ganze Wand erstrecken. Es handelt sich hierbei nicht um eine sedimentäre Schichtung oder Wechsellagerung zwischen Dachsteinkalken und Rotkalken, sondern um postsedimentär mit Rotkalken gefüllte Spalten beziehungsweise flache Wannen in der reliefierten, verwitterten und (paläo)verkarsteten Oberfläche des Dachsteinkalkes. Und zudem wurden die obersten knapp 100 Meter des Berges entlang flachen Überschiebungsbahnen zweifach auf Adneter Rotkalken nach Norden überschoben. Ob als olistolithische Gleitung oder simple Einengungs-Tektonik, bleibt zunächst Interpretationssache. Dazu erfahren wir später einige Details mehr.

3 Farrenleitenkopf

An der Königstalalm endet der bislang gut markierte Steig. Ab diesem Wegpunkt wird ein wenig Gespür für den richtigen Pfad sowie Orientierung im Gelände vonnöten sein. Wir halten uns auf dem zunächst breiten, teilweise ausgewaschenen Karrenweg in südliche Richtung, laufen rechts an einer weiteren Almhütte vorbei und steuern auf den Wald zu.

Der etwas lehmige Boden, dessen Färbung von rötlich (Adnet-Formation) zu bräunlich (Allgäu-Formation) und wieder rötlich wechselt, lässt abermals eine kleine lokale tektonische Mulde erahnen. Im flachen Anstieg zum nahen Waldgürtel befinden wir uns wieder in obertriassischen Dachsteinkalken.

Durch den schütteren Lärchenwald gelangen wir schnell auf eine Lichtung mit einem kleinen Niedermoor zur Linken. Im Hintergrund stehen Reinersberg und Windschartenkopf, rechts dominiert die jäh aufragende Rotspielscheibe.

Wir bleiben rechts und steigen auf einem schmalen, aber gut kenntlichen Steig durch eine unübersichtliche, von eiszeitlichen Lokalgletschern überformte Rundhöckerlandschaft.

In den Senken stehen vorwiegend Adneter Rotkalke an, während die nur metergroßen Hügel aus Dachsteinkalken gebildet werden. Eine ganze Weile sehen wir keinerlei Festgesteine mehr – hier liegen mächtigere Lokalmoränen-Sedimente eines spätglazialen Gletscherastes, der vom Reinersbergbrückerl aus dem Talhintergrund bis ins oberste Königstal vorstieß. Ein flacher Rückzugswall liegt knapp oberhalb des Weges.

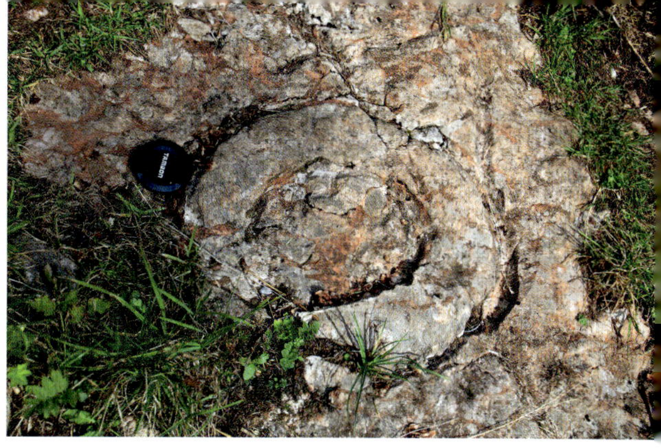

Abb. 65. *Etwa 40 bis 45 Zentimeter großes Lytoceras cf. cornucopia direkt am Anstieg von der Königstalalm zum Farrenleitenkopf (ca. 1595 m Höhe).*

Nach etwa 10 Minuten Gehzeit ab der Lichtung gilt es etwas aufzupassen, um den etwa 40 Zentimeter großen, direkt im Weg liegenden Am-
65 moniten – vermutlich ein deformiertes *Lytoceras* cf. *cornucopia* – nicht zu übersehen (ca. 1595 m Höhe). Dieser liegt seit langer Zeit mitten auf dem Steig und sollte dort auch bleiben dürfen. Die Fossiliensammler unter uns sollten sich also am Riemen reißen, innehalten, betrachten – und weiter gehen!

Der Steig gewinnt nur zögerlich am flachen, gegen Nordosten abgedachten Hang des Farrenleitenkopfes an Höhe.

Bald zeigen mächtigere Rotkalkfolgen mit teilweise meterhohen kleinen Wandstufen, dass wir die Obertrias mit den allgegenwärtigen Dachsteinkalken verlassen und die Adnet-Formation in flächiger, subhorizontal geschichteter Ausbildung erreicht haben. Über den hier etwa 30 Meter mächtigen Rotkalken folgen mergelig-tonige Sequenzen der Allgäu-Formation. Sie bilden schwere, besonders nach Regenfällen über längere Zeit unangenehm rutschige Böden. Knapp 40 Höhenmeter unter der Kammlinie des Farrenleitenkopfes werden die Böden plötzlich trockener und üppige Blaubeerstauden lösen die Himbeerranken ab. Der Vegetationswechsel liegt dem Übergang von mergelig-kalkiger Allgäu-Formation zu kieseligen Chiemgau-Schichten zugrunde.

Der schmale, aber gut kenntliche, stellenweise etwas von Blaubeersträuchern verwachsene Steig gewinnt mit einigen Kehren schließlich die Höhe des Kammes zwischen den Nordabstürzen von Rotspielscheibe und dem übergrünten Farrenleitenkopf.

Hier stehen – mehr schlecht als recht mit einigen Lesesteinen – mit oberjurassischen Radiolariten der Ruhpolding-Formation die jüngsten Schichten an, die wir auf unserer heutigen Exkursion sehen werden.

Entlang der breiten, grasigen Kammlinie erreicht man in ein paar Minuten den 1714 Meter hohen Grasberg,
der aufgrund seiner vorgeschobenen Position einen tollen Einblick in die Region zwischen dem Göll-Massiv 66
und dem Hagengebirge erlaubt.

Abb. 66. *Panoramafoto vom Farrenleitenkopf über Jenner, Hohes Brett bis zu den Ausläufern des Nördlichen Hagengebirges.*

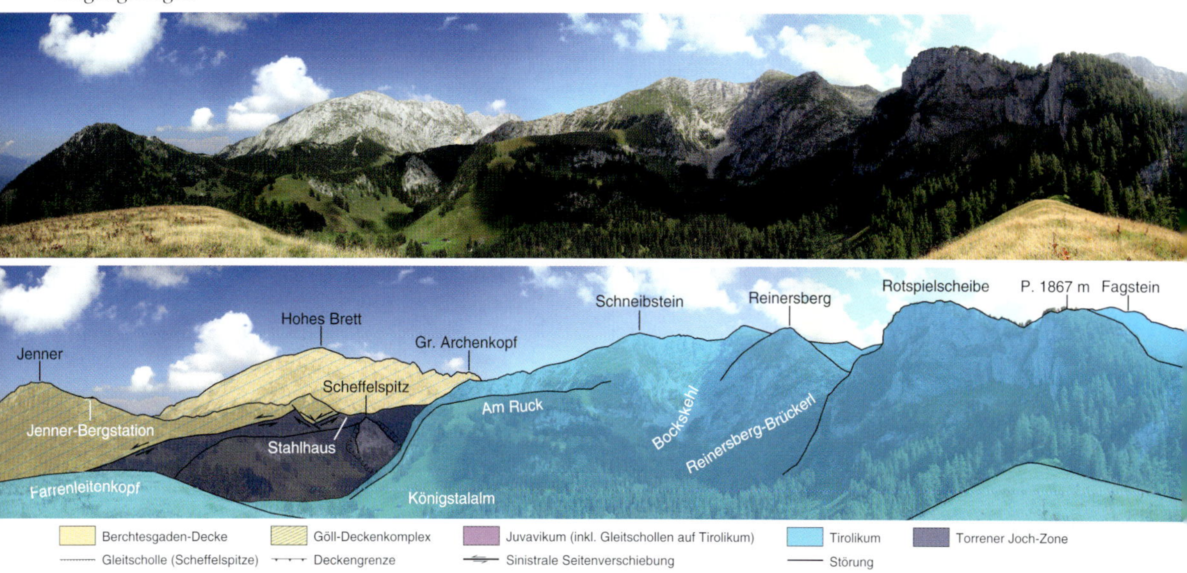

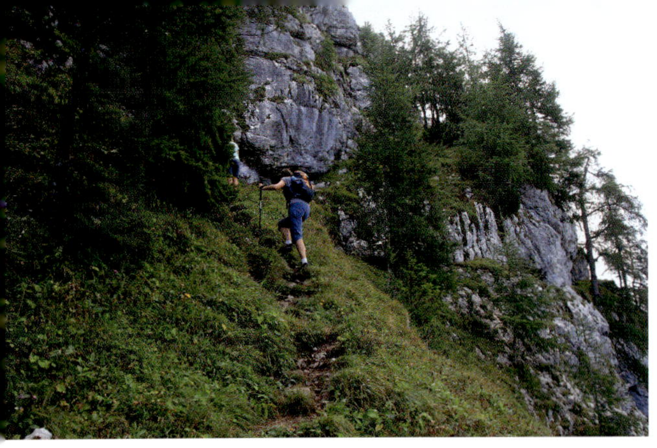

Abb. 67. Die »Schlüsselpassage« am Anstieg zur Rotspielscheibe ist der Ausstieg aus der Nordflanke auf den Gipfelgrat, knapp unter dem P. 1867 m. Das zu übersteigende Grasband läuft vom ersten Wanderer schräg nach rechts aufwärts (teilweise von Lärchen verdeckt).

Im Norden stehen mit dem Jenner und dem Hohen Brett zwei markante Gipfel des Göll-Deckenkomplexes, der durch die schmale Torrener-Joch-Zone vom Nördlichen Hagengebirge und der tirolischen Staufen-Höllengebirgsdecke getrennt wird. Das markante helle Felsdreieck der Scheffelspitz liegt an der Südgrenze wie ein Fremdkörper darin eingebettet. Rechts ist der vom Schneibstein zur Königstalalm heranziehende, in seinem mittleren Abschnitt beinahe eben verlaufende Gratrücken "Am Ruck" zu sehen, der aufgrund seiner vergleichsweise üppigen Vegetation gegenüber dem Grau des Hagengebirges ins Auge sticht. Auch hier findet sich, ausgehend von der Königstalalm, eine konkordante, weitgehend vollständig erhaltene Abfolge von der Obertrias bis in den Oberjura (Dachsteinkalk bis Ruhpolding-Formation). Sowohl Geologie, lithologische Abfolge und somit auch Geomorphologie sind damit ganz ähnlich zu unserem Standpunkt: In beiden Fällen zeichnen markante, nach Norden und Nordwesten einfallende Abschiebungen dafür verantwortlich, dass dieses vergleichsweise "hohe" lithologische Stockwerk über den Dachsteinkalken überhaupt erhalten werden konnte und nicht dem "Zahn der Zeit" zum Opfer fiel (vgl. auch mit Exkursion Ⓝ).

④ Auf schmalen Graten zur Rotspielscheibe

Auf dem breiten Gipfel des Farrenleitenkopfes lässt es sich zwar wunderbar rasten, doch wir haben das technisch anspruchsvollste Stück der Exkursion noch vor uns.

Abb. 68. Tiefblick vom P. 1867 m hinab zum Priesbergmoos. Dahinter beziehungsweise darunter liegt die kuppige Weide des Büchsenkopfes.

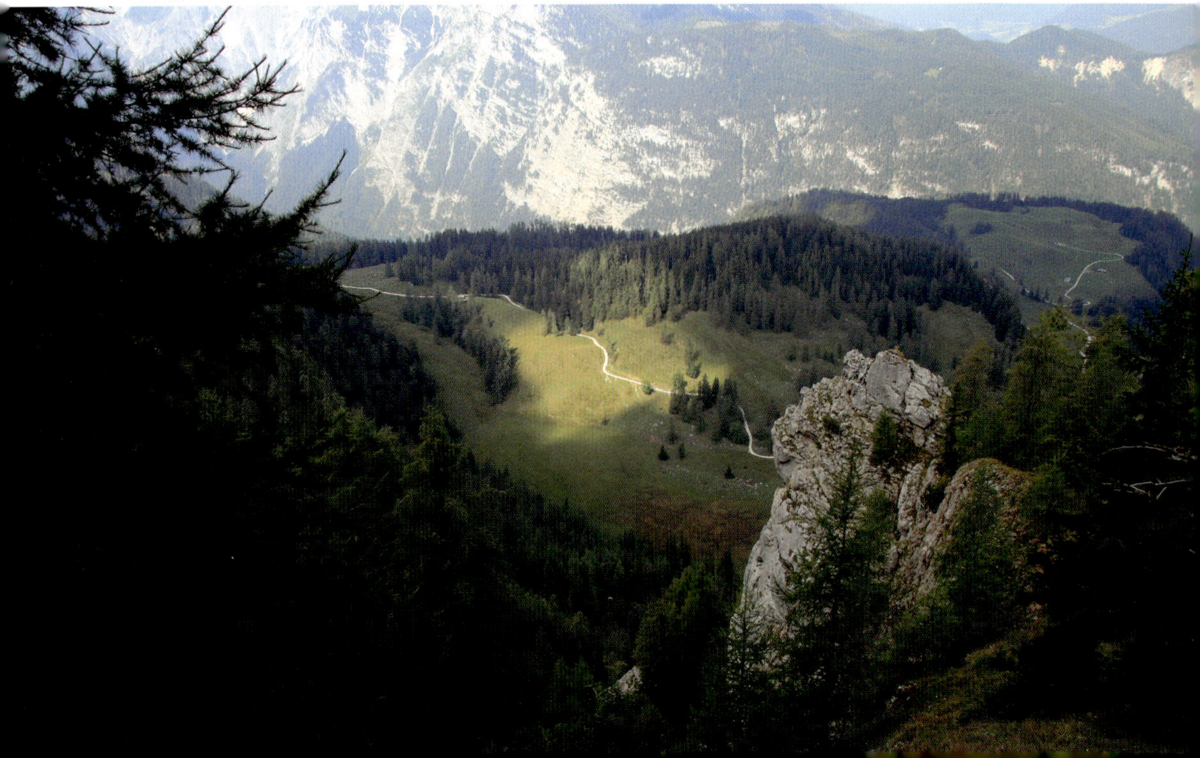

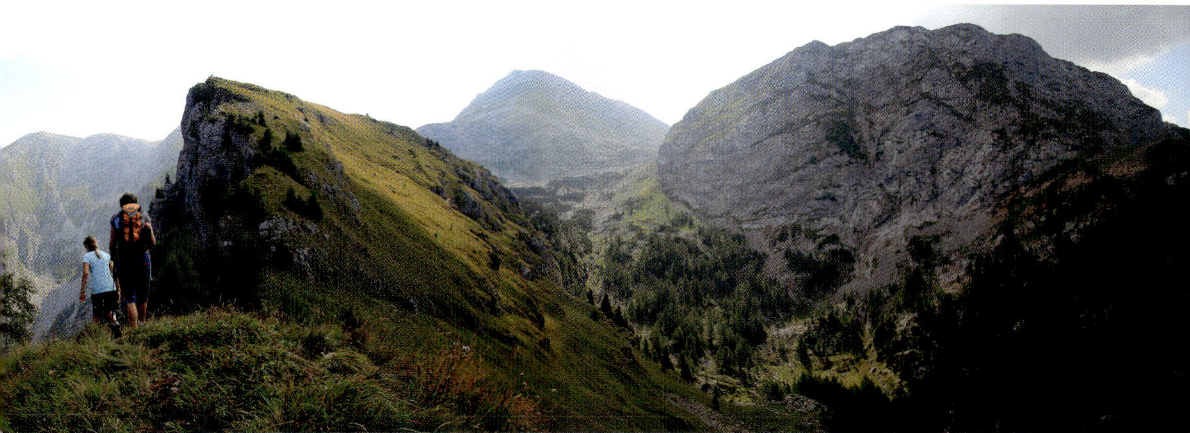

Abb. 69. Wie eine brechende Welle wirkt die Rotspielscheibe vom P. 1867 m. Links des Gipfels liegt im Hintergrund der Schneibstein, rechts davon Windschartenkopf und der breite Klotz des Fagsteins.

Über den breiten Grat geht es zurück in die schmale Einschartung gegen die hoch vor uns aufragende Rotspielscheibe und wir beginnen über einen steilen, stark verwachsenen, gerölldurchsetzten Hang mit leidlich anstehenden Dachsteinkalken steil empor zu steigen. Die "Schlüsselstelle" – gleichbedeutend mit dem Ausstieg aus der Flanke auf den Grat – sollte wirklich nur von trittsicheren und schwindelfreien Wanderern durchstiegen
werden. Auf einer Art schuppigem Grasband durchquert man auf gutem Steig eine kleine Wandstufe – mit 67
einem Tiefblick über 400 Meter zum Priesbergmoos im Rücken, das wir heute noch auf dem Rückweg unserer 68
Wanderung besuchen werden.

Vom Vorgipfel P. 1867 m bis zum Hauptgipfel der Rotspielscheibe sind es knapp 20 Minuten Steigzeit.

Der Gipfel wirkt von hier wie eine gegen das Göll-Massiv brechende Welle mit steiler, teilweise
lotrechter Nordwand und einer deutlich flacheren, übergrünten Südflanke. 69

Über feingeschichtete Rotkalke der Adnet-Formation geht es hinab in die bereits vom Farrenleitenkopf sichtbare, markante Einschartung am langen Gipfelgrat. Auf der anderen Seite steigen wir – zunächst über ein etwa 5 Meter hohes, gut gestuftes Felsband aus subhorizontal geschichtetem Dachsteinkalk. Auch in Richtung Gipfel sind weitere kleinere Felsstufen zu überwinden, die jedoch nie ausgesetzt oder gefährlich sind.

Mal bewegt man sich auf Dachsteinkalken, mal auf fossilreichen Rotkalken. Auffallend ist die relativ flache Lagerung der obertriassischen Einheiten mit ihrer liassischen Überdeckung. Vor dem letzten Grataufschwung haben wir einen beeindruckenden Blick in die Nordwand der Rotspielscheibe. Auch hier sehen wir die
70 scheinbare Wechsellage-
rung zwischen Dachsteinkalk und Adneter Rotkalk. Spätestens an dieser

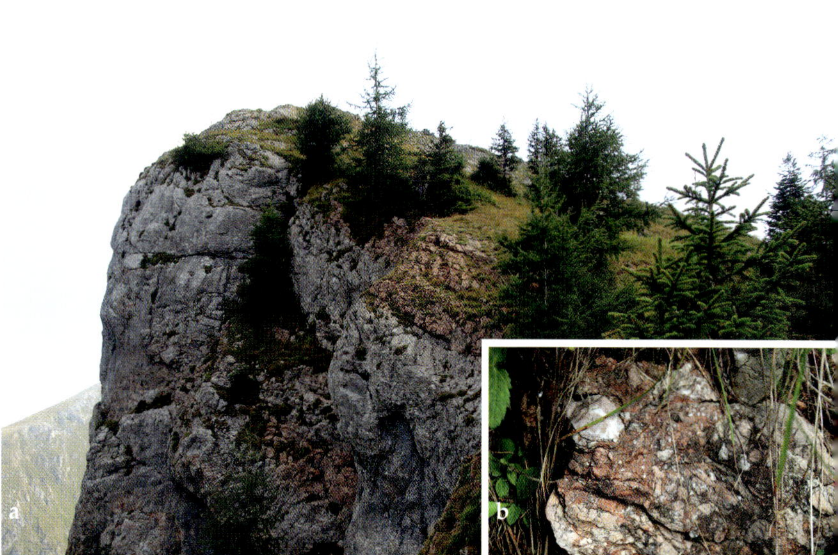

Abb. 70. a. Der letzte Grataufschwung zur Rotspielscheibe offenbart die scheinbare Wechsellagerung zwischen Dachsteinkalk und Adneter Rotkalk. b. Insbesondere die Rotkalke zeigen im Detail stark brekziierte Bereiche mit aufgearbeiteten Dachsteinkalk-Intraklasten. ▷

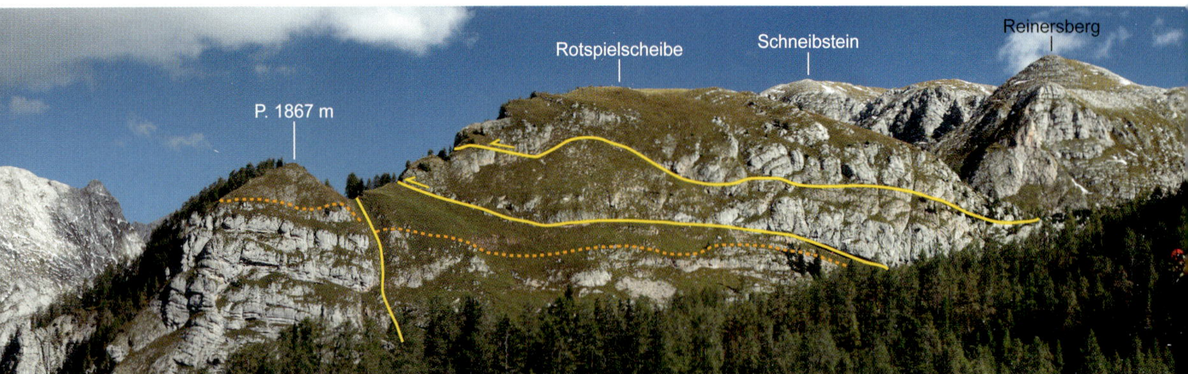

Abb. 71. Von den benachbarten Hohen Rossfeldern wird deutlich, dass die Gipfelkuppe der Rotspielscheibe als allochthone Scholle von Dachsteinkalken und auflagernden Adneter Rotkalken zweifach auf dieselbe Schichtenfolge überschoben wurde. Die strichlierte orangene Linie kennzeichnet die Grenze zwischen Dachsteinkalk und Adnet-Formation der überschobenen Liegendscholle am P. 1.867 m.

Stelle sollte klar sein, dass diese Alteration nicht mit synsedimentären Rotkalk-Spaltenfüllungen auf einem Dachsteinkalk-Relief zu erklären ist, sondern mit flachen Störungsbahnen, die die knapp
Profil 6 100 Meter mächtige Gipfelkuppe aus Dachsteinkalk samt aufsitzenden Adneter Rotkalken auf eine identische Schichtfolge überschoben hat. Mit der etwa 5 Meter hohen Dachsteinkalk-Felsstufe nach der markanten Einschartung zwischen Vor- und Hauptgipfel haben wir die untere flache Störungsbahn überquert. Auf halber Strecke zum Gipfel passieren wir eine weitere, obere Überschiebungsbahn – auch hier werden Adneter Rotkalke von Dachsteinkalken überlagert.

Die Überschiebungstektonik der Rotspielscheibe ist bereits seit Del Negro (1958) bekannt. Allerdings wurde diese mit tertiären, offenbar spätgosauischen Bewegungen in Verbindung gebracht. Aus den teilweise brekziierten, die Dachsteinkalke der Gipfelkuppe unterlagernden Rotkalken

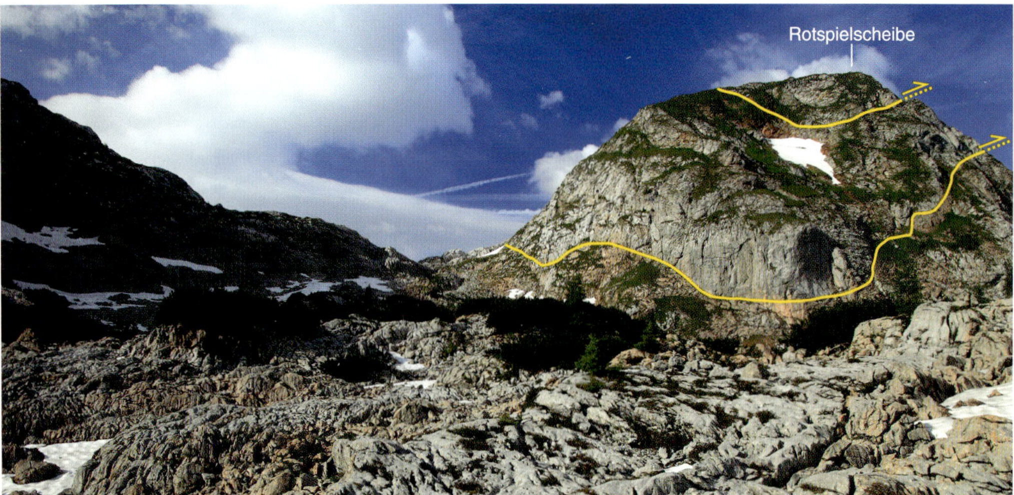

Abb. 72. Die verschwiegene Welt zwischen Rotspielscheibe und Reinersbergbrückerl nördlich des Gipfels zeigt die nackte Felsoberfläche aus stark verkarsteten Dachsteinkalken mit regellos dazwischen liegenden Rotkalk-Spalten (Dieser Punkt wird bei der Exkursion nicht erreicht). Die beiden Überschiebungsbahnen der Rotspielscheibe sind gelb hervorgehoben.

jedoch konnte eine Ammonitenfauna des Zeitspektrums Hettangium bis Ende Untertoarcium entnommen werden (HAHN 1985), die zeigen, dass die tektonischen Bewegungen wohl bereits im Toarcium (Unterjura) stattgefunden haben müssen (LANGENSCHEIDT 2021).

Am besten sieht man die beiden flachen Über-
71 schiebungsbahnen von den gegenüberliegenden
Hohen Rossfeldern im Anstieg zum benachbarten
Fagstein. Auch von der stillen, verschwiegenen
Welt zwischen Reinersbergbrückerl und Fagstein
72 lässt sich die besondere Tektonik der Rotspielscheibe gut nachvollziehen.

Der höchste Punkt der Rotspielscheibe mit dem
73 interessant geschnitzten Gipfelkreuz selbst ist überraschend geräumig – eine grasbedeckte Wiesenfläche
mit Aussicht auf viele Gipfel ringsherum.

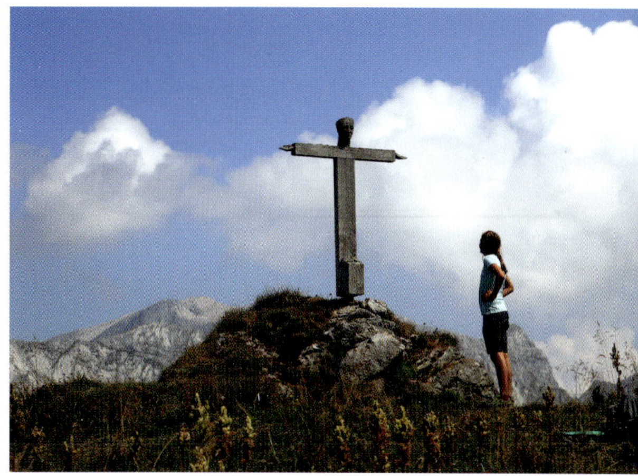

Abb. 73. Am Gipfel der Rotspielscheibe.

Watzmann-Ostwand über dem Königssee, der weite Berchtesgadener Talkessel, Lattengebirge, Untersberg, Göll und das nördliche Hagengebirge. Und vor allem die Nordwand des breiten, unnahbar wirkenden Fagsteins mit seltsam verschlungenen Rotkalkbändern beeindruckt aus unmittelbarer Nähe ebenso wie die Tiefblicke hinab ins Königstal und zum breiten, nun tief unten liegenden
Kamm des Farrenleitenkopfes. 74

Abb. 74. Tiefblick vom Gipfel der Rotspielscheibe hinab zum Farrenleitenkopf. Unmittelbar darüber liegt – etwas perspektivisch verschoben – der nordwestlich vorgelagerte Büchsenkopf nochmals knapp 500 Meter tiefer (vgl. Abb. 126). Rechts steht der Jenner, Links im Hintergrund die Ausläufer des Watzmann-Massivs mit dem Grünstein (mittig) sowie Reiteralm und Lattengebirge. Zwischen unserem Standpunkt und Farrenleitenkopf sowie zwischen Farrenleitenkopf und Büchsenkopf muss man sich jeweils weitere Abschiebungsbahnen vorstellen, die Dachsteinkalke und ihre jurassischen Deckschichten gegen das Königsseebecken treppenartig abgesetzt haben.

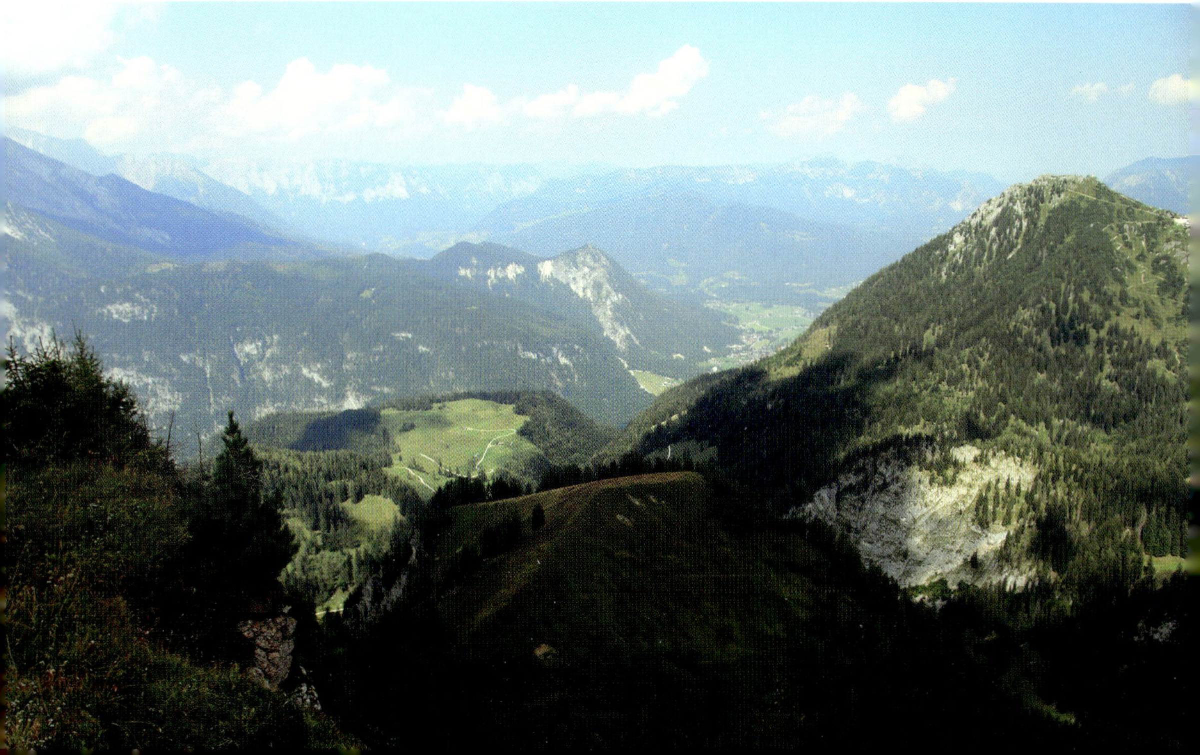

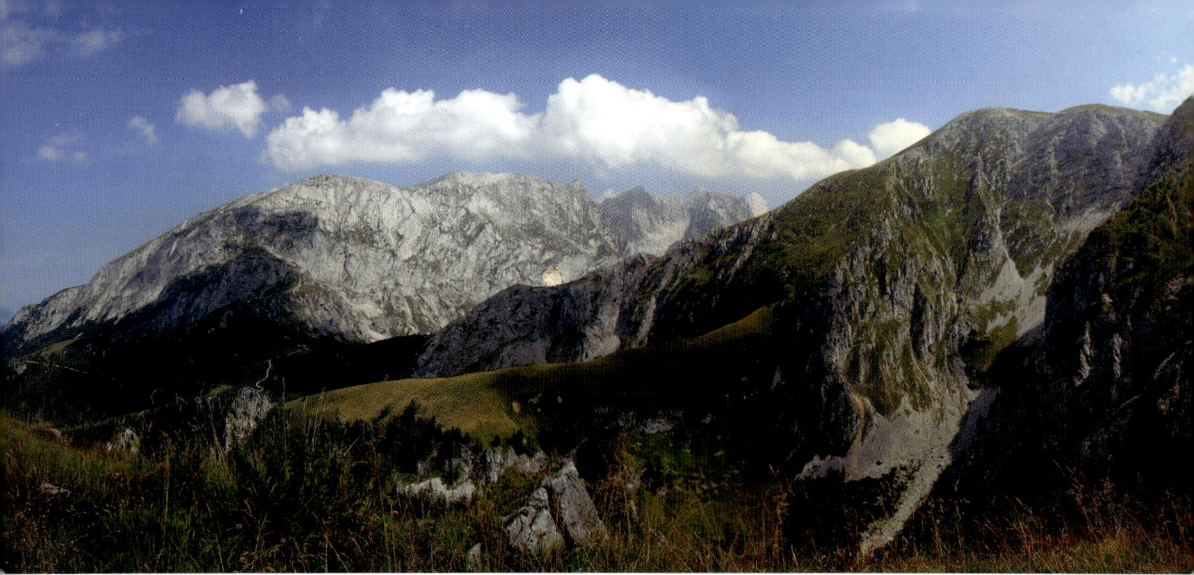

75 Das seltsam gestufte Ödland des Hagengebirges zeigt selbst aus der Distanz neben all den Grauschattierungen deutlich rötliche Farbtöne. Die Farbkleckser der Adneter Rotkalke sind auch dort allgegenwärtig. Die Frage, warum sich die fossile, mit postsedimentären Rotkalkspalten übersäte Dachstein-Karbonatplattform in unterschiedlichen Höhenstufen von weniger als 1700 Meter bis auf über 2350 Meter (Gipfelhöhe des Kahlersberges, siehe Exkursion N) erhalten konnte, kann mit tektonischen Verwerfungen wie den bereits genannten Schrägabschiebungen erklärt werden. Wie in Kapitel 6 in Band 40 sowie Exkursion N des vorliegenden Bandes erklärt, ist das Hagengebirge nichts anderes als Teil einer alten, paläogenen Landschaftsoberfläche, die trotz Alpen-Auffaltung sowie überprägender Tektonik bis heute erhalten blieb (Abb. 72), weil sie durch mächtige, paläogene und neogene Schuttüberdeckungen quasi konserviert werden konnte (Stichwort "Augenstein-Landschaft, siehe Kapitel 6 in Band 40 beziehungsweise Exkursionen N, Q und R).

5 Der Fagstein – ein polyphaser Riesen-Olistolith!

76 Im Süden der Rotspielscheibe steht der 2164 Meter hohe Fagstein mit seiner klotzigen Nordwand und bildet einen auffallenden Kontrast zu den weichen, geschwungenen Linien der Hohen Rossfelder, die von der tiefen Königssee-Furche gegen den Gipfel ziehen. Auf den ersten Blick eine ähnliche Situation wie am Farrenleitenkopf und dem zuvor beschriebenen Ruck unter dem Schneibstein: durch tektonische Versätze abgeschobene weiche, mergelig-kieselige jurassische Abfolgen folgen konkordant, dass heißt primär sedimentär über obertriassischen Sequenzen im Untergrund. Tatsächlich stehen an den Priesbergalmen unter den Hohen Rossfeldern Dachsteinkalke an. Darüber folgt eine zwar tektonisch gestörte und gegeneinander versetzte, aber dennoch nahezu vollständige Jura-Abfolge: sie beginnt mit einem vergleichsweise geringmächtigen Band von unterjurassischen Adneter Rotkalken, die von mächtigeren, unter- bis mitteljurassischen Kieselkalken der Allgäu-Formation und letztendlich von oberjurassischer Ruhpolding-Formation sowie auflagernder Sillenkopf-Formation überdeckt wird. Langenscheidt (2021) beschreibt an der unmittelbaren Basis der Fagstein-Westwand eine Zehnermeter mächtige sedimentäre konglomeratische Brekzie, die aus obertriassischen Dachsteinkalken und unterjurassischen Komponenten besteht – letztere mit einer entsprechend biostratigraphisch belegten Ammonitenfauna. Über dieser Brekzie lagert – ähnlich wie hier an der Rotspielscheibe, nur deutlich größeren Ausmaßes – eine mächtige Scholle aus Dachsteinkalk. Nach Langenscheidt (2021) stellt Letztere einen Riesen-Olistolith dar, der im Unteren Toarcium vom Landtal-Störungssystem (siehe Exkursion N) westwärts geglitten muss. Das genaue Alter der initialen Eingleitung lässt sich übrigens aufgrund einer Rotkalkspalte feststellen, die sowohl Brekzie, als auch die darüber liegende Dachsteinkalkscholle durchschlägt. In ihr fand sich eine reiche untertoarcische Ammonitenfauna (Langenscheidt 2021).

Dabei ist der Fagstein-Klotz nicht etwa ausschließlich aus Dachsteinkalken aufgebaut: wenn man das Glück hat, an einem schönen lauen Frühherbst-Nachmittag oder -abend auf der Rotspielscheibe

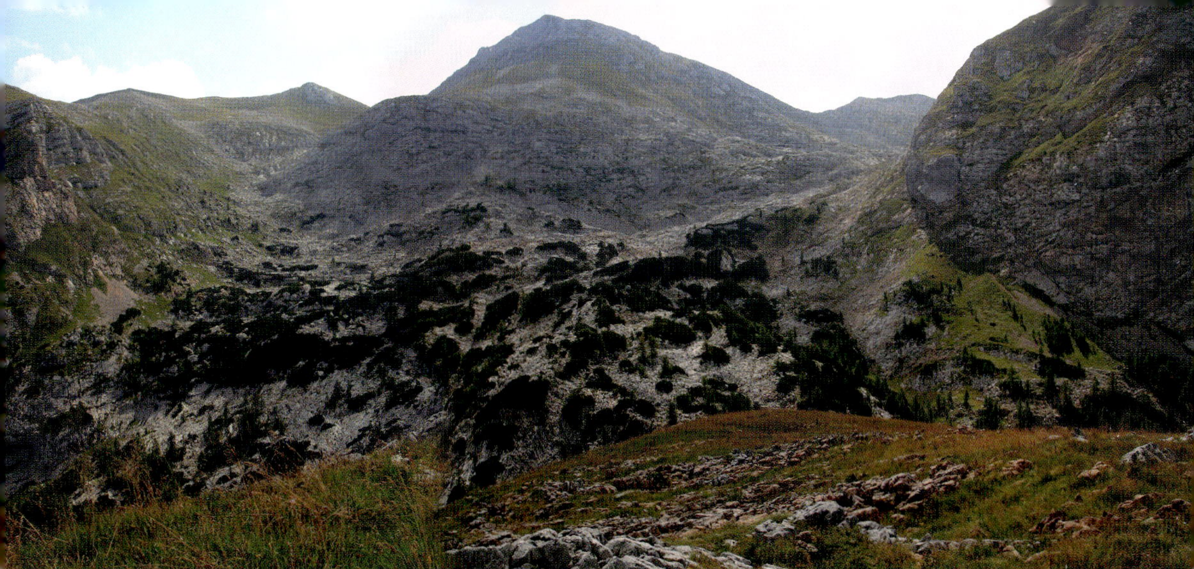

Abb. 75. Gipfelsicht von der Rotspielscheibe vom Hohen Göll bis zum Beginn der Fagstein-Nordwand – zusammengesetzt aus mehreren Bildern. Links erkennt man den grünen »Ruck« unter dem breiten Gipfel des Schneibsteins. Die Hochfläche des Hagengebirges bildet das höchste Niveau der paläogenen Altlandschaft. Zwischen Schneibstein und Ruck liegt eine der listrischen Abschiebungen, die die jurassischen »Deckschichten« über den obertriassischen Dachsteinkalken talwärts haben »fahren« lassen.

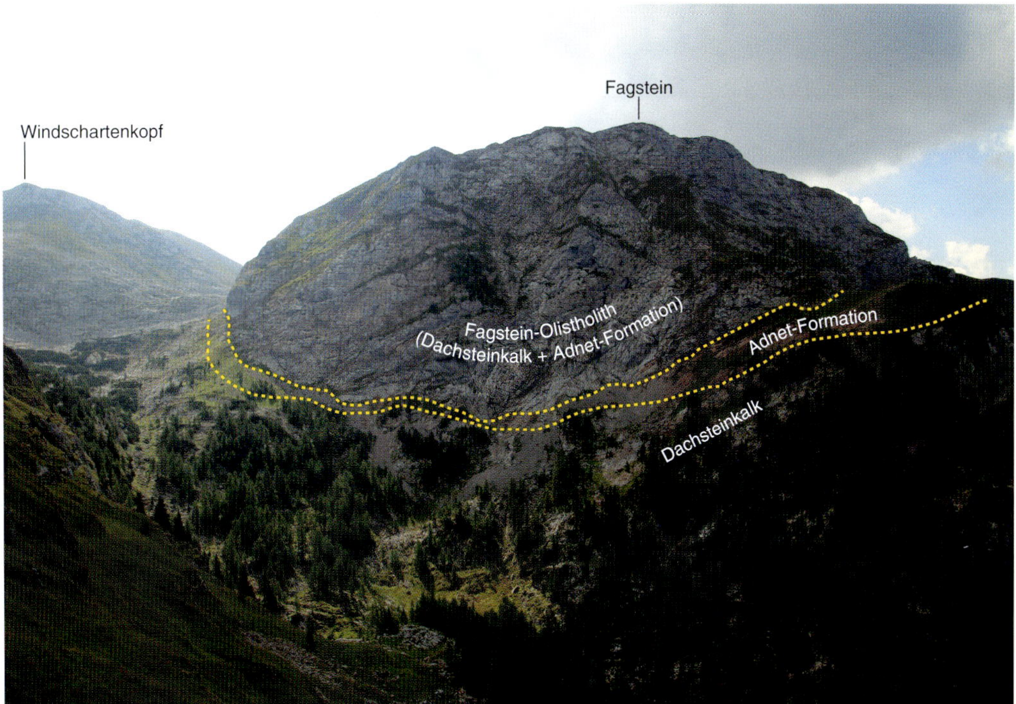

Abb. 76. Der Fagstein von der Rotspielscheibe aus gesehen. Deutlich erkennt man das rote Band aus Rotkalken der Adnet-Formation, das sich unter dem gesamten Fagstein-Gipfelaufbau gegen den Windschartenkopf zieht. Damit liegt es im Bereich des Möglichen, dass der Fagstein eine olistolithische Komponente ist, die ursprünglich während des Unteren Toarciums abgeglitten ist, aber wohl im tiefen Oberen Jura im Zuge der Eingleitungen ins Tauglboden- beziehungsweise Sillenkopf-Becken als »polyphase« Gleitscholle ein zweites Mal reaktiviert wurde.

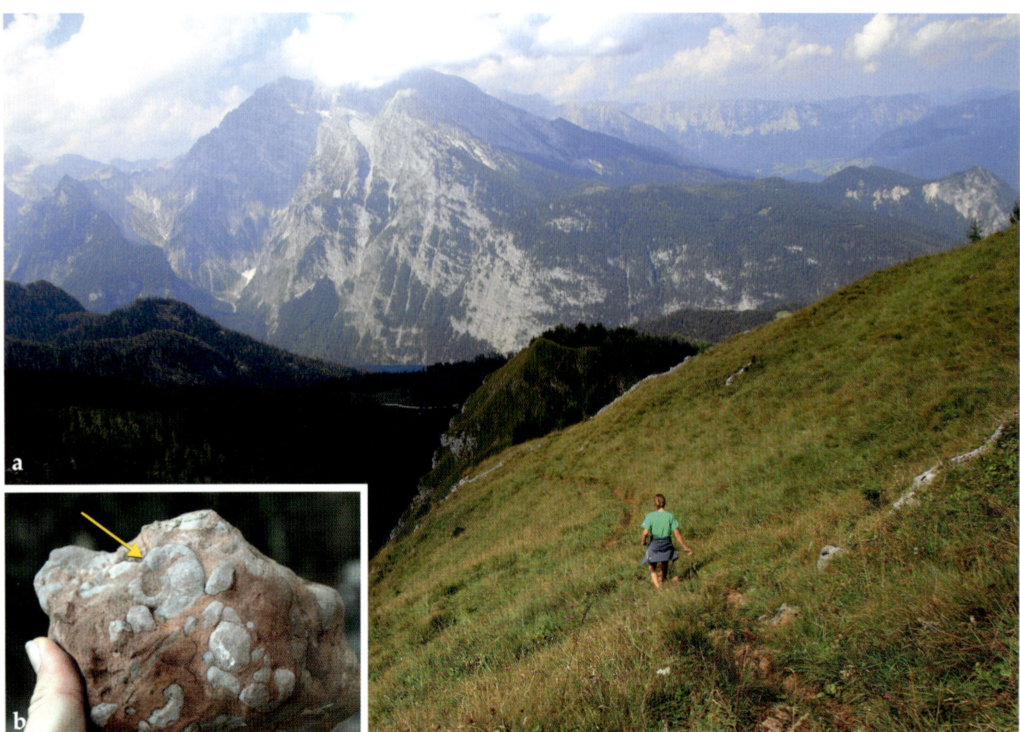

Abb. 77. a. Abstieg über den oberen Gipfelhang der Rotspielscheibe. Im Mittelgrund über der blauen Seefläche des Königssees ist bereits ein Teil der Weidefläche der Priesbergalm zu sehen – unser nächstes Etappenziel. b. In den fossilreichen Adneter Rotkalken, die auf diesem Abschnitt anstehen, findet sich hin und wieder mit etwas Glück auch ein kleiner Ammonit (Pfeil).

zu stehen, wenn die Sonne über der Watzmann-Ostwand steht und den Fagstein direkt beleuchtet, erkennt man das Wirrwarr an Rotkalkbändern und riesigen, scheinbar darin schwimmenden Dachsteinkalkblöcken. Die Fagstein-Olistolithmasse ist demnach in sich stark zerschert und miteinander verwürgt und bildet eine Megabrekzie im Ausmaß eines kleinen Berges.

Jedoch ist damit die Geschichte noch nicht ganz zu Ende erzählt: am scharf zugeschnittenen, übergrünten Grat der Hohen Rossfelder, der sich wie ein breiter Finger gegen die Fagstein-Westwand legt, kann der Kontakt zwischen karminroten, mergeligen Kieselkalken der Sillenkopf-Formation zu einer Brekzie aus Dachsteinkalken und Rotkalken beobachtet werden. Das bedeutet, dass der bereits
Profil 6 im Lias beckenwärts geglittene Fagstein während der Sedimentation der Sillenkopf-Formation im Oberjura ein zweites Mal gravitativ ins gleichnamige Becken geglitten ist – sozusagen als "polyphaser" (= mehrphasiger) Olistolith. Hier sind jedenfalls noch weitere detailliertere Untersuchungen vonnöten, um den verwirrenden synsedimentären und tektonischen Rahmen zu schärfen.

6 Abstieg zur Priesbergalm

Da es aufgrund der Steilheit wenig ratsam erscheint, über den abschüssigen, teilweise ausgesetzten Aufstiegsweg zum Farrenleitenkopf wieder abzusteigen, wenden wir in der Scharte unter dem P. 1867 m an einer deutlichen Verzweigung des schmalen Steiges nach links und steigen den Hang in Richtung der bewaldeten
77a Hochfläche (seit Langem verfallene Rotspielalm) ab.

Entlang der Pfadspur stehen mergel- und fossilreiche Rotkalke der Adnet-Formation an, die zahlreiche abgerundete, oft angelöste Kalkklasten enthalten. Hin und wieder findet sich auch ein klein-
77b wüchsiger Ammonit.

Trockene Bedingungen sind auf diesem Wegabschnitt sehr von Vorteil, weil sich gerade dieser steilere Abschnitt ansonsten in eine lange Schlitterpartie wandelt. Die Wegfindung auf dem grasigen Hang im offenen Gelände stellt hier jedoch kein Problem dar. Hingegen ist tiefer in der bewaldeten und von zahlreichen Felsrippen durchzogenen Hochfläche zwischen Rotspielscheibe und der Nordflanke des Fagsteins etwas Gespür und Orientierungssinn gefragt. Obgleich sich der Weg niemals verliert, ist er doch gerade im Hochsommer von Bergrosenfeldern, Farnen und wucherndem Breitwegerich
78a stellenweise stark verwachsen.

Wir wandern durch den Irrgarten an Klippen aus grauem Dachsteinkalk mit Rotkalkspalten. Überall bietet sich das gleich Bild.

Wer sich auf der bisherigen Exkursion ein wenig eingesehen hat, dem wird es nicht schwer fallen, weitere fossilreiche
78b Rotkalk-Partien zu finden – so unscheinbar sie auch auf den ersten Blick sein mögen.

Für die Querung des gestuften Plateaus benötigen wir etwa 30 Minuten; zuletzt geht es über eine moorige Wiese mit einigen zurechtgelegten Holzstämmen als "Wat-Hilfe" durch den Morast.

Grund für die Staunässe sind hier teilweise stark mergelige Adneter Rotkalke und mergelig-kieselige Sequenzen der unterjurassischen Allgäu-Formation.

Der Steig erreicht eine markante Steilstufe, an der wir bergwärts entlang gehen und tiefer auf den grünen Weiden einige Almhütten erkennen können.

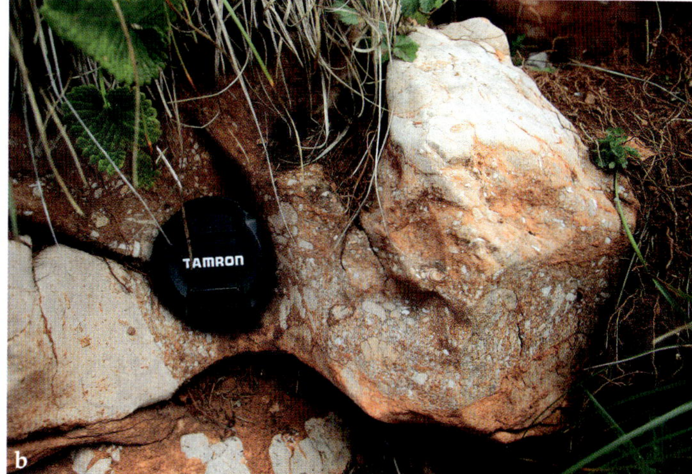

Abb. 78. a. Der Steig ist nicht immer auf den ersten Blick zu finden, verliert sich aber niemals zwischen dem unwegsamen Gelände. Dachsteinkalke sind allgegenwärtig, aber auch Rotkalke – die sich einmal mehr oft erst auf den »zweiten Blick« als fossilreich erweisen (b). Zu erkennen sind zahlreiche überkrustete Komponenten (Onkoide), Seelilien-Stielglieder, Muschelschalen und ein kleiner kugeliger Ammonit im Querschnitt (rechte zentrale Bildhälfte).

Dieser felsige Absatz wird von tektonisch reduzierten und einem deswegen relativ geringmächtigen Band aus Dachsteinkalken gebildet. Es gibt lediglich einen schmalen, rampenartigen Durchlass, den unser Pfad bergab nutzt und auf etwa 1600 Metern Höhe auf den von links kommenden Steig von den Hohen Rossfeldern trifft. Unmittelbar unter den Dachsteinkalken stehen oberjurassische, braune Radiolarite der Ruhpolding-Formation an: wieder haben wir einen Zeitsprung von der Obertrias in den tiefen Oberjura gemacht, der sich durch eine weitere, diesmal westgerichtete Abschiebung erklären lässt. Da in weiterer Folge zähe Mergel der Allgäu-Formation anstehen, steigen wir zu den nahen, aussichtsreichen Priesbergalmen in sukzessive ältere Schichtfolgen ab.

Die Priesbergalm, eine weit offene, der Watzmann-Ostwand über der tiefen Furche des Königssees genau gegenüberliegende große Weidefläche, trägt einige Hütten und Almen.

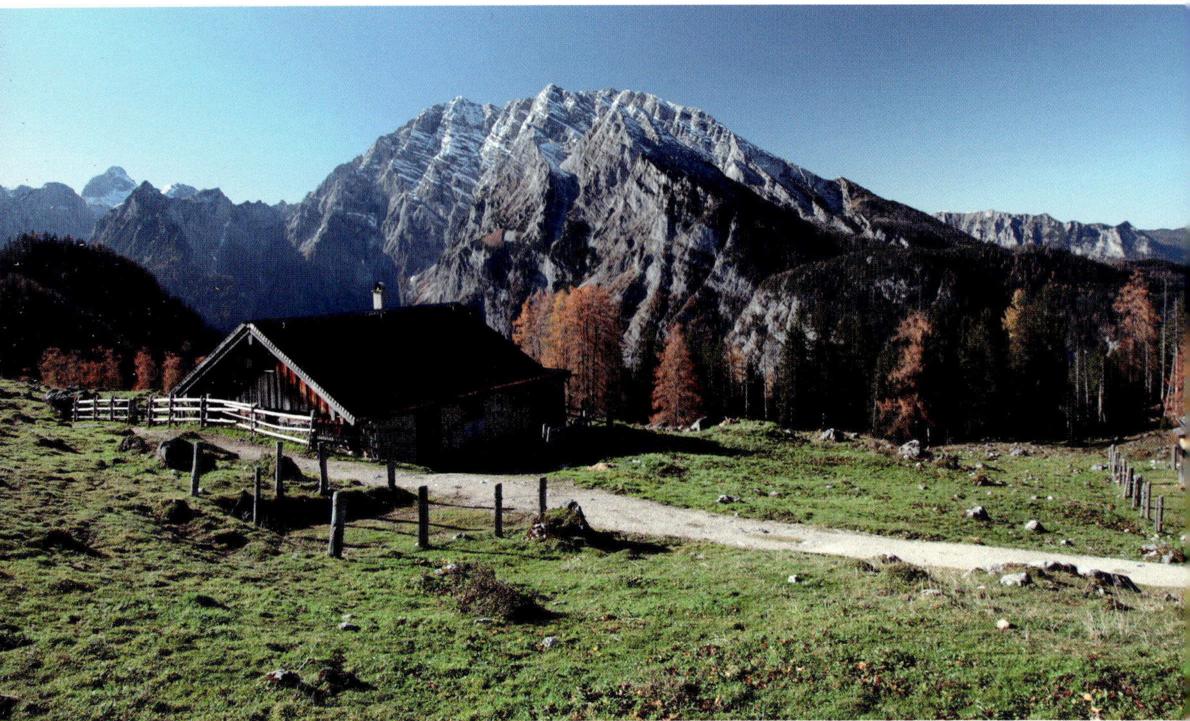

Abb. 79. Die Priesbergalm vor der Watzmann-Ostwand.

Die meisten sind in Privatbesitz, die Alm neben einer kleinen Bergwachthütte ist im Sommer einfach bewirtschaftet. Bei einem Radler und einer sehr empfehlenswerten Almjause – oder einem selbstgemachten Kuchen – ist eine kleine Rast beinahe obligatorisch. Sofern zu den Glücklichen zählt, die an solch schönen Tagen einen der Plätze auf der kleinen Terrasse ergattern konnten.

Ab hier liegen über den jurassischen Sedimenten stein- und blockreiche Seitenmoränen-Sedimente des würmzeitlichen Königssee-Gletschers. Auf der Weidefläche sehen wir zahlreiche, bis zu 3 Meter große Blöcke. Es handelt sich hier um erratische Blöcke, die der Königssee-Gletscher aus dem südlichen Hagengebirge und vor allem dem Steinernen Meer antransportierte. Die untere Almhütte markiert dabei in etwa den Gletscher-Höchststand während des letzten Glazials. ("LGM – Last Glacial Maximum") auf knapp 1450 Metern. Diese Linie der maximalen Eisüberdeckung ist auf der weitgehend baumfreien Fläche sehr gut zu erkennen – oberhalb fehlen die erratischen Blöcke zur Gänze.

7 Die Sillenköpfe und das Priesberger Moos

79 Von den Priesbergalmen mit dem beindruckenden Blick auf die gegenüberliegende Watzmann-Ostwand halten wir uns auf dem breiten Fahrweg nach Norden und beginnen den Abstieg.

Noch vor der untersten bewirtschafteten Almhütte auf 1435 Metern Höhe stehen links neben dem Forstweg bergseitig dreckigbraune bis rötlich-violette Mergel an, die sich erst bei genauerem Hinsehen als ausgelaugtes permotriassisches Haselgebirge entpuppen. Diese Lithologie würde man nach der Wanderung zwischen obertriassischen bis jurassischen Abfolgen nicht wirklich erwarten. Die Erklärung liegt einmal mehr in der allgegenwärtigen Tektonik: Dazu muss man wissen, dass die Überschiebung der Berchtesgaden-Decke (Untersberg, Lattengebirge und Reiteralm) von Süden nach Norden über das Tirolikum hinweg "unterwegs" ein paar Schollen "verloren" hat. Die meisten größeren davon liegen als triassische Deckenklippe im südlichen Hagengebirge und im Steinernen Meer (siehe Exkursion N, Q und vor allem R), aber auch hier liegt ein solcher "tektonischer Findling".

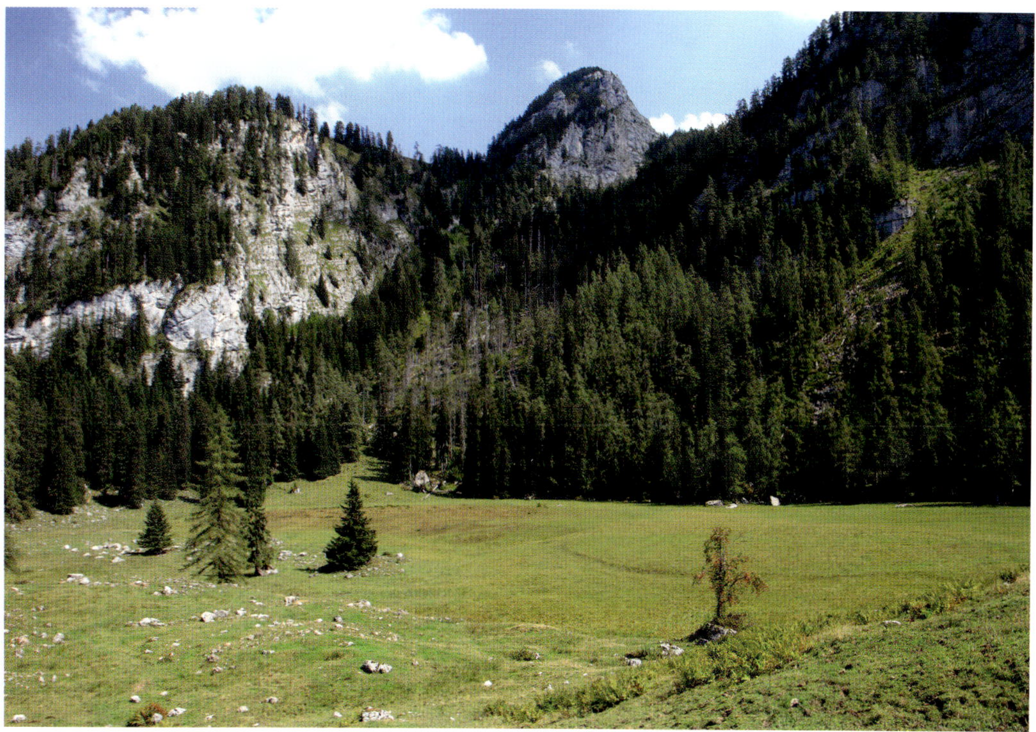

Abb. 80. Das Priesbergmoos unter Farrenleitenkopf (links) und Rotspielscheibe (Bildmitte). Die sanft gewölbte Hochmoorfläche ist durch seine leichten Braunschattierungen gut zu erkennen.

Das ganze Gebiet rund um die Sillenköpfe und das benachbarte Priesbergmoos bis zum Abbruch des Wasserpalfens ins Königsbachtal gehört zur als "Sillenkopf-Deckenscholle" bezeichneten Klippe, die das Haselgebirge als weiches, verformbares und deswegen gleitfähiges Medium konturiert. Es zieht sich von unserem Standpunkt aus über einen kleinen, nordostwärts führenden Graben bis ins Priesbergmoos und ist mit seinen wasserstauenden Eigenschaften maßgeblich an dessen Entstehung beteiligt. Nordwestlich und nördlich der Sillenköpfe findet sich mitteltriassischer, stark tektonisierter Ramsaudolomit über Haselgebirge. Der Untergrund dieser Berchtesgadener Deckenscholle findet sich an den nahen Sillenköpfen.

Nach besagter letzten kleiner bewirtschafteter Almhütte rechts des Fahrweges beginnt in einer ausgeprägten Rechtskurve ein kleiner Steig, der nach etwa 100 Meter nahe an den bewaldeten, unscheinbaren Hügel führt.

Unter entwurzelten Bäumen stehen auf der Nordwestflanke violettfarbene bis hellkarminrote karbonatische Radiolarite an, die auffallende Ähnlichkeit mit der am Beginn der Exkursion gesehenen mergelig-kieseligen Tauglboden-Formation haben. Vor geraumer Zeit wurde gar eine eigene Formation definiert ("Sillenkopf-Formation", siehe Missoni & Gawlick 2004), weil das Spektrum an enthaltenen Komponenten – ortsfremde kalkalpine Lithologien als kleinere und größere olistolithische Gleitschollen – nicht zur Gänze mit jenem der Tauglboden-Formation verglichen werden kann. Der Sillenkopf-Formation liegt demnach ein anderes Liefergebiet, ein anderer Ablagerungsraum und folglich eine andere Topographie zugrunde. Glaubt man der Interpretation der oben genannten Autoren, wurde die tief oberjurassische Sediment-Matrix im "Sillenkopf-Becken" sedimentiert, das seinerseits durch eine submarine Schwelle ("Trattberg-Schwelle", benannt nach einem Gipfel in der Salzburger Osterhorngruppe) vom Tauglboden-Becken im Norden getrennt war. Die Zufuhr an unterschiedlich großen Lithoklasten kam dabei von einer südlich gelegenen Plattform und erklärt

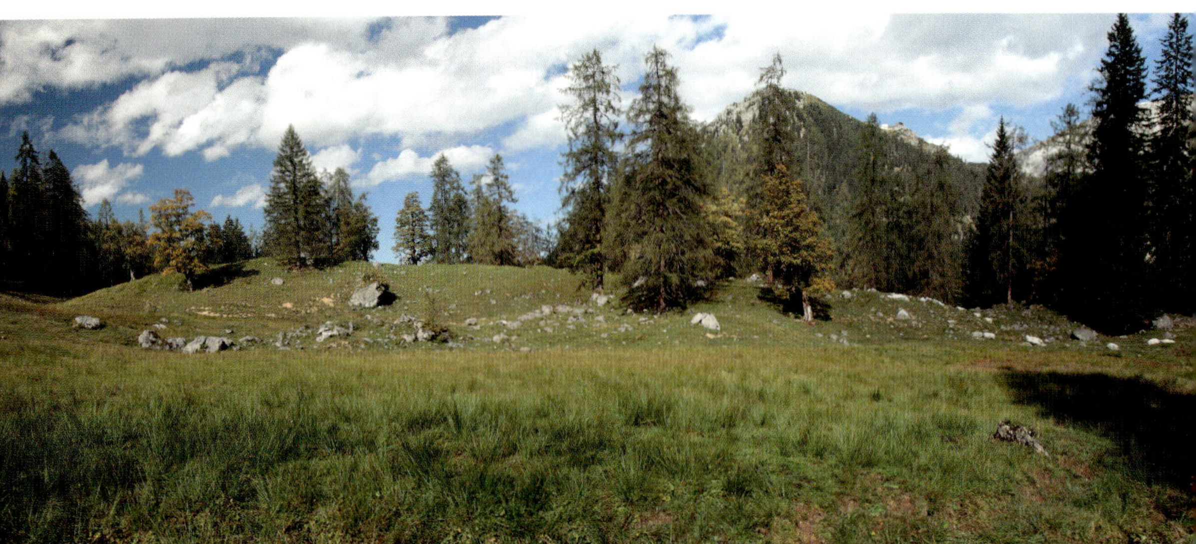

Abb. 81. Kleine blockführende Seiten- und Rückzugsmoränen eines kleineren Lokalgletschers, der im letzten Glazial das flache Becken des Priesberger Mooses ausfüllte.

die abweichende Zusammensetzung. Man muss dazu sagen, dass die Aufschluss-Bedingungen seit der Erstpublikation – Orkan "Lothar" hatte im Winter des Jahres 1999 mit zahlreichen Windwürfen kräftig nachgeholfen – die Aufnahme eines Typprofils an der Südseite des Hügels gestatteten und dem unscheinbaren Sillenkopf immerhin ein vom Bayerischen Landesamt für Umwelt gelistetes Geotop (Nr. 8444GT015002) eingebracht haben. Seit Orkan Lothar hat sich die Vegetation natürlich erholt und die einstmals guten Ausbisse sind heute weitgehend überwachsen.

Nach besagter Rechtskurve kommen wir weiter absteigend in offenes Almgelände und erreichen nach etwa
80 10 Minuten Gehzeit ab der letzten Almhütte das Priesberger Moos unter Farrenleitenkopf und Rotspielscheibe.
Letztere wirkt von hier wie ein unnahbarer felsiger Klotz.

Auch an dieser Stelle ist im Geotop-Kataster des Bayerischen Landesamtes für Umwelt ein Geotop ausgewiesen (Nr. 8444GT015003), handelt es sich mit knapp 7,2 Hektar um die größte zusammenhängende Moorfläche des Nationalparks. Das Feuchtgebiet liegt auf einer Trogschulter des glazial übertieften Königssee-Tals und setzt sich im Wesentlichen aus Quell- und Flachmooren sowie einer uhrglasartig gewölbten Hochmoorfläche zusammen. Kleine trichterartige Moordolinen zeigen einen verkarsteten Untergrund, der hier aus ausgelaugtem Haselgebirge besteht. Gespeist wird das Moor vorwiegend aus Regen- und Bergwasserzuflüssen. Diese Zwitterstellung zwischen Grundwasser- und Regenwassermoor versucht man auch durch die Bezeichnung als "soli-ombrogene Hochmoor" zu verdeutlichen. Das Priesberger Moos enthält eine seltene Flora, die ihm bei Botanikern eine herausragende überregionale Bedeutung gibt. Die Moorflächen sollten deswegen von botanisierenden und geophilen Wanderern gleichermaßen nicht betreten werden!

Die zahlreichen in der Nähe des Mooses umherliegenden Steine und größeren Blöcke bestehen aus Dachsteinkalk dürften Sturzblöcke sein, die aus den Westwänden von Farrenleitenkopf und Rotspielscheibe brachen und auf einen kleinen Lokalgletscher stürzten, der den kleinen Kessel des Priesber-
81 ger Mooses erfüllte. Einige flache Seiten- und Rückzugswälle liegen unmittelbar links des Weges.

8 Brandkopf-Deckenscholle

Knapp unterhalb des Priesberger Mooses liegt eine der Berg-Brennhütten der Enzianbrennerei Grassl (im Sommer kann man dort Hochprozentiges direkt vom Erzeuger genießen). Kurz danach treffen wir auf den Fahrweg vom Stahlhaus, der uns links hinab ins Königsbachtal bringt. Dieser Wegabschnitt sollte uns vom Anstieg ins

Königstal bekannt sein – von hier wandern wir in einer gemütlichen dreiviertel Stunde Gehzeit zurück zur Mittelstation der Jenner-Bergbahn. Natürlich darf man anschließend gemütlich zum Ausgangspunkt der Wanderung ins Tal zurückschweben – es gäbe jedoch noch einen geologisch durchaus interessanten, wenig begangenen Abstiegsweg, der ebenfalls zum großen Parkplatz am Königssee zurückführt.

Dazu geht man links um den großen Bau der Mittelstation herum und folgt einem breiten Forstweg, der nach Norden zum Parkplatz Hinterbrand geleitet. Wir queren die steile Piste des Krautkaserfeldes und wandern hinab zu einer Wegkreuzung, an der wir uns geradeaus abwärts durch dichten Bergwald halten. Der breite Wanderweg quert einen Lawinenstrich und verzweigt sich nochmals, wobei wir hier den linken, weiter talwärts führenden Weg wählen (rechts geht's zum Parkplatz am Hinterbrand). Der Weg verläuft durch eine steile, bewaldete Flanke mit erdigbräunlich verwitternden kieseligen Kalkmergeln der Tauglboden-Formation.

Wie am Ausgangspunkt unserer Exkursion, befinden wir uns auch jetzt wieder in jurassischen Beckensedimenten des Tirolikums, in die der über uns liegende Göll-Deckenkomplex eingeglitten ist. Dessen Stirnbereich an der sogenannten Brettgabel knapp 700 Höhenmeter über und einiges an Strecke östlich von uns besteht aus einer saiger bis invers gelagerten obertriassisch-unterjurassischen Abfolge aus Dachsteinkalken und Adneter Rotkalken. Diese als "Stirnfalte" ausgebildete Struktur ist ganz ähnlich zu jener am benachbarten Dürreckberg, der eingehend in Band 40, Exkursion H, 8 beschrieben wird.

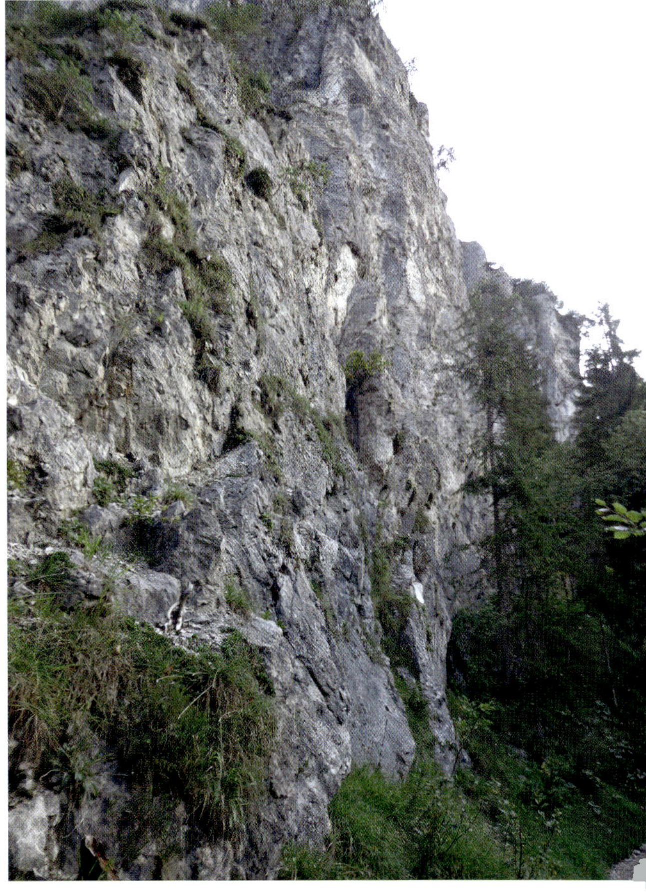

Abb. 82. Querung unter der Südflanke des Brandkopfes. Der Steig verläuft auf mit Hangschutt überdecktem Haselgebirge, daneben steht massiger Ramsaudolomit.

In nur wenigen Gehminuten erreichen wir einen flachen Wiesensattel nahe der Fahrstraße vom Faselsberg zum Parkplatz Hinterbrand.

Von hier lässt sich der Brandkopf mit seiner wundervollen Aussicht über den Königssee und die umliegenden Gebirgsstöcke in wenigen Minuten besteigen (siehe auch Band 40, Exkursion E, 9).

Für den weiteren Abstiegsweg halten wir uns links. Dieser beginnt über einen steilen Waldhang mit unruhigem Relief in zahlreichen kleinen Kehren abzusteigen.

Ursache der unruhigen Morphologie ist im Untergrund liegendes, permotriassisches Haselgebirge mit zahlreichen kleineren auflagernden, ineinander verkeilten Gleitschollen. Das Haselgebirge ist in diesem Bereich nur unzureichend, und wenn, dann in kleinen Gräben und Anrissen erschlossen. Es begleitet uns den weiteren Wegverlauf bis unter die 100 Meter hohe, jäh aufragende Südflanke des *82*
Brandkopfes. Dieser besteht zur Gänze aus massigem, kleinklüftigem mitteltriassischem Ramsaudolomit. Lokal sind an dessen Basis kleine Vorkommen von untertriassischen Werfener Schiefern unmittelbar über ausgequetschtem Haselgebirge erschlossen. Dieses findet sich schön aufgeschlossen *Profil 5*
am Ende der Querung der Südflanke des Brandkopfes in einem Graben. Hier finden sich auffallend hellrot gefärbte Gipsklasten in der dunkelgrau bis schwarzgrauen Haselgebirgs-Mergelabfolge (Band 40, Abb. 11). Das enthaltene Salz ist oberflächennah längst ausgelaugt.

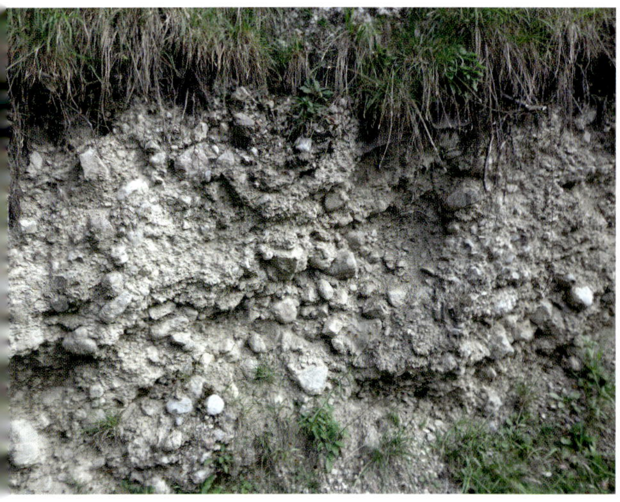

◁ *Abb. 83. Verfestigtes Konglomerat unmittelbar bergseits des Steiges unter der Südwestflanke des Brandkopfes.*

Offenbar bietet sich am Brandkopf eine ganz ähnliche Situation wie zuvor am Priesberger Moos und den Sillenköpfen beschrieben. Der kleine Berg aus Ramsaudolomit liegt als isolierte Gleitscholle der Berchtesgaden-Decke auf juvavischen Haselgebirge, das einmal mehr als Gleitbahn fungiert hat. Haselgebirge und Brandkopf-Scholle ihrerseits liegen auf Tauglboden-Formation – die Eingleitung ins Tauglboden-Becken geschah demnach wie bei der Sillenkopf-Deckenscholle im frühen Oberjura. Sequenzen der Tauglboden-Formation liegen nur wenige Meter vom Hasel-

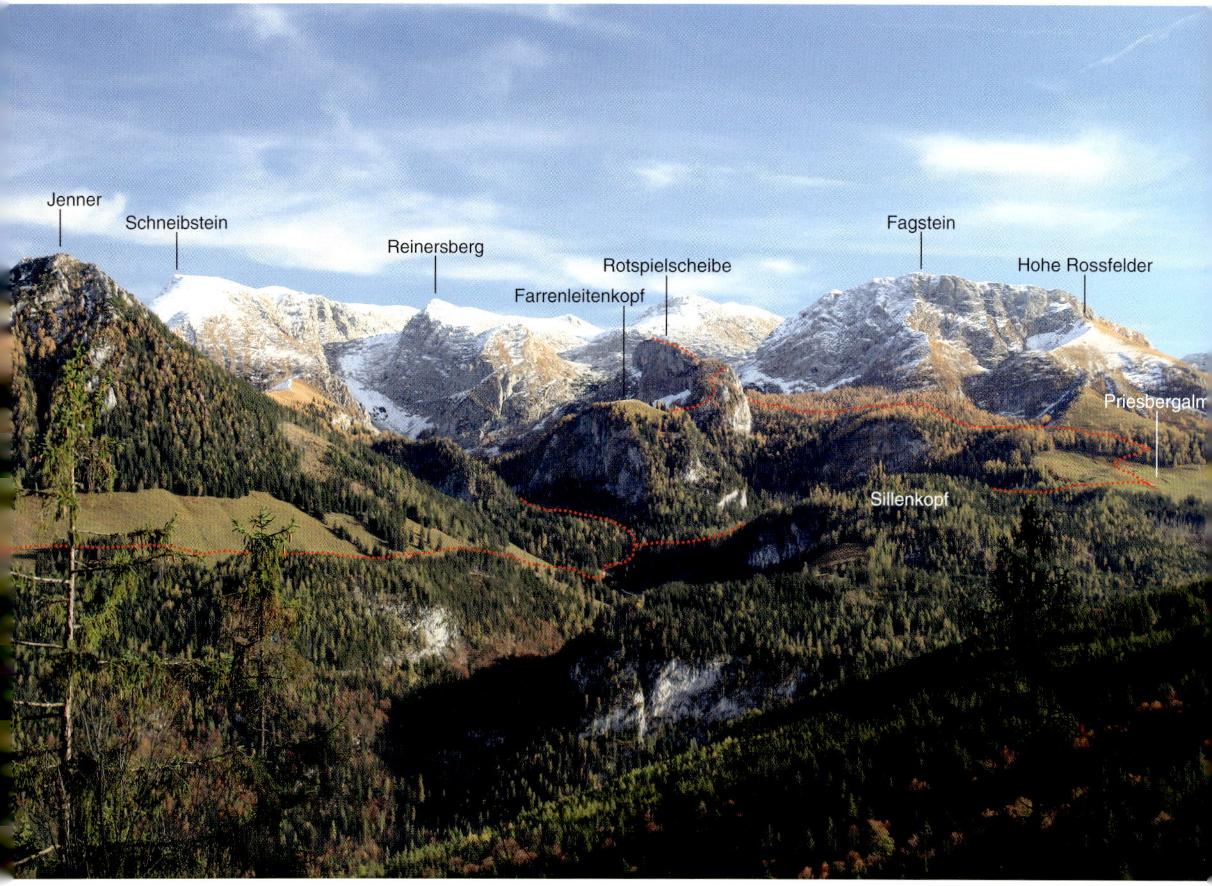

Abb. 84. Vom Grünstein auf der anderen Seite des Königssees (wird von Exkursion C in Band 40 erreicht), haben wir einen guten Überblick der Exkursionsroute M vom Jenner-Westhang zu Rotspielscheibe, Priesbergalm und dem kleinen Sillenkopf.

gebirge entfernt als gut geschichtete, dünn- bis mittelbankige, kieselige Kalkmergel im Bachbett des Krautkasergrabens (Band 40, Abb. 30).

Dort, wo der schmale Steig aus der Querung der Brandkopf-Südwestflanke heraustritt, sind unter dem brüchig-bröseligen Ramsaudolomit noch tektonisierte Dachsteinkalke erschlossen. Hier lagert die mitteltriassische Brandkopf-Deckenscholle unmittelbar dem obertriassischen tirolischen Untergrund auf. Gleich danach erschließt der Steig bergseits ein verfestigtes Konglomerat, das aufgrund 83
der zahlreichen gerundeten bis gut gerundeten kalkalpinen Komponenten als ?frührißzeitlicher Vorstoßschotter (ähnlich der Brekzie am Hochlenzer, siehe Exkursion H, 4 “Hochlenzer-Brekzie”) gedeutet werden könnte – geeignete Datierungen fehlen allerdings auch hier bislang.

Nur wenige Meter nach dem kleinen Konglomerat-Aufschluss gelangen wir in überdeckende würmzeitliche Moränen-Ablagerungen, die sich im weiteren Wegverlauf bis hinab an die Basis des Krautkasergrabens erstrecken. Hier erreichen wir bei einem kleinen Hochbehälter das Ende des Brandkopfweges, der steil aus dem Wald heraus in bebautes Gebiet führt. Ziemlich genau an dieser Stelle setzt ein großer Schwemm-, Mur- und Schuttfächer an, der mit nur geringem Gefälle über die Richard-Voss-Straße und die Jennerbahnstraße bis zum bereits sichtbaren Parkplatz am Königssee führt.

Literatur

DELNEGRO, W. (1958): Der Deckenbau der Salzburger Kalkalpen.- Verh. Geol. B.-A., 86–89, Wien.

HAHN, H. D. (1985): Die Geologie des Hagengebirges zwischen Torrener Joch, Fagstein und Windschartenkopf (Berchtesgadener Alpen).- Diplomarbeit Philipps-Universität Marburg, 113 S., 68 Abb., 10 Anl., Marburg [unveröffentlicht].

LANGENSCHEIDT, E. (2021): Erläuterungen zur Geologischen Karte 1:25 000 Nationalpark Berchtesgaden – Stand Oktober 1997– Eigenverlag,119 S., Vilshofen.

MISSONI, S., & H.-J. GAWLICK (2004): Definition of the Sillenkopf-Formation in the Sillenkopf Basin (Late Jurassic, Northern Calcareous Alps. – Ber. Inst. Erdwiss. K.-F. Univ. Graz, 9: 275–277, Graz.

N Auf der “Reibn” – Große Runde vom Königssee über das Hagengebirge zur Gotzenalm

Wegstrecke: Jenner Bergstation (Auffahrt mit der Jennerbahn) – Jennergipfel – Schneibsteinhaus – Pfaffenkegel – Scheffelspitze – Schneibsteinhaus (Übernachtung) – Schneibstein – Windschartenkopf – Schlumkopf – Seeleinsee – Hochgschirr – Regenalm – Gotzenalm (Übernachtung) – Warteck und Feuerpalfen – Gotzentalalm – Büchsenalm - Königsbachalm – Hochbahn – Königssee.

Geologie: Torrener Joch-Zone – Dachsteinkalke mit fossilreichen Rotkalkspalten – Karsthochfläche Hagengebirge – Groß-Störungszone Hochgschirr-Landtal – alte Landschaftsoberflächen an Gotzenalm und Hohem Laafeld – Resedimente am Laafeld – Dachsteinkalk-Olistolith in Tauglboden-Formation am Büchsenkopf.

Für die streckenweise (hoch)alpine Unternehmung (etwa 30 km Länge, 1600 Höhenmeter im Aufstieg, ca. 2500 Höhenmeter im Abstieg) sollte man – ausgestattet mit Trittsicherheit und einigem an Bergerfahrung – nur während stabilem Bergwetter durchführen und zwei Übernachtungen an Schneibsteinhaus und Gotzenalm einplanen. Da beide Schutzhütten an schönen Wochenenden der Hochsaison (Juli bis September) sehr gut besucht sind, ist eine telefonische Vorreservierung oder via Internet (Schneibsteinhaus: https.//www.alpsonline.org; Gotzenalm: www.huetten-holiday.com) obligatorisch! Bei Regen wird die Überquerung des nördlichen Hagengebirges schnell ungemütlich bis undurchführbar – besonders bei Hochnebel und schlechten Sichtverhältnissen ist von dieser Unternehmung dringend abzuraten (auf weiten Strecken kein Handynetz für den Notfall)! Bei einem Schlechtwettereinbruch ist Kartenlesen und der Umgang mit dem Kompass sehr von Vorteil. Unabhängig vom Wetter wird die Mitnahme von gutem, knöchelhohem Schuhwerk und ausreichend Trinkwasser (keine Quelle vom Schneibsteinhaus bis zur Gotzenalm!) dringend angeraten!

Ausgangs- und Endpunkt für die dreitägige Tour ist der große Parkplatz am Dorf Königssee, der unübersehbar am Ende der B 20 von Berchtesgaden in Richtung Königssee liegt (gebührenpflichtig). Verläuft in der Kernzone des Nationalparks Berchtesgaden.

① Auf den Jenner

Für den ersten Tag unserer langen Unternehmung empfiehlt sich ein Aufbruch erst am frühen Nachmittag – die letzten Gondeln der im Jahr 2019 zur Gänze neu erbauten modernen Seilbahn fahren in den Sommermonaten der Hochsaison (Juli bis September) gegen 16.00 Uhr. Das hat den Vorteil, dass der Großteil der Tagestouristen bereits wieder in Täler und Quartiere zurückgeschwebt ist oder dies bald tun wird. So kann man die beeindruckenden Aussichten von dort oben relativ störungsfrei und in gebührender Bergstille genießen – und darüber hinaus hat man bessere Chancen, auch an schönen Tagen am riesigen Königssee-Parkplatz auch tatsächlich einen Stellplatz fürs eigene Auto zu bekommen.

Vom Parkplatz sind es nur wenige hundert Meter bis zur Talstation der Jennerbahn, die uns schnell und nahezu geräuschlos zur Bergstation auf etwa 1800 Meter Höhe bringt.

Auf dem Weg nach oben gewinnen wir beindruckende Ein- und Tiefblicke in den sich langsam weitenden Berchtesgadener Talkessel. Besonders der Watzmann mit seinen wuchtigen Ostabstürzen zur tiefen Furche des Königssees wird sicherlich die meiste Aufmerksamkeit erregen.

Von der Bergstation bis zum nahen Jennergipfel (1874 m) sind es lediglich ein paar Gehminuten.

Trotz der vielleicht fortgeschrittenen Tageszeit und gerade, weil es vom Jenner absteigenderweise bis zum Schneibsteinhaus nur 30 Gehminuten sind, sollten wir uns einen Aufstieg nicht entgehen lassen. Geologisch betrachtet erreichen wir auf dem Weg zum Gipfel eine markante lithologische Grenze: Während die Seilbahnstation auf feinklüftigem, tektonisch stark beanspruchtem "Karnisch-

Abb. 85. Übersichtskarte der Exkursion Ⓝ – nördliches Gebiet (Geodatenbasis: Bayerische Vermessungsverwaltung 2010-14244).

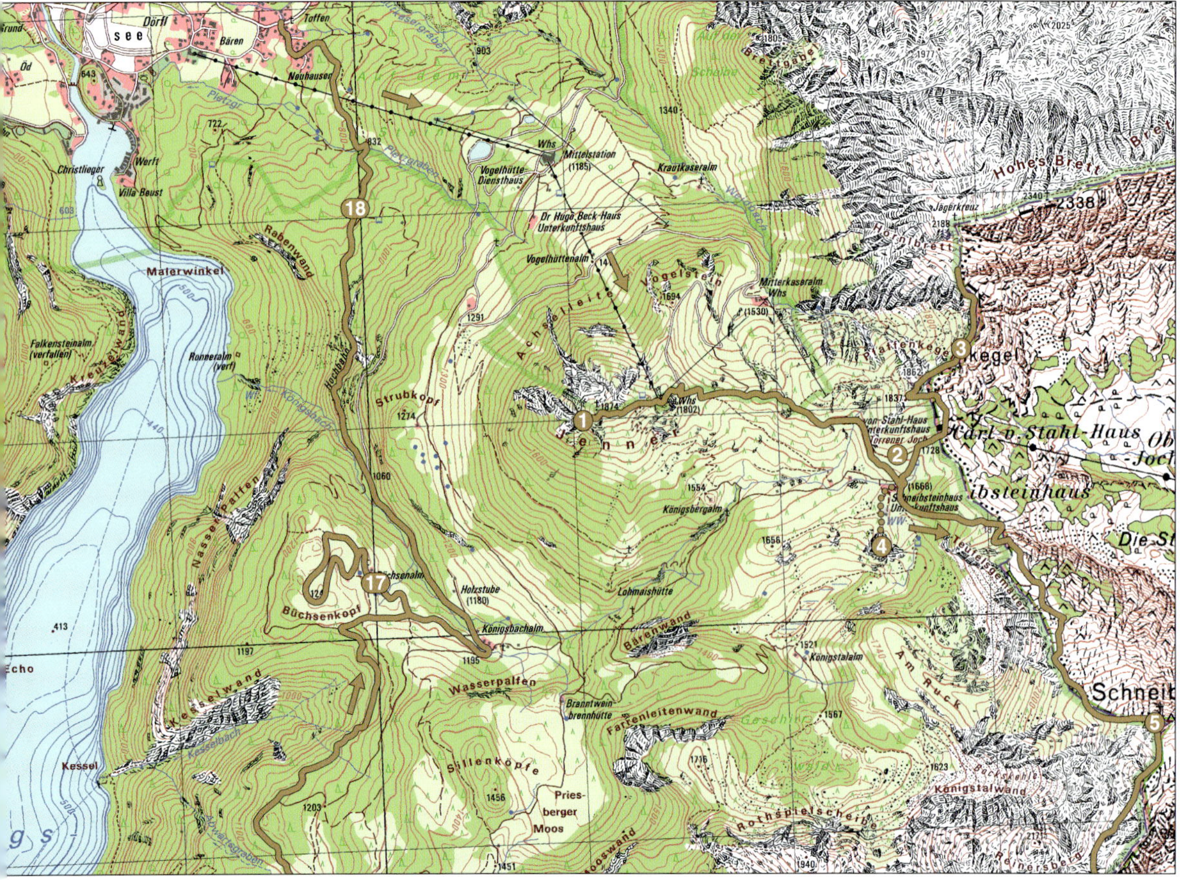

Norischen Dolomit" (Berchtesgadener Pendant zum Hauptdolomit) erbaut ist, der verhältnismäßig schnell zu weißlichgrauem, bröselig-erdigem Grus zerfällt, gehen wir die letzten Meter zur geräumigen Aussichtsplattform unter dem Jennergipfel an Felswänden mit massigem bis schlecht gebanktem, deutlich härterem Dachsteinkalk in einer Art fossilreicheren Rückriff-Fazies entlang. Normalerweise liegt der Karnisch-Norische Dolomit unter dem Dachsteinkalk, verzahnt nur in seinem oberen Bereich mit seinen tieferen Sequenzen und bildet den Sockel der Gebirgsstöcke wie an Watzmann und dem benachbarten Hochkalter. Hier am Jenner jedoch kommt der Kontakt durch eine steilstehende Störung zustande und ist rein tektonischer Natur.

Der Blick von der einfach erreichbaren Aussichts-Plattform und vom Jenner auf die Szenerie rund 89
um den Königssee spricht für sich: Die fjordartig eingeschnittene, stahlblaue Wasserfläche des Königssees liegt knapp 1250 Meter unter uns. Im Mittelgrund und immer noch 600 Meter tiefer als unser
Standpunkt, sehen wir die kuppige Hochfläche des Büchsenkopfes, den wir übermorgen im langen
Abstieg von der Gotzenalm erreichen werden. Über dieser Szenerie zieht die Watzmann-Ostwand
mit ihrer Basis aus Karnisch-Norischem Dolomit und Dachsteinkalk als Gipfelbildner alle Blicke auf
sich. Hirschwieskopf und Großer Hundstod, die bei Exkursion O beziehungsweise bei Exkursion Q
erreicht werden, nehmen sich links davon geradezu bescheiden aus. Wenden wir uns nach Osten über 90
die von hier nicht mehr sichtbare Bergstation der Jennerbahn, sehen wir zur Linken einen breiten,
massigen Gipfel, der bezeichnenderweise "Hohes Brett" (2338 m) genannt wird. Jenseits der breiten
Einsattelung des Torrener Jochs, unter dem wir bereits mit dem Schneibsteinhaus unser Tagesziel
erkennen können, liegt der Schneibstein, unser erster Hagengebirgs-Gipfel für den morgigen Touren-

Abb. 86. Übersichtskarte der Exkursion N – südliches Gebiet (Geodatenbasis: Bayerische Vermessungsverwaltung 2010-14244).

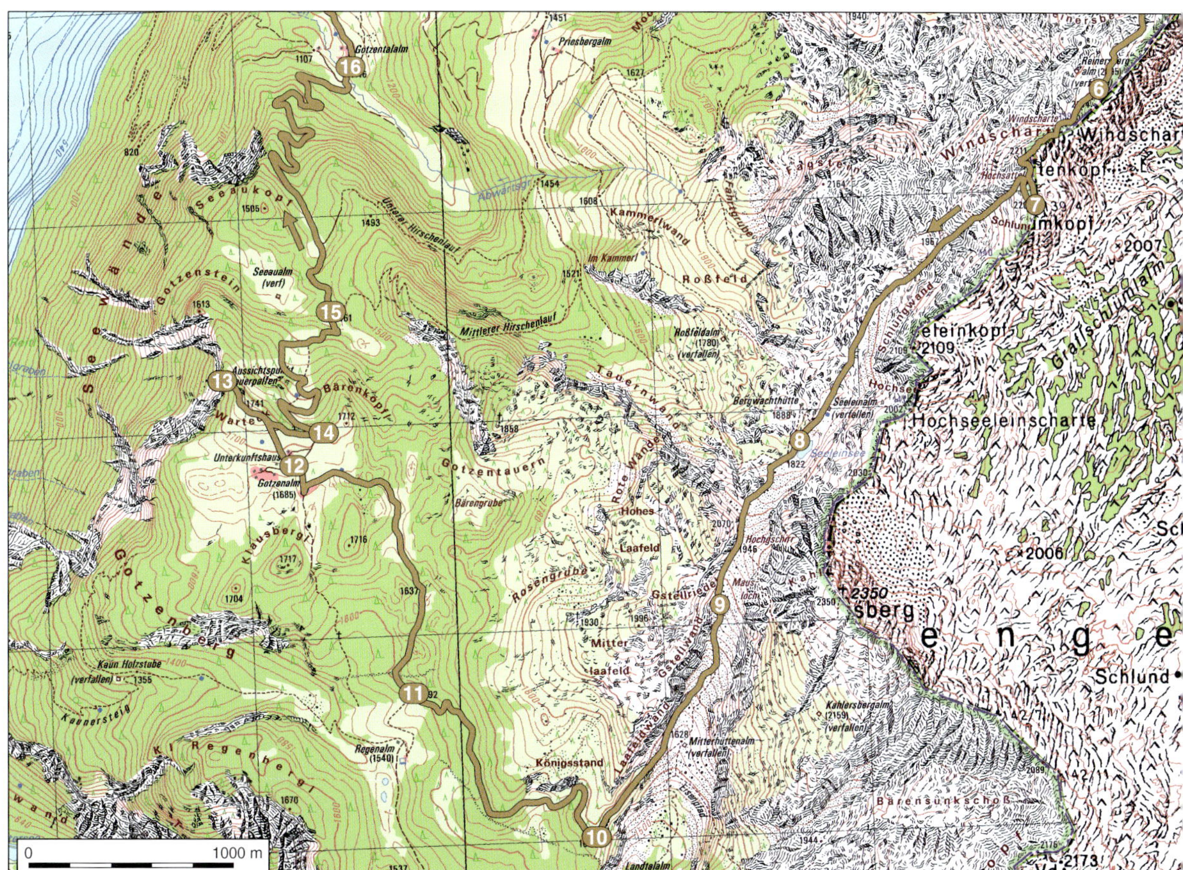

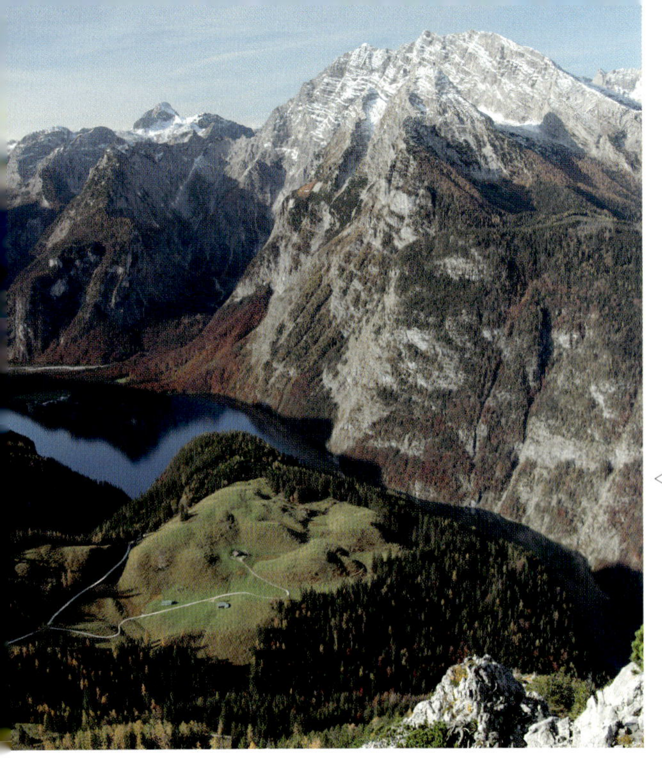

tag. Das Torrener Joch zwischen Schneibstein und Hohem Brett selbst ist namensgebend für eine hochkomplexe geologische Struktur, in der wir uns heute beim "Abendspaziergang" noch bewegen werden.

◁ *Abb. 89. Tiefblick von der Aussichtsplattform knapp unter dem Jennergipfel zum Königssee und St. Bartholomä auf der Halbinsel Hirschau (nahe dem linken Bildrand). Der überschneite Gipfel links neben dem Watzmann ist der 2594 Meter hohe Große Hundstod, der bei Exkursion Q erreicht wird. Der übergrünte, im Herbstlicht scharf reliefierte flache Berg tief unter uns ist der Büchsenkopf, der am dritten Tag unserer Exkursion erreicht und geologisch »enttarnt« wird.*

Abb. 87. Geologische Karte der Exkursion N – nördliches Gebiet (Geodatenbasis: Bayerische Vermessungsverwaltung 2010-14244), Legende siehe Abb. 2 und 3 auf Seite 9 und 10.

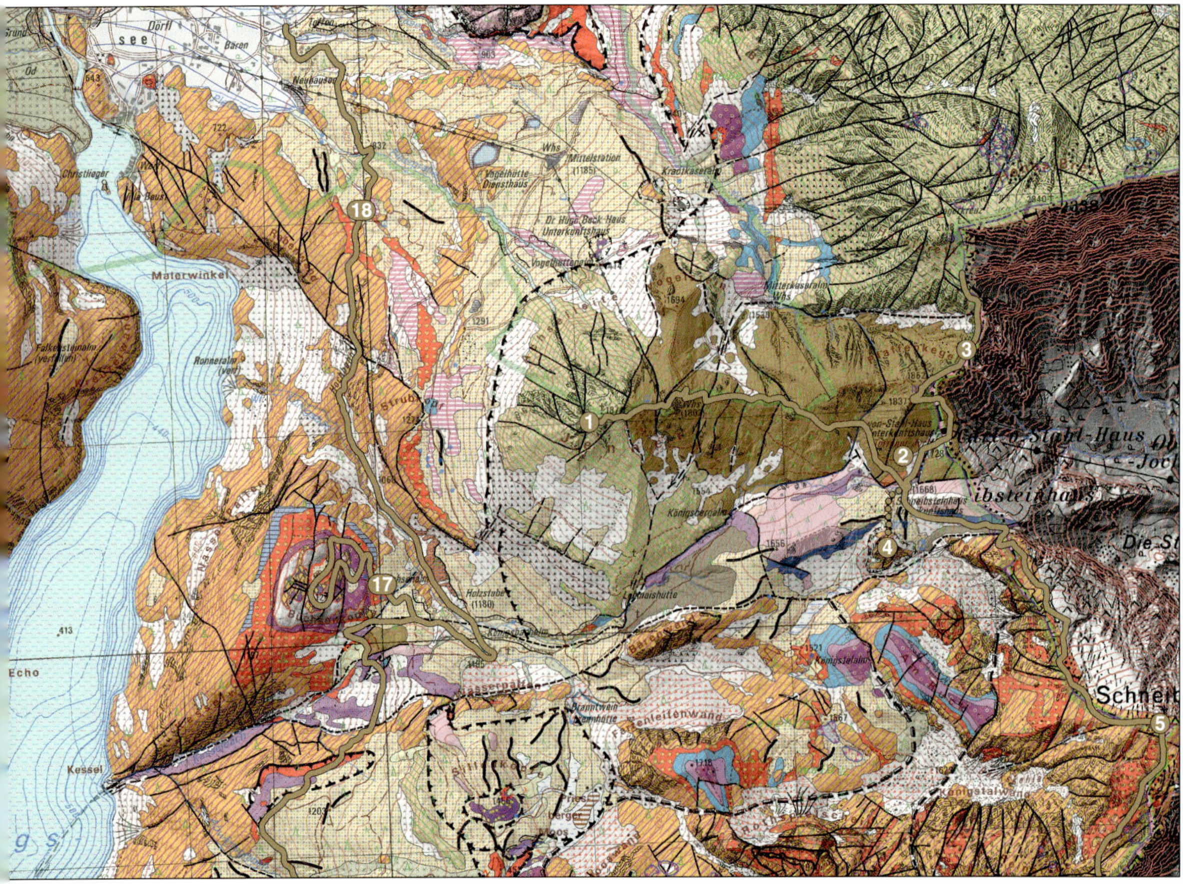

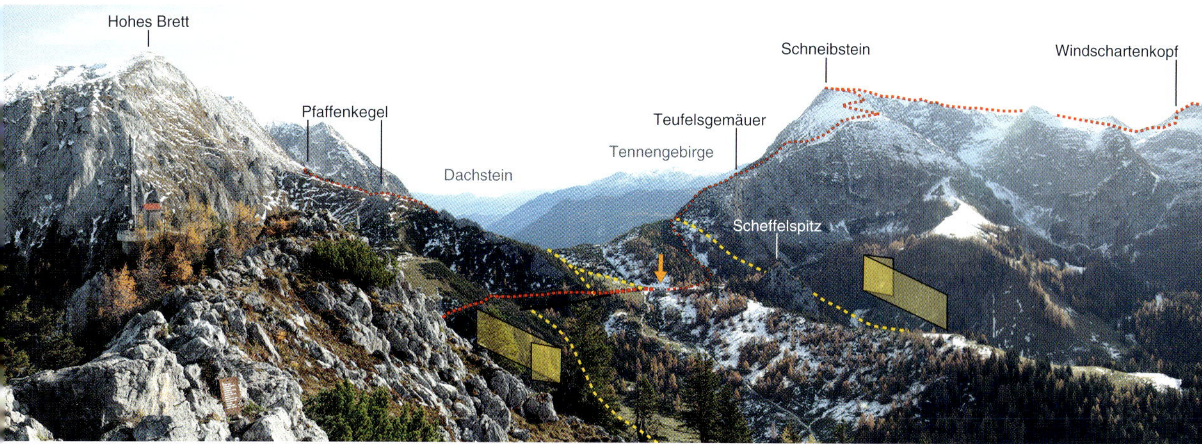

Abb. 90. Blick vom Jenner-Gipfel nach Osten zum tief eingeschnittenen Torrener Joch zwischen Hohem Brett (2338 m) und Schneibstein (2276 m). In diesem Bereich liegt die geologisch kochkomplexe Torrener-Joch-Zone, von gelb gepunkteten Linien (teilweise tektonisch durch Störungen versetzt) konturiert. Der orangefarbene Pfeil markiert das Schneibsteinhaus und die rot gepunkteten Linien geben den Routenverlauf für heute Abend beziehungsweise morgen Vormittag wieder.

Abb. 88. Geologische Karte der Exkursion (N) – südliches Gebiet (Geodatenbasis: Bayerische Vermessungsverwaltung 2010-14244), Legende siehe Abb. 2 und 3 auf Seite 9 und 10.

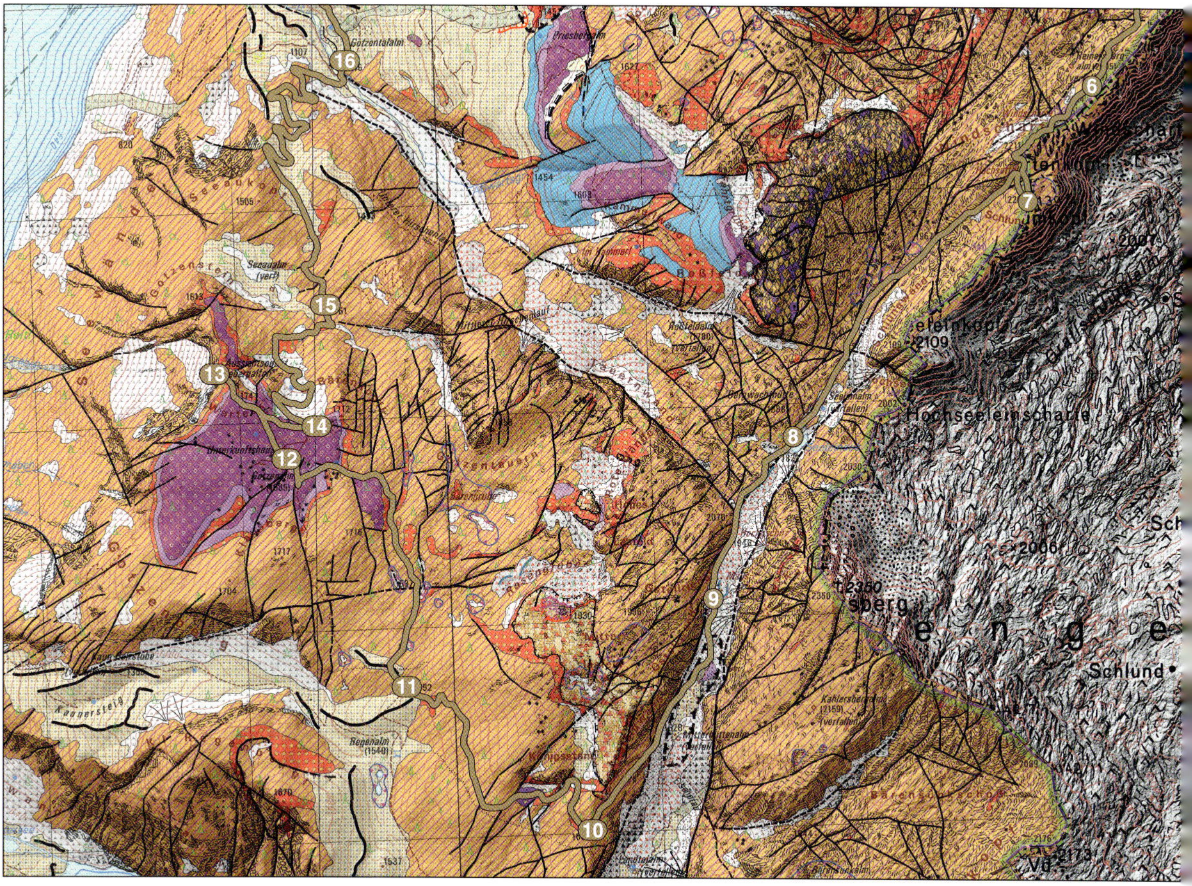

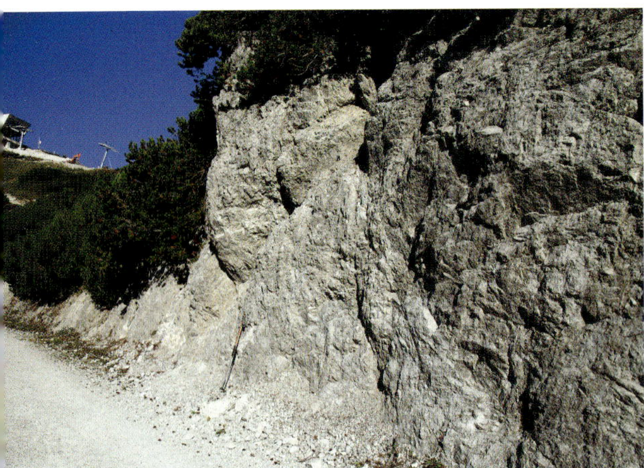

Abb. 91. Massige, stark tektonisierte und feinklüftige Varietät der Karnisch-Norischen Dolomite.

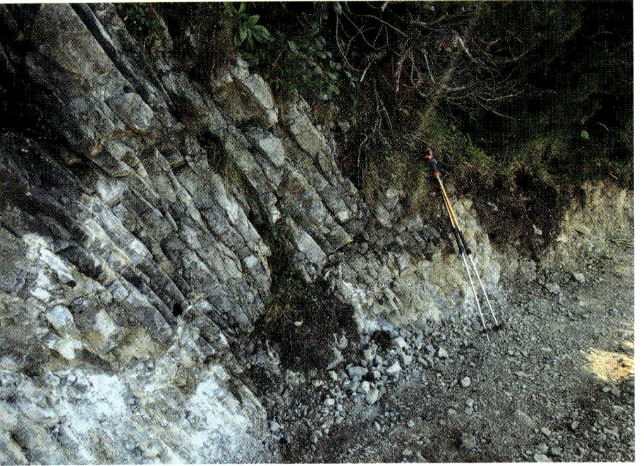

Abb. 92. Dünnbankige Varietät der Karnisch-Norischen Dolomite.

2 Die "Torrener-Joch-Zone" – eine kleine tektonische Lehrstunde

Wieder zurück an der Bergstation gehen wir den anfangs steilen, im Winter als schmale Skipiste genutzten Rücken hinab.

Die hier anstehenden, hellen und stark tektoni- 91
sierten Kalke gehören ebenfalls dem Karnisch-
Norischen Dolomit an.

Der Wegverlauf führt bald nach rechts ins obere Königsbachtal hinab. An einer Weggabelung halten wir uns rechts in Richtung Schneibsteinhaus – links leicht aufwärts geht es zum Stahlhaus und zum Torrener Joch.

Nahe einer dünnbankigen Varietät des Karnisch- 92
Norischen-Dolomits öffnet sich erstmals der Blick
hinab ins Königsbachtal mit seinen Lärchen-
Bergwäldern, die sich im Spätherbst ab Mitte
Oktober gerade hier so wunderbar gelb färben. 93

An dieser Stelle mit Aussicht wird es höchste Zeit, einige Worte über die zuvor schon angesprochene und in Abb. 90 farblich herausgehobene Torrener-Joch-Zone (kurz: TJZ) zu verlieren. Wie bereits in Band 40, Kapitel 6 kurz angesprochen, ist die TJZ nur Teil eines weitaus größeren Störungssystems, namentlich der "Königssee-Lammertal-Traunsee-Blattverschiebung" (kurz KLT-Störung, nach DECKER et al. 1994, siehe auch Band 40, Abb. 45). Diese durchschneidet als sinistrale Großstörung die Nördlichen Kalkalpen von West-Südwest nach Ost-Nordost auf knapp 110 Kilometern Länge und wurde höchstwahrscheinlich in ihrer Gesamtheit im Miozän vor knapp 25 Millionen Jahren angelegt, als es infolge des Nord-Süd-gerichteten Kompressionsdrucks und der Kollision des jungen Alpen-Orogens mit dem "Südalpen-Intender" (Adriatische Platte) zu Ost-West-gerichteten Ausgleichsbewegungen (sogenannten "Fluchtbewegungen") kam. Die TJZ liegt nahe am westlichen Ende dieser Großstörung. Ihren Anfang nimmt diese mit der "Eisgraben-Flower-Structure" im Wimbachgries zwischen Watzmann und Hirschwieskopf (Exkursion O), durchschneidet den Nationalpark Berchtesgaden über das Nord-Süd-gerichtete Störungssystem des Königsseebeckens hinweg in Ost-Nordost-Richtung und geht im nördlichen Hagengebirge in die Torrener-Joch-Zone über. Hier an dieser Stelle des Zubringerweges vom Jenner zum Schneibsteinhaus (kleine Holzbank, Aussichtspunkt) wird sie durch eine jüngere, lokale dextrale Seitenverschiebung um etwa 150 Meter nach Nordwest versetzt, sodass wir, wenn wir in Richtung Watzmann-Ostwand schauen, ziemlich genau im Fluchtpunkt der Störungszone stehen (Abb. 93). Die Furche des Königsbachtales lässt sich in Gedanken über das Königsseebecken mit dem Eisgraben verlängern, der links neben der Watzmann-Ostwand in die Einschartung zwischen Watzmann-Südspitze und dem kleinen, gedrungen wirkenden Hirschwieskopf zieht.

Die zeitliche Entwicklung der tektonisch stark beanspruchten und zerscherten sinistralen Lateralverschiebung der Torrener-Joch-Zone ist in Abb. 94 dargestellt. In ihrer primären Anlage dürfte sie wohl bereits im ausgehenden Lias als Seitenverschiebung aktiv gewesen sein, denn sie bildet im

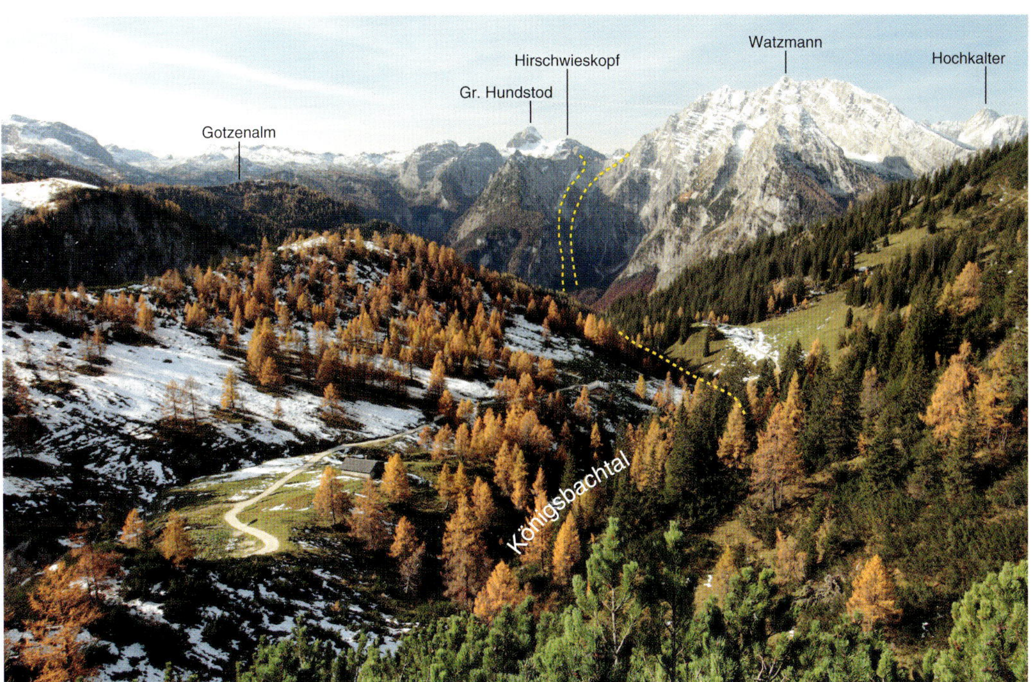

Abb. 93. Herbststimmung über dem Königsbachtal nach einem Wintereinbruch im Oktober. Die Torrener Joch-Zone zieht genau unter uns hinab in Richtung Königssee und tritt als »Eisgraben Flower-Structure« zwischen Watzmann-Ostwand und dem Hirschwieskopf (tiefste Einschartung links neben dem Watzmann-Massiv) wieder zutage (siehe auch Exkursion O*). Auch der überschneite, sanfte Moränenbuckel in der Bildmitte vor der Gotzenalm links im Hintergrund gehört ebenfalls noch in die Torrener Joch-Zone.*

Unteren Lias eine Faziesgrenze zwischen Hagengebirge auf ihrer südlichen, beziehungsweise dem Jenner-Göll-Gebiet auf ihrer nördlichen Seite: so sind Hornstein-Knollenkalke der tiefliassischen Scheibelberg-Formation südlich der Torrener-Joch-Zone faktisch nicht überliefert, sehr wohl aber *Profil 6*
nördlich davon, beispielsweise am Büchsenkopf. Durch die während des Lias fortschreitenden Seitenverschiebungen bildete sich im westlichen Hagengebirge ein Pull-Apart-Becken (Schemaskizze *94a*
vgl. mit Band 40, Abb. 42) aus. Mit diesen extensionalen Bewegungen stehen entsprechende synsedimentäre Gleitschollenbewegungen sowie Mega-Olistolithe in Verbindung, die am Westrand des Hagengebirges vorkommen. Diese werden wir im Laufe unserer Hagengebirgs-Teilüberschreitung auch an mehreren Stellen sehen können (siehe auch Exkursion M).

Bis zum Oberen Jura kam es mit der Sedimentation unter- und mitteljurassischer Allgäu-Formation sowie Radiolariten der Ruhpolding-Formation zu einer schrittweisen Absenkung unseres Gebietes in lichtlose Tiefen eines Ozeans. Ab der Sedimentation der oberjurassischen Tauglboden-, beziehungsweise Strubberg-Formation setzten im Zuge der frühalpidischen Gebirgsbildung gravitative Gleitschollenbewegungen ein, die neben den Hornsteinkalken als Hintergrundsedimentation auch kleinere und größere Komponenten älterer, aufgearbeiteter permotriassischer Lithologien mit sich *94b*
führten (siehe auch Band 40, Kapitel 6). Gerade das Lithologie-Spektrum von Tauglboden- und Sillenkopf-Schichten als "sedimentäre Marker" im Berchtesgadener Raum spielt insofern eine entscheidende Rolle, weil sie sich nicht nur hier in der Torrener-Joch-Zone, sondern auch an der Basis des Göllmassivs weiter nördlich finden und bezeugen, dass ganze Gebirgsmassive wie der Hohe Göll in dieses tiefe Becken eingeglitten sind. Ihre Reste finden sich auch in weiteren, ähnlich gearteten Deckenschollen verteilt im Steinernen Meer (siehe Exkursionen Q und R) und lassen dort auf ähnliche Schollen und/oder deckenartige Eingleitungen schließen.

Beendet war diese "chaotische" sedimentäre Phase wohl im ausgehenden Oberjura mit der Sedimentation der Oberalm-Formation. So versiegeln beispielsweise rund um den Hohen Göll diese feinen Kalkstein-Schichten die entsprechenden tektonischen Grenzen. Besonders schön zu sehen am Kehlstein-Gipfel (Band 40, Abb. 32) oder am Eckerfirst (Band 40, Exkursion I), aber auch hier nahe der Torrener-Joch-Zone am Südhang des Hörndlbrettes: die dort in Resten anstehende Grobbrekzie werden wir bei einem nachmittäglichen Spaziergang ab dem Schneibsteinhaus besuchen.

Zusammengefasst kann also die zeitliche Entwicklung und Entstehung der olistolithischen Eingleitungen in die Torrener-Joch-Zone mit dem Zeitbereich von Oberem Mitteljura (Callovium) bis Oberem Jura (Tithonium) recht genau eingegrenzt werden. Ab der Unterkreide bis ins Neogen (Miozän) wurde das Wirrwarr von oberjurassischen Beckensedimenten und den darin enthaltenen, unterschiedlich großen Gleitschollen durch die immer mehr an "Fahrt aufnehmende" alpine Gebirgsbildung mit einer sich steigernden Nord-Süd-gerichteten Kompression noch deutlich stärker tektonisch über-
94c prägt, verfaltet, zerschert und mitunter bis zur Unkenntlichkeit verwürgt. Bei der letztendlichen Entstehung der "Königssee-Lammertal-Traunsee-Blattverschiebung" in ihrer heutigen Form wurden alte liassische Bruchzonen wieder reaktiviert und Teile der Füllung des Tauglboden-, beziehungsweise Sillenkopf-Beckens samt seinen olistolithischen Gleitschollen in einer schmalen Muldenstruktur zusammengequetscht und in einem konvergenten, sinistralen Blattverschiebungsduplex erhalten. Dieser Bereich wird deswegen auch "Torrener-Joch-Duplex" genannt (DECKER et al. 1994). Und so kommt es, dass Bereiche der olistolithischen Tauglboden-Füllung in der vergleichsweise schmalen Zone der TJZ sehr stark tektonisch beansprucht sind, wohingegen andere Bereiche bis heute nahezu unverändert vorliegen. Beispiele hierfür ist die in Exkursion M beschriebene
94d "Sillenkopf-Scholle" und der bereits angesprochene Büchsenkopf, den wir übermorgen im Zuge unserer Exkursion erreichen werden.

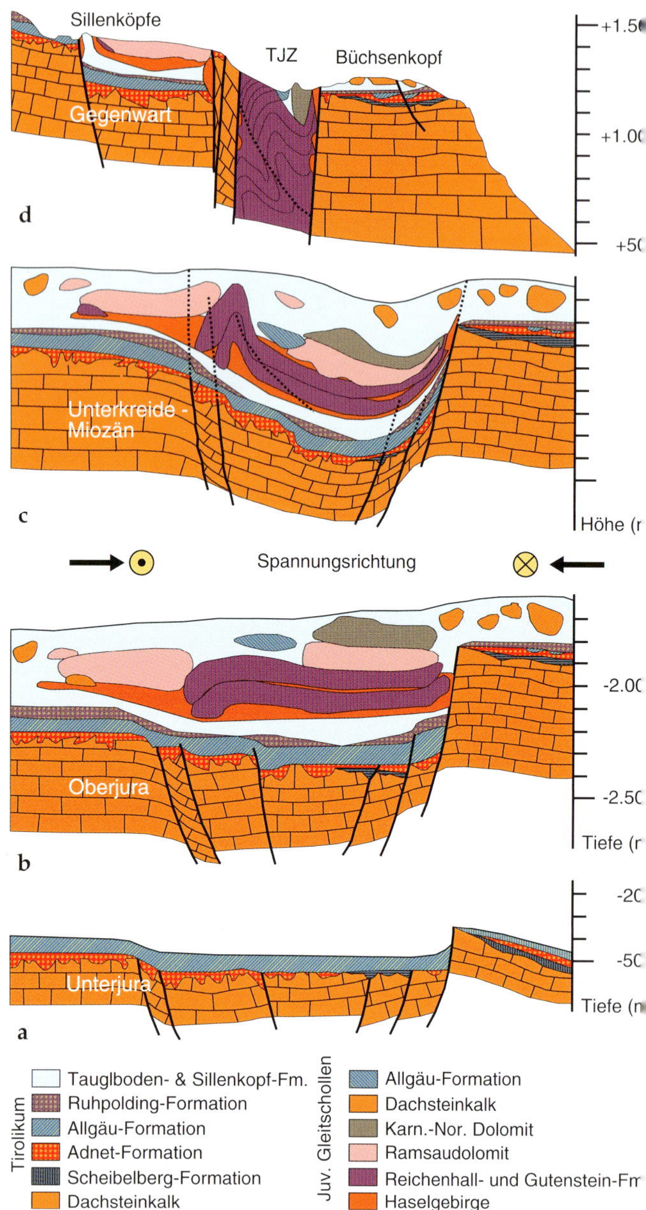

Abb. 94. Interpretation der tektonischen und sedimentären Ereignisse vom Unterjura bis zur Gegenwart. Die Schnittlage führt von Südwest nach Nordost, ungefähr von der Position der Priesbergalm (Exkursion M) zum Büchsenkopf (verändert nach BRAUN 1998).

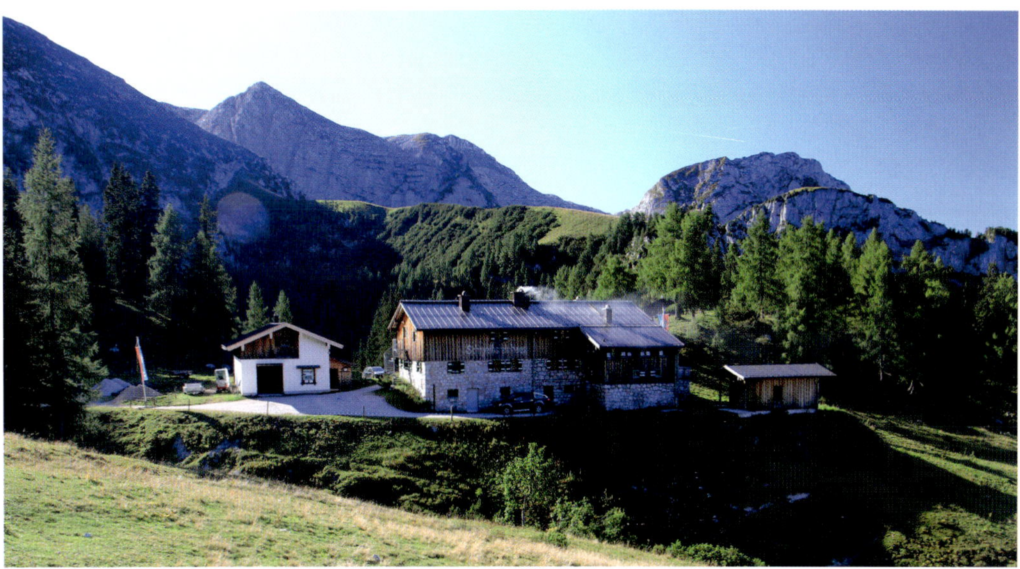

Abb. 95. Das Schneibsteinhaus mit Reinersberg (2171 m), Fagstein (2164 m) und Rotspielscheibe (1940 m) im Hintergrund.

Die tektonische Zugehörigkeit der Torrener-Joch-Zone zum Tirolikum ist hiermit in diesem Rahmen ausreichend geklärt, doch dieses Verständnis gab es nicht immer. In älteren Werken wurde sie aufgrund dort aufgefundener, mittels Conodonten biostratigraphisch eindeutig datierbarer triassischer Hallstätter Kalke zum Juvavikum gestellt. Heute weiß man, dass die Hallstätter Kalke ebenfalls kleine Fremdgesteins-Gleitschollen in der oberjurassischen Beckenfüllung darstellen. Man kann die TJZ auch als – wenn auch tektonisch stark überprägtes – sedimentäres Unterlager zum nahen Göll-Deckenkomplex ansehen, dessen stratigraphisches Spektrum bis an die Basis der Trias reicht. So beschreibt BRAUN (1998) neben all dem tektonischen Chaos auch konkordante, dass heißt sedimentär vollständige Sequenzen vom permotriassischen Haselgebirge bis in die Obertrias der Dachstein-Karbonatplattform.

Nach dieser geologisch-tektonischen Lehrstunde heißt es vor allem: durchschnaufen! Von der Aussichtsbank
queren wir in wenigen Minuten bis zum Schneibsteinhaus hinüber. 95

Unsere Unterkunft auf 1685 Metern Höhe bietet alle Annehmlichkeiten eines alpinen Stützpunktes: nette Wirtsleute, eine rustikale Stube und eine aussichtsreiche Terrasse im Grünen – und eine ausgezeichnete bayerische Küche gibt's obendrauf.

3 Pfaffenkegel

Der hier vorgeschlagene nachmittägliche Spaziergang zum Pfaffenkegel kann mit leichtem Gepäck unternommen werden.

Vom Schneibsteinhaus gehen wir links oberhalb entlang des meist trockenen Bachbettes in Richtung Carl-von-Stahl-Haus.

Auffallend ist die flache, beinahe sanfte Morphologie der Freifläche, die nach oben in den Latschengürtel zieht. In diesem Bereich entspringen mehrere unergiebige Quellen, unter anderem die heute stillgelegte alte Quelle des Schneibsteinhauses. Die Austritte markieren den oberflächlich nicht eindeutig sichtbaren Ausbiss eines geringmächtigen Bandes wasserstauender nordalpiner Raibler Schichten, die hier in stratigraphisch korrekter Position das stratigraphisch Liegende des Karnisch-Norischen Dolomits bilden, deren Basis jedoch wahrscheinlich von der nahen Lateralstörung der Torrener-Joch-Zone amputiert wurde.

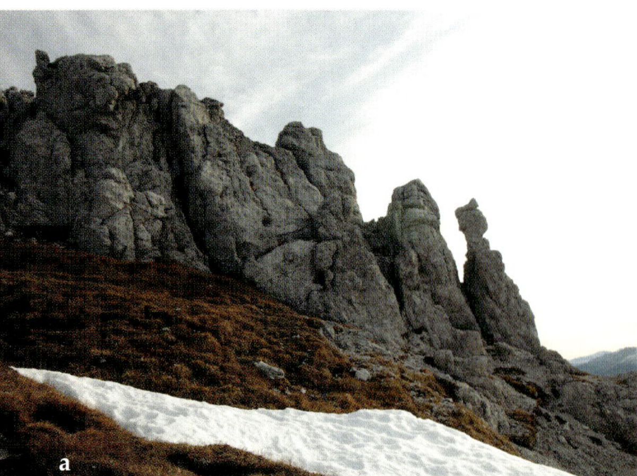

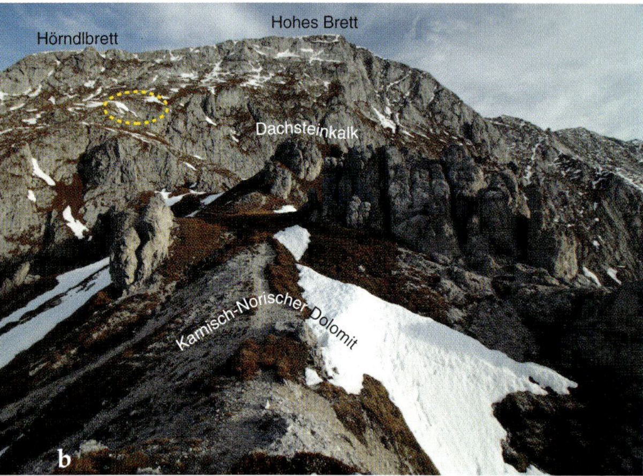

Abb. 96. a. Die skurril geformten Pfaffenkegel aus Karnisch-Norischem Dolomit unter dem Hohen Brett. b. Blick nach Norden gegen das Hörndlbrett und das Hohe Brett. Das gelbe Oval kennzeichnet die Grobbrekzie in Abb. 97.

Das Stahlhaus selbst steht auf Karnisch-Norischem Dolomit erbaut und liegt nördlich der TJZ.

Der Steig zum Pfaffenkegel (gelber Wegweiser "Hohes Brett") beginnt hinter der stattlichen, erst im Jahr 2011 komplett umgebauten Alpenvereinshütte und gewinnt entlang den Abbrüchen zum Bluntautal schnell an Höhe.

Stets die Südwände von Hohem Brett und Großem Archenkopf mit teilweise frischen Bergstürzen vor Augen, durchsteigen wir die monotonen, massigen Dolomitkalk-Sequenzen, die erst knapp vor Erreichen der Gratanhöhe in einer dünnbankigen Variante zutage treten (ähnliche Ausprägung wie in Abb. 92).

Auf etwa 1850 Metern Höhe erreichen wir einen überraschend flachen Gratabschnitt: Hier verwittert der Karnisch-Norische Dolomit zu bizarr geformten
Türmchen und Felspfeilern und kleinen sandigen 96
Ebenen.

Auf dem Rücken lässt es sich gut rasten oder einfach schauen – beispielsweise zum allgegenwärtigen Watzmann mit seiner Ostwand, dem Gipfelgewirr des Steinernen Meeres oder dem nahen Jenner. Von unserem Standpunkt wirkt er wie eine ebenmäßig geformte Pyramide. Oder zum gegenüberliegenden Schneibstein, dem Ziel für den morgigen Vormittag.

Wir können es hier gut sein lassen, oder aber weiter bis zur höchsten Erhebung der Pfaffenkegel (1926 m) steigen, die nahe den steilen Abbrüchen des Hörnlbrettes steht.

Die nördlich dahinter gelegene Einschartung lässt Karnisch-Norischen Dolomit an Dachsteinkalk angrenzen. Der scharf geschnittene lithologische Wechsel hier ist jedoch nicht sedimentär, sondern verdankt seine Anlage einer großen, Ost-West-verlaufenden Störung, die vom Mitterkaser entlang der Basis der Südflanke des Hörndlbrettes in gerader Linie zu uns führt.

Der Steig zum Hohen Brett quert geradewegs zu diesen Felsabbrüchen – hier wird der Grat schmäler, überwindet jedoch in einigen kurzen Felspassagen die knapp 20 Meter hohe Wandstufe.

Eingeschuppte Rotkalke der Adnet-Formation zeigen, dass in an dieser nördlichen Parallelstörung der Torrener-Joch-Zone eher der stratigraphisch oberste Abschnitt der Dachsteinkalk-Sequenz gegen die liegenden Karnisch-Norischen Dolomite trifft.

Wir ersteigen hinter der schmalen Scharte mit den Rotkalken und einer Störungsbrekzie das erste Steilstück aus verkarsteten Dachsteinkalken, bis sich der Hang etwas zurücklegt.

Ab knapp 2000 Meter Höhe verläuft der Steig in einem erdigen, auffallend bunten Mischmasch aus unterschiedlichen Gesteinen: es finden sich gelbliche Rauhwacken, fahl violettfarbene Kalkmergel der Tauglboden-Formation und hellgraue, stark aufgearbeitete und gerundete Dachsteinkalke. Die Lösung: es ist eine Störungsbrekzie, die diskordant auf obertriassischem Dachsteinkalk mit Spaltenfüllungen aus unterjurassischen Rotkalken der Adnet-Formation aufliegt. Ab 2020 Meter Höhe ist sie rechts
über dem Steig bestens erschlossen: zunächst fallen gerundete, metergroße Komponenten auf, die in 97

einer Art Grobbrekzie angeordnet sind. Auf den ersten Blick fügt sich dieses unruhige Schichtbild in die dickbankige Dachsteinkalk-Sequenz ein, aber erst bei näherem Hinsehen fällt auf, dass viele Dachsteinkalk-Komponenten verkieselt sind und neben selteneren roten Adneter Kalken auch tiefjurassische Crinoidenspatkalke (Hierlatzkalke), grünliche Hornsteine sowie Mergelgesteine der obertriassischen Zlambach- und der unterjurassischen Allgäu-Formation vorkommen. Die nur spärliche Matrix im komponentengestützten Gefüge besteht aus ockerfarbenen und zum Teil grünlichen fossilarmen Mergeln. Nach BRAUN (1998) handelt es sich bei der Brekzie um eine postorogene Versiegelung der Torrener Joch-Zone gegen den bereits ins Tauglboden-Becken eingeglittenen Göll-Deckenkomplex – zeitlich ist ihre Anlage in den Oberen Jura und zur Oberalm-Formation zu stellen. Ähnliche und lithologisch eindeutigere Vorkommen von ungestörtem Kontakt obertriassischer Dachsteinkalke zu oberjurassischen Oberalmer Kalken finden sich rund um das Göll-Massiv, so auf der Gipfelkuppe des Kehlsteins und besonders schön erschlossen an der Eckenleiten oberhalb des Purtschellerhauses (siehe Band 40, Exkursion 1).

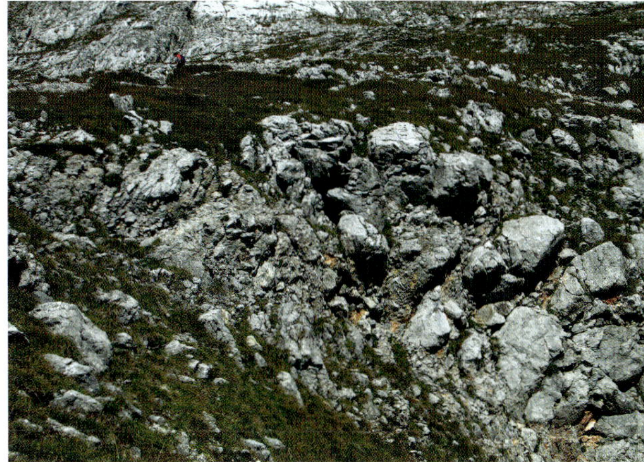

Abb. 97. Grobbrekzie am Fußweg vom Stahlhaus zum Hohen Brett (2015 m).

> Wer sich fit genug fühlt und das Wetter stabil bleibt, kann den Steig über das Hörnlbrett und das Jägerkreuz noch weiter gehen bis aufs Hohe Brett. Von hier bis zum Gipfel braucht man noch eine knappe Stunde – im Ausstieg zum Hörndlbrett ("Am Jägerkreuz") sind allerdings einige ausgesetzte Querungen und leichte Kletter-Passagen am Drahtseil zu überwinden. Der Anstieg sollte deswegen wirklich nur trittsicheren und schwindelfreien Zeitgenossen bewältigt werden.

4 Scheffelspitze

Wer noch nicht genug hat mit den nachmittäglichen Spaziergängen, dem sei eine nur halbstündige Unternehmung vom Schneibsteinhaus zur nahen, knapp 1720 Meter hohe Scheffelspitze empfohlen. So wird der kleine Felsberg genannt, der sich über der nahen Polizei-Grenzhütte südlich des Schneibsteinhauses erhebt und vom Gestein "wie aus der Welt gefallen" zu sein scheint (Abb. 62). 98

Abb. 98. Die kleine Scheffelspitze vor der Polizei-Grenzhütte – gesehen vom Schneibsteinhaus.

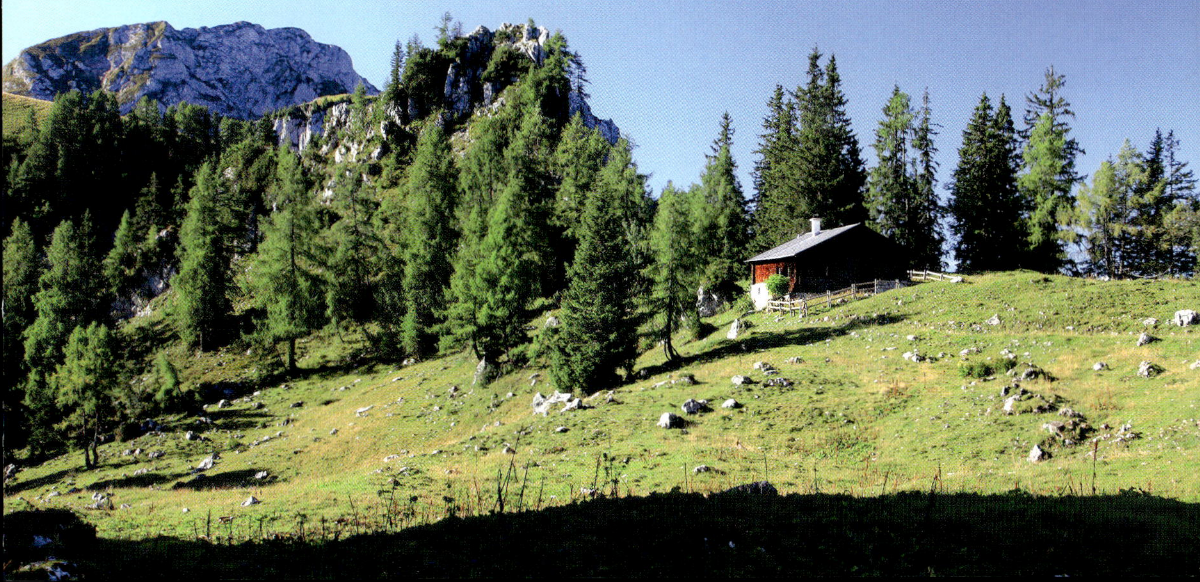

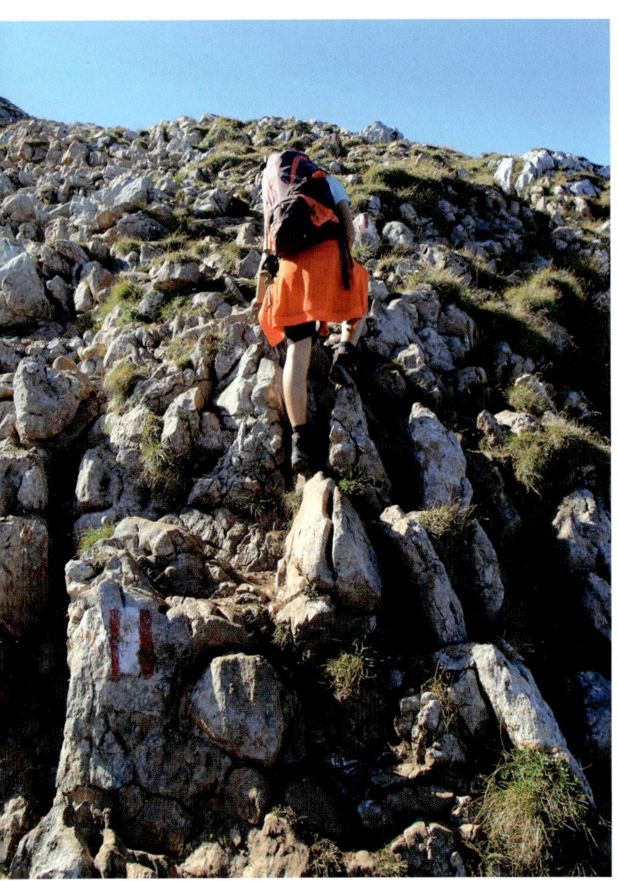

Abb. 99. Hin und wieder sind beim Anstieg zum Schneibstein unschwierige Rotkalk-Stufen zu überklettern.

Er besteht aus stark tektonisiertem, dickbankig-lagunärem Dachsteinkalk und ist beinahe allseits durch tektonische Verwerfungen begrenzt: im Norden und Westen grenzt er an tief mitteltriassische brekziöse Kalke und Dolomitkalke der Reichenhall-Formation und im Osten an untertriassische Mergel der Werfen-Formation. Die genaue Lage der jeweiligen Grenze ist von quartären Deckschichten (Moränenmaterial, Hang- und Blockschutt) überdeckt und nur näherungsweise anzugeben. Lediglich gegen Süden scheint sich die Abfolge lagunärer Dachsteinkalke fortzusetzen und weiter ins Hagengebirge zu ziehen. Da jedoch die Südgrenze der Torrener-Joch-Zone vom nahen Teufelsgemäuer unter dem Schneibstein im kleinen Tal in Richtung Königstalalm verläuft, kann man die Scheffelspitz als einen der vorher beschriebenen Härtlinge beziehungsweise Gleitschollen innerhalb der TJZ ansehen.

5 Auf den Schneibstein

Am nächsten Tag brechen wir zeitig in der Früh vom Schneibsteinhaus auf. Wichtig ist, dass wir uns nicht dem breiten Anstieg zum Stahlhaus zuwenden, sondern einen kleinen unscheinbaren Steig von unserer Unterkunft in östliche Richtung einschlagen, der über feuchte Lokalmoränen-Sedimente bergan führt.

Zur Linken stehen an den Ausläufern eines vom Torrener Joch zum Schneibsteinhaus heranziehenden Bergkamm massige Kalke aus Wettersteinkalk und Ramsaudolomit an. Der Basis der Südflanke des Grates sind dunkle dolomitische Kalke der Gutenstein-Formation erschlossen.

Unter dem ostwärts führenden Kamm folgen wir einem seichten, nach oben hin enger werdenden Graben. Der Weg wird deutlicher und führt – teils tief ausgewaschen – über braunen, bald violett-rötlichen Boden subanstehender Tone und Schluffsteine der Oberen Werfen-Formation. Das kleine Tal trifft unmittelbar an der deutsch-österreichischen Grenze auf den vom Stahlhaus heraufkommenden Anstieg zum Schneibstein.

Genau an dieser Stelle mit dem scharfen tektonischen Kontakt zwischen untertriassischer Werfen-Formation zu obertriassischem Dachsteinkalk verlassen wir die Torrener-Joch-Zone.

Wir steigen über meist feucht-glitschige Platten aus Dachsteinkalk knapp 100 Höhenmeter zu einem kleinen Absatz empor. Dort, wo sich der Hang zurücklegt, führt der Weg über auffallend roten, lehmigen Boden, der seine Entstehung verwitternden Rotkalken der Adnet-Formation verdankt.

Die rötlich-fleischfarbenen unterjurassischen Ausgangsgesteine sind rechts von uns erschlossen und bilden einen markanten kleinen Felskopf. Dahinter bricht die Westwand des Schneibsteins nahezu senkrecht über das so genannte "Teufelsgemäuer" gegen das Königstal ab. Der oberste Bereich der knapp 100 Meter hohen Wandflucht besteht übrigens zu einem großen Teil aus einer olistolithischen Brekzie mit verwürgten Dachsteinkalken und Adneter Rotkalken. Die geologische Situation hier ist vergleichbar mit jener, die in Exkursion M von der benachbarten Rotspielscheibe und vom Fagstein eingehend beschrieben werden: die synsedimentären Eingleitungen großer Schollen aus aufgearbeiteten obertriassischen und unterjurassischen Einheiten fanden wahrscheinlich im ausgehenden Unterjura statt und treten verstärkt am Westabfall des Hagengebirges zum Königssee-Beckens auf.

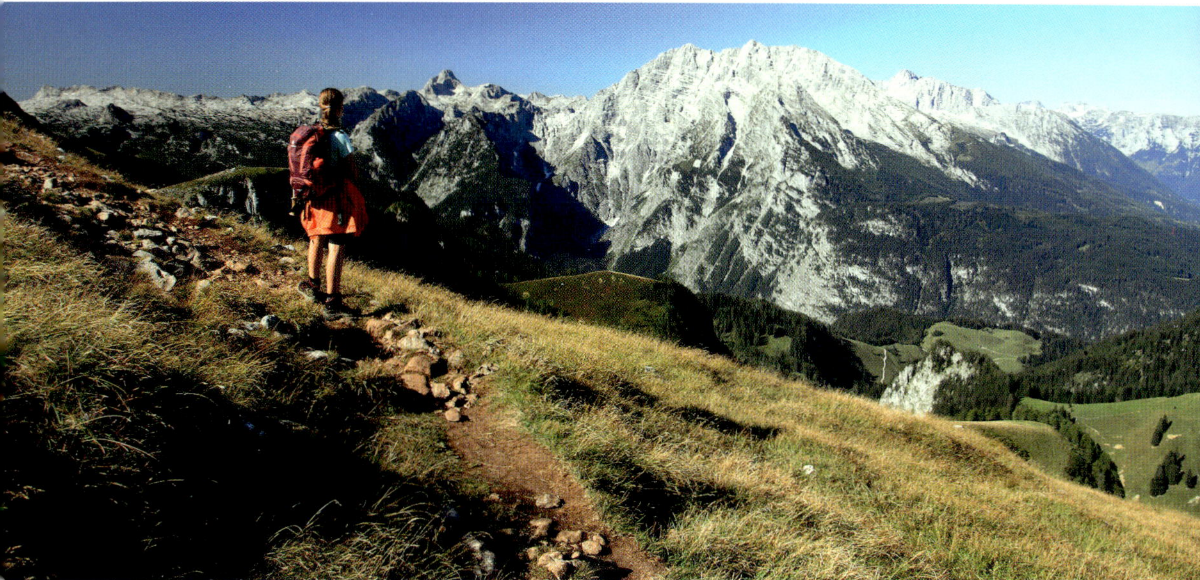

Abb. 100. Blick aus etwa 2000 Metern Höhe vom flacher werdenden Gipfelhang nach Westen gegen Steinernes Meer, Großem Hundstod, Watzmann und Hochkalter.

Von der kleinen Verebnung können wir den weiteren Aufstiegsweg überblicken – der Weg führt über unschwie- 99
rige felsige Stufen zum flach abgedachten Gipfelhang.

Mit jedem Meter nach oben wird das Panorama zu den umliegenden Bergen spektakulärer – allen 100
voran zu den Ostabbrüchen des Watzmanns.

An der geneigten Riesenplatte des Schneibstein-Gipfelhanges treten unterjurassische Adneter Rotkalke in einen auffälligen lithologischen Kontrast zu hellen, manchmal cremefarbenen Dachsteinkalken. Während diese weitgehend fossilarm sind, wird man bei genauerem Hinsehen in den Rotkalken reichlich Kleinfossilien entdecken können: es finden sich hin und wieder kleinwüchsige Ammoniten, Gastropoden, Bivalvenschalen (so genannte "Filamente")
101 sowie Crinoiden-Bruchstücke. Eine Mitnahme von fossilträchtigen Handstücken lohnt jedoch nur in den seltensten Fällen, weil die Trennung zwischen Fossil und umgebendem Gestein praktisch nicht vorhanden ist – außerdem würde das unseren Rucksack nur allzu sehr belasten. Und der Weg bis zur Gotzenalm und dem Ende der Exkursion ist noch sehr weit.

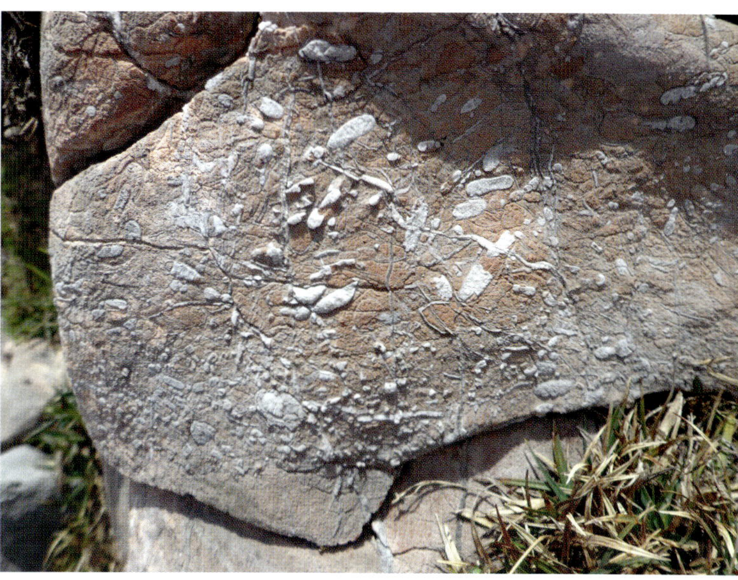

Abb. 101. Fossilreiches Rotkalk-Handstück mit kleinwüchsigen Gastropoden, Crinoiden-Bruchstücken und Ammoniten. Die Bildbreite beträgt knapp 10 Zentimeter.

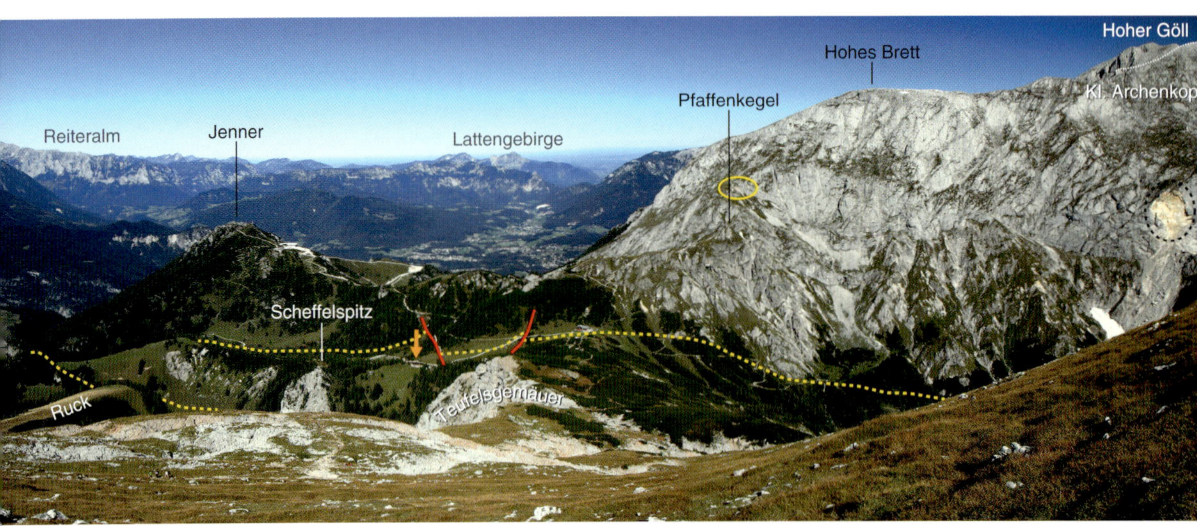

Abb. 102. Ausblick aus einer Höhe von etwa 2150 Metern zurück nach Norden zur Torrener-Joch-Zone. Der orangen Pfeil markiert das Schneibsteinhaus und die Torrener-Joch-Zone ist, soweit ersichtlich, gelb strichliert umrissen. Das schwarze Oval am rechten Bildrand kennzeichnet einen erst vor wenigen Jahren ausgebrochenen, größeren Felssturzbereich aus der Südwand des Kleinen Archenkopfes. Das kleine gelbe Oval kennzeichnet die Position der oberjurassischen Grobbrekzie im Anstieg zum Hörndlbrett.

102 Am oberen Ende nach Norden abgedachten Gipfelhanges überblicken wir nochmals die Torrener-Joch-Zone, die vom Carl-von-Stahl-Haus knapp nördlich des Schneibsteinhauses hinab ins Königsbachtal zieht und in das tiefe Königsseebecken abtaucht.

Erst auf den allerletzten Metern auf dem Weg zum überraschend großen Gipfelplateau des Schneibsteins öffnet sich der Blick weit nach Süden gegen den Kern des Hagengebirges; dahinter stehen Hochkönig-Massiv und Steinernes Meer.

Das spärliche Grün der Schneibstein-Südabdachung verliert sich im Grau der intensiv verkarsteten Dachsteinkalk-Oberfläche mit eingestreuten Rottönen der Adnet-Formation. Der Gebiets-Unkundige
103 wird sich schwer tun, einzelne Gipfel aus dem Gewirr herausfinden zu können. Der Kahlersberg

Abb. 103. Blick vom Schneibstein nach Süden über Hochkönig, Hagengebirge und Steinernes Meer bis zum Watzmann-Massiv.

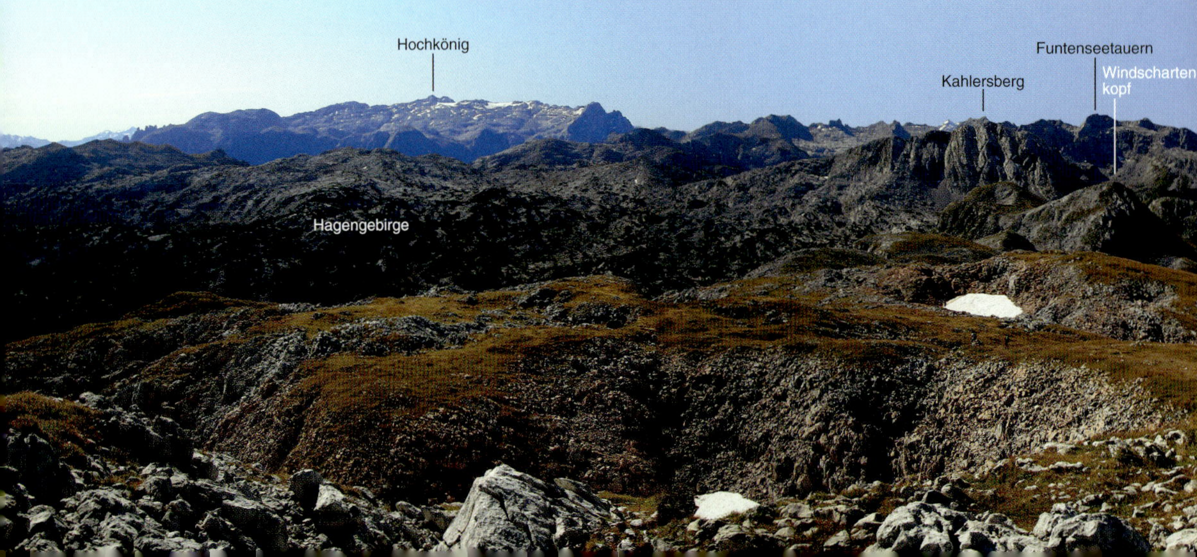

(2350 m) dominiert als gezackter, "Saurierrücken-ähnlicher" Grat als die zweithöchste Erhebung des Hagengebirges den Mittelgrund. Rechts davor liegen die stumpfen, ebenmäßigen Kalkpyramiden von Schlumhorn (2206 m), Windschartenkopf (2211 m) und Fagstein (2164 m), die an zu Stein gewordene Wasserwellen erinnern. Den Hintergrund nehmen das Hochkönig-Massiv und das Steinerne Meer ein. Dominiert werden die Gebirgsstöcke durch ihre prominentesten Gipfel, dem Hochkönig (2941 m) mit dem stark zurückgeschmolzenen Gletscher der "übergossenen Alm" als höchsten Gipfel der Berchtesgadener Alpen sowie dem breiten, massigen Funtenseetauern (2579 m) im nördlichen Steinernen Meer (Exkursion R). Nach rechts ist als westlicher Eckpfeiler des Steinernen Meeres die markante, schaufelartige Silhouette des Großen Hundstodes (2594 m, Exkursion Q) zu erkennen. Natürlich ziehen auch die bleichen Ostwände von Watzmann (2713 m) und Hochkalter (2609 m) die Blicke auf sich und fern am Horizont leuchten – gutes Wetter vorausgesetzt – die Dreitausender der Zentralalpen (Glockner- und Venedigergruppe).

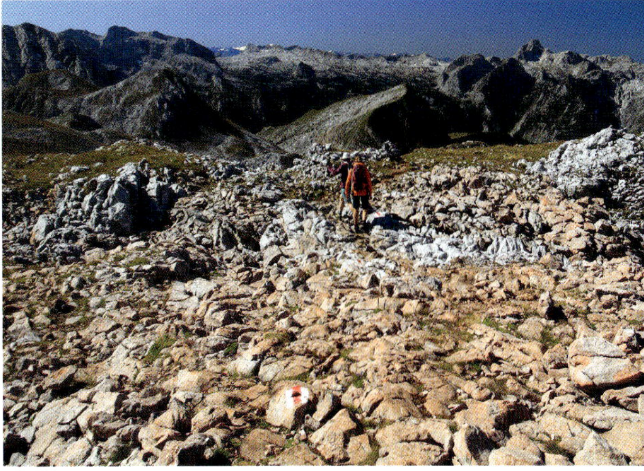

Abb. 104. Der Abstieg über die Schneibstein-Südabdachung ist bestimmt durch den engräumigen Wechsel von Dachsteinkalken und Adneter Rotkalk-Vorkommen.

6 Das Hagengebirge – eine Wanderung am Rande eines Lias-Beckens

Am Schneibstein-Gipfel beginnt eine klassische Höhenwanderung, gemeinhin in Berchtesgaden auch als "Reibn" bekannt. Sie führt in einer Variante südwärts über das Hochplateau des Hagengebirges zum Seeleinsee und wird in weiterer Folge unsere grobe Richtung bestimmen. Mit nur geringem Gefälle absteigend wandern wir über die stellenweise tief zerschrundete und verkarstete Kalkplatte des Hagengebirges.

Zur Linken liegen gewaltige Dolinen – Zeichen einer tiefgründigen und bereits lange Zeit andauernden Verkarstung, Lösung von Kalkgestein im Untergrund, Herausbildung von Höhlensystemen und daraus resultierende oberflächliche Nachbrüche.

Weiterhin bestimmt der auffallende Lithologie-Wechsel zwischen teilweise strahlend grauen Dachsteinkalken und der lokal tiefroten Adnet-Formation das Bild. Auch hier gilt: besser zwischendurch 104
mal einige Minuten Zeit nehmen und genauer hinsehen! Gar nicht so selten trifft man auf fossil-

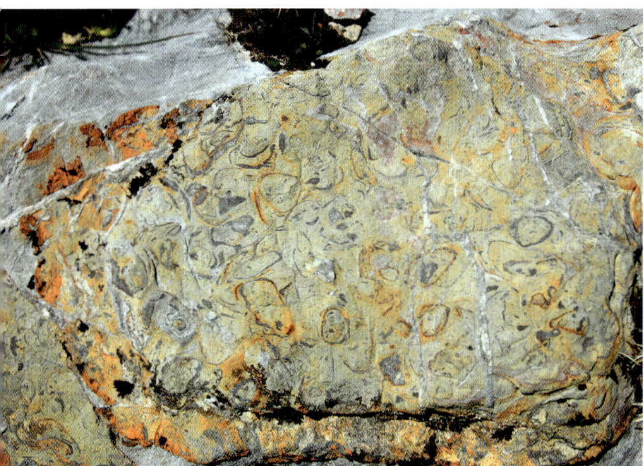

Abb. 105. Mitunter finden sich entlang unseres Weges auf der Hagengebirgs-Hochfläche (hier nahe am Schneibstein-Gipfel) auch orange- und beigefarbene, fossilreiche Partien im Dachsteinkalk (mit zahlreichen Muscheln, Bildbreite ca. 25 cm).

reiche Partien in den zahlreichen Rotkalkspalten – teilweise können Bereiche des Dachsteinkalkes aufgrund fein enthaltener Eisenoxide auch leuchtend orangefarben oxidiert sein und zahlreiche
Muscheln und vereinzelte kleine Gastropoden 105
enthalten.

Noch ein kleiner, "ungeologischer" Tipp am Rande: zwischen Schneibstein und Kahlersberg ziehen im Sommer relativ häufig sowohl einzelne Steinböcke, als auch kleine Rudel mit bis zu 15 Tieren über das Hochplateau des Hagengebirges.
Manchmal ruhen sich die nicht allzu scheuen 106
Tiere keine 30 Meter vom Wanderweg entfernt aus. Mit diesem Hinweis verbunden ist eine große Bitte: Halten Sie Distanz zu den Tieren und stören Sie diese nicht! Wir haben in der heutigen Zeit mit Tele-Objektiven und guten Handy-Kameras genügend technische Mittel, die Tiere "virtuell" zu uns heran zu holen, ohne ihnen allzu nahe kommen zu müssen. Besondere Vorsicht ist geboten, wenn Hunde mit im Spiel sind. Leittiere werden notfalls ihre Herde auch verteidigen und sind überaus kräftige Tiere mit entsprechenden "Waffen"! Es gab erst vor Kurzem unschöne Zwischenfälle zwischen Mensch und Steinbock.

Wenn wir auf unserem Höhenweg den kleinen, dem Schneibstein in südwestlicher Richtung vorgelagerten Reinersberg oberhalb gequert haben, öffnet sich der Blick über die flache Kuppe der Rotspielscheibe hinab ins mittlerweile mehr als 1500 Meter tiefer gelegene Becken des Königssees.

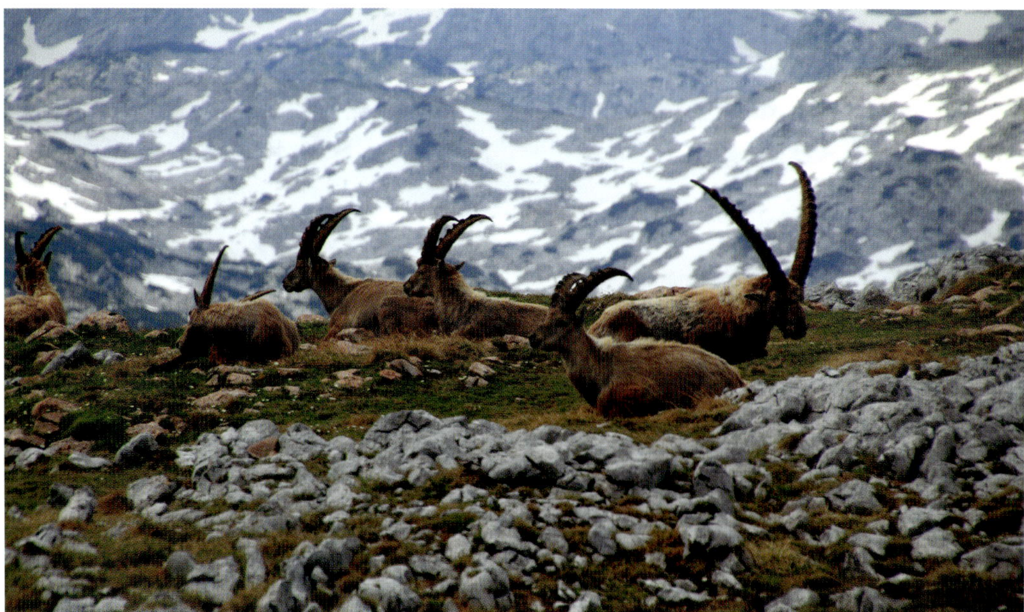

Abb. 106. Rudel aus männlichen, noch nicht ganz ausgewachsenen Steinbock-Junggesellen auf der Hochfläche südlich des Schneibsteins – keine 30 Meter vom Wanderweg entfernt!

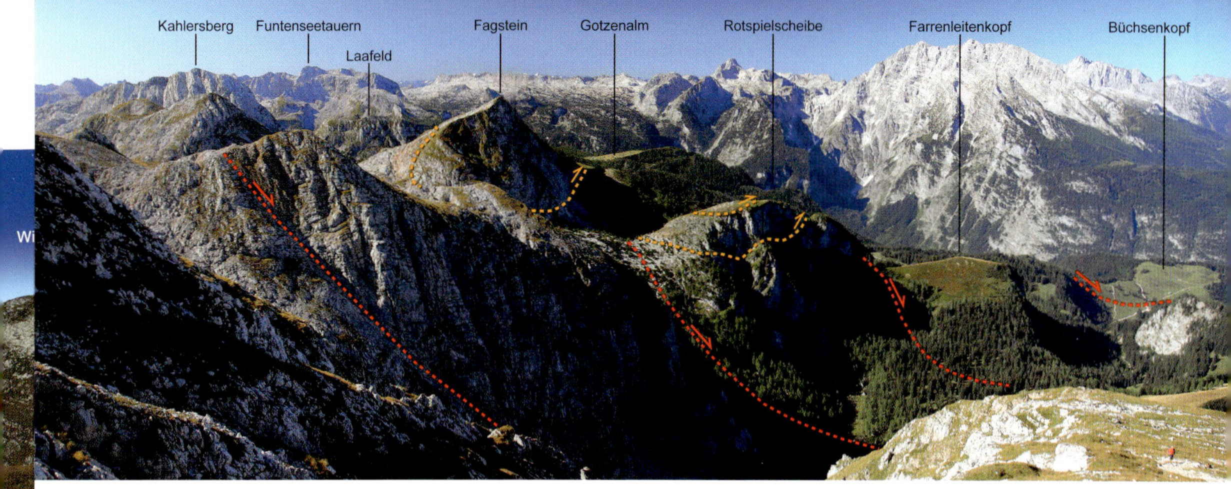

Abb. 107. Der Ausblick vom obersten Gipfelhang des Schneibsteins in südwestliche Richtung offenbart das sonderbar gestufte Relief des Hagengebirges. Die rot gestrichelten Linien kennzeichnen die Hauptabschiebungen der unterjurassischen extensionalen Phase, die orangefarben strichlierten Linien die zu dieser Zeit stattgefundenen Schollen- oder Olistolith-Eingleitungen von Fagstein und Rotspielscheibe.

Vielleicht ist dem ein oder anderen zuvor im Anstieg zum Schneibstein oder im Ausblick von dessen 107
flacher Gipfelkuppe das seltsam gestufte Relief des Hagengebirges aufgefallen. Das Hohe Laafeld
ganz im Süden sowie der Reinersberg und Fagstein bilden die obere Stufe mit Höhen zwischen
2100 und 2200 Metern, gefolgt von der Rotspielscheibe mit 1940 Meter, dem Farrenleitenkopf mit
1740 Meter sowie dem Ruck unter dem Schneibstein mit etwa 1800 Meter als mittlere Stufe und
dem Büchsenkopf mit 1260 Meter als untere Stufe. Rotspielscheibe, Farrenleitenkopf, Ruck und
Büchsenkopf sind im Sockel aus Dachsteinkalken aufgebaut, besitzen aber eine übergrünte Kuppe
mit jurassischen Deckschichten unterschiedlicher Mächtigkeit. Die Niveau-Unterschiede von bis zu
700 Höhenmetern lassen sich durch große Abschiebungen erklären, die stufenartig nach Westen 108
abfallend gegeneinander versetzt sind (vgl. auch mit Exkursion M).

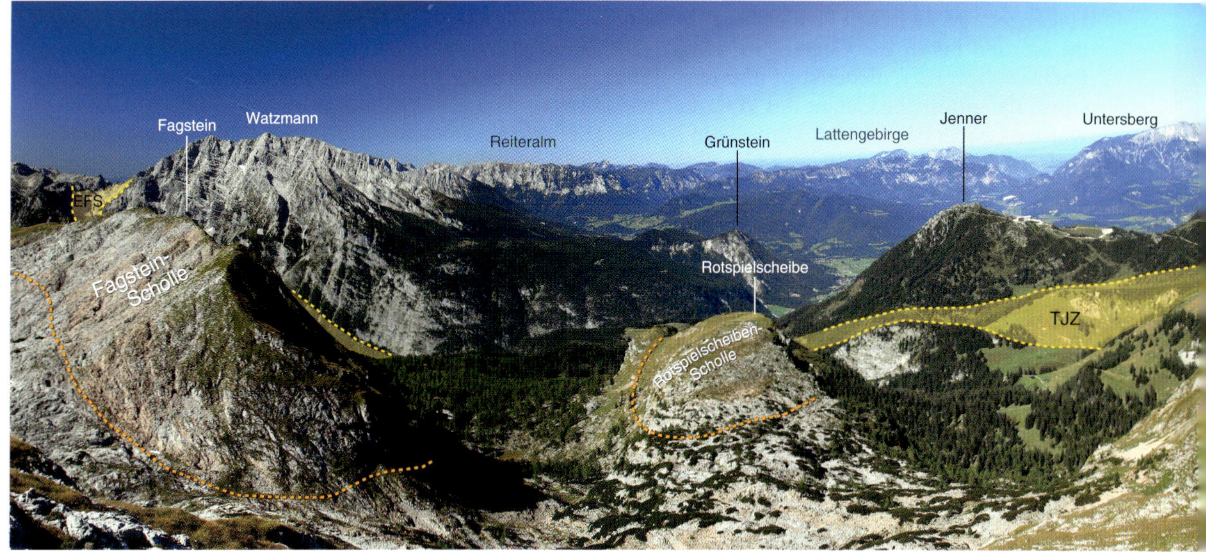

Abb. 108. Zwischen Reinersberg und Windschartenkopf ist der Tiefblick nach Westen ins Königssee-Becken besonders eindrucksvoll. Orangefarben strichliert sind die großen olistolithischen Schollen von Fagstein und Rotspielscheibe hervorgehoben (siehe auch Exkursion M). Und gelb transparent ist die Torrener-Joch-Zone (›TJZ‹) mit der Fortsetzung der Eisgraben-Flower-Structure zwischen Watzmann und Hirschwieskopf (›EFS‹) akzentuiert.

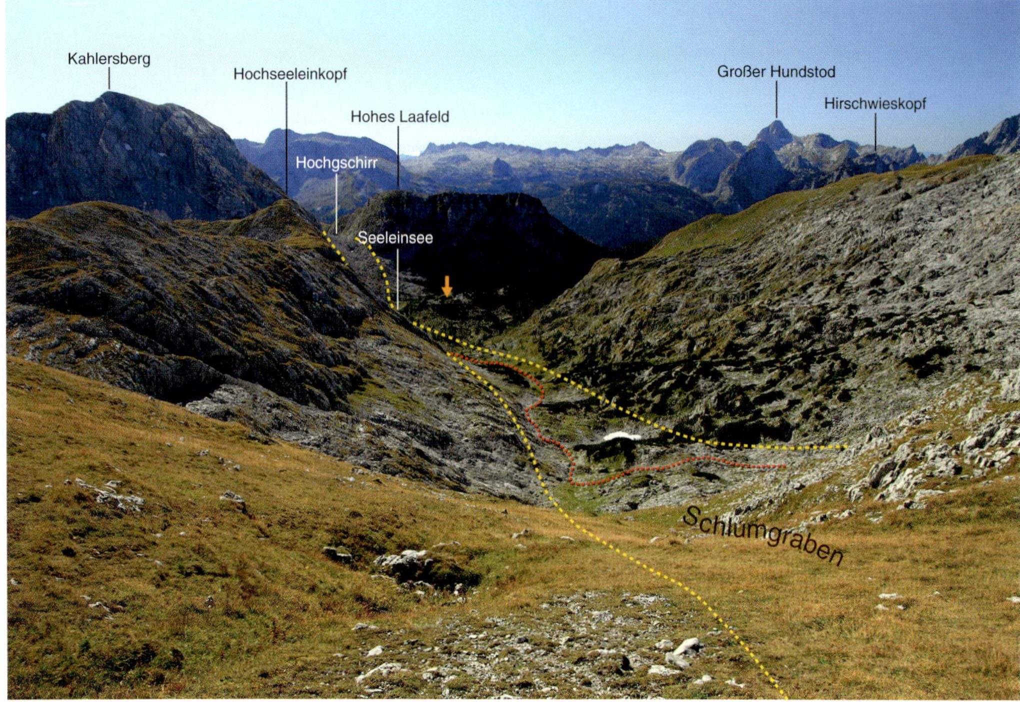

Abb. 111. Blick von der Scharte zwischen Schlumkopf und Windschartenkopf nach Süden zum Hochgschirrsattel und Kahlersberg. Sehr markant ist das in die Hochfläche des nördlichen Hagengebirges eingetiefte Tal, an dessen sichtbarem Ende der Seeleinsee liegt. Angelegt wurde es mit dem Landtal-Großstörungssystem und wird auch als »Schlumgraben« bezeichnet – die beiden Seitenverwerfungen des westlichen Störungsastes sind als punktierte gelbe Linien eingezeichnet, der östliche Störungs-Hauptast liegt aus unserer Sicht verborgen hinter dem Hochseeleinkopf. Der orangefarbene Pfeil zeigt auf eine kleine Bergwachthütte, die in den Sommermonaten Juli und August teilweise besetzt ist (nur für den Notfall, keine Bewirtschaftung!).

des Landtal-Störungsystems als dessen nordöstliche Fortsetzung ("Schlumgraben"): der westliche Störungsast spaltet sich fiederartig in zwei markante, Süd-Südwest–Nord-Nordost-, beziehungsweise Südwest-Nordost-verlaufende Seitenstörungen auf, von denen die westliche in die Fagsteinscharte zwischen Fagstein und Windschartenkopf zieht. Die östliche liegt in der flache Grube zwischen Windschartenkopf und Schlumkopf, in der wir gerade bergab steigen. Sie zieht weiter entlang der Westwände von Kahlersberg östlich hinter den Hochseeleinkopf und parallel zum Kammverlauf gegen den Schlumkopf auf österreichischem Staatsgebiet. Dieser Bereich ist von unserer Position aus nicht zu sehen.

Die Steigspuren vereinigen sich auf etwa 2000 Metern Höhe mit dem Hauptweg (Nr. 416), der die geröllige Nordwest-Flanke des Windschartenkopfes oberhalb der Fagsteinscharte quert. Dieser bringt uns nach einer knappen halben Stunde gemütlichen Abstiegs zum 1809 Meter hochgelegenen Seeleinsee (auch "Seelein" oder "Schlungsee" bezeichnet).

Zunächst mag es erstaunlich sein, einen kleinen Bergsee inmitten eines stark verkarsteten Kalk-Plateaus vorzufinden, aber der See verdankt seine Anlage dem Schlumgraben-, beziehungsweise Landtal-Bruchsystems, in dessen Zentrum teilweise wasserstauende Sedimente (z.B. unterjurassische Adnet-Formation) unter ebenfalls wasserstauenden, teilweise schuttüberdeckten Moränen-Sedimenten liegen. Zudem wurden die im Zuge der Verkarstung der umliegenden Dachsteinkalklagen entste-
112 henden Residual-Lehme aus den umgebenden Kalkgesteinen gelöst und im abflusslosen Seeleinsee-Becken zusammengeschwemmt.

Bitte beachten: Knapp oberhalb des Seeleinsees steht auf 1890 Meter eine kleine Bergwacht-Diensthütte, die in den Sommermonaten bevorzugt an schönen Wochenendtagen von Bergwacht-Mitarbeitern besetzt ist. Die Hütte ist nicht bewirtschaftet, gibt keine Getränke ab und im Fall alpiner Notfälle für ein schnelles Eingreifen vor Ort gedacht!

9 Hochgschirr und Landtal – Erdgeschichte zum Anfassen

Hinter dem Seeleinsee erhebt sich eine Felssturz-Halde aus zimmer- und hausgroßen Blöcken, die das kleine Hochtal gegen Süden abzuriegeln scheint.

Wir verlassen das gemütliche Grün des Sees und folgen dem Pfad durchs wilde Blockgewirr des vermutlich nacheiszeitlichen Ereignisses unter der Westwand des hoch aufragenden Kahlersberges. Vom Seeleinsee bis zum 1949 Meter hochgelegenen Hochgschirrsattel sind es knapp 20 Minuten Gehzeit.

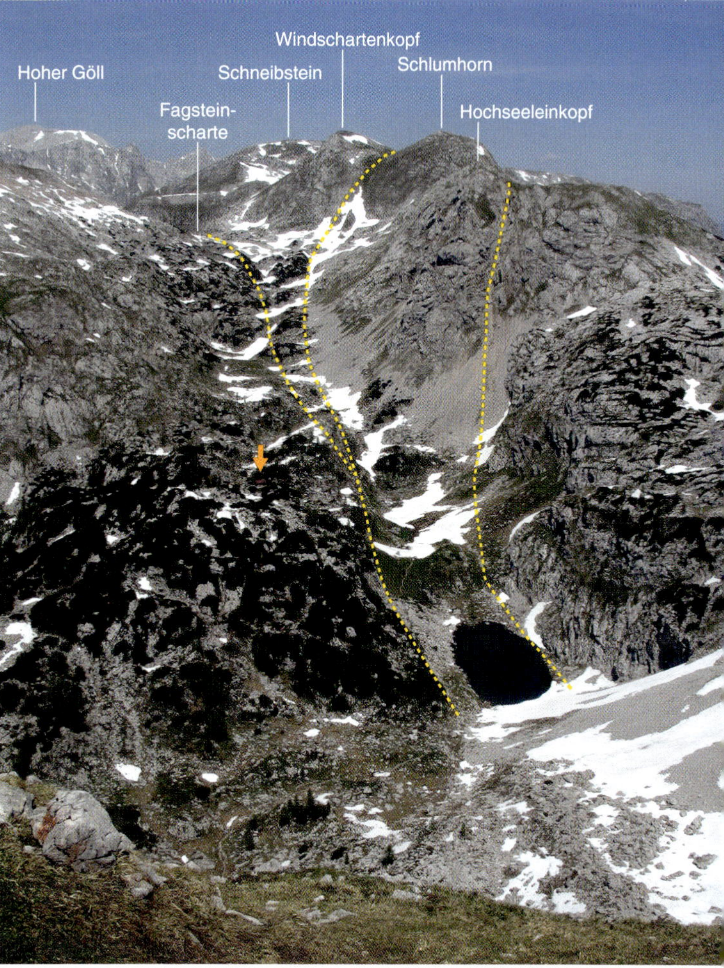

Abb. 112. Der zur Gänze von lagunären Dachsteinkalken umtrahmte Seeleinsee mit dem Hochseeleinkopf im Hintergrund – gesehen vom Gipfel des Hohen Laafeldes (2073 m) südlich des Sees. Der markante Schlumgraben-Bruch als nördliche Fortsetzung des Landtal-Störungssystems fiedert nördlich des Seeleinsees in zwei Hauptstörungsäste auf, von denen der östliche hinter den Hochseeleinkopf zieht und der westliche, in zwei Seitenäste aufgabelnd, in die Fagsteinscharte beziehungsweise zwischen Windschartenkopf und Schlumhorn. Der orange Pfeil kenngezeichnet die Bergwachthütte.

Von hier haben wir einen beeindruckenden Blick in die stille, abgeschiedene Welt des Landtales, das beidseits von bis zu 200 Meter hohen, teilweise senkrecht aufragenden Wänden begrenzt ist. Damit sollte klar werden, dass wir uns in derselben tektonischen Großstruktur bewegen wie im Schlumgraben und haben das zuvor angesprochene Landtal-Störungssystem – einen Grabenbruch – erreicht. In der Zeit vor dem Felssturz dürfte das Landtal unter der Westwand des Kahlersberges nur geringfügig höher als das Niveau des Seeleinsees gewesen sein. Man hätte damals bedeutend weniger Höhenmeter ansteigen müssen, um zu den Bergen des Steinernen Meeres blicken zu können – eine Sicht, die sich völlig überraschend an der eng eingeschnittenen
113a Scharte des Hochschirrs nach Süden auftut.

Vom Hochgschirrsattel steigen wir auf gut kenntlichem, aber weiterhin stark geröllbedecktem Steig ins Landtal ab.

Hier können sich bis weit ins Frühjahr, sogar manchmal bis in den Frühsommer Schneefelder halten. Da sie teilweise über groben Blockhalden liegen, ist beim Steigen Vorsicht und manchmal Sondieren mit den Wanderstöcken das erste Mittel der Wahl. Man will schließlich nicht in einen bereits von unten her ausgeschmolzenen, aber oben noch von einer dünnen Altschnee-Schicht bedeckten Hohlraum zwischen zwei großen Blöcken brechen.

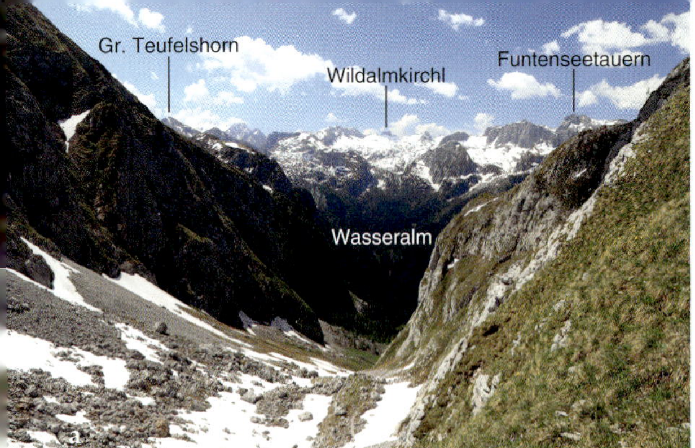

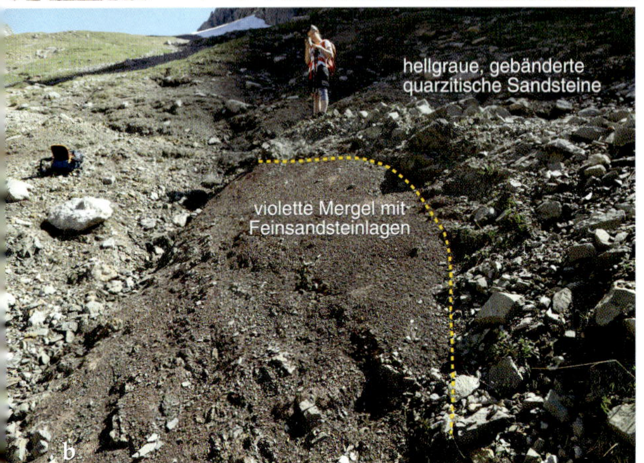

Abb. 113. a. Ausblick vom Hochgeschirrsattel hinab ins Landtal. Im Hintergrund stehen die noch verschneiten Gipfel des südlichen Hagengebirges und des südöstlichen Steinernen Meeres (Situation Juni 2021). Auf knapp 1730 Metern kreuzt der Steig Schichten der untertriassischen Werfen-Formation: sie sind die erhaltenen Reste einer isolierten Deckscholle der Berchtesgaden-Decke, die sich im Grabenbruch des Landtales erhalten konnte (b).

Bald sind die Wände unter dem Kahlersberg links und dem Laafeld rechts zwei- bis dreihundert Meter hoch. Zu beiden Seiten dominieren dickbankige Dachsteinkalk-Sequenzen mit einem unregelmäßigen Netz aus unterjurassischen Rotkalkspalten. Da die senkrechten Wände große, steilstehende Störungszonen des Landtal-Grabenbruchs definieren, erkennt man bei genauerem Hinsehen auch hin und wieder kleinräumige Bereiche mit auf den Dachsteinkalken klebenden, tektonischen Brekzien. Diese sind nicht zu verwechseln mit kantigen Brekzien aus fest miteinander verbackenen Dachsteinkalk-Komponenten, über die der Steig ab etwa 1800 Meter läuft. Hierbei handelt es sich um alte, zementierte Hangbrekzien. Diese sogenannten "Talus-Brekzien" sind definitiv älter als der würmeiszeitliche Vereisungshöhepunkt. Ohne entsprechende Datierungen nennen zu können, sollte man ihren Ursprung im Bereich des Riß/Würm-Interglazials oder einem frühen Stadium des Würm-Glazials suchen – sie sind dementsprechend wohl zwischen 125000 bis 80000 Jahre alt.

Das Landtal besitzt neben seiner beeindruckenden Tektonik und seiner erdgeschichtlich vergleichsweisen jungen Schuttfüllung in mehreren Generationen eine beeindruckende sedimentäre Geschichte: etwa 20 Gehminuten ab dem Hochgschirrsattel gelangen wir zu einer Stelle, an wir absteigend zunächst auf auffallend violettfarbene, hellglimmerführende Mergelkalke mit zwischengeschalteten Feinsandsteinbänken und darüber liegenden, gebänderten und hellgrauen quarzitischen Sandsteinen der untertriassischen Werfen-Formation stoßen.

Hinter der nächsten Wegbiegung folgen – deutlich schlechter erschlossen – ruppige, brekziöse und
113b poröse Rauhwacken mit einer nur schlecht erkennbaren Bankung, die mit der Reichenhall-Formation das stratigraphisch Hangende der terrigen geprägten Werfen-Formation bildet. Eine unter- bis tief mitteltriassische Abfolge zweier Lithologien am Grund eines engen Tales mit senkrechten Wänden aus obertriassisch-liassischen (Rot)Kalken anzutreffen, bedarf natürlich einer Erklärung. Die Lösung ist, dass das Landtal natürlich nicht immer ein Grabenbruch war, sondern vor vielen Millionen Jahren eine normale, flache Landschaftsoberfläche darstellte. Im Zuge der Haupteinengungsphase der alpinen Gebirgsbildung kam es zu einem nordgerichteten Schub von mächtigen triassisch-jurassischen Gesteinspaketen, die wir heute als Berchtesgaden-Decke kennen. Bei ihrem Weg nach Norden "verlor" die Decke einige Späne, die zuoberst auf der Landschaft liegenblieben. Aus purem Zufall blieben die kleinen Schollen mit Resten unter- und mitteltriassischer Werfen- und Reichenhall-Formation in einem Bereich liegen, der durch die Anlage eines Grabenbruches wie in einem Fahrstuhl nach unten sinken und später das Landtal bilden sollte. Und so liegen diese älteren, dislozierten Gesteinsserien heute umgeben von deutlich jüngeren Schichten am Grund des Landtals. Ihre Ausdehnung dürfte unter eiszeitlichen Moränenresten tiefer im Tal und dem Schutt der höheren Bereiche im Übrigen weit ausgedehnter sein und vermutlich einen Großteil des Landtales ausfüllen. Der Zeitpunkt der Platznahme dieser Deckenschollen ist ebenfalls bekannt, nur leider hier nicht ersichtlich. Würden

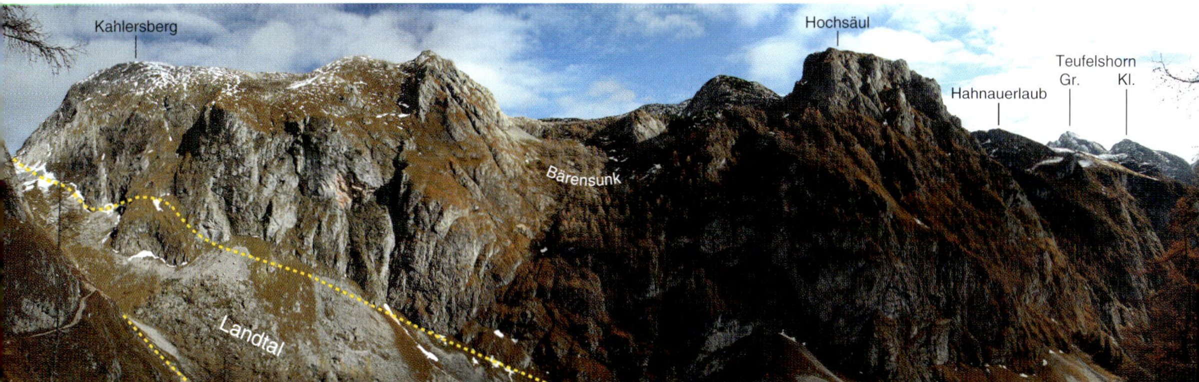

Abb. 114. Rückblick vom »Gatterl« an der Stirn der Laafeldwand zurück ins Landtal. Beeindruckend sind die Westabstürze zwischen Kahlersberg, Hochsäul und Hahnauerlaub. Bis auf den Kahlersberg wird gerade dieser Abschnitt des Hagengebirges nur gelegentlich von einheimischen Gebietskennern (und Geologen) durchstriffen und bleibt die meiste Zeit das ganze Jahr über nahezu menschenleer.

wir in einen tieferen Bereich des Landtales – unter unserer Exkursionsroute – auf 1300 Meter Höhe hinabsteigen, träfen wir auf eine immerhin 300 x 300 Meter große Dachsteinkalk-Scholle. Diese ist von mergelig-kieseligen Sequenzen der oberjurassischen Sillenkopf-Formation umgeben, die ihrerseits auf unterjurassischer Adnet-Formation und obertriassischem Dachsteinkalk liegen (der Mittlere Jura mit Oberer Allgäu-Formation beziehungsweise den Chiemgauer Schichten scheint in diesem Bereich des Hagengebirges primär zu fehlen). Auch hier ist die auf den Sillenkopf-Schichten schwimmende Dachsteinkalk-Scholle eine "liegengebliebene" Klippe der Berchtesgaden-Decke, die im Oberjura auf Sequenzen der Sillenkopf-Formation zu liegen kam, wo sie seit knapp 140 Millionen Jahren nun ruht. Der Grabenbruch des Landtals ist weit jünger und geschah irgendwann zwischen der Gosau-Zeit und dem Miozän, also zwischen 60 und 30 Millionen Jahren. Er ist letztendlich auch dafür verantwortlich, dass die Schollen der Berchtesgaden-Decke hier in isolierter Position noch erhalten sind. Etwaige weitere Deckenrelikte auf den Hochflächen des angrenzenden Hagengebirges sind längst erodiert worden.

10 Synsedimentäres vom Mitterlaafeld

Auf etwa 1630 Metern Höhe folgen wir den Wegweisern rechts in Richtung "Gotzenalm" und steigen in zwei Kehren auf den schutterfüllten Hängen der rechten Talseite zu jäh aufragenden Wänden bergan. Die Querung einer schmalen und steil abfallenden Verschneidung ist mit einem Drahtseil gesichert. Hier befand sich einst eine breite Holzbrücke, die allerdings kürzlich durch ein Steinschlag-Ereignis zerstört wurde. Ihre Reste liegen keine zehn Meter unterhalb der Wegführung. Hinter der Verschneidung wandern wir auf einem breiten, flach nach Südwesten ansteigenden Gras- und Geröllband. Auf ihm kommen wir zwar durchaus ausgesetzt, aber niemals schwierig oder gar absturzgefährdet durch den immer höher werdenden Abbruch der Laafeldwand.

Dieser besteht zum Großteil aus Dachsteinkalken, die aufgrund ihrer randlichen Lage im Landtal-Grabenbruch stark zerrüttet und von rötlichen Störungsbrekzien durchsetzt sind. Aus diesem Grund neigen sie zu kleinräumigen Hangausbrüchen: einen davon gilt es knapp vor dem Ende der Querung unter einer steilen Felswand zu queren.

Aufgrund der immer noch bestehenden, latenten Steinschlaggefahr sollten wir gerade hier zügig durchmarschieren und die Aussicht erst am "Gatterl" am Ende der Querung auf 1680 Meter Höhe auf uns wirken lassen.

Wir befinden uns hier an jenem Punkt, an dem der Steig die Stirn der Laafeldwand überschreitet. Uns gegenüber liegt der beeindruckende Abbruch der Kahlersberg-Westwand, jener der 2073 Meter 114
hohen Hochsäul und dem Hahnauerlaub. Lange sind die Zeiten vorbei, als es im Landtal und in den abweisenden Schrofenflanken – etwa im Bärensunk und weiter oben am Kahlersberg noch Almen gab. Heute gehört das tief eingeschnittene Tal (beinahe) ausschließlich den zahlreichen Gämsen

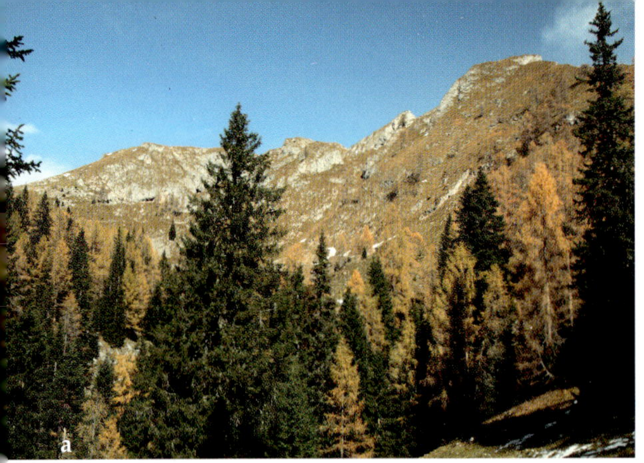

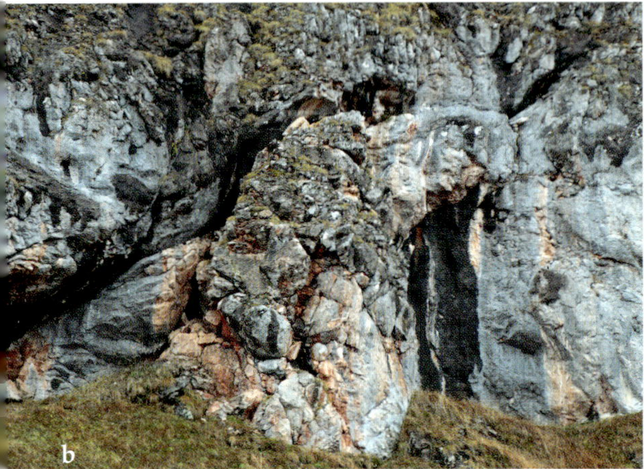

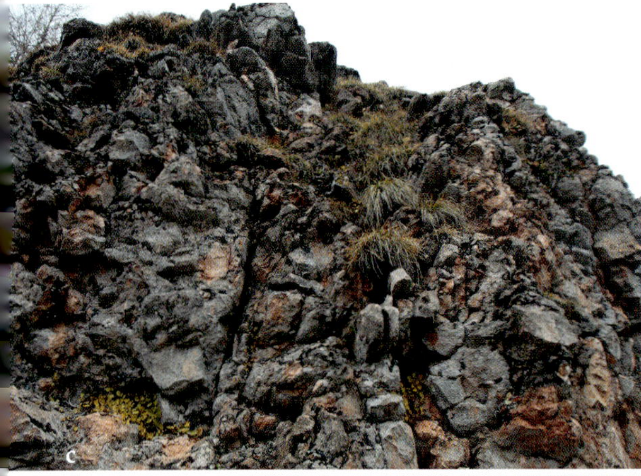

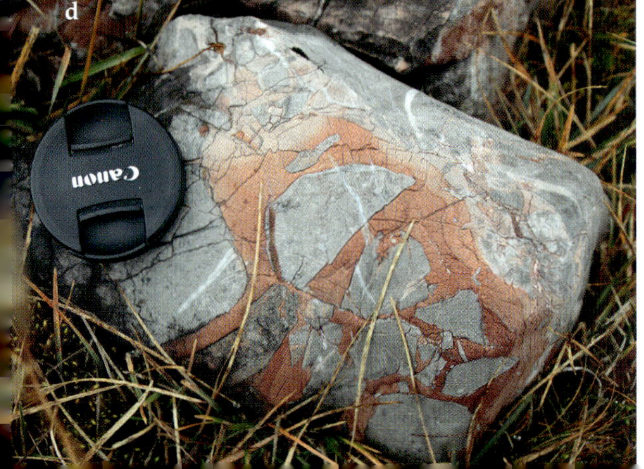

und deutlich selteneren Steinböcken – abgesehen von den Wanderern, die im kurzen Bergsommer diesen Teil des Hagengebirges durchstreifen.

Vom "Gatterl" und seiner berückenden Aussicht wendet sich der Pfad im dichten Lärchenwald nach Nordwesten.

Die Landschaft um uns verändert sich ab hier wieder. Die stets präsenten Aussichten nach Süden zum Steinernen Meer sind im Lärchenwald verschwunden. Hier zeigt der Untergrund eine rötliche Färbung, wird stark lehmig und ist – besonders nach Regenfällen – rutschig und sehr unangenehm zu begehen. Wir befinden uns auf der verkarsteten Dachsteinkalk-Platte des Laafeldes, die in diesem Bereich von zahlreichen, größeren Rotkalkspalten durchzogen ist. Deren mergeligere und deswegen weichere Sedimente verwittern schneller und legen kleine, nach Süd-Südwest offene Tälchen an, die der Weg quert. Ihre Anlage verläuft parallel zu Nord-Nordost–Süd-Südwest streichenden Großstörungen, die den Südabfall des Laafeldes (hier als "Mitterlaafeld" bezeichnet) durchziehen und Halbgräben mit unterjurassischer Rotkalkfüllung bilden. Dieses dominante Störungsmuster verläuft parallel zum Landtal und wurde im Zuge des Grabenbruches angelegt. In den nach Südwesten offenen Mulden hat sich eine geringmächtige Auflage von Adneter Rotkalken auf stark verkarstetem Dachsteinkalk erhalten können.

Als der Pfad kurz in nördliche Richtung einschwenkt, öffnet sich der Blick auf die stark zergliederte, tafelartig nach Süden einfallende Platte des 1930 Meter hohen Mitterlaafeldes.

Entlang des zerhackten Gipfelzuges, der nach rechts in einer markanten Erhebung mit Gipfelkreuz (P. 1937 m) kumuliert, erkennen wir an der Basis markante Höhlen und Hohlformen. Die Schichtung der Kalktafel fällt undeutlich mit etwa 55° nach Osten ein. An der Wandbasis sehen wir selbst mit freiem Auge und noch viel besser mit einem guten Fernglas eine

◁ *Abb. 115. Wenige Gehminuten ab dem »Gatterl« öffnet sich der Blick nach Norden zum Mitterlaafeld (Foto a). Die gesamte sichtbare Abfolge besteht aus einer Grobbrekzie mit großen Blöcken aus stark zerlegtem Dachsteinkalk und Adneter Rotkalk (Fotos b und c). Die Zerlegung der manchmal gerundeten, teilweise aber auch scharfkantigen Komponenten setzt sich bis in den Zentimeterbereich fort (Foto d).*

auffallend rötliche Grobbrekzie. Wie bereits in Abb. 107 angedeutet, ergibt sich auch hier eine ähnliche geologische Situation wie zuvor beschrieben von der Rotspielscheibe und dem Fagstein (Exkursion M). Auch am Mitterlaafeld haben synsedimentäre Vorgänge entlang des staffelartigen Abbruches des Hagengebirgs-Westrandes zum Königssee-Becken zu Brekzien- und Olistolith-Bildung geführt. Tatsächlich bildet die gesamte Kalkplatte des Mitterlaafelds eine chaotische Megabrekzie aus eckigen und gerundeten Dachsteinkalk-Komponenten in einer Matrix aus rötlichem Mergel und Kalkmergel. Da sich hier auch violettfarbene Radiolarite der Chiemgau-Schichten finden (mündliche Mitteilung Volker DIERSCHE, Bayerisch Gmain), erfolgte die Eingleitung höchstwahrscheinlich nicht im oberen Lias wie an der Rotspielscheibe, sondern eventuell erst im höheren Mittleren Jura. Damit korrespondiert dieser Olistolith mit dem aus den benachbarten Chiemgauer Alpen beschriebenen "Klauskogelbach-Member" (QUAST 2011). Dieses liegt in seiner stratigraphischen Position noch unter den oberjurassischen Beckensedimenten von Tauglboden- und Sillenkopf-Formation. Wir werden etwas später von einem Aussichtspunkt nahe der Gotzenalm nochmals auf die dynamische geologische Situation des Mitterlaafeldes und Hohen Laafeldes zurück kommen.

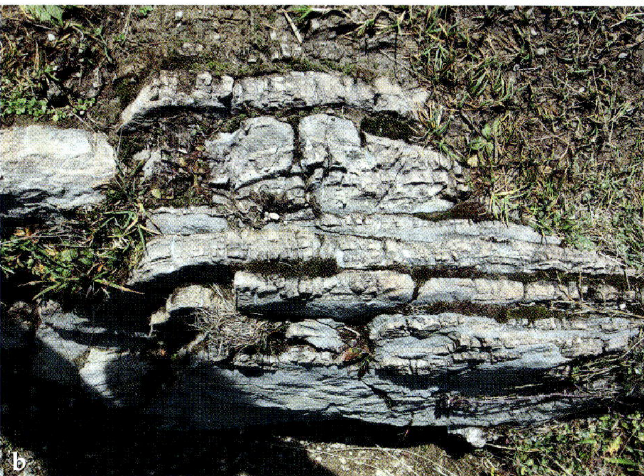

Abb. 116. Die Sillenkopf-Formation ist unterhalb des »Königsstandes« als Abfolge dünnbankiger, grauer bis graubrauner Kieselkalke relikthaft aufgeschlossen.

11 Zur Regenalm

Die erste Mulde, in der der Pfad wieder eine südliche Richtung einschlägt und über der wir den mächtigen Funtenseetauern südlich von uns im Steinernen Meer erkennen können, zeigt geringmächtige Rotkalke der Adnet-Formation, die zu einer schmierig-rutschigen, teilweise knallroten Bodenbildung verwittern. Nur wenige Gehminuten später kommen wir auf eine auffallend kuppige Freifläche unter einer Felswand aus Dachsteinkalken und Adneter Rotkalken ("Königsstand"), in deren Zentrum dünnbankige, graue bis graubraune Kieselkalke anstehen. 116

Das Alter derselben ist nicht genau bekannt. Früher wurden die erschlossenen Kieselkalke als Teile der liassischen "Fleckenmergel" (heute Allgäu-Formation) angesehen. Da jedoch im Hagengebirge südlich der Hohen Rossfelder die Allgäu-Formation als primäre Schichtlücke weitgehend fehlt, tendiert man heute eher zur tief oberjurassischen Sillenkopf-Formation als Rest einer einst mächtigen, heute jedoch in den Hochlagen von Hagengebirge und insbesondere Steinernem Meer weitgehend erodierten Beckenfüllung (V. DIERSCHE, mündliche Mitteilung). Dass sie sich hier entlang des Steiges zur Regenalm zumindest punktuell hat erhalten können, verdankt sie ihrer geschützten Position in einem der vorhin kurz angesprochenen, Nord-Nordost–Süd-Südwest verlaufenden Halbgrabenbrüche.

Nach der kleinen Lichtung mit oberjurassischer Sillenkopf-Formation umgibt uns abermals dichter Lärchenwald.

Der Steig läuft weitgehend auf verkarstetem Dachsteinkalk mit lokalen, kleinräumigen Rotkalkspalten und ist teilweise breit und gut ausgebaut. Mancherorts werden kleine Gräben mit kunstvoll angelegten Steinsätzen überquert. Tatsächlich befinden wir uns auf einem in den 1930er-Jahren während der nationalsozialistischen Ära angelegten "Reitsteig", der von der Gotzenalm zur Wasseralm führt (dort

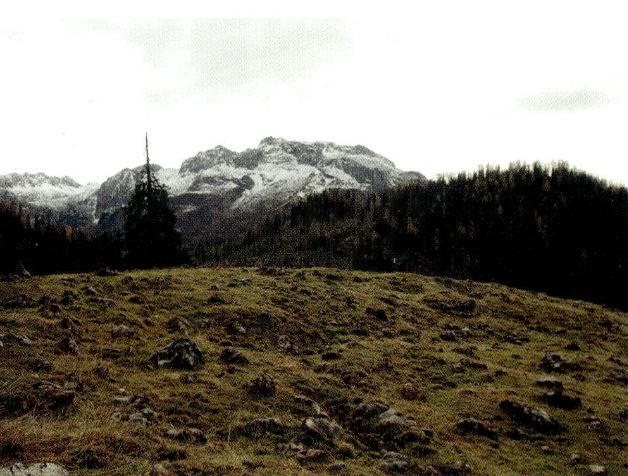

Abb. 117. Der 2579 Meter hohe Funtenseetauern erhebt sich über dem bewaldeten Regenbergl im Vordergrund. Dazwischen bildet die tief eingeschnittene Obersee-Furche die natürliche Grenze zwischen Hagengebirge und Steinernem Meer. Und hinter der blockreichen, würmzeitlichen Lokalmoräne im Vordergrund liegt – einige Dutzend Meter tiefer – die Regenalm.

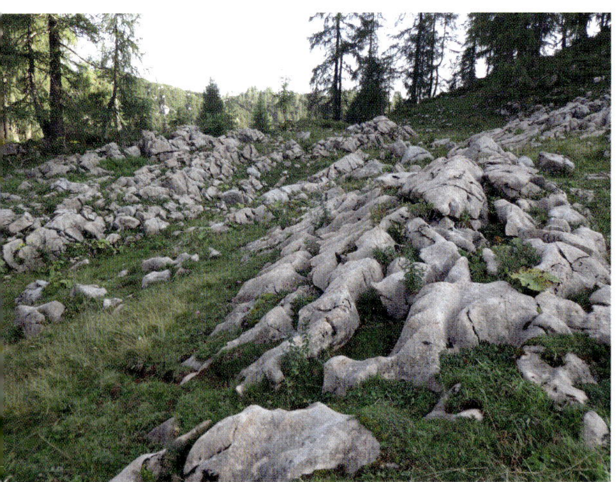

Abb. 118. Verkarstete, flach nach Südwest einfallende Rotkalke der Adnet-Formation unweit der Bärengrube.

stand auch die ehemalige "Göring-Jagdhütte" – den Rest kann man sich zusammenreimen). Heute sind die einst aufwändig ausgeführte Befestigung des Steiges sowie die Almen, die hier einst standen, verfallen und nur noch andeutungsweise erkennbar.

> Etwa 15 Gehminuten nach dem Königsstand weicht der dichte Lärchenwald zurück, der beinahe keinerlei Aussichten zugelassen hat und wir stehen abermals auf offenem Gelände.

Die Szenerie dominiert wieder der breite, massige
Funtenseetauern, rechts davon erkennen wir den 117
Großen Hundstod und die Watzmann-Ostwand. An diesem Ort ist der tiefste Punkt unserer Höhenwanderung vom Schneibsteinhaus zur Gotzenalm erreicht (ca. 1590 m Höhe) – etwas tiefer liegt die in den Sommermonaten bewirtschaftete Regenalm (1540 m). Das mit kleineren und größeren Findlingen übersäte, hügelige Weidegelände fällt nach Westen unterhalb des Gotzenberges bis auf etwa 1000 Meter Höhe ab und endet mit einer 400 Meter hohen felsigen Steilstufe aus Dachsteinkalken über dem Königssee. Hier hätte man früher über den Kaunersteig direkt nach Salet am Südende des Königssees absteigen können – der Wanderweg ist jedoch vom Nationalpark aktuell durch Murschäden und akuter Steinschlaggefahr für Wanderer gesperrt (Bitte nicht absteigen! Es gab im Jahr 2021 bereits einen tödlichen Unfall!). Die offene Weidefläche zwischen den bewaldeten Hügeln des Regenbergls im Süden und dem Klausbergl im Norden ist durch Almwirtschaft entstanden, erschließt jedoch oberflächennah Moränen-Ablagerungen der vergangenen Würm-Eiszeit, als sich aus der vorher unterquerten Senke des Mitterlaafeldes ein kleinerer Lokalgletscher nach Westen schob und sich – zumindest im Hochglazial – am Regenbergl mit dem vom Steinernen Meer kommenden Königssee-Gletscher vereinigte. Die übrig gebliebenen Seitenmoränen- und Rückzugswälle sind heute nur noch mit etwas Erfahrung und am besten im digitalen Geländemodell erkennbar (frei zugängliche Schummerungskarten finden sich beispielsweise unter der Internet-Adresse: www.bayernatlas.de).

> Von der Regenalm verläuft der Weg durch unübersichtliches Gelände mit viel Windwurf, später folgt dichter
> 118 bewaldetes Gebiet auf verkarstetem, klassischerweise von zahlreichen Rotkalk-Spalten durchzogenem Dachsteinkalk. Erst auf einer Lichtung westlich der Bärengrube öffnet sich das Gelände und wir sehen hinter uns wieder das Steinerne Meer mit dem dominierenden Gipfel des Funtenseetauern (Exkursion Ⓡ).

In diesem Abschnitt zeigt sich die alte Landschaftsoberfläche zwischen Laafeld und Gotzenalm tektonisch stark zerlegt. Die Bereiche dieser Versätze – zumeist Lateralstörungen mit Schrägab-

und Aufschiebungskomponente – unterlagen in den vergangenen Jahrmillionen einer intensiven Verkarstung und Höhlenbildung. Neben kleinen, aber markant trichterförmigen, kaum mehr als 20 Meter im Durchmesser zählenden großen Dolinen treten auch ovale bis irregulär geformte Senken auf, die gleichsam durch kollabierte Höhlen und Höhlensysteme im Untergrund entstanden. Mit Abmessungen von einigen hundert Metern sind diese Uvalas deutlich größer als Dolinen. Die nahe Bärengrube – mit einem Abstecher in wenigen Minuten von unserem Weg auf nicht bezeichneten Steigspuren zu erreichen – ist mit knapp 300 Metern Nord-Süd-Ausdehnung eine solche Karst-Großstruktur und wirkt wie eine kleine, in sich abgeschlossene Welt. Während man im (Spät)Herbst hier mutterseelenlalleine wandern kann, muss man sich die Landschaft im Hochsommer meist mit zahlreich vorhandenem Weidevieh teilen.

12 Gotzenalm

Mit einer letzten scharfen Linksbiegung des Weges verlassen wir die verkarstete Dachstein-Karbonatplattform und finden uns erneut in einer anderen Landschaftsform wieder. Der Wald weicht zurück und macht einer weit offenen Almwiese Platz.

Der Grund für den abrupten Morphologie-Wechsel ist eine seichte, schüsselförmige Muldenstruktur, die von schmalen Ausbissen von Rotkalken der Adnet-Formation und schroffen, teilweise dünn- bis mittelbankigen, grauen bis braungrauen Kieselkalken von Chiemgauer Schichten konturiert wird. *Profil 5*
Das Zentrum bilden violettbraune, polygonal-kleinstückig verwitternde Radiolarite der Ruhpolding-Formation.

Leicht ansteigend wandern wir an einigen Almhütten zur bald sichtbaren Gotzenalm, einem privat geführten, stattlichen Schutzhaus mit der bleichen Mauer der Watzmann-Ostwand aus lagunären, dickbankigen Dachsteinkalken im Hintergrund.

Die Umgebung der Gotzenalm wird als Geotop im Kataster des Bayerischen Landesamtes für Umwelt geführt (Geotop 172R049, Objekt-ID 8443GT015004).

Der Ausblick vom Schutzhaus – besonders im milden Licht eines lauen Frühherbst-Abends – kann sich sehen lassen. Im Osten erblicken wir die stumpfe Pyramide des Kahlersberges vor der flachliegenden Platte des Hohen Laafeldes, das nach Süden nochmals mit dem seltsam zerfressen wirkenden Gipfel *119a*
des Mitterlaafeldes kumuliert. Gerade mit dieser Ansicht lassen sich nochmals die synsedimentären *119b*
Vorgänge, die bei der Bildung dieser seltsamen kleinen Hochfläche im Spiel waren, verdeutlichen.

Eine mächtige Lage aus den blutroten Schichten zieht an der Basis der Ostwand des Hohem Laafelds über die von Blockschutt erfüllte Rosengrube bis unter das Mitterlaafeld. Im obersten Kar unter der Laafeld-Westwand (nur weglos von der Gotzenalm in ca. 45 Min. erreichbar) gibt es einen diskordanten, aber tektonisch ungestörten Kontakt zwischen obertriassischem Dachsteinkalk und auflagernden Rotkalken der Adnet-Formation. Damit ist das Hohe Laafeld definitiv keine Olistolith-Scholle wie etwa der Fagstein oder die Rotspielscheibe (Exkursion M), sondern eine durch Bruchsysteme und steil nach Osten einfallende Abschiebungen gestufte alte Klippe aus Dachsteinkalk, von der sich im submarinen Stadium bereits während der Sedimentation der unterjurassischen Adnet-Formation immer wieder größere Blöcke gelöst haben und gravitativ beckenwärts geglitten sind. Diese Dachsteinkalk-Blöcke sind zum Teil so groß, dass man sie selbst mit bloßem Auge von der Gotzenalm erkennen kann. Sie scheinen auf einer blutroten Matrix aus Rotkalken zu schwimmen, sind jedoch im Liegenden und Hangenden einsedimentiert. Nach der Adnet-Formation folgte die Ablagerung der Chiemgauer *119c*
Schichten und am Ende dieses Zeitabschnittes, also gegen Ende des Mittleren Juras, entstanden die Grobbrekzien am Mitterlaafeld sowie an zwei markanten, dem Hohen Laafeld vorgelagerten Felszapfen (P. 1960 m). Damit lässt sich auch die lokale Bergzerreißungszone am stark zerklüftet und zerrissen wirkenden Gipfel des Mitterlaafeldes erklären, die ebenfalls von der Gotzenalm gut sichtbar ist: die starre Brekzien-Klippe des Mitterlaafeldes lagert auf einem mergelreichen, weichen und deswegen gegenüber Auflast instabil reagierenden Sedimentstapel aus Adnet-Formation und Chiemgauer Schichten. Am Klippenrand brechen immer wieder kleinere und größere Schollen zu Tal. Wenn man so will, wiederholt sich der Vorgang hier genauso wie knapp 180 Millionen Jahre zuvor unter der Ostwand des Hohen Laafeldes – nur das Meer ist seit Langem verschwunden.

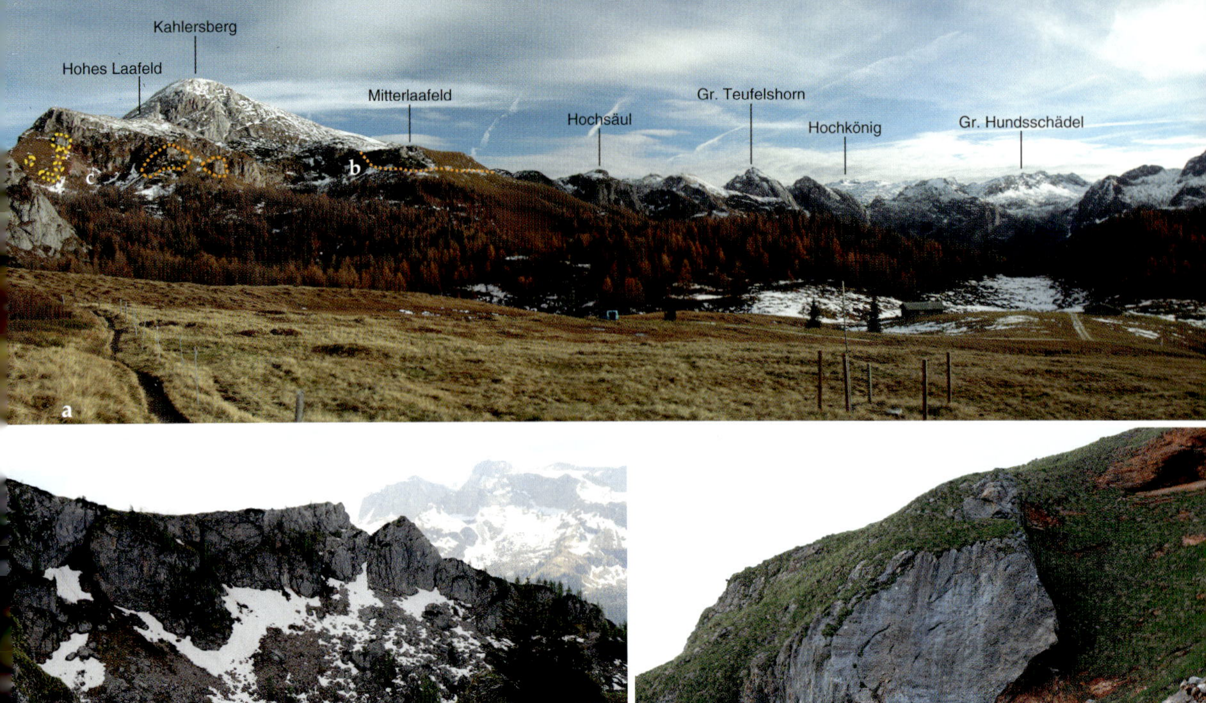

Abb. 119. a. Der Blick knapp oberhalb der Gotzenalm reicht vom Kahlersberg und dem davor gelagerten Hohen Laafeld über die Berge des südlichen Hagengebirges bis in die auf österreichischem Staatsgebiet liegenden Grenzberge zwischen Steinernem Meer und Hochkönig-Massiv. Gelb punktiert sind ins Laafeld-Becken eingeglittene Olistolith-Blöcke aus Dachsteinkalk, orange punktiert die Brekzie am dem Hohen Laafeld vorgelagerten P. 1960 m sowie dem Mitterlaafeld (Die Buchstaben bezeichnen die Positionen der Detailbilder b und c). b. Der Gipfelbereich des Mitterlaafeldes gleitet auf mergelreichen Rotkalk-Sequenzen langsam in die nordwärts gelegene Rosengrube ab (Aufnahmepunkt P. 1960 m am Aufstieg zum Hohen Laafeld). c. An der Basis der Ostwand des Hohen Laafeld sind mächtige Adneter Rotkalkfolgen erschlossen (bezeichnenderweise auch als »Rote Wand« bezeichnet), in die mehrere Zehnermeter große Komponenten aus Dachsteinkalken eingeglitten und eingebettet sind (der Aufnahmepunkt des Fotos liegt im obersten Kar unter der Laafeld-Westwand).

Südlich des Kahlersberges schließen sich die Gipfel des südlichen Hagengebirges sowie die Grenzberge zwischen Steinernem Meer und dem gut sichtbaren, breiten und behäbig wirkenden Hochkönig an, dem man seine knapp 3000 Meter Höhe kaum ansieht. Westlich von Hochkönig liegen Funtenseetauern und Großer Hundstod als markante Gipfel des Steinernen Meeres (siehe Exkursionen Q und R).

Nach so viel komplexer Geologie haben wir uns eine längere Rast redlich verdient. Außerdem gilt es vor dem langen Rückweg zurück nach Königssee Quartier zu beziehen.

Die Gotzenalm – in den vergangenen Jahren mehrfach renoviert, um- und ausgebaut – bietet neben der spektakulären Aussicht und der grandiosen, beinahe entrückten Lage auf dem Hochplateau inmitten der Berchtesgadener Berge vor allem eine hervorragende, teilweise erfinderische Küche in gemütlicher Atmosphäre. Abends, wenn die vielen Tagesgäste – meistens Mountainbiker und in letzterer Zeit vor allem E-Biker – wieder talwärts gefahren sind, kehrt etwas mehr Ruhe ein und die Landschaft gehört wieder den Kühen und natürlich uns Wanderern.

Wen es interessiert: die Gotzenalm wurde bereits im Jahr 790 n. Chr. erstmals urkundlich unter dem Namen "ganzo" erwähnt und ist damit einer der ältesten zumindest periodisch bewohnten Orte des inneren Berchtesgadener Landkreises. Der Talkessel knapp 1200 Meter tiefer wurde erst knapp 300 Jahre später ab dem Beginn des 12. Jahrhunderts dauerhaft besiedelt.

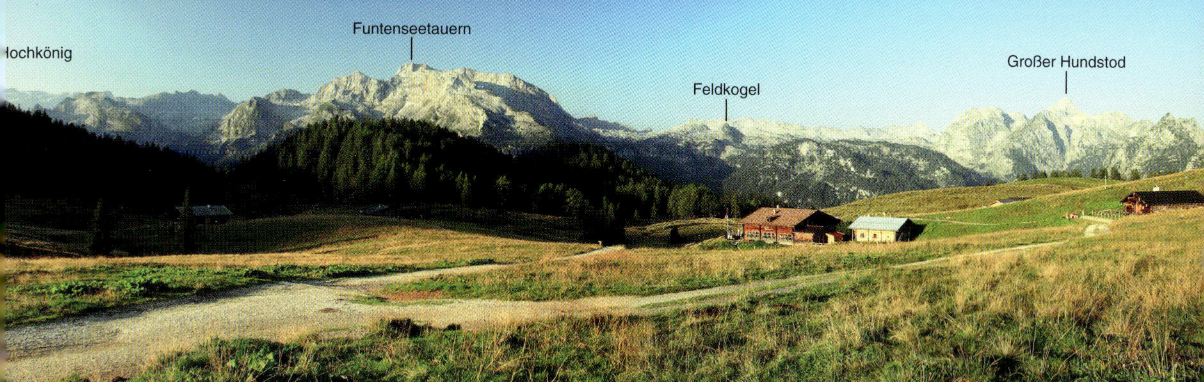

Abb. 120. Die Gotzenalm (knapp rechts der Bildmitte) mit Hochkönig und Steinernem Meer im Hintergrund.

13 Eiszeitliche Aus- und Einsichten am Feuerpalfen

Von der Gotzenalm auf die flache Kuppe des 1741 Meter hohen Wartecks und kurz absteigend zum Aussichtspunkt des Feuerpalfens ist es nur ein kurzer, abendlicher Spaziergang. Direkt hinter der Hütte zweigt vom Forstweg ein schmaler, teilweise tief in die hell anwitternden Radiolarite erodierter Pfad ab, der uns in einer knappen Viertelstunde zum berühmten Aussichtsbalkon hoch über dem Königssee bringt, zuletzt über rote Mergelkalke der Adnet-Formation.

Die kleine Plattform selbst steht wieder auf dickbankigen Dachsteinkalken und erlaubt einen der wohl spektakulärsten Tiefblicke auf die Halbinsel Hirschau mit St. Bartholomä und der jäh aufragenden Watzmann-Ostwand dahinter. Die Wallfahrtskirche mit den leuchtend roten Zwiebeltürmen scheint beinahe senkrecht unter uns zu liegen – knapp 1100 Meter tiefer. Der nahezu ideal ausgebildeten Schwemmlobus des Eisbaches, der an einem übersommernden Lawinenkegel ("Eiskapelle") unter der Watzmann-Ostwand entspringt und seit der letzten Eiszeit Unmengen an feinem Schutt in den Königssee transportiert hat, zieht hinein in den tief zwischen der Watzmann-Ostwand und den südöstlich vorgelagerten Hachelköpfen eingeschnittenen Eisgraben. Ein Großteil des Schutts stammt von bis zu 800 Meter mächtigem Karnisch-Norischen Dolomit, der den erosionsanfälligen Sockel des Watzmann-Massivs bildet und graubräunliche, ungegliederte Wandfluchten bildet. Er unterscheidet sich grundlegend vom langunären Dachsteinkalk, der die obere Wandhälfte mit seinen mächtigen, teilweise zehnermeterdicken Loferitbänken bildet. Diese wittern in großen, teilweise mehrere hundert Meter langen und schräg durch die Watzmann-Ostwand ziehenden Bändern aus.

Es ist nicht nur die bis zu 2000 Meter mächtige triassische Schichtfolge und die zugrunde liegende besondere Tektonik, die bereits in diesem Kapitel Thema war und auch in Exkursion O eingehender behandelt wird. Der kundige, nun geowissenschaftlich genug geschulte Beobachter

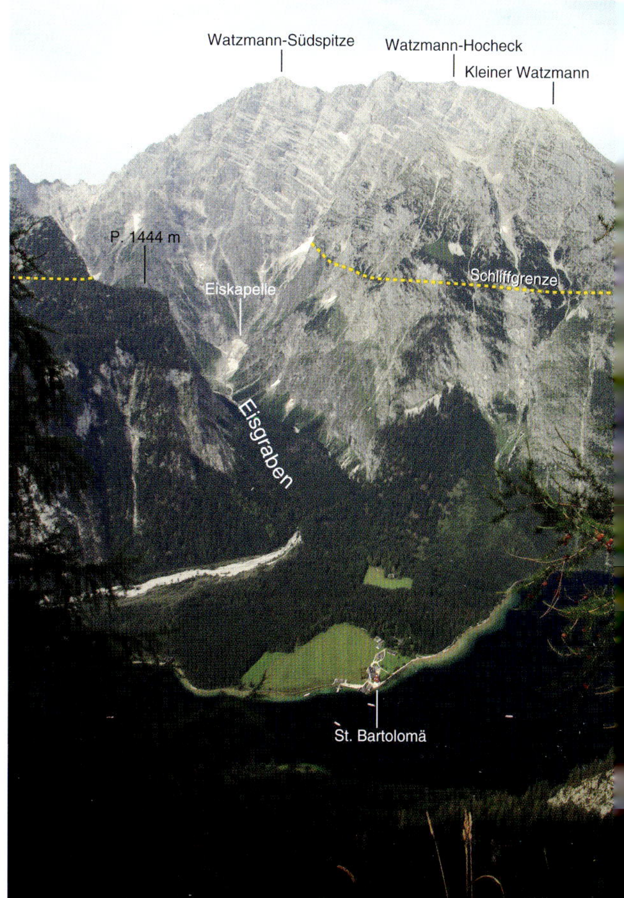

Abb. 121. Tiefblick vom Feuerpalfen hinab nach St. Bartholomä und zur gegenüberliegenden Watzmann-Ostwand. Mit etwas Erfahrung lassen sich in den Wandfluchten auch Schliffgrenzen und Moränenreste ausfindig machen, die Rückschlüsse zum Maximalstand des würmzeitlichen Königssee-Gletschers geben. ▷

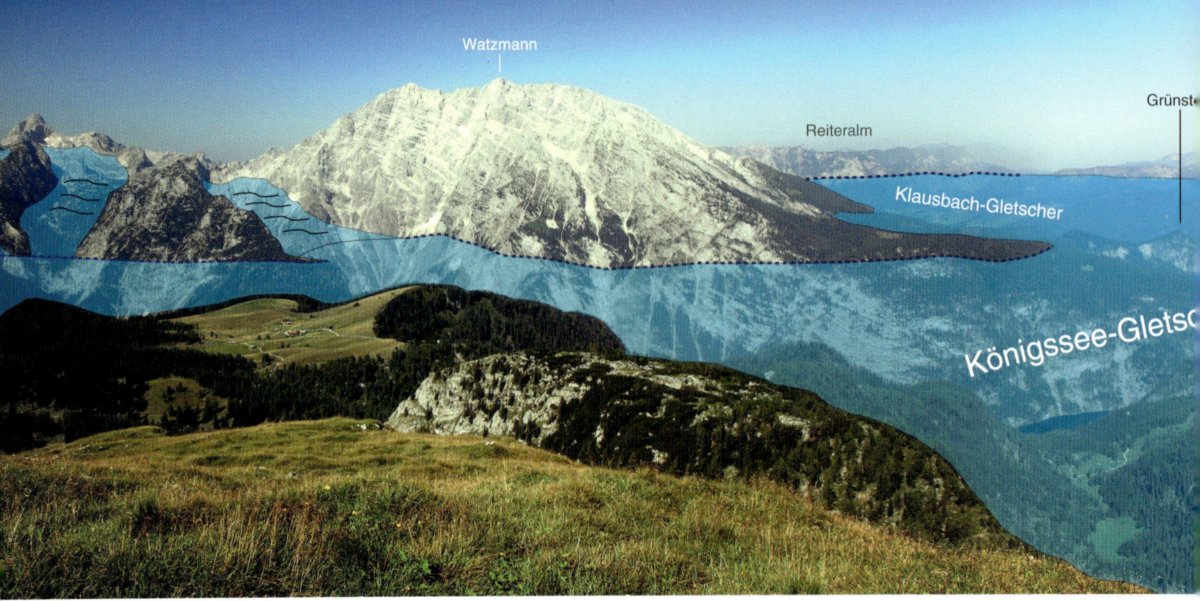

Abb. 122. Kleine Eiszeitkunde mal anders – der Blick vom Hohen Laafeld (2074 m) hoch über der Königssee-Talfurche und der Gotzenalm (links) über den Berchtesgadener Talkessel dürfte im Würm-Hochglazial bis 1400 Meter komplett mit Eis erfüllt gewesen sein. Grünstein und Kneifelspitze waren überflossen, höchstwahrscheinlich sogar der knapp 1400 Meter hohe Tote Mann zwischen Ramsau und Bischofswiesen. Die gestrichelten blauen Linien geben in etwa die heute noch nachvollziehbare würmzeitliche Schliffgrenze und damit den Eishöchststand wieder. Der Königssee-Gletscher mit seinem Haupt-Nährgebiet im Steinernen Meer vereinigte sich im Berchtesgadener Talkessel mit dem Klausbach-Gletscher aus der Ramsau und kleineren Lokalgletscher aus dem Hagengebirge (etwa jener im Vordergrund vom Fagstein und Seeleinsee durch Stier- und Abwärtsgraben zum Königssee abfließend) und hatte über die Eispforte von Hallthurm Verbindung zum Saalach-Gletscher und weiter östlich über Marktschellenberg Kontakt zum Salzachgletscher.

wird auch einige glazigene Merkmale in der Morphologie des Königsseer Tales erkennen. Zu allererst wäre die signifikante Übertiefung des Königssee-Beckens zu nennen, das fjordähnlich zwischen Hagengebirge und Watzmannstock bis ins Steinerne Meer vorgreift und diesen Tiefblick überhaupt ermöglicht. Dass das Tal des Königssees derart tief von eiszeitlichen Gletschern ausgeschürft werden konnte, verdankt es der Anlage eines großen Grabenbruches, der vermutlich bereits in der Jurazeit entstand (Siebeck 1985). Der mittlere Seespiegel liegt bei einer Höhe von 603 Metern, die größte Wassertiefe wird im vorderen Bereich des Sees mit 190 Metern erreicht – die Sohle des Königssees liegt folglich auf nur 413 Metern über Normalnull und damit knapp 200 Meter niedriger als die Ortschaft Königssee, unserem Startpunkt der Exkursion. Zumindest für das Würm-Glazial lassen sich aufgrund von Moränenresten an der Kühroint (siehe Band 40, Exkursion C) und Priesbergalm (Exkursion M) sowie Schliffgrenzen an den Bergflanken von Kleinem Watzmann und Eisgraben unter der Watzmann-Ostwand (siehe auch Abb. 121) maximale Eishöchststände für den Königssee-Gletscher rekonstruieren. Die dem Feuerpalfen unmittelbar gegenüberliegende Felsschulter P. 1444 m der Hachelwände markiert in etwa die Schliff- beziehungsweies die Obergrenze des glazial übertieften Eisgrabens mit annähernd lotrechten Wänden – damit erreichte der Königssee-Gletscher in der Gegend um St. Bartholomä mehr als 1000 Metern Eisdicke! Aus den gegenüberliegenden Seitentälern des Eisgrabens und vom Trischübelpass sowie vom Schneiber östlich des Großen Hundstodes dürften kleinere, steile Lokalgletscher mit Eisbrüchen den Königssee-Gletscher gespeist haben. Hier am Warteck und auf Plateau der knapp 1700 Meter hochgelegenen Gotzenalm selbst finden sich keine Moränenreste – die Hochfläche ragte damals als Trogschulter in beeindruckender Position über den Eisstrom des Königssee-Gletschers. Dieser vereinigte sich über der Schönau mit dem aus dem Ramsauer Tal kommenden Klausbach-Gletscher und erfüllte den gesamten Berchtesgadener Talkessel bis etwa 1400 Meter Höhe komplett mit Eis. Über die Pforten beidseits des Untersberges (Pass Hallthurm und Marktschellenberg) konnte das Lokaleis abfließen und sich mit den Ferneisströmen von Saalach- und Salzach-Gletscher vereinigen.

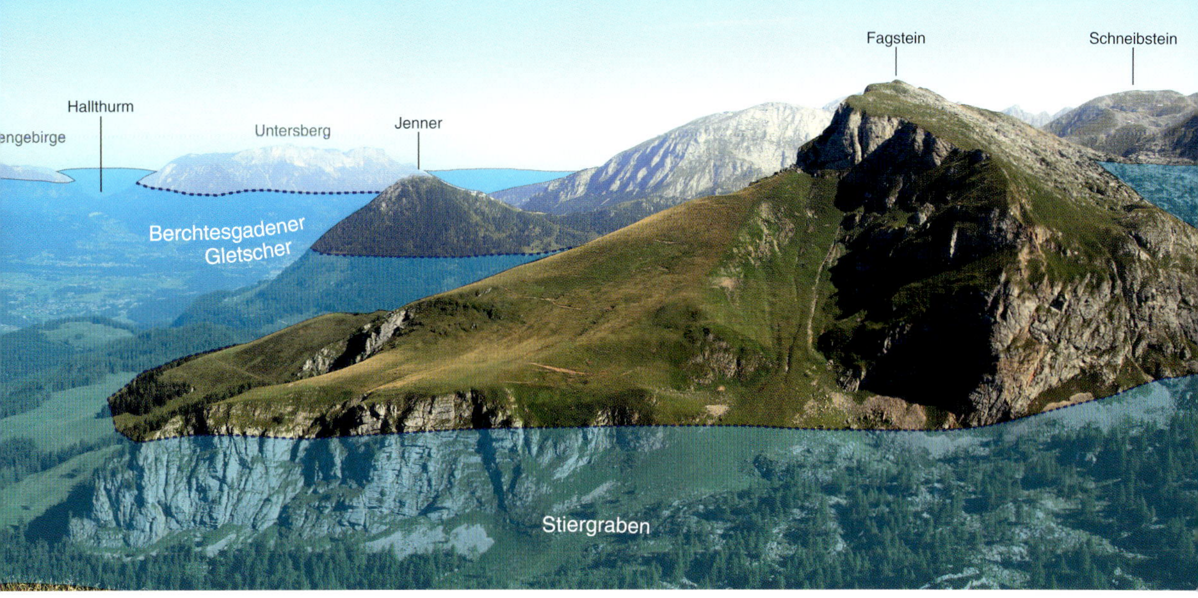

14 Tektonik am Gotzentauern

Nach einem hoffentlich ausgezeichneten Abendessen, guter Nachtruhe und einem sonnigen Frühstück (alles zusammen geht leider nicht immer) auf der Terrasse vor der Hütte können wir unseren geologischen Blick am folgenden Tag wieder mehr auf das Kalkalpin schärfen. Beispielsweise am gegenüberliegenden "Hüttenberg", dem 1858 Meter hohen Gotzentauern. Seine Westwand zeigt beispielhaft die bruchhafte Verformung, die die starren Dachsteinkalke im Zuge von gebirgsbildenden Prozessen und damit verbundener Sprödtektonik mitmachen mussten: in der Westwand des kleinen Berges sind steil nach Süden einfallende, Südwest-Nordost-streichende Staffel-Abschiebungen zu sehen. Deren Versatz kann an breiten, die Wandstufe durchziehenden Grasbändern gut nachvollzogen

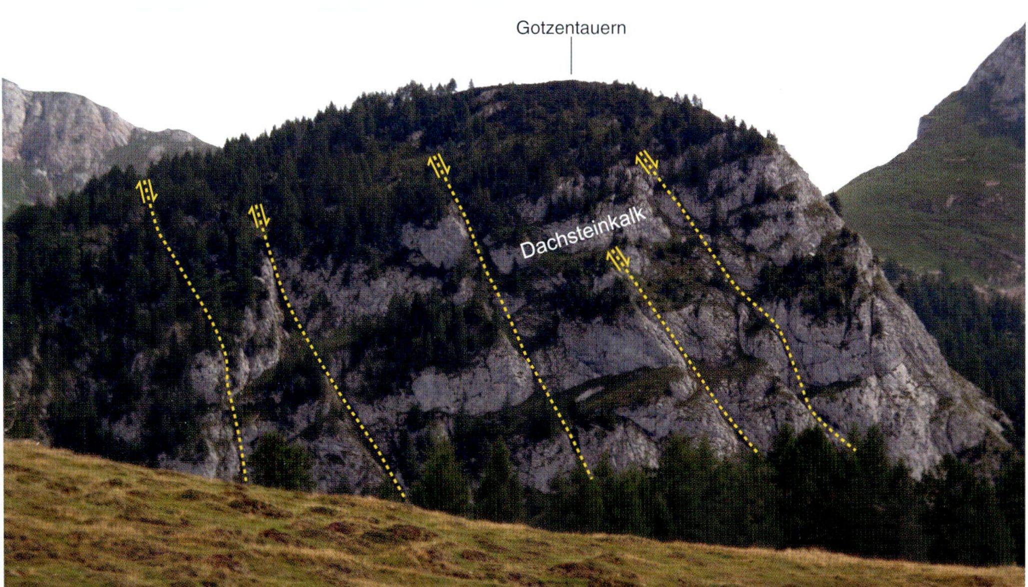

Abb. 123. Ost-West-verlaufende, steil südgerichtete Staffel-Abschiebungen wie in der Westwand des Gotzentauern unmittelbar gegenüber der Gotzenalm lassen die alpine Bruchtektonik infolge starker Nord-Süd-Einengung bildhaft begreifbar werden.

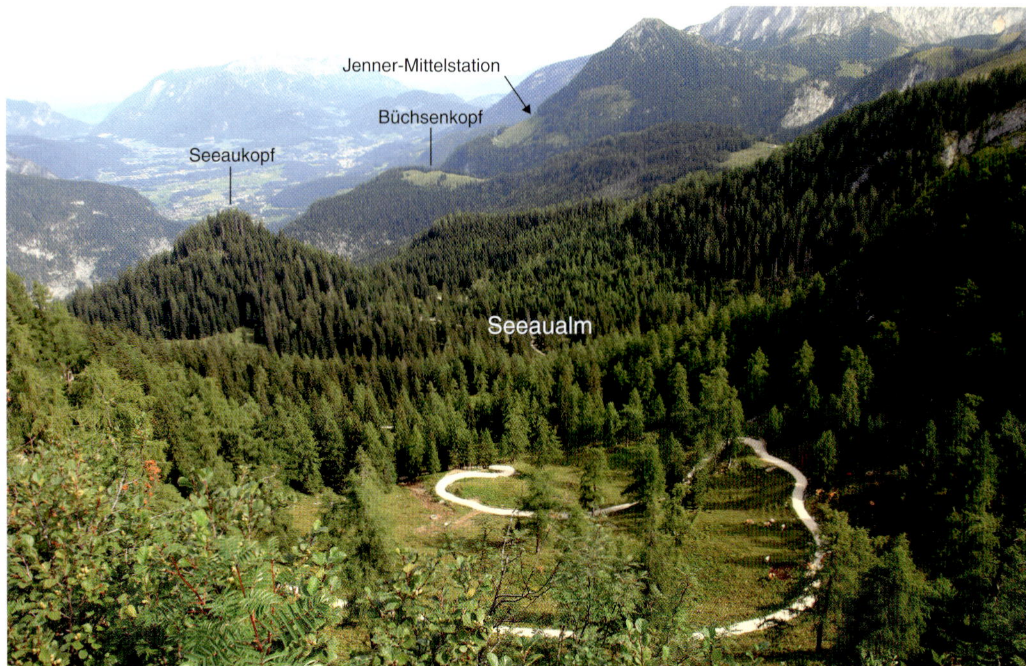

Abb. 124. Ausblick vom Nordrand des Gotzenalm-Plateaus nach Norden zum Jenner. Markante Geländepunkte sind der Seeaukopf und der Büchsenkopf, eines der letzten Etappenziele unserer Exkursion – bereits wieder knapp nördlich der Torrener-Joch-Zone gelegen.

werden. Aber nicht nur der Gotzentauern – die gesamte verkarstete Hochfläche des Hagengebirges ist von einem sehr komplizierten und engmaschigen Muster tektonischer Bruchzonen durchzogen. Während der vergangenen beiden Tage sind wir, ohne es im unübersichtlichen Karstgelände zu bemerken und bereichsweise durch dichte Vegetation oder Bodenbildungen verdeckt, über unzählige kleinere und größere Abschiebungen, Aufschiebungen und Seitenverschiebungen gelaufen. Das Bruchmuster in den triassischen Karbonaten setzt sich natürlich auch in den überlagernden jurassischen Lithologien fort, auf denen die Gotzenalm steht – die Störungen sind jedoch aufgrund des Bewuchses so gut wie nicht zu erkennen. Allenfalls wie an der Schnur aufgereihte Dolinen und der Ausbiss unterschiedlich gefärbter Lithologien lassen größere Versätze und Bruchlinien erahnen (wie in einer nahen Senke unterhalb der Terrasse der Gotzenalm).

Von der Gotzenalm gehen wir den breiten Forstweg in Richtung Norden bis zum Rand des Plateaus. Von hier
124 haben wir einen guten Überblick über die noch ausstehenden Wegstrecken unserer Exkursion beinahe bis
zum Ausgangspunkt. Steil und für einen befahrbaren Weg beinahe etwas ausgesetzt quert die Forststraße ein Hangschuttfeld.

Am bergseitigen Hang durchwandern wir bis zur ersten Kehre abermals die jurassische Schichten-
125 folge von stark verwitterten Ruhpoldinger Radiolariten bis zu Adneter Rotkalken. Die Chiemgau-
Schichten werden von Hangschutt überdeckt und sind allenfalls mit Lesesteinen nachvollziehbar.

15 Moräne am Beginn des Mittleren Hirschenlaufs

Steil absteigend gelangen wir mit verkarsteten Dachsteinkalken wieder ins Liegende der jurassischen Gesteinsabfolge.

Nach dem durchwegs steilen Abstieg durch die Nordflanke des Wartecks führt die schmale Fahrstraße nun durch das flachere Gelände der ehemaligen Seeaualm. Auf der Höhe des Seeaukopfes ist ein erneuter Abstieg durch eine Steilstufe aus Dachsteinkalk zu bewältigen.

Hier noch ein kurzer Hinweis für Eiszeit-Liebhaber: Ein etwas deutlich ausgeprägter Seitenmoränenwall jenes Gletscherastes, der vom Seeleinsee durch den Stiergraben herabfloss und sich mit dem Königssee-Gletscher vereinigte, ist mit wenigen Minuten Zeitverlust und einem kurzen Abstecher (Wegweiser: "Unterer Hirschenlauf" und "Priesbergalm") auf der Anhöhe, bevor das Tal gegen Norden abbricht, zu erwandern. Mit knapp 1500 Metern Höhe markiert diese Stelle in etwa den Eis-Höchststand des nahen Königssee-Gletschers.

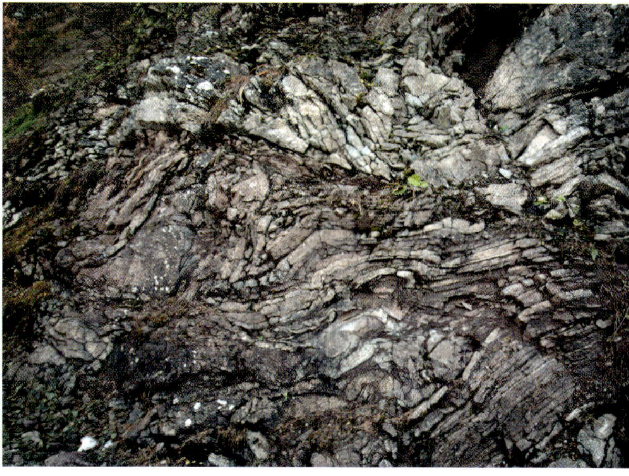

Abb. 125. Dünnbankige Radiolarite der Ruhpolding-Formation stehen unmittelbar an den ersten Abstiegsmetern vom Plateau der Gotzenalm in Richtung Seeaualm an. Die starke Verwitterung und der auf den ersten Blick weiche, mergelige Habitus täuschen. Es handelt sich tatsächlich um scharfkantige, harte Gesteine.

16 Gotzentalalm

Von der Seeaualm führt der breite Forstweg in weiten Kehren nicht allzu steil in die Tiefe. Nach etwa 45 Gehminuten erreichen wir – zuletzt den Abwärtsgraben als talwärtige Fortsetzung des Stiergrabens querend – die weit offene Weidefläche der Gotzentalalm. Von hier könnte man in knapp anderthalb Stunden nach links zum Königssee und der Bedarfs-Anlegestelle "Kessel" absteigen. Wir aber bleiben auf dem Forstweg, wandern auf die Almhütten zu und ignorieren den rechts zur Königsbachalm abzweigenden Pfad. Auf der Forststraße gelangen wir – wieder leicht ansteigend – über buckeliges Moränengelände zu einigen überraschenden Ausblicken auf den immer noch tief unter uns liegenden Königssee. Die sich in guten Zustand befindliche Forststraße wird nur an einer Stelle unruhig, grobschottrig und ruppig – die Hänge berg- und talseits sind mit massiven Hangsicherungen gestützt und der Untergrund wird merklich feucht.

Der Grund für den rutschgefährdeten Straßenabschnitt und die Hangsicherungen ist tonreiches, ausgelaugtes permotriassisches Haselgebirge. Das violettgräuliche, mergelige Material ist im bergseitigen Weganriss nur ungenügend aufgeschlossen und meist von einer dichten, feuchtliebenden Vegetationsdecke überwuchert. Diese Stelle ist nur wenige Meter breit, kostet der Abteilung Wegebau des Berchtesgadener Nationalparks nach eigenem Bekunden jedoch "jede Menge Nerven" und bedarf besonders nach stärkeren Regenfällen und während sowie unmittelbar nach der Schneeschmelze stets besonderer Beobachtung. Unmittelbar benachbart stehen graue, ruppige und etwas zerfressen wirkende Kalkdolomite der tief mitteltriassischen Reichenhall-Formation an. Diese nur kurze Passage markiert die Querung einer weiteren Scholle der Berchtesgaden-Decke, die wohl eng mit der in Exkursion M näher beschriebenen "Sillenkopf-Scholle" in Zusammenhang steht, jedoch wohl nicht mit dieser vereinigt ist.

Kurz nach der Haselgebirgs-Passage samt Reichenhall-Formation quert der Forstweg auf etwa 200 Meter Länge eine steile Wandflucht aus Dachsteinkalken – unter uns leuchtet wieder der schwarzblaue Königssee.

Danach wird die Geologie, soweit die dichte Vegetationsdecke entsprechende Einsichten zulässt, merklich unruhiger. Die Dachsteinkalke grenzen tektonisch an siliziklastische Kalke der Oberen Werfen-Formation und Dolomitkalke der Reichenhall-Formation. In diese sind Mergel der unterjurassischen Allgäu- und der oberjurassischen Tauglboden-Formation sowie Sequenzen des Karnisch-Norischen Dolomits eingewürgt. Wir durchwandern an dieser Stelle wieder die tektonisch hochkomplexe Torrener-Joch-Zone, mit der wir uns bereits am ersten Exkursionstag eingehender beschäftigt haben – nur deutlich weiter westlich und in einer geringeren Höhenlage. Die von Ost nach West streichende und im Norden und Süden von Störungen begrenzte Zone zieht weiter durch einen markanten Graben, zuletzt einer schmalen Schlucht unter der "Kesselwand" (Geotop 172R032, Objekt-ID 8443GT000016) und taucht ab in den Königssee. Hier befinden wir uns ziemlich genau im Profilschnitt der Abb. 94 zwischen Sillenkopf und dem nahen Büchsenkopf.

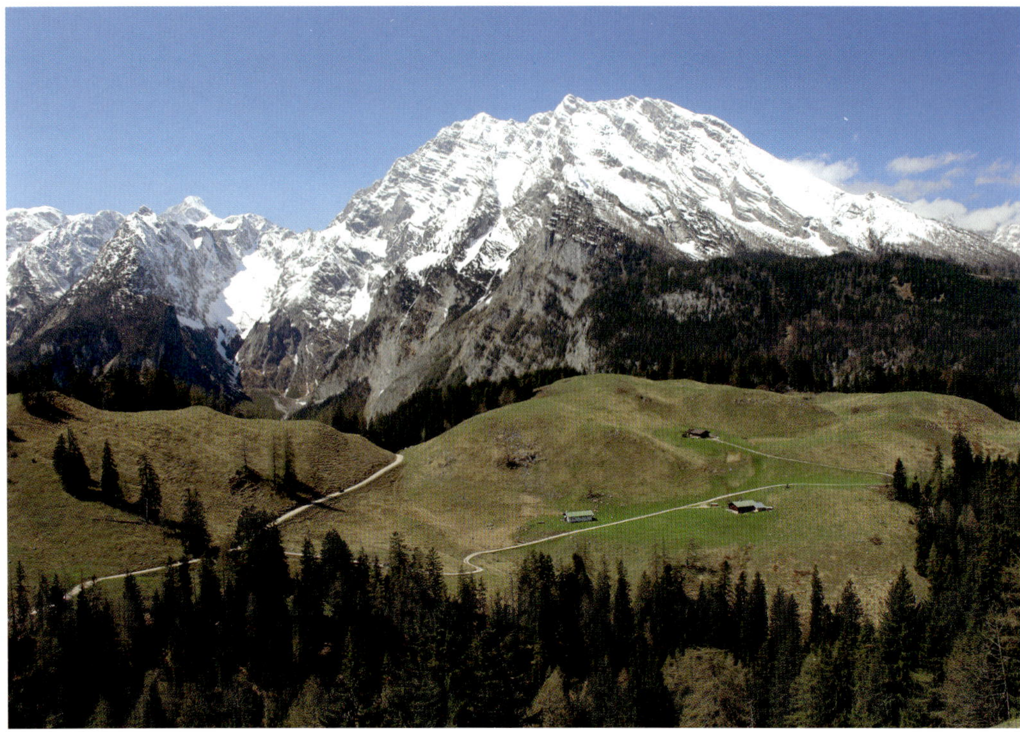

Abb. 126. Die Büchsenalm im zeitigen Frühjahr unter dem noch tief verschneiten Watzmann. Der umgrenzende Wald zeigt die ungefähre Lage von konturierenden Rotkalken der Adnet-Formation sowie Radiolariten der Ruhpolding-Formation. Die sanften Buckel der Almweide bestehen aus hausgroßen Dachsteinkalk-Blöcken, die als Olistolith-Komponenten in einer Matrix auch mergelreicher Strubberg-Formation schwimmen.

17 Büchsenkopf

Vor Erreichen des flachen Büchsenkopfes, den wir ganz zu Beginn unserer Exkursion bereits vom Jennergipfel und wiederholt von den Hochgebieten des Hagengebirges einsehen konnten, steigt der Fahrweg über eine Haarnadelkurve ein paar Meter an. In einer passähnlichen Verflachung – wir überschreiten an diesem Punkt
126 die Grenze der Torrener-Joch-Zone – finden wir uns in einem offenen Weidegebiet wieder, in dem einige Almhütten liegen.

Ähnlich wie an der Gotzenalm hat sich auch hier eine Art kleines Hochplateau erhalten können, das eine durchgängige obertriassische bis oberjurassische Schichtenfolge enthält und mit der Strubberg-Formation sogar die nächstjüngere Einheit der Ruhpoldinger Radiolarite erschließt: Der Sockel des Büchsenkopfes wird aus Dachsteinkalken gebildet, die Ränder zunächst von knolligen Kieselkalken
127 der Scheibelberg-Formation, darüber fossilreichen Rotkalken der Adnet-Formation und letztendlich Radiolariten der Ruhpolding-Formation konturiert.

Zwischen den höchsten, sanft gewellten grasigen Kuppen des Büchsenkopfes – einem vor allem im Frühjahr unter Einheimischen als "Murmeltier-Spielweise" bekannten Ort – verbirgt sich eine kleine Besonderheit. Bei der weglosen Wanderung (am besten im Herbst nach Almabtrieb) wird man feststellen, dass die meisten Kuppen zuoberst wieder aus hartem Dachsteinkalk bestehen, in den Senken
Profil 5 jedoch braungraue, mergelreiche Schichten der Strubberg-Formation anstehen (siehe auch Abb. 94) Die stratigraphische Lücke und das enge Miteinander zwischen obertriassischen Dachsteinkalken und dem höherem Mitteljura bis tiefem Oberjura der Strubberg-Formation ist dahingehend schnell erklärt, als dass es sich beim Büchsenkopf um einen Olistolith handelt, in dem hausgroße Blöcke aus Dachsteinkalken umgelagert und im lithologischen Konnex der Strubberg-Formation einsedimentiert

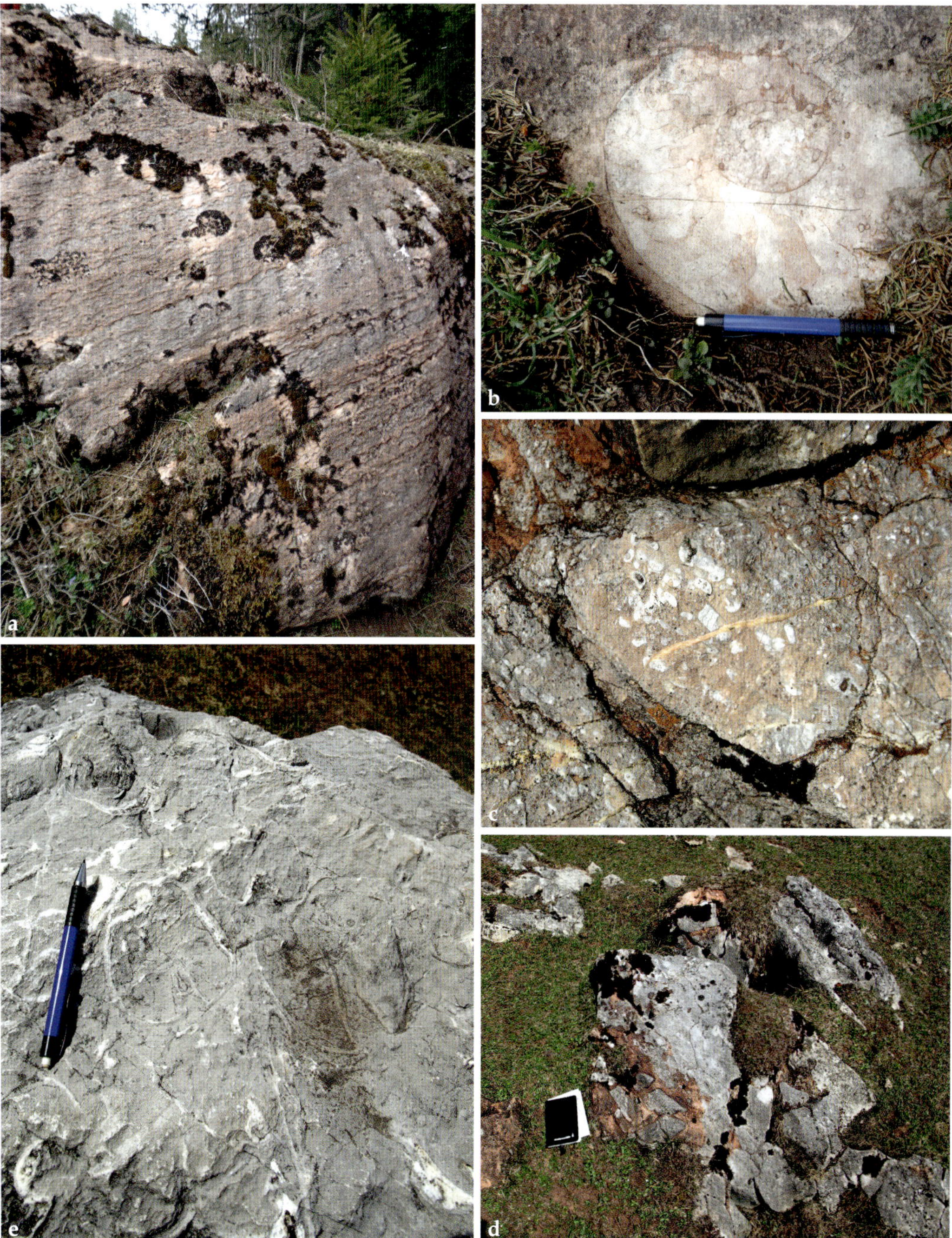

Abb. 127. Geologisch-Paläontologische Impressionen von der Büchsenalm. a. Die unterjurassische Umrandung mit fossilreichen Rotkalken der Adnet-Formation, b. größerer Ammonit (vermutlich Lytoceras sp.); c. Kleine Ammoniten und Crinoiden-Bruchstücke (Adnet-Formation); d. kleinere Dachsteinkalkblöcke mit enger Verzahnung zur hier mergelreichen, violett-karminrote Tauglboden-Formation; e. Die großwüchsige Muschel Megalodonta (»Kuhtritt-Muscheln«) sind typisch für den Dachsteinkalk – sie kommen in den großen Olistolith-Blöcken am Büchsenkopf relativ häufig vor.

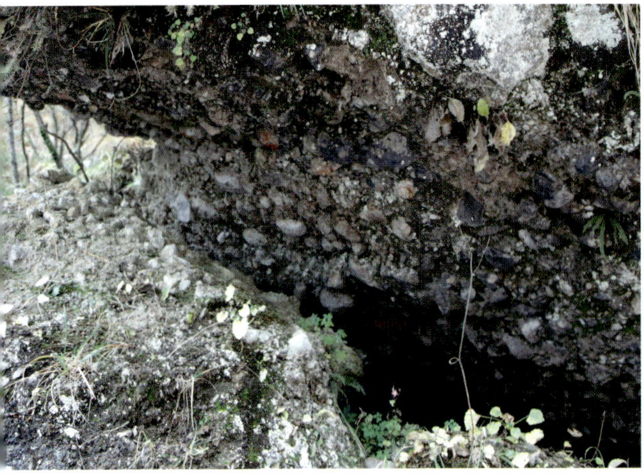

wurden. Im Gegensatz zur nahen Seitenverschiebung und Scherzone der Torrener Joch-Zone ist der Olistolith-Strom tektonisch nahezu unverändert erhalten geblieben und lediglich durch einige Nord-Süd-gerichtete Verwerfungen sowie diversen kleineren Querstörungen überprägt worden.

Abb. 128. ?Spätglaziale bis Warmzeitliche Hangbrekzie knapp nördlich des Schwaigerkasers im Königsbachtal.

18 Zurück über die Hochbahn

Vom Büchsenkopf mit seinen Almen wandern wir auf dem Forstweg in wenigen Minuten ins nahe Königsbachtal und queren dabei würmzeitliche Moränenhänge des Königssee-Gletschers. Kurz vor der bewirtschafteten Königsbachalm treffen wir auf die Zufahrt zum Schneibsteinhaus und Carl-von-Stahl-Haus am Torrener Joch und wenden uns links talwärts. Hinter dem letzten kleinen, der Alpenvereinssektion Berchtesgaden gehörenden Holzhütte ("Schwaigerkaser") zur Rechten beginnt die Forststraße steiler abzusteigen.

Bald erschließt das Bett des Königsbaches flächig hellcremefarbene Dachsteinkalke, die an der orographisch linken Talflanke unter den zuvor gequerten würmzeitlichen Moränenhängen verschwinden und das stratigraphische Unterlager des Büchsenkopfes bilden. Die orographisch
128 rechte Talflanke hingegen wird von einer kalzitisch fest verkitteten Hangbrekzie unbekannten Alters gebildet. Die ausschließlich kalkalpinen Komponenten entstammen der unmittelbaren Umgebung und sind eckig, meist kantengerundet und seltener angerundet bis gerundet, zudem schlecht sortiert und zeigen nur eine diffuse Schichtung, die hangparallel zum hinter der Brekzie ansteigenden Hang zu verlaufen scheint. Vermutlich handelt es sich hierbei um eine spätglazial bis warmzeitlich gebildete alte Hangbrekzie von Schutt aus der Jenner-Südflanke – ob sie sich zeitlich in die vorletzte Riß-Eiszeit einordnen lässt, ist bislang unklar, da entsprechende Datierungen fehlen.

Auf knapp 1040 Metern Höhe teilt sich der Weg: die breite Forststraße, auf der wir bislang abgestiegen sind, führt bergauf und quert die unteren Hänge des Jenners zur Jennerbahn-Mittelstation (Gehzeit knapp 40 Minuten). Hier könnte man die Exkursion dahingehend abkürzen, um per Gondel ins Tal zu schweben, muss jedoch bis dahin knapp 150 weitere Aufstiegs-Höhenmeter in Kauf nehmen, die besonders am Ende solch langer Wanderungen schwerer fallen als gedacht. Da mag es beinahe einfacher erscheinen, den linken, ebenfalls recht breit ausgebauten Wanderweg (Nr. 493) zu wählen, der weiter talwärts führt. Der bei den Einheimischen auch als "Hochbahn" bekannte Steig bringt uns steil und zügig in einer knappen Stunde Gehzeit – garniert mit einigen überraschenden und schönen Tiefblicken zum Königssee – vorbei an stark überwucherten Dachsteinkalken, unterjurassische Rotkalkspaltenfüllungen und überlagernden violett- bis karminroten, mergelreichen Tauglboden-Schichten – zurück zur Jenner-Talstation, unserem Ausgangspunkt.

Literatur

BRAUN, R. (1998): Die Geologie des Hohen Gölls. – Forschungsberichte Nationalpark Berchtesgaden, 40: 1-192.

DECKER, K., H. PERESSON & P. FAUPL (1994): Die miozäne Tektonik der östlichen Kalkalpen: Kinematik, Paläospannungen und Deformationsaufteilung während der "lateralen Exkursion" der Zentralalpen. – Jahrbuch der Geologischen Bundesanstalt, 137: 5-18, Wien.

QUAST, P.M. (2011): Jura-Beckenentwicklung in der nördlichen Saalachzone (Unken, Salzburg, Österreich). – Masterarbeit Montan-Universität Leoben, 94 S., Leoben.

SIEBECK, O. (1985): Der Königssee. Eine limnologische Projektstudie. – Forschungsberichte Nationalpark Berchtesgaden, 5: 1-131

(O) Inmitten Wazes wildem Gefolge – vom Wimbachgries zum Königssee

Wegstrecke: Parkplatz Wimbachgries (Infostelle Nationalpark Berchtesgaden) – Wimbachklamm – Wimbachschloss – Wimbachgrieshütte – Trischübelpass – Abstecher zum Hirschwieskopf – Sigeretplatte – Hachelklause – Schrainbach – Königssee – Rückfahrt mit dem Schiff zur Seelände/Dorf Königssee.

Geologie: Geologie der Wimbachklamm – Beckenschluffe im unteren Wimbachtal – beeindruckende Erosionslandschaft im Wimbachgries (einer der größten Schuttströme der Nördlichen Kalkalpen) – Rißmoräne am Trischübelpass – lagunärer Dachsteinkalk mit unterjurassischen Rotkalk-Spaltenfüllungen und oberjurassischen Kieselkalken am Hirschwieskopf – Königssee

Die streckenweise (hoch)alpine Rundtour (etwa 23 km Länge, ca. 1500 Höhenmeter im Auf- und Abstieg) kann man als ausdauernder Wanderer durchaus an einem Tag begehen, jedoch wird sie mit einer Übernachtung in der Wimbachgrieshütte gemütlicher. Für eine erfolgreiche und alpinistisch sorgenfreie Unternehmung sind Trittsicherheit, einiges an Bergerfahrung und unbedingt stabiles, gewitterfreies Bergwetter Grundvoraussetzung. Da die Wimbachgrieshütte über nicht besonders viele Schlafplätze verfügt, ist eine zeitige telefonische Reservierung vor allem an schönen Wochenenden der Hochsaison (Juli und August) obligatorisch! Bei Regen, Nebel und vor allem Gewitter wird die Umrundung des Watzmann-Massivs im günstigsten Fall ungemütlich, schlechtestens jedoch gefährlich bis undurchführbar (bis auf das Umfeld des Königssees kein Handynetz)! Bei Schlechtwettereinbruch ist richtiges Kartenlesen und der Umgang mit dem Kompass sehr von Vorteil. Unabhängig vom Wetter wird die Mitnahme von gutem, knöchelhohem Schuhwerk und ausreichend Trinkwasser (nur sporadisch schüttende Quellen von der Wimbachgrieshütte bis zum Königssee) dringend angeraten! Der Anstieg zum Hirschwieskopf ist konditionsstarken, schwindelfreien und trittsicheren Bergwanderern vorbehalten! Die Tour wird normalerweise in umgekehrter Richtung als hier beschrieben ausgeführt, jedoch hat die hier vorgeschlagene Routenführung den Vorteil der Möglichkeit eines zeitigen Aufbruchs und eines auch im Sommer frühmorgendlich schattenerfüllten Wimbachgrieses. Der Abstieg vom Trischübelpass nach St. Bartholomä fällt dann meist in den späten Vormittag/frühen Nachmittag und ist angenehmer – vor allem lockt ein Bad im nahen Königssee vor der Fahrt mit dem Schiff zurück zur Seelände nach Königssee.

Da Ausgangspunkt (Wimbachbrücke; gebührenpflichtig) und Endpunkt (Parkplatz Königssee; gebührenpflichtig) für die ein- oder zweitägige Bergwanderung nicht identisch sind, sollte man vorher ein Auto am Parkplatz Königssee abstellen. Bitte vor Antritt der Wanderung erkundigen, wann das letzte Schiff St. Bartholomä in Richtung Seelände verlässt! Kann mit den Exkursionen (Q) und (R) kombiniert werden. Verläuft in der Kernzone des Nationalparks Berchtesgaden.

(1) Wimbachklamm

Ausgangspunkt unserer geologischen Exkursion ist der in den Sommermonaten Juli und August oft hoffnungslos überfüllte Wanderparkplatz an der Wimbachbrücke. Um nicht vor Aufbruch noch krampfartig einen Parkplatz suchen zu müssen, sei deswegen dringend ein zeitiger Aufbruch angeraten! Die Infostelle des Nationalparks in einem umgebauten Holzkaser unmittelbar beim Parkplatz unterrichtet in anschaulichen Bildtafeln und Texten über die Entstehung der Wimbachklamm, öffnet aber erst um 08.00 Uhr. Um diese Zeit sollte man jedoch – plant man die Wanderung an einem Tag – tunlichst unterwegs sein, um das letzte Schiff in St. Bartholomä am Königssee, dem Endpunkt unserer Wanderung, nicht zu verpassen!

Wir halten uns vom Parkplatz nach den Wegweisern "Wimbachklamm" und folgen der asphaltierten Straße bergan, vorbei an einem Minigolfplatz. Für die kurze Wanderung durch die knapp 200 Meter lange, von Mai bis Oktober geöffnete Wimbachklamm ist es unabdingbar, sich am "Woll-Stadl" stehenden Automaten mit Wertmünzen auszustatten (letzter Hof an der rechten Straßenseite, Kosten €2,50 ohne und €2,00 mit Gästekarte, Stand Sommer 2021).

Vom Woll-Stadl folgen wir dem nun geschotterten Fahrweg bergwärts. Der direkte Zustieg zur Klamm beginnt am Waldrand bei einem links bergab führenden Steig. Die zuvor erworbene Münze öffnet eine massiv gesicherte Drehtür.

Früh morgens bis knapp 8 Uhr hat man den kurzen, aber wunderschönen Abschnitt der Wimbachklamm – übrigens auch als Geotop Nr. 8443GT000003 im Geotopkataster des Bayerischen Landesamtes für Umwelt geführt – oft für sich allein. Die Klamm erschließt eine nach Nordwesten

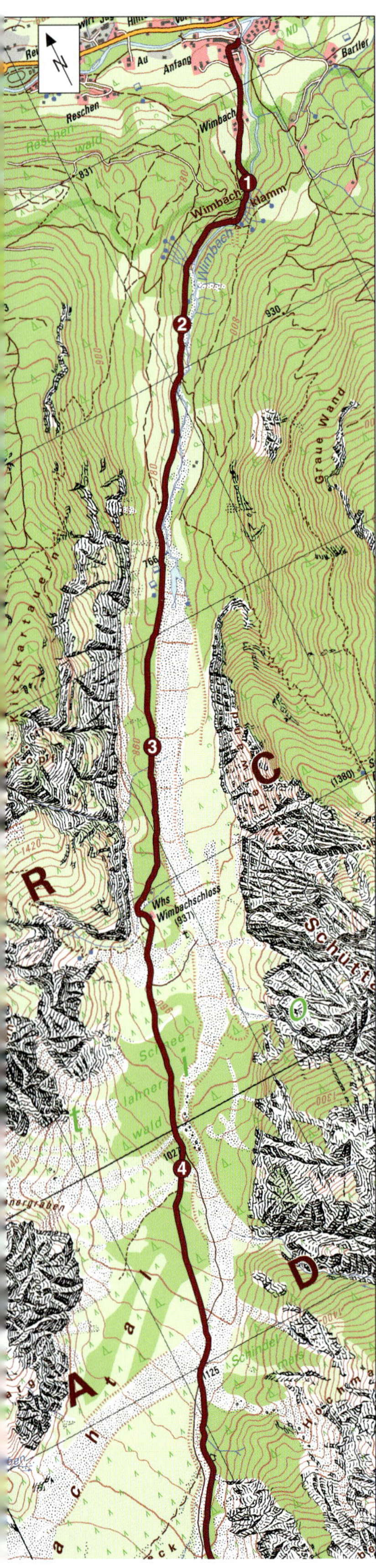

einfallende jurassische Schichtenfolge. Das bedeutet, dass man sich auf seinem Weg durch die Klamm in südwestliche Richtung durch stets älter werdende Schichten bewegt. Unmittelbar am Klammeingang stehen dunkelbraune Radiolarite der Chiemgau-Schichten und Ruhpolding-Formation (Mittlerer und tiefer Oberer Jura) an. Darauf folgen dickbankige, massig wirkende Rotkalke sowie dünn- bis mittelbankige Knollenflaserkalke der Adnet-Formation, überlagert 133
von gut und ebenmäßig gebankten, dunklen Hornsteinkalken der tiefjurassischen Scheibelberg-Formation. Letztere begleiten uns auf einem Großteil der Strecke durch die Klamm. Am Klammausgang letztendlich stehen obertriassische Dachsteinkalke an. Besonders nach Niederschlägen und während der Schneeschmelze im späten Frühjahr bietet die Klamm neben der Geologie ein beeindruckendes, nasses Schauspiel, da an zahlreichen Bankfugen der Liaskalke Schichtquellen austreten und über sattgrüne Moospolster die Felsen 134
herabrinnen – ein klein wenig "skandinavische Verhältnisse" inmitten der Nördlichen Kalkalpen.

Die Wimbachklamm war nicht immer ein Ausflugsziel. Bis zum Jahr 1843 wurde sie ausschließlich zur Holztrift genutzt, nach deren Einstellung aber bereits seit 1847 entsprechend touristisch vermarktet und ist heute aufgrund ihrer leichten Erreichbarkeit und des sehr kurzen Zustiegs ein gern besuchter touristischer Anziehungspunkt.

> Beim Austritt aus der Klamm fällt die abrupte Veränderung der Morphologie aus. Die Dachsteinkalke treten schnell zurück und machen einem überraschend breiten Tal mit dem deutlich ruhiger dahinfließenden Wimbach Platz.

Diesem Morphologie-Wechsel liegt natürlich auch hier die Geologie zugrunde: die obertriassischen Dachsteinkalke grenzen tektonisch an permotriassisches Haselgebirge der juvavischen "Hallstatt Melange". Das Juvavikum liegt in einer Art gegen Südwest gerichteten Zunge auf triassischen und tiefjurassischen tirolischen Sequenzen und verursacht eine deutlich flachere, ruhigere, zu lokalen Rutschungen neigende Oberfläche. Dort, wo wasserführende, verkarstete Kalkschichten auf wasserundurchlässiges Haselgebirge treffen, treten zahlreiche Überlaufquellen zutage

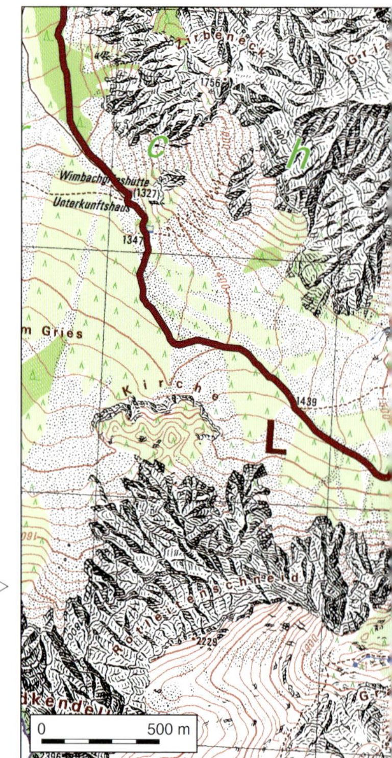

◁ *Abb. 129. Übersichtskarte der Exkursion O – Wimbachtal (Geodatenbasis: Bayerische Vermessungsverwaltung 2010-14244).*

Abb. 130. Übersichtskarte der Exkursion O – Wimbachgrieshütte bis Königssee (Geodatenbasis: Bayerische Vermessungsverwaltung 2010-14244). ▷

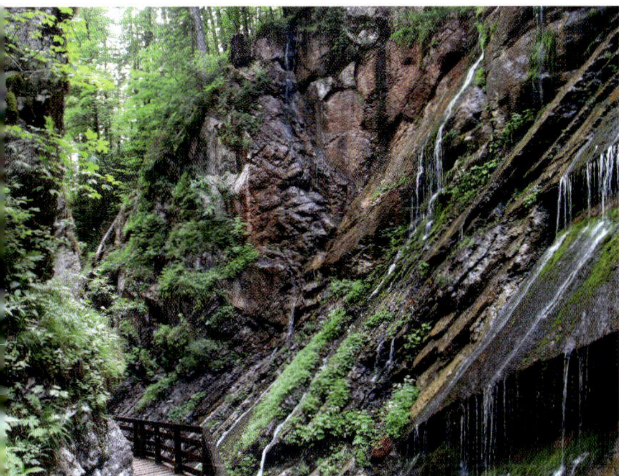

Abb. 133. Fazieller Verzahnungsbereich zwischen massig wirkenden Rotkalken der Adnet-Formation (links) zu Hornsteinkalken der Scheibelberg-Formation.

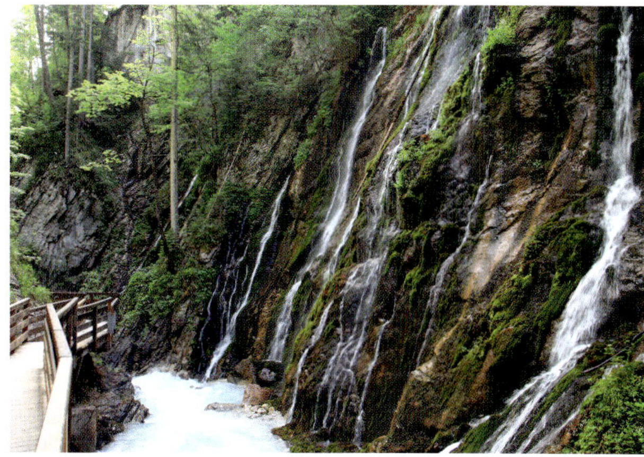

Abb. 134. Gerade während der Schneeschmelze im Frühjahr rinnen zahlreiche kleine Wasserfälle über moosbewachsene Schichtflächen.

und konturieren die tektonische Grenze zwischen Tirolikum und dem auflagerndem Juvavikum. Auf der Nordwestseite der "juvavischen Zunge" finden sich ebenfalls Dachsteinkalke – hier überlagert von einem großflächigen Vorkommen verfestigter Ramsauer Nagelfluh (zur Genese siehe Band 40, Exkursion D).

Dieser höchstwahrscheinlich miozäne Schotter ist am schmalen Forstweg zum Reschenwald angeschnitten und am schnellsten erreichbar, wenn man nach Einmündung des Wimbachklamm-Weges zur Wimbachgries-Forststraße knapp 175 Meter zurück in Richtung Talausgang läuft und den ersten links, bergwärts abzweigenden Forstweg nimmt. Nach weiteren 150 Metern steht man vor besagtem Aufschluss. 135

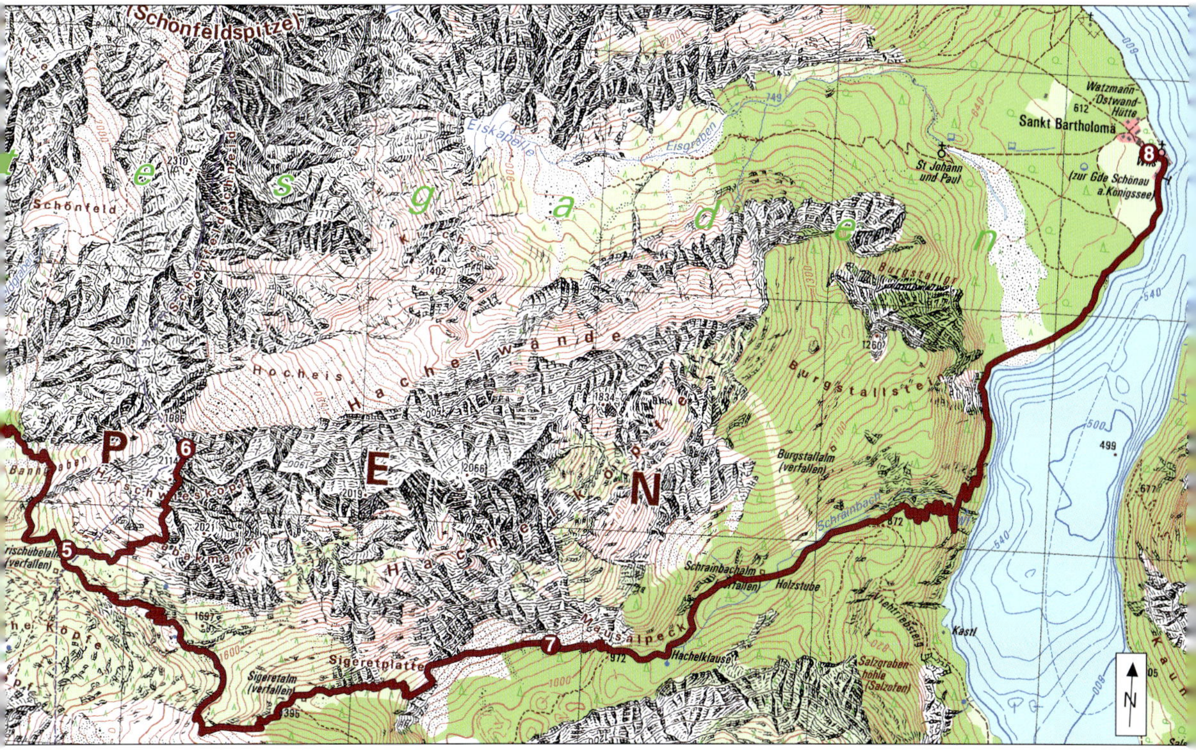

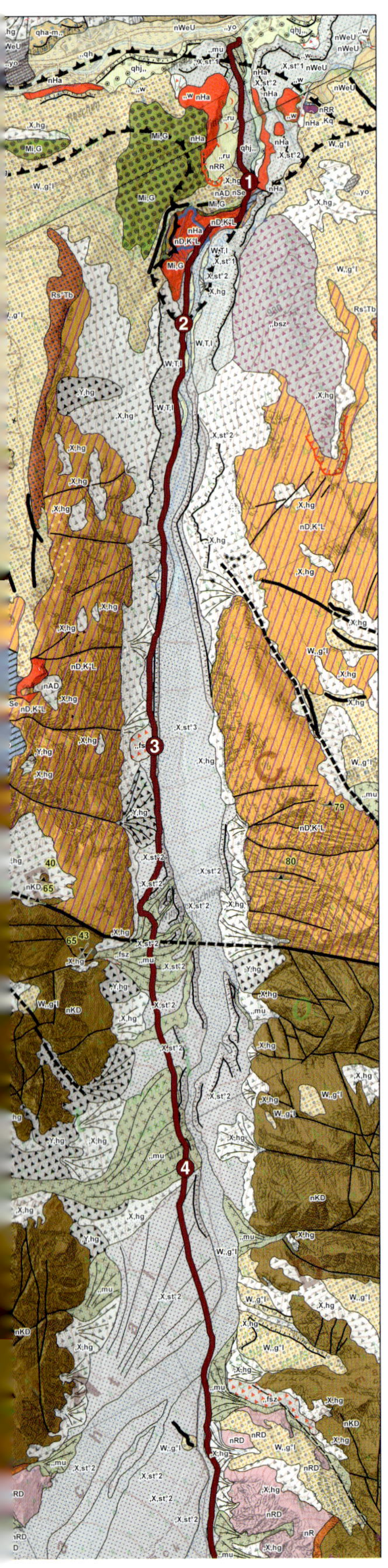

❷ Seltsame Mergel – Spuren des "Wimbach-Sees"

Nach der kurzen, aber auch auf ihre Weise beeindruckenden Wimbachklamm geht es auf den nächsten knapp 7 Kilometern (!) in sehr angenehmer Steigung eher beschaulich dahin.

Langweilig ist das Wimbachtal mit seinem berühmten "Gries" jedoch beileibe nicht – vor allem nicht in geologischer Hinsicht.

Bereits auf den ersten paar hundert Metern wartet das erste, von vielen gerne übersehene geologische "Schmankerl". Der zwischen größeren und kleineren Felsblöcken talwärts rauschende Wimbach schneidet sich in diesem Bereich auf einer Strecke von etwa 1000 Meter durch auffallend feine, kreidige, ocker- bis beigefarbene, teilweise schwach gebänderte Mergel mit Zentimeter-mächtigen Geröll-Zwischenlagen 136
Das Beckenschluff-Vorkommen wird von schlecht sortierten (sub) rezenten, fluviatilen, stein- und blockführenden Kiesen überlagert. Die Gesamtmächtigkeit der Schluffe ist schwer abzuschätzen, da es aus diesem Bereich keine weiteren Aufschlüsse beziehungsweise Bohrungen gibt und der Wimbach im Lauf der Zeit das Vorkommen stark erodiert haben dürfte. Etwas sicherer ist da schon eine Interpretation einer möglichen Genese – allerdings auch ohne bislang durchgeführte, adäquate Altersdatierung. Vermutlich kamen die Feinsedimente in einem größeren See zur Ablagerung, der vom langsam abschmelzenden Ramsauer Talgletscher aufgestaut wurde und sich vermutlich über das gesamte Untere Wimbachtal erstreckte. Der sich gleichfalls zurückziehende Wimbach-Gletscher lieferte neben reichlich Schmelzwasser vor allem fein zerriebenes, kalkiges Sediment, das heute als feiner, ockerfarbener Mergel zu sehen ist. Die zwischengeschalteten, scharf abgegrenzten und deutlich gröberen Sand- und Kieslagen hingegen gehen auf einzelne, hochenergetische Sedimentations-Ereignisse zurück, gebildet etwa während der Schneeschmelze und/oder nach sommerlichen Stark-Niederschlagsereignissen, in deren Folge viel Grobmaterial bewegt und zur Ablagerung gebracht werden konnte.

◁ *Abb. 131. Geologische Karte der Exkursion O – Wimbachtal (Geodatenbasis: Bayerische Vermessungsverwaltung 2010-14244), Legende siehe Abb. 2 und 3 auf Seite 9 und 10.*

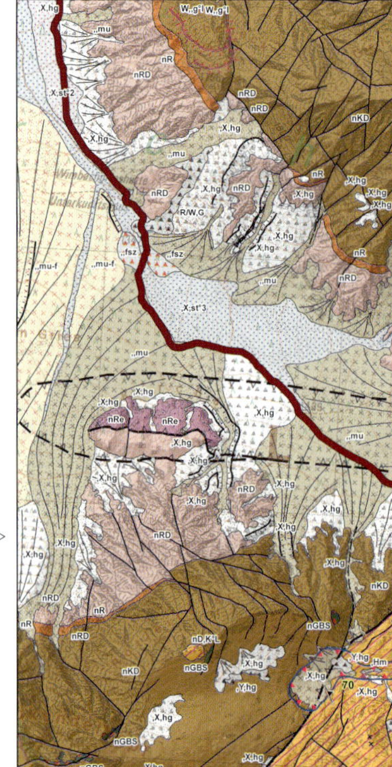

Abb. 132. Geologische Karte der Exkursion O – Wimbachgrieshütte bis Königssee (Geodatenbasis: Bayerische Vermessungsverwaltung 2010-14244), Legende siehe Abb. 2 und 3 auf Seite 9 und 10. ▷

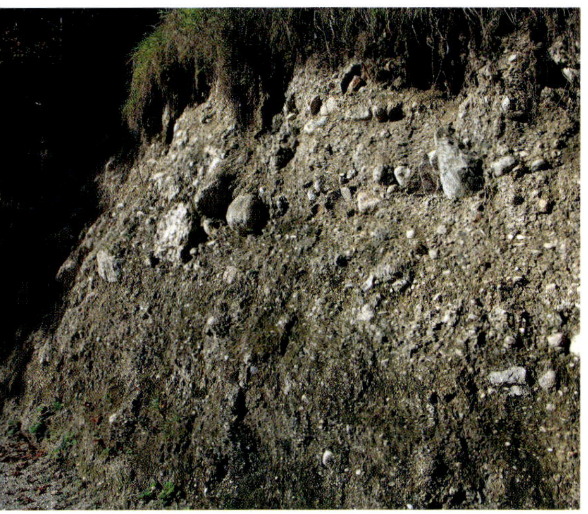

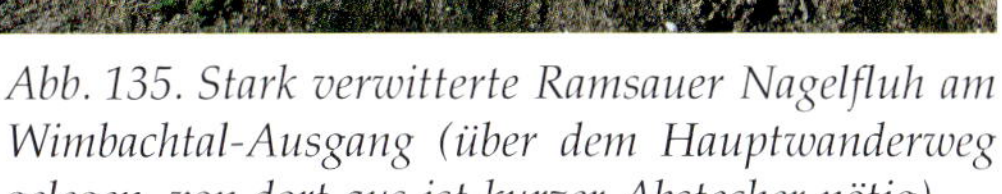

Abb. 135. Stark verwitterte Ramsauer Nagelfluh am Wimbachtal-Ausgang (über dem Hauptwanderweg gelegen, von dort aus ist kurzer Abstecher nötig).

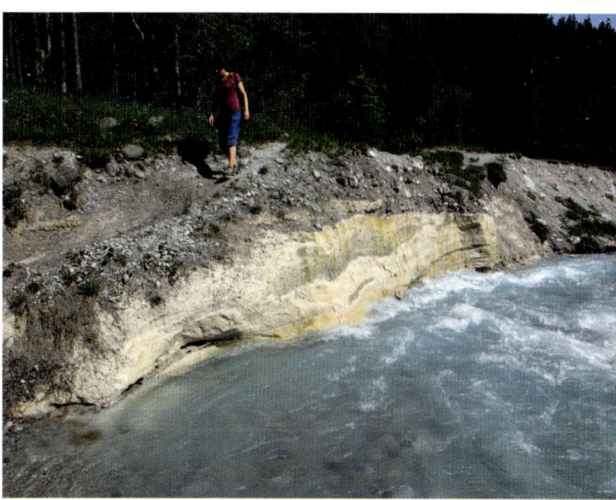

Abb. 136. Beckenschluffe im Unteren Wimbachtal.

Die Aufschluss-Situation der Wimbach-Beckenschluffe wechselt wegen der Erosionskraft des Wimbaches und der jahreszeitlich schwankenden Wasserführung sehr stark.

> Den besten Zugang zu den Staubecken-Sedimenten erhält man, wenn man vom breiten Hauptwanderweg nach der Steilstufe der Wimbachklamm taleinwärts den ersten nach links abzweigenden Forstweg zum Bach hinabsteigt und sich seinen Weg entlang des Bachbettes sucht. Die Schluffe lassen sich flussaufwärts weitere 750 Meter in kleineren und größeren Anrissen direkt am Wimbach verfolgen.

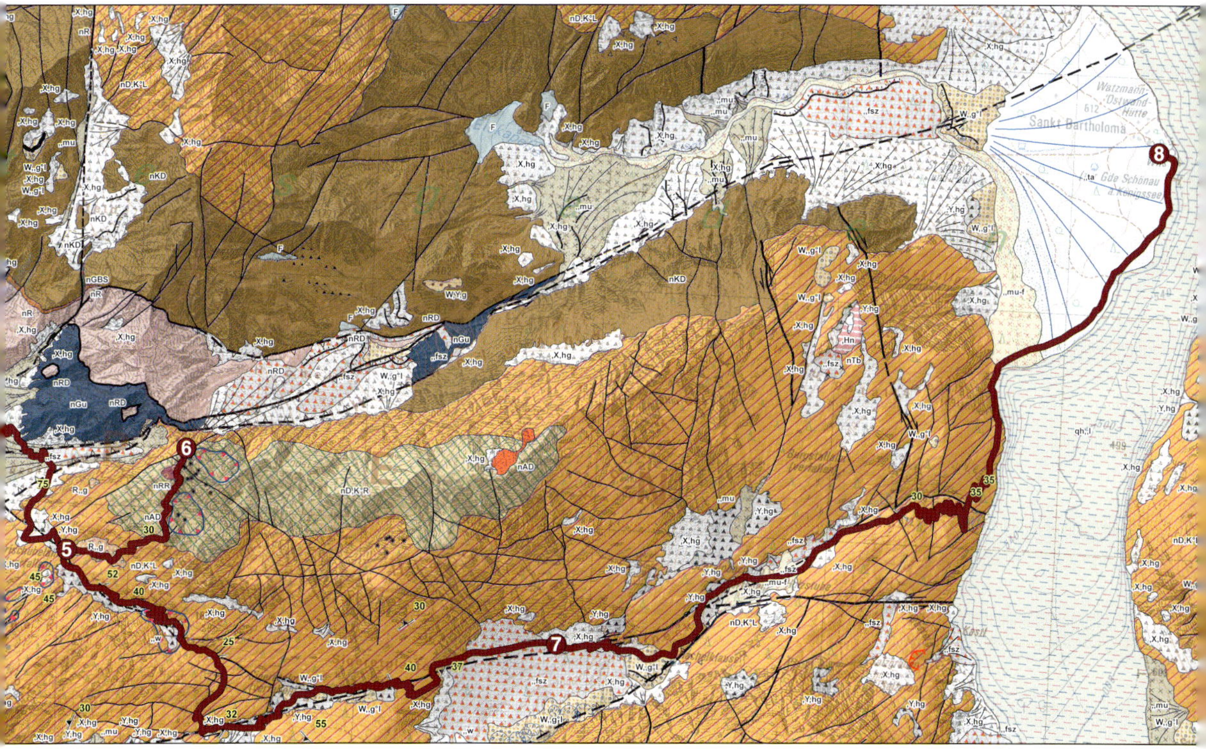

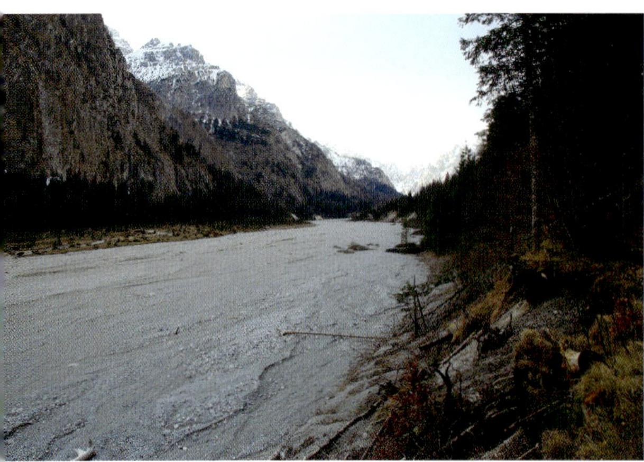

Abb. 137. Das untere Wimbachgries unmittelbar hinter der gemauerten Geschiebesperre. Deutlich sind ist die fluviatile Genese der Schuttoberfläche in Form von Zopfstrommuster zu erkennen. Unmittelbar dahinter erhebt sich die gewaltige, hier knapp 1800 Meter hohe Westflanke des Watzmanns.

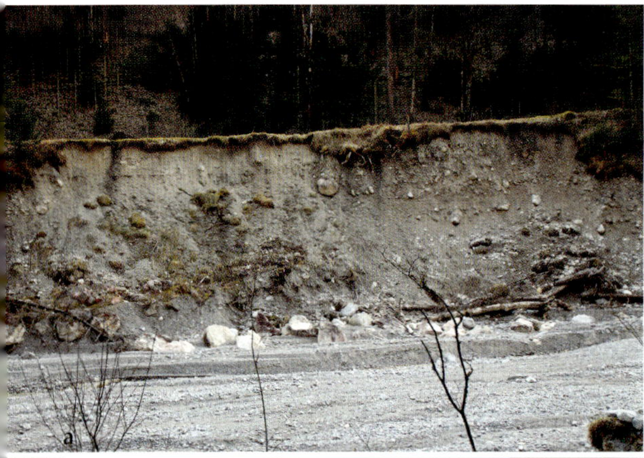

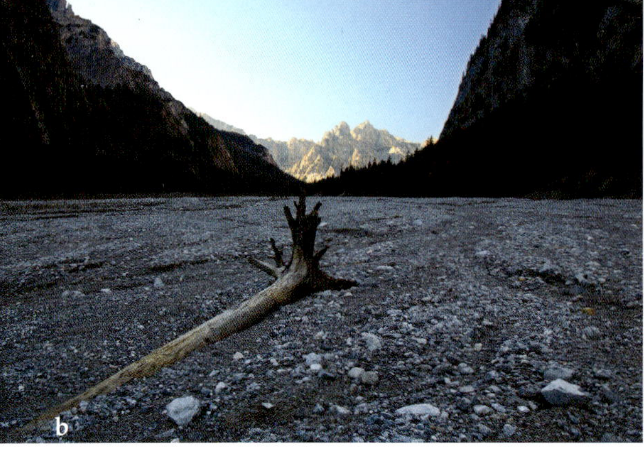

❸ Auf dem Weg zum Wimbachschloss

Von den Aufschlüssen der Geschiebemergel sollten wir nicht allzu weit dem mit grobem Geröll angefüllten Lauf des Wimbaches folgen, sondern wieder zurück zum breiten Wanderweg in Richtung Wimbachschloss gehen. Bei einer Wegverzweigung halten wir uns rechts und lassen die über den Wimbach führende Brücke links liegen. Nach etwa 10 Minuten Gehzeit ab diesem Punkt treffen wir auf eine große gemauerte, etwa 3 Meter hohe Geschiebesperre.

Diese erinnert eher an eine Staumauer, weil sich dahinter das hier bis 300 Meter breite Untere Wimbachgries erstreckt. Ziemlich genau im Bereich der Geschiebesperre – in sehr trockenen Sommern auch einige Meter darunter – entspringt der Wimbach aus seinem steinigen Bett. Tatsächlich findet sich hier eine der größten (Schutt)quellen des Berchtesgadener Landes, eine Tatsache, die sich einige hiesige Gemeinden als Trinkwasser-Reservoir zu Nutze machen: mit einer Schüttleistung von 200 bis 1000 Litern pro Sekunde versorgen die Wimbachquellen die Gemeinden Berchtesgaden, Teile von Schönau am Königssee sowie Teile der Gemeinde Marktschellenberg. Die Wasserfassungen liegen ziemlich genau auf Höhe der gemauerten Geschiebesperre rechts des Wanderweges. Das eigentliche, weitgehend vegetationsfreie Untere Wimbachgries beginnt hinter der Geschiebesperre und ist – trotz deutlich erkennbarer fluviatiler Morphologien wie einem verflochteten Zopfstrommuster ("braided river") – die meiste Zeit des Jahres knochentrocken. *137*
Normalerweise versickert das von der Gebirgseinrahmung in steilen Gräben und Rinnen zusammenfließende Bergwasser sofort bei Erreichen der Griesfläche und trägt zur Bildung eines gigantischen Grundwasserkörpers im Wimbachtal bei, dessen Volumen auf 220 000 000 Kubikmeter geschätzt wird (FISCHER 2005). Nur ganz selten, vor allem nach extremen Niederschlagsereignissen wie sommerlichen Gewittergüssen (wie bei-

◁ *Abb. 138. a. Meterhohe Anrisse im Unteren Wimbachgries zu älteren Schuttkörpern zeugen von der enormen Erosionskraft von abfließendem Oberflächenwasser während seltener Extrem-Niederschlagsereignisse. Man beachte die entwurzelten, von den Wassermassen mitgerissenen Baumstämme (vgl. zu Abb. 137). b. Entwurzelte Bäume liegen oft jahrelang mitten im Gries, bis sie von weiteren Oberflächenwasserabflüssen entweder mitgerissen oder langsam einsedimentiert werden.*

spielsweise am 23. Juli 1963, als in 90 Minuten 81 Liter pro Quadratmeter Regen fielen, siehe FISCHER 2005) stellt sich im Gries ein Oberflächenabfluss ein, wenn die zugeführte Wassermenge die Infiltrationsrate des Schotterkörpers übersteigt. Bis zu 8 Meter hohe Erosionskanten zwischen dem "aktiven" Gries zu älteren Schuttkörpern und/oder Moränenmaterial an den Talbodenrändern zeigen mit entwurzelten Bäumen an den Rändern des Grieses beziehungsweise die mitgerissenen großen Baumstämmen auf der Gries-Oberfläche die enorme Dynamik und Erosionskraft des Schuttstroms gerade während der seltenen
138 Oberflächenabflüsse. Oft jedoch bleiben weite Flächen des Schuttstromes über Jahre hinweg trocken. Von unserem Wanderweg zum Wimbachschloss haben wir immer wieder beeindruckende Aus- und Einblicke auf die weite Schotterebene. Von einem Abstieg von der Forststraße dorthin ist aus naturschutzrechtlichen Gründen – wir befinden uns bereits im Nationalpark Berchtesgaden – auf jeden Fall abzusehen, vor allem, weil unsere Exkursionsroute im mittleren und oberen Abschnitt genügend Möglichkeiten bietet, das Gries "hautnah" zu erleben.

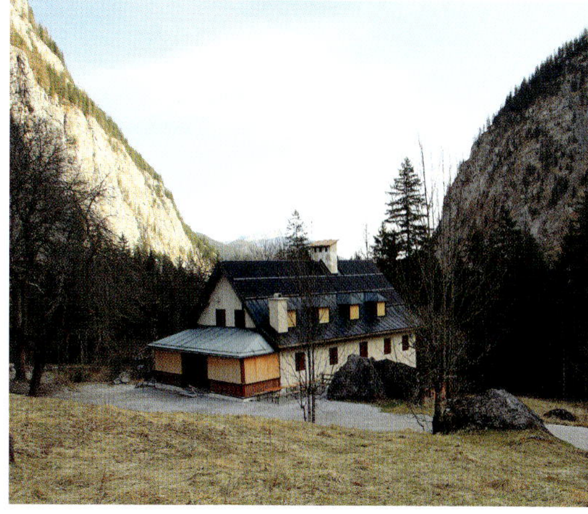

Abb. 139. Das noch winterfeste Wimbachschloss (931 m, Situation im April 2020).

Bis zum Wimbachschloss verläuft der Wanderweg überwiegend im Bergmischwald rechts (westlich) des Griesstromes und erlaubt nur selten Aus- und Einblicke auf die Umgebung. Erst beim ehemaligen Jagdhaus 139
der Fürstpröpste von Berchtesgaden und später des bayerischen Königshauses lichtet sich der Wald und bietet einen beeindruckenden Rundumblick auf die schroffe Szenerie der himmelsstrebenden Bergfluchten.

Vor allem die stark zergliederte, beinahe 1800 Meter hohe Westflanke des Watzmanns beeindruckt durch ihre schieren Ausmaße. Das Wimbachschloss befindet sich übrigens in Falllinie des Hocheck-Gipfels. Die umgedrehte Perspektive – quasi aus der Vogelperspektive – lässt sich in Exkursion P bestaunen.

Vielleicht noch ein Wort zur Geologie des unmittelbaren Umfeldes des Wimbachschlosses, die sich gut bei einer kleinen Stärkung auf einer der sonnigen Bänke auf der Terrasse in Ruhe betrachten lässt. Unmittelbar gegenüber erheben sich die knapp 1750 Meter hohe Schüttalpelschneid und ein etwa 140a
1600 Meter hoher Vorgipfel mit markant dickbankigen, steil nach Norden einfallenden Dachsteinkalk-Sequenzen. Während die Schichten an der Schüttalpelschneid flexurell hochgebogen sind, verflacht ihr Einfallen gegen den Vorgipfel rechts davon und konturiert den Nordschenkel eines beinahe aufrecht stehenden tektonischen Sattels (Antiklinale oder Antiform). Dessen weiterer Verlauf nach Süden wird allerdings nahe des Sattel-Scharnieres an einer saiger stehenden Aufschiebung amputiert. Diese Störung lässt dickbankigen Dachsteinkalk (links) und nur diffus geschichteten Karnisch-Norischem Dolomit (rechts) aufeinander grenzen. Der Unterschied ist vor allem im Abendlicht durch den Farbkontrast von hellgrauen Dachsteinkalken und schmutzig-graubraunem Karnisch-Norischem Dolomit gut zu erkennen. Zudem ist die Störungsfläche selbst im unteren Bereich rinnenartig erodiert. Diese markante, steilstehende Verwerfung ist darüber hinaus der nordwestliche Ast eines großen Bruchsystems, dass von Nord nach Süd durch die Watzmann-Westflanke läuft und dabei mit einer Schrägaufschiebungs-Komponente Dachsteinkalk an Karnisch-Norischen Dolomit grenzen lässt. Kurz vor der Schüttalpelschneid zieht ein Seitenast des Bruchsystems nach Nordwest und setzt sich über unseren Standort am Wimbachschloss in der orographisch linken Wimbach-Talflanke hinweg weiter bis unter den Stanglahnerkopf fort. Wenn wir nur wenige Hundert Meter hinter dem Wimbachschloss (talaufwärts) nach rechts blicken, wo ein schmaler Steig in Richtung "Hochalm-Scharte" 140b
zieht, finden wir die steilstehende Störung aus der Watzmann-Westflanke hier wieder.

Mit der markanten, soeben erwähnten Nordwest-Südost-verlaufenden Großstörung wechselt nicht nur die Lithologie im Bereich der unteren Talflanken von Dachsteinkalk zu Karnisch-Norischem Dolomit – gerade die weicheren, erosionsanfälligeren und leichter ausräumbaren Dolomitkalke sorgen für eine merkliche Talweitung unmittelbar an der Stelle des Wimbachschlosses.

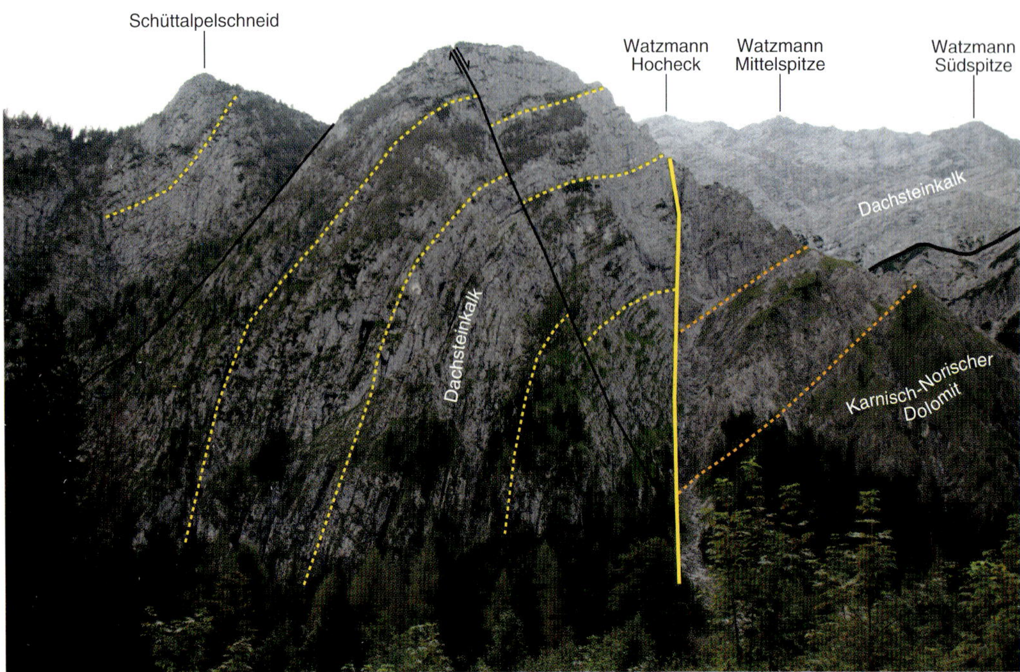

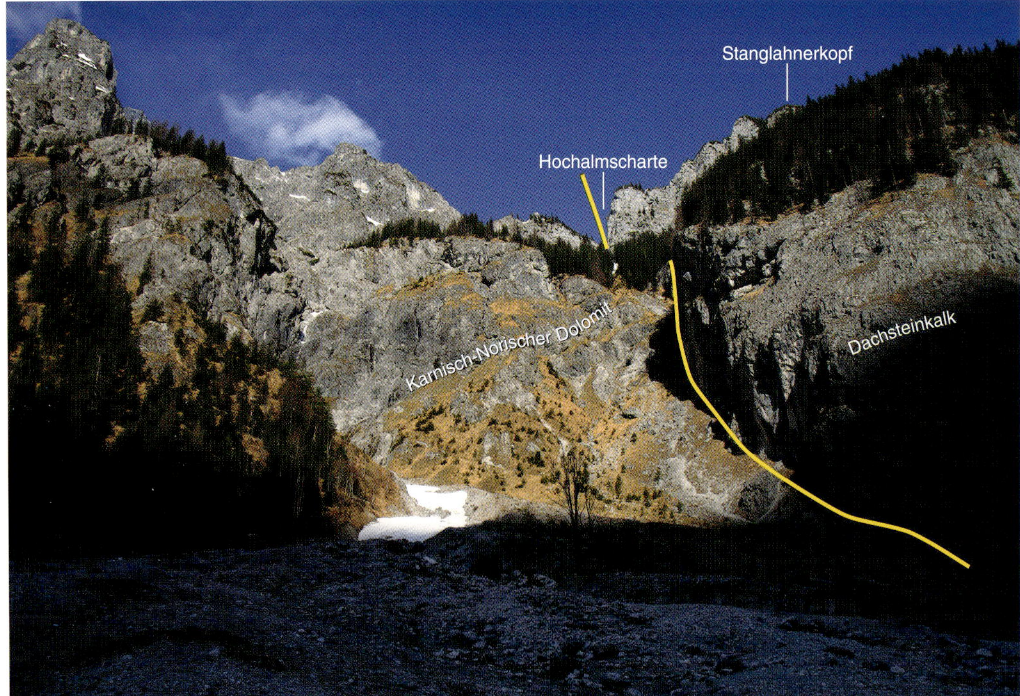

Abb. 140. Markante Tektonik im unmittelbaren Umfeld des Wimbachschlosses: a. Situation auf der orographisch rechten Talseite an der Schüttalpelschneid und b. auf der orographisch linken Talseite unter dem Stanglahnerkopf.

❹ Das Wimbachgries – Fenster in die Nacheiszeit

Hinter dem Wimbachschloss tauchen wir für einen Moment wieder in dichten Bergmischwald ein – der Griesstrom bleibt links unter uns. An einer Weggabelung halten wir uns rechts, nach links zweigt der Fahrweg zur Wimbachgrieshütte ab. Der Wanderweg wird bald schmaler und geht in einen schottrigen, aber gut gangbaren Pfad über. Nach etwa 800 Meter queren
141 wir erstmals den Hauptstrom und erleben
142 so die schiere "Geröllflut" um uns herum zum ersten Mal hautnah.

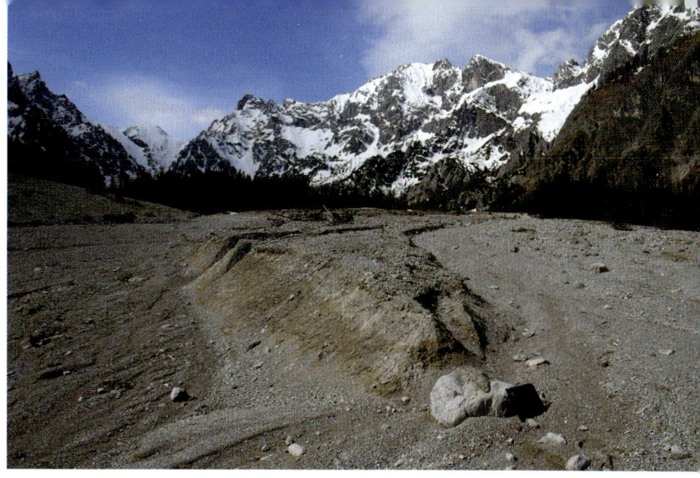

Abb. 141. Blick vom Mittleren Wimbachgries talaufwärts: Im Hintergrund steht im Zentrum des Bildes die noch frühlingshaft verschneite Wimbachschneid mit der deutlich ausgeprägten Sittersbachscharte rechts davon. Links liegen der tief eingeschnittene, schneeerfüllte Loferer Seilergraben sowie der Westhang des Großen Palfelhorns.

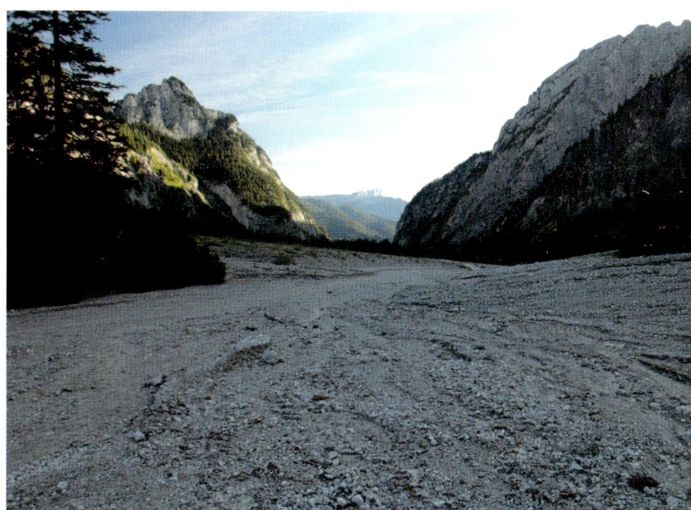

Abb. 142. Derselbe Standort, nur mit Sicht gegen Norden. Links der Stanglahnerkopf, rechts die Schüttalpelschneid und über dem Talausgang der Untersberg mit der Kalkklippe des Berchtesgadener Hochthrons.

Ungeachtet der genannten tektonischen
ofil 2 Anlage des Tales – die Schuttlandschaft des Wimbachgrieses vermittelt auch einen Eindruck von der Geomorphodynamik, wie sie in der waldfreien Zeit des Spätglazials, speziell in Gebieten mit flächig anstehenden, stark erosionsanfälligen Dolomitkalk-Sequenzen generell geherrscht haben mochte. Abermals ist es die Geologie, die für die Genese solcher Schuttströme verantwortlich zeichnet – in unserem Fall der mitteltriassische Ramsaudolomit und überlagernde, obertriassische Karnisch-Norische Dolomit. Getrennt werden beide Lithologien durch ein vergleichsweise geringmächtiges Band mergelreicher Kalke und Sandsteine der terrestrisch geprägten Nordalpinen Raibler Schichten. Vor allem der mittlere und innere Bereich des Wimbachgrieses wird durch die Wimbachschneid (2386 m) im Westen, das Alpelhorn (2254 m) und die Palfelhörner (bis 2222 m) im Südwesten, den Hundstodkendelkopf (2396 m) im Süden und die Watzmann-Südspitze (2712 m) im Nordosten und Norden geradezu Amphitheater-ähnlich umschlossen. Die größten Schuttmassen kommen aus den
bizarr verwitterten Nordflanken der Palfelhörner. Sowohl engständige Klüftung aufgrund eines 143a
hohen Tektonisierungsgrades sowie die intensive Frostverwitterung sorgen für ständigen Nachschub an kleinstückigem Schutt, der sich mit Schnee (durch Lawinen) und Wasser (durch Niederschlag) wie eine zähe Flüssigkeit in den Rinnen und Karren sammelt und über breite Murschwemmkegel talwärts zieht. Die Dynamik der Schuttverlagerung an den breiten, nur sanft abfallenden Kegeln wird durch die unterschiedliche Farbe und folglich den Verwitterungsgrad wiedergespiegelt: je heller der Kies, desto frischer. Gerade im Zentralbereich unter dem Großen Palfelhorn sind die großen, ausladenden Murschwemmkegel im oberen Bereich weitgehend vegetationslos, über weite Strecken hellgrau gefärbt und zeigen somit ein sehr junges Alter an. Zudem können einzelne, zwischen unterschiedlichen Murstrom-Ereignissen verschüttete Humus-Sequenzen sowie ganz oder

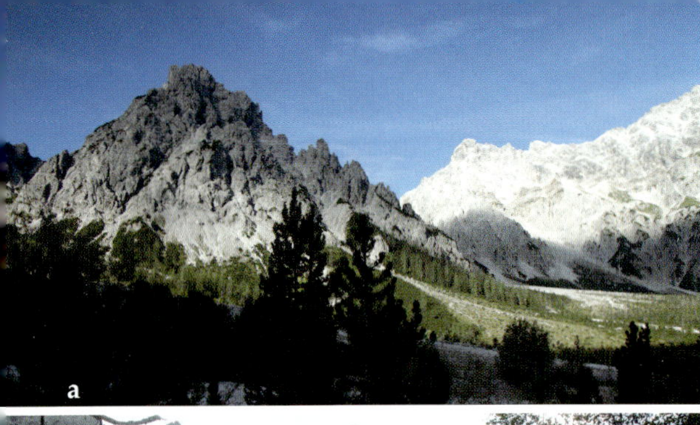

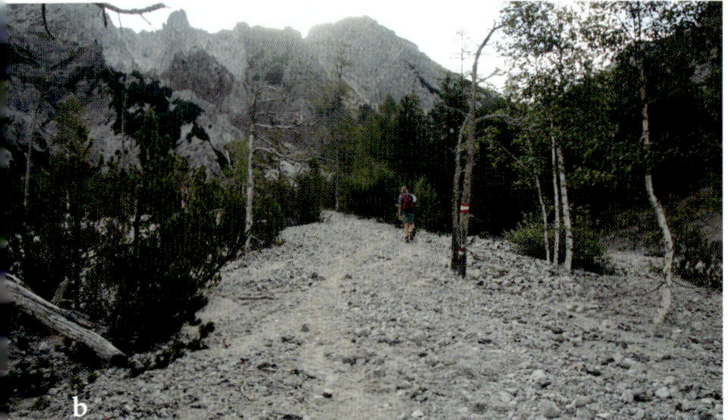

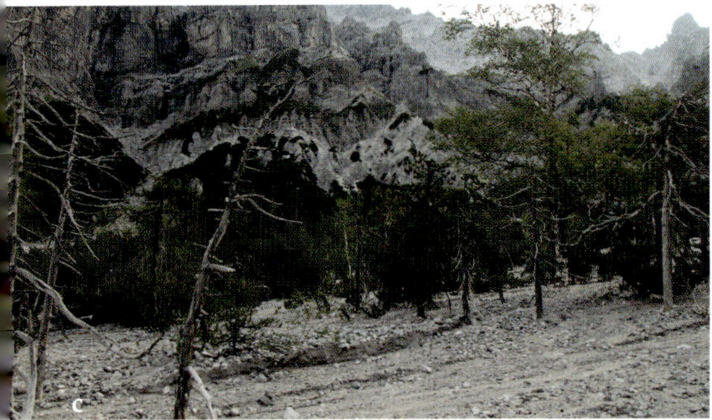

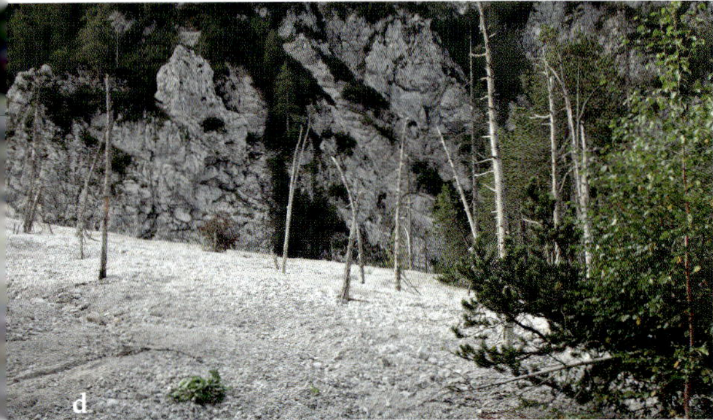

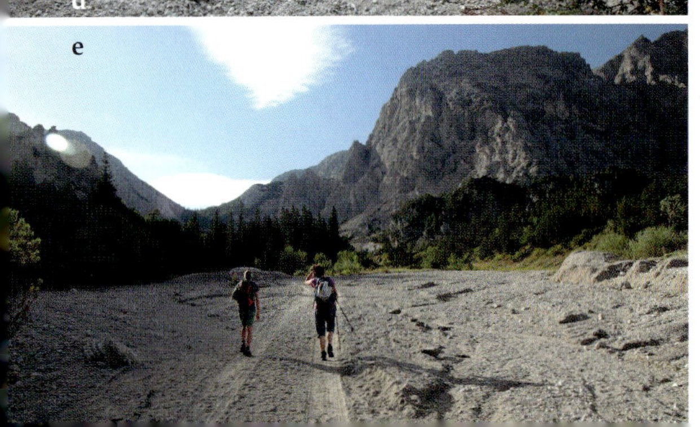

teilweise verschüttete Wälder zur Altersdatierung 143b
herangezogen werden und geben einen guten 143c
Eindruck von der Zeit, die in der Bildung solcher 143d
Schuttmassen steckt. Aus entsprechenden Untersuchungen ging hervor, dass große Bereiche des mittleren und inneren Wimbachgrieses kaum älter als 300 Jahre sind (FISCHER 2005). Vor allem in den letzten Jahrzehnten scheint der Schuttabtrag dort deutlich größer geworden zu sein – schwerpunktmäßig unter besagtem Großen Palfelhorn und dem Loferer Seilergraben. Das berichten übereinstimmend Aussagen von Förstern und Waldarbeitern (FISCHER 2005). Jedoch ist aufgrund von Hochwald-bestandenen, terrassenartigen Flächen an den Rändern des Inneren Grieses davon auszugehen, dass die Schuttlieferung im ?Alt- und Mittelholozän noch größere Ausmaße hatte als in jüngerer Vergangenheit. Diese Flächen haben eine gewisse Stabilität erreicht und werden nicht mehr von jüngerem Schutt überspült.

> Nach Überquerung des Mittleren Wimbachgrieses folgen wir dem Wanderweg und halten uns links im schattigen Bergwald – der eigentliche Schuttstrom bleibt rechts von uns. Wir unterqueren die innig verwitterten und brüchigen Ramsaudolomit-Hänge des Zirbenecks und haben immer wieder Einblicke zu den "Bergruinen" der Palfelhörner auf der gegenüberliegenden Talseite. So erreichen wir nach etwa anderthalb Stunden Gehzeit ab dem Wimbachschloss die gut hinter Bäumen versteckte, erst im letzten
> Moment sichtbare Wimbachgrieshütte der Natur- 144
> freunde München.

Die Wimbachgrieshütte ist in den Sommer- und Frühherbst-Monaten von Juni bis Mitte Oktober voll bewirtschaftet und bietet knapp 20 Betten und 40 Lagerplätze. Für diejenigen, die die beschriebene Exkursion als Zweitages-Unternehmung geplant haben, ist hier im schattigen Gastgarten und – schönes Wetter vorausgesetzt – wunderbaren Abendstimmungen mit einer rot leuchtenden Hochkalter-Gruppe inklusive, sozusagen "Feierabend".

◁ *Abb. 143. a. Beim Zustieg zur Wimbachgrieshütte ergeben sich immer wieder beeindruckende Blicke zu den zerfurchten Nordabstürzen des Großen Palfelhorns, b–d. Eindrücke aus einem teilweise verschütteten Wald (knapp oberhalb der Wimbachgrieshütte), e. Im Anstieg zum Trischübelpass (im Hintergrund).*

5 Trischübel – die "Türschwelle" zum Steinernen Meer

Die Schuttströme des Inneren Wimbachgrieses beginnen hinter dem Schutzhaus etwas steiler anzusteigen. Der Weg verläuft dabei stets am Rand von ineinander verzahnenden Murschuttkegeln.

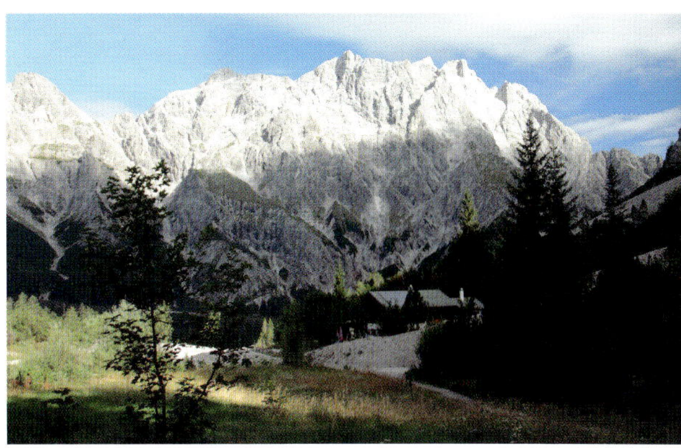

Abb. 144. Die Wimbachgrieshütte (1333 m) mit dem Hochkalter-Massiv im Hintergrund: von links nach rechts stehen Hinterberghorn (2246 m), Sittersbachscharte (2086 m), Steintalhörndl (2486 m), Ofentalscharte (2380 m), Ofentalhörndl (2513 m) und Hochkalter (2609 m).

Diese liefern beständig Material zutage, vor allem während der Schneeschmelze und nach sommerlichen Unwettern – und dabei hin und wieder ganze Waldstriche verschütten (vgl. Abb. 143b,c).

Unterwegs lohnt sich ein Blick nach links zu den wild zerklüfteten Südabstürzen des Watzmann-Massivs. Es ist gar nicht so leicht, aus dem Gewirr von Türmchen, Rinnen und Felspfeilern den höchsten Punkt, die 2712 Meter messende Watzmann-Südspitze auszumachen, von denen jeden schönen Sommertag zahlreiche Bergsteiger nach erfolgreicher Überschreitung sehr steile 1400 Höhenmeter bis ins Innere Wimbachgries absteigen müssen. Auf den ersten Blick erscheint die Geologie gleichförmig, erst bei genauerem Hinsehen fallen die Unterschiede auf: der hell- bis partienweise weißlichgraue, bröslig verwitternde Ramsaudolomit ist (je nach einfallendem Sonnenlicht) eine Nuance dunkler als der darüber lagernde Karnisch-Norische Dolomit, dessen Färbung mehr ins Bräunliche geht. Wenn man länger sucht, wird man auch das schmale, dunkle Band der Nordalpinen Raibler Schichten dazwischen finden, das basal aus dunklen, beinahe schwarzgrauen Mergeln und 145

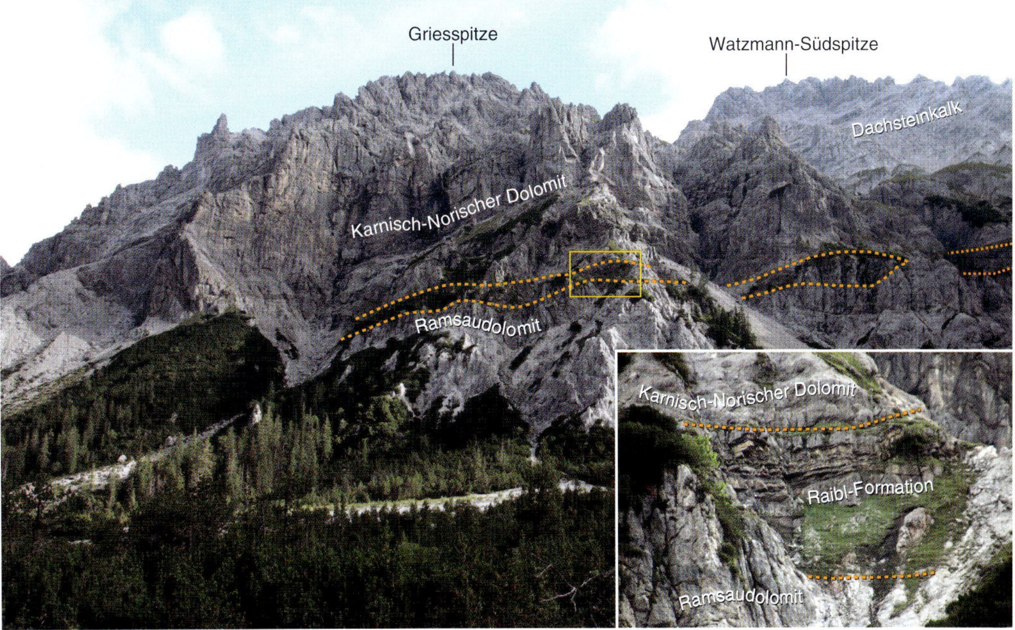

Abb. 145. Die Aussicht nach Norden zu den Südabstürzen des Watzmanns offenbart eine mittel- bis obertriassische Schichtenfolge (a). Das vergleichsweise geringmächtige Band mergelreicher Nordalpiner Raibler Schichten muss man gezielt suchen (b).

Abb. 146. Der vermutlich fossile (?altholozäne) Lokal-Bergsturz im Banngraben. Die karminrote, fein zerriebene Matrix aus oberjurassischen Radiolariten, die auf dem Gipfelplateau des Hirschwieskopfes über Dachsteinkalken und geringmächtiger Adnet-Formation anstehen, stechen sofort ins Auge.

Sandsteinen besteht und von geringmächtigen bituminösen braungrauen Kalken und lokal vorkommenden Rauhwacken überlagert wird. Die höchsten Grattürme bestehen aus geschichtetem Dachsteinkalk, der wieder heller gefärbt und deutlicher gebankt ist als der unterlagernde Karnisch-Norische Dolomit.

> Der Weg vom Schutzhaus bis zu den ersten Kalkklippen zieht sich in die Länge. Minutenlang steuert man auf eine Wand aus dunkelgrauen Kalken zu, die rechts von einem markant eingeschnittenen Graben begrenzt werden.

Dieser so genannte "Banngraben" mit 146
seiner auffallend rötlichen, leicht verfestigten Brekzie sticht als Erstes ins Auge. Hierbei handelt es sich wohl nicht um eine glaziale Bildung, sondern um einen fossilen Bergsturz, dessen Matrix mit karminroten, stark mergeligen Radiolariten angereichert wurde. Diese stehen am Gipfelplateau des Hirschwieskopfes an. Unser Steig unterquert die dunkelgrauen Klippen aus mitteltriassischen Gutensteiner Kalken sowie den Banngraben. Die Gutensteiner Kalke werden vom Wanderweg nicht direkt erreicht, aber
im Auslaufbereich des Banngrabens 147
finden sich zahlreiche Lesesteine der seltsam dunkelgrau gefärbten, ruppigen und brekziösen Kalke. Ihr lithologischer Habitus ist ganz anders als jener des kleinstückig verwitternden, bröseligen Ramsaudolomits, Karnisch-Norischer Dolomits oder der tafelbankigen reinen Dachsteinkalke.

> Nach der Querung des Banngrabens und bereits auf einem steilen Geröllfeld, weicht der schüttere Fichten- und Zirbenwald erstmals im Anstieg zum Trischübel-Pass zurück und lässt einen Überblick auf das weitläufige Innere Wimbachgries zu.

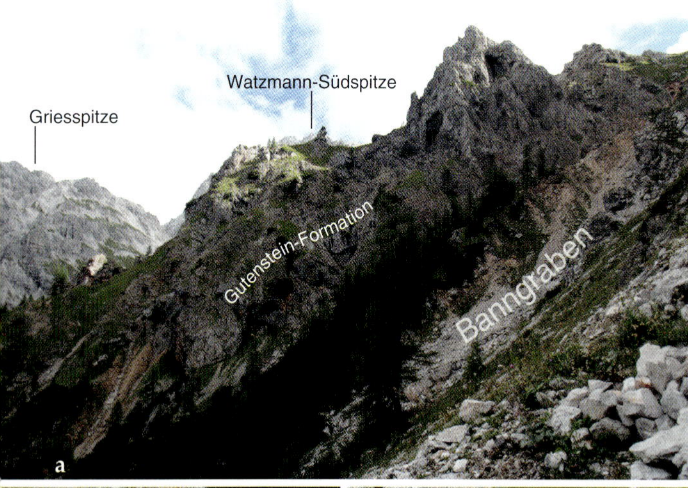

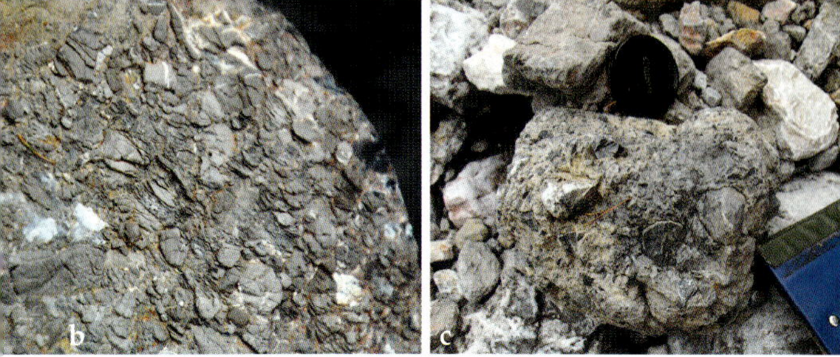

◁ Abb. 147. a. Die namenlose Kalkklippe aus dunklen Kalken der Gutenstein-Formation wirkt wie ein Fremdkörper in den hellgrauen mittel- bis obertriassischen Litho logien. b. Im Detail erkennt man Brekzien aus dachziegelartig geschichteten Kalkplättchen beziehungsweise c. eine grobe Brekzie mit unterschiedlich großen Intraklasten (Komponenten aus Gutensteiner Kalken).

Endlich bekommt man einen ungefähren Eindruck von der schieren Größe des schutterfüllten Tales, das wir bislang lediglich aus der Froschperspektive kilometerweit durchwandert haben. Klein erkennt man am rechten Rand unter den verwitterten Abstürzen der Griesspitze die Wimbachgrieshütte und dahinter den mächtigen Hochkalterstock.

Das steile Geröllfeld führt auf eine markante Fels-
148 rippe aus hellen Dachsteinkalken zu, die sich vom Hirschwieskopf talwärts zieht. Der gut ausgebaute Steig quert die mäßig steil nach Südosten einfallenden, lagunären Dachsteinkalken auf einem ausgesprengten Band.

Ein knapp 2 Meter über dem Steig verlaufendes Drahtseil mag dem vorbeigehenden Wanderer zunächst sinnlos erscheinen, hat jedoch insofern seine Daseins-Berechtigung, wenn man diese Stelle als Skitourengeher der "Hundstod-Reibn" im Frühjahr bei meterhohem Schnee zu queren gedenkt.

Hinter der kurzen Steilstufe legt sich das Gelände zurück und wir erreichen knapp zwanzig Minuten nach Querung der Dachsteinkalk-Felsrippe über stark verwachsene Schuttfelder den schmalen Trischübelpass.

Vielleicht noch ein Wort zum Namen "Trischübel". Übersetzen kann man diesen mit "Türschwelle". Und genau da befinden wir uns im Moment: auf der Türschwelle zum weitläufigen Steinernen Meer, das rechts von uns beginnt. Von unserem Standpunkt würde man etwa dreieinhalb Stunden reine Gehzeit benötigen, um die nächsten Stützpunkte wie das Ingolstädter Haus unter dem Großen Hundstod oder das Kärlingerhaus unter dem Funtenseetauern (Exkursionen Q und R) zu erreichen.

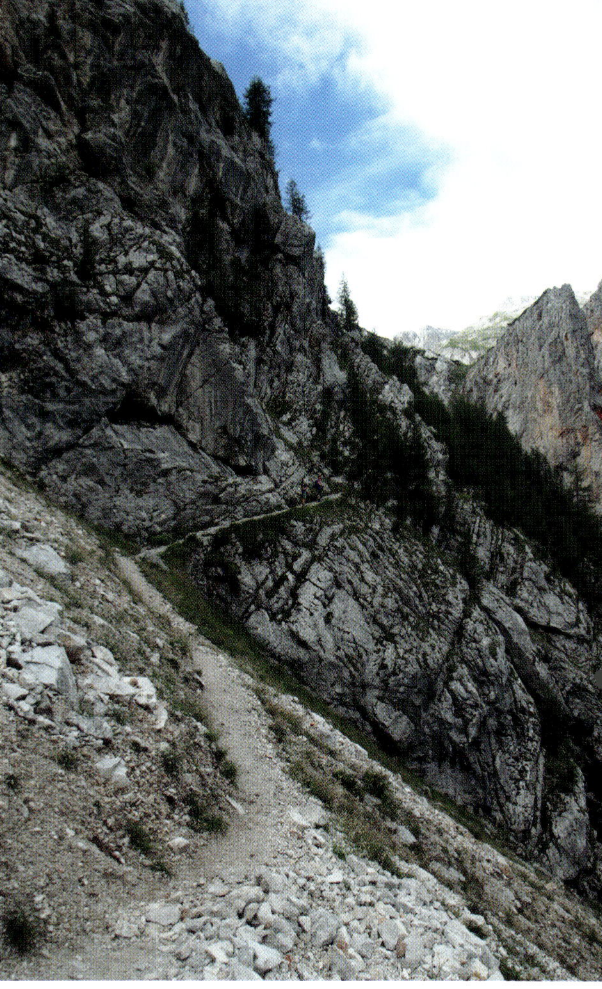

Abb. 148. Dachsteinkalk-Felsrippe mit querendem Steig unterhalb des Trischübel-Passes.

6 Auf den Hirschwieskopf

Diejenigen unter uns, die sich nicht ganz trittsicher und schwindelfrei glauben oder hier nach Stunden des Fußmarsches durch das Gries des Bergauf-Gehens überdrüssig sind, haben mit dem 1764 Meter hohen Trischübel-Pass im Rahmen der hier beschriebenen Exkursion ihren persönlichen Kulminationspunkt erreicht. Jedoch sei denen, die noch Kraft haben, der knapp einstündige Anstieg zum 2114 Meter hohen Hirschwieskopf unbedingt empfohlen.

Einen Wegweiser, der zum Gipfel zeigt, sucht man vergebens. Man hält sich an einer Steigspur leicht links – wenn man nach wenigen Minuten eine schön gelegene kleine Nationalpark-Diensthütte erreicht hat, ist man richtig.

Jedoch gilt es auch hier, die Augen nicht nur auf die sich öffnenden Aussichten gegen Süden offen zu halten, sondern auch auf den Boden zu blicken. Dieser Abschnitt vom nahen Trischübel-Pass bis hierher zeigt eine quartärgeologische Besonderheit. Obgleich unmittelbar am Weg schlecht aufgeschlossen, kann man unter der Diensthütte metergroße Blöcke aus einer rötlich-beigefarbenen, sandigen, schlecht sortierten Brekzie mit vorwiegend ungerundeten bis selten angerundeten Kompo-

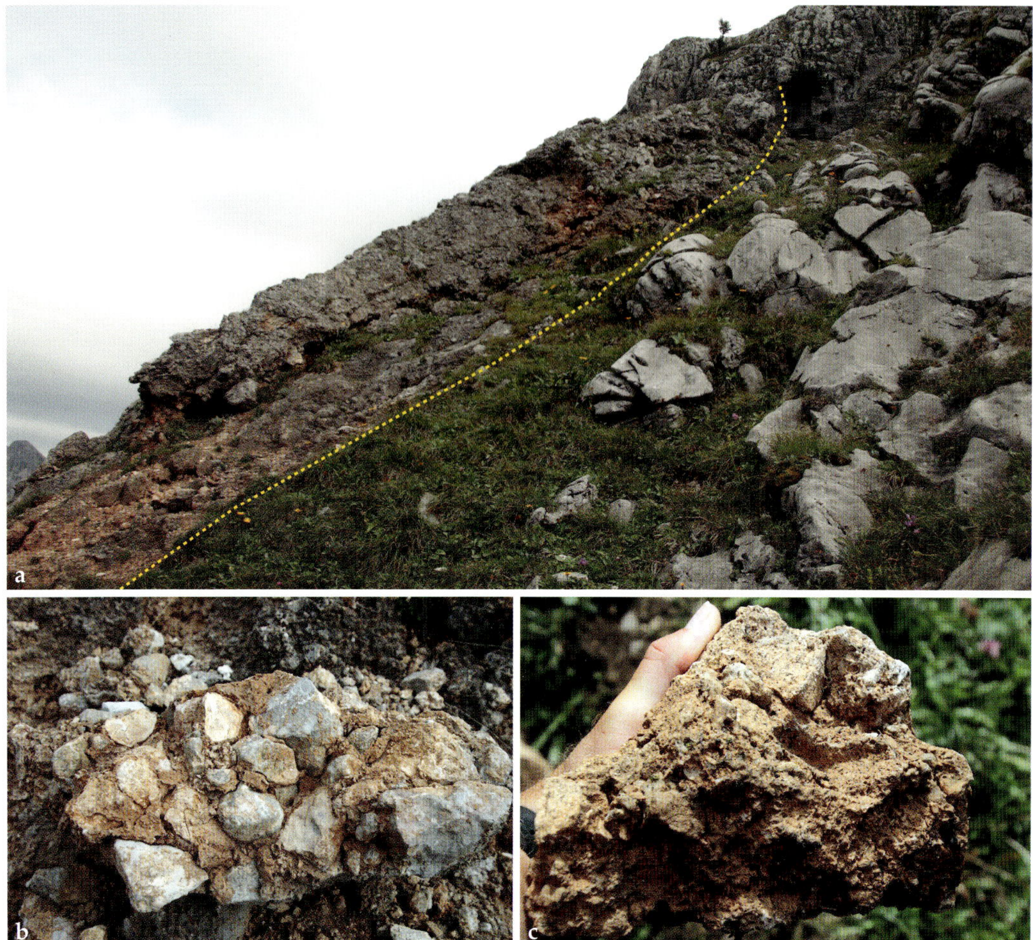

Abb. 149. a. Mutmaßlich rißzeitliche Moräne oberhalb der Trischübel-Diensthütte. Die gelb gepunktete Linie kennzeichnet den hier nicht erschlossenen Kontakt zum unterlagernden Dachsteinkalk. Die beiden kleineren Bilder b und c zeigen Handstücke, wie sie entlang des Weges knapp unterhalb der Diensthütte gefunden werden können.

nenten erkennen. Die enthaltenen Gesteinsbruchstücke sind allesamt kalkalpinen Ursprungs (in der Mehrheit Dachsteinkalk). Blicken wir von der Diensthütte zurück in Richtung Trischübel-Pass, sollten wir knapp 30 Höhenmeter oberhalb des Weges die Brekzie anstehend finden. Sie liegt dort in etwa 1820 Meter Höhe unmittelbar dickbankigem und verkarstetem Dachsteinkalk auf und wirkt seltsam "geologisch deplaziert". Aufgrund der schlechten Sortierung und des in der Mehrheit ungerundeten
149 Komponentenspektrums dürfte es sich bei der Brekzie um einen rißzeitlichen Moränenrest handeln, der seit wenigstens 135 000 Jahren hier liegt. Aufgrund von verwitterten Schliffgrenzen, vereinzelten, hochalpin liegenden Erratika und den weiter ins Alpenvorland reichenden Gletscher-Endloben geht man davon aus, dass die vorletzte Eiszeit, das Riß-Glazial, einen höheren Gletscherstand als die letzte, würmzeitliche Vereisung hatte – im Bereich des Berchtesgadener Talkessels lag die mittlere Eishöhe bei geschätzten 1600 Meter und reichte in den Seitentälern bis in die Gipfelregionen. Hochgelegene Pässe wie der Trischübel, die während des Würmglazials wohl aper blieben, waren eisbedeckt: ein noch höher gelegenes Vorkommen etwa 350 Meter westlich des Hirschwieskopf-Gipfels liegt auf knapp 1900 Metern, was nahelegt, dass die hochrißzeitlichen Gletscher im hinteren Wimbachtal bis knapp 2000 Meter Höhe gereicht haben könnten. Bislang stehen Datierungen der Brekzie aus, so dass

die Alterseinstufung ins Riß lediglich aufgrund der großen Höhe der Vorkommen interpretiert ist.

Die Brekzie ist im weiteren Verlauf unseres Wanderpfades bis etwa 25 Höhenmeter über der Nationalpark-Diensthütte leidlich erschlossen. Mit dahinter aufragenden, hellen Dachsteinkalken betreten wir kurz darauf wieder die Welt der lagunären, subtropischen Obertrias.

Abb. 150. Blaike (Flächenerosion durch Deflation, siehe FISCHER *2005) mit anstehendem Ruhpoldinger Radiolarit knapp unter dem Hirschwieskopf (Gipfelkreuz im Hintergrund) auf fast 2100 Metern Höhe.*

Der schmäler werdende Steig schlängelt sich über Absätze und Bänder steil in die Höhe. Wer hier unsicher wird, sollte besser umdrehen, auf den Gipfel verzichten und bei der Diensthütte rasten.

Auf etwa 1980 Meter Höhe erreicht der Pfad im Bereich dickbankiger Dachsteinkalke in Rückriff-Fazies eine größere, von Norden nach Süden verlaufende Rotkalkspalte der unterjurassischen Adnet-Formation. Diese wird bis zu einer Art Sattel auf 2030 Meter Höhe verfolgt und die Wegführung dorthin kann bei Nässe unangenehm rutschig werden. Oben angekommen, legt sich der Hang zurück und öffnet den Blick nach rechts in eine kleine Uvala von fast 175 m Durchmesser.

Die anstehenden, massigen Dachsteinkalke in Riff-Fazies sind deutlich fossilreicher als die gebankte, lagunäre Variante: es findet sich relativ viel Fossilschutt wie Schnecken, Muschelschalen-Schill sowie hin und wieder kleine Ammoniten. Wenig nach dem kleinen Absatz erreicht der Pfad eine Sedimentspalte mit karmin- bis braunroten, oberjurassischen Radiolariten, die wir bis zum überraschend großen Gipfelplateau unseres Berges verfolgen. Der hier metermächtig anstehende Ruhpoldinger Radiolarit ist am westlichen Rand der Gipfelfläche in einer größeren Blaike am besten erschlossen. 150

Die wenigen Meter bis zum Gipfelkreuz steigen wir wieder in stark verkarsteten und von zahlreichen kleineren Dolinen durchzogenen Dachsteinkalk. 151

Der Gipfel liegt den Südabstürzen des Watzmanns unmittelbar gegenüber und gilt als einer der ganz besonderen Aussichtspunkte des Berchtesgadener Landes: Natürlich liegt der erste Fokus auf der knapp 600 Meter höheren Watzmann-Südspitze, der im Hintergrund stehenden und deswegen niedriger wirkenden Watzmann-Mittelspitze und den zahnartigen Zacken und Türmchen der

Abb. 151. Tiefgründig verkarsteter Dachsteinkalk am Gipfel des Hirschwieskopfes. Im Hintergrund die Watzmann-Südspitze.

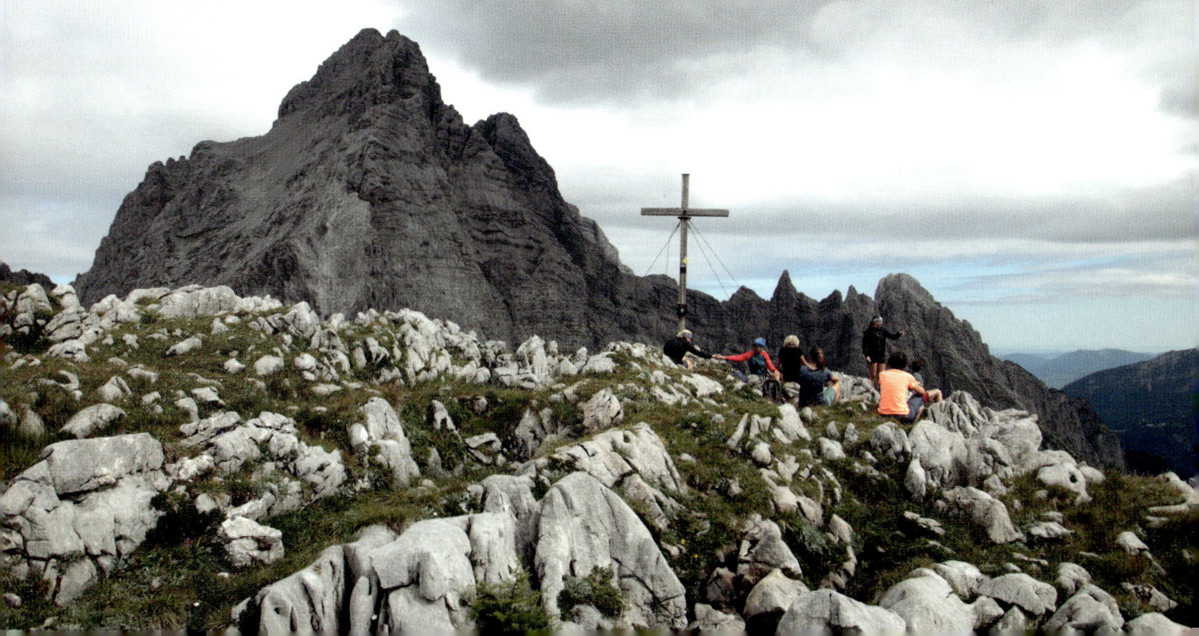

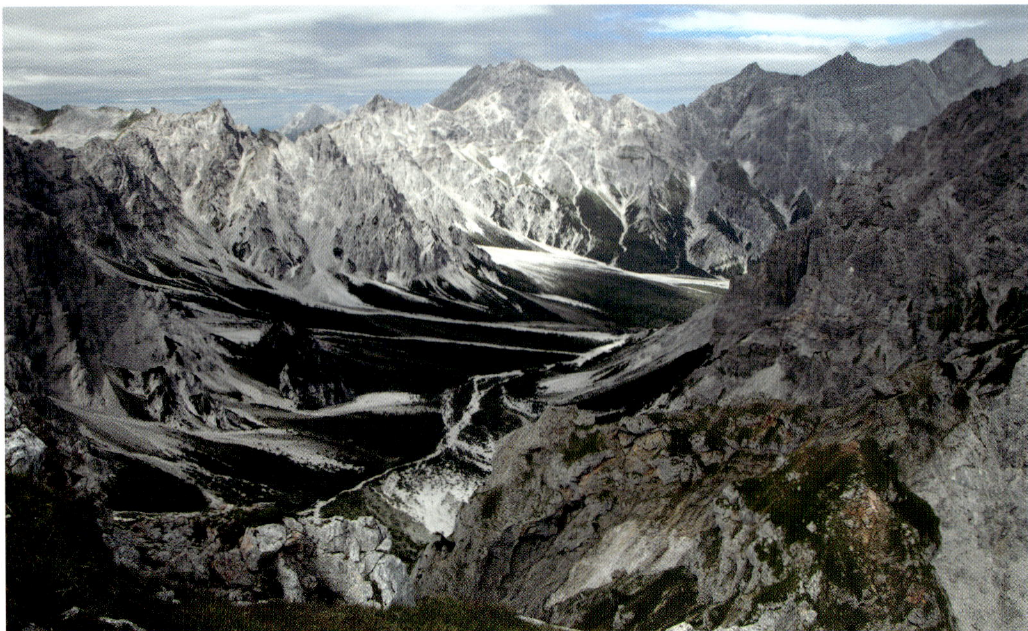

Abb. 152. Tiefblick vom Hirschwieskopf ins Innere Wimbachgries mit den zerklüfteten Palfelhörnern links, dem Hocheis-Massiv in der Bildmitte und dem Hochkalter-Massiv rechts.

Watzmannkinder. Der von Berchtesgaden aus gesehen so prägnante Kleine Watzmann hebt sich
aus dieser Perspektive kaum von den Watzmannkindern ab und bildet den rechtsseitigen Rand der
Gipfelparade des Watzmannstocks. Nach links fällt das Gebirgsmassiv über braune, zerfurchte Hänge
152 aus Karnisch-Norischem Dolomit ins Innere Wimbachgries ab und erlaubt einen beeindruckenden
Überblick über das verwitternde Amphitheater mit seinen gewaltigen, an der Basis bewaldeten und
gegen die Berghänge von frischem, hellen Schutt überflossenen Murschuttkegeln. Über dem Gries
stehen rechts der Hochkalter und nach links – durch die tief eingeschnittene Sittersbachscharte getrennt – die Hocheisspitze (2523 m) mit dem Hochkammerlinghorn (2506 m). Weiter nach links findet
das Auge in den stark verwitterten Flanken aus Karnisch-Norischem Dolomit nur schwerlich das
Große Palfelhorn (2254 m). Der nächste Blickfang ist der Große Hundstod (2594 m) aus lagunärem,
153 gebanktem Dachsteinkalk, bevor sich das Auge in den Weiten des Steinernen Meeres zu verlieren
scheint. Die markantesten Gipfel dort sind die 2654 Meter hohe Schönfeldspitze und der breite,
massige, 2579 Meter messende Funtenseetauern (Exkursion R). Links davon liegt tief eingeschnitten
die glazial übertiefte Furche des Obersees (unter den Zwillingsbergen der bereits zum Hagengebirge
gezählten Teufelshörner), der breite, teils übergrünte Rücken des Kahlersberges, Schneibstein und,
quasi als Schlusspunkt, der Hohe Göll.

Der Hirschwieskopf ist jedoch nicht nur ein wunderbarer Aussichtspunkt, es lassen sich von hier zwei geologische Großstrukturen sehr gut einsehen, die miteinander zusammenhängen. Sie sollen im Folgenden kurz erläutert werden.

Besonders eindrucksvoll ist der Tiefblick vom Gipfelkreuz hinab in das Blockgeröllfeld des Hocheises, das unter der Watzmann-Ostwand in den glazial tief ausgeschürften Eisgraben mündet und bis zur Halbinsel Hirschau mit St. Bartholomä verläuft. Der Name "Hocheis" oder "Eisgraben" rührt von zahlreichen mächtigen, oft bis in den Spätfrühling oder gar Frühsommer hinein überdauernden steilen Firnfelder, die sich bis in die Scharte unter den Hirschwieskopf ziehen. Gerade die grabenartige Struktur des Eisgrabens ist geologisch hochinteressant, handelt es sich doch um die westwärtige Fortsetzung der von Ost-Nordost nach West-Südwest streichenden Torrener-Joch-Zone (vgl. Exkur-

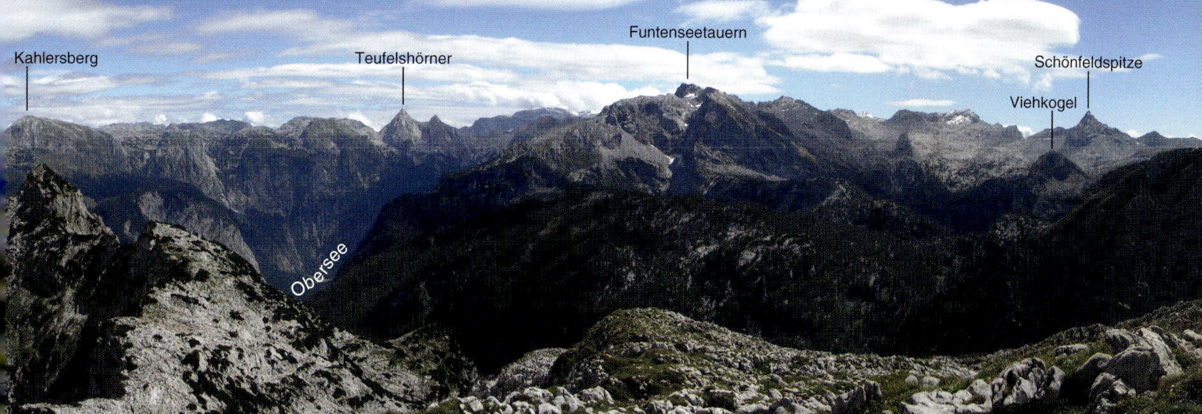

Abb. 153. Blick vom Hirschwieskopf nach Osten gegen Steinernes Meer, das südliche Hagengebirge und der tief eingeschnittenen Furche des Obersees im hinteren Königssee-Becken.

sionen M und N) und den westlichsten Abschnitt des bereits in Band 40, Kapitel 6 kurz erwähnten,
großen Königssee-Lammertal-Traunsee-Blattverschiebungssystems (KLT-Störung). Am Hirschwieskopf befindet man sich quasi in der direkten Flucht dieser Bruchlinie und kann die Torrener-Joch- *154*
Zone vom Ostufer des Königssees bis zum namensgebenden Torrener Joch unter Hohem Brett und
Göll verfolgen. Wie bereits in den oben genannten Exkursionen und in Band 40, Kapitel 6 erwähnt,
handelt es hierbei um eine sinistrale Blattverschiebung, die durch die Kollision des Alpenbogens mit
einem "Südalpen-Intender" und einer daraus resultierenden lateralen Extrusion ("Ausdehnung") der
Zentralalpen entstanden ist. Der seitliche Versatz beträgt in etwa 10 bis 15 Kilometer (DECKER et al.
1994). Im Kern der Störungszone des Eisgrabens liegen sehr steil nach Süden einfallende bis saiger
stehende, unter- und mitteltriassische Sequenzen wie Werfen-, Reichenhall- und Gutenstein-Formation,
die eine Hebung gegenüber dem Karnisch-Norischen Dolomit und Dachsteinkalk zwischen Watzmann
und Hirschwieskopf anzeigen. Die Breite der Störungszone von knapp 50 Meter im Eisgraben auf
etwa 900 Meter Höhe hinter St. Bartholomä auf Höhe der Eiskapelle mit einer horizontal-sinistralen
Bewegungsrichtung wächst am Ende des Hocheises in knapp 2000 Meter Höhe auf eine Breite von
knapp 650 Metern an. Dabei ändert sich die Bewegungsrichtung in schräge, zunehmend flacher
werdende sinistrale Aufschiebungen. Als Ergebnis wird auf der Südwestflanke der Watzmann-Süd-

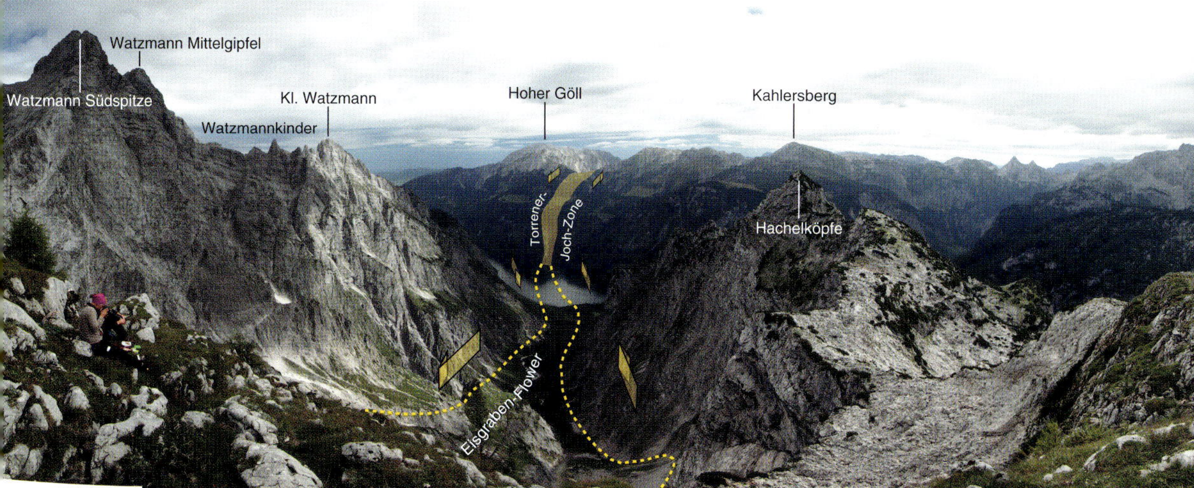

Abb. 154. Tiefblick vom Hirschwieskopf ins Hocheis und den Eisgraben nach Ost-Nordosten, in Richtung von St. Bartholomä, Königssee und darüber hinaus. Die Torrener-Joch-Zone (siehe Exkursion N) liegt direkt in ostwärtiger Fortsetzung des Eisgrabens jenseits des Königssees.

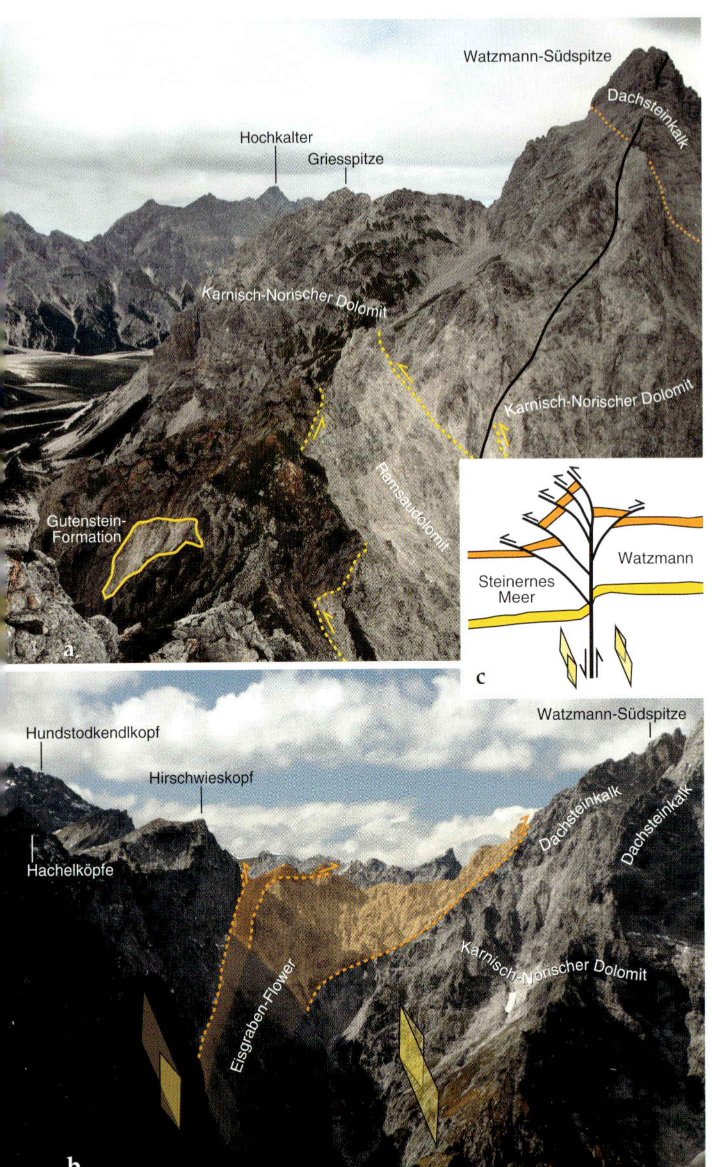

spitze weißlichgrauer Ramsaudolomit steil auf Karnisch-Norischem Dolomit und – farblich hervorragend kontrastiert – dunkle Gutenstein-Formation flach, ja beinahe deckenartig auf Ramsaudolomit überschoben. Wenn man genau hinsieht, erkennt man sogar zwei "Ramsaudolomit-Fenster" unter den dunkelgrauen, 155a
zerrütteten Kalksequenzen der Gutenstein-Formation im Bereich des Banngrabens. Diese Geometrie, also eine unten schmale, senkrechte und nach oben eine sich in schräge Aufschiebungen aufspaltende Störungsstruktur wird auch als "Flower structure" beschrieben, weil sie 155b
an eine Blume oder einen Blumenstrauß 155c
erinnert. Jenseits dieser tektonischen Struktur (nordwärts und uns gegenüber) wurde das Watzmann-Massiv an seinem Südende gegenüber dem Hirschwieskopf um mehr als 700 Meter angehoben. Un- Profi
schwer erkennt man an der Watzmann- Profi
Südspitze auf gleicher Höhe graubraunen Karnisch-Norischen Dolomit – die Hangendgrenze zum Dachsteinkalk liegt dort in etwa 2400 Metern Höhe, an der Basis des Hirschwieskopfes hingegen bei etwa 1700 Metern.

Die Anlage der sinistralen Seitenverschiebung geschah nach DECKER et al. (1994) vermutlich im Miozän.

Etwas älter dürfte die zweite Großstruktur sein, die wir diesmal südwärts im Steinernen Meer erkennen können. Unter dem steil aufragendem Großen Hundstod verläuft eine markante, scharf gezogene Grenze zwischen weitgehend vegetationslosen Kalken mit einem unru-

Abb. 155. a. Die »geologischer« Sicht vom Hirschwieskopf zur Watzmann-Südspitze gibt einen beeindruckenden Einblick auf die empor gepressten dunklen und zerrütteten Kalke der Gutenstein-Formation, die deckenartig flach auf Ramsaudolomit überschoben wurden (siehe gelb umrandetes »Fenster« aus Ramsaudolomit). Der Ramsaudolomit seinerseits wurde steil auf Karnisch-Norischen Dolomit überschoben. Die punktierte orangenfarbene Linie unter der Watzmann-Südspitze kennzeichnet den Übergang von Karnisch-Norischem Dolomit zum stratigraphisch hangenden Dachsteinkalk; b. Der Blick vom zentralen Hagengebirge gegen Hirschwiesenkopf und Watzmann-Südspitze zeigt die nach oben stets breiter werdende Störungszone (»Flower structure«) aus der Distanz. Dabei wurden Steinernes Meer und Watzmann sinistral um etwa 10 bis 15 Kilometer (!) aneinander vorbeibewegt! Der Watzmann-Block wurde in Relation zum Hirschwieskopf zusätzlich um etwa 700 Meter emporgehoben. c. Zur besseren Erklärung ist hier das Modell einer »Flower structure« im Zusammenhang mit einer sinistralen Blattverschiebung und einer transpressiven Komponente skizzenhaft dargestellt (verändert nach HARDING 1985).

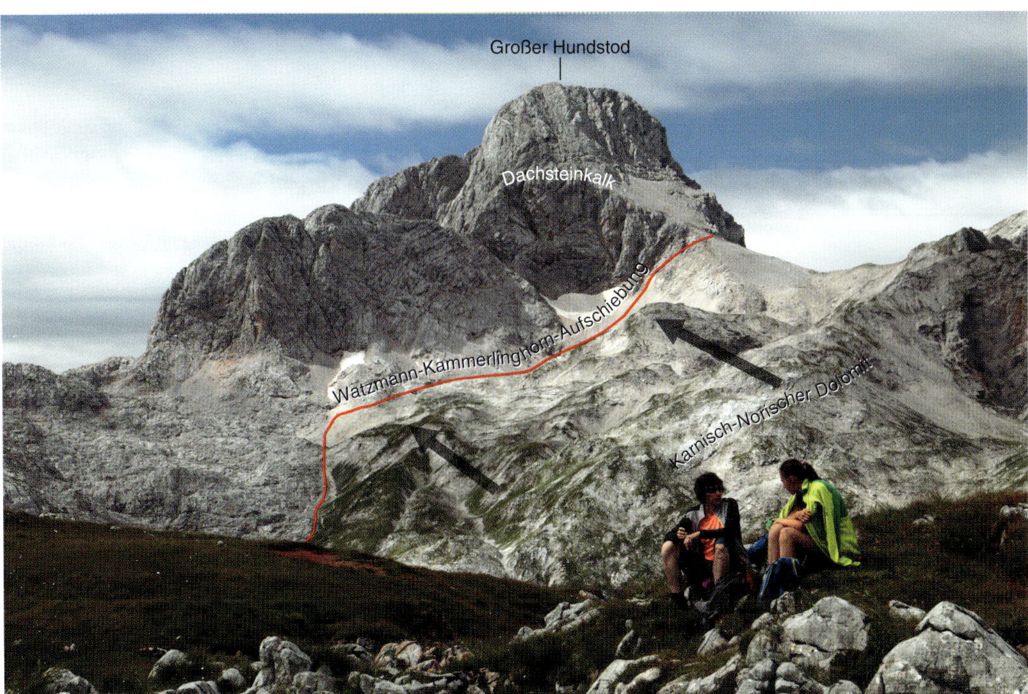

Abb. 156. Der Blick über das Gipfelplateau des Hirschwieskopfes in Richtung Hundstod zeigt wunderschön über lagunären Dachsteinkalk des Steinernen Meeres überschobenen Karnisch-Norischen Dolomit. Die Überschiebungsbahn verläuft dabei direkt an der Grenze zwischen begrünten Schrofen und kahler Kalkwüste.

higem, zerrüttet wirkendem Relief auf der linken Seite und begrünten, wellig-kupierten Schrofenhängen auf der rechten Seite. An dieser Stelle wurde Karnisch-Norischer Dolomit (grüne Schrofenhänge) auf tektonisierten Dachsteinkalk aufgeschoben – tatsächlich reicht die Aufschiebung des Watzmann- 156
Massivs über den nordwestlichsten Bereich des Steinernen Meeres bis zum Kammerlinghorn in der Hochkaltergruppe. Aus diesem Grund wird in diesem Rahmen die Bezeichnung "Watzmann-Kammerlinghorn-Aufschiebung" verwendet. Die Störungszone ist Thema in den Exkursionen K, Q und R. Sie wird dort in Teilbereichen besucht und eingehender beschrieben.

7 Der lange Weg nach St. Bartholomä

Man könnte auf dem Hirschwieskopf noch lange schauen und vielleicht das ein oder andere mehr entdecken, doch der Weg bis nach Sankt Bartholomä am Königssee ist weit und das letzte Schiff fährt bestimmt.

> Beim Abstieg vom Hirschwiesenkopf durch die steile Grasflanke hinab zur Nationalpark-Diensthütte ist nochmals Vorsicht und Konzentration geboten. Erst mit neuerlichem Erreichen des Trischübel-Passes liegen die ausgesetzten Passagen vorerst hinter uns. Der weitere, gut ausgebaute Weg talwärts verläuft in einem schmalen, nach Ost-Südost offenen, teilweise mit Blockschutt erfüllten Hochkar auf der linken Talseite (im Sinne des Abstiegs). Nach etwa einer halben Stunde Gehzeit erreichen wir eine markante Senke – eine größere Verbruchsdoline (Uvala) zwischen den Rauhen Köpfen rechts und dem Tabakmanndl links. Etwa 200 Meter nach dem recht schmalen Auslass der Karsterscheinung beginnt der Steig eine teilweise leicht ansteigende Querung nach rechts über die Kalkflanke der Rauhen Köpfe in ein schmales, ziemlich genau ostexponiertes Hochkar mit stetem Blick auf das Hagengebirge zwischen Schneibstein und Kahlersberg (siehe Exkursion N). 157

Zu erwähnen wäre eine gute Quelle auf etwa 1480 Meter, an der der Steig vorbeiführt. Wenn sie schüttet, kann man hier bedenkenlos seine Wasservorräte auffüllen, denn knapp zweieinhalb Stunden Abstieg bis an den Königssee stehen uns noch bevor.

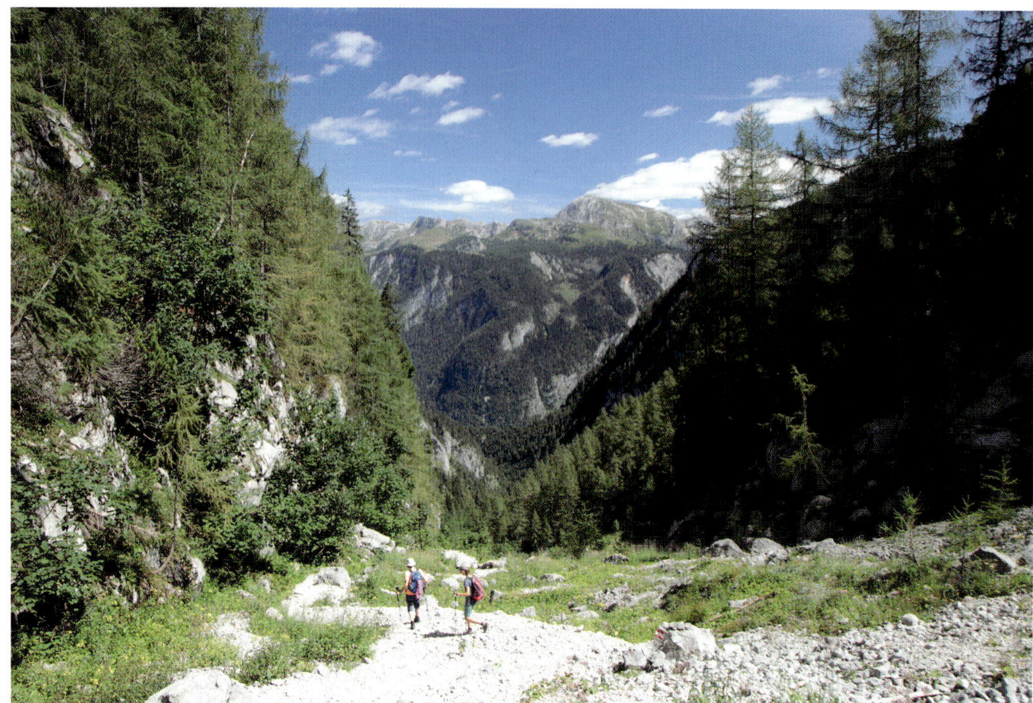

Abb. 157. Abstieg durchs Schuttkar unter den Rauhen Köpfen – im Hintergrund erkennt man links den Schneibstein und im zentralen Bildbereich den Kahlersberg.

Besonders in den Sommermonaten ist das Niederholz recht dicht und filzig – kaum vorstellbar, dass wir auf fast 1400 Metern durch den ehemaligen Grund der seit vielen Jahrzehnten verfallenen Sigeretalm wandern. Von der einfachen Almhütte ist schon seit Langem nichts mehr zu sehen und nur die flachere Topographie lässt mit etwas Phantasie einen ehemaligen Weidegrund erahnen. Ein paar Reste Lokalmoräne sorgen, besonders nach Regenfällen, für staunassen Untergrund und eine dichte, beinahe urwaldähnliche, undurchdringliche Vegetation.

Hier zweigt ein stark verwachsener und rutschiger Quersteig zum Kärlingerhaus ab (Wegweiser) – wir jedoch halten uns links und steigen weiter talwärts. Hinter der seit langem vergessenen Sigeretalm schlängelt sich der Steig auf der linken Talseite durch einen schönen Bergmischwald aus Fichten und zahlreichen Buchen. Hier beginnt die letzte, etwas ausgesetzte Passage unseres Abstieges nach St. Bartholomä.

Das Gelände wird steiler und hin und wieder können wir zwischen den Stämmen tief unter uns ein blockerfülltes Kar und eine lange, steil nach oben führende schutterfüllte Senke erkennen: durch die so sogenannte "Saugasse" verläuft der immer noch schnellste Zustieg vom Königssee zum Kärlingerhaus im Steinernen Meer (vgl. Exkursionen Q und R).

Wenn der Bergmischwald noch schütterer wird und den Blick auf das tief unter uns liegende Kar weitgehend
158 freigibt, wird nochmals volle Konzentration vonnöten sein. Hier beginnen am gut ausgebauten Pfad Drahtseilsicherungen, die auf ein etwa anderthalb Meter breites, waagrechtes Dachsteinkalk-Band führen. In dem Moment, der der Steig nach links um die Gratkante biegt, mag der ein oder andere von uns den Glauben an einen Weitersteig verlieren, weil der Blick nach rechts knapp 200 Meter haltlos in die Tiefe stürzt.

An dieser Stelle hat man die "Sigeretplatte" erreicht und für viele Wanderer eine Art Schlüsselstelle.

Der lagunäre Dachstein fällt hier mäßig steil nach Westen ein – der Steig verfolgt weiterhin das Band, auf dem wir die letzten knapp 50 Meter gelaufen sind, und steigt mit ihm etwa 30 Höhenmeter in die Tiefe – stets
159 knapp anderthalb Meter breit und mit soliden Lärchenholzstufen ausgebaut. Allerdings: schwindelfrei sollte man sein und bei Nässe sehr gut darauf Acht geben, wo man seine Füße hinsetzt, denn nach rechts geht

es immer noch mehr als 100 Meter senkrecht in die Tiefe. Und in dem Moment, wo man den gegenüberliegenden, steil zum Tal hin abfallenden geröllerfüllten Hang erreicht hat, ist auch diese letzte, für manche etwas heikle Stelle vor dem Königssee geschafft!

Der schmale Steig führt in weiterer Folge durch eine Blocksturzhalde mit teilweise zimmergroßen Blöcken aus Dachsteinkalk und schlängelt sich gut angelegt gegen den Grund des Hochtals. Dieses erreicht man unterhalb des Mausalpecks bei knapp 1000 Metern Höhe. An einer Weggabelung halten wir uns links. Nach rechts führt der breite Wanderweg in Richtung Kärlingerhaus und Steinernes Meer (Exkursionen Q und R).

An der Hachelklause entspringt der Schrainbach, zunächst schluchtartig rechts neben dem Weg eingeschnitten, wenig später an der Schrainbachalm sanft plätschernd und glucksend in einem beinahe ebenen, überraschend grünen kleinen Talboden – welch Kontrast nach der Hochtal-Wildnis vom Trischübelpass!

Das Rauschen des Schrainbaches bleibt bis zum Erreichen des Königssees allgegenwärtig. Bald quert der nun breit ausgebaute Wanderweg auf der orographisch rechten Bachseite die dicht bewaldeten unteren Hänge des Simetsberges.

Hier befinden wir uns nicht weit weg von der Salzgrabenhöhle, deren Eingang auf knapp 960 Meter am Nordhang des Simetsberges liegt und die mit knapp 9 Kilometer vermessener Ganglänge als eine der längsten Höhlen Deutschlands gilt (Geotop-Nr. 172H005, Objekt-ID 8443GT000001). Ihr System erstreckt sich über knapp 400 Höhenmeter, wobei die oberen tunnelförmigen, durch fließendes Wasser ausgeformten Gänge seit langem trocken sind, die tiefer gelegenen Bereich jedoch mitunter zur Gänze wassererfüllt bleiben. Sie bilden den Abfluss des Funtensees, von dem in den Exkursionen Q und R noch die Rede sein wird. Die Salzgrabenhöhle ist mit einem Gitter verschlossen und öffentlich nicht zugänglich. Den unmarkierten Abstecher können wir uns demnach sparen – die meisten von uns wollen zu diesem Zeitpunkt vermutlich nur noch am Königssee ankommen, dessen spiegelblaue Wasseroberfläche noch in weiter Ferne scheint.

Der Steig quert beinahe ohne Höhenverlust bis auf knapp 900 Meter Höhe unmittelbar auf den Steilabbruch zum Königssee zu und verläuft dann in zahlreichen, teilweise betonierten Kehren in die Tiefe – wieder stets begleitet von dickbankigen, lagunären Dachsteinkalken.

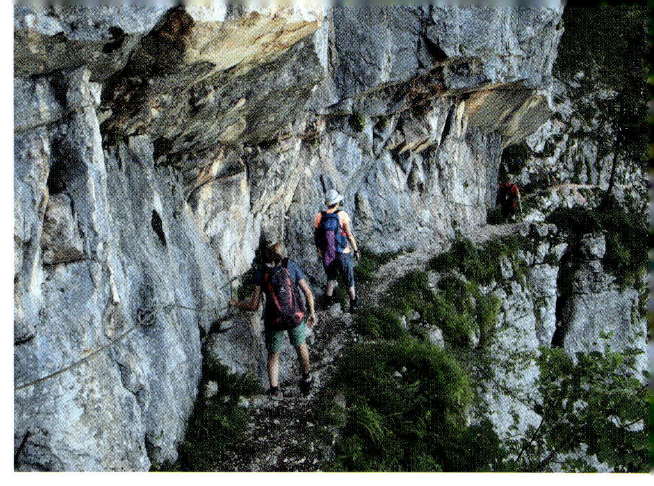

Abb. 158. Versicherter Steig auf waagrecht verlaufendem Band im Dachsteinkalk knapp vor der Sigeretplatte.

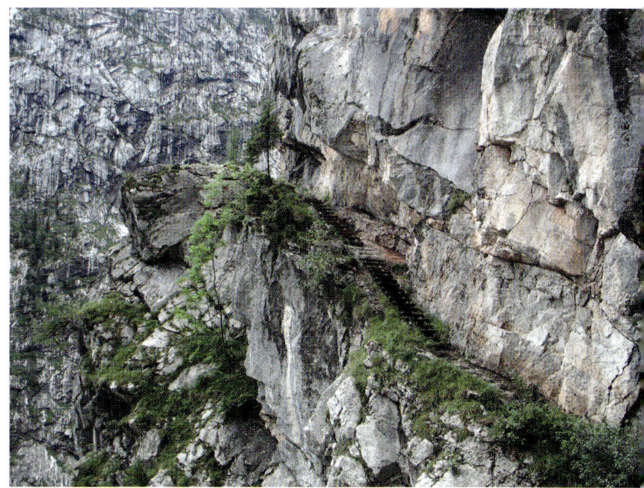

Abb. 159. Die Sigeretplatte wurde elegant in einen nach Westen einfallenden Schichtabsatz des lagunären Dachsteinkalks gebaut.

Abb. 160. Im dichten Bergmischwald geht es an dickbankigen lagunären Dachsteinkalken vorbei in zahlreichen Kehren in die Tiefe.

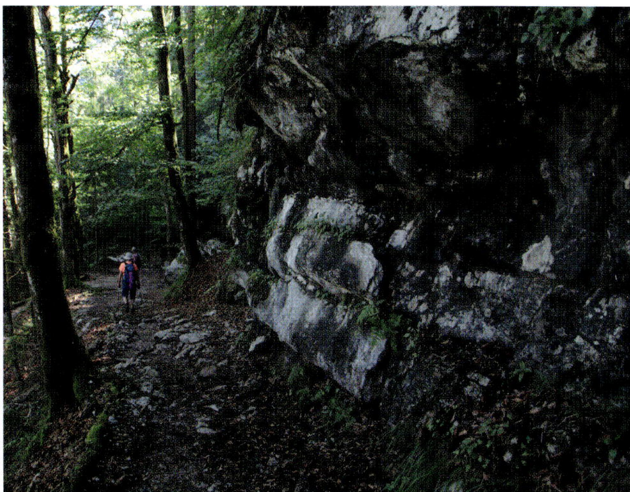

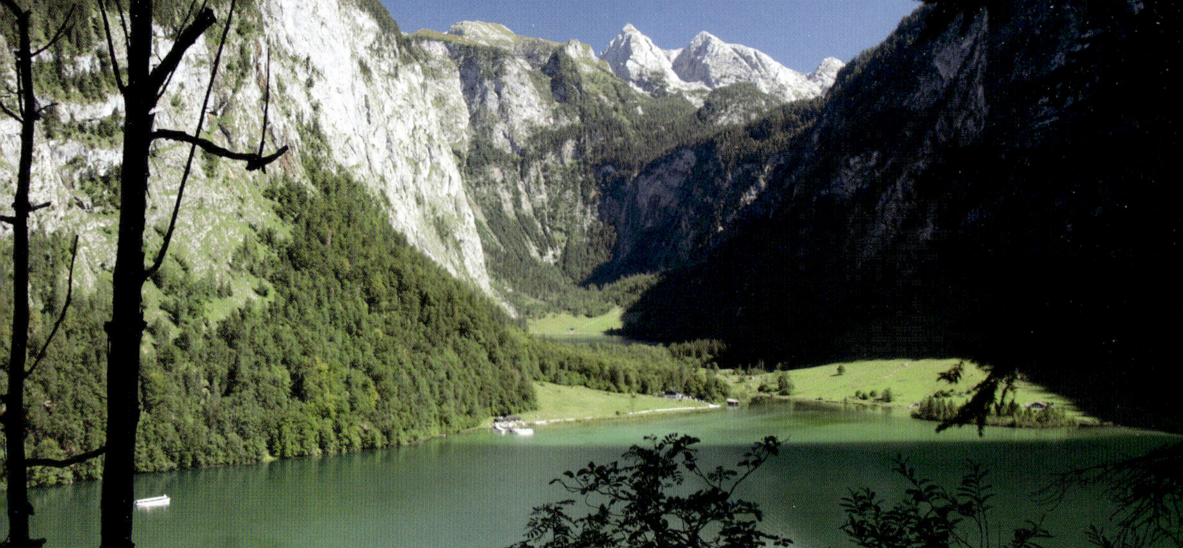

Abb. 161. Hin und wieder ergeben sich schöne Blicke auf das hintere Königsseebecken mit dem Obersee und den im Talhintergrund gelegenen Zwillingsbergen der Teufelshörner (Höhe 2361 m bzw. 2283 m).

161 Das unwirkliche, beinahe tropische Blau des Königssees blitzt hin und wieder durch schüttere Stellen des dichten Bergmischwalds. Im Hintergrund über dem satten Grün von Salet am südlichen Ende des Königssees sowie dem dahinter gelegenen Obersee mit der Fischunkelalm erkennt man die markanten Zwillingsgipfel der Teufelshörner. Die lieblich anmutende Tallandschaft wird von nahezu senkrechten, zur Hochebene von Hagengebirge und Steinernem Meer führenden Wänden begrenzt und bildet ein lehrbuchhaftes, glazial ausgeschürftes U-Tal.

Der nicht zu überhörende Schrainbachwasserfall ist noch einen kleinen, wenige Meter langen Abstecher vom Weg wert, allein, um sich in der gischterfüllten Luft an einem warmen Sommertag abzukühlen (siehe auch Abb. 261; Geotop-Nr. 172R028, Objekt-ID 8443GT000013).

Von hier sind es noch knapp 20 Minuten hinab zum Königssee. Wo der Eisgrabenbach am südlichen Ende des riesigen Schwemmkegels der Halbinsel Hirschau unsichtbar im feinen Schutt verborgen den grünblau
162 schimmernden See speist, haben wir unser Ziel beinahe erreicht. Unter der beeindruckenden Szenerie der von unserem Standort mehr als 2100 Meter hoch aufragenden Watzmann-Ostwand spazieren zur berühmten
163 Kirche St. Bartholomä mit ihren knallroten Zwiebeltürmen.

8 St. Bartholomä und die Rückfahrt über den Königssee

Die Wallfahrtskirche St. Bartholomä auf der Halbinsel Hirschau ist untrennbar mit dem Königssee und dem Berchtesgadener Land verbunden, stellt sie doch den touristischen "Hotspot" der Region schlechthin dar. Das Ziel von Abertausenden Touristen von Frühjahr bis Herbst wurde bereits im 17. Jahrhundert errichtet und Anfang des 18. Jahrhunderts zur heute bekannten barockisierten Form umgestaltet. Dabei ist Aussehen und Grundriss mit zwei unterschiedlich geformten Zwiebeltürmen und den drei roten Kuppeldächern dem Salzburger Dom nachempfunden. Neben der meistens unversperrten Kirche steht das ehemalige, nun als Gaststätte genutzte Jagdschloss der Fürstprobste, die das Berchtesgadener Land bis zur Säkularisation regierten. Daneben duckt sich deutlich kleiner und bescheidener das Holzhaus des Königssee-Fischers, der Saiblinge und Forellen aus dem See in geräucherter und gebratener Form feilbietet.

Ungeachtet der Menschenmassen, die sich jeden schönen Sommertag auf der Seelände drängeln und eigentlich allein sein möchten: Der Ort ist das Ziel der so genannten "Almer Wallfahrt" – der Überschreitung des Steinernen Meeres vom österreichischen Maria Alm über das Riemann- und Kärlingerhaus bis hierher. Jedes Jahr am Bartholomäus-Tag, dem 24. August, finden sich bis zu 3000 (!) Gläubige auf der Südseite des Steinernen Meeres und unternehmen die älteste Gebirgswallfahrt Europas, die in dieser Form bereits seit 1635 existiert. Initialzündung der manchmal in sommerlicher Hitze oder aber auch in frühherbstlichem Nebel und Kälte stattfindenden, mühseligen Unternehmung war höchstwahrscheinlich die überstandene Pest der Salzburger Bürger. So bleibt manchen von uns mit müden Beinen hier in Sankt Bartholomä die Frage, welche Motivation unsere "Wallfahrt" um den Watzmann hatte – wohl eine geologische.

Hat man die Ansteh-Tortur an der Seelände erfolgreich hinter sich gebracht und einen Platz in einem der überdachten Holzboote der Königssee-Schifffahrt ergattert, schuckelt es sich im meist proppenvollen Gefährt mit Elektro-Antrieb herrlich geräuschlos über die blauen Tiefen des Königssees unserem Ziel entgegen: dem Dorf Königssee und dem dahintergelegenen Parkplatz.

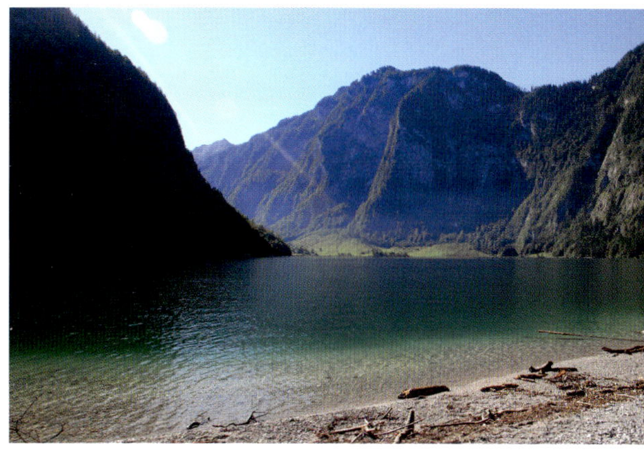

Abb. 162. Beinahe am Ziel – der Königssee am »Strand« der Eisgrabenbach-Mündung in den großen Schwemmfächer. Im Hintergrund Salet und die fast lotrechte, schattenerfüllte Nordwand des 1718 m hohen Halsköpfls (Exkursion R).

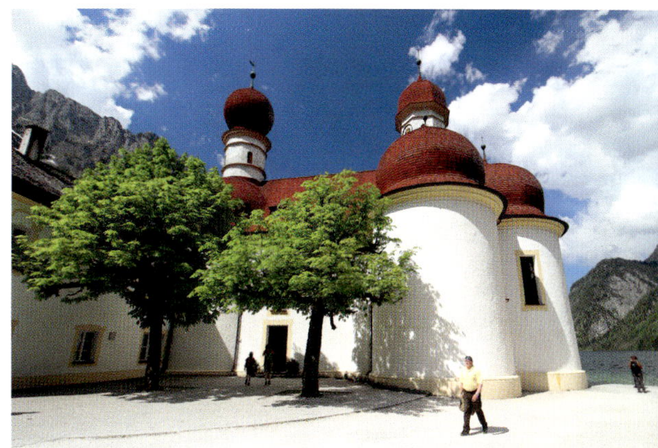

Abb. 163. St. Bartholomä am Königssee.

Vielleicht noch ein letztes Wort zur Entstehung des bekanntesten Bayerischen Alpensees: seine Geschichte geht zurück bis in den fernen Oberjura und einen Grabenbruch, der im Zusammenhang mit den regen tektonischen Bewegungen steht, während jener auch die juvavischen Deck- und Gleitschollen im Berchtesgadener und Halleiner Salinargebiet entstanden sind (siehe Exkursion G, Band 40). Seine heutige Form erhielt er durch die wiederholte Aushobelung durch mehrere Eiszeiten. Weiche Lithologien wie der Karnisch-Norische Dolomit wurden großvolumig abgetragen, der widerstandsfähige Dachsteinkalk am Nordufer an der Seelände Königssee (Ortsteil von Schönau) intensiv geschliffen, bildet aber eine natürliche Barriere zum weiter nördlich gelegenen Berchtesgadener Talkessel. Die größte Wassertiefe erreicht der Königssee mit 190 Metern zwischen Brentenwand und dem Nassen Palfen in seinem nördlichen Drittel und bildet mit 413 Meter über Normalnull den tiefst gelegenen Punkt des Berchtesgadener Kessels, der sogar noch 10 Meter tiefer liegt als die Stadt Salzburg. Mit bis zu 1000 Metern Eisdicke lasteten die Massen auf dem heutigen Seeboden, wie Moränen an der Kühroint (Band 40, Exkursion C) und der Priesbergalm (Exkursion M) zeigen. Übrigens: der Königssee hat, geologisch betrachtet großes Glück, denn ihn um umgibt das Steinerne Meer mit den vergleichsweise harten Dachsteinkalk zur Gänze. Sonst hätte ihn das gleiche Schicksal ereilt wie dem früheren Wimbachsee mit umgebenden "weichen" Lithologien wie Ramsaudolomit und Karnisch-Norischem Dolomit – er wäre bereits seit Langem aufgeschottert und Bayern wäre um eine seiner großen Attraktionen ärmer!

Literatur

DECKER, K., H. PERESSON & P. FAUPL (1994): Die miozäne Tektonik der östlichen Kalkalpen: Kinematik, Paläospannungen und Deformationsaufteilung während der "lateralen Extrusion" der Zentralalpen. – Jahrbuch der Geologischen Bundesanstalt, 137: 5–18, Wien.

FISCHER, K. (2005): Geomorphologie der Berchtesgadener Alpen – Forschungsbericht Nationalpark Berchtesgaden, Band 50, 171 S., Berchtesgaden.

HARDING, T.P.: Seismic characteristics and identification of negative flower structures, positive flower structures and positive structural inversion. – American Association Petrol. Geol. Bull., 69: 582–600, Tulsa.

(P) Dem König aufs Haupt steigen – der "leichte" Weg auf den Watzmann

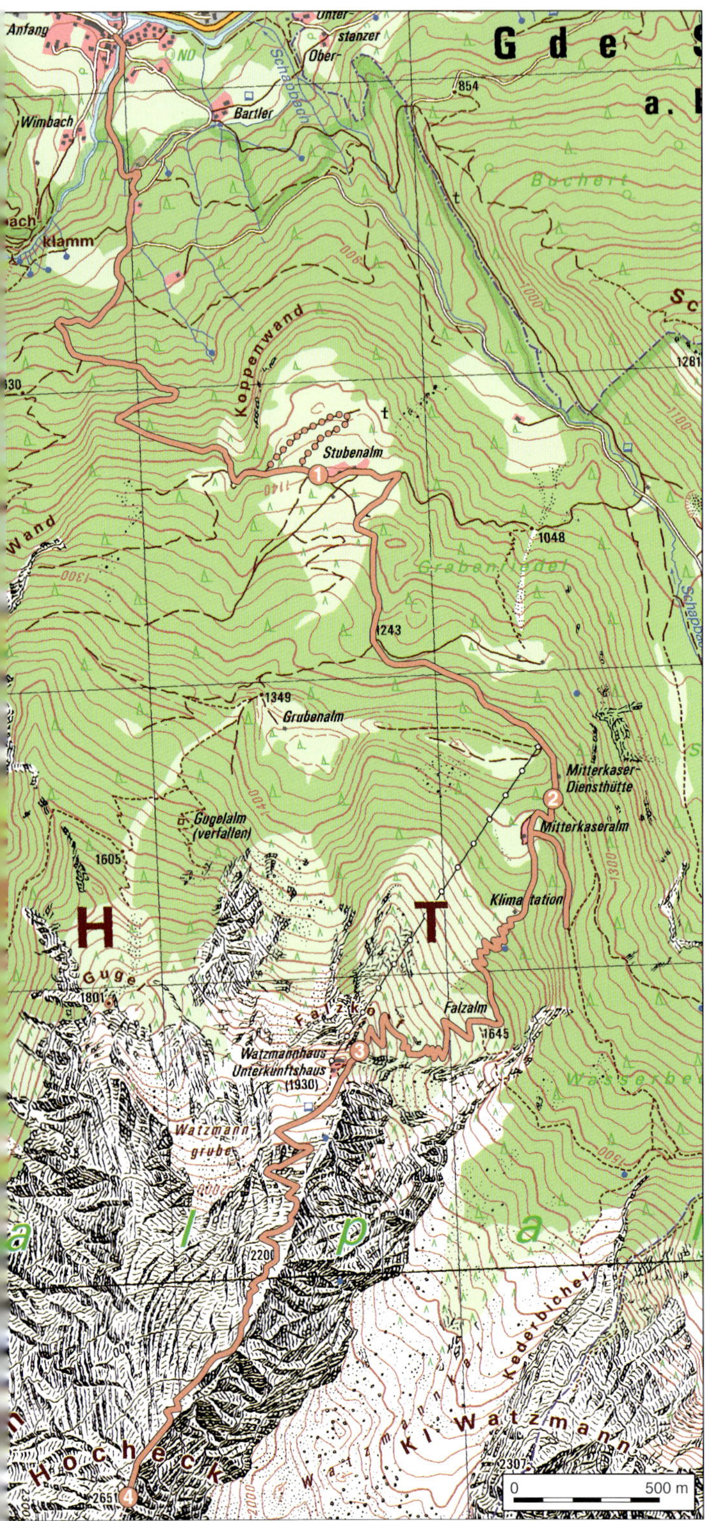

Wegstrecke: Parkplatz Wimbachbrücke – Stubenalm – Mitterkaseralm – Falzalm – Watzmannhaus (evtl. Übernachtung) – Abstecher Falzköpfl mit Ausblick zur Watzmann-Gugel – "Hochstieg" – Watzmann-Hocheck.

Geologie: Großer (?fossiler) Bergsturz an der Grauen Wand, spätrißzeitliche "Wimbachbrekzie" an der Koppenwand unter der Stubenalm, würmzeitliche Lokalmoränen-Stände an Stubenalm, Grubenalm, Mitterkaseralm, Falzalm und Watzmann-Gugel – im Aufstieg zum Watzmann lagunärer Dachsteinkalk in allen lithologischen Ausprägungen, lokal mit Rotkalk-Spaltenfüllungen – Gipfelblick Watzmann.

Diese hochalpine Exkursion beschreibt den leichtesten Anstieg auf den niedrigsten der drei Watzmann-Gipfel. Auch wenn die Ersteigung des Hochecks (2657 m) von der Wimbachbrücke alpinistisch als unproblematisch gilt und eine äußerst vielbegangene Bergtour ist, sollte sie wegen ihrer Länge (knapp 9 Kilometer im Aufstieg, dasselbe zurück zum Ausgangspunkt!) und vor allem aufgrund des zu überwindenden Höhenunterschiedes in Auf- und Abstieg (jeweils knapp 2050 Meter!) auf keinen Fall unterschätzt werden. Bis zum Watzmannhaus verläuft die Wegführung auf bestens ausgeschilderten Forst- und Wanderwegen. Der Anstieg zum Watzmann auf schmalen Bergpfaden mit vielen Felsstufen ist zwar gut markiert, jedoch sind Verhauer bei schlechter Sicht nicht selten! Am drahtseilgesicherten "Hochstieg" ist Schwindelfreiheit und – besonders bei vielen aufwärts strebenden Bergsteigern – Geduld gefragt. Die Bergtour kann von konditionsstarken Wanderern mit bergsteigerischen Ambitionen durchaus an einem Tag mit stabilem, gewitterfreiem Bergwetter gemacht werden, jedoch wird eine Übernachtung auf dem Watzmannhaus angeraten. Gerade hier gilt: die große Schutzhütte ist trotz ihrer Kapazitäten in der Hochsaison (Juli und August) auch unter der Woche oft hoffnungslos ausgelastet – eine frühzeitige Reservierung

◁ *Abb. 164. Übersichtskarte der Exkursion (P) (Geodatenbasis: Bayerische Vermessungsverwaltung 2010-14244).*

ist hier obligatorisch (Anmeldung online über das HRS-Portal des Alpenvereins)! Bei Regen, Nebel und vor allem Gewitter und Sturm wird die Ersteigung des freistehenden Watzmanns aufgrund seiner Exponiertheit schnell lebensgefährlich, deswegen ist ein Rückzug bei aufziehenden und dichter werdenden Wolken stets mit einzuplanen.

Ausgangs- und Endpunkt der Unternehmung ist der Parkplatz an der Wimbachbrücke (gebührenpflichtig). Verläuft in der Kernzone des Nationalparks Berchtesgaden.

"Was wäre Berchtesgaden ohne den Watzmann?". Diese Frage mag sich so mancher stellen, der am Markt Berchtesgaden unterwegs ist und die markante, beinahe ideal in Bergform geschwungene Kalk-Pyramide zwischen, hinter und über den Gassen sieht, oft genug von Wolken umspielt, manchmal sich beinahe unwirklich vom stahlblauen Sommerhimmel abhebend. Der 2713 Meter hohe Berg ist nicht nur das Wahrzeichen der Region, der Wächter über dem weit offenen Berchtesgadener Talkessel, sondern ein Gebirgsmassiv für sich selbst. Wie in Band 40 (Abb. 2) gezeigt, offenbart der Berg mehrere Gesichter. Über Berchtesgaden mit dem kleinen Watzmann als eine beinahe symmetrische Doppelpyramide, von Hallthurm ein wuchtiger, geschwungener Klotz, von der Ramsau als unnahbare, bleiche Mauer mit einem sägezahnartigen Gipfelgrat, und vom Trischübel-Pass und Anstieg ins Steinerne Meer (Exkursion O und Exkursion Q) – seiner eher unbekannten Seite – als schmale und scharf geschnittene Felsschneide. Obwohl man ihn praktisch überall im Berchtesgadener Talkessel sieht, man muss ihn nicht nur bestaunen, man kann ihn – zumindest als alpinistisch ambitionierter Bergwanderer – auch besteigen. Die folgende, zugegebenermaßen recht lange Route beschreibt den Anstieg auf das 2657 Meter hohe Watzmann-Hocheck – selbstverständlich aus einem geologischen Blickwinkel.

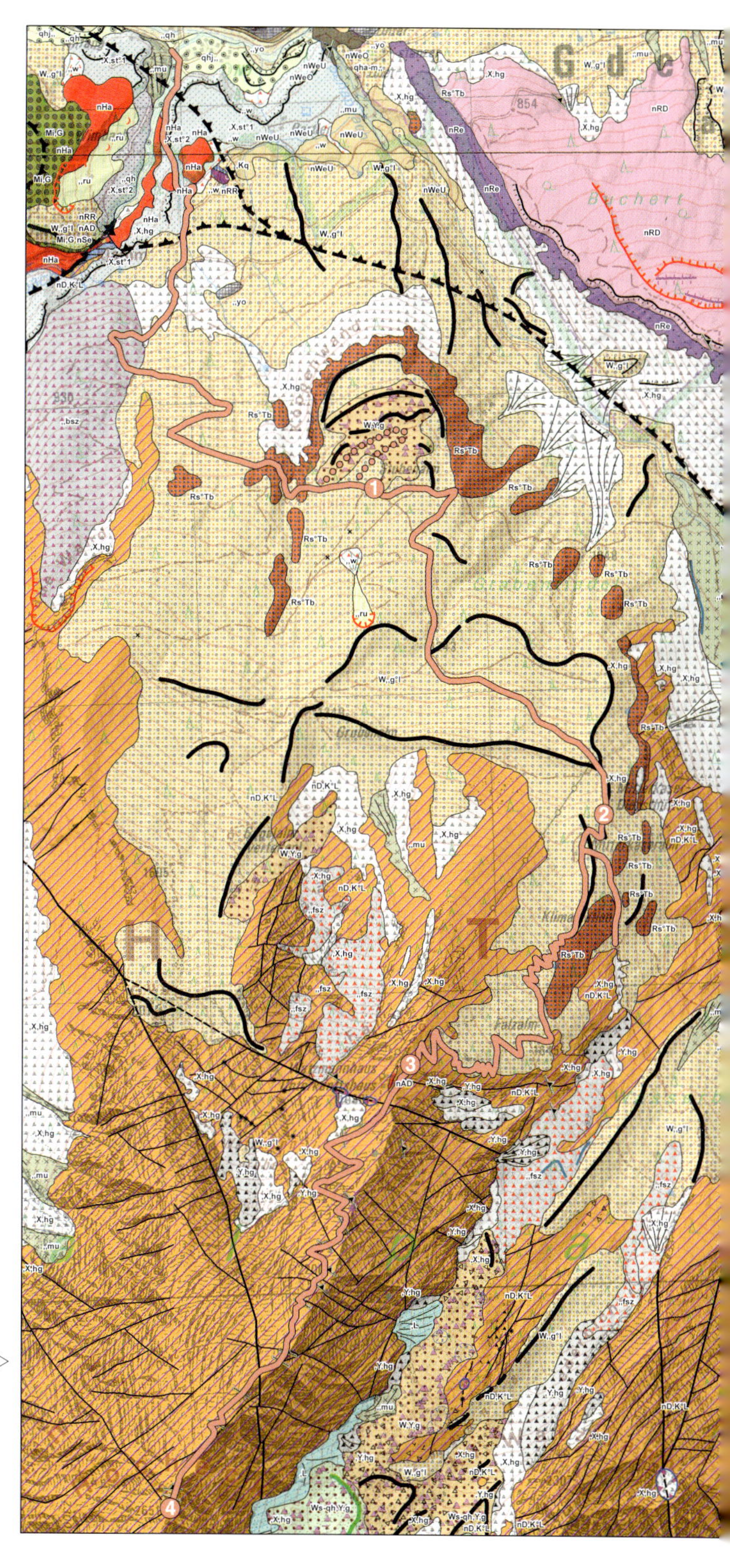

Abb. 165. Geologische Karte der Exkursion ▷ P (Geodatenbasis: Bayerische Vermessungsverwaltung 2010-14244), Legende siehe Abb. 2 und 3 auf Seite 9 und 10.

1 Zur Stubenalm

Der Ausgangspunkt der Exkursion ist der große, in den Sommermonaten Juli und August oft sehr schnell vollgestellte Wanderparkplatz an der Wimbachbrücke. Um noch bequem einen Parkplatz für das Auto zu bekommen, sei ein zeitiger Aufbruch möglichst vor 7 Uhr morgens angeraten! Wir folgen den gelben Wegweisern in Richtung "Stubenalm" und "Watzmannhaus". Zunächst geht es entlang des rauschenden Wimbachs, bald etwas steiler im Wald ansteigend.

Hin und wieder ist auf diesen ersten Metern unserer Wanderung unter Windwürfen oder in kleinen Gräben entlang der Straße braungrau gefärbtes, stark mergelig verwittertes Haselgebirge zu sehen, das weiter oben von mächtigen würmzeitlichen Moränensedimenten überlagert wird. Die Vorkommen des permotriassischen Salinarlagers reichen vom Untergrund des Berchtesgadener Talkessels bis in das immer enger werdende Tal der Ramsauer Ache und weiter bis zum Bergsteigerdorf Ramsau. Immer mal wieder von jüngeren Abfolgen wie Werfen- und Reichenhall-Formation überdeckt, bildet es somit ein tektonisch stark zerwürgtes und verschupptes, aber immerhin einigermaßen zusammenhängendes Vorkommen der "Hallstatt-Melange" (siehe Band 40, Kapitel 6 und Exkursion G).

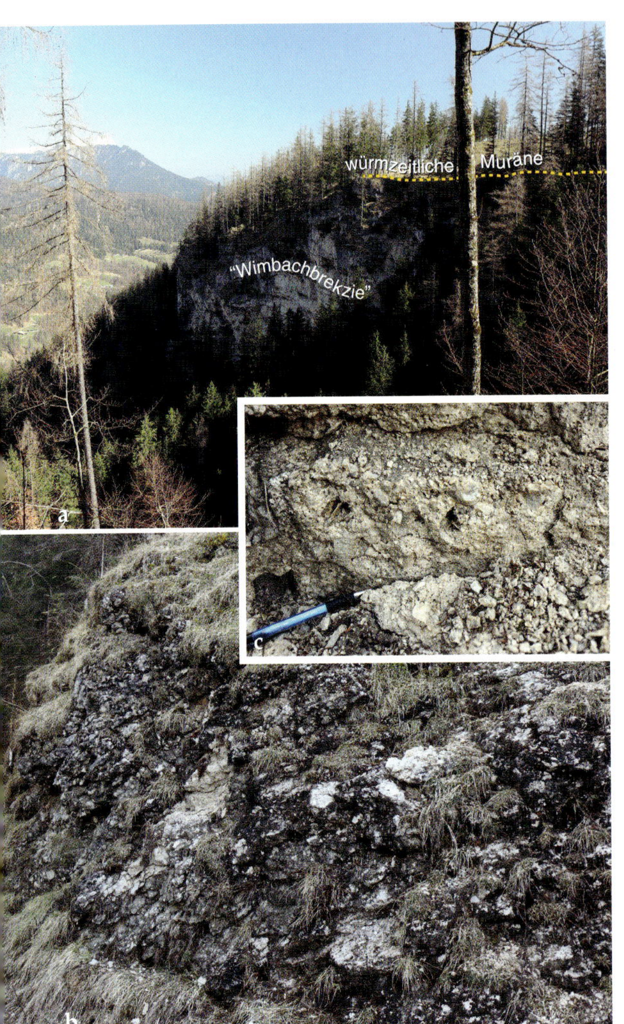

Abb. 166. a. Verkittete Brekzie unter der Stubenalm, erschlossen unmittelbar am Fahrweg dorthin (Foto b). Die verfestigten Lockersedimente werden als spätrißzeitliche Eisrandsedimente interpretiert und enthalten mit schlecht sortierten Komponenten ausschließlich lokale Lithologien des Wimbachtales und Watzmanns (Detail Foto c; Dachsteinkalk, Karnisch-Norischer Dolomit und Ramsaudolomit).

Nach einigen Minuten erreichen wir den breiten Fahrweg, der weiter zur Kühroint führt (Band 40, Exkursion C), verlassen diesen aber bald nach rechts auf einen etwas schmaleren Forstweg, der zunächst durch Fichtenwald mäßig steil bergan geht. Kurz vor einer markanten Linkskurve erreichen wir eine auffallende Geländeversteilung mit zahlreichen, stark überwachsenen, teilweise zimmergroßen Blöcken.

Hier befinden wir nahe der Stirn eines Bergsturzes, der vermutlich im Würm-Spätglazial aus der Grauen Wand aus knapp 1200 Meter Höhe ausbrach. Der Bergsturz reicht bis etwa 700 Meter Höhe hinab; das sind lediglich 100 Meter Luftlinie zur berühmten Wimbachklamm.

Kurz nach der markanten Linkskurve verlassen wir das fossile Bergsturzgelände und queren gleichmäßig ansteigende, aufschlusslose Moränenhänge. Zwei weitere Spitzkehren folgen im dichten Bergwald mit nur wenigen Ausblicken auf das Tal der Ramsauer Ache, bevor wir kurz vor der Stubenalm am Rand einer gegen Süden eingeschnittenen Rinne eine markante Felsstufe erreichen ("Koppenwand").

Aus der Distanz erinnern die diffus geschichteten und mehrere Zehnermeter mächtigen Steilwände an dickbankigen, lagunären Dachsteinkalk. Erst bei näherer Betrachtung – etwa an den Aufschlüssen im Anschnitt der Forststraße – können die Kalkfolgen als verfestigte, schlecht sortierte Brekzie mit 166
vorwiegend eckigen, ausschließlich kalkalpinen Komponenten erkannt werden. Wie bereits in Band 40, Exkursion C beschrieben, zeigen neuere geomorphologische Untersuchungen, dass sich die

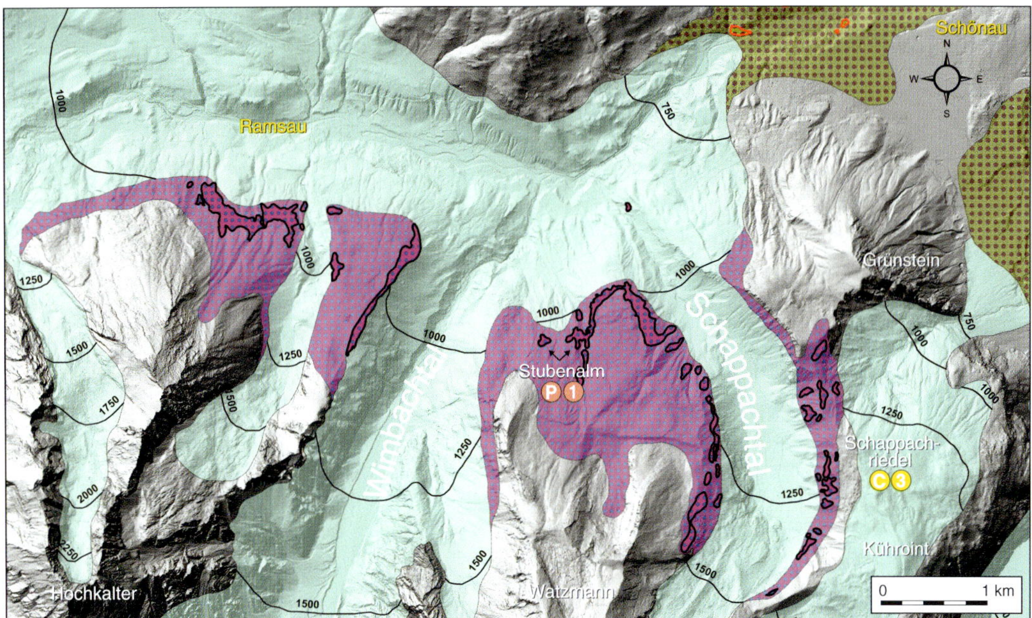

Abb. 167. Rekonstruktion der sich an den Nordhängen von Hochkalter und Watzmann akkumulierten Hangschuttbrekzien des Riß-Spätglazials (violett eingefärbt). Die heute noch oberflächlich aufgeschlossenen, kartierten Vorkommen sind schwarz umrandet. Die Hangbrekzien verzahnen gegen die Schönau mit spätrißzeitlichen Schmelzwasserschottern (dunkelockerfarben gepunktet).

maximale Komponenten-Korngröße im Dezimter-Bereich von höher zu tiefer gelegenen Vorkommen verringert, der Rundungsgrad der Gerölle allerdings zunimmt. Bereits hier im Aufschluss ist eine undeutliche, aber gleichförmig talwärts nach Norden gerichtete Schichtung erkennbar. Das Vorkommen einer verfestigten, offensichtlich quartären Brekzie so weit über dem heutigen Talsystem – weitere Vorkommen finden sich am Nordosthang des Stanglahnerkopfes (orographisch linke Wimbachflanke) bis in 1400 Meter Höhe und im benachbarten Schappachtal zwischen 1100 und 1500 Meter Höhe – hat natürlich bereits früh die Aufmerksamkeit einiger Forscher auf den Plan gerufen. Bereits die Geologie-“Altvorderen” PENCK (1885), BRÜCKNER (1886) und RICHTER (1888) haben diese als “Wimbachbrekzie” benannten Vorkommen beschrieben. Die Frage nach der Genese wurde bereits in Band 40, Exkursion C kurz angerissen: die sedimentären Beobachtungen sprechen eher für eine “trockene” Entstehung, also ohne die Beteiligung von viel Eis. Die Annahme einer Riß-Würm-interglazialen, “eemzeitlichen” Talverschüttungsphase durch ein gigantisches Schuttstrom-System auf der Nordseite der hohen Berchtesgadener Bergmassive (Wimbachtal, Schappachtal, “Hochalm” unter dem Hochkalter, Klausbachtal und Königsseetal), wie es auch aus dem benachbarten Saalachtal beschrieben wurde (HAHN 1913), ist nur schwer vorstellbar, weil es eine Aufschotterung des basalen Wimbachtals von mehr als 500 Meter zur Folge gehabt hätte. Bedingung dafür wäre auch, dass die sich zuvor im Riß-Glazial talwärts wälzenden Gletscher die Täler bereits annähernd zu der heutigen Tiefe ausgeschürft hatten. Zudem darf man annehmen, dass es im Eem bei ähnlichen und zum Teil noch etwas milderen Klimaten als heute ausgedehnte Wälder gegeben haben muss – aus geomorphogenetischer Sicht sind für die Akkumulation derartiger Schuttmassen eher Parameter wie vegetationsfreie Schuttherde und Waldfreiheit Voraussetzung. Auch die Vorstellung, dass diese gigantischen Schuttmassen während des nachfolgenden Würmglazials besonders in den Talniederungen beinahe rückstandslos ausgeräumt werden konnten, fällt schwer.

Es gibt jedoch eine schlüssigere, wenn auch nicht ganz diskussionsfreie Möglichkeit der Entstehung 167
der “Wimbach-Brekzie”: wenn man die kartierten Vorkommen isoliert betrachtet, fällt auf, dass sie sich gerade an den Talausgängen von Wimbach und Schappach wie an einer Perlenschnur gezogen

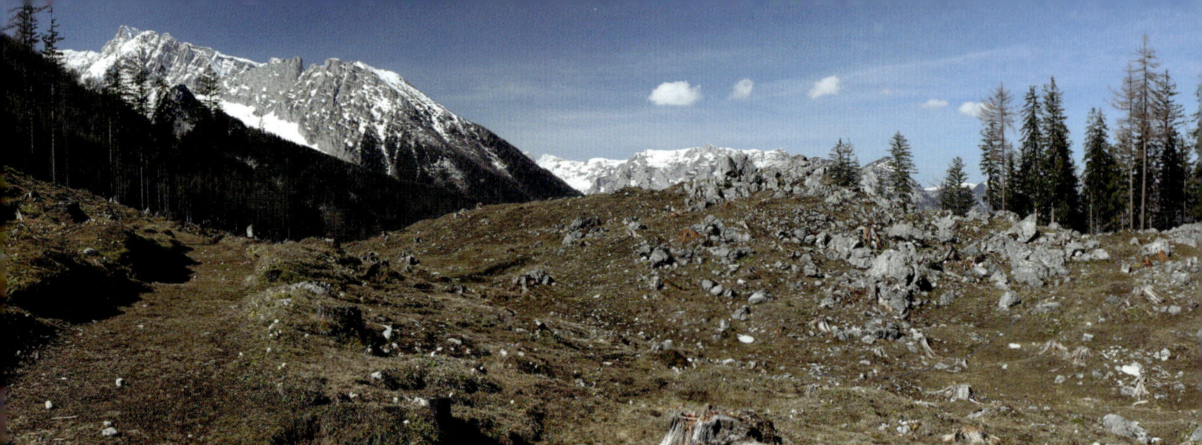

Abb. 168. Grobblockige Moränenwälle am Rand des Stubenalm-Hochplateaus.

aufreihen und an den Talrändern gegen Süden in die Höhe ziehen. Bereits PENCK (1910) dachte an eine Entstehung der Brekzien als Eisrandkeil am Rande des zurückschmelzenden rißzeitlichen Berchtesgadener Eisstromnetzes. Es gäbe demnach keinen Wimbach-Schwemmfächer wie in FISCHER (2005) diskutiert. Die Schuttmassen kämen vielmehr von den weitgehend vegetationsfreien, tieferen Nordhängen unter Hochkalter und Watzmann. Dieses Modell würde auch die Tatsache erklären, warum es in Talnähe kaum mehr Reste dieser Hangbrekzie gibt. Diese könnten zwar durchaus durch das spätere würmglaziale Eisnetz ausgeräumt worden sein, aber Gletscher neigen dazu, "schlampig" auszuschürfen – irgendwo im Lee eines Felskammes hätte sich vermutlich ein größeres Vorkommen erhalten. Die Hangbrekzie mit vorwiegend eckigen und schlecht sortierten Komponenten verzahnt letztendlich im Tal der Ramsauer Ache mit spätrißzeitlichen Schmelzwasserschottern samt vorwiegend angerundeten bis gerundeten, besser sortierten Komponenten, die sich bis nach Bischofswiesen ziehen.

An der Koppenwand und gegen die darüber liegende Stubenalm wird die "Wimbachbrekzie" von einer stark blockigen würmzeitlichen Lokalmoräne überlagert.

Direkt nach einer markanten Kurve, die über die Koppenwand führt, treten wir auf die Freifläche der Stuben-
168 alm (1145 m). Den besten Überblick über die grobblockige Moräne, deren äußerer Wall hufeisenförmig den
Rand der Stubenalm-Hochfläche konturiert, bekommen wir, wenn wir direkt nach Erreichen der Hochfläche
einen stark überwachsenen, links vom Anstiegsweg abzweigenden Saumweg wählen, noch bevor wir die
eigentlichen Almhütten erreichen.

Zwei weitere Rückzugswälle des "Hocheck-Gletschers" – der ehemalige, würmzeitliche Watzmann-Gletscher befand sich im Watzmannkar zwischen Großem und Kleinen Watzmann – liegen als blockige, langgezogene Kuppen zwischen den drei Hütten der Stubenalm und unserem Standpunkt.

Wir gehen anschließend wieder auf demselben Weg zum Forstweg zurück und wandern keinesfalls weglos zu den nahen Almen (Nationalparkgelände!).

Vegetationskundlich besonders interessant ist
eine Wanderung zur Stubenalm im Spätwinter
oder zeitigem Frühjahr. Dann sind die Blockwälle
von vielen tausend Schneerosen quasi übersät 169
– ein wunderschöner Übergang zum noch tief
verschneiten, aber natürlich dann nicht erreichbarem Watzmann-Hocheck. Hat man im Sommer den Watzmann zum Ziel, sind die Schneerosen natürlich verschwunden – dafür lockt der nahe bewirtschaftete und denkmalgeschützte Stubenalm-Kaser (auch "Unteraschauerkaser") mit Buttermilch, wunderbarem Kuchen oder einer deftigen Almjause zur Stärkung!

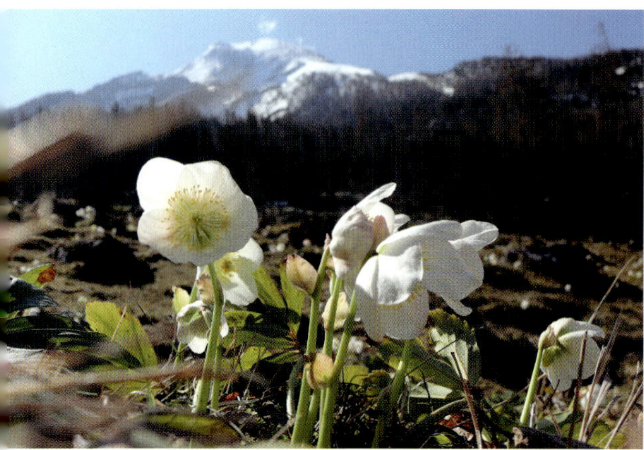

Abb. 169. Schneerosen vor dem noch tief verschneiten Watzmann-Hocheck (Aufnahme im März 2020).

2 Zur Mitterkaseralm – diverse Rückzugsstadien des "Hocheck-Gletschers".

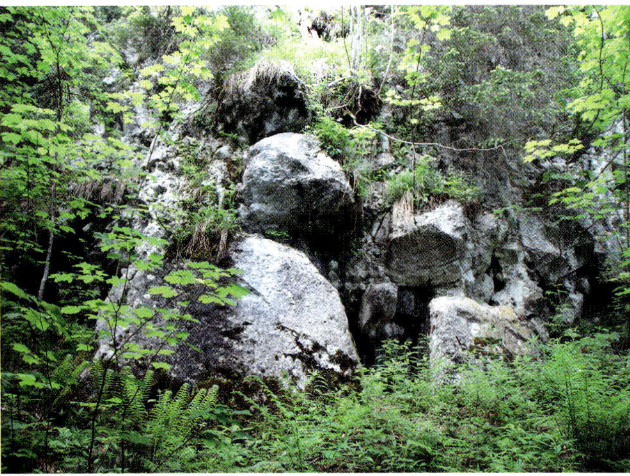

Abb. 170. Die unter der Mitterkaseralm sehr grob ausgebildete »Wimbachbrekzie« ist in einem kurzen Abstecher von der Almhütte am nicht bezeichneten Steig ins Watzmannkar zu erreichen.

Bereits an der Stubenalm erkennen wir auf dem felsigen Falzköpfl den breiten Bau des Watzmannhauses und dahinter – aus der Frosch-Perspektive breit, flach und behäbig wirkend – das Watzmann-Hocheck. Man sollte sich von dieser Ansicht nicht täuschen lassen: bis zum Ziel (das man in Wirklichkeit von hier gar nicht einsehen kann, weil es hinter dem von hier sichtbaren Vorgipfel P. 2400 m "Hochstieg" liegt) sind es noch etwas mehr als 1500 Höhenmeter.

So folgen wir dem immer noch recht breiten Fahrweg (Wegweiser "Watzmannhaus") und treten wieder in einen lichten Bergfichtenwald. Der Fahrweg verläuft auf diesem Abschnitt wenig aussichtsreich mäßig steil bergan.

Es gibt keine Aufschlüsse, nur hin und wieder meter- bis zimmergroße Findlinge ("erratische Blöcke", siehe auch Band 40, Exkursion C) und man ahnt bald, dass man sich immer noch im Moränen-Gebiet befindet. Wir wandern unter oder an bewaldeten und stark verwachsenen Kammformen entlang, teilweise sogar über sie hinweg. Diese Rückzugswälle des vorher angesprochenen "Hocheck-Gletschers" lassen sich erst mit dem Geländemodell der Geologischen Karte gut erkennen.

Auf unserem Weg bergan durchwandern wir zwei weitere Rückzugs-Generationen nach den grobblockigen Moränenwällen der Stubenalm. Der erste findet sich nahe dem Abzweig der Forststraße zur Grubenalm auf 1260 Metern Höhe. Den markantesten, beinahe geradlinig in West-Ost-Richtung verlaufenden Wall erreichen wir auf etwa 1370 Meter. Zuletzt steigen wir auf der Höhe der Seitenmoräne zur nahen, in den Sommermonaten bewirtschafteten Mitterkaseralm (1420 m) auf.

Das höchstgelegene Moränenvorkommen am Watzmann-Hocheck zieht sich über die Watzmann-Gugel, einem latschenbewachsenen, auffallend rundlichem Hügel mit knapp 1800 Metern Höhe. Diese Wallstruktur werden wir allerdings erst vom Hocheck-Anstieg knapp über dem Watzmannhaus gut einsehen und nochmals im Zusammenhang mit den anderen Rückzugsstadien von weiter oben am Berg betrachten können (siehe auch Abb. 178).

3 Über die Falzalm zum Watzmannhaus

Kurz hinter der Mitterkaseralm begegnen wir wieder der "Wimbachbachbrekzie" in Form eines kleinen Aufschlusses unmittelbar im Forstweg, den man allerdings gerne übersieht.

Weitaus großflächigere Vorkommen stehen als bis zu 30 Meter hohe, beinahe lotrechte Abbrüche östlich und nordöstlich unterhalb der Mitterkaseralm an und liegen unmittelbar obertriassischem Dachsteinkalk auf. Ein guter Aufschluss des zuvor beschriebenen glazigenen, vermutlich spätrißzeitlichen Eisrandsedimentes mit sehr groben, mehrere Meter großen Komponenten aus Dachsteinkalk liegt ziemlich genau östlich unterhalb der Mitterkaseralm.

Der Steig zweigt bei einem Wegkreuz gegenüber der Almhütte nach links talwärts in Richtung Watzmannkar ab (im Sinne des Aufstiegs) und führt in wenigen Minuten zu besagter Wandstufe der "Wimbachbrekzie". *170*

Bei einer meteorologischen Stadion des Nationalparks (Wind- und Niederschlagsmesser) erreichen wir das Ende des zuletzt steil gewordenen Fahrweges. Immer noch auf einer geringmächtigen, nach Regenfällen oft schmierigen Moränenauflage windet sich der von den zahlreichen tagtäglich hier entlanglaufenden Wanderern stark ausgetretene Pfad im mäßig steilen Zickzack die mit Bergfichten und Lärchen bestandene Flanke zur Falzalm (1615 m) empor. Nur kurzzeitig tritt entlang des Weges tiefgründig verkarsteter Dachsteinkalk zutage.

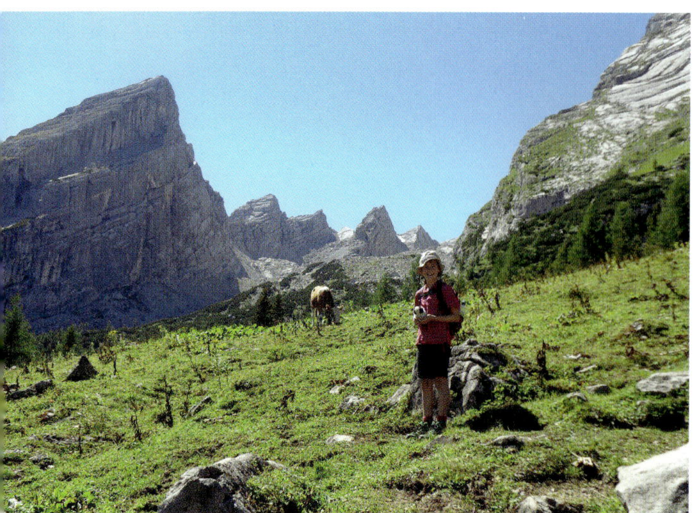

Abb. 171. Blick von der Falzalm zu Kleinem Watzmann und den fünf Watzmannkindern (1. bis 5. Kind von links nach rechts).

Die denkmalgeschützte Falzalm dient allenfalls als Unterstand bei aufziehendem schlechtem Wetter, liegt aber nichtsdestotrotz in landschaftlich beeindruckender Position. Hinter der gedrungenen, halb in den Hang gebauten Holzhütte öffnet sich der Blick auf den Kleinen Watzmann (2307 m) und den sägezahnartig 171 rechts davon stehenden fünf Watzmann-Kindern – 1. Watzmannkind (2247 m), 2. Watzmannkind (2230 m), 3. Watzmannkind (2165 m), Viertes Watzmannkind ("Watzmann-Jungfrau", 2270 m) und 5. Watzmannkind (2225 m) – rechts davon steht die wuchtige Plattenflucht des Watzmann-"Hochstiegs" – das Hocheck verbirgt sich hinter dem spitzen Gipfel und ist (noch) nicht zu sehen. Das Watzmannhaus, erbaut auf dem 1930 Meter hohen Falzköpfl, liegt gut sichtbar und überraschend nah rechts des Hochstiegs.

Die beinahe symmetrisch wirkende Aneinanderreihung des Kleinen Watzmanns samt Watzmannkinder im gleichnamigen Kar ist im mäßig steilen, Nordost-gerichteten Einfallen von dickbankigem, lagunärem Dachsteinkalk begründet. So bestehen die Nordostflanken der Gipfel aus bis zu 30° einfallenden, ebenen Schichtflächen, die Gipfel aus abgewitterten Schichtköpfen und die steilen, Profil 4
teilweise senkrechten Westwände aus grob gebankten Dachsteinkalk-Schichtpaketen.

Abb. 172. Morgenstimmung über dem Berchtesgadener Talkessel, gesehen von knapp oberhalb der Falzalm. Der Blick nach Nordosten geht über die Kuppenlandschaft des Juvavikums (Exkursion G in Band 40) bis zu den im Dunst verschwimmenden Bergen der Osterhorngruppe jenseits des Salzachtales. Links steht das Untersberg-Massiv mit dem Berchtesgadener Hochtrhon.

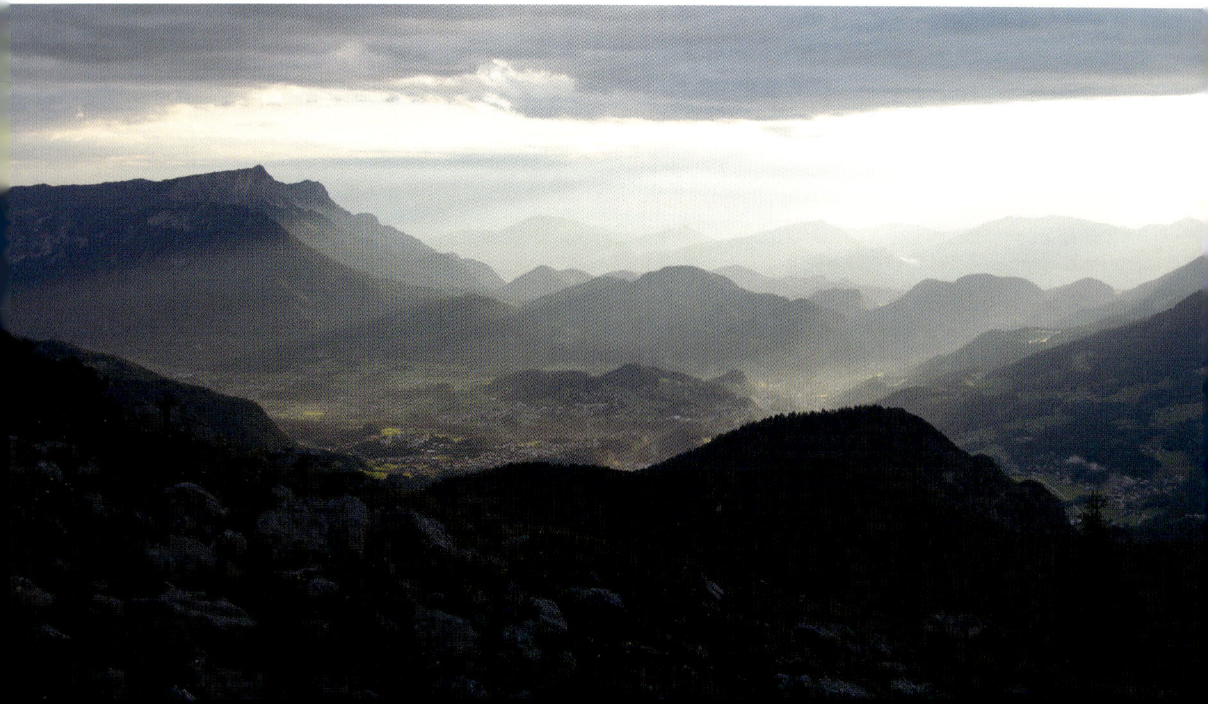

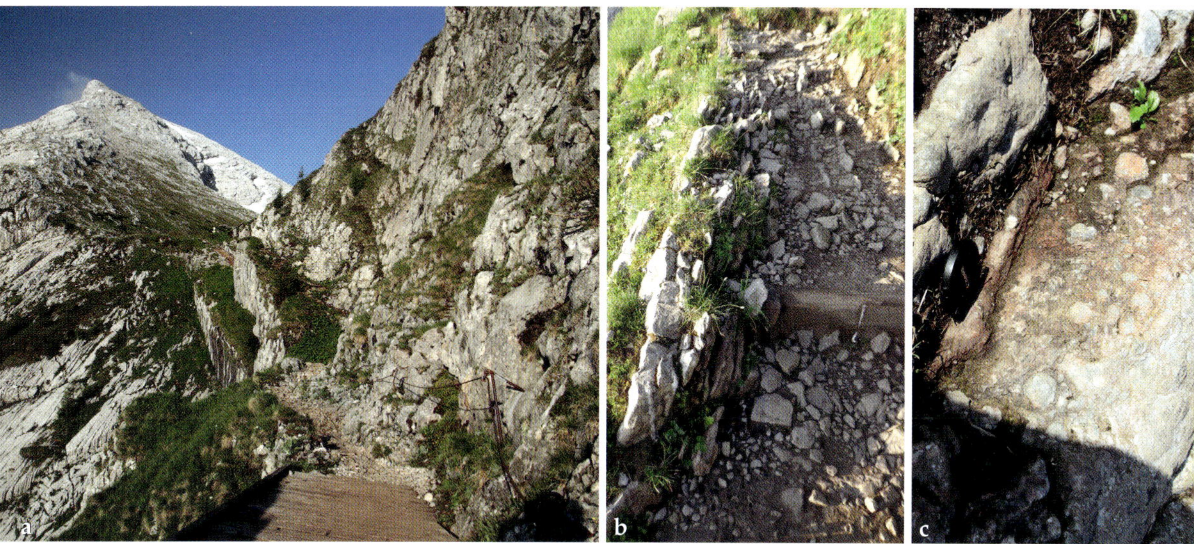

Abb. 173: Dachsteinkalke im Anstieg zum Watzmannhaus. a. Klassische, dickbankige Variante knapp unter dem Ausstieg zum Falzköpfl, etwa 1880 Meter Höhe; b. mergelige, steilstehende Variante direkt am Steig (ca. 1.860 m); c. Etwa 30 Zentimeter mächtige Zwischenlage einer intraformationellen, monomikten Brekzie (d.h. lithologisch einheitliche, aus aufgearbeiteten Dachsteinkalken gebildete Komponenten), etwa 1850 Meter Höhe.

Die folgenden knapp zweihundert Höhenmeter ab der Falzalm wandern wir den breiten, teilweise stark geröllübersäten und ausgewaschenen Steig weiter über nur mäßig steil nach Südwest ansteigendes Moränengebiet des würmzeitlichen Watzmannkar-Gletschers.

Die Moränensedimente hier an der Falzalm dürften während des Würm-Hochglazials vor knapp 21 000 Jahren akkumuliert worden sein. Die trotz der Geröllmassen und des intensiven Latschen- und Niederholzbewuchses im Watzmannkar besonders bei schräg einfallendem Morgenlicht gut sichtbaren, parallel der Talachse des Kares von Südwest nach Nordost verlaufenden Seiten- und Endmoränenwälle des Watzmannkar-Gletschers im Watzmannkar liegen zeitlich eher im würmzeitlichen Spätglazial vor knapp 16 000 Jahren.

Talwärts öffnet sich der Blick über den weit offenen Berchtesgadener Talkessel. Besonders schön sind frühsommerliche Morgenstimmungen bei schräg einfallendem Licht aus Osten, die die sanften, *172*
bewaldeten Kuppen des Juvavikums zwischen Untersberg- und Göll-Massiv besonders gut heraus modellieren (siehe auch Band 40, Exkursion G).

Am Übergang der quartären Lockergesteinsauflage zum unterlagernden Dachsteinkalk gelangen wir nahe an eine Abbruchkante (angelegt durch eine Ost-West-verlaufende Störungszone), die einen beeindruckenden Blick zu den nach Nordost exponierten Plattenfluchten des Hochecks erlaubt. Die geologische Situation an dieser Stelle ist ganz ähnlich wie zuvor beim Kleinen Watzmann und den Watzmannkindern beschrieben. Auch hier fällt der Dachsteinkalk gleichförmig und hangparallel nach Nord-Nordost bis Nordost ein. Hangparallele Lagerung von ebenen Schichtflächen und orthogonal darauf stehendes, dominierendes Kluftgefüge verursachen in Kombination mit Kalklösung und entsprechend Verkarstung oftmaliges Reibungsversagen: so haben sich am Fuß der Plattenschüsse grobe Blockhalden aus wiederkehrend abgerutschten Dachsteinkalk-Blöcken gebildet.

Die obertriassischen Dachsteinkalk-Sequenzen, die entlang des Steiges erschlossen sind, zeigen sich
überraschend heterogen: dickbankige, lithologisch monotone Abschnitte wechseln mit feinbanki- *173a*
gen, teilweise steilstehenden Kalkmergeln und Mergelkalk-Einschaltungen und hin und wieder *173b*
dezimetermächtigen Zwischenlagen aus monomikten, intraformationellen Brekzien. Aus einigen *173c*
fossilreichen Proben, die auf diesen letzten Kehren vor dem Watzmannhaus genommen wurden,

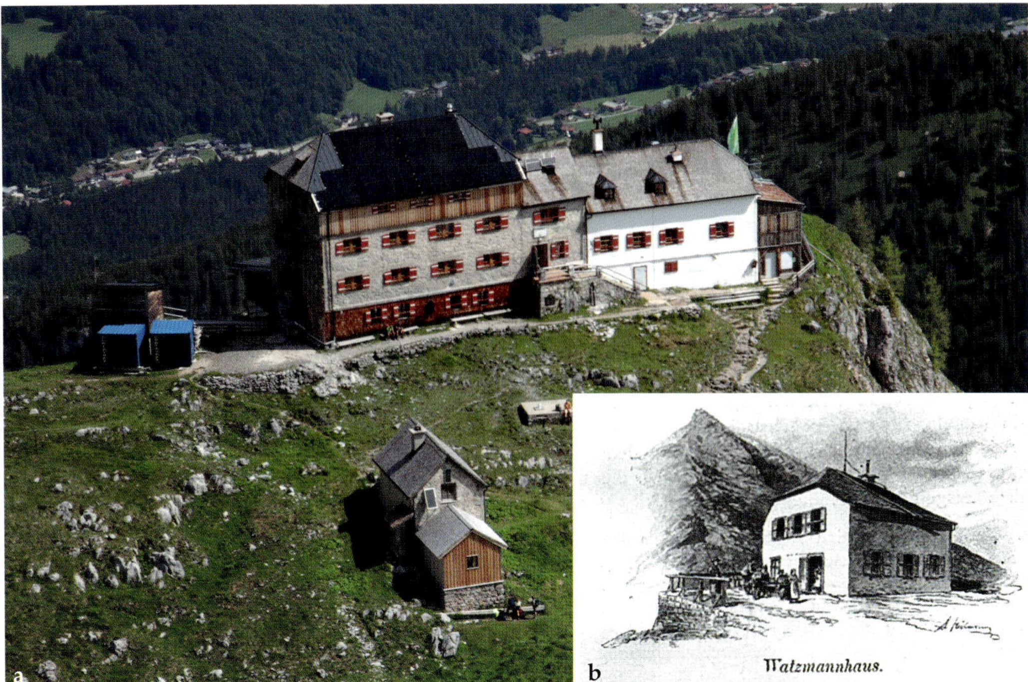

Abb. 174. a. Das Watzmannhaus auf dem Falzköpfl (Juni 2020) und b. nach der ersten Erweiterung im Jahr 1894 (Quelle: Wikimedia commons).

konnten biostratigraphisch verwertbare Mikrofossilien extrahiert werden, die ins Rhaetium datieren und insbesondere die mergeligen Einschaltungen zur "Kössen-Formation" und damit in eine beckennahe Ablagerungsfazies stellen.

Der Ausstieg unter dem Falzköpfl mit dem darauf thronenden Watzmannhaus quert kurz in die plattige Nordost-Flanke des Hochecks hinein. Der Steig hier ist breit und bestens ausgebaut und stellt keine Schwierigkeit dar – auch wenn der Tiefblick hinab über die Platten ins Watzmannkar deutlich angewachsen ist.

Das Watzmannhaus ist ein wichtiges Etappenziel unserer geologischen Wanderung, denn erst hier beginnt der eigentliche Anstieg auf das Watzmann-Hocheck.

Erbaut wurde es bereits im Sommer 1888 und bot ursprünglich Platz für 25 Personen. Da jedoch der Watzmann schon Ende des 19. Jahrhunderts viele Bergsteiger anzog, war in dieser Frühzeit
174b des Alpin-Tourismus der Andrang so groß, dass das Schutzhaus 1894 erstmals erweitert werden musste. In den Jahren 1908 bis 1911 letztendlich bekam es durch eine zweite Erweiterung seine heutige Form und ist mit knapp 200 Schlafplätzen noch vor dem Kärlingerhaus (Exkursionen Q und R) die größte Alpenvereins-Schutzhütte der Berchtesgadener Alpen. Seit dem Jahr 2018 wird
174a das Haus generalsaniert und steht seit nunmehr 130 Jahren auf dem wind- und wetterexponierten Falzköpfl vor der Riesenrampe des Watzmann-Hochecks – ein bei Sturm und Gewitter nicht gerade heimeliger Ort, aber bei gutem Wetter aufgrund seiner vorgeschobener Lage einer der schönsten Aussichtspunkte über den Berchtesgadener Talkessel.

Wie bereits eingangs der Exkursion beschrieben, sollte an dieser Stelle für weniger geübte und ausdauernde "geophile" Bergwanderer eine Übernachtung eingeplant werden, denn der scheinbar nahe Felszacken, den man vom Falzköpfl einsehen kann, ist nicht das Watzmann-Hocheck. Unser Ziel verbirgt sich dahinter und ist von diesem knapp 2400 Meter hohen Vorgipfel nochmals eine knappe dreiviertel Stunde Gehzeit entfernt. Für den finalen Gipfelanstieg sollte man vom Watzmannhaus – mit entsprechenden geologisch-paläontologischen Einsichten – wenigstens drei Stunden einplanen.

④ Aufs Watzmann-Hocheck – vom Tropenstrand ins Hochgebirge

Der Steig beginnt unmittelbar in der Scharte unter dem Falzköpfl. Die ersten zweihundert Höhenmeter werden mit drei ausladenden Serpentinen auf Dachsteinkalken und geringmächtiger Hangschuttdecke überwunden.

Die Schichten fallen relativ konstant mäßig steil nach Nordosten ein, was die abgeplat-
fil 3 tete Morphologie des Riesenhanges unter der Felsstufe des Hochstiegs erklärt. Das
175 bedeutet, dass wir quasi auf der Schichtfläche den Hang hinaufsteigen.

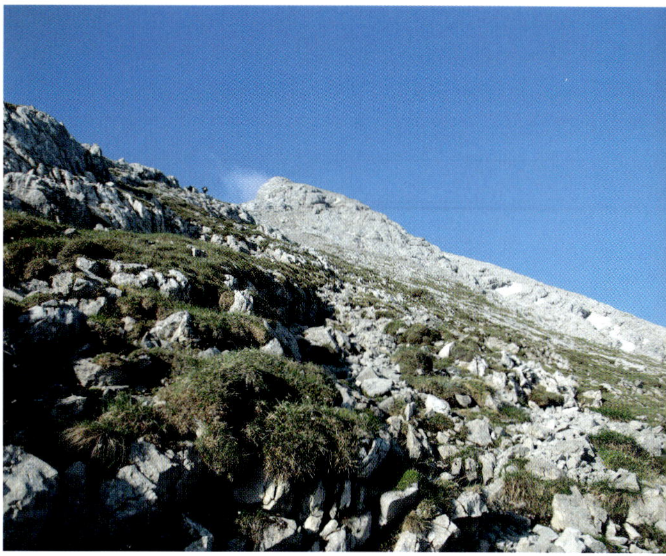

Abb. 175. Unterwegs am Nordost-Hang unter dem Hochstieg (der erkennbar höchste Punkt). Der Weg verläuft stets auf den Schichtflächen der mäßig steil nach Nordost einfallenden, mehr oder weniger stark von Geröll bedeckten Dachsteinkalk-Sequenzen.

Bis knapp unter den Hochstieg ist der Anstieg für sich gesehen recht monoton – wäre da nicht die grandiose Aussicht über den Berchtesgadener Talkessel mit den umgebenden Gebirgsmassiven über einem stetig in die Tiefe sinkenden Watzmannhaus und dem Kleinen Watzmann über dem Watzmannkar. Wir sollten genau auf Markierungsflecke und deutliche Trittspuren achten und nicht zu weit nach links gegen die Abbrüche zum Watzmannkar gelangen – die dort mit etwa 25° nach Nordost geneigten Schichtköpfe sind von Kleinschutt überzogen und alles andere als gut zu begehen. Hin und wieder überwindet der "Steig" kleinere, leichte Felspassagen und steilt sich nur allmählich auf. Erst ab knapp 2250 Meter Meereshöhe wird der Untergrund felsiger und bald kommt man an den mehrfach erwähnten "Hochstieg" – eine Art "Schlüsselstelle" auf dem Weg zum Gipfel. Hier muss eine stark klüftige, etwa 30 Meter hohe steile Felsstufe überwunden werden. Diese wird durch ein Draht-Fixseil etwas entschärft, so dass der normal trittsichere und einigermaßen schwindelfreie Bergwanderer gut darüber hinweg kommen sollte.

Allerdings ist der Kalk gerade hier durch die vielen tausend Begehungen pro Bergsaison stark abgeschliffen und wirkt insbesondere bei einsetzendem Nebel oder Nieselregen bestenfalls "seifig" und schmierig. Und bei Regen und aufziehendem Gewitter sollte man spätestens hier und zügig umdrehen.

Der Hochstieg verdankt seine Steilheit drei gestaffelten, Ost-West-verlaufenden und steil nach Norden einfallenden Störungen, die als Abschiebung an dieser Stelle der Watzmann-Nordwest-Flanke für eine stark tektonisierte und deswegen massig wirkende Lithologie gesorgt haben – das Drahtseil windet sich über die abgescherten und stark verwitterten Schichtköpfe nach oben.

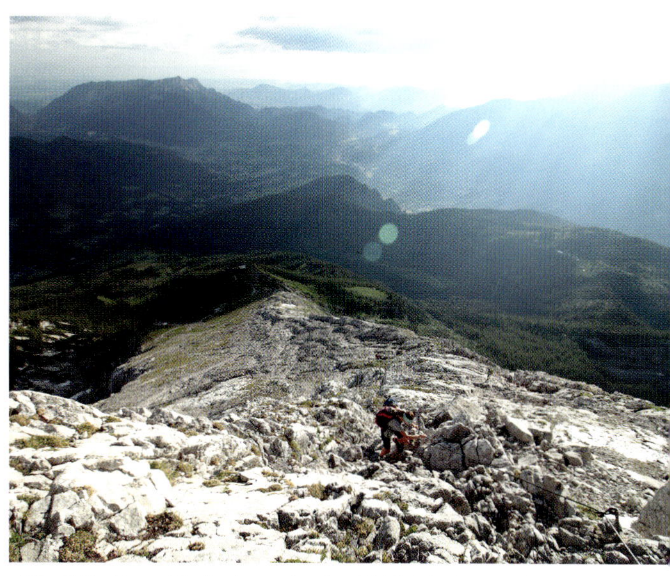

Abb. 176. Vom Hochstieg geht der Blick hinab zu mittlerweile tief liegenden Watzmannhaus und dem weiten Berchtesgadener Talkessel mit Untersberg (links) und Hohem Göll (rechts) im Hintergrund.

Über dem Hochstieg erreicht der Steig wieder
176 flacheres Gelände – die exponierteste Passage des gesamten Anstieges liegt hinter uns.

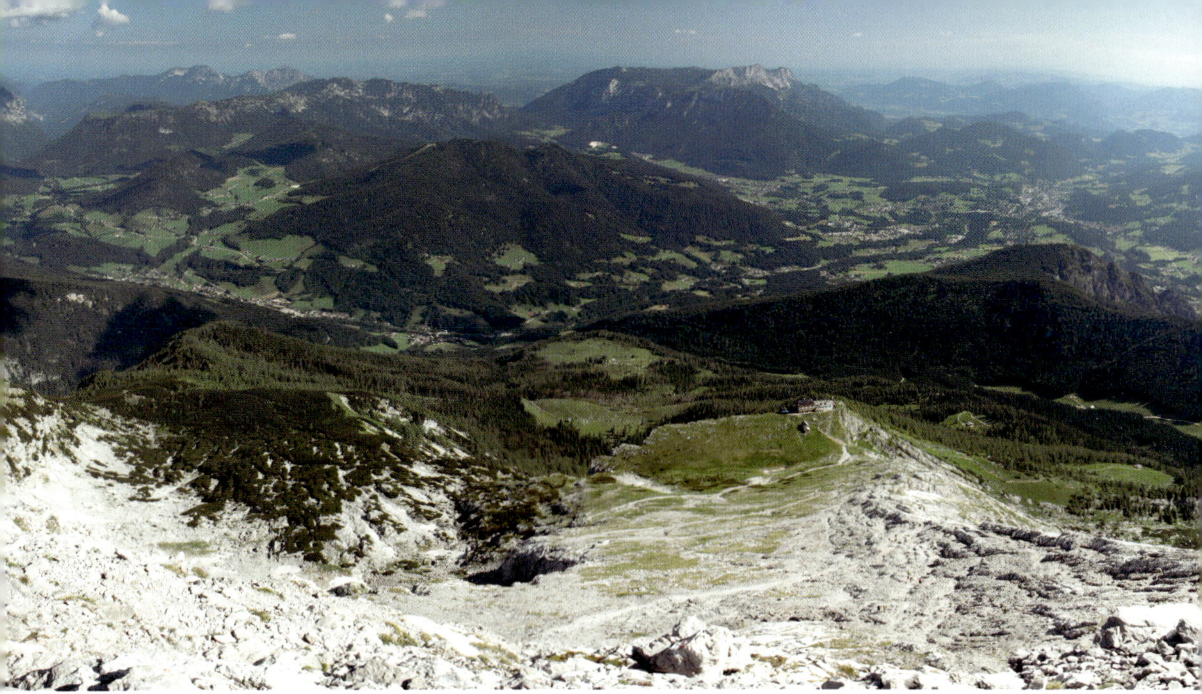

Abb. 177. Panoramafoto vom Hochstieg über den Berchtesgadener Talkessel vom Lattengebirge (links) über Untersberg (halblinks) zu Hohem Göll (halbrechts) und Hagengebirge (rechts).

177 Vom Hochstieg haben wir einen eindrucksvollen Tiefblick zum etwa 1800 Meter tiefer gelegenen
Berchtesgadener Talkessel und beinahe auf den gesamten Aufstiegsweg von der Wimbachbrücke bis
hierher. Zwischen Stubenalm, Mitterkaseralm und Gugel erkennen wir nochmals die unterschiedlichen
Moränenstände des Hocheck-Gletschers: der oberste an der 1800 Meter hohen Watzmann-Gugel, jenem
bewaldeten Hügel westlich unterhalb des Watzmannhauses, der mit seiner auffallend rundlichen
Morphologie eine deutliche, Ost-West-verlaufenden und leicht gegen Nord-Nordost ausgebauchte
Wallstruktur bildet. Zwischen Gugel und Watzmannhaus erkennen wir auf etwa 1400 Metern einen deutlichen Moränenwall, der den kleinen Kessel bildet, in dem geschützt die Grubenalm auf
178 1360 Metern liegt. Und die Stubenalm (1145 m) mit ihrer blockreichen Moräne scheint aus unserer
Perspektive unmittelbar darunter zu liegen.

> Die nun folgende Passage vom Hochstieg bis zum Gipfel ist bei guten Bedingungen und guter Sicht (!) problemlos und bis auf die letzten Meter unter dem Hocheck-Gipfel bei richtiger Wegwahl kaum ausgesetzt. Nur bei aufziehenden Wolken oder Nebel fällt die Orientierung auf der breiten Gipfelflanke schwer und man darf nicht zu weit nach rechts in die abschüssige obere Nordwest-Flanke mit ihren abschüssigen Schichtbändern gelangen.

Es seien noch ein paar Worte zum Dachsteinkalk erlaubt, der uns auf unserer Wanderung von der Falzalm bis zum Watzmann-Hocheck über beinahe 1000 Höhenmeter begleitet hat: wie es bereits in Band 40 im einleitenden Kapitel 6 angesprochen wurde, ist diese lithostratigraphische Einheit nichts anderes als versteinerter Karbonatschlamm, der vor knapp 210 Millionen Jahren an der (sub)tropischen Westküste einer gewaltigen, nach Osten offenen Meeresbucht zur Ablagerung kam ("Tethys", siehe auch Band 40, Abb. 20). Und wie dies auch noch heute in den Subtropen und Tropen üblich ist, waren die flach- bis flachstmarinen Lebensräume nicht nur von Gezeiten, Wind und Wetter geprägt, sondern wimmelten geradezu von Leben. Ja, man könnte sogar so weit gehen, sie wurden von Leben aufgebaut, denn in der Obertrias waren riffbildende Organismen wie Korallen und andere, meist ortskonstant (sessil) lebende Wesen wie Kalkalgen die Baumeister gewaltiger "Riffstädte", in deren rückwärtigen, lagunären Bereichen sich Karbonatschlamm aus verwitterten und durch stetige Wellenenergie erodierten Überresten von Riffbildnern geschützt und kontinuierlich ablagern konnte. Es finden sich größere Überreste vieler Riffbildner und -bewohner noch heute relativ zahlreich in den zu Stein erstarrten Abfolgen – allerdings auf mittlerweile weit mehr als 2000 Meter Meereshöhe. Eine jahrmillionenlange Aufzugsfahrt vom Tropenstrand ins Hochgebirge sozusagen.

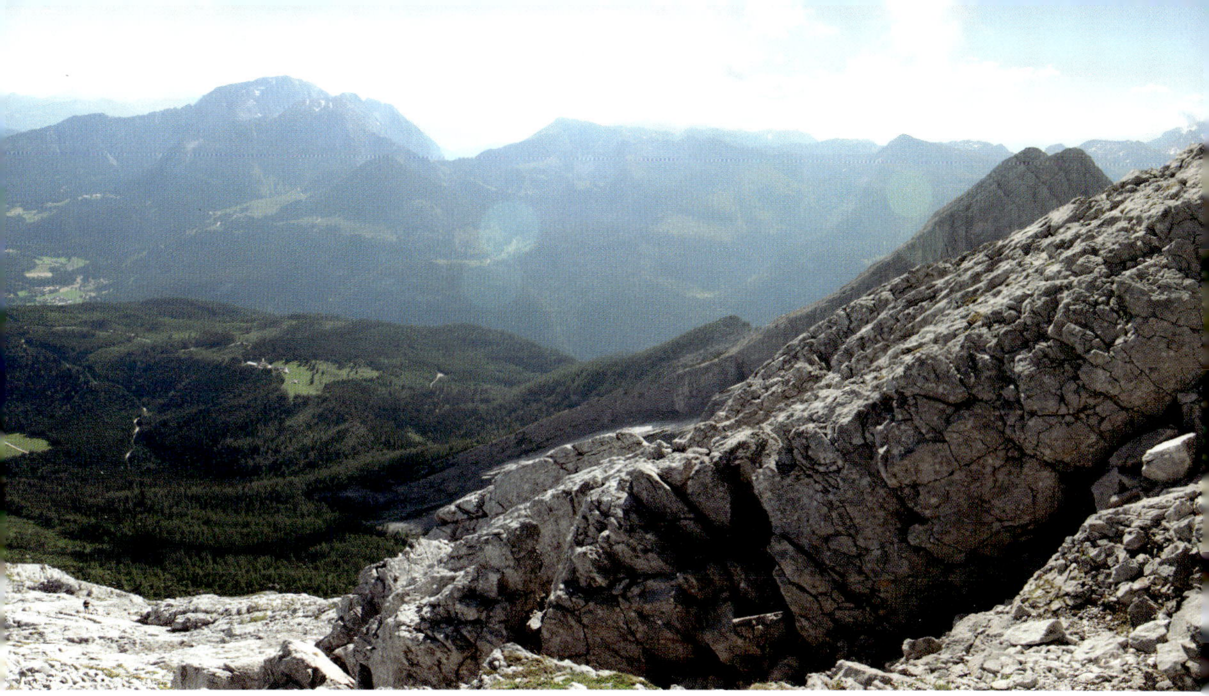

Auf den noch ausstehenden knapp 250 Höhenmetern bis zum Watzmann-Hocheck erwartet uns geologisch gesehen der spannendste Abschnitt dieser langen Unternehmung. Hier fällt die Lithologie "Dachsteinkalk" noch vielfältiger aus als auf dem unteren Abschnitt der Watzmann-Nordwest-Flanke. Wir erkennen neben den dickbankigen, in der Regel eintönig hellgrau gefärbten Kalken auch feinbankigere, knollige bis brekziöse Lagen und öfter auch gelblich-ockerfarbene bis rötliche Partien. Während die dickbankigen Sequenzen vermutlich zyklische Ablagerungen zwischen Sub- und Supratidal darstellen (Subtidal: Einheit C; Intertidal: Einheit B; Supratidal: Einheit A; Erklärungen siehe

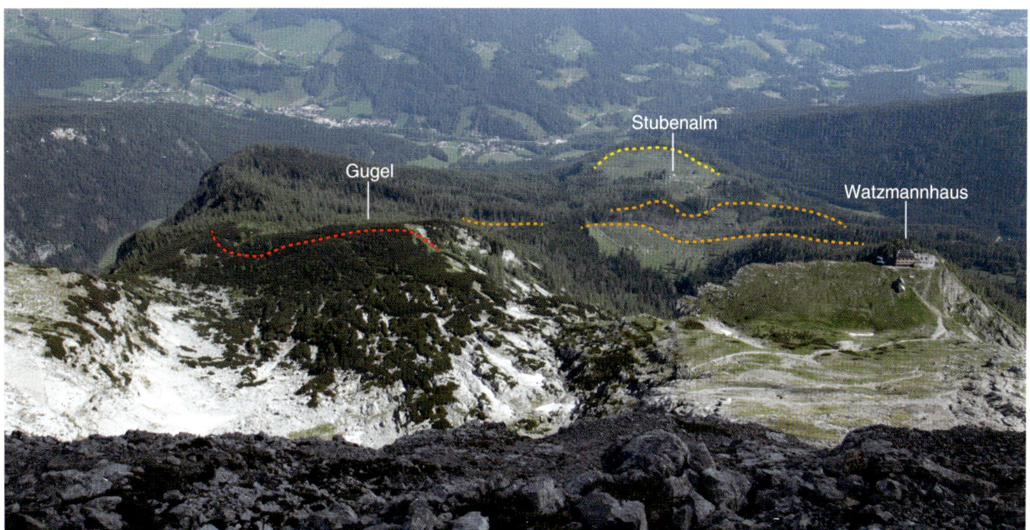

Abb. 178. Tiefblick vom Hochstieg hinab gegen das Ramsauer Tal und Übersicht über die diversen Rückzugs-Stadien des würmzeitlichen Hocheck-Gletschers: rot markiert sind die Wallstrukturen an der Watzmann-Gugel unterhalb der mit Blockwerk und Geröll übersäten Watzmanngrube (ca. 1800 m). Orangefarben markiert ist der große Moränenwall zwischen Gruben- und Mitterkaseralm und gelb hervorgehoben die blockreichen Moränenzüge an der Stubenalm.

179a Infokasten 3), dürfte es sich bei den knollig-breziösen und feinbankigen Lagen um sturminduzierte
179d Schuttstrom-Sedimente (Tempestite und Turbidite) handeln, die als Einzel-Ereignisse mit unterschiedlich grober Komponentenführung in flache lagunäre Beckenbereiche geschwemmt wurden. Dass das Sediment nach seiner Ablagerung und noch vor der letztendlichen Lithifizierung auch hin und
179e wieder durchbewegt wurde, belegen sogenannte "Slumps". Darunter versteht man synsedimentäre Verfaltungen, die entstehen, wenn eine noch nicht ganz versteinerte Sediment-Schicht ins Rutschen gerät und Falten wirft, die einem zusammengeschobenem Tischtuch nicht unähnlich sind.

Rötlich gefärbte und mergelige Dachsteinkalk-Partien – nicht zu verwechseln mit den Rotkalken der
179b unterjurassischen Adnet-Formation – können als regellos verteilte resedimentierte Spaltenfüllungen
179c oder als fein geschichtete Lagen auftreten. In das teilweise stark verkarstete Paläorelief im Zuge des periodisch wiederkehrenden Trockenfallens des Ablagerungsraumes mit zahlreichen, teilweise recht tiefen Spalten und Nischen konnten feine, tonführende rote Karbonatschlämme sehr gut eindringen. Die rote Sedimentfärbung stammt in diesem Fall vermutlich von subaerisch oxidierten, fein verteilten Eisenoxiden wie Hämatit und Magnetit. Leider sind die Rotkalke am Watzmann nahezu frei von

Infokasten 3: Was ist ein Loferit?

Die mächtigen kalkalpinen Lithologien wie Wetterstein-Formation, Hauptdolomit und Dachsteinkalk zeigen regelmäßig gebankte Abfolgen, die ein wiederkehrendes Muster von dünn- und dickbankigen Horizonten erkennen lassen. Dieses sich wiederholende Muster wird als im Allgemeinen als "Zyklus", im Speziellen – was die Nördlichen Kalkalpen angeht – auch als "**Loferit**" bezeichnet. Der Begriff wurde durch die Typlokalität der Loferer Steinberge geprägt, wo dieses lithologische Phänomen besonders schön ausgebildet ist. Früher wurden die Zyklen als kurzfristige, periodisch wiederkehrende und astronomisch induzierte Meeresspiegelschwankungen mit einer Amplitude in der Größenordnung von etwa 10 Metern ("Milankovich-Zyklen") interpretiert, die in einem subtidalen Sedimentationsraum begannen und mit im Intertidal, teilweise sogar mit im Supratidal abgelagerten Sedimenten endeten. Heute neigt man eher zur Ansicht, dass nicht nur externe astronomische Faktoren wie die Präzession der Erdachse für die Zyklotheme zuständig waren, sondern die rhythmische Abfolge aus sub-, inter- und supratidal gebildeten Sedimenten durch eine sich periodisch verändernde Karbonatproduktivitäts-Rate im Bereich der Riff-Ökosysteme entstanden.

Ungeachtet der Diskussion um die Genese der solcher Zyklen handelt es sich um einen "shallowing-upward-cycle", also eine wiederkehrende Verflachungstendenz des ansonsten kontinuierlich absinkenden Sedimentationsraumes: jeder Zyklus beginnt mit meterdicken, reinen hellgrauen, muschelig brechenden Kalkmikriten, die im tieferen Lagunenbereich unterhalb des Gezeitenbereiches sedimentiert wurden (**Subtidal:** Einheit C). Diese Dickbänke enthalten oft zahlreiche Makrofossilien wie Megalodonten (groß- bis riesenwüchsige Muscheln mit einem maximalen Durchmesser von bis zu 60 cm) sowie Gastropoden. Darüber folgen partiell dolomitisierte Kalklaminite, die sich vorwiegend aus stromatolithischen Algen- und Bakterienmatten zusammensetzen und ein Gezeitensediment repräsentieren (**Intertidal:** Einheit B). Den Abschluss eines jeden Zyklus bilden geringmächtige, rote oder grüne, kalkig-tonige Residualsedimente mit eingeschalteten intraformationellen Kalkbrekzien, die in der Spitzwasserzone im Strandbereich gebildet wurden (**Supratidal:** Einheit A). Oft ist diese Einheit nur wenige Zentimeter mächtig und kann in Form von Lösungs-Hohlräumen sowohl Einheit B durchschlagen und bis in Einheit A vordringen. Letzterer Faziestyp repräsentiert demnach das periodische Trockenfallen des Ablagerungsraumes.

Im Gelände kann die Zyklus-Abfolge im Großen und Ganzen nachvollzogen werden, wenngleich die Ideal-Abfolge oft nicht verwirklicht ist und stellenweise durch zu langes Trockenfallen entweder primär korrodiert oder sekundär durch tektonische Vorgänge amputiert sein kann. So können durchaus mehrere der mächtigen, Makrofossil-führenden Schichten (Einheit C) unmittelbar übereinander folgen, weil die ursprünglich darüber lagernden inter- und supratidalen Bänke nicht erhalten wurden. In den Berchtesgadener Alpen konnten bereichsweise bis zu 300 solcher Zyklotheme gezählt werden.

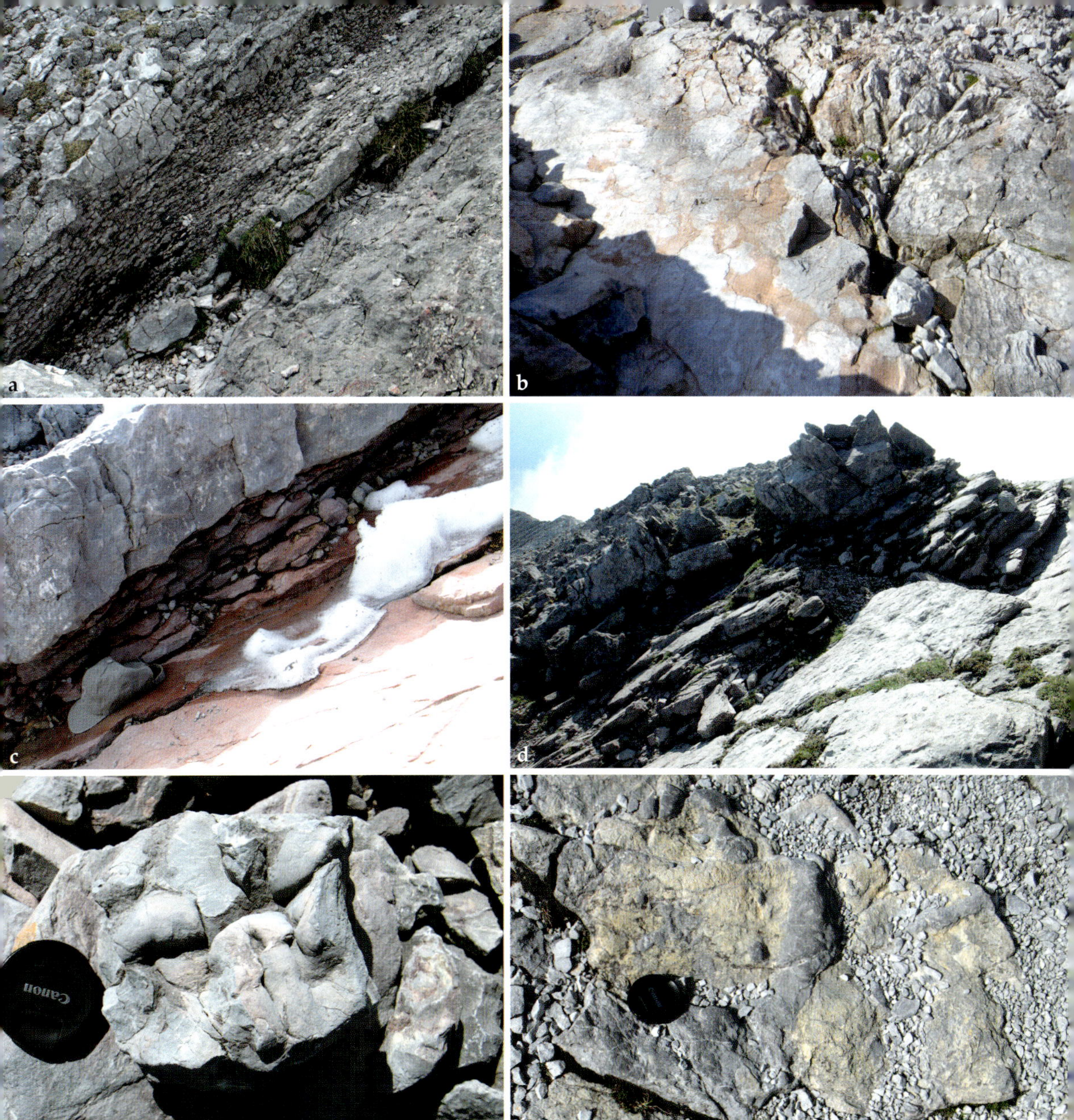

Abb. 179. Unterschiedliche sedimentäre Ausbildungen des Dachsteinkalks: a. Brekziöse, ehemals mergelreichere und von zahlreichen Drucklösungsbahnen (Stylolithen) durchzogene, nach Nordost einfallende Lage am Aufstieg in etwa 2200 Meter Höhe. b. Unregelmäßig geformte Spalte auf einer Dachsteinkalk-Schichtfläche mit mergelreicher rötlich gefärbter Resedimentfüllung (»Einheit A«, ca. 2250 m); c. Resedimentäre Rotkalk-Zwischenlage auf etwa 2580 Meter (»Einheit A«); d. Feinbankige, deutlich mergelreichere Dachsteinkalk-Zwischenlagen auf etwa 2500 Meter (»Einheit B«); e. Bruchstück einer synsedimentären "Slump"-Falte knapp unter dem Hocheck-Gipfel auf 2600 Meter und f. auffallend mit gelblich-ockerfarbenen sandigen Mergeln durchsetzte Schichtfläche am Hocheck-Gipfel.

Fossilien – sie bilden jedoch einen auffallenden farblichen Kontrast zum Grau der Dachsteinkalke
und sind oft entlang des Aufstieges zu sehen. Auch hin und wieder auftretende, orange- bis bei-
gefarbenen, sandige Kalke stellen Spaltenfüllungen dar. Hier finden sich zahlreiche aufgearbeitete 179f
Reste von obertriassischen Riffbildnern wie Korallen sowie Riffbewohnern wie größeren Muscheln.

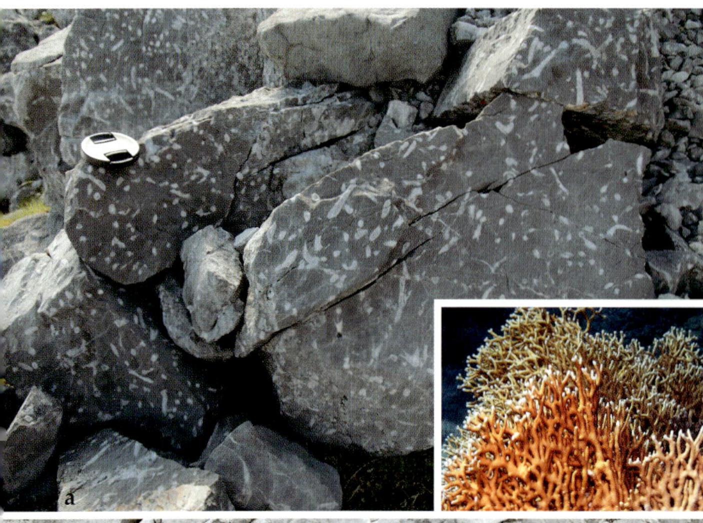

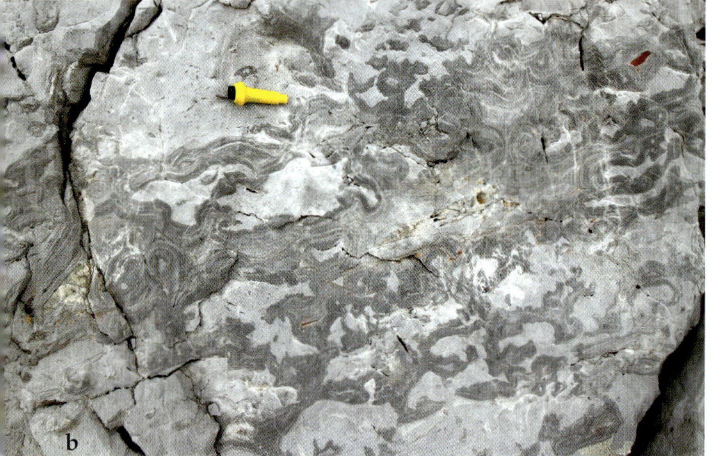

Abb. 180. Versteinerte Überreste eines kleinen Dachsteinkalk-Fleckenriffs (»Patch reef«, »Einheit C«): a. Auf knapp 2500 Meter Höhe findet sich entlang des Aufstiegswegs ein knapp 5 Meter großes Korallenriff mit zahlreichen Anschnitten von einzelnen, länglichen Korallen-Ästen (»Tuben«). Je nachdem ob diese in Quer- oder Längsrichtung angeschnitten sind, zeigen sie eine rund-ovale bis längliche Form auf. Zur Verdeutlichung der Wuchsform sei hier stellvertretend ein Bild einer rezenten Feuerkoralle gezeigt (Quelle: Wikimedia commons, CC BY 2.0); b. Massive Algenkrusten auf einem großen Block auf knapp 2400 Meter, etwa 150 Meter Nordwest des Aufstiegsweges (»Einheit B«, Bildbreite ca. 70 cm).

Zum Thema Fossilgehalt: gerade auf den letzten zweihundert Höhenmetern zum Watzmann-Hocheck steigt der Gehalt an Fossilien in den Dachsteinkalken nahezu sprunghaft an. Plötzlich erkennen wir stark durchwühlte Horizonte mit größeren Grabgängen, die von Krebsen und anderen Schalentieren stammen könnten.

Auf ziemlich genau 2500 Metern Höhe steht sich direkt neben dem Aufstiegsweg in einer dunkelgrauen Dachsteinkalk-Variante ein mehrere Meter großer Korallenstotzen an. Die zahlreichen länglichen Äste ("Tuben") der Korallenkolonie haben sich in strahlend weißem
Kalzit erhalten und bilden einen Kontrast *180a*
zur dunkelgrauen Matrix des umgebenden Gesteins. Teilweise mehrere Zentimeter dicke, dunkelgrau gefärbte,
wolkige bis blumenkohlförmige, lagige *180b*
Strukturen finden sich ebenfalls. Hier handelt es sich um Algen- und Bakterienkrusten ("Stromatoilthen"), die einen nicht unwesentlichen Beitrag zur Riffbildung und -stabilisierung beigetragen haben. Ebenfalls direkt am Aufstiegsweg laufen wir in einer Höhe von etwa 2520 Meter über ein Fossilienpflaster mit großwüchsigen, dickschaligen und bis
zu 30 Zentimeter großen Muschelquer- *181a*
schnitten auf einer Schichtoberfläche. *181c*
Diese auch als *Megalodon* bezeichnete Muschelgattung tritt insbesondere in den Dachsteinkalken massenhaft auf. Aufgrund ihrer unverkennbaren Form ist sie auch als "Kuhtrittsiegel" bekannt geworden – in Wahrheit sehen wir einen Schnitt senkrecht auf die Öffnungslinie des doppelklappigen, herzförmigen Gehäuses. Hin und wieder finden wir bei genauerem Hinsehen auch Handstücke mit zahlreichen kleinen, lagig eingeregelten Muschelbruchstücken ("Filamen- *181b*
ten"), wobei die gerundete Seite im Sinne der Sedimentationsrichtung in der Regel nach oben zeigt. Weitere Fossilien sind
181e hin und wieder zerfallene Kalkalgenreste oder größere Schnecken mit spitzkonischem Gehäuse.

182b Einen indirekten Hinweis auf das Paläo-Klima des einstigen Lebensraumes "Dachsteinkalkriff" geben
182a häufig aufzufindende Handstücke mit auffallend hellgrau bis kreidig-weiß gefärbten Krustenlagen. Diese treten gesteinsbildend in Millimeter bis 1–2 Zentimeter dicken Lagen auf und durchziehen mitunter ganze Gesteinspakete. Hierbei handelt es sich um zahlreiche Generation stromatolithischer

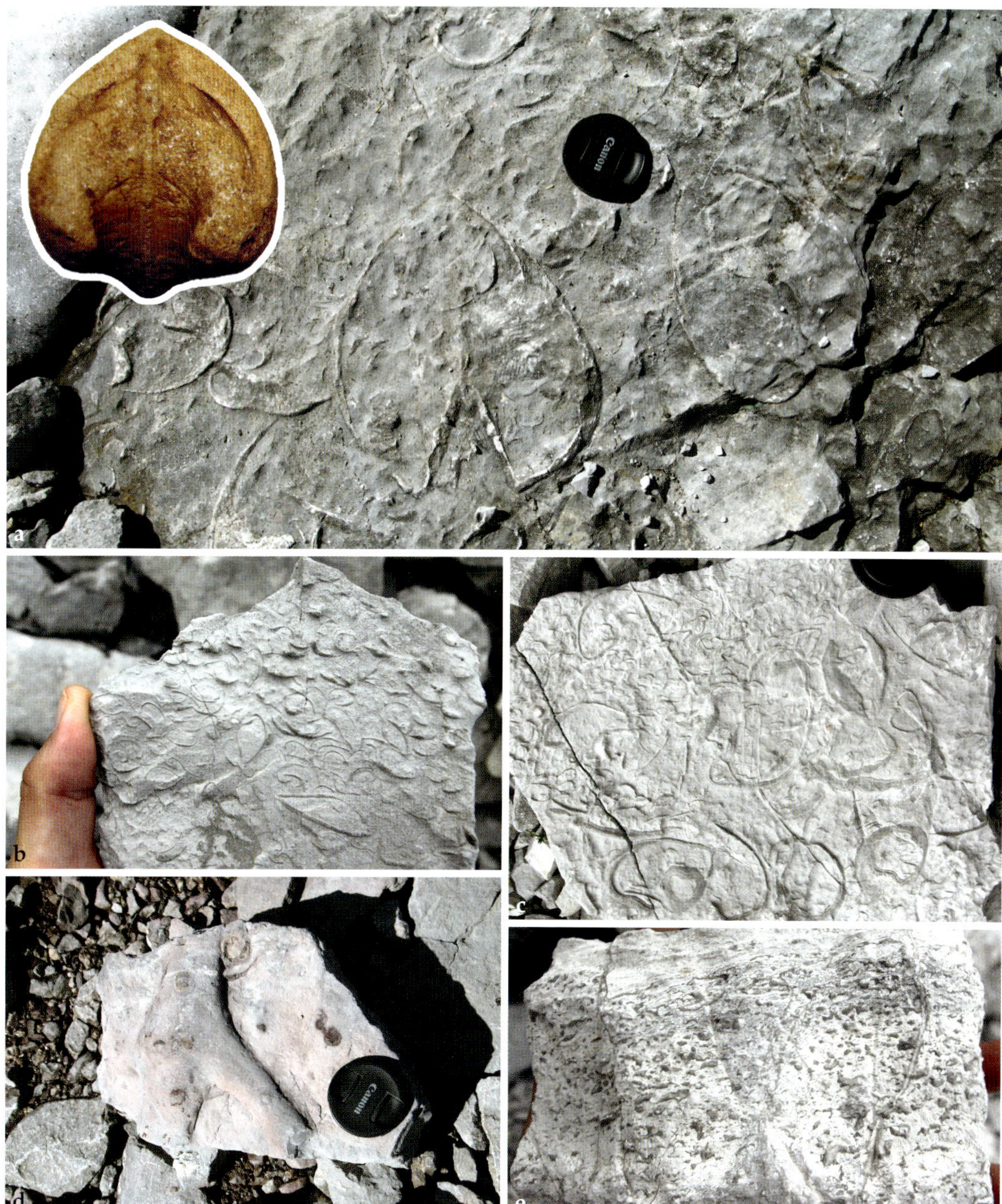

Abb. 181. Fossilien des Dachsteinkalks: a. Die großwüchsige, in den Dachsteinkalken massenhaft vorkommende Muschel Megalodon tritt oft gesteinsbildend auf und ist dann in einer Art »Muschelpflaster« erhalten (»Einheit C«). Aufgrund des äußeren Umrisses (Querschnitt durch das doppelklappige, herzförmige Gehäuse) wird diese Art der Überlieferung auch als »Kuhtrittsiegel« bezeichnet. Das kleine Bild zeigt ein körperlich erhaltenes Megalodon aus der Dachstein-Region Oberösterreichs (ausgestellt im Haus der Natur in Salzburg. Bildquelle: wikimedia commons, CC BY-SA 3.0). b. Gradierte Lagen aus eingeregelten kleinwüchsigeren Muscheln (»Einheit C«); c. Kleinwüchsige Muschel und dickschalige Vertreter der Gattung Megalodon treten teilweise auch zusammen auf (»Einheit C«). d. einzelner Grabgang eines Krustentieres (»Einheit B«) und e. zerfallene und lagig angeordnete Kalkalgenreste (»Einheit B«).

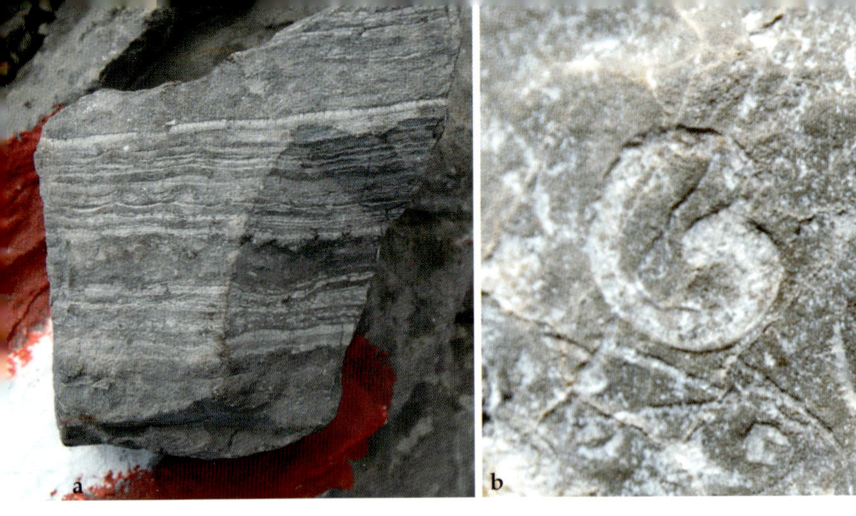

◁ *Abb. 182. a. Handstück mit teils zusammenhängenden und teils zerbrochenen Algen-Krusten zeugen von einem einstigen supra- bis intertidalen Ablagerungsraum in einer (semi)ariden Region. b. Querschnitt durch ein Gastropoden-Gehäuse.*

dünner Algen-Krusten, die sich supra- bis intertidalen Bereich unter ariden bis semiariden Klimaten gebildet haben. Durch Wellenbewegungen am Küstensaum, teilweise auch forciert durch anbrandende Stürme, wurden sie oft in der Brandungszone zerbrochen, stark fragmentiert oder auch noch teilweise zusammenhängend wieder ins Meer gespült und kamen im Subtidal in wenigen Metern Wassertiefe zur Ablagerung.

Zwischen dem Hochstieg und dem Hocheck-Gipfel hält sich der Steig nahe der Ostabbrüche zum Watzmannkar, jedoch ohne den Eindruck zu vermitteln, dass man allzu ausgesetzt unterwegs ist. Besonders die letzten zweihundert Meter ziehen sich etwas in die Länge, weil hinter jedem erreichten Gratbuckel ein neuer

Abb. 183. Panoramafoto vom letzten Gratabsatz unter dem Hocheck-Gipfel mit dickbankigen Dachsteinkalk-Sequenzen (»Einheit C«), dessen steil gegen Osten abbrechende Wandflucht das Bild rechts einrahmt. Dieser Standort erlaubt einen beeindruckenden Tiefblick hinab ins Watzmannkar zum Kleinem Watzmann (ganz links) und den sichtbaren vier Watzmann-Kindern (das 3. Watzmannkind versteckt sich unsichtbar hinter dem langen Bug der Watzmann-Jungfrau, dem 4. Watzmannkind). Der im Frühsommer noch liegende Schnee konturiert besonders schön das Zusammenspiel von Schichtung und Tektonik, das für die Anlage der Gipfelkette der Watzmannkinder verantwortlich ist. Im Hintergrund erkennt man über der tiefen Talfurche des Obersees und dem Hagengebirge den Hochkönig. Nach rechts folgt das Steinerne Meer mit der markanten Pyramide der Schönfeldspitze (2653 m). Nochmals dahinter liegen die Hohen Tauern (Glocknergruppe).

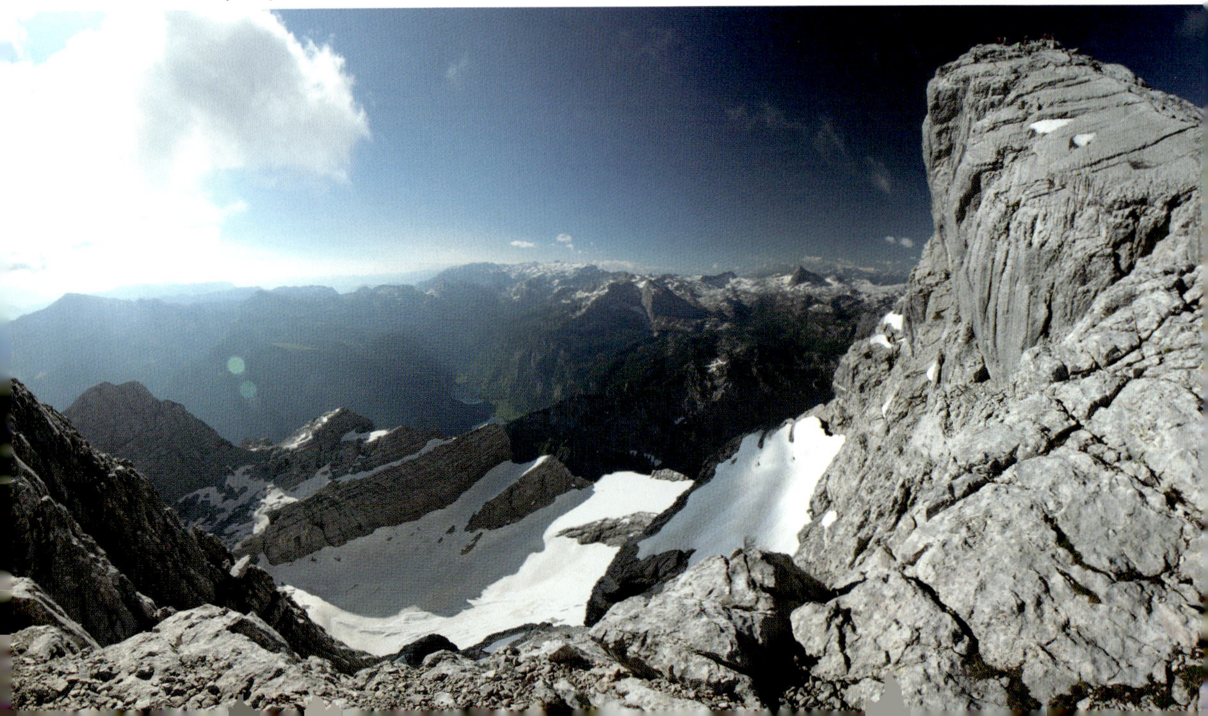

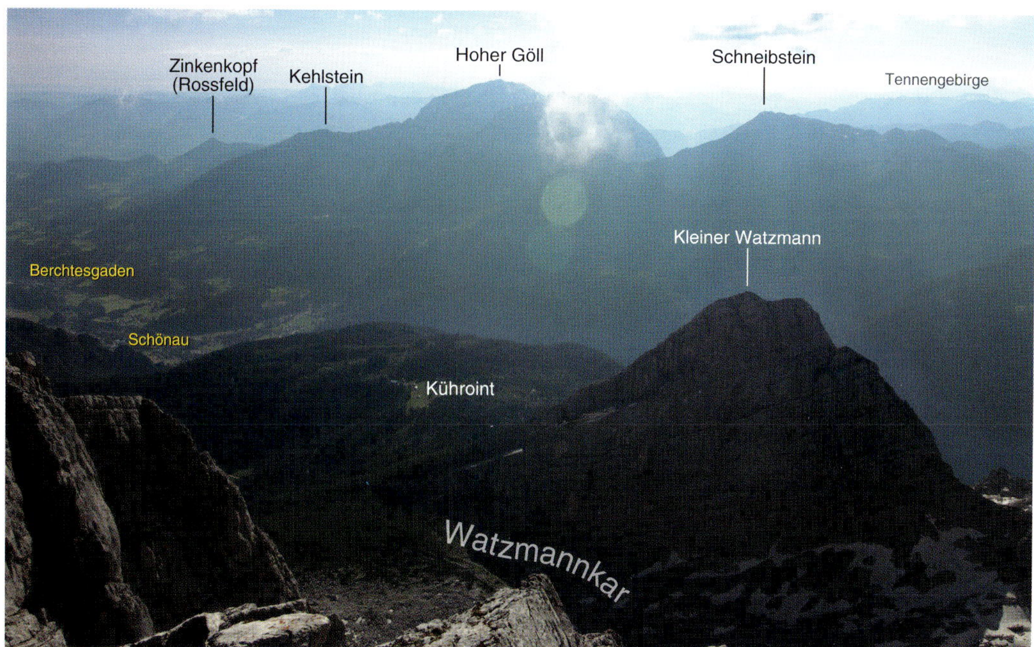

Abb. 184. Blick vom Watzmann-Hocheck im morgendlichen, sommerlichen Gegenlicht zu Hohem Göll und Nördlichem Hagengebirge. Tief unter uns liegt das schutt- und moränenerfüllte Watzmannkar und das Plateau der Kühroint (siehe auch Band 40, Exkursion C).

aufzutauchen scheint – den Hocheck-Gipfel mit seinen beiden kleinen Gipfelkreuzen sieht man wirklich erst im letzten Moment, wenn man auf knapp 2620 Meter Höhe über den letzten Gratabsatz kommt. Sowohl die Kante zum Watzmannkar zur (im Sinne des Aufstiegs) Linken, als auch die Abbrüche zum Wimbachgries zur Rechten rücken näher und näher und treffen sich letztendlich an unserem Ziel. Ganz zum Schluss sind noch ein paar plattige Stufen mit eigenartigen zwischengeschalteten, ockerfarbenen, sandigen und mergeligen Kalken zu überwinden, dann steht man (fast) ganz oben!

Bereits kurz vor Erreichen des Gipfels haben wir auf dem letzten Gratabschnitt wie durch ein Fenster einen Tiefblick ins Watzmannkar mit Kleinem Watzmann und den fünf Watzmannkindern erhalten. Während diese von der Falzalm als spitze Pyramiden erscheinen, sind sie von hier – besonders im Sommer nach dem weitgehenden Abschmelzen der sich bis weit in den Juli haltenden, zusammenhängenden Schnee- und Firnreste – bis auf den Kleinen Watzmann kaum als eigenständige Gipfel auszumachen. Hier können wir nochmals das vorher Gesagte aufgreifen und verstehen vielleicht noch etwas deutlicher, dass die symmetrische Gipfelbildung durch ein Zusammenspiel von Schichtung und Tektonik entstanden ist: der Dachsteinkalk fällt mäßig steil nach Nordost ein und bildet seltsam glatte, teilweise von kleinräumigen Störungen durchschnittene Gipfelplatten, die gegen Westen durch staffelartig angeordnete Störungen mit steiler, vermutlich westgerichteter Überschiebungskomponente begrenzt und gegeneinander versetzt werden – besonders der lange, ebenmäßig geschichtete Felsgrat der Watzmann-Jungfrau (4. Watzmannkind) sticht dabei ins Auge. *183*

Die Rundumsicht vom Watzmann-Hocheck aufgrund seiner Höhe und nach Norden vorgeschobenen Position gilt als eine der umfassendsten der Berchtesgadener Berge – vorausgesetzt, man gehört zu den Glücklichen, die den Hocheck-Gipfel bei schönem, wolkenarmen und vor allem klaren Wetter erreichen. Im Hochsommer ist an manchen schwülwarmen Tagen die Luft so feucht und diesig, dass man kaum bis in die Täler sehen und die umliegenden Gebirgsstöcke nur als Konturen erkennen kann.

Den Blick ins Watzmannkar und zu den Watzmannkindern wurde bereits beschrieben. Über dem Kleinen Watzmann liegt der Schneibstein im nördlichen Hagengebirge (siehe auch Exkursion N), schräg *184*

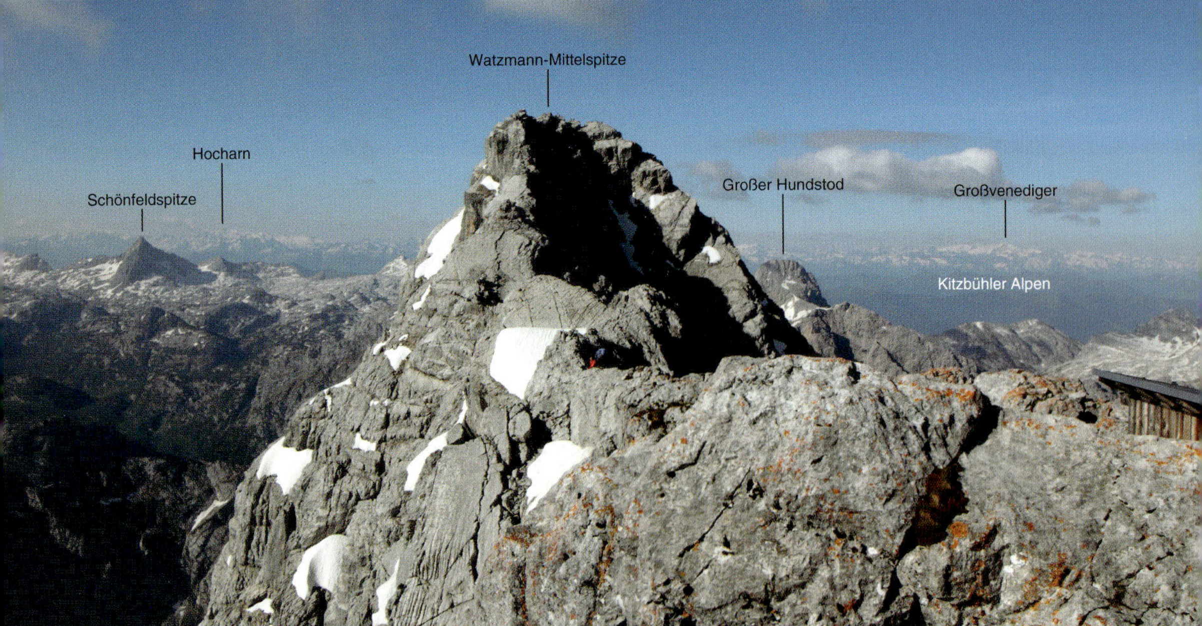

Abb. 185. Knappe 60 Meter überragt die Watzmann-Mittelspitze als höchste Erhebung der bayerischen Berchtesgadener Alpen das Watzmann-Hocheck. Im Hintergrund erkennbar sind Berge des Steinernen Meeres sowie die gletscherbedeckten Hohen Tauern (Goldberggruppe, Glocknergruppe, Venedigergruppe und Zillertaler Alpen). Die dunkelgrün erscheinenden Grasberge im Mittelgrund (vor allem sichtbar in der rechten Bildhälfte) gehören zur Grauwackenzone (Salzburger Schieferalpen und Kitzbüheler Alpen).

dahinter das Göll-Massiv mit Hohem Brett (2344 m), Hohem Göll (2522 m) und Kehlstein (1867 m). Dahinter erkennen wir vor dem tief liegenden, breiten Salzachtal die Vorberge des Rossfeldes (siehe auch Band 40, Exkursion H). Weiter im Osten und Südosten erheben sich die Kalkgipfel der Osterhorngruppe und Tennengebirge – bei klarem Herbstwetter reicht die Sicht jenseitig bis zum fernen Toten Gebirge und Gesäuse, knapp 150 Kilometer ostwärts beziehungsweise südostwärts entfernt.

Über den Watzmannkindern liegen die Plateaus von Hagengebirge und Steinernem Meer, getrennt durch die übertiefte, glazial ausgeschabte Talfurche von Obersee und Königssee. Mit bis zu 400 Meter hohen, sehr steilen, teilweise senkrecht abfallenden Wänden ein geradezu klassisches U-Tal: das würmzeitliche Eisstromnetz reichte bis an die Trogschulter der Almplateaus von Steinernem Meer (Walchhüttenwand) und Hagengebirge (Gotzenalm). Die Schliffgrenze des Eises ist an den steilen Wänden – beispielsweise an jenen der vorgelagerten Hachelköpfe – selbst heute gut zu erkennen (vgl. Abb. 121). Über der tief eingeschnittenen Talfurche erhebt sich der beinahe 3000 Meter hohe Klotz des Hochkönig-Massivs – zusammengesetzt aus der klassischen Abfolge von obertriassischen Dachsteinkalken, die einem Sockel aus unter- bis mitteltriassischen Schichtpaketen der Werfen- bis Wetterstein-Formation sowie tief obertriassischen Dolomitkalken (hier als "Dachsteindolomit" bezeichnet) aufsitzen. Die markantesten Gipfel des sich nach rechts anschließenden Steinernen Meeres
sind jene des Funtenseetauern (2579 m, siehe auch Exkursion R) und der 2653 Meter hohen Schön-
185 feldspitze. Nach Süden wird der Blick durch die Watzmann-Mittelspitze verdeckt. Auf den höchsten
Punkt des Berchtesgadener Landes führt ein schmaler, mitunter sehr ausgesetzter, teilweise gesicherter Grat, der nur von absolut trittsicheren und schwindelfreien und entsprechend mit Klettersteig-Seit ausgerüsteten Bergsteigern begangen werden sollte (stellenweise Schwierigkeitsgrad II). Da sich geologisch auf dieser knappen halben Stunde Kletterei absolut nichts ändert, und wir nur durch die etwas erhöhte Position eine etwas bessere Aussicht auf die vergletscherte Kette der Hohen Tauern haben, sollten wir uns mit dem Hocheck begnügen.

Nahe der kleinen, stets offenen Unterstandshütte am Hocheck-Gipfel hat man einen beeindrucken-
186 den Tiefblick über beinahe das gesamte Wimbachgries vom Wimbachschloss (praktisch in Falllinie
unter unserem Standpunkt gelegen) bis zu den bizarr verwitternden Dolomitbergen seiner südlichen Umgrenzung (u.a. Palfelhörner, siehe Exkursion O). Blickfang neben dem weiten, von zahlreichen

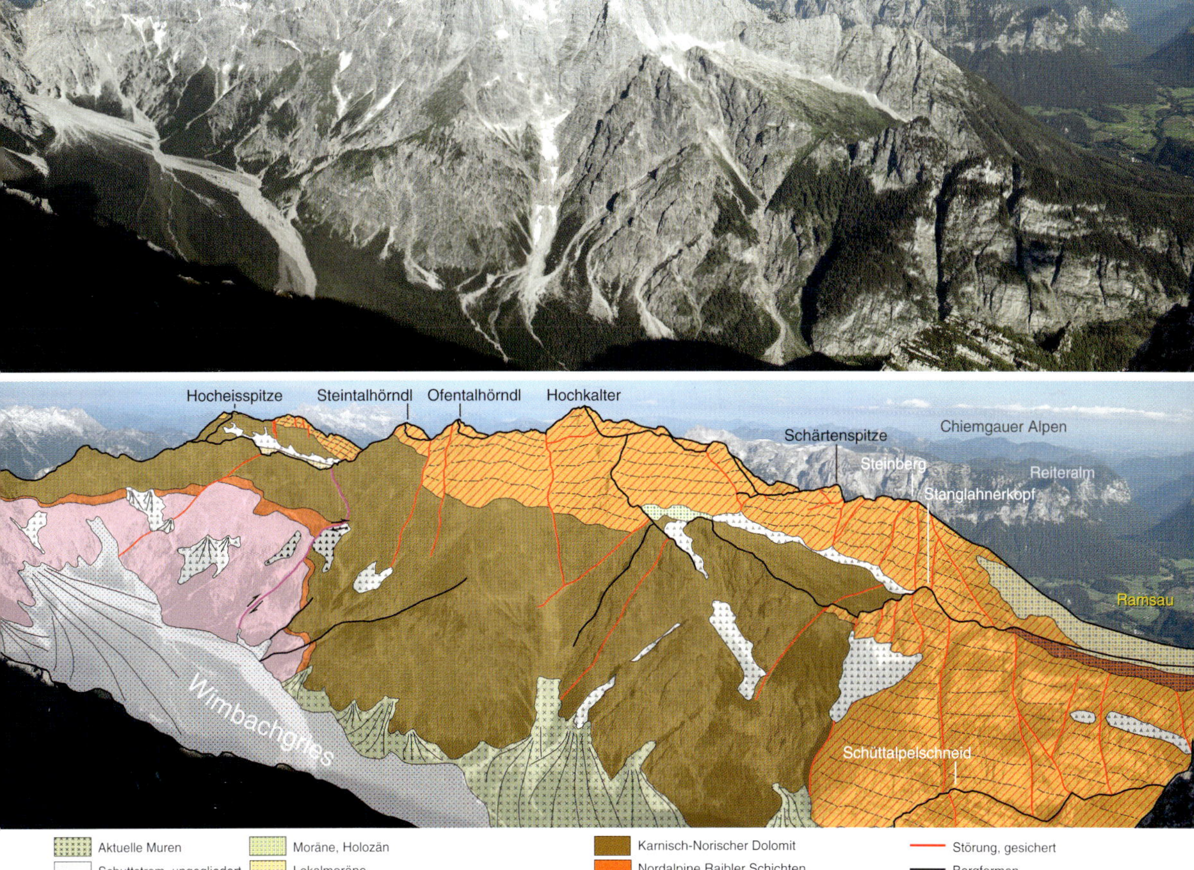

Abb. 186. Panoramafoto des Hochkalter-Massivs mit dreidimensional darübergelegter (vereinfachter) geologischer Karte. Die größeren Störungen wurden in roter Farbe gehalten und versetzen die obertriassischen Schichtglieder teilweise beträchtlich voneinander. Bei genauem Hinsehen sind unterschiedliche Lithologien erkennbar, am deutlichsten die mergelreichen Nordalpinen Raibler Schichten.

Murkegeln gespeisten Schuttstrom ist natürlich die breite Mauer des gegenüberliegenden Hochkalter-Massivs. Nur bei genauerem Hinsehen erkennt man in der bleichen, unübersichtlichen Felsmauer unterschiedliche Lithologien: Das dunkle Band der mergelreichen, klastischen Nordalpinen Raibler Schichten, welches Ramsaudolomit im Liegenden und Karnisch-Norischen Dolomit im stratigraphisch Hangenden voneinander trennt, ist bei klarer Sicht schnell auszumachen. Der Dachsteinkalk als hauptsächlicher Gipfelbildner ist vor allem durch seine gut zu erkennende, dickbankige Schichtung von den eher undeutlich gebankten, unterlagernden dolomitischen Sequenzen zu unterscheiden.

Wenn wir uns vom Hochkalter-Massiv nach Norden wenden, können wir fast aus der Vogelper- *187*
spektive auf den Berchtesgadener Talkessel und seine ihn umgebenden Gebirgsmassive blicken. Hinter Reiteralm, Lattengebirge und Untersberg sehen wir mit den stark bewaldeten Chiemgauer Alpen weitere Gebirgskämme der Nördlichen Kalkalpen, bevor diese ins süddeutsche Voralpenland

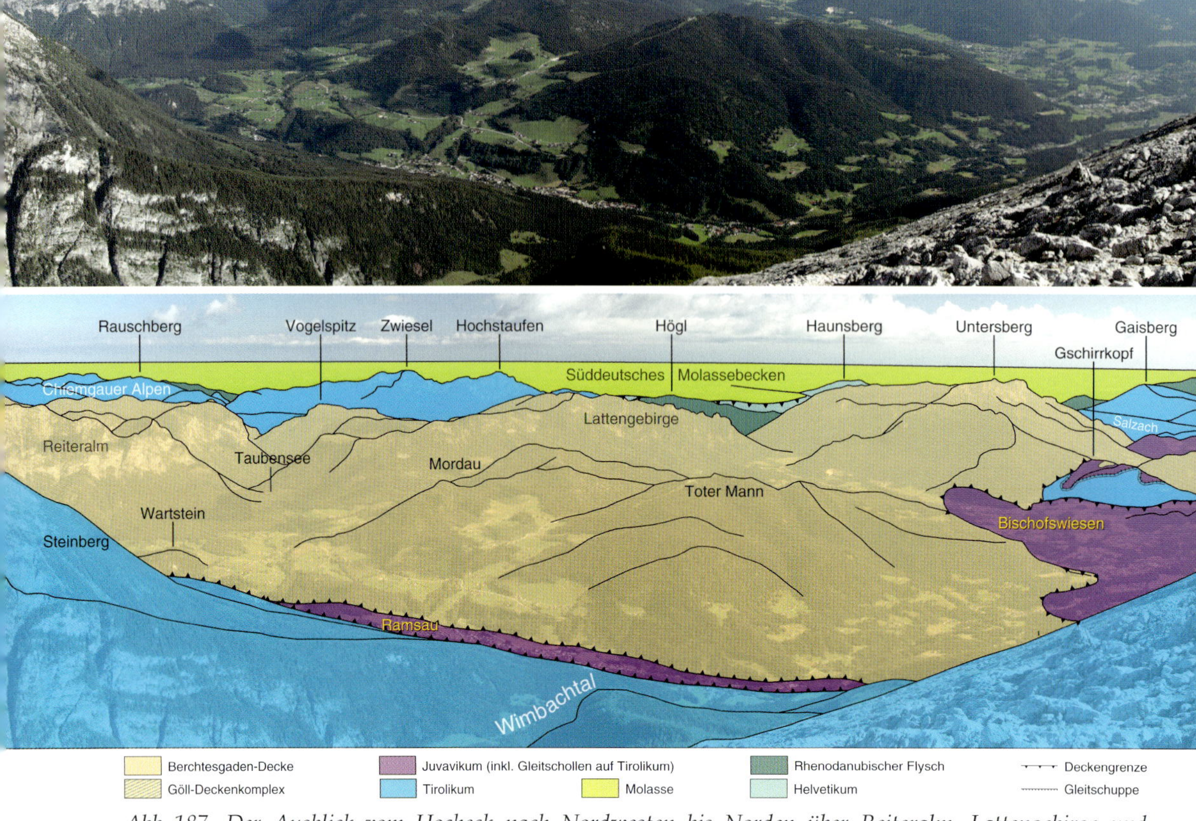

Abb. 187. Der Ausblick vom Hocheck nach Nordwesten bis Norden über Reiteralm, Lattengebirge und Untersberg hinweg gewährt neben einem beeindruckenden Ausblick auch nochmals einen instruktiven Einblick in den tektonischen Großbau des Gebietes. Mit dieser Aussicht überblickt man beinahe die gesamte Berchtesgaden-Decke, die der Staufen-Höllengebirgsdecke des Tirolikums samt der dazwischen eingeklemmten juvavischen »Hallstatt-Melange«.

abbrechen. Die Aussicht ist vor allem aus geologischer Hinsicht sehr interessant, denn gerade mit Reiteralm, Lattengebirge und Untersberg liegt beinahe die gesamte Berchtesgaden-Decke vor uns ausgebreitet – sieht man von der Gleitdecke beziehungsweise Schubmasse des Hohen Göll im Nordosten ab, die ins selbe tektonische Stockwerk gestellt wird. Mit den Chiemgauer Alpen im Norden und der Osterhorngruppe jenseits des Salzachtales im Nordosten liegt die Berchtesgaden-Decke zur Gänze tirolischen Einheiten auf und wird folglich von diesen umgeben. Die wenigen Wald- und Grasberge, die sich unmittelbar vor der Kalkalpen-Mauer aus dem Voralpengebiet erheben, gehören – wie der Haunsberg (835 m) nördlich von Salzburg oder wie der Högl (822 m) bei Freilassing – dem Helvetikum und dem Rhenodanubischen Flysch an. Sie vertreten demnach Sedimentfolgen, die am europäischen Kontinentalrand beziehungsweise im tiefen, im Zuge der frühen Alpenauffaltung entstandenen Sedimentationstrog des Penninischen Ozeans unmittelbar südöstlich davor sedimentiert wurden. Die süddeutsche Ebene gehört der Vorlandmolasse mit vorwiegend jungtertiären, wechselnd marin-limnisch-terrestrischen Schichtfolgen an. Wie man also sieht, erlaubt der Watzmann durchaus einen geologischen Blick über den "kalkalpinen Tellerrand".

Apropos Tellerrand: bei schönem Wetter sollten wir noch einen eingehenden Blick nach Süden (Abb. 185) genießen – die weitgehend freie, nur von der Watzmann-Mittelspitze etwas verdeckte Sicht dorthin gestattet einen Einblick in tiefere Stockwerke der Alpen: Unmittelbar hinter den Bergketten des Steinernen Meeres mit Schönfeldspitze und Großem Hundstod erheben sich grüne, im Sommer schneefreie, fast mittelgebirgsähnlich wirkende, bis knapp 2500 Meter Höhe aufsteigende Gebirgskämme der Salzburger Schieferalpen. Diese gehören zur paläozoischen Grauwackenzone und wurden bereits während der knapp 300 Millionen Jahren zurückliegenden variszischen Gebirgsbildung deformiert und gefaltet, von mesozoischen Sedimenten (Trias bis Kreide) diskordant überdeckt und mit diesen bei der alpidischen Orogenese nochmals verfaltet. Obgleich das mesozoische Deckgebirge der Nördlichen Kalkalpen bei der Alpenauffaltung als von der Grauwackenzone weitgehend abgeschert wurde, bildet diese sowohl sedimentär als auch tektonisch ihr Unterlager.

Hinter besagter Grauwackenzone erheben sich die Hohen Tauern, die unschwer an ihrer Höhe und an der vor allem im Frühsommer strahlend weißen Gletscherbedeckung zu erkennen sind. Von Osten nach Westen überblickt man Hochalm-, Ankogel-, Goldberg-, Glockner- und Venedigergruppe sowie die Zillertaler Alpen. Sie werden metamorphen penninischen Einheiten des Tauernfensters zugerechnet und bilden quasi das kristalline Basement der Alpen. Sie erlauben wie in einem "Fenster" den Einblick in Gesteinsschichten, die normalerweise Kilometer tief unter uns liegen müssten. Dass sie in so eindrucksvoller Weise bis knapp 3800 Meter über den Meeresspiegel herausgehoben werden konnten und nicht – wie im Vorland der Alpen – unter einer mehrere Kilometer mächtigen Sedimentbedeckung schlummern, verdanken sie einer durch die Nord-Süd-Kompression der Alpen-Orogenese entstandenen Großüberschiebung im Untergrund, die sie domartig in die Höhe gehoben hat.

Bevor wir noch tiefer geologisch "sinnieren", ist es jedoch besser Zeit für den langen Abstieg hinab zum Ausgangspunkt. Wir können somit zusammenfassen, dass eine Besteigung des Watzmanns aus vielerlei Hinsicht etwas Besonderes ist: quasi allumfassend für Körper und nun hoffentlich geologisch geschultem Auge.

Zum Schluss noch etwas Praktisches: obwohl der Anstiegsweg bekannt ist, sollten wir ihn aufgrund seiner Länge keinesfalls unterschätzen. Besonders am Hochstieg gibt es immer wieder Unfälle, gerade weil sich auch Ungeübte am Watzmann versuchen, eben "weil er da ist". Und wer sich am Watzmannhaus etwas zittrig fühlt, sollte vielleicht doch übernachten und den Tag ruhig ausklingen lassen, denn: selbst von hier sind es bis zur Wimbachbrücke noch mehr als 1300 Abstiegs-Höhenmeter und ein weiter, alles andere als knieschonender Weg. Deswegen zu guter Letzt eine Bitte (keine Mahnung!): nehmen Sie sich den Watzmann nur dann vor, wenn Sie sich die mehr als 2000 Höhenmeter wirklich zutrauen und idealerweise schon mehrere Bergtouren mit mehr als 1500 Höhenmeter an einem Tag absolviert haben. Ansonsten treten Sie zu den Reihen derer, die sich über- und den Berg unterschätzen und die die vielgeforderte Berchtesgadener Bergwacht dann von den Anstiegswegen retten müssen.

Literatur

BARTH, W. (1968): Die Geologie der Hochkalter-Gruppe in den Berchtesgadener Alpen (Nördliche Kalkalpen). – N. Jb. Geol. Paläont. Abh., 131 (1): 119–177, Stuttgart.

BRÜCKNER, E. (1886): Die Vergletscherung des Salzachgebietes nebst Beobachtungen über die Eiszeit in der Schweiz. – Geogr. Abh., Band 1, Heft 1.

FISCHER, K. (2005): Geomorphologie der Berchtesgadener Alpen – Forschungsbericht Nationalpark Berchtesgaden, Band 50, 171 S., Berchtesgaden.

HAHN, F. F. (1913): Grundzüge des Baues der nördlichen Kalkalpen zwischen Inn und Enns. – Mitteilungen der Geologischen Gesellschaft, 6: 238–357 und 374–501; Wien.

PENCK, A. (1885): Zur Vergletscherung der deutschen Alpen – Leopoldina, 21: 105–110, 129–132, 145–148, Halle /Saale.

PENCK, A. (1910): Die interglazialen Seen von Salzburg – Zeitschrift für Gletscherkunde, 4: 81–95, Berlin.

RICHTER, E. (1888): Die Gletscher der Ostalpen. Stuttgart 1888.

Ⓠ Segel setzen im Steinernen Meer – über das Hundstodgatterl und Großen Hundstod zu Kärlingerhaus und Funtensee

Wegstrecke: Wimbachbrücke – Trischübel (bis hierher siehe Beschreibung Exkursion Ⓞ) – Hundstodgatterl – Ingolstädter Haus (Übernachtung) – Großer Hundstod – Hirsch – Kärlingerhaus – Saugasse – Schrainbach – Königssee

Geologie: Watzmann-Kammerlinghorn-Aufschiebung – Gosaubrekzien am Hundstodgatterl – Hundstod und die Aussicht über die Altlandschaft Steinernes Meer – miozäne Glanzbraunkohle am Hirsch – Lokalmoränen am Funtensee inklusive hydrogeologischer Situation – Geologie rund um den Funtensee

> Die durchwegs (hoch)alpine Rundtour ist als Dreitages-Tour geplant (mit Kombination von Teiletappen aus Exkursion Ⓞ etwa 40 km Länge, max. 2200 Höhenmeter in Auf- und Abstieg). Für eine erfolgreiche und alpinistisch "sorgenfreie" Unternehmung sind einiges an Bergerfahrung und unbedingt stabiles, gewitterfreies Wetter Grundvoraussetzung. Sowohl am Ingolstädter Haus und vor allem am Kärlingerhaus ist in den Sommermonaten eine zeitige Online-Reservierung dringend angeraten (Link: https://www.alpsonline.org/guest/login?lang=de_CH).

Abb. 188. Übersichtskarte der Exkursion Ⓠ (Geodatenbasis: Bayerische Vermessungsverwaltung 2010-14244; für den österreichischen Part verändert aus der Geodaten-Online-Plattform des Landes Salzburgs SAGIS).

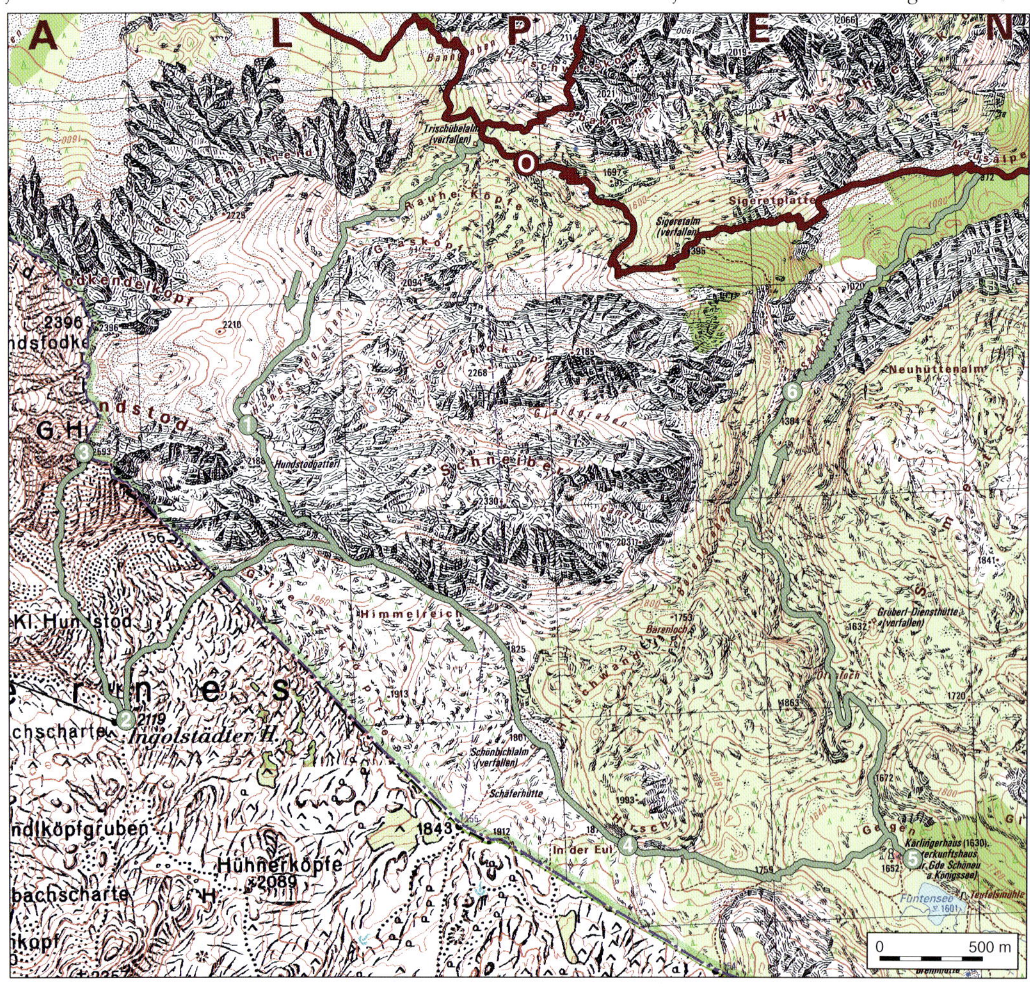

Der Anstieg zum Hundstodgatterl erfordert auf dem zerschrundenen, rauen Untergrund Trittsicherheit, beim Gipfelanstieg zum Großen Hundstod kommt noch Schwindelfreiheit hinzu. Bei Regen, Nebel und vor allem Gewitter sind die Hochgebiete des Steinernen Meeres im günstigsten Fall ungemütlich, und Unternehmungen hier werden schnell gefährlich bis undurchführbar (kein Handynetz)! Bei Schlechtwettereinbruch ist richtiges Kartenlesen und der Umgang mit dem Kompass sehr von Vorteil. Unabhängig vom Wetter, wird die Mitnahme von sehr gutem, knöchelhohem Schuhwerk und ausreichend Trinkwasser sehr wichtig!

Verläuft in der Kernzone des Nationalparks Berchtesgaden.

Der Große Hundstod liegt unter dem prominenten, im Sinne von topografisch herausragenden Berchtesgadener Bergen definitiv auf der unbekannten Seite. Das mag daran liegen, dass man seine charakteristisch schaufelförmige Gestalt vom Berchtesgadener Talkessel nicht sieht, verbirgt er sich doch hinter seinem mächtigen Nachbarn namens Watzmann. Man muss wenigstens ein paar hundert Höhenmeter über den Berchtesgadener Talkessel hinauf, um seiner gewahr zu werden. Alpinistisch eher herausfordernder als das Watzmann-Hocheck, ist eine Hundstod-Ersteigung für Berchtesgadener Verhältnisse durchaus als "ernsthaft" zu bezeichnen, allein schon wegen der Länge des Anstieges.

Abb. 189. Geologische Karte der Exkursion Q *(Geodatenbasis: Bayerische Vermessungsverwaltung 2010-14244; für den österreichischen Part vom BEV – Bundesamt für Eich- und Vermessungswesen), Legende siehe Abb. 2 und 3 auf Seite 9 und 10.*

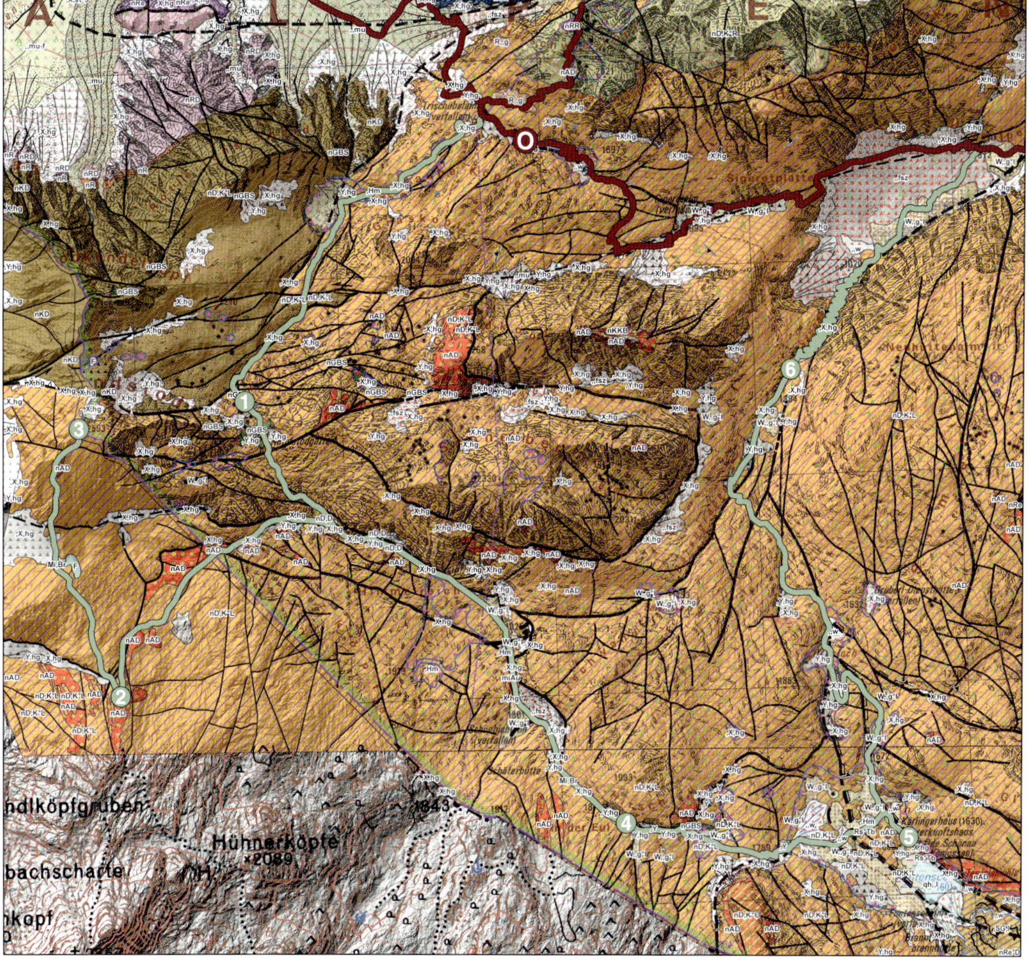

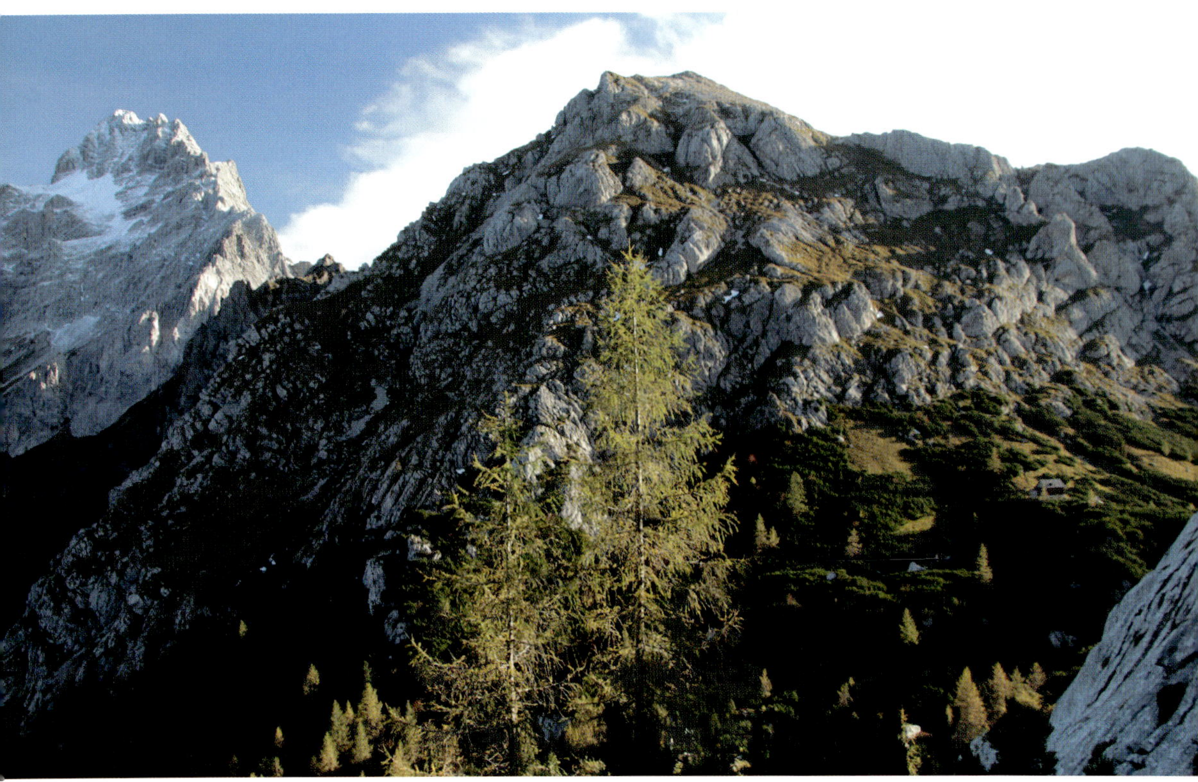

Abb. 190. Rückblick von den Rauhen Köpfen zu Hirschwieskopf und Watzmann-Südspitze.

Die "kurze" Seite des Berges liegt auf der österreichischen Seite, aber selbst von Pürzlbach muss man wenigstens sechs Stunden und knapp 1600 Meter Höhenunterschied verwenden, um ans Ziel zu kommen. Von deutscher Seite kommt man am besten über das Wimbachgries und das Hundstodgatterl an den Berg. Die Route ist jedoch als reine Tagestour nur etwas für konditionsstarke Trailrunner und keine "normalen" Wanderer oder Bergsteiger. 16 Kilometer Anmarschweg und etwa 2200 Höhenmeter sprechen für sich. Aus diesem Grund muss die gegenständliche Exkursion mit Exkursion O kombiniert, beziehungsweise um diese erweitert werden, sind doch Ausgangs- und Endpunkt dieselben.

1 Ab durch die Steinwüste! Tektonisches am Weg zum Hundstodgatterl

Der eigentliche Anstieg auf den Hundstod von deutscher Seite beginnt am Trischübel-Pass, der "Türschwelle" zum Steinernen Meer. Bis hierher halten wir uns an das in Exkursion O Beschriebene. Am Trischübel wählen wir diesmal jedoch die Abzweigung nach rechts (links geht es zum Hirschwieskopf, geradeaus zum Schrainbach und weiter über die Sigeretplatte nach St. Bartholomä).

Der Steig verläuft zunächst in unübersichtlichem Gelände, das durch Südwest-Nordost-verlaufende Störungen und damit assoziierten kleineren und größeren Verbruchs-Strukturen (Dolinen und kleinere Uvalas) im Dachsteinkalk gekennzeichnet ist und beginnt langsam an Höhe zu gewinnen. Wir steigen zwischen schmalen Felsdurchlässen und Latschenfeldern bis auf knapp 1900 Meter Höhe und stehen auf den Rauhen Köpfen.

Von hier lohnt sich ein Blick zurück nach Norden. Der bereits aus dem Wimbachgries sichtbare, aber gedrungene stumpfe Kegel der Watzmann-Südspitze entwickelt sich langsam zu einer eleganten, zunehmend unnahbar wirkenden Felsschneide. Davor der steht breite, massige Gipfel
190 des Hirschwieskopfes, der in Exkursion O erstiegen werden kann. Wir erkennen dickbankige Dachsteinkalk-Sequenzen über den latschenüberwucherten Geröllfeldern an der Flankenbasis. Das

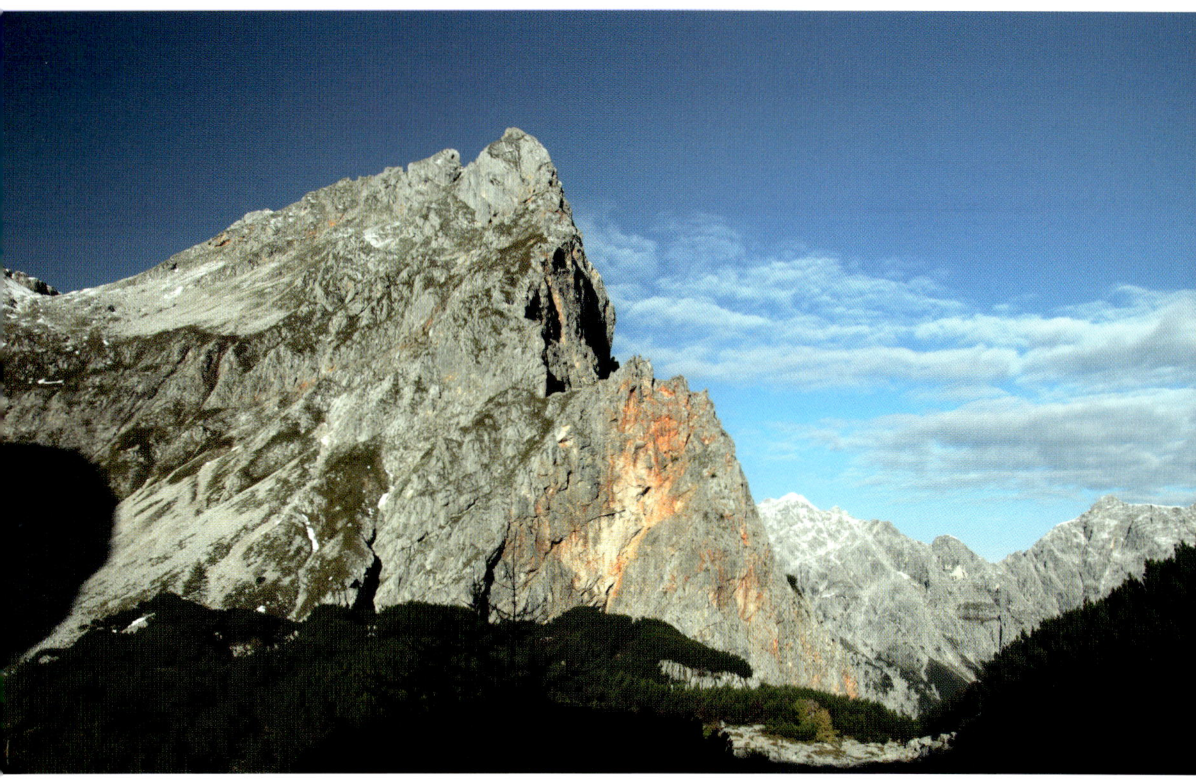

Abb. 191. Die von den Rauhen Köpfen oberhalb der Hundstodgrube aus gesehene, markante Rotleitenschneid mit ihrem stark tektonisierten Habitus markiert einen kleinen Abschnitt der Watzmann-Kammerlinghorn-Aufschiebung auf das Steinerne Meer. Die rötlichen Passagen kennzeichnen entweder eine gosauische Störungsbrekzie, die mit dieser Bruchzone assoziiert ist – oder einen Rest Gosau-Basalbrekzie, der durch neogene Tektonik eingefaltet wurde und bis heute überliefert ist.

wie abgesägt erscheinende, stumpfe Gipfelplateau wird von oberjurassischen Radiolariten bedeckt. Auf den Felsrippen dorthin sehen wir entlang des gut sichtbaren Steiges Adneter Rotkalke markant hervorstechen.

Unser Weiterweg führt – dem stets sichtbaren Felsklotz des Großen Hundstodes entgegen – in die 1820 Meter hoch liegende Hundstodgrube, einer großen Uvala am Fuß des rechtsseitig gelegenen, auffallenden Felszackens der Rotleitenschneid. *191*

Der Name kommt nicht von ungefähr, fällt doch sofort der tiefrot gefärbte, stark tektonisierte Sockel des jäh aufragenden Berges auf. Bereits an dieser Stelle kommen wir – zumindest visuell – mit der bereits in den Exkursionen K und O angesprochenen "Watzmann-Kammerlinghorn-Aufschiebung" *Profil 1* in Kontakt, die uns auf dem Weiterweg zum Hundstodgatterl noch begleiten wird. Bei der Großstörung, an der der Watzmann und die Hauptmasse des Hochkalter-Massivs auf das Steinerne Meer beziehungsweise den Südabschnitt der Hochkalter-Gruppe aufgeschoben wurde, betragen die vertikalen Versatzbeträge lokal mehr als 700 Meter, wobei diese von Osten nach Westen abnehmen. Im Bereich des Anstieges vom Trischübel-Pass zum Hundstodgatterl wird Karnisch-Norischer Dolomit auf Dachsteinkalk geschoben und der Ostabbruch der Rotleitenschneid kennzeichnet zumindest einen kleinen Teil dieser Bruchzone. Die mit Latschen bewachsenen Felskuppen unmittelbar vor uns, die sich bis an den Fuß der Rotleitenschneid ziehen, bestehen aus Dachsteinkalk – die stark tektonisierten Felsen dahinter entsprechend aus Karnisch-Norischem Dolomit.

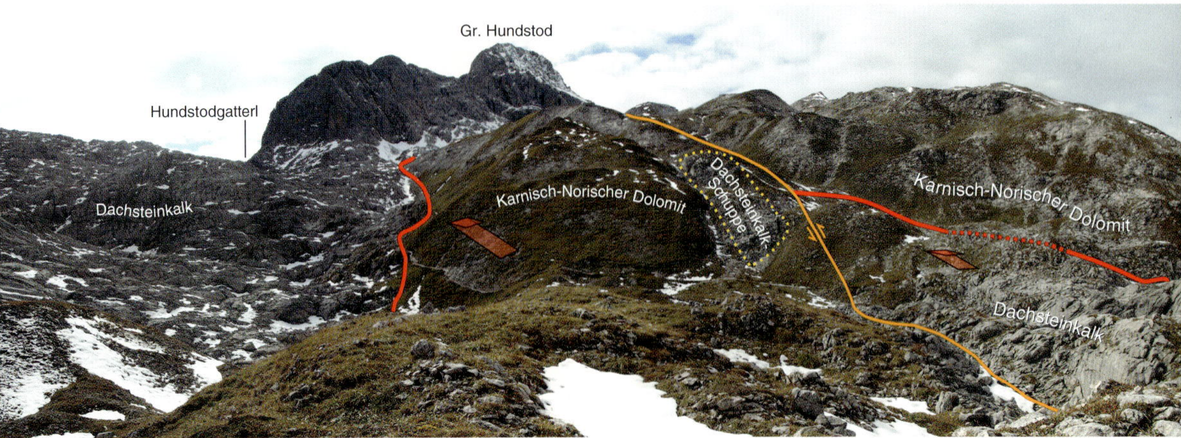

Abb. 192. Der Blick von flacherem Gelände auf etwa 2080 Meter Höhe zu Großem Hundstod und Hundstodgatterl zeigt die Watzmann-Kammerlinghorn-Aufschiebung (rote Linien) aus etwas größerer Nähe und dennoch in der Übersicht. Die Störung wird von einer West-Ost-verlaufenden, sinistralen Seitenverschiebung (orangene Linie) um etwa 350 Meter versetzt, was den von unserer Sicht etwas kuriosen Verlauf der Aufschiebungsbahn erklärt (siehe ergänzend Abb. 202). Man beachte die isolierte kleine Scholle aus Dachsteinkalk schwimmend im Karnisch-Norischen Dolomit (gelb punktiert umrandet).

Die Frage nach der zeitlichen Einordnung und Anlage der Störungszone steht zur Diskussion: wenn man die markante rötliche Brekzie analog ähnlichen Strukturen und Gesteinsfärbungen im Lattengebirge (siehe Band 40, Exkursion Ⓙ) als gosauisch angelegte Störungsbrekzie interpretiert, begann die Aufschiebung des Watzmann- und Hochkalter-Massivs gegen das Steinerne Meer irgendwann in der Gosau-Zeit zwischen Oberkreide und älterem Paläogen. Wenn man allerdings die Watzmann-Kammerlinghorn-Aufschiebung mit der nahen "Eisgraben-Flower-Structure" (als Teil des KLT-Systems, siehe Band 40, Kapitel 6 sowie dort Abb. 45) zwischen Watzmann-Südspitze und Hirschwieskopf in Verbindung bringt, die den Watzmann relativ zum Hirschwieskopf um etwa 700 Meter angehoben hatte, wurde die Aufschiebung gegen das Steinerne Meer erst im Miozän initiiert. Etwaig vorhandene Gosau-Schichten wie die Gosau-Basalbrekzie, die früher das Steinerne Meer flächig bedeckten, wären entlang der Aufschiebung eingeschuppt worden und hätten sich bis heute erhalten können.

Der Störungsverlauf tritt von rechts unter der Rotleitenschneid in die Hundstodgrube, durchschneidet diese in süd-südwestlicher Richtung und verläuft in einem markanten Graben steil nach oben, ziemlich genau in der Gipfel-Falllinie des Großen Hundstods.

> Wir durchlaufen die Uvala der Hundstodgrube und folgen dem Steig, der sich am bergseitigen, felsigen Hang entlang der Nordwestflanke des Graskopfes steil in die Höhe zu winden beginnt. Die Wegführung bleibt stets auf Dachsteinkalken links der markanten Aufschiebung.

Dieser erscheint allerdings aufgrund der Nähe zur Bruchzone stark tektonisiert, teilweise sogar sekundär dolomitisiert und ist von rötlichen, brekziösen Schlieren durchzogen. Auch hier finden wir demnach eine – wenn auch nicht so deutliche – ?gosauische oder ?miozäne Überprägung wie bereits von der Rotleitenschneid beschrieben.

> Auf etwa 2080 Metern Höhe legt sich der Hang merklich zurück und wir erreichen flacheres, offenes Gelände mit Blick auf den Großen Hundstod und den flachen Übergang des Hundstodgatterls links davon.

Was sofort ins Auge sticht, ist die messerscharf gezogene Grenze zwischen kahlen, hellen, absolut vegetationsfreien Dachsteinkalken auf der linken Seite und einem sanft kuppigen, übergrünten Hang mit Karnisch-Norischem Dolomit auf der rechten Seite. Die Vegetationsgrenze kennzeichnet – diesmal jedoch viel deutlicher ausgebildet – die zuvor angesprochene Watzmann-Kammerlinghorn-Aufschiebung.

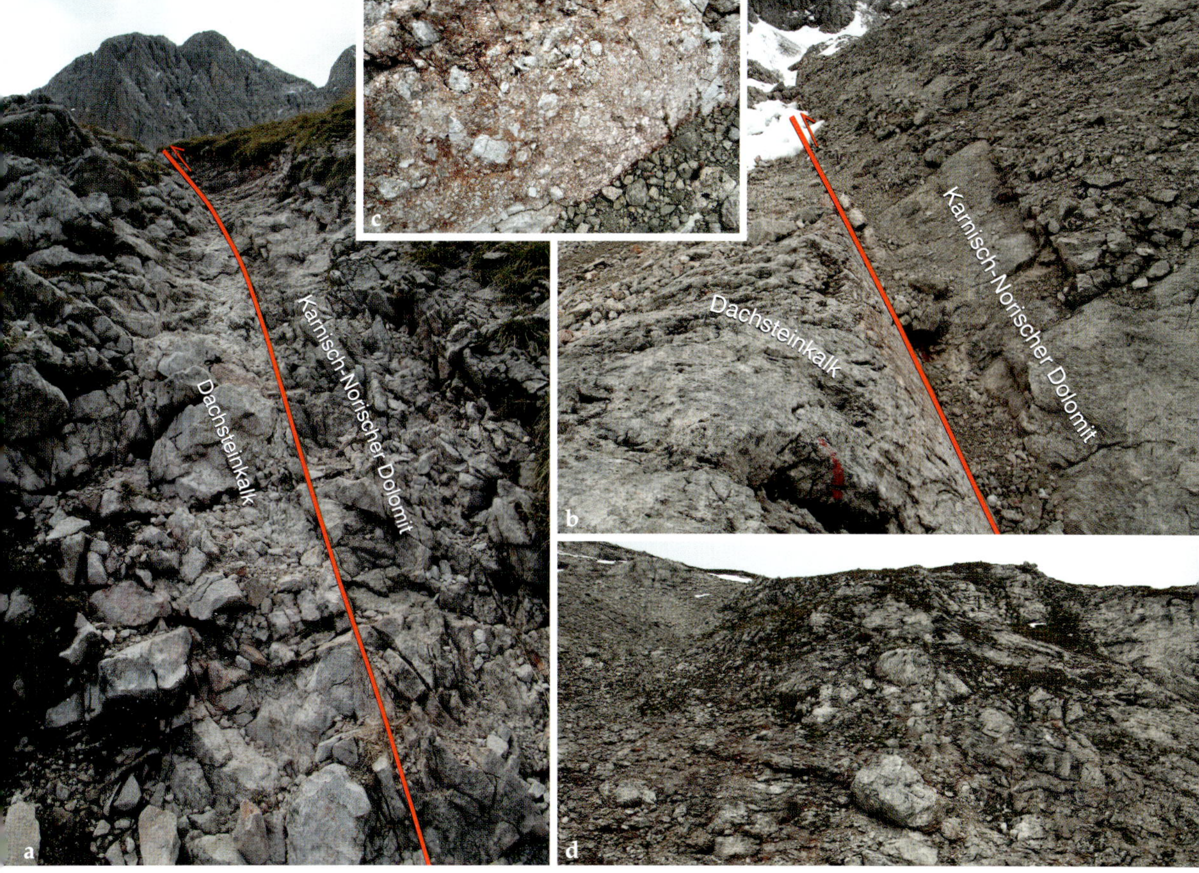

Abb. 193. a. und b. Die Watzmann-Kammerlinghorn-Aufschiebung im Detail: Die Störung fällt mit etwa 65 bis 70 ° steil nach Nordwest ein und im unmittelbaren Versatzbereich ist oft eine Störungsbrekzie ausgebildet. c. Die Störungsbrekzie im Detail: Zentimeter-große Dolomitkalk-Komponenten schwimmen die in einer feinst zerriebenen, rötlich gefärbten dolomitischen Matrix (Bildbreite ca. 20 cm); d. Megabrekzie mit bis zu 5 Meter großen Komponenten aus Karnisch-Norischem Dolomit. Auch diese schwimmen in einer leicht rötlich gefärbten Matrix aus zerriebenem Dolomit (etwa 2130 m Höhe knapp nördlich des Hundstodgatterls).

Unser Steig verläuft in weiterer Folge ziemlich genau im Bereich dieser Großstörungszone und wir werden mehr als einmal Gelegenheit haben, uns die tektonische Verwerfung ganz aus der Nähe anzusehen.

Ganz so simpel ist jedoch die Geologie und Tektonik in diesem Bereich dann doch nicht. Unser Steig quert zweimal in schneller Folge den lithologischen Wechsel vom Dachsteinkalk zum Karnisch-Norischen Dolomit und zurück. Das liegt daran, dass die kuppige Hochebene von einer ziemlich genau West-Ost-verlaufenden, sinistralen Seitenverschiebung durchschnitten wird, die die Über- *192*
schiebungsbahn ihrerseits um etwa 350 Meter versetzt und sich vom Hundstodkendelkopf (dem Großen Hundstod nördlich vorgelagerter Gipfel) bis in das Tal zwischen Graskopf und Gjaidkopf *Profil 3*
verfolgen lässt ("Hundstodkendelkopf-Graskopf-Seitenverschiebung"). Und als wäre das noch nicht genug, liegen im Bereich zwischen Lateralverschiebung und Überschiebung auch noch zwei kleine isolierte Schollen aus tektonisiertem Dachsteinkalk.

Wie bereits erwähnt, folgt unser Steig auf einer Weglänge von etwa 500 Metern ziemlich genau besagter Aufschiebung, die mit etwa 65 bis 70° steil nach Nordwest einfällt. *193a* *193b*

Im unmittelbaren Bereich des Versatzes sind oft am aufschiebenden, lithologisch weniger widerstandsfähigen Karnisch-Norischen Dolomit Störungsbrekzien unterschiedlichen Ausmaßes zu beobachten: in der Regel ist das Gefüge im Zentimeter-Bereich zerbrochen. Dolomit-Klasten schwimmen in einer Matrix aus feinst zerriebenem Gestein. Auf etwa 2130 Meter Höhe, kurz bevor sich der Steig *193c*
über die kahle Dachsteinkalk-Oberfläche nach Nordosten wendet, sehen wir im Karnisch-Norischen Dolomit jenseits der Überschiebungsbahn eine Grobbrekzie mit metergroßen Komponenten aus *193d*

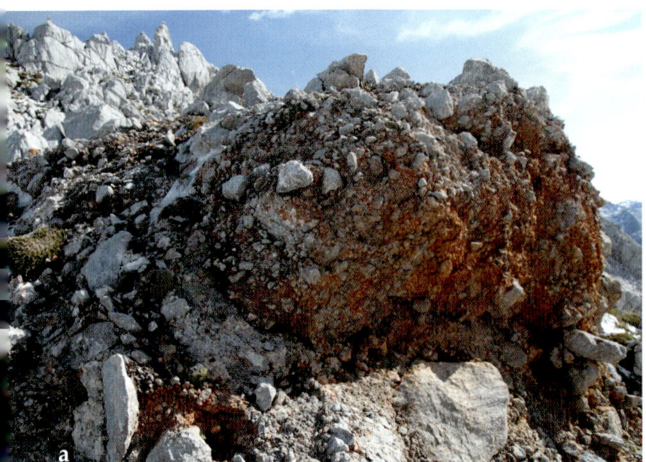

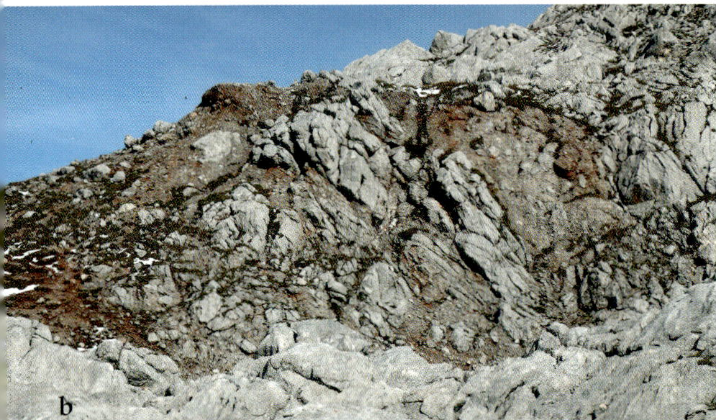

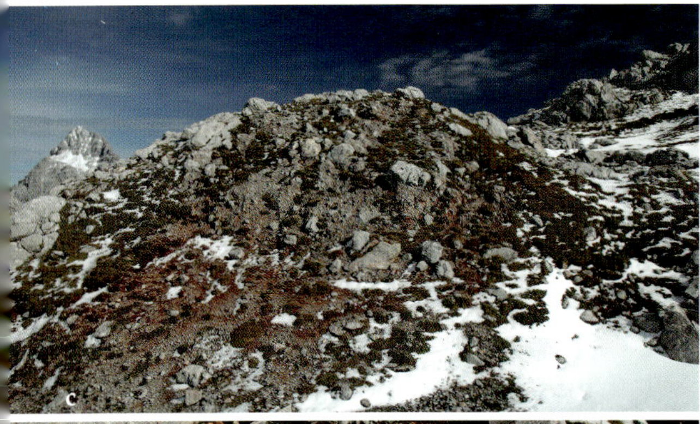

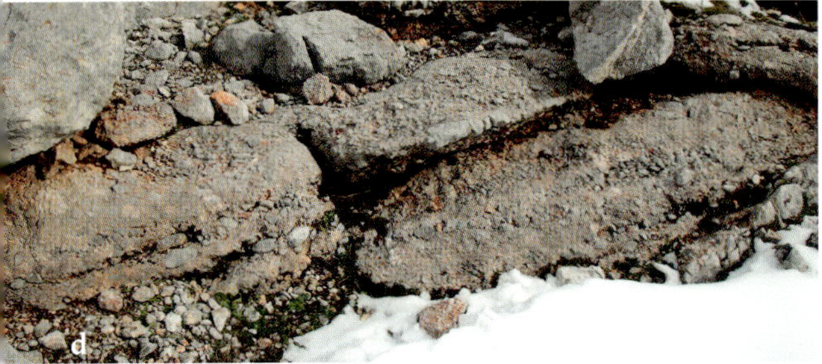

Karnisch-Norischem Dolomit. Im Großen wie im Kleinen, das Prinzip der Störungsbrekzien-Genese bleibt dasselbe.

> Die noch ausstehenden knapp 60 Höhenmeter bis zum flachen Passübergang des Hundstodgatterls steigen wir über eine verkarstete und teilweise tektonisch zerschundene Dachsteinkalk-Platte. An mehreren Stellen kommen entlang des Weges Brekzien in engen Spalten und Klüften vor – die größten und besten Aufschlüsse stehen unmittelbar über dem Hundstodgatterl in östlicher Richtung an.

Die etwa drei Meter hohe, auffallend gefärbte *194a*
Klippe am höchsten Punkt des Brekzien-Vorkommens zeigt ein überwiegend komponentengestütztes Gefüge aus aufgearbeiteten, vornehmlich ungerundeten, teilweise gar scharfkantigen Dachsteinkalk-Klasten und einer teilweise tief rötlichen, mergelig-sandigen Matrix aus fein zerriebenen Gesteinspartikeln. Die Komponentengröße schwankt zwischen wenigen Millimetern und mehreren Metern:
teilweise können ganze Schichtblöcke enthal- *194b*
ten sein. Fast immer tritt das Gefüge regellos *194c*
und extrem schlecht sortiert auf, nur knapp unterhalb des Passes ist in einem kleinen Aufschluss auf etwa 2170 Metern Höhe so etwas
wie eine sedimentäre Schichtung zu erahnen. *194d*
Die einst fälschlicherweise durch "altvordere" Kartierer (Hahn 1913) als "Werfener Schichten" kartierten Brekzien am Hundstodgatterl erstrecken sich in Wegrichtung Steinernes Meer / Ingolstädter Haus noch knapp hundert Meter weiter. Sie sind an eine große, West-Ost-verlaufende Störung gebunden, die sich vom südlichsten oberen Gipfelhang des Großen Hundstods über das Hundstodgatterl bis in den einsamen Gjaidgraben zwischen Schneiber (2330 m) und Gjaidkopf (2268 m) und weiter hinab in Richtung Saugasse zieht (Anstieg zum Kärlingerhaus, siehe auch Exkursion R). Diese

Abb. 194. Das mutmaßlich gosauische Brekzien-Vorkommen am Hundstodgatterl: a–c. Das Hauptvorkommen erstreckt sich von der Passanhöhe einige Dutzend Meter den Grat in Richtung Gjaidschneid hinauf und erreicht insgesamt eine Mächtigkeit von knapp 20 Metern. Foto b zeigt mehrere Meter große Schichtpakete aus Dachsteinkalk, die von der Brekzie entsprechend aufgearbeitet sein. Hin und wieder ist auch lokal eine sedimentäre Schichtung zu erkennen (Foto d).

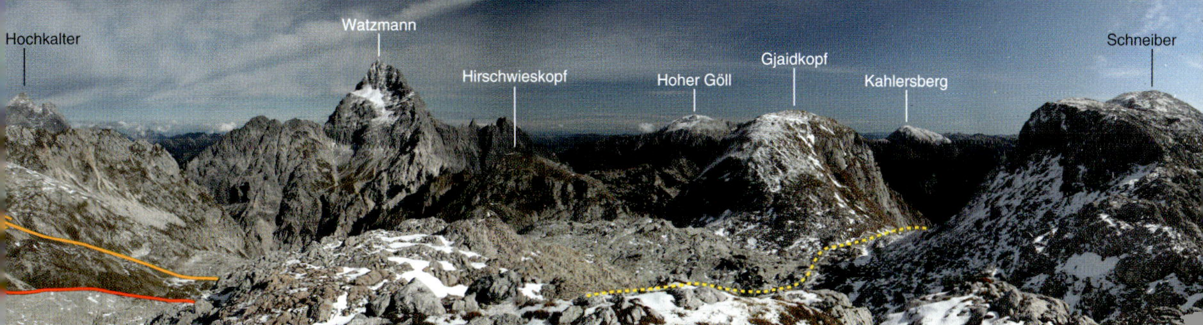

Abb. 195. Ausblick von der 2239 Meter hohen Gjaidschneid nach Norden zu Hochkalter und Watzmann. Die Ziffern kennzeichnen die Position wichtiger Störungssysteme: Watzmann-Kammerlinghorn-Aufschiebung (rot) sinistrale Hundstodkendelkopf-Graskopf-Seitenverschiebung (orange) und Hundstod-Gjaidgraben-Großstörung (gelb strichliert).

Störung liegt im Spannungsfeld zwischen der Watzmann-Kammerlinghorn-Aufschiebung, der zuvor angesprochenen Hundstodkendelkopf-Graskopf-Seitenverschiebung im flacheren Gelände oberhalb der Hundstodgrube im Norden sowie der Hundstod-Überschiebung im Süden, die uns vor allem am morgigen Tag noch etwas näher beschäftigen wird. Die große Nähe mehrerer Hauptverwerfungen und Aufschiebungen ist auch für den hohen Tektonisierungsgrad der Dachsteinkalk-Platte verantwortlich, die wir zum Hundstodgatterl empor gestiegen waren.

> Mal ganz abgesehen von Tektonik und Geologie; wenn man sich die Mühe macht, vom Passübergang über die zuvor angesprochenen Brekzien – knapp 50 Höhenmeter – zur einsamen Gjaidschneid zu steigen, wird man mit einer sehr schönen Aussicht belohnt. 195

Im Norden schweift der Blick vom Hochkalter-Massiv zur kühnen Felspyramide des Watzmanns und zu den im Vordergrund stehenden abgerundeten Felsbergen von Graskopf und Schneiber. Den Hintergrund bilden Hoher Göll und das Nördliche und Westliche Hagengebirge mit dem Kahlersberg.
Nach Süden erkennen wir im Gipfelgewirr den markanten, schief pyramidenförmig zugeschnittenen 196
Funtenseetauern sowie die elegante Pyramide der Schönfeldspitze. In einem sich vor uns ausbreitenden, baumbestandenen riesigen Kessel liegen der Viehkogel und der knapp zweitausend Meter hohe, zur Gänze mit dichten Latschen bewachsene Hirsch, an dessen Südseite wir morgen auf ein geologisches "Schmankerl" stoßen werden.

Abb. 196. Ausblick vom Hundstodgatterl nach Süden ins tief unter uns liegende, nur teilweise sichtbare Funtensee-Becken. Nur Viehkogel und Hirsch bilden zwei markantere Gipfel inmitten der ansonsten unübersichtlichen, flach nach Norden und zum Funtensee hin absinkenden verkarsteten Dachsteinkalk-Platte des Steinernen Meeres. Zwei wichtige Überschiebungsbahnen im Steinernen Meer sind die Hundstod-Überschiebung (orange) am Hirsch und die Viehkogel-Überschiebung (gelb) (siehe Exkursion R).

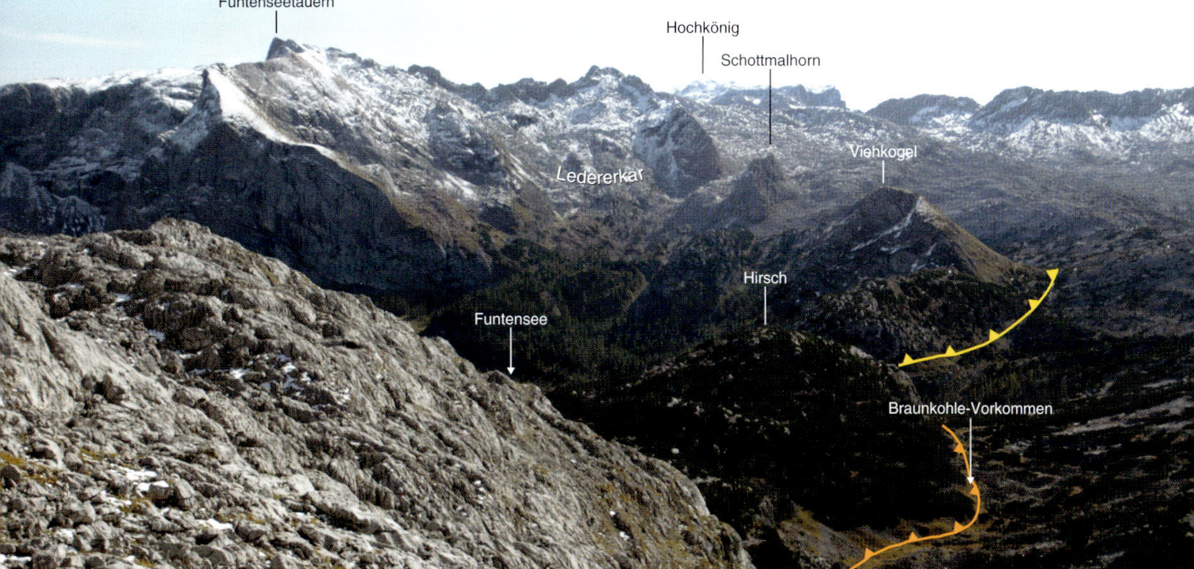

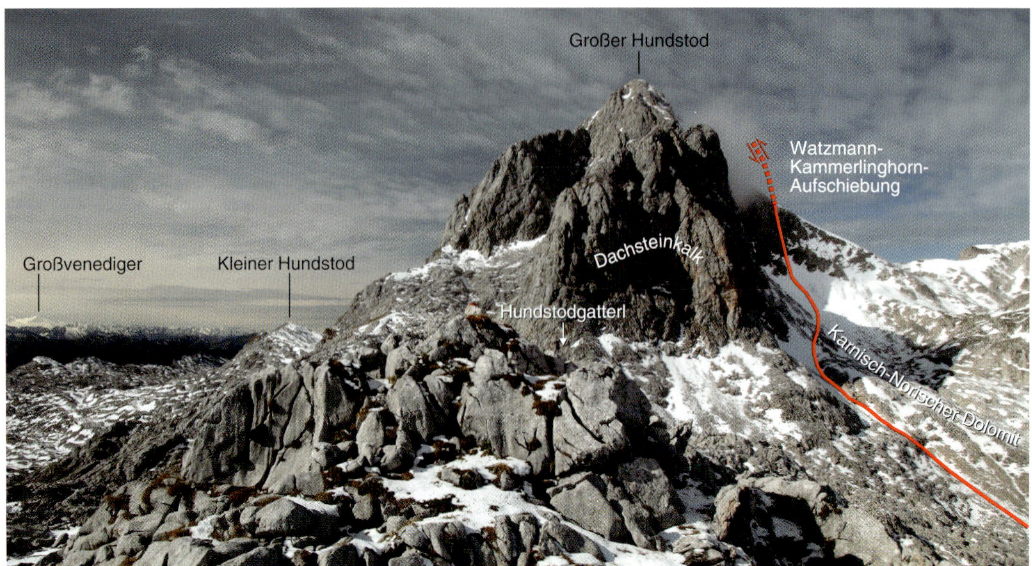

Abb. 197. Der Hundstod über Hundstodgatterl (Aufnahmepunkt Gjaidschneid) mit der auch von hier aus gut sichtbaren Watzmannblock-Aufschiebung. Den Hintergrund der Szenerie bilden die herbstlich tief verschneiten Dreitausender der Hohen Tauern.

197 Der Große Hundstod, unser Ziel für den morgigen Tag, liegt als unnahbar wirkender Felspfeiler direkt über uns. In seinen steilen Wänden schimmert der Dachsteinkalk verdächtig rot. Auch hier sind karminfarbene Resedimente und Brekzien mit Störungen und Verwerfungsflächen assoziiert und könnten als Indiz für eine tektonische Überprägung entweder während der kreidezeitlich-paläogenen Gosau-Zeit oder später im Miozän gewertet werden.

2 Zum Ingolstädter Haus

Vom Hundstodgatterl steigen wir über die ruppig verkarstete Dachsteinkalk-Tafel langsam ab auf die weite, nach Norden geneigte Fläche des Steinernen Meeres.

Dabei begleitet uns die zuvor beschriebene, rötliche Brekzie noch eine ganze Weile, bis der Steig steiler durch ein Labyrinth an flachen Spalten und Gräben abwärts führt. Hier in etwa liegt die markante, von West nach Ost laufende Hundstod-Gjaidgraben-Störung, die auch das südliche Ende der Brekzie markiert.

Nach etwa 30 Minuten Gehzeit und 200 Abstiegshöhenmetern erreichen wir – zuletzt über sandig abwitternde Dolomitkalke ungewisser stratigraphischer Zuordnung – einen markanten, etwa 20 Meter hohen Geländeabsatz, an dessen Basis wir auf den Steig vom Ingolstädter Haus zum Kärlingerhaus stoßen. Wir halten uns in spitzem Winkel westwärts und wandern auf dem bestens markierten und gut ausgebauten Steig, schmale Schutthalden am Fuß einer markanten Wand aus Dachsteinkalken querend. Die Wegführung ist nun weniger anstrengend und zeitraubend, aber stetig am Rande der gigantischen Kalktafel zum bald sichtbaren Ingolstädter Haus ansteigend. Dort, wo der Steig die schmalen Hangschuttfelder und Kalkabsatz verlässt und sich in einem großen Bogen in südwestliche Richtung wendet, liegt ein größeres, stark verkarstetes Rotkalkfeld zu unserer Rechten und eine übergrünte, seltsam buckelige, blocküberstreute Fläche zu unserer Linken.

Die Rotkalke lassen sich der unterjurassischen Adnet-Formation zuordnen, die sowohl Spalten- als auch kleinräumige Beckenfüllungen im stratigraphischen jüngsten Abschnitt des Dachsteinkalkes hinterlassen hat. Die übergrünte Fläche dürfte wohl ein Moränenrelikt aus der letzten Eiszeit sein, als das nach Norden abfallende Steinerne Meer einen Plateau-Gletscher trug, der von den knapp 2500 Meter hochgelegenen Rändern des Gebirges im Süden ins Funtensee-Becken nordwärts abfloss. Auch wenn es heute nicht sofort danach aussieht: auch das Steinerne Meer wurde, ungeachtet all

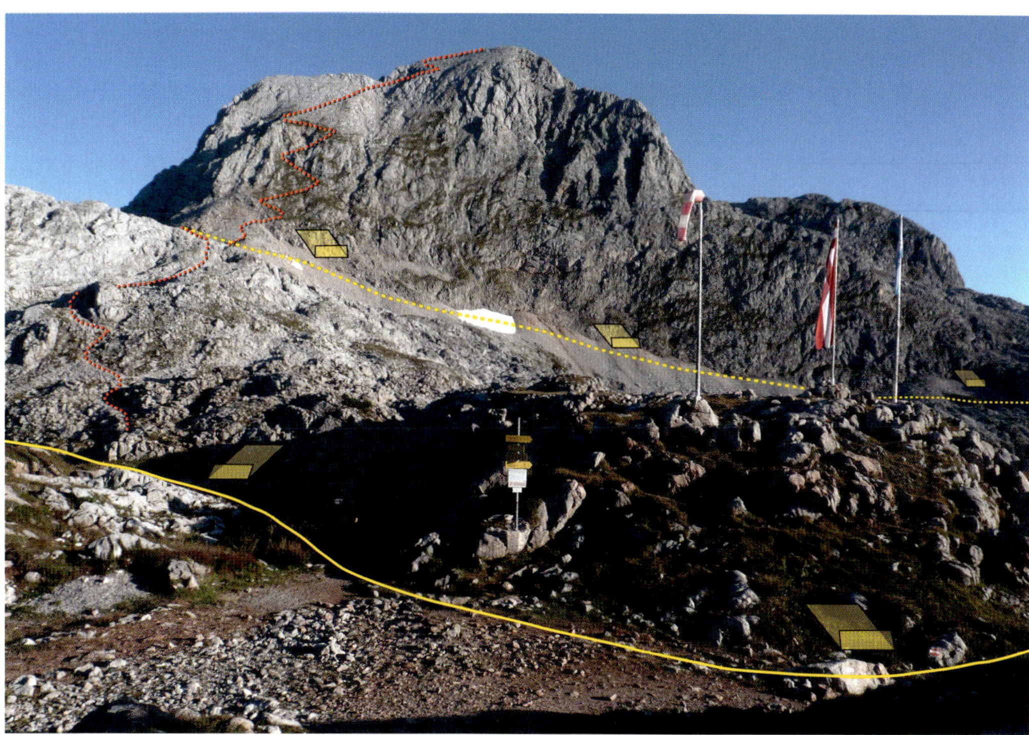

Abb. 198. Der Große Hundstod vom Ingolstädter Haus aus gesehen (Foto: VOLKER DIERSCHE). Der rot hervorgehobene Anstieg zum Gipfel verläuft über die hell verwitterten Dachsteinkalke des Kleinen Hundstodes (der Gipfel befindet sich links außerhalb des Bildes), erreicht die Scharte zwischen beiden Bergen und führt in der linken Hälfte des steilen Gipfelhanges zunächst durch die begrünte Stufe, später über steinige Schrofen zum höchsten Punkt. Die strichlierte gelbe Linie kennzeichnet eine Großstörung zwischen Großem und Kleinem Hundstod, die bereits von HOFFMANN (1928) erkannt wurde. Neuerdings allerdings wird sie als ein steil nach Norden einfallender Seitenast der Hundstod-Überschiebung angesehen, deren Hauptverwerfung (gelbe Linie) unmittelbar am Aufnahme-Standort dieses Bildes verläuft (Verlauf nach DIERSCHE et al. [in Vorbereitung]).

dem verkarsteten Wirrwarr an Klüften, Spalten und Senken, glazial überprägt. So ist der Große Hundstod ein "Karling", also eine Art Nunatakker, der über die Eisfläche ragte. Seine letztendliche Form erhielt der Berg durch die Anlage von Karen oder karartigen Nischen, die allseits an den felsigen Bergflanken durch Glazialerosion entstanden. Ein weiteres Beispiel für einen Karling ist die elegante Pyramide der Schönfeldspitze, die wir nahe dem Südabbruch des Steinernen Meeres stets vor Augen haben. Etwaig früher vorhandene Gletscherschliffe sind der seit dem Rückschmelzen des Plateau-Gletschers am Steinernen Meer der beständig nagenden Verkarstung zum Opfer gefallen. Nur gelegentliche, in flachen Depressionen oder Spalten erhaltene Lokalmoränenreste sowie gewisse landschaftsmorphologische Charakteristika wie "Karlinge" und interpretierte Eis-Schliffgrenzen an steilen Bergflanken sind übrig geblieben.

Etwa anderthalb Stunden benötigen wir vom Hundstodgatterl bis zum Ingolstädter Haus.

Die Schutzhütte der Alpenvereinssektion Ingolstadt thront auf einer kleinen begrünten, von Adneter Rotkalken durchzogenen Anhöhe aussichtsreich auf einer Höhe von 2123 Metern. Im Jahr 1929 erbaut, überstand sie im Gegensatz zu manch anderem Schutzhaus den 2. Weltkrieg unbeschadet und wird seither gern von (Weit)Wanderern, eher seltener von Tagesgästen besucht. Dazu sind die Anstiege mit wenigstens 5 Stunden reiner Gehzeit einfach zu lang. Von der Terrasse lässt sich, ein lauer Sommerabend vorausgesetzt, wunderbar über das Geleistete sinnieren.

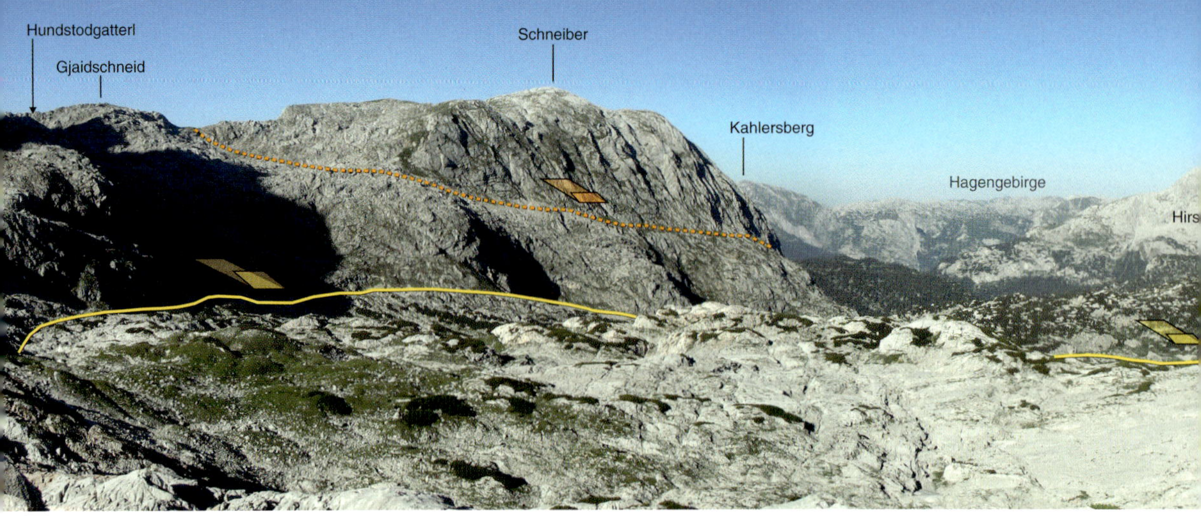

Profil 1 *Abb. 199. Ausblick von der Terrasse des Ingolstädter Hauses auf die karge Hochfläche des Steinernen Meeres nach Nordosten. Ganz links liegt das Hundstodgatterl neben Gjaidschneid und dem markanten Klotz des Schneiber. Nach rechts senkt sich das Steinerne Meer allmählich ins Funtensee-Becken ab. Den Hintergrund beherrschen die Hauptgipfel des Funtenseetauern, der Schönfeldspitze und des Selbhorns – Letzteres mit 2655 Metern immerhin höchster Gipfel des Steinernen Meeres. Die gelbe Linien markiert den ungefähren Verlauf der Hundstod-Überschiebung (Verlauf nach* Diersche *et al. [in Vorbereitung]), die orangefarbene Linie die lokale Schneiber-Überschiebung. Der gelbe Pfeil kennzeichnet einen schmalen Streifen mit einem erhaltenen Braunkohle-Vorkommen südlich des Hirsches.*

③ Segel setzen im Steinernen Meer – auf den Großen Hundstod

Nach einer hoffentlich erholsamen Nacht können wir bei gutem Wetter unsere Besteigung des Großen Hundstodes angehen. Vorneweg: da im Zuge der knapp 450 Höhenmeter in der steilen Gipfelflanke auch einfache Kletterstellen zu überwinden sind, sollte der Anstieg nur von denjenigen unter uns angedacht werden, die trittsicher und schwindelfrei sind.

Das Gelände vom Ingolstädter Haus zum Großen Hundstod ist keinesfalls durchgehend steil, sondern zeigt sich vom Ingolstädter Haus terrassenartig abgestuft. Der steilen Gipfelflanke vorgeschaltet liegt der 2.263 Meter hohe Kleine Hundstod mit der Hundstodscharte dazwischen. Die Südflanke des Kleinen Hundstodes fällt mäßig steil zum Ingolstädter Haus ab. Deren Basis ist nur einen Steinwurf vom Einstieg zum Gipfelweg entfernt. Man ahnt es schon: die terrassenartigen Stufen sind einmal mehr das Ergebnis von Tektonik: Dass es sich bei der ersten Steilstufe gleich nördlich des Ingolstädter Hauses um Störung handeln muss, dürfte klar sein. Dieser tektonische Bruch zieht sich, wie erst kürzlich bekannt wurde (Diersche et al. [in Vorbereitung]) als "Hundstod-Störung"
198 von einem Bereich nordwestlich des Hundstod-Gipfels in einem nach Süden ausgebauchten Bogen um den Kleinen Hundstod herum und lässt sich kilometerweit unter dem Hundstodgatterl und
199 dem Schneiber nach Osten verfolgen. Wir haben sie bereits gestern im Abstieg vom Hundstodgatterl mit der letzten Steilstufe vor der Wegvereinigung mit dem Steig zum Ingolstädter Haus einmal "überlaufen" und sind ihr auf den schmalen Geröllfeldern unter der Wandstufe entlang eine knappe dreiviertel Stunde Wegstrecke lang gefolgt.

> Unser Steig führt rechts um den Kleinen Hundstod herum in die Hundstodscharte – der unscheinbare, aber aussichtsreiche Gipfel lässt sich von hier in 15 Gehminuten über einen begrünten flachen Hang, der weiter oben in eine schrofige Karstlandschaft übergeht, relativ einfach ersteigen.

Direkt in der flachen Senke unter dem steilen Gipfelhang des Großen Hundstodes sollten wir die Augen offen halten: der Steig führt praktisch unmittelbar in der Senke über einen dreckig braunen, von Holzkohlestückchen übersäten Boden. Moment mal, könnte sich einer denken, wer schürt denn hier im Nationalpark ein Feuer? Niemand, denn die Kohlestückchen, die hier herumliegen, stammen aus dem Miozän und sind viele Millionen Jahre alt. In einer kleinen Blaike westlich des Weges ist ein ent-
200 sprechendes, geringmächtiges Kohleflözchen erschlossen. Wie kommt Braunkohle auf über 2200 Meter Höhe mitten ins Steinerne Meer? Für die Antwort auf diese Frage muss man ein wenig weiter ausholen.

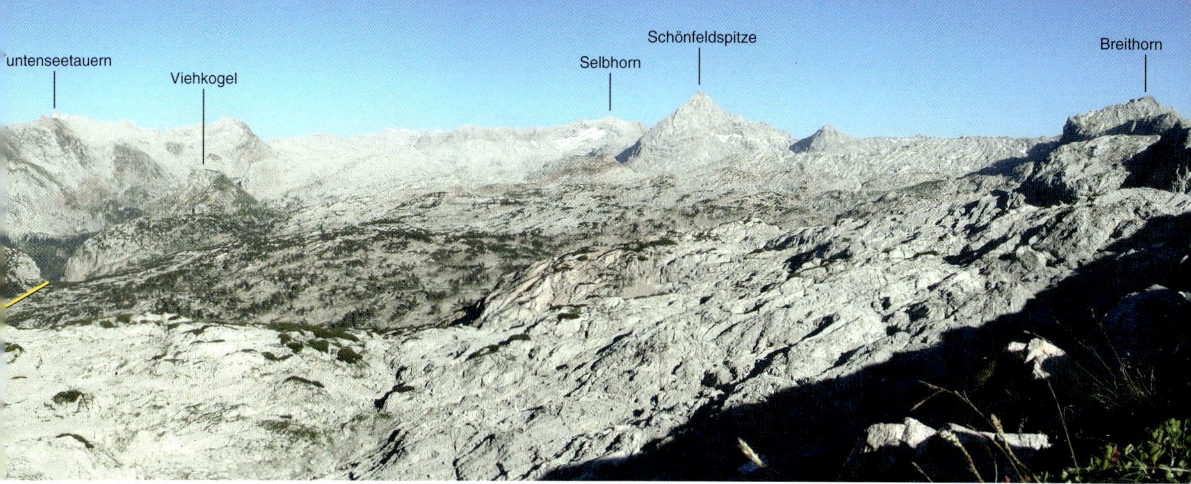

Wie bereits in Band 40, Kapitel 6 beschrieben, ist das Steinerne Meer eine Altlandschaft, die durch tektonische Prozesse während der alpinen Gebirgsbildung quasi "en bloc" gehoben wurde, und das um mehrere tausend Meter. Da das erst während der letzten 25 Millionen Jahre geschah und das Miozän eine recht kuschelig-warme Epoche in Mitteleuropa war, zeigte sich unser Gebiet unter gemäßigt-warmen Klimaten als dicht bewaldet. Und das immerhin über einen so langen Zeitraum, dass das über Jahrzehntausende und länger gebildete und immer wieder abgestorbene Pflanzenmaterial zu Braunkohle maturieren konnte. Die Flöze wurden mit der alpinen Gebirgsbildung in immer größere Höhen gehoben und unterlagen selbstverständlich der stets wirkenden Erosion durch Wind und Wetter. Dabei wurden die weichen, neogenen Deck- und Bodenschichten samt Braunkohle-Vorkommen flächig abgetragen – bis auf jene kleinen Bereiche, die von aktiven, im Miozän angelegten Störungen eingequetscht und eingefaltet wurden – etwa dem Seitenast der Hundstod-Überschiebung, in dem wir gerade stehen. Das ist an sich nichts Neues – wir haben solche, an Störungen gebundenen sedimentären Relikte ja mit unserer gestrigen Route übers Hundstodgatterl in Form der markanten rötlichen Brekzie bereits gesehen. Nur mit dem Unterschied, dass das Alter der Brekzie rund um das Hundstodgatterl eventuell kreidezeitlich bis paläogen angelegt wurde und folglich um die 60 Millionen Jahre alt ist und die Braunkohle hier zwischen Kleinem und Großen Hundstod gesichert miozänes Alter hat.

Während am Kleinen Hundstod die Dachsteinkalke nahezu subhorizontal liegen oder allenfalls sehr flach nach Süden einfallen, zeigen die Dachsteinkalke am Gipfelhang des Großen Hundstodes ein steiles südgerichtetes Einfallen – unterbrochen durch die markante Störungszone, in der das Braunkohle-Vorkommen liegt.

> Der Anstieg zum Gipfel ist zwar durchgehend gut markiert, jedoch müssen immer wieder steilere Felsstufen in einfacher Kletterei überwunden werden. Der Untergrund bleibt meistens felsig – besonders im ersten steileren Abschnitt ab der Hundstodscharte. Erst am Gipfelhang legt sich der Hang etwas zurück und ist von einer geringmächtigen Hangschuttdecke überzogen – das Gipfelkreuz haben wir zu diesem Zeitpunkt bereits im Blick!

Die Aussicht vom 2593 Meter hohen Gipfel ist – mit einem Wort – umwerfend! Ähnlich beeindruckend, aber doch anders als vom

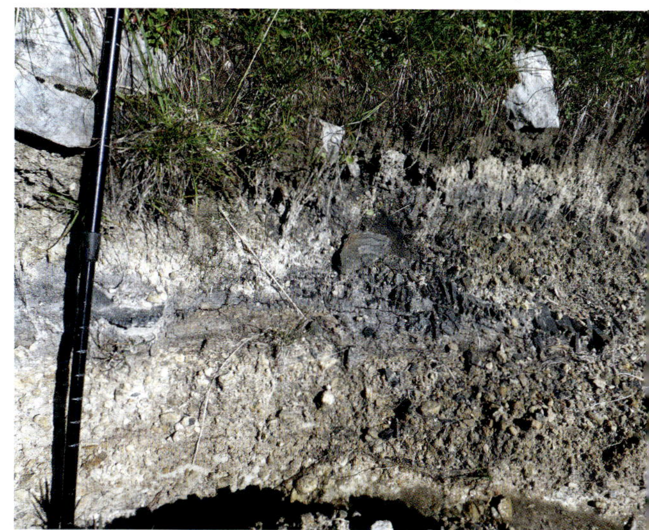

Abb. 200:. Geringmächtiges Braunkohlevorkommen in der Hundstodscharte (Foto: VOLKER DIERSCHE).

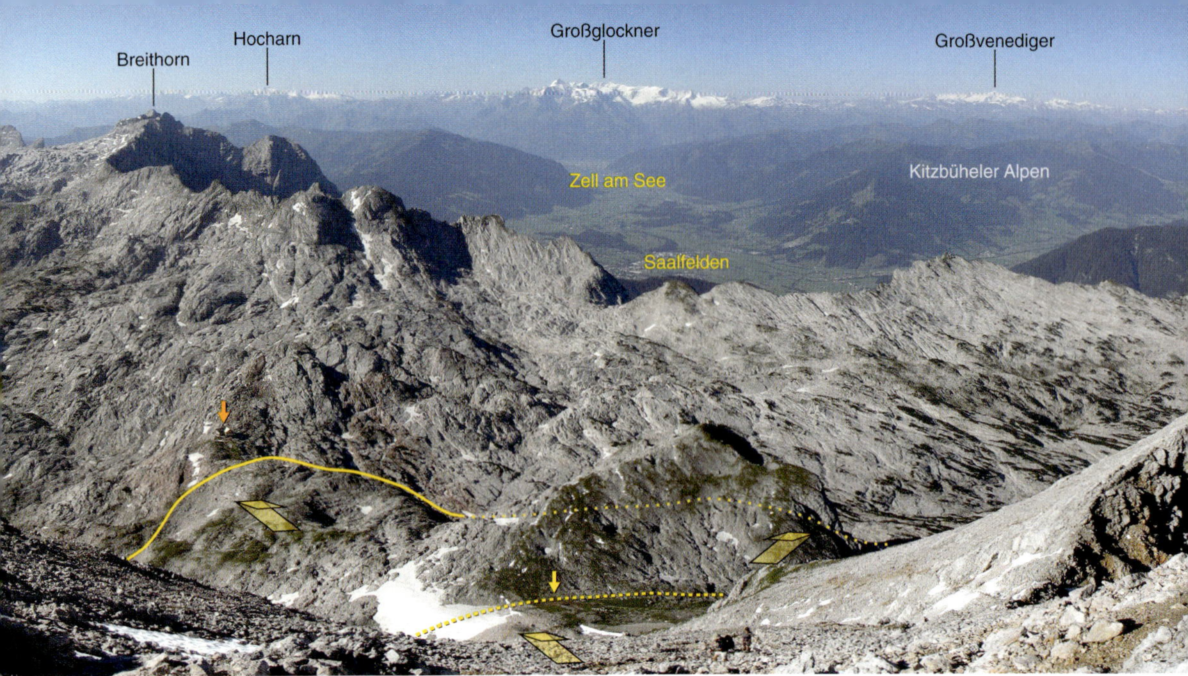

Abb. 201. Weit geht der Blick vom Großen Hundstod nach Süden zur Kette der Hohen Tauern (Penninikum) mit den grünen, hügeligen Kitzbüheler Alpen im Mittelgrund. Letztere gehören zur Grauwackenzone und bilden das stratigraphisch Liegende der Nördlichen Kalkalpen im Vordergrund. Tief eingeschnitten liegt das Becken von Saalfelden beinahe 1800 Meter unter uns, das sich nach Norden mit dem Zeller See bis an die Basis der Glocknergruppe erstreckt. Am Fuß des Hundstod-Gipfelhanges liegen die beiden Überschiebungen, die bereits in Abb. 199 zu sehen sind. Der orangefarbene Pfeil markiert das Ingolstädter Haus, der gelbe Pfeil das Braunkohle-Vorkommen in der Hundstodscharte.

201 benachbarten, etwas höheren Watzmann, blickt man doch weit und ungehindert hinüber zu den weißen Gletscherbergen der Zentralalpen und den tiefen Tälern zwischen den Nördlichen Kalkalpen und den Hohen Tauern. Ganz im Osten erkennt man bei klarer Sicht die Hochalmspitze, es folgen der Hocharn als höchster Gipfel der Goldberggruppe und natürlich der Großglockner als höchster Berg Österreichs. Den Gipfelreigen vervollständigen Großvenediger und – wieder weit entfernt, diesmal aber im Westen – die Eisgipfel der Zillertaler Alpen. Vor der zum tiefen alpinen Stockwerk des Penninikums gehörenden, kristallinen Zentralalpenkette liegen die grünen Kämme der Kitzbüheler Alpen und der Salzburger Schieferalpen. Beide sind Teil der Grauwackenzone, die das paläozoische, jedoch teilweise abgescherte stratigraphisch Liegende zu den Nördlichen Kalkalpen bildet. Die bleiche, verkarstete Hochfläche des Steinernen Meeres, die sich bis an die sichtbaren Grenzen des Gebirgsstockes ausschließlich aus obertriassischen Dachsteinkalken aufbaut, scheint von hier wirklich wie ein wogendes Meer. Und mit dem Wissen um die Überschiebungen unter uns, die den Hundstod zumindest teilweise wie einen gigantischen steinernen Klotz auf dieses Hochplateau aufschieben konnten, fühlt sich der ein oder andere vielleicht wie am höchsten Punkt eines Schiffbugs. Segel setzen im Steinernen Meer.

202 Wenden wir uns nach Norden, erwartet uns eine ganz andere Szenerie: Die Aussicht ist nicht so offen wie der Blick nach Süden, sondern zeigt die schroffe, wilde und unnahbare Seite der Berchtesgadener Alpen. Uns gegenüber liegt der Watzmann-Südgipfel mit den grüngrauen Trabanten-Zweitausendern Hirschwieskopf und Hachelköpfe. Unter diesen liegt der Trischübel-Pass, über den wir gestern zum Hundstodgatterl gestiegen sind. Jenseits der Passhöhe erstreckt sich das weitläufige Kar mit der Watzmann-Kammerlinghorn-Aufschiebung, die man hier aus der Vogelperspektive nochmals im Überblick sieht; und die von der markanten sinistralen Hundstodkendelkopf-Graskopf-Seitenverschiebung wie mit dem Messer zerteilt wird.

203 Im Nordwesten liegt tief eingeschnitten der breite, hellgraue Schuttstrom des Wimbachgrieses und dahinter die bleiche wuchtige, kaum gegliederte Mauer des Hochkalter-Massivs mit seinen zahlreichen

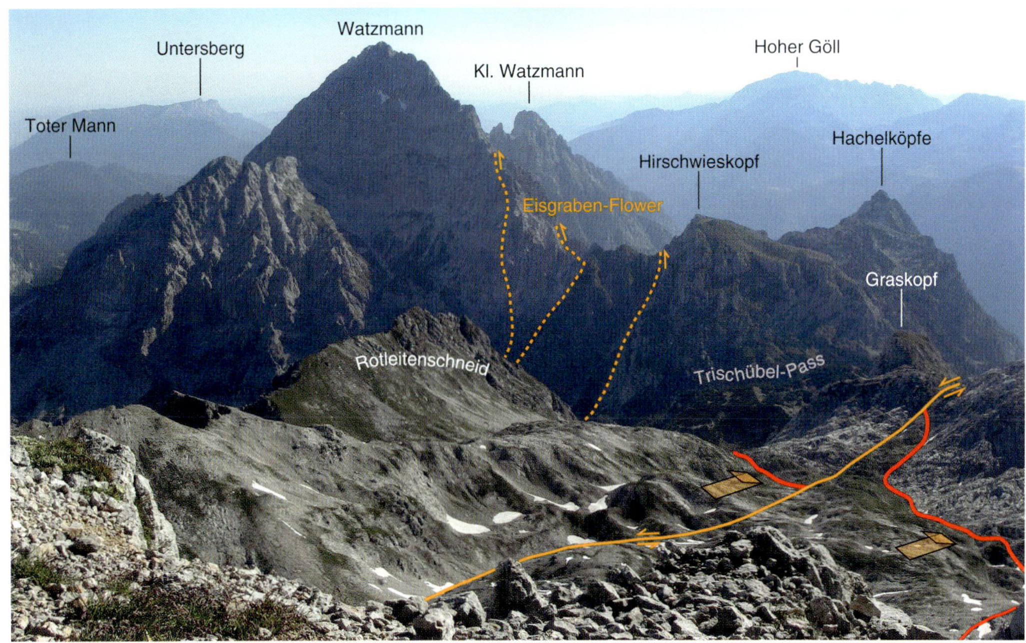

Abb. 202. Ausblick vom Hundstod-Gipfel nach Norden zu Watzmann-Südspitze und Trischübel-Pass. Im Hochkar mehrere hundert Meter unter uns erkennt man die landschaftsprägende Watzmann-Kammerlinghorn-Aufschiebung (rot) mit der sinistralen Hundstodkendelkopf-Graskopf-Seitenverschiebung (orange) und der »Eisgraben-Flower-Structure« (orange strichliert) zwischen Watzmann und Hirschwieskopf (siehe Exkursion **O***).*

Gipfeln. Über der offenen Pforte der Sittersbachscharte erkennt man im Hintergrund die Reiteralm und nochmals dahinter die grünen Berge der Chiemgauer Alpen (vgl. mit Abb. 54).

Beim Abstieg vom Gipfel des Großen Hundstodes zurück zum Hochplateau des Steinernen Meeres und zum Ingolstädter Haus – insbesondere in den Schrofen im unteren Abschnitt – ist nochmals besondere Vorsicht geboten. Nach etwa einer knappen Stunde Gehzeit ist auch diese Etappe geschafft.

Abb. 203. Aussicht vom Hundstod nach Nordwesten ins Wimbachtal mit dem Hochkalter-Massiv (vgl. mit Exkursion **K** *und dort mit Abb. 54).*

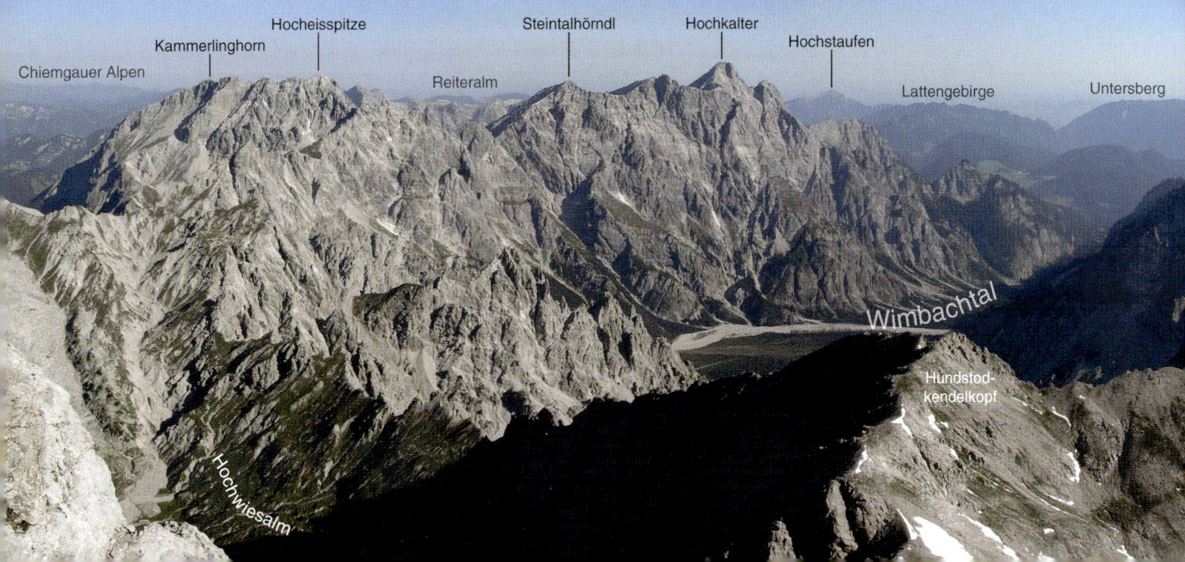

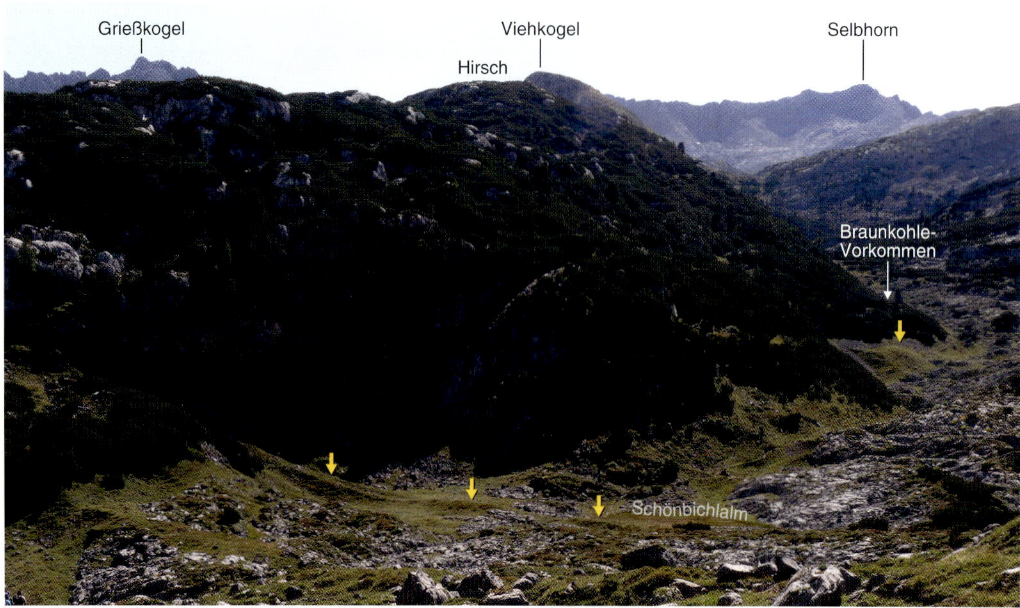

Abb. 204. In der begrünten Senke der verfallenen Schönbichlalm unter dem Hirsch treffen wir neben verkarstetem Dachsteinkalk auch auf flache, spätwürmzeitliche Moränenwälle (gelbe Pfeile) (Foto: VOLKER DIERSCHE).

④ Wieder Braunkohle – die Altlandschaft lässt grüßen!

Den ersten Abschnitt des langen Abstieges vom Ingolstädter Haus hinab ins Funtensee-Becken mit dem Kärlingerhaus kennen wir bereits von gestern – zumindest bis zur Wegvereinigung mit dem Steig, der von links vom Hundstodgatterl zu uns stößt. Bis dorthin folgen wir praktisch der Hundstod-Überschiebung. Auf dem uns noch unbekannten Wegabschnitt hinab bis zur bereits seit Langem verfallenen Schönbichlalm bleibt der gut kenntliche und ausgebaute Steig ebenfalls im Verlauf der Überschiebungsbahn: rechts von uns steigt die latschenüberwucherte Riesenplatte des Steinernen Meeres beständig an, links des Steiges baut sich über schmalen, mit Blocksturz-Schutt übersäten Geröllfeldern die bleiche Südflanke des Schneibers auf.

Die hier vorherrschende Lithologie sind die allgegenwärtigen Dachsteinkalke, allerdings in unterschiedlicher Ausprägung. Lokal von Rotkalk-Spalten durchzogen, treffen wir hin und wieder entlang der Hundstod-Überschiebungsbahn auf Dolomitkalke. Da das Vorkommen solcher früher als "Karnisch-Norischer Dolomit" kartierter Dolomitkalke an die Hundstod-Überschiebung gekoppelt ist und im weiteren Umfeld ausschließlich dort auftritt, handelt es sich wohl nicht um das stratigraphisch Liegende des Dachsteinkalkes, sondern um sekundär dolomitisierten Dachsteinkalk ("Dachsteindolomit" i.w.S.).

Langsam mischt sich wieder Grün in das karge, beinahe eintönige Grau des Steinernen Meeres zurück. Auf etwa 1800 Metern Höhe erreichen wir den Kessel der einstigen Schönbichlalm unter dem latschenüberwucherten, 1993 Meter hohen Hirsch.

Zwischen den verkarsteten hellgrauen Dachsteinkalken neben dem Steig bemerken wir nur meterhohe, aber langgestreckte Wallformen, die sich in West-Ost-Richtung quer zur schmalen Senke ziehen. Wie zuvor vom Anstieg zum Ingolstädter Haus beschrieben, stoßen wir auch hier auf Hinterlassenschaften der letzten Eiszeit und auf schmale Seitenmoränenwälle eines spätglazialen Stadiums des einstigen Plateau-Gletschers am Steinernen Meer. Ein weiteres Moränenvorkommen liegt wenige
204 Gehminuten weiter, noch auf der Westseite des Hirsches.

Kurz hinter der 1801 Meter hochgelegenen Senke der Schönbichlalm beginnt der Pfad etwa 70 Höhenmeter anzusteigen bis zum flachen Sattel "In der Eul".

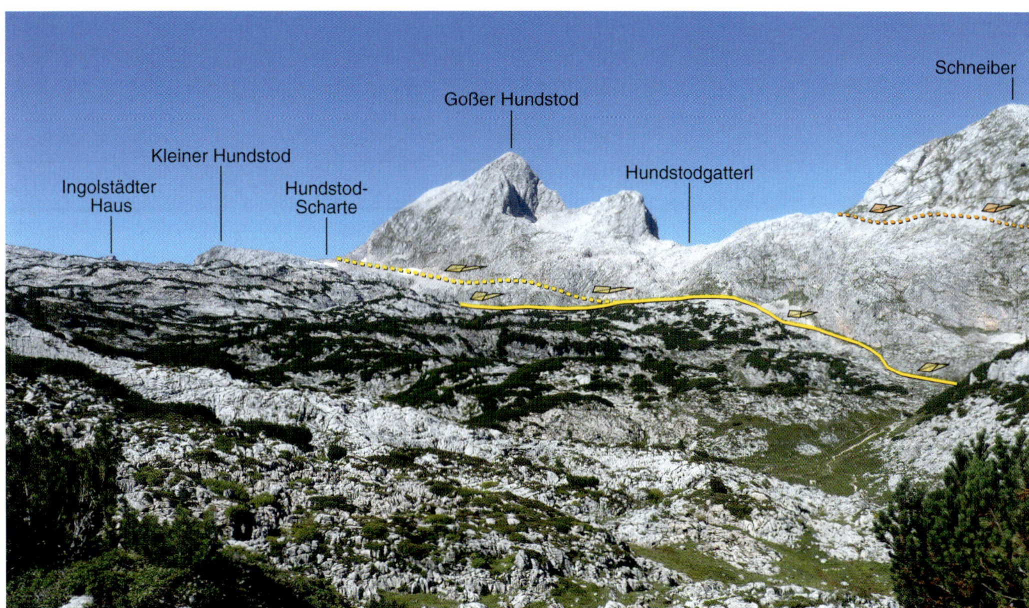

Abb. 205. Rückblick von der Westseite des Hirsches (»In der Eul«) in Richtung Großer Hundstod. Gut zu sehen ist die Hundstod-Überschiebung (gelb) sowie die »Schneiber-Überschiebung« (orange). (Fotos: Volker Diersche)

205 Hier haben wir einen sehr schönen Rückblick zu
Ingolstädter Haus, Großem Hundstod, Hundstodgatterl sowie Schneiber, und überblicken
nochmals den westlichen Teil der Hundstod-
rofil 3 Überschiebung. Auch die lokale, tektonisch
gleichsinnige "Schneiber-Überschiebung" knapp
200 Höhenmeter über der Hundstod-Überschiebung rückt ins Blickfeld.

Auf der Südwestseite des Hirsches gelegen, kommen
wir zum zweiten bekannten Braunkohle-Vorkommen
des Steinernen Meeres. Wir müssen es nicht einmal
suchen, denn der Weg in Richtung Kärlingerhaus
verläuft auf knapp 100 Meter Wegstrecke direkt neben
206 den auswitternden schwarzen Holzkohle-Stückchen.

Kaum zu glauben, dass auch dieses Vorkommen hier viele Millionen Jahre alt ist. Wieder finden sich Braunkohlen entlang der Hundstod-Überschiebung, wieder eingequetscht bei gebirgsbildenden Prozessen und erhalten bis die Gegenwart. Entdeckt wurde dieses Vorkommen bereits vor beinahe 100 Jahre durch die Geologin Nora Hoffmann (Hoffmann 1928) und – genauso

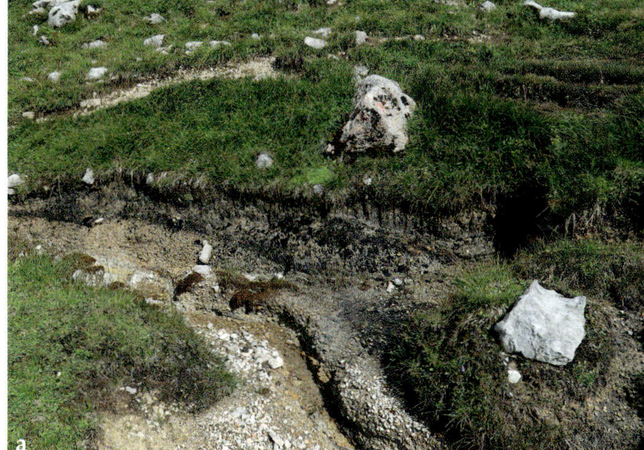

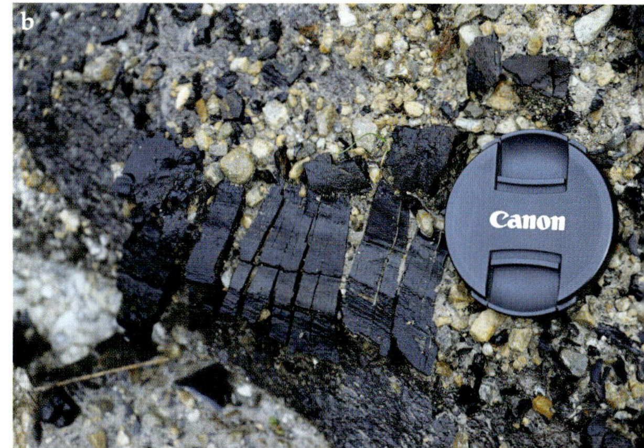

Abb. 206. Das Braunkohlevorkommen am Hirsch ist knapp 100 Meter längs des Wanderweges teilweise gut erschlossen.

wie das Braunkohlevorkommen in der Hundstodscharte zuvor – der alpinen Gosau zugerechnet. Genauer erforscht wurde es erst kürzlich durch den Geologen Volker DIERSCHE in Zusammenarbeit mit verschiedenen deutschen Forschungs-Einrichtungen. Dabei konnten aus der Kohle Pollen extrahiert werden, die auf ein insgesamt gemäßigt warmes Klima schließen lassen, wie es hier im Zeitraum zwischen 23 und 11 Millionen Jahren vor heute vorherrschte. Man fand die Hinterlassenschaften von Kiefern, Platanen, Eichen, Tannenbaum, Hickory, Flügelnuss und Zypressen.

> Von der Südseite des Hirsches steigt der Pfad stetig bergab und erreicht einen kleinen, schütteren Lärchenwald. Nach der grauen Kalkwüste der vergangenen beiden Tage eine willkommene Abwechslung! Von hier sind es nur noch knappe 20 Gehminuten zu einer der größten und beliebtesten Schutzhütten der Bayerischen Alpen – dem Kärlingerhaus am Funtensee.

207 Das Gebäude nordwestlich über dem See fällt sofort ins Auge. Gelegen auf 1638 Meter Höhe im Funtensee-Becken, wirkt es in diesem von der Welt abgeschotteten Hochgebirgskessel wie aus der Zeit gefallen. Ringsherum nur Natur, Wälder und grüne Wiesen, stumme Berge, keine Straße, kein Lärm.

Almwirtschaft am Funtensee ist seit dem 14. Jahrhundert belegt, und die mehr als 100 Jahre lang bestoßene Funtenseealm wurde erst in den 1960er-Jahren aufgegeben. Einen ganz anderen Stellenwert neben der einstigen Alm- und Weidewirtschaft hat der Alpinismus in dieser Ecke des Steinernen Meeres: so liest sich die Geschichte des Kärlingerhauses ganz ähnlich wie viele "Biografien" alpiner Schutzhütten: Bereits im Jahr 1879 als Stützpunkt und als *Funtenseehaus* für einen langsam gedeihenden alpinen Tourismus erdacht und gebaut, wurde es bald zu klein und schon 1890 erstmals erweitert. Seither hat der altehrwürdige Bau weitere Ausbauten gesehen, bot berühmten Persönlichkeiten wie dem Prinzregenten Luitpold von Bayern Obdach und feierte im Jahr 2019 sein 140jähriges Bestehen. Im Jahr 1910 wurde das Funtenseehaus nach einem früheren Vorstand der Alpenvereinssektion Berchtesgaden namens KAJETAN KÄRLINGER in den heute gebräuchlichen Namen *Kärlingerhaus* umbenannt.

Aufgrund der langen Zustiegswege – der kürzeste vom Königssee/Haltestelle Salet in vier Stunden (mit Schifffahrt fünf Stunden), der längste vom Matrashaus am Hochkönig in 12 Stunden (!) – eignet sich das Kärlingerhaus wie das Ingolstädter Haus zuvor nicht wirklich für Tagesgäste. Allein schon deswegen, weil die kürzesten Anstiege direkt vom Fahrplan der Königssee-Schifffahrt abhängig sind und dieser selbst im Hochsommer nur den Zeitbereich zwischen 8.00 und 18.00 Uhr abdeckt. Mit einer Fahrt bis St. Bartholomä blieben dann nur etwas mehr als 9 Stunden für Auf- und Abstieg zum Kärlingerhaus. Da muss man kein Rechenkünstler sein, um zu verstehen, dass eine Tagestour zum Funtensee vor allem mit Zeitstress verbunden ist. Tagestouristen kommen folglich fast nie hierher – jedoch sorgen mehrere, sternförmig dem Funtensee zustrebende Wanderwege bei schönem Wetter abends vor der Hütte oder in der Gaststube keinesfalls für soziale und zwischenmenschliche Langeweile.

5 Ein erdgeschichtlicher Tausendsassa: Geologisches, Geomorphologisches, Hydrologisches und Klimatologisches vom Funtensee.

Am Funtensee und seinen umzingelnden Bergen könnte man eine Exkursionswoche bleiben und hätte doch nicht alles gesehen, geschweige denn, verstanden. So muss dieses Kapitel die vier naturwissenschaftlichen Schlagworte, die in der Überschrift stehen, in sehr geraffter Form zusammenfassen und in Einklang bringen. Zunächst einmal zur geologisch-geomorphologischen Geschichte des Funtensees selbst. Kaum jemand rechnet auf einem Karst-Hochplateau wie dem Steinernen Meer mit einem See. Wie bereits bei Exkursion N im Falle des Seeleinsees exemplarisch geschildert, können wasserstauende Moränensedimente in schüsselförmigen Depressionen die Bildung von Niederschlagswasser-gespeisten Seen begünstigen. Dazu muss man verstehen, wie das Funtensee-
Profil 4 Becken überhaupt entstanden ist. Im Bauplan des Steinernen Meeres liegt an dieser Stelle eine tektonische Mulde: so fallen die Dachsteinkalke am Glunkerer (1932 m) und Feldkogel (1886 m) nordöstlich vom Funtensee nach Süden ein, am Stuhlgraben südwestlich jedoch nach Norden. Im Zuge der Verfaltung im ausgehenden Jura kam es zur Überschiebung des Tirolikums durch die ursprünglich südlicher gelegene Berchtesgaden-Decke. Dieses tektonische Einheit "verlor" im Zuge ihrer Platznahme auf tirolischem Untergrund einige Deckenschollen (siehe Band 40, Kapitel 6

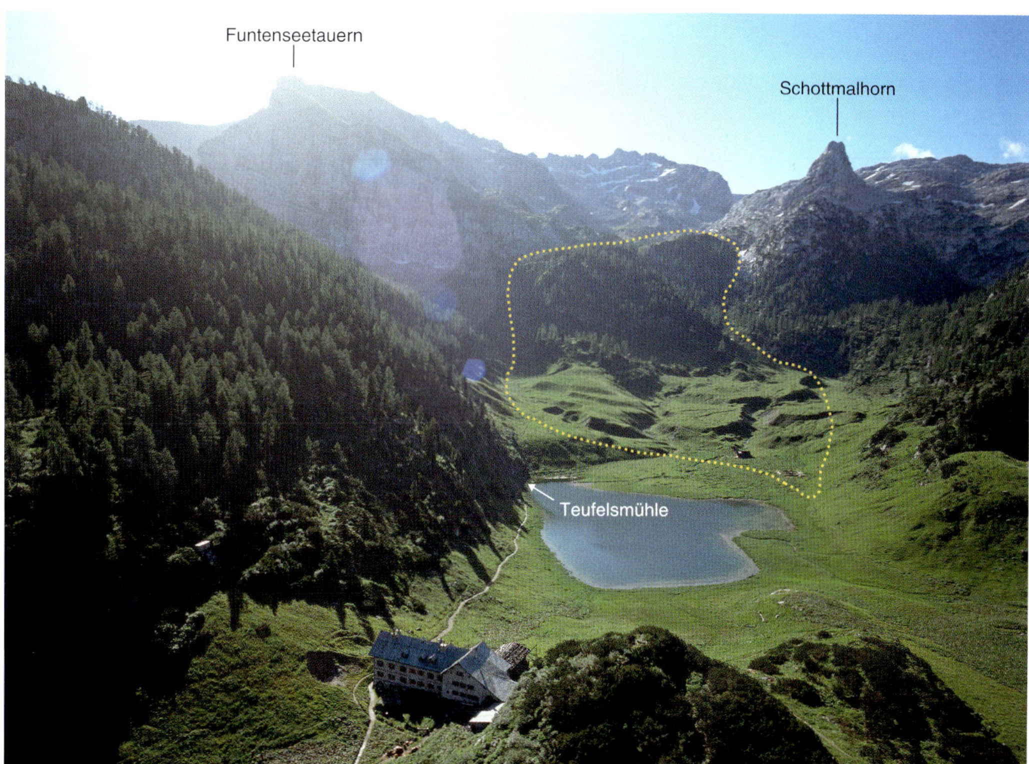

Abb. 207. Das Kärlingerhaus und der Funtensee vor der eindrucksvollen Kulisse von Funtenseetauern (2579 m) und Schottmalhorn (2225 m). Mit dem schwarzen Pfeil ist mit der Teufelsmühle im südöstlichen Eck des Funtensees der einzige Abfluss des Sees markiert. Gelb punktiert umrandet ist eine isolierte Scholle der Berchtesgaden-Decke markiert (»Funtensee-Deckenscholle«, siehe Exkursion R), die mit unter- und mitteltriassischen Einheiten auf einer triassisch-jurassischen Abfolge von Dachsteinkalk bis Sillenkopf-Formation aufliegt (Foto: Archiv Nationalpark Berchtesgaden).

sowie die Exkursionen M und O), von denen eine zwischen dem Ostufer des Funtensees und der jäh aufragenden Stuhlwand liegt (Vorgipfel des Funtenseetauerns, siehe auch Exkursion R). Den übergrünten, erosiv zerfurchten Weiden und dem dahinter gelegenen Lärchenwald liegen unter- und mitteltriassische Einheiten von Haselgebirge bis Ramsaudolomit zugrunde. Ihrerseits lagern sie allerdings einer nahezu vollständigen obertriassischen bis oberjurassischen Abfolge auf, begonnen mit Dachsteinkalken und abgeschlossen mit der Sillenkopf-Formation (vgl. Exkursionen N und R). Aufgrund der groben Brekzien-Bildung innerhalb dieser lithologischen Einheit spricht man hier im Steinernen Meer neuerdings vom "Ledererkar-Member" (sensu VOLKER DIERSCHE, unpublizierte Daten). Gesteine dieses Typs finden sich nördlich des Rennergrabens als Zufluss östlich des Funtensees im Ledererkar und dokumentieren eine Platznahme der Berchtesgadener Deckenschollen bereits während des Oberen Juras (Exkursion R).

Wie bereits mehrfach angedeutet, befinden wir uns mit dem Steinernen Meer auf einer tertiären Altlandschaft, auf der es Höhen und Täler gegeben hat. Deren Entstehung lag naturgegeben geologischen Strukturen zugrunde – und vermutlich befand sich an der Stelle des Funtensees bereits während des ausgehenden Paläogens vor mehr als 35 Millionen Jahren eine talartige Senke. Mit der Hebung des Gebirges im ausgehenden Alttertiär wurden die bestehenden geologischen Strukturen reaktiviert und zusätzlich durch Verkarstung des kalkigen Untergrundes verstärkt und überprägt. Im Kern der Funtensee-Synklinale mit dem höchsten tektonischen Stressfeld und der daraus resultierenden engständigen Kluftdichte konnte die Verkarstung von Dachsteinkalken schneller voranschreiten als an den Rändern, was letztendlich mehrere größere, unregelmäßig geformte Verbruchs-Strukturen zur Folge hatten. So umspannen die Gegend um den Funtensee zwei große Depressionen: eine kleinere, unmittelbar nordwestlich des Kärlingerhaus gelegene ("In der Geigen") und eine weitaus größere Struktur südöstlich, in deren tiefstem Punkt heute der Funtensee liegt. Auf der Felsschwelle zwischen beiden Hohlformen wurde das Kärlingerhaus errichtet. Derartige langgestreckt irreguläre, oft auch schüsselförmige Depressionen, die manchmal kettenartig zusammenhängen, bezeichnet man als Uvala (FISCHER 1985, siehe auch Infokasten 1, S. 17). Zusätzlich entstand im Funtensee-Becken womöglich im Oligozän ein Ost-West-gerichteter Grabenbruch, der an seiner Nordost-Seite gegen den Glunkerer von staffelartigen Grabenbrüchen begleitet ist und auch die Funtensee-Deckenscholle an den Grabenrändern abgeschoben hat. FISCHER (1985) nimmt Versatzbeträge innerhalb des Dachsteinkalkes von bis zu 300 Meter an.

Die Geologie ist die eine Sache, die aktuelle Geomorphologie die andere. In jüngerer erdgeschichtlicher Vergangenheit wurde die Funtensee-Uvala durch die mehrfache Vergletscherung des Steinernen Meeres während des Pleistozäns regelrecht ausgehobelt. Wie bereits in Band 40, Kapitel 6 kurz umrissen, trennte der hochalpine Verbindungsgrat vom Funtenseetauern zum Selbhorn den Steinerne Meer-Gletscher in ein östliches und ein westliches Gletscherdach. Während der Eisstrom über die Senke der heutigen Wasseralm ins Obersee- beziehungsweise Königsseebecken abfloss, erreichten im östlichen Gletscherdach drei Eisströme unser Gebiet: Von Südwesten reichte ein Gletscher ins Funtensee-Becken, der seinen Ursprung unter Hundstod und Schindlköpfen hatte. Der zentrale Eisstrom zwängte sich zwischen Viehkogel und Schottmalhorn von Süden hierher und ein dritter Gletscherast lag zwischen Stuhlwand und Schottmalhorn. Sowohl Viehkogel, als auch das schmale Schottmalhorn sind sogenannte Torsäulen, also von zwei sich parallel bewegenden Gletscherströmen regelrecht nadelförmig zugeschliffene Bergformen (Ähnliches berichtet Exkursion Ⓗ in Band 40 vom Pflughörndl über der Scharitzkehl am Hohen Göll). Beide dürften auch während des "Last Glacial Maximums" (kurz LGM), also dem würmzeitlichen Eis-Höchststand als Nunatakker aus der Eisfläche geragt haben. Diese füllte das Funtensee-Becken zur Gänze aus und floss sogar – zumindest kurzzeitig während des LGM – über den Glunkerer und Feldkogel hinweg direkt ins Königsseebecken.

Durch die mahlende Tätigkeit der Eisströme wurde das Funtensee-Becken deutlich ausgeschürft und – letztendlich begünstigt durch die relativ weichen und erosiven Dolomitkalke der in der Funtensee-Uvala liegenden Berchtesgadener Deckenscholle – kräftig übertieft. Es erscheint durchaus wahrscheinlich, dass ein Großteil der allochthonen Deckenscholle dem pleistozänen Eishobel zum Opfer fiel und heute nur noch Relikte einer einst viel mächtigeren Schichtenfolge vorliegen. Gerade im Nordwesten des Beckens wurde die Funtensee-Deckenscholle vollständig auf den tirolischen Untergrund (Dachsteinkalk) abgetragen – sehr schöne Gletscherschliffe als Zeugen der stark abrasiven Eistätigkeit finden sich im direkten Umfeld des Kärlingerhauses. Zusammenfassend kann also ausgesagt werden, dass dem Funtensee-Becken ein jahrmillionenaltes, "polygenetisches" Zusammenspiel aus Geologie und Glazial-Geomorphologie zugrunde liegt. Als sich das Eis im Würm-Spätglazial vor etwa 10 000 Jahren endgültig aus dem Steinernem Meer zurückzog, hatten die Berge rings um uns herum ihre heutige Gestalt. Diese Jahreszahl bestätigen übrigens Bohrdaten aus Seesedimenten des Funtensees: seit mehr als 10 000 Jahren gab es keine nennenswerte Sedimentationsunterbrechung und damit einen Funtensee – wenn auch nicht in heutiger Gestalt und Größe. So zeigen Korrosionsflächen am Südwesthang des Glunkerers und entsprechend damit assoziierte fluvioglaziale Schotter, dass der maximale Seespiegel bis 1662 Meter gereicht haben mag und damit knapp 60 Meter höher lag als heute (FISCHER 1985). Und die markanten, von tiefen Erosionsrinnen durchzogenen Akkumulationsmassen im Südost des Sees – genau dem Kärlingerhaus gegenüber – sind wohl Überreste einstiger in den See reichenden Delta-Fächer (siehe auch Exkursion Ⓡ).

Zur Anlage des Funtensees: Wie bereits erwähnt, ist für die Anlage eines Sees in einem Karst-Hochgebirge das Vorkommen von wasserstauendem Feinsediment im Untergrund essentiell. Das Problem ist, dass die Grundmoränenauflage des Funtensee-Beckens lückenhaft und nicht durchgängig ist. Normalerweise hätte dementsprechend freiliegender, verkarstungsfähiger Untergrund zur Folge, dass sich hier nie ein See hätte bilden können. Die Lösung des Problems ist vielschichtig: Zumindest während des ausgehenden Spätglazials kann von einer durchgehenden Permafrostdecke und einer weitgehenden Plombierung der Karstwege zumindest in dieser Zeit ausgegangen werden. Nach und nach lagerten sich im See aus durch Erosion zerriebenem Gestein und unlöslichen Bestandteilen tonig-silitige Feinsedimente ab, die nach Rückgang und Ausbleiben des Permafrostes die Abdichtung des Sees übernahmen. So gilt auch hier, was zuvor bereits zum Funtensee gesagt wurde. Er ist ein erdgeschichtlicher Tausendsassa – und das in jeder Beziehung!

Kommen wir zur Hydrologie: Durch den Rückgang des Permafrostes am Funtensee wurden wichtige hydrographisch wirksame Karstwasserwege reaktiviert und der See senkte sich wohl rasch auf sein heutiges Spiegelniveau ab. Sein theoretisch mögliches, da morphologisch wirksames Einzugsgebiet von etwa 10 Quadratkilometern dürfte irreal groß sein, allein schon wegen des verkarstungsfähigen Untergrunds. Die mit Moränenmaterial und postglazialen Seetonen sowie sonstigen Feinsedimenten bedeckte Fläche von etwa 0,5 Quadratkilometern sollte etwas zu klein gegriffen sein, weswegen JASKOLLA et al. (1985) von einem Einzugsgebiet eines knappen Quadratkilometers ausgehen. Innerhalb dieser Bereiche zeigen die Hänge um den See durchschnittlich Neigungen von rund 30°. Seine derzeitige Fläche beträgt gemittelt knapp 34 000 Quadratmeter.

Sicherlich wird den meisten der Wanderer und Bergsteigern auffallen, dass der Funtensee keinen oberirdischen Abfluss hat. Sein Wasser erhält er aus östlicher Richtung durch den Rennergraben und den Stuhlgraben gleichermaßen. Ersterer kommt aus dem Stuhlwandkar, Letzterer entspringt in den Karstfeldern unterhalb des Schottmalhorns. Mit dem Wissen um eine umgebende Karstlandschaft und keinen oberflächlichen Abfluss kommt nur ein unterirdisches Ableitungssystem infrage. Und das ist die Teufelsmühle, ein verstürzter Ponor (Schluckloch) an der Ostseite des Sees, an dem der Steig vom Kärlingerhaus zum Feldkogel unmittelbar vorbei führt. Hinter der Felswand ist manchmal ein entsprechendes gurgelndes Geräusch vom unterirdischen Abfluss des Überwassers zu hören. Durch Tracerversuche wurde nachgewiesen, dass das abfließende Wasser binnen 11 Stunden den ziemlich genau 1000 Meter tiefer gelegenen Königssee erreicht – und darüber hinaus wohl auch den Wasserstand in der Salzgrabenhöhle beeinflusst (siehe Exkursion O). Natürlich hat man auch ausgerechnet, wie viel Wasser übers Jahr gemittelt pro Sekunde durch die Teufelmühle gurgelt: es sind 57 Liter pro Sekunde oder 4885 Kubikmeter pro Tag.

Bliebe noch die Sache mit dem Klima: Auch hier ist der Funtensee besonders, markiert seine Lage doch den – allerdings inoffiziellen – Kältepol Deutschlands. Am Heiligabend des Jahres 2001 registrierte eine Wetterstation des deutschen Meteorologen Jörg Kachelmann eine Temperatur von -45,9 °C! Das war immerhin so spektakulär, dass der damals wohl bekannteste deutsche Wettervorhersager Höchstselbst zum Funtensee geflogen wurde, um den Superlativ "live" zu erleben. Vom Deutschen Wetterdienst wurde der Rekord der "Konkurrenz" jedoch nie anerkannt. Sei es, wie es sei, derartige Kälteextreme verdankt der Funtensee seiner abgeschlossenen topographischen Lage am Grund eines Beckens, das ringsherum von Bergen umgeben ist. Im Winter erreicht kaum die Sonne den See, in der Nacht wird die Restwärme abgestrahlt und die entstehende kalte, schwere Luft kann nicht abfließen: es bildet sich eine Art Kaltluftsee über dem Funtensee. Am Kärlingerhaus knapp 30 Meter höher können die Lufttemperaturen dann mehr als 30 Grad höher sein!

Der Funtensee ist natürlich auch im Geotop-Kataster des Bayerischen Landesamtes für Umwelt geführt, und als entsprechend wertvolles noch dazu (Geotop-Nr. 172R002, Objekt-ID 8543GT000001).

Nach so viel Naturwissenschaftlichem haben wir uns eine Stärkung redlich verdient! Natürlich halten die Berge und das Steinerne Meer – insbesondere der wuchtige Funtenseetauern – noch so manches geologisches Geheimnis bereits, von dem erzählt werden könnte. Hierfür sei auf Exkursion R verwiesen, die sich dem Steinernen Meer in ausgiebiger Form widmet.

Und wer das Glück hat, einen schönen lauen Sommerabend auf der Terrasse des Kärlingerhauses erleben zu dürfen, zu sehen, wie die Adneter Rotkalke am Stuhljoch in der tiefstehenden Abendsonne buchstäblich zu brennen beginnen, der wird wiederkommen, egal, wie beschwerlich die Anstiege sein mögen!

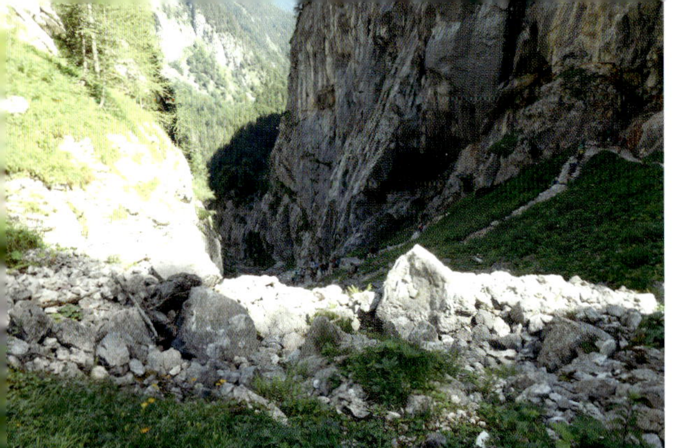

Abb. 208. Die steile Saugasse, die hinab zum Schrainbach führt, wird auf zahlreichen Kehren, aber auf durchwegs gut ausgebauten Steig überwunden (Foto: Archiv Nationalpark Berchtesgaden).

6 Durchs Ofenloch und die Saugasse zurück in einem uralten Talsystem zum Königssee

Der lange Abstieg zum Königssee beginnt mit einem kurzen Aufstieg. Der nordwestliche Teil der Funtensee-Uvala "In der Geigen" wird durchwandert, auf 1672 Meter ist der höchste Punkt erreicht. Eine weitere, von Nord nach Süd ausgerichtete Uvala mit geringmächtigen Moränenresten wird der Länge nach gequert, bis man über einen mit Latschen bewachsenen Rücken kommt, der zur Abbruchwand des "Ofenlochs" führt.

Mit diesem markanten wie einprägsamen Flurnamen tauchen wir in ein vermutlich bereits im Alttertiär angelegtes Talsystem ein, über welches das Steinerne Meer einst nach Nord und Nordwest in Richtung Königssee entwässerte. Dies geschah allerdings zu einer Zeit, als sich das Gebiet noch in einem höchstens mittelgebirgsähnlichen Zustand wenige hundert Meter über dem damaligen Meeresspiegel befand, noch nicht derart verkarstet war, das Niederschlagswasser noch oberflächlich abfloss und es so etwas wie Grundwasserströme gab (FISCHER 1985). Man hat sogar versucht, den Verlauf des einstigen Hauptvorfluters zu rekonstruieren und glaubt, ihn vom Südrand des Steinernen Meeres über das talartig eingeschnittene und durch eiszeitliche Gletscher ausgehobelte Baumgartl (zwischen Viehkogel und Schottmalhorn) in die Funtensee-Uvala und weiter bis zu unserem Standort gefunden zu haben. Heute wandern wir mehr als 1600 Meter über dem Meer und es ist sonderbar, sich in dem talartigen, komplett trockenen Taleinschnitt einen munter vor sich hinplätschernden Bach vorzustellen.

Der Steig windet sich sanft absteigend und sehr gut ausgebaut langsam zwischen dicht wachsenden Latschenfeldern talwärts. Auf etwa 1500 Metern Höhe gelangen wir an einen markanten Geländeknick, an dem unser Tal, der ab jetzt "Bärengraben" genannt wird, in Nord-Nordöstliche Richtung abknickt – bereits in Richtung Königssee, unserem Ziel. Eine knappe Stunde Gehzeit ab dem Kärlingerhaus kommen wir zu dem, was gerne als die "Schlüsselstelle" auf dem Weg vom Königssee zum Kärlingerhaus bezeichnet wird.

208 Die Saugasse ist ein etwa 45° steiler, geröllbedeckter, tektonisch entstandener Grabenbruch, der in einer schier endlosen Reihe von eng aufeinanderfolgenden Kehren überwunden wird. Für uns geht es die nächsten knappen 350 Höhenmeter in komfortabler Steigung nicht allzu steil bergab, aber im Gesichtsausdruck einiger entgegenkommenden Wanderer werden so etwas wir Erleichterung feststellen können, diesen "Geröllschlauch" endlich geschafft zu haben.

Wenn man die vielleicht zwickenden Knie außer Acht lassen kann, sollte die Saugasse als ein würdiger Schlusspunkt unserer alpinen geologischen Exkursion betrachtet werden. Beidseits von beinahe senkrecht aufragenden mit glatten, von Sickerwasserstreifen überzogenen Wänden aus Dachsteinkalken flankiert, steigen wir buchstäblich vom Steinernen Meer hinab und zurück in die Zivilisation – nach drei Tagen grauer Ödnis und weltabgeschiedener Winkel. Am Mausalpeck erreichen wir den links vom Trischübel-Pass und der Sigeretplatte herabkommenden Steig und gelangen bald danach auf die grüne Lichtung der Schrainbachalm mit den sanft vor sich hin glucksenden Schrainbach. Spätestens jetzt hat uns das Hier und Jetzt wieder und wir wandern wie bei Exkursion O beschrieben zum Königssee.

Literatur

HOFFMANN, N. (1928): Gosau im Steinernen Meer? – Centralblatt für Mineralogie, 1928, Abt. B, Stuttgart 1928.

FISCHER, K. (1985): Die Funtensee-Uvala im Steinernen Meer: – In: NATIONALPARKVERWALTUNG (Hrsg.): Der Funtensee – Naturkundliches Portrait eines subalpinen Sees – gemeinsame Veröffentlichung des öster reichischen und deutschen MaB-6-Beitrags. – Forschungsberichte des Nationalparks Berchtesgaden, 7: 23–36, Berchtesgaden.

JASKOLLA, F., G. KOHLHAMMER & J. SCHMOLLN (1985): Zur Geologie des Funtenseegebietes. – In: NATIONALPARKVERWALTUNG (Hrsg.): Der Funtensee – Naturkundliches Portrait eines subalpinen Sees – gemeinsame Veröffentlichung des österreichischen und deutschen MaB-6-Beitrags. – Forschungsberichte des Nationalparks Berchtesgaden, 7: 7–22, Berchtesgaden.

Ⓡ Des Kaisers purpurne Mäntel – eine Mehrtagestour vom Königsee zu Kärlingerhaus, Viehkogel, Funtenseetauern, Wasseralm und Großem Teufelshorn

Wegstrecke: Königssee (Salet) – Saugasse – Kärlingerhaus – Viehkogel (2158 m) – Kärlingerhaus (Übernachtung) – Funtenseetauern (2579 m) – Feldalm – Feldkogel – Kärlingerhaus (Übernachtung) – Grünsee – Schwarzsee – Halsköpfl – Moosscheibe – Wasseralm (Übernachtung) – Großes Teufelshorn (2362 m) – Röthsteig – Obersee – Königssee (Salet)

Geologie: Karstlandschaft Steinernes Meer – Viehkogel-Überschiebung – Funtensee-Deckenscholle – Adneter Rotkalke am Funtenseetauern – Ledererkar-Member und Funtenseetauern-Deckenscholle – Grünsee- und Schwarzsee-Uvala – Deckenscholle an der Moosscheibe – Deckenscholle am Hochecker – Geologie rund um Wasseralm und Teufelshorn – Röth-Wasserfall – Obersee.

Die (hoch)alpine Rundtour (etwa 42 km Länge, max. 3400 Höhenmeter in Auf- und Abstieg) ist als Viertages-Tour geplant. So hat man keinen Zeitdruck und kann die urtümliche Landschaft zwischen Steinernem Meer und südlichem Hagengebirge besser auf sich wirken lassen. Grundvoraussetzung für eine gelungene und vor allem gesunde Unternehmung ist unbedingt stabiles, gewitterfreies Wetter. Sowohl am Kärlingerhaus und vor allem an der Wasseralm ist in den Sommermonaten eine zeitige telefonische Reservierung beziehungsweise Buchung via Internet dringend angeraten (Kärlingerhaus über das Hüttenbuchungssystem des Alpenvereins, Wasseralm mit "Hütten-Holiday")! Die Anstiege zu Funtenseetauern und Großem Teufelshorn erfordern im steilen Gelände absolute Trittsicherheit, Schwindelfreiheit und einiges an Bergerfahrung. Bei Regen, Nebel und vor allem Gewitter sind die Hochgebiete des Steinernen Meeres und südlichem Hagengebirge im günstigsten Fall ungemütlich, und Unternehmungen hier werden schnell gefährlich bis undurchführbar (kein Handynetz)!

Abb. 209. Übersichtskarte der Exkursion Ⓡ, Ausschnitt Nordwest (Geodatenbasis: Bayerische Vermessungsverwaltung 2010-14244).

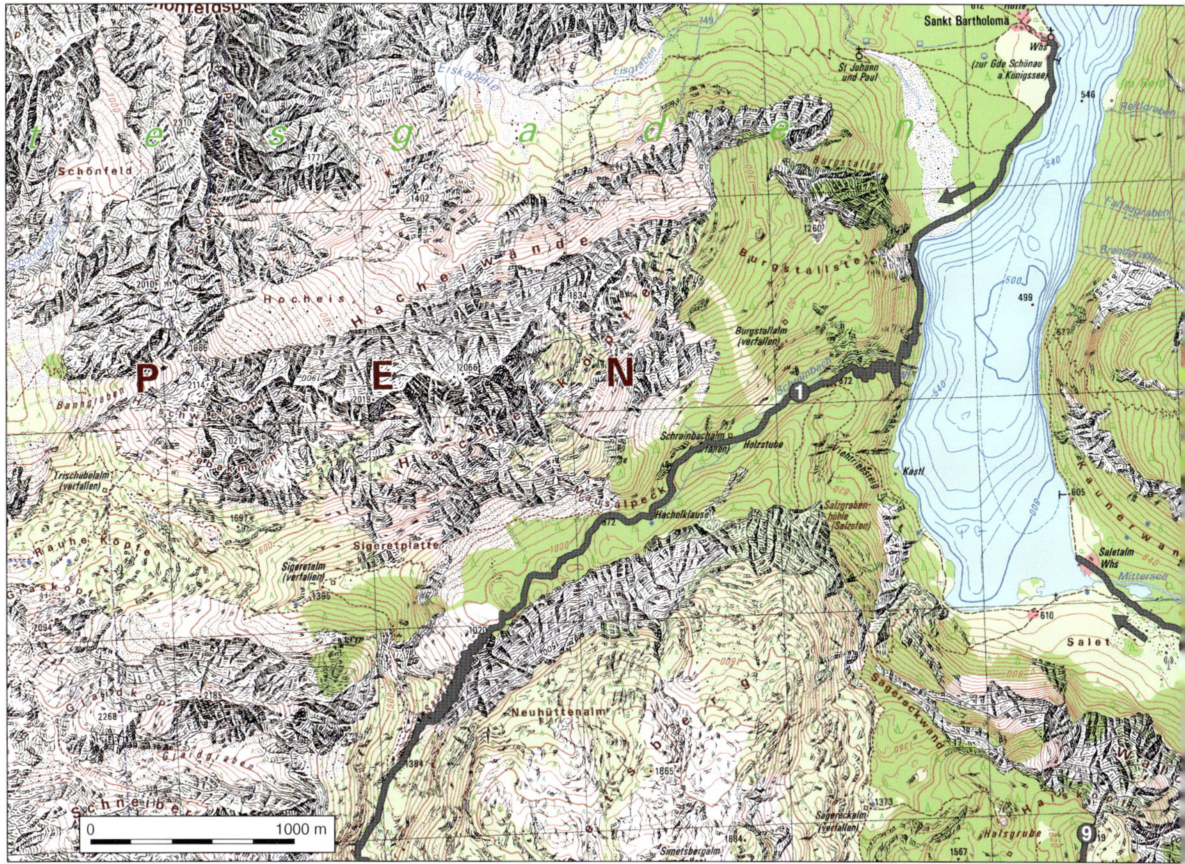

> Bei Schlechtwettereinbruch ist richtiges Kartenlesen und der Umgang mit dem Kompass sehr von Vorteil. Unabhängig vom Wetter, wird die Mitnahme von sehr gutem, knöchelhohem Schuhwerk und ausreichend Trinkwasser dringend angeraten!
>
> Die gesamte Exkursionsroute verläuft in der Kernzone des Nationalparks Berchtesgaden.

Das breite und wuchtige, mehrgipflige Massiv des Funtenseetauerns ist ein kleines Gebirge für sich selbst und kann von vielen Punkten bereits bei der Zufahrt zum Berchtesgadener Talkessel eingesehen werden. Selbst vom österreichischen Salzburg steht die unverkennbare breitschultrige Silhouette im Süden. Mag der Watzmann über dem Berchtesgadener Talkessel mit seinen klar gezeichneten, beinahe symmetrisch komponierten Formen das Wahrzeichen, quasi der "offizielle König" der Region sein, ist der Klotz des Funtenseetauerns über der schmalen Furche des Königssees so etwas wie der "stille Kaiser", der, von Norden aus betrachtet, über die grauen Einöden des Steinernen Meeres herrscht. Der große Unterschied zum Watzmann besteht einerseits in seiner Form, andererseits in der Erreichbarkeit, der Länge der Zustiege und der damit verbundenen Logistik. Ist der Watzmann durchaus an einem Tag von Berchtesgaden oder der Ramsau zu ersteigen, wird dies dem normalsterblichen Bergsteiger am Funtenseetauern durch den Königssee und den festen Zeiten der Königssee-Schifffahrt verwehrt. So bleibt nichts anderes übrig, wenigstens eine Zwei-, besser eine Mehrtagestour einzuplanen, denn die Region rund um den Funtenseetauern zählt zum Schönsten, was die Nördlichen Kalkalpen zu bieten haben. Gerade im Herbst mit sattgelb gefärbten Lärchenwäldern rund um den geheimnisvoll dunklen Funtensee, die im Kontrast zum Rotgrün der Almmatten und dem Stahlbau des Himmel stehen, wähnt man sich eher in Kanada als in einem Randbezirk des größten deutschen Bundeslandes.

Abb. 210. Übersichtskarte der Exkursion Ⓡ, Ausschnitt Südwest (Geodatenbasis: Bayerische Vermessungsverwaltung 2010-14244).

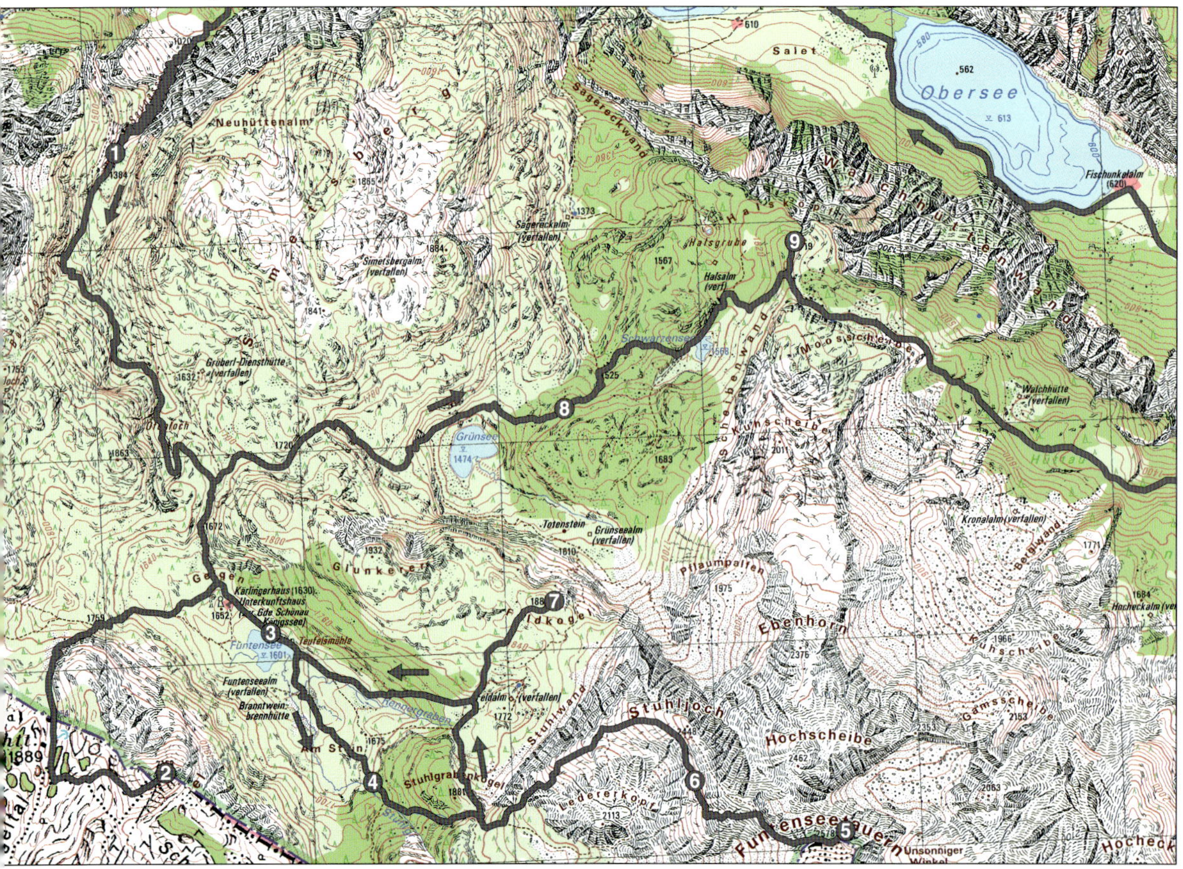

Die hier beschriebene Unternehmung ist so etwas wie die "Kaisertour" dieses und des Vorgängerbandes, gerade was Bergwelt, Einsamkeit und Natur angeht – meines Erachtens bewegt man sich auf den schönsten und erlebnisreichsten Pfaden, die die Berchtesgadener Alpen zu bieten haben.

Die hier vorgestellte Route kann mit den Exkursionen O und Q kombiniert werden.

1 Durch diese hohle Gasse muss er kommen! – Der lange Weg vom Königssee zum Kärlingerhaus.

Das erste Highlight unserer langen Unternehmung bekommen wir gleich zu Beginn serviert – und müssen nicht einmal viel dafür tun. Nach der hoffentlich erfolgreichen Parkplatzsuche am Königssee und dem kurzen Spaziergang durch die "Touristenmeile" der kleinen Ortschaft am See geht es mit dem nostalgischen Elektroboot (beinahe) lautlos über den blaugrün schimmernden Königssee in Richtung St. Bartholomä. Natürlich gibt es von der Bootsbesatzung nützliche und weniger nützliche Infos zu Natur, See und dem Berchtesgadener Land allgemein (Stichwort Schlafende Hexe und Berchtesgadener Brauhaus). Und das berühmte Echo vom Königssee darf natürlich auch nicht fehlen.

Nach etwas mehr als einer knappen halben Stunde Geschuckel über Wasser haben wir an der Wallfahrtskirche Sankt Bartholomä mit ihren dicken roten Zwiebeltürmen wieder festen Boden unter den Füßen und wandern gemütlich dem Ufer der Halbinsel Hirschau entlang nach Süden. Blickfang auf diesen Metern ist – gutes Wetter vorausgesetzt – die himmelstürmende Watzmann-Ostwand. 215

Zunächst folgt der breite Weg durch einen lichten Buchenwald, wenig später überqueren wir die Schotterfläche des Eisgrabenbaches, der unterirdisch und für uns nicht sichtbar den Königssee speist.

Abb. 211. Übersichtskarte der Exkursion R, Ausschnitt Ost (Geodatenbasis: Bayerische Vermessungsverwaltung 2010-14244).

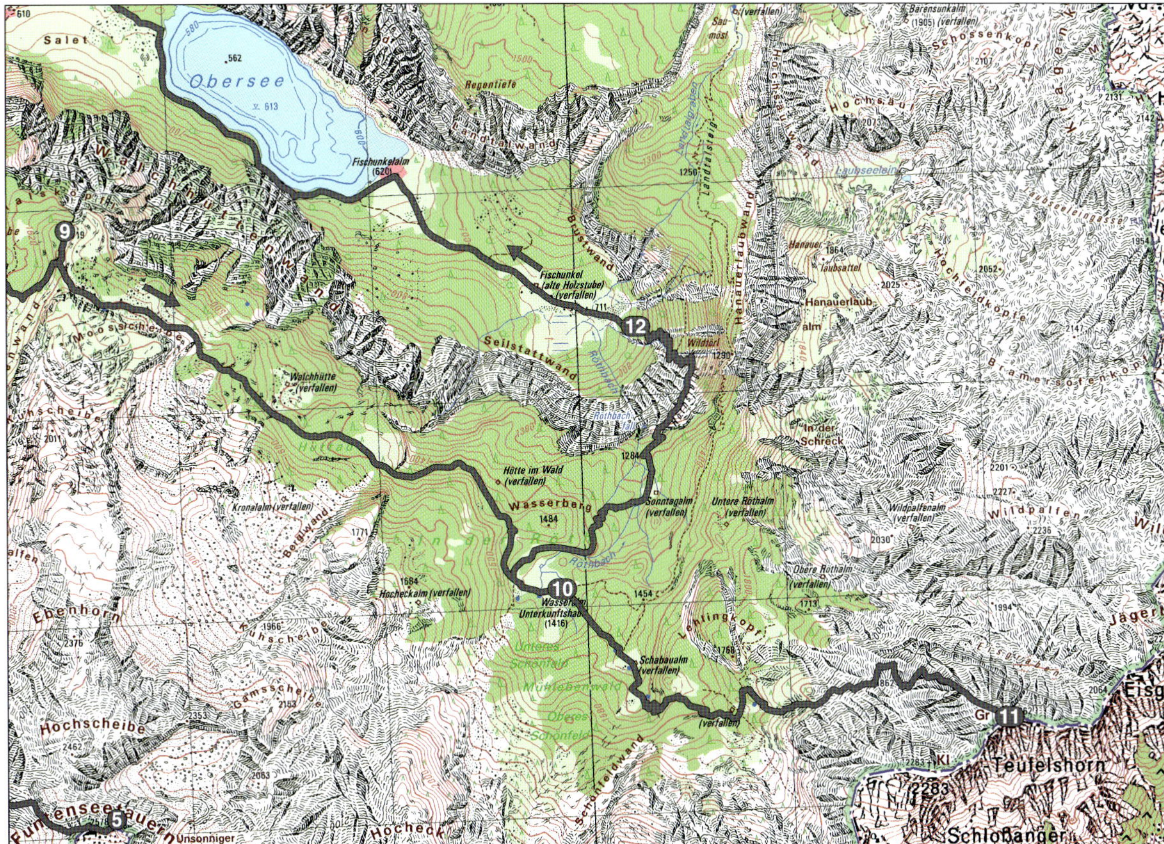

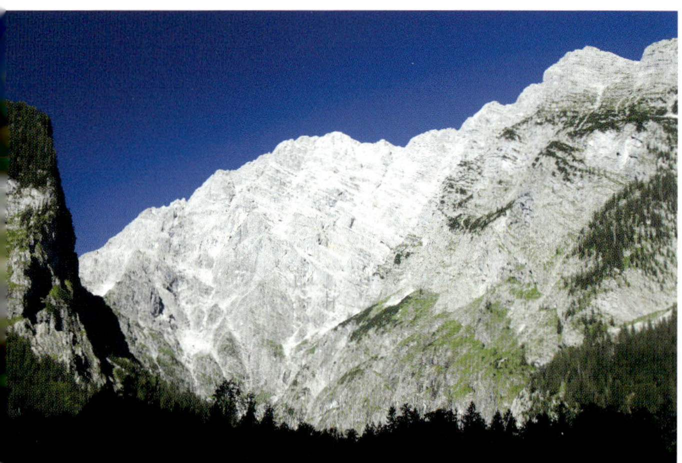

Abb. 215. Die 1800 Meter hohe Watzmann-Ostwand im Morgenlicht über der noch dunklen Halbinsel Hirschau. Diesen Anblick hat man nur bei strahlendem Septemberwetter und wenn man das erste Boot von Königssee nach St. Bartholomä nimmt.

Nur während und kurz nach heftigen Regenfällen rinnt das Wasser oberflächlich ab und macht eine Überquerung direkt am Ufer des Königssees nur mit nassen Füßen möglich. Eine entsprechende Ausweichroute etwas bachaufwärts ist deshalb ausgeschildert.

> Unmittelbar nach der breiten Eisgrabenbach-Mündung geht es bergauf – zunächst noch gemächlich über dem Ufer entlang dickbankiger Dachsteinkalk-Sequenzen ansteigend, bald steiler auf dem breiten, aber teilweise grobschottrigen, teilweise betonierten (!) Steig. In zahlreichen Serpentinen überwindet der Weg hier die ersten knapp 250 Höhenmeter.

Ein sehenswerter Abstecher ist der Schrainbach-Wasserfall (Geotop-Nr. 172R028, Ob- 216
jekt-ID 8443GT000013) im unteren Drittel
des Weges – auf einem wurzelüberwucher-
ten, kurzen Abstieg steht man der Gischt
unmittelbar gegenüber.

Abb. 212. Geologische Karte der Exkursion Ⓡ, Ausschnitt Nordwest (Geodatenbasis: Bayerische Vermessungsverwaltung 2010-14244), Legende siehe Abb. 2 und 3 auf Seite 9 und 10.

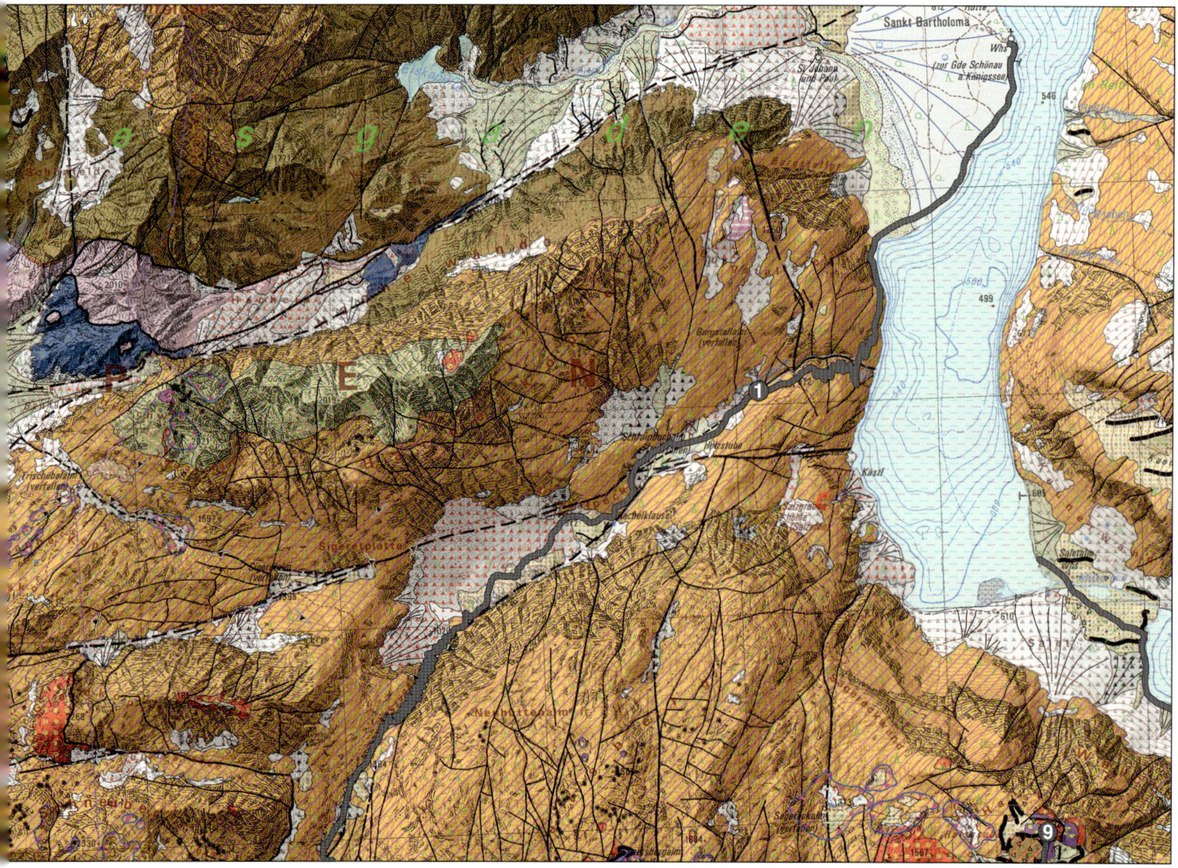

Auf etwa 860 Metern Höhe lassen wir das morgendliche Stahlblau des Königssees hinter uns und beginnen die orographisch rechte Flanke der Schrainbach-Schlucht taleinwärts zu queren. Zunächst ist die Klamm knapp 100 Meter tief, erst bei der Schrainbach-Klause, einer versperrten Forsthütte, erreichen wir den in flachen Murschwemm-Sedimenten sanft dahin glucksenden Bach.

Auf dem Weiterweg nach oben verläuft die Route in stets angenehmer Steigung orographisch links neben dem Schrainbach – nach einer kurzen Engstelle an der Hachelklause im allgegenwärtigen, hier stark überwucherten Dachsteinkalk erreichen wir eine zweite, überraschend weite Talöffnung. Der breite Wanderweg windet sich, mal an-, mal absteigend durch grobblockiges, stark überwachsenes Felssturzgelände und randlich der Simetsberg-Nordwest-Wand entlang von trichterförmigen Toteislöchern und einer von zahlreichen Blöcken überstreuten Moräne.

Teilweise können die vom eiszeitlichen Gletscher blankgeschliffenen Dachsteinkalk-Folgen an der Wandbasis unmittelbar über dem Weg eingesehen werden.

Wir folgen dem Weg bis zu einer Lichtung. Hier sind wir von hohen Wänden aus dickbankigen, lagunärem Dachsteinkalk geradezu eingekesselt. Nach rechts verläuft am oberen Ende des Felssturzgeländes der Anstieg zum Trischübelpass über die

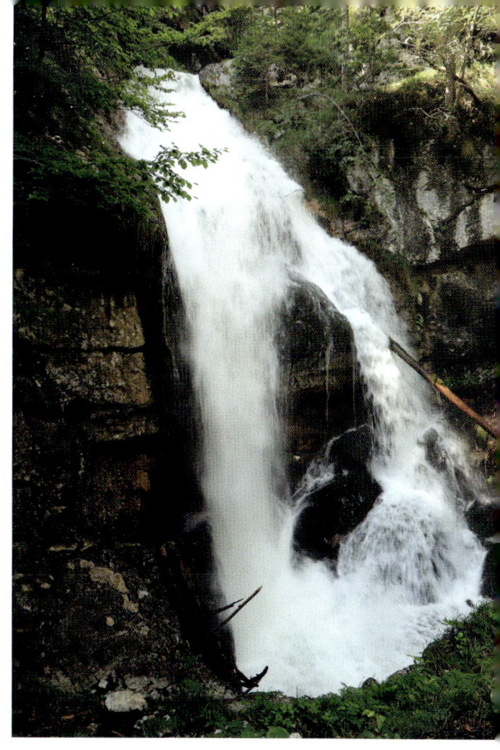

Abb. 216. Der Schrainbach-Wasserfall.

Abb. 213. Geologische Karte der Exkursion Ⓡ, Ausschnitt Südwest (Geodatenbasis: Bayerische Vermessungsverwaltung 2010-14244), Legende siehe Abb. 2 und 3 auf Seite 9 und 10.

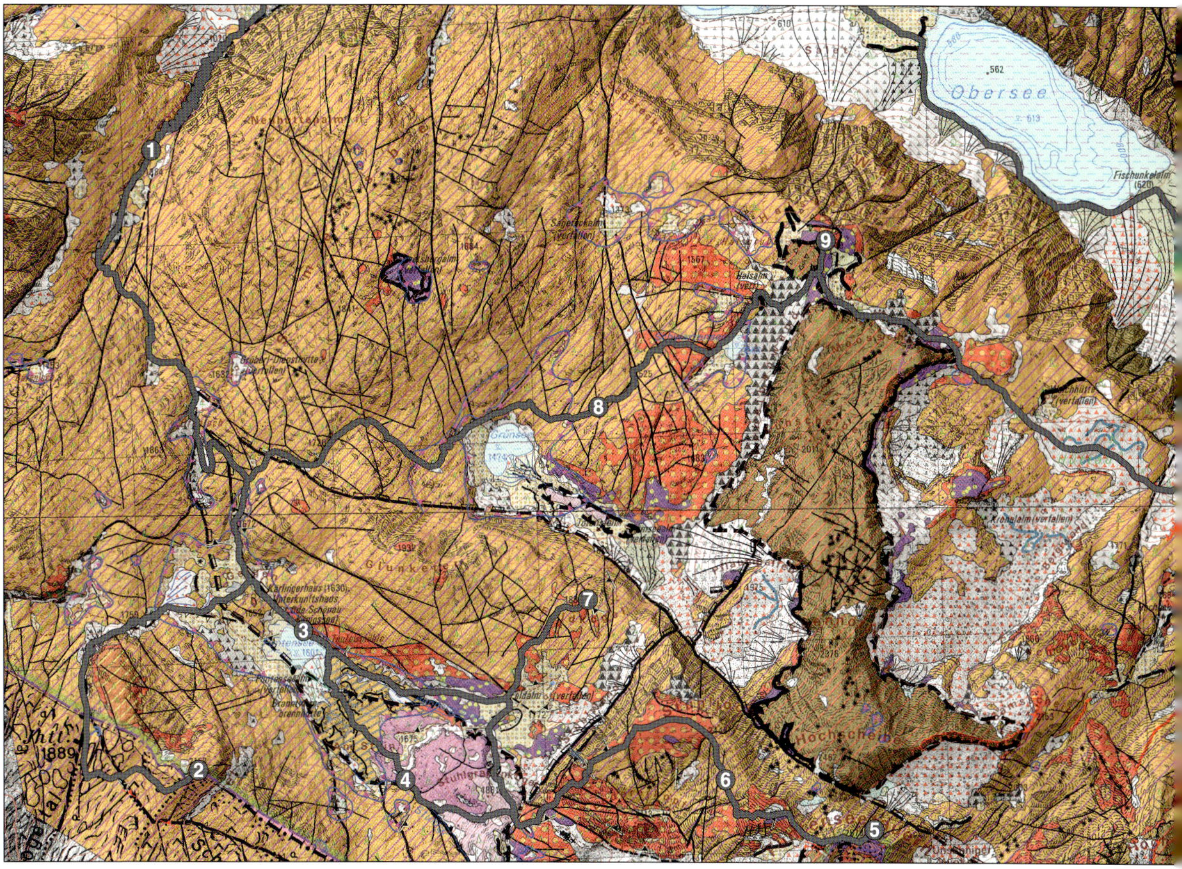

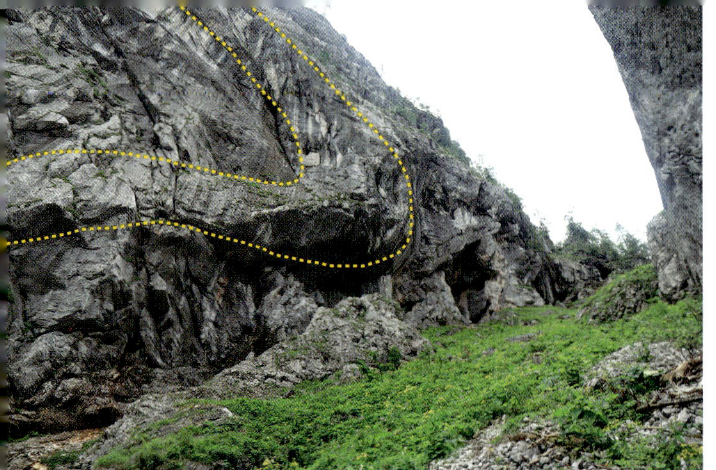

Abb. 217. Liegende Falten in der Ostwand der Saugasse.

Sigeretplatte (siehe Exkursion **O**), unser Weiterweg hält sich leicht links und beginnt die Saugasse emporzusteigen. Insgesamt 37 Kehren müssen überwunden werden – die knappen 350 Höhenmeter steigen sich aber in mäßiger Steigung überraschend komfortabel.

Links und rechts streben lotrechte bis überhängende Wände empor, die teilweise schöne Faltenstrukturen der Dachsteinkalk-Abfolge erkennen lassen. Angelegt wurde die geröllerfüllte Saugasse durch eine tektonische Großstörung in Kombination mit einer steil nach Westen einfallenden Aufschiebungsbahn, entlang derer das nordwestlich von uns stehende Doppelmassiv von Schneiber (2330 m) und Gjaidkopf (2268 m) in südöstliche Richtung gegen das Steinerne Meer angehoben wurde. So finden sich die entsprechenden Faltenstrukturen der Liegendscholle gerade
217 in der südöstlichen Wand der Saugasse.

Während unseres Durchstiegs durch die etwa 45 Grad steile Saugasse wächst der Tiefblick auf die 218
Lichtung unterhalb spektakulär an – den Hintergrund der Szenerie im Norden bilden die gleichmäßig dickbankigen Dachsteinkalke der Hachelköpfe-Südflucht, deren Abfolgen durch 50 bis 60

Abb. 214. Geologische Karte der Exkursion **R**, *Ausschnitt Ost (Geodatenbasis: Bayerische Vermessungsverwaltung 2010-14244); Legende siehe Abb. 2 und 3 auf Seite 9 und 10.*

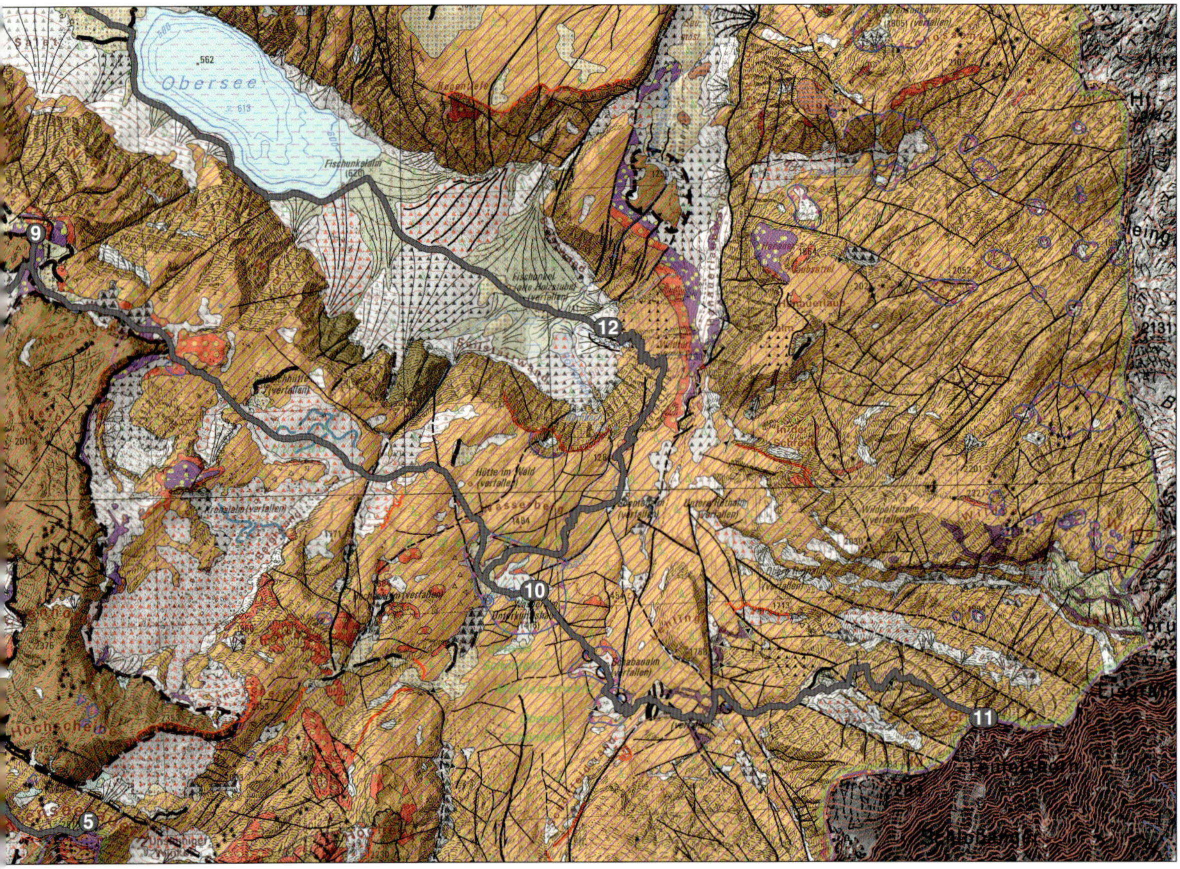

Grad steile, nach Osten einfallende, staffelartig situierte Abschiebungen zerlegt sind. Den Kammbereich bilden auffallend undeutlich gebankte bis massige Kalksequenzen, die deswegen auch zu Dachstein-Riffkalken gerechnet werden.

Auf einer Höhe von etwa 1360 Metern hat die schier endlose Abfolge von Spitzkehren ein Ende. Nach einem letzten schmalen Durchlass erreichen wir das etwas breitere Tal unter dem Bärengraben.

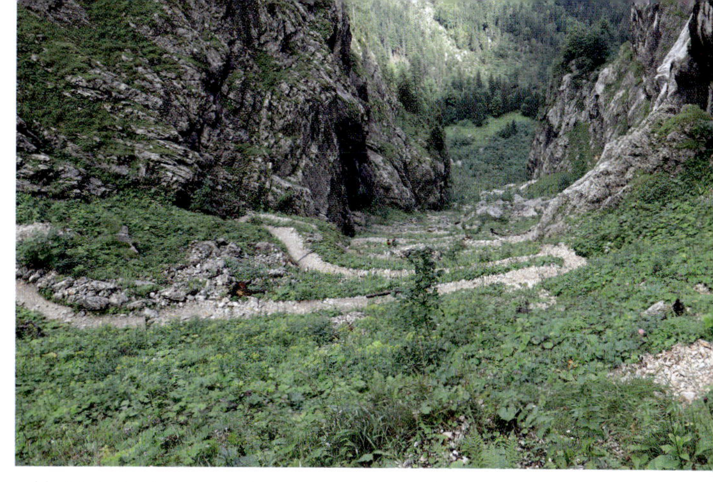

Abb. 218. Tiefblick aus dem oberen Drittel der Saugasse gegen Norden.

Sein Einschnitt bildet die südwärtige Fortsetzung der Saugasse und lässt sich bis auf die Hochfläche des Steinernen Meeres zwischen Hirsch (1993 m) und Schneiber verfolgen.

Am Beginn des Bärengraben wendet sich der Steig nach links und gewinnt über die "Kleine Saugasse" ein seltsam gewundenes Tal, das wir flach ansteigend in südlicher Richtung bis in einen Amphitheater-ähnlichen Kessel verfolgen.

Dieser auch "Ofenloch" genannte Fleck ist Teil eines Jahrmillionen Jahre alten Talsystems, das das Steinerne Meer während des jüngeren Paläogens nach Nord und Nordwest in Richtung Königssee entwässerte. Dies geschah alles zu einer Zeit, als sich das Gebiet in einem höchstens mittelgebirgsähnlichen Zustand wenige hundert Meter über dem damaligen Meeresspiegel befand und noch nicht stark verkarstet war (FISCHER 1985). Man glaubt sogar, im flachen bewaldeten und durch eiszeitliche Gletscher ausgehobelten Tal des Baumgartls südlich des Funtensees und zwischen Viehkogel und Schottmalhorn gelegen, eine Fortsetzung des Talsystems erkennen zu können und den Verlauf über die große Funtensee-Uvala bis weiter zu unserem Standort gefunden zu haben.

Nach dem "Ofenloch", dessen südwärtigen Abbruch wir später in einer ausholenden Linkskurve gewinnen, ist es beinahe geschafft zum Kärlingerhaus. Wenige Augenblicke später kommen wir am Wegweiser zum Grünsee und zur Wasseralm vorbei, der übermorgen Thema sein wird. Zuletzt absteigend und mit einer leichten Linkskurve rückt das große Schutzhaus mit dem Funtensee in den Fokus.

Abb. 219. Morgenstimmung am Funtensee und Kärlingerhaus. Der Blick geht nach Nordwesten zum latschenüberwucherten Hirsch (1993 m), Großem Hundstod (2594 m), Schneiber (2330 m) und Gjaidkopf (2268 m, von links nach rechts). Die zirben- und latschenbestandenen Hänge ganz links gehören zum Viehkogel.

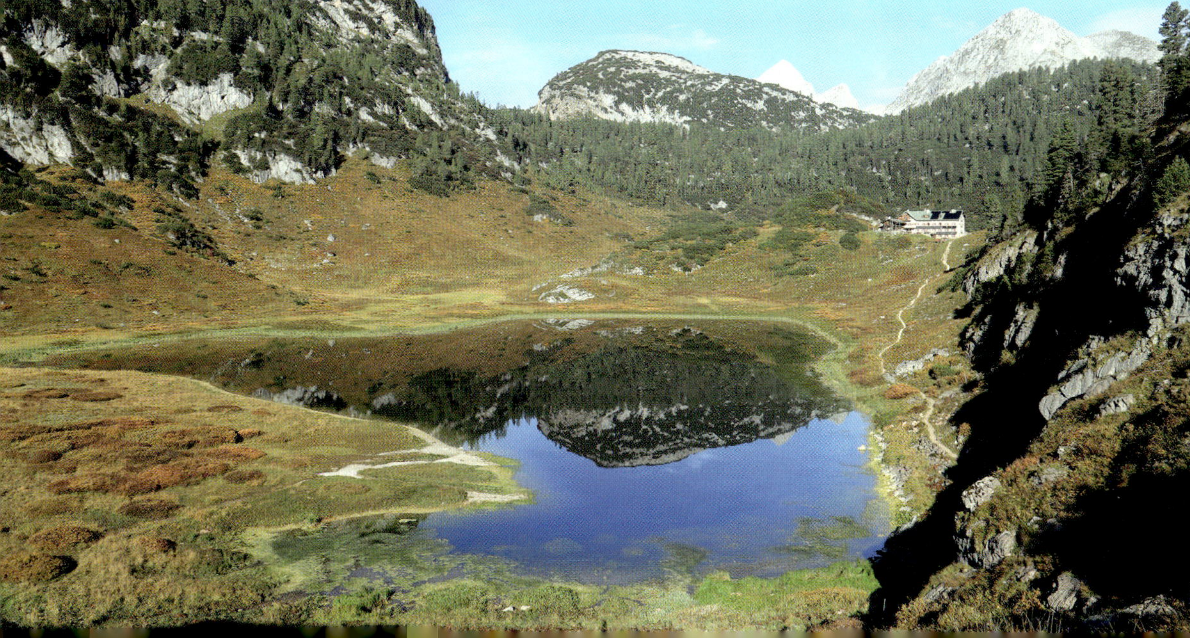

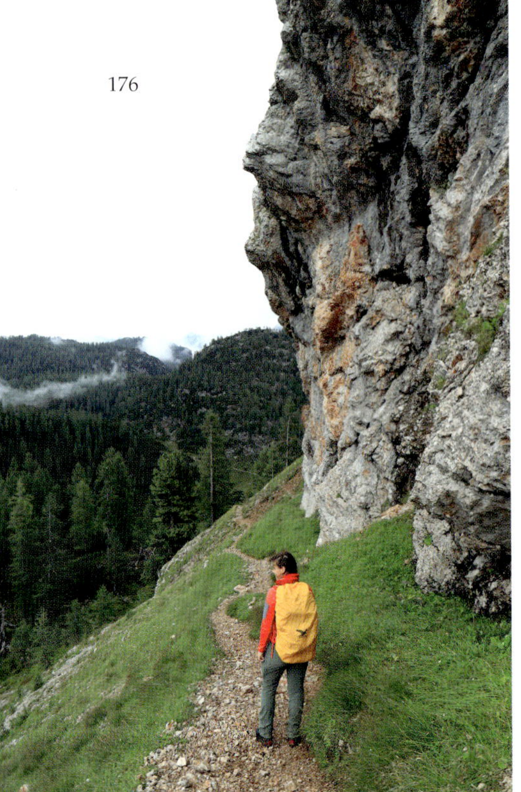

Abb. 220. Der Anstieg zum Viehkogel führt an der tektonisch stark zerrütteten Westflanke vorbei.

Einige Fakten und auf die Schnelle Erzählenswertes zum größten Alpenvereinsschutzhaus in den Berchtesgadener Bergen findet sich unter Exkursion Ⓠ. Fakt ist, dass das Kärlingerhaus aufgrund seiner zentralen Lage im Steinernen Meer von Auslastungs-Problemen weit entfernt ist. Eine Buchung wird dem Wanderer und Bergsteiger über das HRS-Portal des Alpenvereins (HRS="Hütten-Reservations-System") einfach gemacht – zu einfach. So kann es durchaus sein, dass man bei einer Buchungsrecherche im April oder Mai für den Zeitraum von Mitte Juli bis Ende September auch unter der Woche kaum mehr einen freien Platz bekommt, bei einem gemeldeten Schönwetterfenster während der Hochsaison für die kommenden Tage via Internet-Buchung aber durchaus noch freie Plätze ergattert. Da eine Buchung auf einer Alpenvereinshütte in heutigen Zeiten Pflicht ist – vorbei scheinen die "alten Zeiten", in denen man ohne jegliche Voranmeldungen auf Hütten steigen und unterkommen konnte – werden eben viele Termine von Einzelwanderern oder Bergsteiger-Gruppen "blind" und in Reihe gebucht, weil man auch nicht weiß, wie das Wetter an diesen Tagen wird. Und oft sind die Storno-Kosten minimal und der finale Mausklick zur digitalen Absage nur wenige Augenblicke entfernt, zeichnet sich länger anhaltendes Schlechtwetter über den lange im Voraus reservierten Zeitraum ab. Ob diese Praxis gut ist oder nicht, sei dahingestellt. Aber am Kärlingerhaus wird es in der Bergsaison niemals ruhig sein – auch nicht an einem Regentag.

❷ "Nachmittags-Spaziergang" auf den Viehkogel

Sind Zimmer- oder Lagerplätze gesichert und vielleicht der eine oder andere Kuchen des stets reichhaltigen Sortiments verputzt, lässt es sich hier in der grünen Oase des Steinernen Meeres herrlich lustwandeln. Sei es einfach auf einem der zahlreichen bereitgestellten Liegestühle oder einem kurzen Spaziergang zum nahen Funtensee. Für diejenigen, die die Kraft auf den knapp 1150 Anstiegs-Höhenmetern bisher noch nicht verlassen hat, sei mit leichtem Gepäck ein geologischer "Nachmittags-Spaziergang" auf den Hausberg des Schutzhauses, den 2158 Meter hohen Viehkogel empfohlen, der – von hier ausgesehen – wie ein stumpfes Horn über dem Talkessel thront.

Der Anstieg beginnt nördlich der Hütte. Vorbei an einem kleinen Anmoor und Feuchtgebiet inmitten kleinhügeliger Grundmoräne samt Gletscherschliffen im Dachsteinkalk gewinnt der bestens ausgeschilderte Steig schnell im dahinter liegenden Karfeld an Höhe. Auf knapp 1810 Meter Höhe zweigt der Steig zum Viehkogel ab, nach rechts geht es in Richtung Ingolstädter Haus (siehe Exkursion Ⓠ). Unser Weiterweg windet sich entlang eines
220 steilen Schuttfeldes unter einer seltsam zerfressen wirkenden, senkrechten Wand aus Dachsteinkalk in die Höhe.

Eine Bankung ist hier aufgrund der innigen Tektonisierung nicht mehr wirklich zu erkennen. Das Wirrwarr an Störungen wurde mit gelblich geflämmtem bis rötlichem Sediment gefärbt. Auch die im Schuttfeld liegenden Sturzblöcke und Handstücke sind kaum mehr als ordinäre, graue Dachsteinkalke zu erkennen – zu oft finden sich heterogene Brekzien und von großen Kalzit-Harnischen durchzogene Brocken. Beide entstanden während des Tektonisierungs-Prozesses: die Brekzien entstanden durch Bewegungen im Gesteinsverband und entsprechenden Zertrümmerungen, die Kalzit-Harnische durch Scherbewegungen zweier Blöcke zueinander und das Eindringen kalzitreicher Porenwässer. Sofern man einen solchen Harnisch "in situ", also noch am Ursprungsort im Gesteinsverband findet, bildet er einen wichtigen Hinweis auf Bewegungsrate und -Richtung der beiden aneinander vorbei bewegten Gesteinsblöcke.

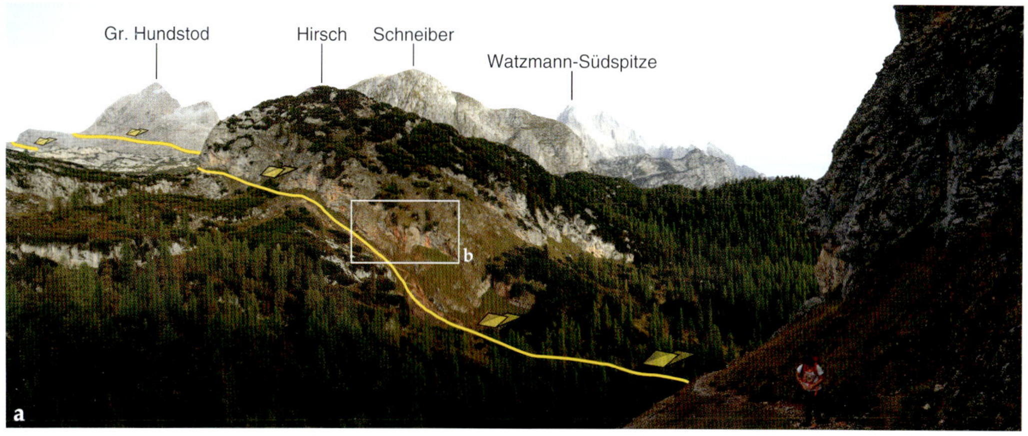

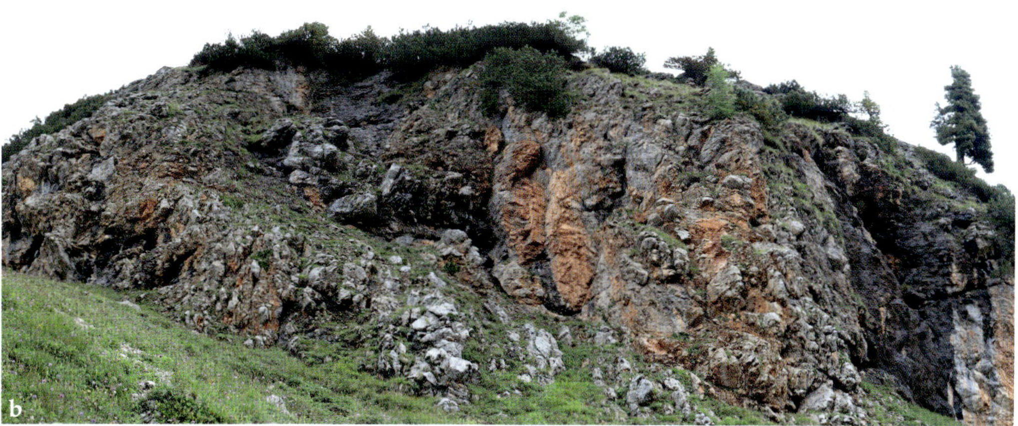

Abb. 221. Blick von der Viehkogel-Westflanke (auf ca. 1850 m) in Richtung Westen zum Hirsch. Wie am großen Hundstod im Hintergrund, zieht auch an seiner Südwestflanke eine Südwest-gerichtete Aufschiebung entlang, an deren Stauchfront eine markante Störungsbrekzie mit rötlicher Matrix gebildet wurde (»Hundstod-Überschiebung«, siehe Foto a. Foto b zeigt die mutmaßlich während der Gosauzeit an der Zeitenwende Kreide/Paläogen gebildete Grobbrekzie im Detail.

Zumindest der Westblock des Viehkogels wurde unseren Beobachtungen gemäß intensiv tektonisch überprägt und vermutlich bewegt. Eine ganz ähnliche Situation können wir übrigens auf der uns im Westen gegenüberliegenden Bergflanke des kleinen Gipfels namens Hirsch beobachten. Auch hier 221
zeigt sich eine intensive Zerrüttung des Gesteinsverbandes. Bei näheren Hinsehen oder gar Besuch (ca. 15 Minuten ab der Abzweigung in Richtung Ingolstädter Haus erreichbar) stellt sich das Ganze als Komponenten-gestützte Brekzie aus kantigen Dachsteinkalk-Geröllen mit einer intensiv karminrot gefärbten Matrix heraus. Eine ganz ähnliche Lithologie wird in Exkursion Q vom Hundstodgatterl beschrieben, wo die Brekzie unter Vorbehalt in die Gosauzeit gestellt wird und damit im Grenzbereich zwischen Mesozoikum und Känozoikum entstanden ist.

Am Hundstodgatterl wurde das Auftreten der Brekzie mit intensiven tektonischen Bewegungen in Verbindung gebracht und auch hier unter dem Hirsch lässt sich eine große Überschiebungsbahn erahnen, entlang derer der kleine Berg als Hangendscholle in unsere Richtung bewegt wurde. Da beide Vorkommen, also jenes am Hundstodgatterl und jenes unmittelbar uns gegenüber im gleichen Störungssystem ("Hundstod-Überschiebung", siehe Exkursion Q) liegen, dürften sie auch auf eine zeitlich kongruente Entwicklung zurückzuführen sein.

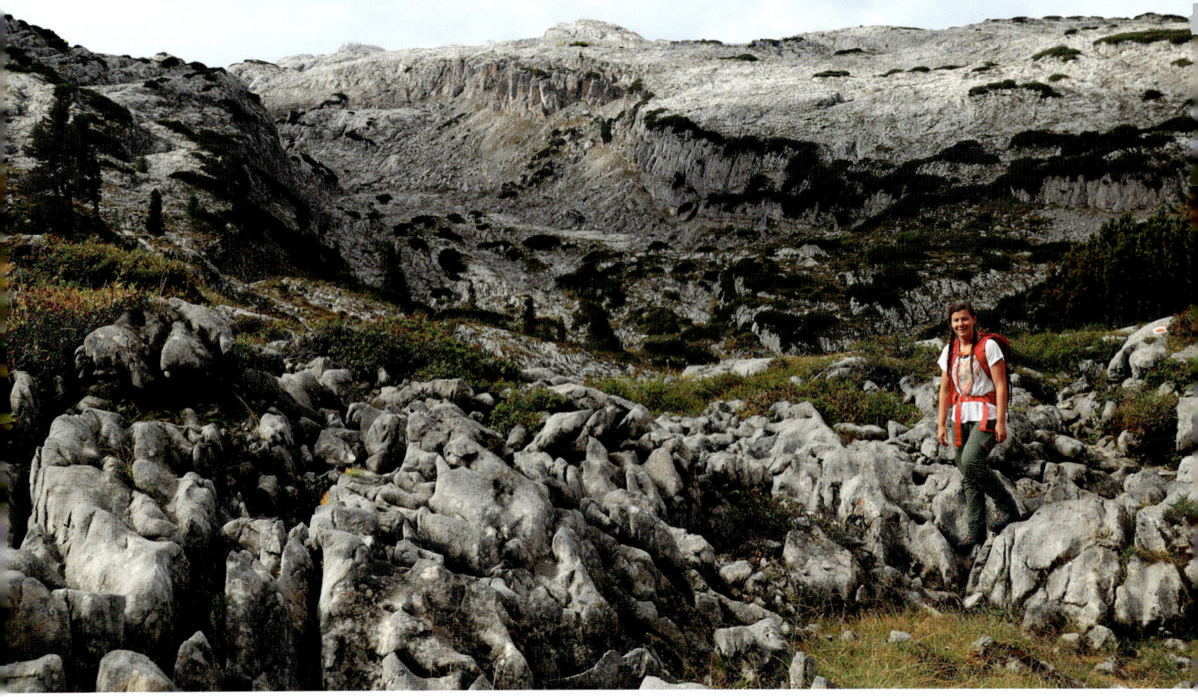

Abb. 222. Rückblick aus der Viehkogel-Westflanke zum Viehkogeltal mit den Schnittlauchköpfen im Hintergrund. Der ostseitige Talrand (links) wirkt abgeschliffen und ist glazigen überprägt, am westseitigen Rand haben sich einzelne Felstürme aus dem Gesteinsverband gelöst, die gegen das Tal abzubrechen drohen. Dass dies zuvor bereits mehrfach geschehen ist, belegen die Blockhalden, die den flachen Talboden teilweise bedecken. Die weite, vegetationslose Dachsteinkalk-Platte im Hintergrund wirkt wie abgeschliffen – auch hier ist eine Überprägung durch eiszeitliche Gletscher offensichtlich.

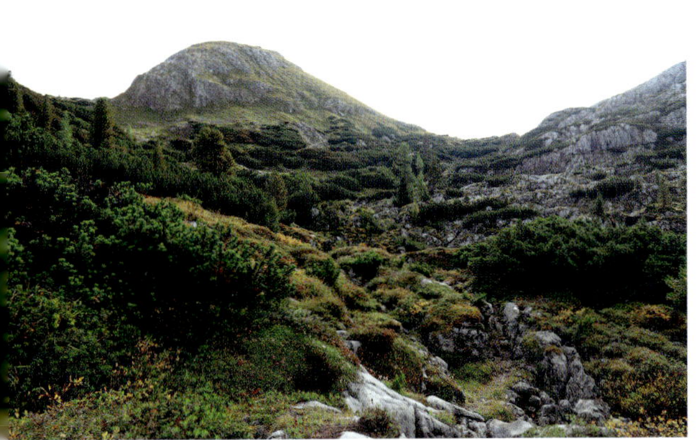

Abb. 223. Der Viehkogel, gesehen aus dem Kar knapp oberhalb der kleinen Jagdhütte im Viehkogeltal.

Auf einer Höhe von etwa 1900 Meter geht die Steilheit des Hanges schlagartig zurück – stets noch die Westflanke des Viehkogels querend, erreichen wir nach einer knappen Stunde Gehzeit ab dem Kärlingerhaus eine kleine, überraschend ebene und grüne Hochfläche am Beginn des Viehkogel-Tals, auf der eine kleine Jagdhütte steht. Nur knapp dahinter verlässt die Wegführung dieses auffällige, durch eine Großstörung verursachte Talsystem und beginnt, sich durch die hier noch flach nach Osten ansteigende Westflanke unseres Berges nach oben zu winden.

Hier befinden wir uns ziemlich genau auf der deutsch-österreichischen Staatsgrenze.

Mit zunehmender Höhe werden die Strukturen auf der sanft nach Süden ansteigenden Riesenplatte des zentralen Steinernen Meeres besser sichtbar. Gegen Süden beginnt sich das Viehkogeltal auffällig zu weiten und zeigt vor allem an seinem Westrand steile, zu Blockhalden zerbröselnde Klippen. Die Ostseite des Tales hingegen erscheint abgeschliffen. Zur Erklärung: Beim Viehkogeltal südlich der Jagdhütte handelt es sich hier um eine größere Verbruchs-Struktur (Uvala), die durch zwei parallel laufende Großstörungen induziert wurde. Während die Ostseite glazigen überprägt wurde, bestehen an der Westseite des Tales Hanginstabilitäten, die offenbar durch Karsthohlräume im Untergrund ausgelöst wurden. Die Hochfläche beidseits des Einschnittes wirkt wie glatt poliert. Obgleich verkarstet, ist auch hier eine mehrfache glazigene Überprägung augenscheinlich.

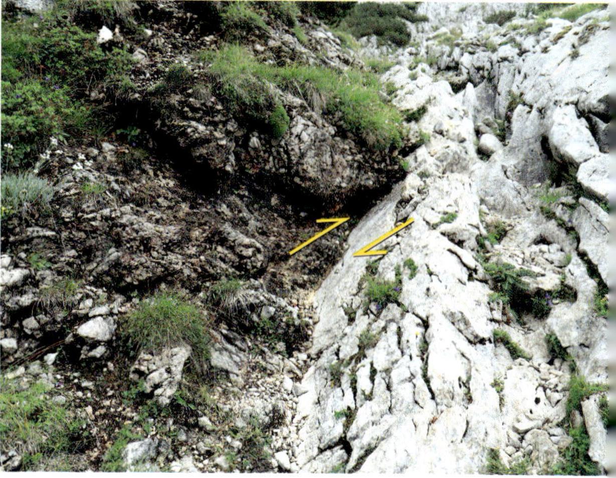

Abb. 224. *Die Viehkogel-Aufschiebung wird direkt vom Steig zum Viehkogelnieder berührt. Die Pfeile kennzeichnen hierbei die relative Bewegungsrichtung der Hangend- und der Liegendscholle.*

Widmen wir uns wieder dem Viehkogel. Das nun offene, fels- und latschendurchsetzte Gelände lässt einen Blick auf das Tagesziel zu. Dabei fällt der Unterschied im lithologischen Habitus zwischen der abgestumpft erscheinenden Pyramide des Viehkogels zu seinem "Sockel" auf: während letzterer dickbankige Dachsteinkalk-Sequenzen zeigt, deren gut sichtbare Schichtköpfe flach nach Osten einfallen, erscheint der Gipfelaufbau des Viehkogels zerrüttet, kleinstückig zersetzt und ist von zahlreichen Rotkalk-Spalten durchzogen. Diese allerdings sind nicht klar gegen den grauen Dachsteinkalk abgegrenzt, sondern bleiben ver-
223 waschen und diffus. Offenbar gibt es hier eine ähnliche Situation wie zuvor an der steilen Westwand des Berges. Der Grund für diese Annahme liegt auf 1950 Metern und wird unmittelbar vom Weg angeschnitten. Wir erreichen eine platt geschliffene, mit undeutlichen Harnischen durchzogene, mäßig steil nach Nord-Nordost einfallende Dachsteinkalk-Störungsfläche. Darüber liegt mit messerscharf gezogener Grenze eine graufleckige, brekziöse, mit gelblichen und rötlichen Schlieren durchzogene, stark tektonisierte Melange aus Dachsteinkalken, die zur Gänze aus ihrem ursprünglichen Verband gerissen sind. Wir stehen hier
unmittelbar an einer Aufschiebungsbahn, bei der die Hangendscholle gegen Süden über langunären 224
Dachsteinkalk bewegt und dabei zumindest an ihrer Basis zur Gänze zerlegt wurde. Dieser kleine, gerne übersehene Aufschluss ist nur ein kleiner Ausschnitt einer großen Störungszone, die den gesamten Viehkogel-Block vom Funtensee-Becken aus gegen das Steinerne Meer südwärts geschoben 225
hat. Die Viehkogel-Scholle wird im Westen durch das Viehkogeltal, im Süden durch den Viehko-

Abb. 225. *Den besten Überblick über die Viehkogel-Scholle (orangefarbene Linien) erhält man aus dem unteren Abschnitt des Anstiegs zum Funtenseetauern auf etwa 2000 Meter Höhe. Der gesamte Bergstock wurde nach Süden gegen die Hochfläche des Steinernen Meeres aufgeschoben. Flankiert wird die Viehkogel-Überschiebung durch das noch größere Störungssystem der Hundstod-Aufschiebung, deren Bewegungssinn ebenfalls gegen Süden beziehungsweise gegen Südosten gerichtet ist.*

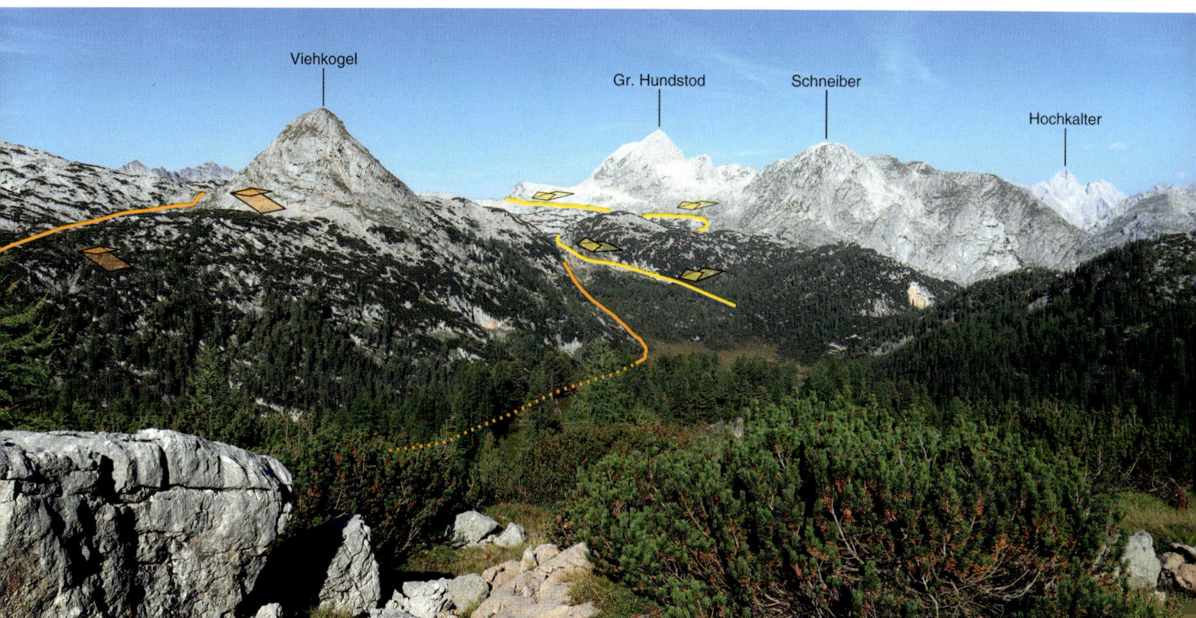

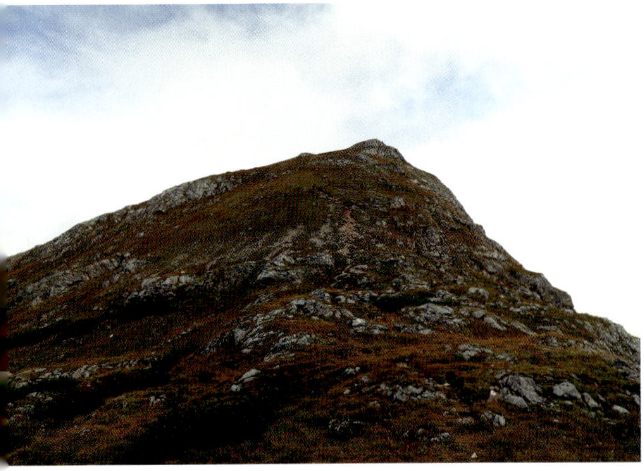

Abb. 226. *Vom Viehkogelnieder wirkt der Schlussanstieg auf die stumpfe Pyramide des Viehkogels kurz – es sind jedoch von hier »knackig-steile« 150 Höhenmeter bis zum höchsten Punkt.*

gelnieder und gegen Osten durch die Schabgasse begrenzt, die ins österreichische Baumgartl abfällt. Im Norden bildet das Funtensee-Becken die natürliche Grenze. Dieser Aufschiebungsbahn folgt der Steig auf den noch ausstehenden knapp 50 Metern bis zum Viehkogelnieder, einer schwach ausgeprägten Scharte zwischen Viehkogel und dem Rotwandl auf österreichischer Seite.

Von der Scharte beginnt der steile Schlussanstieg auf
den Viehkogel, der von hier wie eine abgestumpfte
Pyramide wirkt. Der Steig windet sich in bröselig- 226
mürben, sehr stark tektonisiertem Dachsteinkalk
Meter um Meter in die Höhe.

Stellenweise sind die grauen Kalke mit intensiv rot gefärbtem Geröll und lehmig-mürber Erde durchsetzt, vermutlich von stark verwitterten Rotkalken, die dem Dachsteinkalk auflagern.

Nach etwa 20 Gehminuten ist der höchste Punkt des Berges mit einer überraschend geräumigen Gipfelfläche erreicht.

Durch seine isolierte, wie verloren wirkende
Position über dem Funtenseebecken und am Rand der nach Süden ansteigenden Riesenplatte des
227 Steinernen Meeres ist der Rundumblick zu allen Seiten beeindruckend. Nach Norden sehen wir zum mittlerweise knapp 500 Meter tiefer liegenden Funtensee mit dem Kärlingerhaus, den gedrungenen Waldbergen von Glunkerer und Feldkogel im Hintergrund, die nach rechts von der Stuhljoch-Westwand, dem breiten Funtenseetauern sowie den wild zerhackten Ledererköpfen flankiert wird. Im Nordwesten liegt die bleiche Riesenmauer des Watzmanns – hierbei sind die unterschiedlichen Lithologien von schlecht gebanktem Karnisch-Norischem Dolomit als Sockel und dem dickbankigen, schräg nach Nordosten einfallenden Dachsteinkalk sehr gut zu erkennen. Den Süden beherrscht die

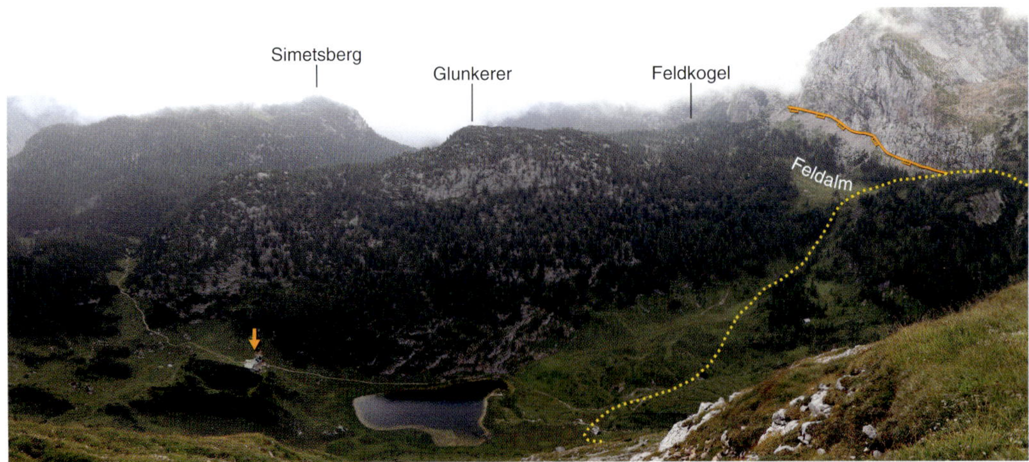

Abb. 227. *Tiefblick vom Viehkogel ins Funtensee-Becken mit dem Kärlingerhaus (orangenfarbener Pfeil). Die bewaldeten Bergkämme des unmittelbaren Hintergrunds gehören zu Simetsberg (1886 m), Glunkerer (1932 m) und Feldkogel (1886 m), die nach rechts durch die steil westwärts abbrechende Abschiebungsfläche der Stuhljochwand begrenzt werden (orangefarben hervorgehoben). Gelb gepunktet umrissen ist die Funtensee-Deckenscholle (siehe auch Exkursion Q). Dieses Gebiet werden wir am morgigen Tag erkunden. Foto: Elisabeth* Horvat.

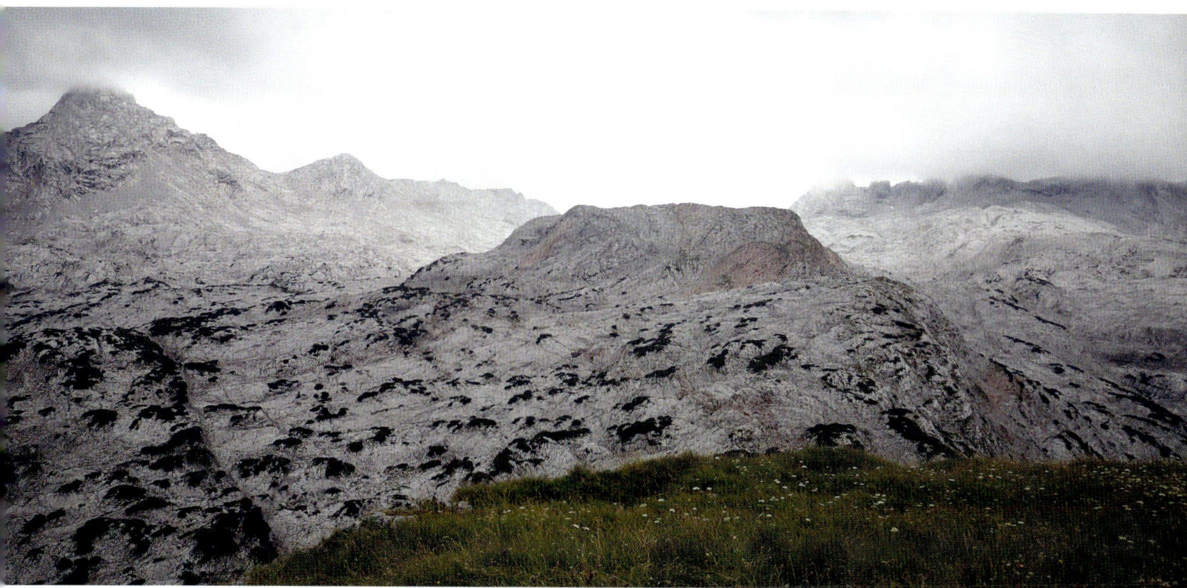

Abb. 228. Wie ein Altar liegt das 2231 Meter hohe Rotwandl auf der nach Süden ansteigenden Riesenplatte des Steinernen Meeres. Die elegante Pyramide am linken Bildrand, deren Gipfel in herbstlich-regenschweren Wolken kratzt, ist die Schönfeldspitze.

Riesenplatte des zentralen Steinernen Meeres. Nur wenige markantere Erhebungen sind im öden Grau der verkarsteten Landschaft bis zum steilen Südabbruch der Hauptkette gegen den Pinzgau Saalfeldens zu erkennen. Der behäbig
228 wirkende Tafelberg des Rotwandls beispielsweise besticht durch mächtige unterjurassische Rotkalk-Spalten sowie sedimentäre Auflagen, die in starken Kontrast zum grauen Dachsteinkalk stehen. Den Horizont dominieren die Hauptgipfel wie Schönfeldspitze im Südosten und Großer Hundstod im Südwesten.

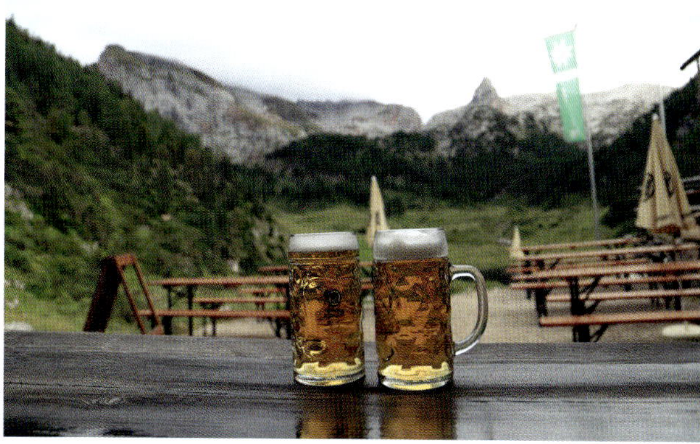

Abb. 229. Wohlverdient! Abendliches Stillleben auf der Terrasse des Kärlingerhauses.

Überhaupt lässt es sich vortrefflich rasten, schauen (und auch ein wenig faulenzen) am grasig-weichen Viehkogel-Gipfel. Es war immerhin ein langer Tag mit vielen Höhenmetern und Eindrücken, bevor es in einer hoffentlich
schönen Abendstimmung zurück aufs gastliche Kärlingerhaus geht – mit allen kulinarischen und 229
"flüssigen" Finessen.

❸ Noch was erdgeschichtlich "Junges" vorneweg

Abendliches und morgendliches Herbstlicht am Kärlingerhaus haben etwas Besonderes. Abends, wenn die Rotkalk-verzierten Flanken des Funtenseetauern zu brennen scheinen und früh am Morgen, wenn das schräg zwischen Stuhljoch und Feldkogel einfallende Sonnenlicht um den Funtensee für einen warm-grünen Farbenrausch sorgt. Vielleicht haben wir doppelt Glück und nach einem
stimmungsvollen Abend, einem guten Frühstück nun auch eine schöne Morgenstimmung beim 230a
Losmarsch zu dieser anspruchsvollen Tages-Etappe.

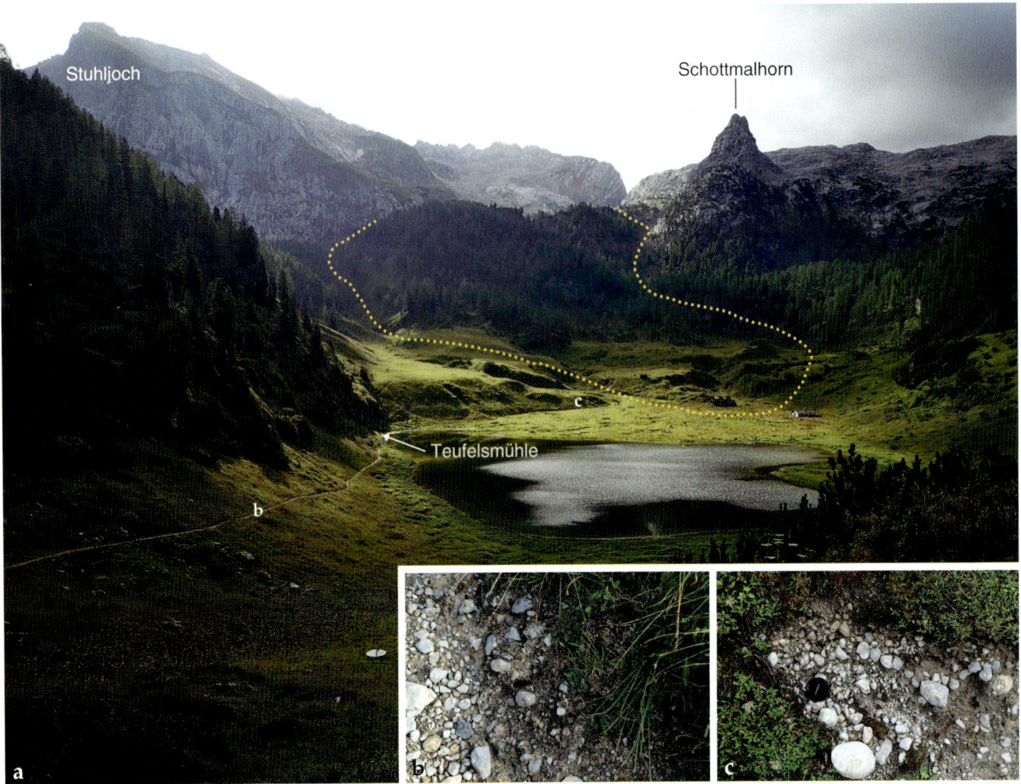

Abb. 230. a. Der Funtensee in einer frühherbstlichen Morgenstimmung: im schräg einfallenden Licht sind die altholozänen, terrassierten Deltaschotter, die ein früheres Niveau des Funtensees mit einem deutlich höheren Wasserstand nachzeichnen, ganz besonders schön zu sehen (Foto von Elisabeth HORVAT*). Die Buchstaben zeigen die ungefähre Position der Aufschlüsse: b. vermutlich präwürmzeitliche Brekzie und c. gerundete unverfestigte Deltaschotter. Die gelb gepunktete Linie konturiert die »Funtensee-Deckenscholle« aus mitteltriassischen Gesteinen, die im nächsten Unterkapitel besprochen wird.*

Über Tektonisches, Glazigenes und "Beinahe-Rezentes" rund um den Funtensee wurde in Exkursion Q einiges berichtet – nur zwei klitzekleine Anfügungen seien an dieser Stelle noch erlaubt, weil sie ja auch quasi direkt am Weg liegen.

Die erste ist ein kleiner und sehr unscheinbarer, leicht zu übersehender Aufschluss direkt am Abstieg vom Kärlingerhaus zum nahen Funtensee. Nur einen knappen halben Quadratmeter groß, wird er leicht "überlaufen", ist jedoch für die glazigene Historie des Funtensee-Beckens von Relevanz. Es handelt sich um eine verfestigte, teilweise komponenten-, teilweise matrixgestützte Brekzie mit vorwiegend angerundeten bis gerundeten und schlecht größensortierten Geröllen. Die verkittende
230b Matrix ist dunkelockergraufarben, die Komponenten ausschließlich kalkalpin. Dieser nüchternen lithologischen Beschreibung liegt zugrunde, dass es sich um Reste einer präwürmzeitlichen Füllung des Funtenseebeckens handeln könnte, die man – eine bislang fehlende Datierung allerdings vorausgeschickt – durchaus in den Bereich der Riß/Würm-Warmzeit ("Eem") stellen könnte. Die überwiegende Kantenrundung der Komponenten deutet nämlich auf einen fluviatilen Transport hin, wenn auch mit geringen Transportweiten. Dieser wäre in der gletscherfreien Warmzeit möglich und könnte auf eine Füllung des Beckens mit Lockersedimenten hindeuten. Denkbar wäre aber auch eine Datierung etwas früher im ausgehenden Riß-Glazial als Schmelzwasserschotter. Klärung kann hier nur eine geeignete Altersdatierung bringen, die bislang aber noch aussteht.

Hinsichtlich ihrer Genese deutlich einfacher zu interpretieren sind die terrassenähnlichen Strukturen, die sanft von Südosten gegen Nordwesten zum Funtensee abfallen. Sie werden durch den nur nach größeren Niederschlags-Ereignissen wasserführenden Rennergraben links und den Stuhlgraben rechts erodiert und sind vor allem im morgendlichen Streiflicht plastisch modelliert. Gerade in den Erosionsanrissen zeigt sich der Internbau – ein komponentengestütztes Gefüge aus vorwiegend angerundeten
230c bis gerundeten kalkalpinen Geröllen, das zudem eine sehr undeutliche, gegen den Funtensee geneigte Schichtung aufzeigt und im Gegensatz zur vorher beschriebenen konglomerierten Brekzie unverfestigt ist. Diese sind Teil eines vermutlich altholozänen Deltaschotters beziehungsweise Schwemmkegels, der einen älteren Funtensee mit einem bedeutend höheren Seespiegel von Südosten aufzuschottern begann. Wie unter Exkursion Q bereits beschrieben, gibt es Anzeichen, dass der maximale Seespiegel im Altholozän bei etwa 1662 Metern (FISCHER 1985) gelegen haben muss und damit knapp 60 Meter höher als heute.

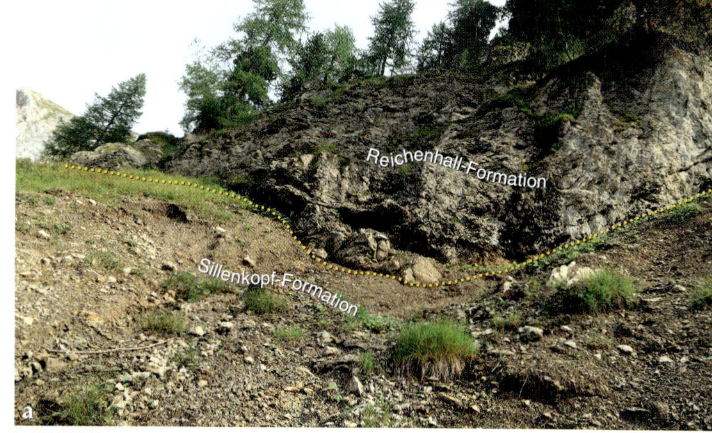

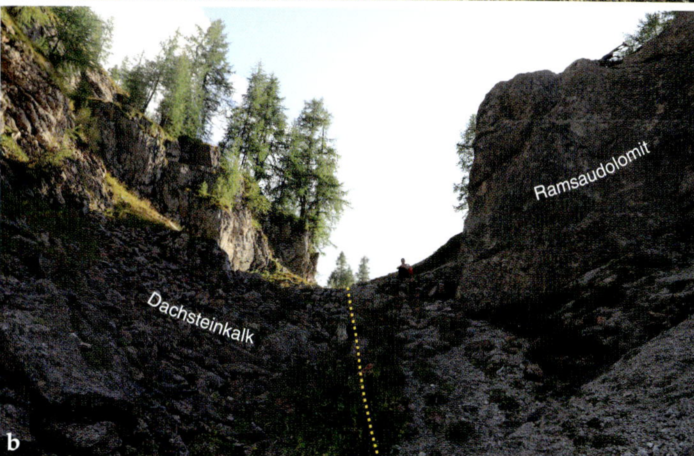

Abb. 231. Vor allem an ihrer Nordgrenze wird deutlich, dass die Funtensee-Deckenscholle auf oberjurassischer, hier mergelreicher und Hornstein-führenden, dünnbankiger Sillenkopf-Formation liegt (Foto a). An ihrer Ostgrenze nahe dem Stuhlgrabenkogel und der Wegkreuzung zum Toten Weib beziehungsweise Funtenseetauern grenzt mitteltriassischer Ramsaudolomit scharf an obertriassischen Dachsteinkalk (Foto b). Diesen Weg werden wir am Rückweg vom Funtenseetauern im Abstieg zur Feldalm gehen.

4 "Verlorene Mitteltrias" – die Funtensee-Deckenscholle

Hinter den Deltaschottern erreichen wir einen lichten, vor allem im Herbst wunderschön gefärbten Lärchenwald. Zwischen den Bäumen zeichnen sich graue, massig und ungeschichtet wirkende Wandstufen ab, deren Gesteine bald vom Steig erreicht werden.

Nach stundenlangem Wandern über verkarsteten, dickbankigen Dachsteinkalken mit seinen typischen Erosionsformen sollte man sehr schnell gewahr werden, dass es sich hier um etwas völlig anderes handelt, nämlich nicht mal mehr um einen Kalk, sondern einen stark tektonisierten Dolomit. So haben wir hier die lagunäre Obertrias verlassen und finden uns deutlich früher im Übergangsbereich zwischen subtropischer Unter- und Mitteltrias wieder. Und irgendwo zwischen Funtensee und dem Lärchenwald dürften wir eine tektonische Grenze überschritten haben und befinden uns nun auf der "Funtensee-Deckenscholle", die im Zuge der Überschiebung des Tirolikums durch Profil 4
die Berchtesgaden-Decke angelegt wurde. Im Zuge ihrer Platznahme und dem nordgerichteten Deckenschub auf tirolischem Untergrund "verlor" die Berchtesgaden-Decke einige kleinere und größere Klippen, zu denen die "Funtensee-Deckenscholle" gehört. Heute liegt sie geschützt im 231
Funtenseebecken zwischen hoch aufragenden Bergen aus Dachsteinkalk und einer geringmächtigen jurassischen Auflage. Das Funtenseebecken ist gleichzeitig auch eine tektonische Mulde, denn die Dachsteinkalke fallen an Glunkerer (1932 m) und Feldkogel (1886 m) nach Süden ein, am Stuhlgraben südwestlich davon jedoch nach Norden. Und die jurassische Auflage des Dachsteinkalkes besteht

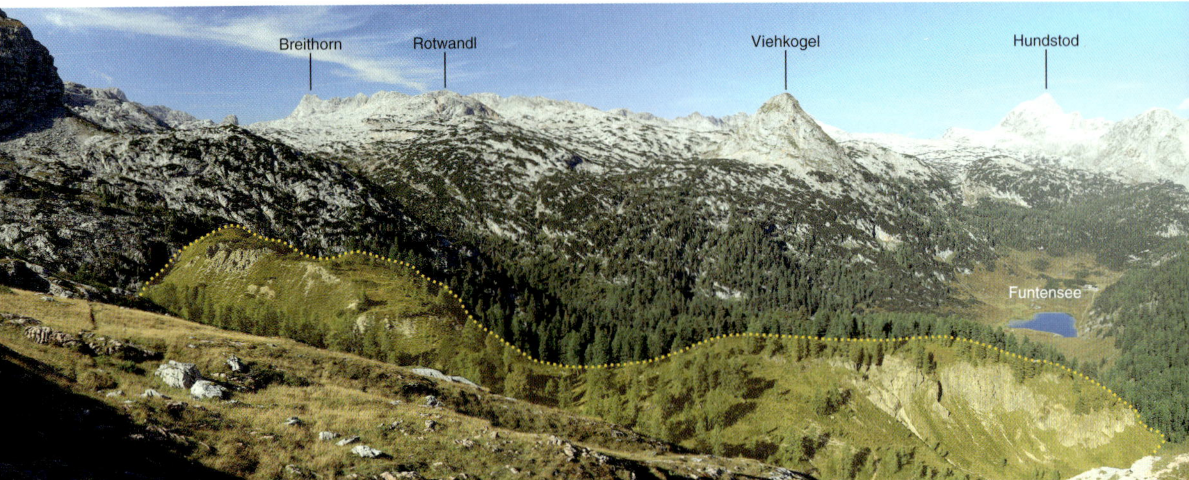

Abb. 232. Rückblick zu Funtenseebecken und Kärlingerhaus – gesehen vom unteren Abschnitt der Stuhljoch-Flanke. Ganz links stehen die steilen Felsen des Schottmalhorns und hinter der angedeuteten Furche des Baumgartls ragt links neben dem Breithorn gerade noch der Sommerstein als Hausberg des Riemannhauses empor. Den Mittelgrund nimmt die Funtensee-Deckenscholle ein, entlang derer unser bisheriger Anstieg verlaufen war. Zur besseren Orientierung ist sie hier gelb hervorgehoben.

aus markant rot gefärbten Adneter Kalken und feiner geschichteten, teilweise fein brekziösen sowie Hornsteinknollen-führenden Sillenkopf-Schichten, die links von uns im Rennergraben liegen und an denen wir beim abendlichen Abstieg vom Feldkogel noch vorbei kommen werden. Über dieser zwar verfalteten und tektonisch teilweise verstellten, aber doch stratigraphisch im Zusammenhang stehenden Abfolge liegt – mit ringsherum eingequetschtem permotriassischen Haselgebirge – mitteltriassische Reichenhall-Formation und Ramsaudolomit mit Mächtigkeiten von weit mehr als 100 Metern. Dabei ist anzumerken, dass die Werte vor den zahlreichen Eiszeiten, die gerade die weicheren dolomitischen Lithologien ausgeräumt haben dürften, weitaus höher gewesen sein könnten. Um wie viel mehr als heute, bleibt Spekulation.

Nicht nur die Geologie der Funtensee-Deckenscholle ist eine andere als jene der stark verkarsteten und sprödtektonisch deformierten Dachsteinkalk-Oberfläche – hier findet sich mit einem weicheren, "kupiert" wirkenden Oberflächenrelief eine andere Geomorphologie. Zudem neigt der Dachsteinkalk klassischerweise zu einer tiefgründigen Verkarstung. Die Dolomitsteine der Funtensee-Scholle hingegen sind nur bedingt verkarstungsfähig und erzeugen einen kleinstückig-sandigen Schutt, der Bäche, Rinnen und Runsen anfült

Im Zuge des Aufstiegs entlang dem Stuhlgraben wandern wir zunächst entlang der tektonischen Grenze der Funtensee-Deckenscholle: unser Steig hält sich links des kleinen Rinnsals und bleibt auf Dolomitsteinen der Reichenhall-Formation, rechts jenseits des Stuhlgrabens stehen verkarstete Dachsteinkalke an. An einer Wegkreuzung halten wir uns linkerhand auf dem schmäler werdenden Pfad (Wegweiser "Funtenseetauern"), der Steig nach rechts führt über die deutsch-österreichische Grenze ins Baumgartl und von dort weiter in Richtung Riemannhaus. Knapp nach der Abzweigung verlassen wir den Stuhlgraben und wandern direkt auf der Funtensee-Deckenscholle – nun in etwas hellerem, aber ebenso massigem und stark tektonisiertem Ramsaudolomit. Nach weiteren knapp 10 Gehminuten folgt die nächste Wegkreuzung, die wir uns für den Abstieg einprägen sollten. Unser Weiterweg führt geradeaus weiter – nach rechts zweigt der Steig zum Toten Weib an der deutsch-österreichischen Grenze ab, und linkerhand liegt der nicht markierte, steile Abstieg zur Feldalm, den wir im Abstieg vom Funtenseetauern wählen werden.

Die Wegkreuzung liegt wieder ziemlich genau auf der Grenze der Funtensee-Deckenscholle: hier stößt mittertriassischer Ramsaudolomit an stark verkarstete Rotkalke der unterjurassischen Adnet-Formation. Und an diesem Punkt beginnt der eigentliche Aufstieg auf den Funtenseetauern.

Nochmals: den Funtenseetauern sollte man nur dann in Angriff nehmen, wenn man trittsicher, berggewandt und schwindelfrei ist. Denjenigen, die sich diese Attribute selbstkritisch nicht abverlangen können, sei ein direkter Abstieg zur Feldalm und eine etwas "verkürzte" Exkursion empfohlen.

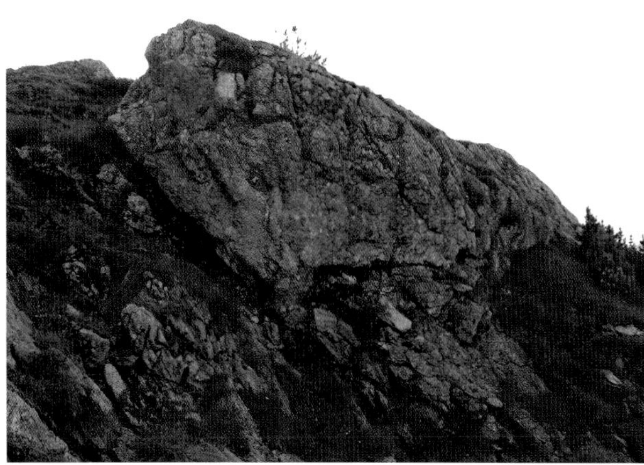

Abb. 233. Das brekziöse Ledererkar-Member am Aufstieg zum Funtenseetauern auf einer Höhe von etwa 1960 Metern.

5 Des Kaisers purpurne Mäntel – auf den Funtenseetauern!

Die Königsetappe und der buchstäbliche Höhepunkt unseres geologischen Hüttentrekkings startet – gutes und stabiles Bergwetter vorausgesetzt – hinter dem flachen, unscheinbaren und bewaldeten Stuhlgrabenkogel. Der nicht immer deutliche, aber gut markierte Steig verläuft mäßig steil über Rotkalkfelder und grasige Schrofen langsam aus dem schütteren Lärchenwald heraus. Bei etwa 1950 Meter Höhe ist die Waldgrenze erreicht und die Sicht auf die umliegenden Berge wird offener.

Beim Blick zurück zum Funtensee können wir die gesamte Funtensee-Deckenscholle nochmals in 232
ihrer Gesamtheit – diesmal von oben – überblicken.

Bevor der Hang steiler wird, sollten wir auf etwa 1960 Metern unsere Aufmerksamkeit auf eine unscheinbare, graue Kalkrippe rechts neben dem Steig richten. Aus größerer Distanz könnte man das Gestein leicht für einen ordinären Dachsteinkalk halten und sähe damit nichts Außergewöhnliches, doch bei genauerer Untersuchung sollte uns das stark brekziöse Gefüge und eine partielle Dünnbankigkeit auffallen. Früher wurde diese Kalkrippe, die sich noch knapp 150 Meter in südöstliche Richtung verfolgen lässt, tatsächlich als Dachsteinkalk kartiert. Wir haben jedoch das brekziöse "Ledererkar-Member" vor uns, jenes grobe Pendant zur meist dünnbankigen und mergeligen 233
Sillenkopf-Formation, das man deswegen als deren "proximale" Version ansieht. Unter dem Begriff "proximal" verstehen Geologen etwas, das näher zu einem gewissen Erosions- oder Abtragungsort situiert ist und deswegen meist ein gröberes Komponenten-Gefüge ausweist. Das "Ledererkar-Member" – benannt nach dem Ledererkar auf der Westseite des Funtenseetauerns – bildet ebenfalls den oberjurassischen "Deckel", der diskordant auf unter- bis mitteljurassischer Adnet-Formation liegt. Seine groben Brekzien werden uns beim weiteren Anstieg zum Gipfel immer wieder "über den Weg laufen" und spielen in der Geodynamik des Berchtesgadener Deckenschubes eine ganz besondere Rolle. An Komponenten finden sich neben aufgearbeiteten Dachsteinkalk- und Adneter Rotkalk-Geröllen auch deutlich ältere Bestandteile wie sandig-quarzitische Werfen-Formation oder gar eingewürgte Schmitzen von permotriassischem Haselgebirge. Offenbar wurde die Brekzie in einer Zeit mit hoher Aufarbeitungsrate gebildet – etwa im Zuge der Erosion einer aktiven Störungs- oder Scherzone, in der ältere Gesteine wieder an die Erdoberfläche gebracht wurden und resedimentiert wurden. Und da über der Sillenkopf-Formation beziehungsweise dem Ledererkar-Member – das übrigens erst in jüngster Vergangenheit vom Geologen Volker DIERSCHE aus Bayerisch Gmain postuliert wurde – direkt die Berchtesgadener Deckenschübe folgen, befinden wir uns in einem geodynamischen "Hotspot".

Dass es allerdings auch zu weiter in die Vergangenheit zurückreichenden Ablagerungszeiten nicht ruhig und beschaulich zuging, sondern auch hier Geodynamik im Spiel war, beweisen auf 2000 Meter
Höhe große Dachsteinkalk-Klasten, die in Adneter Rotkalken zu schwimmen scheinen. Tatsächlich 234
handelt es sich hier um Olistolithblöcke mit zum Teil mehreren Metern Kantenlänge. Unter Olistolith oder der übergeordneten Einheit "Olistostrom" versteht man eine Komponente beziehungsweise eine chaotische Massenbewegung, die als submarine, gravitative Rutschung nicht nur Schlamm und Karbonatschlamm, sondern auch große Blöcke mitgerissen und wieder zur Ablagerung ge-

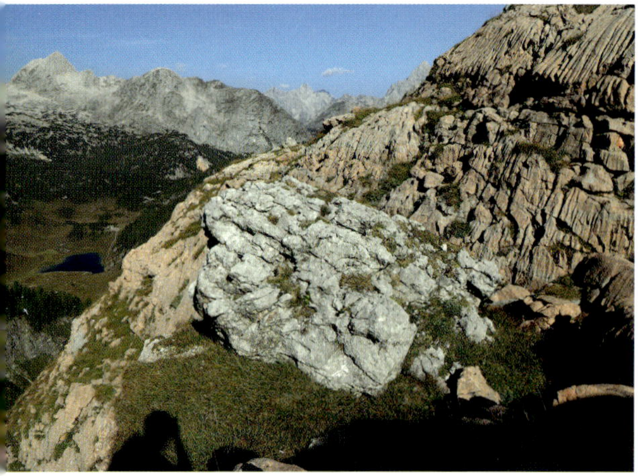

Abb. 234. Ausgewitterter Olistolith-Block aus Dachsteinkalk inmitten von Rotkalken der Adnet-Formation.

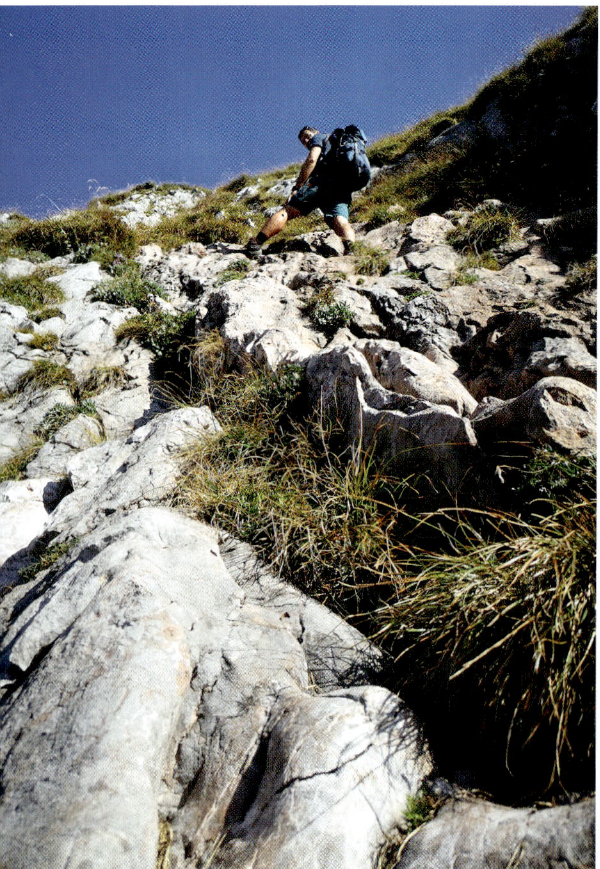

Abb. 235. Kleine Kletterpassage in Adneter Rotkalken (ca. 2100 m).

bracht hatte. Gerade zur Sedimentationszeit der unterjurassischen Adnet-Formation sind derartige Olistostrome in unserer Region nicht gerade selten: unter den Exkursionen M und N sind kleinere und größere dieser Ereignisse im Detail beschrieben. Teilweise können einzelne Komponenten beziehungsweise Olistolithe Ausmaße von kleinen Bergen erreichen. Man spricht dann von "Mega-Olistolithen" und lässt die Grenzen zu tektonischen Überschiebungen und Deckenschüben verschwimmen.

Noch innerhalb der weitflächig erschlossenen Rotkalk-Sequenzen und im Übergang zu darunterliegenden Dachsteinkalken wird der Steig immer steiler – bis auf einer Höhe von etwa 2100 Metern die erste kleine Kletterpassage zu überwinden ist. Es handelt sich 235
um eine gering ausgeprägte, aber steile Verschneidung von knapp 15 Metern Höhe, die allerdings sehr gutgriffig ist und sich beim Ansteigen weitaus zahmer präsentiert als sie von unten erahnen lässt. Dennoch sollte man hier achtgeben und trockenen Bedingungen den Vorzug geben. Gerade bei Nässe wirken die mergelreicheren Adneter Rotkalken wie mit Schmierseife überzogen.

Vielleicht noch ein Wort zur geologischen Übersicht an der Südflanke des Stuhljoches bezie- 236
hungsweise des Funtenseetauern-Massivs, an dem wir gerade steigen. Ihr unterer Bereich von etwa 1900 bis 2100 Meter ist geprägt durch die Anlage eines zerhackten Halbgrabens, an denen die Rotkalke der Adnet-Formation in das Relief des Dachsteinkalkes eingesunken sind. Der abrupte Wechsel zwischen grau-eintöniger Obertrias und rotem Unterjura an besagter Kletterpassage ist mehr als markant. Auf der flachen Riesenrampe des Stuhljoches wird diese tektonische Überprägung vielleicht nicht ganz so deutlich, doch am Abend unseres Exkursionstages im Bereich der Feldalm werden wir die Stuhlwand und genannten Halbgraben im Profil sehen (siehe auch Abb. 250). Weiter oben liegen die Rotkalke der Adnet-Formation diskordant ohne tektonische Überprägung auf den Dachsteinkalken – quasi wie es sein soll.

Über der Kletterpassage bleiben wir zunächst bis etwa
2300 Meter in monotonen Dachsteinkalkfolgen, nach 237
einem unscheinbaren Absatz wechseln wir wieder in die hier geringmächtige, aber flächig erschlossene Rotkalk-Auflage.

Die Rotkalke bleiben uns auf den abschließenden Höhenmetern bis zum Abbruch des Stuhljoches zum Grünsee-Becken auch erhalten. Wer möchte, kann sich – vorsichtig jedoch! – knapp westlich

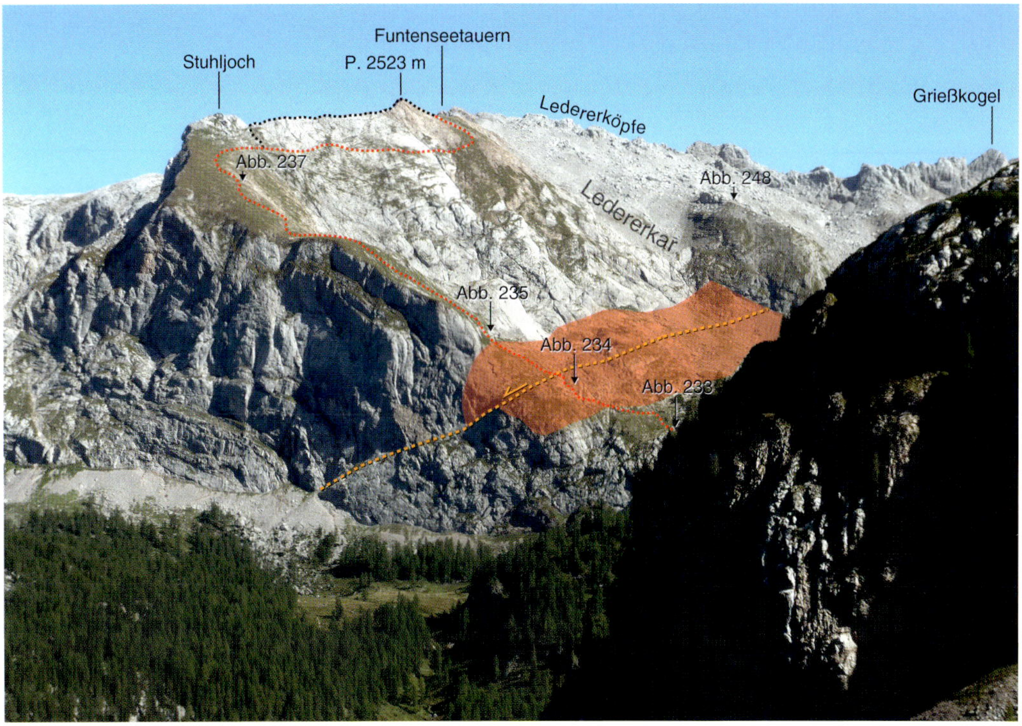

Abb. 236. *Überblick über den Aufstieg zu Stuhljoch und Funtenseetauern mit den ungefähren Positionen der einzelnen Abbildungen. Der markante Rotkalk-Halbgraben ist in einem transparenten Rotton hervorgehoben. Die Route folgt der gepunkteten roten Linie – die schwarz gepunktete Linie über den schmalen und ausgesetzten Stuhljochgrat ist nur etwas für absolut schwindelfreie und trittsichere Bergsteiger ohne Furcht vor der Tiefe. Die Zahlen bezeichnen die Aufnahmepunkte für die zugehörigen Abbildungen.*

Abb. 237. *Aufstieg am Stuhljoch in Dachsteinkalken auf etwa 2200 Metern Höhe – im Hintergrund der Funtensee und das südwestliche Steinerne Meer.*

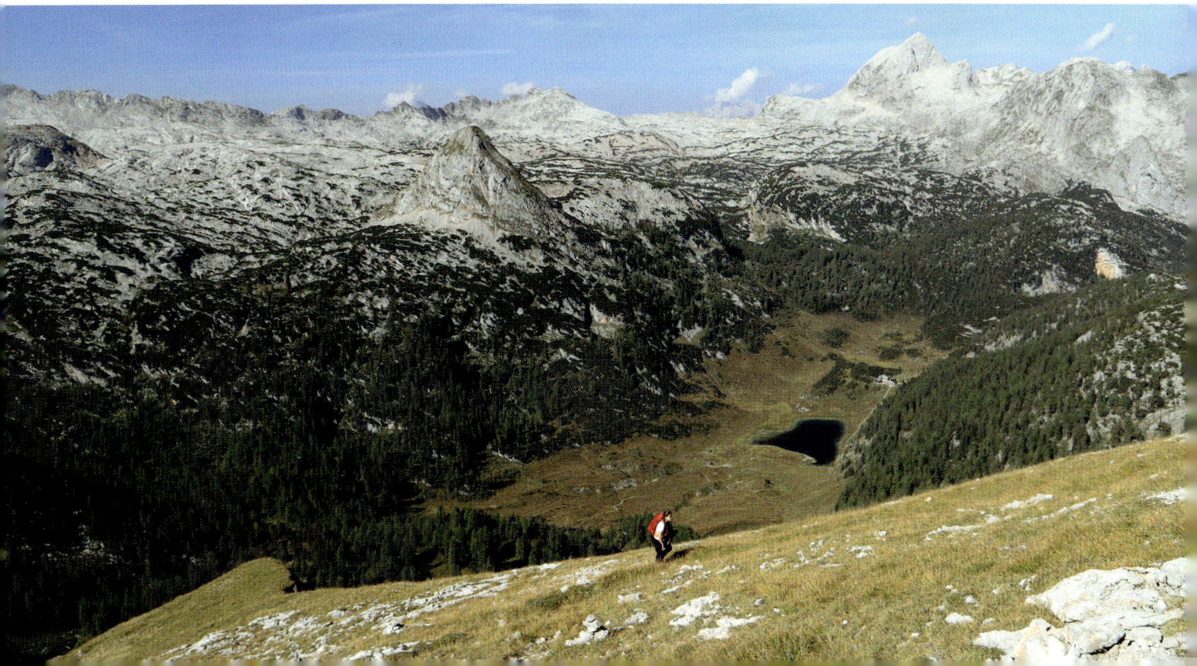

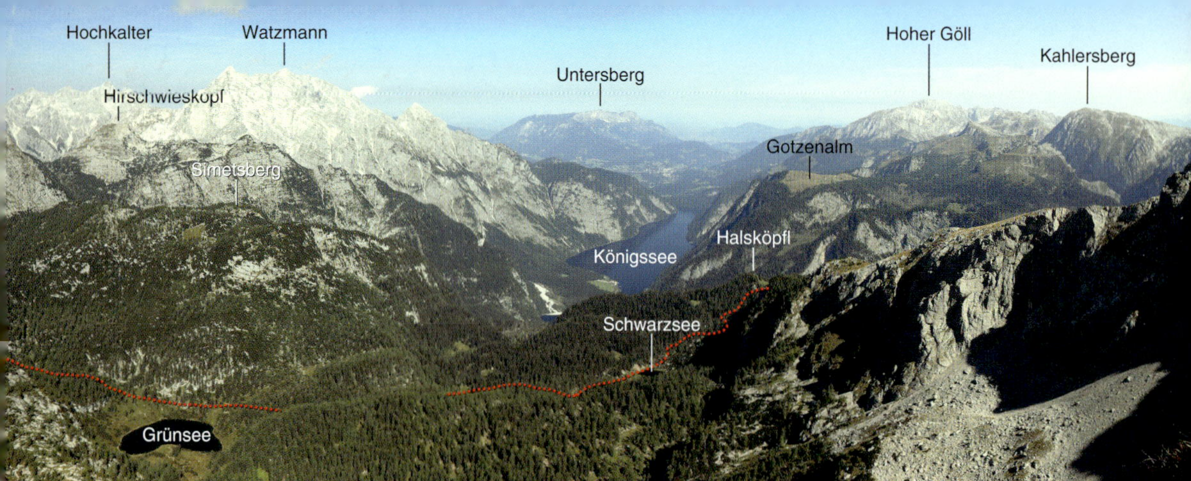

Abb. 238. Tiefblick vom Stuhljoch nach Norden gegen die fjordähnlich eingeschnittene Furche des Königssees. Links davon erkennt man die Hauptgipfel von Watzmann und Hochkalter (etwas im Hintergrund), rechts das Weide-Plateau der Gotzenalm sowie das westliche Hagengebirge. Dahinter liegt das Göll-Massivs und ziemlich genau über dem Königssee hinter dem weiten Berchtesgadener Talkessel erhebt sich der Untersberg. Die gepunktete rote Linie kennzeichnet den Wegverlauf des morgigen Exkursionstages vom Kärlingerhaus in Richtung Wasseralm.

des Stuhljoch-Gipfels an die Abbruchkante heran wagen und sieht sich einem ziemlich eindrucks-
238 vollen Tiefblick in Richtung Königssee gegenüber, der vor hier ausgesehen fjordähnlich ins Gebirge geschnitten ist. Im Mittelgrund liegen die bewaldeten Höhen des nördlichen Steinernen Meeres mit den dunklen "Augen" des Grünsees und Schwarzsees, knapp 1000 Meter tiefer.

Auf etwa 2400 Meter Höhe nahe dem oberen Ende der geneigten Rampe unter dem felsigen Stuhljoch-Gipfel biegt der mittlerweile undeutlich gewordene Steig nach rechts ab (auf Markierungsflecke achten!) und beginnt, die geneigte Riesenflanke des Stuhljoches in Richtung Funtenseetauern zu queren.

Dort, wo die begrünten Schrofen östlich des Stuhljoch-Gipfels in eine deutlich ausgeprägte Scharte hinaufreichen, erkennen wir Steigspuren, die dorthin führen. Über sie gelangt man zum schmalen
239 und ausgesetzten Stuhljochgrat, der als Direktzustieg zum Funtenseetauern dient, allerdings nur von absolut schwindelfreien und trittsicheren, erfahrenen Bergsteigern begangen werden sollte. Besonders nach Nordosten ins Kar am Pflaumpalfen bricht eine durchgehende Wandstufe etwa 500 Meter ab und der Grat ist stellenweise nicht mehr als einen halben Meter breit.

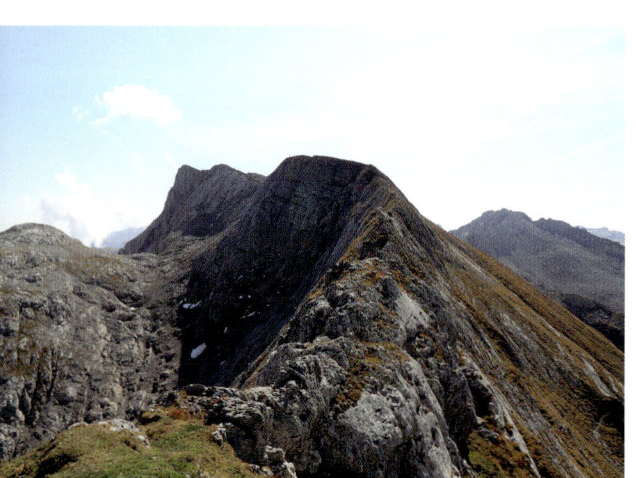

Abb. 239. Am Beginn des Stuhljochgrates – wir halten uns besser unterhalb in der steilen, aber gut begehbaren Flanke zwischen Stuhljoch und Funtenseetauern. Der Steig ist nahe dem rechten Bildrand zu erkennen.

Der durchwegs gut markierte, aber schmale Wegverlauf führt uns überraschend einfach durch
die geneigte Südwestflanke des Funtenseetau- 240
erns. Wir queren diese auf den Schichtflächen lagunärer, dickbankiger Dachsteinkalke, deren Abfolgen hier mit etwa 35 Grad nach Südwest einfallen. Über einen kleinen Absatz und plattige Stufen (auf wenigen Metern ist Konzentration und ein sicherer Tritt gefragt!) gelangen wir zu einer Passage, an der die Dachsteinkalk-Abfolge
diskordant von dünnbankigen, knolligen Rotkalken 241b
der Adnet-Formation überlagert werden. Der Steig überquert den nur wenige Meter hohen Absatz und führt anfolgend über die flächig erschlossenen Rotkalke auf der Flanke weiter in die Höhe.

Ein genauerer Blick lohnt sich – Fossilien wie Ammoniten und kleine Gastropoden oder Belemniten sind gar nicht so selten!

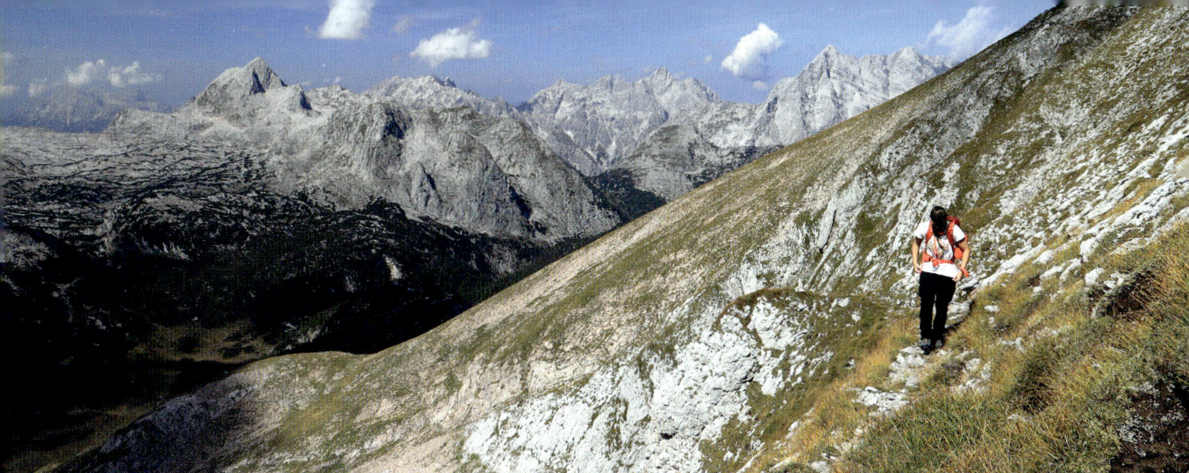

Abb. 240. Der Steig in der Querung der Funtenseetauern-Südwestflanke ist stellenweise nur wenige Fuß breit. Hier ist Trittsicherheit angesagt! Den Mittelgrund bestimmt die Rampe zum Stuhljochgipfel, über die der bisherige Aufstieg lief. Im Hintergrund erkennt man links den Großen Hundstod, rechts den Watzmann. Dazwischen liegt der Trischübelpass mit der abgerundet wirkenden Kuppe des Hirschwieskopfes und nochmals dahinter die bleichen Gipfel der Hochkaltergruppe.

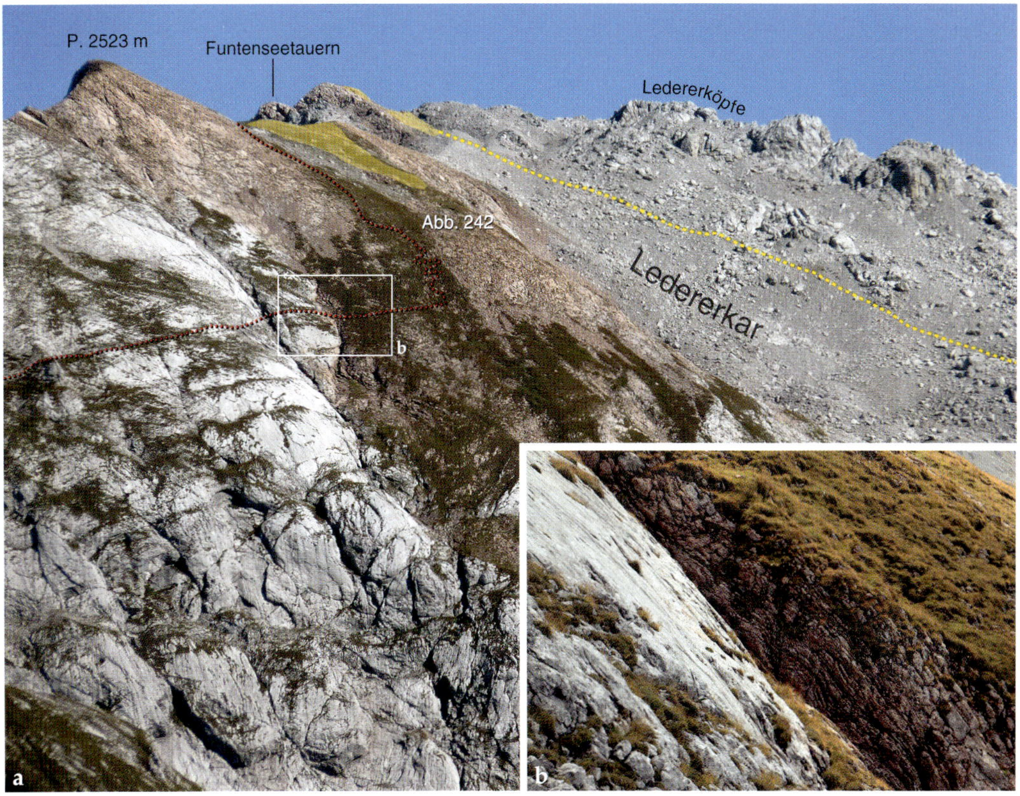

Abb. 241. Wie ein purpurfarbener Mantel liegen die Rotkalke diskordant auf den nach Südwest geneigten Dachsteinkalk-Schichtflächen (Foto a). Gelb hervorgehoben sind ebenfalls diskordant auf Adneter Rotkalken liegende Vorkommen des Ledererkar-Members in Gipfelnähe des P. 2523 Meter (Sendemast). Die gestrichelte gelbe Linie kennzeichnet die Verbreitung der Ledererkar-Brekzie unter den Felssturzmassen der Ledererköpfe. Und das Detail in Foto b offenbart die flache Winkeldiskordanz zwischen liegendem Dachsteinkalk und stratigraphisch hangenden Adneter Rotkalken.

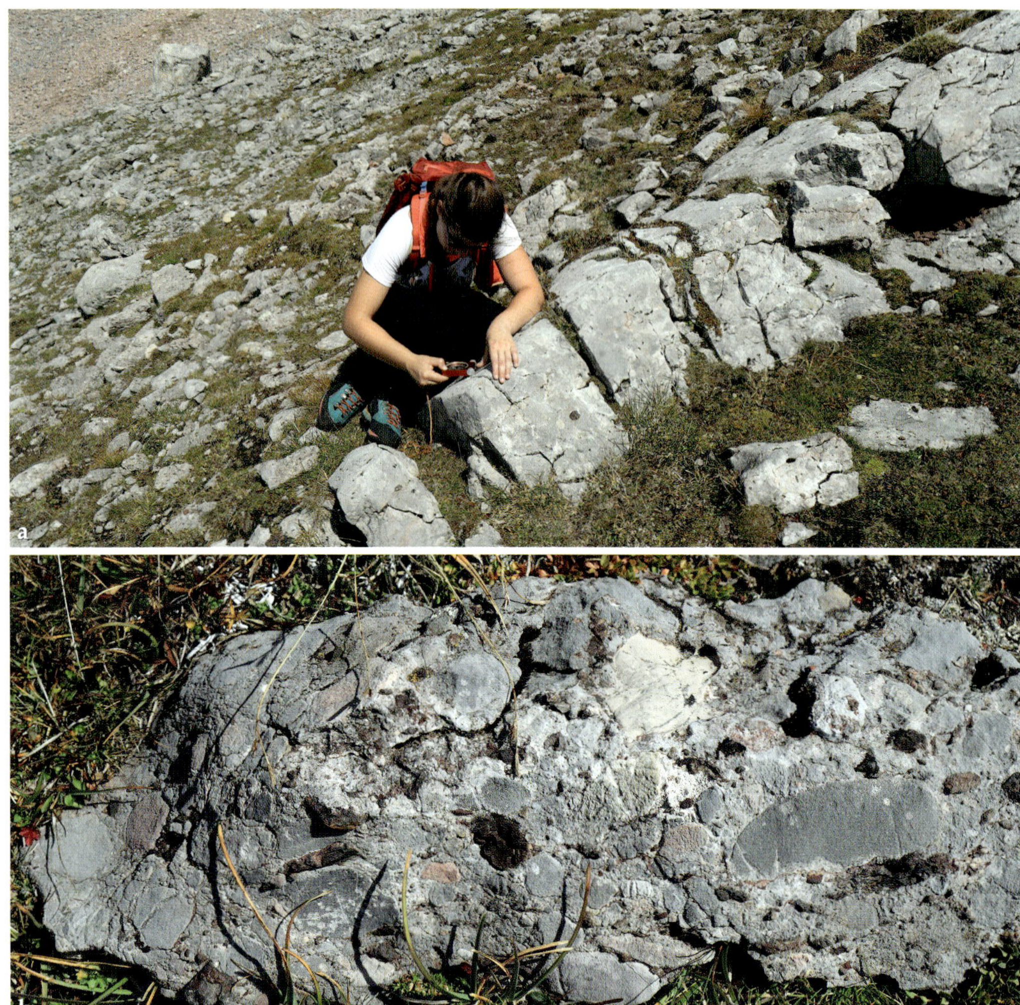

Abb. 242. Auf etwa 2450 Meter Höhe treffen wir wieder auf die Brekzie des Ledererkar-Members, die diskordant auf den hier allseits umgebenden Adneter Rotkalken liegt.

Wie ein Deckel liegen die karminroten und mergelreichen Kalksequenzen der Adnet-Formation
am Funtenseetauern-Gipfelhang über dem Grau des Dachsteinkalkes – er erinnert tatsächlich an
241a die purpurne Schleppe eines kaiserlichen Mantels. Erst mit einem allmählichen Abflachen des
Gipfelhanges treffen wir abermals auf stark verwitterte, meistens mittelbankige Kalkabfolgen der
242 "Ledererkar-Brekzie". Auch diese fällt mit fast 30 Grad nach Südwesten ein, liegt aber diskordant
(d. h. mit einer Schichtlücke) auf Adneter Rotkalken.

Sobald wir den breiten Gratsattel rechts unter der meteorologischen Station des P. 2523 m erreicht haben, ist es "nur" noch ein Klacks auf den höchsten Punkt des Funtenseetauerns. Zunächst steigen wir über eine Dachsteinkalk-Blockhalde vor den seltsam zerfressen wirkenden Ledererköpfen flach hinauf.

243b Dabei gelangen wir abermals in die überdeckende Adnet-Formation und letztendlich wieder zur
243c hier wirklich groben Ledererkar-Brekzie, die teilweise auch direkt auf obertriassischen Dachstein-
243a kalken liegt. Teilweise finden sich neben vielen resedimentierten kalkalpinen Komponenten auch
243d gelb-orange geflämmte Partien, sowie knallroter, zerfressen wirkender Kieselkalk.
243e

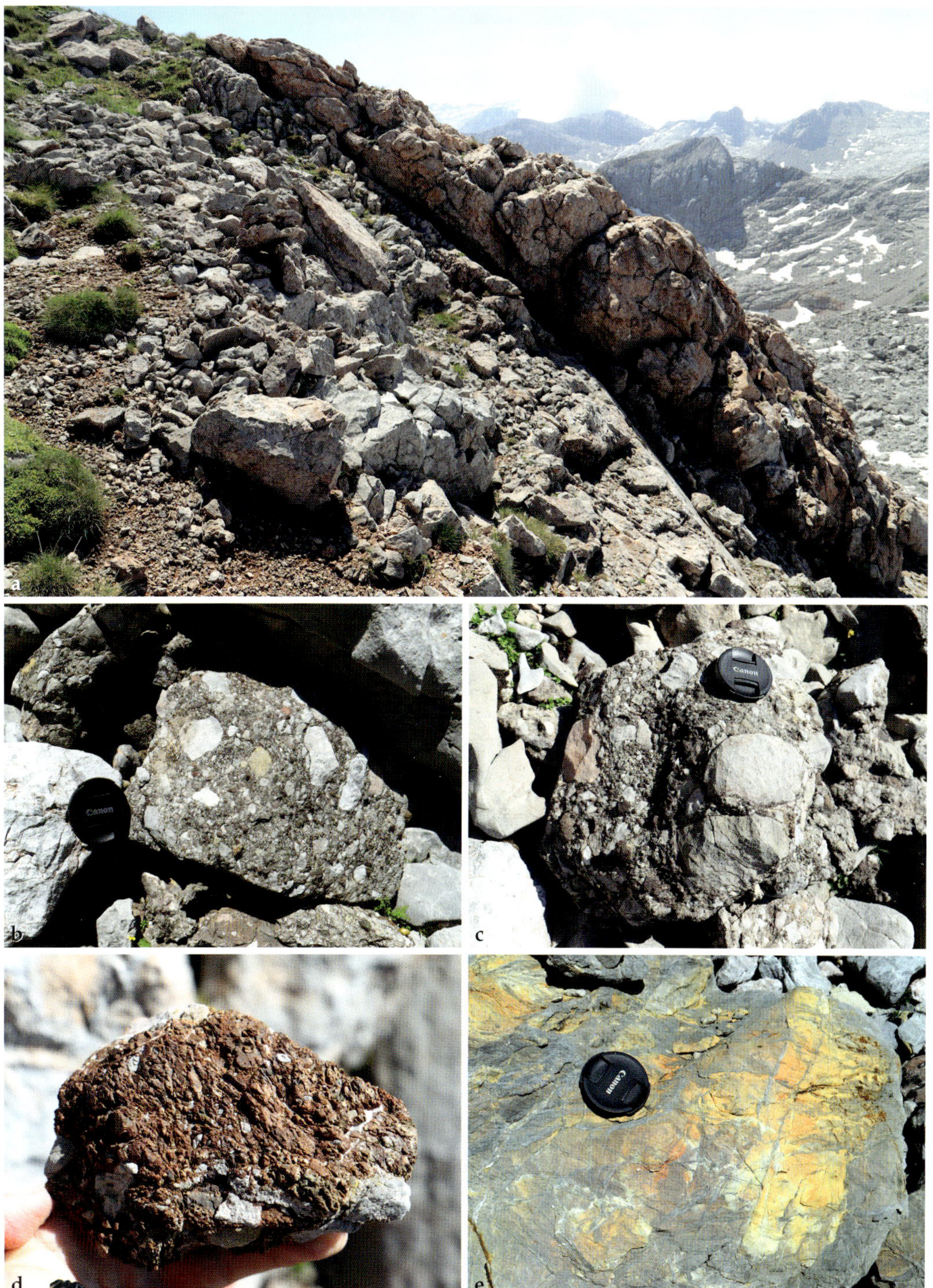

Abb. 243. a. Das Ledererkar-Member liegt am Gipfelbereich des Funtenseetauerns diskordant sowohl auf Adnet-Formation, als auch auf Dachsteinkalk. Neben sehr groben, oft Komponenten-gestützten Brekzien (b und c) finden sich knallrote, zerfressen wirkende Kieselkalke (d) sowie gelb-orange geflämmte Bereiche (e).

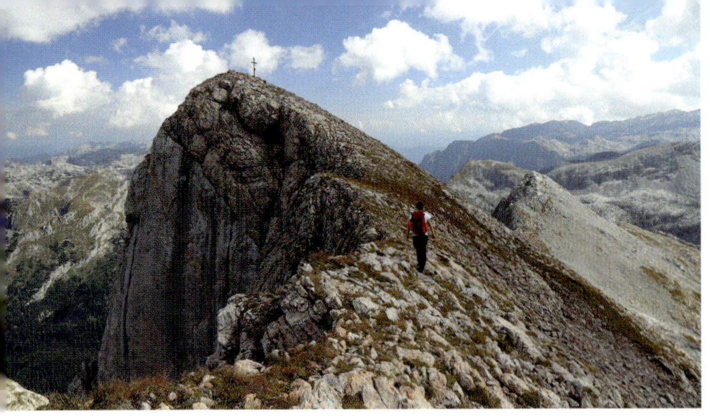

Abb. 244. Der Gipfel des Funtenseetauerns. Die rötliche Adnet-Formation liegt wie ein schräg nach Südwest einfallender Deckel auf grauem Dachsteinkalk. Im Mittelgrund erkennt man den Graskopf, dahinter den begrünten Rücken des Alpriedelhorns an der deutsch-österreichischen Grenze (gegen den rechten Bildrand) und nochmals dahinter die weitläufigen Hänge des Hochkönigs.

244 Am letzten Gipfelaufschwung ist nochmals sehr schön die Überlagerung von Adnet-Formation auf lagunären Dachsteinkalk zu sehen, danach ist es geschafft! Mit dem höchsten Punkt des Funtenseetauerns befinden wir uns auf einem der prominentesten Gipfel des Steinernen Meeres und entsprechend umfassend ist seine Aussicht nach allen Seiten!

245 Der Blick nach Norden bleibt vor allem an den Massiven von Watzmann und Hochkalter hängen, die beide zur tirolischen Staufen-Höllengebirgsdecke gehören (tektonische Erläuterung siehe Kapitel 6 in Band 40). Das Watzmann-Massiv bricht mehr als 2000 Meter zum fjordähnlich eingeschnittenen Königssee ab, von dem wir lediglich die Nordhälfte erkennen können. Der südliche Bereich wird von der schrofigen Hochfläche des Ebenhorns und der Hochscheibe eingenommen, zugehörig zur

Abb. 245. Ausblick vom Gipfel des Funtenseetauerns nach Nordwesten zu Watzmann, Hochkalter und Königssee. Das untere Bild zeigt dieselbe Aussicht, jedoch mit deckentektonischen Großeinheiten überblendet.

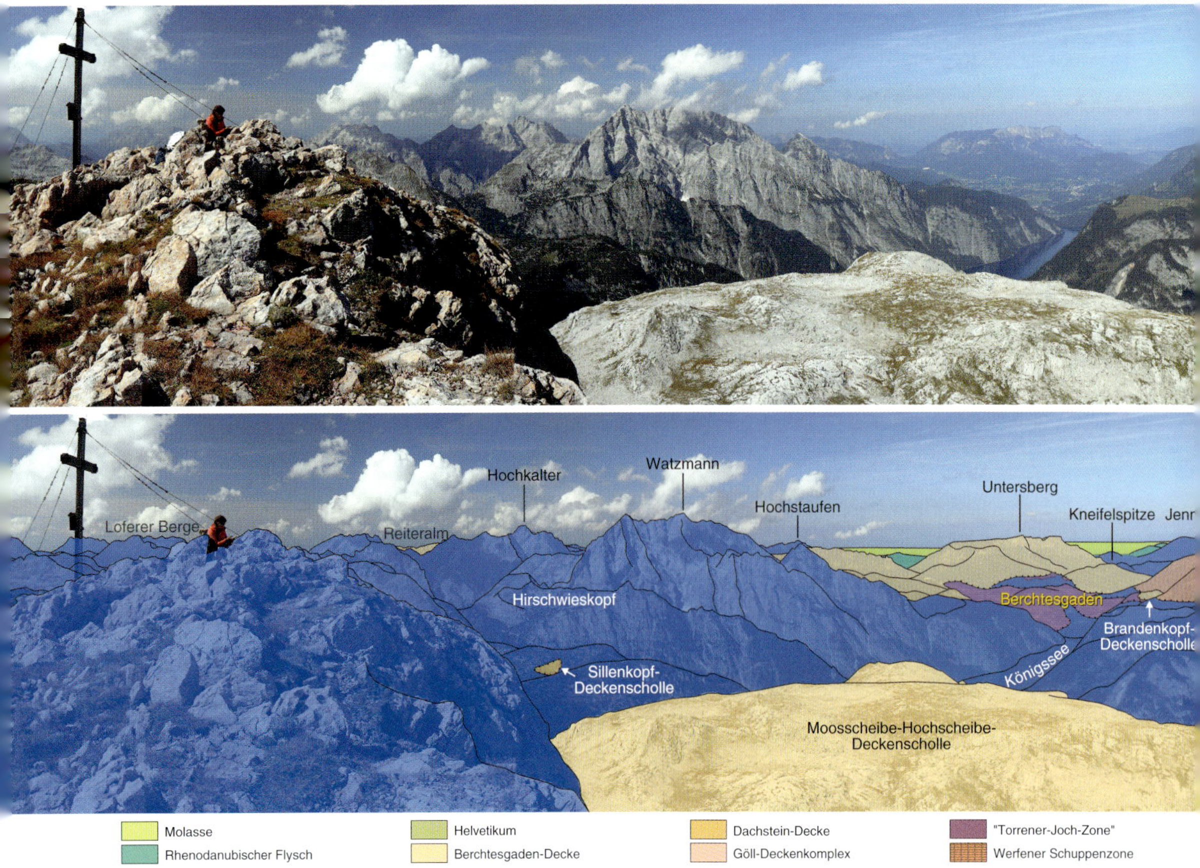

Molasse
Rhenodanubischer Flysch
Helvetikum
Berchtesgaden-Decke
Dachstein-Decke
Göll-Deckenkomplex
"Torrener-Joch-Zone"
Werfener Schuppenzone

größten Deckenscholle der Berchtesgaden-Einheit im Steinernen Meer und dem östlich angrenzenden Hagengebirge ("Moosschreibe-Ebenhorn-Deckenscholle"). Die eigentliche Berchtesgaden-Decke liegt mit dem Untersberg-Massiv, dem Lattengebirge und der Reiteralm mehr als 20 Kilometer *Profil 2*
nördlich unseres Standortes. Davor befinden sich im weiten Berchtesgadener Talkessel weitere juvavische Gleitschollen auf tirolischem Untergrund (siehe Exkursionen F bis H in Band 40). Der weiter nördlich gegen den Reichenhaller Talkessel gelegene Hochstaufen ist teilnamensgebend für die Staufen-Höllengebirgsdecke und entsprechend wieder Tirolikum. Und nochmals hinter dem östlichsten Berg der Chiemgauer Alpen erstrecken sich die schmalen Zonen von Rhenodanubischem Flysch, Helvetikum und süddeutscher Molasse. Letztere zieht sich gegen Osten bis ins Linzer Becken.

Rechts des Königssees erkennen wir das grüne Hochplateau der Gotzenalm, dahinter den Jenner. *246*
Sein markant pyramidenförmiger Gipfel wird vom Doppelmassiv Hohes Brett und Hoher Göll überragt, die zusammen mit dem sich gegen Osten anschließenden Kuchler Kamm die Hauptmasse des Göll-Deckenkomplexes bilden, einer der Berchtesgaden-Decke tektonisch und faziell nahestehenden *Profil 5*
Einheit. Zwischen Göll und dem sich gegen Süden anschließendem Hagengebirge liegt die schmale Torrener-Joch-Zone, eine große, von West nach Ost laufende sinistrale Seitenverschiebung, die im Zuge der neogenen alpinen Auffaltung angelegt wurde (Stichwort "Südalpen-Intender, siehe Kapitel 6 in Band 40 sowie Exkursionen M, N und O). Das Gipfelgewirr des Hagengebirges mit dem breiten Kahlersberg und den beiden markanten Teufelshörnern an dessen Südrand verdecken größtenteils das Tennengebirge im Salzburger Land, das als ostwärtige Fortsetzung des Göll-Deckenkomplexes

Abb. 246. Ausblick vom Gipfel des Funtenseetauerns nach Norden und Osten gegen Hoher Göll, Hagengebirge und Hochkönig-Massiv. Hier wird es langsam zur Herausforderung, die unterschiedlichen, sichtbaren geologischen Einheiten trennen zu können – auf dem unteren Bild sind sie verschiedenfarbig hervorgehoben.

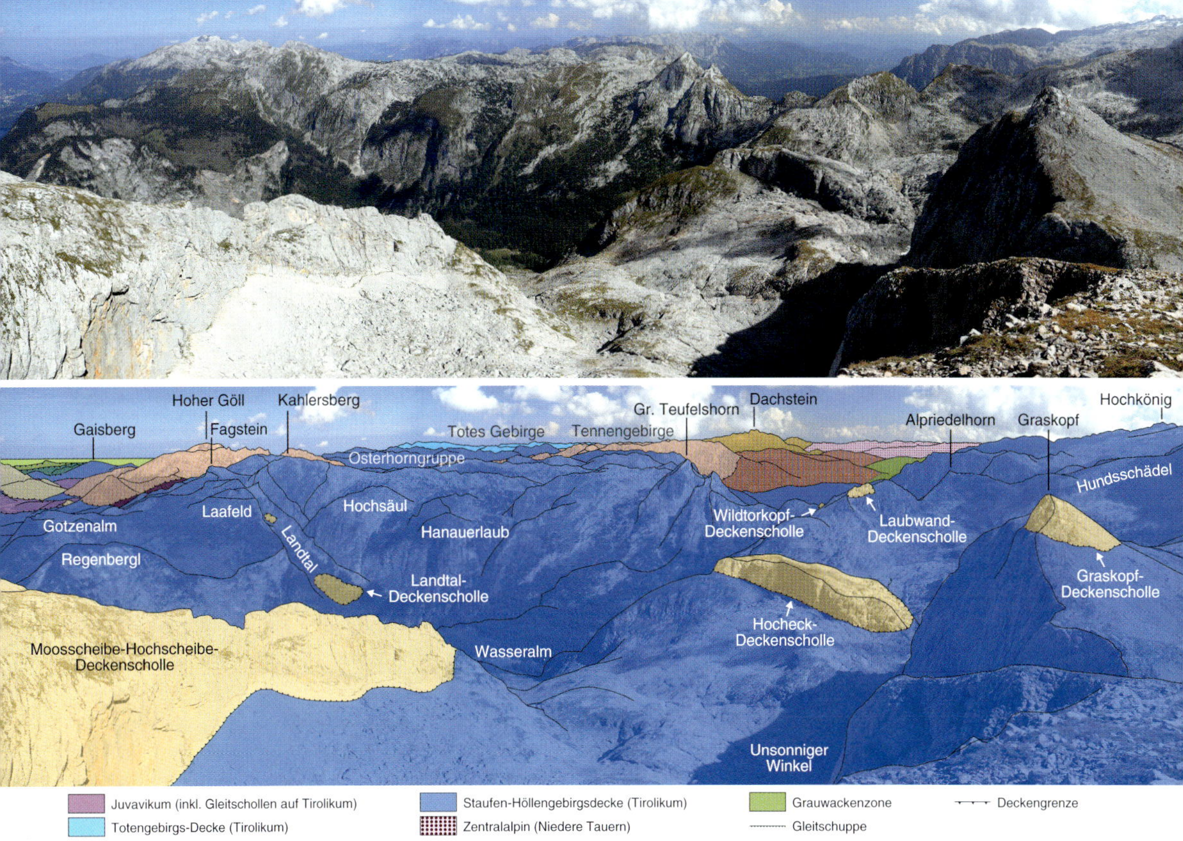

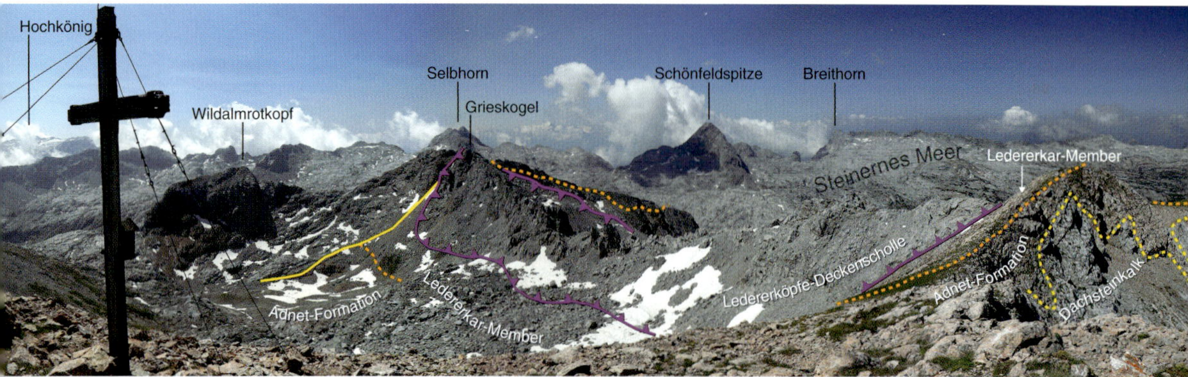

Abb. 247. Ausblick vom Gipfel des Funtenseetauerns nach Südosten und Süden in die Kernbereiche des Steinernen Meeres. Direkt im Fokus liegt die wild zerrissene Ledererköpfe-Deckenscholle, umrandet von einer violetten Linie. Sie liegt am Gipfelgrat des Funtenseetauern auf einer vergleichsweise geringmächtigen Schicht des brekziösen »Ledererkar-Members« (gestrichelte orange Linie) sowie Rotkalken der Adnet-Formation. Eine identische Abfolge zeigt sich in der Steinernen Grube auf österreichischer Seite, teilweise überdeckt von ausgedehnten Blockhalden. Die gestrichelte gelbe Linie am rechten Bildrand zeigt die diskordante, stark relieferte Überlagerung von Adnet-Formation über Dachsteinkalk.

angesehen wird. Dieses grenzt gegen Süden an die Werfener Schuppenzone, einer tektonisch komplexen, aus oberpermischen bis mitteltriassischen Einheiten zusammengeschobene Masse, die als das sedimentäre Unterlager des Tennengebirges angesehen werden kann. Weiter nach Süden schließt sich die Grauwackenzone an, die allerdings größtenteils vom tirolischen Hochkönig-Massiv verdeckt wird. Den Hintergrund im Norden bestimmen – gute Sicht vorausgesetzt – das Tote Gebirge und der Dachstein in Oberösterreich sowie die bleichen Gras- und Schrofenberge der Niederen Tauern. Während Totes Gebirge und Dachstein jeweils eigene Decken und somit weitere kalkalpine tektonische Stockwerke bilden, gehören die Niederen Tauern bereits den ostalpinen Zentralgneisen an.

Interessant für unsere Belange sind die verschieden großen Deckenschollen der Berchtesgaden-Einheit, die im Zuge des von Süd nach Nord gerichteten Deckenschubes während der frühalpiden Auffaltungsphase irgendwie "verloren" gegangen scheinen. Strukturell und lithofaziell gehören sie eigentlich zu den deutlich nördlich gelegenen Gebirgsmassiven von Untersberg, Lattengebirge und Reiteralm. Die Moosschreibe-Ebenhorn-Deckenscholle haben wir bereits angesprochen – diese größte der tektonischen Klippen breitet sich direkt vor uns aus und verdeckt unseren Blick hinab in die tief eingeschnittene Königssee-Obersee-Furche. Eine weitere große Deckenscholle liegt mit dem Klotz des Hochecks direkt im nordöstlichen Steinernen Meer unter uns. Auch die Gipfelregion des benachbarten Graskopfes gehört zur Berchtesgaden-Einheit. Deutlich kleiner beziehungsweise von mächtigen pleistozänen Sedimenten überdeckt sind die isolierten Deckenschollen in der tief eingeschnittenen Landtalfurche (siehe Exkursion N) sowie die kleinen Klippen auf dem Wildtorkopf sowie der Laubwand im östlichen Steinernen Meer. Sie alle vereint – wie die zuvor beschriebene Funtensee-Deckenscholle ebenfalls – die Unterlage mit tief oberjurassischer Sillenkopf-Formation oder dem grob-brekziösen Ledererkar-Member. Im Gegensatz zur Funtensee-Deckenscholle jedoch tragen alle genannten Klippen – bis auf die nördliche Landtal-Scholle, die aus unter- und mitteltriassischen Einheiten besteht – obertriassischen, oft stark tektonisierten Dachsteinkalk. Tektonisiert deswegen, weil die starren Kalkblöcke auf der verhältnismäßig weichen Unterlage jurassischer Einheiten zum Zergleiten neigen.

247 Blicken wir nach Südosten und Süden ins Herzen des Steinernen Meeres, hat es sich zumindest mit der farblichen Vielfalt erledigt. Auf den ersten Blick herrschen monotone Grautöne vor. Erst auf den zweiten Blick erkennen wir am dem Funtenseetauern gegenüberliegenden Wildalmrotkopf im Bereich der Nordflanke mächtige Rotkalksequenzen, die an die dickbankigen Dachsteinkalk-Abfolgen wie

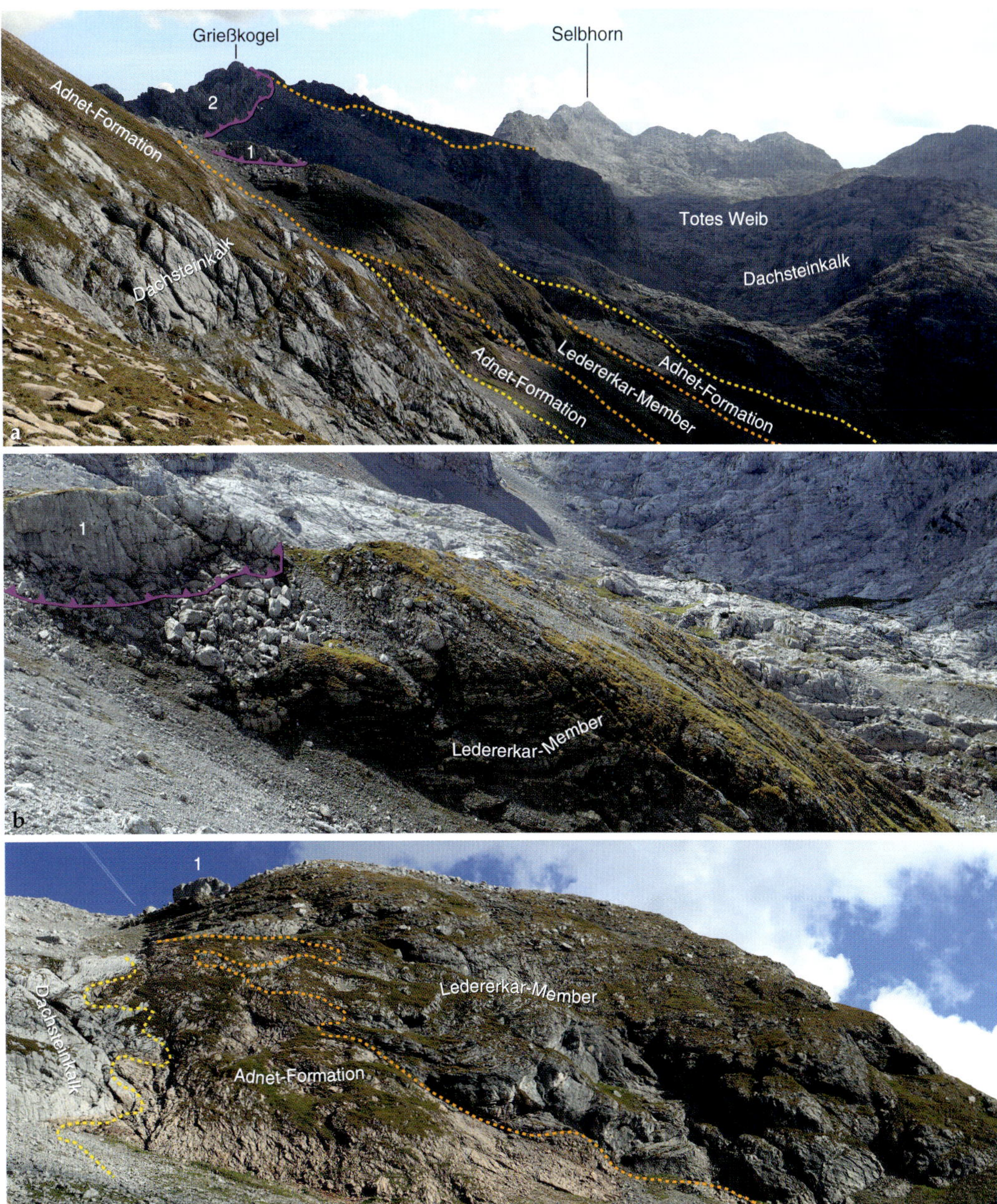

Abb. 248. Die beiden Schollen der Berchtesgaden-Decke rund um das Ledererkar: a. Die größte der zwei Deckenschollen erstreckt sich vom Vorgipfel P. 2555 m am Funtenseetauern über die vielfach zerborstenen Ledererköpfe bis zum Grießkogel und zeichnet den deutsch-österreichischen Grenzverlauf nach (2). Sie endet im Süden an einer großen Seitenverschiebung, die in die Steinige Grube auf österreichischem Boden hinab zieht. Eine weitere kleine Deckenscholle liegt im oberen Ledererkar auf 2350 Meter Höhe und ist auf ihrer Nordseite ebenfalls zerborsten beziehungsweise in einer Gleitmasse aufgelöst (1), Details siehe in Foto b. Unter ihr liegen mächtige, geschichtete Abfolgen des Ledererkar-Members. c. Nochmals der Blick aus dem unteren Bereich des Ledererkars: die kleine Deckenscholle liegt über mächtigen Schichten des Ledererkar-Members, das seinerseits Rotkalke der Adnet-Formation diskordant überlagert.

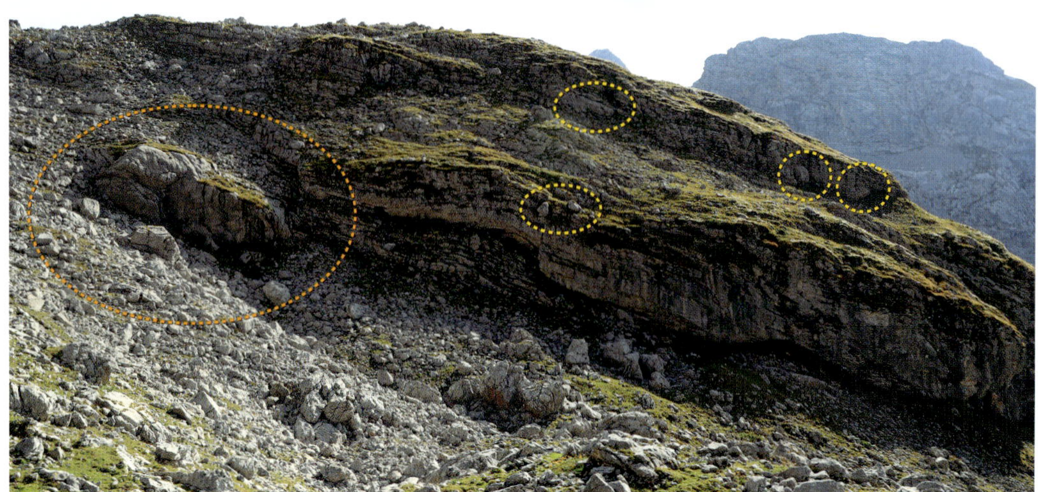

Abb. 249. Im unteren Abschnitt des Ledererkares, das von der Exkursion nicht erreicht wird, liegt das Ledererkar-Member mit dünn- bis mittelbankigen Abfolgen vor. Darin enthalten sein können – wie hier links im Bild – bis zu hausgroße Dachsteinkalk-Komponenten (orangenes Oval). Diese ist tatsächlich kein Sturzblock, wie man das in der darüber liegenden Trümmerhalde erwarten könnte, sondern wird sedimentär von der Ledererkar-Brekzie »umflossen«. Bei genauerem Hinsehen erkennt man weitere, teilweise rund gerollte Dachsteinkalk-Komponenten in der tief oberjurassischen Schichtfolge (kleinere gelbe Ovale).

hingeklatscht wirken, in Wirklichkeit durch eine Abschiebung tektonisch disloziert wurden. Sie setzen sich in die überaus einsame "Steinerne Grube" fort und werden dort von bräunlichen Schichten des hier sehr mächtig werdenden Ledererkar-Members überlagert. Dieses – Sie ahnen es schon – bildet auch hier das Unterlager der wild zerrissenen und zerglittenen Ledererköpfe-Deckenscholle, die vom Grieskogel im Süden bis zu unserem Standpunkt im Norden reicht. Dahinter "wogt" das zentrale Steinerne Meer als Kalkwüste und wird von Hundstod und Schneiber begrenzt. Damit schließt sich der Kreis des Ausblicks.

❻ Bewegung, Bewegung! Geologische Einblicke ins stille Ledererkar

Bei schönem, windarmen und klarem Wetter lässt es sich am Gipfel des Funtenseetauerns lange sitzen. Ohne den Druck, heute noch ganz ins Tal absteigen zu müssen, können wir uns auch entsprechend viel Zeit nehmen.

Der Abstiegsweg ist gleich dem Aufstiegsweg und wir sollten unseren Fokus noch einen Moment auf die zuletzt angesprochene Ledererköpfe-Deckenscholle richten, am besten von einem guten Übersichtspunkt aus der steilen, übergrünten Rampe des Stuhljoches aus.

Tektonisch gesehen, bildet das einsame Ledererkar eine Synklinale, also eine Art geologische Mulde, die nach Westen gegen das Funtenseebecken einfällt. Tektonische Mulde deswegen, weil gegen den Muldenkern jüngere Schichtfolgen erschlossen sind, zu den Muldenschenkeln beidseits ältere
248a Sequenzen folgen. In unserem Fall liegt mehr als 200 Meter mächtiges Ledererkar-Member im Synklinalkern, die Schenkel jedoch werden von Rotkalken der Adnet-Formation und obertriassischem Dachsteinkalk gebildet. Auf dem Ledererkar-Member des Muldenkerns liegen zwei unterschiedlich große Deckenschollen der Berchtesgaden-Einheit. Die eine, größere, haben wir mit der Ledererköpfe-
248b Deckenscholle bereits angesprochen (siehe Abb. 247); die kleinere sitzt etwa 150 Höhenmeter tiefer im
248c oberen Bereich des Kares unmittelbar auf dickbankigen Sequenzen des Ledererkar-Members – auch hier teilweise durch Zergleiten in Stücke gerissen. Die unter dem bleichen Kopf aus Dachsteinkal-

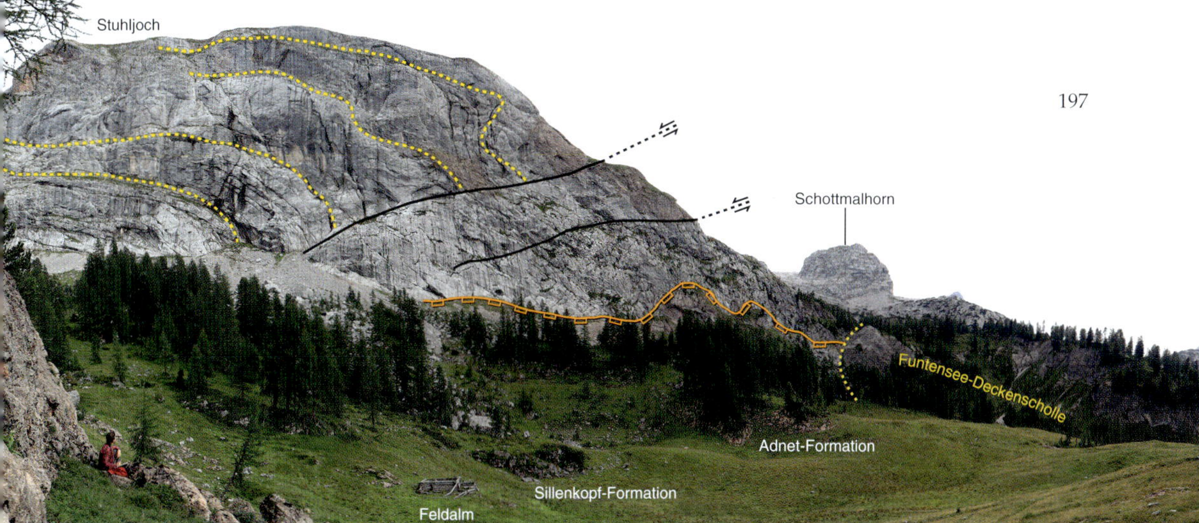

Abb. 250. Die Stuhlwand ist von der Feldalm der Blickfang schlechthin. Die beinahe 500 Meter hohe, lotrechte Mauer offenbart einiges an Tektonik, ist sie doch eine der markantesten Abschiebungsflächen des Steinernen Meeres. So sind jurassische Schichtenfolgen tief in den Feldalmkessel »hinabgefahren«. Und man sieht die zuvor angesprochenen Halbgräben und die Funtensee-Deckenscholle der Berchtesgaden-Einheit im Profil.

ken liegende Blocktrümmerhalde, die auch die oberen Bereiche des Ledererkares dominiert, ist das Produkt aus einer seit Langem andauernden Bergzergleitung von tektonisiertem Dachsteinkalk auf weicherer Jura-Auflage – spiegelbildlich passiert übrigens dasselbe auf der österreichischen Seite mit der Ledererköpfe-Deckenscholle gegen die Steinerne Grube.

Bei den gut gebankten Sequenzen des Ledererkar-Members handelt es sich nach Meinung ihres Entdeckers, dem Geologen Dr. Volker Diersche, übrigens um "Mass Flows", zu Deutsch submarine Massenbewegungen, die als wiederkehrende Ereignisse in ein tieferes Becken geschüttet wurden und dabei natürlich allerlei Schutt mit sich brachten. So verwundert es auch nicht, dass man in einigen Abfolgen kleinere und größere, teilweise gut abgerollte Komponenten von Fremdgestein wie etwa *249*
Dachsteinkalk findet sowie auch ganz unterschiedliche Mächtigkeiten. Wie weit letztendlich das Becken mit Brekzien und Massenbewegungen aufgefüllt war und wie groß die Wassertiefe war, die damals geherrscht hat, bleibt Spekulation. Man weiß nur, dass das Ledererkar-Member "proximaler" abgelagert wurde als die deutlich feinkörnigere Sillenkopf-Formation sensu stricto, das heißt näher an der Erosionsquelle per se gewesen ist.

7 Tagesausklang am Feldkogel

Wir folgen dem Pfad über die geneigte Rampe des Stuhljochs und die schrofige Kletterstelle hinab bis in den Rotkalkgürtel und weiter zur Wegverzweigung am Stuhlgrabenkogel – scharf nach links geht es zum Toten Weib und zur Staatsgrenze, geradeaus hinab zum Kärlingerhaus. Wir wählen den nicht bezeichneten, rechts in einen schutterfüllten Einschnitt führenden Pfad, der uns direkt zur Feldalm bringen wird.

Noch einmal bewegen wir uns (im Sinne des Abstiegs) entlang der tektonischen Grenze zwischen der Funtensee-Deckenscholle zur Linken und dem tirolischen Untergrund der Staufen-Höllengebirgsdecke rechts. In diesem Fall treffen, durch das schmale Schuttkar getrennt, Ramsaudolomit der Berchtesgaden-Decke auf obertriassischen Dachsteinkalk (siehe Abb. 231b). Und womöglich liegen unter dem Geröll eingequetschte, geringmächtige Sillenkopf-Formation und permotriassisches Haselgebirge.

Wenige Minuten später erreichen wir über verkarsteten Dachsteinkalk die Weide der längst aufgelassenen Feldalm.

Von dem einstigen Rundumkaser stehen die Seitenwände, das Dach ist seit Jahren eingestürzt und weitgehend weggewittert.

An den Rotkalkwänden oberhalb der einstigen Alm haben wir einen guten Überblick auf die Stuhl- *250*
wand, die vom Stuhljoch-Gipfel etwa 500 Meter beinahe senkrecht zu uns abbricht. Diese westexponierte Wandflucht stellt eine große Abschiebungsfläche dar, an der die hier im Wiesengrund

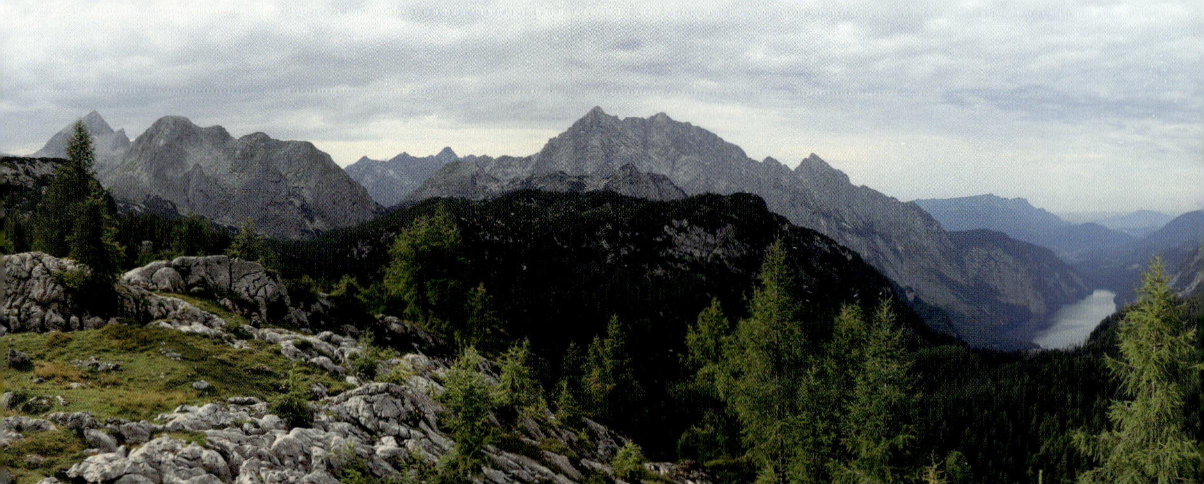

Abb. 251. Aussicht vom Feldkogel gegen Hundstod, Hochkalter und dem breiten Watzmann-Massiv.

liegenden Juraschichten von Adnet- und Sillenkopf-Formation wie in einer Art "Geo-Fahrstuhl" nach unten transportiert wurden. Die Wand selbst besteht zum größten Teil aus Dachsteinkalk. In ihr erkennen wir mit einiger Übung große, relativ flach nach Nordosten einfallende Abschiebungen, die in den verfalteten obertriassischen Kalksequenzen jene Halbgräben aus Adneter Rotkalken produzieren, über die wir vor wenigen Stunden zum Funtenseetauern an- und abgestiegen waren. In den obersten Wandpartien erkennen wir sogar liegende Falten im Dachsteinkalk – hier ist tektonisch offenbar einiges passiert, zum Teil in mehreren Phasen: zunächst duktile Verfaltung, Bruchtektonik mit nach Nordost einfallenden Abschiebungen und letztendlich die Nord-Süd-verlaufende Riesen-Abschiebung der Stuhlwand. Und als wäre das noch nicht genug, sehen wir im Süden die grauen bis graubraunen Dolomitsequenzen der Funtensee-Deckenscholle als farblichen, geomorphologischen und tektonischen Kontrast.

Der nachmittägliche Abstecher zum Feldkogel ist jedoch nicht nur aus geologischer Sicht interessant und sehenswert, sondern auch der Aussicht wegen.

> Nur wenige Gehminuten nördlich der Feldalm erreicht man den "Gipfel" – kein Kulminationspunkt im eigentlichen Sinne, sondern einfach nur eine markante Erhebung im breiten Kamm zwischen Stuhlwand-Basis und Glunkerer, einem einsamen, 1932 Meter messenden Waldgipfel etwas weiter westlich unseres Standpunktes.

Gäbe es da nicht die weit entfernten, aber deutlich sichtbaren Spuren menschlichen Daseins im Berchtesgadener Talkessel über dem tief eingeschnittenen Königssee-Becken, könnte man sich gedanklich zwischen all den Wäldern und schroffen Felsen irgendwo in die Kanadischen Rockies "wegbeamen" und damit weit, weit weg aus den Bayerischen Kalkalpen. Noch einmal liegt die Bergszenerie vom Großen Hundstod, Hochkalter-Massiv und vor allem dem Watzmann-Massiv vor uns. Es folgt der Königssee und rechts daneben Göll-Massiv sowie nördliches Hagengebirge. Weiter südlich begrenzt die Moosscheibe beziehungsweise das Ebenhorn die Sicht. Damit liegt einmal mehr die nun bereits öfters angesprochene Berchtesgadener Deckenscholle im Fokus – sie wird uns auch am morgigen Tag noch begleiten. Summa summarum: Es ist einfach schön dort oben am Feldkogel – ein toller Ausklang eines hoffentlich ereignisreichen Tages. Und das Beste – in nicht mal einer halben Stunde ist man von hier zurück am Kärlingerhaus mit all seinen Annehmlichkeiten.

⑧ Zu den Seen des nördlichen Steinernen Meeres

Am dritten Tag heißt es Abschied nehmen vom Funtensee und dem Kärlingerhaus.

> Zunächst müssen wir eine knappe Viertelstunde auf dem Anstiegsweg vom Königssee retour bis zur Abzweigung, die geradeaus weiter zur Saugasse, nach rechts aber in Richtung Grünsee führt. Der Pfad schlängelt sich durch das hier üppig bewachsene verkarstete Dachstein-Plateau entlang eines talartigen Einschnitts, der bis auf knapp 1720 Meter unmerklich in die Höhe führt.

Auf diesem Wegstück überschreiten wir die Ausläufer einer der größten Abschiebungen des gesamten Steinernen Meeres, die das Grünsee-Becken gegenüber des gestern erstiegenen Feldkogels treppenartig gegen Norden absetzt. Dabei werden die Abschiebungsbeträge nach Osten hin stets größer.

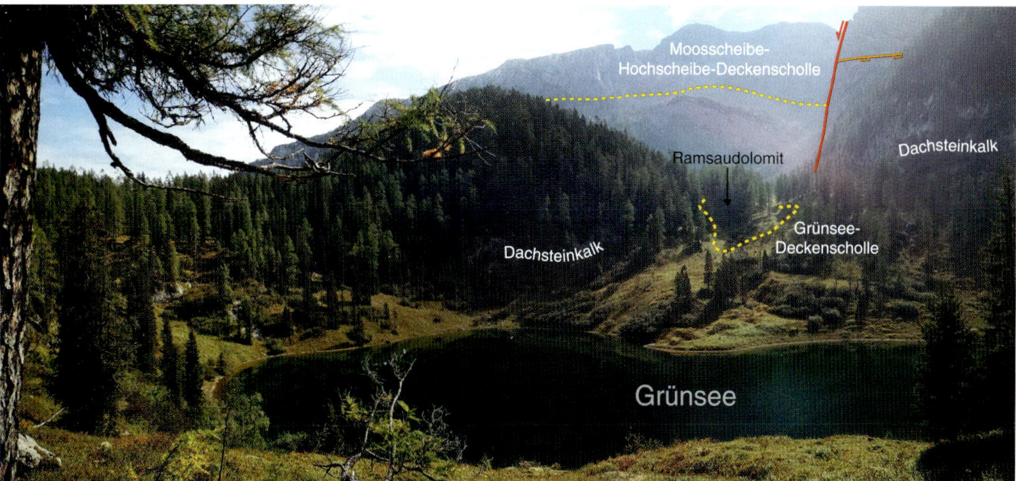

Abb. 252. Der Grünsee vor der beeindruckenden Szenerie zwischen Stuhljoch und Funtenseetauern. Die Deckenschollen der Berchtesgadener Einheit sind entsprechend hervorgehoben – sie werden durch zwei markante Abschiebungen, der von Nordwest nach Südost verlaufenden Grünsee-Funtenseetauern-Abschiebung (rot) sowie der Stuhlwand-Abschiebung (orange) treppenartig gegeneinander versetzt.

So kommt es, dass wir zum Grünsee-Becken von dem flachen Pass knappe 260 Höhenmeter absteigen müssen. Das geschieht durch schmale, tektonisch durch Störungen angelegte Felsgassen, die bei Gegenverkehr immer nur eine Person durchlassen.

Der Grünsee ist der größte See des Steinernen Meeres und liegt mit lediglich 1474 Meter Spiegelhöhe für die Hochfläche des Steinernen Meeres verhältnismäßig tief eingesunken in einem dicht bewaldeten Becken. Nach allen Seiten steigt das Gelände an – selbst nach Norden gegen den Königssee müssen wir im weiteren Wegverlauf wieder über 100 Höhenmeter bergan steigen. Ganz besonders beeindruckend ist der Blick gegen die Steilwand des Feldkogels und jene der Stuhlwand, die sich beinahe im rechten Winkel mehr als 600 Meter weiter in die Höhe schraubt – das Stuhljoch ist ziemlich genau 1000 Meter höher als unser Standpunkt. Diese für ein Karstplateau ungewöhnlich großen Höhenunterschiede sind – einmal mehr – tektonisch bedingt. Südöstlich des Grünsees schneiden sich jene zwei markanten Abschiebungszonen, die wir gestern und heute kennengelernt haben. Die Stuhljoch-Abschiebung oberhalb der Feldalm wird südlich der Grünseealm von der Grünsee-Funtenseetauern-Abschiebung amputiert und gegen den Pflaumpalfen um etwa 300 Meter in die Tiefe versenkt. So kommt es zu dieser eigenartigen treppenartigen Abstufung von Stuhljoch, Feldkogel
und Grünsee-Becken. Hinter dem unnahbar wirkenden Stuhljoch dominiert die breite Wand der 252
Moosscheibe-Hochscheibe-Deckenscholle die Szenerie. Davor steht die dunkle Wand des Pflaumpalfens, die die Fortsetzung der Stuhljoch-Abschiebung gegen Nordosten darstellt. Hier werden nicht nur Dachsteinkalk-Sequenzen mit auflagernden Rotkalkfolgen treppenartig gegen Nordwesten versetzt, sondern auch oberjurassische Sillenkopf-Formation abgeschoben, so dass Abfolgen des Ledererkar-Members auf der Dachsteinkalk-Abschiebung zu kleben scheinen. Und es sollte auch nicht allzu sehr verwundern, dass in diesem tiefen Grünsee-Becken eine weitere der Berchtesgadener Deckenschollen liegt. Eine unscheinbare, stark bewaldete und schmale Rippe zwar, doch mit mitteltriassischem Ramsaudolomit sowie seitlich eingequetschtem permotriassischen Haselgebirge in einem auffallendem lithologischen Kontrast zur obertriassisch-jurassischen Umgebung. Taleinwärts gegen die verfallene Grünseealm und von unserer Exkursionsroute nicht berührt, grenzt auf dieser Deckenscholle Dachsteinkalk tektonisch scharf an Ramsaudolomit, so dass sich auch hier die Frage stellt, inwieweit Moosscheibe-Hochscheibe-Deckenscholle und Grünsee-Deckenscholle einst zusammengehört haben mochten und nun durch Tektonik zerstückelt sowie durch Erosion verkleinert, heute

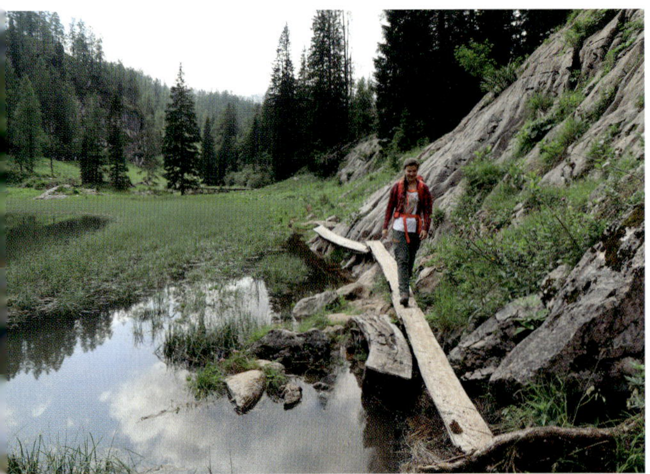

Abb. 253. Nur selten werden am Schwarzsee so hohe Wasserstände erreicht wie in den Tagen unmittelbar nach der Unwetterkatastrophe im Berchtesgadener Land Mitte Juli 2021, als ein Übertritt über die Holzbohlen unverzichtbar war.

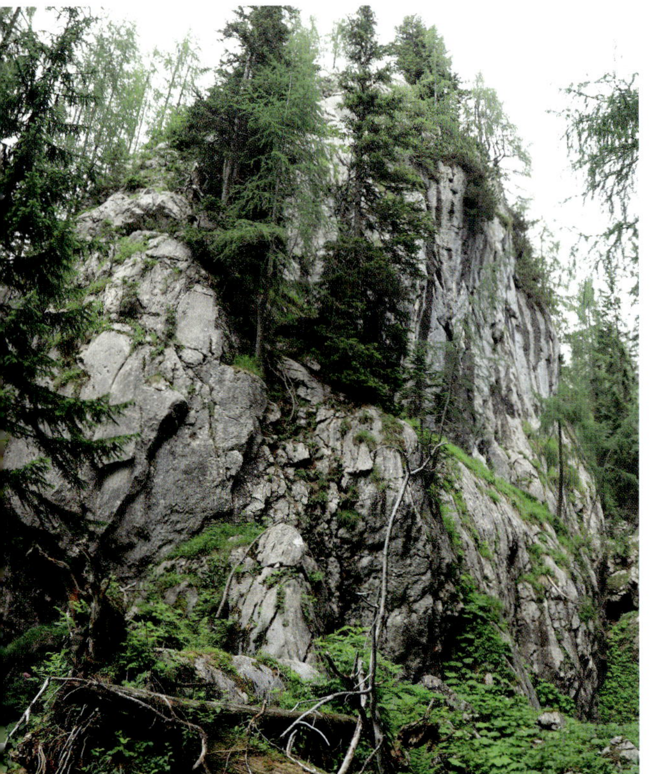

Abb. 254. Massig wirkender Dachsteinkalk der Halsköpfl-Deckenscholle prägt den kurzen Anstieg zum Halsköpfl.

weit voneinander entfernt liegen – eine ähnliche Situation wie zuvor an der Funtensee-Deckenscholle beschrieben.

> Der wunderschöne Grünsee markiert einen der tiefsten Punkte auf der Wegtraverse vom Kärlingerhaus zur Wasseralm. Bis auf knapp 1600 Meter steigt der Weg entlang der üppig bewachsenen Karstfläche an. Danach wieder absteigend, zweigt auf 1525 Meter Höhe unser Weiterweg nach rechts ab – geradeaus verläuft der Sagereck-steig in direktem Weg retour ins tiefe Obersee-Becken und nach Salet. Nach weiteren knapp 15 Gehminuten erreichen wir leicht ansteigend und zuletzt über rote verkarstete und besonders nach Regen seifig-schmierige Rotkalkfelder mit dem Schwarzsee am heutigen Tag das dritte stehende Gewässer des Steinernen Meeres.

Der Name ist wie beim Grünsee nicht unbedingt Programm: je nach Wasserstand und Niederschlag kann der Schwarzsee auch mal braun oder grün gefärbt sein. Der Wanderweg führt direkt an seinem mit hohem Gras bestandenen Nordwest-Ufer entlang. Bei hohen
Wasserständen erleichtern dicke Holzbohlen 253
diese Passage.

9 "Klein-Norwegen" am Halsköpfl

> Der Anstieg vom Schwarzsee zum passähnlichen Übertritt unter dem Halsköpfl verläuft zunächst durch Dachsteinkalke mit Rotkalk-Auflage, wenig später über Geröllfelder.

Über uns liegt mit der Scheibenwand der Nordwest-Sporn der Moosscheibe-Hochscheibe-Deckenscholle; verborgen unter den Schuttfeldern steht mit der hornsteinführenden, braun bis braunrot gefärbten Sillenkopf-Formation die tief oberjurassische "Unterlage" der Deckenscholle an. Zunächst sind nur einige Lesesteine im Schutt zu sehen, jedoch finden wir unmittelbar unter dem nördlichsten Punkt der Scheibenwand entsprechend die charakteristisch dünnbankigen Sequenzen.

> Wir sollten den kurzen, aber sehr lohnenden Abstecher auf das nahe Halsköpfl (1719 m) auf keinen Fall "links liegen lassen", sowohl aus geologisch-tektonischer, als auch aus touristischer Sicht: Knapp vor dem höchsten Punkt des
> Halsköpfls steigen wir rechts an einem riesigen 254
> Klotz aus Dachsteinkalk vorbei.

Sie ahnen es bereits – ebenfalls eine der "liegengebliebenen" Berchtesgadener Deckenschollen. Sie ist größer als vom Steig aus einsehbar – auf der uns abgewandten Westseite

Abb. 255. Tiefblick vom Halsköpfl zum Königssee und den dahinter gelegenen Untersberg. ▷

sind die Dachsteinkalke aufgrund der weichen Unterlage an Sillenkopf-Formation in einer Berg-Zergleitung stark zerlegt und rutschen langsam nach Nordwest ab.

> Unser Steig verläuft an der lotrechten Wand des Dachsteinklotzes vorbei wieder in die Unterlage der Sillenkopf-Formation und erreicht mit den letzten erdig-schrofigen, manchmal rutschigen Metern den Gipfel des Halsköpfls.

255 Die wunderbare Aussicht sowohl auf den Königssee und den Obersee mehr als 1100 Meter unter
256 uns, als auch auf die wuchtige Moosscheibe hinter
uns lässt sich auf einer nagelneuen Lärchenholz-Bank genießen, die erst im Frühsommer 2021 hier platziert wurde. Gerade der Tiefblick nach Salet zur Schiff-Anlegestelle durch das Niedergestrüpp an der Abbruchkante ist beinahe senkrecht und nichts für Höhen-Angsthasen. Dann lieber auf die Berg-Szenerie um uns herum schauen. Es gibt ja auch viel zu sehen von Watzmann, Gotzenalm, Regenbergl und dem sich dahinter ausbreitenden Hagengebirge. Der Blickfang schlechthin sind die beiden Zacken der Teufelshörner. Das Große Teufelshorn ist mit 2362 Meter die höchste Erhebung des gesamten Hagengebirges und unser morgiges Ziel.

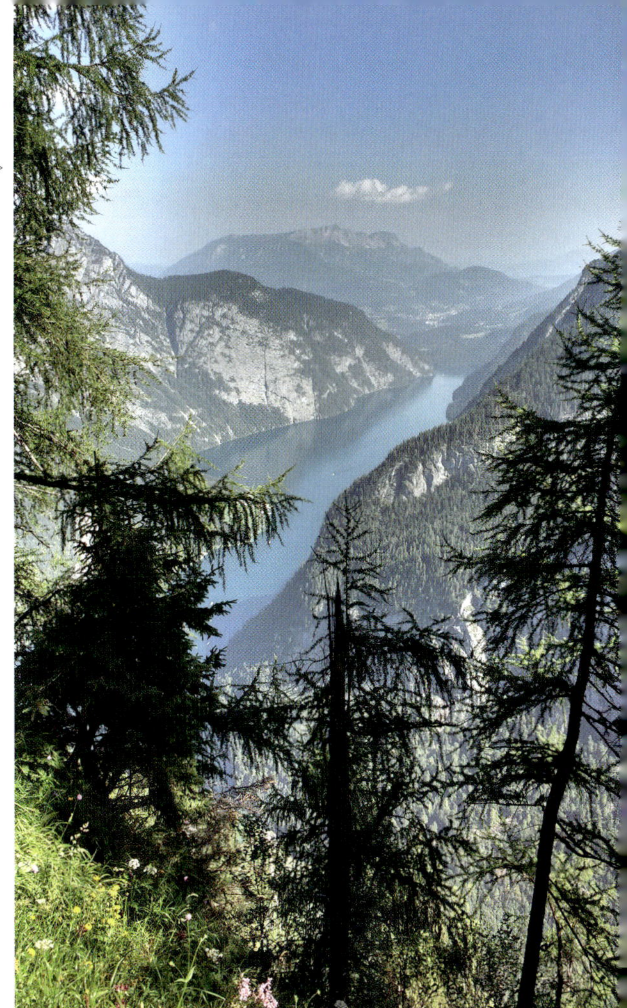

Abb. 256. Rückblick vom Halsköpfl auf die Moosscheibe und das dahinter sichtbare Ebenhorn (2362 m). Die hellen Dachsteinkalk-Klippen gehören zur Moosscheibe-Hochscheibe-Deckenscholle, die zur Gänze auf Sillenkopf-Formation liegt (in den Geröllfeldern unterhalb teilweise anstehend). Der breite Gipfel am rechten Bildrand ist das Stuhljoch (2448 m).

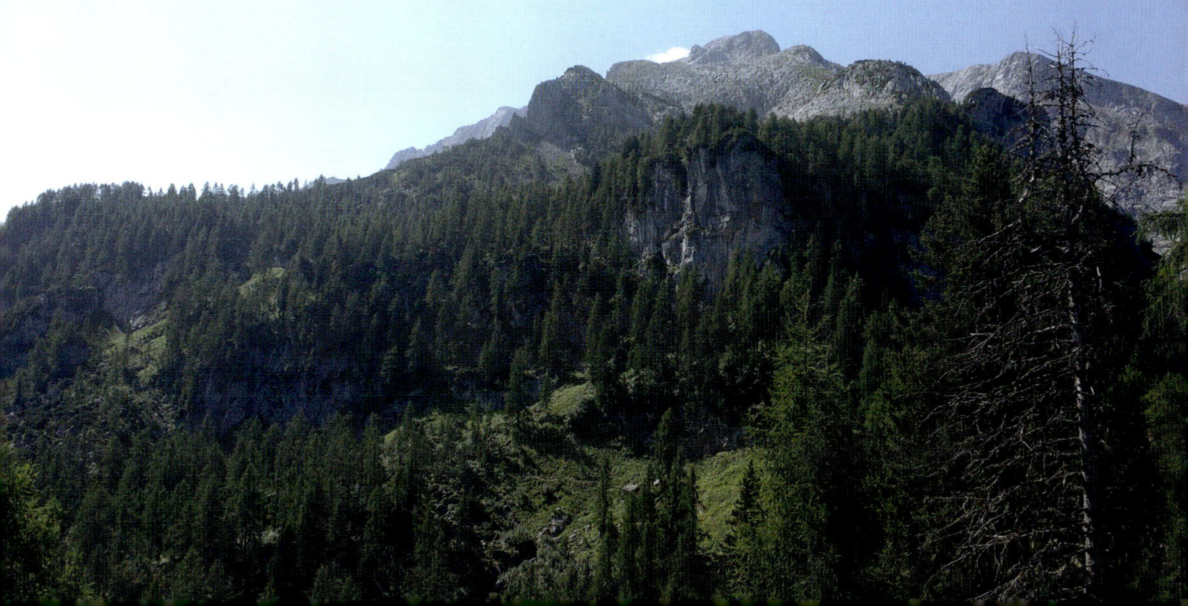

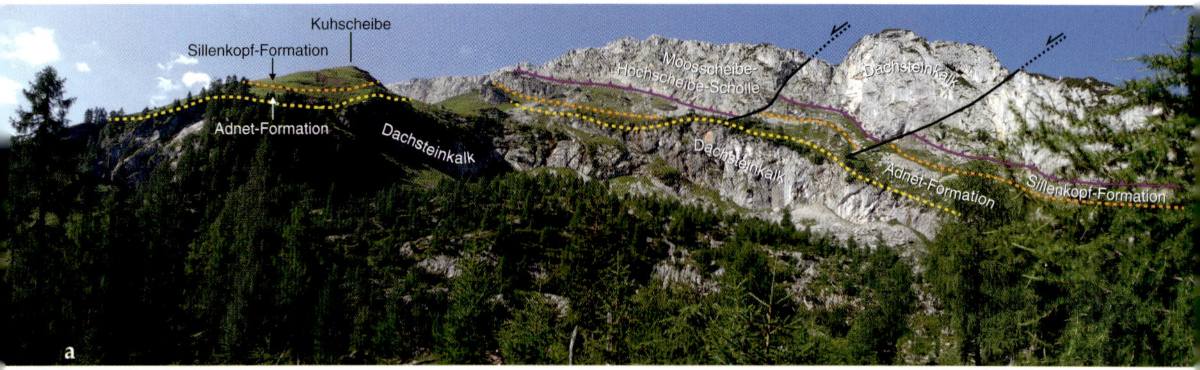

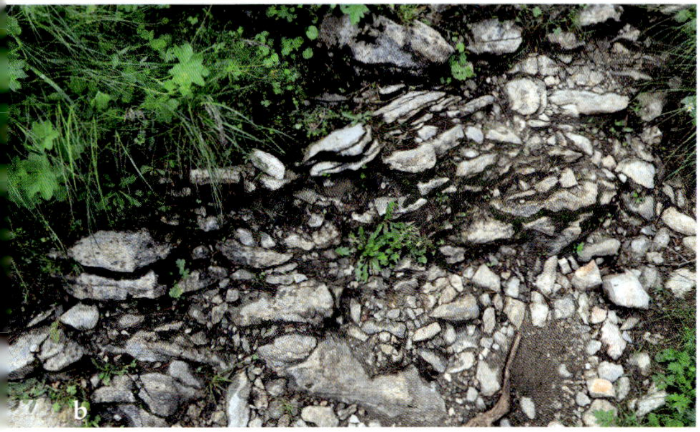

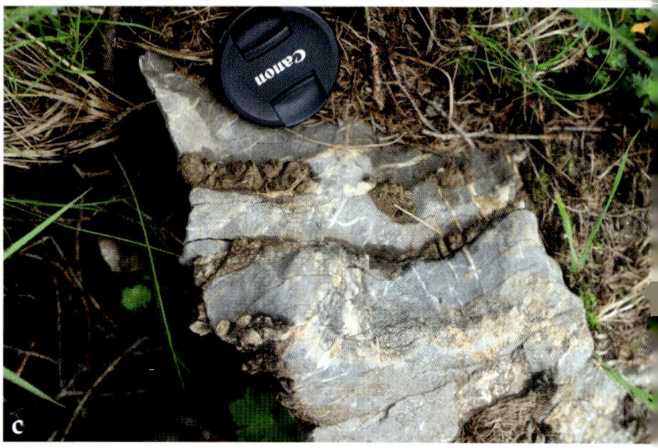

Abb. 257. a. Panoramablick vom unteren Kronaltal zur Moosscheibe-Hochscheibe-Deckenscholle mit ihrer tirolischen Unterlage aus Dachsteinkalken, Adnet- und Sillenkopf-Formation. Diese ist ebenfalls an der übergrünten Kuhscheibe erhalten, wird dort jedoch von keiner Deckenscholle überlagert. Die Bilder b und c zeigen das Anstehende der Sillenkopf-Formation direkt am Wanderweg nahe der Quelle beziehungsweise ein größeres Lesestück mit deutlich hervortretenden Hornstein-Bändern.

Noch ein Wort zur etwas besonderen Geologie rund um unseren Aussichtspunkt: Das Halsköpfl
257b ist aus einem Duplex aus Adnet- und Sillenkopf-Formation aufgebaut, die durch eine interne Über-
257c schiebungsbahn auf Sillenkopf-Schichten angelegt wurde. Diese tektonisch verdoppelte jurassische
Profil 1 Schichtfolge liegt normal auf obertriassischem Dachsteinkalk. Ringsherum finden sich übergrünte,
Profil 5 sanfte Wallstrukturen, die Relikte kleiner eiszeitlicher Lokalgletscher sind. Die kleinen Eisströme flossen im sehr fortgeschrittenen Würm-Spätglazial von der Moosscheibe ins tiefer gelegene Kar unterhalb ab und blieben dort vor dem Abbruch zum Obersee-Becken offenbar stehen. Wir können uns ruhig ein wenig Zeit lassen dort oben auf der Lärchenbank am Halsköpfl – und angesichts der sich bietenden Aussicht ein wenig von Norwegen träumen mit seinen tiefen Fjorden und dichten, dunklen Wäldern.

Vom Halsköpfl sind es noch knapp anderthalb Gehstunden bis zur Wasseralm. In weiterer Wegfolge wird der Nordhang der Moosscheibe gequert und damit die Nordgrenze der gleichnamigen Deckenscholle. Der Steig windet sich durch grobes Blockgetrümmer und feineren Schutt, der an mehreren Stellen die dünnbankigen, Hornstein-führenden Kalke der Sillenkopf-Formation durchblitzen lässt.

Am besten erschlossen ist die Schichtfolge unmittelbar an einer Quelle, die zu einer kleinen Erfrischung einlädt. Nur während sehr trockener Witterungsphasen im Hochsommer fallen die ansonsten wasserführenden Klüfte im Dachsteinkalk trocken.

257a Knapp vor dem Nordostende der Moosscheibe ist der tektonische Kontakt der Berchtesgadener Deckenscholle zum oberjurassischen Untergrund zum Greifen nah und scharf ausgebildet.

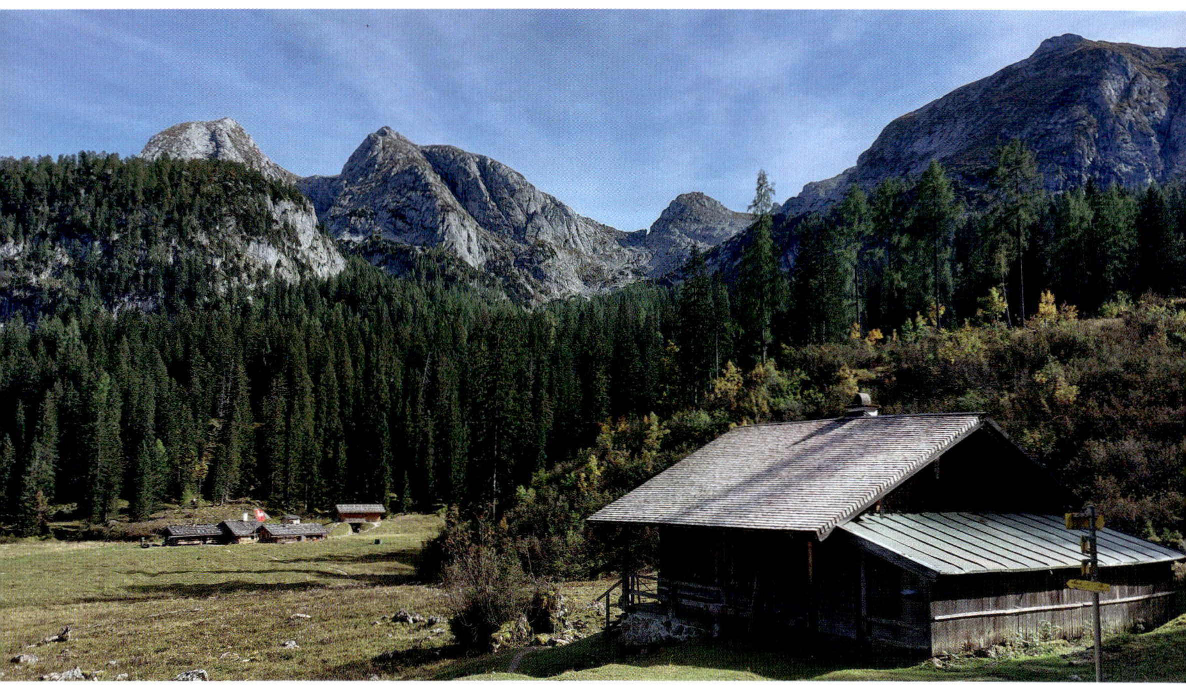

Abb. 258. Die Wasseralm in der Röth: im Vordergrund steht die Nationalpark-Diensthütte – die für die Allgemeinheit zugänglichen Hütten liegen auf der anderen Seite der Lichtung, umgeben vom Großen Teufelshorn, Kleinen Teufelshorn, Wildtorkopf und Neuhütter (von links nach rechts). Vor dem Großen Teufelshorn steht der 1768 Meter hohe Lehlingkopf, um den sich der Normalweg auf den höchsten Gipfel des Hagengebirges herum windet.

Der Steig verläuft mit einigen Kraxel-Passagen innerhalb der Sillenkopf-Formation und direkt über uns stehen Dachsteinkalke der Deckenscholle an. Wenig später quert unser Wanderweg das stille, unwegsame und kaum begangene Kronaltal, gibt aber nochmals einen guten Einblick in die Schichtenfolge.

Von uns aus gesehen ziehen sich lichte Lärchenwälder auf verkarsteten Dachsteinkalken bergwärts und werden von einer fast 50 Meter hohen Wandstufe überragt, die ebenfalls aus tirolischen Dachsteinkalken aufgebaut ist. Darüber liegen, teilweise unter Schutt verborgen, unter- und mitteljurassische Rotkalke der Adnet-Formation und lokal Radiolarite der Ruhpolding-Formation. Nochmals darüber erkennen wir eine etwa 20 Meter hohe Steilstufe, die aus jenen dünnbankigen Hornsteinkalken der Sillenkopf-Formation besteht, die wir gerade auf unserer Querung unter der Moosscheibe berührt haben.

Anfolgend quert der Steig in beständigem Auf und Ab in knapp 1500 Metern Höhe die Nordhänge des Funtenseetauern-Massivs über dem Obersee-Becken.

Wir wandern durch ehemaliges Almgebiet – seit die Weidegebiete unterhalb der Steiges im Tanzeben-Boden und Kronaltal aufgelassen wurden, ist es still geworden um dieses Gebiet. Die einzigen Menschen, die sich hierher "verirren", wandern ausschließlich auf unserem Pfad zwischen Kärlingerhaus und Wasseralm.

Zum kleinen Wasserbergl müssen wir noch einige Höhenmeter über krautig-rutschige Dachsteinkalke mit Adneter Rotkalken ansteigen, dann weicht der Wald zurück und wir finden uns in einer großen, von niedrigen Wällen aus Dachsteinkalken untergliederten Uvala wieder, in der sich einige erratische Blöcke befinden. Die drei Hütten der Wasseralm sehen wir wirklich erst im letzten Moment, wenn wir nahe der Nationalpark-Diensthütte unter der beeindruckenden Szenerie der beiden Teufelshörner auf die große Hauptlichtung treten. Wir haben 258
die Wasseralm und damit unser Tagesziel erreicht.

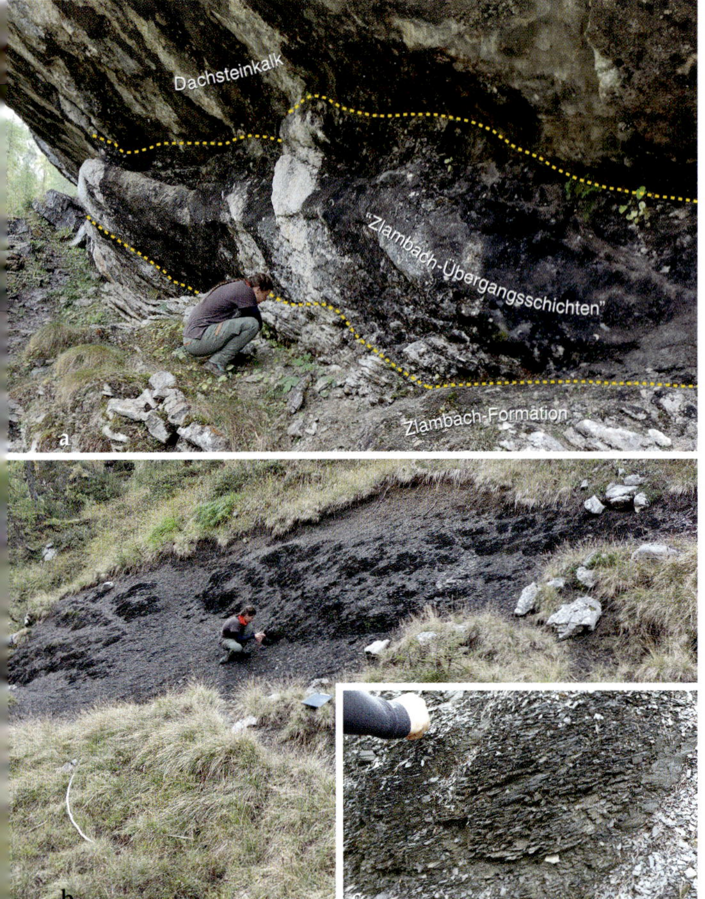

Abb. 259. a. Fazieller Übergang zwischen Mergeln und Kalkmergeln der Zlambach-Formation und dickbankigem lagunärem Dachsteinkalk. Dazwischen liegen kalkige, dunkelgraue und leicht nach Bitumen riechende Übergangsschichten beider Lithologien. b und c. östlich des Lehlingkopfes sind die Zlambachschichten beinahe schwarz in etwas mächtiger erschlossen.

⑩ Wie in einer anderen Welt – auf der Wasseralm

Nahe der topographischen Grenze zwischen südlichem Hagengebirge und nordöstlichem Steinernen Meer gelegen, befindet man sich hier auf dem einzigen "Außenposten der Zivilisation" zwischen Kärlingerhaus und Gotzenalm, jeweils vier Wegstunden von beiden Stützpunkten entfernt. Die Wasseralm hat eine bewegte Geschichte, die Gott sei Dank etwas anders verlaufen ist als jene der vielen verfallenen Almkaser ringsherum: im Jahr 1794 erstmals erwähnt, blieb die Wasseralm seit jeher ein schwierig zu erreichender Ort. Die kleinen, geländegängigen Kühe ("Berchtesgadener Katzen") mussten mühselig über Gotzenalm, Regenalm sowie Landtalalm durch das Landtal und über ein breites Schuttband durch die Hanauerlaubwand hierher getrieben werden. Das Gebiet um die Röth und angrenzender Gebiete wurde – wohl gefördert durch den großen Wildreichtum – ab 1934 zu Zeiten der Nationalsozialisten zum "Naturschutzgebiet besonderer Ordnung" erklärt, und, nur wenige Jahre später, als "Wildschutzgebiet" quasi zum Sperrgebiet erklärt. Kein Geringerer als der unselige Hermann Göring residierte vor allem im Spätsommer in den ersten Kriegsjahren in seiner Jagdhütte auf knapp 1650 Meter Höhe zwischen Lehlingskopf und Großem Teufelshorn – die Almhütten auf der Weidefläche unterhalb wurden während des Krieges abgerissen. Nach dem zweiten Weltkrieg wurde die Göring-Jagdhütte bis auf das Fundament abgebaut – und aus dem Holz ein Wasseralm-Kaser wieder neu errichtet und abermals für kurze Zeit bis zum Jahr 1956 bestoßen. Bereits 1951 gab es dort erste Übernachtungsmöglichkeiten und seit dem Jahr 1969, nachdem die Hütte von der Alpenvereinssektion Berchtesgaden gepachtet wurde, war die Wasseralm eine Selbstversorger-Hütte, die nur gelegentlich, meistens an Wochenenden bewartet wurde. 1999 übernahmen der ehemalige Berufsjäger der Nationalparkverwaltung Horst Schellmoser und seine Frau Monika Schellmoser-Pasgai die Hütte – zunächst als Hüttenwarte, nunmehr als Wirtsleute. Aufgrund der ständig steigenden Nachfrage wurde 2014/2015 eine neue Hütte gebaut, die Sanitär-Anlagen, die batteriebetriebene Hauselektrik sowie zusätzliche Bettenlager umfasst. Sogar das ehemalige Aggregat-Häuschen wurde zu einem Notlager umfunktioniert. Wenn die Hütte einmal mehr unter Volllast mit knapp 55 bis 60 Übernachtungsgästen buchstäblich "brummt", haben diejenigen im kleinen, aber feinen Notlager wohl die ruhigste Nacht.

Heute ist die Wasseralm eine Oase der Gemütlichkeit und Gastfreundschaft, wofür das Team rund um Moni und Tochter Josepha sorgen. Abends gibt es einen deftigen Hütteneintopf, morgens ein

Frühstück mit frisch zubereitetem Obst, Müsli, Brot und Wurst. Ich durfte während meiner Kartierung der Neuauflage der Geologischen Karte des Nationalparkes zwei Wochen im Sommer und Herbst dort oben verbringen und habe jede Minute genossen – auch bei Dauerregen. Und ganz besonders interessant ist ein Besuch rund um den Monatswechsel September/Oktober am Ende der Hüttensaison und während der Hirschbrunft. Die Tage werden kürzer und mit der einsetzenden Dämmerung bekommt man rund um die große, manchmal nebelig-diffuse Wiesenfläche ein wahrhaft urtümliches Audio-Spektakel diverser "narrerder Hirschen" geboten, das die Wasseralm wirklich zu einem Ort wie von einer anderen Welt macht.

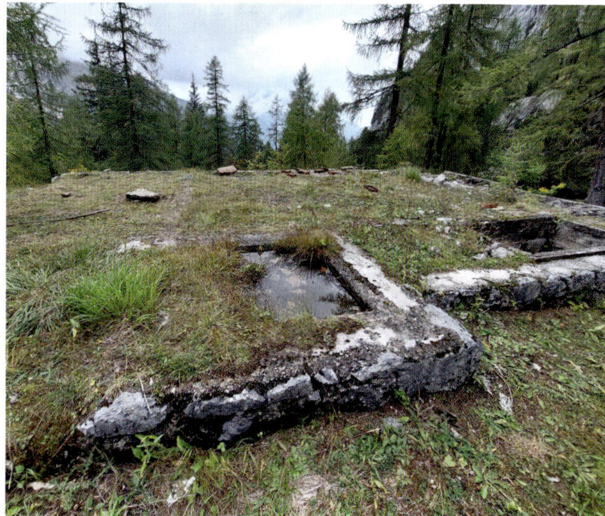

Abb. 260. Fundament der ehemaligen Göring-Jagdhütte unter dem Lehlingskopf (rechts im Bild).

11 Teuflisch steil – auf den Hausberg der Wasseralm und den höchsten Gipfel des Hagengebirges

Nach einer hoffentlich geruhsamen Nacht gehen wir unseren vierten und letzten Tag an. Für diejenigen, die genug haben von Bergen, Wäldern und Seen, heißt es "nur" noch über den Röthsteig hinunterkommen zum Obersee und weiter zur Schiffs-Anlegestelle Salet. Denjenigen jedoch, die noch Kraft in den Beinen haben, steht eine ganz besondere Bergtour und dieses Kapitel bevor. In unmittelbarer Umgebung der Wasseralm ist das Große Teufelshorn der einzige mit einem markierten Steig erreichbare Gipfel. Zwar gelangen Ortskundige von hier auch auf das Alpriedelhorn, den Jägerbrunntrog, das Hanauerlaub oder gar auf den Funtenseetauern, aber die nur mit gelegentlichen Steindauben markierten, schmalen Wege und Pfadspuren dorthin sind weitgehend verfallen und stellenweise gefährlich.

Der Steig aufs Große Teufelshorn beginnt unmittelbar östlich der Wasseralm und führt zunächst durch dicht bewachsenen, verkarsteten Dachsteinkalk in südöstliche Richtung zur Uvala der verfallenen Schabaualm. Von dort gelangt man in wenigen Minuten auf eine zweite Lichtung (ebenfalls eine größere Verbruchs-Struktur oder Uvala). An deren Ostrand beginnt der Pfad steiler zu werden und erreicht eine dritte Lichtung mit schütterem Lärchenbestand und einigen eng gestaffelten Wallstrukturen, die wohl spätwürmzeitliche Moränenstände darstellen dürften. Hier setzt ein Labyrinth-artiges Netz von kleinen Rinnen an, durch deren südlichen Abschnitt der Steig verläuft.

Den hier monoton dickbankigen Dachsteinkalk durchlaufen schwarzgraue bis gänzlich schwarze Mergel der Zlambach-Formation und dunkelgraue mergelig-kalkige, der Kössen-Formation nicht unähnliche Übergangsschichten. Teilweise ist an den Wänden der direkte fazielle Übergang von 259
Mergeln zu lagunären Dachsteinkalken zu beobachten: mit anderen Worten, wir laufen in einem unmittelbaren Kontaktbereich zwischen Lagune und dazwischen gelegenen Becken, in dem nur bedingt Kalke zur Ablagerung kamen. Die dunkle Färbung stammt vom hohen Gehalt an organischem Material und daraus im Lauf der Jahrmillionen gebildeten, fein im Gestein verteilten Pyrit und Markasit. Es braucht ganz besondere Bedingungen, dass Eisensulfate wie Pyrit mit zweiwertigem Eisen während und nach dem Sedimentationsprozess erhalten bleiben: die Bereiche der Becken nahe der Sediment-Wasser-Grenze müssen weitgehend sauerstofffrei sein. Nur so kann organische Materie akkumuliert werden und bleibt vom Oxidationsprozess verschont. Zwar sind die einstigen Beckenareale stark tektonisch überprägt, teilweise von Störungen amputiert, verfaltet und zerschert – aber eben nur teilweise.

Inmitten der Faziesverzahnung zwischen Zlambach-Formation und Dachsteinkalk gelangen wir auf fast 1650 Meter Höhe und einer knappen halben Stunde Gehzeit ab der Wasseralm zur Position der ehemaligen Göring-Jagdhütte (etwas erhöht westlich der Lichtung), von denen man lediglich nur die Fundamente sieht. 260

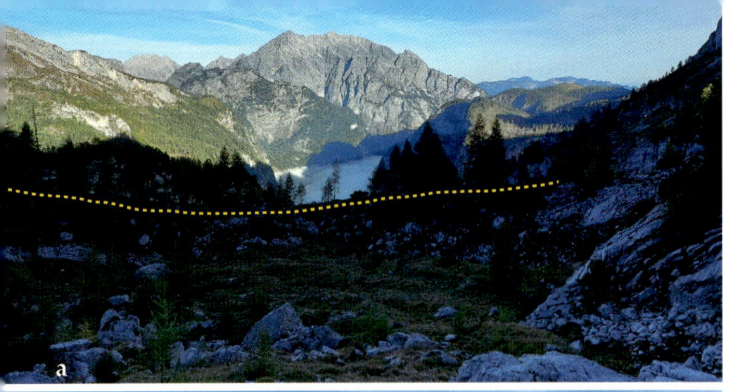

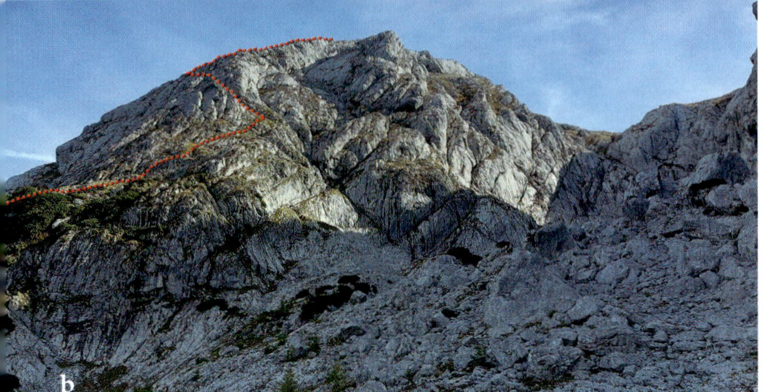

Abb. 261. a. Eiszeitliche Hinterlassenschaften finden sich am unteren Ende des Teufelshorn-Kares in Form hochalpiner Buckelwiesen und eines hufeisenförmig geschwungenen Endmoränen-Kammes (gelb akzentuiert). Den Hintergrund dominiert – einmal mehr – der Watzmann. b. Der Anstieg aufs Große Teufelshorn (punktierte rote Linie) verläuft von dieser Position zunächst über grasige Schrofen und ein markantes Band auf die Gipfelabdachung – es sieht von hier schlimmer aus, als es tatsächlich ist.

Vom einstigen Jagd-Wahnsinn diverser Nazi-Größen sind nur noch ein paar verwitternde Backsteine und ein halb verfallener Treppenaufgang übrig – die Natur holt sich alles zurück.

Von der Lichtung mit der ehemaligen Jagdhütte halten wir uns zunächst kurz in nördlicher Richtung, biegen nach zwei, drei Gehminuten scharf nach Osten ab und verfolgen eine talähnliche, weite Rinne aufwärts bis zu einer markanten, freistehenden, alten Zirbe als wichtige Landschaftsmarke.

Hier befinden wir uns ziemlich genau am unteren Ende des Kares, das vom Teufelshornnieder – der tief eingeschnittenen Scharte zwischen beiden Teufelshörnern – nordwärts zieht. In diesem Bereich liegt nicht nur einiges an Moränenmaterial in Form hochalpiner Buckelwiesen, sondern auch ein 261a
geröllig-blockiger, hufeisenförmig geschwungener Endmoränenwall hat sich erhalten können.

Hinter besagter Lärche wird das Gelände offen und wir sehen unser Ziel vor uns – unnahbarer, als es gut scheint. 261b

Auf den ersten Blick mag der Mut etwas sinken, doch der Anstiegsweg auf das Große Teufelshorn führt uns steil durch Latschenfelder und darüber über steile begrünte Schrofen stets gut markiert bis an eine steile Wandstufe heran, die von weiter unten unüberwindbar
262 erscheint. Der Clou ist ein schmales, abschüssiges, aber mit einer Kletterpassage gut gangbares Band, das
263 nach schräg oben auf das geneigte und unschwierig zu begehende Gipfeldach des Berges führt.

Etwa 200 Höhenmeter müssen wir noch über das mit knapp 35 Grad nach Westen abgeschrägte Gipfeldach entlang des Schichteinfallens des Dachsteinkalkes emporsteigen, dann stehen wir am höchsten Punkt des
264 Berges – und des ganzen Hagengebirges.

Mit Blick gegen Osten erkennen wir die Furche des Salzachtales zwischen Tennengebirge und dem Hochkönig-Massiv, das uns gegenüber steht. Zwischen dem höchsten Gipfel der Berchtesgadener

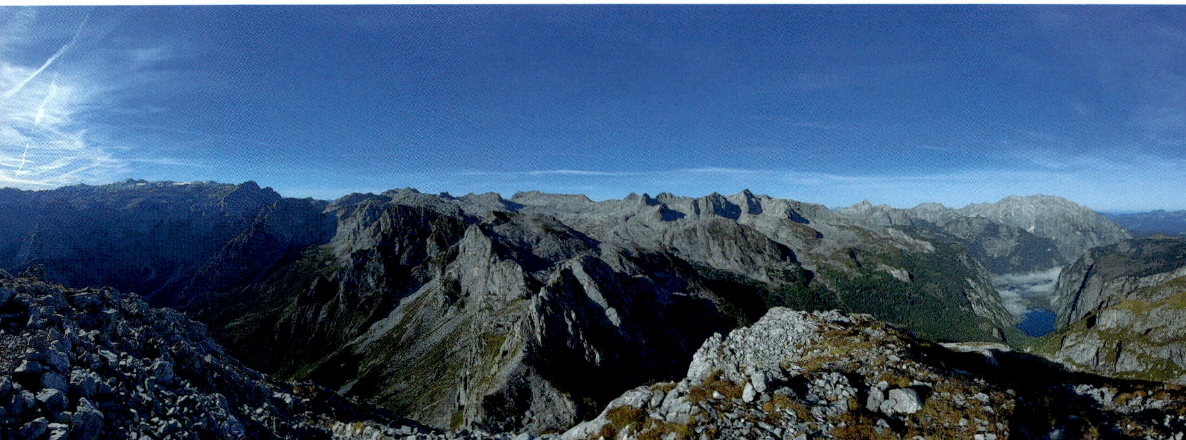

Alpen und unserem Standpunkt liegt das tief eingeschnittene Blühnbachtal. Wie in einem großen Erosionsgraben werden tiefer gelegene, ältere Schichten und der "Sockel" der Dachsteinkalke erschlossen. Die Sedimentabfolge reicht über den Karnisch-Norischen Dolomit, den Ramsaudolomit, die Reichenhall-Formation bis hinab zur untertriassischen Werfen-Formation.
265 Im Süden und Südwesten breitet sich das Steinerne Meer weitflächig aus – nur der zentrale Abschnitt wird durch die massige Berggestalt des Funtenseetauerns verdeckt. Das markante Wildalmkirchl steht unmittelbar am Ostrand des Plateaus und entlang des Gipfelkranzes, der im Westen bis zum beeindruckend glazial übertieften, U-förmigen Trogtal des Obersees reicht, liegen die meisten der Berch-
ofil 1 tesgadener Deckenschollen vor uns ausgebreitet. Vom Obersee beginnend ist das die kleine Halsköpfl-Scholle, die wir gestern besucht haben. Daneben liegt die Moosscheibe-Hochscheibe-Deckenscholle, die Ledererköpfe-, die Graskopf- und die Hocheck-Deckenscholle im Gebiet unmittelbar südlich der Wasseralm. Und am Ostrand des Steinernen Meeres befinden sich die kleinen Laubwand- und Wildtorkopf-Deckenschollen, die wie am Halsköpfl – auf einer weichen Auflage aus Sillenkopf-Schichten situiert – als Bergrutsch-Zonen langsam zergleiten.

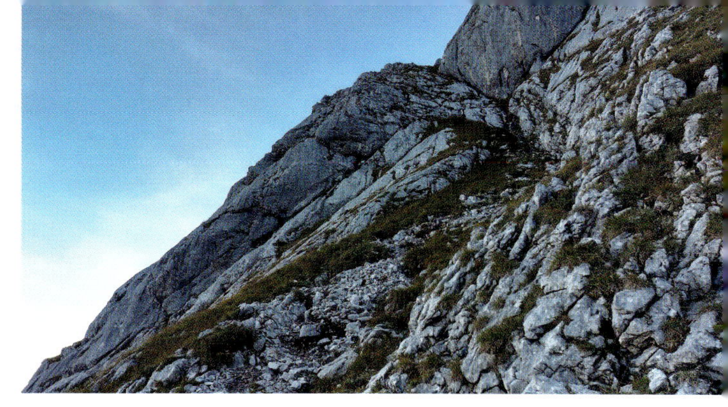

Abb. 262. Die Schlüsselstelle des Anstieges ist ein abschüssiges Band, dass durch eine Steilwand auf das flach nach Westen geneigte Gipfeldach des Großen Teufelshorn führt.

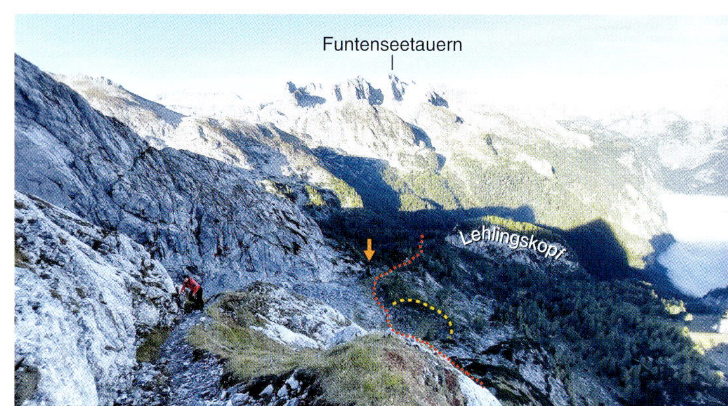

Abb. 263. Der Ausstieg vom schräg aufwärts führenden Band erlaubt einen beeindruckenden Blick hinab über einen Großteil des bisherigen Anstieges von der Wasseralm bis hierher (punktierte rote Linie). Noch im Schatten unter der höchst markanten Silhouette der beiden Teufelshörner erkennt man die felsige Ostwand des Lehlingkopfes – dahinter und darunter liegt die Wasseralm, die von hier nicht zu sehen ist. Gelb hervorgehoben ist zuvor genannter Lokal-Endmoränenwall unter dem Teufelshorn-Kar sowie mit einem orangenen Pfeil die einzeln stehende alte Lärche unmittelbar neben dem Anstiegsweg.

Abb. 264. 360°-Panorama am Gipfel des Großen Teufelshorns.

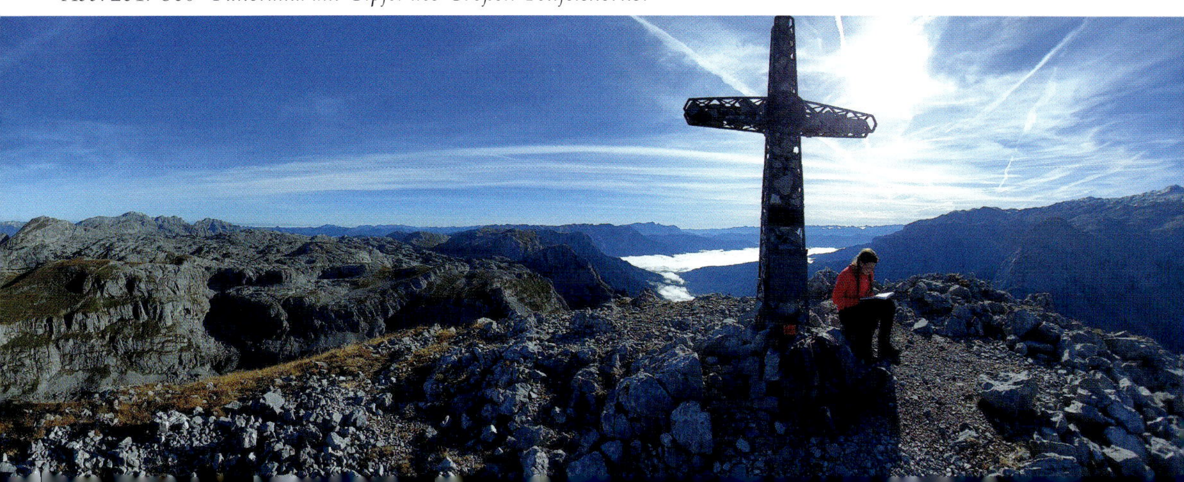

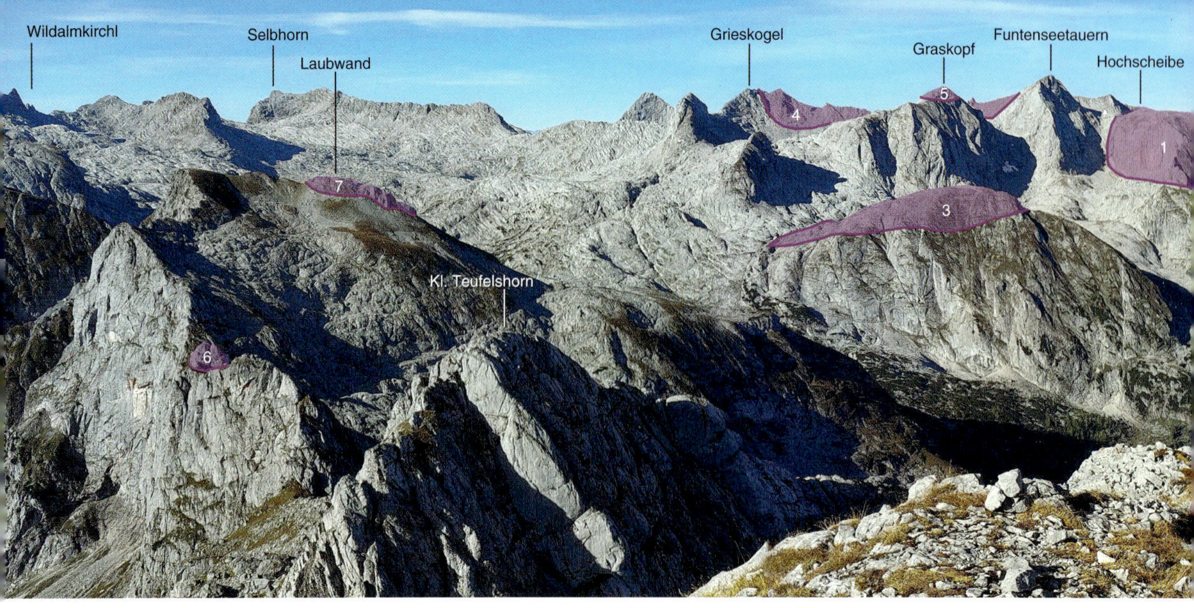

Abb. 265. Blick vom Teufelshorn nach Süden und Südosten. Violettfarben hervorgehoben sind die unterschiedlichen Deckenschollen der Berchtesgaden-Einheit: 1) Moosscheibe-Hochscheibe-Deckenscholle; 2) Halsköpfl-Deckenscholle; 3) Hocheck-Deckenscholle; 4) Ledererköpfe-Deckenscholle; 5) Graskopf-Deckenscholle; 6) Wildtorkopf-Deckenscholle; 7) Laubwand-Deckenscholle.

Wohl nirgends im Berchtesgadener Land wird die glaziale Übertiefung des Königssee-Obersee-Beckens so deutlich wie vom Großen Teufelshorn aus – steht man doch nahezu direkt in der Fließrichtung des Hauptastes des Steinerne-Meer-Gletschers und blickt frontal auf die Watzmann-Ostwand. Die Schultern des lehrbuchhaft ausgebildeten U- oder Trogtales werden von Halsköpfl und Regenbergl beziehungsweise Gotzenalm-Plateau gebildet – die höchste Schliffgrenze des zumindest würmzeitlichen Gletscherstandes ist hier auf fast 1600 Meter Höhe zu suchen. Die Hauptzuflüsse des östlichen Teilgletschers des Steinernen Meeres – der westliche floss über den Feldkogel, das Grünsee-Becken beziehungsweise die Saugasse zum Königssee ab – kamen aus dem weiten Steinkar zwischen Wildalmkirchl, Selbhorn und Grieskogel einerseits und aus dem tief eingeschnittenen Eisgraben nördlich unter uns andererseits. Ein weiterer, etwas kleinerer Gletscherstrom erreichte das Obersee-Becken aus dem Unsonnigen Winkel zwischen Hocheck und Funtenseetauern, ein noch kleinerer Kargletscher kam aus dem Kronaltal.

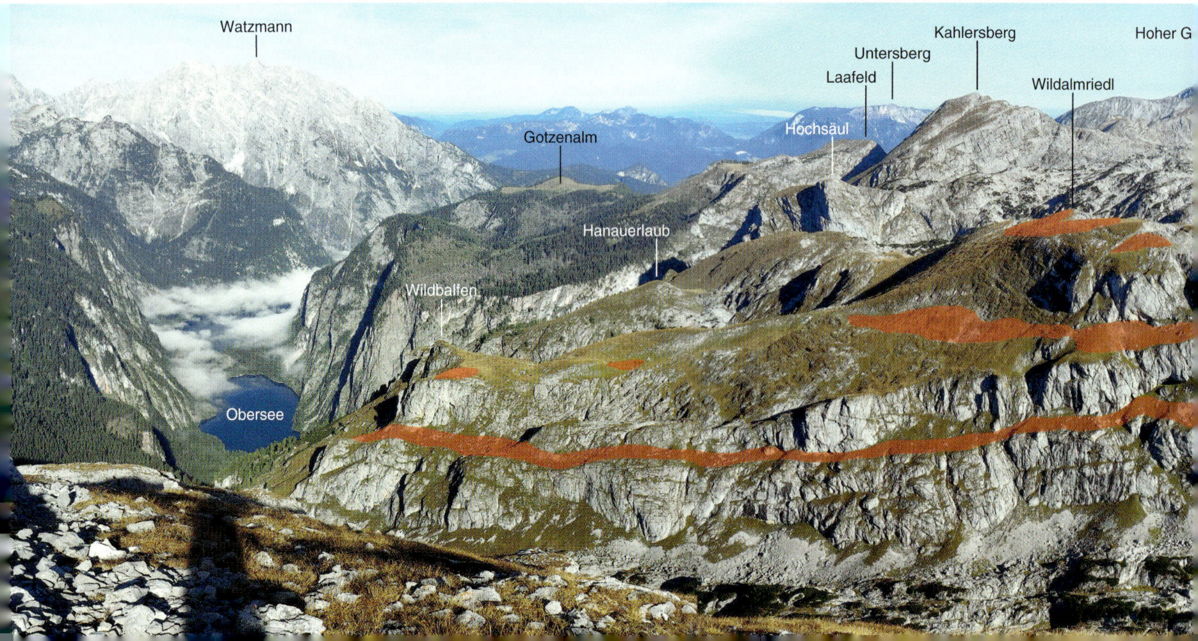

Watzmann
Kahlersberg
Hoher G
Untersberg
Laafeld
Wildalmriedl
Hochsäul
Gotzenalm
Hanauerlaub
Wildbalfen
Obersee

Nördlich von uns liegen die stillsten Berge der Berchtesgadener Alpen. Zwischen Kahlersberg und Jägerbrunntrog würde man wohl wochenlang alleine umherstreifen können, ohne jemals einem Menschen zu begegnen. Nur eingefleischte Gebietskenner (und hin und wieder Geologen) verschlägt es im Sommer und im Herbst auf solch einsame Berge wie Hochsäul, Hanauerlaub, Hochfeldköpfe, Bramasofenkopf, Blühnbachkopf, Wildbalfen und Jägerbrunntrog. Dabei zeigt gerade diese Region einige geologische "Highlights" – es gibt beispielsweise periglaziale Brekzien auf dem Gipfelplateau der Hochsäul, von denen man nicht wirklich weiß, wie sie dorthin gekommen sein sollten (siehe HORNUNG 2021). Und es gibt obertriassische Fazies-Unterschiede zwischen Wildbalfen und Jägerbrunntrog, die wir vom Großen Teufelshorn sehr gut überblicken können. Bereits im Anstieg haben wir rund um den Lehlingskopf die Faziesverzahnung Dachsteinkalk zu Zlambach-Formation und damit Karbonatplattform zu lokalem Becken direkt erleben dürfen. Hier sehen wir diese nochmals – nur in deutlich größerem Rahmen. Die beinahe subhorizontal liegenden breiten Bänder, die parallel zum langestreckten Eisgraben (Tal zwischen Jägerbrunntrog und Großem Teufelshorn) ziehen, 266

Abb. 266. Blick nach Norden zu den stillsten Berchtesgadener Bergen – sehr markant ist die farblich hervorgehobene Faziesverzahnung zwischen Karbonatplattform- und Beckensedimenten von Dachsteinkalken zu Zlambachschichten (rot transparent). Gelb hervorgehoben sind die Dachstein-Riffkalke des Jägerbrunntroges.

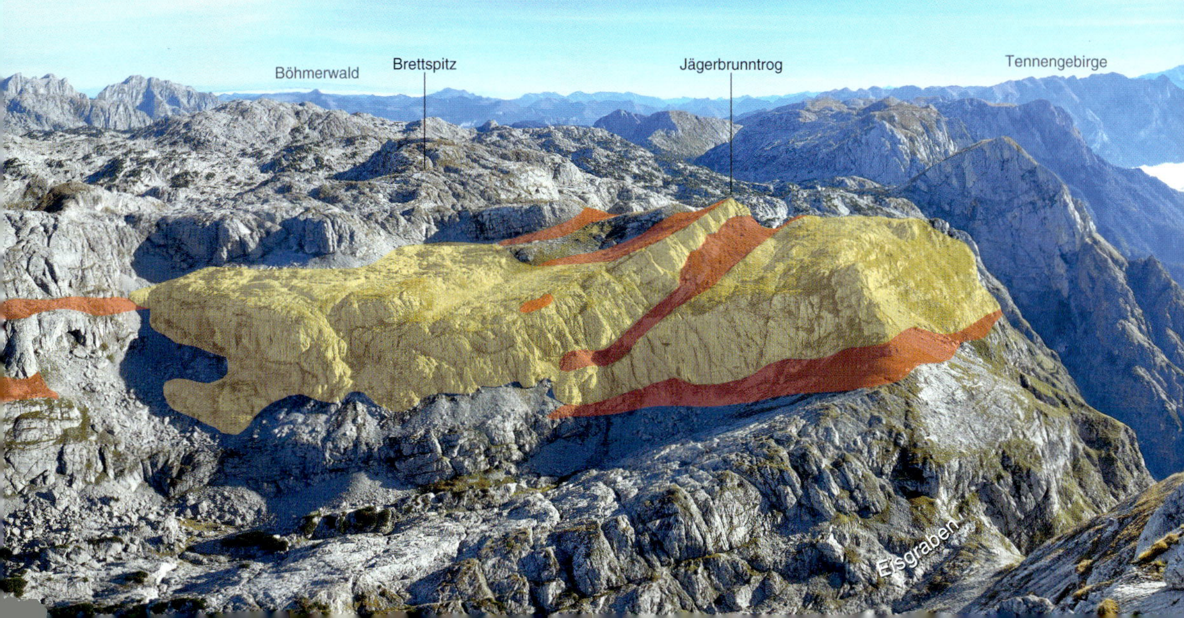

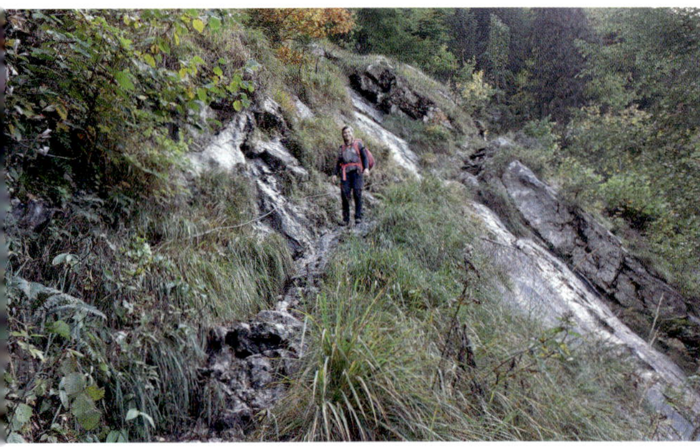

Abb. 267. Mit Drahtseil versicherte Wandstufe im Röthsteig.

werden von dunklen Mergeln und sattgrauen, dünnbankigen Mergelkalken der Zlambach-Formation aufgebaut, die Bereiche dazwischen von Dachsteinkalken in Lagunen- und Riff-fazies. An den teilweise aufwärts gebogenen Schichtköpfen des Jägerbrunntroges wird die Bankung undeutlicher – das Kennzeichen eines Riffkörpers. Der hier zwei- bis dreimal sichtbare Wechsel zwischen hellen Dachsteinkalken und dunklen Zlambachschichten lässt sich mit zunächst beckenwärts vorgreifenden beziehungsweise progradierenden und später zurückweichenden oder retrogradierenden Karbonatbänken erklären, wie in Band 40, Abb. 12 dargestellt. Eine klassische fazielle "Verzahnung" eben.

Auch die Form der beiden Teufelshörner lässt sich geologisch recht einfach erklären. Die in lagunärer, dickbankiger Fazies ausgebildeten Dachsteinkalk-Sequenzen fallen hier strikt nach West-Nordwest ein und werden von staffelartig angeordneten, West-Nordwest-Ost-Südost streichenden Bruchlinien durchzogen. Entlang derer haben Zeit und (auch glazigene) Erosion tiefe Täler und steile Kare entstehen lassen.

12 Nervenkitzel bis zuletzt! Über den Röthsteig zu Obersee und Salet.

Wir steigen den Anstiegsweg zurück zur Wasseralm – vielleicht bleibt noch Zeit für eine kleine Stärkung, bevor wir mit dem Röthsteig zum Obersee die letzte Etappe unserer "geologischen Trekkingtour" in Steinernem Meer und Hagengebirge beschließen. Der Abzweig liegt hinter der Nationalpark-Diensthütte auf der östlichen Seite der Lichtung. Zunächst folgt man dem Lauf des Röthbaches und steigt dann mäßig steil über eine bewaldete

Abb. 268. Tiefblick vom Röthsteig nach Westen ins Obersee-Becken mit der Watzmann-Ostwand im Hintergrund.

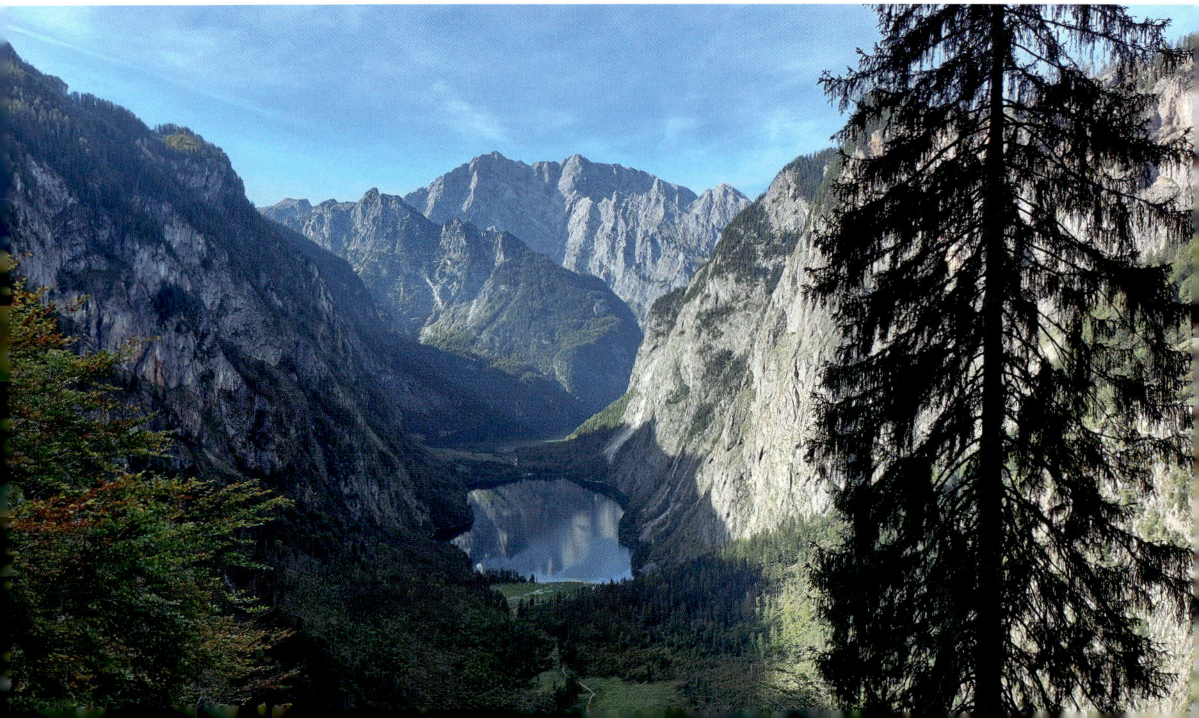

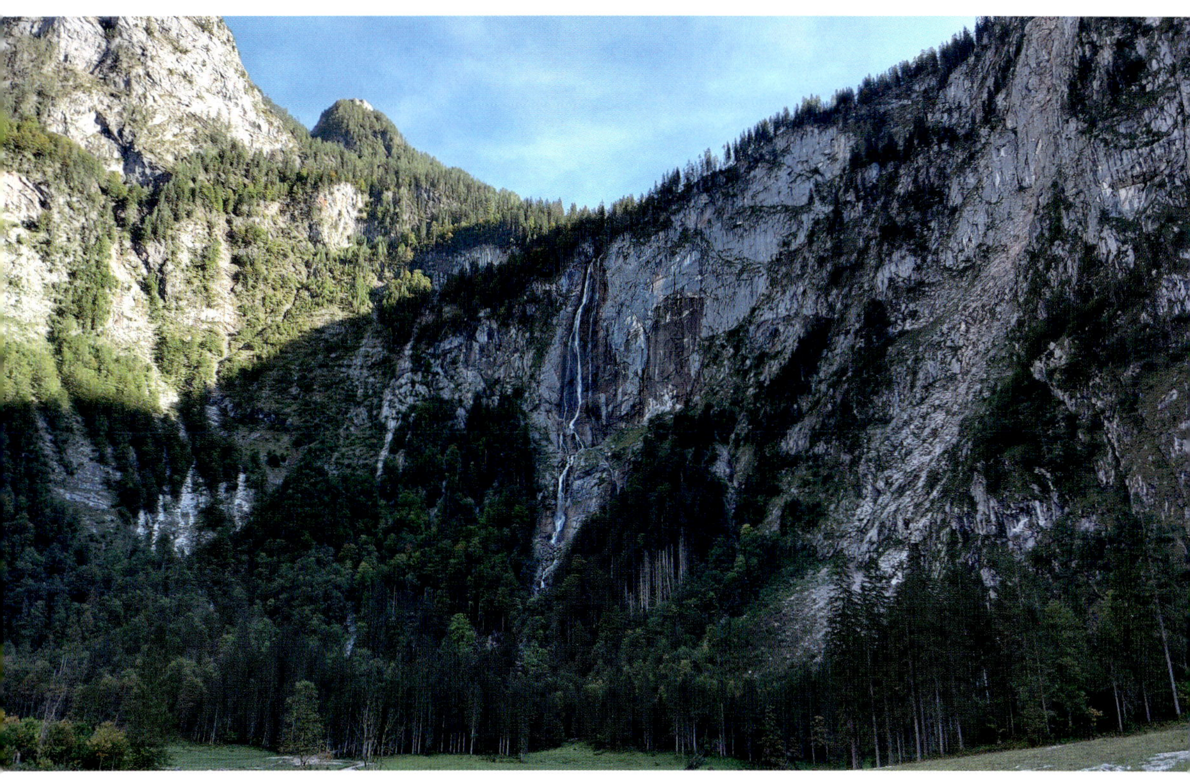

Abb. 269. Der Röthbach-Wasserfall.

Flanke zur Lichtung der verfallenen Sonntagsalm ab. Nachdem wir abermals den Röthbach überquert haben, nähern wir uns der beinahe 400 Meter hohen Röthwand, die das Obersee-Becken gegen Nordosten wie ein Amphitheater umfängt. Durch diese Wand schlängelt sich auf abschüssigen grasigen Bändern der Röthsteig in die Tiefe, teilweise mit Drahtseilen versichert. Manche Felsstufe ist durch in den Dachsteinkalk geschlagene 267
eiserne Trittbügel und von Hand gehauene Steinstufen entschärft worden.

Die Wegführung wird beinahe ununterbrochen durch fantastische Tiefblicke ins Obersee-Becken 268
begleitet, mit der begrünten Steilflanke der Hachelköpfe und der fotogenen grauen Riesenflucht der Watzmann-Ostwand über Obersee und südlichem Königssee darüber.

Eines muss ganz klar gesagt werden: Der Röthsteig bleibt schwindelfreien und trittsicheren Wanderern mit Bergerfahrung vorbehalten. Zwar sind nirgends wirklich schwierige Passagen dabei, aber es verirren sich immer wieder "Tageswanderer" hierher, die zwischen den Felsstufen und Tiefblicken heillos überfordert scheinen. Hat man diese Überforderung durch Erfahrung überwunden, ist der Abstieg die schnellste und eleganteste Variante, um schnell zurück zum Obersee zu gelangen.

Der Fuß der Röthwand, die im unteren Abschnitt zur Gänze aus Dachsteinkalken aufgebaut wird, ist bei etwa 930 Meter Höhe erreicht – von der Wasseralm bis hierher braucht man üblicherweise knapp zwei Gehstunden. Bis in das innerste Becken unterhalb schlängelt sich der Steig einen steilen Schutt- und Felssturzkegel hinab und erreicht auf knapp 720 Metern Höhe – eingerahmt von der Seilstattwand zu unserer Linken und der Brustwand rechts – das tiefe Tal unter dem Röthbach-Wasserfall. 269

Jener meistens unscheinbare, weit oben an der Sonntagsalm zwischen Dachsteinkalken glucksende Bach produziert tatsächlich den höchsten Wasserfall Deutschlands (Geotop 8444GT015002; Geotop-Nr. 172R030). In mehreren Steilstufen stürzt das Wasser 470 Meter in die Tiefe – die höchste lotrechte Wandstelle, die das Wasser im freien Fall nach unten fällt, beträgt immerhin 240 Meter. Während sehr trockener Sommerperioden ist der Wasserfall nur ein Rinnsal, nach heftigen Niederschlagsereig-

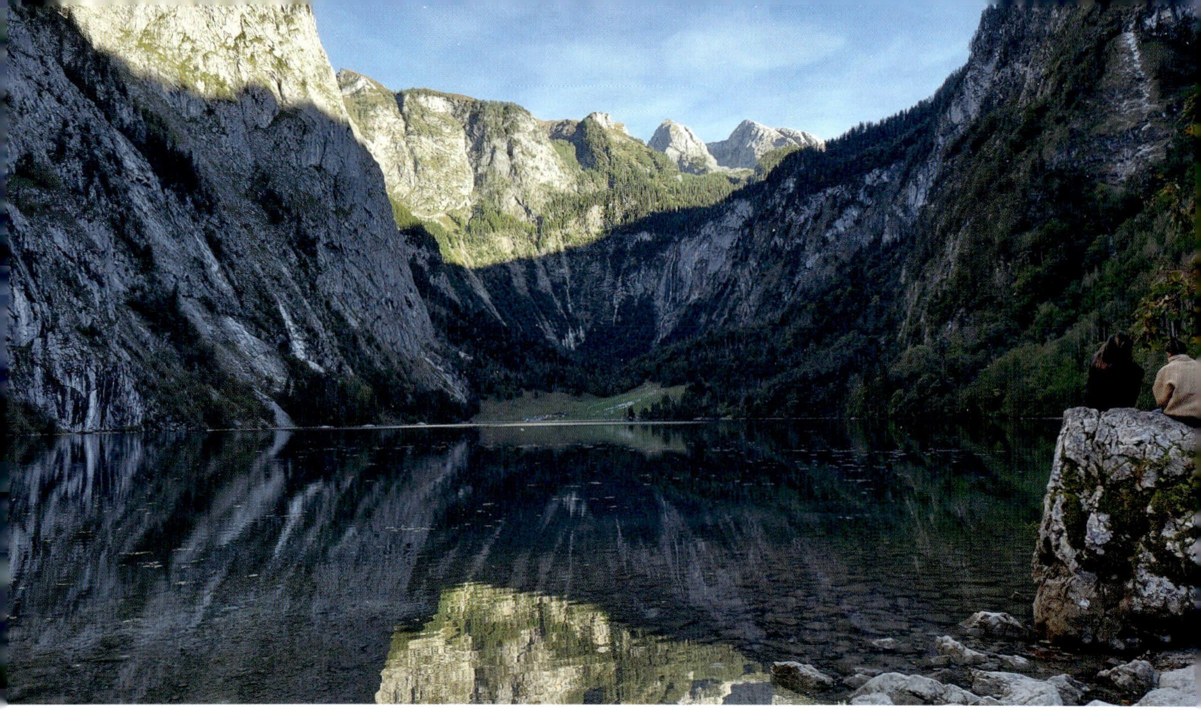

Abb. 270. Rückblick über den Obersee zur Röthwand und Röthbachfall. Darüber stehen Hanauerlaub, Wildbalfen und die beiden Teufelshörner.

nissen – beispielsweise nach dem sintflutartigen Stark-Niederschlag im Berchtesgadener Raum Mitte Juli 2021 – hingegen schüttete der Röthbach so stark, dass der gesamte obere Fallkessel zumindest tageweise mehrere Meter hoch überflutet war.

Der Fuß des Wasserfalls liegt ein ganzes Stück über dem Talgrund in Blockschutt aus dem Dachsteinkalk der Seilstattwand. Das Wasser des Röthbaches verschwindet nach kurzer Wegstrecke, durchfließt die von Seilstatt- und Brustwand abgegangenen Schutt- und Felssturzfächer und speist unterirdisch den Obersee.

> Vom innersten Fallkessel des Röthbaches durchquert der Steig die übergrünten Schuttmassen der einstigen Fischunkel-Holzstube und steigt zur gleichnamigen Alm am Südost-Ufer des Obersees ab.

Hier bekommt man kühle Getränke und eine Almjause, wenn man will.

> Der noch ausstehende Wegabschnitt quert mit den letzten knapp 30 Aufstiegs-Höhenmetern das Südwest-Ufer des glasklaren Obersees und erreicht zuletzt über Moränen- und Blocksturzschutt die Schiffsanlegestelle Salet am Königssee.

Spätestens hier hat uns der touristische Trubel wieder fest im Griff – welch Kontrast zu den stillen und einsamen Stunden auf unserer geologischen Trekkingtour rund um den Funtenseetauern, den heimlichen Kaiser mit seinen purpurnen Mänteln.

Literatur

FISCHER, K. (1985): Die Funtensee-Uvala im Steinernen Meer: – In: NATIONALPARKVERWALTUNG (Hrsg.): Der Funtensee – Naturkundliches Portrait eines subalpinen Sees – gemeinsame Veröffentlichung des österreichischen und deutschen MaB-6-Beitrags. – Forschungsberichte des Nationalparks Berchtesgaden, 7: 23–36, Berchtesgaden.

HORNUNG, T. (2021): Erläuterungen zur Geologischen Karte von Bayern 1:25000, Blatt 8444 Hoher Göll. – Bayerisches Landesamt für Umwelt [zur Online-Veröffentlichung geplant].

Nachwort

Hier, am Schluss des Buches sind Sie am Endpunkt einer geologischen Entdeckungsreise durch die Berchtesgadener Alpen mit hoffentlich vielen schönen Eindrücken und erdgeschichtlichen Augenblicken angelangt. Auch für mich persönlich war das Schreiben dieser vielen Kapitel ebenfalls eine Art Reise, die zwar in die wohlbekannte Vergangenheit der letzten 255 Millionen Jahre führte, aber einen Weg mit vielen neuen, mir noch unbekannten und durchaus wiederholenswerten Aspekten eines Buchautors beschritt. Ich habe mit der geologischen Feldforschung das Privileg, einen Beruf zu haben, der es mir erlaubt, an zahlreichen schönen Tagen zu allen Jahreszeiten dort unterwegs zu sein, wo andere Urlaub machen. Ein interessanter, freier Beruf, der jeden Tag etwas Neues bringt, der einem die unvergleichliche Schönheit, aber auch die unwiederbringliche Verletzlichkeit der Natur stets vor Augen hält. Ich hätte zum Schluss nur den Wunsch, dass Sie unsere Umgebung, unsere Berge ein wenig aus einem anderen Blickwinkel sehen. Es ist nicht so, dass uns die Natur braucht. Im Gegenteil, wir sind es, die die Natur zum Überleben brauchen. Deswegen wäre etwas mehr Demut in all unserem Tun angebracht! Handeln Sie bitte dementsprechend, wenn Sie draußen unterwegs sind.

Über den Autor

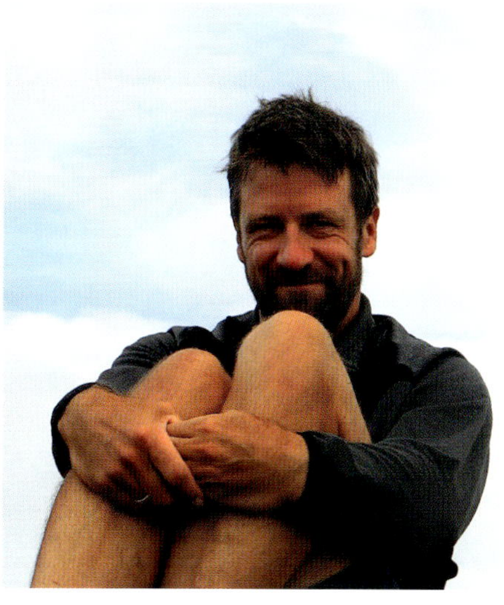

Ganz am Ende darf ich noch einige Worte über mich selbst verlieren. Geboren und aufgewachsen in Bamberg (Oberfranken), dachte ich lange Zeit, dass ich übers Geologie-Studium in Erlangen (1997 bis 2002) meine angestammte Scholle "Franken" freiwillig wohl nie verlassen würde. Zur Alpengeologie kam ich deswegen quasi über den "zweiten Bildungsweg" und meiner Promotion in Innsbruck in den Jahren zwischen 2003 und 2007. Seither hat mich diese ganz spezielle geowissenschaftliche Disziplin nicht mehr losgelassen. Dabei sind meine Spagate, jener als gelernter, klassischer Paläontologe und berufsbedingter Regional- und Gelände-Geologe sowie ein weiterer zwischen Wissenschaft und freier Wirtschaft zunächst nicht immer einfach unterzubringen gewesen, aber nun höchst willkommen. Ich kann als Geologe durch die Berge streifen, habe einen spannenden Beruf zwischen Baustellen, Aufschlüssen, Büro und Wildnis und darf mein Wissen und meine Erfahrungen als Paläontologe seit nunmehr 15 Jahren an der Universität Salzburg an die nächstjüngere Generation von potentiellen Geologen weitergeben. Und eines ist klar: egal, wie lange man zwischen längst vergessenen Welten, zwischen Himmel und Erde unterwegs ist – man lernt nie aus und sollte niemals die Neugier auf Neues und Unentdecktes verlieren. In diesem Sinne wünsche ich Ihnen genau das: halten Sie die Augen offen, wenn Sie durch die Natur gehen. Sie werden überrascht sein, was es alles zu sehen gibt!

Geologische Profile

Profil 1: Von der Reiteralm über Klausbachtal, Wimbachgries, Gjaidkopf und Grünsee zu Mossscheibe und Laubwand im Südlichen Hagengebirge.

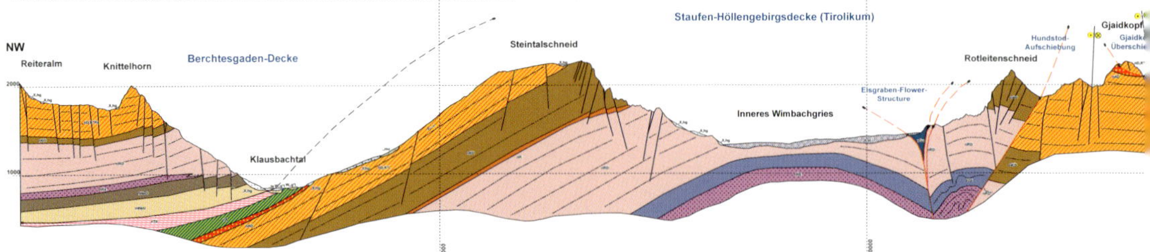

Profil 2: Vom Saalachbruch über Reiteralm, Hochkalter, Wimbachgries, Watzmann und das Königsseebecken zum Kahlersberg im Westl. Hagengebirge.

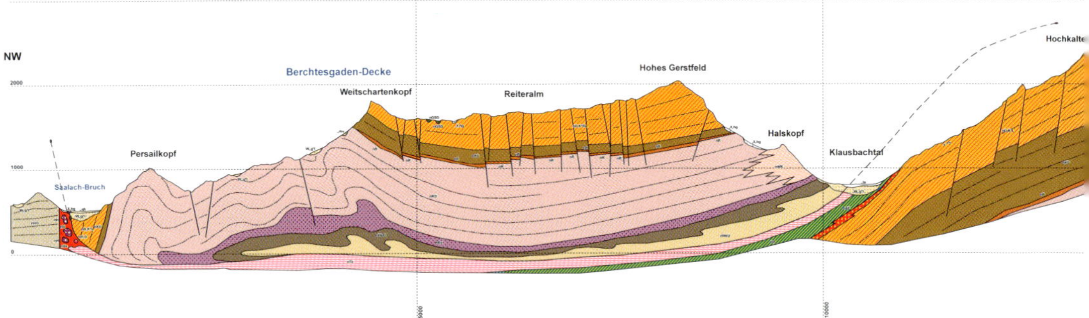

Profil 3: Von der Ramsau über den Watzmann zu den Störungen des Nördlichen Steinernen Meeres.

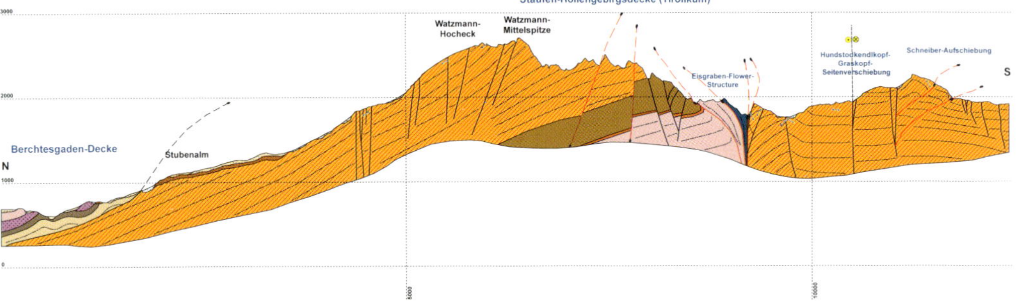

Profil 4: Vom Kehlstein über Büchsenkopf, Torrener-Joch-Zone, Gotzenalm und Obersee zum Funtenseetauern.

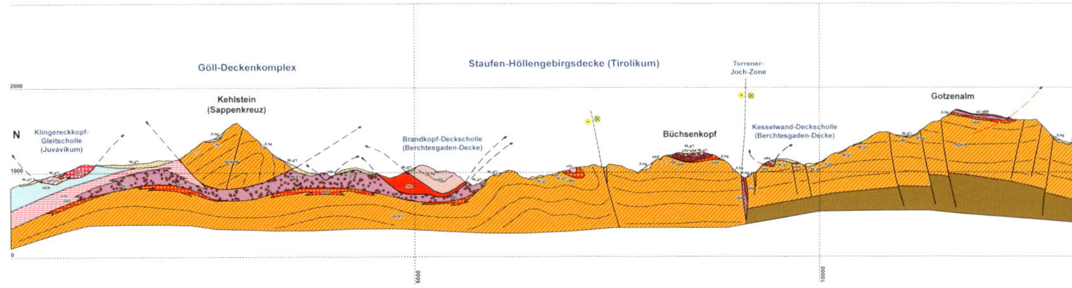

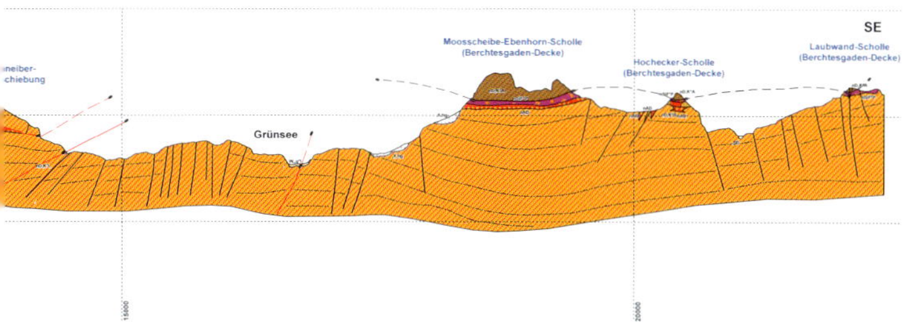

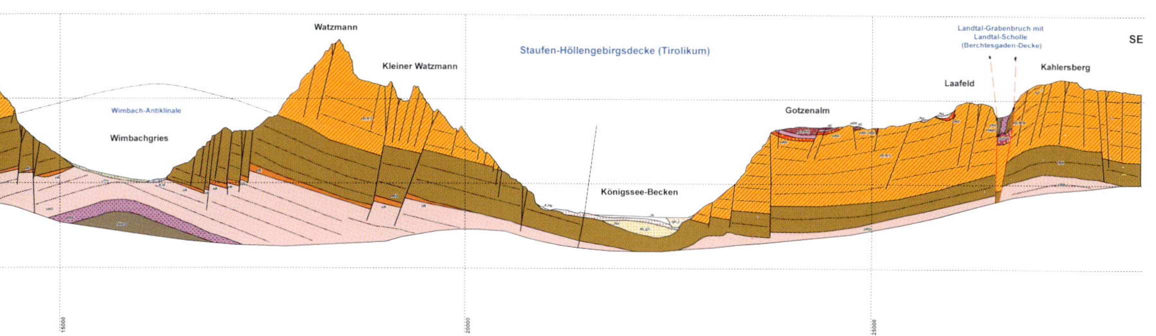

Profil 5: Von der Torrener-Joch-Zone, Rotspielscheibe und Obersee zum Hocheck im Steinernen Meer.

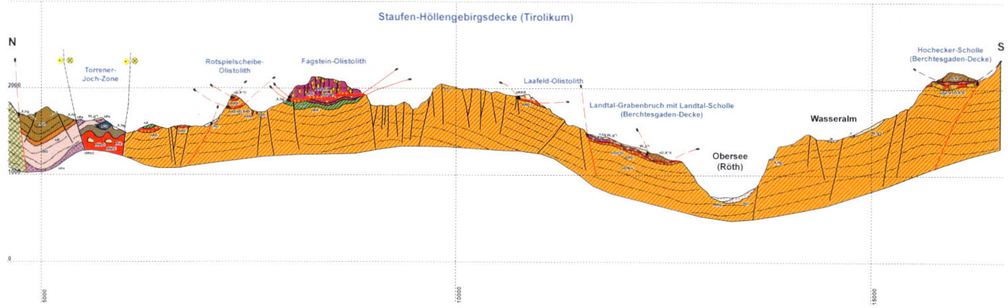

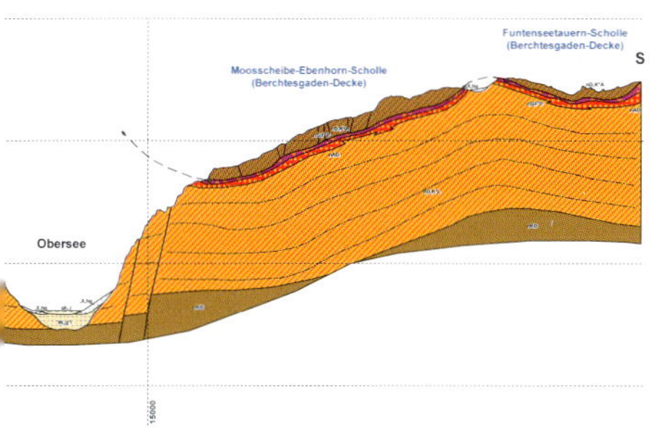

Verändert aus den Profiltafeln der Geologischen Karte des Nationalparks Berchtesgaden 1:25000 (Bayerisches Landesamt für Umwelt, Geologische Aufnahme THOMAS HORNUNG 2017–2021)

Die Lage der "Schnittlinien" ist in der geologischen Karte auf den folgenden Seiten zu erkennen. Die Legende entspricht denen der geologischen Wanderkarten und ist den Abbildungen 2 und 3 auf den Seiten 9 und 10 zu finden.

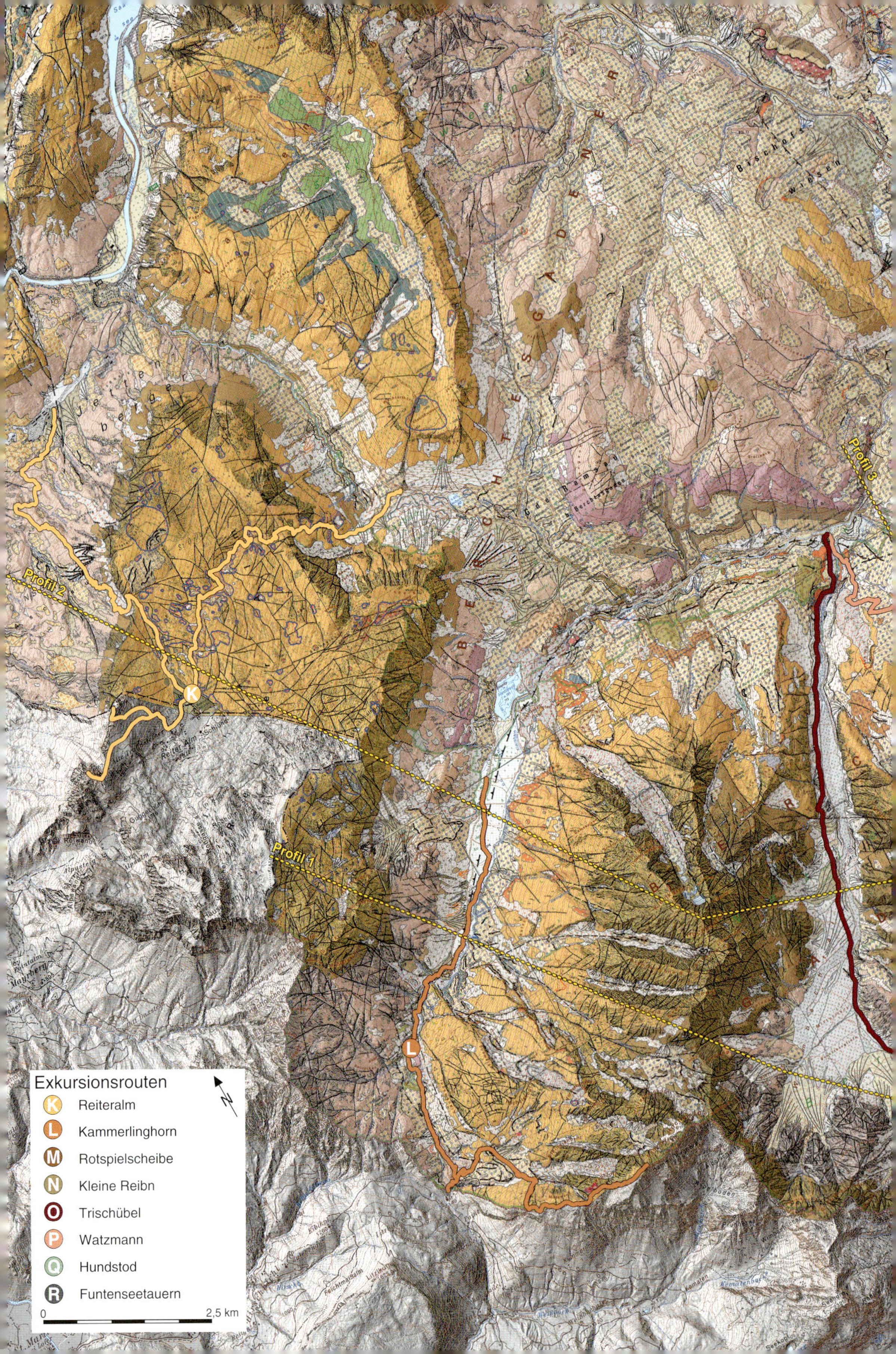
Exkursionsrouten
Reiteralm
Kammerlinghorn
Rotspielscheibe
Kleine Reibn
Trischübel
Watzmann
Hundstod
Funtenseetauern
0
2,5 km
N
Profil 1
Profil 2
Profil 3
K
L